国家社会科学基金项目"雅斯贝斯艺术家论研究"（13BWW003）
河北师范大学文学院学术著作资助

雅斯贝斯
艺术家论研究
上册

A Study of
Jaspers' Theory of the Artist

孙秀昌 著

中国社会科学出版社

图书在版编目(CIP)数据

雅斯贝斯艺术家论研究:全二册/孙秀昌著. —北京:中国社会科学出版社,2023.7
ISBN 978-7-5227-1856-9

Ⅰ.①雅… Ⅱ.①孙… Ⅲ.①雅斯贝斯(Jaspers,Karl 1883-1969)—哲学思想—研究 Ⅳ.①B516.53

中国国家版本馆 CIP 数据核字(2023)第 077252 号

出版人	赵剑英
责任编辑	郭晓鸿
特约编辑	杜若佳
责任校对	师敏革
责任印制	戴 宽

出 版	中国社会科学出版社
社 址	北京鼓楼西大街甲 158 号
邮 编	100720
网 址	http://www.csspw.cn
发行部	010-84083685
门市部	010-84029450
经 销	新华书店及其他书店
印 刷	北京明恒达印务有限公司
装 订	廊坊市广阳区广增装订厂
版 次	2023 年 7 月第 1 版
印 次	2023 年 7 月第 1 次印刷
开 本	710×1000 1/16
印 张	64.75
字 数	1009 千字
定 价	348.00 元(全二册)

凡购买中国社会科学出版社图书,如有质量问题请与本社营销中心联系调换
电话:010-84083683
版权所有 侵权必究

总 目

（上 册）

因雅斯贝斯结缘——《雅斯贝斯艺术家论研究》序 ……… 黄 藿（1）

与作为我们同时代的大艺术家们的对话——《雅斯贝斯
　　艺术家论研究》序 …………………………………… 李雪涛（1）

绪论 …………………………………………………………………（1）

第一章　"生存"与"理性"：在克尔凯郭尔与康德的
　　　　致思张力间探寻哲学的新生之路 …………………（24）

第二章　雅斯贝斯的精神求索历程及其艺术之思 ……………（103）

第三章　艺术家论的韵致以及艺术家的生存样态 ……………（243）

第四章　客观表现型的生存艺术家之范例 ……………………（335）

第五章　主观体验型的生存艺术家之范例 ……………………（406）

（下 册）

第六章　理性生存型的艺术家之范例 …………………………（429）

余论　冯至与雅斯贝斯的相遇 …………………………………（687）

附录一　雅斯贝斯"密码论"发微
　　　　——兼与海德格尔、萨特美学观比较 …………………（708）

附录二　雅斯贝斯论艺术（含艺术家）著述迻译 ………………（721）

主要参考文献 ………………………………………………………（978）

后记 …………………………………………………………………（1007）

上册目录

因雅斯贝斯结缘——《雅斯贝斯艺术家论研究》序 ……… 黄 藿(1)

与作为我们同时代的大艺术家们的对话——《雅斯贝斯
 艺术家论研究》序 ………………………………… 李雪涛(1)

绪论 ……………………………………………………………(1)
　一　选题缘起及其价值 ………………………………………(1)
　二　研究状况述要 ……………………………………………(3)
　三　研究思路与主要内容 ……………………………………(18)
　四　研究内容及方法的特色 …………………………………(21)

**第一章　"生存"与"理性":在克尔凯郭尔与康德的
　　　　致思张力间探寻哲学的新生之路** ………………(24)
　第一节　雅斯贝斯的学缘:兼谈西方哲学史上的两大学缘 …(25)
　　一　西方哲学史上的两大学缘 ……………………………(26)
　　二　学缘与学统 ……………………………………………(32)
　　三　"生存"与"理性":在克尔凯郭尔与康德之间 ………(38)
　第二节　"生存":雅斯贝斯与克尔凯郭尔之间的思想关联 …(43)
　　一　克尔凯郭尔的"生存着的个人"与对"公众"的批判 …(43)
　　二　对雅斯贝斯与克尔凯郭尔精神之缘的详尽考察 ……(48)
　　三　雅斯贝斯与克尔凯郭尔之间的张力 …………………(55)
　第三节　"理性":雅斯贝斯与康德之间的思想关联 …………(62)

一　小引："康德会带我们上路" …………………………（62）
　　二　"人" ……………………………………………………（67）
　　三　"理性" …………………………………………………（75）
　　四　结语："康德是有待补充的" …………………………（95）

第二章　雅斯贝斯的精神求索历程及其艺术之思 …………（103）
第一节　精神病理学—心理学时期的艺术之思 …………（104）
　　一　《普通精神病理学》中的艺术之思 …………………（104）
　　二　《世界观的心理学》中的艺术之思 …………………（112）
　　三　《斯特林堡与凡·高》中的艺术之思 ………………（123）
第二节　生存哲学时期的艺术之思 ………………………（136）
　　一　《时代的精神状况》中的艺术之思 …………………（137）
　　二　《哲学》（三卷）中的艺术之思 ………………………（150）
　　三　《生存哲学》中的艺术之思 …………………………（191）
第三节　理性哲学—世界哲学时期的艺术之思 …………（195）
　　一　《论真理》中的艺术之思 ……………………………（197）
　　二　《大哲学家》中的艺术之思 …………………………（202）
　　三　《什么是教育》中的艺术之思 ………………………（220）

第三章　艺术家论的韵致以及艺术家的生存样态 …………（243）
第一节　艺术家是喻说"生存"之旨趣的范例 ……………（243）
　　一　艺术家论的生存论意义 ………………………………（244）
　　二　艺术家论的韵致在于阐明艺术家的"生存"样态 …（247）
第二节　从现代艺术家向古典艺术家的回归 ……………（250）
　　一　"厚古薄今"的艺术趣味 ………………………………（251）
　　二　同代人的严苛审查者与严厉批判者 …………………（257）
第三节　艺术家的三种生存样态 …………………………（270）
　　一　客观表现型的生存艺术家 ……………………………（271）
　　二　主观体验型的生存艺术家 ……………………………（279）
　　三　理性生存型的艺术家 …………………………………（300）

第四章　客观表现型的生存艺术家之范例 (335)

第一节　斯特林堡：客观表现型的生存艺术家范例之一 (335)
一　斯特林堡的病志 (336)
二　精神分裂症与斯特林堡的世界观发展 (351)
三　精神分裂症与斯特林堡的作品 (361)

第二节　斯威登堡：客观表现型的生存艺术家范例之二 (365)
一　斯威登堡的病志 (367)
二　通行于"自然世界"与"神灵世界"之间 (378)
三　"通灵"能力的韵致与"通灵"经验的可传达性问题 (386)

第五章　主观体验型的生存艺术家之范例 (406)

第一节　荷尔德林：主观体验型的生存艺术家范例之一 (407)
一　荷尔德林的病志 (408)
二　精神分裂症与荷尔德林的形而上学体验 (412)
三　精神分裂症与荷尔德林的诗 (417)

第二节　凡·高：主观体验型的生存艺术家范例之二 (419)
一　凡·高的病志 (420)
二　阐释凡·高作品的生存论条件 (423)
三　精神分裂症与凡·高的作品 (426)

因雅斯贝斯结缘
——《雅斯贝斯艺术家论研究》序

黄 藿

  孙秀昌教授邀请我为其大作《雅斯贝斯艺术家论研究》（以下简称本书）写序，原本与他素昧平生，只因透过微信对我说了这样一句话："久慕您的博士论文是汉语界首部研究雅斯贝斯哲学思想的专著，若蒙您为拙著赐一书序，我不胜感激。"再看了他寄来的全书书稿，颇能引起我的阅读兴趣，没有太多考虑便答应下来。

  我接触雅斯贝斯[①]的思想起自大学时期，真正决心钻研他的哲学距今也超过了四十个年头。20世纪60年代的台湾社会是对西方思潮求知若渴的年代，存在主义相关的译作也如雨后春笋般出现在书店，变成当时青年大学生追逐时髦的象征。只是这些书籍的翻译水平良莠不齐，加上如存在主义作家萨特与加缪等对于忧惧、苦闷、荒谬等负面情绪过多的描绘，除了一知半解、望文生义外，对当时大多数文艺青年精神或心理造成的影响，绝对是弊大于利的。幸好雅斯贝斯的存在哲学与前述两位存在主义哲学家兼作家，有着截然不同的风格与属性，他强调，尽管人生会遇到许多失败与挫折，但仍然要勇敢面对挫败，凭靠真诚的存在抉择与理性的同步努力，找寻超越的密码，努力向超越界跃升。

---

  ① Karl Jaspers（1883—1969），汉译卡尔·雅斯贝斯、卡尔·雅斯贝尔斯、雅斯贝斯、雅斯贝尔斯、雅斯培尔斯、雅斯柏斯、亚斯珀斯、雅士培等，在中国台湾地区一般译为雅斯培。

我个人早在 1985 年翻译出版了雅斯贝斯的《当代的精神处境》①，1986 年以论文《雅斯培的超越思想研究》取得辅仁大学博士学位，并以该论文为基础改写完成了《雅斯培》一书，于 1992 年由台北东大图书公司出版。本人确实是华人社会中从事雅斯贝斯哲学研究的早期拓荒者。只是在台湾获得大学教职后，因工作单位属性，将心力放在通识教育方面，而学术研究兴趣也转向亚里士多德的伦理学、政治学以及诗学。除此之外，个人兴趣还包括当代德行伦理学、政治社会哲学、教育哲学等多元领域的研究，因此对于雅斯贝斯的研究也就一直搁置了下来。直到 2018 年 11 月应邀参加台湾中研院民族所余安邦教授举办的"当代德国哲学/思想与心理学的相遇"学术研讨会，并以"从雅斯培时代精神处境的诊断到存在哲学"为题，担任两场讲座，才又重拾雅斯贝斯著作，再度进行研读。2019 年 7 月又接素昧平生的北京外国语大学李雪涛教授来函，邀请参加其主持之"雅斯贝尔斯著作集"中译项目中《时代的精神处境》一书的重新翻译，亦毫不犹豫答应下来。全书重译完成后，再撰写一篇题为《从精神医学到存在哲学——论雅斯贝尔斯的〈时代的精神处境〉》的论文，作为具有该书导读功能的总结成果刊登于《河北师范大学学报》〔（哲学社会科学版）2020 年第 6 期〕。

曾子曰："君子以文会友，以友辅仁。"（《论语·颜渊》）个人因早年研究雅斯贝斯，并出版了相关译作与专书，在多年后得以结识余安邦、李雪涛以及孙秀昌诸君，也算是以文会友了。人生总是充满许多意想不到的机遇，促成这偶然机遇的就是 20 世纪的德国哲学家雅斯贝斯，他的哲学著作与思想成为几个人的共同兴趣与交集，真可说是极奇妙的缘分。

再以这位闻名遐迩的存在哲学大师对中国哲学与中国文化的认知、理解与深入钻研来说，他对中西哲学与文化会通的贡献可说是西方哲学家中绝无仅有的。他在 1957 年出版的《伟大哲学家》（*Die großen Philosophen*）一书中，列举了 15 位东西方大哲学家，其中有两位中国哲学家，分别是老子与孔子。他将孔子列为四大圣哲之一，是可以列

---

① Karl Jaspers：《当代的精神处境》，黄藿译，（台北）联经出版事业公司 1985 年版。

为典范的大哲学家，而老子则被列入最具有原创性的思想家之林。雅斯贝斯具有超然的心灵与开放的心胸，除了对中国的思想与文化极为欣赏外，更能深入研读中国经典掌握中国大哲的智慧与文化精髓，他自身的哲学对于中国人来说，也十分亲切，绝不陌生。他在二战纳粹统治期间，因不向强权屈服，而被免除教职。他却利用这段时间潜心研读写作，他曾在《德国的未来》(*The Future of Germany*) 一书中自述："在纳粹统治期间，我潜心研读中国经典的译作，从字里行间感到，那遥远的东方才是我真正的故乡。反而在德国我却仿佛是个异乡人，因为我无时不被逼走上绝路。从中国悠久的历史来看，中国人无疑是全人类最文明的民族，而中国文化也是最优美的。"①

中国内地自从改革开放后的这40多年，对于除马克思主义之外的西方哲学逐渐展现了巨大的研究成果体量，其中当然也包括对于雅斯贝斯哲学的研究。如李雪涛与孙秀昌等中生代学者，都是研究雅斯贝斯相关哲学思想极为专注且有译作与著作丰硕成果的杰出后起之秀。雅斯贝斯身后有知，应为在中国有这样的年轻学术后辈传述继志而感到欣慰。

个人对于雅斯贝斯的美学或艺术哲学思想，除了他的《悲剧的超越》(*Tragedy Is Not Enough*) 一书外，并未曾有过多的涉猎。而雅氏本人也不如其他诸多西方大哲学家对艺术或美学有过直接的论述。正如本书作者所言："就其艺术哲学思想来看，他始终立足于'生存'这一根源来思考哲学与艺术的张力问题，他的诸多见解并没有像康德的《判断力批判》、黑格尔的《美学》、叔本华的《作为意志与表象的世界》那样以某种美学体系的形式公之于世，而是散见于其毕生精神求索的多种著述之中。"

作者为了给雅氏的艺术哲学建构出一套完整的理论，愿意花时间与精力对雅氏的《哲学与艺术》《艺术是解读密码的语言》《悲剧的超越》《斯特林堡与凡·高》《我们的未来与歌德》《歌德的人性》《作为哲学家的达·芬奇》《论莱辛》等八部（篇）艺术哲

---

① Karl Jaspers, *The Future of Germany*, translated by E. B. Ashton, The University of Chicago Press, 1967, p. 119.

学著述进行翻译，透过翻译的过程对书中重点作细腻的爬梳，把握其艺术哲学的深微意趣。即使不看这样以翻译作为精读方式的认真态度与扎实功夫，光看这种专注用心与毅力，在目前学界急功近利的浮夸风气中，不啻一股清流，就值得肯定与钦佩。作者提及，本书的撰写采用研究与翻译相结合的方法，以翻译推进诠解，同时以诠解完善翻译，这其实也是我过往研究雅斯贝斯时，所采用过的研究策略。

作者提及，雅氏的艺术哲学思想（含艺术家论）一直在学界罹遭冷落，不过在接下来的篇幅中提到了六本与雅氏艺术哲学相关的著作，看来这个主题固然先前不是个受到太多关注的热门题目，也不算完全没有人研究。举例来说，日本学者今道友信等著的《存在主义美学》一书中，有井村阳一撰写的"雅斯贝斯艺术哲学"部分，从三个方面具体阐发了雅氏的艺术哲学思想：一阐说了"世界定位中的艺术"；二阐说了"作为生存的艺术家"；三阐说了"作为超越者密码的艺术"与"悲剧"思想。井村阳一为雅氏的艺术哲学思想勾勒了轮廓，引进了"生存艺术家"部分，分析了荷尔德林、凡·高的生存样态与歌德、达·芬奇等艺术家之间的不同之处。作者在书中因此将雅氏所提及的艺术家区分为三类（客观表现型的生存艺术家、主观体验型的生存艺术家、理性生存型的艺术家），在此基础上对其做了进一步的阐释。而理性生存型的艺术家是雅氏艺术家专论中最有价值的部分，作者对此投入了较多精力与心思，透过这种类型的艺术家（包括对歌德、莱辛、达·芬奇的生存样态与生命智慧的理解），能给读者带来诸多启发。另外，作者提到，在艺术本质论方面，雅氏认为"艺术是解读密码的语言"，而艺术作品作为密码恰恰是存在的个人跃向超越的跳板。

孙秀昌教授的这本巨著，如果附录不算，共有七百多页，全书除绪论与余论外，共分六章，体例完备，论述完整且推论严密，文笔流畅，思路清晰，参考文献丰富周延，且旁征博引。本书的出版不仅对于中国的学界，还有整个以中文为阅读工具的华人世界读者，无论是对于雅斯贝斯存在哲学的一般性理解，或是对于雅斯贝斯的艺术哲学思想的系统认知与进一步的钻研，都是一个更方便的利器。鉴于作者在雅斯贝斯艺术哲学方面研究上的奋力不懈，以及多年来的专一恒心与毅力，且能在本书中展现出卓越不凡的研究成就，我愿意为之大力推荐。

2022 年 3 月 20 日

于台北市中国文化大学哲学系

与作为我们同时代的大艺术家们的对话
——《雅斯贝斯艺术家论研究》序

李雪涛

一

近年来因为组织编辑"雅斯贝尔斯著作集"的缘故,我开始对雅斯贝尔斯哲学进行了一些系统的研究。在2021年初出版的《论悲剧》的"解说"部分中,我写道:

> 1987年辽宁人民出版社出版了曾任东京大学教授、著名美学学者今道友信等著的《存在主义美学》一书。① 其中有《雅斯贝斯艺术哲学》一章,由井村阳一撰写。这一章除了"序言"之外,共分为四个部分,系统介绍了雅斯贝尔斯的艺术哲学:一、世界定位中的艺术,主要是对雅斯贝尔斯1932年出版的《哲学》第一卷《世界定位》中有关艺术论的部分进行论述;二、作为实存哲学的艺术家,涉及雅斯贝尔斯曾经论述过的诸如荷尔德林、梵·高、歌德和达·芬奇四位作为哲学家的艺术家;三、作为超越者暗号的艺术,在这里井村阳一所处理的是《哲学》第三卷

---

① [日]今道友信等:《存在主义美学》,崔相录、王生平译,辽宁人民出版社1987年版。这本书在1987年8月第1次印刷时便印了39000册。由于当时"美学"俨然成为一门显学,为了"吸引眼球",书名被翻译为"存在主义美学"。

《形而上学》中将艺术看作是超越者的暗号；四、悲剧，对《真理论》中的《论悲剧》部分进行了系统的梳理。到目前为止，井村阳一的这篇文章，依然是有关雅斯贝尔斯艺术哲学中特别重要、特别深入的研究成就。井村阳一在文后附有"雅斯贝尔斯著作目录"，罗列了雅斯贝尔斯从1913年至1962年的28种著作，他认为其中有7种涉及美学和艺术。① 汉语世界的成果，基本上只是对《论悲剧》中的内容的复述，尚未见有学者参考雅斯贝尔斯其他相关的著作对其艺术思想进行系统的研究。②

这些天拜读了孙秀昌教授的《雅斯贝斯艺术家论研究》后，我此前的想法有了改变。秀昌教授的专著接续上了井村阳一的这篇论文，并将之发展成为一部系统阐述雅斯贝尔斯艺术哲学的著作。

20世纪70年代末至80年代末在中国大陆流行"美学热"，包括雅斯贝尔斯《悲剧的超越》等一大批美学著作被翻译成中文。其后中国学界也发表了一系列相关的研究论文。但这些论文最大的问题在于，由于大部分中国作者不了解雅斯贝尔斯的哲学，因此没有认识到他的艺术哲学在他整体哲学中的地位。当时的中国学者缺乏与国外的交流，外语水平也有限，他们对欧美和日本学者的相关研究知之甚少。井村阳一的这篇文章早在1976年就被收录进了今道友信的书中，但直到1987年被翻译成中文后，才逐渐为中国学者所了解。那些就悲剧谈雅斯贝尔斯、就雅斯贝尔斯谈悲剧的论文，今天看来大都没有什么价值，当然也不可能产生什么影响。

秀昌教授多年来一直从事雅斯贝尔斯哲学，特别是其美学思想的研究工作。从他的博士学位论文《生存·密码·超越——祈向超越之维的雅斯贝斯生存美学》（2006年答辩，2010年人民出版社出版）到他翻译出版雅斯贝尔斯的专著《斯特林堡与凡·高：与斯威登堡、荷尔德林作比较的病理学案例试析》（2020年中国社会科学出版社出版）

---

① ［日］今道友信等：《存在主义美学》，崔相录、王生平译，辽宁人民出版社1987年版，第183—184页。

② 李雪涛：《解说》，见［德］卡尔·雅斯贝尔斯《论悲剧》，梁靓译，华东师范大学出版社2021年版，第114—115页。

可以看出他对雅斯贝尔斯研究之用心。在秀昌教授的《雅斯贝斯艺术家论研究》一书中，他用六章的篇幅全面、系统地考察了雅斯贝尔斯的艺术哲学。第一章对诸如"生存"（Existenz）、"理性"（Vernunft）等概念的辨析及其渊源的考察，使我们对雅斯贝尔斯哲学与克尔凯郭尔和康德哲学的关联性有了初步的了解。第二章对雅斯贝尔斯不同阶段的哲学著作中与艺术哲学相关的思想进行了梳理，包括迄今少有人涉及的三卷本《哲学》中的内容。从第三章起，作者开始以三种生存样态对艺术家进行了分别论述，包括"客观表现型的生存艺术家"（第四章）、"主观体验型的生存艺术家"（第五章）以及"理性生存型的艺术家"（第六章）。

尽管本书的研究主体是艺术家和艺术史，但这样的结构可以让我们更好地理解，雅斯贝尔斯是通过对历史上这些艺术家的考察，特别是通过病历志和心理学的分析，让人们参与到与在一个"超越了时代的时代中"的艺术家的对话。① 雅斯贝尔斯认为，历史上每一位真正的大人物（jeder wirklich Große）都是作为存在之整体的一个反映而处于开放状态的，可以对之作无穷的解释。② 秀昌教授对这些历史上的艺术大师做了分类，他们在他笔下如同在雅斯贝尔斯的著作中一样，处于一种理性的空间之中，仿佛直接对着我们说话。雅斯贝尔斯在他有关大哲学家的遗稿中曾经说："我们可以通过做哲学的方式（philosophierend），将我们转化为历史上所有具有根源性哲学家的同时代人，换言之，将所有具有根源性的思想家变为我们同时代的人。"③

二

从诠释学（Hermeneutik）的观点来看，雅斯贝尔斯对这些大艺术家的探索，可以看作他与他们之间在不同场合进行的对话。

对话是阐释和实现艺术家思想当代性价值的重要方式。雅斯贝尔斯实际上为这些艺术家谋求在当代的发展以及将他们的艺术论转化为

---

① Karl Jaspers, *Die großen Philosophen*, Piper Verlag, 1957, S. 39.
② Karl Jaspers, *Die großen Philosophen*, Piper Verlag, 1957, S. 29.
③ Hans Saner, *Karl Jaspers*, Rowohlt Taschenbuch Verlag GmbH, 1970, S. 78.

当代的学术，进行了主动和创造性的探索。这一对话包含了跨越欧洲古今的诸多思考，同时也意味着，经过雅斯贝尔斯的努力，这些不同时代的大艺术家的思想和创作超越了其产生的特定历史时空，获得了另外的价值。

对历史上的大艺术家的研究无疑是研究者主体与这些被研究、被理解的艺术家之间的一种对话，在这一过程中，作为精神病理学家和心理学家的雅斯贝尔斯在其中创造性地加入了一些大艺术家的"病历志"，从而实现了研究文献和方法上的巨大突破。加达默尔（Hans-Georg Gadamer，1900—2002）曾经写道：

> 因为我们所论证的问和答的辩证法使得理解关系表现为一种类似于某种谈话的相互关系。虽然一个文本并不像一个"你"那样对我的讲话。我们这些寻求理解的人必须通过我们自身使它讲话。但是我们却发现这样一种理解上的使文本讲话（solches verstehendes Zum-Reden-Bringen），并不是一种任意的出于我们自己根源的做法，而本身就是一个与本文中所期待的回答相关的问题。期待一个回答本身就已经预先假定了，提问题的人从属于传统并接受传统的呼唤（der Fragende von überlieferung erreicht und aufgerufen ist）。这就是效果历史意识的真理。①

实际上，所谓艺术文本要说的话也就是雅斯贝尔斯对于艺术家所期待问题的回答。诚然，即便是雅斯贝尔斯对这些大艺术家的理解也并不意味着与被理解的对象完全一致，也不可能一致，但这却为我们提供了个性化的、另外的理解可能性。艺术对雅斯贝尔斯来讲是至关重要的，也是他做哲学的一种方式，因为根据他的哲学观，事物的本质是不能用术语来予以把握的，而只能用密码（Chiffre）来体现，每个人都必须自己作解释，并且这些解释永远都是崭新的。

对话的基本结构是问和答，这是后来在诠释学中所经常采取的方

---

① ［德］汉斯－格奥尔格·加达默尔：《真理与方法——哲学诠释学的基本特征》，洪汉鼎译，上海译文出版社1999年版，第484—485页。

式。艺术家被看作一个文本，通过与艺术家之间的对话理解文本，为此作为研究主体的雅斯贝尔斯提出了这样一个问题："被看作是一个文本的艺术家其生平和作品究竟要告诉我什么？"所谓使艺术文本向研究主体讲话，也就是要回答研究主体所提出的问题。此外，理解中的回答是双向的，这就是说，文本也向研究主体提出问题，要求他来回答。而在阐释中所发现的意义，就是海德格尔所谓的"无蔽"（aletheia，希腊文"真理"一词，按照海德格尔的解释，是"无"——"蔽"的含义，是对"蔽"的澄清），是黑暗的阐明。① 用加达默尔的话来说就是："对我们讲述什么的流传物——本文、作品、形迹——本身提出了一个问题，并因而使我们的意见处于开放状态。"②

从另外一个角度来讲，雅斯贝尔斯与历史上的大艺术家所形成的对话，并不是由研究主体的主观意志所随意决定的。对话者虽然受到对话的引导，但不可能预料一次对话会引出什么结果来。原因在于以下几点。首先，在对话中艺术文本本身的内涵是无限的。在不同的时代、不同的场合、甚至不同的对话中，艺术文本会不断地揭示出自己意义的新的方面。正因为这些艺术文本的意义是开放的，所以研究主体不可能预先完全掌握文本的意义，因而，对话也就不可能被研究主体的意志所左右。其次，由于受正当性的"偏见"（Vorurteil）的制约，作为研究主体的雅斯贝尔斯也不可能任意支配对话。包含在偏见中的内容有的是研究主体所明确意识到的，有的则不然，是积淀在其心理深层的潜意识因素。这些潜意识因素在对话中会不以研究主体的意志为转移，这也是对话无法为研究主体所完全掌握的原因之一。而这一点正符合了雅斯贝尔斯的根本论断："每一个个体都具有无限性。"（die Unendlichkeit jedes Individuums）③

---

① ［德］马丁·海德格尔：《存在与时间》，陈嘉映、王庆节译，生活·读书·新知三联书店1987年版，第41—42页。
② ［德］汉斯-格奥尔格·加达默尔：《真理与方法——哲学诠释学的基本特征》，洪汉鼎译，上海译文出版社1999年版，第480页。
③ Karl Jaspers, *Allgemeine Psychopathologie*, Springer-Verlag 1948, 5. unveränderter Aufl., S. 2.

三

雅斯贝尔斯从未在大学系统地学习过哲学，他曾是一名法学和医学学生，后来成为精神病学家和心理学家，在他担任海德堡大学的哲学教授之前，他是与海德格尔并列的德国实存哲学的最重要的代表人物。

雅斯贝尔斯一生都在教授别人一种"做哲学的艺术"（die Kunst zu philosophieren）。"做哲学"（philosophieren）是他从康德那里继承的一个术语，在康德的基础之上，雅斯贝尔斯认为，"做哲学"有三种形式（过程）：其一是我们每天内在行为之中的实际（praktisch）研究（也就是"哲学"在古希腊时期的原意，即"爱智慧"；康德在《实践理性批判》中提到的是"Liebe zur Weisheit"或"Liebe zur Wissenschaft"）；其二是借助于各种科学、范畴、方法和体系，在内涵中去体验的实质（sachlich）研究（海德格尔特别重视这一点）；其三是通过使哲学的传统化为已有的历史（historisch）研究（也就是习得的过程，属于教育概念）。[①] 因此，雅斯贝尔斯从来不是一个关在书斋中进行学院式哲学撰述的学者。正是他对艺术的关注，使他的哲学超越了哲学家和人文学者的专业圈子，成为普通人也可以接受的一种思维方式。也只有在这个意义上，"就像歌德是哲学家一样，列奥纳多也是哲学家"[②]。

雅斯贝尔斯是作为精神病理学家开始他的学术生涯的，这对他后来的研究，特别是有关艺术哲学的研究起着关键性的作用。他对病历志（Pathographie）的研究在 20 世纪初取得了丰硕的成果，其中尤以关于斯特林堡（Strindberg）、凡·高（van Gogh）、斯威登堡（Swedenborg）和荷尔德林（Hölderlin）的研究成果最负盛名。雅斯贝尔斯的传记作者萨纳尔（Hans Saner，1934—2017）在论及雅斯贝尔斯对精神病理学所做出的贡献时，谈到了以下五个方面：其一，他以现象学

[①] Karl Jaspers, *Was ist Philosophie?*, Piper Verlag, 1976, S. 111.
[②] Karl Jaspers, *Lionardo als Philosoph*, A. Francke AG. Verlag, 1953, S. 60.

的方法创立了一种现象学的精神病理学（eine phänpmenologische Psychopathologie）；其二，他描述了遗传学理解的方法，建立了一种理解心理学（eine verstehende Psychologie）；其三，他发展了传记学（Biographik），并为科学的病历志奠定了基础；其四，他创立了作为一种科学的精神病理学；其五，各种病征、性格以及作为一个综合体，通过理解心理学究竟有多少能被看到，这一切都需要更多的个案研究。[1] 雅斯贝尔斯的这些研究成果，开创了从病历志对艺术家进行研究的先河，为后来的学者树立了典范。同样，神经科学的进步使人们对艺术和疾病之间的联系有了新的认识。雅斯贝尔斯以后，研究者将医学、神经心理学、精神分析学等学科的方法运用到文学、艺术、神学和哲学之中，并不断进行跨学科的研究。

四

除了研究之外，秀昌教授一直很重视雅斯贝尔斯著作的翻译工作。2020 年我有幸得到了他寄赠的《斯特林堡与凡·高》的译本。[2] 这是雅斯贝尔斯具有划时代意义的著作，他通过两位艺术家的病情记录，深入探讨了这两个患有精神病的艺术家的不安心灵。雅斯贝尔斯认为，精神疾病事实上可以促成伟大的创造力。尤其是凡·高，尽管他割掉过自己的一部分耳朵，最后朝自己的肚子开了一枪，并于两天后去世。但是，他的《星夜》和《向日葵》在现代艺术史上是无可比拟的。雅斯贝尔斯此类的研究成就以学术译文的方式呈现，这在中文世界并不多见。

此次秀昌教授为他的专著《雅斯贝斯艺术家论研究》提供了丰富的"附录"部分，包括七篇译文：除了三篇有关艺术的论述（《哲学与艺术》《艺术是解读密码的语言》《悲剧的超越》）之外，其他四篇涉及三个著名的人物：歌德（《我们的未来与歌德》《歌德的人性》）、达·芬奇（《作为哲学家的达·芬奇》）以及莱辛（《论莱辛》）。尽管以往有关雅斯贝尔斯美学的篇章中也有相关的论述，但秀昌教授却是

---

[1] Hans Saner, *Karl Jaspers*, Rowohlt Taschenbuch Verlag GmbH, 1970, S. 76.
[2] [德] 卡尔·雅斯贝斯：《斯特林堡与凡·高：与斯威登堡、荷尔德林作比较的病理学案例试析》，孙秀昌译，中国社会科学出版社 2020 年版。

将这些文献以译文的方式予以集中收录的唯一一位,我认为是非常有意义的。

徐光启(1562—1633)在编撰《崇祯历书》的治历疏(1631)时写道:"欲求超胜,必先会通,会通之前,必须翻译。"① 翻译→会通→超胜,这是徐光启当时为中国学习西方科技划定的循序渐进的三个阶段。秀昌教授的《雅斯贝斯艺术家论研究》不仅汇集了他近年来研究雅斯贝尔斯艺术哲学的成果,也包含他的多篇最新译文,用徐光启的话来讲,这些是"翻译"和"会通"的结果。"翻译"的目的是中西文化之间的融会贯通,而非生搬硬套,"会通"的目的是创新出一种属于超越个体文明(超胜)的新文明形态,而这正是雅斯贝尔斯晚年所倡导的哲学的世界史的归宿:"我们正从欧洲哲学的夕照出发,穿过我们这个时代的黄昏,而走向世界哲学的曙光。"②

2022 年 4 月 24 日

于北京外国语大学全球史研究院

---

① (明)徐光启:《奏呈历书总目表》(崇祯四年正月),收入《增订徐文定公集》第 4 卷,(上海)徐顺兴印刷所 1933 年版,第 39 页。

② Karl Jaspers, *Rechenschaft und Ausblick*, Piper Verlag, 1951, S. 391.

绪　　论

一　选题缘起及其价值

存在主义是20世纪西方影响最大的文化思潮之一，其影响波及了哲学（含美学）、历史学、教育学、心理学、政治学、社会学以及文学艺术等诸多精神文化领域。雅斯贝斯（Karl Jaspers）[1]、海德格尔、萨特等存在主义哲学家对人的境遇及其命运的深切眷注与究元追问，尤其是他们匠心独具的艺术家[2]论，迄今仍是留给我们的一份颇为宝贵的精神遗产。本项研究便以雅斯贝斯的艺术家论作为对象，通过阐发那些有幸走进他的内心深处的艺术家在其独特的心灵三棱镜的折射下所呈现出来的别一种风致，试图为我们从整体上评说存在主义视域下的艺术家论做一点有益的尝试。

雅氏是在艺术与哲学的张力间洞察艺术家的生存样态及其在生存澄明中所发挥的不可替代的作用的，他就此指出："大诗人们不仅仅拥有让人容易接近的哲学，并且他们说话和影响的方式也像哲学家。……他们通过他们的作品在思想上起了比哲学还大的作用。"[3]

---

[1]　Karl Jaspers（1883—1969），德国哲学家，汉译卡尔·雅斯贝斯、卡尔·雅斯贝尔斯、雅斯柏斯、亚斯珀斯、雅斯培、雅士培等。本书正文统一使用雅斯贝斯，简称雅氏；在脚注所列参考文献中，笔者尊重译者译名。

[2]　这里的"艺术家"取其广义，包括狭义上的文学家（如诗人、小说家、剧作家、散文家等）与艺术家（如画家、音乐家、雕塑家等）。

[3]　［德］卡尔·雅斯贝尔斯：《大哲学家》，李雪涛主译，社会科学文献出版社2005年版，第19页。

由此可见，雅氏诚然没有像康德、谢林、黑格尔、叔本华、尼采等大哲那样建构出一种相对完善的美学体系，也没有像莱辛、歌德、席勒等身兼大诗人与思想家的先贤那样系统阐说过美与艺术，不过这并不意味着他对那些启发了他的运思智慧的"大诗人们"就会有所轻忽。我们看到，除了早期专门论说过的斯特林堡、斯威登堡、荷尔德林、凡·高外，雅氏在晚期还专门论说过歌德、莱辛、达·芬奇等伟大的艺术家[①]。深入系统地研究他的这些艺术家论以及涵贯于其中的那种独特的运思智慧，显然是一件颇赋学术价值因而值得倾注全部生命来完成的事。

雅氏在阐说"哲学的研读"时，除了谈及"对伟大哲学家研究"外，他还力倡"对日常生活中的行为的良心之道，对于重大决定的严肃认真，对自己活动与经验的责任感"[②]。因此，对生命在场的良知哲人来说，哲学并不是生命之外的余事，作为艺术哲学之维的美论与艺术家论，亦当以陶养人的审美心灵、引导人的生存决断为其职志，而不应沦为某种生命不在场的知识炫示或漠视生存抉择的审美游戏。应该说，就成全人的自由与呵护人的尊严而言，那些创造审美价值的艺术家其实同那些在整体上贞定人生价值的哲学家一样也应负起一份不可推诿于外的责任。我们看到，作为存在哲学家中道德祈向最明确的一位，雅氏于克尔凯郭尔与康德的运思张力间探寻自由选择的个体在世界中自我澄明、自我担待、自我超越的精神救赎之路，这种生命智慧为现代人走出自我遮翳、自我逃避、自我沉沦的困境提供了可资借鉴的思想资源。他所论及的那些艺术家的人生遭际、艺术追求及其自我拯救之路，即便在当下仍可为苦苦觅路的人们提供些许有益的启示，这便使本项研究具有了一定的现实意义。

[①] 雅斯贝斯计划研究的艺术家还有荷马、埃斯库罗斯、索福克勒斯、欧里庇得斯、但丁、莎士比亚、席勒、陀思妥耶夫斯基、塞涅卡、庄子等，可惜最终未能完成。

[②] ［德］卡尔·雅斯贝尔斯：《智慧之路——哲学导论》，柯锦华、范进译，中国国际广播出版社1988年版，第117页。

二　研究状况述要

雅氏生前的私人助理萨尼尔（Hans Saner）[①] 曾在《着眼于卡尔·雅斯贝尔斯论哲学与艺术》一文中写道："雅斯贝尔斯对艺术与哲学的关系的思考很少得到研究，这的确令人诧异，因为这种思考伴随了雅斯贝尔斯的终生。"[②] 可以说，这段流露着难以压抑的"诧异"之感的品评大体道出了雅氏的艺术哲学思想（含艺术家论）一直在学界罹遭冷落的窘境。

1. 国外学界对雅斯贝斯艺术哲学思想的研究状况

国外学界对雅斯贝斯的研究起步较早，研究成果也较为全面、深入（涉及其生存哲学、历史哲学、道德哲学、政治哲学、教育哲学、科技哲学、宗教哲学、美学、精神病理学等多个维面）。[③] 但从目前掌握的资料看，其中有关雅氏艺术哲学思想的论文相对较少，更未见到一部研究其艺术哲学思想的专著（研究其艺术家论的专著自然也未曾见到）。迄今为止，国外学界的研究成果中与本项研究在内容上直接相关且具有较高学术价值的文献主要有如下六种。

（1）克劳斯·皮珀尔（Klaus Piper）编选的《开放的视域：雅斯贝斯纪念文集》（*Offener Horizont：Festschrift für Karl Jaspers*，R. Piper & Co. Verlag，1953）。这是德国的皮珀尔出版社为纪念雅斯贝斯 70 寿辰而出版的一部文集，这部文集的第四部分收入了七篇有关诗与艺术的文章：斯特凡·安德烈斯（Stefan Andres）的《关于诗人的使命》（"über die Sendung des Dichters"），瓦尔特·考夫曼（Walter Kaufmann）的《哲学、诗歌与人性》（"Philosophie，Dichtung und Humanität"），恩斯特·博

[①] Hans Saner（1934—2017），瑞士哲学家，汉译汉斯·萨尼尔、汉斯·萨内尔、汉斯·萨纳尔等，本书正文统一使用萨尼尔；在脚注所列的参考文献中，笔者尊重原译者译名。萨尼尔于 1962—1969 年作为雅斯贝斯的私人助理，协助雅氏处理学术与私人事务。由于雅斯贝斯夫妇一生没有孩子，萨尼尔便成为他们夫妇的遗产（主要是雅氏留下的文稿与 12000 册藏书）继承人。萨尼尔深谙雅氏的人格与思想，他不仅撰写了首部关于雅斯贝斯的思想传记，而且编辑出版了大量雅氏遗稿，为推动雅氏思想的传播与研究做出了重要的贡献。

[②] ［德］汉斯·萨尼尔：《着眼于卡尔·雅斯贝尔斯论哲学与艺术》，收入［德］卡·雅斯贝尔斯等《哲学与信仰：雅斯贝尔斯哲学研究》，鲁路译，人民出版社 2010 年版，第 241 页。

[③] 详见正文后所附的参考文献。

伊特勒（Ernst Beutler）的《法兰克福的歌德博物馆》（"Das Frankfurter Goethemuseum"），路德维希·库尔提乌斯（Ludwig Curtius）的《现代世界的古代艺术》（"Die antike Kunst in der modernen Welt"），格哈德·内伯尔（Gerhard Nebel）的《美丽的事件》（"Das Ereignis des Schönen"），埃米尔·比勒陀利乌斯（Emil Preetorius）的《艺术危机与艺术教育》（"Kunstkrise und Kunsterziehung"），罗伯特·奥博谢尔（Robert Oboussier）的《音乐关切与主旨》（"Anliegen und Gegenstand der Musik"），其中部分文字谈及雅斯贝斯的艺术观，具有一定的参阅价值。

（2）保罗·亚瑟·席尔普（Paul Arthur Schilpp）编选的《雅斯贝斯的哲学》（*The Philosophy of Karl Jaspers*，Tudor Publishing Company，1957）。这是纽约的都德出版社为方便读者较为全面地理解当时依然健在的伟大哲学家的思想而出版的一部雅斯贝斯研究专辑，这部专辑的第一部分收入英译版的《雅斯贝斯哲学自传》，第二部分收入学界评说雅氏哲学思想的二十四篇论文，第三部分收入雅氏本人的《对我的批评的答复》，第四部分收入雅氏截至1957年春的著作目录。令人欣慰的是，这部专辑的第二部分收入了两篇专论雅斯贝斯艺术哲学思想的论文。其一，约翰尼斯·菲弗尔（Johannes Pfeiffer）的《论雅斯贝斯对艺术的诠释》（"On Karl Jaspers' Interpretation of Art"）。该文结合雅斯贝斯思想探索的三个阶段及其在每个阶段的代表作将他的艺术论分为三个层面，认为他在《世界观的心理学》（1919）一书中探究的是精神—心理学的问题，在《哲学》（三卷，1932）一书中探究的是生存—形而上学的问题，在《论真理》（1947）一书中探究的是普遍—逻辑的问题。其二，赫尔穆特·雷德尔（Helmut Rehder）的《雅斯贝斯的文艺批评与生存主义》（"Literary Critiicism and the Existentialism of Jaspers"）。该文以雅斯贝斯的文艺批评与其生存哲学之间的关系为阐发重心，认为雅氏曾有两次以文学艺术为中介冒险进入了文艺批评领域：第一次是在他从精神病理学领域转向哲学领域的时期，这一时期的代表作是出版于1922年的《斯特林堡与凡·高》，这项带有哲学意味的"病历"研究从方法论上看既归功于专门化学科所具有那种科学分离的精神（这在雅斯贝斯出版于1913年的《普通精神病理学》一书中就已表现出来），也归功于哲学视野所具有的那种系统化的精神（这在他将哲学视域透入《世界观的心理学》一书的过程中就已显示出来）。第二次则出现在他的哲学思想业已成熟并大量出版的时期，在这一时期文学艺术已经成为雅氏构建其生存哲学大厦的必不可少的部分。雷德尔指出，若从讨论的范围来看，前后两次所探究的对象显然各不相同，但是若从深层的"生存"主旨以及隐含其中的时代精神关切来看，彼此之间就有了内在的关联，这种关联就是两者都显露出一种文化危机意识，起初主要是带着忧惧之情将其诊断为一种精神症候，最终则断言此类症候本身就是在世生存的个体不可逃避的现实处境，进而呼吁生存个体通过自我选择与自我超越走向自我疗救与运命自承之途。上述两篇专门阐发雅斯贝斯艺术哲学思想的文字具有重要的参考价值。

（3）今道友信等著的《存在主义美学》（崔相录、王生平根据日本东京美术出版社1976年日文版译出，辽宁人民出版社1987年版），其中的"雅斯贝斯艺术哲学"部分由井村阳一撰写。井村阳一首先在"序言"中简要概述了雅斯贝斯哲学探索的历程、旨趣以及艺术论在其哲学探索中的位置，然后从三个方面具体阐发了雅氏的艺术哲学思想：一是重点结合《哲学》第一卷等文本阐说了"世界定位中的艺术"；二是重点结合《斯特林堡与凡·高》《我们的未来与歌德》《歌德的人性》《作为哲学家的达·芬奇》等文本阐说了"作为生存的艺术家"；三是重点结合《哲学》第三卷、《论真理》等文本阐说了"作为超越者密码的艺术"与"悲剧"思想。井村阳一的上述解读为研究雅斯贝斯的艺术哲学思想勾勒了大致的轮廓，特别是其在"作为生存的艺术家"部分较为详细地分析了荷尔德林、凡·高的生存样态，就此比较了这些在临界处通过自我毁灭而实现自我超越的艺术家与以歌德、达·芬奇为代表的那些在界限之内自我成长、自我超越的艺术家之间的不同之处。这些文字运思缜密，有理有据，评说中肯，对笔者开展本项研究具有直接的启发作用。

（4）约翰·M.麦基高（John M. MacGregor）所著的《发现精神病人艺术》（*The Discovery of the Art of the Insane*，Princeton University Press，1989）。该书立足于西方精神病理学、精神分析学理论，密切结合西方现代艺术的嬗演轨迹与典型病例，深刻揭示了"精神病人艺术"对西方现代艺术的影响。其中的"表现主义与精神病人艺术"一节，从 1912 年的科隆国际艺术展览会谈起，勾勒了表现主义的缘起及其发展脉络，特别是对那些患有精神病的艺术家及其作品做了爬梳，所谈及的精神病艺术家主要有恩斯特·约瑟夫森（Ernst Josephson）、奥古斯特·斯特林堡（August Strindberg）、爱德华·蒙克（Edvard Munch）、保罗·克利（Paul Klee）、阿道夫·韦尔夫利（Adolf Wölfli）、阿尔弗雷德·库宾（Alfred Kubin）、海因里希·韦尔茨（Heinrich Welz）等。在爬梳这些精神病艺术家的过程中，作者对较早关注"精神病人艺术"这一畛域的学者同时做了扼要的阐析，所阐析的学者主要有沃林（Wahlin）、普林茨霍恩（Prinzhorn）、奥斯卡·希勒姆尔（Oskar Schlemmer）、詹姆斯·史密斯·皮尔斯（James Smith Pierce）、迈尔（Meyer）、弗朗茨·波尔（Franz Pohl）、雅斯贝斯（Karl Jaspers）等。尤为可贵的是，作者格外看重雅斯贝斯的《斯特林堡与凡·高》一书，较为详细地阐析了该书的相关观点及其学术史价值，对我们理解雅氏关于精神病艺术家的思想具有一定的借鉴意义。近年来，国内关注"精神病人艺术"这个畛域的学人日益增多，南京原形艺术中心的张志伟已将《发现精神病人艺术》中的"表现主义与精神病人艺术"一节译成中文。[①]

（5）赫尔穆特·富尔曼（Helmut Fuhrmann）所著的《歌德接受史研究六论》（*Sechs Studien zur Goethe-Rezeption*，Königshausen & Neumann GmbH，2002）。这是一部研究歌德接受史的学术专著，全书依探讨的不同专题分为六个部分，其中第四部分专题讨论了雅斯贝斯对歌德的接受过程及其与恩斯特·罗伯特·库尔提乌斯（Ernst Robert Curtius）[②]之间围绕着歌德问题展开的一场论战。富尔曼在这一部分中首先结合《歌德的人性》（1949）、《我们的未来与歌德》（1947）两个文本介绍了雅斯贝斯的歌德观，接着就库尔提乌斯向雅氏提出问难的关键点进行了分析，最后就雅氏针对库尔提乌斯的攻讦所做的反应以

---

① http://www.360doc.com/content/17/1129/09/31451509_708208649.shtml；http://www.artlinkart.com/cn/article/overview/286cxwtk。

② 恩斯特·罗伯特·库尔提乌斯（Ernst Robert Curtius，1886—1956），马堡大学、海德堡大学以及波恩大学的罗曼语语言文学家，著有《欧洲文学与拉丁语中世纪》《欧洲文学批评论集》等。

及两者在思维上的相似之处乃至立场的对立之处进行了阐发。这些解读性的文字对我们深入理解雅斯贝斯的歌德观和"库尔提乌斯事件"具有直接的参考价值。此外，弗兰克·鲁特格尔－豪斯曼（Frank-Rutger Hausmann）的《库尔提乌斯、歌德与雅斯贝斯：作为歌德研究专家的恩斯特·罗伯特·库尔提乌斯》（"Curtius, Goethe und Jaspers oder：Ernst Robert Curtius als Goetheforscher"）一文（该文收入 Matthias Bormuth herausgegeben, *Offener Horizont：Jahrbuch der Karl Jaspers-Gesellschaft 1/2014*, Wallstein Verlag, 2014）也对"库尔提乌斯事件"做了较为详细的阐说。

（6）舒尔茨、博南尼、包姆斯（R. Schulz, G. Bonanni und M. Bormuth）编选的《将我们联结起来的，是真理——雅斯贝斯的艺术与哲学探讨》（*Wahrheit ist, was uns verbindet：Karl Jaspers'Kunst zu philosophieren*, Wallstein Verlag, 2009）。2008 年是雅斯贝斯诞辰一百二十五周年，坐落在雅氏出生地的奥尔登堡大学以"哲学与艺术"为题举办了为期半年的系列讲座、研讨会等纪念活动，并从参与纪念活动的一百余篇论文中择选出三十篇文章结集出版。这部文集中关涉雅氏艺术哲学思想的有六篇：维尔纳·萨格（Werner Zager）的《在卡里奇马与神话之间——卡尔·雅斯贝斯与鲁道夫·布尔特曼对〈圣经〉去神话化讨论做出的贡献》（"Zwischen Kerygma und Mythos：Karl Jaspers' und Rudolf Bultmanns Beitrag zur Debatte über die Entmythologisierung der Bibel"）、萨尼尔的《着眼于卡尔·雅斯贝斯论哲学与艺术》（"Philosophie und Kunst Im Hinblick auf Karl Jaspers"）、苏珊娜·科克布莱特（Suzanne Kirkbright）的《关于雅斯贝斯的音乐性与调性》（"über Musikalität und Tonalität bei Jaspers"）、马蒂亚斯·博尔莫斯（Matthias Bormuth）的《艺术与疾病——雅斯贝斯与病志》（"Kunst und Krankheit：Karl Jaspers als Pathograph"）、迈克尔·施密特－德根哈德（Michael Schmidt-Degenhard）的《精神分裂症现象学中难以理解的转变——对错觉问题的人类学贡献》（"Wandlungen des Unverständlichen in der schizophrenen Wahndynamik：Ein anthropologischer Beitrag zum Wahnproblem"）、克劳斯·波多尔（Klaus Podoll）的《作为一个病理学案例的艺术家草间弥生》（"Die Künstlerin Yayoi Kusama als pathographischer Fall"）。2010 年，

鲁路将该文集中的十四篇文章译成中文。"考虑到雅斯贝尔斯研究在我们国内尚显门庭冷落,为方便读者接受起见"(见译者前言),译者又选取雅氏的《哲学导论》(Einführung in die Philosophie)纳入译文集中,并将译文集取名为《哲学与信仰:雅斯贝尔斯哲学研究》(人民出版社2010年版)。就雅氏艺术哲学思想研究而言,这部译文集中仅收录了《在卡里奇马与神话之间——卡尔·雅斯贝斯与鲁道夫·布尔特曼对〈圣经〉去神话化讨论做出的贡献》《着眼于卡尔·雅斯贝斯论哲学与艺术》两篇译文,其中最值得关注的便是萨尼尔所撰的这篇文字。萨尼尔首先结合雅氏的精神求索历程一一列举了他在人生的各个时期就艺术问题撰写的所有著述,然后关联着艺术在20世纪的新语境下如何界定的问题阐发了雅氏哲学视域中的两重艺术概念——第一重概念:艺术是在自然、历史与人身上传达的那种直观的解读密码的语言;第二重概念:艺术从起源上说是对生存的阐明,它依靠的是一种确定性,这种确定性通过直观来意识涌动于实存之中的生存。着眼于艺术的直观品性及其对生存的阐明功能,艺术便作为"哲学的工具"获致了与诉诸理性思维的哲学同等重要的地位,而真正的哲学家则通过借用那种传达出密码的语言的"真正的艺术"来实现哲学凭借理性思维所能成就的东西。在此基础上,萨尼尔重点阐说了雅氏的两种有其特定境遇的批判——第一种批判可追溯到1912年夏"西德艺术之友与艺术家联合会"在科隆举办的国际艺术展览,雅氏参观了这次展览,并在十年后出版的《斯特林堡与凡·高》(1922)一书中对此做出了批判;第二种批判则出现在《时代的精神状况》(1931)一书中,雅氏指出那些"支离破碎"的时代艺术"形同艺术本质的陨落"。事实上,这两种批判所针对的都是那种缺乏生存根源的游戏性艺术。最后,萨尼尔围绕着雅氏"在何种意义上是他那一代的艺术家的同代人与同路人"这个问题深入掘发了他的艺术哲学思想的独特韵致及其时代意义。这是一篇资料翔实且富有学思深度的雅斯贝斯专论,对我们全面而深入地理解雅氏的艺术观颇具参考价值。

由于笔者目力有限,目前尚无法将国外研究雅斯贝斯艺术哲学思想的文献搜罗殆尽并一一加以评述,不过这里可以断言的是,上述所列的六种文献反映了该学域研究在国外的基本状况与整体水平。总的

绪 论

来看，尽管国外学界已出现了一些学理性较强、启发性较大的研究成果，但是对雅氏艺术哲学思想的研究仍是一个颇为薄弱的环节，特别是对其丰赡而颇富意趣的艺术家论思想的掘发还不够深广。剖析其中的原因，大致说来主要有以下两个。

（1）"他的哲学原创性不十分明显，往往在现代内容里散发着古典气息，其吸引力远不如具有变革力量的海德格尔思想和具有鼓动力量的萨特思想。"[①] 这段话本是用来揭示雅氏思想在中国遭受冷落际遇的原因的，其实同样适用于揭示国外的研究状况。当然，这里尚需补充的是，雅氏在一个哲学日趋学院化、知识化的时代断然地走上一条哲学生命化、生活化之路，在一个非理性主义盛行的时代勉力畅扬理性自身的力量，这种特立独行、不合时宜甚至"倒行逆施"（从现代到古典时代最后回归"轴心时代"）的姿态让他的哲学从一开始就不太受时人的青睐，诸如李凯尔特、萨特、加缪、让·华尔（Jean Wahl）等同时代的哲学家都曾对雅氏做过贬抑性的评价，此后的研究者威廉·巴雷特、考夫曼、巴斯摩尔、尼古劳斯·桑巴特等也曾对雅氏做过有失同情理解的批评。加之心仪于康德的"世界公民"思想的雅氏在二战后因痛切反省"德国的罪状"问题成为"国家公敌"而愤然离开德国前往瑞士巴塞尔大学执教以及"雅斯贝尔斯香火不旺，他的学生当中最有造诣的汉娜·阿伦特（Hannah Arendt, 1906—1975）也留在了美国"[②] 等原因，他的影响在一定时期内远逊于海德格尔与萨特乃是意料之中的事，这也在一定程度上导致期待已久的德文版《雅斯贝斯全集》迄今依然付之阙如。[③] 我们知道，没

[①] 时胜勋：《雅斯贝尔斯在中国》，《中文自学指导》2006年第6期。

[②] 参见鲁路为其翻译的《哲学与信仰：雅斯贝尔斯哲学研究》（人民出版社2010年版）所撰写的"译者前言"第6页。

[③] 李雪涛在其翻译的《论历史的起源与目标》一书（卡尔·雅斯贝尔斯著，华东师范大学出版社2018年版）中，收录了他为其主持编译的"雅斯贝尔斯著作集"撰写的"中文版总序"，其中介绍了国外《雅斯贝斯全集》的出版规划："2012年，设在瑞士巴塞尔的雅斯贝尔斯基金会（Karl Jaspers Stiftung）宣布将在海德堡科学院（Heidelberger Akademieder Wissenschaften）的主持下，出版50卷本的《雅斯贝尔斯全集》（*Karl Jaspers Gesamtausgabe*，KJG）。项目专门在海德堡科学院成立了编辑委员会，主要由海德堡大学的哲学系和心理社会医学研究中心具体负责实施。这项斥资5440万欧元的项目，汇集了德国、瑞士、奥地利的雅斯贝尔斯研究专家，除了利用马尔巴赫德意志文献档案馆（Deutscher Literaturarchiv Marbach）中所保存的文献资（转下页）

— 9 —

有翔实的一手资料作基础，任何一项学术研究都难以取得整体性、突破性的进展。雅斯贝斯研究在整体上的相对滞后，其重要的原因之一便在于此。

（2）雅斯贝斯不是一位学院派哲学家，他从未将唤醒生存意识的哲学活动当作一种专业化的职业来对待，也没有兴趣自创一套自圆其说的哲学思想体系。就其艺术哲学思想来看，他始终立足于"生存"这一根源思考哲学与艺术的张力问题，他的诸多见解并没有像康德的《判断力批判》、黑格尔的《美学》、叔本华的《作为意志与表象的世界》那样以某种美学体系的形式公之于世，而是散见于其毕生精神求索的多种著述之中。这就给那些试图阐发其艺术哲学思想的学人带来了一个难题：只有会心把握雅氏学说的整体旨趣、内在理路并对其艺术（家）论的各个细节作悉心的爬梳，才有可能领略其艺术哲学思想的深微意趣。然而，在一个世风、学风日益浮躁的时代，甘愿下这种功夫的学人已越来越少了。此外，学院派的专业分立也是导致雅氏的艺术哲学思想得不到足够重视的原因之一。对多数哲学从业者来说，雅氏的艺术哲学思想因缺乏体系性的特征而引不起他们的研究兴趣；与此相应，对那些文艺学从业者来说，他们又往往因着只把雅氏当作一位哲学家而看不到其艺术哲学思想的研究价值。这样一来，雅氏的艺术哲学思想就容易成为学界的一块"飞地"。

2. 国内学界对雅斯贝斯艺术哲学思想的研究状况

国内学界（包括中国大陆与港澳台地区）的雅斯贝斯研究起步于20世纪60年代初期，当时的成果主要集中于译介方面，撰述方面的成果尚不多见。自60年代中期至70年代末期，中国大陆的雅斯贝斯研究受时代语境的影响几乎处于完全停滞的状态，相比之下，中国台湾的学人则通过独立的译介与撰述为这一时期的雅斯贝斯研究挽回了一点颜面。70年代末期至80年代中后期，中国台湾的雅斯

（接上页）料外，也会利用奥登堡雅斯贝尔斯协会的12000册雅斯贝尔斯的私人藏书，来编纂50卷本的注释版全集。……海德堡科学院宣布这一项目预计在2030年完成，也就是说需要用18年的时间来整理、作注。"上述信息亦可参见李雪涛《倾听哲学家萨纳尔的声音》，《经济观察报》2018年6月11日（总第874期）。

贝斯研究进入了鼎盛期①，与此同时，中国大陆的雅斯贝斯研究随着思想渐渐解冻的时代语境与新旧话语范式的激烈交锋也迎来了复苏期②，并于90年代逐渐步入全盛期，陆续出现了一批对雅斯贝斯其人其说进行学理探讨的学术专著与论文。③ 这些研究成果诚然已广泛涉及雅氏学说的诸多维面，不过从整体上看他的艺术哲学思想仍未引起足够的重视，特别是雅氏关于艺术家的大量论述，不仅均没有中译本，而且更没有得到深入、系统的研究。迄今为止，国内学界的研究成果中与本项研究在内容上直接相关且具有较高学术价值的文献主要有下述四种。

（1）赵雅博撰著的《存在主义论丛》一书（自由太平洋文化事业

---

① 标志性的研究成果是黄藿撰写的国内首部研究雅斯贝斯学说的学术专著《雅斯培的超越思想研究》，1986年通过台湾辅仁大学博士学位论文答辩，1992年以《雅斯培》为书名由台湾的东大图书公司正式出版。另外，台湾地区研究雅氏学说的第二部学术专著是洪樱芬撰写的《人的实现——论雅斯培"存在"的实现与孟子"人性"的实现》，1997年通过台湾辅仁大学博士学位论文答辩。

② 标志性的研究成果是王玖兴1986年撰就的长文《雅斯贝尔斯》（该文收入徐崇温主编的《存在主义哲学》，中国社会科学出版社1986年版；另收入崔唯航选编的《王玖兴文集》，河北大学出版社2005年版）与叶秀山所著的《思·史·诗——现象学和存在哲学研究》（人民出版社1988年版）第七部分"哲学之辩护——雅斯贝斯的'奋争'和'奉献'"。

③ 就学术专著（含博士学位论文）来看，值得一提的主要有下述十四部：《重建价值主体——卡尔·雅斯贝斯对近现代西方自由观的扬弃》（方朝晖著，中央广播电视大学出版社1993年版），《自由与超越——雅斯培尔斯对生存的阐明》（鲁路著，中央编译出版社1997年版），《生存·悲剧·信仰——雅斯贝斯哲学思想研究》（刘敏著，1998年通过中国人民大学博士学位论文答辩），《心灵的界限——雅斯贝尔斯精神病理学研究》（金寿铁著，吉林人民出版社2000年版），《敞开的视域——雅斯贝尔斯哲学研究》（金寿铁著，吉林人民出版社2001年版），《历史：一种反思性的文化存在——雅斯贝尔斯视野下的生存历史性研究》（周启杰著，黑龙江人民出版社2005年版），《生存的实现——对雅斯贝斯哲学中一个基本问题的探析》（李剑著，2005年通过复旦大学博士学位论文答辩），《生存·密码·超越——祈向超越之维的雅斯贝斯生存美学》（孙秀昌著，人民出版社2010年版），《哲学：生存之爱——雅斯贝尔斯的元哲学研究》（杨俊著，中国书籍出版社2012年版），《世界著名教育思想家：雅斯贝尔斯》（杨克瑞、邢丽娜著，北京师范大学出版社2012年版），《雅斯贝斯科学哲学思想研究》（孙巍著，2014年通过大连理工大学博士学位论文答辩），《探寻本真教育——雅斯贝尔斯教育思想的文本学解读》（余小茅著，北京师范大学出版社2015年版），《重新审视"轴心期"：对雅斯贝斯相关理论的批判性研究》（吾淳著，上海人民出版社2018年版），《雅斯贝尔斯之本真教育》（张宏著，山西人民出版社2018年版）。上述专著均是撰述者多年潜心研究的成果，学理性普遍较强，学术价值普遍较高，代表了中国大陆雅斯贝斯研究的整体水平。另外，中国大陆学界自20世纪90年代以来还出现了不少研究雅氏学说的期刊论文，据不完全统计有三百余篇，广泛涉及雅氏的生存哲学、历史哲学、道德哲学、政治哲学、教育哲学、科技哲学、宗教哲学、艺术哲学、精神病理学等多个维面。鉴于这些期刊论文的数量较多且学术质量参差不齐，这里就不再一一列举了。

公司1965年版)。该书是台湾学界研究存在主义的首部学术专著,就雅斯贝斯研究而言,该书的价值主要体现在如下两个方面。其一,作者在绍介存在主义的代表人物时,用了近九页的篇幅(参见该书第25—33页)专门阐说了雅斯贝斯(贾斯伯)的思想,认为他是存在主义哲学家中"想建立一形上体系或至少是最接近形上学体系的一位",从而肯定了雅氏哲学的形上(超越)品格。在文法方面,作者指出雅氏的文法"不像海格德(海德格尔——引者注)那样艰深,也不像他那样多用新名词,虽然命意很深邃,但是措辞却很清楚,在当代存在主义作者中,他的思想是最平衡的"。这种看法,可以说正与伽达默尔的观点相同。在思想渊源方面,作者指出雅氏"承受了康德的思想,同时也继续了吉该佳尔(克尔凯郭尔——引者注)的说法,不过他却不完全同于两家哲学",这种中肯的见地,可以说已经矫正了那些将雅氏哲学贬为克尔凯郭尔哲学的世俗化(如让·华尔)或者康德哲学的简单重复(如巴斯摩尔)的学人的偏见之谈。① 在哲学观方面,作者主要立足于雅氏的《哲学》(三卷),对"经验有"(Dasein,实存)、"人的'有'"(Existenz,生存)、"超越"(Transcendenz)、"记号"(数码或密码)、"理性"(Vernunft)、"交通"(交往)、"自由"(Freiheit)、"历史性"(Geschicht lichkeit)、"大全"(Umgreifende)等范畴的韵致做了简明扼要的称说,个别称说固然尚有值得商榷或有待深化、完善之处,不过这种称说的方式无疑为我们把握雅氏学说的精义提供了不可多得的借鉴。其二,作者揭示了存在主义与文学、存在主义与美学的内在关联,为我们研究存在哲学家的文学观乃至艺术观、美学观拓辟了一条可行的道路。特别是在揭示存在主义与美学的内在关联时,作者以"艺术的企向超越与神秘作用"为题对雅氏的美学观(艺术哲学)做了较为全面的阐说(参见该书第152—154页)——首先立足于《宇宙观的心理学》(《世界观的心理学》)一书阐说了"死亡、痛苦、战斗、错误"之类"形上的经验"("限界体验""悲剧体验"),接着关联着《哲学》一书阐说了"艺术就是诵读这些数字的方式"("艺术就是解读密码的语言")这一命题

---

① 笔者将在第一章深入辨析这个话题。

的意味,最后结合着《斯特林堡与凡·高》一书阐说了凡·高、斯特林堡的精神性状。可以说,这是笔者所见到的汉语界最早阐说雅斯贝斯美学观、艺术观的文字,对笔者的雅氏艺术家论研究具有直接的参考价值。

(2)刘敏撰著的博士学位论文《生存·悲剧·信仰——雅斯贝斯哲学思想研究》。该文以"生存""悲剧""信仰"为三个纽结点,较为系统地阐发了雅氏的哲学与悲剧思想。尤其值得肯定的是,作者将雅氏的悲剧观置于"生存"与"信仰"之间的张力下加以把握,凸显了悲剧的"临界体验"特性以及它在揭示"生存"的临界超越这一意趣时所发挥的独特功能。可惜该文在1998年通过中国人民大学博士学位论文答辩后迄今仍未正式出版,不过我们从作者发表的两篇论文——《雅斯贝尔斯悲剧哲学初探》(载《德国哲学论丛》1996—1997年卷)、《论雅斯贝尔斯的悲剧哲学》(载《兰州交通大学学报》2015年第2期)——中仍可略窥其大貌。

(3)金寿铁撰著的《心灵的界限——雅斯贝尔斯精神病理学研究》,1999年通过吉林大学博士学位论文答辩,2000年由吉林人民出版社正式出版。该书是国内首部研究雅氏精神病理学思想的学术专著,作者从雅氏对当代精神病理学的影响入手,通过阐明他的方法论、认识论的主要成就,揭示了精神病理学的一般哲学基础,并从批判的角度深入地阐发了他的临床精神病理学的理论与实践。在此基础上,作者对雅氏的三个著名的案例研究——莫里茨·克林克病史研究、约瑟夫·门德尔病史研究、精神分裂症艺术家与作品研究——做了鞭辟入里的阐析,特别是对最后一个案例研究的阐析颇见功力:作者立足于《斯特林堡与凡·高》这一文本,全面阐发了雅氏的斯特林堡观、荷尔德林观、凡·高观以及精神分裂症与这些艺术家的作品之间的关系。作者颇为中肯地指出:"与一般研究不同,此书(指《斯特林堡与凡·高》——引者注)既是一部独一无二的病理学研究报告,又是一部别具一格的艺术家专论。雅斯贝尔斯从现象学描述出发,对比分析斯特林堡、斯维东堡、荷尔德林、梵·高的病志和作品,阐明了两种不同类型的精神分裂症作品;同时,他通过体察艺术家的全部生存,揭示了艺术作品中隐而不显的'意味',展示了精神分裂症艺术家不可对象化的生存深渊。"① 作者的上述断制,对笔者开展本项研究具有直接的启发作用。

(4) 孙秀昌撰著的《生存·密码·超越——祈向超越之维的雅斯贝斯生存美学》,2006 年通过中国人民大学博士学位论文答辩,2010 年由人民出版社正式出版。该书是国内研究雅斯贝斯美学思想的第一部专著,作者以心灵对话的方式,逐层深入地走进雅氏祈向超越之维的生存哲学、生存美学、生存艺术家、生存悲剧。在此基础上,由其生存悲剧所涵贯的悲剧精神,阐释其"轴心时代"观念,使全书所论亲切、自然,富于运思深度和浓郁的人文启示意味。鉴于"密码论"在雅氏生存美学中所处的运思枢纽的地位,作者将该书的中心命意确定为:以雅氏所谓"密码"为纽结,关联着其所谓"超越存在"理解其所谓"生存",关联着其所谓"生存"喻说其所谓"超越存在",进而在"生存"与"超越存在"所构成的张力下探讨其作为"密码"的艺术,由此,将雅氏的生存美学归结为祈向超越之维的"生存艺术形而上学"。针对雅氏的"生存艺术形而上学"这一论域,作者重点阐发了他的两个专论:一是生存艺术家论,二是生存悲剧论。在生存艺术家专论部分,作者以考察艺术家赋有个性的生存样态为辐辏,从三个方面解读了雅氏的艺术家论思想:一是"患病的牡蛎"磨砺出的"美丽的珍珠":精神分裂症艺术家概说,重点阐说了精神分裂症与现代文化危机的关联、精神分裂症与艺术创作的关联以及精神分裂症艺术家的两种生存范型;二是斯特林堡、荷尔德林与凡·高:精神分裂的生存艺术家范例举要,重点论说了作为客观表现型的生存艺术家之范例的斯特林堡与作为主观体验型的生存艺术家之范例的荷尔德林和凡·高;三是专门诠解了作为理性生存型的艺术家之范例的达·芬奇。通过上述阐析,作者认为雅氏的艺术家专论与其哲学家专论具有同样的生存论意义,而且在致思理路上也是相摄互涵的。可以说,上述见解为笔者开展本项研究提供了学理基础。遗憾的是,作者是以"生存—密码—超越存在"为运思枢纽架构全书的,其指归在于

---

① 金寿铁:《心灵的界限——雅斯贝尔斯精神病理学研究》,吉林人民出版社 2000 年版,第 167—168 页。

揭示雅氏"生存艺术形而上学"的韵致,至于雅氏颇为重要的艺术家论尚未成为一个相对独立的研究畛域,涵淹于雅氏艺术家论中的"生存—理性"这一运思枢纽也没有被揭示出来。总之,由于受限于该书的整体运思框架,加之国内有关雅氏艺术家论的一手资料相对匮乏,作者对雅氏的歌德观、莱辛观、斯威登堡观尚未作专题探究,业已探究的斯特林堡观、荷尔德林观、凡·高观、达·芬奇观仍有继续深化的空间。

除了上述四部专著外,国内关于雅斯贝斯艺术哲学思想的研究成果还散见于其他一些著作、硕士学位论文以及期刊论文中。

(1)值得一提的著作主要有三部:一是程孟辉撰著的《西方悲剧学说史》(中国人民大学出版社1994年版),其中"雅斯贝尔斯的存在主义悲剧学说"部分是国内学界较早将雅氏的悲剧思想纳入西方悲剧学说史的学域中加以绍述的文字;二是牛宏宝撰著的《二十世纪西方美学主潮》(湖北人民出版社1996年版),其中"悲剧的超越"部分是国内学界将雅氏的悲剧思想纳入20世纪西方美学主潮的学域中加以梳理的文字;三是李钧撰著的《存在主义文论》(山东教育出版社2000年版),其中"雅斯贝斯:处境中的象征性跨越"部分在存在主义文论的学域内介绍了雅氏的"象征与悲剧知识"。

(2)值得一提的硕士学位论文主要有两篇:一是陈朗的《论雅斯贝斯的悲剧学说》,2003年通过苏州大学硕士学位论文答辩。该论文从雅氏的"终极境况"概念入手分析了生存内部的有限与无限、挫折与超越的矛盾结构,认为生存的这种矛盾结构决定了生存的分裂性,亦即悲剧性。在此基础上,作者关联着雅氏列举的六种不同的悲剧范型进一步阐析了悲剧的形式要素以及超越悲剧的途径;二是杨水远的《雅斯贝尔斯悲剧理论研究》,2014年通过湖南师范大学硕士学位论文答辩。该论文立足于雅氏的生存哲学及其"生存""临界境遇""密码""超越""大全"等核心范畴,较为全面地阐发了雅氏带着切己的生命体验与沉重的文化危机意识所述说的悲剧思想,认为他以"悲剧知识"为辐辏,建构了以"作品中的悲剧对象""悲剧的主观性""悲剧超越""悲剧诠释"为主要内容的悲剧理论,这种悲剧理论有别于以亚里士多德、黑格尔为代表的文本悲剧理论以及以叔本华、尼采为代表的文化悲剧理论，它乃是西方悲剧理论学说史的重要一环和合理延伸。

（3）值得一提的期刊论文主要有七篇①：马美宏的《挫折与超越——雅斯贝尔斯悲剧哲学探究》（载《江苏社会科学》1992年第3期）与《"失败中人类的伟大"——雅斯贝尔斯对悲剧的哲学阐释管窥》（载《艺海》1998年第1期），王小林的《雅斯贝雅斯的存在主义悲剧本体论》（载《长沙大学学报》1999年第1期），李庚香的《人及其超越性——雅斯贝尔斯的存在主义美学》（载《吉林大学社会科学学报》2003年第1期），蔡洞峰的《人类悲剧的超越——雅斯贝尔斯对悲剧的哲学阐释》（载《天水行政学院学报》2004年第5期），时胜勋的《雅斯贝尔斯悲剧美学思想探析》（载《戏剧文学》2007年第9期），王锺陵的《论雅斯贝斯的悲剧观：生存困境及其超越》（载《武陵学刊》2017年第2期）。这些论文从不同侧面阐析了雅氏的美学思想特别是其悲剧观，可惜均未对其艺术家论给予当有的重视。

造成上述状况的原因颇为复杂，其中一个重要的原因就是国内学界对雅氏文本的翻译相对滞后。迄今为止，不仅雅氏的诸多重要著作——如《普通精神病理学》（1913）、《世界观的心理学》（1919）、《哲学》（三卷，1932）、《理性与生存》（1935）、《罪责问题：论德国的政治责任》（1946）、《哲学逻辑第一卷：论真理》（1947）、《哲学信仰》（1948）、

---

① 这里未包括某些学者从其专著中抽取部分文字所发表的那些与雅斯贝斯艺术哲学思想相关的期刊论文，如孙秀昌发表的《反省"想象"、"游戏"与"审美冷淡"——雅斯贝斯祈向超越之维的生存艺术观探微》（载《燕赵学术》2007年春之卷）、《生存·悲剧·超越——祈向超越之维的雅斯贝斯生存悲剧》（载《问道》2007年总第1辑）、《凡·高：一位主观体验型的精神分裂症艺术家——简析雅斯贝斯的凡·高观》（载《唐山师范学院学报》2008年第3期）、《一位主观体验型的精神分裂症艺术家——雅斯贝斯的荷尔德林观》（载《石家庄职业技术学院学报》2008年第3期）、《一位客观表现型的精神分裂症艺术家——雅斯贝斯的斯特林堡观》（载《邯郸学院学报》2008年第4期）、《达·芬奇：一位理性生存型的艺术家——简析雅斯贝斯的达·芬奇观》（载《燕赵学术》2008年秋之卷）、《创作·作品·吸纳——一种对雅斯贝斯艺术活动三要素思想的阐释》（载《社会科学家》2008年第6期）、《生存·艺术·密码——雅斯贝斯"生存艺术形而上学"思想探微》[载《河北师范大学学报》（哲学社会科学版）2009年第1期]、《雅斯贝斯"密码论"发微——兼与海德格尔、萨特美学观比较》[载《福建师范大学学报》（哲学社会科学版）2009年第2期]、《雅斯贝斯"精神分裂症艺术家"思想探微》[载《福建论坛》（人文社会科学版）2009年第3期]、《生存·艺术·教育——雅斯贝斯艺术教育观探微》[载《河北师范大学学报》（教育科学版）2009年第9期]、《雅斯贝斯"密码论"解读》（载《问道》2009年总第3辑）等。

《辨明与展望：演讲与论文集》（1951）、《哲学与世界：演讲与论文集》（1958）、《哲学与启示信仰》（1962）、《精神病理学文集》（1963）、《命运与意志：自传体文集》（1967）、《接受与论争：哲学史讲演与论文集》（1968）以及遗稿《超越的密码》（1970）、《什么是哲学》（1976）、《大哲学家：遗稿1—2卷》（1981）、《哲学的世界史：导论》（1982）、《哲学逻辑：遗稿》（1991）、《人是什么？——哲学思考》（2003）等——尚无中译本[1]，而且关涉其艺术哲学思想的诸多文本——《斯特林堡与凡·高》《我们的未来与歌德》《歌德的人性》《作为哲学家的达·芬奇》《论莱辛》《悲剧的超越》——中仅有《悲剧的超越》被译成了中文[2]。至于雅氏论艺术家的那些文本，目前只有一篇转译自荷兰学者博戈米拉·韦尔什－奥夫沙罗夫编选的《凡·高论》（刘明毅译，上海人民美术出版社1987年版）一书的《凡·高与精神分裂症》。该文是由原编选者从德文版的 *Strindberg und Van Gogh* 中节选出一部分文字译成英文的，这些节译性的文字本来就没有呈现雅氏论凡·高的全貌，况且该文所收入的文集的题名中并没有"雅斯贝斯"之类的字样，即便转译成了中文也不容易引起国内雅斯贝斯研究

---

[1] 值得期待的是，李雪涛教授正在主持编译中文版的"雅斯贝尔斯著作集"（由华东师范大学出版社出版），目前已出版《论历史的起源与目标》《哲学入门》《尼采：其哲学沉思理解导论》《论悲剧》《生存哲学》凡五种。据该书所附的"雅斯贝尔斯著作集"（37卷）目录，其他32卷分别为《精神病理学总论》《精神病理学研究》《史特林堡与梵高——对史特林堡及梵高的比较例证所做的病历志分析的尝试》《世界观的心理学》《哲学》《理性与生存》《论真理》《哲学学校》《哲学的信仰》《鉴于启示的哲学信仰》《哲学与世界》《大哲学家》《尼古拉·库萨》《谢林》《尼采与基督教》《马克斯·韦伯》《大学的理念》《什么是教育》《时代的精神状况》《现代的理性与反理性》《德国的战争罪责问题》《原子弹与人类的未来》《哲学自传》《海德格尔札记》《哲学的世界史》《圣经的去神话化批判》《命运与意志——自传作品》《对根源的追问——哲学对话集》《神的暗号》《阿伦特与雅斯贝尔斯往复书简》《海德格尔与雅斯贝尔斯往复书简》《雅斯贝尔斯与妻书》等。

[2] 截至目前，雅斯贝斯论悲剧的文本在国内已有六个中译本：《悲剧之超越》，叶颂姿译，（台北）巨流图书公司1970年版；《悲剧的超越》，亦春译，工人出版社1988年版；《悲剧与超越》，徐信华译，收入《存在与超越——雅斯贝尔斯文集》，余灵灵、徐信华译，上海三联书店1988年版；《悲剧知识》，吴裕康译，收入刘小枫主编《人类困境中的审美精神——哲人、诗人论美文选》，东方出版中心1994年版；《论悲剧》，收入《卡尔·雅斯贝斯文集》，朱更生译，青海人民出版社2003年版；《论悲剧》，梁靛译，华东师范大学出版社2021年版。其中后三个中译本译自德文版 *Philosophische Logik, Bd. 1: Von der Wahrheit* 或 *Über das Tragische*，前三个中译本均译自英译本 *Tragedy Is Not Enough*。

者的关注。① 在雅氏文本的中译版相对滞后特别是在他论艺术家的文字均无完整的中译本的情形下②，国内学界对其艺术家论思想的研究也就难以取得突破性的进展了。中国有句老话叫"巧妇难为无米之炊"，就学术研究而言，可靠、完整的一手资料乃是其不可或缺的一个必要条件。鉴于此，本项研究的重要任务之一，就是把雅氏论艺术家的所有文本全部迻译成中文。

三 研究思路与主要内容

除了绪论外，本项研究辐辏于"生存"与"理性"之间的致思张力，分六章逐层深入地探察了雅斯贝斯的思想渊源、涵淹于其精神探索历程中的艺术之思、艺术家论的整体旨趣、雅氏所论艺术家的不同生存样态，重点对雅氏所阐说的客观表现型的生存艺术家之范例（斯特林堡、斯威登堡）、主观体验型的生存艺术家之范例（荷尔德林、凡·高）、理性生存型的艺术家之范例（歌德、莱辛、达·芬奇）进行了全面、深入的诠解。各章基本思路与主要内容如下。

第一章重点考察了雅斯贝斯的思想渊源。从雅氏思想的形成及其内在精神看，哲学史上对他影响最大的两位前哲当属克尔凯郭尔与康德。如果说雅氏从克氏与康德那里分别汲取了"生存"与"理性"的致思智慧，那么他在克氏与康德之间的张力中觅寻新的哲学运会的努力遂表现为"生存"与"理性"之间的张力。对雅氏来说，"存在哲学"的准确蕴含乃意指祈向超越之维（"超越存在""大全""整全的真理"）的"生存哲学"。"生存"与"理性"作为"大全"的两种样式，是雅氏哲学中不可再少的两个关键词：自由选择、自我超越、自

---

① 在此需要补充的是，本书初稿撰成后，笔者又发现了一篇节选自雅斯贝斯《斯特林堡与凡·高》的译文：《梵·高的作品与他对自身疾病的态度》，萧易译，收入白轻编，米歇尔·福柯等著《疯狂的谱系：从荷尔德林、尼采、梵·高到阿尔托》，孔锐才等译，西南师范大学出版社2019年版。

② 这里未包括笔者在完成本项研究期间发表或出版的与雅斯贝斯艺术家论相关的译作，如《作为哲学家的达·芬奇》《论荷尔德林》《论凡·高》《莱辛的哲学思想》《莱辛的神学思想》《精神分裂症与创作能力以及现代文化的关系》《关于艺术与哲学内在关系的思考》《艺术是解读密码的语言》《斯特林堡与凡·高》。

我担待的"生存"是一切"大全"样式的生命与根源,而具有"祈向统一的意志"的"理性"则是联结一切"大全"样式的纽带。正是有了对"大全"之境的眺望,"理性"与"生存"才由无所不包的"整体"这一"相关性"同时获致永不歇止、永不安宁的动力。作为"大全"的样式,"理性"给"生存"不断敞开着"大全"空间,"生存"遂把"理性"敞开的"大全"空间不断予以充盈,最终它们均趣归于虚灵不滞的"大全"之境。应该说,借助康德式的"理性"来澄明"生存",依凭克氏式的"生存"来充盈"理性",在理性与生存所构成的张力间突破任何一种企图自我封闭的"大全"样式而祈向"大全"之境,这才是雅氏在克氏与康德的致思张力间觅寻哲学新生的最后秘密。事实上,这也是雅氏以其生存哲学为理据建构其"生存艺术形而上学"的闳机所在。鉴于此,此章便以克氏与康德为两个坐标点,分三节对所论的话题展开阐说,标题依次为"雅斯贝斯的学缘:兼谈西方哲学史上的两大学缘""'生存':雅斯贝斯与克尔凯郭尔之间的思想关联""'理性':雅斯贝斯与康德之间的思想关联"。这样做的目的主要有两个:一是对雅氏在西方哲学史中的位置给予一种较为明晰、准确的定位,二是把涵淹于雅氏艺术家论中的"生存—理性"这一运思枢纽揭示出来。

第二章重点爬梳了雅斯贝斯的精神求索历程与艺术之思。雅氏的艺术家论是其艺术之思的有机组成部分,而其艺术之思又是哲学之思的有机组成部分,换言之,哲学之思→艺术之思→艺术家论在他这里表现出既层层深入又彼此贯通的一种关系。这样一来,若想掘发雅氏艺术家论的韵致,就须得悉心爬梳其艺术之思的踪迹;倘欲爬梳雅氏艺术之思的踪迹,就须臾脱不开对其精神求索历程及其学说宗趣的整体把握。在这里,艺术之思显然扮演着至为关键的角色。鉴于此,本章以雅氏的"艺术之思"为纬线(纵轴),以他的精神求索历程为经线(横轴),借此动态地考察其艺术家论的嬗演轨迹。大致来说,雅氏的精神求索历程可分为前后相贯的三个时期,即精神病理学—心理学时期、生存哲学时期、理性哲学—世界哲学时期,他在各个时期都有关于艺术(家)的论述。基于上述分期,此章分三节对所论的话题展开阐说:第一节的标题为"精神病理学—心理学时期的艺术之思",

重点爬梳了雅氏撰写于这一时期的《普通精神病理学》《世界观的心理学》《斯特林堡与凡·高》中的艺术之思；第二节的标题为"生存哲学时期的艺术之思"，重点爬梳了雅氏撰写于这一时期的《时代的精神状况》《哲学》《生存哲学》中的艺术之思；第三节的标题为"理性哲学—世界哲学时期的艺术之思"，重点爬梳了雅氏撰写于这一时期的《论真理》《大哲学家》《什么是教育》中的艺术之思。依循雅氏精神求索的历程悉心爬梳他对艺术（家）的相关论述，既有利于把握其艺术家论的阶段性特征和整体风貌，也可以为深入阐发艺术家的生存样态及其生存论意趣提供必要的文本依据。

第三章重点探究了雅斯贝斯艺术家论的韵致及其所论艺术家的生存样态。雅氏艺术家论的韵致在于阐明艺术家独一无二的"生存"，其诠说路径主要有两条：其一，在"生存"与"超越存在"所构成的张力中，诠说生存艺术乃是解读"超越存在"之消息的"密码"；其二，在"生存"与"理性"所构成的张力中，诠说"生存"的超越尚有赖于"理性"对"生存"的澄明，雅氏探究不同类型的艺术家及其生存性征的精神历程恰恰透露了这一意趣。在上述两条路径中，艺术家都是雅氏用来诠说"生存"之旨趣的范例，就此而言，雅氏的艺术家专论与他的哲学家专论具有同样的生存论意义，而且在运思理路上也是相摄互涵的。基于上述考虑，此章分三节对所论的话题展开阐说：第一节的标题为"艺术家是喻说'生存'之旨趣的范例"，此节在阐发雅氏艺术家论的生存论意义的基础上，指出雅氏艺术家论的韵致在于阐明艺术家的"生存"样态；第二节的标题为"从现代艺术家向古典艺术家的回归"，此节通过爬梳雅氏"厚古薄今"的艺术趣味以及他对同代人的严苛审查与严厉批判的态度，揭示雅氏寓托于这种艺术趣味与批判态度之中的心曲所在，即以"理性"的诚实、公正、开放的品格与其他的生存个体进行"爱的斗争"意味上的"交往"，并在这种"交往理性"的意味上对"生存"进行澄明；第三节的标题为"艺术家的三种生存样态"——客观表现型的生存艺术家（斯特林堡、斯威登堡）、主观体验型的生存艺术家（荷尔德林、凡·高）、理性生存型的艺术家（歌德、莱辛、达·芬奇）之范例，这是此章的重心所在，也是本课题的难点所在。此节通过对雅氏所阐说的艺术家的生存样态进行爬梳、比较与分类，为此后一一分说雅氏的斯特林堡观、斯威登堡观、荷尔德林观、凡·高观、歌德观、莱辛观、达·芬奇观做了必要的准备。

第四章至第六章依次诠解了雅斯贝斯所阐说的三种典型样态的艺术家的范例。第四章重点诠解了归入客观表现型的生存艺术家之列的斯特林堡、斯威登堡。雅氏对他俩的称说主要源自其精神病理学—心理学研究的兴趣，这种研究范式固然没有属意于斯特林堡与斯威登堡作品的艺术形式及其审美价值，不过对我们深入理解精神分裂症如何参与并影响了这类客观表现型艺术家原初性格（人格）的震荡裂变及其作品内容的独异气氛显然具有重要的参考价值。第五章重点诠解了归入主观体验型的生存艺术家之列的荷尔德林、凡·高。雅氏对他俩的称说已明显超出精神病理学—心理学研究的视域，从中可以看出雅氏从精神病理学—心理学向生存哲学过渡的内在轨迹。第六章重点诠解了归入理性生存型的艺术家之列的歌德、莱辛、达·芬奇。此章是雅氏艺术家专论中最有价值的部分，也是本课题投入精力最多、倾注心思最深的部分，这部分文字对我们重新理解歌德、莱辛、达·芬奇的生存样态与生命智慧具有无可替代的启发意义。

此外，本项研究在余论部分考察了雅斯贝斯对冯至的影响，在附录一中阐析了雅氏与海德格尔、萨特的美学观之间的异同，这些文字为从整体上确立雅氏的艺术哲学在存在主义文论史上的地位并爬梳其对后世所产生的影响做了初步的探究。

四　研究内容及方法的特色

就研究内容而言，本项研究的特色主要体现在两个方面。①以"生存"与"理性"之间的内在张力为运思枢纽，对雅氏的艺术家论进行了全面、深入的阐发，这在学界尚属首次尝试，在一定程度上填补了该研究领域的空白。②立足于雅氏学说的整体框架与本然宗趣，通过详审爬梳他不同时期的艺术之思，将其致力的艺术哲学归结为"生存艺术形而上学"，并初步勾勒了这种艺术哲学的大致风貌：首先，就艺术活动的构成要素（借用艾布拉姆斯的文学四要素之说）而言，雅氏对创作者（艺术家）、接受者（读者、观众）、世界、艺术品均有所谈论，其中对关涉艺术品本身之旨趣的形式问题谈论较少，对关涉"生存"之旨趣的创作者、接受者问题谈论较多，其中的原委在于，雅氏是一位始终关注"生存"之旨趣的哲学家，而不是一位专门研究艺术问题的美学家或艺术批评家。因此，艺术之思在他那里主要做了其思想大厦的一个环节（"艺术是哲学的器官"）。其次，就艺术门类而言，雅氏对建筑、雕塑、绘画、文学（包括诗歌、戏剧、小说、散文）等诸多门类均有所关注，其中关注较多的是绘画与文学。在文学门类中，他关注较多的是诗歌与戏剧，在戏剧之中关注最多的是悲剧，在悲剧之中评价最高的是古希腊悲剧与莎士比亚悲剧，这一切说到底都出自其根本的哲学立场。最后，雅氏聚焦于艺术与哲学之间的张力（"在艺术中思考，而不是思考艺术"①），对"生存艺术形而上学"的相关方面做了阐说：在艺术发生论方面，他认为艺术根源于"生存"；在艺术本质论方面，他认为"艺术是解读密码的语言"；在艺术教育论方面，他认为艺术具有陶冶与净化灵魂的作用；在艺术主体论方面，他认为艺术家是喻说"生存"之旨趣的范例，可以说，雅氏的这一看法是颇具学术见地的。

就研究方法而言，本项研究的特色主要体现在三个方面。①本项研究运用比较法，循着雅氏的精神探索轨迹将他所阐说的艺术家分为三种"理想类型"：他在精神病理学—心理学时期所著的《斯特林堡与凡·高》一书中，根据所涉猎的精神分裂症艺术家的生存样态的不同，将他们区分为两种范型：一种是"客观表现型的生存艺术家"，斯特林堡与斯威登堡便属于该种范型。雅氏如此归类的依据在于，精神分裂症对斯特林堡、斯威登堡来说只具有"质料"的意义，他们在精神分裂急性发作期间都没有创作出有影响的作品，病愈后的作品也多是对患病期间伴有的嫉妒妄想、被害妄想（斯特林堡）或者自己亲历的"通灵"经验（斯威登堡）的客观描述；另一种是"主观体验型的生存艺术家"，荷尔德林与凡·高便属于该种范型。雅氏如此归类

---

① Karl Jaspers, *Philosophy* (Vol. 3), translated by E. B. Ashton, The University of Chicago Press, 1971, p. 168.

的依据在于，在荷尔德林与凡·高那里，病情的恶化则加速了他们深刻的形而上学体验过程，诱发他们在激烈的精神运动中创作出震撼人心的作品，并把那些化入其全部"生存"的作品转换为契接"超越存在"的"密码"，进而寓示出一种形成独异风格并走向顶峰的趋势。进入理性哲学—世界哲学时期后，雅氏又在大全论的视域下分别阐说了歌德、莱辛、达·芬奇等具有理性精神的生存艺术家。这三位艺术家的共通之处在于，他们的生存并未建基于深邃的内在剧变与强烈的激情之上。毋宁说，体现于他们原初人格中的最根本的东西乃是坚韧、沉着的男子汉气概以及对现实世界的无比坚定的爱。不言而喻，他们是富有理性精神的艺术家；同样毋庸置疑的是，当他们在向着"超越存在"不断趋赴时依然面临着生存深渊。雅氏固然没有为最后一种范型的艺术家进行命名，不过在这里依据他一贯的分类原则将他们称为"理性生存型的艺术家"，当不违雅氏学说的本然宗趣。这些理性生存型的艺术家作为独一无二的"生存"，更多地为"生存"插上了"理性"的翅膀，不过，当他们诉诸直观思维喻示不可见的"超越存在"时，便使自身的"生存"始终保持着某种开放的局度，并由此把"未完成"的艺术品转换为明证"超越存在"之消息的"密码"。②运用"理解—描述"的方法，对雅氏所谈论的艺术家（斯特林堡、斯威登堡、荷尔德林、凡·高、歌德、莱辛、达·芬奇）一一进行了阐说，这些阐说可以为我们理解人类文化史上影响深远的伟大艺术家的生命智慧提供一种值得借鉴的研究范式——生存哲学（国内多称为"存在哲学"）的研究范式。③考虑到雅斯贝斯论说艺术家的代表著作迄今尚无中译本，本项研究采用研究与翻译相结合的方法，以翻译推进诠解，同时以诠解来完善翻译，这便使本课题最终成果以"诠解"（本书主体部分）与"迻译"（本书附录二）的形式呈现在读者面前。

第一章 "生存"与"理性":在克尔凯郭尔与康德的致思张力间探寻哲学的新生之路

雅斯贝斯是从精神病理学领域步入纯正的哲学王国的。① 这位并非哲学专业出身的哲学家直面人生,体验临界,以其生命的痛感为运思契机,通过咀嚼生存的沉沦与升华,磨砺出了"生存性的形而上学"② 之珍珠;他直面经典,敬畏历史,"藉着我将历史渊源化为己有时所到达的深度"③ 而与那些伟大的哲人在生命的根底处进行交往,建构起了"大哲学家的形而上学"④ 之大厦。"理性"的无限交往意志与"大全"的无所不包品格使雅氏在"将传统化为己有"⑤ 时更具同情理解前哲的雅量。他对哲学史上几乎所有伟大哲人的致思理路都有

---

① 雅斯贝斯自称:"我所走的道路与一般哲学教授们走的不同,过去我无意于借研究哲学以成为哲学博士(事实上我是一个医学博士)。……但是,自我进入学校以来,我一直受哲学问题所引导,总以为哲学是人类终极的甚至是唯一关切的事。不过,由于怀着一些敬畏心情,使我未曾将哲学作为我的职业。"见[德]雅斯培《关于我的哲学》,收入[美]W. 考夫曼编著《存在主义》,陈鼓应、孟祥森、刘崎译,商务印书馆1987年版,第133页。
② [德]卡尔·雅斯贝尔斯:《大哲学家》,李雪涛主译,社会科学文献出版社2005年版,第554页。
③ [德]雅斯培:《关于我的哲学》,收入[美]W. 考夫曼编著《存在主义》,陈鼓应、孟祥森、刘崎译,商务印书馆1987年版,第135页。
④ [德]卡尔·雅斯贝尔斯:《大哲学家》,李雪涛主译,社会科学文献出版社2005年版,第554页。
⑤ [德]雅斯培:《关于我的哲学》,收入[美]W. 考夫曼编著《存在主义》,陈鼓应、孟祥森、刘崎译,商务印书馆1987年版,第134页。

第一章 "生存"与"理性":在克尔凯郭尔与康德的致思张力间探寻哲学的新生之路

所洞察,不愧为"视野最宽的哲学家"① 之一。与此同时,"生存"的自我贞定与自我担待又让他从未曾贸然做过任何一位伟大哲人的精神的仆役。无限交往的"理性"与无所不包的"大全"显示出雅氏哲学吞吐万有的气度,而自我贞定与自我担待的"生存"则最终成全了哲学史上独属"这一个"的雅斯贝斯。伽达默尔曾就此品评说:"作为医生和研究者,他是从精神病理开始的,而最终却罕见地成为哲学教授,他不是在哲学专业取得博士学位头衔,而是医学博士。只是借庆祝他70寿辰的机会,海德堡大学哲学系才授予他名誉哲学博士的头衔。"② 一位哲学家的价值是靠其哲学著述来确证的,就此而言,这个迟到的"名誉哲学博士"头衔除了表明当时的哲学界尚对纯正的哲学保有一份当有的敬畏外,其实对雅氏本人来说已没有实质性的意义。从雅氏思想的形成及其内在精神看,哲学史上对他影响最大的两位前哲显然当属克尔凯郭尔③与康德④。本章便以克氏与康德为两个坐标点,借着梳理雅氏的学缘,试图在"生存"与"理性"所构成的致思张力间考察雅氏思想的精神特质,并对雅氏在西方哲学史中的位置给予一种较为明晰、准确的定位。

第一节 雅斯贝斯的学缘:兼谈西方哲学史上的两大学缘

雅斯贝斯认为,纯正的哲学总是自律的,同时,它又总是有其自

---

① 参见孙志文主编《雅斯培论教育》,杜意风译,(台北)联经出版事业公司1983年版,"主编前言"第13页。

② [德]汉斯-格奥尔格·伽达默尔:《哲学生涯——我的回顾》,陈春文译,商务印书馆2003年版,第189页。

③ Soren Kierkegaard(1813—1855),丹麦哲学家。汉译索伦·克尔凯郭尔、索伦·克尔凯戈尔、索伦·基尔克郭尔、日兰·克尔凯郭尔、克尔恺郭尔、基尔郭尔、基尔克果、齐克果等。本书正文统一使用克尔凯郭尔,简称克氏;在脚注所列的参考文献中,笔者尊重原译者译名。

④ 王玖兴曾就此写道:"雅斯尔斯在其哲学思想的形成上,如其所言,受康德的影响最大。事实上康德对于世界的现象性的说法,雅斯贝斯都直接接收过来,并当成其哲学的起点。在他看来,'康德是真正的哲学家'。此外,克尔恺郭尔、叔本华、尼采和社会学家马克斯·韦伯也是他时常引证的人。除此以外,他有时提到的四个人也值得注意:新柏拉图主义者Plotin、Bruni、Spinoza和Schelling。也许可以说,雅斯贝尔斯不仅是受到康德强烈影响的存在主义哲学家(这一点同法国的萨特受黑格尔影响很不相同),而且是一个新柏拉图主义者。"见王玖兴《雅斯贝尔斯哲学》(讲演稿),收入《王玖兴文集》,河北大学出版社2005年版,第247—248页。

身的"等级秩序"的。在他看来,"哲学史有它自身的等级次序。在这里,并不是所有的著作和思想家都站在同一立足点上。仅有少数人曾达到了视野的顶点。在这里,出现过如同众星环绕的太阳似的伟大人物"①。这些"如同众星环绕的太阳似的伟大人物"即是雅氏所称誉的"大哲学家",他由此形成了自己的"大哲学家的形而上学"思想。"大哲学家的形而上学"凸显了哲学的自律性与超越性,它让哲人在"哲学信仰"(philosophische Glaube/philosophic faith)②的烛引下,绝不屈从于科学、经济、政治、宗教以及形形色色的他由化的力量,而敢于依靠"大哲学家"所呈示的哲学自身的本源独立生存与立言。对雅氏来说,"大哲学家"中的"大"不仅意味着一种人生态度,而且意味着一种价值判断与哲学命运。诚如雅氏所说:"哲学无论在层次或在种类上都是极为不同的。我是否在青年时代将自己托付于一位伟大的哲学家,以及托付于哪一位伟大哲学家,这是一个哲学命运的问题。"③可以说,一个人选择怎样的哲学家作为引领自身前行的范本,也就意味着他会向着怎样的人生境地生成。人成其为人,哲学家成其为哲学家,全在乎其"大"。以"大哲学家"为范本,雅氏从不在随机的当下寻找生存的根据,而是向着人类精神传统中的那些伟大的哲人做着深情的回眸。真正的哲学乃是伟大哲学家及其伟大哲学的范本立法。面对这些范本,我们理应自觉接受他们的引领,不断地涵养自己的灵魂,并从中默识哲学之为哲学的本源。那么,仰望浩瀚的哲学史星空,雅氏究竟选择与肯认了哪些"如同众星环绕的太阳似的伟大人物"?围绕着这个问题,我们的探问便从西方哲学史上的两大学缘谈起。

一 西方哲学史上的两大学缘

如果仅从学校教育的经历看,雅斯贝斯委实未曾师承过任何一位

---

① [德]卡尔·雅斯贝尔斯:《智慧之路——哲学导论》,柯锦华、范进译,中国国际广播出版社1988年版,第100页。
② 参见孙秀昌《雅斯贝尔斯"哲学信仰"范畴解读》,《河北学刊》2010年第3期。
③ [德]卡尔·雅斯贝尔斯:《智慧之路——哲学导论》,柯锦华、范进译,中国国际广播出版社1988年版,第136页。

第一章 "生存"与"理性":在克尔凯郭尔与康德的致思张力间探寻哲学的新生之路

哲学老师,但是在他的心目中,历史上每位伟大的哲人都是他的老师。当然,作为可供选择与效法的对象,他所敬慕的老师当首推彻底改变了人类的思维方式并赋有神圣的超越之维——"善的理念""至善"——的柏拉图、康德①。与此同时,在关注生存个体处身性存在的意味上,他也把克尔凯郭尔(和尼采)视为自己精神探索之路上的知音。

从表面上看,克氏的"生存"与康德的"至善"之间似乎并无关联,不过,细细揣摩,"生存"在克氏那里即意指敢于自我决断并于瞬间契接永恒的"超越存在"的自由个体及其自我意识。更为重要的是,柏拉图的老师苏格拉底在克氏的心目中本是一位强调"生存"的圣哲②,而且,苏氏为着"心灵的最大程度的改善"③而悬设的"善本身",无疑启发了柏拉图的"善的理念"、康德的"至善"、克氏在宗教阶段所贞认的"上帝"以及雅氏的"生存"所跃向的"唯一的上帝"。对苏格拉底的共同肯认,使雅氏与柏拉图、康德、克氏以不同的致思路径而沐浴在同一学术缘分之中。诚然,雅氏为康德所牵动的主要是"理性"对"生存"的澄明、"非对象性超越"以及"理性"作为统缀"大全"诸样式之纽带的形式力量,不过同样不可否认的是,那本明的"生存"所内蕴的"良知"自始就契接着苏格拉底的"善本身"、柏拉图的"善的理念"与康德的"至善"。因此,当晚年的雅氏循着生存哲学本有的旨趣而将其慧眼投向为人类贞立了终极教化的苏格拉底、佛陀、孔子、耶稣并将诞生了"四大圣哲"的那个时代确立为世界文化史上的"轴心时代"时,他的道德祈向固然愈加自觉与显豁,不过从其一生的运思理路看,这对雅氏来说可谓一件自然

---

① 雅斯贝斯在《智慧之路》中写道:"年轻人或许欢迎关于他应当选择哪一位伟大哲学家的建议。但是每个人都必须独自作出抉择。……不过,提出某些建议还是可能的。一个古代的忠告是:研究柏拉图与康德,因为他们包容了全部要素。我也同意这个看法。"见[德]卡尔·雅斯贝尔斯《智慧之路——哲学导论》,柯锦华、范进译,中国国际广播出版社1988年版,第136页。

② 克尔凯郭尔称:"在主观性、内在性就是真理这一原理中,包含着苏格拉底的智慧,他的不朽的功绩就在于他意识到生存的本质意义,意识到认识者是一个生存着的个人这一事实。"见[丹麦]克尔凯郭尔《主观真理,内在性:真理是主观性》,段小光译,熊伟主编《存在主义哲学资料选辑》上卷,商务印书馆1997年版,第28—29页。

③ [古希腊]柏拉图:《苏格拉底的申辩篇》,收入北京大学哲学系外国哲学史教研室编译《古希腊罗马哲学》,生活·读书·新知三联书店1957年版,第149页。

而然的事。诚如黄克剑先生所指出的，"晚年的雅斯贝斯分外推崇苏格拉底、佛陀、孔子和耶稣，对这四位圣哲的生命格范的永恒价值的称叹吐露着这位'生存哲学'的立论者的灵魂深度"①。雅氏的哲学让那本明的良知"带着'爱'的温润启示一种富于宗教感却并不落于他律之说教的境界。雅斯贝斯是存在哲学家中道德祈向最明确的一位，他的哲学概念的'良知'或正可看作是他的本己良知的写真"②。伽达默尔也曾精辟地指出，综观雅氏的全部哲学，相较于叔本华和尼采"在德国学院派哲学中只占有边缘人的位置"，"雅斯贝尔斯的成就则十分出色，他把深思熟虑的哲学教师的地位和道德家的地位集于一身"③。我们有理由说，神圣的道德祈向为雅氏从事彻底的哲学史评判提供了内在的理据。这种评判之所以是彻底的，乃在于它超越了历史形态的党派、国家与民族的界限，进而让雅氏能够以康德意趣上的"世界公民"的身份对人在世界与历史之中的言行做出契接"公意"的评判。

由此可以断言，雅氏固然以其开放的姿态吞吐着前哲们的运思智慧，不过他更为属意的乃是本着"良知—公意"这一评判机制为世界哲学史确立的精神的"等级顺序"。一部哲学史，从某种意趣上说即是一部评判史。每一位真正的哲学史家，均以其独出机杼的理论姿态投向前哲们的运思智慧，要么与精神共缘的哲人达到伽达默尔所说的那种"视域融合"，要么与思致相异的哲人保持某种必要的张力。没有独立的理论姿态的评判者根本算不上真正的哲学史家，因为即便精神共缘的"视域融合"依然不是简单重复前哲的"视域重合"，说到底它还是一种共缘而非同辙的张力关系。正是在这种必要的张力中，哲学史家以其匠心独具的人文智慧与那些前哲们一起汇入奔涌不息的精神创造之川。当然，共缘终究又不同于异缘，从评判者对共缘者的更多吸纳与对异缘者的更多扬弃中，我们即可见出他们不同的生命局量与哲学品格。譬如，雅氏对康德的评价显然远远高于亚里士多德、

---

① 黄克剑：《心蕴——一种对西方哲学的读解》，中国青年出版社1999年版，第162页。
② 黄克剑：《心蕴——一种对西方哲学的读解》，中国青年出版社1999年版，第166页。
③ [德] 汉斯-格奥尔格·伽达默尔：《哲学生涯——我的回顾》，陈春文译，商务印书馆2003年版，第198页。

第一章 "生存"与"理性":在克尔凯郭尔与康德的致思张力间探寻哲学的新生之路

阿奎那、笛卡儿、休谟和那位以"绝对精神"的自由窒息了个体的自由的黑格尔①。在《大哲学家》中,雅氏撇开依年代顺序书写哲学史的惯例,越过康德之前的诸多哲人,把康德提到第一卷(原准备写三卷),与柏拉图、奥古斯丁并称为"思辨的集大成者",而且在 866 页(中译本)的正文中酣畅淋漓地给了康德整整 200 页的篇幅,足见他对根本性地改变了西方哲学史版图的康德的敬重。人们也许会指责雅氏的偏执,但这就是雅氏。这近乎偏执的评判姿态,所透露的正是雅氏自己评判哲学家的标准和他的灵魂深度。如果不理解雅氏心目中的"等级顺序"及评判标准②,那么人们就可能会产生与巴斯摩尔之类学者相同的误解:"在《大哲学家》一书的第一卷中花了很大篇幅讨论康德,而笛卡尔和休谟却被留给第三卷,这种做法一点也不使他感到难为情。"③ 总体上看,巴斯摩尔是以知识化的态度来品评雅氏的,我们即便仅从这段不无冷嘲热讽意味的品评中,即可断言生命不在场的巴氏在精神的根底处其实是与雅氏无缘的。尽管他的"大作"从细节看尚有某些闪光之处,但其大端处的某些断制却需要后人保持必要的警惕并重新做出评判。笔者之所以在此重笔分辨似乎无关大要的雅氏学缘,隐衷之一便在于首先提醒自己不要重蹈巴斯摩尔之类生命不在场的品评者的歧路。

我们或可在精神的深层对雅氏建构"大哲学家的形而上学"的运思理路作如下一种推断:在哲学与宗教、科学之间,雅氏出于哲学的自律意识而选择了哲学;在"大哲学家"与"小哲学家"之间,他出

---

① 应该说,雅斯贝斯对黑格尔的评价是颇为中肯的,他并未纯然否定黑氏的思想,而是意在以他的"生存"意识指出黑氏思想内部的重大缺陷。譬如,雅氏称黑氏是"第一位对整个哲学史采取一种有意识的哲学观念的哲学家。因为这个理由,他的哲学史至今仍然是一项辉煌的成就"。紧接着,雅氏话锋一转:"然而,由于他的那些黑格尔式的原则,因此这部著作既深入人心,又使人疲惫不堪。所有以往的哲学家都有片刻仿佛是生活于灿烂辉煌的举世瞩目之中心;但是,突然间一种情景呈现在眼前,即黑格尔的思想挖出了他们的心脏,并把他们的尸体残骸埋葬在广阔的历史坟墓中。"见[德]卡尔·雅斯贝尔斯《智慧之路——哲学导论》,柯锦华、范进译,中国国际广播出版社1988年版,第121页。

② 参见[德]卡尔·雅斯贝尔斯《大哲学家》,李雪涛主译,社会科学文献出版社 2005 年版,第10—20页。

③ [澳大利亚]约翰·巴斯摩尔:《哲学百年 新近哲学家》,洪汉鼎、陈波、孙祖培译,商务印书馆1996年版,第532页。

于对哲学自身的"等级顺序"的默识与承诺而选择了"大哲学家"。但这还不是问题的全部。在"大哲学家"的精神王国中，他出于对"大本身"的祈念而在那些伟大的哲学家内部最终选择了西方哲学史上两大学缘中的其中一"缘"。

任何一种真正称得上形而上学的哲学，最终无不趣于"一"（The One）。不过，究竟"一"于"命运"，抑或"一"于"境界"，在这关乎大端的分际处，西方哲学史自然而然地向我们呈现出两大学缘来。大致来说，这两大学缘略可表述为：其一，赫拉克利特—巴门尼德—亚里士多德—阿奎那—黑格尔；其二，苏格拉底—柏拉图—普罗丁—奥古斯丁—康德。区分这两大学缘的最后依据是：前者的局度在于为某种挥之不去的"命运"气息所笼罩，后者则寓示出穿透"命运"之笼罩的某种"境界"的暖意①。饶有意味的是，西方存在哲学的双峰——雅斯贝斯、海德格尔——的殊异风致可以通过梳理他们各自的学缘得到一种解释：那位对不做生存决断的美的艺术品并无更高评价的"大海"的主人作了祈向"美本身""美的理念""美的理想"的苏格拉底、柏拉图、康德的知音，那位不幸成为纳粹官方哲学家的"小木屋"的寓居者②却以所谓的"纯思"与"纯诗"更多地承继了赫拉克利特、巴门尼德、亚里士多德、黑格尔的衣钵。

譬如，在对待散发着"境界"暖意的康德哲学的态度上，雅氏与海氏之间就存在根本的不同。当海德格尔以其挣扎于充斥着命运感的时间之链中的"亲在"（"人的存在"）来构建"以亲在为主题的本体论"之际，他不仅告别了他的老师胡塞尔，而且彻底摧毁了康德那赋有超越意味的"理念论"。相比之下，雅氏的"生存本体论"则认为，"生存必然是超越的，这就是生存的结构"③。正是从其致力的祈向超

---

① 依黄克剑先生的区分，"命运"与"境界"乃分属人生内、外两个向度上的两重终极眷注。"'命运'是一种他在（或彼在）的缘由，窥探这神秘的缘由必致人的心灵孜孜于向外趋求；'境界'则意味着反躬自问的人向自身寻找人生的理据，它的一个被默许的信念是：人的生命的理由在于人自己。'境界'的回观指示心灵所趣的一个全然不同的向度，唯有它才足以同'命运'相对而构成人的又一重终极性的眷注。"见黄克剑《心蕴——一种对西方哲学的读解》，中国青年出版社1999年版，第11页。

② 雅斯贝尔斯怀有一种"大海"情结，海德格尔则怀有一种"小木屋"情结。

③ ［德］雅斯贝尔斯：《在基督教天启面前的哲学信仰》，转引自［德］汉斯·萨尼尔《雅斯贝尔斯》，张继武、倪梁康译，生活·读书·新知三联书店1988年版，第150页。

第一章 "生存"与"理性":在克尔凯郭尔与康德的致思张力间探寻哲学的新生之路

越之维的生存哲学出发,被海氏所摈弃的"超越存在"在雅氏这里"重新成为重要的核心问题,赋予了存在论上的意义,从而与康德、胡塞尔的思想接续起来"①。更有意味的是,在对待存在哲学的先驱——克尔凯郭尔与尼采——的态度上,雅氏与海氏的微妙差异也是值得注意的。雅氏在肯认他们直接造成了当代哲学处境的同时更多地做了那位主张一个人独对"上帝"的克氏的学生,而海氏则与那位充满命运色彩的尼采有着更近的亲缘。倘继续向深微处探察,我们还会发现,那位同海氏一样误解甚至贬抑苏格拉底、柏拉图②的尼采向非道德化的前苏格拉底哲学送去了更多的敬意,而雅氏心目中的西方圣哲苏格拉底同时也是为克氏所企慕的。克氏把苏格拉底视为西方哲学主体自觉与道德意识自觉的转折点,并自称是在基督宗教领域践履苏氏使命的人。克氏的博士学位论文即是《论反讽概念:以苏格拉底为主线》。在《克尔凯郭尔日记》《最后的非科学的附篇》等著述中,他对苏氏的赞誉之情溢于言表。而当迷恋酒神精神的尼采把目光投向古希腊悲剧及基督教道德时,他不仅嗔怪苏格拉底的"乐天"导致了古希腊悲剧精神的中断,还贬称基督教道德是缺乏"强力意志的"的"奴隶的道德"。相形之下,出于对由苏氏开启的精神内转的这一学缘的肯认,克氏对巴门尼德以降求援于心灵外求的那一学缘进行了批判。

对克氏与尼采之间的微妙差别,雅氏已有所察识。譬如,他在《理性与生存》一书中指出,虽然克氏与尼采均"突进到了在人心中呈现为存在本身的底蕴",但是,"克尔凯郭尔反对自巴门尼德经笛卡尔到黑格尔的哲学所宣称的思维即是存在,主张你的信仰决定你的存

---

① 叶秀山:《思·史·诗——现象学和存在哲学研究》,人民出版社1988年版,第218页。
② 海德格尔的古希腊情结真正所钟情的是前苏格拉底的赫拉克利特与巴门尼德的原始之思,他由此贬称柏拉图哲学是从希腊思想的原始开端处的"脱落",尽管在他看来"这一脱落无论如何还停留在高处,并未低沉"。见〔德〕海德格尔《形而上学导论》,熊伟、王庆节译,商务印书馆1996年版,第184页。相形之下,雅斯贝尔斯则对柏拉图哲学给予了颇高的评价,并就整体贬低"泛希腊文化时期"哲学成就的偏颇提出了质疑。雅斯贝斯指出:"以前和现在的一部分人也还这么认为,泛希腊文化时期的哲学是没有什么成就的,或者说是二流的,我们应对这种贬低提出疑问。"见〔德〕卡尔·雅斯贝尔斯《大哲学家》,李雪涛主译,社会科学文献出版社2005年版,第16页。

在：信仰即是存在。而尼采则看到了强力意志"①。"他们将自己与一种能实现他们自己信仰的渊源——克尔凯郭尔与按照他自己理解的新约基督教，尼采则与前苏格拉底文化——联系在了一起。"② 在《大哲学家》一书中，雅氏就克氏与尼采对苏格拉底的不同态度做了更为明确的阐说："直到克尔恺郭尔（Kierkegaard）才找到理解苏格拉底的一条根本的路径，使人们真正理解在现代世界对到目前为止有关苏格拉底、他的讽刺和所谓助产术，以及他的作用的阐释，实际上它们是作为寻求真理的契机而并非是真理的传达而存在的。尼采认为苏格拉底乃是一位伟大的希腊文化悲剧内容的反对者，一位偏重理智者，科学的奠基人，使希腊文化在劫难逃者。他一生都在跟苏格拉底搏斗，他是如此接近他，对于他的意识来讲苏格拉底是他最极端的对手。'苏格拉底离我这么近，我几乎一直在跟他搏斗。'哲学的未来发展如何，这要视苏格拉底在其中所起的作用而定。"③ 由此可见，尽管西方的"大哲学家"几乎无一例外地承认哲学的西方家园是古希腊，而且也认可一部西方哲学史在某种意趣上即是一部苏格拉底、柏拉图主义的历史④，但是从他们对苏格拉底、柏拉图的不同评判以及由此而接续的不同学缘中，我们往往可以窥得评判者既在的哲学格位以及含蕴其哲思的不同的源头。

二 学缘与学统

让·华尔曾就存在哲学的学缘说过一段颇为精辟的话："我们甚至可以把存在哲学追溯到康德，因为他曾指出我们不能从本质推断存在，从而反对了本体论的证明。……在这个意义上，我们可以说康德

---

① Karl Jaspers, *Reason and Existenz*, translated by William Earle, Marquette University Press, 1997, p. 27.

② Karl Jaspers, *Reason and Existenz*, translated by William Earle, Marquette University Press, 1997, p. 37.

③ ［德］卡尔·雅斯贝尔斯：《大哲学家》，李雪涛主译，社会科学文献出版社2005年版，第81—82页。

④ 雅斯贝斯也持相同的看法。可参见［德］卡尔·雅斯贝尔斯《大哲学家》，李雪涛主译，社会科学文献出版社2005年版，第84页；［德］卡尔·雅斯贝尔斯《智慧之路——哲学导论》，柯锦华、范进译，中国国际广播出版社1988年版，第124—125页。

第一章 "生存"与"理性":在克尔凯郭尔与康德的致思张力间探寻哲学的新生之路

在哲学中开辟了一个新的时期。或者我们可以追溯到巴士喀①和圣·奥古斯丁,因为他们用一种更切近于个体、更切近于个人的思想来代替了纯粹的思辨。可是,我们同样还是可以说,我们所以能认识和了解存在哲学的这些早期的预示,正是因为有过一位克尔凯郭尔的缘故。"② 这段精辟的品评与其说是对所谓类型化的"存在主义哲学"及其学缘所做的一种概括,倒不如说是对典型化的"存在哲学"及其学缘所做的一种提示,借着这种提示,我们可以更为深微地把握雅斯贝斯的思想个性。在雅氏那里,"存在哲学"的准确蕴含乃意指祈向超越之维的"生存哲学"。以本明的"生存"充盈"理性"敞开的"大全"空间,借着"理性"敞开的"大全"空间提撕本明的"生存",这是雅氏一生精神求索的致思路径,而在这一致思路径的背后始终站立着两个人——克尔凯郭尔与康德。雅氏正是带着他的生命体验和时代问题意识,穿行于克氏与康德的张力场中,并以其特有的运思方式成为不可替代的"这一个"。

在深入阐发雅氏与克氏、雅氏与康德的学缘关系之前,有必要对"学缘"与"学统"之间的精微差异做一番分辨。所谓"学缘",即是指一位学人与其企慕的前辈学者的学术缘分;所谓"学统",指的是一个学人在思想渊源上的师承关系。笔者之所以要刻意地将"学缘"与"学统"区别开来,目的只在于强调一个"缘"字。"学统"容易让人将思想渊源上的师承关系拘囿于某种命运式的伦理关系或者误认为后学的使命仅在于一板一眼地传递师者的学说,而"学缘"则强调本真的师承关系乃是在"学以致道"的意趣上的精神共缘。"缘"不是实体化、静态化的"统",所致之"道"也只在一代代学人为之献身的精神创造中动态地呈现着。一位学人在其求索的过程中究竟与哪一种精神传承相遇,这是一种心灵相契的缘分。他既可在同时代中邂逅这种精神之缘,也可在回味古圣先哲时再续这种精神之缘。由此出发,他便以自己的内在生命和自由选择汇入了那一精神之川中。因此,

---

① 巴士喀(Blaise Pascal, 1623—1662),法国哲学家,亦译为帕斯卡尔,其哲学思想集中在《思想录》一书中。雅斯贝斯在《大哲学家》第二卷中将他与莱辛、克尔凯郭尔、尼采一并称为"伟大的唤醒者"(亦译为"伟大的信仰复兴主义者")。

② [法]让·华尔:《存在主义简史》,马清槐译,商务印书馆1962年版,第6页。

"学缘"乃意味着发自内心的、不期然的生命邂逅，而在这不期然间又似乎有着某种内在的必然。这内在的必然说到底乃源自他们对那共同探问的"道"的瞩望，事实上他们也只在这共同的瞩望中相遇于各自生命的深处。这是自由与自由的相遇，是生存与生存的交往，是生命对生命的相互成全。他们所致的"道"乃是萦怀于其内心祈向中的那个虚灵不滞的"一"，在格位上相当于雅氏以其"永恒哲学"所期许的"超越存在"，它在成全人的自由的意味上也正契接着康德所说的"最高的范本"。

　　正如任何经验中的个人——哪怕是最伟大的圣哲——都不能终结哲学本身，任何经验中的"范本"也都不是"最高的范本"。一个哲学家的任务就在于从本明的生存出发，在"范本"的烛引下，与那些伟大的哲学家一道祈向那虚灵不滞的"最高的范本"，并在这一过程中成为"我自己"。因为"最高的范本"剔除了一切经验"范本"的囿限，所以它能发出应然的"绝对命令"。慧心相通的雅氏对康德哲学的"绝对命令"做了如下读解："在对哲学史的研究中，我们可以将康德的三条命令作为基础，阐明我们如何使过去的哲学成为我们自己的东西。这三条命令是：你自己独立思考；在你的思想中为其他每个人设身处地；在你自己与全体一致中思考。"[①] 在雅氏看来，"绝对命令"即是由本然而提撕出来的应然的根据。本然的生存选择是人的自由的起源，由"超越存在"发出的"绝对命令"是生存超越的目标，起源与目标在内在精神上乃是一致的。雅氏由此认为自由的生存是被"超越存在"赠予的，这看似外在强加的"赠予"其实正契应于生存的自律超越。康德哲学之所以伟大，从某种意义上说就在于它所传递的乃是哲学之为哲学（同时也是人之为人）的根本精神，不过，这"应然"的最后归趣仍指向人的自我成全。天地之间，唯有"人"这件独一无二的"艺术品"最终需要自己来为自己命意。诚如雅氏所说："从很早起我所仰慕的就是伟大。我对伟大人物和伟大哲学家怀有敬意，他们对我们所有人来说已不能回复，我们从他们那里得

---

① ［德］卡尔·雅斯贝尔斯：《智慧之路——哲学导论》，柯锦华、范进译，中国国际广播出版社1988年版，第119页。

第一章 "生存"与"理性":在克尔凯郭尔与康德的致思张力间探寻哲学的新生之路

到我们的标准,但我们也不神化他们。因为每个人都应该成为他自己,即使恰恰与那最伟大的相反。权威是真实的,但不是绝对的。蔑视伟大是有害的虚伪,而在研究中独立的耐心的体验是占有的真实形式。"①

由此不难悟察,并不像固化了的"学统"那样把某一权威神化或偶像化,"学缘"的全部韵致在于结缘者的生命与精神状态的深层契应。说到根底处,他们只结缘于"道",亦即只因"道"通而结缘。倘"道"不相通,即便是在学院体制内口耳相传的师生,也会因其所致之"道"不同而最终各行其"道"。海德格尔之于胡塞尔便是其中的一例。② 相形之下,雅斯贝斯虽然未曾在学院哲学的意味上就教于某一位老师,但他始终是苏格拉底、柏拉图、康德的真正的学生。这也再次明告人们:"道"是不可直接"教"的,它仅内蕴于致"道"者的内心祈向中。传"道"者的任务,只在于以闻"道"在先的"先觉者"的"范本"力量,唤醒"后觉者"既有的向"道"之根荄,使之不断生发,直至达于全然自觉。那些闻"道"在先的"先觉者",即是雅氏所说的那些在思想上赋有"原初性"的大哲学家。"形而上学必须在其思想起源处及其归宿处得以理解"③,而"原初性在大哲学家身上找寻到了其源头,并透过其学说而领悟内在的精神"④。在雅氏看来,"哲学思想活动之所以能够存在两千五百年之久,主要是靠少数几位大哲学家,他们各有其独一无二的标准,这是哲学活动的起源,同时也是它的巅峰。这些大哲学家也是其他哲学家哲思活动的出发点"。紧接着,雅氏话锋一转,"然而,只有当他们拿出其自身独有的原初性时,他们才能加入这个源头,即是说,只有内心带着火花的人,

---

① [德]卡尔·雅斯贝斯:《雅斯贝斯哲学自传》,王立权译,上海译文出版社1989年版,第106—107页。

② 对于海德格尔与胡塞尔的相遇与疏离,仅从道德上指责海德格尔还是远远不够的。应该看到,胡塞尔的思想扎根于"境界"形态的苏格拉底、柏拉图、康德哲学,而海德格尔对"命运"形态的前苏格拉底哲学的迷恋才是他从精神上最终离开胡塞尔的根源所在。另可参见倪梁康《胡塞尔与海德格尔》,商务印书馆2016年版。

③ [德]卡尔·雅斯贝尔斯:《大哲学家》,李雪涛主译,社会科学文献出版社2005年版,第553页。

④ [德]雅斯贝尔斯:《什么是教育》,邹进译,生活·读书·新知三联书店1991年版,第161页。

才会被传承的真理点燃"。① 这最后一句话对理解雅氏的致思智慧是至关重要的。"原初性"的"道"② 之根荄就内蕴在向"道"者的心灵中,但是并不一定就为那些心有"道"之慧根的个体所自觉。无此慧根的人,亦即雅氏所说的内心没有带着"火花"的人,即便"道"在眼前,也会熟视无睹。但人之为人,不能不致"道";"道"之为"道",不能不烛人。这烛人的"传道"说到底只在于唤醒,而不在于给予。"哲思活动是真实性和原初性的结合,所以哲学的真理不可能就这样简单地被接受和学习。学习本身既不代表进步,也不表示退步,它是具有唤醒力与繁殖力的哲学式思想活动的表征。"③ 那些致"道"并已达至较高境界的前哲并不以"道"自居,而是以其所致的"道"把后来的致"道"且"道"通者吸引在同一个精神场中。当后人直视他们的思想所放射出的光芒时,这夺目的光芒便"使人找到了自我,改变了人的内心世界,并唤醒了原初的自我意识"④。

爬梳至此,在大端处关于雅氏与克氏、雅氏与康德的学缘关系的某些似是而非的论断已不攻自破。概言之,有两种误见在学界颇为流行。第一种误见:雅氏是克氏的重复者,这以让·华尔与萨特为代表。让·华尔说:"我们可以认为雅斯贝尔斯的哲学是克尔凯郭尔的哲学的一种世俗化和概括。"⑤ 迄今为止,让·华尔仍是对雅氏学说最具同情理解的学者之一,但遗憾的是,他的这一论断却是有失公允的,因为雅氏绝不像他所说的那样简单。如果雅氏的学说果真只是克氏哲学的"一种世俗化和概括",那么雅氏也就不再成其为哲学史上独一无二的雅氏了。除了让·华尔之外,萨特对雅斯贝斯的评价也不算高,他认为雅氏除了替克尔凯郭尔"作注释以外,没有做一点

---

① [德] 雅斯贝尔斯:《什么是教育》,邹进译,生活·读书·新知三联书店1991年版,第161页。
② 笔者在这里借用中国哲学中的"道"来喻说雅斯贝斯所谓的"真理",目的在于指出本真的"真理"乃意味着灵魂所祈向的"虚灵之真际"(黄克剑语)。
③ [德] 雅斯贝尔斯:《什么是教育》,邹进译,生活·读书·新知三联书店1991年版,第161页。
④ [德] 雅斯贝尔斯:《什么是教育》,邹进译,生活·读书·新知三联书店1991年版,第178页。
⑤ [法] 让·华尔:《存在主义简史》,马清槐译,商务印书馆1962年版,第6页。

第一章 "生存"与"理性":在克尔凯郭尔与康德的致思张力间探寻哲学的新生之路

什么"①。萨特的这一说法同样出自其哲学的盲视与偏见。第二种误见:雅氏是康德的重复者,这以巴斯摩尔与施太格缪勒为代表。巴斯摩尔说:"雅斯贝尔斯从康德那里接受了几乎全部主要原则,他不同于康德之处仅仅在于那些康德自称演绎地进展到哲学结论或已获得一个关于思维结构的普遍可应用的理论之处。"② 施太格缪勒也断言:"属于这些前提的,首先是他广泛接受康德的认识论立场,而且不只是康德的出发点,还有康德的认识论的最后结论,特别是先验唯心论和关于物自体不可认识的理论。甚至不得不怀疑,雅斯贝尔斯是否经常暗暗采用新康德主义的某些论点。"③ 他们之所以犯了简单化的歧误,若一言以蔽之,就在于他们把"学缘"视为了"学统"。相较于上述两种歧见,萨尼尔的品评则是颇为精辟的:"他(指雅斯贝尔斯——引者注)完全是一个与当时时代不合拍的思想家。他一方面完全以生存的当下为出发点,另一方面,却完全以思维的过去为目的。对几个过去的人物,他保持着终生不渝的忠诚。常常使人产生这样一种印象,就好象他无非只是第二个基尔凯郭尔,只是没有基尔凯郭尔那种笃信宗教的虔诚;或者,是第二个康德,只是缺乏康德那种对一种科学哲学严格性的责任感;或者,好象他既是基尔凯郭尔又是康德,但却又与他们两人相距甚远。因为他没有提出他们两人的思想,而只是仿效他们两人的思想。但是人们考察的结果却常常是:雅斯贝尔斯尽管从基尔凯郭尔和康德那里学到了许多东西,但最终却几乎没有接受他们二人的任何东西。所有那些学到的东西都重新有了变化,变成了他本人的思想,他之所以要感谢伟大的思想家们,是因为他改变了他们的思想,使这些思想能够切合时代,为当下的生存服务。这位与时代不合拍的思想家却使过去的思想家们变得符合时代了。"④ 诚哉斯言!

---

① [法]萨特尔:《辩证理性批判(第一分册:方法问题)》,徐懋庸译,商务印书馆1963年版,第6页。

② [澳大利亚]约翰·巴斯摩尔:《哲学百年 新近哲学家》,洪汉鼎、陈波、孙祖培译,商务印书馆1996年版,第530页。

③ [德]施太格缪勒:《当代哲学主流》上卷,王炳文、燕宏远、张金言等译,商务印书馆1986年版,第262页。

④ [德]汉斯·萨尼尔:《雅斯贝尔斯》,张继武、倪梁康译,生活·读书·新知三联书店1988年版,第247页。

三 "生存"与"理性":在克尔凯郭尔与康德之间

无论是对雅斯贝斯学缘的简单化,还是同情理解,其中有一点是确切无疑的,即影响雅氏思想的两位最重要的前哲委实是克尔凯郭尔与康德。雅氏在1928年10月2日致海德格尔的信中写道:"在冬季学期我将上《康德与克尔凯郭尔》的演讲课。自1917年我没再细读过克尔凯郭尔(只是在1923年的夏季学期部分地并且肤浅地讲过他)。"[①] 从中可以看出,雅氏在1917年之前就曾研读过克尔凯郭尔,这期间,他正在撰写《世界观的心理学》(1919年出版),可以说,正是克尔凯郭尔致思的"生存"奠定了该书的基调,与此同时,《康德的"理念论"》也被雅氏作为附录巧妙地收入该书之中,可以说他的用心是颇为良苦的。叶秀山曾就此品评道:"雅斯贝斯这个附录集中讨论了康德哲学的'理念'论,这正是从黑格尔到胡塞尔所走的现象学路子,但雅斯贝斯强调了'理念'不作为知识的对象,而是一种显现,好像一束光亮,照亮一条道路,理念的图式(Schema)'好像'(als ob)也是一种'对象'(Gegenstand),这种非知识的对象,人们不能'把握'(begrafen)住它,而只能'生活'(Leben)于其中。我们将会看到,一直到他的三卷《哲学》,雅斯贝斯并未放弃从'生活'中体验(erfahren)'理念'这样一个基本思想,而他的存在哲学的整个结构(如果可以承认有这个结构的话),同样离不开康德哲学的三个'批判'。"[②] 在雅氏这里,康德的"理念"并不是知识的对象,对于这种非知识的对象,个体化的生存只能通过切己的生命"体验"与践履性的"生活"来"把握"它。这样一来,雅氏既以康德的"理念"烛引着"生存",又以克氏的"生存"激活着"理念",从而使康德的"理念论"在现代文化危机的时代语境下焕发了新的活力。由此可以断言,早在《世界观的心理学》一书中,雅氏其实就已经在克氏与康德的致思张力间觅寻哲学的新生之路了。

---

① [德]瓦尔特·比默尔、[瑞士]汉斯·萨纳尔编:《海德格尔与雅斯贝尔斯往复书简(1920—1963年)》,李雪涛译,上海人民出版社2012年版,第190页。
② 叶秀山:《思·史·诗——现象学和存在哲学研究》,人民出版社1988年版,第218页。

第一章 "生存"与"理性":在克尔凯郭尔与康德的致思张力间探寻哲学的新生之路

这里尚须注意的是,雅氏在撰写上述那封信时,被他视为"我唯一的一部书,并且从根本上来讲是我重视的"①《哲学》(三卷)也正处于酝酿的关键时期。这部皇皇巨著的关键词之一"生存"固然受启于克氏,不过康德的自我批判与自我立法的"理性"(乃至康德批判哲学的整体构架)自始就是雅氏撰写该书的另一个灵思创发之源。就此而言,克氏的"生存"与康德的"理性"便构成了奠定雅氏世界哲学史地位的《哲学》(三卷)的双翼。1935年,雅氏在《理性与生存》一书中对此表述得颇为清晰:"我们之所以选择'理性'和'生存'这两个词,乃因为对我们来说它们以最透彻、最纯粹的形式表达了澄明幽暗、把握本源的问题。……'理性'这个词在这里包含有康德式的博大性、明晰性和真实性。经由克尔凯郭尔,'生存'这个词被赋予了一种意义,通过它,我们在那些与一切确定的知识无缘的东西中洞察到无限的深度。"②《理性与生存》一书虽然篇幅不长,但却标志着雅氏的致思重心已开始由"生存"向"理性"转变。严格地说,雅氏是在自觉地将"生存"关联于"理性",同时也在把"理性"关联于"生存"。"理性与生存均有一种唤醒与推动它们趋向明晰的思维方式。对理性来说,它属于哲学逻辑;对生存来说,它属于生存澄明。"③

此处的"理性"意指澄明"生存"的"哲学逻辑",此处的"生存"意指为"哲学逻辑"所澄明的生存。在"生存"与"理性"所构成的必要张力之下,雅氏由"生存澄明"自觉探索澄明生存的逻辑,便是与黑格尔的"精神辩证法"迥异其趣的"生存辩证法"。雅氏的这一运思智慧在其自传中被其阐发得更为明确:"多亏克尔恺郭尔我才获得了生存这个概念,这从1916年起成为我的一个标准,用它来理解我一直为之焦躁地尽力想理解的东西。但是,理性的概念和要求具有同样的力量,通过研究康德,'生存'概念现在变得越来越清

---

① [德]瓦尔特·比默尔、[瑞士]汉斯·萨纳尔编:《海德格尔与雅斯贝尔斯往复书简(1920—1963年)》,李雪涛译,上海人民出版社2012年版,第190页。

② Karl Jaspers, *Reason and Existenz*, translated by William Earle, Marquette University Press, 1997, p. 49.

③ Karl Jaspers, *Reason and Existenz*, translated by William Earle, Marquette University Press, 1997, p. 72.

楚了。"①

如果说雅氏从克氏与康德那里分别汲取了生存与理性的致思智慧，那么他在克氏与康德之间的张力中觅寻新的哲学运会的努力遂表现为生存与理性之间的张力。在雅氏看来，"我们存在的伟大的两极是理性与生存，它们在大全的所有样式中相遇。它们密不可分，其中任何一方都会随着另一方的消失而消失"。② 这乃是因为，"生存只有通过理性才变得清晰，理性只有通过生存才具有内容"。③ 因此，理性与生存并不是两个单子式的自我封闭的点，而都指向一个"他者"（Other）。理性的他者是"支撑它的生存的内容，生存在理性中澄明自身并给予理性以决定性的动力。没有内容的理性就是失去理性根基的纯粹的知性。正如知性的诸概念没有直观便是空洞的一样，理性没有生存也是空洞的。理性不是纯粹的知性，而只是作为潜在生存的行为才是它自身"④。所以，理性一旦离弃给予其"决定性动力"的生存，就会沦为囿于"冷漠的知性思维"的"一般意识的运动"或"精神辩证法"，并以"理智的普遍性"割断与生存选择的历史性以及与生存在无条件的选择中瞬间契接的"超越存在"的关联，从而最终取消它作为联结所有大全样式的纽带的资格。不再作为联结所有大全样式的纽带的理性已不再是真正的理性。与此同时，生存也指向一个"他者"。生存的他者是"与它相关联的超越存在，通过超越存在，那个并不能创造它自身的生存首次在世界中赢得独立的起源。没有超越存在，生存就会沦为一种贫乏的、无爱的、疯狂的固执"⑤。为了不至于因丧失超越之维而沦为囿于"非理性"的"情感、经验、无可置疑的本能冲动与直觉"的"实存"，避免陷入"盲目的

---

① ［德］卡尔·雅斯贝斯：《雅斯贝斯哲学自传》，王立权译，上海译文出版社1989年版，第107页。
② Karl Jaspers, *Reason and Existenz*, translated by William Earle, Marquette University Press, 1997, p. 67.
③ Karl Jaspers, *Reason and Existenz*, translated by William Earle, Marquette University Press, 1997, p. 67.
④ Karl Jaspers, *Reason and Existenz*, translated by William Earle, Marquette University Press, 1997, p. 67.
⑤ Karl Jaspers, *Reason and Existenz*, translated by William Earle, Marquette University Press, 1997, p. 67.

第一章 "生存"与"理性":在克尔凯郭尔与康德的致思张力间探寻哲学的新生之路

强力"逻辑的"经验普遍性"、"与超越无涉的自我保存"意志以及因缺乏生存历史性而"迷失于经验实存的偶然的多样性"之中,生存有必要"为理性所导向。通过理性的明晰,生存才体会到不安宁的力量和超越存在的吁求。只有在理性追问的刺激下,生存才会进入它本真的运动。没有理性,生存就没有活力,始终酣睡,就好像它根本不存在一样"。① 由此看来,"理性和生存不是两个相互争夺决断权的对峙的力量。每一方都是通过另一方才存在。它们相互促进,相互在对方身上发现清晰性与现实性"②。换言之,理性与生存"并不意味着反题,毋宁说它乃意味着两者同时超越自身而指向对方的相关性"③。

生存是理性的生存,理性是生存的理性。至此,雅氏在克氏与康德的致思张力间探寻哲学新生的秘密仍未全部显露出来。下一步需要探察的关键问题是:生存与理性"同时超越自身而指向对方的相关性"究竟意味着什么?我们沿着雅氏的运思踪迹继续探问。雅氏指出:"理性不是自身的起源,但作为一种大全的纽带,它就像一个所有起源都在其中得以显现的起源。"④ 因此,"理性是哲学思考无法消除的推动力,如果哲学思考沦丧了,理性自身也会随之被摧毁"。⑤ 这是理性自身的力量,同时也是康德以理性为其自身厘定界限的批判哲学与自主立宪的先验法则给予雅氏的人文启示。更为重要的是,"理性追求统一,却不满足于那些对于一般意识来说可知的正确性的某一层面,也不满足于那些伟大而富有影响力的精神构造物的统一体。当生存突破这些统一体时,理性也决意同行,并且随时在场,以便推动立于绝对距离之深渊而几欲陷入隔绝之危境的生

---

① Karl Jaspers, *Reason and Existenz*, translated by William Earle, Marquette University Press, 1997, pp. 67–68.
② Karl Jaspers, *Reason and Existenz*, translated by William Earle, Marquette University Press, 1997, p. 68.
③ Karl Jaspers, *Reason and Existenz*, translated by William Earle, Marquette University Press, 1997, p. 49.
④ Karl Jaspers, *Reason and Existenz*, translated by William Earle, Marquette University Press, 1997, p. 65.
⑤ Karl Jaspers, *Reason and Existenz*, translated by William Earle, Marquette University Press, 1997, p. 65.

存进行交往"。① 理性与生存作为"大全"样式之中最活跃的力量，"虽然它们从不会成为一个最终有效的整体，但每种真正的实现只有从它们出发才是一个整体"②。它们之所以并不满足于任何一个对"一般意识"与"精神"来说"最终有效的整体"，只因为它们恒远向之趋赴的无所不包的"整体"乃是那眺望中的"大全"本身。正是有了对"大全"本身的眺望，理性与生存才由无所不包的"整体"这一"相关性"同时获致永不歇止、永不安宁的动力。作为"大全"的样式，"理性"给"生存"不断地敞开着"大全"空间，"生存"遂把"理性"敞开的"大全"空间不断予以充盈，最终它们均趣归于虚灵不滞的"大全的大全"，即"大全"本身。应该说，借助康德式的"理性"澄明"生存"，依凭克氏式的"生存"充盈"理性"，在"理性"与"生存"所构成的张力间突破任何一种企图自我封闭的大全样式而祈向"大全"本身，这才是雅氏在克氏与康德的致思张力间觅寻哲学新生的最后秘密。事实上，这也是雅氏以其生存哲学为理据建构其"生存艺术形而上学"的闶机所在。

　　任何一次哲学的新生都不会是凭空的臆造，当然也不会是低劣的嫁接，更不会是简单的重复。它是独具慧心的哲人带着刻骨铭心的时代意识而在哲学的本源处催生的新的思想胚芽。这是真正的创造。正是在此意趣上，我们说雅氏的思想中同时蕴有克氏与康德的学缘，因此他既是克氏的知音，又是康德的同道。当他带着刻骨铭心的时代意识从克氏那里发现"生存"，为了澄明生存又从康德那里汲取"理性"，并以生存的理性或理性的生存向着无所不包的"大全"趋赴时，他也在思想的幽微处"走出"了克氏与康德。就此而言，雅氏既不是克氏的重复者——因为克氏那里并没有雅氏那康德式的博大的理性；他也不是康德的重复者——因为康德那里没有雅氏那克氏式的个体在历史之中自我选择的生存。最终，雅氏在自我贞定的生存选择中回到了他自己。正如柏拉图之于苏格拉底、孟子之于孔子，作为克氏与康

---

① Karl Jaspers, *Reason and Existenz*, translated by William Earle, Marquette University Press, 1997, p. 66.

② Karl Jaspers, *Reason and Existenz*, translated by William Earle, Marquette University Press, 1997, p. 68.

德在精神之缘上的真正传人，有人或许会指责雅氏的思想缺乏"原创性"，但似乎缺乏"原创性"的思想依然成就了雅氏这位独一无二的哲学家。

第二节 "生存"：雅斯贝斯与克尔凯郭尔之间的思想关联

雅斯贝斯的"生存"（德文"Existenz"）直接受启于克尔凯郭尔的"生存"（丹麦文"eksistens"）。雅氏在《时代的精神状况》中指出，克尔凯郭尔是"全面批判自己时代的第一个人。他的批判因其诚挚的性质而区别于先前的一切尝试。他的批判是第一个可以适用于我们正生活于其中的时代的批判，即使在今天读来也仿佛是昨天才写的"[①]。雅氏之所以给予克氏如此高的评价，乃在于克氏首先从黑格尔的思辨哲学体系中抢救出作为个体自由选择的"生存着的个人"[②]，并据此对那种因着"平均化"而缺乏个性的"公众"进行了批判。

一 克尔凯郭尔的"生存着的个人"与对"公众"的批判

克尔凯郭尔曾多次批判那些抽空了人的生命的思辨哲学家："大多数体系制造者对于他们所建立的体系的关系宛如一个人营造了巨大的宫殿，自己却侧身在旁边的一间小仓房里：他们并不居住在自己营造的系统结构里面。"[③] "因为这智慧其实是这么回事：教授先生只是靠想象把书写出来而已，他从不亲自去试一试。对了，他甚至从来不曾想到应该去试一试。这就像一个抄写着他自己不会读的东西的雇员，满足于写完了事；那些思辨哲学家们亦复如此，若秉起行动之烛读读这些东西，便会看到他们所写确是一派胡言；除非它只是为那些荒唐

[①] [德] 卡尔·雅斯贝斯：《时代的精神状况》，王德峰译，上海译文出版社1997年版，第8页。

[②] [丹麦] 克尔凯廓尔：《主观真理，内在性：真理是主观性》，段小光译，收入熊伟主编《存在主义哲学资料选辑》上卷，商务印书馆1997年版，第18页。

[③] [丹麦] 索伦·克尔凯戈尔：《克尔凯戈尔日记选》，晏可佳、姚蓓琴译，上海社会科学院出版社1995年版，第87页。

的存在者写的。"① 克氏在此虽然未对"那些思辨哲学家们"指名道姓，但可以肯定的是，他的锋芒所向无疑就是黑格尔之类的哲学家；虽然克氏的针砭似乎过于"偏激"，但这似乎过于"偏激"的针砭无非是要以苏格拉底式的"马虻"精神唤醒"公众"久已遗忘的本明"生存"。克氏认为这是以秉承苏格拉底神髓为己任的哲人在"公众"神话时代所要自觉履行的神圣使命。正是在这个意义上，克氏在生命的根底处回到了苏格拉底，或者说是重新发现了苏格拉底；也正是在这个意义上，雅氏称"直到克尔恺郭尔（Kierkegaard）才找到理解苏格拉底的一条根本的路径，使人们真正理解在现代世界对到目前为止有关苏格拉底、他的讽刺和所谓助产术，以及他的作用的阐释，实际上它们是作为寻求真理的契机而并非是真理的传达而存在的"②。

在谈及"思辨的观点"时，克氏借着苏格拉底的话批判了那些"生存不在场"的思辨哲学家："苏格拉底说：要安排长笛演奏就要安排长笛演奏者；同理，我们要肯定思辨哲学就要肯定一个或一些哲学家的存在。因此，可爱的人，最高贵的哲学家，我斗胆用主语称谓向你提问：'你对基督教抱什么态度？'"③ "态度"是"好不好"的问题，而不是"是不是"的问题。只要尚堪以"主语"称谓的人，对任何事物总要有一种"态度"，也就是说总要"生存在场"。"生存在场"的人是主体的人，是以"我"——"你"相称的独立、完整的人，是略相当于康德意义上的自身即是目的的人。"生存在场"的哲学即是一种"生存的形而上学"。相形之下，思辨哲学自称不带有任何"态度"，不管"好不好"，只问"是不是"。这是典型的"生存"的自我遗忘。"生存不在场"的人是非主体的人，是以"客观"而"冷漠"的第三人称相称谓的"他"——"他"的科学的人，是只作为资具而被利用的、可以相互替代的"单向度的人"。"生存不在场"的思辨哲学即是一种"科学的形而上学"。克氏指出："除非超越基督教对于思辨

---

① ［丹麦］克尔凯郭尔：《主观真理，内在性：真理是主观性》，段小光译，收入熊伟主编《存在主义哲学资料选辑》上卷，商务印书馆1997年版，第16页。

② ［德］卡尔·雅斯贝尔斯：《大哲学家》，李雪涛主译，社会科学文献出版社2005年版，第81页。

③ ［丹麦］克尔凯廓尔：《思辨的观点》，段小光译，收入熊伟主编《存在主义哲学资料选辑》上卷，商务印书馆1997年版，第8页。

第一章 "生存"与"理性":在克尔凯郭尔与康德的致思张力间探寻哲学的新生之路

哲学家来说意味着不再是他自己之所是,不然,真正成就一项虚夸的业绩,对于思辨哲学说来也许是可能的,而要真正成就一种我不是装懂而是真懂的东西,对于作为活生生的人的思辨哲学家来说,我确是不可能的了。"① 在克氏那里,哲学绝不是一项"虚夸的业绩",而是一种"我不是装懂而是真懂的东西"。这种"我""真懂"的哲学以包蕴无限动能的"生存"为其不证自明的根基。诚如克氏所说:"生存(丹麦文:eksistens)自身优于任何对它的证明,因而,为生存寻求证据乃是愚蠢之举。相反地,从本质推论出生存则是一个飞跃。""那种在其全部思考中竟忘记思考他是一个生存着的个人的思想者,将永远不会解释生活。他只是试图不再作为一个人而存在,以便变成一本书,或某种对象化的东西。""生存构成生存着的个人的最高趣旨,他在其生存中的趣旨构成他的实在。"② "构成生存着的个人的最高趣旨"的"生存"在克氏那里意指充沏无限"可能性"与"激情"的"生存着的精神,一个完整的个人"③。说到底,"生存"即意指"一种内在的生命体验和个体无所依傍地超越当下的决断"④。

雅氏的大众神话批判亦从克氏那里获致了灵思创发的机缘。在克氏看来,"生存"的永不歇止的当下决断必将突破"主客的同一,思维与存在的统一"的"体系的理念"⑤,而"生存"以"个人"的名义对那种以"体系的理念"裁削"生存"的泛理性主义的突破同时也意味着与那泛理性主义的时代的公然决裂。在克氏看来,"理性"在以傲睨万物的无所不知的"上帝"的名义把一切都网罗进去并给予秩序井然的"安排"之后,这个"理性"化了的时代也以一种"命运"化了的方式如此地处置了个人:"作为一个人,乃是要去隶属于一个秉具理性的人类,以一个样品的身份属于它,因之人类或同类高于个

---

① [丹麦]克尔凯郭尔:《思辨的观点》,段小光译,收入熊伟主编《存在主义哲学资料选辑》上卷,商务印书馆1997年版,第8页。
② [丹麦]克尔凯郭尔:《非科学的最后附言》,收入[美]N.劳曼编著《新编存在主义辞典》,程继松译,中国地质大学出版社1992年版,第189—191页。
③ [丹麦]克尔凯郭尔:《主观真理,内在性:真理是主观性》,段小光译,收入熊伟主编《存在主义哲学资料选辑》上卷,商务印书馆1997年版,第17页。
④ 黄克剑:《黄克剑自选集》,广西师范大学出版社1998年版,第296页。
⑤ [丹麦]克尔凯郭尔:《实存的体系是不可能的》,刘鑫译,收入熊伟主编《存在主义哲学资料选辑》上卷,商务印书馆1997年版,第42页。

体,而如此的意义乃是说不再有个体而只有样品。"① 这被泛理性主义"样品"化了的非主体的人,即是克氏所批判的平均化了的"公众"。在《现时代》一书中,克氏对"理智和反思的时代"中的"平均化"了的"公众"予以了深刻的批判。他指出:"我们的时代本质上是一个理智和反思的时代,然而却没有热情,或说只是短暂地突然爆发出热情,但马上又重新堕入平静。"② 这个时代最明显的特征,是"把表现变成辩证法的技巧,它把每一件东西都保留下来,却狡猾地把它的意义抽空。……这样,每一件东西一方面继续现实地存在,另一方面私下里又通过辩证法的欺骗,提供一个秘密的解释:它不存在"③。"辩证法"通过它那"欺骗"的"反思的张力",在事实上实施着一个"平均化的过程","它阻碍和窒息所有的行动,它要把事物抹平"④。"平均化的过程"不成全个人的行动,不承认古代那些代表着人类全体的"杰出的个人"的价值,而是以一种"默默的、数学式的、抽象的工作"建立着"'类'这个范畴对于'个体性'范畴的统治"。"平均化"的抽象原则使个人逃避了自我选择的责任,"虽然给予个人以暂时的、自私的欢乐,但是,这个人同时也正在为他自己签署死亡许可证。热情可以结束于灾难,但平均化 eoipso(拉丁文,意指'恰恰'——引者注)是个人的毁灭"⑤。可以说,以一种类型化、"数学式"的抽象抹杀"单独的个人"的价值,这是"平均化过程"带给现代人的新的命运。克氏一针见血地指出:"平均化过程就是抽象性对于个人的胜利。在反思中,现代的平均化过程相当于古代的命运。"⑥

---

① [丹麦]齐克果:《"那个个人"》,收入考夫曼编著《存在主义》,陈鼓应、孟祥森、刘崎译,商务印书馆1987年版,第90—91页。
② [丹麦]克尔凯郭尔:《现时代》,戴文麟译,收入熊伟主编《存在主义哲学资料选辑》上卷,商务印书馆1997年版,第43页。
③ [丹麦]克尔凯郭尔:《现时代》,戴文麟译,收入熊伟主编《存在主义哲学资料选辑》上卷,商务印书馆1997年版,第51页。
④ [丹麦]克尔凯郭尔:《现时代》,戴文麟译,收入熊伟主编《存在主义哲学资料选辑》上卷,商务印书馆1997年版,第58页。
⑤ 参见[丹麦]克尔凯郭尔《现时代》,戴文麟译,收入熊伟主编《存在主义哲学资料选辑》上卷,商务印书馆1997年版,第58—61页。
⑥ [丹麦]克尔凯郭尔:《现时代》,戴文麟译,收入熊伟主编《存在主义哲学资料选辑》上卷,商务印书馆1997年版,第59页。

第一章 "生存"与"理性":在克尔凯郭尔与康德的致思张力间探寻哲学的新生之路

"命运"之所以成其为"命运",乃在于它以一种弥漫着的力量把生命个体笼罩于灵魂无以挣脱的"必然性"①之中。人类的"命运"关切自前苏格拉底的"始基"母题开始一直延续至今,在不同的时代它又变化成不同的形态。在"平均化"的"理智"时代,"公众"神话构成了人类新的"命运"。在克氏看来,"公众"是"令人生厌的抽象",是"一个禁止一切个人行为的幽灵",是"关于一个理智的时代的美丽的童话"。概言之,"公众是一切,但又什么也不是,是最危险的力量,但又是最无意义的东西"。因此,从属于"公众"的个体是"非现实的个人",他不负责任地把个人的决定交付给一种"虚空"的力量,故而"从属于公众的单个的个人没有一个能做出一个真正的承诺的",对自己的任何践诺行径也从来"不后悔"。也就是说,他在把自己化约为"公众"这一抽象的"公分母"的"约数"的同时也把自己理应承担的自由的责任"平均化"与"抽象化"了。② 对此,黄克剑先生的读解入木三分:"他(克尔凯郭尔)断言,就伦理——宗教的真理而言,群众(公众)所在之处即是虚妄所在之处,对'群众'概念的信赖只会使人成为不知悔改和不负责任的人,或者至少会由于把责任切成碎片作平均分配而削减每个人的责任感。"③

我们看到,雅氏关联于自由选择因而不可替代的"生存"而对"大众"神话的批判乃是与克氏的思想内在一致的。④ 在雅氏看来,"大众"是"无信仰的迷信。它可以踏平一切。它不愿意容忍独立与卓越,而是倾向于迫使人们成为像蚂蚁一样的自动机"⑤。于是,当大众秩序这一巨大的机器得到巩固时,它便以虚构出来的所谓普遍利益、

---

① 赫拉克利特曾断言:"命运就是必然性。"伊壁鸠鲁也曾指出:"命运则对于我们显得是一种不可挽回的必然。"见北京大学哲学系外国哲学史教研室编译《古希腊罗马哲学》,生活·读书·新知三联书店1957年版,第17、369页。
② 参见[丹麦]克尔凯郭尔《现时代》,戴文麟译,收入熊伟主编《存在主义哲学资料选辑》上卷,商务印书馆1997年版,第66—71页。
③ 黄克剑:《黄克剑自选集》,广西师范大学出版社1998年版,第298页。
④ 参见孙秀昌《雅斯贝斯的现代技术理性批判与大众神话批判》,《燕赵学术》2008年春之卷。
⑤ [德]卡尔·雅斯贝斯:《时代的精神状况》,王德峰译,上海译文出版社1997年版,第34页。

抽象整体以及大众需要等名义消弭掉个体对本真自我的追求与对存在本身的探寻。在大众秩序的笼罩下，一个人要想实现个体的自我意志，就必须同时满足多数人的需要；要想获取个人的权利，就必须同时为大众机器服务并不得不联合其他个体来维护它。由此看来，功能化的大众在利欲的熏炙下最易沦为满足自我欲望的工具，而这也正是单向度的大众统治所需要的。或者说，大众机器通过滋生、纵容与利用大众的欲望维持了大众机器的自动运转。这样一来，"群众秩序形成了一种普遍的生活机器，这机器对于真正人的生活的世界是一种毁灭性的威胁"①。与此同时，雅氏穿透似乎命定的大众秩序，为我们厘定了它的界限："普遍的生活秩序的界限是由个人的自由所设定的，个人必须（如果人仍然要成其为人的话）从他自己的自我中唤起任何他人都无法从他那里唤起的东西。"②

二 对雅斯贝斯与克尔凯郭尔精神之缘的详尽考察

应该说，雅氏的哲学思想委实是以克氏的"生存"为契机的。雅氏认为，克氏"构造了精神活动的种种形态和深邃的理智的种种限定。在他那里，一切事物——尤其是凝固的黑格尔思想——再次成为流动易变的"③。这从"凝固的黑格尔思想"中"站立出来"④用以限定理智并使一切事物"再次成为流动易变"的东西即是克氏的"ek-sistens"，亦即雅氏的"Existenz"。雅氏在《哲学》第一卷中坦言："'生存'（Existenz）一词起初只是那些表示'存在'（being）的德语同义词中的一个词。经由克尔凯郭尔，这个词对我们才具有了历史地固定下来的这种意义，而在这之前，哲学观念的朦胧开端对这个词的

---

① ［德］卡尔·雅斯贝斯：《时代的精神状况》，王德峰译，上海译文出版社 1997 年版，第 35 页。
② ［德］卡尔·雅斯贝斯：《时代的精神状况》，王德峰译，上海译文出版社 1997 年版，第 52 页。
③ ［德］卡尔·雅斯贝尔斯：《智慧之路——哲学导论》，柯锦华、范进译，中国国际广播出版社 1988 年版，第 132 页。
④ "生存"的拉丁文"existere"本意即是"站出"的意思。参见 N. 劳曼编著《新编存在主义辞典》，程继松译，中国地质大学出版社 1992 年版，第 188 页。

第一章 "生存"与"理性":在克尔凯郭尔与康德的致思张力间探寻哲学的新生之路

意义只是一种暗示。"① 在《理性与生存》一书中,雅氏再次强调:"'生存'这个词通过克尔凯郭尔已经获得一个意义,经由它我们可以审视任何确定的知识都不可企及的那无限之奥妙。这个词不能从陈旧的意义上去理解,把它看作'存在'的许多同义词中的一个同义词。或者它什么意义也没有,或者它必须从克尔凯郭尔所宣称的意义上去理解。"②

雅氏第一部真正的哲学著作是出版于1919年的《世界观的心理学》。在这部"真的把我引上了我命定的道路"③的著作里,克氏的"幽灵"随处可见,该书有一章的标题即是"克尔凯郭尔的报告"。雅氏在该书中首次对"生存"的意趣寄予了新的激情,而且,其生存哲学所涉及的几乎全部根本问题均已有所滥觞。"像自由、罪、死亡这些古老的人性基础问题获得了所谓边际境遇的新思想空间,理论化的理性在这里陷入自相矛盾的困苦之中,同时也看出了自己的界限,也同样在这里,落实在每个人头上的、深感痛苦的人性存在才是真正思想需要面对的东西。由此,雅斯贝尔斯写了第一部真正的哲学书,首先应该说,这本书的出版是20世纪初伟大的哲学事件之一:发现了德国理想主义④的伟大批判者克尔凯廓尔。"⑤ 伽达默尔的这段品评委实是精辟的,其精辟全在于"发现"二字。"发现"不是以"无"面对"无",也不是以"无"面对"有",而是以"有"面对"有"。换言之,人类文化史上的"发现"是以主体性的"生存"晤会主体性的"生存",是源于精神的共振而在生命深处的照面。这只因为,独一无

---

① Karl Jaspers, *Philosophy* (Vol.1), translated by E. B. Ashton, The University of Chicago Press, 1969, p.56, 脚注一。

② Karl Jaspers, *Reason and Existenz*, translated by William Earle, Marquette University Press, 1997, p.49.

③ [德]卡尔·雅斯贝斯:《雅斯贝斯哲学自传》,王立权译,上海译文出版社1989年版,第25页。

④ 应该说,伽达默尔在这里所说的"德国理想主义"是有特指的,即克尔凯郭尔的思想所冲垮的"自由主义时代的文化乐观主义"。参见[德]汉斯-格奥尔格·伽达默尔《哲学生涯——我的回顾》,陈春文译,商务印书馆2003年版,第191页。若再关联笔者上述的克氏思想,那么,这里的"自由主义时代的文化乐观主义"严格地说来是特指以黑格尔为代表的思辨哲学的"文化乐观主义"。雅斯贝尔斯对康德与费希特、黑格尔等"德国理想(唯心)主义者"之间的区别做过详尽的阐说。详见本章第三节"'理性':雅斯贝斯与康德之间的思想关联"。

⑤ [德]汉斯-格奥尔格·伽达默尔:《哲学生涯——我的回顾》,陈春文译,商务印书馆2003年版,第191页。

二的"生存"是不可替代的,文化创造意味上的生命也从来不能复制。试想,如果雅氏没有那立足于现实处境而与克氏同样刻骨铭心的体验,他又怎会向早他70年来到世间的那位生前并不走运、死后很长一段时期仍遭到冷遇的丹麦哲学家送去心有同戚的敬意呢?不仅过去,即便今天,不是尚有一些以"知识"与"冷慧"为哲学的最后归趣的学人仍对克尔凯郭尔那沉郁的"悲剧"情调并无更多的兴趣甚至于讥以杞人忧天么?因此,一位哲人以自己的"生存在场"对前哲的重新"发现",往往意味着新的哲学运会诞生的契机。正是在这种意趣上,我们说雅氏重新发现了克氏的思想在"生存澄明"中的意义,进而再次从黑格尔那"生存不在场"的思辨哲学体系中拯救出在无限的可能性中自由选择的个体——"生存"。

让·华尔的一段品评无疑给了我们颇为有益的启示。他说:"我认为,克尔凯郭尔在他的《总结性的非科学的后记》(亦译为《最后的非科学的附篇》《结论性的非科学附笔》等——引者注)一书里,对存在这个概念作了一切可能的阐释,而他象谢林一样并且不止象谢林那样,把这个存在的概念作为他的思想的中心。我们并不是通过海德格尔才发现克尔凯郭尔的,……而是通过勒维纳所没有提到的巴特(Barth)把他发现出来的。但不管怎样……,克尔凯郭尔的语句所以听起来有哲学的意味,并不应该归功于海德格尔,除非所谓哲学意味我们是指:以学院的哲学为准,以教授们的哲学为准。"① 从让·华尔的这段品评中至少可引申出以下四个颇有意味的话题。

其一,海德格尔并不是克氏的精神共缘者,因为他们二人对哲学的根本理解是不同的。譬如,海氏的《存在与时间》一书只在三处以脚注的方式提到克氏,第一处脚注出现在第四十节:"在对畏的现象分析中向前走得最远的是克尔凯郭尔。这一分析也是在神学讨论背景下在对原罪问题作'心理学'的解说时进行的。"② 第二处脚注出现在第四十六节:"在19世纪,克尔凯郭尔就把生存问题作为一个实际生存活动的问题明确加以掌握并予以透彻地思考。但他对生存论问题的

---

① [法] 让·华尔:《存在主义简史》,马清槐译,商务印书馆1962年版,第35页。
② [德] 海德格尔:《存在与时间》(修订译本),陈嘉映、王庆节译,生活·读书·新知三联书店2006年版,第220页。

第一章 "生存"与"理性":在克尔凯郭尔与康德的致思张力间探寻哲学的新生之路

提法却十分生疏,乃至从存在论角度看来,他还完全处在黑格尔的以及黑格尔眼中的古代哲学的影响之下。所以,除了论畏这一概念的那篇论文之外,读他的'教诲'文章倒比读他的理论文章能从哲学上获得更多的收益。"[1] 第三处脚注出现在第六十八节:"克尔凯郭尔极为深刻地看到了生存上的'当下即是'现象。但这并不已经意味他也相应成功地在存在论上对这一现象作出了阐释。他停留在流俗的时间概念上并借助于现在和恒常性来规定当下即是。"[2] 若勉强对上述三处脚注的观点加以归纳,海氏的论述所透露出的消息不外乎这样两个方面:一是有意借克氏的宗教努力遮蔽"生存"的哲学意味,误称克氏对"畏"的阐说尚停留在神学"心理学"的水平;二是以存在本体论有意贬低"生存"的哲学意义,误称克氏的"生存"澄明"还完全处在黑格尔的以及黑格尔眼中的古代哲学的影响之下",以及克氏的"时间概念"尚停留在"流俗"水平。由此不难理解,海氏对克氏的哲学成就并无更高的评价绝非偶然,说到底,二人最大的分歧在于:海氏仍痴迷于建立一种"学院的哲学"的存在本体论,而克氏的"生存"对任何一种"教授们的哲学"的本体论均无兴趣,而这也正是雅氏在"生存"哲学的意趣上相通于克氏并与海氏的"存在"哲学的根本分野之一。

其二,卡尔·巴特[3]是克氏的精神共缘者,但其缘分是以神学而非哲学为纽结的。相较于海德格尔有意借克氏的宗教努力遮蔽"生存"的哲学意味,巴特这位同样主张哲学与神学应该分立的神学家更多的是看重克氏思想的宗教意义。巴特的"新正统神学"思想主要受到马丁·路德、加尔文与克氏的影响。在反对基督教的世俗化进而主张以基督耶稣的圣迹为辐辏的启示信仰作为克服人类文化危机的一剂良方等方面,巴特显然与克氏的基督精神是内在一致的。但是,巴特囿于狭隘的神学立场,把人视为"上帝"的仆役,因而他并未理解克

---

[1] [德]海德格尔:《存在与时间》(修订译本),陈嘉映、王庆节译,生活·读书·新知三联书店2006年版,第271页。
[2] [德]海德格尔:《存在与时间》(修订译本),陈嘉映、王庆节译,生活·读书·新知三联书店2006年版,第385页。
[3] 卡尔·巴特(Karl Barth, 1886—1968),瑞士籍基督教神学家,以提倡新正统派的"危机神学""辩证神学"著称。

氏那独对"上帝"的"生存"的哲学意义，更无缘领悟格外看重克氏的"生存"的雅斯贝斯由"生存"而眺向的虚灵不滞的"超越存在"的人文意趣。这终于导致雅氏与巴特这两位在精神之缘上共同肯认克氏的同事在某些根本性的问题上发生了重大的分歧①，我们从中亦可悟识雅氏的"哲学信仰"与巴特式的神学家们的"宗教信仰"之间的巨大张力。

其三，虽说克氏第一次使"生存"获致了它在哲学史上的经典意趣，但他并不是第一个关注人的可能性问题并对黑格尔思辨哲学的泛理性主义说"不"的人。依让·华尔的阐说，这至少可以上溯到谢林。让·华尔指出："毫无疑义，我们可以把存在哲学的历史追溯到克尔凯郭尔所认识的一位哲学家谢林，追溯到谢林在逝世前不久同黑格尔所作的论战。谢林把他的所谓'实证哲学'或他的'不能理解的偶然性的肯定'来同黑格尔主义相对抗。在青年时代的黑格尔的著作中，我们甚至可以找到某些与克尔凯郭尔的思想并无二致的特征；但我们必须当心，不能夸大青年黑格尔的历史意义。而且，甚至确实渗进了黑格尔哲学中的带有克尔凯郭尔色彩的成分，也在转变的过程中丧失了它们的主观断言的特性了。"② 把"生存"的思想渊源追溯到那位德国古典时代的"隐姓埋名的现代人"③ 是颇有见地的。在黑格尔思辨哲学占主导的时代精神语境下，谢林以其刻骨铭心的"浪漫"情调比同时代的人们更敏锐地体察到泛理性主义对人的天趣盈盈的性灵的禁锢，进而以他的"不能理解的偶然性的肯定"对抗黑格尔思辨哲学对人的抽象。克尔凯郭尔曾在柏林大学听过谢林的讲课，其"生存"思想应该说与谢林不无学缘关联。Kurt Hoffman 在《雅斯贝斯哲学的基本概念》一文中指出："克尔凯郭尔通过充分阐说从谢林那里

---

① 雅斯贝斯在巴塞尔大学工作期间曾与巴特是同事。巴特从其神学立场出发，认为"真理是确定的，（人）只是要对它进行解释和证明"，进而在《独断论》一书中对那个"魔鬼"般的"无内容、无结果，从根本上说极其无聊的超越"进行了攻击。书中虽然未提及雅斯贝斯的名字，不过，雅斯贝斯出自自觉的哲学立场对巴特的误见进行了回击。萨尼尔对这段有意味的哲学与宗教之间的论争做了记载。参见［德］汉斯·萨尼尔《雅斯贝尔斯》，张继武、倪梁康译，生活·读书·新知三联书店1988年版，第239—240页。

② ［法］让·华尔：《存在主义简史》，马清槐译，商务印书馆1962年版，第5—6页。

③ 谢林传记作家阿尔森·古留加曾援引一本研究谢林的书，把这位身后一直被冷落的哲学家称为一个"隐姓埋名的现代人"。

第一章 "生存"与"理性":在克尔凯郭尔与康德的致思张力间探寻哲学的新生之路

得到启示的理念(Idea)与生存(Existenz)之间的区分,把现存的个体(existing individual)从被黑格尔理念的完全决定中提升出来,并领悟到他在平等地直面不确定的而且也不可确定的神性(Godhead)。"① 正是在这里,我们发现影响了克氏的谢林同样也在一定程度上影响了雅氏。雅氏曾著书《谢林》(1955)专门阐说他的"功与过"。在"大哲学家"的"等级顺序"中,雅氏将谢林归入第二卷中的"诺斯替教派②的真正的空想家"③之列。概言之,雅氏对谢林的总的评价是:"勤奋不倦地沉思着终极事物,初次提出种种使人忧烦的神秘事物;作为一种体系的创造者,谢林是失败的,然而却拓开了新的途径。"④ 应该说,正是在这位体系创造的失败者那里,雅氏发现了谢林"古典"哲学的"现代"意义。伽达默尔也曾敏锐地洞察到雅氏与谢林的这层学缘。他指出:"不可忽视的是,雅斯贝尔斯在他的分析中追随了克尔凯廓尔的老师——谢林的深刻预感,谢林在理想主义思想格式内将纯粹的理性可能性从它们生存于其中的宁静的现实性基础中分离出来。"⑤ 特别是在《哲学》第三卷中,雅氏辟专章阐说了"白天的法则与夜间的激情"(Diurnal Law and Nocturnal Passion)⑥,发出了与谢林、克氏类似的反拨泛理性主义的声音,与此同时,雅氏立足于理性与非理性的两极张力喻说了"灵"(genius)与"魔"(daemon)的内在矛盾与对

---

① Kurt Hoffman, "Basic Concepts of Jaspers' Philosophy", in Paul Arthur Schilpp (Ed.), *The Philosophy of Karl Jaspers*, Tudor Publishing Company, 1957, p. 100.

② 在《大哲学家》第一卷中,雅斯贝斯曾借着对柏罗丁的品评阐说了他对"诺斯替世界"的理解:"有一种思想的世界是同神秘论、神秘思想、东方的体悟联系在一起的。对于柏罗丁所属的那个世纪而言,这一世界叫做诺斯替世界:心灵的家园在天国,它从天国中堕落下来,将自己层层包裹起来、隐藏起来。它从假象中、不纯洁性中、这种生活的恶之中渴望着返回自己的家园。真实的生活即心灵在寻找回家之路。世界如同一个具有灵魂意义的地点性场所,仿佛是各层次组成的场所,当心灵堕落时,便被层层遮蔽,当心灵升华时,便摆脱了层层遮蔽。"见[德]卡尔·雅斯贝尔斯《大哲学家》,李雪涛主译,社会科学文献出版社2005年版,第652—653页。

③ [德]卡尔·雅斯贝尔斯:《大哲学家》,李雪涛主译,社会科学文献出版社2005年版,第20页。

④ [德]卡尔·雅斯贝尔斯:《智慧之路——哲学导论》,柯锦华、范进译,中国国际广播出版社1988年版,第132页。

⑤ [德]汉斯-格奥尔格·伽达默尔:《哲学生涯——我的回顾》,陈春文译,商务印书馆2003年版,第195页。

⑥ Karl Jaspers, *Philosophy* (Vol. 3), translated by E. B. Ashton, The University of Chicago Press, 1971, p. 90.

立统一运动。

其四，这是让·华尔没有提及，但无疑又是最为重要的一点，即雅斯贝斯以其包容得多的哲学的——而非神学的——慧眼重新发现了克尔凯郭尔的现代意义。诚然，在"生存"的本然意趣上给予雅氏最大影响的是克氏，这是雅氏自己也坦认的学术史事实。不过，雅氏是带着自己刻骨铭心的生存体验而肯认克氏的"生存"的，这同样是一个不可否认的学术史事实。而且，更值得注意的是，雅氏在汲取克氏智慧的同时，他从一开始就以自己的哲学方式和更为宏阔的哲学视野"走出"了克氏。这里暂且不论雅氏与康德的那层学缘，即便仅在"生存"的意趣上说，雅氏在1955年《哲学》德文第三版的"后记"中不仅谈到了克氏与谢林，而且也提及了尼采等人。"在（生存澄明）这一问题上，对我影响最大的是克尔凯郭尔。我在1914年以前就读过他的著述，在第一次世界大战期间我愈加关注他的思想。沉浸在激动不安与抵制诱惑的情绪中，我通过他不仅开始意识到在自我的实存中已有的倾向，而且也意识到了当前哲学的可能面目。我在《世界观的心理学》一书中援引了他与尼采的思想，在我的讲课中我把他视为过去时代的巨人之一。（我惊讶地发现，在学院哲学领域中并没有他的位置，哲学历史的教科书中甚至没有提及他的名字）从1922年起，我的思想主旨开始聚焦于'生存的分析'（analysis of Existenz）——或者说是与雅可比（Jacobi）① 和谢林意趣相通的'实存的去蔽'（unveiling of existence）。在对生存（Existenz）与实存（existence）做出明确区分之后，我称之为'生存的澄明'（illumination of Existenz）。"② 其实，"生存的澄明"在某种意趣上与"实存的去蔽"是指同一个过程。如果勉强把人的本真生存比作一尘不染的心版，当人自身所创造的"文"在渐次失却成全人的天趣盈盈的原初品性而最终构成对人的自

---

① Jacobi（1743—1819），与康德同时代的德国哲学家，国内译为雅可比、耶可比等。在《大哲学家》第一卷中，雅斯贝斯在阐说康德时有三处提到雅可比，目前国内对他的研究成果尚不多见。借用黑格尔的看法，雅可比与康德哲学的"结果大体是相同的，只是出发点和进展的过程有些地方彼此不相同"。见［德］黑格尔《哲学史讲演录》（第四卷），贺麟、王太庆译，商务印书馆1978年版，第241页。

② Karl Jaspers, *Philosophy*（Vol. 1）（Epilogue 1955）, translated by E. B. Ashton, The University of Chicago Press, 1969, p. 9.

然性灵的自我异化时，那么，去掉日渐文饰化的"尘垢"的"实存的去蔽"即是向着那本真生存的回归。两者的不同乃在于，"生存的澄明"并不自闭于"去蔽"后所敞亮的"孤独"的生存，而是把生存在孤独中蓄敛的本明之光向着那虚灵的彼处充量投射。这更相通于孔子的"绘事后素"的"生存的澄明"在克氏与雅氏那里均意指生存的自我超越，但"生存"的具体内涵以及"超越"的具体途径的微妙差异，尤其"超越"所趣向的那个"超越存在"在他们整体哲学架构内的人文意蕴的不同，终使雅氏这位以祈向超越之维的生存哲学进入学术史的"后生"并未简单地成为那位"存在哲学之父"的亦步亦趋的"信徒"。

三 雅斯贝斯与克尔凯郭尔之间的张力

雅氏自言："在对克尔凯郭尔的阐明中，我意识到他是不可解释的。他似乎使我理解了他所发现的'间接交往'，我采纳了他的生存'概念'。但是我并不能成为他的信徒。我并未受到他的基督教精神的影响，而且在他的消极选择——不结婚，不工作，不在世界中实现，而只献身于基督教的真理——中，我意识到这些做法正是与我所爱与所想、所愿意与不愿意做的事情相左的。他的实践上的消极主义与来自不合理的基督教信仰的'宗教性独身'，这两者对我来说既意味着历史性的基督教精神的终结，也意味着哲学生活的终结。……今天，我觉得没有他就没有哲学。在世界性的历史人物中我把他与尼采视为一类。"① 雅氏的"生存"是在"世界"之中仰望"超越存在"（"上帝"）的。这介入"世界"的"哲学生活"自然不同于那"孤峭"的"实践上的消极主义"，同样，以"哲学信仰"安顿了心灵的雅氏也自然与那位献身于"基督教信仰"的克氏有了一段看似不大但毕竟难以消弭的距离。

克氏在根底处是一位虔诚的基督徒，他的全部追问可归结为一个

---

① Karl Jaspers, *Philosophy* (Vol. 1) (Epilogue 1955), translated by E. B. Ashton, The University of Chicago Press, 1969, p. 9.

问题：在原初的基督精神被亵渎的今天，我怎样才能成为一位真正的基督徒？诚然，克氏也关切人，但当他说出"永恒的生活也是一种平均化，但那还不是像上面所说的那种平均（指抽象的'公众'意味上的平均——引者注），因为在那里，公分母意味着每一个人都应当真正地，在本质上成为一个宗教意义上的人"①时，我们足可断言，"在本质上成为一个宗教意义上的人"才是他所真正关切的。相形之下，雅氏那里的"人"则更多地意味着哲学意义上的那种自由选择且最终"成为你自己"的"生存"。因此，同样一个"生存"，在雅氏那里则更加赋有"人本"而非"神本"的意趣。就此而言，让·华尔的下述一番评说显然是切中肯綮的："雅斯贝尔斯哲学和基尔凯郭尔哲学的主要区别在于：基尔凯郭尔作了一种选择，选择成为基督徒，为了使他的选择尽善尽美，他逐渐承认了上帝的恩典这另一个因素。相反，雅斯贝尔斯只把各种可能的选择放在我们面前，不同的人有不同的观点，用选择这个词来表示存在，而不是把自己专致于任何特定的选择。"②

我们看到，克氏颇为重视作为跃向"永恒性"之契机的"绝望"。克氏认为，"绝望是精神之所以成为精神的必具的条件，绝望与人身上的永恒的东西相关联"③。这里的"绝望"正通着雅氏的"生存"在那"临界处境"的当下而自感的"畏"与"罪"。"有知"而"无罪"的"实存"不"畏惧"，"无知"而"有罪"的"生存"才"绝望"。况且，这表面看去源自外在的"禁令和惩罚"的"畏"与"罪"其实乃是人的"自畏"与"自罪"。"无罪的人的确很健谈，因为，他用语言能够按精神的秩序来表达一切。据此我们只须假定，亚当是与他自己谈话。"④"亚当是与他自己谈话"是至关重要的一句话，

---

① ［丹麦］克尔凯郭尔：《现时代》，戴文麟译，收入熊伟主编《存在主义哲学资料选辑》上卷，商务印书馆1997年版，第71页。
② ［法］让·华尔：《存在哲学》，翁绍军译，生活·读书·新知三联书店1987年版，第32—33页。
③ ［丹麦］克尔凯郭尔：《绝望是致死的疾病》，戴文麟译，收入熊伟主编《存在主义哲学资料选辑》上卷，商务印书馆1997年版，第36页。
④ ［丹麦］克尔凯郭尔：《恐惧的概念》，戴文麟译，收入熊伟主编《存在主义哲学资料选辑》上卷，商务印书馆1997年版，第5—6页。

第一章 "生存"与"理性":在克尔凯郭尔与康德的致思张力间探寻哲学的新生之路

这意味着人自始是在自己惩戒自己。因此,这"自罪"与"自惩"与其说是一种无以挣脱的"绝望",倒不如说是"生存"主动穿透"有限"而跃向"无限"的自我策励与自我发动。阐发至此,我们仍难以区分雅氏所说的"临界"与克氏所说的"临界"。不过,一旦把追问逼向由这"临界"所跃向的那个"永恒"的"上帝"究竟意味何在时,我们终于发现,雅氏的"上帝"乃系着他的"哲学信仰",它是自我贞定的"生存"将其内蕴的本明之光充量投射而趣向的那个虚灵不滞的"超越存在"("大全");而克氏的"上帝"则牵着他的"基督教信仰",它是一位虔敬的基督徒将其内藏的虔敬之情完全引发而扑向的那个不需要世俗化的教会作为外在保证的"绝对的他者"。在雅氏的"哲学信仰"看来,"基督教信仰"无疑向哲学家们启示了一种宗教的神圣感,但那种富有宗教般的神圣感的哲学在根底处毕竟还是自律的哲学,这乃是解开雅氏与克氏既精神相通又旨趣相异之谜的谜底所在。

那么雅氏为什么又说"我觉得没有他(指克尔凯郭尔——引者注)就没有哲学"呢?换言之,雅氏是在何种意趣上肯认克氏的哲学史意义的呢?紧接其后的一句话无疑给我们提供了寻索这一问题的答案的某些线索:"在世界性的历史人物中我把他与尼采视为一类。"在雅氏看来,克氏与尼采同属于"伟大的信仰复兴主义者"(亦译为"伟大的唤醒者")[1] 这一类,而且他们在"大哲学家"的等级顺序中的位置远远低于柏拉图、康德。雅氏指出:"克尔凯郭尔与尼采的意义首先通过在后世中发挥的影响彰显出来。俩人的巨大影响是无法估量的,甚至他们对一般思想界的影响比对专业哲学界的影响还要大,但这种影响却总是具有歧义的。"[2] 由此看来,雅氏虽然高度肯认了克氏与尼采的哲学史意义,但这一肯认在雅氏思想的幽微处显然出于别一种衷曲。若一言以蔽之,他主要是从二人的思想与当前哲学处境的关联角度来肯认他们的哲学史意义的。这在《理性与生存》的开篇"目前哲学处境的由来——论克尔凯郭尔与尼采的历史意义"中得到

---

[1] [德]卡尔·雅斯贝尔斯:《大哲学家》,李雪涛主译,社会科学文献出版社2005年版,第20页。

[2] Karl Jaspers, *Reason and Existenz*, translated by William Earle, Marquette University Press, 1997, p. 45.

了最为集中的阐说。雅氏指出:"目前的哲学处境是由这样一个事实决定的:克尔凯郭尔与尼采这两个生前默默无闻,死后很长一段时间在哲学史上仍未发挥影响的哲学家,已经愈来愈显示出他们的意义,而黑格尔以后的哲学家已愈来愈回溯他们。今天,他们无疑正作为他们那个时代的伟大的思想家而卓然屹立。"① 在雅氏看来,克氏与尼采的哲学史意义主要取决于"他们的思想造成了一种新的精神氛围。他们超越了在此之前还被视为显而易见的一切界限,似乎不再畏惧对一切事物进行思考,所有凝固性的东西似乎都在令人目眩的吸力运动中被撕得粉碎"②。这是他们二人出于敏锐的文化危机意识而对"虚无"处境的刻骨铭心的体察,所不同的是:克氏从其虔诚的"基督教信仰"出发,"将今天的整个基督教视为巨大的欺骗,上帝成了傻瓜。这种基督教与新约基督教根本没有任何关联"③,并以一位"真正的基督徒"的身份"猛烈抨击教会基督教和它的虚伪"④。相形之下,尼采则"一言以蔽之地表述了时代的历史处境:上帝死了"⑤,进而以一种"无神论"的姿态"直接抨击基督教本身"⑥。前者的探问在于,在一个原初的基督精神彻底乡愿化的今天,我如何靠"宗教信仰"傲睨尘世而成为一个"真正的基督徒"?后者的求索则在于,在一个将神的不在场视为既定事实的今天,我怎样依着"权力意志"而在世"生存"并成为一个"超人"?表面看来,二人之间的差别是巨大的,不过,雅氏从这看似巨大的差别中恰恰看出了他们对"虚无"共同的拷问。"克尔凯郭尔的基督教虔诚和尼采的不信神之间似乎有本质的区

---

① Karl Jaspers, *Reason and Existenz*, translated by William Earle, Marquette University Press, 1997, pp. 23 – 24.

② Karl Jaspers, *Reason and Existenz*, translated by William Earle, Marquette University Press, 1997, pp. 24 – 25.

③ Karl Jaspers, *Reason and Existenz*, translated by William Earle, Marquette University Press, 1997, p. 29.

④ Karl Jaspers, *Reason and Existenz*, translated by William Earle, Marquette University Press, 1997, p. 38.

⑤ Karl Jaspers, *Reason and Existenz*, translated by William Earle, Marquette University Press, 1997, p. 30.

⑥ Karl Jaspers, *Reason and Existenz*, translated by William Earle, Marquette University Press, 1997, p. 38.

第一章 "生存"与"理性":在克尔凯郭尔与康德的致思张力间探寻哲学的新生之路

别,但恰恰是这种区别使他们思想之间的相似性更加明显。在反思时代,似乎过去的一切都存在着,在这样的假象下,人们生活在实际的无信仰之中。在这样一个时代里,对信仰的抛弃和强制自己去信仰是互为补充的。不信上帝的人可以成为虔诚的信徒,信仰者也可以成为叛教者,二者处于相同的辩证关系中。"① 二人出自彼此不同的视域均看到并亲身体验到了"虚无",更难能可贵的是,他们在对"虚无"的拷问中均试图摆脱与超越"虚无"。"二人都认识到了所失落的东西的本质,但他们都不想要虚无。如果说克尔凯郭尔假定了真理或基督教真理的可能性,尼采则不仅视神不在场为一大损失,而且更宁愿将其视为最大的机遇来把捉,那么,在二人那里,意志依然在指向存在的本质,指向人的高贵与价值。……对尼采来说,这种不明确性是他的长远的'宏伟政治';对克尔凯郭尔来说,它则意味着成为一个对一切世俗存在漠不关心的新基督徒。面对这个时代,二人都被同样一个问题所困扰:人将会成为什么?"② 直面"虚无"所敞开的危险与机遇,"人将会成为什么",这不仅是困扰克氏与尼采的问题,也是雅氏的生存哲学自始至终所牵念的问题。正是在这一关节处,雅氏敏锐地发现,作为"例外者","他们不能被归入以前的任何一种类型(诗人、哲学家、预言家、圣者、天才)。由于他们,一种人类现实的新形象在历史中出现。也就是说,他们是有代表性的命运和牺牲:他们为世人启示了一条超越世界、回归自身的道路"。③ 确实,在雅氏看来,"人将会成为什么"最终取决于人应回归"生存"并在"世界"中祈向"超越存在"。当然,这是一条必须靠自身践履的"道路"。克氏与尼采只是唤醒了我们,他们并不想替我们规划出一条必然的"道路",更不想代替我们去践履。在此意趣上,雅氏称他们都是不想做"导师"的"例外",我们也不能奢望从这些"例外"那里获致一劳永逸的答案。"他们实际上是例外,而不是效仿的榜样。无论何时,谁要

---

① Karl Jaspers, *Reason and Existenz*, translated by William Earle, Marquette University Press, 1997, p. 36.

② Karl Jaspers, *Reason and Existenz*, translated by William Earle, Marquette University Press, 1997, p. 30.

③ Karl Jaspers, *Reason and Existenz*, translated by William Earle, Marquette University Press, 1997, p. 38.

试图完全效仿克尔凯郭尔或尼采，哪怕只是风格上的仿效，他都会成为笑柄。他们自己的所作所为是在瞬间恰好发生在界限之内的事情，僭越界限半步，崇高就会变成可笑。"① 因此，对每一个受到克氏与尼采影响——既为之"着迷"，又因之"幻灭"——的人来说，"问题在于，他要切实明白自己应该怎样处理同他们的关系，他们对自己究竟意味着什么，自己能从他们那里获得什么"②；"问题在于，读者在同他们的交往中，通过自身的内在活动究竟理解了什么"③；"问题在于，我们这些不是例外却又依照这些例外在觅寻我们内在道路的人将怎样生活"④。

在雅氏看来，哲学活动的起源正在于人类个体带着对终极性问题的关切，通过自身的"内在活动"觅寻人类自身的"内在道路"。换言之，哲学活动即缘起于人类个体直面那些永远挥之不去的终极问题而向自己内心深处的探问。这一问，遂问出了一部绵延不绝的世界哲学史。克氏与尼采的哲学史意义，就在于在一个思辨哲学抽空个体生存的时代，他们为人类提供了"一种体验生存的方式"⑤，进而使哲学活动再次返回它的原初问题，亦即剥落不再养润人心的文饰而再次凸显本明的"生存"。应该说，在回归"生存"的意趣上雅氏与克氏、尼采所走的乃是同一条路，但是由于他们出自各自的哲学视域而秉有的超越之维或超越之径不同，因此在由本明的"生存"而祈向"超越存在"时，他们终于分道扬镳了。在雅氏看来，"克氏与尼采都没有建构一个世界，似乎已经毁灭了一切；然而，二人又都是具有积极精神的人物"⑥。雅氏的这一品评颇为精微，他并未把克氏与尼采简单

---

① Karl Jaspers, *Reason and Existenz*, translated by William Earle, Marquette University Press, 1997, p.46.
② Karl Jaspers, *Reason and Existenz*, translated by William Earle, Marquette University Press, 1997, p.46.
③ Karl Jaspers, *Reason and Existenz*, translated by William Earle, Marquette University Press, 1997, p.46.
④ Karl Jaspers, *Reason and Existenz*, translated by William Earle, Marquette University Press, 1997, p.47.
⑤ Karl Jaspers, *Reason and Existenz*, translated by William Earle, Marquette University Press, 1997, p.47.
⑥ Karl Jaspers, *Reason and Existenz*, translated by William Earle, Marquette University Press, 1997, p.47.

地视为所谓坠入"虚无"之中难以自拔的"虚无主义"者,而是从他们直面"虚无"并近乎绝望的自我超拔中,悟察到由生命的积极燃烧所透示的"超越"的消息。"因而二人都在做一种向超越存在的跳跃,不过这种超越的形式在实践中却没有人能跟随:克尔凯郭尔跃向了被理解为荒谬的怪论和消极弃世的基督教,而尼采则跃向了永恒的回归和超人。"① 可以说,雅氏无疑赞许由"生存"而跃向"超越存在"的超越行动本身,但至少克氏那与"否定神学"相通的"弃世"超越有违于雅氏那积极入世的"在世"超越,尼采那囿于"权力意志"的"在世"超越则又缺失了雅氏那透露着"境界"暖意的"临界"超越。由此可以断言,雅氏的灵思创发为克氏与尼采所触动的并不是他们二人的具体"超越"举动,而是对本真"生存"的回归。

直面由对藻饰之"文"的"无"化而透出的本真"生存",克氏与尼采留给现时代的每一个个体都不得不自己回答的问题是:"现在该怎么办?"② 他们对此也曾试图做出某种回答,但在雅氏看来这并不是现成的答案。"面对这个问题,克尔凯郭尔指向了荒谬的基督教义,在基督教眼里这个世界已经沉沦了。而尼采则把目光投向了远方,投向了不确定的事物,这种事物并不呈现为我们可赖以生存的实体。没人曾接受他们的答案,因为那并不是我们的回答。现在到了以他们为契机来考虑我们的前途的时候了,但这绝不能事先加以规划或确定。"③ 在哲学的历史上,问题本身往往比答案更重要。谁也不能终结一切,因为"我们并不能像全知全能的上帝那样立于世界之外瞥见世界整体"④。我们就在世界之中,因此只能通过哲学实践所带来的"人的内心世界的活动"悟识"人的现实的

---

① Karl Jaspers, *Reason and Existenz*, translated by William Earle, Marquette University Press, 1997, p. 36.
② Karl Jaspers, *Reason and Existenz*, translated by William Earle, Marquette University Press, 1997, p. 47.
③ Karl Jaspers, *Reason and Existenz*, translated by William Earle, Marquette University Press, 1997, p. 48.
④ Karl Jaspers, *Reason and Existenz*, translated by William Earle, Marquette University Press, 1997, p. 48.

最后界限和根基"①。在雅氏看来，克尔凯郭尔（与尼采）的哲学史意义在于为哲人们在新的时代精神处境下再次探问"生存"提供了契机。正是以此为契机，雅氏踏上了一条匠心独具的哲学超越之路。

第三节 "理性"：雅斯贝斯与康德之间的思想关联

有必要首先申明：阐说雅斯贝斯与康德的学缘关系，自然会关涉两者之间的比较，但这种比较毕竟不是此处的重心。此处的重心只在于，主要透过雅氏本人对康德的品评，从中悟察雅氏究竟在何种意趣上汲取了康德的根本精神，又在哪些幽微之处"走出"了康德进而成全了雅氏自己。当然，要厘清这些学术问题并不是一件容易的事。②

一 小引："康德会带我们上路"

在雅斯贝斯看来，"康德是启蒙与精神历史的那一时代的巅峰与完善者，是无法准确地概括的。他就像柏拉图一样，柏拉图既是诡辩论式启蒙的巅峰，又是它的克服者。康德也是启蒙的克服者，而这是一个人在转折中真正生成自身的不可推测的过程"③。在雅氏的心目中，康德无疑是西方哲学史上唯一一位既与柏拉图精神共缘又能在思想高度上可堪与其平望的巅峰，雅氏也正是带着至高的景仰之情把自己的哲学致思契接在这一学缘之上的。阿伦特在 1950 年 1 月 3 日致丈

---

① Karl Jaspers, *Reason and Existenz*, translated by William Earle, Marquette University Press, 1997, pp. 48–49.

② 可以说，这一致思目标的设定使笔者直面一个几乎不可逾越的学思高度。正如雅斯贝斯在《大哲学家》第一卷中所坦言的："陈述康德的思想，是这部书中最为艰难的部分。人们掌握了康德——如若这是可能的话——就如同攀登上最高的山峰一般：人们会一览众山小，并能更为清楚地了解其他这些山峰了。"见［德］卡尔·雅斯贝尔斯《大哲学家》，李雪涛主译，社会科学文献出版社 2005 年版，第 547 页。

③ ［德］卡尔·雅斯贝尔斯：《大哲学家》，李雪涛主译，社会科学文献出版社 2005 年版，第 544 页。

第一章 "生存"与"理性":在克尔凯郭尔与康德的致思张力间探寻哲学的新生之路

夫布鲁希尔的信中称,雅斯贝斯"就像一个过时的'产物',直接孕育于康德,跨越时空,来到人间"①。应该说,雅氏哲学一以贯之的根本精神之一便是康德哲学。

或许有人会由此产生一种错觉,似乎雅氏首先汲取了克氏的"生存",然后又以康德的"理性"扬弃了克氏的"生存"。其实,这是一种颇为机械的看法。在《哲学》第一卷中,雅氏就曾颇为明确地阐说了康德由批判理性所确立的"先验方法"以及由此而开启的精神内转的"非对象性超越"。可以说,雅氏在关注个体生存的同时,从来没有放弃对理性(与超越之维)的关切。因此,"生存"与"理性"在雅氏那里绝非"首先""然后"意味上的时间先后序列,而是作为"伟大的两极"同时扎根于他的致思张力之中。当他基于时代提出的"回到生存"这一根本哲学问题重新回望康德的"理性"时,也使康德的"理性"具有了澄明当下"生存"的阐释力。雅氏认为,"生存"虽然是其他"大全"样式的根源,但如果离开"理性"的形式力量的催唤,它就会自闭于个体主观性之中,从而得不到表达与实现,更无法趋向无所不包的"大全"。"我们的存在,本质上恰恰渴望自身在当下获致充实、满足与展现。不过,通达此类实现的途径可以有两条:要么在理性的引导下趋向真正的充实,并通过理性获得历史性的持续完善;要么不接受理性的引导,带来的仅仅是虚假的实现,从而迷失于任意的虚无与混乱之中。这是理性道路与非理性道路的分界处。"②立于"理性道路与非理性道路的分界处",雅氏深情地回眸康德,其衷曲所在即是以康德的"理性"精神阻击当时颇为猖獗的"非理性"所带来的"虚无与混乱",以便为自己的"生存"哲学插上"理性"的翅膀,振翼翱翔于"大全"的宏阔空间。

在雅氏看来,要继承康德,须得首先理解康德的根本精神。康德的根本精神是他始终关注的人之为人的终极性问题,以及他在对那些问题做究元探问的过程中所透显出的批判品格。那些试图躺在康德的

---

① [德]罗·科勒尔编:《汉娜·阿伦特/海茵利希·布鲁希尔书信集(1936—1968)》,孙爱玲、赵薇薇译,贵州人民出版社2004年版,第152页。
② Karl Jaspers, *Reason and Anti-Reason in Our Time*, translated by Stanley Godman, Archon Books, 1971, pp.68–69.

某些"结论"上惬意休息的人，根本就不理解康德。因此，"理解康德，在深层次上虽然意味着取得无与伦比的一致性，但在表层上却意味着做批判性阐释，这种批判的前提是，康德全面地开启了一条全新的道路"①。"道路"当然首先是一个名词，不过这看似静止不动的"道路"终究是人的一次次的当下践履留下来的"路标"。对雅氏来说，康德之路的精妙之处更多地在于他在探问那些元问题时所运用的致思智慧，就不仅仅在于他的某些结论。换言之，如果不理解康德的致思智慧，就不可能真正汲取康德在那终极处为人类所做的有益的指点。因此，只有像康德那样去思考的人，才有可能真正领略康德在心灵的渊默处涌动着的思想风暴，也才有可能真正地为那道划破西方哲学史天空的闪电所照亮进而与康德一起走上真正的哲学之路。"康德的道路最初只是通向这种哲学的道路，后来，这种哲学本身却成了他的道路，按事物的天性而言，这条道路是没有终点的。要接触康德哲学，或许就要把握住这条道路，因为康德就是通过这条道路通向哲学的。"② 康德哲学是通向永恒哲学的"路标"，而非道路本身。康德固然开启了全新的哲学之路，但他从未曾想过、其实也不可能终结哲学。在回溯康德之路的过程中走自己的路，此乃雅氏对康德的最根本的态度。费舍尔把雅氏称为"康德的现代版革新者"③，应该说这个评价是颇为传神的。"革新"不是"重复"（其实任何一个人都不可能完全重复他人的道路），当然"革新"也只能是在秉承康德根本精神前提下的"革新"。由此，我们获致了把捉雅氏与康德思想关联的一条入径。

我们有理由肯认雅氏对康德所做的这样一个评价："康德就像是现代哲学的汇合点。他的著作像生活本身一样，具有无限的可能性。它是以理性的精确性致思出来的，却充满了不自觉性。它贯穿着理念，康德是尝试着将理念当做自己学说的一个部分来理解的。康德还会唤

---

① ［德］卡尔·雅斯贝尔斯：《大哲学家》，李雪涛主译，社会科学文献出版社2005年版，第521页。

② ［德］卡尔·雅斯贝尔斯：《大哲学家》，李雪涛主译，社会科学文献出版社2005年版，第460页。

③ 参见J.费舍尔《哲学史》（第5卷），转引自金寿铁《敞开的视域——雅斯贝尔斯哲学研究》，吉林人民出版社2001年版，第195页。

第一章 "生存"与"理性":在克尔凯郭尔与康德的致思张力间探寻哲学的新生之路

起什么,这是无法看清的。"① 我们也有理由以最大的同情来理解雅氏因着捍卫康德的"根本精神"而对德国"唯心主义"者与"新康德主义"者所做的尖锐的批评。② 在雅氏看来,自康德哲学问世以来的西方哲学史便是一部康德哲学的历史。"迄今为止,对康德的吸收有两度表现得极其突出,这就是唯心主义与新康德主义。今天,这两次吸收都可被视为对康德的误解,这种误解有助于形成另外一种对生活的理解。而康德本人则保持不变地超然于这些吸收的做法之上。第三次对他的追问同时是一个同哲学思想命运攸关的问题。……康德表明自己是个有创造力的思想家,而他本人不限于自己创造出来的东西。他不可被纳入更为博大的东西之中,不能被克服,不能被降低为诸多可能性中的一种可能性。"③ 在雅氏看来,德国"唯心主义"者与"新康德主义"者的最大的歧误,便在于他们在对浑全的康德精神做某种主题化引申的过程中,丧失了康德哲学最有价值的"批判"品格,在"新康德主义"那里,甚至出现了雅氏难以容忍的"知识化"倾向。雅氏指出:"新康德主义奉行两句口号:'必须回到康德去'(李普曼语)和'理解康德,意味着超出康德'(文德尔班语)。这两句口号的意思都不甚恰当。关于回去:这就好像在康德那里可以找到固定的真理似的,就好像人们必须将这真理同错误论点区分开来、令它重新发挥作用似的。关于超出:就好像人们走得比康德远,认识得比康德深刻似的。这两句话想必应该借助一种更好的意义而统一起来:'回去'并不意味着回去,而意味着达到思想的起源;'超出'并不意味着了解得更好,而意味着加入康德的思想运动,让那创造性思维重新发挥作用。"④ 哲学式追问的意义并不仅仅在于答案,更大程度上则在于敢于彻底追问问题本身,并在这一追问过程中"加入康德的思想运动"。

---

① [德]卡尔·雅斯贝尔斯:《大哲学家》,李雪涛主译,社会科学文献出版社 2005 年版,第 547 页。
② 这里仅就雅斯贝斯对"新康德主义"者的批评做一番阐说,关于对德国"唯心主义"者的批评详见本节第三部分"理性"。
③ [德]卡尔·雅斯贝尔斯:《大哲学家》,李雪涛主译,社会科学文献出版社 2005 年版,第 547 页。
④ [德]卡尔·雅斯贝尔斯:《大哲学家》,李雪涛主译,社会科学文献出版社 2005 年版,第 547 页。

应该说，雅氏对李普曼（Otto Liebmann）与文德尔班（Wilhelm, Windelband）的批评是颇为公正的，而他与李凯尔特（Heinrich Rickert）之间的矛盾则达到了几乎白热化的程度。① 如果仅仅看到雅氏不能原谅李氏企图贬低他所敬慕的马克斯·韦伯（Max Weber）还是远远不够的，其实更深层的缘由乃在于李氏把康德精神知识化了，尤其是消解了历史的终极意义，而这正是以虚灵不滞的"一"为其历史哲学之价值指归的雅氏所坚决反对的。

我们由上述品评还会发现，雅氏显然把自己视为了"第三次追问"康德的思想运动中的一员，而且这次追问与前两次一样"同哲学思想命运攸关"。可以说，这正可透出雅氏直面时代的文化危机而自觉觅寻人类精神出路的天职意识与敢于自我担当的责任感。那么，雅氏作为康德哲学的"现代版革新者"，他又对康德做了哪些"革新"呢？在雅氏看来，康德期待着"由他开辟的'羊肠小路'会被后人变成'阳光大道'"。但是，"走上这羊肠小路已然很艰难"。过去所做的探索总体来说问题仍然不少，其中最大的问题并不在于"人们由于不理解而恼火"，而是在于"人们好像理解了，却因为自己的诠释阻塞了通向这羊肠小路的入口。这就仿佛是用复杂的做法树起了错误的路标，诱人离开了通向康德思想的入口。或者说这样就像一块岩石压住了康德活跃的力量，只有抬起这块岩石，那活跃的力量才会焕发出来"。鉴于此，雅氏遂自称，"如果我能够做到让自己同时代的人感觉到，那块岩石还在那里，我会感到满意的"。② 面对康德，雅氏的态度始终是敬仰与谦卑的，这敬仰与谦卑的态度也使雅氏在直面时代所提出的最为根本的"生存"问题时，矢志不渝地献身于把康德思想的"活跃的力量"再次"焕发出来"的使命。

或许借助雅氏自己的一段话来理解他与康德之间的关联是最为恰切的："康德会带我们上路，这位思想家为了休息起见而在路旁搭起了一所房子，而无论是他还是我们，都不能居住在那所房子里。为了

---

① 参见［德］卡尔·雅斯贝斯《雅斯贝斯哲学自传》，王立权译，上海译文出版社1989年版，第33—38页。

② ［德］卡尔·雅斯贝尔斯：《大哲学家》，李雪涛主译，社会科学文献出版社2005年版，第548页。

意识到人要走的道路，房间与体系作为传达的方式都是不可缺的。但有两种康德的信徒：一种人在沉思的居所中永远地安居下来，另一种人同康德一道经过沉思后上路。"① 毋庸置疑，雅氏属于后一种"康德的信徒"。他把活的康德精神汲取过来，并在他毕生的思维律动中与康德一起践履着真正的哲学之路。

二 "人"

雅斯贝斯对康德根本精神的汲取是多层面的，考虑到这里的重心，笔者只选取关乎大端的两个层面进行阐说："人"与"理性"。在雅氏看来，"人们必须更加彻底地提出问题本身。这是康德思想的新变化"②。康德提出的"问题本身"便是"人"的问题，"他的哲学的实质始终是对人的追问"③。人并不是自足封闭的"实存"，而是具有应然的超越祈向的"生存"。与此同时，理性"是人之为人的特点"④，它为生存选择敞开了多种多样的可能性，并提供了"非对象性超越"的力量。只有向着应然的超越之维不断地生成，人才能"配得上做人"；只有"配得上做人"的人，才能成为"世界的目的"。"人并非已然是自身，而要变成自己应当如何那种情况。……人的理性使命是，'有所作为，在同困难所作的斗争中让自己配得上做人'。"⑤ 因此，"人"与"理性"这两个层面又是相互贯通的。这里先来谈"人"。

在雅氏看来，"人"的问题既是康德哲学的出发点，也是他秉持的根本立场。"康德始终站在人的立场上，不以任何外在的虚幻的立

---

① ［德］卡尔·雅斯贝尔斯：《大哲学家》，李雪涛主译，社会科学文献出版社2005年版，第548页。
② ［德］卡尔·雅斯贝尔斯：《大哲学家》，李雪涛主译，社会科学文献出版社2005年版，第366页。
③ ［德］卡尔·雅斯贝尔斯：《大哲学家》，李雪涛主译，社会科学文献出版社2005年版，第475页。
④ ［德］卡尔·雅斯贝尔斯：《大哲学家》，李雪涛主译，社会科学文献出版社2005年版，第458页。
⑤ ［德］卡尔·雅斯贝尔斯：《大哲学家》，李雪涛主译，社会科学文献出版社2005年版，第475页。

场为出发点,……他不逃离人的存在。"① "问题决定着哲学思考的意义。"② 以"人"为辐辏,康德的先验人学涵括四个基本问题:我能够知道什么,我应该做什么,我可以希望什么,人是什么?"人是什么,这一问题从一开始就在推动着康德哲学。……只有康德的全部著作,才是对这第四个问题的回答。"③ 这既涵贯于又统摄着前三个问题的第四个问题的优先性意味着:"康德的出发点不是上帝、存在、世界,不是主体也不是客体,而是人,只有在人身上,我们才可意识到所有这一切。……这一问题并不意味着,康德似乎可以给出一个最终的答案,即人到底是什么。"④ 人并不是知性视域内的可被归于某一"属"概念之下的"种"概念,也不能被视为某种定在的对象物而为知性所规定。人是能够成为其自身的存在,人自己规定自己。人就是自由,自由的人意味着自我生成的无限可能性。雅氏就此指出:"人是我们的可能性的现实领域。康德会像柏拉图笔下的苏格拉底那样说:我不知道人是什么,不知道人是否是较符号更为神奇的存在物。我们都是人,意识到自己是人,并追问着我们自身。我们所寻找到的答案都位于永远不可穷尽的人的存在这一中途。""所有特定之物都是从无所不包者中涌现出的某物。我们能够做出超越,但无法达到超越者。我们始终是人。我们无法再度去包括我们那种无所不包者,但我们将它体会为被包含之物。"⑤ 由这些品评不难看出,雅氏不仅把捉到了康德哲学的根本问题,而且他的全部哲学都是从"人"这一根本立场出发的。但同样不可否认的是,雅氏对康德的品评显然出自其生存哲学的视域,他由此"走出"康德进而形成了自己的"生存人学"思想。

雅氏的这一运思踪迹在《关于我的哲学》中被表述得格外明晰。

---

① [德]卡尔·雅斯贝尔斯:《大哲学家》,李雪涛主译,社会科学文献出版社 2005 年版,第 458 页。
② [德]卡尔·雅斯贝尔斯:《大哲学家》,李雪涛主译,社会科学文献出版社 2005 年版,第 462 页。
③ [德]卡尔·雅斯贝尔斯:《大哲学家》,李雪涛主译,社会科学文献出版社 2005 年版,第 464 页。
④ [德]卡尔·雅斯贝尔斯:《大哲学家》,李雪涛主译,社会科学文献出版社 2005 年版,第 463 页。
⑤ [德]卡尔·雅斯贝尔斯:《大哲学家》,李雪涛主译,社会科学文献出版社 2005 年版,第 463—464 页。

第一章 "生存"与"理性":在克尔凯郭尔与康德的致思张力间探寻哲学的新生之路

在雅氏看来,"作为实践活动而言,哲学的根本问题是来自生活,所以,在任何一定的时刻,这些根本问题的形式总是与历史的境遇一致的,而这个历史境遇又是传统相续的一部分。……我认为,这些根本问题,经过康德系统的整理说明以后,可说相当简明了:1. 我能够知道什么? 2. 我应该做什么? 3. 我可以希望什么? 4. 人是什么? 今天,这些问题以不同方式再度出现在我们的眼前,而且,这些问题的起源也可以重新为我们所了解。这些问题的形式之所以改换,是由于我们所处的这个时代所产生的生活方式使然"。[①] 那么,雅氏所处时代的生活方式较之康德的时代究竟发生了哪些变化呢? 雅氏主要谈到了五个方面。①现代科学技术的发展对"我能够知道什么"这一问题带来的挑战:"科学已获得日益增大的非常的重要性,由于它的成果,科学已成为人类世界的命脉所在。在技术方面,它供给人类一切生存的基础,并且迫使一切环境产生不可预测的变化。科学的内容,日甚一日地带来更大的奇迹,它反过来产生科学的迷信以及科学的极度憎恨。但科学是不能避免的,较之康德的时代,发展得更为急速,在方法的准确和实际的结果方面,它比过去更为彻底,所以'我能够知道什么?'这个问题变得更为具体,同时也更为确定。从我们的观点看来,可以说康德仍是知道得太多(如果我们误把他的超验哲学当作确切的科学知识,而不把它当作超越中心必须完成的哲学知见),也可以说,他知道得太少(因为在数学上、科学上与历史上惊人的发现以及知识的许多可能性与其后果,大部分还是在他的眼界之外)。"[②] 鉴于此,"在科学中我们能够知道什么"成为雅氏直面的第一个时代难题。②大众生活秩序的建立对"我应该做什么"这一问题带来的挑战:"人类大众社会在规定的方面上,产生了一个生活秩序,这个生活秩序将个人联接在一技术作用的组织中,而不内在的从其心灵的历史性中加以联接。……即使当人们规定他的生活时,人们总是感觉到,似乎种种事件的起伏已将他拖离他的中心而带到汹涌澎湃的历史海洋中。而

---

① [德]雅斯培:《关于我的哲学》,收入考夫曼编著《存在主义》,陈鼓应、孟祥森、刘崎译,商务印书馆1987年版,第140—141页。
② [德]雅斯培:《关于我的哲学》,收入考夫曼编著《存在主义》,陈鼓应、孟祥森、刘崎译,商务印书馆1987年版,第141页。

在这滚滚的旋涡中,现在他似乎必须找寻一个立脚点。凡强固和确定的东西不再是究极的。道德不再适当地建立于有效的法则上,因为法则本身也缺乏较深的基础。'我应该做什么?'这个康德所提出的问题,不再为无上命令所充分解答,而必须为每一伦理行为的基础以及人与人交通中的知识所补充。因为,我的行为之普遍有效法则的真理是受我所行为于其中的某种交通方式所限制,因此,'我应该做什么?'这个问题,须以'人与人之间的交通如何可能?'这个问题为先决条件。"① 鉴于此,"我们将如何实现人与人间最深切的交通"成为雅氏直面的第二个时代难题。③经验到人的认知能力、人与人间交通的限制对"真理是什么"这个问题带来的挑战:"我们经验到科学的限制就是我们认知能力的限制,也是我们透过知识和能力以了解世界的限制,科学的知识在面对一切根本问题时,是无能为力的。我们经验到人与人间交通的限制;即使它成功了,还是缺少一些什么东西。知识的失败与人与人间交通的失败产生了一种混乱,在此混乱中,存有与真理失败了,而在服从规则或无思无念中找出路都是无效的。"② 鉴于此"我们如何达到真理"成为雅氏直面的第三个时代难题。挑战即意味着机遇,雅氏就此指出:"真理的意义尚有另一种价值,这里所谓的真理不仅仅是科学中所谓的真理(说得更恰当一点,应该是正确性),我们要把握真理本身,达到这一目的的道路乃成为一个新的、更迫切的、更兴奋的工作。"③ 由对"真理本身"的探问,雅氏把致思的目标指向了第四个和第五个基本问题——"人"的问题与"超越性"的问题。④关于"人是什么以及人能成为什么"的问题:"在世界中,只有人才是我可以接近的实在(reality)。……但是,人不是一个自足的个别单元,人是由他据为己有的某些事物所构成的,在他每一个存在方式中,人是关联于他自身以外的某些东西,就关系于世界而言,他是他所在的世界中之一物,就关联于对象而言,他是意识,

---

① [德]雅斯培:《关于我的哲学》,收入考夫曼编著《存在主义》,陈鼓应、孟祥森、刘崎译,商务印书馆1987年版,第141—142页。

② [德]雅斯培:《关于我的哲学》,收入考夫曼编著《存在主义》,陈鼓应、孟祥森、刘崎译,商务印书馆1987年版,第142页。

③ [德]雅斯培:《关于我的哲学》,收入考夫曼编著《存在主义》,陈鼓应、孟祥森、刘崎译,商务印书馆1987年版,第142页。

第一章 "生存"与"理性":在克尔凯郭尔与康德的致思张力间探寻哲学的新生之路

就关联于任何构成整体的观念而言,他是精神,就关联于超越性而言,他是存在性。人总是由于专心贯注于这个'彼'(other)而成为人的。"① 与"超越性"相关联的"存在性"即是自我生成、自我超越的"生存"。借着生存的自我生成与自我超越而使每个人都"成为我自己"无疑是雅氏生存人学的核心命意,当然这里的"我自己"乃是由"超越性"所"赠予"的。失去了"超越性"的"赠予"或烛引,"我自己"就会沦为自我闭锁的"实存"。身处虚无主义盛行的文化危机时代,自我超越的生存比历史上任何一个时代都更为迫切地呼唤着"超越性"。雅氏由此强调:"关于人类的问题,现在是往前推进一步了,如果我们超越自己的时代而象康德一样再问'我能希望什么?'那是不够的,人比过去更为坚定地力求一个他所缺乏的确定信心,力求一个永恒的确定。如果神性存在的话,那么一切希望都是可能的。"② ⑤关于"超越性"的问题:"要问:'人是什么?'我们必须要问:'超越性是否存在'以及'何谓超越性'这些根本的问题。我们可以说:唯有超越性,才是实在的存有。我们可以说:神性存在就够了。确定这一事实是唯一值得关切的事,因为别的事物都是由此而来。"③ 从以上阐析不难看出,雅氏祈向超越之维的生存哲学正是他带着自己所处时代的难题,通过吸纳与革新康德的"先验人学"体系而构建出来的。

基于时代精神处境所发生的诸种变化,雅氏在回溯康德的基本问题时,便产生了他所关切的五个问题:"科学问题、人与人间交通问题、真理问题、人的问题以及超越性问题。"④ 这五个问题,除"真理问题"构成《哲学逻辑》第一卷《论真理》(*Von der Wahrheit*, 1947)的核心话题外,"科学问题""人与人间交通问题""超越性问题"分

---

① [德]雅斯培:《关于我的哲学》,收入考夫曼编著《存在主义》,陈鼓应、孟祥森、刘崎译,商务印书馆1987年版,第142—143页。
② [德]雅斯培:《关于我的哲学》,收入考夫曼编著《存在主义》,陈鼓应、孟祥森、刘崎译,商务印书馆1987年版,第143页。
③ [德]雅斯培:《关于我的哲学》,收入考夫曼编著《存在主义》,陈鼓应、孟祥森、刘崎译,商务印书馆1987年版,第143—144页。
④ [德]雅斯培:《关于我的哲学》,收入考夫曼编著《存在主义》,陈鼓应、孟祥森、刘崎译,商务印书馆1987年版,第144页。

别成为《哲学》三卷——第一卷《世界定向》、第二卷《生存澄明》、第三卷《形而上学》——所探究的基本问题。正像康德一样，雅氏的全部哲学著作均辐辏于"人的问题"。早在1905年8月9日的一封书信中，雅氏就明确地写道："我的领域就是人；对其它一切，我都不可能有如此经久不衰的能力和兴趣。"① 早于《哲学》十三年出版的那部《世界观的心理学》（1919），其中心命意依然是"人"。将"生存哲学"时期的雅氏视为同道的海德格尔在《存在与时间》（1927）一书中也为雅氏说了几句公道话，尽管这只是在注脚中提到的："雅斯贝斯第一次明确地理解和进行了世界观学说的工作。参见他的《世界观的心理学》第三版，1925年。在这里，雅斯贝斯提出了'人是什么？'的问题并且从其所根本能是的方面来加以规定（参见第一版序言）。由此，'边缘处境'的基本的生存论存在论意义得到了澄明。如果人们仅仅把《世界观的心理学》当作'世界观类型'的参考书加以'使用'的话，那就全然误解了这本书的哲学倾向。"② 可以说，作为康德的知音，雅氏不仅回溯了康德的所有根本问题，而且他们二人均有着祈向超越的维度，伽达默尔曾明确指出雅氏的《哲学》三卷实际上"重复了康德哲学体系的基本轮廓"：第一卷《世界定向》主要探讨了"理论性理性的限度"，这种做法"与《纯粹理性批判》是多么相近"；第二卷《生存澄明》在理论性理性的边缘跃向人的自由领域，"就像康德将自由引导到理性事态时所看到的，人们无法在理论上对自由做出证明，但它有在世俗中被承认的内在要求"。于是，在雅氏那里，生存"首次将自己的注意力转向自身"，并在"反诸自身"的生存选择中敞开了通往"形而上学"之路。这种做法又与《实践理性批判》何其相似；第三卷《形而上学》"重述了人类在哲学、艺术和宗教中阐发的伟大的超越式经验，与康德和费希特'道德的直观世界'也是那么吻合"。雅氏以"密码"（cipher）表述生存对超越性的直观领悟，从而在"自我照亮"的生存光芒中使我们"有了一种新的

---

① ［德］雅斯贝尔斯：1905年8月9日书信，转引自［德］汉斯·萨尼尔《雅斯贝尔斯》，张继武、倪梁康译，生活·读书·新知三联书店1988年版，第20页。
② ［德］海德格尔：《存在与时间》，陈嘉映、王庆节译，生活·读书·新知三联书店1999年版，第343页，第六十节原注。

第一章 "生存"与"理性":在克尔凯郭尔与康德的致思张力间探寻哲学的新生之路

解读希望",这种做法也正与《判断力批判》相通。①

应该说,指出雅氏与康德之间的"通性"是十分必要的,但更重要的是,真正有价值的比较乃是辨析建诸"通性"之上的"个性"。无"通性"的"个性"("殊相")是无从比较的,因为它只强调差异;无"个性"的"通性"("共相")同样是无可比性的,因为它只强调同一。真正的可比性只存在于"通性"与"个性"所构成的张力中。"通性"越丰富,"个性"越深刻;"个性"越深刻,"通性"也越丰富。鉴于此,透过雅氏与康德之间如此之多的"相似""相近",尤其两人对于"人"的共同关切,我们把全部的追问聚焦于如下一个关键的问题:雅氏的"人"与康德的"人"在意蕴上究竟有何微妙的不同?正是在这里,我们发现,"人的问题"在雅氏那里虽然涵括"人是什么"与"人能成为什么"这样两个层面,但人"是"什么显然并不是他致思的重心。他的致思重心乃在于:人"能成为"什么。在雅氏看来,哲学致思是涌动于生命深处的实践活动。"在生命的深处,它接触到时间中的永恒",而且这一活动"只在个人的哲学思维达到极顶的时候"才能实现。"在这个顶点,这个活动乃是内在活动。藉此,我们成为自己。"② 通过涌动于生命深处的"内在活动",人不断地"成为自己",换言之,人怎样才能"成为"人,这个自始至终为雅氏所顾念的问题无疑成为涵贯于其全部生存人学的枢纽性问题。③生存人学视域下的人是在历史处境中不断突破"实存"与"世界"的界限而自由选择与超越着的"生存",而先验人学视界下的人则是应该遵循"绝对命令"的先天形式或原则的人,换言之,人怎样才能"配得上做人"才是康德的先验人学全部探问的重心。在历史的选择中因着超越之维的烛引不断突破历史进而"成为"人的"人"是生存人学的人,自始便以超越历史的价值形态烛引历史中的人依着"配得上做人"的应然标准自我提撕的人是先验人学的人。"自由"是生存

---

① 参见[德]汉斯-格奥尔格·伽达默尔《哲学生涯——我的回顾》,陈春文译,商务印书馆 2003 年版,第 194—195 页。
② [德]雅斯培:《关于我的哲学》,收入考夫曼编著《存在主义》,陈鼓应、孟祥森、刘崎译,商务印书馆 1987 年版,第 140 页。
③ 雅斯贝斯指出:"作为一个人,就是去成为一个人。"见[德]卡尔·雅斯贝尔斯《智慧之路——哲学导论》,柯锦华、范进译,中国国际广播出版社 1988 年版,第 50 页。

人学与先验人学共同的价值取向，但先验人学的"自由"首先即是境界形态的"自由"，而生存人学的"自由"则在透出"境界"暖意的"临界超越"中又因着生存在世界中的"内在超越"而增添了一份运命自承的沉重感与责任感。康德的先验人学固然在很大程度上启示了雅氏的生存人学，但是生存人学更多地为先验人学的"人是什么"这一根本问题所触动，而在人怎样"成为人"与人怎样"配得上做人"这两个中核问题上，雅氏与康德因着致思重心的不同而在"人是什么"这一共同的致思方向上走了两条不同的"羊肠小路"。毋宁说，雅氏生存人学的"生存"更多地受启于克尔凯郭尔的运思智慧，他从康德那里汲取的更多的乃是生存人学用以呼唤生存永不息止地祈向"大全"的"理性"与"非对象性超越"。

"更多"在这里只是意味着致思重心的不同，而并不意味着对重心之外的东西无所致思。譬如，雅氏的"生存"自始便内蕴"神性"之根荄的"良知"，而由"良知"向着"神性"的充量生发也自始即是生存本有的内在结构。再譬如，雅氏试图以生存在"绝对意识"（Absolutes Bewußtsein/absolute consciousness）中所透出的"爱"[①]对康德做"补充"。他在论及"康德几乎没有谈到爱，即使谈到了，也是不确当的"时指出："就好像康德感受到并阐明了理性的全部范围，却没有感受到与阐明理性在何种意义上就是爱，理性在爱之中是如何发挥作用的。这停留在他的哲学观点的范围之外。"[②] 在雅氏看来，"批判性的问题在于，康德的思想建立在善良意志的基础上，这是既不可缺又真实的，但它是否需要这样一种东西做补充，这种东西作为爱不仅是一种'倾向'，而本身就是'不朽'，是理性以及一切理性的意义之所在"[③]。我们暂且不论雅氏以"爱"对康德的"善良意

[①] 雅斯贝斯指出："爱是清澈的目力，它使我渴望洞悉所显现的东西。……只有爱它的人才能洞悉它的存在，而且本源地、无任何理由地、无条件地确认它的存在：他希望它存在。"见 Karl Jaspers, *Philosophy*（Vol. 2）, translated by E. B. Ashton, The University of Chicago Press, 1970, p. 242。

[②] ［德］卡尔·雅斯贝尔斯：《大哲学家》，李雪涛主译，社会科学文献出版社2005年版，第539页。

[③] ［德］卡尔·雅斯贝尔斯：《大哲学家》，李雪涛主译，社会科学文献出版社2005年版，第541页。

志"——在人生的无待向度上,其实"善良意志"是可酵发出"爱"来的——做"补充"的必要性到底有多大,但至少透过这"补充"的努力可窥出雅氏对人之应然的道德"境界"的措意。我们还会看到,在"何谓超越性"("神性")这一问题上,雅氏除了愈加强调"神性"的重要性之外,并未对康德的"超越性"("至善")再做更多的"补充"。应该说,雅氏所祈向的"神性"("超越性")正契接着康德通过"道德的神学"所喻说的堪作人的道德之元宰的"上帝"。而且,作为别一种意趣的道德家,雅氏对作为道德家的康德也是给予了充分肯认的。譬如,他曾以赞赏的口吻转述了康德说过的一些话:"如果哲学不掌握训练人的手段,让人真正地做到至善,那么哲学又有何益处呢?"人类的终极目的只能是唯一的。它是"人的全部命定,而有关这一命定的哲学就叫做道德"。所以,"即使在古人那里,人们也总是将哲学家这个名称同时并主要是理解为道德家"。[①] 由于对"人"的道德之维的共同关注,雅氏像康德一样成为一位道德家,伽达默尔曾颇为中肯地指出,综观雅氏的全部哲学,相较于叔本华和尼采"在德国学院派哲学中只占有边缘人的位置",雅氏的成就则"十分出色,他把深思熟虑的哲学教师的地位和道德家的地位集于一身"。[②] 当然,由于致思重心的不同,雅氏的"道德"自然透出了别一种意趣。再进一层说,正因为这别一种意趣,雅氏终于在"生存"与"理性"的张力间成就了自己的哲学气象。

三 "理性"

在雅斯贝斯看来,康德哲学乃是重在"说明非对象性事物的源泉的方法"的"先验哲学",而"先验哲学"之所以能"在本身不可能是对象的对象中"穿透"对象性思维"并指出"一切对象性的条件",

---

[①] 转引自[德]卡尔·雅斯贝尔斯《大哲学家》,李雪涛主译,社会科学文献出版社2005年版,第504页。为了能够通过雅斯贝斯对康德的品评体察其间所内隐的雅氏与康德之间的关联,本节涉及康德的全部引文均转引自《大哲学家》之"康德"部分。

[②] [德]汉斯-格奥尔格·伽达默尔:《哲学生涯——我的回顾》,陈春文译,商务印书馆2003年版,第198页。

说到底乃取决于"先验哲学"的"批判"品性。① 对于康德哲学的"先验"与"批判"之分殊，黄克剑先生曾做过精辟的称说："康德的学说可一言以蔽之为'批判哲学'，也可一言以蔽之为'先验人学'。'先验'是用以指谓那些独立于个别经验却并不乖违经验而使经验得以成为可能的先天形式或原则的；'批判'则意味着一种独特的考察，这考察分外强调被考察的人的某种心意机能的纯粹性。如果说'批判哲学'更多地在于指示康德学说的措思方法，那末，所谓'先验人学'则是对这一学说所涵淹的心灵眷注的道出。"② 对雅氏而言，如果说"先验人学"更多地涵养了他的"生存人学"的价值旨趣，那么"批判哲学"则更多地养润了他的"哲学逻辑"的措思方法（当然，这在康德学说那里表里难分的措思方法与价值旨趣，在雅氏的"生存人学"与"哲学逻辑"中也显出某种不可截然二分的别一种风致）。

雅氏称："在哲学的世界历史上，康德的步骤是独一无二的。自柏拉图以降，在西方还从未有人采取过这样的步骤，以如此严峻的思想氛围造成富于转折性的结果。"③ 这里所谓的"康德的步骤"，即意指被雅氏称为"康德之路"的"思维方式的革命"。这场"革命"既不能由休谟的知觉经验论的消极刺激或卢梭的道德哲学的"良知"温润直接生发，也不能从康德那仍连着莱布尼茨的理性主义学脉的前"批判"著作中自然导出。尽管如此种种诱因或机缘乃是不可或缺的，但说到底，这毕竟是一场由理性反观自身而"内在制宪"④的彻底"革命"。在雅氏看来，康德前"批判"时期的著作"尚不是哲学。从所有这些个别的思想中，是无法引申出新的思想的。康德将先验的方法称为批判的方法，它并不是一系列发现的结果。它是一种思想飞跃"⑤。这因着契接

---

① 参见［德］卡尔·雅斯贝尔斯《大哲学家》，李雪涛主译，社会科学文献出版社2005年版，第388—399页。

② 黄克剑：《美：眺望虚灵之真际——一种对德国古典美学的读解》，福建教育出版社2004年版，第58页。

③ ［德］卡尔·雅斯贝尔斯：《大哲学家》，李雪涛主译，社会科学文献出版社2005年版，第547页。

④ ［德］卡尔·雅斯贝尔斯：《大哲学家》，李雪涛主译，社会科学文献出版社2005年版，第441页。

⑤ ［德］卡尔·雅斯贝尔斯：《大哲学家》，李雪涛主译，社会科学文献出版社2005年版，第459页。

第一章 "生存"与"理性":在克尔凯郭尔与康德的致思张力间探寻哲学的新生之路

苏格拉底、柏拉图的生命智慧而再次返回主体自身的"飞跃"始于康德对理性的认知之维(即认知理性)的批判考察,其目的是借着休谟的不可知论对"独断论迷梦"的打破,重新觅回不可再被质疑的自明性的地基。诚如康德在即将迎来这惊心动魄的"飞跃"之前所表露的,"当我们能够真的开始时,我们必须后退一步"①,以便以重心自在的立法者的身份再次赢取理性自身的尊严。康德由此实施了他彻底改塑西方哲学史致思方向的"步骤":由先前的"让概念取决于对象"转到现在的"让对象取决于概念"②,换言之,由先前的以预设的客在的实体为中心转到现在的以重心自在的主体为中心。关联着那位伟大的天文学家——哥白尼——在自然的宇宙中所发动的那场地球绕着太阳转的革命,康德可以毫不"谦卑"地——尽管在康德看来"哲学令人谦卑"③——把自己在哲学的宇宙中所发动的这场"对象"绕着"主体"而转的"思维革命"喻为"哥白尼式革命"。自康德之后,无论是肯认还是反对康德,任何一位真正有创造性的思想探险者都不得不再次回到"康德之路"的元问题与致思起点。但康德并没有告诉人们一劳永逸的"答案"。人们只能"驻足于其中,做康德未替他做之事。康德给予了人以机遇"④。那么,康德的"批判"的"理性"给予了雅氏哪些"机遇"呢?

一言以蔽之,康德的"批判"的"理性"打开了"哲学逻辑"的空间,拓宽了哲学思维的广度与深度,无疑对雅氏这位自觉的"方法大师"⑤的"生存人学"起到了不仅仅限于方法论意味的启迪作用。在雅氏看来,"理性"即是"哲学真理的道路"。"完成从而认识理性是什么,从来是并且永远是真正的哲学任务"⑥。雅氏认为,康德的

---

① 转引自[德]卡尔·雅斯贝尔斯《大哲学家》,李雪涛主译,社会科学文献出版社2005年版,第460页。
② [德]卡尔·雅斯贝尔斯:《大哲学家》,李雪涛主译,社会科学文献出版社2005年版,第462页。
③ 转引自[德]卡尔·雅斯贝尔斯《大哲学家》,李雪涛主译,社会科学文献出版社2005年版,第542页。
④ [德]卡尔·雅斯贝尔斯:《大哲学家》,李雪涛主译,社会科学文献出版社2005年版,第461页。
⑤ [德]汉斯·萨尼尔:《雅斯贝尔斯》,张继武、倪梁康译,生活·读书·新知三联书店1988年版,第198页。
⑥ [德]卡尔·雅斯贝斯:《生存哲学》,王玖兴译,上海译文出版社2005年版,第44页。

"理性"在以下两个层面凸显出独异的魅力：一是清醒的"界限"意识，二是主动的"形式"力量。"对界限的思维的非凡之处与形式的力量意味着：只有康德的理性才具有这种力量，而被转化为可学习的知识的那些康德的概念则不具有这种力量。"① 其实，我们有理由循着雅氏的运思理路加上第三个层面："非对象性超越"。

1. "界限"意识

雅氏颇为看重康德的这样一句话："哲学就是要认识自身的界限。"② 这里的"哲学"即意指赋有"理性"的"界限"意识的"批判哲学"。可以说，清醒的"界限"意识对理性成其为理性是至关重要的。相形之下，"理智"（知性、认知理性）比"理性"少了层自我反省的智慧，"感性"比"理性"多了层自我保存的沉迷。赋有自我反省品格的"理性"既"用理智又超越理智，同时不失去理智……理智在理性当中仅仅是一个环节"③。不寻求任何外在"慰藉"的"理性"的首要任务是自我设定"界限"，清醒的"界限"意识乃是"理性"之所以能够保持其"批判"品性的闳机所在。舍此"界限"，"理性"遂不再是"理性"。"理性"的自我设限并不源自任何外在的力量，其中所喻说的正是"理性"的自律，而"理性"的自律为自律的哲学提供了不可让渡的内在依据。"在界限处总留有秘密。"④ 不过，这"秘密"只是对作为"理性"的一个"环节"的"理智"来说的。它表明，"理智"在不可理解的事物面前走到了自己的边缘。"但是，不可理解的事物却不是非理性的事物，而是通过理性作为理性的界限而被经验的事物并被理性的光芒照耀的事物。"⑤ 对"理智"而言，最大的"秘密"莫过于"物自体"（"自在之物"）。"'物自体'不是物，而是处于边界的符号，为

---

① ［德］卡尔·雅斯贝尔斯：《大哲学家》，李雪涛主译，社会科学文献出版社2005年版，第537页。
② 转引自［德］卡尔·雅斯贝尔斯《大哲学家》，李雪涛主译，社会科学文献出版社2005年版，第469页。
③ ［德］卡尔·雅斯贝尔斯：《大哲学家》，李雪涛主译，社会科学文献出版社2005年版，第451页。
④ ［德］卡尔·雅斯贝尔斯：《大哲学家》，李雪涛主译，社会科学文献出版社2005年版，第514页。
⑤ ［德］卡尔·雅斯贝尔斯：《大哲学家》，李雪涛主译，社会科学文献出版社2005年版，第455页。

第一章 "生存"与"理性":在克尔凯郭尔与康德的致思张力间探寻哲学的新生之路

的是表达一切被意识到的存在的现象性。然而,虽然是一个边缘概念,物自体并不是虚无的。这一本体(被这么称呼是为了与现象相对立)在我们的自由中,在理念中,在对美的直观的游戏中具有现在性。但是,现象不是假象。作为现象,通过研究,它被认为是无限地具有有效性的。现象指向一个根据。"① 从这段经典的品评出发,我们不难悟识以下三点。

(1)"物自体"首先意指一个"处于边界的符号"。面对"物自体",理性的认知之维陷入彻底的"无知",理性由此而为知性厘定了界限。在这知性的"界限"处,理性提醒人:人所认知的只是人所能认知的,人对所谓"物自体"的认知其实只是人对人的认知过程及认知能力的认知。心契于康德的《纯粹理性批判》,厘定认知理性(在现代,科学思维是最典型的知性思维能力)的界限构成了雅氏《哲学》第一卷《世界定向》(副标题为"实乃意识")的主旨。同康德一样,雅氏认为人所能认知的永远只是"物自体"在人的经验中所"现"之"象",而不是作为这现象之"根据"的"物自体"。"现象"对于人的知性的"此在",所表明的恰是"物自体"对于人的认知来说的"彼在"。当然,那"彼在"的"物自体"向这"此在"的知性所"现"之"象"并不是"假象",因此认知之维仍是理性不可或缺的一个"环节","世界"也不能被误作"假象"而被凌空"跨越"。没有知性的理性是盲目的理性,舍弃世界的超越同样是虚假的超越。"在康德看来只存在一个世界。在先验思想中被触及的事物不是任何别的世界,而根本就不是世界。只要这个事物存在,它就作为非世界在这个世界具有现实性,两个世界理论不是康德的东西,而只是一种不可避免地具有矛盾性的表达方式。"② 雅氏之所以在恪守理性为知性厘定的"界限"的同时,决绝地批判那些误认为康德有"两个世界"的二元论世界观,并在自己的生存哲学中也从未否弃知性与世界对于人的存在的意义,其隐衷便在于此。雅氏强调指出,如果对康德的"界限"及"世界"做错误解释,"就有可能产生出一种双重的歧解:

---

① [德]卡尔·雅斯贝尔斯:《大哲学家》,李雪涛主译,社会科学文献出版社2005年版,第456页。
② [德]卡尔·雅斯贝尔斯:《大哲学家》,李雪涛主译,社会科学文献出版社2005年版,第395页。

即退回到世界中去,就好像康德仅仅在维系科学认识的有效性,仅仅在维系认识理论的合理性似的;要么就是退回到过去的形而上学中去(像:世界是一场梦魇,是一个假象)。前一种做法错失了超越者,后一种做法错失了世界。在康德那里,这两者是相互联系的,世界不是假象,而是现象,世界不是自在的存在,作为现象,它是超越者的语言"①。在这里,雅氏其实是在用自己的"密码"理论重释康德,而"世界"是"超越者"的"密码"(语言)则构成了《哲学》第三卷《形而上学》的核心话题。"密码"作为"生存"在"世界"中解读"超越者"的场所,它既不错失"世界",也不错失"超越者"。"密码"成其为"密码"的一个不言而喻的前提,乃是无条件地肯认了"界限"的存在。倘囿于世界而错失超越者,无疑是以掩耳盗铃般的自欺不敢正视"界限";倘直接与超越者合二为一而错失世界,这其实是在空中楼阁中臆想人已是上帝从而自傲地无视"界限"。没有"界限","超越者"就不再是真正的"超越者","密码"也不再是"生存"在世界中解读的"超越者"的语言。在雅氏看来,如果说康德之后的"唯物主义"者们属于前者②,那么属于后者的无疑就是那些"挖空心思"地"超越"康德的德国"唯心主义"哲学家们。可以说,康德之后的多数"唯心主义"哲学家视"物自体"("界限")为康德哲学的"独断"的"赘疣",遂千方百计地——如费希特(Fichte)的"自我设定自我"的"自我意识",谢林的"绝对同一"的"上帝",黑格尔的"自己是自己的理由"的"绝对精神"——试图割除它、"克服"它。他们在把康德哲学做十字打开式的发展的过程中,源于各自的运思路径不同,在某一新的引力重心的辐辏下,浑全的康德精神遂向着诸多方面主题化而呈现出斑驳的色彩。雅氏显然已经意

---

① [德]卡尔·雅斯贝尔斯:《大哲学家》,李雪涛主译,社会科学文献出版社2005年版,第468页。

② 雅斯贝斯认为,德国唯心主义"就仿佛魔法在19世纪中叶突然间失灵"后,"在康德的基础上开始了第二个哲学运动。实证科学,即自然科学与历史科学取得了胜利。哲学的形态经历了一个深刻的变化。取代(唯心主义)无批判性魔力的,是同样无批判性的、更为平庸的、精神上堕落的唯物主义。……自然的研究者认为,在康德那里可以寻找到他们的经验主义的哲学(赫尔姆霍兹)。学院式哲学在哲学史上的学说之外寻求科学时代的使命,以便自救,并认为在康德那里寻找到了科学的哲学,即认识理论。此时,它使得哲学成为科学的婢女"。见[德]卡尔·雅斯贝尔斯《大哲学家》,李雪涛主译,社会科学文献出版社2005年版,第546页。

第一章 "生存"与"理性":在克尔凯郭尔与康德的致思张力间探寻哲学的新生之路

识到"康德成为费希特、谢林、黑格尔的德国唯心主义的始作俑者"[1],而且对他们——譬如谢林、黑格尔——的运思智慧也有深微的体察并给予足够高的评价。但是,将"物自体"悬设的"界限"视为康德"批判哲学"之灵根的雅氏,坚决地把康德与康德之后因僭越"界限"而失去"批判"品格的"唯心主义"者们划清了界限。雅氏就此指出:"没有什么比横在康德和唯心主义者费希特、谢林、黑格尔之间的一道深渊更不可逾越的了,并且这在他们最后的努力中依然是彼此异质的。"[2] "康德与理想主义者之间的鸿沟无人知晓(唯一的例外是埃宾豪斯[3])。"[4] "他们自一开始就同康德的基本思想少有共同之处,以至于他们从未理解过康德的基本思想。他们在康德那里看到了各种麻烦,因为他们宣称自己的原则是绝对的,并'克服了'康德。"[5]我们有理由暂且不管雅氏对那些在康德那里似乎只"看到了各种麻烦"的"唯心主义"者们的不无"偏激"的批评也给自己带来了似乎有失同情理解的"麻烦",因为这里首先需要澄清的关键问题是:雅氏的批评究竟是在何种意味上提出的?雅氏与他们之间的根本分歧何在?换言之,雅氏通过捍卫康德的"基本态度",他最终所捍卫的那种根本精神究竟是什么?带着这些追问,我们接着体味雅氏的品评。在雅氏看来,康德去世后不久,那些"年轻的狂热者与好强的人"便"对康德的方法中带有的克制作用不管不顾,而是将先验思维的明确演绎转变与颠倒为思辨性建构、理智直观、对有关在创世之前与创世之中的上帝的思想的反思。他们造成严重后果地将理性转变为精神,并混淆了这两者"[6]。

---

[1] [德]卡尔·雅斯贝尔斯:《大哲学家》,李雪涛主译,社会科学文献出版社2005年版,第545页。

[2] [德]卡尔·雅斯贝尔斯:《大哲学家》,李雪涛主译,社会科学文献出版社2005年版,第18页。

[3] 埃宾豪斯(Ebbinghaus, 1850—1909),德国心理学家,亦译为艾宾豪斯,以提出"艾宾豪斯遗忘曲线"著称。

[4] [德]卡尔·雅斯贝尔斯:《大哲学家》,李雪涛主译,社会科学文献出版社2005年版,第546—547页。

[5] [德]卡尔·雅斯贝尔斯:《大哲学家》,李雪涛主译,社会科学文献出版社2005年版,第524页。

[6] [德]卡尔·雅斯贝尔斯:《大哲学家》,李雪涛主译,社会科学文献出版社2005年版,第545页。

"实际上，这些思想家从一开始就抛弃了康德的基本态度。……取代理性的多重角度的，是从一个原则出发做推论的做法，取代对有限的、推理式的、人性的理智意识的，是要掌握理智直观这一要求；取代将理性阐明为揭示存在的场所的，是对存在的认识；取代自知之明的，是要致思上帝的思想这一绝对要求。"[1] 于是就出现了那些既"引人入胜而又相互排斥的各部著作：费希特烦人的思想结构、谢林那诺斯替派式的想像、黑格尔在一个体系中辩证地理解一切存在之意义这一庞大体系"[2]。倘一言以蔽之，他们的根本歧误在于："界限被虚妄而未经批判地跨越了。"[3] 这就是雅氏的结论。透过这一结论，我们不难发现，雅氏的全部哲学以"人"（生存）为辐辏，与此同时，"世界"与"上帝"也均不可或缺。这在雅氏的"生存意识"看来是完全可以理解的，但对"知性"（"一般意识"）来说却意味着"二律背反"。雅氏认为，德国"唯心主义"者们之所以把康德的"物自体"视为"麻烦"而试图"克服"之，其思维方式的症结便在于他们未曾意识到"循环""同义反复""矛盾"在康德"批判哲学"中的价值。

（2）"物自体"本身即涵括知性的"二律背反"。"物自体"并不是一个囿于"因果性"与"现实性"的知性范畴，它根本就不是一个知性意味上的范畴，也从不就缚于任何一种必然的因果链条。"因果性、现实性只是作为现象的范畴而有效。倘若物自体与我们的感性和我们的认识过程的关系被置于原因性范畴之内，那么，谈论的就不再是作为'自体'的物自体，而是作为现象的物自体。"[4] 这样一来，"物自体"就成为知性永远无法克服的矛盾。正是借助这一对知性来说的"二律背反"，理性为知性厘定了"界限"，进而既"用理智又超

---

[1] ［德］卡尔·雅斯贝尔斯：《大哲学家》，李雪涛主译，社会科学文献出版社 2005 年版，第 546 页。

[2] ［德］卡尔·雅斯贝尔斯：《大哲学家》，李雪涛主译，社会科学文献出版社 2005 年版，第 546 页。

[3] ［德］卡尔·雅斯贝尔斯：《大哲学家》，李雪涛主译，社会科学文献出版社 2005 年版，第 546 页。

[4] ［德］卡尔·雅斯贝尔斯：《大哲学家》，李雪涛主译，社会科学文献出版社 2005 年版，第 394 页。

第一章 "生存"与"理性":在克尔凯郭尔与康德的致思张力间探寻哲学的新生之路

越理智,同时不失去理智"地跃入"非对象性"思维。雅氏指出:"'物自体'比本体的表述更具特点,因为它直接包含了矛盾。现象只能被看做是'物';'自体'则说明,它不应是现象。本体是说被思想之物,但是里边想了些什么却不可设想。"① 雅氏对康德"公然陷入矛盾"的"二律背反"颇感兴趣,甚至在不无"过度诠释"的诠释中实际上也在诠释着自己的"哲学逻辑"思想。在雅氏看来,"解开二律背反之谜的钥匙是认识在世界当中的我们的存在的现象特征。一切出现在我们面前的事物是现象,不是物自体,是现象性事物,不是本体"。② "理性"借着"物自体"为"知性"圈定了它的适用场域,即现象界;这同时也是它的"界限",越此"界限",就会导致"二律背反"。"理智向理性的过渡是二律背反的源泉。康德对理智和理性做了如下区分,理智在确定的概念中通过直观的实现而找到经验认识,理性则通过结论超越在直观可实现的事物而指向系列的整体,指向世界的整体。在理智中,人们总是获得个别的经验认识,而在理性中人们发现的则是对完整性的渴求。理智是确定对象的范畴的能力,理性是非对象性、不确定的理念整体的能力。"③ 如果"理智"试图以"确定的概念""个别的经验认识""确定对象的范畴的能力"阐说它本不该也不能阐说的先验的"整体",那么它就会陷入公开的矛盾。在雅氏看来,"理性"的"非对象性"能力除了借助"理智"的"范畴"超越"范畴"之外,别无他途,因而由这"理性"的自我坎陷所导致的对"理智"来说的公开矛盾又是不可避免的。除了"矛盾"外,雅氏还在康德哲学的"同义反复"与"循环"中看到了"知性"必然"失败"的意义,这一"失败"以"理性"自我悬置"知性"的"对象性"范畴的方式间接地指向"理性"的"非对象性"整体。雅氏由此断言:"在哲学思考中,循环、同义反复和矛盾是不可避免的。它们是哲学和

---

① [德]卡尔·雅斯贝尔斯:《大哲学家》,李雪涛主译,社会科学文献出版社2005年版,第395页。
② [德]卡尔·雅斯贝尔斯:《大哲学家》,李雪涛主译,社会科学文献出版社2005年版,第406页。
③ [德]卡尔·雅斯贝尔斯:《大哲学家》,李雪涛主译,社会科学文献出版社2005年版,第404页。

科学认识的区别的标志。"① 既受启于康德又不拘囿于康德的雅氏据其"哲学逻辑"的视域指出，对"矛盾、循环和同义反复"的哲学意义，康德虽然"没有从根本上加以表述，但却实际上贯彻了这一特征"，它们虽然对"知性"来说"是表达的一种逻辑错误，但是这一错误却具有好的和必然的意义"。② 因此，我们不仅不能把"批判哲学"中严肃运用的"矛盾、循环和同义反复"视为不负责任的"逻辑"游戏，更不能忽略它们在哲学家们那里所具有的"不同的等级与价值"。诚如雅氏所说的，虽然"我们把矛盾性、循环和同义反复看做是任何一种先验思想的不可避免的本质的形式，但这并不说明，同义反复、循环和矛盾作为被误认为深刻的流言蜚语的空洞形式已经意味着某种东西。它们在哲学家们（它们与每一位哲学家相遇）那里拥有不同的等级与价值"③。正是在这里，雅氏敏锐地洞识到康德"批判理性"的积极的"循环和同义反复"与休谟"不可知论"的消极的"循环"之间的本质差异。"在休谟那里这一循环值得注意：因果性是从重复相同经验的习惯当中推导出来的。但是，这一习惯的影响本身也在因果性上被思考。因果性通过因果性被理解。"④ 从"因果性"到"因果性"，从"范畴"到"范畴"，从"世界"到"世界"，这与其说是"循环"，倒不如说是"重复"。真正有哲学意义的循环"必须有一个根据，这个根据不是由于循环的逻辑形式而存在的，而是有另外的源泉"⑤。"循环"也好，"同义反复"与"矛盾"也罢，它们自身并没有任何哲学意义。也就是说，为了"循环"而"循环"、为了"同义反复"而"同义反复"、为了"矛盾"而"矛盾"，这无疑是最低劣的逻辑错误。说到底，它们的哲学意义在于，"理性"通过自觉

---

① ［德］卡尔·雅斯贝尔斯：《大哲学家》，李雪涛主译，社会科学文献出版社2005年版，第399页。

② ［德］卡尔·雅斯贝尔斯：《大哲学家》，李雪涛主译，社会科学文献出版社2005年版，第393页。

③ ［德］卡尔·雅斯贝尔斯：《大哲学家》，李雪涛主译，社会科学文献出版社2005年版，第398页。

④ ［德］卡尔·雅斯贝尔斯：《大哲学家》，李雪涛主译，社会科学文献出版社2005年版，第398页。

⑤ ［德］卡尔·雅斯贝尔斯：《大哲学家》，李雪涛主译，社会科学文献出版社2005年版，第398—399页。

地让自身的认知之维陷于难堪的境地,以便让"知性"在面对自身的"界限"("物自体")时自感"无知""晕眩""颤抖""畏",进而返回自我贞定的"生存",并依靠本明生存的"良知"而跃入"信仰"与"爱"的"非对象世界"。这是一次"有另外的源泉"的飞跃,它为只知"对象性"的"范畴"而不知"非对象性"的"超越者"的"知性"提供了"一个根据"。雅氏由此称叹道:"康德循环和同义反复的伟大之处在于,它们的丰富性打开了哲学意识的完整领域。……这一点与单线条的、沉重僵化的错误哲学尝试的循环不同。"① 鉴于此,我们不难断言,"物自体"对于理性的认知之维来说诚然是不可"知"的,但这有着清醒的"界限"意识并在"界限"处领悟到"根据"的不可知却不可与休谟的囿于世界与因果链条的不可知论同日而语。

(3)最为重要的一点是,"物自体"并不意味着"虚无"。在这知性看来的"虚无"处,"物自体"刺激理性调动起有别于知性的另外一种力量,即"信念"(信仰)。"信念是理性在不可理解的事物上失败时的希望,但这希望来自于理性本身,而不是任何外在的保证。理性理解的不是自体性存在,而是对于在其理性当中的、有限的人敞开的那个存在。"②"理性本身"由"物自体"而唤起的"对于在理性当中的、有限的人敞开的那个存在",即是为人的"信念"所默识的那个"非对象性"的"超越者""大全"或"上帝",亦即"现象"所指向的那个"根据"。因此,"似乎未能尽脱休谟的不可知论的印痕只是'似乎',康德以'自在之物'或本体的物的不可知限定知性,并不意味着那被认定不可'知'的对象确然不可'达'或不可'致'。从消极处看'自在之物','自在之物'意味着一种知性不可逾越的界限,一种对于认知说来的永恒的彼岸;从积极处看'自在之物','自在之物'意味着物依其自身的'目的'而在,它引发那种与内在目的论相贯的价值信念"。③ 这"价值信念"并不是对"上帝"存在之证

---

① [德]卡尔·雅斯贝尔斯:《大哲学家》,李雪涛主译,社会科学文献出版社2005年版,第399页。
② [德]卡尔·雅斯贝尔斯:《大哲学家》,李雪涛主译,社会科学文献出版社2005年版,第455页。
③ 黄克剑:《美:眺望虚灵之真际——一种对德国古典美学的读解》,福建教育出版社2004年版,第61页。

明的那种"信"。那种连着知性之"知"的"信"只是一种"指向理论判断"的"教条信念",它只能"作为按照目标而形成的事物的一种秩序的前提条件、作为（有机体的）自然目的存在的前提条件"而有效。既然是"前提条件",那么,即便是作为第一"条件"而存在的"上帝",也还只是囿于因果链条之中的"条件"性范畴。然而,真正的"上帝"根本就不在"条件"之中,更谈不上它是一个"条件"性的知性范畴。其实,"教条信念"所指称的"上帝"只不过是知性所做的一个独断的设定,说穿了它仍是"某种不稳定的东西"。由此来说,关于上帝的"知识是骗人的。'知识膨胀（如果它是狂想的话）着,但知识的全部领域都令人感到屈辱。'所以,'我必须取消知识,给信念让位'"。① 当然,这一"价值信念"也不是"神学的道德"的那种"信"。那种"直接确信"的"信"固然是某种"稳定的东西",但它所缺乏的恰恰是理性自我反省的品格。而且,那种试图以所谓的"道行"去求得"上帝恩惠"的"信"乃意指一种"宗教式的梦呓"。在这种"梦呓"里,人的"道行"并不是自律的,而只是求得"恩惠"的一种手段,"或者说前者可以带来后者"。这种看法最终认为,人"可以对超感官对象发挥影响"。其实,人在因着有求于"上帝"而试图影响"上帝"的同时,"上帝"也对人构成一种外在的钳制,人与上帝之间理应有的"境界"关联也便蜕变成一种相互利用的"利益"关系。所以,"宗教式的梦呓即理性在道德上的死亡,而没有理性,就根本不会有宗教"。② 由此看来,这种"价值信念"中的"上帝"既与知性的"教条信念"无缘,也与"神学的道德"的"宗教式的梦呓"迥异,归根结底,它只源自"道德的神学"中的"道德行为"和"道德信念"。康德那里的"道德行为"是从人本有的"善良意志"说起的,这自明的"善良意志"所滋养与促动的正是人的道德的自律提撕。康德看到,在"经验现实"中,人的"德"与"福"之间总是错落的,有"德"的人不一定有"福",有"福"的

---

① 参见［德］卡尔·雅斯贝尔斯《大哲学家》,李雪涛主译,社会科学文献出版社 2005 年版,第 452—453 页。

② 参见［德］卡尔·雅斯贝尔斯《大哲学家》,李雪涛主译,社会科学文献出版社 2005 年版,第 469 页。

第一章 "生存"与"理性":在克尔凯郭尔与康德的致思张力间探寻哲学的新生之路

人不一定有"德"。不过,人的"善良意志"出于对"善本身"("至善")的祈念,完全有理由相信在"现实本身"中理应存在一种"德福配称"的至高境界。为了确证这一至高的境界,康德遂悬设了永恒而"至善"的"上帝"。换言之,"从道德行为中就产生出以下要求,即上帝是存在的并且是永恒的"①。这是一种真正确信无疑的"道德信念"。"什么也动摇不了这一信念,因为这将使我的道德原则本身坍塌下来。"② 康德为什么如此认为呢?原来,"道德信念"因肯认人的"善良意志"而默识"善"之原型的"至善",这"至善"的"上帝"也由此对人的道德水准给予应然的烛引,以便督责人在自身的道德践履中不断地提升自身的"境界"。"至善"之境在人的"善良意志"中有其本然的根荄,人应该做的也便能够勉力做到。因而,这趋向"至善"的"道德行为"说到底乃出于人对人之为人理应有的"至善"之境的自觉,那与"至善"之境处于同一精神位格上的"上帝"所颁布的"绝对命令"遂不再是"神学的道德"的那种外在的钳制。所以,人不能盲目而独断地说,"上帝存在是确定无疑的";而只能自明而自律地讲,"我在道德上对此深信不疑,即上帝是存在的"③。由上述品评不难看出,雅氏对康德的"实践理性"是有着深微的洞察的。我们完全有理由在哲学致思的整体构架上以《哲学》第二卷《生存澄明》来比拟《实践理性批判》,并且,亦如《纯粹理性批判》之于《实践理性批判》一样,《世界定位》(《哲学》第一卷)在很大程度上也正是《生存澄明》的消极的导言。对此,康德曾讲过:"全部纯粹理性的哲学仅仅涉及这种消极的作用。"④ 雅氏也曾说过:"在理智中,理智的一无所知只是消极的,令我们的心灵变得空空荡荡。"⑤ 不过,仅

---

① [德] 卡尔·雅斯贝尔斯:《大哲学家》,李雪涛主译,社会科学文献出版社2005年版,第452页。
② 转引自 [德] 卡尔·雅斯贝尔斯《大哲学家》,李雪涛主译,社会科学文献出版社2005年版,第453页。
③ 转引自 [德] 卡尔·雅斯贝尔斯《大哲学家》,李雪涛主译,社会科学文献出版社2005年版,第453页。
④ 转引自 [德] 卡尔·雅斯贝尔斯《大哲学家》,李雪涛主译,社会科学文献出版社2005年版,第467页。
⑤ [德] 卡尔·雅斯贝尔斯:《大哲学家》,李雪涛主译,社会科学文献出版社2005年版,第465页。

仅停留于整体构架的比拟还是不够的，我们更应看到，《生存澄明》与《实践理性批判》的共同的关键词是人的"自由"。不过，仅仅看到这些"通性"仍是不够的，我们更应在深微处看到两者之间的差异：《实践理性批判》的全部命意在于，人应该自由。这是先验的自由，是实践理性为人的道德行为立法的自由；而《生存澄明》的全部命意则在于，人能够自由。这是在先验的自由理念的烛引下如何予以实现的自由。雅氏从生存的历史性出发，以人如何实现不得不有的自由为问题域，从而把康德的先验自由引入人的自我生成的"历史"维度。因此，对康德来说，人的"道德信念"即是为人的自由立法的"实践理性"的要求；对雅氏来说，这为"道德信念"所发动的"道德行为"则意味着既结缘于"实践理性"又不等同于"实践理性"的"生存选择"。生存选择更着意于个体在历史性的选择中如何与其他同样自我选择的生存进行"爱的斗争"，由此，康德的实践理性遂被雅氏改造为交往理性；生存选择更强调人应该在世界与历史之中穿透世界与历史，这使雅氏的全部学说比康德哲学多了一层在世生存的挣扎感；但雅氏毕竟不像那两位"等待戈多"[①]的流浪汉——爱斯特拉岗、弗拉季米尔——那样只知"等待"。"等待"在他们那里只是一个茫然而苍凉的姿势，那迟迟不来但又无时不在地搅动人心的"戈多"说白了即是"命运"的象征。相形之下，雅氏的生存选择自始便力图在悲剧中超越悲剧，在命运中穿透命运，因而他愈加强调自由选择的个体对并不在个体的自由选择之外的"自在的命运"的自我担待。在康德那里，责任同样是自由的题中之义[②]，不过，正如康德的自由是先验的自由一样，他那里的责任也是先验的责任。而对雅氏来说，我是自由的，正因为我对我的自由选择的一切后果负有不可推诿于外的责任，这休咎自取、运命自承的责任感自始便使得自由选择的个体实实在在地感到某种刻骨铭心的沉重。

---

① 参见贝克特的"荒诞派"戏剧《等待戈多》。
② 譬如，雅斯贝斯曾如是品评康德的"自由与责任"，并将之视为"批判哲学"的两大基础之一："自由绝不是直接通过内在感知被意识到的，而是由责任概念来证明的。责任与自由使人明确了'他自己本身是如何存在的，而不是他是如何显现的'。"见［德］卡尔·雅斯贝尔斯《大哲学家》，李雪涛主译，社会科学文献出版社2005年版，第443页。

第一章 "生存"与"理性":在克尔凯郭尔与康德的致思张力间探寻哲学的新生之路

2. "形式"的力量

被雅氏称为康德"理性"的"形式"力量的,指的乃是作为主体的感性直观的纯形式的"时间"与"空间"①,以及隶属于主体的知性十二种范畴,即"量"("统一性""多样性""整体性")、"质"("现实性""否定性""限制性")、"关系"("本质""因果性""相互作用")、"情状"("可能性、非可能性""存在性、非存在性""必然性、偶然性")②和那些作为完整的无条件的理性概念而先验地存在于主体之中的"理念",即"世界"、"心灵"("灵魂")、"上帝"③。就感性直观来说,为主体的时间与空间形式所把捉的东西,只是"作为现象的现实性,但却不是具有自体性的真实事物"④。"物自体"依然作为"界限"而存在,在这"界限"之内,直观着的主体主动地把时间与空间形式赋予"物自体"向主体所"现"的"象";就主体的十二个知性范畴来说,它们并不是后于经验事物的东西,而是在主体对每一经验事物的意向性中已经作为范畴形式先验地存在于主体的认知结构中。"理智在建构一切在我们面前可以出现的事物的过程中是积极、有效的。……理智本身是通过范畴来建构了经验世界。"⑤ 由此可见,感性直观形式与认知范畴是主体先天就有的,它们并不依赖于经验事物,反倒是始于经验事物的知识必得借由它们才有可能成立。不过,它们的主动赋形能力也是有"界限"的,即它们只在经验范围内有效。反省到这一"界限",人的理性遂由对"理念"的贞认而得以萌生。"理念是突破。"⑥ "世界""灵魂""上帝"都不再是对象性

---

① 参见[德]卡尔·雅斯贝尔斯《大哲学家》,李雪涛主译,社会科学文献出版社 2005 年版,第 371—372 页。
② 参见[德]卡尔·雅斯贝尔斯《大哲学家》,李雪涛主译,社会科学文献出版社 2005 年版,第 378 页。
③ 参见[德]卡尔·雅斯贝尔斯《大哲学家》,李雪涛主译,社会科学文献出版社 2005 年版,第 414 页。
④ [德]卡尔·雅斯贝尔斯:《大哲学家》,李雪涛主译,社会科学文献出版社 2005 年版,第 373 页。
⑤ [德]卡尔·雅斯贝尔斯:《大哲学家》,李雪涛主译,社会科学文献出版社 2005 年版,第 375 页。
⑥ [德]卡尔·雅斯贝尔斯:《大哲学家》,李雪涛主译,社会科学文献出版社 2005 年版,第 419 页。

的、有条件的东西，它们虽然同样先天地为人类所眷注，但祈向这些理念须撇开不能不诉诸感性直观和知性范畴的认知之路而另觅他途。这另觅的他途便是有别于认知之路的理性之路。"理念如同理性的萌芽"①，换言之，理念催生了祈向理念的理性。"理性想象的只是理念，不是对象。"② 单纯"想象"理念的理性为了能够表达理念，必须具有最强大的形式力量。正是对这最强大的形式力量的格外看重，康德的祈向理念的理性决定性地启迪了雅氏用来连缀"大全"诸样式的那种"理性"。尽管雅氏在以他的"哲学的逻辑"为重心而汲取康德的智慧时其致思轨道发生了某种偏离，但是他们二人至少在以下这点上是完全相通的："形式"的理性在这里并不是一个与"内容"相对的被动的范畴，它因着表达"理念"的使命而赋有了绝对主动的力量。于此，雅氏心契康德与柏拉图的这一西方学缘再次得到了印证。

对康德来说，"哲学家不是摆弄理性的人，而是人类理性的立法者"。③ 立法者之所以能够立法，乃在于他所运用的"批判"理性的纯粹性、先验性或形式性：纯粹的认知理性为自然立法，纯粹的实践理性为自由立法，纯粹的反省判断力为审美与艺术立法。与康德相较，雅氏这位同样不摆弄理性的哲学家则把哲学的慧眼更多地投向了那作为联结"大全"诸样式唯一纽带的"理性"。雅氏把理性"蕴含于一切大全的最内心中"④，并在厘定它们——"生存""实存""一般意识""精神""世界""超越存在"等"大全"样式——各自界限的基础上，通过"理性"的形式力量催唤它们运动起来，以最终趋向那无所不包的"大全"本身。雅氏指出："理性寻求大一⑤是凭借老实和公正。老实与真理狂不同，它本身具有一种无限的公开性和疑问性；公正则想使一切出于本原的东西都作为其自身而成为有效用的，即使在

---

① ［德］卡尔·雅斯贝尔斯：《大哲学家》，李雪涛主译，社会科学文献出版社2005年版，第416页。
② ［德］卡尔·雅斯贝尔斯：《大哲学家》，李雪涛主译，社会科学文献出版社2005年版，第404页。
③ ［德］卡尔·雅斯贝尔斯：《大哲学家》，李雪涛主译，社会科学文献出版社2005年版，第504页。
④ ［德］卡尔·雅斯贝尔斯：《生存哲学》，王玖兴译，上海译文出版社2005年版，第48页。
⑤ "大一"（Einen/The One），即意指作为"原始的真理根据"的"大全"（Encompassing）。

第一章 "生存"与"理性":在克尔凯郭尔与康德的致思张力间探寻哲学的新生之路

它们的边界上要遭到失败。"① 这里所谓理性的"老实与公正",正契接着康德意味上的"纯粹性",亦可引申为因"纯粹"而敢于承担责任。"无论理性做什么事,都应归咎于理性自身。推卸责任给其他什么事物,会削弱理性自身。"② 正是凭借这种"老实与公正",理性成为"大全"样式中最为活跃的形式力量。"理性在它向大一逼近的冲动中,不仅能够了解存在着的东西,不仅能使之与自己发生关涉,而且它会使它所遇到的不论什么东西都开始运动。因为它发问而又赋予(对方以)语言,所以它总引起骚动(Unruhe)。因此,理性是使一切起源可能的东西,由于它,它们才发展,它们才敞开,它们才纯化,它们才发言,它们才运动。它使出现于各种样态的大全之间同时却又构成新的统一(Einen)的经验的那些冲突和斗争,可能成为真正的冲突和斗争。"③ 理性使一切凝固、封闭的东西松动起来,让它们再次投入祈向"大全"的运动之中。"理性为了能够毫无约束地听从那无所遗忘而又完全敞开的统一意志,敢于要求,敢于冒险,所以它是彻底摆脱一切已经有限和确定从而固定了的东西的可能性。"④ 荡开一切有限目的、对象性与范畴的缠绕的理性,只把目光投向"界限"与"大全",因而它能够"为无需它便存在着、但有了它便得到纯粹的意识、受到鼓舞的事情做出印证、提供依据"⑤。在雅氏看来,"原始的真理根据是哲学的存在意识向一切作为存在向我们显示出来的事物的现在性的广度的飞跃,或者是一切我们所面对的事物和我们所是的东西的存在之深度的当在性"⑥。以厘定"界限"与确证"原始的真理根据"为己任的"理性"在独立履行自身职责的过程中,也为人的自我选择敞开了一个充沛无限"广度"与"深度"的空间。雅氏由此指出:"理性自古是独立的哲学所提出的至高要求,通过康德,理性获得了闻

---

① [德]卡尔·雅斯贝斯:《生存哲学》,王玖兴译,上海译文出版社2005年版,第46页。
② [德]卡尔·雅斯贝尔斯:《大哲学家》,李雪涛主译,社会科学文献出版社2005年版,第474页。
③ [德]卡尔·雅斯贝尔斯:《生存哲学》,王玖兴译,上海译文出版社2005年版,第47页。
④ [德]卡尔·雅斯贝尔斯:《生存哲学》,王玖兴译,上海译文出版社2005年版,第48页。
⑤ [德]卡尔·雅斯贝尔斯:《大哲学家》,李雪涛主译,社会科学文献出版社2005年版,第537页。
⑥ [德]卡尔·雅斯贝尔斯:《大哲学家》,李雪涛主译,社会科学文献出版社2005年版,第400页。

所未闻的深度。"① 在雅氏看来，由理性所敞开的无限可能性并非"范畴的可能性"，而是"先验的可能性"。不过，这种摆脱了对一切范畴依赖的"不可能再是范畴的范畴"，却可"在其源泉中观察一切范畴"②。康德的"先验哲学"之所以"很难理解"，很大程度上就在于"它没有创造任何对象性认识，因此也没有创造任何从此可以表述的事物的结果，而是只提供了一种可能性，即证实这一思想的实施过程中变得清晰起来的事物，在思想中这一过程超越了思想"③。这种并不创造任何对象性认识的哲学虽然"很难理解"，但它却以无对象的纯粹性而显得"无与伦比地简约"。"这种简约的做法使得形式之物焕发出其唯一的力量：即唤醒思想的起源，开辟各条道路，令最终的标准发挥其效用，使得一切成为可能。"④

3. "非对象性超越"

在雅氏看来，"非对象性超越"（transcending to nonobjectiveness）是理性的形式力量带给批判哲学的一笔宝贵的财富。雅氏指出："在康德之前，在世界之物的彼岸而存在的东西被构设为超越存在，而且人们在形而上学中试图去思考它。物质、单子、上帝——所有这一切都在原则上被界定下来。康德改变了超越的方向。"⑤ 康德由批判理性所开启的"非对象性超越"之路，既不同于"虚假的超越（false transcending）把我带向界限之外（beyond the boundary）的某一客体并获致这一客体"，也不同于"实际的超越（true transcending）仅仅发生于对象与非对象的界限处并从这一端穿到另一端"⑥。"虚假的超越"

---

① ［德］卡尔·雅斯贝尔斯：《大哲学家》，李雪涛主译，社会科学文献出版社 2005 年版，第 475 页。
② ［德］卡尔·雅斯贝尔斯：《大哲学家》，李雪涛主译，社会科学文献出版社 2005 年版，第 397 页。
③ ［德］卡尔·雅斯贝尔斯：《大哲学家》，李雪涛主译，社会科学文献出版社 2005 年版，第 389 页。
④ ［德］卡尔·雅斯贝尔斯：《大哲学家》，李雪涛主译，社会科学文献出版社 2005 年版，第 537 页。
⑤ Karl Jaspers, *Philosophy* (Vol.1), translated by E. B. Ashton, The University of Chicago Press, 1969, p.79.
⑥ Karl Jaspers, *Philosophy* (Vol.1), translated by E. B. Ashton, The University of Chicago Press, 1969, p.80.

第一章 "生存"与"理性":在克尔凯郭尔与康德的致思张力间探寻哲学的新生之路

意指某种实体化信仰所谓的"超越","界限之外的某一客体"即是无世界的"上帝";"实际的超越"则意味着世界一体化的"超越",所谓"非对象"的"物质"或"单子"无非所谓"对象"的"世界"的某种抽象物。因此,对后者来说,从"对象"的"这一端"穿到"非对象"的"另一端",依然是从虚无穿到虚无,或者说这根本就不是真正意义的超越;而对前者来说,实体化的"上帝"似乎使人超脱世界而得到拯救,但这他律的被拯救则是以人丧失主体地位而沦为"上帝"的仆役为代价的。在雅氏看来,上述两种"超越"说到底仍是传统"本体论"的"对象性超越"。而"非对象性超越"虽然只是一种"形式的超越"(formal transcending),但它将会引导着个体"登上自由的哲学思考之途",并且这种"不能诉诸言筌的、没有内容的超越,将使我成为一个不同的人"。① 因此,影响人的存在意识,引起生存的"骚动不安",进而唤起个体在自我的选择中趋向那虚灵不滞的"大全"之境,此乃"形式的超越"的命脉所在。换言之,"形式的超越"其实"并不满足于自身,而是在做追问、做涤除、做准备"②。

在雅氏的哲学生涯中,他时常特意使用动名词 Philosophieren/philosophizing(哲学研究、哲学思考,意指哲学是一种旨在唤醒人的生存意识的思维活动或实践)与名词 Philosophie/philosophy(哲学)相区别,意在凸显哲学作为独立思维和内心活动的品质。在雅氏看来,"哲学家一词的希腊原文'Philosophos'的逻辑内涵与'sophos'正相对。它的意思是爱智者[Lover of wisdom (Knowledge)]以别于那种在拥有知识方面自认为智慧的人。这个词的意义是不朽的:因为哲学的本质并不在于对真理的掌握,而在于对真理的探究,无论多少哲学家以他们的独断论——即一整套自称是准确和完整的说教理论——去描绘这个世界,而世界则依然如故。哲学就意味着追寻。对于哲学来说,问题比答案更为重要,并且每个答案本身又成为一个新的问题"③。在不断

---

① Karl Jaspers, *Philosophy* (Vol.1), translated by E. B. Ashton, The University of Chicago Press, 1969, p.81.
② [德]卡尔·雅斯贝尔斯:《大哲学家》,李雪涛主译,社会科学文献出版社2005年版,第537页。
③ [德]卡尔·雅斯贝尔斯:《智慧之路——哲学导论》,柯锦华、范进译,中国国际广播出版社1988年版,第5页。

的追问之途中，哲学依靠理性自身的力量自己规定自己。"由于哲学不能由外在于它的事物来规定，所以不存在哲学的定义。哲学之上没有可以把哲学作为种概念而予以包容的类概念。哲学自规定自己，并将自己直接与神性相连系，它并不以任何功利来证明自己的合理性。它产生自最初根源——在这里，人被赋予他自身。"① 既然哲学是不可定义的，那么它也不可作为一成不变的知识来传授，但这并不意味着它不可被"参悟"。雅氏就此指出："哲学是不能教的，只能靠自身的悟性去参悟人生与世界，但哲学的思想已为我们的顿悟做好准备。哲学思想给我们内心带来一种准备，这种准备我们无法命名，姑且称它为'哲学式的准备'。……在适当的时机，听众铭记于心的思想可以成为一束精神之光照耀我们在冥冥黑暗中摸索前进。换句话说：哲学之思开启了我们与生俱来的精神之眼。"②

人的自我生成不能缺少自由的理性精神以纯形式的力量所带来的"哲学式的准备"，这是雅氏汲取康德根本精神的托底的秘密。可以说，雅氏写于后期的那部总结式著作《智慧之路》（1950），其标题"智慧之路"即受启于康德那句"人们永远无法学习哲学，充其量只能学习哲学思考"③。雅氏化用康德的智慧这一点在他对康德的品评中显得更为清楚。雅氏认为，康德告诉人们"科学能够标明'每个人都可走的通向智慧之路'，避免人走上歧路"，但是，"各门科学本身的价值是成问题的，因为它们并不以自身的价值为根据。只有哲学才'拥有尊严，这就是说，拥有内在的绝对价值'。它赋予了所有其他的认识以意义。'科学只有作为智慧的工具，才有其内在的真实价值'"。④

---

① ［德］卡尔·雅斯贝尔斯：《智慧之路——哲学导论》，柯锦华、范进译，中国国际广播出版社1988年版，第113页。

② ［德］卡尔·雅斯贝尔斯：《什么是教育》，邹进译，生活·读书·新知三联书店1991年版，第160页。

③ ［德］卡尔·雅斯贝尔斯：《大哲学家》，李雪涛主译，社会科学文献出版社2005年版，第503页。

④ ［德］卡尔·雅斯贝尔斯：《大哲学家》，李雪涛主译，社会科学文献出版社2005年版，第505页。

四　结语："康德是有待补充的"

作为康德的知音，雅氏并不是那种"在沉思的居所中永远地安居下来"的惬意休憩者，而是"同康德一道经过沉思后上路"的同行者。诚然，雅氏对康德"先验人学"的元问题做了决绝的捍卫，并向其博大的理性的形式力量送去了由衷的敬意。但是他毕竟是一位重心自在的哲学家，当他以自己所期许的"生存人学"为底据吸纳康德时，那因着致思轨道的稍许偏移而带来的独特气象便自然而然地凸显出来。

1. "生存人学"固然也是一种"人学"，但在雅氏那里，重心却落在"生存"上

我们看到，"生存人学"诚然是一种"人学"，不过其重心终究落在了"生存"上。在活生生的历史之维中自由选择、自我超越、运命自承的"生存"，与那自始便在先验时空中无条件地接受"绝对命令"之鉴引的自由人之间的张力，使雅氏把康德的最大"局限"归结为："康德的历史性意识是不明确的。"① 雅氏就此写道："他看起来始终仅仅在关心不分时间的东西，像自然法则与自由法则，像在文艺作品的创作中创造出不分时间之物的天才，像人性中超感官的实质。但自然与自由的法则涉及时间中的现象。文艺作品的创作只不过是天才的自然禀赋的结果，其实质在任何时候都是一样的；这种自然反倒是在历史性时间中理解着自身的人的起源处，人就是借自己创造出来的形象来反映自身的；这些形象源出于人类及每一个人的历史性。我们虽然可以在康德那里感觉到，他意识到了那在时间当中抉择着永恒性东西，以及对生存的历史性意识所带有的矛盾，但他未自觉地将这种意识表述在语句中。"② "生存"的"人"是具有历史性意识的，而"先验"的"人"则是缺乏历史性意识的，可以说这是雅氏哲学与康德哲学最

---

① ［德］卡尔·雅斯贝尔斯：《大哲学家》，李雪涛主译，社会科学文献出版社2005年版，第538页。
② ［德］卡尔·雅斯贝尔斯：《大哲学家》，李雪涛主译，社会科学文献出版社2005年版，第538页。

大的区别所在。如果说雅氏所顾念的是生存个体每一次自由选择的"当下",那么康德所顾念的乃是"历史的全过程",即历史的理念或历史的终极意义。"这与其说是历史,不如说是未来;他在诸多现象中考虑的是人的持存本质。"[①]

在此有必要申明的一点是,雅氏对康德的这一批评只能从"生存"的"人"与"先验"的"人"所构成的微妙张力这一角度来理解才有其意义,而不能把二者截然对立起来。其实,雅氏的"生存"经由"临界超越"所祈向的那个"超越存在"("上帝"),未始不通着康德那里作为道德之元宰的"上帝";作为道德之元宰的"上帝"所烛引的那种自由且赋有"善良意志"的"人",未始不能被雅氏的"生存"意识转化成同样自由且赋有"善根"——"良知"——的"个体的人"。因此,雅氏对康德的批评是建设性的。他善意地指出康德"在诸多现象中考虑的是人的持存本质",但他绝没有像某些后形而上学家那样以所谓"本质主义"的名义将其解构掉。其实,这种"人的持存的本质"乃意味着人之为人而不得不祈想的人的"理念"。"理念"并非意指那种抽象化了的类型,它只意味着某种无以复加的"完善"("至善")之境。这种虚灵不滞的"完善"之境为人的心灵所眷念,它却永远不能完全实现于现实历史之中。意识到这一点是颇为必要的,它可防止人们以某种抽象化的原则或实体化的信仰对自由的人进行总体化的规约、设计,甚至由此导致人的平均化或信仰狂热化。雅氏就此指出:"由于完善只是一种理念,不是可能出现的现实,世界就不可能像一架机器一样,按照人的想法在整体上设计得准确无误。但由于完善是一种理念,它便带来这样一个使命,即以它为标准,不断地建设我们的世界,在特定之事中做得就好像我们接近了完善一般。"[②] 也就是说,"完善"的理念虽然并不能在现实中完全实现,但它对人成其为人来说却是至关重要的。一个"配得上"称为人的人,其心灵中理应有向善的观念,而"完善"的理念则意味着对这尚不

[①] [德]卡尔·雅斯贝尔斯:《大哲学家》,李雪涛主译,社会科学文献出版社2005年版,第538页。

[②] [德]卡尔·雅斯贝尔斯:《大哲学家》,李雪涛主译,社会科学文献出版社2005年版,第485页。

第一章 "生存"与"理性":在克尔凯郭尔与康德的致思张力间探寻哲学的新生之路

"完善"的"善的观念"在同一精神性向上向着那无以复加的"完善"之境做一种应然的提撕。这应然的提撕似乎是外在的强加,但人能否自我贞定地逼向"完善"之境,最终仍取决于人能否出于对"完善"之境的贞认而向着人之为人的理念自我成全。就此而言,那"人的持存的本质"并不是戴在人的颈项上的一种不自由的桎梏,反倒是那些自以为挣脱了桎梏的人们自己给自己套上了冷冰冰的"天命"之枷锁。

因此,人要想穿透"天命"("自然意图")而贞认"完善"的理念,那充满"境界"暖意的"终极目的"对人成其为人来说乃是更为重要的一维。我们在此发现,雅氏的那句"这与其说是历史,不如说是未来"的评说,其实正涵淹着这样一层意趣——在历史之中超越历史的生存个体完全可以凭借根源于善良意志的"终极目的"的烛引最终穿透"天命"。"最终目的不在未来当中,因为最终目的是超感性的,独立于时间条件的。它存在于眼下的善良意志之中。它虽然要借助对未来的描绘才可设想,但并不以这种未来为对象性的现实。"① 由此可见,所谓"不如说是未来"中的"未来"也只是一种譬喻,它的真正的意涵乃指人于超历史的"终极目的"的烛引下而在历史中无限地走向未来。烛引人类历史的"终极目的"自身并不在"未来"或"过去"当中,并没有所谓的"进步"或"退步",因而也无须历史的经验为其提供佐证。雅氏指出:"康德并未声称,可以在总体上认识作为无所不包的历史事实的进步,并预言以后的进步。"② "康德绝不是认为,我们要从历史中汲取经验,借以引申出,我们应当做些什么。相反,经验并未为我们应当做什么做出任何证明。"③ 因此,由人"应当做什么"的提问方式而贞认的"终极目的"是先验的,由这先验的"终极目的"所流溢的"境界"之光当然是充满希望的,但此"希望"全然不同于那种基于"总体认识"的"历史进步论"的"乐观"。说到底,前者是由"境界"之光在那终极处的流溢自然而然地透出的暖

---

① [德]卡尔·雅斯贝尔斯:《大哲学家》,李雪涛主译,社会科学文献出版社2005年版,第486页。
② [德]卡尔·雅斯贝尔斯:《大哲学家》,李雪涛主译,社会科学文献出版社2005年版,第483页。
③ [德]卡尔·雅斯贝尔斯:《大哲学家》,李雪涛主译,社会科学文献出版社2005年版,第499页。

色调，而后者则是以认知理性一元论对人的自由选择的历史设定的"单纯的对象性知识"。相较于前者以充满暖色调的"终极目的"成全着人的自由的历史，后者则在看似"乐观"的历史"进步"中以某种必然的因而命定化了的因果之链最终锁闭了人所当有的自由。

可以说，人的自由是雅氏与康德的历史哲学的共同命意，而且这种生存的自由与先验的自由在不无张力之中因着共同反对知识论的思辨与命运（"天命"）而同时把人的自由关联于人的责任。"我无法在知识当中据有自由的存在；如果我这样拥有了自由，那么我将耽误通过行动来实现自由。我也不能知道不存在任何自由；如果我这样想，我就会由于否认自由而失去自由。"[①] 自由并不是知识论最终所能解决的问题，人能否自由最终取决于人的行动。无论在思辨中还是在行动中，注定而他在的命运（"天命"）均与自由无缘。因此，"人并不是立足于天命的立场之上，在思辨中围着天命的意义转的。人不能作为天命而行动，而只能作为人而行动"[②]。自由只源自人的行动，凡行动总会产生某种后果。只要人敢于对无论怎样的后果都能自我承担起来，人便能够带着这种运命自承的责任感而踏上不断趋向完善的道路。而且，因着这运命自承的责任感，自由的本始涵谓也可在自在命运的意味上做某种必要的保留。雅氏称引康德的话指出："我们不能'将过失推诿给命运'，并'对自己的过失视而不见，错失自我完善的机会'。"[③] 从人的自由与责任不可二分的历史观出发，雅氏在批评黑格尔的同时肯认了康德。在雅氏看来，那种不成全人的自由的历史知识"是自黑格尔及'历史学派'以后发展起来的，它仅仅关注往昔。只要这种历史知识演变为单纯的对象性知识、对往昔的审美式直观、形象而全景式的审视，就会招致克尔恺郭尔与尼采对这种'历史主义'的抨击"[④]。

---

① ［德］卡尔·雅斯贝尔斯：《大哲学家》，李雪涛主译，社会科学文献出版社2005年版，第442页。
② ［德］卡尔·雅斯贝尔斯：《大哲学家》，李雪涛主译，社会科学文献出版社2005年版，第494页。
③ ［德］卡尔·雅斯贝尔斯：《大哲学家》，李雪涛主译，社会科学文献出版社2005年版，第484页。
④ ［德］卡尔·雅斯贝尔斯：《大哲学家》，李雪涛主译，社会科学文献出版社2005年版，第538页。

第一章 "生存"与"理性":在克尔凯郭尔与康德的致思张力间探寻哲学的新生之路

雅氏颇为敏锐地指出:"康德有助于他们主张生存,反对随意直观一切时间与地点的往昔之物时的不严肃性。"[①] 但是,雅氏的全部哲学毕竟是以"生存"为辐辏的,当他以"生存"人学的视界看待康德的"先验"人学时,他又对康德提出了善意的批评:"凡联系着个人的历史性生存提出至今在哲学上与生存上仍有效的问题的东西,都在康德的视野之外。"[②]

2. "哲学逻辑"固然也是一种"逻辑",不过,涵淹于"理性的辩证法"中的"逻辑"为"生存"充盈后所成全的则是雅氏的"生存的辩证法"

在雅氏看来,理性自身是有界限意识的。"理性可以澄明自身,却无以领会自身是怎么形成的。它也不可从某个最先给定的、或做出的、或体会到的原则中引申出来。"[③]"理性"是一种纯粹的形式力量,正因为其形式的纯粹,它才能做到老实与公正。雅氏就此指出:"理性不是一种像内容那样的真正的本原,而毋宁好像是由大全的某一种真理中产生出来的,而一切样态的大全的一切本原都投奔到它的敞开性这里来,以便继续不断地被联结到大一上去并从而互相发生联系。理性就这样指示着理性的源泉:既指示着因它而起作用的那个大一的不能企及的东西,又指示着因它而可被知的那些本原的对方或他物。"[④]

由此看来,理性的源泉有两种:其一是那个"不能企及"的"大一",即"理性"所趋向的那个理念形态的"大全"。理念形态的"大全"未尝不可被视为某种"形式",不过,理性的形式只是逻辑的形式,而理念的"形式"则是"神圣的形式"。神圣的形式表面看去只是"理性的辩证法"以纯粹形式的力量所设定的最高的形式,但说到底它乃源于虚灵不滞的"大全"对于内蕴于生存之中的良知的提撕与

[①] [德]卡尔·雅斯贝尔斯:《大哲学家》,李雪涛主译,社会科学文献出版社 2005 年版,第 538 页。

[②] [德]卡尔·雅斯贝尔斯:《大哲学家》,李雪涛主译,社会科学文献出版社 2005 年版,第 538 页。

[③] [德]卡尔·雅斯贝尔斯:《大哲学家》,李雪涛主译,社会科学文献出版社 2005 年版,第 472 页。

[④] [德]卡尔·雅斯贝斯:《生存哲学》,王玖兴译,上海译文出版社 2005 年版,第 46—47 页。

达成。理念形态的"大全"是先验的，它既不是"因"，也不是"果"。毋宁说，它根本就不在因果链条之中，而只以无以复加的"完善"之境提醒着理性去设界（区分），去联结，进而催唤其他"大全"样式永不息止地显现自身并趣趋"大全"。因此，与柏拉图的"理念"有着更近亲缘的"大全"，并不是亚里士多德从"形式"与"质料"的辩证关系中推导出来的那个"无质料的形式"。尽管"无质料的形式"也不无"神圣的形式"的那种主动性，但是它的推导方式则出自纯然的知性。相形之下，雅氏的"大全"则更多地契接着柏拉图的"善的理念"与康德的"至善"的"上帝"。康德那"至善"的"上帝"与雅氏的"大全"说到底都是旨在鉴引与成全人的自由的，这一点也与黑格尔那不成全人的自由的"绝对精神"迥异其趣。

  理性的另一种源泉是"因它而可知的那些本原的对方或他物"，即"大全"的其他样式，其中重心自在的"生存"乃是充盈理性所敞开的"大全"空间的最原初的动力。理性"深得生存的好处，因为它以生存为依据才不致沉沦下去"[①]。由"生存"的视域来审视纯形式的理性，雅氏遂看出了康德的"局限"："康德省略了充实的内容，因为他想纯粹地意识'诸形式'。……形式具有唤醒人的力量。因此，形式作为塑造思想的方式，有待于现实对它的补充，即个人的生存对它的补充。"[②] "补充"不是否定，因而"生存"对"理性"的"补充"并不意味着前者对后者的取代，这使雅氏在批评康德时并未像某些简单的批评者那样全然否弃康德的致思智慧。雅氏指出："把握康德思想的非凡之处，其关键是对生存做出基本性抉择。许多人对康德不满意，就仿佛他们未从中获得给养，就仿佛他们感到窒息似的。他们无意从康德理性出发，严肃地同无肖像的上帝共处。他们对有内容、有形象、物质性的东西趋之若鹜，离弃了康德，并对他愤怒相向。"[③] 由此不难看出，雅氏的"生存"并不是那种所谓"有形象、物质性"的

---

  ① ［德］卡尔·雅斯贝斯：《生存哲学》，王玖兴译，上海译文出版社2005年版，第47页。
  ② ［德］卡尔·雅斯贝尔斯：《大哲学家》，李雪涛主译，社会科学文献出版社2005年版，第537页。
  ③ ［德］卡尔·雅斯贝尔斯：《大哲学家》，李雪涛主译，社会科学文献出版社2005年版，第537页。

第一章 "生存"与"理性":在克尔凯郭尔与康德的致思张力间探寻哲学的新生之路

"内容",而是意味着一种"基本抉择"。"生存"与"理性"作为充满必要张力的两极,它们并无法也无意于取代对方,毋宁说,它们乃是相互提醒与成全对方并避免自身沉沦的力量。所以,"理性"的"局限"并不是康德思想本身的局限,而在于如何以"生存""补充"这种本源性的思想;不过,如欲"补充"这种本源性的思想,"生存"也须得"借他思想中涤除性的理性力来加以补充"①。雅氏明确指出:"最终揭示出来的康德思想的这些局限并不存在于思想的意义中,而存在于实现这思想的做法当中……。康德是有待补充的,但这要靠将他的哲学的真理与力量充分展现出来。"② 由此可以断言,所谓"康德是有待补充的",其实即意味着如何以自由选择的生存"实现"康德的理性所充分展现出来的力量。在某种意义上也可以说,雅氏生存哲学的使命便在于此。

3. 结论

"康德是无法回避的。没有他,人们在哲学中还毫无批判性。但康德绝不是全部的哲学。也许,他在无形象性、无直观性中开拓了最为广阔的领域,但他没有充实这一领域。也许,他因自己寻找到的形式之故而对人的自我理喻具有不可比拟的力量;但他本人保持着无形象的特点,因为他是什么样子,他想说些什么,这都超出了一切单纯的形象之外。"③ 这是雅氏写在《大哲学家》之"康德"论的最后一段话,我们不妨将其视为雅氏对康德学说所下的结论。雅氏在这里以"无形象性、无直观性"指称康德哲学的特色并肯定"他因自己寻找到的形式之故而对人的自我理喻具有不可比拟的力量",与此同时又以"他没有充实这一领域"为由厘定了康德哲学的界限。正是在康德哲学的界限处,雅氏发现了用克尔凯郭尔那种赋有"形象性、直观性"的"生存"智慧来补充康德哲学进而将康德哲学所开拓出来的"最为广阔的领域"充分实现出来的必要性与重要性。

---

① [德]卡尔·雅斯贝尔斯:《大哲学家》,李雪涛主译,社会科学文献出版社2005年版,第538页。
② [德]卡尔·雅斯贝尔斯:《大哲学家》,李雪涛主译,社会科学文献出版社2005年版,第541页。
③ [德]卡尔·雅斯贝尔斯:《大哲学家》,李雪涛主译,社会科学文献出版社2005年版,第548页。

综观雅斯贝斯毕生的精神求索历程，下述论断当是不违雅氏学说的宗趣的：在克尔凯郭尔与康德所构成的必要张力间探寻那祈向超越之维的生存哲学之路，换言之，用自由选择的"生存"充盈"理性"，用"理性"的形式力量所拓辟的"大全"澄明"生存"，以便引导克尔凯郭尔式的"生存"经由自我坎陷的内在超越之路渐次达至在世生存的临界处，进而在直面生存深渊的瞬间契接康德式的"非对象性超越"之路，这无疑成为雅氏全部运思的动力与特征。这样一来，克尔凯郭尔式的"生存"与康德式的"理性"就成为雅氏哲学的不可或缺的"两只翅膀"。雅氏就此指出："哲学仿佛长着两只翅膀，一只翅膀振动在直接性思维的努力中，振动在通常的学说中，另一只翅膀则伴随着这种思维振动在个体的生存中。只有两只翅膀共同振动，哲学才能飞翔起来。"① 可以说，正是凭着"生存"与"理性"这两只翅膀的共同振动，雅斯贝斯在分别汲取克尔凯郭尔、康德的运思智慧的同时，最终又以自己的方式"走出"了他所敬重的这两位伟大的前哲。萨尼尔在阐说雅氏的思维特点时曾写过这样一段话："要理解这种特点，我们就要睁开彼此眼光不同的双眼，一只眼睛像艺术一样直观，另一只眼睛像哲学一样理性。众所周知，这是极其罕见的。"② 可以说，雅氏毕生所追求的正是这种"睁开彼此眼光不同的双眼"来看世界的智慧，而且这种"极其罕见"的智慧在其始终"生存在场"的运思中得到了绝佳的体现。

---

① Karl Jaspers, *Chiffren der Transzendenz*, Hans Saner (Hrsg.), R. Piper & Co. Verlag, 1970, S. 107.

② ［德］汉斯·萨尼尔：《着眼于卡尔·雅斯贝尔斯论哲学与艺术》，收入［德］卡·雅斯贝尔斯等《哲学与信仰：雅斯贝尔斯哲学研究》，鲁路译，人民出版社2010年版，第255页。

第二章　雅斯贝斯的精神求索历程及其艺术之思

　　雅斯贝斯始终是在哲学与艺术的张力间思考艺术的，关于这种独具匠心的艺术之思的意趣，倘关联着艺术与哲学的关系来看，可用雅氏称引谢林的一个论断"艺术是哲学的器官"[①]加以概括；倘关联着"生存"与"超越存在"的关系来看，则可一言以蔽之为"生存艺术形而上学"，其中"形而上学"意指艺术当有的超越维度，"生存"则凸显其当有的原初根源。在雅氏看来，只有那种既赋有"生存"之根又祈向超越之维的艺术才能被称为"真正的艺术"（"伟大的艺术"），这种真正的艺术作为"生存"直观"超越存在"的一种介质，它所喻说的乃是"超越存在"的"密码"，雅氏就此将艺术的真义诠说为"艺术是解读密码的语言"[②]。在雅氏那里，作为联结"生存"与"超越存在"之中介的"密码"乃是其全部运思的辐辏点，而艺术恰恰以其直观的特征成为以理性思辨为其特征的哲学无可替代的一种密码语言，这样一来，雅氏的艺术之思在其整个学说中的地位也就彰显出来了。

　　雅氏的艺术家论是其艺术之思的有机组成部分，而其艺术之思又是哲学之思的有机组成部分，换言之，哲学之思→艺术之思→艺术家论在他这里表现出既层层深入又彼此贯通的一种关系。这样一来，若想掘发雅氏艺术家论的韵致，就须得悉心爬梳其艺术之思的踪迹；倘欲爬梳雅氏艺术之思的踪迹，就须臾脱不开对其精神求索历程及其学说宗趣的整体把握。在这里，艺术之思显然扮演着至为关键的角色。

[①] Karl Jaspers, *Philosophy* (Vol. 3), translated by E. B. Ashton, The University of Chicago Press, 1971, p. 168.

[②] Karl Jaspers, *Philosophy* (Vol. 3), translated by E. B. Ashton, The University of Chicago Press, 1971, p. 168.

鉴于此，本章将以雅氏的"艺术之思"为纬线（纵轴），以他的精神求索历程为经线（横轴），借此动态地考察其艺术家论的嬗演轨迹。大致来说，雅氏的精神求索历程可分为前后相贯的三个时期，即精神病理学—心理学时期、生存哲学时期、理性哲学—世界哲学时期[1]，他在各个时期都有关于艺术（家）的论述。依循雅氏精神求索的历程悉心爬梳他对艺术（家）的相关论述，既有利于把握其艺术家论的阶段性特征和整体风貌，也可以为深入阐发艺术家的生存样态及生存论意趣提供必要的文本依据。

第一节 精神病理学—心理学时期的艺术之思

1908年，雅斯贝斯以《思乡与犯罪》（*Heimweh und Verbrechen*，1909年付印）一文在海德堡大学获得医学博士学位，从此步入了精神病理学—心理学研究领域。此后的十余年间，他在这一领域陆续出版了三部著作——《普通精神病理学——患精神病时命运与精神病之间的因果关系及"可理解"关系》（1913，简称《普通精神病理学》）、《世界观的心理学》（1919）、《斯特林堡与凡·高》（1922）。饶有意味的是，这三部著作中都有关于艺术（含艺术家）的论述，特别是《斯特林堡与凡·高》一书在某种意义上可被视为一部关于精神分裂症艺术家的专论。下面，我们就关联着各部著作的运思智慧——阐说其中的艺术之思。

一 《普通精神病理学》中的艺术之思

1.《普通精神病理学》的学术史地位及其运思智慧

1913年出版的《普通精神病理学》一书[2]是雅斯贝斯奉献给精神

---

[1] 井村阳一曾按照布哈依哈的观点将雅斯贝斯精神求索的历程分为"精神的心理的时期""生存的形而上学的时期""普遍的逻辑的时期"，并列举了各个时期的代表作及其艺术（家）论。参见今道友信等《存在主义美学》，崔相录、王生平译，辽宁人民出版社1987年版，第133页。

[2] 1909—1915年，雅斯贝斯在海德堡精神病院跟随该院院长、著名脑组织病理学专家尼斯尔做无薪助理医生。1911年，他应维尔曼斯和出版者费迪南德·施普林格之邀撰写题为《普通精神病理学》的著作。这部著作于1913年正式出版，当年，雅斯贝斯凭借该书在文德尔班领导下的海德堡大学哲学院取得了讲授心理学方面课程的资格。

病理学领域的第一部具有深远影响的学术巨著①，该书的问世标志着精神病理学开始告别临床诊断的经验形态而成为一个具有自身的特有品格与学理基础的研究畛域，雅斯贝斯也因此被后世誉为现代精神病理学的"伟大创始人"之一。② 正是在这部为现代病理学奠基的著作中，雅氏关联着"理解心理学"的方法以及理解标准（理想型）的明证性等话题论及了诗人启示于我们的那种令人信服的可理解关系。撮其大要，《普通精神病理学》一书对现代精神病理学的奠基作用主要表现在以下两个方面。

（1）该书为现代精神病理学厘定了自身的研究对象

1910年前后，精神病尚被很多人看作身体的疾病（例如格里辛格尔认为精神病是脑的疾病），因此肉体的治疗方法在当时颇为流行，至于心理学方面的成果则往往被视为"主观的、无效的"。这种看法的根本歧误，在于它只是把精神病理学当成一门客观化的自然科学，却忘记了精神病患者首先是整全的"人"，而不是被单纯认知的"物"。由于上述歧误，尽管当时的精神病医生尝试了多种研究方法与治疗手段，但是仍未取得突破性的进展与令人满意的效果，其"科学研究和治疗正处在一种停滞状态"③。正是在这种境况下，雅斯贝斯另辟蹊径，开启了精神病理学研究的人学—心理学转向。这里的关键在于研究对象的自觉。雅氏明确指出："精神病学的对象是人，不仅仅是他的身体，而且是他的精神，他的人格，他的自我，或许他的身体倒是其中关系最小的。"④ 这样一来，精神病就不仅仅是某种器质性的病变，从根底处看它更是一种关涉整全的人格与内在的自我的心灵事件，与此紧密相关，精神病理学所探讨的论题也就兼具了社会科学与

---

① "自问世以来，《普通精神病理学》一书不仅对德国精神病学，而且对世界各国的精神病学实践产生了广泛影响。1928年、1951年、1964年，此书被分别译成法文、西班牙文和意大利文。"见金寿铁《心灵的界限——雅斯贝尔斯精神病理学研究》，吉林人民出版社2000年版，第3页。

② 参见W. 施密特《作为精神病科医生的卡尔·雅斯贝斯及其对精神病学的影响》，载于J-F. 列温哈特编《海德堡时期的卡尔·雅斯贝斯》，海德堡1983年版，第23页。

③ ［德］卡尔·雅斯贝斯：《雅斯贝斯哲学自传》，王立权译，上海译文出版社1989年版，第15页。

④ ［德］卡尔·雅斯贝斯：《雅斯贝斯哲学自传》，王立权译，上海译文出版社1989年版，第17页。

人文学科的品性。可以说,雅氏在步入这个新兴的研究领域伊始就"开始寻找哲学和心理学或许可能提供的东西"①,并以哲学和心理学为理据将精神病理学引向一个全新的轨道,从而显示了方兴未艾的现代精神病理学与具有深厚人学传统的西方哲学之间的内在关联。这种内在的关联不仅表现在雅氏为精神病理学厘定的研究对象上,而且在他为精神病理学确立的研究方法方面有着更为突出的表现。

(2) 该书为现代精神病理学确立了自身的研究方法

研究方法从来就是与研究对象一体不二的,特别是对一个相对独立的研究领域来说,研究对象一旦确立下来,就需要与其品性相配称的某种研究方法。雅斯贝斯对此有着颇为清醒的认识,他就此指出:"由于精神病理学所探讨的对象是人自身,因而这个在方法论上的反省和训练的原则显得更为重要。人之区别于世上别的事物在于这样的事实:即人作为一个整体就像世界作为一个整体一样,是不能成为探究的对象的。每当他被认识时,是他的某些外观被认识,而不是他本身。各种关于整体的人的知识是一种欺骗,这种欺骗产生于把一种探究方式提高到唯一方式的地位,把一种方法作为普遍的方法。"② 这段带有康德的先验人学与纯粹理性批判意趣的评说厘定了认知理性的功能及其界限③,也向我们吐露了这位方法论大师格外注重在方法论上进行反省和训练的信息。就方法论自觉而言,雅氏在哲学—心理学的层面上迈出的根本性的步伐是,他受启于胡塞尔的现象学哲学及其"描述心理学"特别是狄尔泰的生命哲学及其"理解心理学"并对两者加以创造性改造④,从而形成了一种理解—描述的研究方法。这种研究方法旨在"考察一切可能的描述,却不陷入其中任

---

① [德]卡尔·雅斯贝斯:《雅斯贝斯哲学自传》,王立权译,上海译文出版社1989年版,第17页。

② [德]卡尔·雅斯贝斯:《雅斯贝斯哲学自传》,王立权译,上海译文出版社1989年版,第21页。

③ 这种意趣还可从雅斯贝斯的下述一段自我剖白中得到进一步的印证:"我的《精神病理学》的目的是要把人们知道什么、他们怎样知道和他们不知道什么变成概念明晰的意识。基本的批判的观点是要洞悉方法问题,通过这种方法,一个可研究的对象被理解了。"见[德]卡尔·雅斯贝斯《雅斯贝斯哲学自传》,王立权译,上海译文出版社1989年版,第19—20页。

④ 参见[德]卡尔·雅斯贝斯《雅斯贝斯哲学自传》,王立权译,上海译文出版社1989年版,第17—18页。

何一个"①，从而使雅氏在其首部专著中就"已经显示出他精神中那种视野广阔、联想丰富的专门才能。他对精神病理学所有领域多种研究方向的描述能力证明，他不仅是怀疑和憎恨任何形式的教条主义片面性的人——这种能力主要源出于一个人本质中深层的驱动：源出于广阔求知欲的内在需要，就如他不同寻常的向内聚敛的哲学家眼光所显示的那样"②。仅就雅氏审慎选择的研究方法而言，《普通精神病理学》一书已为现代精神病理学奠定了哲学方法论基础。③

2.《普通精神病理学》中的艺术之思

雅氏以理解—描述心理学为其方法论的精神病理学研究颇为看重理解的标准及其明证性。所谓"理解的标准"，指的是精神病理学家通过思维的直观所构造出来的那种并不依赖于经验世界中的个别病例却又能够对形形色色的个别病例做判断的先验图式。在雅氏这里，用作判断之衡准的先验图式显然受启于康德的理念学说与韦伯的理想型范畴，它与个别病例之间的关系恰如几何学中的圆与经验中的圆之间的关系。所谓"明证性"，则"意指意识中体验到的意识现象的直观性和'可见性'"④。这种"明证性"既不是显现于经验世界的客观直观性，也不是显现于单个心灵的主观直观性，而是精神病理学家依据

---

① ［德］卡尔·雅斯贝斯：《雅斯贝斯哲学自传》，王立权译，上海译文出版社1989年版，第19页。

② ［德］汉斯－格奥尔格·伽达默尔：《哲学生涯——我的回顾》，陈春文译，商务印书馆2003年版，第189—190页。

③ 有人对雅斯贝斯瓦解现成的教条以便对研究中的所有可能性进行批判性说明的做法提出了质疑，指责他"根本没有信念""毁灭了医生观点上的确定性"，把雅氏说成一个"相对主义者""危险的虚无主义者"（见［德］卡尔·雅斯贝斯《雅斯贝斯哲学自传》，王立权译，上海译文出版社1989年版，第22—23页）。这类指责者仍从主客二分的"一般意识"出发，将人视为定命式的"实存"，进而将研究人的理论（包括精神病理学）看成由一系列封闭性的观念组成的种种系统化的"科学理论"。雅氏学说的独特魅力，正在于它从一开始就从活生生的"生存意识"出发，把人视为充满多种可能性的"生存"，进而立于"生存决断"与"生存交往"为研究人的理论提供了一条开放性的阐说路径。至于所谓"相对主义""虚无主义"之类的外观，它们恰恰是雅氏源于其深层驱动进行"生存澄明"的契机所在；进而言之，它们作为"生存"所当直面的"临界处境"构成了雅氏澄明"生存"之旨趣的否定的导言。就此而言，雅氏早在《普通精神病理学》一书中就已埋下了"生存哲学"的种子。当然，这类种子的萌生与抽芽，尚有待雅氏长期的酝酿、涵养与培壅。

④ 金寿铁：《心灵的界限——雅斯贝尔斯精神病理学研究》，吉林人民出版社2000年版，第75页。

理想型的先验图式直面精神病患者的心灵之际当下体验到的一种"主体间性的明证性"。这种带有鲜明的"同感理解"色彩的明证性颇类于康德所阐说的"主体间性的有效要求",显然雅氏的衷曲乃在于借助这种理想型的心灵关系使精神病理学家对患者的理解、描述与诊治成为可能。

然而这里的一个难题是,既然对所有主体都普遍有效的理想型的心灵关系不仅不会显现于单纯客观的经验世界,而且也超越了单纯主观的个体体验的明证性,那么在世生存的个体又将如何获悉它呢?为了解开这个理论难题,雅氏以连类引譬的方式论及了诗人秉具的那种与读者之间的心心相通的可理解关系:"原则上完全可以设想,一个诗人可以令人信服地描述某种可理解关系,尽管这种关系是不真实的,永远也不会出现于某个人的实际体验中。这种关系是不真实的,但理想型意义上却能拥有其明证性。"① 诗人描述的那种令人信服的"可理解关系",其实就是指康德由反省的判断力所阐说的那种涌动于主体间的共通感,这种共通感诚然不会全然出现于某个人的实际体验中,因而站在经验世界的立场上看乃是"不真实的",不过它在理想型的意义上却有其"明证性"与普遍性,源此人们便可依据这种明证而普遍的共通感做出鉴赏判断。诚如康德所说:"鉴赏判断必需具有一个主观性的原理,这原理只通过情感而不是通过概念,但仍然普遍有效地规定着何物令人愉快,何物令人不愉快。一个这样的原理却只能被视为一共通感。"② 这里的"共通感"意指人类的"共同的情感",而不是"私人的情感",它既是主观的,又是普遍的,这种主观而普遍的"共通感"虽然并不诉诸概念,却有理由要求人们依据上述那个"主观性的原理"对其做出一种"应该"同意的判断。"在一切我们称某一事物为美的判断里,我们不容许任何人有异议,而我们并非把我们的判断放在概念之上,而只是根据情感:我们根据这种情感不是作为私人的情感,而是作为一种共同的情感。因此而假设的共通感,就不能建立在经验的基础上;因为它将赋于此类判断以权利,即其内部

---

① [德] K. 雅斯贝斯:《普通精神病理学》,柏林/海德堡1973年版,第253页。转引自金寿铁《心灵的界限——雅斯贝尔斯精神病理学研究》,吉林人民出版社2000年版,第76页。
② [德] 康德:《判断力批判》上卷,宗白华译,商务印书馆1964年版,第76页。

含有一个应该：它不是说，每个人都将要同意我们的判断，而是应该对它同意。"①"应该对它同意"是出自应然的价值立场的要求，这种要求指向一种"同意"的必然性。正是借助于康德的运思智慧并通过阐说集中体现于诗人与读者之间的这种带有明证性、普遍性、必然性的"可理解关系"，雅氏对精神病理学家与患者之间当有的那种理想型的心灵关系及其明证性做了一种必要的提示。可以说，这种提示是有其学理根据与说服力的。为了引导精神病理学研究者获悉这种主观明证性、普遍性、必然性的理想型关系，雅氏主张研究者要首先作为心理学家来面对作为人类之一员的精神病患者，并努力向历史上的那些伟大诗人、艺术家习得如何领悟理解的标准的智慧。为此，雅氏提出了两项具体的要求：其一，心理学家要介入"伟大诗人和艺术家经久不息、栩栩如生的精神活动"中，通过领悟其"敏感的直觉"、活生生的心灵图像来涵养精神病理学之前提的"理解想象力"；② 其二，心理学家要像诸如茨威格、普鲁斯特、莱辛、托马斯·曼等伟大的诗人、艺术家那样学会面对面的倾听、心连心的沟通，从中培壅精神病理学所必需的自我意识、理想型心灵关系等，从而也能够像诗人、艺术家那样有资格作为人类心灵的导师理解、尊重、关爱每一位患者。③

不难看出，雅斯贝斯所遵循的理解—描述的方法带有鲜明的人道主义倾向。他主张将精神病患者同样当作"人"来看待，并将这些异常的人格同样视为属人的可能性，进而呼吁精神病理学家怀着仁爱之心与开放的意识来理解、敞开那些患者的心灵世界，最终给他们送去一份足可疗救的希望。雅氏曾就此写道："凭借对所谈的特殊方法的了解来确定这种认识方法，这一个原则又能把人从自以为全部被认知中解放出来。不丧失对每个个别人的无限性的意识，从而保持人道主义的态度，是医生的责任。任何人道的医生只有靠它，才能对每一个人保持必需的尊重，即使那人患有精神病。人类，以及每个个别的人，

---

① ［德］康德：《判断力批判》上卷，宗白华译，商务印书馆1964年版，第78页。
② ［德］K. 雅斯贝斯：《普通精神病理学》，柏林/海德堡1973年版，第261页。转引自金寿铁《心灵的界限——雅斯贝尔斯精神病理学研究》，吉林人民出版社2000年版，第76—77页。
③ 这里的阐说参阅了金寿铁在《心灵的界限——雅斯贝尔斯精神病理学研究》（吉林人民出版社2000年版）一书中的相关文字，详见该书第74—77页。

就由于医生和研究者的这种意识而得救。所以说，决不能用科学的手段来打破这种平衡。每一个病人，就像任何其他人一样，也是不可穷尽的。知识永远不能到达这一点，在那里人格及其隐藏的秘密至少不能被觉察到——尽管它只是一种可能性，如在异常的（本原的人格的）残留物中所反映出来的那种可能性。"① 可以说，雅氏从步入精神病理学领域伊始就显示出一种自觉的人学趣向与方法论意识，他通过厘定认知理性与自然科学的界限，为精神病理学家理解每一位患者异常的人格敞开了道路。在他看来，包括每一位病人在内的每个个别的人都是"不可穷尽"的，只有尊重每个个体独异的人格，人类的各种可能性才能得以敞开，个体与个体间相互理解的心灵关系才能得以建立。若关联于雅氏毕生精神求索的历程来探察《普通精神病理学》一书的旨趣，其实他在这里已经播下了"生存"以及"生存交往"的种子，进而为现代精神病理学奠定了哲学基础。金寿铁就此评价道："雅斯贝尔斯的精神病理学为现象学的理解精神病学打下基础，并使精神病学的理论从疾病分类学的基础上进入描述性症状学研究。通过这一转变，精神病治疗学克服了病人与医生之间的情感距离，获得了一种新的个人维度。雅斯贝尔斯用'生存与生存的关系'标明了医生与病人之间的个人关系，从而把一切精神病治疗法的意义都归结到'生存交往'（Existentiellen Kommunikation）的视域②。质言之，他的'生存交往'概念为当代精神科医生的'参与观察'提供了理论依据。"③ 可以说，金寿铁的这个评价是颇为中肯的，他不仅看到了《普通精神病理学》一书的学术史影响，而且将涵贯于雅氏精神探寻始终的关键性范畴——"生存"与"生存交往"——揭示了出来。仅就"生存"与"生存交往"之于雅氏全部学思的重要性而言，我们完全有理由将《普通精神病理学》一书看作雅氏前后一贯的运思理路的真正起点。正因如此，它遂成为雅氏一生中颇为珍爱的一本书，他在晚

---

① ［德］卡尔·雅斯贝斯：《雅斯贝斯哲学自传》，王立权译，上海译文出版社1989年版，第21—22页。
② ［德］K. 雅斯贝斯：《普通精神病理学》，柏林/海德堡1973年第Ⅲ版，第668页以下。
③ 金寿铁：《心灵的界限——雅斯贝尔斯精神病理学研究》，吉林人民出版社2000年版，第15—16页。

第二章 雅斯贝斯的精神求索历程及其艺术之思

年撰写的自传中坦言:"数十年来,我一直很重视这本书,因为它是我自己的。"① 所谓"它是我自己的"既意指它是雅氏贡献给精神病理学领域的一部独具匠心的著作,其实也意指它是雅氏全部学说的有机组成部分,雅氏并未将它与此后的那些越来越带有鲜明的哲学意味的著作断为两截来看待。

井村阳一曾对作为精神病理学家的雅斯贝斯与作为哲学家的雅斯贝斯的内在一致性做过深入的阐发,在他看来,"精神病理学家和哲学家,在雅斯贝斯那里决没有分裂为二"②。这个中肯的论断是基于他对雅氏学思特性的充分把握而做出的:"作为所谓存在哲学家的雅斯贝斯的独特性是:不把思想把握为不具人格的意识形态,而是溯源于人格所由产生的根源,并在这个核心中看问题的态度(这出色地表现在关于尼采和谢林的专论,以及通过作品所进行的对艺术家的'生存探源'中);比起追问生存本身的一般意义(这不外是海德格尔的做法),更从生存的具体存在方式之现象学记述出发,并在其记述过程中照明不可对象化的生存深层的态度;……这些就是对雅斯贝斯哲学,进而对他的艺术论赋予特色的要素,但这与精神病理学家(即科学家)和哲学家在雅斯贝斯身上无冲突地结合在一起的事实,决不是没有关系的。"③ 对雅氏来说,思想起源于生存的决断,因而从根底处看,任何一种思想都只是生存决断的外观,我们绝不能将某种外观化(客观化)的思想形式(作品)视为业已完成的静态、封闭的体系。研究者的根本任务,就在于透过某种外观化(客观化)的思想形式去理解其内在的生存根源并描述其源始性的生存样态,在这里至为重要的显然是要以生存在场的态度悉心把握研究对象的原初人格及其产生的根源。正是基于这种态度,雅氏在《普通精神病理学》一书的"序言"中对精神病理学的研究对象与研究方法做了扼要的阐说,这些阐说其实已经不再局限于精神病理学这个具体的领域,毋宁说它已经是贯穿于雅氏全部学说的

---

① [德]卡尔·雅斯贝斯:《雅斯贝斯哲学自传》,王立权译,上海译文出版社1989年版,第22页。

② [日]今道友信等:《存在主义美学》,崔相录、王生平译,辽宁人民出版社1987年版,第131页。该书"雅斯贝斯艺术哲学"部分由井村阳一所撰。

③ [日]今道友信等:《存在主义美学》,崔相录、王生平译,辽宁人民出版社1987年版,第132页。

哲学方法的首次表达了。这种哲学方法在他此后出版的各种著作中一直被延续下来，正如他的哲学著作在某种意义上看乃是哲学家论，其对艺术的论说从根底处看其实就是艺术家论。可以说，他在《普通精神病理学》之后出版的《斯特林堡与凡·高》《尼采：其人其说》《谢林：伟大与灾难》乃至其全部的哲学家论与艺术家论，其中一以贯之的神髓便是所谓的"生存探源"。就此而言，《普通精神病理学》一书为雅氏毕生的精神求索奠定了哲学方法论基础。井村阳一就此评价道："雅斯贝斯在《精神病理学概论》（亦译为《普通精神病理学》——引者注）序言中亲自写的该书概要，似乎就是他的哲学方法的概要。雅斯贝斯为什么在论述艺术时，不局限于作品本身的客观性（形式主义批评便是这样一种批评方式——引者注），而通过艺术作品去研究艺术家，尤其是艺术活动本身，并从中发现更为根本的哲学含义。这也许通过弄清什么东西驱使雅斯贝斯去搞哲学，就可以得到理解了。就象在精神病理学主题中不得不搞哲学研究那样，雅斯贝斯虽然是在论述艺术，却没有对于艺术进行思考（das Denken über die Kunst），而是在艺术中进行思考（das Denken in der Kunst）。"[①] 论主在最后所称引的雅斯贝斯的话出自他的《哲学》第三卷，其完整的表述是："在形而上学的艺术哲学中，我们是在艺术中思考，而不是思考艺术。"[②] 所谓"思考艺术"，即意指把艺术视为运思的重心，这是美学专家们所做的事情；所谓"在艺术中思考"，则指谓把艺术视为哲学运思的一个环节，进而在"生存探源"的过程中将艺术的生存根源与艺术家的生存样态揭示出来，这乃是尚未遗忘生存之根的哲学家的志趣所在。雅斯贝斯显然属于后者。

二 《世界观的心理学》中的艺术之思

1.《世界观的心理学》的学术史意义及其运思智慧

1919年出版的《世界观的心理学》一书是雅斯贝斯生存哲学的真

---

① ［日］今道友信等：《存在主义美学》，崔相录、王生平译，辽宁人民出版社1987年版，第132页。

② Karl Jaspers, *Philosophy* (Vol.3), translated by E. B. Ashton, The University of Chicago Press, 1971, p.168.

第二章 雅斯贝斯的精神求索历程及其艺术之思

正诞生地。在这部标志着雅氏由心理学研究开始步入哲学研究的著作里，他以更为自觉的"理解心理学"的方法，对人类心灵的每个角落及其内在的本源——生存本源——做出了深微的洞察。全书充满了洞察"生存"之幽趣的激情，从而为现代哲学的新生注入了一股新的活力。为此，雅氏自称"这本书成了我通向哲学的道路"，"在我的《世界观的心理学》中，我已率真地从事于哲理探索，但还没有清楚地知道我在做什么"。① 伽达默尔亦认为该书是雅氏撰写的"第一部真正的哲学书"，并声称"这本书的出版是 20 世纪初伟大的哲学事件之一"。撮其大要，《世界观的心理学》一书的学术史意义主要表现在以下两个方面。

（1）该书在方法论方面的意义

从方法论上看，雅斯贝斯对精神科学的理想型理解方法与自然科学的说明方法加以分殊与改造，借此检视"心灵生活的界限"以及谋求心理学整体的可能途径，从而以其"理解—描述心理学"的方法为心理学研究奠定了哲学方法论基础。雅氏自称："本书只提供有关自我反省的一些说明和可能性。由于提供了确定方向的方法（精神科学与自然科学在方法论上的区分——引者注），因此它要求的是个人始终如一的责任心，但并不试图教导人们如何去生活。"② 也就是说，他所致力的心理学意在通过"自我反省"唤起个体的生存意识与自我决断、运命自承的责任感，而无意于建构一套"指导人们如何去生活"的先知哲学或者所谓客观性、普遍性的总体学说。为此，他对精神科学与自然科学所应遵循的方法做了分辨："某些事件在公理下得到概括，另一些事件则在理想型中得到概括。伽利略从理论上为自然科学明确了这一思维技巧。数学基础理论便是范例。反之，精神科学中起理论规范作用的是理想型。马克斯·韦伯通过理想型结构，通过事件比较，追问历史关系，直面赤裸裸的直观描写。"③ 在雅氏看来，自然

---

① ［德］卡尔·雅斯贝斯：《雅斯贝斯哲学自传》，王立权译，上海译文出版社1989年版，第27、29页。
② ［德］卡尔·雅斯贝斯：《雅斯贝斯哲学自传》，王立权译，上海译文出版社1989年版，第28页。
③ ［德］K. 雅斯贝斯：《世界观的心理学》，慕尼黑1985年版，第78页。转引自金寿铁《心灵的界限——雅斯贝尔斯精神病理学研究》，吉林人民出版社2000年版，第81页。

科学意在发现"公理",借此说明自然世界的诸种现象;相比之下,精神科学则意在构造"理想型",借此理解属人的精神世界并做出"直观"的描述。就此而言,探索心灵世界之奥秘的心理学显然属于后者。

我们看到,雅氏的"理解—描述心理学"方法诚然受到了狄尔泰、韦伯(以及胡塞尔)的显著影响,不过他从一开始就以其受启于克尔凯郭尔的生存意识对他们的思维方式进行了创造性的吸纳与转换,从而使该书"处在向新哲学深化的门槛上"。伽达默尔就此评价道:"作为狄尔泰的追随者,同时也吸收了由韦伯建立的理想主义风格的建构方法,雅斯贝尔斯在这部著作中分析了'观念与世界图像',它们来自于生命经验的不断升华,并赋予哲学家思想以生动的肖像感。这实际上并没有沿袭由韦伯—狄尔泰开辟的、把哲学搞成科学理论对象的那条将哲学科学化的道路——这是众所周知的知识社会学和人类学类型学,雅斯贝尔斯的类型学更含有反对把哲学基础设在'以意识为本'的位置上的意思,而'以意识为本'恰是新康德主义超验哲学的摩登词。即便从类型学思想方式上看,雅斯贝尔斯在《直观世界的心理学》里,在题目的解释空间和提问方式上,也没有给新康德主义方法论上的自足性留下任何余地。"① 确实,雅氏对"观念与世界图像"的阐析与规整并未建基于"以意识为本"的"一般意识",他也从来没有以任何一种方法为途径建构某种科学形态的"普遍心理学"(以构造整体心理学的基本原理、范畴及其方法为指归)的意图。为此,他在吸纳狄尔泰、韦伯运思智慧的同时又突破了由韦伯—狄尔泰开辟的"把哲学搞成科学理论对象的那条将哲学科学化的道路"(胡塞尔其实也坚持走哲学科学化的道路),特别是与新康德学派的代表人物李凯尔特成了哲学之路上的"对头"②。

大概正是源于这一点,当年同样行进在反对新康德哲学之路上的

---

① [德]汉斯-格奥尔格·伽达默尔:《哲学生涯——我的回顾》,陈春文译,商务印书馆2003年版,第190—191页。

② 李凯尔特对雅斯贝尔斯的《世界观的心理学》一书持有不同的看法。雅氏回忆道:"这本书出版后,他在《逻各斯》杂志上写了一篇从他的哲学观点看来该起毁灭性作用的批评文章,但还是以一种友好态度来写的,也没有产生与我完全决裂的后果。因为他的谴责是以这一论断为结束的:'我们高兴地欢迎这一位在萌芽状态中的哲学家。'"见[德]卡尔·雅斯贝斯《雅斯贝斯哲学自传》,王立权译,上海译文出版社1989年版,第34页。

第二章 雅斯贝斯的精神求索历程及其艺术之思

海德格尔因着期待创造一种"活生生的真实的哲学"而致力于"拿起刀子向理性主义宣战"[1]，便向雅斯贝斯吐露了"我们都是出于同一根本状况，都在为哲学的复兴而工作"[2]之类的心迹，并就《世界观的心理学》撰写了一篇书评[3]，表达了他想与雅氏缔结"自主战斗集体"[4]的愿望。海德格尔在书评中认为该书标示着一种新的哲学研究的开端，并对此给予了肯定，不过他同时对该书的方法与阐发的基本问题提出了比李凯尔特更为严厉的批判。海德格尔将探究"生命本身"（"生命之整体""总体人格性"）的心理学称为"普遍心理学"

---

[1] ［德］葛尔特鲁特·海德格尔选编：《海德格尔与妻书》，常晅、祁沁雯译，南京大学出版社2016年版，第28页。

[2] 海德格尔1920年4月21日致雅斯贝斯的信，收入［德］瓦尔特·比默尔、［瑞士］汉斯·萨纳尔编《海德格尔与雅斯贝尔斯往复书简（1920—1963年)》，李雪涛译，上海人民出版社2012年版，第103页。

[3] 1920年，海德格尔将其撰写的《评卡尔·雅斯贝斯〈世界观的心理学〉》一文寄给雅斯贝斯，从其追问本源的基础存在论立场对该书做了评论。这篇评论在当时未曾发表，后来收入《路标》一书中，另收入《海德格尔全集》第9卷。雅氏在1921年8月1日致海氏的信中写道："我认为，您的评论文章是我迄今为止所看到的、最深刻地挖掘了思想本质的评论。它确实触动了我的内心世界。但我还是怀念我们在讨论'我存在'（ich bin）和'历史性的'（historisch）所采用的那种积极的方式。"（见［德］瓦尔特·比默尔、［瑞士］汉斯·萨纳尔编《海德格尔与雅斯贝尔斯往复书简（1920—1963年)》，李雪涛译，上海人民出版社2012年版，第111页）我们从中已可隐约见出雅氏对海氏之评论的不满。《雅斯贝斯哲学自传》中载有雅氏所写的这样一段话："他通过一篇没有发表的书评，跟其他所有人相比更是毫不留情地对这本书提出了质疑。他送给我这一书评的手稿，这对我来讲是不公正的；我粗粗地浏览了这篇书评，对我来讲并没有什么益处。我选择了另外的道路，而不是如他向我建议的那样。"见《雅斯贝斯哲学自传》德文版第95页；另参见［德］瓦尔特·比默尔、［瑞士］汉斯·萨纳尔编《海德格尔与雅斯贝尔斯往复书简（1920—1963年)》，李雪涛译，上海人民出版社2012年版，原注第306页。

[4] 海德格尔1922年6月27日致雅斯贝斯的信，收入［德］瓦尔特·比默尔、［瑞士］汉斯·萨纳尔编《海德格尔与雅斯贝尔斯往复书简（1920—1963年)》，李雪涛译，上海人民出版社2012年版，第117页。雅氏在当年7月2日的回信中对海氏想与他缔结"战斗集体"的意识表示"感到愉快"，不过他还是出于哲学的自觉表露了自己的保留意见："如果不是用毕其一生的精力来研究真正的大哲学家和当前的时代精神，那么过多地关注这些就纯粹是浪费时间。我很早就意识到了这一点——我想，我曾告诉过您，您和我相比，更多地处在颇受争议的新康德学派的关系中，而我则不愿意卷入其中。我只有一种要算总账的冲动，即这些哲学教授们做错了什么？但我又推迟了这一计划，因为我本身还没有意识到这一责任，去为履行一位真正的哲学教授的使命而奋斗，况且只有本身卓有成就的人，才能去跟别人算账。……在所有的事物面前，人自身的发展动力都不应当受到'反对'之声、拒绝以及仇恨的干扰。我倾向于对引起我愤怒情绪的对象置之不理，从而尽量不滋生自己的愤怒情绪。"见［德］瓦尔特·比默尔、［瑞士］汉斯·萨纳尔编《海德格尔与雅斯贝尔斯往复书简（1920—1963年)》，李雪涛译，上海人民出版社2012年版，第118—119页。

（"生命本身"在这里是作为"先行把握"的问题而预设的），与此相配称的方法被他称为"理解性的心理学"；在此基础上，他认为雅氏的《世界观的心理学》是一种描述"生存现象"的心理学，与此相配称的方法理应被冠以"理解性构造的心理学"这样的名称，他就此断言："如果'理解性的心理学'这个方法上的名称把自身限定为'理解性构造的心理学'［在这里，'构造的'（konstrukiv）在某种褒义上意指从理解性的直观中获得的、并且在不断适应中实行的类型之构成］，那是与所实行的方法更为符合的做法。在批判性的考察中，理解问题依然未被讨论，这乃是因为，只要在我们这篇'评论'中所显明的关于历史的问题还没有在根源上得到把握，并且还没有被置入到哲学的疑难问题的中心之中，那么，这些问题就还没有到作出决定的时候。"[1] 应该说，海德格尔出于其正在酝酿中的《存在与时间》一书的理解结构对雅氏所做的严厉批评[2]是颇为深刻的，可惜的是，他的深刻批评在某些关键之处却出现了对《世界观的心理学》一书的误读。具体来说，"生命本身"作为"普遍心理学"所要追问的元问题在雅氏的"世界观的心理学"这里并不是当作所谓"先行把握"的问题而预设的，毋宁说它是伴随着"生存"的自我坎陷而呈现于"临界体验"之中的，因此，雅氏在该书中并未出现所谓"普遍心理学"与"世界观的心理学"之间的扞格，我们也无须像海德格尔那样非要在"理解性的心理学"之外另造"理解性构造的心理学"这样一个名称来标示该书的方法。

（2）该书在精神旨趣方面的意义

从精神旨趣看，该书最大的特色与创见是发现了存在哲学先驱克尔凯郭尔的生存论意义，进而从一切知识化的概念以及一切思辨性的

---

[1] ［德］海德格尔：《评卡尔·雅斯贝尔斯〈世界观的心理学〉》，收入《路标》，孙周兴译，商务印书馆2000年版，第51页。

[2] 海德格尔对这部著作的批评颇为严厉，基本上是在申说自己的哲学立场，对它的积极评价并不多。海氏并未隐瞒这一点，他曾在1922年6月27日致雅斯贝斯的信中写道："我也看得越来越清楚了，对世界观的心理学的评论是不够的——积极的评论还特别少。我将我的论文又扩充了，很多被划掉了，又写了很多新的内容。"见［德］瓦尔特·比默尔、［瑞士］汉斯·萨纳尔编《海德格尔与雅斯贝斯往复书简（1920—1963年）》，李雪涛译，上海人民出版社2012年版，第117页。

体系中抢救出敢于直面"临界处境"而自做决断、运命自承的"生存"来。雅氏诚然在《普通精神病理学》一书中就为毕生的精神求索播下了"生存"这粒种子,不过这粒种子只是在《世界观的心理学》一书中才开始生发、抽芽(在此后的三卷本《哲学》中,"生存"已成为雅氏思想中最重要的关键词)。雅氏自述道:"那时我所做的,使我以后弄清了两点:首先,一种不是先知式的或宣告式的哲学而是本质上是哲学的哲学的任务;其次,人们可以称之为科学心理学那种类型的心理学与本身已是哲学的心理学之间的区别。"① 在雅氏看来,"本质上是哲学的哲学"的任务就是唤醒"生存"并阐明"生存",这样就将其酝酿中的生存哲学与那种"先知式的或宣告式的哲学"区别开来;与此相应,"本身已是哲学的心理学"的任务就是理解"生存"并描述"生存"的"临界体验",这样就将其致力的、带有生存哲学意趣的"理解心理学"与那种"科学心理学"区别开来。

《世界观的心理学》所欲解决的根本问题,就是面对"人是什么"这一终极提问,廓清人能够认识什么,不能够认识什么,对于人不能认知却又并非虚妄的东西,人又将如何去获取对它的理解。围绕着上述根本问题,该书在厘定"实存"与"一般意识"的限度的同时,就此肯认了整全的心灵当有的"生存意识"以及显现于"生存意识"中的"绝对者"("终极者""超越存在")。该书的至为动人之处在于,雅氏在"克尔凯郭尔的报告"这一章中提出了"临界处境"(Grenzsituationen)这个核心范畴。依循雅氏的运思理路,我们可以从两个角度对这个关涉全书之韵致并对此后的存在哲学产生了重要影响的核心范畴的意蕴做出诠解。其一,对诉诸认知理性的"一般意识"而言,"临界处境"就意味着认知理性无以自解的"自相矛盾"(二律背反)。雅氏就此指出:"矛盾作为二律背反,始终处于我们的鉴于无限性的认识的临界上。因此,无限性、临界和二律背反是共属一体的","生存意识恰恰经由自相矛盾的处境之意识而发生","在临界处境中升起最强烈的生存意识,后者本身乃是关于某个绝对者的意识"。② 其

---

① [德]卡尔·雅斯贝斯:《雅斯贝斯哲学自传》,王立权译,上海译文出版社1989年版,第28页。
② Karl Jaspers, *Psychologie der Weltanschauungen*, Springer Verlag, 1919, S. 205, 217, 245.

二,对拘囿于"一般意识"的"实存"来说,"临界处境"则意味着"实存的矛盾结构",亦即任何一个生活在历史与现实世界中的个体都无法改变的"斗争、死亡、偶然、罪恶"[①]等境况。直面无法改变亦无法逃避的"临界处境","实存"要么堕入"虚无"之深渊,要么唤醒自做决断的"生存意识"并吁请照亮世界与历史的"绝对者"。综上,个体对"临界处境"的意识正是"生存意识"得以诞生的契机,或者说,"生存意识"即意味着个体对"临界处境"的意识,个体正是借着这种意识断然回归本明而属己的自我存在。可以说,"临界处境"这一范畴的哲学史意义在于,它让人们意识到"现实的矛盾是'认识的界限,而认识就是因这种矛盾而产生的'。这些矛盾将人们从未经质询的理所当然的心态中拉了出来,震撼了他们对世界的实证性、封闭性构想的安宁,唤醒人趋向真正的人的存在。在此意义上,哲学就是人的觉醒"[②]。正是在此意义上,叔斯勒有理由认为,在继肇始于"惊讶"的古希腊哲学以及肇始于"怀疑"的近代哲学之后,雅氏以其带来"震惊"之感的"临界处境"这一范畴为20世纪西方哲学提供了新的"起源"。[③] 也正是在此意义上,萨尼尔有理由断言,尽管雅氏在《世界观的心理学》一书中探讨的诸多问题——临界处境、时间的多维性、自由的运动、生存问题的产生、虚无主义、爱等——"都是从心理学方面提出来的,然而它们同时却有哲学意义。人们感到:一种新哲学即将问世,尽管它仍然被误解为心理学"[④]。

我们看到,雅氏颇为看重自己早期的这部著作,他曾在自传中坦言:"我这本论述世界观的心理学的书,历史地回顾起来,是作为后来被称为现代存在主义的最早著作而问世的。起决定性作用的是对人的兴趣,是思想者本人对他自身的关注,是试图达到的彻底的完整性。

[①] 在《哲学》三卷以及此后的一些著述中,雅斯贝斯还经常提及"受苦"("痛苦""受难")这一"临界处境"。

[②] [德]维尔纳·叔斯勒:《雅斯贝尔斯》,鲁路译,中国人民大学出版社2008年版,第74页。

[③] 参见[德]维尔纳·叔斯勒《雅斯贝尔斯》,鲁路译,中国人民大学出版社2008年版,第63页。

[④] [德]汉斯·萨尼尔:《雅斯贝尔斯》,张继武、倪梁康译,生活·读书·新知三联书店1988年版,第41页。

以后在清晰的意识中、在广泛展开的发挥中出现的所有根本问题，在这本书里几乎都提及了：关于世界，它对人来说是什么；关于人的处境以及他的无从逃避的最终的处境（死亡，痛苦，命运，罪恶，奋斗）；关于时间及其意义的多重性；关于在创造个人自身的过程中自由的运动；关于虚无主义和关于外壳；关于爱；关于实在和真理的显露；关于神秘主义的途径和观念的途径，等等。"① 由此不难看出，《世界观的心理学》一书委实是雅氏生存哲学的真正诞生地，在这部早于海德格尔的《存在与时间》八年问世的著作里，雅氏已向世人报告了一种新的哲学——现代存在哲学——诞生的消息。

2.《世界观的心理学》中的艺术之思

无论在方法论方面，还是在精神旨趣方面，《世界观的心理学》一书中都或显或隐地包含着赋有启发性的艺术之思。

（1）从方法论上看，雅氏致力的"理解—描述心理学"方法颇为看重"直观"

在国内，"世界观的心理学"的另一个译名即是"直观世界的心理学"，《哲学生涯》一书的中译者陈春文就持这种看法，他曾专门对此做过一个脚注："Weltanschauung，通常翻译成'世界观'，这个翻译一方面已经被用滥了，另一方面也表达不出直观的本义，故这里改为'直观世界'。"② 可以说，这个译名更合乎"Weltanschauung"的本义，也更能揭示出"直观"之于雅氏思想的重要意义。在雅氏看来，"一般意识"诉诸主客分立的认知思维，它只能认知呈现于主客分立之中的世界现象；世界整体并不呈现为主客分立的状态，它虽然不为"一般意识"所认知，却可引起精神生命的不安与运动，并将其体验为"神秘的东西"（das Mystische）。就此而言，精神"其实以神秘的东西为起点，同时也以神秘的东西为终点"，"通过神秘的东西，精神在其运动中总是一再找到了它的范围；从这些限界而来，有一道无法形容的光线，一种无法表达的、总是力求达到形式的意义，投射到分

---

① ［德］卡尔·雅斯贝斯：《雅斯贝斯哲学自传》，王立权译，上海译文出版社1989年版，第31—32页。

② ［德］汉斯-格奥尔格·伽达默尔：《哲学生涯——我的回顾》，陈春文译，商务印书馆2003年版，第190页。

裂范围内的一切个体上面"①。也就是说，"神秘的东西"一方面厘定了"一般意识"的界限；另一方面引导着整全的精神生命不断地追求那种"无法表达的、总是力求达到形式的意义"，从而让生活在主客分立的现象世界中的个体"始终生活在一种对某个目标、目的、价值、善的追求之中"②。由此可见，"神秘的东西"犹如康德那里的"物自身"一样，由其"无限性"的性向所带出来的乃是一个旨在为精神生命赋予方向的价值论话题。正是以对超越主客分立的无限性的体验、贞认与追求为契机，诉诸直观的艺术创造活动便作为为整全的精神生命赋予方向的力量之一赢获了其得以存在的起源与价值。

价值乃是整全的精神生命的动力系统，艺术创造活动的独特价值，就在于它可以让生命作为浑全的整体"直观"那不为"一般意识"所认知与言说的"神秘的东西"（"无限者"）。所谓"直观"，意指浑全地去观看，颇类于钟嵘所说的"直寻"，这是一种将生命整体合乎理念地保持在主客未分的观照（Schau）状态之中的基本经验。海德格尔对此品评道："这种基本经验据说是要在一种完全形式的意义上被确定为'审美的基本经验'。这就是说，那种原初的、预先确定着'生命'这个对象的经验所具有的真正的关联意义，是一种对某物的直观（Anschauen）、观赏（Be-trachten）。借此并不就是说，雅斯贝尔斯是要'维护'一种'美学的'世界观。对此我一无所知。它或许同样可以是一种完全伦理学的世界观——如果这些被磨损了的词语硬币根本上还有所表示的话。但在这里有可能是这样：雅斯贝尔斯并没有置自身于某种二律背反面前，倒是在一种审美的基本态度中理解和清理本质性的东西、绝对的东西，宛若生命的这个角度在'活生生的过程'的完全的'激情'（Vehemenz）和'力量'中就是一个美学的态度，尽管在内容上，这个'过程'被理解为伦理的过程。"③ 海德格尔尽管在根底处并未理解雅斯贝斯，不过他却是第一位敏锐地发现"直观"之于雅氏思想重要性的哲人，并以其特有的本源式追问敞开了雅氏由

---

① Karl Jaspers, *Psychologie der Weltanschauungen*, Springer Verlag, 1919, S. 305.
② Karl Jaspers, *Psychologie der Weltanschauungen*, Springer Verlag, 1919, S. 202.
③ [德] 海德格尔：《评卡尔·雅斯贝尔斯〈世界观的心理学〉》，收入《路标》，孙周兴译，商务印书馆2000年版，第27—28页。

《世界观的心理学》一书所称说的"审美的基本经验"。更为重要的是,海德格尔注意到这种"审美的基本经验"与其说意味着雅氏是要"维护"一种"美学的"世界观,倒不如说意味着雅氏的一种"审美的基本态度",这种态度的指归在于喻说整全的生命完全可以超越二律背反的认知困境而在"活生生的过程"的"激情"与"力量"中"理解和清理本质性的东西、绝对的东西"。就此而言,雅氏以其"审美的基本态度"同时肯定了整全的生命与"绝对的东西"("神秘的东西"),进而肯定了诉诸"直观"与"审美的基本经验"的艺术创造活动在为精神生命赋予方向中的不可替代的价值。就"直观"之于雅氏学说的重要性而言,萨尼尔的下述说法显然更为中肯一些:"没有艺术直观,形而上学就完全取决于思辨。只有当形而上学具有直观性时,它才能以艺术的形态向做哲学思维的人展示真理。因此,形而上学不仅讲述艺术,而且借助艺术来讲述,就仿佛它具有了直观性,就添加了新的目光一般。"[①] 萨尼尔的这段评说诚然主要是针对《哲学》第三卷"形而上学"而发的,不过用它品评早在《世界观的心理学》中就已被雅氏格外看重的"直观"范畴同样是完全适用的。

(2)从精神旨趣方面看,雅氏从"生存"的"临界体验"(矛盾体验)的角度谈及艺术的双重性

雅氏认为,世界上充满着"一般意识"所面对的二律背反状况,艺术世界其实也是如此。从一方面看,艺术所创造的是一种形式的价值,这种形式的价值无关乎利害,因而它带给人的是一种"无利害的福祉"与无拘无束的审美自由;但从另一方面看,艺术创造同样是为精神生命赋予方向的一种价值活动,它理应对精神生命有所承担并对现实生活进行干预,而不能采取一种纯粹超然的态度。这样一来,雅氏就从艺术自身的双重性中揭示了艺术活动的生存论根源以及艺术活动对阐明"生存"之旨趣的独特价值。也正是在此意义上,雅氏主张"本身已是哲学的心理学"以及以理解整全的生命为指归的心理学家、哲学家都应该向那些创造了伟大艺术(伟大的艺术创造形式,但又不

[①] [德]汉斯·萨尼尔:《着眼于卡尔·雅斯贝尔斯论哲学与艺术》,收入[德]卡·雅斯贝尔斯等《哲学与信仰:雅斯贝尔斯哲学研究》,鲁路译,人民出版社2010年版,第250页。

止于形式）的艺术家学习直观世界的态度与方式。

可以说，雅氏的这一运思智慧是颇为深刻的，可惜的是，它却长期以来不为人们所察识，只是到了21世纪初才被萨尼尔在《着眼于卡尔·雅斯贝尔斯论哲学与艺术》一文中道说出来："1919年出版的《世界观的心理学》既反映了'无利害的福祉'真正的非约束性，又反映了一切意图直接干涉生活现实的艺术的矛盾性。"[1] 尽管萨尼尔在列举这一点之后并未做更多的阐发，不过《世界观的心理学》作为雅氏艺术之思历程中的一个有机环节终于被点示出来了。这里须做补充的是，雅氏的上述看法显然同时受到了康德与克尔凯郭尔的影响。进而言之，雅氏就艺术的第一重旨趣所做的称说直接受启于康德关于审美判断的第一个契机，亦即"鉴赏是凭借完全无利害观念的快感和不快感对某一对象（审美涉及的形式，即主体从对象所摄取的形式作为审美对象——引者注）或其表现方法（现象方法，即主体把象现在自己的心意能力中——引者注）的一种判断力"[2]；而他就艺术的第二重旨趣所做的称说则直接受启于克尔凯郭尔的"生存"观念。雅氏的匠心之处在于，他以克氏的"生存"观念对康德的审美判断做了创造性的吸纳与转换，意在以一种直面现实处境的态度肯定人对"生存"的责任，就此显示自做抉择的人的伟大性。雅氏就此指出："我的著作的动机之一是要显示人们的伟大性，但不容有欺骗，即不是在劣等神话的掩饰下，也不是揭去其面具——像在一种错误的虚无主义的心理学中那样——而是在现实主义的清楚明白的观察之中来显示人们的伟大性。即使是有害的力量，其真实本性也不是在低等人物中，而是在思想坚定、有创造精神、具有内在坚韧力的高等人物中显得更为鲜明。"[3] 所谓"思想坚定、有创造精神、具有内在坚韧力的高等人物"，其实正是雅氏期许的"生存"，其所秉具的精神品性，既体现在那些富于"临界体验"的哲学家身上，也体现在那些敢于直面"临界处

---

[1] ［德］汉斯·萨尼尔：《着眼于卡尔·雅斯贝尔斯论哲学与艺术》，收入［德］卡·雅斯贝尔斯等《哲学与信仰：雅斯贝尔斯哲学研究》，鲁路译，人民出版社2010年版，第242页。
[2] ［德］康德：《判断力批判》上卷，宗白华译，商务印书馆1964年版，第47页。
[3] ［德］卡尔·雅斯贝斯：《雅斯贝斯哲学自传》，王立权译，上海译文出版社1989年版，第32页。

境"的艺术家身上,斯特林堡、凡·高、荷尔德林正是以其独异的人格及其作品展呈了人类伟大性与深刻性的艺术家,从而成为雅氏喻说"生存"之旨趣的范例。

三 《斯特林堡与凡·高》中的艺术之思

1. 《斯特林堡与凡·高》的精神旨趣与运思理路

1922 年出版的《斯特林堡与凡·高》一书既是一份匠心独具的精神病理学研究报告,又是一部探究艺术家生存样态的艺术家专论。该书的副标题是"与斯威登堡、荷尔德林作比较的病理学案例试析",仅从这个副标题即可获悉,雅斯贝斯的初衷乃在于以罹遭精神分裂的艺术家为范例阐发自己的精神病理学见解。作为雅氏在精神病理学——心理学时期出版的最后一部具有颇高学术价值的著作,它立足于精神分裂症艺术家的生存探源,通过对比分析斯特林堡、斯威登堡与荷尔德林、凡·高的病志与艺术家的世界观及其作品的风格变化,为破解精神分裂症艺术家的天才之谜提供了一种独具人文智慧的阐释视角,从中可以明显地看出雅氏由精神病理学——心理学领域向生存哲学领域过渡的消息。

《斯特林堡与凡·高》一书分为二章。第一章详尽考察了斯特林堡的病志、世界观的发展,为人们提供了一种只能在精神病的诱发下才可能获致的生命图景。雅氏在该书的"引言"中强调:"关于斯特林堡作为一位作家的意义,本书将不作评判。他作为一位戏剧家的艺术才能以及他的作品的审美结构与美学价值,绝不进入这项研究课题。斯特林堡患了精神病。我打算清晰地展呈他的疾病的性质。"[1] 很明显,雅氏在阐发斯特林堡的病例时,有意识地将自己的理论姿态限制在精神病理学视域之内。他认为,斯特林堡的"双重性格"(duality of character)是导致他此后患病的始因,在疾病发作期间,构成其世界观基调的怀疑论、神智学神秘主义与反女性主义就此得到进一步强化。

---

[1] Karl Jaspers, *Strindberg and Van Gogh*, translated by Oskar Grunow and David Woloshin, The University of Arizona Press, 1977, introduction, p. xi.

第二章则对比分析了斯特林堡与斯威登堡之间的相似性以及他与荷尔德林、凡·高之间的相异性，并就精神分裂症与创造力之间的关联做了深入的探讨。可以说，第二章乃是该书的精要所在。雅氏在这一章里分别描述了斯威登堡、荷尔德林、凡·高的病志，世界观的发展与作品风格的变化，并运用比较的方法，将第一章所谈的话题引向对精神分裂症艺术家的生存样态以及相关问题的探讨。

2. 精神分裂症与创作的关联

雅氏在该书第二章中深入阐发了精神分裂症与创作的关联。他主要探讨了三个问题：其一，精神分裂症是不是导致艺术创作的一种起因？其二，精神分裂症是不是导致艺术家创作风格转变的一个特定条件？其三，人们能否对艺术品中的精神分裂症气氛做一种总体化的解释？那些赋有精神分裂症气氛的艺术品是"病态的"吗？围绕上述三个环环相扣的问题，雅氏对精神分裂症艺术家独异的人格与创造天赋做了深刻的揭示，这些揭示其实已带有浓郁的生存探源的意味。这里就循着雅氏的运思理路一一阐说如下。

（1）精神分裂症是诱发某些艺术家创作天赋的一种肇因

雅氏写道："要使精神分裂症作为某些伟大的艺术家创作艺术品的一个先决条件真正成为可能，必须通过艺术创作风格的转变与精神病发展的时间进程和艺术家感觉与行为方式的转变间的巧合来予以说明。尤其是当人们发现一些此类病例时，这种偶然发生的巧合就是最大的奇迹。"[1] 这里需要注意的一点是，精神分裂症并不是所有伟大艺术家创作艺术作品的先决条件，只是在"某些"原初人格中就具有艺术天赋的伟大艺术家那里，精神分裂症才巧合地成为诱发他们艺术创作天赋的一种肇因。雅氏就此指出："精神分裂症自身并不具有创造性的价值，因为只有极少的精神病患者才具有创造性。人总是秉有个性与天赋的，不过这在他们那里是无害的。对这类的个性来说，精神分裂症后来就成为敞开生存深渊的前提（诱因）。"[2] 由此可见，精神

---

[1] Karl Jaspers, *Strindberg and Van Gogh*, translated by Oskar Grunow and David Woloshin, The University of Arizona Press, 1977, p. 189.

[2] Karl Jaspers, *Strindberg and Van Gogh*, translated by Oskar Grunow and David Woloshin, The University of Arizona Press, 1977, p. 178.

分裂症与艺术创造并没有必然的因果关联，正如并不是所有的艺术家都是精神分裂症患者一样，也并不是每个精神分裂症患者都能成为艺术家。只有在那些具有创造天赋的艺术家那里，精神分裂症才有可能成为诱发其创造天赋与带来创作风格剧变的一种契机，并成全了这种将生存与作品浑化为一体的艺术创作的独一无二性。

（2）精神分裂症是导致某些艺术家创作风格转变的一个特定条件

通过诠解上述第一个问题，我们现在已可肯定地说：对某些伟大的艺术家——譬如荷尔德林、凡·高——来说，精神分裂症确实是导致他们创作风格转变的一个特定条件。人们或许会继续猜测：艺术家创作风格的转变是否也可能是由酒精中毒之类的外在刺激引起的呢？通过对精神分裂症与其他精神病或大脑质变过程进行比较，雅斯贝斯断然排除了这些可能。他认为，像酒精中毒之类的外在刺激诚然可以改变一个人，强化患者的某种兴趣，并使患者的作品出现某种意想不到的转变，但是，它并不可能导致艺术风格本身的转向。这乃是因为，患者的"生命作为未分的整体仍保持着完整。如果确实发生了某种断裂，它也缺乏意义与深度，而是仍然停留在肤浅的表层上"[1]。相较之下，精神麻痹症可产生与精神分裂症相类似的后果。譬如，尼采"伴随第一次精神转变经历了明显的风格变化。他也有两副面孔，专家在大多数情况下可立即觉察出他的某一部作品究竟是第一副面孔的产物还是第二副面孔的产物"[2]。由此可见，无论精神分裂症，还是精神麻痹症，这些精神病之所以能够诱发艺术家或哲学家创作风格的某种转变，其根源并不在于外在的原因，而在于他们的生存样态发生了某种裂变。

（3）艺术作品中的精神分裂症气氛与精神分裂症艺术家的独一无二性

在雅氏看来，也许不必去翻阅凡·高、荷尔德林的病历，人们也能够从他们显著的风格转变中感觉到某种独特的精神分裂症气氛，并试图以概念、范畴给出某种客观化的阐释。为了避免陷入简单化的泥

---

[1] Karl Jaspers, *Strindberg and Van Gogh*, translated by Oskar Grunow and David Woloshin, The University of Arizona Press, 1977, p. 190.

[2] Karl Jaspers, *Strindberg and Van Gogh*, translated by Oskar Grunow and David Woloshin, The University of Arizona Press, 1977, pp. 190–191.

淖,他格外提醒人们,精神分裂症艺术家及其艺术品并不是"病态"的。"如果人们试图阐述作品中的精神分裂症氛围,那么,这并非意味着那些作品就是'病态的',这是因为精神乃存在于健康与病态相对立的彼岸。"① 确实,作为原初的人格,"精神"是孕育一切文化创造的土壤,无所谓"健康"或"病态"。同样,以原初的人格为内核而将"心灵、肉体和精神"浑化为一体的"本真生存",也"存在于健康与病态相对立的彼岸"。对凡·高、荷尔德林而言,其"本真生存"的自然透出便产生了独一无二的艺术品。如果说"本真生存"与"世界实存"之间的张力是导致他们精神分裂的最后的缘由,那么,所谓艺术品中的"精神分裂症氛围",所寓托着的其实也正是化入作品之中的"本真生存"与"世界实存"所构成的巨大张力。与其说那些内蕴巨大张力的作品是"病态"的,倒不如说它们是"不同寻常"的。② "不同寻常"乃是衡鉴一部艺术品是否具有某种独特风格的显著标志。"从那种已被断定为患病过程的土壤中孕育出的作品会具有一种独特的风格,这种特有的风格构成了精神宇宙的一个本质的部分。但是,只有这一过程创造了诸种必要的条件,这种精神宇宙才会在现实中显示其存在。"③ 在艺术史上,那些彪炳千秋而恒具人性魅力的艺术品无不具有独特的风格,尽管其中只有一小部分出自精神分裂症艺

---

① Karl Jaspers, *Strindberg and Van Gogh*, translated by Oskar Grunow and David Woloshin, The University of Arizona Press, 1977, p. 192.

② 有意味的是,茨威格在《与魔搏斗的人:荷尔德林 克莱斯特 尼采》一书中,同样运用"比较"的方法,做出了与雅斯贝斯相似的论断:"我在这里把他们(荷尔德林、克莱斯特、尼采——引者注)的形象放在一起对比,只是想用象征使他们的美的两面性显示出来,而不是要厚此薄彼,或者支持那种流行的、庸俗透顶的临床的观点,好像歌德显示了健康,而另一些人代表了疾病;歌德是正常的,那些人是病态的。'病态'这个词,只适用于那些没有创造力的人身上,适用于低级的世界:因为创造了永不磨灭的东西的疾病已不再是疾病,而是一种超健康的形式。尽管魔性站在生命的最边缘,甚至向外伸向不可逾越、不曾逾越之地,但它仍是人性固有的内容。……只有罕见的东西才能扩展我们的思想,只有在面对新的强力战栗之时我们的感觉才会变得敏锐。不同寻常总是所有伟大事物的标准。而且——即使在最令人迷惑、最危险的人身上——创造的价值都将高出所有的价值,创造性的思维将高出我们的思维。"见[奥]斯蒂芬·茨威格《与魔搏斗的人:荷尔德林 克莱斯特 尼采》,潘璐、何世平、郭颖杰译,安徽文艺出版社2013年版,"作者的话"第9页。《与魔搏斗的人:荷尔德林 克莱斯特 尼采》一书(成书于1925年)比《斯特林堡与凡·高》晚出3年,就此而言,我们至少可以说雅氏并未受到茨威格的影响。

③ Karl Jaspers, *Strindberg and Van Gogh*, translated by Oskar Grunow and David Woloshin, The University of Arizona Press, 1977, p. 192.

第二章　雅斯贝斯的精神求索历程及其艺术之思

术家之手，但可以肯定的是，它们都不同程度地内化着创造者的独一无二的生存。对那些将其全部生存倾注于作品的精神分裂症艺术家来说，他们甚至不惜以极端的方式把自己毁灭于自己所创造的精神世界，此类作品在某种意趣上更具震撼人心、唤醒生存、改变人的存在意识的力量与作用。鉴于此，雅氏对以凡·高、荷尔德林等为典范的生存艺术家抱有更多的敬意，而对那些习惯于以一种贬抑的态度视这种精神分裂过程为"病态"的人则称为"腓力斯人"（Philistine）。可以说，这一褒贬分明的人文态度对于以"生存"为自己全部学说之内核的雅斯贝斯来说乃是一件自然而然的事。

3. 精神分裂症与现代文化危机

如果说该书第一章对斯特林堡所做的考察主要是一份关于精神分裂症艺术家的病理报告进而对精神病学研究具有深远意义的话，那么第二章对荷尔德林与凡·高直面不可对象化的生存深渊而迸发其艺术创造天赋所做的揭示其实已经透出生存哲学的意趣了。更值得关注的是，雅氏在该书的最后一节中特别论说了"精神分裂症与现代文化"。应该说，这显然已超出临床病理学界限的文化学阐释既寓托着他一贯的运思智慧，也使这一阐释具有了时代处境诊断与批判的文化内涵。

据萨尼尔考察，该书中的时代处境诊断与批判至少可追溯到雅氏在1912年参观的科隆国际艺术展览："在（1912年）夏季，'西德艺术之友与艺术家联合会'在科隆举办了一次'国际艺术展览'，展览意在'概括绘画中的最新运动的现状'及其'历史基础'。'最新运动'指的是欧洲表现主义，'历史基础'指的是凡·高（van Gogh）、塞尚（Cezanne）和高更（Gauguin）。展出的作品极其优秀，有凡·高的106幅油画和17幅素描、塞尚的26幅画、高更的25幅画、蒙克（Munch）的32幅画、毕加索（Bicasso）的16幅画，共计超过570幅油画和50件雕塑。雅斯贝尔斯参观了展览，10年后在其有关凡·高的病理学研究著述中对这次展览做出了批判。"[1] 雅氏在《斯特林堡与凡·高》中认为，在所有这些艺术家中，只有凡·高因其"生存的显

---

[1] ［德］汉斯·萨尼尔：《着眼于卡尔·雅斯贝尔斯论哲学与艺术》，收入［德］卡·雅斯贝尔斯等《哲学与信仰：雅斯贝尔斯哲学研究》，鲁路译，人民出版社2010年版，第250—251页。

示"才是"伟大"而"激动人心"的,相比之下,其他艺术家却因其"生存"不在场而显得单调乏味。雅氏就此对时代处境展开了文化学意义上的诊断与批判,并就此凸显出那些苦苦觅寻精神出路的"杰出的个体"(精神分裂症艺术家)与不成全人的生命的时代精神处境之间所构成的巨大张力。

雅氏指出:"我们正生活在一个人们不仅活着而且知道自己试图简单地生活的时代。是的,在这样一个时代里,人们既模仿酒神经验,又创造律则,同时具有这两种特性并且都能够圆满地服务于他们的目的。在这样的时代里,精神分裂症在各个方面都可能成为真实性的条件吗?"① 可以说,这是一个可以在精神分裂症艺术家那里发现现代文化分裂症真相的时代。在这个时代,那些"生存"不在场的"大众"以与日常生活世界完全合模的方式维系着精神的"正常",而那些遥望"神秘的东西"("超越存在")的在世生存者则以个体的精神分裂体证着这个时代的精神分裂,并在个体生存的自燃中透示出一种生命的厚重与悲壮。譬如,像凡·高这样的生存艺术家的自燃乃是由"生存"与"实存"的巨大摩擦力而自然而然地迸射出的精神火花,并不带有任何表演与藻饰的成分。毋宁说,在一个因丧失"生存"本源而戏仿一切的大众文化时代,那些"生存"不在场的大众化作品正是应该遭到批判的对象。雅氏痛切地写道:"1912年,在我参观的科隆展览会上,来自全欧的表现主义画作以一种惊人的单调包围着凡·高这些伟丽的作品,以至让我忍不住感到,在如此之多的佯装狂人而实际上却过于正常的人中,唯有凡·高是真正伟大而且不情愿做'狂人'却疯狂了的人。"② 与那些"佯装狂人而实际上却过于正常的人"的作品的"惊人的单调"不同,像凡·高这样的"不情愿做'狂人'却疯狂了的人"倾注其全部生存而养润出来的艺术品是独一无二的,而且其真正的意义在于唤起我们的生存意识,以使我们以切己的生存去谛听他们的生存呼吁。"只有当

---

① Karl Jaspers, *Strindberg and Van Gogh*, translated by Oskar Grunow and David Woloshin, The University of Arizona Press, 1977, p. 203.

② Karl Jaspers, *Strindberg and Van Gogh*, translated by Oskar Grunow and David Woloshin, The University of Arizona Press, 1977, p. 203.

第二章 雅斯贝斯的精神求索历程及其艺术之思

我们意识到这些精神分裂症患者的生存呼吁和他们的权利之所在时,他们才会成为有益于我们的人;而且,只有当我们试图在他们的作品中去寻找,就像在具有真正本源的一切事物中去寻找,我们才会意识到那总是处于隐匿状态的绝对之物只在其有限的形式中显示自身。"① 因着他们都是独一无二的典型,故而不可被抽象化为某种类型。如欲做一种"生存"不在场的简单模仿,那只会给后人留下东施效颦式的笑柄:"若要把他们举为某种范型来模仿,这对我们来说是很危险的。正如在先前的时代里某些人曾试图成为歇斯底里患者,人们可能会就此断言,今天也会有人要努力成为精神分裂症患者。然而,只有前者——在有限的程度上——在心理学上是可能的,而后者则是不可能的。因此,那种试图成为精神分裂症患者的努力势必会以虚假伪饰而告终。"②

精神分裂症的一个突出的表征是,患者的精神世界与日常生活世界出现了严重的分裂。像凡·高、荷尔德林和斯特林堡这样有教养的艺术家,他们不仅以其独具的艺术天赋而创造了有别于日常生活世界的形式世界,而且就其绝不与日常生活世界合模的原初人格而言,他们身处其中的这个"虚假模仿的时代"也易于使其患上精神分裂症并给其身心带来巨大的痛苦("临界"体验),而精神的分裂反过来又可以进一步诱发他们的艺术创造天赋。正是在这个意义上,雅氏关联着这些分裂症艺术家的创作情况深刻反省了时代精神的"临界"境遇及其分裂倾向。雅氏指出:"今天,一个明显的事实是,大量有教养的人成为精神分裂症患者,他们以其在多年患病中创制的作品给我们留下了深刻的印象。斯特林堡的影响主要是通过他在第二次患病之后的最后时期所写的那些戏剧产生的;凡·高精神分裂期间的绘画在其一生的作品中最有影响;对荷尔德林来说,只有他起初患病的那些年所写的一些诗广为人知。……确实,我们现在业已懂得,人们要把精神病人创制的艺术视为艺术,而不能仅仅将其当作为开展精神病学研究

---

① Karl Jaspers, *Strindberg and Van Gogh*, translated by Oskar Grunow and David Woloshin, The University of Arizona Press, 1977, p. 204.
② Karl Jaspers, *Strindberg and Van Gogh*, translated by Oskar Grunow and David Woloshin, The University of Arizona Press, 1977, p. 204.

所提供的心理方面的素材。"① 斯特林堡、荷尔德林与凡·高都是伟大的艺术家,他们最有影响的作品都与精神分裂症有着内在关联,这本身就是一种值得反省的文化现象,而对此的追问说到底是关乎人的生存境遇的一个问题。因此,即便在精神病理学—心理学时期,雅氏也是极力反对人们在某种贬低的意味上使用"精神病"这一术语的。精神病在本原上并不是一种器质性的生理病变,毋宁说,它在特定的意趣上乃意味着文化上的某种病症在那些极为敏感的个体心灵那里的剧烈回响。在他看来,不同时代的文化病症不尽相同。"回顾西方的历史,我们知道,在18世纪以前,并没有精神分裂症患者能像今天这些少数引起我们关注的艺术家那样在他们的时代发挥文化上的重大影响。……然而,我们至少可在中世纪发现类似于精神分裂症的病例,不过这只是在一些并不十分重要的人中发现的。人物的传记,即使可得到的这类材料少得可怜,仍会引起其是否精神分裂的疑问。在我所阅读的材料中,我还从未看到过有教养的人让我怀疑他患了精神分裂症。另外,我们发现那时占主导的是歇斯底里症。中世纪修道院里——尤其在女修道院里(譬如圣·特里萨)——的神秘主义,如果离开歇斯底里的特征是不可想象的。与此相反,我们这个时代则产生不了可能带来歇斯底里的精神证据,而这种情况在很久之前则是居于首位的。大骗子卡里奥斯特罗(Cagliostro)和女先知普瑞沃斯特(Prevorst)都引起了杰·克纳(J. Kerner)的医学兴趣,他们是最晚出现的在其所处的时代便能赢得广泛关注的歇斯底里症患者。"② 雅氏由此推测:"正如歇斯底里症可能是弥漫于18世纪以前的精神空气中的人们的心理症状,精神分裂症从某种角度说则是我们时代的精神特征。"③ 那么,在这个具有精神分裂症倾向的时代,艺术上有哪些症候可能与精神分裂的个性相关呢?在他看来,"人们或许认为我们这个时代的艺术热衷于那些遥远的、陌生的、异常的和原始的事物,譬如东方艺术、黑人艺术、儿童绘画

---

① Karl Jaspers, *Strindberg and Van Gogh*, translated by Oskar Grunow and David Woloshin, The University of Arizona Press, 1977, p. 200.

② Karl Jaspers, *Strindberg and Van Gogh*, translated by Oskar Grunow and David Woloshin, The University of Arizona Press, 1977, pp. 200 – 201.

③ Karl Jaspers, *Strindberg and Van Gogh*, translated by Oskar Grunow and David Woloshin, The University of Arizona Press, 1977, p. 201.

第二章 雅斯贝斯的精神求索历程及其艺术之思

等。事实上也确实如此"①。那么，我们时代的艺术又为什么偏偏热衷于那些遥远的、陌生的、异常的和原始的事物呢？换言之，为什么当下的世界图景不能安顿那些生存艺术家们的充满渴盼与不安的心灵呢？可以说，这才是雅氏在这部艺术家专论中所要追问的最后的问题。正是通过对这一问题的追问，他体察到了那些精神分裂症艺术家们在世生存的挣扎感，并由此喻示了他们对唤醒世人反省我们时代的整体精神处境的文化意义。雅氏坦言："凡·高之所以令我着迷，或许主要是因为他的整体的哲学和现实主义的道路，同时也是因为在其全部的精神分裂过程中出现的整个世界。……他的世界是非常激动人心的，但它并不是我们的世界。疑问正是从中产生出来的，它以其有益的影响唤起我们的生存，从而使我们发生某种改变。……今天的问题正可从以下事实中找到答案：我们生活的根基已被动摇。时代的问题敦促我们反省终极的问题与我们即刻的体验。只要它们是真实的、生存的显示，我们文化的整体处境就会以不同寻常的方式把我们的灵魂暴露给那些最为陌生的感觉。"②

由此可见，雅氏对凡·高等生存艺术家的兴趣主要在于他们的作品能够"唤起我们的生存，从而使我们发生某种改变"，进而敦促我们带着对时代根本问题的关切而"反省终极的问题与我们即刻的体验"。这无疑已是对时代精神处境的文化学诊断，诊断的结果是：我们的时代发生了以精神分裂症为表征的文化危机。譬如，斯特林堡相信他的时代普遍弥漫着"魔鬼行动"，于是渴望与诸神重归于好；荷尔德林认为他的时代"神已缺席"，于是把遥远的古希腊作为自己生存的现实；在凡·高那神话现实的画作中，同样透示着一种"紧张的寻找"与对"绝对的真实"的期待。在雅氏看来，恰恰因为这些较之"常人"更为敏锐的心灵较早地感到"我们生活的根基已被动摇"，他们才在遥望彼处的苦苦觅寻中与日常世界图景保持着某种巨大的张力，甚至在"实存"的毁灭中，以与日常世界彻底断裂的方式透示出永远不可被毁灭的"生存"本源。可以说，独一无二、不可替代的"本真生存"与归约划一、藻饰模

---

① Karl Jaspers, *Strindberg and Van Gogh*, translated by Oskar Grunow and David Woloshin, The University of Arizona Press, 1977, pp. 201–202.

② Karl Jaspers, *Strindberg and Van Gogh*, translated by Oskar Grunow and David Woloshin, The University of Arizona Press, 1977, p. 202.

仿的"世界实存"之间的张力乃是造成精神分裂症的文化根源。

在雅氏看来,精神分裂症是西方现代文化颓败的隐喻。这个文化颓败的时代以大众秩序与技术统治为"常态",在"常态"的日常世界的边缘,那些敢于自我贞定与承担人类精神命运的艺术家被迫成为"例外"。然而,正是这些"例外"以其对"生存"深渊的敞开喻说着"生存的真理"。雅氏的深刻之处正在于,面对西方现代文化的精神分裂倾向,他并未情绪化地发一顿牢骚了事,更没有像某些怀疑论者那样就此陷入虚无主义的泥淖,而是从那些作为"例外"的生存艺术家身上发现了人的自我生成的新的可能性。"每一个病人,就像任何其他人一样,也是不可穷尽的。知识永远不能到达这一点,在那里人格及其隐藏的秘密至少不能被觉察到——尽管它只是一种可能性,如在异常的(本原的人格的)残留物中所反映出来的那种可能性。"① 在"世界实存"的松动处,在"可能生存"的显露处,他从精神分裂症艺术家身上体察到只有"生存"才能体察到的"临界处境"。雅氏坦言:"人的本质只有在临界状况中才能觉悟。由于这个原因,甚至从青年时代起,我就试图把最极端的东西暴露出来,让自己知道。这是我选择医学和精神病学的动机之一:要去认知人类的潜在性的界限,要去掌握在公开场合容易被掩盖和不受注意的东西的意义。"② 可以说,雅斯贝斯在其自传中的这段话,是理解其全部医学与精神病学研究的文化意义的一把钥匙,也是把捉其精神分裂症艺术家的生存论意义的一条入径。

4. 《斯特林堡与凡·高》一书是标志着雅斯贝斯由精神病理学—心理学时期向生存哲学时期过渡的重要路标

仅从方法论来看,《斯特林堡与凡·高》一书确实没有超出《普通精神病理学》与《世界观的心理学》的范围,不过若就精神旨趣而论,它显然标明雅氏已向着他所属意的生存哲学迈出了颇为关键的一步。遗憾的是,雅氏精神求索历程中的这个重要的路标却很少得到人们的关注,当年只有海德格尔在致雅氏的一封信中谈及他对该书的看法,其中

---

① [德]卡尔·雅斯贝斯:《雅斯贝斯哲学自传》,王立权译,上海译文出版社1989年版,第21—22页。
② [德]卡尔·雅斯贝斯:《雅斯贝斯哲学自传》,王立权译,上海译文出版社1989年版,第105页。

第二章 雅斯贝斯的精神求索历程及其艺术之思

直接关涉该书的有如下三段话:"在这部著作中,您把自己的哲学的学术态度更加清晰地表达了出来,特别是从您所尝试的方面来看,将古老意义上的因果性、心理上的事情,置于积极意义上的精神、历史的世界之中去理解";"这一任务的基础是这样的一个问题:我们如何能够依据人生存在和对象的意义,在充满着从原则上来讲统一概念的范畴的生命之中,来'嵌入'诸如患精神分裂症者这一'领域'";"获得了生命对象的根源性范畴结构的任务,在与这一任务的关联性之中,我看到了这些深入调查的原则性的意义,在这些调查中您希望精神分裂症患者以及诸如此类的情形纳入到生命的生存意义之中去"。① 海德格尔固然敏锐地发现了雅氏希望"依据人生存在和对象的意义"将"精神分裂症患者以及诸如此类的情形纳入到生命的生存意义之中"加以探究的衷曲,并且肯认雅氏在该书中"把自己的哲学的学术态度更加清晰地表达了出来",但是从他视作探究之"原则"与"基础"的"生命对象的根源性范畴结构"来看,他与雅氏看待精神分裂症艺术家的哲学立场其实并不相同。正如海氏对《世界观的心理学》一书的评论一样,他在这封信中对《斯特林堡与凡·高》所做的评论在很大程度上依然是在述说自己"从本源上获得存在的意义,并且从范畴上加以规范"② 的基础存在论立场,至于雅氏所走的克尔凯郭尔式的"生存辩证法"之路以及该书对雅氏本人精神探索的重要意义却始终未引起这位"独白式"哲学家的兴趣。

在海德格尔之后,对《斯特林堡与凡·高》一书感兴趣并做出深入阐发的学人就颇为少见了。③ 这里值得深究的一个问题是,就连雅氏

---

① 海德格尔1922年6月27日致雅斯贝斯的信,收入[德]瓦尔特·比默尔、[瑞士]汉斯·萨纳尔编《海德格尔与雅斯贝尔斯往复书简(1920—1963年)》,李雪涛译,上海人民出版社2012年版,第114、116页。
② 海德格尔1922年6月27日致雅斯贝斯的信,收入[德]瓦尔特·比默尔、[瑞士]汉斯·萨纳尔编《海德格尔与雅斯贝尔斯往复书简(1920—1963年)》,李雪涛译,上海人民出版社2012年版,第114页。
③ 在国外,对《斯特林堡与凡·高》一书的旨趣阐发最为深入的学者当属井村阳一,他与今道友信、石原达、竹内敏雄等人合著的《存在主义美学》一书(辽宁人民出版社1987年版)中载有他所撰写的《雅斯贝斯艺术哲学》。在国内,较早关注这个话题的学者是赵雅博,他在《存在主义论丛》一书(台北:自由太平洋文化事业公司1965年版)中谈及雅斯贝斯的美学,其中有一段话涉及了这个话题:"贾斯伯(雅斯贝斯——引者注)在青年的时候,对宛高(凡·高——引者注)已经有探讨了。这位艺术家之对贾斯伯,犹如何德林(荷尔德林——引者注)之对海德格,但是他的探讨也是合于他青年时期的爱好,当时他正研究医学。他所持的(转下页)

本人在其自传中对该书也没有过多着墨，仅在两处附带性地提及该书的名字："后来（1913年出版《普通精神病理学》一书之后——引者注），由于从事新的工作，又离开了这所医院（海德堡精神病院——引者注），我不再担负独立的精神病理学方面的研究工作，只写过几篇关于病情方面的说明（与斯维登堡和荷尔德林作比较的《斯特林堡与凡·高》，1920年；在1936年出版的《尼采》中论及尼采的病的那一章）"①；"关于《斯特林堡与凡·高》（1922）和《关于大学的意见》（1923）②这两篇著作，实际上只是对我就任教授之前就已有的那些原稿的修订"。③ 这里首先需要对关涉《斯特林堡与凡·高》的两个年份——1920年、1922年——做一点必要的说明。据雅氏生平与著述年表，他于1922年就任海德堡大学哲学教授，当年出版了《斯特林堡与凡·高》一书。从雅氏所谓该书"实际上只是对我就任教授之前就已有的那些原稿的修订"推断，1920年的那份文稿当指"修订"之前的"原稿"；也就是说，雅氏在1920年就已撰写出该书的初稿（原稿），只是到了1922年才经过修订后出版。作为"哲学教授"的雅斯贝斯之所以要修订出版这部文稿，显然不可能仅仅因为它是"关于病情方面"的精神病理学著作，其中的原委在于，雅氏的"哲学家"名分在他任海德堡大学哲学副教授期间就已受到李凯尔特的质疑，海德堡大学1922年决定聘任他就任哲学正教授之前，此事又遭到李凯尔特

（接上页）观点是'应用心理分析学'的观点。癫痫症——早发性痴呆症，在宛高与斯特灵伯（Strindberg）身上，比起一般常人来，要更显著，更真确：像宛高和斯特灵伯这样的艺术家'可以说是秉有所谓形上学意识的'。'在这些人物中早发性痴呆症乃是一个预先的条件——一个可能的原因，以便开启了它们的深度。'"（见该书第153—154页）从中不难看出，赵雅博的阐析仍拘囿于"医学"的视域。近年来国内对这个话题做出深微诠解的有两部专著：一部是金寿铁所撰的《心灵的界限——雅斯贝尔斯精神病理学研究》（吉林人民出版社2000年版），其中第八部分是对"精神分裂症艺术家与作品"的专门阐析；另一部是孙秀昌所撰的《生存·密码·超越——祈向超越之维的雅斯贝斯生存美学》（人民出版社2010年版），其中第五章"生存艺术家专论"关联着雅氏学说的整体韵致对斯特林堡、荷尔德林与凡·高的生存样态做出了深微的掘发。

① ［德］卡尔·雅斯贝斯：《雅斯贝斯哲学自传》，王立权译，上海译文出版社1989年版，第22页。
② 《关于大学的意见》（*Idee der Universität*）于1923年初次出版，1946年又出版了新版本，国内学者邱立波据英文版本（*The Idea of University*, translated by H. A. T. Reiche and H. F. Vanderschmidt, Boston Press, 1959）译为《大学之理念》（上海人民出版社2007年版）。
③ ［德］卡尔·雅斯贝斯：《雅斯贝斯哲学自传》，王立权译，上海译文出版社1989年版，第40页。

第二章　雅斯贝斯的精神求索历程及其艺术之思

的坚决反对①，即便只是出于维护"哲学家"名分这个方面的考虑他也不可能会出版一部授人以口实的全然"非哲学"的书。最大的可能是，这部书的原稿确实主要是他根据1909—1915年在海德堡精神病院做医生期间见到的病案撰写的"关于病情方面"的精神病理学著作，类似于他在《普通精神病理学——患精神病时命运与精神病之间的因果关系及"可理解"关系》中对莫里茨·克林克、约瑟夫·门德尔博士所患畸形精神病病例的诊断与阐析，不过当他决定正式出版该书时，他在修订的过程中特意强化了它的"生存哲学"的意味。

据雅氏在其自传中所做的自述，他修订并出版《斯特林堡与凡·高》一书的时间段不仅与他由哲学副教授晋升哲学正教授的时间段完全吻合，而且更为重要的是，他恰恰在这个时期"站在了人生的十字路口"，出于"为哲学作证"的庄严承诺，终于为自己确立了"登上纯正哲学的高处"的心志。他心目中的"纯正哲学"并不是当时颇为盛行的那种以"科学"自居的学院派哲学，而是"必须理解自己和自己的存在"的新的哲学。他清醒地意识到，"对确为紧要之处的突然的、直觉的洞察，只有通过现已具有一种新特性的工作，才能获得其固定性和一致性。它不能靠获得和积累知识创造出来，只有靠思维方式和操作程序，而这些确实不是能学到的，应在与大哲学家的接触中得到训练。我必须达到另一种思维的层次。这意味着一开始就要有一个新的起点"。于是，雅氏"决定暂时停止出书"。②

我们看到，《斯特林堡与凡·高》乃是雅氏"决定暂时停止出书"之后又出版的一本书，尽管它只是对他就任哲学教授之前就已有的那些原稿的"修订"，但这部修订出版的书稿绝不可能与他正在致力的"新的起点"毫无关系。从雅氏对体现于这些精神分裂症艺术家人格中的生存深渊的看重与掘发来看，《斯特林堡与凡·高》一书或许正

---

① 雅斯贝斯自述："早在1920年，当时由于教授职位空缺，我似乎有机会接受聘请，他（李凯尔特）对我说，他认为任命我是绝不可能的。因为（他说）我不是哲学家，毕竟是站在接受任命的领域之外的。当时我高傲地回答：'我不相信这一点，因为这将是德国大学的耻辱。'"见［德］卡尔·雅斯贝斯《雅斯贝斯哲学自传》，王立权译，上海译文出版社1989年版，第37—38页。

② 参见［德］卡尔·雅斯贝斯《雅斯贝斯哲学自传》，王立权译，上海译文出版社1989年版，第39—40页。

涵淹着他从精神病理学—心理学领域向"纯正哲学"领域过渡的内在枢机；进而言之，艺术家直观世界的能力正是一种"不能靠获得知识和积累知识创造出来"的"突然的、直觉的洞察"能力，精神分裂症艺术家在患病期间所直面的"临界处境"正是诱发其独异的创造天赋并使其成为喻说"生存"之旨趣的范例的契机所在。这样一来，雅氏从这些精神分裂症艺术家身上所获得的灵思就在他勉力"登上纯正哲学的高处"的过程中发挥了不可替代的作用。就此而言，下述推断大概并不会有违于雅氏毕生精神求索的轨迹：《斯特林堡与凡·高》一书既意味着他精神病理学—心理学探寻阶段的暂告结束，同时意味着他勉力"为哲学作证"进而步入真正意义上的生存哲学探寻阶段的一个"新的起点"。

第二节 生存哲学时期的艺术之思

雅斯贝斯在出版《斯特林堡与凡·高》（以及《大学之理念》）之后，便进入了长达十年之久的学术"冬眠期"。正当有同事挖苦他"既已当上教授就成了一个不再工作的享乐主义者"乃至于他在海德堡大学的声誉"低落到了被认为已经'完蛋'的地步"[①]的时候，雅氏于1931年10月与1932年相继出版了代表其步入成熟的生存哲学时期的两部专著《时代的精神状况》与《哲学》（三卷）。《时代的精神状况》一书很快就为雅氏赢得了他在人类文化史上的国际声誉，《哲学》一书则牢固地奠定了他作为一位世界级的哲学家的地位，"迄今为止在德语世界中，这仍然是唯一一部内容丰富的关于生存哲学的著作"[②]。截至1938年被纳粹当局剥夺著作出版权，雅氏在此期间还出版了《马克斯·韦伯》（1932）、《理性与生存》（1935）、《尼采：其人其说》（1936）、《笛卡尔与哲学》（1937）、《生存哲学》（1938）等著作。在这一时期，雅氏的生存艺术形而上学已臻于成熟：在《时代

---

① ［德］卡尔·雅斯贝斯：《雅斯贝斯哲学自传》，王立权译，上海译文出版社1989年版，第40—41页。

② ［德］汉斯·萨尼尔：《雅斯贝尔斯》，张继武、倪梁康译，生活·读书·新知三联书店1988年版，第53页。

的精神状况》一书中,他关联着"精神的衰亡与可能性"称说了时代的艺术状况,"在文化诊断的框架下对1930年前后的艺术做出了批判"①;在《哲学》第一卷中,他借着阐发哲学与艺术之间的张力而诠说了艺术起源、艺术吸纳、艺术创作、艺术作品、审美冷淡、哲学与艺术之争等话题;在《哲学》第三卷中,为了觅得"生存"与"超越存在"的中介,他对"密码论"做了深入全面的诠解,并据此提出了"艺术是解读密码的语言"这一关乎艺术真义的论断。下面,我们便关联着雅氏的哲学之思对其中的艺术(家)之思做一番阐说。

一 《时代的精神状况》中的艺术之思

1.《时代的精神状况》的学术史意义

1931年,被列为格什(Göschen)丛书第一千卷而得以出版的《时代的精神状况》一书乃是《哲学》(三卷)的姊妹篇,它的出版使沉寂了十年的雅斯贝斯一时之间成为海德堡哲学界的"热门人物"。"一本薄薄的小书却产生了强烈的反响,这本书的理论基础本身就已宣告了雅斯贝尔斯的哲学贡献。"② 所谓"这本书的理论",指的就是雅氏长期以来所牵系的"纯正哲学"——"生存哲学"。在该书中,雅氏首次以公开出版物的形式将自己致力的"纯正哲学"明确地命名为"生存哲学"③,

---

① [德]汉斯·萨尼尔:《着眼于卡尔·雅斯贝尔斯论哲学与艺术》,收入[德]卡·雅斯贝尔斯等《哲学与信仰:雅斯贝尔斯哲学研究》,鲁路译,人民出版社2010年版,第242页。

② [德]汉斯-格奥尔格·伽达默尔:《哲学生涯——我的回顾》,陈春文译,商务印书馆2003年版,第192页。

③ 早在该书出版之前,雅斯贝斯就在平素的授课中多次使用"生存哲学"这个术语了。当时雅氏尚未公开出版多少哲学著作,不过他在海德堡大学之外的其他大学的哲学系学生眼里已越来越成为海德堡哲学界的代表人物。伽达默尔曾就此品评道:"这真是令人惊异的现象:一个当时被称为存在哲学的创立者和代表人物的人居然在这十年里是通过授课的名声传出来的。"见[德]汉斯-格奥尔格·伽达默尔《哲学生涯——我的回顾》,陈春文译,商务印书馆2003年版,第192页。萨尼尔也曾就此做过交代:"'生存哲学'这个术语,他(雅斯贝斯)以前一直毫不怀疑地'认为它没有任何新鲜的东西',但是1922年以后,他谈到'生存的分析'('Existenzanalyse'),并且在区分了'此在'('Dasein')与'生存'('Existenz')之后又谈到'生存的澄明'('Existenzechellung');这样,自二十年代中期以后,他便需要'生存哲学'这个术语了。"见[德]汉斯·萨尼尔《雅斯贝尔斯》,张继武、倪梁康译,生活·读书·新知三联书店1988年版,第52页。

— 137 —

并在爬梳"当代关于人的生存的观念"①的基础上对其内涵做了阐说:"实存哲学(生存哲学——引者注)乃是这样的思维方式:通过这种思维方式,人力求达到他自身。它也利用专门知识,但同时又超越专门知识。这种思维方式并不去认识客体,而是去阐明和实现思维者的存在。通过超越关于世界的那些坚执于存在的认识,它被带入一种悬置状态(也就是采取了一种对世界的哲学态度),从而,它诉诸它自身的自由(亦即去阐明实存),并通过召唤超越者(即通过形而上学)而为自己无条件的活动赢得地盘。"②这段阐说简明扼要,我们可以将其视为雅氏对"生存哲学"所下的一个定义。

2.《时代的精神状况》中的时代文化批判

《时代的精神状况》一书的最大亮点就是雅氏对时代的精神症候所做的文化学诊断。如果说雅氏在此前的《斯特林堡与凡·高》一书中所诊断的对象主要是那些发生了裂变的心灵,那么他在该书中所诊断对象则主要是正在发生裂变的社会。这种赋有社会病理学色彩的诊断是整体性的,即这个时代的病灶在于生存之源的枯竭与超越之维的丧失以及由此所导致的虚无主义的盛行;与此同时,雅氏由这一诊断所引出的文化批判乃是全息性的,并不仅仅限于《时代的精神状况》一书。我们完全有理由说,自觉的时代批判意识贯穿于雅氏一生的学术活动。这里所选取的仅是该书中最为突出的两个方面:现代技术理性批判与大众神话批判。

(1) 现代技术理性批判

雅氏认为,技术理性是工具理性的现代形态。在技术理性的支配下,技术遂被擢升为安排大众秩序的决定性因素。技术统治遵循知识"合理化"原则,"决定之作出,依据的是知识与计算"③。与技术化相

---

① 该书除"导言"外计有五篇:第一篇为"生活秩序的界限",第二篇为"整体中的意志",第三篇为"精神的衰亡与可能性",第四篇为"当代关于人的生存的观念",第五篇为"人类可能的未来"。

② [德]卡尔·雅斯贝斯:《时代的精神状况》,王德峰译,上海译文出版社1997年版,第150—151页。

③ [德]卡尔·雅斯贝斯:《时代的精神状况》,王德峰译,上海译文出版社1997年版,第29页。

第二章　雅斯贝斯的精神求索历程及其艺术之思

连的是机器化。"一切工作都在每一个有关的人都须遵循的详细的规则与规章下进行。"① 伴随社会变成一架被技术理性所控制的自动运转的机器，活脱脱的生命个性随之被抽空，个体也因之沦为拴缚于社会机器之上的可替换的标准件。"当一般水平上的执行功能的能力成为成就的标准时，个人就无足轻重了。任何一个人都不是必不可少的。他不是他自己，他除了是一排插销中的一根插销以外，除了是有着一般有用性的物体以外，不具有什么真正的个性。这些被最强有力地预置在这种生活中的人都没有任何认真地想要成为他们自己的愿望。这样的人有一种优越性：似乎这个世界必定要交给平庸的人，交给这样一些没有一条人生道路、没有等位或差别、没有真正属于人的品质的人。"② 没有个性的功能人在自我保存意志的咀嚼下视功利为人生的唯一归着，于是，被物化为欲望仆役的个体也不再作为本真的自我而存在。"看来，如此被贬抑、被拉到物的水平上的人，已经失去了人性的实质。……无论是愉悦还是不适，是奋发努力还是疲劳倦怠，他仍然不过是执行着他的日常任务而已。他日复一日地活下去，唯一可以刺激他超出完成日常任务的范围的欲望，是占据在这架机器中可能达到的最好位置的欲望。那些始终停留在自己的被指定的地位上的人同那些不顾一切地向前推进的人不一样。前者是消极的，安于他们所是的状况，在闲暇时间里追求快乐。后者则是积极的，为野心和权力意志所推动，焦躁不安地盘算着升迁的种种机会，使尽他们最大的精力。"③ 不过，对那些被欲望所灼烧的个体来说，无论是所谓的失败者还是成功者，其实都是受役于技术统治的"机器人"。"这整个机器由一个官僚集团所操纵，而官僚集团本身也是一架机器——被归结为机器的人。……那些奋力跻身前列的人已获得了晋升，并享有很高的尊重，然而，他们在本质上也还是他们所具有的功能的奴隶，而这些功能只是要求比一般大众具有更为敏锐的智力、更为专业化的技能以及

---

① ［德］卡尔·雅斯贝斯：《时代的精神状况》，王德峰译，上海译文出版社1997年版，第30页。
② ［德］卡尔·雅斯贝斯：《时代的精神状况》，王德峰译，上海译文出版社1997年版，第43页。
③ ［德］卡尔·雅斯贝斯：《时代的精神状况》，王德峰译，上海译文出版社1997年版，第44页。

更为积极的活动。"① 如此"机器人"控制"机器人"的时代，既是一个只有所谓程序公正而无良知决断的时代，也是一个无创造、无责任的时代。独立的个人消失了，剩下的只是机器在冷漠地运转。"要是普遍的生活秩序竟然发展到完全吞没了人之作为个人的世界，那么其结果就是人的自我灭绝。在这种情况下，机器本身也会毁灭了自身，因为它毁灭了人。……但是，一个真正的、世界范围的、创造性的行动共同体必须以下述条件为前提：命令的发出者是以一种彻底的责任感来发命令的，而命令的服从者则完全地理解他正在做的事情的理由。一句话，这些人都是真正的他们自己；……然而，与此相反，这架机器却已经成为一切的一切，不再有成败有赖于行动者的判断力的那种风险，因此，就不再有发挥独创性的空间了。"② 在机器的自动运转中，个体的人不再独立地做出决断，因而沦为机器零件的个体也不再对机器本身及其运转结果负责。这样一来，脱离了个体控制的机器按照非人的意志自在运转着，这在表面上和部分上看是合理的，但从总体上看则是非理性的。所以，"在生活秩序的合理化和普遍化过程取得惊人成功的同时，产生了一种迫近的毁灭的意识，这种意识也就是一种畏惧，即担心一切使生活具有价值的事物正在走向末日。不仅这架机器因其达于完善而看来就要毁灭一切，甚至这架机器本身也面临危险。这里发生了一个悖论。人的生活已变得依赖于这架机器了，但这架机器却同时既因其完善也因其瘫痪而行将毁灭人类"③。可以说，20世纪的两次世界大战，其根源之一便是这种非理性的机器统治癌变为战争的机器。个体在庞大的机器统治中变成了非人的"机器人"，技术理性也因此构成了现代人的新的"命运"。这种新的"命运"，既是现代文化危机的表征之一，也是现代悲剧意识产生的重要根源。

当然，雅斯贝斯对技术理性的批判并不是对技术本身的摒绝，毋宁说，他是主张在厘定技术限度的前提下超越技术的。"技术化是一

---

① [德] 卡尔·雅斯贝斯：《时代的精神状况》，王德峰译，上海译文出版社1997年版，第44页。

② [德] 卡尔·雅斯贝斯：《时代的精神状况》，王德峰译，上海译文出版社1997年版，第46—47页。

③ [德] 卡尔·雅斯贝斯：《时代的精神状况》，王德峰译，上海译文出版社1997年版，第53页。

条我们不得不沿着它前进的道路。任何倒退的企图都只会使生活变得愈来愈困难乃至不可能继续下去。抨击技术化并无益处。我们需要的是超越它。……因此，我们必须从新的角度重新看待技术成就的价值。"① 所谓"新的角度"，即是说，既要看到技术在它的限度之内的有效性，又要意识到僭越了这一限度的技术理性对人类赖以生存的精神根基所带来的危害。可以说，雅氏的这一看法是颇为深刻的。

（2）大众神话批判

在雅氏看来，"大众"就是那些缺失了对属己的历史的敬畏，既无过去也无未来，进而在当下狂欢中丧失了生存抉择与精神根基的人们。在大众社会里，大众秩序正以一种无名的力量构成不无"霸权"色彩的日常意识形态，而技术理性也正借着大众的名义在暗中操纵着这种"始终有着非精神和无人性的倾向"②的大众秩序。雅氏指出，大众是"无信仰的迷信。它可以踏平一切。它不愿意容忍独立与卓越，而是倾向于迫使人们成为像蚂蚁一样的自动机"③。于是，当大众秩序这一巨大"机器"得到巩固时，它便以虚构出来的所谓普遍利益、抽象整体及大众需要等名义消弭掉个体对本真自我的追求与对存在本身的探寻。丧失了生存之根的人"就是这样地被抛入了漂流不定的状态之中，失去了对于连接过去与未来的历史延续性的一切感觉，人不能保持其为人。这种生活秩序的普遍化将导致这样的后果，即，把现实世界中的现实的人的生活变成单纯的履行功能"④。这些迷失本真自我的大众"看来是以享乐为目标的，而只在皮鞭的威吓下或在渴求面包或渴求更好的食品的驱动下才去工作"⑤。我们已经看到而且正在看到，大众社会许诺给人们越来越多的"面包"，但同时也在晃动

---

① ［德］卡尔·雅斯贝斯：《时代的精神状况》，王德峰译，上海译文出版社1997年版，第173页。

② ［德］卡尔·雅斯贝斯：《时代的精神状况》，王德峰译，上海译文出版社1997年版，第34页。

③ ［德］卡尔·雅斯贝斯：《时代的精神状况》，王德峰译，上海译文出版社1997年版，第34页。

④ ［德］卡尔·雅斯贝斯：《时代的精神状况》，王德峰译，上海译文出版社1997年版，第36页。

⑤ ［德］卡尔·雅斯贝斯：《时代的精神状况》，王德峰译，上海译文出版社1997年版，第32—33页。

着它那似乎带着关爱之情的"皮鞭"。在大众秩序的笼罩下,一个人要想实现个体的自我意志,就必须同时满足多数人的需要;要想获取个人的权利,就必须同时为大众机器服务并不得不联合其他个体来维护它。由此看来,功能化的大众在利欲的熏炙下最易沦为满足自我欲望的工具,而这也正是单向度的大众统治所需要的。或者说,大众机器通过滋生、纵容与利用大众的欲望维持了大众机器的自动运转。这样一来,"群众秩序形成了一种普遍的生活机器,这机器对于真正人的生活的世界是一种毁灭性的威胁"①。对此,雅氏警告世人:"'群众'这个词愚弄了我们,就是说,我们会被它误引到以数量的范畴来思考人类的方向上去:好像人类就是一个单一的无名整体。但是,群众在任何可能的定义上都不可能是那使人如其所是的本质的承荷者。……诉诸群众概念,是一种诡辩的手段,为的是维护空洞虚夸的事业,躲避自我,逃脱责任,以及放弃趋向真正的人的存在的努力。"② 与此同时,雅氏穿透似乎命定的大众秩序,为我们厘定了它的界限:"普遍的生活秩序的界限是由个人的自由所设定的,个人必须(如果人仍然要成其为人的话)从他自己的自我中唤起任何他人都无法从他那里唤起的东西。"③

作为一位自始赋有清醒的文化反省意识的哲人,直面这一为时潮所裹挟的新的文化"命运",雅氏对大众文化进行了颇为深刻的批判。这里撮取几点要义申说如下。其一,大众文化时代是一个英雄缺席因而也是真正的悲剧精神委顿的时代。"在今天,我们看不见英雄。我们甚至愧于使用这一字眼。历史性的决定不再由孤立的个人作出,……只有在个体的个人命运中才有绝对的决定,但这种决定似乎也总是与当代庞大的机器的命运相关联。"④ 在真正的英雄被遮蔽的时

---

① [德] 卡尔·雅斯贝斯:《时代的精神状况》,王德峰译,上海译文出版社1997年版,第35页。

② [德] 卡尔·雅斯贝斯:《时代的精神状况》,王德峰译,上海译文出版社1997年版,第66页。

③ [德] 卡尔·雅斯贝斯:《时代的精神状况》,王德峰译,上海译文出版社1997年版,第52页。

④ [德] 卡尔·雅斯贝斯:《时代的精神状况》,王德峰译,上海译文出版社1997年版,第162页。

代，大众为了填补空虚的心灵，又偏偏热衷于制造偶像化的伪英雄。"这些英雄是因为具有这种或那种高超的技艺，或具有冒险的勇气，或赢得了突出的政治地位，才呈现为英雄的。因此，某个人只是一时地成为普遍注意的中心，而当社会的关注转移到另一个人身上时，他就迅速地被遗忘。"① 由此看来，这些被大众制造出来的伪英雄也只不过是大众意志的执行者与大众秩序的"零部件"，他们并不能像真正的英雄那样以坚定的步伐走自己所选择的道路，他们的失败也因而不能像真正的英雄受难那样产生震撼灵魂的效果。其二，大众文化时代是一个精神平均化与即时消费的时代。大众并不生活在人类整体之中，也很少思考自身及人类存在的深层价值问题。"他并不想要作出什么努力，除非有一个具体的目标，并且这个目标是可以用实用价值的词语来表达的。他不会耐心地等待事情的成熟，每一件事情对他来说都必须提供某种当下的满足。甚至他的精神生活都必须服从于他的转瞬即逝的快乐。"② 因此，对大众来说，"已经完成的事情不再具有什么意义，惟有实际上正在做的事才是重要的。这种生活的基础在于忘却。它对过去与现在的视野缩小到了如此地步，以致除了赤裸裸的当前以外，几乎没有任何东西留存在精神中"③。其三，大众文化最为显著的症候是它的表演化与媚俗化。大众脱离了自身的根基，回避了本真的自我，并不真正了解自己需要什么，因而不做任何严肃的决定，也不对事态的进展真正地负责。他们只是以无所谓的态度作壁上观，从而沦为无动于衷或玩世不恭的空心人。但逃避本真自我的空心人偏偏热衷于外在化的空谈与诡辩。一方面，他们惯于使用"故弄玄虚的语言"。这种冒充知识的套话"其实际陈述的内容无关紧要，它的价值标准在于一种维护秩序、掩盖任何会使秩序受到怀疑的事物的决心"④。另

---

① ［德］卡尔·雅斯贝斯：《时代的精神状况》，王德峰译，上海译文出版社1997年版，第162页。
② ［德］卡尔·雅斯贝斯：《时代的精神状况》，王德峰译，上海译文出版社1997年版，第108页。
③ ［德］卡尔·雅斯贝斯：《时代的精神状况》，王德峰译，上海译文出版社1997年版，第43页。
④ ［德］卡尔·雅斯贝斯：《时代的精神状况》，王德峰译，上海译文出版社1997年版，第67页。

一方面，我们发现在大众时代同时流行着所谓"反叛的语言"。其实，反叛的语言也同样以"大众婢女"的角色服务于大众秩序，只不过它采取了回避真正问题的另一种方式。"它不是深思熟虑地将注意力集中在整体上，而是试图将个人置于引人注目的位置。在强烈的光芒之下，个人彼此之间盲无所见。……正像合理化证明的语言诉诸普遍福利因而成为表达秩序的工具一样，突出反叛的语言则成为表达毁灭的工具。"① 对此，雅氏颇为形象而犀利地指出："生活摇摇晃晃地迈着脚步，它并不真正理解它自己正在使用的语言。……这是一种在两极之间移动的诡辩。其中一极是自私的生活的机会主义灵活性，另一极是非理性的情感冲动。"② 在这样一个为诡辩所充斥的理由化时代，所谓"有教养的人"不再是那些敢于自我决断、自我负责的悲剧英雄，而是那些善于自我表演的"明星"。这些大众明星其实只是一些空心人，他们不进行生存的交往，也没有内心的震撼。在他们那里，只有"有趣""刺激""震惊"。"一个个人如果被认为是'有趣的'，不是由于他自身的缘故，而仅仅是因为他能给人以刺激。一旦他不再令人惊讶，这种刺激作用就消失了。"③ 于是，大众文化时代"诉诸广告艺术""追求轰动效果"。"任何想要影响群众的人都必须诉诸广告艺术。今天，即使一场思想运动也需要吹捧的热潮。那平静而朴实地从事活动的岁月似乎已经一去不复返。你必须让你自己始终为众人所瞩目。你必须演讲、发言、追求轰动效果。但是，群众机器缺乏真正崇高的象征，缺乏庄严。没有人把节日的庆典当一回事，甚至庆典的参加者都是如此。"④ 在这个生命被抽空了的时代，大众文化名目越来越多，分工越来越细，场面越来越大，精神不但失去了自我贞定的重心，而且精神创造也不再是个体生命的倾注。一言以蔽之，人的精神活动沦

---

① [德] 卡尔·雅斯贝斯：《时代的精神状况》，王德峰译，上海译文出版社1997年版，第67—68页。
② [德] 卡尔·雅斯贝斯：《时代的精神状况》，王德峰译，上海译文出版社1997年版，第68页。
③ [德] 卡尔·雅斯贝斯：《时代的精神状况》，王德峰译，上海译文出版社1997年版，第109页。
④ [德] 卡尔·雅斯贝斯：《时代的精神状况》，王德峰译，上海译文出版社1997年版，第34—35页。

为邀宠于大众秩序的手段。雅氏指出:"如果一切事物都取决于生活秩序能否获得绝对性,如果各种经济的力量和状况、各种可能的权力都致力于达到这个目标,那么,精神的活动也就同样指向这个目标,好像这是唯一要紧的事。精神不再信赖自身,不再从自身出发,而是成为达到目的的手段。"① 手段化的大众文化唯大众趣味是瞻,闹剧、小品等成为流行的文化形式。如果借用叔本华的一个范畴说,这种文化形式最为显著的审美特征即是"媚美"。在欲望已被日常意识形态化了的文化语境里,直面媚美文化"争奇斗艳",雅氏忧心忡忡地指出:"然而,渐趋强大的现实仍然是无言的黑暗。面对这样的现实,笑似乎像哭一样苍白无力,就连讽刺作品本身也语塞喉咙。"②

概言之,"在我们这个群众秩序的、技术的和经济的时代中,人们如果试图将这种不可避免的制度绝对化,那末,就会使个体自我面临这样的危险,即,精神的根本基础可能被摧毁"。③ 事实上,无论"群众秩序",还是"技术",抑或"经济",在这个精神之根几欲被拔除的大众文化时代都已被"绝对化"了。从整体上看,人们在感到物质越来越丰富的同时,却又感到精神越来越匮乏。如果再往根底处追问,我们还会发现,在物欲上人们越来越得到较大的满足,但这种满足同时又刺激起更大的欲望;在精神上人们处处为美所充斥,但同时又感到审美空气的严重稀薄。这是典型的文化危机时代的精神症候:信仰的坍塌、生存的枯竭、超越之维的遗忘、虚无主义的蔓延。这一切,正是雅氏对历史相对主义以及滋生它的温床的现代技术理性与大众神话诉诸批判的原委所在。

3. 批判艺术中的技术主义与大众秩序

基于上述批判,雅氏在《时代的精神状况》一书的第三篇"精神的衰亡与可能性"之"艺术"部分对艺术中的技术主义与大众秩序做了深入的批判,这些批判成为其"生存艺术形而上学"的有机组成部分。

---

① [德]卡尔·雅斯贝斯:《时代的精神状况》,王德峰译,上海译文出版社1997年版,第70—71页。

② [德]卡尔·雅斯贝斯:《时代的精神状况》,王德峰译,上海译文出版社1997年版,第122页。

③ [德]卡尔·雅斯贝斯:《时代的精神状况》,王德峰译,上海译文出版社1997年版,第106页。

(1) 批判艺术中的技术主义

在雅氏看来,"就创造性而言,今天恐怕没有其他的艺术能与建筑艺术媲美了"①。不过,即便今天这种最具创造性的艺术门类,也因其"无个性"地发展着的"技术客观性"而失去了过去那种即使在"最繁复的装饰"中也能透示"超越存在"消息的品格。他就此指出,对时下的建筑艺术而言,"工程上的技术客观性无个性地发展着,直到发现了日用品的完善而合目的的形式时为止。在这里,活动的范围限制在达到实际可控制的事物的目标上,因而导致了这样的完善性:它使人类技艺的产品看上去有一种自然的必然性——无缺陷、不粗糙,也不累赘。但是,技术的客观性,无论怎样完善,在自身中并无那种曾在早先时代盛行过的风格,那是一种即使在最繁复的装饰中也能让超越者透露出光芒的风格"。② 在"超越存在"缺席的时代,"目的上的功利主义就居了统治地位"③。于是,人们只满足于有限的实用目的,一味追求形式、技巧上的变化。"在这一过程中,不具有超越性的技术世界的单纯性,作为完美的机械装置,不断地清除着它的异己者,当它滑离富有创新意义的成功之路时,这条路却像一条细长的带子延伸于当今的建筑之中。"④ 这里需要指出的是,雅氏的批判所向看似仅仅针对建筑这种特定的艺术门类,其实一切门类的艺术在这个技术主义盛行的时代都面临着失去其生存根源与超越之维的危险。

(2) 批判艺术中的大众秩序

雅氏指出:"今天,到处触目可见的似乎是艺术的各种存在物的沉沦。只要艺术在技术性的群众秩序中成为生活的功能,它甚至会作为娱乐的对象退到体育活动一边去。"⑤ 滑落到"体育活动"一边去的

---

① [德] 卡尔·雅斯贝斯:《时代的精神状况》,王德峰译,上海译文出版社1997年版,第121页。
② [德] 卡尔·雅斯贝斯:《时代的精神状况》,王德峰译,上海译文出版社1997年版,第120页。
③ [德] 卡尔·雅斯贝斯:《时代的精神状况》,王德峰译,上海译文出版社1997年版,第120页。
④ [德] 卡尔·雅斯贝斯:《时代的精神状况》,王德峰译,上海译文出版社1997年版,第121页。
⑤ [德] 卡尔·雅斯贝斯:《时代的精神状况》,王德峰译,上海译文出版社1997年版,第122页。

大众艺术不再赋有严肃的精神内涵，也不再唤醒原初的生存选择。它只强化艺术的娱乐功能，大众也只满足于形式的新奇、本能的狂欢与当下的消费，从而最终遗忘了本真自我与"超越存在"。"在对新的形式关系的追求中发现的却是一种形式的练习，这种练习在关于人的本质方面缺乏深刻的、可信的内容。个体自我唯有在超越中才能显现出来，而艺术一旦放弃了个体自我的可能性，它就不可能在对超越者的一瞥中解放意识。在这种艺术练习中，对能力的要求是特别高的，而其中最重要的能力乃是对粗野的本能冲动的协调。群众认识自己，只是向生活索取，而从不询问为什么要这样做。在这样的艺术里得到表达的，只是人的对立面，即赤裸裸的当下的现在。一旦出现对以往的高尚或超越的要求的追求和乐趣，就会被斥为欺骗。"① 值此之际，这种意在宣泄"粗野的本能冲动"的大众艺术就像美丽的罂粟花一样诱使那些受其魅惑的人们坠入一种无以自拔的幻觉——在此刻狂欢，同时在此刻死亡。

雅氏认为，大众艺术的去神圣化倾向是得到了技术主义的恩惠的，或者说，在一个价值平面化、生存无承担的时代，大众秩序与技术主义是消解那祈向超越之维的生存艺术的同谋。于是，那些失去了精神之根与自由责任的人们，在"技术的浪漫主义"与过剩的"形式的想象"中追新求异，过着一种看似自由自在而实则没有生存意义的"日常生活"。雅氏就此指出，在当前的大众艺术中，"形式在所有的客观性中最终化为技术，构造化为计算，要求化为对新纪录的追逐。当艺术执着于这样的功能时，它变得没有意义了。这种艺术今天可能称这个是重要的，明天又可能转过去说那个是重要的；它放在首位追求的乃是艺术品给人的感觉。……从外在能力上看，这种艺术的本质表达是混乱的，其中生活所直观到的只是自己的生命力或对生命力的否定；而它所显示的却是另一种生活的幻觉：一种技术的浪漫主义、一种形式的想象、过度的享乐生活之富足、冒险和犯罪、充满乐趣的无聊和似乎在无意义的均衡中克制了自己的生活"②。不过，雅氏那殷切地眺

---

① ［德］卡尔·雅斯贝斯：《时代的精神状况》，王德峰译，上海译文出版社1997年版，第122—123页。
② ［德］卡尔·雅斯贝斯：《时代的精神状况》，王德峰译，上海译文出版社1997年版，第123页。

望"超越存在"并敢于承担生存自由之责任的哲学与美学从来就没有绝望的性格,而是透过"实存"的狂欢掩饰下的虚无听见了来自虚灵之真际的一种"真正的声音"。"对于那些对艺术采取此种态度的人来说,剧院可能成为单纯的娱乐场所,一种满足好奇心和满足对幻想的需要的地方。然而,即使如此,我们仍然听得见一种真正的声音,或者,应该说是一种容易被淹没的低音。"① 雅氏尽管没有明说,但我们仍可以断言,这种"容易被淹没的低音",只有那自我贞定、自我提撕与运命自承的"生存"在做出良知决断的当下才能被清晰地听到。不幸的是,罹遭一个生存不在场的时代,那些因着囿于世俗情感而惯于技能化"表演"的现代演员已失去了表现人类崇高情感的能力。"现代演员有能力初步地表现生活的基本情感——仇恨、讥讽和轻蔑;能够表演淫荡的色情以及滑稽可笑的人物;能够表现种种简单的、吵吵闹闹的、但能使人相信的冲突。但是,在大多数情况下,他们无法胜任那种表现人的崇高的任务。今天,几乎很难找到适于扮演哈姆雷特和埃德加的人。"② 在雅氏看来,"本明的生存"乃是伟大艺术的根源,一旦因着人与文的张力的断裂而丧失生存本源的严肃性,即便那些伟大的悲剧艺术,在一个文饰化的时代也会遭际被闹剧化的命运;进而言之,一个灵魂干瘪且生存不在场的人是不配饰演悲剧角色的。

4. "生存意识"的自觉与自我担当的处境感

《时代的精神状况》一书带有鲜明的时代批判色彩,这是与雅氏"生存意识"的自觉内在一致的。在雅氏看来,"人对于自己生活于其中的时代的批判,与人的自我意识一同发生"③。所谓"人的自我意识",指的即是"生存意识",这种生存意识将人视为自由选择的个体,认为"人不仅生存着,而且知道自己生存着。……他不仅仅是尚存着的能知者,而且自己自由地决定什么将存在。人是精神,人之作

---

① [德]卡尔·雅斯贝斯:《时代的精神状况》,王德峰译,上海译文出版社1997年版,第123页。
② [德]卡尔·雅斯贝斯:《时代的精神状况》,王德峰译,上海译文出版社1997年版,第124页。
③ [德]卡尔·雅斯贝斯:《时代的精神状况》,王德峰译,上海译文出版社1997年版,第3—4页。

第二章　雅斯贝斯的精神求索历程及其艺术之思

为人的状况乃是一种精神状况"[①]。由此出发，"登上纯正哲学的高处"的哲学家雅斯贝斯指出，以反省人的精神处境为己任的"哲学相当于时代的自我意识"[②]。雅氏所说的"自我意识"（"生存意识"）在《时代的精神状况》一书中是以直面"临界处境"的文化危机意识呈现的，它让这颗孤独的心灵透过时代艺术繁荣的幻象而敏感地嗅到了一种不祥的气息。就此而言，雅氏从一开始就在他所致力的生存哲学与种种抽空时间（历史）之维的思辨哲学以及种种不承担生存责任的形式主义艺术之间划了一道界线。萨尼尔曾就雅氏的时代精神批判品评说："所有这一切并没有推诿给无时间之所，而是被当作对两次世界大战之间的时代的诊断。1931 年还处在各门艺术百花齐放的文化欧洲时期和德国时期，他的判断与诊断是再错误不过了。也许，这些判断与诊断已然是对行将到来的欧洲文化之陨落的预感？"[③] 若从事实判断来看，雅氏所做的时代的诊断确实"再错误不过了"，不过倘就价值判断而言，雅氏"对行将到来的欧洲文化之陨落的预感"则再正确不过了。

当然，雅氏从不愿做那种先知式的预言家，其预感的准确性追根究底乃是由涌动于他的那颗孤独、敏感、不安的心灵深处的"生存意识"以及他的敢于自我担当的"处境"意识所带来的。伽达默尔颇为中肯地指出："尽管这本小书从轮廓上看是一本有关文化批判的书，它深入剖析了'无所担当的时代'的实质，简洁地评述了各种居于统治地位的潮流和社会生活的各种趋势，但这本书的核心思想却在书名上，在'处境'这个字里。一种处境绝非像科学认知的对象那么简单，想必这个区别不难理解。处境这个概念是画龙点睛之笔，将研究主体与客体世界的隔离感一笔拆去。'处境'的本义清晰地表明为一种知，这种知不是隐身在科学当中的客体性，而是烙入自己存在中去的那种领域视野、那种担当感和明晰的见识。雅斯贝尔斯在这里第一次发出了他作为道德家的声音，这里也同时蕴含了它理论上的

[①] ［德］卡尔·雅斯贝斯：《时代的精神状况》，王德峰译，上海译文出版社 1997 年版，第 3 页。
[②] ［德］卡尔·雅斯贝尔斯：《大哲学家》，李雪涛主译，社会科学文献出版社 2005 年版，第 508 页。
[③] ［德］汉斯·萨尼尔：《着眼于卡尔·雅斯贝尔斯论哲学与艺术》，收入［德］卡·雅斯贝尔斯等《哲学与信仰：雅斯贝尔斯哲学研究》，鲁路译，人民出版社 2010 年版，第 252 页。

合法性。"① 所谓"处境"（situation）②，即指谓人（"生存"）主动介入其中而创造的属己的历史与世界，于是，这种人在其中的"处境"对自由选择的个体来说便不再是拘囿于对象化的认知与自然规律的"他在的命运"。雅氏指出："与其说处境是一种受自然规律（natural laws）支配的现实，倒不如说它是一种与意义相关联的现实。"③ 所谓"与意义相关联"，即意指人不再听从"自然规律"与"他在的命运"的安排，而是"生存"自己选择自己的可能的命运。这样一来，"实存"眼里的一成不变的某种境况，其实只是"生存"在历史之中一次性选择而引生的某种"处境"。这种并不在人的选择之外的"处境"，乃喻说着"生存"与作为"生存"选择之后果的"表象"（或"现象"）的"实存"在"生存"的"历史意识"中所实现的临时统一。

一言以蔽之，"处境"的人文幽趣在于"生存"自始至终的在场。借着对"处境"的喻说，雅氏突破了主体与客体截然二分的思维模式，提醒人们不能通过诉诸认知理性（一般意识）而把自己创发与引致的"处境"风干为一种似乎于己无干的客观对象。由此，他把批判的锋芒直指自己亲在其中的那个时代的精神处境。直面一个因着"生存"被抽空而"无所担当"的时代，他怀抱着对自由之责任的庄严承诺正告道："人在抉择中不能把决定的责任推诿给别人、给处境、给历史。"④

二 《哲学》（三卷）中的艺术之思

1.《哲学》（三卷）的学术史意义与精神旨趣

雅斯贝斯的《哲学》（三卷）初版于1932年⑤，它的出版标志着

---

① ［德］汉斯-格奥尔格·伽达默尔：《哲学生涯——我的回顾》，陈春文译，商务印书馆2003年版，第192—193页。

② 英译本将 Die geistige Situation der Zeit 译为 Man in the Modern Age，中译本《现时代的人》（周晓亮、宋祖良译）、《时代的精神状况》（王德峰译），均未将"处境"这一关键词译出。相形之下，黄藿所译《当代的精神处境》凸显了"处境"这一画龙点睛之笔。

③ Karl Jaspers, Philosophy (Vol. 2), translated by E. B. Ashton, The University of Chicago Press, 1970, p. 177.

④ ［德］雅斯柏斯：《论自由的危险与机会》，收入《存在主义哲学》，商务印书馆1963年版，第220页。

⑤ 关于《哲学》的出版时间，学界通常认为是1932年，雅斯贝斯对此则有自己（转下页）

第二章　雅斯贝斯的精神求索历程及其艺术之思

雅氏步入了生存哲学的成熟期,并牢固奠定了雅氏在世界哲学史上的地位。这部皇皇巨著分为"世界定向""生存澄明""形而上学"三卷,不过它们在雅氏心目中的位置并不是平分秋色的:"作为世界定向、自我澄明、形而上学,世界、心灵、上帝成为该书三部分的主题。不过,我自始就把自我澄明,即对生存的澄明视为哲学唯一的主旨。它是全部哲学不可或缺的基素,当然它也不是全部。"① 由此可以断言,雅氏的全部哲学探寻即是围绕着"生存"这一"轴心"延展开来的,不过颇有意味的是,他当年并未给该书取名为《生存哲学》②。伽达默尔就此品评道:"真正让人吃惊的事是他在1932年出版的三卷本主要著作,他给这套书起了一个朴素的名字《哲学》。书名常常是一本书的纲领。一本哲学书起了一个再普通不过、看上去缺少任何色彩的名字,这本身就宣告了一个纲领——当然不是作为一种系统的纲领,但它是放弃由来已久的系统化哲学的纲领性声明,……整个三卷本都充满了沉思的气息。在这种气息中,人们不知不觉地被吸引到哲学的运动中去并跟随着它的步伐。"③ 伽达默尔已从这个"再普通不过、看上去缺少任何色彩的名字"中敏锐地嗅到了某种别有意味的"气息",可惜他并未真正把握这种气息的确切意味。相比之下,还是雅氏对此所做的这样一段自白道出了他的隐衷之所在:"该书并不以'存在主

(接上页)的看法。在他看来,该书"1931年12月出版,出版日期写作1932年"(见[德]卡尔·雅斯贝斯《雅斯贝斯哲学自传》,王立权译,上海译文出版社1989年版,第45页)。《哲学》与《时代的精神状况》其实乃是雅氏在同一时期"结胎"的"双胞胎姊妹",只是两者与世人见面的时间略有先后之分。雅氏在为英译本《时代的精神状况》重印所撰的"前言"中写道:"本书(《时代的精神状况》——引者注)写于1930年。……书稿被搁置一旁有一年之久,因为我不想让它在我的三卷本《哲学》之前问世。《哲学》在1931年发表。该书发表后几星期,本书也出版了。"(见[德]卡尔·雅斯贝斯《时代的精神状况》,王德峰译,"英译本重印前言")若从撰成的时间看,两书的确实难辨先后;不过若从出版社所写的时间看,雅氏在这个"前言"中所说的时间乃是不准确的。应该说,尽管他希望学术分量更重的《哲学》能够以"姐姐"的名分问世,但是事实上《时代的精神状况》却提前与世人见面了。

① Karl Jaspers, *Philosoph* Vol. 1 (Epilogue 1955), translated by E. B. Ashton, The University of Chicago Press, 1969, p. 11.

② 1938年,雅斯贝斯出版了一本题为《生存哲学》的书,他在该书的"再版后记"里详尽阐说了"生存哲学"(Existenz philosophie)这个称呼的来历。

③ [德]汉斯-格奥尔格·伽达默尔:《哲学生涯——我的回顾》,陈春文译,商务印书馆2003年版,第193页。

义哲学'为标题。因为我的意图是,在我们目前精神平庸的情况下,要在哲学的整个领域中找到一种 philosophia perennis(永久更生的哲学)的形式。"① 从中不难看出,雅氏既不像萨特那样热衷于开创一个所谓"存在主义哲学"的流派,也不像海德格尔那样热衷于从本体论上勘探存在的基源。雅氏对任何一种"口号式"的命名与教条式的宣教都保持着足够的警惕,他也从不想以创造新概念为能事的某种新异的学说给人留下所谓"哲学天才"的印象,毋宁说,他的隐衷只在于怀着一颗本真的心灵回到哲学的起源处,勉力寻找到一种超越一切流派的"永久更生的哲学",借此贞定哲学自身的慧命,此即"哲学意味着敢于洞察那难以理解的人类自我意识的根基"②。这里所谓的"人类自我意识",乃是"生存意识"的另一种说法。

我们看到,雅氏在《哲学》一书中一再呼吁"人类自我意识"("生存意识")的觉醒,并对该书的读者提出如下正告:"这部书势必让那些想在科学哲学的意义上得到教条的人感到失望。……这类的读者只会指责我根本什么也没有说。他们缺乏我所吁求的'另一只翅膀的扇动',没有它,原文的内容——第一只翅膀的扇动——就不可能实现其意义。只有两者共同起作用,在理性澄明中试图被传达的东西才能为真正的哲学飞翔作好准备。"③ 所谓"另一只翅膀",指的就是有别于"一般意识"的"生存意识",正是对这种活泼泼的"生存意识"的呼唤,成为雅氏全部哲学探问的重心。在哲学史上,大概只有像雅斯贝斯这样的虽然并非哲学专业出身却能够带着切己的"临界"体验献身于"纯正哲学"的哲学家才有可能在惯于玄空思辨与编织概念的学院派哲学之外断然扇动起哲学当有的"另一只翅膀"。施太格缪勒就此指出,雅氏"断然放弃对人的存在的学问的研究,并且通过这样做,第一次确定地表达出了真正实存哲学(生存哲学——引者注)的特征。他的全部哲学探讨都是受这样一个实际问题支配的,即

---

① [德]卡尔·雅斯贝斯:《雅斯贝斯哲学自传》,王立权译,上海译文出版社1989年版,第45页。

② Karl Jaspers, *Philosophy* Vol. 1 (Foreword 1931), translated by E. B. Ashton, The University of Chicago Press, 1969, p. 1.

③ Karl Jaspers, *Philosophy* Vol. 1 (Epilogue 1955), translated by E. B. Ashton, The University of Chicago Press, 1969, p. 16.

人们如何能够在一个既不为任何理智所认识,也不对任何信仰显示它真正性质的不可想象的世界中生活呢?一切理论上的解释最后都服务于这个目的"①。可以说,施太格缪勒的这段品评已经道出了雅氏哲学托底的秘密。人们生活于其中的那个"既不为任何理智所认识,也不对任何信仰显示它真正性质的不可想象的世界",在雅氏那里被阐说成既为"生存"所充盈又为"超越存在"所照亮的"密码"。正是以"密码"为辐辏,雅氏在建构其祈向超越之维的生存哲学的过程中,同时建构起一套相对完善的"生存艺术形而上学"。

2.《哲学》第一卷与第三卷中的艺术之思

鉴于雅氏的艺术哲学思想主要集中于《哲学》第一卷、第三卷中,下面分别就其中的艺术之思做一番必要的阐说。

(1)《哲学》第一卷中的艺术之思

在《哲学》第一卷"世界定位"中,雅斯贝斯围绕着艺术与哲学的内在关系集中诠解了艺术的问题。在雅氏看来,艺术并不是自然发生的,它乃根源于艺术家作为独立的个体而自主选择、自我超越的"生存"。像哲学一样,艺术也包含三个相互贯通的要素,此即创作、作品与吸纳。在哲学思考中寻求自我提升与在观赏形象时享受当下存在的满足,这是人的基本特性。这种特性在哲学家与艺术家的作品中成为可传达与可交流的。相较之下,哲学思考中的某种可能性旨在吁求将其转化成真实的自我存在,而艺术却允许人们生活于一种完全无所承担的生活之中。就此而言,哲学思考乃是"我"在使自己的生命摆脱虚假的生活中所进行的思考,因此,它在哲学史上经常同那种无所承担的艺术进行斗争。当艺术通过哲学吸纳成为一种"生存的功能",它便不再蜷缩于某个孤立的世界,也不再与人类的"实存"相隔绝,而是成为人类在敞开着的精神世界中进行无条件的自我澄明的一个因素。分而言之,雅氏在这里深入阐析了艺术的根源、"艺术吸纳"、"艺术创作"、"艺术作品"、"审美冷淡"、艺术的功能等话题。下面便依循雅氏的运思理路——予以阐说。

---

① [德]施太格缪勒:《当代哲学主流》上卷,王炳文、燕宏远、张金言等译,商务印书馆1986年版,第226页。

①艺术根源于"生存"。追问艺术的根源，即意味着探寻原初的艺术究竟是怎样发生的。萦怀于这个问题，雅氏从其生存形而上学的视域出发，以"艺术是自然发生的吗"① 为提问方式，对这一关乎艺术之根本的问题予以了探究。在艺术、哲学、宗教构成的张力中，雅氏通过把"艺术根源的本质"问题转换为"艺术作为介质的本质"问题，进而得出了自己的结论：艺术根源于"生存"。

雅氏的致思是从艺术家个体能否作为独立的生存从事精神创造谈起的。在他看来，艺术家的独立意识源自生存意识的自觉，而在哲学活动尚未使艺术家获得内在独立之前，人类的艺术创造仍还就缚于宗教的樊篱。仅就这一点来说，尽管纯粹的艺术家为了彰明艺术的独立价值而一再标举"为艺术而艺术"的立场，但无论如何艺术并非根源于艺术自身。可以说，艺术的根源与艺术的理想乃是关乎艺术之根本的两个不同的问题：后者标示着美的价值在艺术自律的意趣上所能达至的艺术境界，而前者则把艺术视为人类实现自身全部价值的精神活动之一，由此而探问的重心在于人的精神创造所不能没有的自由生存。雅氏指出："绵延数千年的艺术创造之溪好像从艺术自身的源头处飞流而来。然而，哲学一开始出场，它便以质询的目光直面着宗教实存，看到艺术的内容与观念很久以前便被宗教活动所同化了。艺术家为宗教服务，基于普遍的超越观念而创造富有崇高情调的作品，他不仅在历史上处于匿名的状态，而且在艺术品中也未曾表现出自发的个性。"② 诚然，在艺术家个体的生存意识达于自觉之前，在西方，古希腊神话与"荷马史诗"均已达至其自身的辉煌，不过，这些人类童年的艺术形式尚未脱去"神"的胎记，而艺术家们也多以与"神"通感的名义而说话。雅氏的全部思想是以"生存"为辐辏的，因此他更为看重艺术家以独立个体的姿态而发言。在他看来，艺术家作为独立的个体而达于生存意识的自觉，乃是与哲学的诞生相伴而生的。换言之，只是当哲学赋予艺术家自我贞定的生

---

① Karl Jaspers, *Philosophy* (Vol.1), translated by E.B. Ashton, The University of Chicago Press, 1969, p.326.

② Karl Jaspers, *Philosophy* (Vol.1), translated by E.B. Ashton, The University of Chicago Press, 1969, p.326.

第二章　雅斯贝斯的精神求索历程及其艺术之思

存意识之际，艺术才从"神"回到"人"自身。雅氏就此写道："艺术在哲学出场之前是有可能达至它的巅峰之境的。在争取解放的时代里，艺术从其有所依待的蛰伏状态中苏醒过来，试图作为艺术自身而展露于宗教面前，这就像是晚近发生的一次濒于新生的清晰性之边缘的神话制造行动，这种清晰性诉诸人的智力，从虚构的方面来看则是枯燥无味的。当时，艺术虽然已经建基于那些伟大艺术家的内在独立的生存，但尚未表现出与宗教交战的姿态。在艺术家能够自我贞立之际，换言之，当他能够像哲学家那样进行思考之际，艺术便成为人类探查存在的一种可能的表达方式，此时此刻，它好像正在取代宗教的位置。"[1] 哲学的生存意识与自由精神一旦作用于艺术家，那么生存艺术家创制出的艺术便与生存哲学有了密不可分的内在关联；同时，那以"生存"为辐辏的哲学也赋予艺术以"生存"的根源；而且，由此发动的"又一次造神运动"所造的"神"，乃是从自我贞定的"生存"说起的，其实那"神"所标示的正是自我超越的"生存"所趋赴的"超越存在"。

在此有必要申明的是，雅氏的衷曲乃在于借着艺术、宗教、哲学之间的张力来追索艺术的根源，他既没有否认宗教信仰可以孕育出艺术杰作，更无意于贬低那赋有神圣感的宗教精神本身。对雅氏来说，宗教并非哲学的"死对头"，而是构成了具有建设性的另一极。尤其当他以生存意识浸润宗教时，那一个人独对的"隐蔽的上帝"其实在精神性向上已无异于"超越存在"。雅氏的生存宗教观乃是把宗教视为一种历史现象来看待的，这是与"宗教信仰"的根本不同所在。因为"宗教信仰"视上帝之子的降临为一次性完成的，而"哲学信仰"中的"隐蔽的上帝"只有在"生存"的一次次连续着的选择中才不断向祈向它的生存个体透露消息。应该说，雅氏警惕的乃是原初宗教的实体化，而不是原初宗教本身；与此同时，他更为警惕的乃是因着缺失了超越之维而迷陷于得过且过的感官生活的"实存"以及弥漫于"实存"那里的虚无主义。雅氏就此指出："当宗教与哲学都式微之

---

[1] Karl Jaspers, *Philosophy* (Vol. 1), translated by E. B. Ashton, The University of Chicago Press, 1969, p. 326.

际，艺术也似乎变得空洞无物了。"①

至此，艺术的根源问题仍未得以最后澄明。过去，人们总是在"整齐划一的艺术本质"中寻求某种认知意味上的答案，"然而，那种整齐划一的艺术本质仍是让我们感到一筹莫展的问题。无论在何处了解性质与形式，我们都会倾向于寻找某种根本的一致性，因此，我们就不得不遵循某种普遍有效的东西以及某种与之相符合的完美观念——比如，认知过程中的逻辑一致性——来加以探究。但是，数千年来使艺术有可能得以交流与理解的那种普遍性的东西，并不是艺术起源的本质，而是它作为介质的本质"②。对雅氏来说，并不存在与认知的逻辑一贯性相一致的"艺术本质"。在这一点上，他与萨特秉持的"存在先于本质"的主张乃是一致的；不同之处在于，"存在"在雅氏这里更为确切的所指乃是赋有超越之维的"生存"。"生存"先于一切对象性存在，也先于一切封闭性的观念。因此，"我们须在介质之前，以及在客观的模式之前，甚至在观念之前去寻找起源"。但是，"无论是在特定艺术的演化过程中，还是在其古典与浪漫形式的理想形态中，抑或在热门的（可能是实质性的或印象性的）话题中，以及在（技术性的、有政治倾向性的或者道德性的）公用事业中，乃至在作为一种游戏性的自治实验的形式主义艺术中，我们都未能找到这样的参照点。此外，如果我们的探寻越过这一切而返回既产生了艺术、也产生了哲学的生存，那么，艺术似乎就可规避那种明确、充分的定义了"③。艺术既然无法以认知的方式予以定义，我们因此只能"返回既产生了艺术、也产生了哲学的生存"去澄明艺术的根源。"当允许我们通过在当下的实存中观照存在这一探查方式来澄明生存之际，艺术也便经由这条澄明生存的途径而发生了。在哲学思考中我们将存在视为可思想的，在艺术中则将其视为可表现的。在通过哲学阐述而进行的交流中，某种最大限度的直接性诉诸有意识的思想是可达到的；

---

① Karl Jaspers, *Philosophy* (Vol.1), translated by E. B. Ashton, The University of Chicago Press, 1969, p.326.

② Karl Jaspers, *Philosophy* (Vol.1), translated by E. B. Ashton, The University of Chicago Press, 1969, pp.326-327.

③ Karl Jaspers, *Philosophy* (Vol.1), translated by E. B. Ashton, The University of Chicago Press, 1969, p.327.

第二章　雅斯贝斯的精神求索历程及其艺术之思

在直接的艺术交流中，由艺术直观所带出的结论——作为一种思想而全然隐匿不露——则是间接的。"① 哲学思考存在，艺术表现存在。无论在阐述中思考存在的哲学，还是在直观中表现存在的艺术，它们都根源于"生存"。雅氏由生存意识把"艺术根源的本质"问题转换为"艺术作为介质的本质"问题，而"作为介质"的艺术，即意指"生存"以直观的方式解读"超越存在"的"密码"。雅氏重申："再说一遍，上述解决方案可适用于阐明介质，却不可用来澄明本源。尽管所有时代的艺术似乎都有其最易理解的形态，但是艺术各自起源的本质乃是颇具历史性的（这颇似哲学的起源），以至于它事实上只是在其介质中才显现为某个紧密结合为一体的世界。"②

可以说，生存哲学家眼中的艺术，正如他眼中的哲学，同样是以"生存"为根源的。始终以"生存"为辐辏，雅氏那似乎散疏的艺术论便凸显出一条一以贯之的内在主线：艺术家论所喻说的乃是生存型的艺术家；悲剧论所诠解的乃是生存性的悲剧；显然，由"密码论"所阐说的"作为解读密码语言"的艺术，其创作者与解读者也理应是诉诸当下抉择的"生存"。

② "艺术吸纳"。在雅氏看来，"像哲学一样，艺术也有三个要素：创作、创制的作品和吸纳（adoption）"③。所谓艺术的"三个要素"，大致相当于通常所说的艺术活动的三个环节——作者、作品、读者。不过，出自生存形而上学的视域，雅氏的"创作"论（艺术家论）重在喻说生存艺术的未完结性，"作品"论旨在呼吁自我贞定的"生存"，"吸纳"论的重心则落在欣赏者如何作为生存个体主动吸收与转化作品所带来的心灵震撼并从中得到审美陶冶。在字面上看，欣赏者面对艺术品的"Aneignen/adoption"未尝不可视为一种"接受"，但因着"接受"一词含有被动之义，故此将"Aneignen/adoption"译为赋有主动意味的"吸纳"理应更符合雅氏的本然宗趣。在《哲

---

① Karl Jaspers, *Philosophy* (Vol.1), translated by E. B. Ashton, The University of Chicago Press, 1969, p.327.
② Karl Jaspers, *Philosophy* (Vol.1), translated by E. B. Ashton, The University of Chicago Press, 1969, p.327.
③ Karl Jaspers, *Philosophy* (Vol.1), translated by E. B. Ashton, The University of Chicago Press, 1969, p.327.

学》第一卷中，雅氏是将"创作""作品""吸纳"分开来谈的。我们先来谈"艺术吸纳"。

雅氏之所以将"吸纳"置于"创作"之前来称说，究其根由，或许正在于他对艺术的审美效果的格外关切。在他看来，"直观的艺术"诉诸完美的形式，它能使人在审美享受中获得暂时的解脱，却不能让人彻底穿透"实存"的自我保存意志："不过在艺术中，它却以直观的形式具象化为一种形象，在跳跃之中达至丰富与完满。当我在欣赏作品的过程中吸纳艺术时，我会激动、放松、振奋或获得某种安慰。这种完美——理性的力量总不能达到，但在直观性的语言中却能完全在场——是没有任何瑕疵的。由于在日常生活中裹足不前，遗忘了实存的现实状况，它使人从日常生活的困境中暂时摆脱出来，似乎所有的忧烦与意图、快乐与痛苦都被抛到了九霄云外。但旋即之后，他必须再次回到实存中来。美弃他而去，仅仅化为记忆。直观的艺术并不是实存之中的存在，而是与此截然不同的存在。它远离生活，似乎在其完美的形象中就包含了全部的生活；然而，当人重新回到活生生的现实之中时，生活仍将依其自身的轨道而运行。"① 雅氏所谓的"直观"的艺术与叔本华由"意志的自我否定"②而喻说的"优美"的艺术略有相通之处。仅就美的艺术是对"实存意志"或"生命意志"的扬弃从而使人获得某种解脱而言，雅氏与叔本华的致思理路是一致的。诚如雅氏所说："艺术在何处将其光束投向那实存的无尽深渊与恐怖，并通过明晰的意识来转换它，它便会在那里比最为清澈的思想更能鲜明地确证存在，这种明晰的意识把人从激情与沉醉的状态中拯救出来。这时，人不仅似乎在寻求永恒的庇护，而且纯化与抽空了所有的事物；实际上，他似乎就在其中存在着。"③ 不过，因着雅氏的"生存"毕竟不同于叔本华的"意志"，故此由"生存哲学"与"意志哲学"所诠解的艺术在根底处也自然迥异其趣。

---

① Karl Jaspers, *Philosophy* (Vol. 1), translated by E. B. Ashton, The University of Chicago Press, 1969, p. 328.
② [德]叔本华:《作为意志和表象的世界》，石冲白译，商务印书馆1982年版，第538页。
③ Karl Jaspers, *Philosophy* (Vol. 1), translated by E. B. Ashton, The University of Chicago Press, 1969, p. 328.

第二章 雅斯贝斯的精神求索历程及其艺术之思

对雅氏来说,"直观"且"完美"的艺术自身并不赋予人以"临界"意识,赋予人以"临界"意识的,乃是"让自己的生命摆脱虚假生活"的"哲学研究"。"哲学研究是我在让自己的生命摆脱虚假生活的过程中所进行的思考。我希望这种思维活动能让我从盲视升达洞见、从自我分裂升达自我统一、从实存升达存在。哲学研究让我升达的境地固然无法遂愿,不过这种境地依然是我内心所祈望的,它使我在外寻中遭遇种种失败后将这些失败再逆转过来。在这种思维活动中,真理是我的方向,而不是我的所有物;它是从自我放逐到自我回归的运动。它依然在我必须赢取的东西与我可能获得的东西之间的临界处,不完满是其作为中间存在(intermediate being)而罹遭的命运。我在吸纳传统思想的过程中开始这一哲学思考——吸纳不是被动地接受已思之物的知识,而是把知识转化成我的思考行动。这种哲学研究不是我单纯接受的某种东西,不是某种确定的获得之物,不是大量本质性的东西,也不是对某种自我圆足的思维结构的见解。"[1] 在哲学研究中,"我"始终是在场的。我在"外寻"中遭遇失败,为的是穿透"实存",而做"从盲视升达洞见、从自我分裂升达自我统一、从实存升达存在"的自我回归运动。在这一过程中,"完美"的艺术被转换为诉诸寻找与呼唤生存意识的哲学活动,因为"真理是我的方向,而不是我的所有物"。作为"我的方向"的"真理"("超越存在")是无限完满的,在其烛引下,将自由与责任浑化为一体的生存意识把囿于"内在存在"的"世界实存"转换为"可能生存",进而"在我必须赢得的与我可能获得的之间的临界上"趣向那无限完满的"超越存在"。

正是在艺术直观与哲学研究之间的张力中,雅氏厘定了两者各自所致力的目标:"哲学研究的目标是在生活本身的真实中进行思考,而吸纳艺术的要点则恰恰在于把真实从沉思的迷恋中分离出来。正是作为哲学研究的一部分,其可能性才不必用来满足我们,以免它会终止哲学研究本身。相形之下,可提供满足的只是特指那种令人愉快的

---

[1] Karl Jaspers, *Philosophy* (Vol. 1), translated by E. B. Ashton, The University of Chicago Press, 1969, pp. 327–328.

艺术。令人愉快乃是艺术的实质所在，对它来说，这不仅是允许的，而且也正是它的目标。"① 应该看到，厘清哲学研究与艺术直观各自的目标只是问题的一个维面。在生存形而上学那里，我们不仅希望在哲学研究中体察生存的可能性，也期冀在艺术直观中见证生存的丰富性与深刻性。这种丰富性与深刻性在悲剧诗人创设的"英雄处境"中表现得至为显豁。"悲剧诗人以一种超出常人理解与预知的伟绩，设法在实存之中展呈作为存在的终极密码的失败。他把观众引进他所构塑的各种英雄处境之中，这些处境对我们的实际生活来说仍是不充分的，它们诚然可以激起我们内心深处的感情，不过并没有成为我们自身的命运。"② 对拘囿于日常生活的观众来说，人们仍处于有限处境之中。虽然观众也有畏惧与痛苦，但整体上这些体验并未突破历史的视域，"我们并没有置身于英雄似乎正亲涉其中的临界处境。在悲剧中，它并不属于我们这班的沉沦之人"③。悲剧契接着"生存"，生存又在历史中穿透着历史。由此，经由主人公所直面的"临界处境"，生存悲剧为人们呈示了一种含蕴历史真实的"理想类型"。"那呈示于历史真实之中的临界处境唯有在理想类型中才能得到明确的规定。"④ "英雄处境"既是"理想"的，又是"历史"的，由此，它便赋有了一种独特的人文价值。因其是"理想"的，它可以唤醒生活于有限处境中的人们不断地自我提升；因其是"历史"的，这种作为"英雄处境"的"理想类型"又只为生存在历史之中的自由选择所充盈。诉诸理性的哲学诚然也致思"临界处境"，不过，它毕竟不能像生存悲剧那样以原初直观的形式直接展示人在历史之中的自我超越。"这正是思考者在完全回忆起个人的真实存在之际，作为哲学可能性而对临界处境的思考格外空洞的原委所在；相形之下，作为理想类型而直观地呈示于

---

① Karl Jaspers, *Philosophy* (Vol. 1), translated by E. B. Ashton, The University of Chicago Press, 1969, p. 328.
② Karl Jaspers, *Philosophy* (Vol. 1), translated by E. B. Ashton, The University of Chicago Press, 1969, p. 328.
③ Karl Jaspers, *Philosophy* (Vol. 1), translated by E. B. Ashton, The University of Chicago Press, 1969, p. 328.
④ Karl Jaspers, *Philosophy* (Vol. 1), translated by E. B. Ashton, The University of Chicago Press, 1969, p. 328.

第二章　雅斯贝斯的精神求索历程及其艺术之思

悲剧之中的临界处境则是格外充盈的——尽管这会不可避免地伴以观众逃避自身的风险。"① 在某种意趣上可以说，生存悲剧是一种直观着的哲学，它并不止于审美；生存哲学思维着悲剧艺术，它并不止于思维。无论哲学还是悲剧艺术，两者在保持一种必要的张力的情形下均旨在契接生存根源，唤醒生存的临界体验。雅氏指出："我通常宁愿与诗人在一起，随他进入一个丰富的世界。在那里，诗人给出或允诺了一切的东西；不过，我还须相信一个哲学思考者的微薄的吁求。这正是我的体验：我越不摒弃我自己，越不停止自身的哲学思考，我的心灵就越对艺术的生存根源持续开放。"② 如果说"艺术是解读密码的语言"喻示了生存艺术的真义，那么"对艺术的生存根源持续开放"则是全部生存艺术形而上学的出发点与立足点。对雅氏来说，"生存"与"超越存在"只是在"临界处境"那里才发生对流的，作为"密码"的生存悲剧恰恰以其"英雄处境"所赋有的悲剧气氛为这一涌动于生存深层的对流提供了最大的可能。正因如此，雅氏才对这种让人濒于"临界处境"体验自身失败的悲剧艺术给予了充分的肯定。萨尼尔就此品评道："据我所知，在雅斯贝尔斯的著作中，再没有另外一处如此明确地论述艺术相对于哲学的优越性了。但是，这里不是在泛泛地谈论所有的艺术，而是在谈论雅斯贝尔斯称道的'真正的'或'伟大的'艺术的可能性。"③ 雅氏所称道的"'真正的'或'伟大的'艺术"，便是那种唤醒"临界"体验的密码艺术，生存悲剧就是密码艺术的典型形态之一。

③ "艺术创作"。如果说"艺术吸纳"重在阐说欣赏者如何作为"生存"主动吸收与转化艺术品所带来的心灵震撼，那么"艺术创作"则重在诠解艺术家如何作为"生存"来绽放自己的创造天赋。"在从事哲学研究的思考时寻求自我提升与在观赏形象时享受当下存在的满足，这是人的基本特性。这种特性在我们称之为哲学家和艺术家的个

---

① Karl Jaspers, *Philosophy* (Vol. 1), translated by E. B. Ashton, The University of Chicago Press, 1969, pp. 328 – 329.

② Karl Jaspers, *Philosophy* (Vol. 1), translated by E. B. Ashton, The University of Chicago Press, 1969, p. 329.

③ ［德］汉斯·萨尼尔：《着眼于卡尔·雅斯贝尔斯论哲学与艺术》，收入［德］卡·雅斯贝尔斯等《哲学与信仰：雅斯贝尔斯哲学研究》，鲁路译，人民出版社2010年版，第248页。

体所创制的作品中成为可以传达的。当二者的实质都源自他们的生存,在艺术家那里,这种交流的可能性便来自我们称为天赋的那种创造能力。"① 在艺术领域里,雅氏将那些具有创造天赋的生存个体称为"天才",换言之,天才 = 生存 + 天赋。这种天才观在看重通常所说的"天赋"因素的同时,也格外强调"生存"因素的重要性,并就此暗示出另一个重要的美学话题:生存艺术的未完结性。

所谓生存艺术的未完结,即意指诉诸生存的艺术祈向着一个虚灵不滞的"一",但又不能在经验中终结那个"一"。在雅氏看来,只有天才艺术家才有可能创制出这类生存艺术,而天才成其为天才,取决于两个必要条件:生存与天赋。艺术天赋使艺术家能够以直观的形式传达人"在观赏形象时享受当下存在的满足"的天性,这保证了艺术家所创制的作品是艺术,而不是在"思考中寻求自我提升"的哲学;艺术之所以是未完结的,最终还在于艺术家的生存向着虚灵不滞的"一"的趋赴乃是一个永不歇止的过程,这样就把生存艺术家与审美艺术家区别开来。至于生存与天赋如何在生存艺术家那里获得统一,这仍是一个"秘密"。诚如雅氏所说:"要想创制出那种可听得见的超越存在的语言,仅靠生存还是不够的,仅靠天赋也是不够的。在艺术家那里,如何通过否弃重复的唯一性而实现生存与天赋的相互支持,乃是艺术家根源处的秘密。"② 鉴于此,雅氏从艺术家与哲学家、生存艺术家与审美艺术家这两重张力中来喻说未完结的生存艺术。

就艺术与哲学同根于"生存"而言,二者有相通之处;不过,就艺术与哲学各自所需的创造能力(即特殊的天赋)来说,艺术家与哲学家又有根本的不同。在雅氏看来,哲学家应是他思想的主人,当他在作品中把自己的思想呈示出来时,那一切看似谜一般的东西便在哲学家的运思中得到澄明。因此,"就哲学家的创造能力而言,那种艺术意趣上的天赋并不是一个合适的字眼;作为一位从事哲学思考的人,如果我理解了哲学家的作品,我便会愈加确信自己本来就赋有把捉其

---

① Karl Jaspers, *Philosophy* (Vol.1), translated by E. B. Ashton, The University of Chicago Press, 1969, p.329.

② Karl Jaspers, *Philosophy* (Vol.1), translated by E. B. Ashton, The University of Chicago Press, 1969, p.329.

第二章 雅斯贝斯的精神求索历程及其艺术之思

思想可能性的能力——好像只是由于我自身的愚笨与怠惰,同样的事情才未曾发生在我的身上"①。与哲学家相较,艺术家则显出另外一种情形。"天才所创制的作品,在其根源处是晦涩难懂、涵蕴无穷的。不过,其作品却是当下在场的,就像现实自身一样,它总能成为新的理解的出发点。对艺术家而言,他自己的作品一经产生似乎就变成了谜。"② 之所以如此,乃在于艺术家是以直观的方式来契接"超越存在"的。直观的形象是浑全的,它不像哲学思维那样诉诸清晰的概念把思想直接表露出来,否则,艺术就会因着图解思想而丧失其艺术性。我们或许还可以在"灵感说"中探问这一艺术之谜。雅氏对此并未措意,这里也不宜于过度阐释。

再看生存艺术家与审美艺术家之间的张力。应该说,两者都具有艺术创造的天赋,其根本的分野在于他们是否生存在场。在雅氏看来,凡·高与荷尔德林是生存艺术家的代表,鲁本斯(Rubens)与瓦格纳(Wagner)则是典型的审美艺术家。"有一类艺术天才,我们在那里几乎感觉不到生存。那些波拿巴(Bonapartes)式的艺术家,其形象就像鲁本斯或理查德·瓦格纳,他们虽然在艺术领域带来了革命性的变化,并以其闻所未闻的个性和不可一世的高傲姿态创造了完美的作品,但似乎并未触及我们内心深处的存在。他们好像始终都在被旺盛的精力、情欲或升华了的世俗形式所驱赶着。"③ 生存不在场的艺术家只是在形式上创制"完美的作品",却不能触及"内心深处的存在"。相形之下,生存艺术家的作品虽然在形式上是未完结的,却能够不断地趣向那个虚灵不滞的"整体"。雅氏出自生存形而上学的视界,自然对生存艺术家抱有更多的敬意,而对那些只具艺术创造天赋却"感觉不到生存"的艺术家则予以更多的反省。

所谓生存艺术的未完结,绝不意指某一具体作品的残缺不全。毋宁说,某一具体作品作为生存艺术家将其艺术天赋呈示出来的实存形

---

① Karl Jaspers, *Philosophy* (Vol.1), translated by E. B. Ashton, The University of Chicago Press, 1969, p.329.

② Karl Jaspers, *Philosophy* (Vol.1), translated by E. B. Ashton, The University of Chicago Press, 1969, p.329.

③ Karl Jaspers, *Philosophy* (Vol.1), translated by E. B. Ashton, The University of Chicago Press, 1969, p.329.

态，它理应是完整且自洽的。不过，生存艺术家的创作活动并不是一次性完成的，因为他只是在虚灵不滞的"整体"（"一"）那里才会获得最后的安宁。心有存主的艺术家面对自己呈示出来的某一完整且自洽的作品，也可能产生一时的满足感。不过，因着对那无限完满的"整体"的默识，他旋即又会生出一种由生存的不安而带来的不满足感。生存的不安催使艺术家不能满足于某一完整且自洽的作品，而是向着那虚灵不滞的"一"做连续着的远非一次性的生存选择。这样一来，艺术家的每一次不可替代、不可重复的生存选择的踪迹便构成恒远祈向"一"的作品系列。系列中的某一作品在形式上是完美的，但在生存上是未完结的，因为"生存"向着"整体"之"一"的自我超越是永远不会完结的。"对艺术家来说，他在系列作品中持续创制每一件自身就完美与整全的作品则是有意义的，就像哲学一样，这一作品系列转而变成了未完成的整体，仍是一种精美的断片。就艺术家而言，他对那些作品所采取的方式，多少有些像个孩子，当他继续进行创作时，就把前面所写的那些作品丢下不管了。"[1] 由此，艺术家已经在每一件作品中完成了一个整体，并且总是能不时地实现自己的目标，不过，那一虚灵不滞的终极目标却从未在经验世界中完全实现过。尽管这样，生存却不能由此而放弃对终极目标的渴望。正因为心存那份探向虚灵之"一"的渴望，"他的生活，包括他的全部作品，对他来说才会成为一个大全的整体"[2]；而且，也正因如此，艺术创作才成为一个面向"大全的整体"（"终极真理"）而无限开放的过程。说到底，这些开放性的作品"寻求的不是美丽，而是真理"[3]。雅氏就此断言："由于作为生存的艺术家总是大于他的作品，那从生存基源分离出来的艺术品就不仅可以唤起创作的欲望，而且可以带来源于不满足而引生的痛苦，即便对完美的作品也是如此。艺术家所推出的完美作品将它的创造者置于生存性的不安状态之中，倘若没有这种状态，创

---

[1] Karl Jaspers, *Philosophy* (Vol.1), translated by E. B. Ashton, The University of Chicago Press, 1969, p.330.

[2] Karl Jaspers, *Philosophy* (Vol.1), translated by E. B. Ashton, The University of Chicago Press, 1969, p.330.

[3] ［德］汉斯·萨尼尔：《着眼于卡尔·雅斯贝尔斯论哲学与艺术》，收入［德］卡·雅斯贝尔斯等《哲学与信仰：雅斯贝尔斯哲学研究》，鲁路译，人民出版社2010年版，第254页。

作过程就无法持续下去。"①

倘若再向深层探查，艺术家以涌动不息的生存为基源而不断创作出的作品，其实也正是携带"超越存在"消息的第二种"密码"。一旦把艺术归结为一种"密码"，我们便不难理解雅氏为什么会把作为哲学家的达·芬奇视为另一种生存型——"理性的生存"——的艺术家，并能从达·芬奇那里看到另一种未完结的艺术。对此，笔者将在第六章第三节再做阐发。

④"艺术作品"。作为一位生存型的哲学家，雅氏把"生存"视为人类精神活动的根底。因此，哲学在他那里并不仅仅是以作品的形式静态存在的"哲学"，而更是人类在哲学实践中进行自我教育、自我提升的"哲学研究"。"以作品的形式出现的哲学（philosophy）并非真正的哲学研究（philosophizing）。在哲学研究那里，蕴含于作品中的思想仅仅是一种功能。作为一种思维着的生活，哲学研究不仅是哲学思想结构的根源，而且是它的尺度。"② 哲学是一种思维活动，其根源与尺度在于"生存"，这是雅氏对待哲学作品的根本态度；当他以这种哲学态度阐说艺术时，也自然把艺术作品视为一种根源于生存的思维活动，同时对那种试图割裂生存进而把艺术作品封闭起来的做法提出了批评。

同对艺术活动的其他要素的运思智慧一样，雅氏依然是在哲学作品与艺术作品的相互比勘中来谈论艺术作品的。他指出："当哲学作品为了作为一种客观的整体存在而试图离开它自身的根源时，它就获致了类似于艺术品的特征。"③ 生存被抽空的艺术品与哲学作品的相似特征表现在以下两个方面。其一，因着失去了生存的润泽，概念先行的艺术品与哲学作品均囿于某种单一、封闭的结构。"像艺术品一样，哲学作品也会封闭于自身的世界之中，具体呈现在我们眼前的只是某种单一的结构，始终致力于那个整体的创作者也会像致力于某件封闭

---

① Karl Jaspers, *Philosophy* (Vol. 1), translated by E. B. Ashton, The University of Chicago Press, 1969, p. 330.
② Karl Jaspers, *Philosophy* (Vol. 1), translated by E. B. Ashton, The University of Chicago Press, 1969, p. 330.
③ Karl Jaspers, *Philosophy* (Vol. 1), translated by E. B. Ashton, The University of Chicago Press, 1969, p. 330.

的艺术品一样，他的想象力因此受到了限制，直到最后，那个整体便作为不同于他所想象的某种东西而与他对峙起来。他已有了一个先行的概念，并据此拟出草案，经过删除与修订，使各个部分相互协调。在每一细节处，他都意识到了整体。不仅是表现形式，而且连思想结构也呈现出与艺术品的相似性。"① 其二，脱离生存之根的知性模糊了哲学与艺术的界限。一方面，"哲学所寻求的确定性、明晰性与艺术的可视性有着亲密的同源关系"；另一方面，"艺术家在作品中的清晰表达也颇像某种哲学的概念"。一旦模糊了哲学与艺术的界限，"哲学家的思想似乎就像艺术家出自本能的杰作，结果，就有一些人希望品赏类似于艺术品的哲学著作。这样的著作种类繁多，我们可以在哲学史的博物馆里看到它们的身影"。②

哲学作为人的一种自主的精神实践活动，其实并不在个体的生存践履之外。为了贞定哲学的生存之根，雅氏刻意在哲学活动所产生的作品与脱离生存的艺术品之间做了区分，并格外强调吸纳者对于作品的主动介入。"哲学作品一旦完全脱离生存而成为一种独立完结的实存形态，这便意味着哲学的死亡。为了拯救哲学的本性，必须把哲学思考的作品同艺术品区分开来。艺术品可以变得完美，而哲学思考在任何一件作品中都是不完美的。哲学思考对完全终结之物仍保持着质疑的立场；客观化的终结之物在哲学思考中乃意味着一种可能性；它希望为听众所转译，而不仅仅是被接受。在哲学作品中，人是不能安宁的，也不能把自己让渡给当下的存在；他应该通过与作品的接触逐渐意识到这种存在。哲学思考将为他澄明存在，而不像艺术品的视点那样仅仅给予他存在。即是说，当他全神贯注于那实现的时刻，他并不想超离这一视点。思的本性取决于无止的掘进，而看的本质则在于平静的自我沉浸。"③

美的艺术使人在"平静"的"看"中"自我沉浸"，同时也使人在"自我沉浸"中疏离生存，这是雅氏对美的艺术提出的警示。这种

---

① Karl Jaspers, *Philosophy* (Vol.1), translated by E. B. Ashton, The University of Chicago Press, 1969, p.330.
② Karl Jaspers, *Philosophy* (Vol.1), translated by E. B. Ashton, The University of Chicago Press, 1969, p.330.
③ Karl Jaspers, *Philosophy* (Vol.1), translated by E. B. Ashton, The University of Chicago Press, 1969, p.331.

警示所依托的理论姿态，其实依然是他那诉诸生存践履的生存形而上学（"真正的哲学"）。雅氏指出："真正的哲学乃是通向我们之所是与我们之想是的道路，它也是我们自我教育的道路。它的本性就是它自身的生命，这种生命通过思考而澄明其自身。它并不是某种趋向终结的手段，因为作为一种推理方法，它甚至不能与其功能相分离。它仅仅在关联它的实现时才是一种结构。它并不向我们呈现某种作为完美目标的终结状态，它在当下的呈现中获得着满足，与此同时，它作为一种临时的现象也从未被人完成过。"[1] 由生存形而上学的视界出发，雅氏自然对遗忘生存责任的"审美冷淡"保持着高度警惕。在人们越来越迷恋于某种"审美生活"的"大众文化"时代，雅氏的这一提醒就显得越发必要。

⑤ "审美冷淡"。所谓"审美冷淡"（Ästhetische Unverbindlichkeit/esthetic noncommitment），亦可理解为"审美无承担"。具体来说，它乃意指"纯艺术"对生存选择的责任无所承担。可以说，这是雅氏的艺术批判论的中核所在。他指出："由于艺术的内容将其应具的特性归之于宗教或艺术家的哲学自治，故而就像那种不包含生存承担的纯粹的逻辑有效性一样，纯艺术——一种被人称为在形式上达至一般意识的艺术——同样变得无所承担起来。这种纯艺术之所以能够占有万物，仅仅因为它们把自身交给了表象。这样一来，从原则上说就没有什么东西不能变成它的对象了，而且除了形式与技巧之外，其他的一切都变得无关紧要了。因为这种艺术既不是宗教的，也不是哲学的，而只是一种纯粹的介质，它并不能让我们承担对任何事物的责任，因而也不能服务或反对宗教与哲学。除了无休无止的、可能性的自由游戏之外，它并没有自身的起源。"[2]

诉诸"可能性的自由游戏"的"纯艺术"只关切"形式与技巧"，而"没有自身的起源"，因此它并不做生存选择，也不承担对人之为人所当有的生存自由的责任。这是雅氏的生存艺术形而上学对"纯艺

---

[1] Karl Jaspers, *Philosophy* (Vol.1), translated by E. B. Ashton, The University of Chicago Press, 1969, pp. 331–332.

[2] Karl Jaspers, *Philosophy* (Vol.1), translated by E. B. Ashton, The University of Chicago Press, 1969, p. 332.

术"的最根本的哲学态度。在他看来,"纯艺术"即等于"纯形式"。换言之,纯形式既是艺术得以自律的依托,也是它面对"临界处境"所凸显出的界限。因着不经历"临界处境","那种绝对的严肃性变成了书呆子式的冥顽不化;而且,如果喜剧成为终极的艺术形式,它就会变成空洞的闹剧,这就如同讽刺一旦采取自我放逐的姿态便会导致非本真的虚无主义一样"[①];同样因着不经历"临界处境",那种缺乏"生存"之源且不做"临界超越"的纯艺术便不再直接再现"绝对者",从而悬置了通往"超越存在"的道路;还是因着不经历"临界处境",个体在"纯艺术"中获得了一种虚假的解脱,并最终遗忘了自身。"我们从艺术品中获得的解救变成了无承担的表象,因为在作品中仅有作品自身的律则,而没有真实生活的律则。我所创造的那些诗的形式似乎把我从生存抉择中解脱出来,我所构想的诸多可能性似乎免去了我直面现实的必要。我不必有所抉择,便可猜测可能所是的东西;我不必是我所是,便可满足于我所想象的前景。我可能会在没有界限的纯思所带来的喜悦中扩张自身,可能会为无论怎样的人类可能性而感到激动。我坠入销魂的迷狂,陷于彻骨的绝望;在不承担任何后果的纯粹当下的无时间性中,我随心所欲地遗忘了我自身。"[②] 雅氏的生存哲学把人对选择的责任作为第一要务,由此出发,他在艺术领域自然期许那种承担选择责任的生存艺术,同时对那种"遗忘了我自身"的"审美冷淡"则进行了深刻的反省。当然,雅氏并未全然否弃美的艺术(纯艺术)。他认为美的艺术以其形式化、直观化的审美想象松开了"世界实存"对人的束缚,从而为生存选择敞开了无限的可能性。可能性是生存自由的必要条件,没有可能性,便没有自由。在雅氏看来,审美游戏的全部意义便在于此。但是,可能性毕竟还只是一种悬而未决的状态,只有由"可能生存"回归"本真生存",生存意识才能把这种悬而未决的状态转换成为生存断然跃向"超越存在"的"临界处境"。美的艺术自身并不做决断,这是雅氏批判审美

---

① Karl Jaspers, *Philosophy* (Vol. 1), translated by E. B. Ashton, The University of Chicago Press, 1969, p. 332.

② Karl Jaspers, *Philosophy* (Vol. 1), translated by E. B. Ashton, The University of Chicago Press, 1969, p. 332.

游戏的原委所在，也是生存艺术论的独特之处。诚然，如果仅从艺术自律的角度看，雅氏似乎是有局限的。不过，一旦联系到雅氏所身处的文化危机时代，联系到生存面对虚无所应做的自由决断以及所应承担的责任，尤其当我们把艺术视为根源于生存的艺术活动时，我们就会对他的艺术观做出更为同情的理解。直到今天，雅氏那个时代的文化瘟疫仍在不断蔓延，因此，这种反省"审美冷淡"、呼唤生存自由的艺术观仍具有不可否弃的意义。甚至可以说，即使不考虑艺术自身的问题，而仅从人类所面临的根本处境来看，也不可视雅氏的艺术观为谬说。因为只要人还存在，就不能放弃对生存自由的求取以及对自由决断的责任的承担。

在雅氏看来，那因着诉诸纯形式而失去生存承担与"临界超越"的纯艺术乃是一种"无时间性的完美艺术"。"当我享受这无时间性的完美艺术之际，实际上我仍在临时实存中必然地持存着。我好像同时生活于互不相关的双重世界之中，并把自己撕裂为双重人：一重屈从于充斥日常生活偶然性动机的实存的困惑，一重屈从于从遥远之处绚丽绽放的清晰的刺激。于是，内在的行动不再从属于对整体的吁求。在这种双重的生活方式中，我纵容自身陷于即时性的放松，变成了一个囿于日常生活的情绪化的人和迷于艺术的幻想者。"[①]"临时实存"在偶然动机的咀嚼下过着一种为烦恼所困扰的"日常生活"，相较之下，那"迷于艺术的幻想者"则醉心于一种摇摆于想象的可能性的诗意的"审美生活"。"如果艺术中的生活占据了优势，如果现实实存中的行动不再被视为负有责任的，我们就说这是一种'审美生活'。这种生活破裂成零零碎碎的美丽瞬间。我不仅身临其中享受艺术品，而且还寻求构塑自我的真实经验，似乎它就像艺术品一样，而且，我还试图制造无所承担的真实。我唯一知晓的律则就是那特定的形式法则；为了享受这种艺术，我必须一直占有新的、不同的事物，所以我的生活将依赖于不断的变化。在审美生活中，人不再是他自身的存在。他意识不到忠诚、连续性或责任，除非在装腔作势的时候，

[①] Karl Jaspers, *Philosophy* (Vol. 1), translated by E. B. Ashton, The University of Chicago Press, 1969, p. 333.

他才偶尔为这些东西所触动。"①"审美生活"是对"日常生活"的暂时的"无"化，但由于它缺乏原初而无条件的生存选择，于是，"实存的痛苦与艺术中的解脱交替出现。在哲学思考中，堕落之路导致了假想的知识；在这种艺术性的审美生活中，它导致了虚假的想象。在装腔作势与情绪化的戏剧中，我们似乎获得了解救，但真正的解救只能通过在基于本真生活的艺术中解读密码才能获致——我们通过哲学思考寻求澄明的实质也是如此"②。与"日常生活"与"审美生活"不同，所谓"本真生活"乃意指本明而圆融的生存自由。在天趣盈盈的生存自由中，人不再是分裂的，人的世界也不再是分裂的。作为不可替代的个我的"一"，生存在不可重复的自由选择中，断然契接作为"超越存在"的"太一"。在个我的"一"与"超越存在"的"太一"之间，生存在充沛无限可能性的世界之中自我贞定地超越着。在雅氏的生存意识看来，人并不超离世界而存在，而是通过"生存"在"临界处境"所跃向的"超越存在"把"世界"照亮，从而将"世界"转换为携带"超越存在"消息的"密码"。在作为"密码"的艺术中，自我超越的生存意识实现了"世界"与"超越存在"的统一。

我们看到，雅氏正是从其生存哲学的视界出发，对不承担生存责任的美的艺术责之以"审美冷淡"，而对那震撼人的内心、净化人的灵魂，进而使人的生存意识发生转变的伟大艺术抱以真诚的敬意。我们还看到，雅氏虽然对美的艺术的审美效果在总体上并没有给予更多的肯认，但这并不意味他对美的艺术自身的某些特质无所洞察。毋宁说，雅氏之所以要深刻反省"审美冷淡"，正是以他对美的艺术之特质的把捉为前提的。在此基础上，他才把期许的目光投向了陶冶人的生命并使人思考自身生存问题的"真正的艺术"。

⑥ "艺术自身变成生存的功能"。在"哲学与艺术间的争执与和解"部分，雅氏对生存艺术形而上学的韵致做了提示："艺术自身成

---

① Karl Jaspers, *Philosophy* (Vol. 1), translated by E. B. Ashton, The University of Chicago Press, 1969, p. 333.

② Karl Jaspers, *Philosophy* (Vol. 1), translated by E. B. Ashton, The University of Chicago Press, 1969, p. 333.

第二章 雅斯贝斯的精神求索历程及其艺术之思

为生存的功能。"[1] 由此出发，他把"真正的艺术"诠解为可以在其中从事"哲学研究"的那种艺术，哲学与艺术相关联的契机便在于此。因着这一关联，"有的诗人变成了哲学家，有的哲学家则变成了诗人"[2]。应该说，雅氏真正感兴趣的便是这类在艺术中赋有生存功能的艺术家，乃至于直接称他们为哲学家。相形之下，他把那种因脱离生存之根而不承担生存责任的艺术称为"游戏艺术"，并在对此进行批评的同时揭示了哲学活动经常同艺术做斗争的原委所在："指向艺术的无承担态度能够变成对待生活的态度，艺术真理能够变成无条件真理的替代品，艺术享受能够取代真实生存，源于此，哲学思考经常同艺术进行斗争。这种贯穿于哲学史的斗争，被那些感到自己正处在屈从于艺术的危险之境的哲学家们最为坚决地进行着。他们反对艺术诱引人们仅仅即时地活着，而不能以思想的方式在自我存在中主动承担起自身的命运。"[3] 这里须得强调的是，哲学家们同艺术所做的斗争并没有贬抑艺术自身的可能性之意，此乃因为，"哲学思考将自己带到了边界之地，在那里，它自身的语言停止了。这时，理性的语言尽管缺失，但是艺术——这是一种显示原初存在的多样性的内在艺术，而不是那种没有真理品格、仅仅取乐于人的游戏艺术——仍在说话。在边界之地，艺术世界会像某种超拔的启示那样敞开自身；这时，哲学对此所做的理解要胜于艺术对自身所做的理解"[4]。由此可见，艺术是在哲学的界限处开始说话的，并向哲学敞开着新的可能性。

艺术与哲学的这一必要关联，其关联点全系于"生存"。"如果艺术家的作品已经触及我们的生存，那么，我们在哲学思考中所寻求的，便是通过与他的创造性的根基的交流而承担起我们自身的责任。"[5] 这

---

[1] Karl Jaspers, *Philosophy* (Vol.1), translated by E. B. Ashton, The University of Chicago Press, 1969, p.335.

[2] Karl Jaspers, *Philosophy* (Vol.1), translated by E. B. Ashton, The University of Chicago Press, 1969, p.333.

[3] Karl Jaspers, *Philosophy* (Vol.1), translated by E. B. Ashton, The University of Chicago Press, 1969, p.334.

[4] Karl Jaspers, *Philosophy* (Vol.1), translated by E. B. Ashton, The University of Chicago Press, 1969, p.334.

[5] Karl Jaspers, *Philosophy* (Vol.1), translated by E. B. Ashton, The University of Chicago Press, 1969, p.335.

里所说的"触及我们生存"的艺术，即是为哲学的生存意识所吸纳的"内在艺术"，而非"那种没有真理品格、仅仅取乐于人的游戏艺术"。一旦把艺术的根源贞定为"生存"，雅氏自然会认为，"在对艺术品的生存吸纳中，我们的哲学意识是与艺术家的真理意志相一致的。这种真理意志并不空幻地追逐无聊的东西，而会带给我们存在自身的语言。艺术家似乎已意识到存在自身的语言，却无法明告我们，而只能让我们在他所塑造的直观形象中来意会。不过，只有艺术家中的哲学家才有能力做这些既可能极其危险地导向无聊同时也可能呈示真理的事——尽管这类真理也具有无承担的特征，但它却在现象性的实存中吁求实现真实的真理"①。

对喻说"超越存在"的"内在艺术"而言，"超越存在"自身的语言只能以直观的形象意会，不可以直接的方式言传，这是"内在艺术"的韵致所在。正因如此，哲学要采取正确的方法吸纳艺术。雅氏是分三个层面对此予以诠解的。其一，哲学要尊重艺术的自律品格，因为艺术成其为艺术，乃取决于艺术自身。故此，"当艺术品被迫屈从于道德考察，或者当艺术效果被关联于某种目的得以分析时，哲学所引导的那种对于艺术的吸纳就是错误的"②。其二，哲学要意识到自身的界限，因为"在形而上学中，独断论比在其他任何地方都更能毁灭哲学思考"③。那么，哲学的界限何在？雅氏认为，"在真正的吸纳中，我服从于哲学让我看到的那些在沉思中得以实现的诸多可能性，不过它只是在为我的生存选择做准备，而哲学自身并无法实现它们。哲学家会意识到这种劣势，他会希望自己能作为一位艺术家在艺术中做他作为哲学家所不能做的事"④。其三，也是最为重要的一点，哲学与艺术均根源于生存，哲学要以生存意识对艺术做出区分，在

---

① Karl Jaspers, *Philosophy* (Vol. 1), translated by E. B. Ashton, The University of Chicago Press, 1969, p. 334.
② Karl Jaspers, *Philosophy* (Vol. 1), translated by E. B. Ashton, The University of Chicago Press, 1969, p. 334.
③ Karl Jaspers, *Philosophy* (Vol. 1), translated by E. B. Ashton, The University of Chicago Press, 1969, p. 335.
④ Karl Jaspers, *Philosophy* (Vol. 1), translated by E. B. Ashton, The University of Chicago Press, 1969, p. 334.

第二章 雅斯贝斯的精神求索历程及其艺术之思

此基础上,吸纳赋有生存真理的"真正的艺术",摒弃与生存真理无关的"非真正的艺术"。"哲学吸纳的要旨——它是贯穿于一切反思的主线——是有意识地抓住真理的内容并服从生存意识的检验,因而它能在自身中区分艺术。真正的艺术将被哲学所吸收,作为一种实现,它超出了哲学在思维中所能做的任何事情;对于哲学来说,那种不真实的艺术将被作为单纯的、简单的非真理而遭到摒弃。"①

所谓"真正的艺术"("内在艺术"),说到底,乃意指为生存意识所充盈的艺术。在雅氏看来,这种艺术是"解读密码的语言";正因如此,它才为真正的哲学所吸纳,从而成为"哲学的器官"。一旦把哲学与艺术均视为破译"超越存在"消息的"密码"语言,我们便可在同一层面上对两者做一新的比勘。诉诸理性的哲学是以形而上学沉思的方式来喻说"超越存在"的,这种理性的喻说归根结底乃是解读"密码"的第三种语言。它并不是没有界限的,其界限便是认知理性的界限。正是在这一界限处,诉诸直观的艺术则为哲学活动开辟了新的可能性。在雅氏看来,这种为哲学活动开辟新的可能性的直观艺术即是解读"密码"的第二种语言。"只有在一种情形下,哲学才会在同一层面上参与到艺术之中。形而上学的沉思是艺术的类似物,它试图理性地解读密码语言。在哲学思考把我们带到可知性与生存澄明之间的临界之地,当所有可知性的东西都消失之时,在绝对的沉默中,哲学思考仍不会停止下来。"② 在认知理性的界限处,为了明证那虚灵不滞的"超越存在",雅氏把目光投向诉诸自由践履的生存理性,由此而在《哲学》第一卷"世界定位"的最后一部分,以"哲学与艺术"的张力完成了向《哲学》第二卷"生存澄明"的顺利过渡。正是在这里,雅氏所期许的"真正的艺术"变成一种"生存的功能"。

(2)《哲学》第三卷中的艺术之思

在《哲学》第三卷"形而上学"中,雅斯贝斯围绕着"生存形而

---

① Karl Jaspers, *Philosophy* (Vol.1), translated by E. B. Ashton, The University of Chicago Press, 1969, p.334.

② Karl Jaspers, *Philosophy* (Vol.1), translated by E. B. Ashton, The University of Chicago Press, 1969, p.335.

上学"的对象性问题对其运思枢机"密码论"做了深入的诠解。① 在他看来,"密码"即意指"生存形而上学"的对象性;换言之,"超越存在"并不是认知的对象,它只为诉诸自由选择的"生存"所解读,就此而言,"正如在一般意识中实验是主观与客观的中介一样,密码则正是生存与超越存在之间的中介"②。应该说,这是对"密码"的韵致的一语道破。依"超越存在"在"密码"中向"生存"显现的方式与程度不同,他把"密码"分为"超越存在的直接语言""在传达中变得普遍的语言""思辨的语言"。诉诸直观的艺术属于第二层级的"密码"。在此基础上,雅氏将艺术的真义贞定为"艺术是解读密码的语言"③。由"密码"论及艺术,我们既可明见艺术哲学在雅氏全部学说中的地位,也可洞识他那祈向超越之维的生存美学所内贯的意蕴。

可以说,雅氏所期许的"艺术"乃是能够充当"密码"的生存形而上学的艺术("真正的艺术""伟大的艺术"),在"艺术是解读密码的语言"这一论题下,他对作为"密码"的艺术做了别有意趣的阐说。雅氏指出:"艺术是这样一种传达:当它发生在直观自身之中,而不是发生在思辨性思维之中时,它所传达的就是人在自然、历史和人类的密码中所解读的东西。由于艺术让密码得以传达出来(艺术所传达的东西并不能以其他的方式得以言说,尽管全部的哲学思考同样关涉这种由艺术来处理的内在存在),因此就像谢林所说的那样,艺术在这里便成为哲学的器官。"④ 这段精辟的阐说寓托着雅氏艺术观的全部秘密,主要涵括三个方面的要义:艺术是一种直观活动,由此把艺术与思辨性思维区别开来;艺术是一种"密码",由此又把"真正的艺术"与"美的艺术"区分开来;作为"密码"的艺术是一种生存形而上学的艺术,由此,解读"密码"的艺术便成为"哲学的器

---

① "密码论"是雅斯贝斯致力的"生存形而上学"的运思枢机,他在《哲学》之后的著述中一再谈及这个话题,1970 年,萨尼尔编辑出版了雅氏的遗稿《超越的密码》。参见 Karl Jaspers, *Chiffren der Transzendenz*, Hans Saner (Hrsg.), R. Piper & Co. Verlag, 1970。

② Karl Jaspers, *Philosophy* (Vol. 3), translated by E. B. Ashton, The University of Chicago Press, 1971, p. 120.

③ Karl Jaspers, *Philosophy* (Vol. 3), translated by E. B. Ashton, The University of Chicago Press, 1971, p. 168.

④ Karl Jaspers, *Philosophy* (Vol. 3), translated by E. B. Ashton, The University of Chicago Press, 1971, p. 168.

第二章　雅斯贝斯的精神求索历程及其艺术之思

官"。分而言之，雅氏在这一部分详细阐析了"作为介质领域的艺术""形而上学与艺术""模仿、理念与天才""超验的直观与内在的超越""艺术的多样性"等话题。下面便依循雅氏的运思理路——予以阐说。

①"作为介质领域的艺术"①。雅氏认为，在"生存"与"超越存在"之间是一个"生存"在其中选择、"超越存在"在其中发光的"世界"，这"世界"即是"生存"在其中解读"超越存在"语言的"密码"。倘没有作为"密码"的"世界"这一中介，就会出现两种情形：其一，"世界"在"我"面前作为假象存在而"迅速地遭到破坏，这会让我同密码分离开来而与超越存在相同一"；其二，"我"只作为当下在场的"生存"而无"世界"地领会"隐蔽的神性"，这样容易使"生存"丧失在世抉择的责任。② 应该说，雅氏乃是主张"生存"的在世抉择的，因而他自始就试图在"生存"与"超越存在"之间的张力中觅寻一条人的自我实现的道路。这条道路既在世界与历史之中，又突破着世界与历史。于是，作为"介质领域"而契接"生存"与"超越存在"的"密码"艺术就理所当然地进入他的视域。在他看来，当"我"在"密码"之中解读"永恒存在"时，"我"就不得不忍受着不能直接目睹完满的"超越存在"的命运。"在我于密码中解读永恒存在并基于完美性而使纯然的沉思得以持存之处——换言之，在我与客体保持着相分离的张力以及临时实存依然得以持存之处，便出现了艺术领域，这个领域是介于永远沉没于神秘主义和永远由生存所决断的事实存在之间的一个世界。"③ 也就是说，"密码"艺术既有在世界与历史之中的"象"，同时又有超越"象"的"意"。"象"与"意"对作为"密码"的艺术来说是缺一不可的。"艺术家们以无限丰富的形式在密码中实现着神性的多样性"，并没有哪一位艺术家能够确然地把捉那个唯一的"上帝"。"当我沉思艺术之时，我的自我存在则解

---

① Karl Jaspers, *Philosophy* (Vol.3), translated by E. B. Ashton, The University of Chicago Press, 1971, p.168.

② Karl Jaspers, *Philosophy* (Vol.3), translated by E. B. Ashton, The University of Chicago Press, 1971, p.169.

③ Karl Jaspers, *Philosophy* (Vol.3), translated by E. B. Ashton, The University of Chicago Press, 1971, p.169.

读着超越存在的密码，并因此保留着纯粹的可能性。"①

应该看到，雅氏所喻说的"纯粹的可能性"乃是为"生存"的自由选择做准备的，因而它并不是那种迷陷于纯然想象的"可能性的游戏"。艺术想象诉诸美的形式，但对生存形而上学来说，美的形式只是"介质"，而不是目的。真正的目的只能是"生存"的自我超越与"生存"对"超越存在"的明证。在雅氏看来，"生存"只是在"超越存在"那里才获得终极安宁，因此，向着"超越存在"恒远趋赴的"生存"并不会满足于艺术的想象与形式。艺术想象与形式的意义在于使人在欣赏艺术的瞬间从围于"世界存在"的"实存"中解脱出来，从而达于"实存"的"临界"。对"实存"来说，这种解脱毕竟只是瞬间的，因而在瞬间的遗忘之后很快又会退回"世界存在"之中。日本学人井村阳一指出："我们在艺术作品中可以看到此在的限界状况，以及此在中的最终密码即挫折的表现。我们不能忘记，仅处于欣赏状态的我们决非置身于限界状况之中，只有生存才现实地置身于限界状况之中，而且限界状况又总是作为历史的现实而存在的。"②自觉的"临界"意识只属于当下决断的"生存"，而审美享受的危险正在于：它在使人遗忘"单纯的实存"的同时，也使人脱离了"真实的生存"。因此，雅氏对那种"生存"无所承担的审美游戏态度进行了批判。"我在想象性的艺术直观中感到的满足使我超拔了单纯的实存，同时也让我脱离了本真的生存。这是臻于绝对意识的一种高峰体验，它让我摆脱了实存的痛苦：赫西俄德（Hesiod）让缪斯女神引导人们'从忧伤中得以解脱，在悲痛中获得慰藉'。但是，想象并不能让我承担起属己的责任。它不再使我真正地成为我自身，而是创造了一个我可以栖身于其中的空间，或者一种能改变我的内在姿态的当下存在，我在其中却没有采取任何一种关涉生存决断的措施。人在欣赏艺术的过程中'迅即遗忘悲痛，或者预想更多的忧伤；因而他已快速地被缪斯女神的赠礼所改变'。然而，生存并没有遗忘的天性，促使

---

① Karl Jaspers, *Philosophy* (Vol.3), translated by E. B. Ashton, The University of Chicago Press, 1971, p.169.

② ［日］今道友信等：《存在主义美学》，崔相录、王生平译，辽宁人民出版社1987年版，第142页。

第二章　雅斯贝斯的精神求索历程及其艺术之思

生存发生转化的东西既未让人心神涣散，也未让人满足于来自其他某种东西的成就感。毋宁说，生存只接受与吸纳属己的真实。"[1]

雅氏反对那种对"生存"无所承担的审美游戏态度，但他并未否弃艺术作为"介质"（"密码"）的价值。艺术的想象与形式是无功利的，因此，它能使人暂时松开一切个人偏爱与功利逐求，以便为"实存"璞归"生存"以及"生存"的自我选择敞开种种可能性。没有可能性就没有自由，因此，艺术想象与形式所敞开的种种可能性便为"生存"的自由选择提供了必要的契机。"除非生存在沉思存在的过程中通过介入艺术所给予的自我遗忘而为它自身赢得一个空间，否则它就无法达成真正的转化。在不做承诺的艺术中潜存着承诺的可能性。……因为如果没有这种毫无约束的直观，我就无法自由地成为可能的生存。倘若全然沉浸于实存的真实，或者仅仅关注自我生存的真实，我就会感到仿佛是被囚禁了一样。为我的无能感所钳制与消磨，我会突然采取各种盲目、暴烈的行动。作为生存，直面这些原初的密码，除非它们开始说话，否则我作为生存便无法兑现属我的自由。若没有艺术语言中虚空的真实时刻，我也不能自由地获致作为生存的真实。"[2] 可以说，艺术的"真实"乃意指艺术想象与形式所敞开的无限可能性，而"生存"的真实则指谓"生存"抉择的无限可能性。就作为"密码"（"介质"）的艺术可以为"生存"抉择提供诸种契机而言，"真实并不止于艺术，此乃因为，在真实中生存作为其自身确凿地当下在场并真诚地做着自己的决断。但是真实也不会多于艺术，此乃因为，只有在通过艺术方式获致的密码语言的回声中真实才开始说话"[3]。

②"形而上学与艺术"。话题还须从"艺术是解读密码的语言"谈起。雅氏在论说了"作为介质领域的艺术"之后，紧接着对"形而上学与艺术"做了精辟诠解。他指出："形而上的思考促使人接近艺术。当艺术意味着对密码的严肃解读，而不仅仅诉诸藻饰、游戏、感

---

[1] Karl Jaspers, *Philosophy* (Vol. 3), translated by E. B. Ashton, The University of Chicago Press, 1971, p. 169.

[2] Karl Jaspers, *Philosophy* (Vol. 3), translated by E. B. Ashton, The University of Chicago Press, 1971, p. 169.

[3] Karl Jaspers, *Philosophy* (Vol. 3), translated by E. B. Ashton, The University of Chicago Press, 1971, p. 170.

性愉悦时,它就会使人的精神向根源开放。通过分析艺术品的形式,通过阐释出现于智力发展的历史中的艺术品世界以及艺术家们的传记,人寻求着与生存个体的联系。……根据人所创制的艺术品的外部特征,有一条分界线将我们称为艺术品的所有东西做了如下划分:分界线的这一侧乃是在超越存在的密码中说话的艺术品,而另一侧的艺术品则缺乏深度与根基。只有在形而上的思考中,人才会通过反省的意识接受这条分界线,并相信自己正严肃地走在通往艺术的道路上。"①

雅氏这段简短的诠说乃是生存艺术形而上学的"诗眼"所在。首先,艺术意味着对"密码"的"严肃解读"。"密码"其实是对"作为介质领域的艺术"之"介质"在人文意趣上的道出,而"严肃解读密码"的"严肃"态度又把"作为介质领域的艺术"与"仅仅诉诸藻饰、游戏、感性愉悦"的审美艺术区分开来。前者乃是"在超越存在的密码中说话的艺术品",后者"则缺乏深度与根基"。其次,审美艺术所缺乏的那一"根基",其实即意指作为"密码"的艺术"使人的精神向根源开放"的那一"根源"。这一"根源"可"通过分析艺术品的形式,通过阐释出现于智力发展的历史中的艺术品世界以及艺术家们的传记"间接地觅得,这被人们间接觅得的"根源"即是"生存"。由此不难断言,雅氏所谓"作为介质领域的艺术"乃是以"生存"为"根源"的。正因如此,"超越存在的密码"才能被解读;也正因如此,我们才在其"深度"与"根基"中"相信自己正严肃地走在通往艺术的道路上"。若一言以蔽之,雅氏所期许的艺术即是生存形而上学的艺术。"生存"标示其根源,"形而上学"凸显其超越之维。作为第二层级的"密码",这种艺术成为"生存"解读"超越存在"消息的"介质"。

③ "模仿;理念;天才"②。"模仿""理念""天才"这三个范畴在某些美学家那里是被分别予以诠说的,但在"生存艺术形而上学"看来,它们乃是一个相互贯通的整体。概言之,艺术必然诉诸"模

---

① Karl Jaspers, *Philosophy* (Vol. 3), translated by E. B. Ashton, The University of Chicago Press, 1971, p. 170.

② Karl Jaspers, *Philosophy* (Vol. 3), translated by E. B. Ashton, The University of Chicago Press, 1971, p. 170.

仿",但它模仿的并不是经验现实,而是"理念";艺术对"理念"的"模仿"在一般的艺术家那里是无法得以实现的,只有"生存型"的"天才"才具有这种天赋。

雅氏指出:"艺术家为了能够将他视作密码所解读到的东西表达出来,他必须模仿真实(reality,亦译为现实、现实性、实在等)。然而,单纯的模仿并不是艺术。这种模仿只在诉诸认知能力的世界定向中发挥着一些作用,比如结构性的图画、机械性的描绘以及设计的各种模型和图式。在这里,只有观念在引导着语言,而且用作标准的也只是某种经验的真实或某种一贯具有意义的意图。说到底,这样的模仿只是在以直观的形式明晰而简洁地表达某些知性的东西。"[①] 由此可见,艺术家为了把内心所涌动的东西呈示出来,他"必须模仿真实(现实)"。仅就艺术是对"真实"("现实")的"模仿"来说,其实所有的艺术都可被视为某种"现实主义"的。问题的关键在于,"模仿"究竟意指何种意趣上的"模仿",而"现实"又究竟意指何种意趣上的"现实"。在雅氏看来,"单纯的模仿并不是艺术",堪以真正的艺术相称的"模仿"并不是"单纯的模仿"。"单纯的模仿"仅是一种发生在"世界视域"中的认知行为,因此这种认知行为所"模仿"的也只是以主体的认知结构所把捉的经验现实。

雅氏指出:"艺术家觉察到的东西要多于经验的真实与知性的结构。……艺术被赋予表现理念的力量。"[②] 知性范畴只能在"世界视域"内把捉现象("经验现实"),而在表达"理念"时却总显得"不合适"。但"理念"又应该对"世界视域"发挥作用,于是二者之间需要一个桥梁,这桥梁在雅氏那里即是生存形而上学的艺术。当然,这种艺术并不能把"理念"作为对象来表达,而只能通过解读"密码"间接地指向"超越存在"。艺术之所以获致了"表现理念的力量",其原委正在于此。以"密码"传达"理念",此即雅氏所肯认的"模仿"。这种"模仿"与其说是模仿,倒不如说是对"理念"的

[①] Karl Jaspers, *Philosophy* (Vol. 3), translated by E. B. Ashton, The University of Chicago Press, 1971, p. 170.

[②] Karl Jaspers, *Philosophy* (Vol. 3), translated by E. B. Ashton, The University of Chicago Press, 1971, p. 170.

"分有"。分有并不是占有，不过，当一事物为"理念"所照亮时，它便在喻示着虚灵不滞的"理念"的消息。与"经验现实"相对，"理念"是"本真现实"。如果把"本真现实"的"理念"视为艺术家必须"模仿"（分有）的"现实"，那么艺术史上所谓"理想主义"的艺术也就成为一种别有意趣的"现实主义"。

雅氏认为，只有那些"生存型"的天才艺术家才具备创制此类伟大艺术的禀赋。他由此指出："虽然艺术所表现的力量是普遍的，但艺术家却无法将它们普遍地表达出来。只有在天才创制的那些作品中，它们才能够成功地获致某种独一无二的具体形式，这种具体的形式是绝对历史化的、不可替代的，不过仍可得到普遍的理解，却又无法为人所重复。这就是为历史性的生存所理解的超越存在发出来的独一无二的声音，超越存在通过这种独一无二的声音变成了一种密码。追随者们所做的各种重复丧失了原初真理的魅力，而天才们则似乎通过这种原初的真理把超越存在自身从天堂带到了人间。追随者们只知道模仿，及至末流，最终就只剩下重复经验的真实、较早的作品或被知性构想出来的东西了。"[1] 雅氏对艺术天才所做的阐说，至少有三个要点值得注意。其一，独一无二性，亦即独创性。天才的作品是"绝对历史化"的、"不可替代"的、"无法为人所重复"的，这些作品在历史中只能出现一次，单纯的模仿只能不断沦于末流。其二，普遍性，亦即由独一无二的个体性所凸显出的典型性。天才作品的普遍性并不是知性意味上的类型，那种类型化的普遍性只是对经验现实的抽象，它是诉诸认知的模仿的结果。而天才艺术家所"模仿"（分有）的则是作为"本真现实"的"理念"，独一无二的个体诉诸生存抉择而对"本真现实"的共同贞认便使天才作品赋有了普遍性。其三，密码性。天才艺术家所把捉的乃是"原初真理"，它是"超越存在"所发出的声音，并只为历史中的"生存"所听闻。由是之故，天才"似乎通过这种原初的真理把超越存在自身从天堂带到了人间"；也正源于此，天才的作品成为"生存"解读"超越存在"之消息的"密码"。

---

[1] Karl Jaspers, *Philosophy* (Vol. 3), translated by E. B. Ashton, The University of Chicago Press, 1971, p. 171.

第二章 雅斯贝斯的精神求索历程及其艺术之思

"密码论"是雅氏生存艺术形而上学的特色所在，也是其美学思想的魅力所在。"密码论"的网机在于：它把对"超越存在"的解读建诸"生存"，同时又未否弃"内在存在"的价值。就"天才论"的意趣而言，它既不同于"只适用于它的语言质料"的艺术模仿理论，也不同于"为普遍的力量而辩解"的审美理想主义，毋宁说，"天才理论则探向根源。不过，天才这个概念仍是混沌不清的。它究竟是指创造性的天赋呢，抑或是指历史性的生存呢？如果意指前者的话，它就服从于对其各种成就的客观评价；如果意指后者的话，它就显现为超越存在的根源。生存意味上的天才通过其作品吁求我的存在，存在的语言由此作为一种传达的形式打动了我，而天赋意味上的天才则有一种微弱的客观意蕴。毋宁说，正是在人能够触及存在的根基之处，以及能够在密码中说话之处，生存与天赋才终于合二为一而成其为天才"[1]。由此可见，雅氏那里的"天才"将"生存"与"天赋"两义一体化于"密码"，天才的作品便意味着以直观的形式记录"超越存在"消息的"第二种语言"中的最为典型的"密码"。

④"超验的直观与内在的超越"[2]。对雅氏来说，艺术是一种可直观的"密码"。"在艺术中，密码要么作为超验的直观而达至其直观性，要么作为内在超越而在现实本身中变成可见的。"[3] 雅氏在此所做的分辨，其实是对第二种"密码"语言的那三种直观形式——"特殊形态的神话""彼岸的启示神话""神话现实"[4]——的进一步诠说。雅氏认为，"特殊形态的神话"与"彼岸的启示神话"隶归于"超验的直观"，而"内在的超越"则意指"神话现实"。不过，在雅氏看来，伟大的艺术往往将这两种直观形式浑化为一体。

在谈及"超验直观"的艺术时，雅氏指出："神话中的人物要么

---

[1] Karl Jaspers, *Philosophy* (Vol. 3), translated by E. B. Ashton, The University of Chicago Press, 1971, p. 171.

[2] Karl Jaspers, *Philosophy* (Vol. 3), translated by E. B. Ashton, The University of Chicago Press, 1971, p. 171.

[3] Karl Jaspers, *Philosophy* (Vol. 3), translated by E. B. Ashton, The University of Chicago Press, 1971, p. 171.

[4] Karl Jaspers, *Philosophy* (Vol. 3), translated by E. B. Ashton, The University of Chicago Press, 1971, p. 115.

置身于自然世界之外，要么作为特殊的存在物置身于世界之中，它们在艺术家那里均获得了表现的形式。"[1] 其实，后者所指称的即是"特殊形态的神话"，前者所意指的即是"彼岸的启示神话"。雅氏认为，"特殊形态的神话"中的人物是一种历史的存在物，"这些历史存在物并不是被凭空构想或创造出来的；它们相当于一种原创性的语言，这种语言在功能上与语词型语言有类似之处，不过它们是用来理解超越存在的。作为力量的化身，这些神话中的人物只在神与怪那里才得以具象化，并保留了象征与神秘的形式"[2]。他在这里没有对"神"与"怪"的人文意趣做更深入的探掘。其实由"怪"所喻说的无非是希腊人对人的生存构成巨大威胁的自然力的一种象征，而由"神"所喻说的则是希腊人试图以"超人"的力量战胜自然力的一种隐喻。"超人"的力量是超出经验之人的，因此喻说"超人"的"特殊形态的神话"属于一种"超验直观的艺术"；不过，"超人"的神力毕竟在人力的延长线上，说到底他们仍是一种"历史的存在物"，因而这种神话人物还没能突破"内在存在"。相形之下，"彼岸的启示神话"虽然突破了"内在存在"，却又风干为傲睨人的"经验实存"的"神圣的观念"。"超越存在在这里所呈现出来的形式是与经验实存相分离的，并非它的可能的完美状态。"[3]

由雅氏对"特殊形态的神话"与"彼岸的启示神话"的反省不难看出，他心目中的"超越存在"既不囿于"经验实存"，也并不摒绝"经验实存"，毋宁说，它乃标示着被生存意识转换为"密码"的"经验实存"可能达至的"完满状态"。无限完满的神性在人身上有其根荄，人自觉到这一神性的根荄而向着那无限完满的虚灵之真际充量投射。这样一来，作为"经验实存"的人便被转换为心有存主的"生存"，那为"生存"的自我超越所充盈的"内在存在"也被转换为携带"超越存在"消息的"密码"，此即所谓"神话现实"，它乃意指一

---

[1] Karl Jaspers, *Philosophy* (Vol.3), translated by E. B. Ashton, The University of Chicago Press, 1971, p.171.

[2] Karl Jaspers, *Philosophy* (Vol.3), translated by E. B. Ashton, The University of Chicago Press, 1971, p.171.

[3] Karl Jaspers, *Philosophy* (Vol.3), translated by E. B. Ashton, The University of Chicago Press, 1971, p.171.

种"内在超越的艺术"。在雅氏看来,"艺术的内在超越似乎只表现经验现实本身,这乃是另外一个问题。各种各样的艺术委实仅在直观性的经验起源中说话,但神话艺术却把经验现实的各种要素转换成另外一个世界:在它是真正的真实之处,它就会让我们洞察到不可能来自那些要素的东西。在这个世界里,那些要素是不能被完全析解的。这是真正的另一个世界,倘将其析解为诸多经验要素的碎片,我们就会破坏它们。不过,内在超越的艺术则把经验世界自身转化成了密码。它虽然似乎在模仿世界中发生的事情,但却能够让这些事情明晰起来"①。这段论说的题眼所在是,"内在超越的艺术则把经验世界自身转化成了密码",这也正是"内在超越艺术"的魅力所在,它在看似"模仿"经验世界的同时把经验世界变得"透明"起来。

雅氏认为,在"超验直观"的艺术中,艺术家要么作为囿于"内在存在"的"经验实存"而信从那些具有无限神力的"超人"("特殊形态的神话"),要么作为脱离"内在存在"的信徒而皈依"彼岸"的"神"("彼岸的启示神话")。在这两种形态的"神话艺术"中,艺术家为人们描绘的那种"充满膜拜仪式的世界"乃是超验直观的艺术得以存在的一个前提。服膺于外在于人的自由选择的仪式化的世界,艺术家自身并不具有独立性。这乃是因为,艺术家要想让人们相信这个仪式化的世界,就需要以某个信徒的共同体为先决条件,因此,"它也成为艺术家自身直观能力的一种依赖物;它的深度恰恰归因于这样一个事实:艺术家个体不再仅仅依赖他自身,而只能表达他与其他所有人共同知晓的东西"②。艺术的真谛在于独一无二的创造性,而创造独一无二的艺术需要艺术家个体自我贞定的独立性。在雅氏看来,相较于艺术家在"超验直观的艺术"中所表现出的依赖性,"内在超越的艺术则系于个体艺术家的独立性。他有其原初的实存视域,也有可能陷入对现实做单纯模仿或认知分析的境地,而且通过他自身的自由提升自己对事物的直观能力,这种直观能力却不是由

---

① Karl Jaspers, *Philosophy* (Vol. 3), translated by E. B. Ashton, The University of Chicago Press, 1971, pp. 171–172.

② Karl Jaspers, *Philosophy* (Vol. 3), translated by E. B. Ashton, The University of Chicago Press, 1971, p. 172.

膜拜仪式与共同体教给他的。纯粹超验的艺术家赋予传统的理念以形式，内在超越的艺术家则教会我们如何把实存转换为密码进而重新理解实存"①。

由以上阐说不难看出，雅氏显然对"内在超越"的艺术给予了更高的评价，但这并不意味着他就此简单地否定"超验直观"的艺术。雅氏指出："迄今为止，那些最伟大的艺术家总是想方设法把这两种可能性结合起来。他们并没有降低神话素材的地位，而是继续让其在现实中发挥作用，因为他们自身的自由能够让他们在超越中重新发现这种现实。这就是埃斯库罗斯、米开朗基罗、莎士比亚、伦勃朗所采取的方式。对他们来说，神话与现实的原初联系成为一种得到提升了的现实，这种现实总是只能于瞬间之中一次性地得到洞察与定形。通过这些最伟大的艺术家，神话——来自一种已经式微而哑默的传统——现在再一次大声地说话，并发出各种不同的声音。神话赋予现实以艺术表达的力量，通过分享这种力量，我们就可以不再仅以现实的语言来表达了。"② 这里所谓"只能于瞬间之中一次性地得到洞察与定形"的"现实"其实乃是一种"生存"的"现实"，那种"哑默"的神话因素之所以能"再一次大声地说话，并发出各种不同的声音"，说到底也只在于它已被"生存意识"转换为传递"超越存在"消息的"密码"。也就是说，这时的"超验直观的艺术"已被转换为"内在超越的艺术"。在雅氏看来，即便没有神话因素，仅仅凭借"内在超越的艺术"即可成就最伟大的艺术家。凡·高便是其中的一例。③

⑤ "艺术的多样性"④。雅氏这里所论及的"艺术的多样性"，其实即指谓艺术的诸门类。在雅氏看来，艺术可划分为音乐、建筑、雕

---

① Karl Jaspers, *Philosophy* (Vol. 3), translated by E. B. Ashton, The University of Chicago Press, 1971, p. 172.

② Karl Jaspers, *Philosophy* (Vol. 3), translated by E. B. Ashton, The University of Chicago Press, 1971, p. 172.

③ 雅斯贝斯指出："另外的情况依然存在，凡·高就是这样一个特例。他放弃了所有的神话素材，把自己完全限制在现实之中，因而令那必要的超越存在的声音无限地匮乏下去，但这对我们的时代来说则是真实的。" 见 Karl Jaspers, *Philosophy* (Vol. 3), translated by E. B. Ashton, The University of Chicago Press, 1971, p. 172。

④ Karl Jaspers, *Philosophy* (Vol. 3), translated by E. B. Ashton, The University of Chicago Press, 1971, p. 172.

塑、绘画、诗等门类，区分的分际乃在于它们表现"密码"的方式各不相同。概而言之，诸艺术门类略可分为两种：音乐、建筑、雕塑是依赖于"感知在场"的艺术，绘画与诗则"表现想象的东西，它们在世界中是不真实的"①。雅氏进一步指出："音乐、建筑、雕塑有待于可让它们的密码说话的诸要素的真实在场，相较之下，绘画与诗则在当下并不真实之物的愿景中，或在无限世界的方位中自由设计的可能性间移动，因为这类作为色彩或语词型语言的对象物常被用作服务于其他目的的、非独立的手段。"②雅氏提醒人们，上述区分并不是绝对的、唯一的，譬如我们还可以指认出"最能打动我们"的两种艺术：音乐与诗。现就其中涉及的三个话题一一予以阐说。

其一，"感知在场"的艺术：音乐、建筑、雕塑。

音乐是一种时间艺术，这乃是一个众所周知的事实。雅氏的可贵之处在于，他同时把音乐视为一种在"临时实存"中透示"超越存在"消息的"密码"。"在音乐中，作为自我存在形式的临时实存正在变成密码。音乐使超越存在在某一存在物的内在性中说话。当存在物消失时，音乐继续呈现它的时间形式。"③ 在他看来，音乐既是最抽象的艺术，又是最具体的艺术。"它的质料看不见、不落于空间、不可想象，在这种意义上说，音乐是最为抽象的艺术，因而也最缺少具体性；但从这种质料总能在时间之中产生与泯灭自我进而获得其形式这层意味上来看，它又是最为具体的艺术——对我们来说，在时间之维中显形的自我存在恰恰就是在世界中显现的存在本身。也就是说，当音乐把现存实存的普遍形式转化成它自身的真实时，它就触到了生存的内核。"④ "生存的内核"即是无条件的当下在场，它不依赖于任何对象，由此而能够穿透一切时间性的东西而把"实存"转换成"超越

---

① Karl Jaspers, *Philosophy* (Vol.3), translated by E. B. Ashton, The University of Chicago Press, 1971, p.172.
② Karl Jaspers, *Philosophy* (Vol.3), translated by E. B. Ashton, The University of Chicago Press, 1971, p.174.
③ Karl Jaspers, *Philosophy* (Vol.3), translated by E. B. Ashton, The University of Chicago Press, 1971, pp.172–173.
④ Karl Jaspers, *Philosophy* (Vol.3), translated by E. B. Ashton, The University of Chicago Press, 1971, p.173.

存在"在其中显现的"密码"。"在音乐与自我存在之间并没有任何对象性的东西。每一种音乐的真实都可能变成演奏者或听众的当下真实，参与其中的个体将允许他的实存的时间形式仅仅由声音所构成与充盈进而变得明晰起来。"① 尽管音乐是一种有待于人来表演的艺术，但是那种包含某种"密码"语言的艺术（譬如伟大的悲剧）严格来说是无法以表演的方式穷尽其深微的意味的。演员们的表演，充其量是以自己生存的深度不断地逼近所饰人物的生存深度，却无法完全达至。"戏剧则不必非要被搬上舞台演出；那些最深刻的戏剧，譬如《李尔王》或《哈姆雷特》，就几乎无法容忍排演。"② 追根究底，雅氏在这里所关切的，依然是唤醒个体的生存意识，防止音乐艺术对生存本源的遗忘。

建筑是一种空间艺术，它"构塑空间并使空间性成为存在的密码。它激发我在空间中移动的方式，并要求我在时间中以连续性的动作来充分显现我的心灵世界的结构空间"③。建筑艺术之所以成为"密码"，乃源于它能唤起"我"的"生存"介入。与音乐"密码"的不同之处在于，音乐给人的美感是瞬间的，而人欣赏建筑时的那种情愫则以空间的形式持存着。雅氏由此指出："对我的心灵来说，建筑并不像音乐那样很快就消失无踪，而是能够继续持存下去，这一点是确切无疑的。我的世界的空间形式，它的轮廓、结构、比例，均化为静止的、持续存在的密码。"④

雕塑是一种造型艺术，它"赋予了形体性本身一种表达的权利。从各种物神、方尖塔到大理石人形，雕塑这种密码并不是其他事物的形象，毋宁说，它就是以三维体的形式凝结而成的存在的实存"⑤。所

---

① Karl Jaspers, *Philosophy* (Vol. 3), translated by E. B. Ashton, The University of Chicago Press, 1971, p. 173.
② Karl Jaspers, *Philosophy* (Vol. 3), translated by E. B. Ashton, The University of Chicago Press, 1969, p. 173.
③ Karl Jaspers, *Philosophy* (Vol. 3), translated by E. B. Ashton, The University of Chicago Press, 1971, p. 173.
④ Karl Jaspers, *Philosophy* (Vol. 3), translated by E. B. Ashton, The University of Chicago Press, 1971, p. 173.
⑤ Karl Jaspers, *Philosophy* (Vol. 3), translated by E. B. Ashton, The University of Chicago Press, 1971, p. 173.

谓"存在的实存",其实即意指为"超越存在"所照亮的"实存",或者说"实存"因着已转换为"密码"而携带了"超越存在"的消息。携带"超越存在"消息的"三维体"理应是赋有神性的。在万物之中,人的形体最能透出神性,因此,人形便成为雕塑表现的主要形象;而在人之中,又只有"超人"才最接近神性,因此,"超人"成为雕塑表现的典型形象。"由于实存在人的形式中获致其最具体的形体表象,于是人的形象便成为雕塑表现的主要对象——然而,在这种雕塑密码中,神性并不是以常人的形式,而是以超人的身体在场的形式呈现出来的。"①

在雅氏看来,上述三类艺术都依赖于一定的质料:"在时间中实现的音乐艺术需要声音质料;在空间中实现的建筑艺术需要定界的质料,这种质料与服务我们现实人类实存的空间性用途以及目的相关联;在造型中进行体验的雕塑艺术需要在形式中表现内容的质料。"② 如若不为"超越存在"所照亮,这些依赖质料的艺术就会陷入"单纯的模仿",从而也不再成其为"密码"。"无论何时,只要这些用于实现艺术目的的因素仅仅被看成是实存的,密码在它们那里就变得苍白无力,艺术也就不再是本真的了:如在音乐中模仿自然的声音,在雕塑中再现随意的事物以及摹状普遍的对象物,在建筑中分离出有限目的的形式,如今都已明显地变得机械化、智性化了。"③ 不过,雅氏的致思并未停留于此,他之所以提出上述警告,乃在于通过艺术质料的"感知在场"唤起欣赏者的"生存在场",以便让这些艺术在"密码"中透示"超越存在"的消息。"这就是前三种艺术的作用依赖于它们的感知在场的原委所在——当倾听音乐时,我依赖于我发自此时此刻的实际行动;当把一座大型建筑尽收眼底时,我依赖于我在空间中实际伫立与移动的方式;当领略一尊雕塑时,我则依赖于形体的重力与可触性。这些艺术似乎并不情愿赋予我们任何一条真实可靠的入径,它们

---

① Karl Jaspers, *Philosophy* (Vol. 3), translated by E. B. Ashton, The University of Chicago Press, 1971, p. 173.
② Karl Jaspers, *Philosophy* (Vol. 3), translated by E. B. Ashton, The University of Chicago Press, 1971, p. 173.
③ Karl Jaspers, *Philosophy* (Vol. 3), translated by E. B. Ashton, The University of Chicago Press, 1971, p. 173.

受限的丰富性只向那些能够持守自律的个体敞开其深度。因此，如果要有密码显现出来，我必须作为我自身介入其中。自我活动则旨在直接通向密码性的存在，其间无须介入任何其他对象物。如果我完全成功地赢得进入上述三种艺术的通道，那么我就会发现，比起诗与绘画来，我在音乐、建筑、雕塑中可以更容易地避免自我欺骗。"①

其二，"想象性"的艺术：绘画、诗。

不同于"感知在场"的音乐、建筑、雕塑，绘画与诗则"表现想象性的东西"。绘画与诗的差异在于："前者（指绘画）仍受限于各种可视的事物，其线条与颜色能够在平面上使人产生虚幻在场的感觉；而后者（指诗）则完全不再想象任何可被看见与思考的东西，它必须在语词中进行表达。"②

雅氏指出："绘画与诗创造了一切事物、一切存在和非存在的无限空间，这易于给人带来娱乐性的放松。当下的自我活动起初只是寻求获得一种想象的幻觉；不过，只有到了第二步，通过这种幻觉，它才瞄准密码。事物呈现出的无底止的变化致使密码发挥作用变得愈加困难起来。由于这种天然具有的多样性，那些易于接近的事物乃是带有欺骗性的。"③ 在他看来，个体在绘画与诗中所感到的"娱乐性的放松"虽容易使人陷于自我欺骗，但它作为一种"临界"感觉，也正使人松开对于"实存"的执着，从而把"实存"转换为透示"超越存在"消息的"密码"。"绘画与诗显示了丰富的现实世界，它们不仅让我们解读时间、空间与形体的密码，而且让我们解读那种得以实现的现实的密码。"④ 由此可见，绘画与诗较之音乐、建筑、雕塑有更为开阔的表现视域。譬如，我们可以在绘画中勾勒一幢建筑、一尊雕塑的轮廓，可以在诗中描写欣赏一首音乐、一幢建筑、一尊雕塑的

---

① Karl Jaspers, *Philosophy* (Vol. 3), translated by E. B. Ashton, The University of Chicago Press, 1971, p. 174.

② Karl Jaspers, *Philosophy* (Vol. 3), translated by E. B. Ashton, The University of Chicago Press, 1971, p. 172.

③ Karl Jaspers, *Philosophy* (Vol. 3), translated by E. B. Ashton, The University of Chicago Press, 1971, p. 174.

④ Karl Jaspers, *Philosophy* (Vol. 3), translated by E. B. Ashton, The University of Chicago Press, 1971, p. 174.

感觉。雅氏认为，绘画与诗中的音乐、建筑、雕塑也只是与"实存"相类似的对象物，表现这些"插入的对象物"，其指归仍在于像对待"实存"一样把它们转换为"密码"。"在密码中，它们虽然使我们与存在分离开来，但是也使我们更加接近那条在实存中真正地遇到密码的途径。"①

其三，"最能打动我们"的两种艺术：音乐、诗。

不像黑格尔对于艺术门类的划分那样有着不可改变的逻辑节奏，雅氏由"密码"而喻说的艺术分类并不是唯一的，也不是最后的。雅氏指出："如若打破这一划分，那么音乐与诗就会一起同其他艺术门类对立起来。它们是最能直接打动我们的两种艺术门类。当各种情感——音乐中的感官享受，文学中不断变化的、悬而未决的体验——被迅即激起之时，音乐与诗就会欺骗我们，并会使我们失去密码；但是，它们也确实打动了我们，因为在声音与语言这两种最为抽象的质料中，它们最为直接地呼吁着一种积极的介入。对使密码在唤醒当下的自我存在时被感觉到的行动来说，积极的介入会在时间中得以强化。"②

我们看到，雅氏对诸艺术门类的诠说看上去与黑格尔有某些相近之处③，譬如，在他们所提及的艺术门类中，二人均认为音乐与诗是两种最抽象（借助材料最少）的艺术。不过，雅氏显然又把音乐与建筑、雕塑并列为"感知在场"的艺术。仅由二人对音乐的不同排列，我们至少可以看出，雅氏并未完全依凭"感性材料"的多寡来排列诸艺术门类的次序，而且，他的排列也不囿于某种强制性的律则。正因如此，雅氏对于诸艺术门类的喻说避免了黑格尔依一种强制性的律则而阐释某一门艺术时不可避免带出的牵强附会或削足适履。

---

① Karl Jaspers, *Philosophy* (Vol. 3), translated by E. B. Ashton, The University of Chicago Press, 1971, p. 174.

② Karl Jaspers, *Philosophy* (Vol. 3), translated by E. B. Ashton, The University of Chicago Press, 1971, pp. 174 – 175.

③ 黑格尔在《美学》第三卷中依次论及建筑、雕刻、绘画、音乐、诗，把诗细分为史诗、抒情诗、戏剧体诗，又把戏剧体诗再细分为悲剧、喜剧和正剧。对黑格尔来说，这种颇为庞杂的划分显然是井然有序的，其秩序乃决定于"理念"在显现自身的过程中所借助的"感性材料"的多寡。循着黑格尔所论及的次序，建筑所借助的"感性材料"最多，因此它是最低级的艺术；诗几乎并不借助"感性材料"，故而它是最高级的艺术。

3. "在艺术中思考，而不是思考艺术"：雅斯贝斯艺术之思的根本特点

综上，我们已可领略到雅斯贝斯艺术之思的根本特点，倘借用他自己的一句话来概括，就是"在形而上的艺术哲学中，我们在艺术中思考，而不是思考艺术"①。所谓"思考艺术"，即意指把艺术视为全部致思的重心，这是专职美学家所做的事情；所谓"在艺术中思考"，则指谓把艺术视为哲学致思中的一个环节，这是哲学家的志趣所在。雅斯贝斯显然属于后者。进而言之，雅氏固然也在言说艺术，不过他的指归却在于哲学。雅氏毕竟是一位纯正的哲学家，他对艺术的关注追根究底是结蒂于他所顾念的生存形而上学之上的。至此，关涉雅氏艺术哲学的那一颇为费解的问题——他缘何"不是思考艺术"——便可迎刃而解了。一言以蔽之，"在艺术中思考，而不是思考艺术"的全部底蕴在于：借助艺术活动来澄明"生存"、解读"密码"与明证"超越存在"。正是在这一意趣上，艺术成为"哲学的器官"。"雅斯贝斯把艺术看作是哲学的器官，这决不意味着哲学单方面地利用着艺术。"②毋宁说，它是在艺术与哲学的张力中向人们寓示出二者之间的一种必要的关联：一方面，"显示原初的存在多样性的内在艺术"需要通过形而上学沉思来更为透彻地理解自身；另一方面，诉诸理性的哲学也需要吸纳诉诸直观并照耀生存真理的"内在艺术"以敞开新的可能性。

艺术之思在雅氏的生存哲学构架中绝不是可有可无的。雅氏就此指出："思辨性思维并没有像科学性的艺术理论那样把艺术变成客体；对于这种思维方式来说，我们的艺术沉思毋宁说变成了凝望超越存在的目光。只有在婉拒各种归纳出来的一般化结论的过程中，那些蕴含于艺术沉思中的哲学思想才能从哲学上得以传达。在那里，哲学乃是间接地存在着的。哲学并不做引导，而只是教人去理解它无法予以引导的东西，尽管这些东西在本质上也是从属于哲学的。在我们认为哲

---

① Karl Jaspers, *Philosophy* (Vol. 3), translated by E. B. Ashton, The University of Chicago Press, 1971, p. 168.

② ［日］今道友信等：《存在主义美学》，崔相录、王生平译，辽宁人民出版社1987年版，第146页。

学思考即将把我们带向关键所在的地方,我们必须心甘情愿地承认,各种各样的阐释统统归于彻底失败。当我进行哲学思考时,我能更为清晰地听到莎士比亚以其自在沉沦着的原初性格所言说的东西(这种东西是未经诠释和不可诠释的),然而我却不能将其转化成哲学思想。"① 可以说,"变成了凝望超越存在的目光"的"艺术沉思"正是雅氏为哲学插上的"另一只翅膀",借着这只翅膀的扇动,他终于在《哲学》中"登上了纯正哲学的高处"。1955 年,雅氏特意为《哲学》德文第三版的出版撰写了篇幅颇长的"跋",其第一句话便是:"在我所有的著作中,《哲学》是最令我钟爱的。"②

三 《生存哲学》中的艺术之思

1.《生存哲学》的处境意识与精神旨趣

1937 年,雅斯贝斯因其妻子格特鲁德是犹太人而被纳粹当局解除大学教职。他在被免职后的一段时间里,抓住自己尚能公开说话的机会撰写了几篇演讲词,这些演讲词于 1938 年以《生存哲学》为书名出版,此后,他便被剥夺发表作品的权利,进入了第二个长达近十年之久的学术"冬眠期"(1938—1947 年)。雅氏自述道:"这是在纳粹垮台西方可以重新享度自由德意志生活以前我所发表的最后一本著作。这本著作的声调适合于这本著作出生的那个时刻,它关涉到根除不掉的东西。"③ 所谓"根除不掉的东西",指的就是雅氏在该书书名中有意以"生存"二字所突出的哲学的基本特征与根本任务。在他看来,"所谓生存哲学,虽然只不过是唯一的古老的哲学的一种形态,但目前以生存二字当作标明哲学特征的名词,也并不是出于偶然。它强调指出了长期以来几乎已被遗忘了的哲学任务:从本原上去观察现实,并且通过我在思维中对待我自己的办法,亦即通过内心行为去

---

① Karl Jaspers, *Philosophy* (Vol. 3), translated by E. B. Ashton, The University of Chicago Press, 1971, p. 168.

② Karl Jaspers, *Philosoph* Vol. 1 (Epilogue 1955), translated by E. B. Ashton, The University of Chicago Press, 1969, p. 5.

③ [德] 卡尔·雅斯贝斯:《生存哲学》,王玖兴译,上海译文出版社 2005 年版,"再版后记"第 90—91 页。

把握现实"①。从中可以看出,这本其声调适合于它的"出生的那个时刻"的著作是涵淹着雅氏刻骨铭心的"临界"体验与难以明言的隐衷的,说到底,他的隐衷就在于提醒当下的哲学不能遗忘它的"生存"之根,以便让契接"生存"之根的哲学来启迪人们"从本原上去观察现实",进而承担起对这个不堪的时代精神处境的责任。就此而言,《生存哲学》作为雅氏在被禁止发表作品之前有幸出版的最后一本著作乃意味着他的生存哲学时期的暂告结束。当然,这只是该书吐露给人们的第一层消息,其实更值得关注的乃是隐贯其中的第二层消息:雅氏在第一讲"存在论"中重点阐说了"对于大全的体验",旨在通过引起"存在意识的变化"来促动自由选择的生存个体"向超越存在的飞跃"。此外,他在第二讲"真理论"中还重点探讨了"真理含义的多样性"以及"例外""权威""理性"等话题。我们注意到,雅氏早在1935年出版的《理性与生存》一书中就已开始有意地在"生存"与"理性"的张力间引入"大全"的论题,以便将"生存"置于"理性"所拓辟出来的"大全"空间下加以探究。这个运思理路在《生存哲学》中体现得更为显豁,特别是"理性""大全""真理"越来越成为雅氏格外关注的话题。

如果说雅氏在三卷本《哲学》中有意地为"理性"觅得"生存"之根,借以避免"理性"堕落为认知理性意味上的"一般意识",那么他在《理性与生存》《生存哲学》中则开始有意地为"生存"插上"理性"的翅膀,借以避免"生存"受到尼采式"权力意志"的蛊惑而陷入非理性狂欢的泥沼。雅氏在《生存哲学》"再版后记"中写道:"在演讲那几天,由于生病,我体力比平时更加虚弱,这也算是个象征吧,所以我发出了一种在当时几乎绝望了的呼声。这呼声会有提醒作用的。它回响于哲学之中。对理性动物来说,当宗教的信仰不让人们有所皈依的时候,一切能证实的和可依靠的东西,都出于哲学。"②这里的"哲学",显然指的是"对理性动物来说"的那种既赋有"生存"之根又秉具"理性"之维的生存—理性哲学。就此而言,该书固

---

① [德]卡尔·雅斯贝斯:《生存哲学》,王玖兴译,上海译文出版社2005年版,"导言"第1页。

② [德]卡尔·雅斯贝斯:《生存哲学》,王玖兴译,上海译文出版社2005年版,第91页。

然以"生存哲学"为名,不过这种以"生存"标示其特征的哲学已经须臾脱不开"理性"的维度。

2.《生存哲学》中的艺术之思

《生存哲学》是标志着雅氏由生存哲学成熟时期向理性哲学—世界哲学时期迈出关键一步的著作,他在这部著作的"存在论""真理论""现实论"中对艺术问题做了深入的阐说。

①雅氏在"存在论"部分中对"艺术学"做了整体的反思。在他看来,"任何被认知的存在都不是存在"[①],而只是关于存在现象的知识。就此而言,"一切样式的大全,当它们变成研究对象而且仅仅是研究对象时,就好像消沉自毁了;当它们以研究对象的形态而成为可看见和可认识的东西时,就好像气绝身死了"[②]。基于上述看法,雅氏对那种把"艺术"变成科学研究对象的"艺术学"进行了批判:"艺术学,作为科学,并不把握真正的艺术现实,即是说,并不把握在艺术里被体验到和被表现出来的那种真实的东西。那种比如说客观上被称为'表情'的东西和关涉到一种'人生情感'或一种人物个性的东西,才是真正出之于本原,而对可能本原的报告,才是无所不包的现实。"[③] 所谓"艺术学"乃是一种知识化的提法,它把艺术视为科学认知的对象,"并不把握在艺术里被体验到和被表现出来的那种真实的东西"。而对"生存在场"的雅氏来说,"那种真实的东西"才是诠说艺术的人们所应把握的"真正的艺术现实"。由此,雅氏把知识化的"艺术学"转换为"真正出之于本原"的艺术活动。这种艺术活动的真正本原其实即是自我贞定、自我超越的"生存",而由"生存形而上学"所喻说的艺术哲学便是一种能够带来"存在意识的变化"进而引导"生存"向着"超越存在"不断飞跃的"生存艺术形而上学"。

②雅氏在"真理论"部分中谈及"诗词的界限"问题。在他看来,艺术的真谛在于其直观的形式,这种形式的价值在"为艺术而艺术"的审美诉求中达到其极致,也触碰到其界限。雅氏认为,"诗词是有界限的,在它的界限之内,诗词使之变为形象了的东西并不是诗

---

① [德] 卡尔·雅斯贝斯:《生存哲学》,王玖兴译,上海译文出版社2005年版,第11页。
② [德] 卡尔·雅斯贝斯:《生存哲学》,王玖兴译,上海译文出版社2005年版,第10页。
③ [德] 卡尔·雅斯贝斯:《生存哲学》,王玖兴译,上海译文出版社2005年版,第10页。

词所真正追求的那种最最内在的东西。哲学也有界限,在它的界限之内,哲学所思维的东西决不是一切哲学思维因之而发生的那个真理存在本身"①。这里所说的"诗词"即是"美的艺术"的代称,正如思辨的哲学一样,它同样有其界限。这界限是:它无法以其直观化的形式把捉那个"最最内在的东西"("真理存在本身""超越存在""绝对的大全")。"真理存在本身"是无法对象化的,它也不会拘囿于任何一种对象化的形式之中。无论是诉诸理性形式的思辨哲学,还是诉诸直观形式的美的艺术,都不能掌握这种只在自我超越的"生存"那里才当下显现的真理。

③雅氏在"现实论"部分中关联着对哲学大众化的批判谈到了荷马、索福克勒斯、但丁、莎士比亚、歌德等艺术家。雅氏指出:"最近以来,由于哲学大众化,已经有一大批空洞的启蒙思想变成普遍接受了的理智教条,又由于所有的人都参加进来搞科学,于是普遍流行着一种对其根本不懂的科学内容的迷信。与此同时,出现了人类的意识衰退,特别是,对于直到19世纪还表现于文学和体现于生活中的人的实质、命运和理想等等的理解能力,表现了势不可遏的衰退。如果说荷马、索福克勒斯、但丁、莎士比亚、歌德,他们对于人的关切一个比一个少,那么应该很有理由指出这是科学和哲学的过失所造成的现象。它们教人以外在的表面的思想去怀疑一切,它们并且通过它们的理性主义把一切的深刻意蕴掩盖起来;一切存在着的东西,都不外是它的天然的可认理智给它表现出来的东西,即是说,归根到底,不外是一个显而易见的事实性。"②应该说,雅氏把导致当代艺术对"人的实质、命运和理想等等的理解能力"表现出"势不可遏的衰退"的原因主要归结为"哲学大众化",无疑指出了问题的症结所在。因此,我们并不能一概而论地指称他对当代艺术的评价较低,更不能错误地认为他是反当代艺术的。进而言之,倘不理解雅氏从生存哲学的视野而关注艺术的这一根本态度,也就无从悟察其生存艺术形而上学的真韵。

---

① [德]卡尔·雅斯贝斯:《生存哲学》,王玖兴译,上海译文出版社2005年版,第42页。
② [德]卡尔·雅斯贝斯:《生存哲学》,王玖兴译,上海译文出版社2005年版,第87页。

第三节　理性哲学—世界哲学时期的艺术之思

　　1947年，雅斯贝斯在沉寂近十年之后出版了《哲学逻辑》第一卷《论真理》。在这部散发着理性沉思气息的哲学巨著中，他沿着《生存哲学》第一讲"存在论"、第二讲"真理论"所示的运思理路深入探讨了"真理""大全""理性"等话题，可以说，这部标志其正式步入理性哲学—世界哲学时期的著作已经触摸到了"纯正哲学"的神韵。布鲁希尔在1950年2月14日致阿伦特的信中，盛赞《论真理》这部产生于希特勒时代的作品"虽然是形而上学的，但是却是抵抗运动所获得的最伟大、最显著的成绩。欧洲哲学，这个最高尚、最优秀的力量，敢于同最危险的势力进行较量，并显现出其永恒和不衰的价值"。在《论真理》中，雅氏"不是以那个瓦解、腐化我们的个体、毁灭人性并对人类的存在产生威胁的、被我们视为西方历史产物的东西为借口，将一个貌似伟大思想家的根本意志强加于人，而是借助于思想家们的帮助，去获得一本关于人类自我沟通的指南，并为每个个体创造出机会，使之聚集在上帝的身旁，以避免西方意志的强加于人；使之去进行反抗而不是与其同流合污，从而最终不丢弃真理的方向。这就是西方哲学的最终赠言，并将被载入史册"。[①]

　　回溯雅氏精神求索的历程，我们不难看到，他并非从一开始就看重"大全""真理"的，而且他对"大全""真理"的诠说从未脱离开"生存"。即便在首次诠说"大全"思想的《理性与生存》一书中，他仍把"生存"视为"一切大全样式的生命与根源"[②]。在他看来，"哲学思考的中核只有在可能生存的意识中才能首先触到。生存只是在作为自身存在之条件的基源——而并非在所有视界中的一个视界——的意义上才是大全的。没有这自身存在，所有的存在都会变得沙漠般荒芜。生存自身尽管从未成为某种客体或形态，但它却负载着

[①] ［德］罗·科勒尔编：《汉娜·阿伦特/海茵利希·布鲁希尔书信集（1936—1968）》，孙爱玲、赵薇薇译，贵州人民出版社2004年版，第173页。

[②] Karl Jaspers, *Reason and Existenz*, translated by William Earle, Marquette University Press, 1997, p. 60.

大全的每种样式的意义。……正是在这里，我们发现了在世界之中的任何一种事物——如果它对我们来说赋有真正意义的话——都绕之转动的轴心（axis）"①。由此可见，尽管从无所不包的"大全"视域出发，"生存"乃意指"大全"的一种样式，但这一"大全"样式的意义无疑是颇为重要的。"没有生存，一切都显得空洞、空虚、无根、虚假，因为它已变成无底止的假象、纯粹的或然性或单纯的经验实存。"② 从雅氏毕生精神求索的内在理路看，"生存"即是雅氏全部哲学的致思"轴心"，以至于在《论真理》中，雅氏仍在述说着与《理性与生存》的旨趣颇为相通的话："自我存在即是所谓的生存。这个'我'不能以任何方式成为我自己沉思的对象。我不能认识自己，但是我能达到自我实现，或失落掉自己，二者必居其一。……［生存是］是我所是的一切和对我真正有意义的一切所绕之转动的轴心。"③ 到了"世界"哲学时期，"生存"这一致思"轴心"依然涵贯于他对伟大哲学家的阐说之中，尤其是那些"轴心"人物，更喻示着人类历史上最深刻的一次生存展示。若从艺术之思的角度看，那些理性生存型的艺术家——如歌德、达·芬奇、莱辛——伴随着雅氏在"生存"与"理性"的张力间所做的思考越来越引起他的关注。

大致来说，雅氏哲学探索的轨迹可被勾勒为生存→理性→哲学逻辑→大全→世界哲学。从"生存"到"大全"，自然需要属于"哲学逻辑"的"理性"力量为其荡开一个充沛无限可能性的博大空间，不过，这博大的空间说到底乃是为着自由选择的"生存"而荡开的。由此，为"生存"所充盈的"理性"不再是某种纯然逻辑推导的冷慧，而是寓托着"生存"之神慧的"生存的辩证法"。由"生存的辩证法"提撕而来的"大全"当然也不再是某种空洞无物的空间，而意指着某种为"生存"的充量投射所照亮的"超越存在"。

雅氏在理性哲学—世界哲学时期出版了大量著述，其中谈及艺术

---

① Karl Jaspers, *Reason and Existenz*, translated by William Earle, Marquette University Press, 1997, pp. 60–61.

② Karl Jaspers, *Reason and Existenz*, translated by William Earle, Marquette University Press, 1997, p. 63.

③ ［德］雅斯贝尔斯：《论真理》，转引自［美］N. 劳曼编著《新编存在主义辞典》，程继松译，中国地质大学出版社1992年版，第195页。

问题的有《论真理》（1947）、《我们的未来与歌德》（1947）、《歌德的人性》（1949）、《哲学导论》（1950）①、《作为哲学家的达·芬奇》（1953）、《大哲学家》第一卷（1957）等。在这些著述中，《论真理》对生存悲剧论做了系统的阐说，《哲学导论》和《大哲学家》第一卷将荷马、埃斯库罗斯、索福克勒斯、欧里庇德斯、但丁、莎士比亚、歌德、陀思妥耶夫斯基、荷尔德林、达·芬奇、米开朗基罗、伦勃朗等艺术家置于伟大的哲学家之列，至于《我们的未来与歌德》《歌德的人性》《作为哲学家的达·芬奇》则可视为雅氏已经撰出的艺术家专论。雅氏去世后，萨尼尔选编出版了他的一些遗著，其中《超越的密码》（1970）再次谈及"密码"话题，《什么是教育》（1977）论及艺术教育问题，《大哲学家》（遗稿，1981）收有莱辛专论。此外，在其他的哲学专著中，雅氏也零零星星地提及过有关艺术的话题。

一 《论真理》中的艺术之思

在《论真理》一书中，雅斯贝斯对悲剧艺术做了系统诠解。在他看来，悲剧是一种"伟大的艺术"，它固然也要诉诸美的形式，但并不止于美的形式。正因着对"生存"与"超越存在"的承担，它才在作为"解读密码的语言"的意趣上成其为伟大的艺术。雅氏就此对"伟大的艺术"与"美的艺术"做了比勘："我们必须区分两种艺术：一种是作为特定审美观念之表现的艺术，另一种是作为形而上的真实存在之象征的密码艺术。只有当美恰好呈示出形而上的真实存在，这种真实存在被体验为美的东西，每一事物因其真实性而被视为本真的美的时候，这两种艺术才会合一。"② 这里所说的"作为特定审美观念之表现的艺术"即意指"美的艺术"，而与之相比勘的"作为形而上的真实存在之象征的密码艺术"则指谓"伟大的艺术"。两者都赋有美的形式，而且均以某种完美的性状指向"实存"无法在经验世界中

---

① 国内学者柯锦华、范进据英译本 *Way to Wisdom: An Introduction to Philosophy* 译为《智慧之路——哲学导论》（中国国际广播出版社1988年版）。
② Karl Jaspers, *Tragedy Is Not Enough*, translated by Reiche, Moore and Deutsch, Beacon Press, 1969, p.26.

— 197 —

达至的美的极致，但两者毕竟又有根本的不同。"我们为形而上学艺术所保留的称号'伟大的艺术'，即意指以其直观的创作显示隐蔽的实在的艺术。"① 这种作为直观"超越存在"的"密码"的"伟大的艺术"，因其生存的在场，便能够"以其直观的创作显示隐蔽的实在"。相形之下，那种诉诸纯粹形式且生存不在场的"艺术"，则只是"美的艺术"。"不言而喻，一切未经如此自我超越的表象——所有纯粹的装饰，所有仅仅迷惑感官的表演——至多只是技术精巧意义上的艺术，而与哲学毫不相干。大凡美脱离形而上学的背景之处，莫不皆然。"② 由此不难看出，作为以直观的形式契接"生存"与"超越存在"的中介，"伟大的艺术"（"真正的艺术"）无疑已成为解读"超越存在"之"密码"的语言。在雅氏看来，悲剧正是悲剧诗人创造的一种可供解读"超越存在"之"密码"语言的"伟大的艺术"。通过诠解悲剧，雅氏的指归并不在于喻示"美"的消息，而在于揭示"真理"的秘密。

说到底，雅氏是借着对悲剧的诠解来探究真理问题的。在他看来，悲剧的中心问题是"整全的真理"在经验世界中的分裂。"当各自都认为自己是真实的力量相互冲突，悲剧就会发生。实在是破碎的，真理是分裂的，这是一种对悲剧知识的基本领悟。"③ 源于此，什么是真理，真理在世界之中有效吗，是真理取胜吗？诸如此类的终极追问与解答构成了人们所领悟的"悲剧知识"。施太格缪勒曾对此品评说，雅氏所提供的许多分析"并不依赖于他的哲学的最后意图，因此对那些不愿接受存在哲学根本立场的思想家也能给予宝贵的启发。作为一个特别突出的例子，还可以举出对悲剧的论述"。"这种论述可以归入有关这一问题的最卓越的论述之列。"④ 将雅氏对悲剧的诠解"归入有

---

① Karl Jaspers, *Tragedy Is Not Enough*, translated by Reiche, Moore and Deutsch, Beacon Press, 1969, p. 26.

② Karl Jaspers, *Tragedy Is Not Enough*, translated by Reiche, Moore and Deutsch, Beacon Press, 1969, p. 26.

③ Karl Jaspers, *Tragedy Is Not Enough*, translated by Reiche, Moore and Deutsch, Beacon Press, 1969, p. 57.

④ [德] 施太格缪勒：《当代哲学主流》上卷，王炳文、燕宏远、张金言等译，商务印书馆1986年版，第261—262页。

第二章 雅斯贝斯的精神求索历程及其艺术之思

关这一问题的最卓越的论述之列"是无可置疑的,不过,所谓该种论述"并不依赖于他的哲学的最后意图"之类的断言显然有悖于雅氏的整体运思。相形之下,井村阳一的颇为中肯的一个评说对此做了矫正:"这(指悲剧论——引者注)既是雅斯贝斯唯一有系统的文学论,又是从生存论立场出发进行的一种审美范畴的设定。"① 事实上,雅氏的悲剧论从未遁出其生存形而上学的视界。毋宁说,它是雅氏"在艺术中思考,而不是思考艺术"的最为彻底的范例。他把悲剧视为生存艺术(广义上的"艺术")的典型,并在"艺术是哲学的器官"的意趣上将悲剧誉为一种伟大的文学。悲剧文学之所以伟大,乃在于它是"生存"解读"整全的真理"("超越存在")之消息的"密码"。

对雅氏来说,悲剧根源于"生存",而"生存"向着"整全的真理"的自我超越是一个永不息止的过程。"真理是指达到向我们显现的存在的道路。"② 为了不把某一路标(相对的真理)误认为目标("整全的真理"),那诉诸当下践履的"生存"便永远运命自承地走在趣向"整全的真理"的途中。这种"在途中"的"处境感"缘起于"生存的历史性"。"生存"只在时间中探寻真理,并通过自由的选择来充盈属我的历史。除此而外,别无他途。这样一来,"生存"趣向"整全的真理"的过程便被转换为"生存"自我坎陷的"密码"。"对我们来说,无论是作为死亡还是作为安宁的源泉,整全的真理在生命与时间之流里都是不可得到的。真理在时间之流里永远处于运动之中,变动不居,即便在它不可思议地变得具体明朗起来时,也无从加以固定。绝不脱离这一基本处境——这是哲学思想能够保持真实的唯一条件。"③ 人们或许会在这里感到一丝"赫拉克利特之河"的凉意。诚然,雅氏曾从这位"原创性形而上学家"那里汲取过人文智慧④,不

---

① [日] 今道友信等:《存在主义美学》,崔相录、王生平译,辽宁人民出版社1987年版,第170页。
② [德] 卡尔·雅斯贝斯:《生存哲学》,王玖兴译,上海译文出版社2005年版,"导言"第13页。
③ Karl Jaspers, *Tragedy Is Not Enough*, translated by Reiche, Moore and Deutsch, Beacon Press, 1969, p.104.
④ 参见 [德] 卡尔·雅斯贝尔斯《大哲学家》,李雪涛主译,社会科学文献出版社2005年版,第564—573、584—588页。

过,如果人们就此断言他做了赫拉克利特的后昆,那么,这无论如何是对雅氏的一种误读。应该说,雅氏那自我生成的"生存"并不是漂弋于"变动不居"的"赫拉克利特之河"上的一叶浮萍,"生存"最终所趣向的"整全的真理"("超越存在")也不是那从根底处透出命运气息的"逻各斯"。毋宁说,他借着"变动不居"的"赫拉克利特之河"所欲吐露的隐衷是,通过把那些经验世界中自封的"绝对真理"——将某一相对的真理绝对化而形成的绝对主义的"真理"——再次相对化,以便在绝对主义与相对主义所构成的张力间探寻那虚灵不滞的"整全的真理"。"整全的真理"鉴照出经验世界中的"真理"的有限。事实上,人的有限意识本身即缘起于"生存意识"对无限完美的"整全的真理"的贞认。这在"实存"的"一般意识"看来的同义反复与循环论证,却正涵淹着"生存意识"自身的"逻辑"。"生存"不受经验世界与因果链条的羁绊,而是"以全部真诚的方式实践着真理的意义"。诉诸自由选择的"生存"建基于无条件的交往意志,并敢于为心中所期许的"整全的真理"而赴死。"这就是对伟大而高贵的生命的直观:在趋向真理的运动中承受着境遇摇曳不定的痛苦并使之被真理所照亮;面对不确定性而屹立不动;证明自己能够拥有无限的爱与希望。"[1]

雅氏认为,那趣向"整全的真理"的"生存"在时间之流与"世界前景"中所遭遇的自我坎陷,事实上正喻说着生存形而上学视界下的生存悲剧。"悲剧既不属于超越存在领域,也非在于一切存在的基源,而是隶归于感觉与时间的世界。"[2] 诚然,悲剧必得发生于时间与经验世界之中,但是,"那类只描述恐怖本身以及残忍、凶杀、阴谋——简言之,一切可怕的事件——的诗,并不会因之而成为悲剧"[3]。在雅氏那里,悲剧意指一种涵淹着解救之消息的失败,"生存"在困厄的极限处渴望着自我解救,并把这"实存"意味上的"失败"转换为默识

---

[1] Karl Jaspers, *Tragedy Is Not Enough*, translated by Reiche, Moore and Deutsch, Beacon Press, 1969, p. 105.

[2] Karl Jaspers, *Tragedy Is Not Enough*, translated by Reiche, Moore and Deutsch, Beacon Press, 1969, p. 104.

[3] Karl Jaspers, *Tragedy Is Not Enough*, translated by Reiche, Moore and Deutsch, Beacon Press, 1969, p. 74.

超越之维的"密码"。他就此指出:"悲剧观点将人类的需要与痛苦建基于形而上学之上加以领会。倘没有这一形而上学之基,我们便只剩下悲苦、忧伤、厄运、灾难与失败。然而,只有超越上述所有不幸的知识,悲剧才会向我们显现。"[1] 这里的"形而上学"即指谓"生存形而上学"。

一言以蔽之,尽管悲剧论在雅氏学说中相对自成系统,不过,"生存"→"密码"→"超越"作为一条潜隐的主线自始就涵贯于他对悲剧的诠解之中。具体来说,雅氏从"悲剧知识"、"成功"与"失败"及"悲剧诠释"三个方面阐说了他的悲剧观。在他看来,"悲剧知识"是人通过对现实悲剧的文化把握而获得的一种关涉终极真理的洞识,作为悲剧的神髓,它自始涵贯于人们对悲剧的种种诠释之中,正是在这些诠释里涵淹着"生存意识"的真理观与历史观。以"悲剧知识"在希腊悲剧中的第一次伟大自觉为坐标点,雅氏为我们勾勒了人类悲剧史的基本轮廓[2]并提示了悲剧的内涵。就悲剧的内涵而言,他认为悲剧意指一种赋有希望的失败,其魅力在于能够呈示人在失败中的伟大,并借此来净化人的灵魂。在"失败"的边缘,自我超越的"生存"渴望着自我解救,并把"失败"转换为默识超越之维的"密码"。事实上,他是把悲剧作为"生存"趋向"整全的真理"的一种"临界处境"来看待的,那无可逃避的命运带给主人公灵魂无可告慰的撕裂感,同时也给了"生存"运命自承地寻求灵魂解救的一种契机。在他看来,悲剧解救有两种:一种是"在悲剧中的解救",它意指悲剧结构继续保持完整,主人公通过"内在超越"而获致生存意识的转变;一种是"从悲剧中解救",它意指悲剧本身已不复存在,主人公通过"临界超越"而获致终局解救。雅氏的可贵之处在于,他不仅对悲剧做了"神话的诠释"与"哲学的诠释",而且反省到"诠释的界限"。正因为如此,他并未建构悲剧本体论,反倒是反对"泛悲剧主义",主张从悲剧中超越悲剧。在他那里,悲剧既向"生存"开

---

[1] Karl Jaspers, *Tragedy Is Not Enough*, translated by Reiche, Moore and Deutsch, Beacon Press, 1969, p. 74.

[2] 参见 Karl Jaspers, *Tragedy Is Not Enough*, translated by Reiche, Moore and Deutsch, Beacon Press, 1969, pp. 28 – 29。

放着，也向"超越存在"敞开着。对人而言，伟大的悲剧的底色并不是虚无，因为在"赋有希望"的失败中，"密码"带来了"超越存在"的消息。正如在世界之中突破着世界，在历史之中穿透着历史，"生存"也在悲剧之中超越着悲剧。就此而言，英译者 Reiche、Moore、Deutsch 将选自雅氏《论真理》一书中的《悲剧知识》转译为《悲剧是不足的》(*Tragedy Is Not Enough*)，中译者根据英译本再次将之转译为《悲剧之超越》（叶颂姿译）、《悲剧的超越》（亦春译）、《悲剧与超越》（徐信华译），尽管从字面上看这些译名与原著的距离较大，不过倒也点出了雅氏生存悲剧论的慧眼。

正当雅氏在探索哲学逻辑的道路上对"理性""真理""悲剧"等话题作究元追问进而向古典哲学频频回眸以便为人们找到超越悲剧的可能蹊径之际，海德格尔这位"很可悲，但却独树一帜"的哲学家则在天、地、人、神的游戏中迷失于他所撰就的《林中路》中。1950年2月22日，布鲁希尔在致阿伦特的信中对雅氏与海氏在同一时期各自的代表作《论真理》与《林中路》做了对照性评说，并颇为敏锐地指出了二人在哲学气象上的差异："海德格尔……依然行驶在尼采的轨道上，回到柏拉图中间，把西方的存在理念埋葬并将其炸毁，在一无所获的地方希望发现新的东西。然而，他的发现不过还是他的虚无而已，他被这些东西牵着鼻子走。读过雅斯佩尔斯的人可以作出这样的评价：他已触摸到西方哲学的本质。而读过海德格尔的人会这样说：他迷路了，在森林的尽头迷失了方向。"[①] 确实，海德格尔在被"虚无"的东西"牵着鼻子走"的途中"迷路了"，而雅氏则通过肯定理性的力量与人类的尊严"触摸到西方哲学的本质"。

二 《大哲学家》中的艺术之思

据雅斯贝斯自述，他从20世纪30年代起就已开始关注世界哲学史的问题，随着纳粹极权统治对德国乃至欧洲文化的彻底摧毁，他越

[①] ［德］罗·科勒尔编：《汉娜·阿伦特/海茵利希·布鲁希尔书信集（1936—1968）》，孙爱玲、赵薇薇译，贵州人民出版社2004年版，第185页。

来越意识到"我们正在从欧洲哲学的夕照中走向世界哲学黎明的路上"①。雅氏为自己心目中的世界哲学史构拟了一幅颇为宏阔的蓝图，在这幅蓝图中有一部分是打算阐说"语言、宗教和艺术的哲学关系史"的，可惜这一部分"只有内容广泛的札记，还未在结构上作清晰完整的整理"②。雅氏生前仅出版了两部与世界哲学史相关的著作：第一部是1949年出版的《论历史的起源与目标》，该书是构拟中的世界哲学史的导论部分，它集中阐述了雅氏的历史哲学思想，正是在这部著作中，他首次提出了影响深远的"轴心时代"范畴；第二部是1957年出版的《大哲学家》（第一卷），该书固然只是构拟中的三卷本《大哲学家》中的第一部分，不过我们已足可从中窥见雅氏匠心独具的世界哲学史观。大致来说，雅氏的世界哲学史观有两大特色：其一，他不仅以其无所不包的"大全"视野对世界哲学史上几乎所有赋有创见的哲学家的思想都有所理会，而且以其祈向超越之维的生存哲学为底据对这些哲学家进行分组并排列了他们的"等级顺序"；其二，他在哲学与艺术的张力间致思"生存""超越存在""大全""理性""密码"等重要的问题，进而将那些既契接"生存"之根又祈向超越之维的艺术家归入伟大的哲学家之列。雅氏是打算将伟大的艺术家置于大哲学家的第三大组（构拟中的《大哲学家》第三卷）进行阐说的，可惜的是，他在生前并没有完成这一部分的撰写工作。

1. 大哲学家的分组原则及其"等级顺序"

一般的哲学史著作往往遵循编年学的原则对哲学家们进行分组并依着年代的先后顺序对他们的思想一一进行阐说，这种编排方式看似很客观，实则颇为表面化，尤其值得注意的是，当他们的作品被编入某种客观结构之际，每位哲学家的独异个性以及他们之间的精神联系却被遮蔽了。鉴于此，雅斯贝斯打破了上述通行的惯例，他在《大哲学家》一书的"导论"中就其心仪的分组原则做了说明："对我们来

---

① ［德］卡尔·雅斯贝斯：《雅斯贝斯哲学自传》，王立权译，上海译文出版社1989年版，第104页。
② ［德］汉斯·萨尼尔：《雅斯贝尔斯》，张继武、倪梁康译，生活·读书·新知三联书店1988年版，第122页。

说，大哲学家间不是相互没有联系的，他们属于一个共同的王国，并在那里相遇。但是他们绝不可能在他们所生活时代的现实中相遇，而只是相逢于他们思想的观念之中：哲学家的圈子在但丁那里就像是前地狱和天堂一般，也像拉斐尔的作品'雅典学派'。如果我们致力研究单独的哲学家，那么精神王国的这幅画面便会作为背景显现在我们面前。"[1] 这里所说的"共同的王国"，指的是超越了特定时空结构的"精神王国"，在这个精神王国里，每一位哲学家的著作都有其独异的"个人形象"，他们"只是相逢于他们思想的观念之中"，而不会相遇于现实的时空之中，更不会拘囿于任何一种注定了的客观结构之中。雅氏就此指出："这种分组超越了客观的问题，纵观了时代和各种文化，从而凸显了著作之中的个人形象的本质。如果想这样做的话，就要有个前提，即将哲学世界不只看作是在他们的基本问题和答案秩序之中的客观结构，不只看作是按时间顺序的历史结构，而是由哲学家个人的关系把哲学世界看成是丰富多彩的。这样的话，我们会把大哲学家们定位在一个人物的空间里，而不是客观事物的空间。"[2] 从中可以看出，雅氏是从其"生存意识"来品评哲学家的，在这种秉有超越之维（祈向"大全"的"整体"）的生存意识看来，每一位哲学家都以自身的方式"集中了哲学的整体，并转化成了个体形象"，因而也都"拥有独特性、不可替代性和不可代表性"[3]。就此而言，他们中的每一个人都既是历史中不可替代的"这一个"，又是"全"；既是人类精神整体的杰出代表，又都赋有独特的精神个性。因此，他们是不能被归入"一般意识"意味上的任何一个概念以及任何一种精神类型之中的："对于哲学家的本身没有合适的、可以将他们纳入其中的概念。没有一位哲学家可以被归在某一类，既不可归在时代和民族里，也不能归在由我们想像出的哲学的基本立场中，也不可归在精神的类型之中。每一种的这种归类只能表现哲学家的一个方面。没有任何的一位

---

[1] ［德］卡尔·雅斯贝尔斯：《大哲学家》，李雪涛主译，社会科学文献出版社2005年版，第22页。
[2] ［德］卡尔·雅斯贝尔斯：《大哲学家》，李雪涛主译，社会科学文献出版社2005年版，第22—23页。
[3] ［德］卡尔·雅斯贝尔斯：《大哲学家》，李雪涛主译，社会科学文献出版社2005年版，第23页。

第二章 雅斯贝斯的精神求索历程及其艺术之思

大哲学家可以由一方面来穷尽。"[①] 在雅氏看来,每一位哲学家都是独一无二的"生存",这些相互不可替代的"生存"宛如人类精神星空中各自熠熠生辉的星体,他们都从人类精神的整体那里分有着光亮,因而他们在这个整体之中也都享有一席之地。由于哲学家们契接人类精神整体的程度的不同,他们所绽放的思想观念之光辉便有了不同的色彩及其在人类精神星空中的不同位置。那些契接人类精神整体的程度大致相同并且在人类精神星空的等高线上居于相似位置的哲学家便因着精神的共振而相遇,由此形成某个彼此间相互吸引的精神星系,并与那些居于别一种精神等高线上的星系形成一种必要的张力关系。这些异彩纷呈的个体以及由此形成的诸多层次不同的星系既各自独立,又交相辉映,从而共同形成了一个既丰富多彩又浑然一体、次第井然的精神星空。雅氏在《大哲学家》一书中所欲做的,就是在凸显哲学家个性特质的基础上将他们共同组成的这个"精神王国"的"等级顺序"揭示出来。

根据哲学家们以其独一无二的"生存"所契接的人类精神整体的程度以及他们在人类精神星空的等高线上所占据的位置的不同,雅氏对他们一一做了分组。就《大哲学家》第一卷的分组而言,作为"思想范式的创造者"的苏格拉底、佛陀、孔子和耶稣被列为第一组,作为"思辨的集大成者"的柏拉图、奥古斯丁、康德被列为第二组,被列为第三组的则是作为"原创性形而上学家"的阿那克西曼德、赫拉克利特、巴门尼德、普罗丁、安瑟尔谟、斯宾诺莎、老子、龙树。这里需要强调的是,上述三个组别在精神的"等级顺序"中并不是平分秋色的,进而言之,它们依次标示着"精神王国"的三个等级序列,其中位居第一序列的便是作为"轴心"人物而被誉为"四大圣哲"的苏格拉底、佛陀、孔子和耶稣,在这四位圣哲的身上,雅氏既默识到了"配得上作为一个人"的原型,也获致了勾勒世界哲学史之蓝图的精神结构。雅氏就此指出:"这四大思想范式的创造者都曾产生过历史性的影响,其广度与深度都是无与伦比的。虽然其他伟大的哲学家

[①] [德]卡尔·雅斯贝尔斯:《大哲学家》,李雪涛主译,社会科学文献出版社2005年版,第23页。

在较小的范围内也有过类似的重大影响，但如果我们从千余年来持久不断以及无所不包这一视角来看的话，这四位大师的影响力是如此巨大，以致如果没有他们，那么就不可能有对世界哲学史的清晰认识。"①在雅氏看来，作为"超越存在"在"世界"之中的直观形象，四大圣哲于终极处为各自的民族，同时也为人类所贞立的教化，至今仍在发挥着无与伦比的内塑力，并决定性地影响着人类历史的进程，后人正是从他们所发挥的历史影响那里获得了"对世界哲学史的清晰认识"。雅氏曾就列入"思想范式的创造者"的哲学家"为什么单单是这四个人"做了如下阐释："我们还可以考虑的其他人选有：亚伯拉罕、摩西、以利亚、查拉图斯特拉、以撒亚、耶勒米亚、穆罕默德、老子、毕达哥拉斯。不过这些人中没有一位所产生的历史影响——其深度与广度——是可与这四位相提并论的。其中唯一在历史作用的广度或许可以与这四位大师相比的是穆罕默德，但他在个体的深度上却是跟这四大哲学家断然不同的。"② 由此可见，雅氏是从哲学家们产生"历史影响"的"深度与广度"两个方面来充分肯认四大圣哲的无与伦比的世界哲学史地位的，而他们发挥"历史影响"的过程乃是与一代又一代生存个体契接人类精神的整体来品评历史上的大哲学家并借着这种品评不断地重塑那种足以配得上"人"的称谓的历史形象的过程完全一致的。

追根究底，雅氏是诉诸涌动于每位生存个体内心深处的良知—公意机制来品评世界历史上的哲学家并为那些大哲学家（大人物）来排列顺序的。"人类有历史，而大人物用历史给人们讲述过去。同神圣的深度相连接处乃是根植于每一个伟大心灵之中的坚定的道德观念、放眼世界的内涵以及知识的清晰。"③ 这里所说的"道德观念"，它只能根植于康德意义上的"善良意志"或者孟子意味上的"良知"，正是根植于每一个伟大心灵之中都赋有的"善良意志"或"良知"以及

---

① ［德］卡尔·雅斯贝尔斯：《大哲学家》，李雪涛主译，社会科学文献出版社2005年版，第63页。

② ［德］卡尔·雅斯贝尔斯：《大哲学家》，李雪涛主译，社会科学文献出版社2005年版，第187页。

③ ［德］卡尔·雅斯贝尔斯：《大哲学家》，李雪涛主译，社会科学文献出版社2005年版，第1页。

由此所生发的"道德观念",一代又一代的生存个体才会一次又一次地与"大人物"("大哲学家")身上体现的"神圣的深度"(公意、人类精神整体)相契接,并在契接"神圣的深度"的过程中为生存于现实世界与历史中的个体确证历史的结构与意义。"因为大人物是这样的一些人,所以人民和人类的整体都承认他们。在他们的镜子里折射出了每一个当代,同时也能找到现时代确定大人物的标准。大人物会被遗忘,也会再现。他们有时会鲜艳夺目,有时也会退入暗处。没有他们,现存在就会变得毫无历史意义。"[①]"大人物"是人类精神整体与历史公意的体现者,正是在他们的鉴照与折射下,"每一个当代"的精神处境究竟如何就变得显豁起来了。具体说来,在"大人物""退入暗处"而遭到"遗忘"的时代精神处境下,人们便会因着失去了"历史意义"而直接与"虚无主义"相遇;与此相反,在他们"鲜艳夺目"而"再现"于现实世界的时代精神处境下,人们便会因着再次找到了"确定大人物的标准"而过上富于意义的生活。可以说,雅氏重新发现那些彪炳人类历史的"大人物"并为他们排列顺序的指归正在于此。"排列顺序旨在提升大哲学家作为人的敏锐目光,这可以通过唤醒在每一个单独个体之中的普遍意识来实现。"[②] 这里所说的"普遍意识",指的就是由人类的精神整体所标示的历史"公意"。

由此可见,雅氏诉诸良知—公意机制所确立的"大人物"("大哲学家")的"等级顺序"乃是精神的"等级顺序"(价值的"等级顺序"),他在《大哲学家》一书中也将之称为"真正的等级顺序",并把它与诉诸权力—私意(与众意)机制的"专制秩序"区分开来:"在精神世界里并没有一个按多数表决的权威机构。出于爱和敬畏而使人具有观察的自由,多多少少是借助于这一自由才发展成了一个等级顺序的王国。大人物的产生事实不是通过专制的方法,没有管理档案,不用法庭,不需要命名(而独裁者、专制的国家机构和教会、中国皇帝和天主教教皇统治下的专制秩序所强迫承认的往往是徒劳无获

[①] [德] 卡尔·雅斯贝尔斯:《大哲学家》,李雪涛主译,社会科学文献出版社2005年版,第1页。

[②] [德] 卡尔·雅斯贝尔斯:《大哲学家》,李雪涛主译,社会科学文献出版社2005年版,第25页。

的)。真正的等级顺序是在历史之中逐渐形成的,并且在变化着,不过其中也有一个持久不变的特征,这一特征不顾所有想将大人物从宝座上拉下来的企图,会重新恢复大人物的地位。"① 这段话至少向人们道出了两层意思。其一,"在精神世界里并没有一个按多数表决的权威机构"。"权威机构"在议事程序上往往遵循少数服从多数的量化原则,其议事的结果往往受到权力—众意机制的操控。而哲学史家在建构精神的等级顺序时则出于对"大人物"的"爱和敬畏",这种由衷的爱戴与由衷的敬畏显然是从质的方面说的,它只与历史公意和良知评判有关,因而据此筛选出来的"大人物"以及由这些"大人物"组成的那种精神的等级顺序也就迥异于历史上的某些"独裁者、专制国家机构和教会"筛选与命名的那种专制序列了。就此而言,精神的等级顺序并不是被"评选"出来的,也不是被硬性"任命"的,说到底,它始终遵循着自身的淘选机制。哲学史家的根本任务,就是依据历史公意,将那些"被遗忘""退入暗处"的"大人物"不断地甄别出来,并依据他们契接历史公意的程度一一排入各自应在的位置上。在这个"真正的等级顺序"里,被当时的权威机构"评选""命名""认定""册封"的某些不合于历史公意的所谓"大人物",则完全没有他们的位置,或许只是在后世的人们需要反思那个不公正的时代精神处境的意义上此类"大人物"的行迹尚能给人们提供一些反面的史料。其二,"真正的等级顺序是在历史之中逐渐形成的,并且在变化着"。也就是说,位列于"真正的等级顺序"里的"大人物"不仅应该在共时的空间之维中播撒,而且应该在纵向的历史之维中绵延。因此,相较于时下的匡衡,这些"大人物"更相信历史公意的审判。因为随着时间距离的日渐拉开,当时为利欲所囿的私意会日渐剥落,历史公意便会在一代代品鉴者的评价中愈益凸显,故而那些体现历史公意的"大人物"也会随之被甄选出来,而且时间越久,由他们所组成的"等级顺序"也就越会日益呈现出其当有的形态来。在这个动态生成与动态呈现的过程中,有些"大人物"的位置会出现必要的移动,

---

① [德]卡尔·雅斯贝尔斯:《大哲学家》,李雪涛主译,社会科学文献出版社2005年版,第41页。

第二章 雅斯贝斯的精神求索历程及其艺术之思

有些所谓的"大人物"则会被驱逐出去。当然,这些变化绝不是偶然的,更不是任意的,那些真正的"大人物"("大哲学家")从不畏惧某些怀有私意的人们极力将其"从宝座上拉下来的企图",即便这些人的企图一时得逞,历史也终将会"重新恢复大人物的地位"。雅氏就此强调:"长时间得到承认的大哲学家曾十分高雅地战斗过,即便他们已赢有一席之地,他们仍必须维护他们的伟大,而且他们有权利督促自己的名字经常地被人重复。……哲学史家重新认出并排列了他们所见到的高尚精神集体中的大师。他们没有责任去任命大哲学家。"① 确实,哲学史家并没有责任去"任命"历史上的大哲学家("大人物"),他们的历史使命在于"重新认出并排列了他们所见到的高尚精神集体中的大师"。切莫以为这只是在做一些无关紧要的重复性的工作,其中的原委在于,对"大人物"("大哲学家""大师")的爱戴与敬畏之情只会涌动于个体心灵对体现于这些大人物身上的历史公意的祈念之中。一个为机心与利欲所熏炙的人,他所算计因而扑向的也只是功名利禄之类的东西。只有那些做好心灵受震撼准备的个体才能感受得到震撼心灵的大人物的伟大之处,而对心无伟大情愫的人来说,那些真正的大人物也就真的在他们的心中隐去了。因此,任何一个时代的人们都需要重新为自己的存在寻找并确立原初的理由,进而重新为自己甄别出真正的大人物并重新确认其"真正的等级顺序",这个重新甄别与重新确认的过程其实也正是人们为属己的那个时代重新确立精神秩序与意义结构的过程。可以说,雅氏秉持哲学史家的天职观念而"重新认出并排列"了他所见到的那些"高尚精神集体中的大师"的真正价值正在于此,他所撰写的《大哲学家》一书的最大特色也正在于此。

2. 雅斯贝斯将那些伟大的艺术家归入哲学家之列的底据

雅斯贝斯将那些伟大的艺术家归入哲学家之列的底据何在呢?从根底处看,雅氏是从一切思想形式均从中得以贞立的"精神行为本原"来考察哲学自身的历史,以及哲学从这一"精神行为本原"分离

---

① [德]卡尔·雅斯贝尔斯:《大哲学家》,李雪涛主译,社会科学文献出版社2005年版,第16—17页。

出来后而与艺术（含诗歌）、宗教等其他人文学科之间所具有的内在关联的。雅氏就此指出："哲学是从精神行为本原的整体中提炼出来的，在这一精神行为中，思想和诗歌创作跟宗教和神话、生活和行为尚为一体。对此起有促进作用的是在本原之中，与哲学形象统一的结合。当这一统一的形式分离开来后，它作为一种观念———种包含其特殊性的观念却得以保存下来了。哲学与其他的学科分离，独成一家，当然，哲学与别的学科也是相辅相成的。有些哲学家保留了预言者的先知特征和神的灵感［如恩培多克勒（Empedokles）］。有些哲学家则保留了诗歌的形式［甚至早期思维能力极强的哲学家之一巴门尼德（Parmenides）也是如此］。当有些哲学家援引神话时，而另一些却与神话的思想作斗争，而他们自己竟有意识地宣扬类似神话的东西（柏拉图）。有些哲学家不可避免地在他们的理智真谛中回忆并谈论诗歌和艺术，他们把这两部分内容作为哲学的有机部分［谢林（Schelling）］。也有这样的人物，他们是哲学家，但更是诗人（但丁、歌德），或者他们是哲学家，但更是艺术家（达·芬奇）。对于不同专业的界线，我们最好说，那是同一个真理的各种表现形式。在一定程度内，当思想笼罩一切时——仅仅是思想本身绝对不可以统治一切的——我们讲的就是哲学。在某种程度上当画面和形体笼罩一切时，那我们所讲的就是诗歌。但是，如果诗人在他的著作中陈述了思想，那他就是哲学家。如果哲学家为阐述他的思想而塑造栩栩如生的人物，他的作品含有寓言和神话，那他就是诗人了。"[1] 所谓"精神行为本原"，指的是为哲学、艺术、宗教等人文学科提供了共同基源的"生存"，雅氏的这一观点早在其《哲学》第一卷谈论"艺术根源的本质"问题时就已形成了。如果说雅氏的艺术观是立基于"生存"的"大艺术观"，那么他的哲学观则同样是立基于"生存"的"大哲学观"。立基于"生存"这一"精神行为本原"来考察世界哲学史，他自然就把那些在著作中"陈述了思想"的艺术家归入哲学家之列了。

萨尼尔就此品评说："从人的角度来看，哲学史的全体便是思想

---

[1] ［德］卡尔·雅斯贝尔斯：《大哲学家》，李雪涛主译，社会科学文献出版社2005年版，第9—10页。

第二章　雅斯贝斯的精神求索历程及其艺术之思

家共和国；这时的编排原则便是思想家们的地位及其思维方式。每一个思想家的哲学研究在语言、宗教和艺术方面都依赖于精神的基础，并同它们保持着关系。从这种发生学的角度来看，哲学史是'语言、神话、宗教、诗歌和艺术等方面作为基础及其哲学的反响'的历史。"① 所谓"从人的角度"，这里的"人"当指自我反省、自做决断、运命自承的"生存"，就此而言，世界哲学史其实就意味着"生存"的自我意识不断展开的历史，也正是在这个意味上，"生存意识"成了每一个思想家的哲学研究在语言、宗教和艺术方面都依赖的"精神的基础"。就艺术而言，它的根本功能与最为动人之处，就是通过其"震撼并使人得到拯救"的力量让人直观地见证那些体现"生存意识"的"大人物"的当下在场。② 对雅氏来说，从"生存意识"来考察世界哲学史，那些同样秉具伟异的"生存意识"的艺术家也便顺理成章地进入了雅氏的视域。可以说，将伟大的艺术家纳入哲学史的视域并将他们置于伟大的哲学家之列一并予以考察，这正是《大哲学家》一书的第二大特色。

此外，雅氏在探讨"生命力和社会学意义上的龟裂：'例外'"时，阐说了如下两种值得关注的情况。①第一种情况是生命力意义上的"龟裂"。雅氏注意到有待辨析的一个现象："只与天才和疯子的关联的问题，在这里只是事实的最表面现象，许多重要的思想家和诗人常常是病人、残废者和神经病患者。如果没有伤残者、受伤者的艺术作品的话，那世界上便只有很少健全的精神。人在战胜疾病中以及借助患病自身时的能力，乃是一幅让人非常吃惊的景象。"③ 雅氏在这里是关联着亚里士多德当年提出的一个问题谈及这种现象的："在亚里士多德的问题（Problemata）中可以找到这样一条讨论，直到今天仍被

---

①　［德］汉斯·萨尼尔：《雅斯贝尔斯》，张继武、倪梁康译，生活·读书·新知三联书店1988年版，第115—116页。

②　雅斯贝斯就此写道："大人物在任何时候都被当作榜样、看成神话，并且拥有他们的追随者。大人物几乎无处不在：从勇士的英雄主义到立法者制定和贯彻新法律，在计划和发明得以实现的时候，在启示神的力量的时候，在艺术和诗歌震撼并使人得到拯救的时候，在思想照亮人心的时候。早在萌芽状态的时候，'太一'之中的所有这一切便由这些大人物保持着或觉察到。"见［德］卡尔·雅斯贝尔斯《大哲学家》，李雪涛主译，社会科学文献出版社2005年版，第1页。

③　［德］卡尔·雅斯贝尔斯：《大哲学家》，李雪涛主译，社会科学文献出版社2005年版，第53页。

思考并用丰富的经验加以解释。他问道,为什么所有在哲学界、政界、诗歌和艺术界的出类拔萃的人物似乎都曾是多愁善感的人。作为例子,他举了海格立斯(Herakles)、柏勒乐丰(Bellerophon)、阿依阿斯(Ajax)、恩培多克勒(Empedokles)、吕散德(Lysander)、苏格拉底和柏拉图。他认为像古希腊的女巫和酒神巴克斯的信徒们能够达到暴怒、陶醉并且能听到魔鬼的声音的境界。他将这种状态区别于理智的忧郁者,因为他们只是将同样的灾祸转移到另外的方向,从而创造了教育、艺术和政治方面杰出的成就。"[①] 雅氏由亚里士多德提出的问题而谈及的哲学家、艺术家中的"例外"现象,他早在精神病理学—心理学时期所撰的《斯特林堡与凡·高》(1922)一书中就曾探讨过了。三十五年后,他在《大哲学家》(1957)一书的"导论"中再次提出这个问题供人讨论,可见这个问题在雅氏精神探索中的重要地位了。雅氏指出,关于这个问题人们有两种不同的看法:"一种认为以上的论点是对的。他们所说的是所谓美丽的伤残(délicieusement blessé),一种希望能得病的爱好。像是神秘学家苏梭(Suso)那样,祈祷得病。但是,如果不需要在其中丧失生存的诚实的话,人们怎样才能不愿意经历终极状况呢?这样的话人们就能不愿意去生病了。人们可以在某些事件的真实性中观察大人物的基本事实情况。这样的比喻在这里是恰当的:健康的贝类不可以提供珍珠,只有那些受伤者才能创造出这一珍品。"[②] 就此而言,雅氏所探讨的主观体验型的精神分裂症艺术家(如荷尔德林、凡·高)大概属于这一类的"例外"。"另外一种看法是否定的。他们愿意身体健康,并且不把大人物看成是不健康的。他们甚至可以在得病者的身上看到健康的东西。跟毫无意义的其他事比较健康更可以控制住疾病。柏拉图描绘了苏格拉底那壮实的、超出所有其他人的健康体魄。哲学家的观念就是健康,是完全的健康。纯净之中的精神来源于健康,力量来自充足,而不是仅仅来自克制。这一哲学家的理想存在于对实际健康的要求之中,如果有谁看到这一点,

---

① [德]卡尔·雅斯贝尔斯:《大哲学家》,李雪涛主译,社会科学文献出版社2005年版,第52—53页。
② [德]卡尔·雅斯贝尔斯:《大哲学家》,李雪涛主译,社会科学文献出版社2005年版,第53页。

他本人的现存在不符合这一理想，他想至少靠着还算是健康的身体活下去，那么比较起来疾病便相形见绌了。真正的精神要像是由健康的贝类所产生出的珍珠那样。"① 就此而言，雅氏所探讨的理性生存型的艺术家（如歌德、莱辛、达·芬奇）大概属于后一类情况，有意味的是，这一类艺术家并未罹患精神分裂症，他们也未曾成为"例外"，而是成了"权威"。这些生存个体固然同样与"魔"照过面并体验过"夜间的激情"，不过他们靠着理性对生存的澄明创造出别一种意趣的伟大作品来。由此可见，内蕴于那些伟大的艺术家原初人格中的"夜间的激情"（"魔"）并不必然导致他们身患精神分裂，天才与疯子之间也不存在必然的因果关系。"最终人们把这一事实情况作为一种特例来考虑。精神创造也可以有特有的特征，而这正击中了我们内心要害处，不是引导我们去做什么。这好像是没有疾病就根本不可能似的（尼采、克尔恺郭尔）。他们所展现的乃是终极状态下的健康，他们自己甚至不可以处于这种情况之下。但是如果把他们当作别人的道路和真理的话，那他们只是作为诱饵而已。"② 尼采、克尔凯郭尔这样的生存个体委实是"例外"（"特例"），不过他们并不愿意当"例外"。他们在直面临界处境之际体验到一种终极的真实，然而他们并不给人们指点具体的道路。③ ②第二种情况是社会学意义上的"龟裂"。雅氏就此指出："真理可能是由于违反标准、导致毁灭以及犯罪的人产生，尽管不是直截了当的，但是间接的——在这一形象之中都表现了出来的，否则的话永远也不会公开的——这样的真理由于事业成功和生活幸福的人而造成，它提醒人们，以便使他们能看到自己的基础和局

---

① ［德］卡尔·雅斯贝尔斯：《大哲学家》，李雪涛主译，社会科学文献出版社 2005 年版，第 53 页。

② ［德］卡尔·雅斯贝尔斯：《大哲学家》，李雪涛主译，社会科学文献出版社 2005 年版，第 53 页。

③ 雅斯贝斯就此指出："这例外使别的东西引人注目，但是这并不是典范。例外无论在何种意义上都是不可以重复的，但是对所有的人都是有意义的。人们可以用它来定自己的方向，而不能由它获得一种学说。它会告诉你，那是什么，但不给人们指路。它本身是不愿意当例外的，而是违背着自己的意愿在必须之中选择的。由于它对一般人的损害，它从来就没有失去过罪恶的意识。从自己的内心来讲，它从不知道它是否是或者说应当是这一意义上的'真正例外'，或者，是否它只是有病，或反对社会秩序或在它的隔离中感到的是有罪。"见［德］卡尔·雅斯贝尔斯《大哲学家》，李雪涛主译，社会科学文献出版社 2005 年版，第 54 页。

限——这是由文学家所尽力去描绘的人物,像是塞万提斯、陀思妥耶夫斯基的笔下都出现过。"① 塞万提斯、陀思妥耶夫斯基都是他们所生活于其中的那个社会的"例外",他们笔下的人物(如白痴、傻子、残废者、病人等)同样是被社会遗弃的"孤独者"。这样的生存个体不能与实存秩序合模,他们在被实存秩序遗弃的同时,也以"例外"的方式将看似铁板一块的实存秩序撕开一个口子,进而"表达出人类存在不可能有的完美性",这就以间接的方式提示了一种生存论意义上的真理。②

3. 雅斯贝斯在大哲学家第三大组(构拟中的《大哲学家》第三卷)中对艺术家论的构想

根据雅氏为《大哲学家》(第一卷)所撰的"导论",我们可以看到他把伟大的艺术家(含文学家)列在了第三大组(构拟中的第三卷)。"第三大组里包括诗歌、研究、文献、生活实践和哲学理论领域的哲学思想。大诗人们不仅仅拥有让人容易接近的哲学,并且他们说话和影响的方式也像哲学家。虽然他们没有给我们创造性的思想,因为人类把这些思想归功于真正的思想家。但是,他们通过他们的作品在思想上起了比哲学还大的作用。"③ 雅氏是从艺术家"说话和影响的方式"来肯定他们对人类"生存意识"的模塑所发挥的巨大作用的,甚至认为"他们通过他们的作品在思想上起了比哲学还大的作用"。与那些惯于鄙视艺术家的哲学家相比,雅氏的这一看法确实显得再独异不过了。当然,雅氏并不是在一般的意义上来肯定艺术家的,进而言之,他所肯定的只是那些以其独异的生存样态与其可供作为"密码"来解读的艺术品唤起人的"生存意识"进而令人从中

---

① [德]卡尔·雅斯贝尔斯:《大哲学家》,李雪涛主译,社会科学文献出版社2005年版,第54页。

② 雅斯贝斯就此指出:"跟为了那让一般人满意或盛怒时的谴责不同的是,人似乎更是努力让那不可解决的问题趋于合理的生活,通过白痴、疯子、残废者和病人,这些在形体上明显的例外来表达出人类存在不可能有的完美性。傻子代表着真理(莎士比亚)。对愚蠢的赞扬是会产生歧义的[伊拉斯谟(Erasmus)]。'白痴'可能是有爱心的人,因此他是纯洁的人,因此他是智者(陀思妥耶夫斯基)。"见[德]卡尔·雅斯贝尔斯《大哲学家》,李雪涛主译,社会科学文献出版社2005年版,第54页。

③ [德]卡尔·雅斯贝尔斯:《大哲学家》,李雪涛主译,社会科学文献出版社2005年版,第19页。

第二章 雅斯贝斯的精神求索历程及其艺术之思

直观到"超越存在"之消息的"伟大的艺术家"。由此可见,雅氏在评判谁有资格作为哲学家时并未遵循学院派哲学家们所划定的"严格的界线",他就此写道:"将公认的思想家作为哲学家,这在一般范围内并没有一个严格的界线,也没有谁可以指手画脚地说,谁既不能算作哲学家,或者也不该被重视,或者不应该被提得这么高。那些设计生活理想和爱生活的智者,乃是文学精神上的作家,是大批评家和人文主义者。那些统治者、国家首领以及圣人,从他们的所作所为产生了文学作品。"① 雅氏这种打破哲学与艺术之间界限的做法确实颇为大胆,无论在哲学史还是在艺术史上,都很少有人敢于这样来处理。说到底,雅氏的勇气来自他的"生存"意识与"大全"视野。无论是哲学还是艺术,两者都应该根源于"生存",它们的区别只在于前者诉诸理性的形式,后者诉诸直观的形式。正如只有契接"生存"的哲学家才会被他视为伟大的哲学家,只有那些契接"生存"的艺术家也才会被他称为伟大的艺术家。就这些伟大的艺术家对人的"生存意识"的唤醒而言,他们已经成为雅氏在生存哲学的意味上所称道的哲学家。

基于上述看法,雅氏在《大哲学家》第三卷(即前面所提的第三大组的内容)的撰写提纲中将哲学家分成八类,其中第一类是"在文学创作之中"的哲学家,他列举的名录有"希腊的悲剧作家、但丁、莎士比亚、歌德、赫尔德林、陀思妥耶夫斯基"。第四类是"在教育意志和文学批评中"的哲学家,他又分成四个小组:第一小组是"人文主义者:西塞罗、伊拉斯谟(Erasmus)、伏尔泰";第二小组是"从根源而来的教育意志:舍夫茨别利(Shaftesbury)、维科、哈曼(Hamann)";第三小组是"德意志人文主义思想:赫德尔、席勒、洪堡";第四小组是"批评家:培根、培尔(Bayle)、叔本华、海涅"。第五类是"在生活智慧中"的哲学家,他又分成四个小组:第一小组是"超验的安全性:埃皮克(Epiktet)、波蒂乌斯(Boethius)";第二小组是"智慧之中的文学家:塞涅卡(Seneca)、庄子";第三小组是

---

① [德]卡尔·雅斯贝尔斯:《大哲学家》,李雪涛主译,社会科学文献出版社2005年版,第19—20页。

"无超验的宁静：伊壁鸠鲁、卢克茨（Lukrez）"；第四小组是"持怀疑态度的独立性：蒙田"。第六类是"在实践之中"的哲学家，他又分成三个小组：第一小组是"政治家：艾奇那同（Echnaton）、阿育王、马克·奥雷尔（Mark Aurel）、腓特烈大帝（Friedrich der Grosse）"；第二小组是"僧侣：阿西西的弗兰茨（Franz von Assissi）"；第三小组是"各种职业：希波克拉底（Hippokrates）、巴拉塞尔苏斯（Paracelsus）"。[①] 透过这些名目繁多的分类以及数量众多的人名，我们最想说的可能就是这样一句话：在世界哲学史上，大概再难找出第二位能有雅斯贝斯这般开阔视野的哲学家了。尽管人们可以指责雅氏的某些分类从公认的标准来看仍有值得推敲之处，但是对雅氏本人来说，他从生存样态以及思想形态出发进行分组的立场却是一以贯之的。就学界公认的文学家、文学批评家或者美学家来看，这里姑且不说他在第一类中将"希腊的悲剧作家、但丁、莎士比亚、歌德、赫尔德林、陀思妥耶夫斯基"视为文学家中的哲学家乃是其毕生坚持的观点，其实他对席勒、海涅、蒙田以及庄子的措置也是颇富启发性的。如果说一定要对雅氏提出中肯的批评的话，那么我们可以批评他在这里所列的名录里漏掉了自己颇为敬重的达·芬奇、米开朗基罗、伦勃朗等画家的名字。关于这一点，我们可以参照他在《智慧之路》中的相关阐说来加以印证。雅氏在该书中写道："我们必须允许自己受宗教、文学和艺术的伟大作品的感动。我们不应当不断地转向新的和不同的作品中去，而应当使自己沉潜于那些真正伟大的作品中。""有的哲学著作象那些伟大的艺术作品一样，具有无限的意义。它们所包含的思想比作者本人所知道的要多。"[②] 应该说，雅氏在这里对待艺术与哲学的态度乃是与其在《大哲学家》（第一卷）"导论"中的态度完全一致的，不同之处在于他在该书中所列举的人名名录：文学领域中包括荷马、埃斯库罗斯、索福克勒斯、欧里庇得斯、但丁、莎士比亚、歌德、陀思妥耶夫斯基，艺术领域中包括达·芬奇、

---

① ［德］卡尔·雅斯贝尔斯：《大哲学家》，李雪涛主译，社会科学文献出版社2005年版，第20—21页。

② ［德］卡尔·雅斯贝尔斯：《智慧之路——哲学导论》，柯锦华、范进译，中国国际广播出版社1988年版，第135页。

第二章 雅斯贝斯的精神求索历程及其艺术之思

米开朗基罗、伦勃朗。①

据此，我们完全有理由循着雅氏的运思理路为其构拟中的《大哲学家》第三卷补上达·芬奇、米开朗基罗、伦勃朗等伟大画家的名字。雅氏自己似乎也意识到了这一点，他在勾勒出《大哲学家》的撰写提纲后特意说明道："第三卷会有个别章节的改动，当然不是整卷书。我并没有考虑到要大刀阔斧地修正观点、删节或增加内容。在这一卷中，诗人、艺术家、作家、实践者、研究者没有得到他们在思想领域所取得成就的相应位置。与本书的宗旨相符，他们不是书中的中心人物。不过他们的作用对我们的主题来讲仍然是很大的，如果我们不是狭义地去理解哲学，最终不陷入到一个理性的圈子里去的话，那么在书中就应当让这些艺术家们也发挥他们的作用。"② 从中可以看出，由于这里所列的只是一个构拟的提纲，雅氏在具体撰写的过程中肯定"会有个别章节的改动"，而且他在说明中于"诗人"（文学家）之外还提到了"艺术家"，这些艺术家中显然应当包括达·芬奇、米开朗基罗、伦勃朗等画家的名字。再就他在生前已经出版的《我们的未来与歌德》《歌德的人性》《作为哲学家的达·芬奇》来看，我们完全有理由将其视为雅氏已经初步完成的歌德论、达·芬奇论。当然，这些艺术家（含文学家）并不是《大哲学家》中的"中心人物"，但毋庸置疑的是，他们的作用仍是不容忽视的。这里的关键问题在于，他们在何种意趣上是伟大的，他们的作用又是在何种意趣上"对我们的主题来讲仍然是很大的"。正是在这里，我们发现了涵贯于雅氏艺术家论中的一个鲜明的旨趣，亦即雅氏所推重的艺术家都关注人的存在及其命运，雅氏就此将他们纳入西方源远流长的人道主义传统中进行了评说。③

---

① 参见［德］卡尔·雅斯贝尔斯《智慧之路——哲学导论》，柯锦华、范进译，中国国际广播出版社1988年版，第135页。

② ［德］卡尔·雅斯贝尔斯：《大哲学家》，李雪涛主译，社会科学文献出版社2005年版，第22页。

③ 譬如，雅斯贝斯在《新人道主义的条件与可能》中写道："人道主义具有最值得尊重的传统。假如不是有了人道主义，则但丁、米开兰基罗、莎士比亚和哥德——以及同样在它的基础上生长起来的赫尔德林、基尔克戈尔、尼采——都是不可思议的了。"见［德］雅斯柏斯《新人道主义的条件与可能》，王玖兴译，载中国科学院哲学研究所西方哲学史组编《存在主义哲学》，商务印书馆1963年版，第245页。

诚然，雅氏最终并未完成《大哲学家》第三卷的撰写任务，不过他留给后世那些内容广泛的札记仍可让我们从中窥出其致思艺术家中的哲学家的某些踪迹。1981 年，萨尼尔分"片段"（Fragmente）、"笔记"（Anmerkungen）、"清单"（Inventar）三个部分对这些札记做了悉心的整理，并将其收入由他编辑、由皮珀尔出版社出版的《大哲学家》（遗稿 1—2 卷）中。就"在文学创作之中"的哲学家而言，雅氏在遗稿中列出了由八位文学家组成的清单[①]——但丁（Dante）、莎士比亚（Shakespeare）、歌德、荷尔德林、陀思妥耶夫斯基（Dostojewski）、拉辛（Jean Racine）、圣艾修伯里（Saint-Exupery）、艾略特（Eliot）[②]，并就他们的生平、作品、观点等撰写了大量的笔记[③]，其中对但丁、莎士比亚的相关情况记得尤为详细。[④] 可以说，雅氏对这两位文学家不仅有了清晰的构思与完整的轮廓，而且已经撰出了不少片段性的文字。[⑤] 譬如，他就但丁主要阐说了如下四个方面：其一，全部作品和生活的基础；其二，作为诗人的但丁；其三，作品与人物给人留下的深刻而伟大的印象与特点；其四，综合判断。[⑥] 再如，他就莎士比亚主要阐说了如下八个方面：其一，哲学标准；其二，最重要的哲学戏剧；其三，莎士比亚作为哲学家的可能性；其四，并不进行系统思考，而是创造一些东西；其五，莎士比亚的基本态度；其六，莎士比亚与政治自由思想；其七，莎士比亚十四行诗中的爱；其八，莎士比亚的作

[①] 雅斯贝斯在"清单"部分固然没有将荷马、埃斯库罗斯、索福克勒斯、欧里庇德斯一一列举出来，不过他在"笔记"部分还是提及了他们的名字。参见 Karl Jaspers, *Die großen Philosophen* (Nachlaβ, 1—2), Hans Saner (Hrsg.), R. Piper & Co. Verlag, 1981, S. 959。

[②] 参见 Karl Jaspers, *Die großen Philosophen* (Nachlaβ, 1—2), Hans Saner (Hrsg.), R. Piper & Co. Verlag, 1981, S. 1118 – 1124。

[③] 参见 Karl Jaspers, *Die großen Philosophen* (Nachlaβ, 1—2), Hans Saner (Hrsg.), R. Piper & Co. Verlag, 1981, S. 959 – 969。

[④] 参见 Karl Jaspers, *Die großen Philosophen* (Nachlaβ, 1—2), Hans Saner (Hrsg.), R. Piper & Co. Verlag, 1981, S. 959 – 965。

[⑤] 参见 Karl Jaspers, *Die großen Philosophen* (Nachlaβ, 1—2), Hans Saner (Hrsg.), R. Piper & Co. Verlag, 1981, S. 616 – 631。

[⑥] 参见 Karl Jaspers, *Die großen Philosophen* (Nachlaβ, 1—2), Hans Saner (Hrsg.), R. Piper & Co. Verlag, 1981, S. 616 – 621。雅斯贝斯在《大哲学家》（第一卷）的"导论"中对但丁已有所谈及，譬如他在谈及"对善与恶的提问"时曾参酌了但丁的看法："但丁是这样看待处于地狱前的人们的，他们在生前没有耻辱，也没有受到过赞扬，同样如此，每个不忠（转下页）

第二章 雅斯贝斯的精神求索历程及其艺术之思

品至关重要吗?[①] 由此可见，雅氏品评上述文学家的底据正是其祈向超越之维的生存哲学。

倘若对雅氏在遗稿中所做的上述札记与他在生前出版的《大哲学家》第一卷"导论"中所拟的那份提纲做一下比较，我们确实会发现前后"有个别章节的改动"，其中最大的改动就是在遗稿中增添了三位作家——拉辛、圣艾修伯里、艾略特——的名字，这一改动对雅氏来说显然并不是无意的，更不是随意的。就拉辛而言，雅氏早在《论真理》一书中就将拉辛与莎士比亚、卡尔德隆（Calderón）并举，认为他是近代悲剧的杰出代表之一。拉辛为后世留下了《昂朵马格》《费德尔》《阿达莉》等伟大的古典主义戏剧作品，创造了基督教悲剧的一次辉煌，其韵致与雅氏的古典文化情结正相吻合；就圣艾修伯里而言，他不仅是一位发表了《小王子》《要塞》《人类的大地》《夜航》《空军飞行员》等重要作品的作家，而且是一位敢于对抗纳粹德军而在1944年的一次任务中不幸失踪的飞行员，其精神与雅氏的反纳粹取向可谓内在相通；就艾略特而言，他以长诗《荒原》（1922）对西方现代文化危机的症候做出了直观的喻示与深刻的批判，其旨趣与雅氏的《斯特林堡与凡·高》《时代的精神状况》并无二致。

这里尚值得注意的是，雅氏在《大哲学家》第三卷的撰写提纲中并未提及莱辛的名字。当然，雅氏是有其自身的考虑与安排的。我们发现，他在《大哲学家》第一卷的"导论"中将莱辛列入第二卷（第二大组）的名录，并将其与帕斯卡尔、克尔凯郭尔、尼采一并称为"伟大的信仰复兴主义者"[②]。令人欣慰的是，他在生前已经完成了第二卷的大部分文稿，这些文稿经萨尼尔编辑后已被完好地收入《大哲

（接上页）诚上帝的天使也没违抗过上帝。这些悲惨的人们从未有过生命，这些人既不讨上帝的喜欢，也不讨上帝的仇人的喜欢。地狱也不会收容他们一次的。"见［德］卡尔·雅斯贝尔斯《大哲学家》，李雪涛主译，社会科学文献出版社2005年版，第50页。

① 参见 Karl Jaspers, *Die großen Philosophen* (Nachlaß, 1—2), Hans Saner (Hrsg.), R. Piper & Co. Verlag, 1981, S. 622 – 631。

② ［德］卡尔·雅斯贝尔斯：《大哲学家》，李雪涛主译，社会科学文献出版社2005年版，第20页。

学家》(遗稿 1—2 卷) 中。① 1995 年, 伊迪丝·埃利希 (Edith Ehrlich)、伦纳德·H. 埃利希 (Leonard H. Ehrlich) 将其中关涉笛卡儿、帕斯卡尔、莱辛、克尔凯郭尔、尼采、爱因斯坦、马克斯·韦伯、马克思的部分译成英文出版, 并将"伟大的信仰复兴主义者"(Die großen Erwecker) 译成"伟大的唤醒者"(The great awakeners)。就关涉莱辛的文字来看②, 雅氏一一阐说了莱辛的生平与作品、哲学思想、神学思想、特性化表征, 已是一篇相对完整的莱辛专论。再加上雅氏在《论真理》一书中关联着"从悲剧中解救"而阐发莱辛及其《智者纳旦》(Nathan the Wise) 的那部分文字, 我们已足可清晰地看出他的莱辛观了。在《大哲学家》一书中, 雅氏固然没有将莱辛归入艺术家中的哲学家之列, 不过循着雅氏学说的本然宗趣及其运思理路, 同时结合莱辛的生存样态以及他主要以戏剧的形式来唤醒人类理性精神的种种努力, 我们完全有理由将莱辛与歌德、达·芬奇相并举并将其一并归入理性生存型的艺术家来加以阐发。

三 《什么是教育》中的艺术之思

雅斯贝斯不仅是一位赋有生存意识与理性精神的哲学家, 而且是一位苏格拉底式的教育家。作为教育家, 他一方面通过教学活动自觉践行苏格拉底"催产式"的教育方法; 另一方面通过学术研究系统阐述他对教育的韵致以及相关问题的看法。雅氏在其一生中撰写了大量教育哲学方面的著述, 生前出版的主要有《大学之理念》(Die Idee der Universität, 1946)③。1959 年, 该书有了它的英文译本④; 2007 年, 中国大陆学者邱立波以这个英文译本为底本将其译成了中文。⑤ 对于生前未曾出版的那些珍

---

① 德文版雅斯贝斯论莱辛的部分可参见 Karl Jaspers, *Die großen Philosophen* (Nachlaβ, 1—2), Hans Saner (Hrsg.), R. Piper & Co. Verlag, 1981, S. 346 – 415。

② 英文版雅斯贝斯论莱辛的部分可参见 Karl Jaspers, *The Great Philosophers—Descartes, Pascal, Lessing, Kierkegaard, Nietzsche, Einstein, Weber, Marx*, translated by Edith Ehrlich and Leonard H. Ehrlich, Harcourt Brace & Company, 1995, pp. 121 – 189。

③ Karl Jaspers, *Die Idee der Universität*, Springer Verlag, 2. Auflage, 1946.

④ Karl Jaspers, *The Idea of University*, translated by H. A. T. Reiche and H. F. Vanderschmidt, Beacon Press, 1959.

⑤ [德] 卡尔·雅斯贝尔斯:《大学之理念》, 邱立波译, 上海人民出版社 2007 年版。

贵的遗稿，赫尔曼·霍恩（Hermann Horn）于1977年编选了一个题名为《什么是教育》（Was ist Erziehung）的选本①。1983年，中国台湾学者杜意风从中精选一部分文字译成中文并题名为《雅斯培论教育》（联经出版事业公司1983年版）；1991年，大陆学者邹进也从中精选一部分文字译成中文并题名为《什么是教育》（生活·读书·新知三联书店1991年版）。这两个中译本各有千秋，相比之下，邹进精选的篇目更多一些，尽管如此，Was ist Erziehung 一书中的大量文字迄今仍未被译成中文。

雅氏的教育哲学是其祈向超越之维的生存哲学的一个有机组成部分。直面精神价值日益失落的教育危机，他把哲学的慧眼投向全然系于人的自由的教育的终极依据，并力图在"教育信仰"的烛照下，通过生存交往唤醒人对自由的责任意识，进而在人的自我教育、自我敞亮的过程中不断地实现人的自我生成。鉴于此，雅氏深入探讨了教育的原则、本质及其在当下面临的危机，在此基础上集中阐发了他对作为"陶冶"的艺术教育的看法。

1. 教育的韵致、原则及其面临的危机

说到底，雅氏的教育哲学思想乃是一种生存教育论，这种生存教育论颇为看重生存意识的觉醒与生存间的交往。雅氏就此指出："所谓教育，不过是人对人的主体间灵肉交流活动（尤其是老一代对年轻一代），包括知识内容的传授、生命内涵的领悟、意志行为的规范、并通过文化传递功能，将文化遗产教给年轻一代，使他们自由地生成，并启迪其自由天性。因此教育的原则，是通过现存世界的全部文化导向人的灵魂觉醒之本源和根基，而不是导向由原初派生出来的东西和平庸的知识。"②雅氏在这里将"主体间灵肉交流活动"视为教育活动的韵致，并辐辏于这一韵致将整全的教育活动分成"知识内容的传授、生命内涵的领悟、意志行为的规范"等不同的层次。在这些相互贯通的层次中，"知识内容的传授"显然是较为浅近的，而"生命内涵的领悟、意志

---

① Karl Jaspers, *Was ist Erziehung*, Hermann Horn（textauswahl und zusammenstellung）, R. Piper & Co. Verlag, 1977.
② ［德］雅斯贝尔斯：《什么是教育》，邹进译，生活·读书·新知三联书店1991年版，第3页。

行为的规范"则居于更为根本的位置。鉴于此，雅氏将"导向人的灵魂觉醒之本源和根基"贞定为教育的原则，并从这一原则出发，把"人的潜力如何最大限度地调动起来并加以实现，以及人的内部灵性与可能性如何充分生成"视为全部教育活动的重心。雅氏就此指出："教育是人的灵魂的教育，而非理智知识和认识的堆集。通过教育使具有天资的人，自己选择决定成为什么样的人以及自己把握安身立命之根。谁要是把自己单纯地局限于学习和认知上，即便他的学习能力非常强，那他的灵魂也是匮乏而不健全的。如果人要想从感性生活转入精神生活，那他就必须学习和获知，但就爱智慧和寻找精神之根而言，所有的学习和知识对他来说却是次要的。"[1]可以说，"教育是人的灵魂的教育，而非理智知识和认识的堆集"乃是雅氏对教育指归的一语道破，就此而言，"爱智慧和寻找精神之根"在促使具有天资的人"自己选择决定成为什么样的人"进而唤起他们"从感性生活转入精神生活"的过程中自然处于中核位置，至于所有的学习和知识对"自己把握安身立命之根"的个体来说也就是"次要"的了。

　　作为苏格拉底式的教育家，雅氏颇为看重教育成其为教育的终极价值以及受教育者由对教育当有的敬畏之情而油然生出的"教育信仰"。"真正的教育应先获得自身的本质。教育须有信仰，没有信仰就不成其为教育，而只是教学的技术而已。教育的目的在于让自己清楚当下的教育本质和自己的意志，除此之外，是找不到教育的宗旨的。"[2]正如生存哲学之于自我选择、自我超越、自我生成意识的唤醒，这种由"哲学信仰"投向教育活动而孕生的"教育信仰"赋予教育事业以无比的严肃性，同时为从事教育事业的教师贞定了神圣的职志。"教育是极其严肃的伟大事业，通过培养不断地将新的一代带入人类优秀文化精神之中，让他们在完整的精神中生活、工作和交往。在这种教育中，教师个人的成就几乎没有人会注意到，教师不是抱着投机的态度敷衍了事，而是全身心的投入其中，为人的生成————一个

---

[1] ［德］雅斯贝尔斯：《什么是教育》，邹进译，生活·读书·新知三联书店1991年版，第4页。

[2] ［德］雅斯贝尔斯：《什么是教育》，邹进译，生活·读书·新知三联书店1991年版，第44页。

第二章 雅斯贝斯的精神求索历程及其艺术之思

稳定而且持续不断的工作而服务。"① 在雅氏看来,以"人的生成"为其神圣职志的施教者理应把自己的全副身心都投入教育活动之中,进而以一种生命在场的态度烛引受教育者沐浴人类优秀文化精神的光芒并"让他们在完整的精神中生活、工作和交往"。这样一来,教育活动的所有参与者特别是施教者始终要对教育怀有一颗"虔敬之心"。"教育,不能没有虔敬之心,否则最多只是一种劝学的态度,对终极价值和绝对真理的虔敬是一切教育的本质,缺少对'绝对'的热情,人就不能生存,或者人就活得不象一个人,一切就变得没有意义。"② 从中可以看出,雅氏所期待的"虔敬之心",其所虔敬的乃是"终极价值和绝对真理",只有怀有这种"对'绝对'的热情",人的生存才会富于意义,那种属人的教育也才会在唤起人对"终极价值和绝对真理"的"虔敬之心"时获致其当有的本质。

在雅氏看来,"教育信仰"的动摇与"教育本质"的缺失正是现代教育危机的病灶所在。他忧心忡忡地写道:"目前世界上笼罩着不安,在茫然之余人们都感觉到,现在的一切完全取决于下一代了。人们都明白教育决定未来的人的存在,教育的衰落就意味着人类未来的衰落。然而教育何时开始衰落呢?当历史留下来的东西在那些成熟而应负起责任的人心中开始粉碎的时刻,便是教育衰落之时。现在有人担心,教育的本质已处于完全失落的危险之中。"③ 雅氏看到,这些人的担心绝非杞人忧天,此乃因为,在现代技术理性和大众意识形态的笼罩下,本应点化与润泽生命的人文教化日益被抽空为失却精神之根的技术化教育、知识化教育与平均化教育,生命的虚无化、平面化、浅俗化、猎奇化与碎片化正在成为当代教育危机的显著表征。雅氏如是正告:"当代教育已出现下列危机征兆:非常努力于教育工作,却缺少统一的观念;每年出版不计其数的文章书籍,教学方法和技巧亦不断花样换新。每一个教师为教育花出的心血是前所未有的多,但因

---

① [德]雅斯贝尔斯:《什么是教育》,邹进译,生活·读书·新知三联书店1991年版,第44页。
② [德]雅斯贝尔斯:《什么是教育》,邹进译,生活·读书·新知三联书店1991年版,第44页。
③ [德]雅斯贝尔斯:《什么是教育》,邹进译,生活·读书·新知三联书店1991年版,第46页。

缺乏一个整体，却给人一种无力之感。此外，就是教育一再出现的特有现象：放弃本质的教育，却去从事没完没了的教学试验、做一些不关痛痒的调查分析，把不可言说之事用不真实的话直接表述出来，并不断地更换内容和方法做种种实验。如此这般，就好象人类把好不容易争得的自由，花费在无用的事物上。自由变成了空洞的自由。一个连自己都不信任的时代去关心的教育，就好似从虚无中能变出什么东西来。"① 教育危机其实乃是时代的文化危机在教育场域内的一个缩影。直面令人不安的教育危机，雅氏对当下流行的教育方式进行了清醒的反思与尖锐的批判，不过他那冀望于"未来的人的存在"的教育并没有绝望的天性。为此，他殷切呼吁"本真的教育与回归"，主张"人的回归才是教育改革的真正条件"。②

可以说，"人的回归"不仅是雅氏期待的"本真的教育"的旨趣所在，也是其致力的祈向超越之维的生存哲学的旨趣所在。辐辏于"人的回归"这一旨趣，雅氏的生存论教育格外强调教育的文化功能及其对灵魂的塑造功能，认为"如何使教育的文化功能和对灵魂的铸造功能融合起来，成为人们对人的教育反思的本源所在"③。回溯人类的精神嬗演史与教育发展史，每逢古哲先贤所创造的精神文化特别是人类"轴心时代"的文化被生存不在场的时代所遗忘，历史的根基就会发生动摇，教育也就随之失去了当有的本源及其功能。"对西方人来说，在古代就已定下了做人的标准。自从古希腊时代的教育思想结出丰硕成果之后，它就成了后代效仿的榜样。西方每一个伟大时代的出现都是重新接触和研究古代文化的结果。当古代文化被遗忘之时，整个社会所表现出来的就是野蛮。就如一件东西脱离了根本，它就会毫无方向地飘荡，这也就是我们失去古代文化之后的景象。"④ 鉴于

---

① ［德］雅斯贝尔斯：《什么是教育》，邹进译，生活·读书·新知三联书店1991年版，第46页。

② ［德］雅斯贝尔斯：《什么是教育》，邹进译，生活·读书·新知三联书店1991年版，第50、51页。

③ ［德］雅斯贝尔斯：《什么是教育》，邹进译，生活·读书·新知三联书店1991年版，第1页。

④ ［德］雅斯贝尔斯：《什么是教育》，邹进译，生活·读书·新知三联书店1991年版，第109页。

此，雅氏颇为看重"轴心时代"文化以及在"轴心时代"文化的涵养下不断更生的精神文化在铸造人的灵魂的过程中所发挥的无可替代的作用。正是基于对教育的文化功能与灵魂铸造功能的肯认，雅氏把目光投向了作为"陶冶"的艺术教育。

2. 作为"陶冶"的艺术教育

在《什么是教育》一书中，雅斯贝斯特意用两个德文词来表达"教育"一词的不同含义：一个是 Erziehung，它的含义较广，意指人类开展的各种各样的教育形式，包括训练专业技能与科学思维的科技教育以及涵养精神生活与生命品格的人文教育等；一个是 Bildung，它的含义较狭，特指涵养精神生活与生命品格的人文教育。杜意风未对 Erziehung 与 Bildung 的不同含义做出区分，他将这两个词均译为"教育"；邹进则做了区分，他将 Erziehung 译为"教育"，将 Bildung 译为"陶冶"，可以说这个译法已将雅氏生存论教育的深微意趣凸显了出来。在雅氏看来，"科学价值的评价与精神价值的评价不可同日而语"，通过科技教育训练出来的专业人员"只是服务于某些目的的专业工人，他们并没有受到真正的教育"。此乃因为，"技能的训练，专业知识的提高还不能算是人的陶冶，连科学思维方式的训练也谈不上，更何况理性的培养"。"真正的教育"应指"精神生活的陶冶"，通过这种"陶冶"引导个体"参与人类每一时代都具有创新内容的历史传承之中"。[①] 从中可以看出，雅氏所期待的那种旨在唤醒"人的回归"的"真正的教育"（"本真的教育"）颇为关切教育的精神内涵，为此，他将那种通过精神作品来形成人生态度的"教育"称为"陶冶"（Bildung），这种作为"陶冶"的教育就其内涵而言已大体等同于我们通常所说的"教化"。"作为形成人生态度的陶冶必须为人们提供广阔的空间，使人们在理性中寻求道路，全面地展开精神运动。……陶冶作为某一时代世界和宗教的历史现实性之语言是充满生命力的，同时陶冶又是交流、唤醒和自我实现的中介。"[②] 对雅氏来说，作为"解读

---

① ［德］雅斯贝尔斯：《什么是教育》，邹进译，生活·读书·新知三联书店1991年版，第50页。
② ［德］雅斯贝尔斯：《什么是教育》，邹进译，生活·读书·新知三联书店1991年版，第103页。

密码的语言"的艺术活动无疑是一种"交流、唤醒和自我实现的中介",而且艺术陶冶的力量只在伟大的诗人那里才得到最为充分的展示。"伟大的诗人就是本民族的教育家和未来伦理的预言家。聆听伟大诗人教诲的人们不仅被他们的作品所打动,而且也将注意力转向了自身,思考起存在的问题来。"① 诸如此类的话,我们在雅氏的其他著述中也可屡屡看到,譬如,他在《论真理》一书中谈及悲剧时也曾写道:"伟大的诗人是民众的教育家,是他们时代风貌的预言家。他们的观众不仅被感动,而且被转变为真正的自我。"② 可以说,这是雅氏艺术教育观的点睛之笔,它喻示我们,伟大的诗人之所以伟大,不仅在于其作品能够"打动"人(亦即让人获得审美享受),更在于能够唤醒人的生存意识,进而承担起"转变为真正的自我"的责任。

雅氏格外重视艺术的审美陶冶功能,他在《什么是教育》一书中列专章谈论作为"陶冶"的艺术教育,并将其与"生活秩序的教育"和"宗教教育"相提并论。③ 在他看来,艺术作为"解读密码的语言",既关联着"生存",又契接着"超越存在"。因此,这种"密码"艺术可以唤醒人的生存意识并使其不断地实现自我超越,从而能够发挥点化、润泽与振拔人的心灵的作用。雅氏就此指出:"在过去,艺术以图画、音乐和文学的形式感动了人类,透过这些艺术人觉察到自己超越的层面。"④ 对雅氏来说,艺术所表现的领域并不是来自"世界"之外的某种东西,其素材恰恰是为"生存"选择所突破并为"超越存在"所照亮的"世界"。当然,他认为目前的"世界"并不是那样的"世界",所以他有意使用"在过去"这样的字眼暗示自己对当下艺术的批判态

---

① [德]雅斯贝尔斯:《什么是教育》,邹进译,生活·读书·新知三联书店1991年版,第128页。

② Karl Jaspers, *Tragedy Is Not Enough*, translated by Reiche, Moore and Deutsch, Beacon Press, 1969, p. 87.

③ 杜意风的译本依据《什么是教育》一书的原文编排将"艺术教育"这一部分作为专章译出,邹进的译本则将其与"教育与经验""生活秩序的教育""爱是教育的原动力""宗教教育"等部分合并为一章译出,章名定为"教育与文化",虽未违原书的宗趣,但未能凸显"艺术教育"作为一个专门的话题而受到雅斯贝斯关切的隐衷。鉴于此,笔者对这一部分的阐发参引的是杜意风的译本。

④ [德]雅斯培:《雅斯培论教育》,杜意风译,(台北)联经出版事业公司1983年版,第47页。

度。在他看来,目前的"世界"是"破碎"的,它既不为"生存"所涵润,也不为"超越存在"所照亮,倒更像是一个硬邦邦、冷冰冰、黑魆魆的大团块,它既哑默无言,又处于随时解体的危境之中。当"世界"只作为"内在存在"的"世界"而存在时,那表现"世界"的艺术也就随之沉沦了。"假如世界破碎了,而艺术的形象本是世界的升华,那么下面的问题也就发生了:艺术创造者从那(哪——引者注)里去发现沉睡中并等著被唤醒发展的真正存在呢?目前的艺术好像在挨著生活的鞭打,生活不再是艺术能找到宁静、自我反省并充实自己的地方了。在前个世纪里印象主义还是个静观的地方,自然主义至少还可以把现实的生活为作(作为——引者注)艺术创造的素材,但是今天,不断变迁的世界好像完全不能让艺术创造的眼光在它身上停留一会。我们感觉不到世界有一个整体的,可以在艺术中反映出来的精神,现在的世界倒像是一个巨无霸似的无言的黑暗,在此无言黑暗的前面,既无欢笑亦无哭泣,甚至连讽刺的话也都被窒息了。如果误用自然主义的方法来掌握这个世界,此行动将会给自己带来毁灭。"[1] 属人的艺术的沉沦乃意味着生存的沉沦。在过去,无论"象征主义"也好,还是"自然主义"也罢,艺术创造的"生存"之源与"超越"祈向仍是可以让人从中感觉得到的;而"世界"破裂为碎片之后,人就被风干为"既无欢笑亦无哭泣"的存在物,属人的艺术也就随之畸变为要么冷漠无情,要么煽情滥情的装饰品,而其当有的那种原初的严肃性却消弭殆尽了,这正是当代艺术最大的症结所在。在此,雅氏不仅把"自然主义"与所谓摹写生活原生态的"写实主义"区分开来,而且借此指出,只有重新确立人类的崇高地位并重新契接原初的严肃性,当代的人才有可能再次创造出伟大的艺术来。"描写个人的苦难,抓住目前社会的特征,用小说报导现实,这些固然都是一番成就,但还不能算是艺术。在当代的情况中,人类的地位尚未确立,因此亦失去了雕刻和悲剧艺术的可能性。"[2] 雕刻看似是凝固不动

---

[1] [德] 雅斯培:《雅斯培论教育》,杜意风译,(台北)联经出版事业公司1983年版,第47页。
[2] [德] 雅斯培:《雅斯培论教育》,杜意风译,(台北)联经出版事业公司1983年版,第47页。

的，而其真正的魅力乃在于其透显出的"高贵的单纯与静穆的伟大"①；悲剧艺术看似充斥着困厄、痛苦与死亡，而其撼动人心的力量乃在于"人在失败中的伟大"②。雕刻与悲剧艺术之所以能够在古希腊达至其巅峰，说到底乃是因为古希腊的艺术家赋有一颗单纯、深邃、伟大的心灵。相比之下，当代人的心灵则越来越碎片化、平面化、世俗化了，因此在当代也就"失去了雕刻和悲剧艺术的可能性"。

雅氏始终认为，伟大的艺术并不在当代，这是与他对待艺术乃至整个人类文化的古典主义倾向完全一致的。那么其中的原委究竟何在呢？我们透过他的以下阐说或许可以从中发现一些踪迹。"自古以来艺术自然地让人感觉到超越性，今天也是一样，超越性应该藉著令人信服的艺术形式表现出来。可能有人会说：藉著艺术告诉人类，他自己是什么，他的天主是什么的这一刻已经来临了。但若我们仍然要回过头在历史中去看人类的悲剧及真正存在的光辉，并非因为历史上的艺术比较好，而是因为那时的真理至今仍是真理。"③确实，如果单纯从形式的完美程度来看，当代艺术至少并不逊色于历史上那些伟大的艺术。但无可置疑的是，只要人还存在，历史上的伟大艺术所探寻的终极问题将不断被再度探寻，所眷注的终极真理将不断被再度眷注。源于此，后世的人们才不断回味于它，并从中吸纳精神创造的原动力。当然，伟大的艺术依然是艺术，而不是宗教、哲学或者其他精神文化形态，因此它也只能借助艺术自身的力量发挥审美教化的作用。"艺术可以帮助默观的内容成为形象，藉著欣赏作品学习艺术可以带来震撼、松弛、愉快、安慰，这种情况是理性根本不能达到的，而且是完全圆满的默观语言，它没有任何缺陷。"④ 艺术区别于其他精神文化形态的价值根据委实在于艺术家在为"内容"赋予"形象"的过程中所创造出来的种种"形式"，这些形式在给人带来"震撼、松弛、愉快、

---

① ［德］温克尔曼：《希腊人的艺术》，邵大箴译，广西师范大学出版社2001年版，第17页。
② Karl Jaspers, *Tragedy Is Not Enough*, translated by Reiche, Moore and Deutsch, Beacon Press, 1969, p. 55.
③ ［德］雅斯培：《雅斯培论教育》，杜意风译，（台北）联经出版事业公司1983年版，第47—48页。
④ ［德］雅斯培：《雅斯培论教育》，杜意风译，（台北）联经出版事业公司1983年版，第48页。

第二章　雅斯贝斯的精神求索历程及其艺术之思

安慰"等情感体验方面无疑可以产生"理性根本不能达到"的效果；同样不可否认的是，伟大的艺术之所以伟大，乃在于它并不止于形式美，这在悲剧艺术中表现得尤为显豁，因而这门艺术对净化人的灵魂所发挥的作用也更大。在所有的艺术门类中，雅氏最为钟情的就是赋有崇高感的悲剧艺术，其中的原委正在于此。他就此指出："悲剧想要达到的更多：即灵魂的净化。到底这个净化指的是什么？即使连亚里斯多德也没有说清楚，不管怎样，那是一件关系到人自身的事。亦即不只是看戏而已，而是看戏之后受到感动，产生对人生的新看法，藉此洗去薄膜般的虚伪及表面的一些限制，使我们盲目的人生获得真实的经验。"① 在雅氏看来，悲剧的审美教化功能就是"灵魂的净化"，无论"净化"的具体意味如何，它终究是"一件关系到人自身的事"，也就是说，它与人的自我回归与生成息息相关。就此而言，观众欣赏悲剧的目的显然并不"只是看戏而已"，而是在于通过看戏后所受到的"感动"来"洗去薄膜般的虚伪"，唤起自我在回归本真生存的过程中"获得真实的经验"，进而策励自己突破现实世界的种种限制以不断地实现自我的超越。

雅氏的艺术教育思想受到了康德的深刻影响。在雅氏看来，"最后决定意义的还是艺术本身的美，因为美是道德的代表（亦译为'象征'——引者注）。天才所创造出来的代表作品是无法取代的，因为艺术可以增加思想的方式，透过美的形式之传达可以收到群体教育的效果，艺术可以培养对于精神的体认，做为接受道德理想的准备"②。雅氏在这里以肯定的态度援引了康德关于美与艺术的两个经典判断：一个是"美是道德的象征"③，另一个是"天才就是那天赋的才能，它给艺术制定法规"④。这一寓于援引中的断制是颇为关键的，它直接关乎雅氏为什么认为艺术可以"透过美的形式之传达可以收到群体教育的效果"，艺术又在何种意趣上可以"培养对于精神的体认，作为接

---

① [德] 雅斯培：《雅斯培论教育》，杜意风译，（台北）联经出版事业公司1983年版，第48页。
② [德] 雅斯培：《雅斯培论教育》，杜意风译，（台北）联经出版事业公司1983年版，第48页。
③ [德] 康德：《判断力批判》上卷，宗白华译，商务印书馆1964年版，第201页。
④ [德] 康德：《判断力批判》上卷，宗白华译，商务印书馆1964年版，第152页。

受道德理想的准备"。若从深微处探察，雅氏的艺术教育思想是以美与善、艺术与道德的关联为其隐在的主线的。在这一点上，他显然继续行进在康德当年拓辟的道路上，至少可以说，他的思想是与康德慧心相通的。我们发现，雅氏在"艺术教育"部分所说的这段话正与他在《大哲学家》第一卷中品鉴康德美学思想时的最后一段话完全相同："艺术之美却最终获得了以下含义，即'美是道德的象征'。天才的模范的创造活动是不可替代的。因为，思想方式的自由是通过艺术产生出来的，大众的教育也是借助于美的形式的间接性发生的，对超感性的基础的意识也是通过艺术而做好准备接受道德理念的。"① 可以说，雅氏与康德的这一慧心相通绝不是偶然的，而是由雅氏本人的学说对生存艺术所应承担的审美教化责任所决定的。否则的话，他绝不会从中国的"轴心"人物孔子那里读出"仁"之于"乐"的重要性。雅氏如此评价孔子："孔子认为礼和乐是教育最重要的因素，流行的音乐对群体的精神有决定性的影响，而个人则在此受到决定其生活秩序的动力，因此政府该赞助或禁止音乐：'乐则韶舞，放郑声……郑声淫。'（《卫灵公》第十五）"② 这还主要是从遮诠的意味上来批判所谓"流行的音乐"的。在表诠的意趣上，他以肯认的态度称引道："'乐者，通伦理者也'，'大乐必易，大礼必简，乐至则无怨，礼至则不争'（《礼记·乐记》）。但音乐和礼一样，其本身并非绝对的：'人而不仁如乐何？'（《八佾》第三）"③ 作为中国的"轴心"人物，孔子以其致力的"仁"道不仅为"乐"和"礼"提供了价值基源，而且为人成其为人奠定了价值基准。雅氏在《论历史的起源与目标》一书中正式提出"轴心时代"这一历史哲学范畴，并将孔子、苏格拉底、佛陀等为各自的民族在终极处创立了人文教化的哲人称为"轴心"人物。在《大哲学家》第一卷中，雅氏又明确地将耶稣与孔子、苏格拉底、佛陀相提并论，称誉他们是为人类创造了"思想范式"的"四大

---

① ［德］卡尔·雅斯贝尔斯：《大哲学家》，李雪涛主译，社会科学文献出版社2005年版，第449—450页。

② ［德］雅斯培：《雅斯培论教育》，杜意风译，（台北）联经出版事业公司1983年版，第48—49页。

③ ［德］雅斯培：《雅斯培论教育》，杜意风译，（台北）联经出版事业公司1983年版，第49页。

圣哲",并向这些圣哲们送去了由衷的崇敬之情。

在《什么是教育》一书中,雅氏同样是以"轴心时代"文化作为人文教化(含艺术教育)的范本的。"我们之所以成为人,是因为我们怀有一颗崇敬之心,并且让精神的内涵充斥于我们的想象力、思想以及活力的空间。精神内涵通过诗歌和艺术作品所特有的把握方式,进入人的心灵之中。西方人应把古希腊、罗马世界和圣经作为自己的家,……透过古代那种纯朴而深邃的伟大,我们似乎达到了人生的一个新境界,体验到人类的高贵以及获得做人的标准。"[①]古希腊、罗马世界和圣经之所以能够成为西方人不断回望的精神家园,正在于其所透出的那种"纯朴而深邃的伟大"氛围可以让我们"体验到人类的高贵以及获得做人的标准"。当我们怀着一颗"崇敬之心"不断地回望"自己的家"并从那里一次又一次地受到充满精神内涵的艺术品的震撼与陶染时,我们也就在心灵深处觉解到了"我们之所以成为人"的原初之由,进而向着人所当有的境地不断地自我生成。然而不幸的是,在知识化、技术化、专业化、实用化教育盛行的现代社会,文化的整体意义与深层价值被悬搁了,维系文化更生的精神创造力与自我调节机制也随之丧失了。在日渐获得强势的经济话语与技术理性的纵容下,大众遂取代真正的精神"权威"一跃成为时代的文化"英雄",他们的文化趣味也在瘟疫般的迅速蔓延中建立着在这个精神无根时代的文化"霸权"。于是,人们惊讶地发现,人类正进入一个所谓的"大众文化"时代。在雅氏看来,大众文化时代是一个快餐化的散文时代。由于大众不再严肃地思考本真的生存,不再渴望与作品之间进行深层的精神交往,所谓的精神消费也便只意味着瞬间的享受,因此,"散文就是一切习得的文学形式,报纸取代了书籍,其他的阅读材料也代替了伴随我们生命始终的优秀著作。人们很快地浏览,因而需要简短的文章,但不是那些能够引起人们沉思和反省的对象,而是那些人们即刻知道转背又忘了的东西。人们再也不能在精神与书籍内涵的同一中本真地阅读了"[②]。我们发

[①] [德]雅斯贝尔斯:《什么是教育》,邹进译,生活·读书·新知三联书店1991年版,第56页。

[②] [德]雅斯贝尔斯:《什么是教育》,邹进译,生活·读书·新知三联书店1991年版,第118页。

现，雅氏在《时代的精神状况》一书中有一段与此意趣毫无二致的话："文章采取了文学的通俗形式，报纸取代了书籍，散漫随意的阅读取代了对那些能够陪伴终生的著作的仔细研读。人们的阅读快速而粗率。他们要求简明，但不是要求那种能够形成严肃思考的出发点的简洁与精练，而是要求那种迅速提供给他们想知道的内容并能同样迅速地被遗忘的资料的简洁。读者同他的读物之间不再有精神上的交流。"[①] 雅氏是在反思"教化的普遍降格与能力的专门化"问题时而谈及这段话的，他的批判所向正是削平精神价值的"群众秩序"。"在群众秩序的生活中，大多数人的教化，倾向于迎合普通人的需要。精神因其散漫于群众之中而衰亡，知识则由于被合理化地处理到让一切浅薄的理解力均能接受的程度而贫困化了。这一普遍降格的过程，表明了群众秩序的特征，造成了有教养的阶层消失的趋势。"[②] "群众的人"整日为生计而奔波，他并不关心或者无暇去关心精神的整体。"他并不想要作出什么努力，除非有一个具体的目标，并且这个目标是可以用实用价值的词语来表达的。他不会耐心地等待事情的成熟，每一件事情对他来说都必须提供某种当下的满足。甚至他的精神生活都必须服从于他的转瞬即逝的快乐。"[③] 任何一种精神文化一旦沦为满足"实用价值"的资具以及供人消遣与享乐的消费品，它的陶冶功能就会因着生存的不在场而发生某种异化。鉴于此，雅氏对随时都有可能发生异化的陶冶进行了深刻的批判。

3. 对陶冶的批判

现代社会的一个根本症结，即在于生存不在场的个体越来越迷恋于所谓日常生活的审美化，那越来越藻饰化的精神文化也因其抽离生存之源而不再成全本真的生存。这，正是雅氏批判生存不在场的陶冶的原委所在。

在雅氏看来，把"轴心时代"文化蜕变为一个单纯的"人文主义

---

① ［德］卡尔·雅斯贝斯：《时代的精神状况》，王德峰译，上海译文出版社1997年版，第108—109页。

② ［德］卡尔·雅斯贝斯：《时代的精神状况》，王德峰译，上海译文出版社1997年版，第108页。

③ ［德］卡尔·雅斯贝斯：《时代的精神状况》，王德峰译，上海译文出版社1997年版，第108页。

第二章 雅斯贝斯的精神求索历程及其艺术之思

的陶冶世界",这是它的厄运的开端。那么,这种蜕变究竟从何时开始的呢?它又是如何发生的呢?其实,这种蜕变在任何时候都有可能发生:只要个体遗忘了生存选择的严肃性,他就会失去本明的生存根基,从而自我陶醉于一个无所承担的陶冶世界。雅氏指出:"'陶冶的困境'在于,转变的陶冶总是存在着,并被宣传为陶冶中的精品。"① 这一"困境"对我们汲取"轴心时代"文化如此,对吸收历史上其他伟大时代的文化同样如此。譬如,德国历史上出现过一个创造了璀璨文化的"古典时期"(1770—1830年)。这一时期的文化创造一旦蜕变为单纯的陶冶内容,人们便"只是以获得能力而富于精神性地对话为荣,无限的历史知识和理解混淆了存在的自我实现,一切都象在演戏,一切都变成了布景,而戏剧本身也成了陶冶的场所,它既不是服务于上帝,也不唤醒在其中受到自我教育的民众的自我意识,而是引起观众廉价的激情,成为事实上已被抽掉基石的社会中人们谈话的消遣材料"②。伟大的作品永远是伟大的,不过,伟大的作品之所以伟大正在于创造了它的伟大的生存。生存的自我选择与自我超越才是更为本源的力量,它"一方面毁坏了精神的构造,而另一方面又引发了重新建构精神的动机"③。鉴于此,雅氏把陶冶的根源贞定为自我创造的"生存"。即便那"自在的陶冶生活",也构成了"生存"的"本源运动"——为了突破经验"实存"而敞开自身的可能性,"生存"松开人对现实世界的种种执着而把"实存"转换为"可能生存"——的一个必要的环节。"陶冶被原初所创造和承担,而最终又被存在所冲破。如果陶冶独立于世的话,那么存在就消逝了,只有在存在的遗失过程中,世界才获得了绝对的在(Sein)。于是,从美学的意义来看,自在的陶冶生活才能产生出来,……并敞亮了自我存在。"④ 一旦把美学意

---

① [德]雅斯贝尔斯:《什么是教育》,邹进译,生活·读书·新知三联书店1991年版,第127页。
② [德]雅斯贝尔斯:《什么是教育》,邹进译,生活·读书·新知三联书店1991年版,第127—128页。
③ [德]雅斯贝尔斯:《什么是教育》,邹进译,生活·读书·新知三联书店1991年版,第128页。
④ [德]雅斯贝尔斯:《什么是教育》,邹进译,生活·读书·新知三联书店1991年版,第132页。

味上的"自在的陶冶"转变为"生存"的"本源运动"中的一个环节，它在雅氏这里便不再是一个被否定的对象，而成为"生存""在陶冶的躯体内却又超出陶冶"的过程。"在哲学生活中，陶冶是作为一个不断增殖的财富。……陶冶愈是丰富，存在的可能性就愈是广阔。然而，存在的现实性仅仅在陶冶的躯体内却又超出陶冶，成为透明的存在内涵。存在的张力是与陶冶的范围相辅相成的，在原始性中，非反射的存在可能保持自然的确定性；在高层次的陶冶中，尽管有存在消解的趋向，但它同时又是达到最明晰判断的条件。"① 如果说得再彻底些，雅氏由"生存"与"陶冶"的张力所喻说的"在陶冶的躯体内却又超出陶冶"的"本源运动"，其内隐的运思智慧依然是与他那祈向超越之维的生存人学体用不二的"生存辩证法"。

如前所述，雅氏充分肯认真正的悲剧在唤醒人的生存意识的过程中所发挥的重要作用，提醒观众不要仅仅以一种"看客"的心态而在某种纯然的静观中陷于生存无承担的"审美冷淡"。可以说，反对"看客"心态，主张"生存"契入，呼吁观众在灵魂受到感动的同时向着本真的自我不断地生成，这是雅氏在《时代的精神状况》《哲学》《论真理》等著述中一再阐说的立场，而且这一立场自始至终都涵贯于他的所有涉及艺术问题的著述之中。在《什么是教育》一书中，雅氏再次正告道："然而，优美的诗篇总是立刻被导入单纯的戏剧中，这是让人难以接受的。原初的严峻性在悲剧理论中是一种'拯救'（erlösung）方式，它发生在人的内心里，人又从戏剧中观看到了这一点。但是在一般人的谈话中，这种严峻性却被当作自我激发感情的一种享受。"② 所谓"原初的严峻性"，指的是悲剧主人公直面命运的拷问断然做出生存抉择的严峻性，它理应在观众内心里产生巨大的震撼，进而唤起观众通过与悲剧主人公的生存交往获得自我的振拔与拯救。由此出发，雅氏提醒观众不要将悲剧主人公的受难视为与己无干的东西，更不应在单纯的审美享受中被幸灾乐祸的好奇心、破坏欲以及对

---

① [德]雅斯贝尔斯：《什么是教育》，邹进译，生活·读书·新知三联书店1991年版，第132—133页。

② [德]雅斯贝尔斯：《什么是教育》，邹进译，生活·读书·新知三联书店1991年版，第128页。

刺激与兴奋的寻求所惑。"这是很重要的，即我不仅观看戏剧，从而获得一种美感享受，而且还将自己投入其中，把演出中所展示的知识作为自己一起参与创造的，当我信奉确定性，只是象一个陌生人来观看戏剧，或者象一个不相信戏剧中的一切会发生，而只想脱离现实的话，那么，戏剧的内涵就已消逝得无影无踪。之所以会如此，是因为我从一个安全的码头去观察世界，似乎我再也不能带着我在世界上的命运，在不确定的航船上寻找目标。我把世界看作是伟大的悲剧性的阐释，世界是以伟大的毁灭为目标，在世界上所发生的一切，是为了让那些与此无关痛痒的观众享受的。"[1]雅氏在这里格外强调观众在直面悲剧时应该生存在场，亦即"将自己投入其中，把演出中所展示的知识作为自己一起参与创造的"。这种主动介入悲剧世界并超越悲剧世界的态度，既可以让观众清醒地看到现实世界的真相，从而油然地产生在世生存的沉重感、挣扎感乃至撕裂感，又可以引导观众在直面"临界处境"的当下发现本明的"良知"与温煦和暖的"爱、信仰、想象"对于人成其为人的极端重要性，进而借着被"临界处境"逼显出来的"绝对意识"的苏醒毅然承担起自我决断、自我超越、自我生成的责任。倘若生存不在场的话，那么观众在单纯观看悲剧的过程中就会产生以下两种后果：要么是站在悲剧之外而迷恋于某种自我拯救的假象，这是一种因着"逃离现实"而滋生的完全丧失悲剧感的艺术观；要么是陷入悲剧之中而顺役于命运的羁绊并醉心于无抗争、无超越、非人性的欣赏，这是一种因着全然拘囿于现实世界而滋生的泛悲剧主义的艺术观。

雅氏对上述两种生存不在场的世界观与艺术观都进行了尖锐的批判，他郑重地指出："由此而来的后果是人存在的主体性瘫痪。世界上所有的不幸并不能唤醒人们，而是促成人们内心的活动：外界就是如此，正因为它是这样的，所以我不可能改变它，不能参与到它之中去，而只能快活地享受生活。但在一定距离内，假如我已进入宁静状况中，我仍然渴望见到其他地方将发生的一切。在看戏中我接触到耸

---

[1] [德]雅斯贝尔斯：《什么是教育》，邹进译，生活·读书·新知三联书店1991年版，第128—129页。

人听闻的事件，在感受到所谓的伟大崇高中获得了极度的精神享受，评价剧中人，喜怒哀乐皆与他们同在，于是，我逃离了纷扰的现实，而进入澄明的境界。"① 对雅氏所说的这段话，我们须得从两个方面加以把握。其一，所谓"外界就是如此""我不可能改变它，不能参与到它之中去，而只能快活地享受生活"，说的就是全然顺役于命运的羁绊而丧失超越之维的泛悲剧主义的艺术观，德国剧作家黑贝尔（Hebbel，1813—1863）、奥地利剧作家格里尔帕策（Grillparzer，1791—1872）就是这种艺术观的代表。"陶冶的严峻性而非存在（Existenz，当译为'生存'——引者注）的严肃性在诗人笔下，如黑贝尔和格里尔帕尔策尔所描写的形象，当人们叩问这些形象的真实性时，它们最终就只能发出沉闷的声音。"② 此类"只能发出沉闷的声音"的悲剧并不能唤起观众反抗命运的生存意识，因而它的陶冶功能也就失去了"生存"意义上的严肃性与真实性。雅氏曾专门批评黑贝尔从思辨结构出发进行创作并试图系统解释悲剧的做法，称"黑贝尔的悲剧意识只不过是一种在哲学外衣掩饰下的痛苦意识"③。悲剧主人公在直面不堪的人生境遇之际固然是痛苦的，但是单纯的"痛苦意识"尚不是真正的"悲剧意识"。真正的"悲剧意识"必须包含人同命运的不懈抗争这层意味，此乃因为，只有抗争命运的勇气与行动才能把人的高贵与尊严肯定下来，进而把抗争过程中所经受的痛苦转化为淬砺与振拔生命的悲剧意识。

因此，悲剧意识是涌动于"生存"的深层并动态地呈现于当下行动的精神能量，它既不会臣服于命运的威压，也不会受缚于任何一种命定化的法则或静态化的知识。正是在这种意味上，雅氏反对人们把"悲剧"视为单纯的美学概念，指出那些人的歧误或者在于试图将悲剧风干为某种"普遍性的法则"，就像巴恩森（Bahnsen）所做的那样；或者一味鼓吹某种"悲剧性的生命感"，就像乌纳穆诺（Unamu-

---

① ［德］雅斯贝尔斯：《什么是教育》，邹进译，生活·读书·新知三联书店1991年版，第129页。

② ［德］雅斯贝尔斯：《什么是教育》，邹进译，生活·读书·新知三联书店1991年版，第130页。

③ Karl Jaspers, *Tragedy Is Not Enough*, translated by Reiche, Moore and Deutsch, Beacon Press, 1969, p. 98.

no，1864—1936）所做的那样。在雅氏看来，"悲剧知识"属于只在"生存交往"中觅寻"整全的真理"的"原初知识"，它并不就是那种诉诸"一般意识"（认知理性）的"现实知识"，因为"现实知识"是对象化、静止化、封闭化的，而"原初知识"则是非对象化、动态化、开放化的。就此而言，"悲剧知识是开放的知识，它深切地认识到自身的无知。无论把它僵化为哪一种泛悲剧主义，都是对它的曲解"。[①]"泛悲剧主义"摒绝了"生存"的超越维度，因此，从祈向超越之维的生存哲学来看，"任何一种试图把悲剧萎缩为占支配地位的现实规律的努力都是毫无哲学根据的"[②]。"泛悲剧主义"实际上是一种悲剧本体论，这种带有本体论意味的悲剧观把人在其中的现实世界视为受某种必然规律支配而无以改变的悲剧世界，说到底它是一种悲观主义的世界观与人生观。这种悲观主义的世界观与人生观诚然也是人对待世界与人生的一种哲学态度，不过它却放弃了人对自我选择、自我超越、自我生成所应当承担的责任，故而在生存哲学的意味上来说它是"毫无哲学根据"的。其二，所谓"我已进入宁静状态中""我逃离了纷扰的现实，而进入澄明的境界"，说的就是迷恋于某种自我拯救的假象而遗忘了现实世界与在世生存的悲剧感的艺术观，试图与"超越存在"完全合一的"理想主义"就是这种艺术观的代表。"理想主义从它的原初性——在原初性中理想主义还发出过振聋发聩的强音，曾经消除其它的残余而赢得了真正的胜利——中脱离出来而成为陶冶形式，由此理想主义通过财富与思想的细微差别，在人们的眼前展现了一个伟大而和谐的世界，这个世界是与本真的世界观相适应的。但是，在削减成陶冶形式后，理想主义就变成软弱无力、虚伪的东西，因为经由它而塑造人的现实中，缺乏作为自我经验基础的本然克服。在理想主义中，个人占据他的世界，并是一个历史上的匆匆过客。根据心理学性格类型理论，一个对现实多多少少采取躲避态度、关心安全、神经质的人，在现实生活中会被哲学

[①] Karl Jaspers, *Tragedy Is Not Enough*, translated by Reiche, Moore and Deutsch, Beacon Press, 1969, p. 98.

[②] Karl Jaspers, *Tragedy Is Not Enough*, translated by Reiche, Moore and Deutsch, Beacon Press, 1969, p. 97.

离弃的。"① 在雅氏看来,"理想主义"其实是从"生存"对现实世界的超越中获致其"原初"的根据的,因此,它在"原初性"中因着其与现实世界的必要张力以及它对生存个体的淬砺作用而"发出过振聋发聩的强音"并"赢得了真正的胜利"。之所以说这种胜利是"真正的"(而不是虚假的),乃因为它是自我超越的生存个体在不断突破现实世界的过程中一次又一次地为自身所赢取的,在这里,现实世界始终作为一道黑魆魆的背景而威压或诱惑着生存个体,正因为如此,生存个体内蕴的超越祈向才在不断地消除各种威压或诱惑人的"残余"力量的过程中彰显出它那烛照与振拔人心的夺目光辉来。然而,"理想主义"一旦脱离它的原初性而成为"陶冶的形式","超越存在"与现实世界的必要张力就被切断了,此时,人们就会自我陶醉于眼前展现的那个"伟大而和谐的世界",而那作为背景的现实世界以及在世生存的沉重感、挣扎感与悲剧感却被遗忘了。因此,在削减成陶冶形式后,"理想主义"就会因着缺乏现实的生存经验而成为"软弱无力、虚伪的东西",甚至会沦为某种迷醉心志的"心灵鸡汤"。在背对现实世界而做空洞的自我超越的美梦并试图与"超越存在"神秘合一的"理想主义"那里,个人被抽空为一个既无"世界"又无"历史"的"匆匆过客"。对这种生存不在场的匆匆过客,雅氏根据他在早年就颇为擅长的心理学性格类型理论下了这样一个判断:"一个对现实多多少少采取躲避态度、关心安全、神经质的人,在现实生活中会被哲学离弃的。"其实,这个判断的底据同样是其祈向超越之维的生存哲学立场。

雅氏是一位既具有现实关切又富有理性精神的哲学家,他始终是在"生存"与"世界"、"生存"与"超越存在"的双重张力中来阐发"生存"的本然意趣的,割断了与其中任何一方的联系,"生存"的本然意趣马上就会变质。如果说"泛悲剧主义"的根本问题在于遗忘了"超越存在",那么"理想主义"的根本问题则在于遗忘了"世界"。追根究底,两者其实都是对"本真生存"的悬搁与曲解。在雅

---

① [德]雅斯贝尔斯:《什么是教育》,邹进译,生活·读书·新知三联书店1991年版,第130页。

第二章 雅斯贝斯的精神求索历程及其艺术之思

氏看来，离开了"世界"的牵系，个体就会因着迷陷于盲目乐观的"理想主义"而失去"悲剧意识"，没有悲剧意识的个体并不是雅氏所说的"生存"；离开了"超越存在"的烛照，个体就会因着迷障于盲目悲观的"泛悲剧主义"而失去"绝对意识"，没有"绝对意识"的个体同样不是雅氏所说的"生存"。鉴于此，雅氏对上述两种悲剧观都进行了深刻的批判，认为它们虽然看似是相互对立的两极，但两者所带来的后果是一样的，那就是"人存在的主体性瘫痪"，亦即作为价值主体的"生存"的瘫痪。"生存"是在"世界"之中"超越"世界的，进而言之，"生存"既连接着"世界"，又连接着"超越存在"。因着与"世界"的须臾不离，"生存"从不会去做与"超越存在"神秘合一的迷梦，故而也不会受到盲目乐观的"理想主义"的蛊惑；因着与"超越存在"的须臾不离，"生存"从不相信"世界"是命定无从改变的谶语，故而也不会受到盲目悲观的"泛悲剧主义"的恐吓。从根底处看，"生存"在雅氏这里的哲学意义在于，它启示现实中的个体就立于这个"世界"之中，与此同时敢于自由地"超越"这个世界，并且承担起自由选择、自我振拔、自我命意的全部责任。可以说，自由、选择、超越、责任都是"生存"的题中之义，倘就"责任"之于祈向超越之维的生存哲学的重要性而言，我们不妨把雅氏的学说称为一种文化责任论。这种文化责任论在"泛悲剧主义"与"理想主义"、悲观主义与乐观主义的张力中，不仅为后人阐说了一种匠心独具的悲剧观与艺术教育观，而且为人类提供了一条走出根本精神困境的可行之路。

在即将结束本章之前，有必要就雅氏的悲剧观乃至整个教育观再申说如下四点。其一，悲剧理论随时都有可能转变成一种"美学的陶冶现象"，尤其在生存不在场的时代表现得格外为突出，譬如它在"古希腊时代后期（古老戏剧的复兴）和近代"就出现过。[①] 在雅氏谈及的这两个时代，时代精神的最大症结在于对"世界"的遗忘，转变为"美学的陶冶现象"的悲剧以及悲剧理论失去了"原初的严峻性"。

[①] ［德］雅斯贝尔斯：《什么是教育》，邹进译，生活·读书·新知三联书店1991年版，第129页。

其二,"这种转变并不仅仅在于观众,而且诗人们也主动放弃了原初的严峻性"①。这表明,雅氏的哲学批判并不仅仅针对"观众",而且针对"诗人们",如对黑贝尔、格里尔帕策等剧作家的批判。事实上,雅氏在这里已谈及文学四要素②中的"作家""读者"两个要素,只是这些有趣的话题并未成为其运思的重心。就他所品评的那些作家而言,这些品评成为我们阐说雅氏艺术家论思想的重要资料。其三,在悲剧家中,雅氏终生敬畏的是古希腊的埃斯库罗斯、索福克勒斯、欧里庇得斯,整体而言,他对近现代悲剧家的评价并不算高,唯一的一个例外就是莎士比亚。他认为古希腊三大悲剧家和莎士比亚的悲剧保持了"原初的严峻性","其中引发感觉的剧烈性、事件的戏剧性、以及舞台效果的技能性都是不能任意置换的,这正是古希腊戏剧和莎士比亚所说的深刻之处"③。其四,也是最重要的一点,《什么是教育》一书中的诸多观点乃至不少段落多见于雅氏生前发表的相关著述中。关于这一点,我们可以循着雅氏的精神探索历程做如下两种推断。第一,《什么是教育》是雅氏的一部遗稿,是他对自己毕生精神求索过程的总结。既然如此,雅氏在不懈的精神求索过程中逐渐形成的那些相对成熟的看法也就被他有机地整合到这部遗稿中,这同时说明他的思想乃是前后一贯的。第二,从某种意义上可以说,雅氏是以教育哲学(包括艺术教育观)结束其长达六十余年(从1908年撰写出博士学位论文《思乡与犯罪》至1969年去世)的精神探索历程的。综观雅氏的精神探索历程,他毕生主要做了两件事:一是研究,二是教书。就研究而言,他是一位视学术为生命的学者;从教书来看,他是一位以生命烛引学生的教师。作为学者,他是依"哲学信仰"献身于唤醒生存自由的哲学家;作为教师,他是据"教育信仰"躬行于点化生命的教育家。人文学术与人文教育从来都不是生命之外的余事。当雅氏把他研究的成果用来点化与成

---

① [德] 雅斯贝尔斯:《什么是教育》,邹进译,生活·读书·新知三联书店1991年版,第129页。

② "文学四要素"是艾布拉姆斯在《镜与灯——浪漫主义文论及批评传统》一书中提出来的,他认为文学作为一种整全的活动,总是包括作品、作家、世界、读者四个缺一不可的要素。

③ [德] 雅斯贝尔斯:《什么是教育》,邹进译,生活·读书·新知三联书店1991年版,第129页。

全学生的生命时，研究者与教育家的身份在他这里其实就已合二为一了。

我们看到，无论作为哲学家，还是作为教育家，雅斯贝斯全部思想的中核都是祈向超越之维的生存哲学。辐辏于这一中核，他的思想延及精神病理学—心理学、科技哲学、政治哲学、历史哲学、宗教哲学、艺术哲学、教育哲学等多个维面。尽管延及的维面颇多，但从其中核看各个维面则是全息性的。更为重要的是，当雅氏以关涉人的回归与生成的教育哲学结束其漫长而赋有意义的精神探索历程时，他的全部学说的人文教化旨趣也就由此凸显出来了。当然，正如他在阐说艺术教育与艺术陶冶时所提醒的那样，他在阐说整个人文教化时同样强调生存的在场以及由此带出的"原初的严峻性"。

通过第二章的悉心爬梳，我们可以断言艺术之思委实贯穿于雅斯贝斯毕生精神探索的始终，并且在其各个时期的几乎全部著述之中都有所体现。究其根由，乃是因为艺术在他的思想架构中占据着哲学所不可取代的位置。从雅氏的相关阐说来看，他的这些阐说其实已涉及艺术的方方面面。首先，就艺术活动的构成要素（借用艾布拉姆斯的文学四要素之说）而言，雅氏对创作者（艺术家）、接受者（读者、观众）、世界、艺术品均有所谈论，其中对关涉艺术品本身之旨趣的形式问题谈论的最少，对关涉"生存"之旨趣的创作者、接受者问题谈论的最多，其中的原委在于，雅氏是一位始终关注"生存"之旨趣的哲学家，而不是一位专门研究艺术问题的美学家或艺术批评家。因此，艺术之思在他那里主要做了整个思想大厦的一个环节，当然这个环节并不是无足轻重的。其次，就艺术门类而言，雅氏对建筑、雕塑、绘画、文学（包括诗歌、戏剧、小说、散文）等多种门类均有所关注，其中关注较多的是绘画与文学。在文学门类中，他关注较多的是诗歌与戏剧，在戏剧之中关注最多的是悲剧，在悲剧之中评价最高的是古希腊悲剧与莎士比亚悲剧，这一切说到底都出自其根本的哲学立场。最后，就艺术与相关领域的关联而言，雅氏对艺术与科学、经济、政治、心理、宗教、道德、教育、哲学等领域的关联均有所致思，其中致思最多的乃是艺术与哲学之间的张力。聚焦于艺术与哲学之间的张力，雅氏对其萦怀于心的生存艺术形而上学做了全面而深入的阐说：

在艺术发生论方面，他认为艺术根源于"生存"；在艺术本质论方面，他认为"艺术是解读密码的语言"；在艺术教育论方面，他认为艺术具有陶冶与净化灵魂的作用；在艺术主体论方面，他认为艺术家是喻说"生存"之旨趣的范例。

第三章 艺术家论的韵致以及艺术家的生存样态

雅斯贝斯构建的"生存艺术形而上学"主要包括两个相对完整的艺术专论：一个是生存悲剧论，另一个是生存艺术家论。鉴于生存艺术家论的相对完整性及其在雅氏艺术论中所处的枢机位置，本章便就其独特的韵致以及艺术家的生存样态做扼要的提示，以便为此后逐一阐说雅氏所钟爱的那些艺术家做一种必要的准备。

第一节 艺术家是喻说"生存"之旨趣的范例

雅斯贝斯艺术家论的韵致在于阐明艺术家独一无二的"生存"[①]，其诠说路径主要有两条：其一，在"生存"与"超越存在"（Transcendenz/Transcendence）所构成的张力中，诠说生存艺术乃是解读"超越存在"之消息的"密码"（Chiffre/cipher），而艺术家正是雅氏用来诠说"生存"之旨趣的范例[②]；其二，在"生存"与"理性"所构成的张力中，诠说"生存"的超越尚有赖于"理性"对"生存"的澄明，雅氏探究不同类型的艺术家及其生存性征的精神历程恰恰透露

[①] 关于"生存"的旨趣，可参阅孙秀昌《"生存"：雅斯贝斯"生存人学"的价值主体》，《河北师范大学学报》（哲学社会科学版）2008年第5期。

[②] 井村阳一就此指出："阐明艺术家的有个性的生存，是雅斯贝斯艺术论的中心课题。如同作为客观性作品的哲学是超越者的密码一样，每一艺术作品本身是被当作密码文字破译的。但是，也就象哲学劳作在无穷尽的'哲学研究'思维活动中，只是为今后思维的飞跃而做准备，并依附于思维活动的主体即哲学家一样，艺术作品也是通过把它放在艺术家全部活动之中，加深其作为照耀超越者和艺术家生存之间紧张关系的密码之意义。"见［日］今道友信等《存在主义美学》，崔相录、王生平译，辽宁人民出版社1987年版，第147—148页。

了这一意趣。就此而言,雅氏的艺术家专论与他的哲学家专论具有同样的生存论意义,而且在运思理路上也是前后一贯的。

一 艺术家论的生存论意义

雅斯贝斯生前出版的相对完整的艺术家专论主要有4种,按出版时间顺序依次为《斯特林堡与凡·高》(1922)、《我们的未来与歌德》(1947)、《歌德的人性》(1949)、《作为哲学家的达·芬奇》(1953)。[①]我们看到,从早期的艺术家专论到晚期的艺术家专论,时间的跨度长达三十余年,雅氏的致思也由精神病理学—心理学领域转到纯正哲学领域,其致思的重心又从生存哲学发展到理性哲学—世界哲学。这期间的变化诚然是颇大的,但一个不可否认的事实是,"生存"的种子在其精神病理学—心理学时期就已生出胚芽,在生存哲学时期得到了全面的发育,到了理性哲学—世界哲学时期又有了进一步的深化与升华。

《斯特林堡与凡·高》诚然可被视为《普通精神病理学》《世界观的心理学》的余绪,但无论对学术史还是对雅氏本人而言,它的意义并没有拘囿于精神病理学领域。雅氏自言:"从青年时代的早期起,我就已在不断探索哲理。事实上我是从哲学的动机出发而从事于医学和精神病理学的。"[②] 在他看来,精神病理学的研究对象是人(而不是"物"),因此,精神病医生的任务并不在于把患者视作纯然的肉体存在物而对其做出所谓"客观"的认知与不抱疗治希望的病情诊断,而在于怀着"仁爱"之心去理解其整全、独异的人格与自我。"精神病医生的'仁爱'应该看作不仅是对病人而且是对生活本身的当然态度。"[③] 就此而言,由以人为研究对象的精神病理学领域过渡到生存哲

[①] 雅斯贝斯的《论莱辛》在他生前未曾出版过,1981年萨尼尔将其编入《大哲学家》(遗稿,1—2卷),从运思理路看,《论莱辛》当与《作为哲学家的达·芬奇》一样同属理性哲学—世界哲学时期的著述。

[②] [德]卡尔·雅斯贝斯:《雅斯贝斯哲学自传》,王立权译,上海译文出版社1989年版,第25页。

[③] [德]卡尔·雅斯贝斯:《雅斯贝斯哲学自传》,王立权译,上海译文出版社1989年版,第16页。

第三章　艺术家论的韵致以及艺术家的生存样态

学领域，对雅氏来说乃是一件自然而然的事。进一步说，通过精神病理学这一学域而走向哲学之路也正是他的独特之处。雅氏认为，"通向哲学之路并不要经过抽象的思维"①，而是要带着刻骨铭心的人生体验关注人的生存境遇。因此，以人为研究对象的精神病理学便成为他此后踏上哲学之路的入口②，并播下了催发他致力于生存哲学的种子。1946年，他在该书德文第四版中增加了"人的全体"一章，尽管因着此章已较为明显地渗透了哲学气息而招来指责，但这一看似全新的修订其实是完全符合雅氏思想的起点与发展的内在逻辑的。我们还注意到，雅氏固然自称《斯特林堡与凡·高》一书"实际上只是对我就任教授之前就已有的那些原稿的修订"③，不过它的发表年份显然是在已颇具生存哲学意趣的《世界观的心理学》（1919）之后与他开始创制生存哲学之集大成的《哲学》三卷之前。即便是与牵系他致思重心的一段学术史做一种郑重的道别，如果这部精神病理学著作仅仅属于精神病理学学域，那么一向对学术怀有虔敬之心的雅氏是绝不会出版此书的。他之所以还要出版该书，想必该书一定在雅氏走向哲学自觉的道路上起着某种过渡或桥梁的作用。事实也正是如此。1949年，雅氏在该书再版的"序言"中写道："哲学并不要求属于它自身的某一具体研究领域，然而，当对具体事物的研究扩展到我们实存的界限与起源，它就趋向于成为哲学的了。"④具体来说，在该书上卷的斯特林堡专论中，雅氏详尽考察了斯特林堡的病志、世界观发展以及弥漫于其作品中的那种独异的精神分裂症氛围，这样的考察当然算得上一份关于精神分裂症艺术家的病理学报告。不过，该书下卷对于荷尔德林与凡·高的阐说却并未拘囿于此，而是透过他们不可对象化的生存深渊，从其独一无二的作品中体察到了这些不可替代的精神分裂症艺术家所

---

① ［德］雅斯贝尔斯：《理由与展望》，转引自［德］汉斯·萨尼尔《雅斯贝尔斯》，张继武、倪梁康译，生活·读书·新知三联书店1988年版，第32页。

② 井村阳一就此指出："雅斯贝斯学术研究的第一步是作为精神病理学家迈步的，这点似乎决定了雅斯贝斯哲学的方法和性质。"见［日］今道友信等《存在主义美学》，崔相录、王生平译，辽宁人民出版社1987年版，第131页。

③ ［德］卡尔·雅斯贝斯：《雅斯贝斯哲学自传》，王立权译，上海译文出版社1989年版，第40页。

④ Karl Jaspers, *Strindberg and Van*, translated by Oskar Grunow and David Woloshin, The University of Arizona Press, 1977, Author's Foreword, p. ix.

独具的艺术家的特性,并进一步掘发了他们的生存论意义。尽管雅氏在当年撰写该书时对此尚未达于全然的自觉或尚未使其成为致思的重心,但可以肯定的是,当他超越单纯的精神病理学的视域而探究精神分裂症艺术家的全部生存时,其实他正作为一位生存哲学家在发言。诚如井村阳一所说:"精神病理学家和哲学家,在雅斯贝斯那里决没有分裂为二。当他作为精神病理学家的雅斯贝斯超出其方法的有效性限界去研究对象时,他就很自然地成为哲学家。"[①]

雅氏是一位生存在场的哲学家,他的自传以及一生留下的大量日记无疑是他对自己的生存的自我体察,而当他以自己的生存直面历史上的伟大哲学家时,便在精神探索后期的《大哲学家》一书中悟识到了那些伟大哲人们的生存。"生存"的哲学意义就在于以不可重复的自由选择契接"超越存在",以"生存"为辐辏的哲学也只有作为哲学家生存的自然外化才会在富有历史性的创造中成为携带"超越存在"消息的"密码"。可以说,雅氏的哲学家专论与艺术家专论在这一点上是完全一致的。鉴于此,他将古希腊悲剧作家、莎士比亚、荷尔德林、凡·高、达·芬奇等伟大的诗人、艺术家称为哲学家。雅氏指出:"哲学史与艺术史有相似之处,艺术史上的那些卓越的艺术作品是不可替代和独一无二的。"[②] 艺术品的"不可替代和独一无二"归根结底源自"不可替代和独一无二"的艺术家的生存。《作为哲学家的达·芬奇》与《斯特林堡与凡·高》之间诚然跨度很大、风格迥异、旨趣不同,但是,"雅斯贝斯所例举的艺术家荷尔德林、凡·高、达·芬奇,都是由于挫折而成了艺术家的最富有生存性的艺术家。在这个意义上说,雅斯贝斯所例举的艺术家是一个独一无二的典型;因为是一个典型,其存在本身也就成了一种密码。通过他们的典型,生存艺术家的本质被人理解。这是因为,生存归根结底是不被一般地、普遍地理解的"[③]。生存艺术家不是被"一般意识"作对象化认知的类型,而是只能以个体的生存去交往的"独一无二的典

---

① [日]今道友信等:《存在主义美学》,崔相录、王生平译,辽宁人民出版社1987年版,第131页。
② [德]卡尔·雅斯贝尔斯:《智慧之路——哲学导论》,柯锦华、范进译,中国国际广播出版社1988年版,第99页。
③ [日]今道友信等:《存在主义美学》,崔相录、王生平译,辽宁人民出版社1987年版,第148页。

型",这可以说是对生存艺术家之"生存"意趣的一语道破。在这一点上,荷尔德林、凡·高与达·芬奇于独一无二的个性之中无疑又凸显出其深刻的通性。因此,尽管雅氏在《斯特林堡与凡·高》中对荷尔德林与凡·高的诠说尚留有浓重的精神病理学分析的烙印,但他们以精神分裂症为契机所创制的生存艺术显然已透示出创制者的赋有个性的生存;诚然《作为哲学家的达·芬奇》中的达·芬奇更多地为生存插上了理性的翅膀并获得了一种更为阔大的气象,不过当这理性的生存者因面对无所不包的"大全"而不得不保持其生存的开放性与作品的未完成性时,他的存在方式便秉具了生存的性征,其作品也便成为祈向虚灵不滞的"整体"的"密码"。

二 艺术家论的韵致在于阐明艺术家的"生存"样态

可以说,雅斯贝斯的艺术家论乃是其精神求索的有机组成部分,其指归在于阐明艺术家独一无二的"生存"样态。就此而言,我们尽管在前面关联着雅氏精神求索的三个时期将其艺术(家)论分成三个阶段,但是这里需要强调的一点是,上述三个阶段乃是前后一贯、不可分割的,具体体现为一个以"生存"为辐辏的有机发展过程。对这个有机发展的过程,井村阳一的阐说最为透辟。

井村阳一将雅氏艺术(家)论的三个阶段概括为"一个阶段既包摄前阶段,又螺旋式地缓慢地上升",并对此做了深入的阐发:"在第一阶段,已产生了生存问题之意识。在第二阶段,其体系已超出生存涉及到了超越者的形而上学。第三阶段对普遍的包括者真理的追求,是只有以生存为其研究对象时才成为可能的。因此说,把雅斯贝斯的艺术论分为三个时期,也只是为了便于理解,其实在艺术观上看不出什么值得注目的变化。也许不如干脆这样说更合乎实际些:雅斯贝斯一贯追求艺术在生存上的、形而上学上的意义,他在艺术中,借助艺术,搞了 philosophieren。"[①] 井村阳一的这段话乃是深得雅氏艺术(家)论之真趣的,下面便结合他

---

① [日] 今道友信等:《存在主义美学》,崔相录、王生平译,辽宁人民出版社1987年版,第133—134页。

所谈及的三个阶段——进行阐说。

所谓"在第一阶段,已产生了生存问题之意识",主要指雅氏在精神病理学—心理学时期所著的《斯特林堡与凡·高》(1922)一书,他从荷尔德林、凡·高等精神分裂症艺术家身上发现了生存论意义。在雅氏看来,他们都是有别于"实存"的"例外"与"一般意识"无从界定的"生存",这些独一无二的"生存"都在濒于"临界处境"之际体验到了灵魂无所依恃的孤独与无可告慰的震荡乃至撕裂,其灵魂深处涌动的激情如岩浆般蓄积、奔流,最终透过灵魂的裂口喷射出来进而化为那些独放异彩的艺术品,与此同时,艺术家也在创造艺术品的过程中燃烧着自己直至走向自我毁灭,他们的自我毁灭遂成为见证"生存深渊"的例示,并为"生存"探向其本源进而跃向其终极目标提供了否定的导言。这里所涉及的问题,其实都已是"生存问题",对这些问题的意识,当然都已是"生存问题之意识"。

所谓"在第二阶段,其体系已超出生存涉及到了超越者的形而上学",指的是雅氏在标志着生存哲学成熟期的《哲学》(三卷,1932)中以"生存"为辐辏所构建的"生存形而上学"体系,这种体系立根于"生存"与"超越存在"之间的必要张力,将"世界"("内在存在""经验现实")转换为"生存"在其中解读"超越存在"之消息的"密码"。这样的运思理路至少会带来两个推论。其一,"生存"不断地在"世界"之中超越着"世界",这是一个永无底止的过程,就此而言,"生存"与其属望的"超越存在"之间永远存在着一段无法消弭的距离,也正因为如此,"生存"才被唤起永远无法满足的超越渴望。"这种渴望并不是神经质现象。在神经质中,我不能将物作为现实之物予以把捉,也不能作为现实存在而理解自我,更不能作为真正的当下存在体验永恒的瞬间。……我的渴望之苦并不在于缺乏经验现实,而在于缺乏超越存在。"[1] 值得注意的是,这种充满无限张力与动能的"渴望"已不再是"神经质现象",而成了具有超越意味的生存论事件。其二,被超越之光照亮的"世界"("内在存在""经验现

---

[1] Karl Jaspers, *Philosophy* (Vol.3), translated by E. B. Ashton, The University of Chicago Press, 1971, p.117.

第三章　艺术家论的韵致以及艺术家的生存样态

实")成为携带"超越存在"之消息的"密码",进而成为"生存"在"密码"中解读"超越存在"之消息的"神话现实"。"如果现实本身同时就是神话,那么现实就既未失去价值,也未因客观的特殊形态而被补充。现实就在此意义上被视为现实事物,并且同时被赋予超越的意义。"[1] "神话现实"是"生存"在现实世界中谛听"超越存在"语言的绝佳的"密码",这样一来,"神话现实"也就成为雅氏喻说"生存艺术形而上学"之旨趣的必然选择。在《哲学》第三卷中,雅氏是以凡·高为例来喻说这一旨趣的:"对凡·高来说,风景、物和人既存在于实际的当下,同时又赋有神话的品性,而这就是他的绘画作品所赋有的独一无二的力量。"[2] 在雅氏看来,凡·高的画作既肯定了超越之维,又肯定了"实际的当下",这种携带"超越存在"之消息的"神话现实"遂具有了独一无二的魅力。如果说雅氏在《斯特林堡与凡·高》中的凡·高论仍带有精神病理学与生存哲学双重视域的话,那么他在《哲学》(三卷)中就是从单纯的生存哲学视域来阐发凡·高及其画作的生存论意义了。

所谓"第三阶段对普遍的包括者真理的追求,是只有以生存为其研究对象时才成为可能的",指的是雅氏在理性哲学—世界哲学时期从"大全论"的视域对"生存"的旨趣所做的拓展与深化。这里所谓的"普遍的包括者"指的就是"大全",它是雅氏为确保"生存"选择的绝对自由与人的生成的无限可能性而为其敞开的"至大无外的空间","在这里面,为我的存在,对我们当下现在着"[3]。与此同时,"大全"作为终极的统一性("大一",Einen)也在呼唤着"生存"永无底止地向之趋赴,这个永无底止地向着"大全"趋赴的过程就是生存论意义上的"真理"之路,就此而言,"真理是指达到向我们显现的存在的道路"[4]。在这

---

[1] Karl Jaspers, *Philosophy* (Vol. 3), translated by E. B. Ashton, The University of Chicago Press, 1971, p. 116.

[2] Karl Jaspers, *Philosophy* (Vol. 3), translated by E. B. Ashton, The University of Chicago Press, 1971, pp. 116–117.

[3] [德]卡尔·雅斯贝斯:《生存哲学》,王玖兴译,上海译文出版社2005年版,"导言"第13页。

[4] [德]卡尔·雅斯贝斯:《生存哲学》,王玖兴译,上海译文出版社2005年版,"导言"第13页。

条不断显现的真理之路上，为了将所有处于分裂状态的"真理"样式联结为一个统一的整体，雅氏为"生存"插上了"理性"的翅膀。在他看来，"理性就是整体交往意志"（totale Kommunikationswille）①。通过这种"整体交往意志"，插上"理性"翅膀的"生存"便具有了一种不断逼近"大全"（"大一"）的冲动。这种冲动不仅使"生存"具有了无限的开放性与未完成性，而且"使出现于各种样态的大全之间同时却又构成新的统一（Einen）的经验的那些冲突和斗争，可能成为真正的冲突和斗争"②，《生存哲学》（1938）中的这段话所揭示的正是雅氏在此后的《论真理》（1947）中加以阐说的生存悲剧论的托底的秘密。此外，雅氏关于歌德、莱辛、达·芬奇等理性生存型的艺术家的专论，也是他在这一阶段阐发其"生存"的真理观的有机组成部分。尤为可贵的，井村阳一道破了雅氏"一贯追求艺术在生存上的、形而上学上的意义"这一闷机，也正是在此意义上，艺术在雅氏那里成为"生存的功能"与"哲学的器官"，与此同时，艺术家也就成为喻说"生存"之旨趣的范例。

第二节 从现代艺术家向古典艺术家的回归

悉心爬梳雅斯贝斯的艺术家论，我们会发现一个饶有趣味的现象：从早期的艺术家论到晚期的艺术家论，他所论及的那些艺术家就其生存样态而言存在一种从现代向古典回归的趋势。仅从生卒年份来看，雅氏在早期专门阐说过的艺术家主要有凡·高、斯特林堡、荷尔德林，他们的生卒年份分别是1853—1890、1849—1912、1770—1843；他在后期专门阐说过的艺术家主要有歌德、莱辛、达·芬奇，他们的生卒年份分别是1749—1832、1729—1781、1452—1519。③ 应该说，这并不是一种偶然的现象。那么雅氏为何越到晚年越钟爱古典艺术家呢，他

---

① ［德］卡尔·雅斯贝斯：《生存哲学》，王玖兴译，上海译文出版社2005年版，第46页。
② ［德］卡尔·雅斯贝斯：《生存哲学》，王玖兴译，上海译文出版社2005年版，第47页。
③ 雅斯贝斯在后期还间或谈及了一些艺术家，如西方的莎士比亚（1564—1616）、但丁（1265—1321）、古希腊三大悲剧家、荷马以及中国先秦时期的庄子（他将庄子称为生活型的艺术家）等。可以说，他对这些古典艺术家的关注是与其建构理性哲学—世界哲学的运思理路保持着内在一致的。

为何在整体上对同时代的艺术家评价不高呢，我们又当如何看待他与当代艺术家之间的关联呢？对于这些问题，我们或许可以结合雅氏的艺术趣味以及运思重心的转向等话题给出一种大体可信的解释。

一 "厚古薄今"的艺术趣味

雅斯贝斯诚然是一位严谨的哲学家，不过这并不意味着他对艺术毫无兴趣。从雅氏的成长历程来看，他的艺术趣味在一定程度上受到了父亲的影响。雅氏的父亲早年学的是法律，其基本的性格特征是"团结、诚实和独立性"[①]，特别是他的独立性及其理性、清晰而坦率的思维力曾经潜移默化地模塑了雅氏的心灵，使他在孩童时期就"对父亲无限崇敬，把他视为'完美无缺'的人，亦步亦趋地效法父亲"[②]。雅氏曾自述道："我的父亲不喜欢音乐，从来不唱歌的，但是有一次他带著自嘲的口气说：他年轻时有一次在合唱团里担任天使，必须面对听众独唱一段高音，而他也应付过去了。但是我的母亲天性愉快，在我孩童的记忆里，充满著她的歌唱及钢琴声，每次父亲回家她就停止弹钢琴，免得打扰父亲，我父亲为她喜欢音乐而高兴，但是并不想自己也去学音乐。"[③] 可以说，父亲的这一态度影响了雅氏此后对音乐的态度。据萨尼尔记述："在音乐家中，他年轻时认识了福特温格勒，以后他与罗伯特·奥伯希尔结交。这两个人之所以引起他的兴趣，主要是由于他们的思想。面对新音乐的发展他一无所知。'我喜欢听音乐，但没有需求，也没有乐感。'"[④] 从中可以看出，雅氏对音乐秉持的是一种理性的态度，这种态度伴随了他的一生。他在《哲学》中认为音乐是"感知在场"的艺术，是"最能打动我们"

[①] ［德］汉斯·萨尼尔：《雅斯贝尔斯》，张继武、倪梁康译，生活·读书·新知三联书店1988年版，第6页。
[②] ［德］汉斯·萨尼尔：《雅斯贝尔斯》，张继武、倪梁康译，生活·读书·新知三联书店1988年版，第7页。
[③] ［德］雅斯培：《雅斯培论教育》，杜意风译，（台北）联经出版事业公司1983年版，第48页。
[④] ［德］汉斯·萨尼尔：《雅斯贝尔斯》，张继武、倪梁康译，生活·读书·新知三联书店1988年版，第241页。

的艺术门类之一，正因为如此，倘若只是耽于纯粹的形式却遗忘了"生存"之根与"原初的严峻性"，某些音乐家就会像理查德·瓦格纳（Richard Wagner, 1813—1883）那样"始终在被旺盛的精力、情欲或无物的纯形式所驱赶着"。雅氏忧心忡忡地看到，这种生存不在场的艺术一旦被希特勒之流的独裁统治所利用，就会给人类带来无比深重的灾难。

相比于音乐，绘画则像诗一样是一种"想象性"的艺术，这种艺术可以表现更为开阔的视域并显示更为丰富的现实世界，它"不仅让我们解读时间、空间与形体的密码，而且让我们解读那种得以实现的现实的密码"①，因而得到了雅氏的肯定。应该说，雅氏对待绘画的这一态度同样受到了父亲的影响，正如萨尼尔所说："如果说他（指雅斯贝斯的父亲——引者注）对什么还有敏感性的话，那就是素描和水彩画了。除了许多'习作'——一般是些精巧的临摹——，他画得最成功的是风景画。这些风景画画面空旷、光线明亮、恬淡素雅，色彩浓淡、强弱相宜。这些画虽然算不上是什么上乘之作，然而它开阔的视野以及轻松的气氛，以后都转变为他的儿子的哲学素养。"② 所谓"哲学素养"，指的是雅氏哲学的那种既赋有"生存"关切又秉具"理性"精神的底蕴，这种哲学底蕴正是他品评画家们的眼光所在。我们看到，雅氏在其论艺术家的著述中提及的画家有达·芬奇（Leonardo da Vinci, 1452—1519）、米开朗基罗（Michelangelo, 1475—1564）、拉斐尔（Raphael, 1483—1520）、柯列乔（Correggio, 1489—1534）、鲁本斯（Rubens, 1577—1640）、伦勃朗（Rembrandt, 1606—1669）、迦斯底里阿纳（Castiglione, 1688—1766）、德拉克罗瓦（Delacroix, 1798—1863）、弗朗索瓦·米勒（François Millet, 1814—1875）、查尔斯·梅里翁（Charles Meryon, 1821—1868）、奥迪隆·雷东（Odilon Redon, 1840—1916）、恩斯特·约瑟夫森（Ernst Josephson, 1851—1906）、凡·高（Vincent van Gogh, 1853—1890）、图卢兹·劳特累克

---

① Karl Jaspers, *Philosophy* (Vol. 3), translated by E. B. Ashton, The University of Chicago Press, 1971, p. 174.
② ［德］汉斯·萨尼尔：《雅斯贝尔斯》，张继武、倪梁康译，生活·读书·新知三联书店1988年版，第7页。

第三章　艺术家论的韵致以及艺术家的生存样态

（Toulouse Lautrec，1864—1901）、毕加索（Pablo Picasso，1881—1973）等，他对其中文艺复兴时期的画家尤为喜爱。在海德堡求学时，雅氏从头到尾旁听了艺术史家亨利·托德讲授的意大利文艺复兴时期的绘画课。为了能够目睹托德所谈及的那些名作，雅氏于学期结束后还独自赴米兰—热那亚—比萨—罗马—佛罗伦萨—波伦亚—威尼斯—佛罗那完成了他一生中仅有的一次意大利艺术之旅。① 在上述提及的画家中，他对那些理性生存型的画家——如达·芬奇、米开朗基罗、拉斐尔、伦勃朗——评价最高，在晚年出版的《智慧之路》一书中，雅氏曾明确地将达·芬奇、米开朗基罗、伦勃朗置于艺术家中的哲学家之列。此外，在早期的《斯特林堡与凡·高》与中期的《哲学》（三卷）中，他对展呈了"生存"之深渊的凡·高也给予了颇高的评价，认为他的画作透示着一种"紧张的寻找"与对"绝对的真实"的期待，可以作为喻说"神话现实"之旨趣的一个范例来解读。在所有提及的画家中，雅氏评价较低的是鲁本斯式的人物，他认为鲁本斯的绘画就像瓦格纳的音乐一样，由于被纯粹的形式唤起的情欲所吞噬而遗忘了"生存"之根与"原初的严峻性"。此外需要注意的是，那些与自己同时代的画家，未曾引起雅氏太多的兴趣。萨尼尔就此品评道："他（指雅斯贝斯——引者注）了解绘画艺术的全部历史，从年轻时就喜欢看画，并且十分认真。在他看来，绘画史到吐鲁茨·劳特瑞（Toulouse-Lautrec，亦译为'图卢兹·劳特雷克'——引者注）和梵·高（亦译为凡·高、文森特等——引者注）就中止了。他认为只有毕加索是当代的一个特殊人物。"② 毕加索之所以能够作为"当代的一个特殊的人物"受到雅氏的关注，说到底乃是因为他像凡·高一样展呈了"生存"的深渊。

在文学家中，雅氏同样表现出了一种"厚古薄今"的艺术趣味。"对于他来说，伟大的文学史到陀思妥耶夫斯基和斯特林堡就结束了。虽然他年轻时读过格奥尔格（George）和里尔克（Rilke）的作品，但

---

① 参见［德］汉斯·萨尼尔《雅斯贝尔斯》，张继武、倪梁康译，生活·读书·新知三联书店1988年版，第15—16页。
② ［德］汉斯·萨尼尔：《雅斯贝尔斯》，张继武、倪梁康译，生活·读书·新知三联书店1988年版，第241页。

是他并不喜欢他们。他读过托玛斯·曼（亦译为托马斯·曼——引者注）的一些作品，对托玛斯·曼本人也有一些了解。后来还读过穆希尔（Musil）的《没有身份的人》。只是在晚年他才读卡夫卡、布莱希特、本（Benn）和艾略特（Eliot）。他对当代许多作家很少作过深入的研究。"① 应该说，萨尼尔的这段描述是大体可信的，但问题在于，雅氏为什么"对当代许多作家很少作过深入的研究"呢？从雅氏"厚古薄今"的艺术趣味中我们又能体察出哪些有意味的消息呢？围绕着这些问题，笔者在此主要阐说如下三点。①雅氏关注过的当代文学家是经过他严格挑选的，挑选的标准就是他们的作品是否揭示了"生存意识"以及时代精神处境的真相。萨尼尔在此一一列出了他们的名字，而且基本上是以出生时间的早晚为序列举的（除布莱希特外）：格奥尔格（Anton George，1868—1933）、里尔克（Maria Rilke，1875—1926）、托马斯·曼（Thomas Mann，1875—1955）、穆西尔（Robert Musil，1880—1942）、卡夫卡（Franz Kafka，1883—1924）、布莱希特（Bertolt Brecht，1898—1956）、戈特弗里德·贝恩（Gottfried benn，1886—1956）、艾略特（Thomas Stearns Eliot，1888—1965）。雅斯贝斯挑选出来的这些文学家就其在世的时间而言都与他有或多或少的交集，经过历史的淘选后，他们也都被当今的西方文学史评定为20世纪最重要的作家。这充分表明，作为哲学家的雅斯贝斯审视当代作家的眼光是相当敏锐的，他固然不会像文学史家那样对同时代的作家做过多深入的研究，在挑选当代作家的过程中他固然会出现这样或那样的疏漏，但是我们不能一概而论地说他对当代作家无所了解，更不能说他带着偏激的态度一味地否定当代作家的价值。譬如，我们在《大哲学家》（遗稿，1—2卷）中发现他已把比他小五岁的艾略特（以及比他小十七岁的圣艾修伯里）置于艺术家中的哲学家之列，只是构想中的蓝图最终未能完成而已——若说有什么遗憾的话，这才是真正的遗憾之所在。②雅氏以陀思妥耶夫斯基（Dostoevsky，1821—1881）与斯特林堡（August Strindberg，1849—1912）为界，把西方文学史分成古典文学与当代文

---

① ［德］汉斯·萨内尔：《雅斯贝尔斯》，程志民、宋祖良、谢地坤译，中国社会科学出版社1992年版，第261—262页。

学两个阶段,并认为"伟大的文学史到陀思妥耶夫斯基和斯特林堡就结束了",从中可以明显地看出雅氏艺术趣味的古典倾向。就出生年份来看,斯特林堡比雅氏年长三十四岁,陀思妥耶夫斯基比他年长六十二岁。在早期的《斯特林堡与凡·高》中,雅氏曾专门阐说过斯特林堡,并将他称为客观表现型的精神分裂症艺术家。在《大哲学家》(遗稿,1—2卷)中,他将陀思妥耶夫斯基归入艺术家中的哲学家之列。在《论真理》《大哲学家》等著述中,雅氏还提及过大量西方文学家的名字,若以陀思妥耶夫斯基与斯特林堡为界从后往前回溯,他们依次是海涅（Heinrich Heine，1797—1856）、荷尔德林（Hölderlin，1770—1843）、席勒（Friedrich von Schiller，1759—1805）、歌德（1749—1832）、莱辛（1729—1781）、拉辛（Jean Racine，1639—1699）、卡尔德隆（1600—1681）、莎士比亚（1564—1616）、蒙田（Michel Montaigne，1533—1592）、但丁（1265—1321）、古希腊三大悲剧家、荷马等。雅氏向上述伟大的西方古典文学家表达了由衷的敬意,更有意味的是,他从20世纪30年代起特别是第二次世界大战爆发后逐渐把目光投向了亚洲古典文化（主要是中国与印度的古典文化）,期待着从那里找到借以摆脱西方精神困境的思想资源与构建世界哲学史的人性基础。正是怀着这种期待,雅氏在中国古典文化中除了关注孔子、老子、孟子、庄子等"轴心"人物的思想外,还阅读了一定数量的中国古典文学作品,如《红楼梦》《水浒传》《三国演义》《金瓶梅》《好逑传》《中国鬼神与爱情故事选》等,① 从中不难看出他对中国文学同样秉持着一种古典化的趣味。③在文学家中,雅氏最为关注的乃是戏剧家;在戏剧家中,他最为关注的显然是悲剧家。在《论真理》一书中,他曾关联着"悲剧知识"谈及埃斯库罗斯、索福克勒斯、欧里庇得斯、莎士比亚、卡尔德隆、拉辛、莱辛、席勒等作家的悲剧意识及其悲剧形态。就表现"生存"的深度与"临界"意识而言,他对古希腊三大悲剧家与莎士比亚的悲剧给予了颇高的评价,相比之下,卡尔德隆、拉辛、莱辛、席勒等作家的悲剧在振拔人的心灵方面就逊色得多了。在此须得注意的是,悲剧

---

① 参见金寿铁《卡尔·雅斯贝尔斯的中国缘》,《中国社会科学报》2009年12月29日第11版。

艺术固然是可以振拔人的心灵并引生人的崇高意识的,不过,能够引生崇高意识并令人感到做人的尊严与伟大的艺术并不限于悲剧。当雅氏以莱辛的《智者纳旦》来阐说"从悲剧中解救"并就此揭示"悲剧是不足的"这一旨趣时,他其实依然是在"生存"与"理性"的张力间致思人应当如何探问与趋向"终极真理"的问题。

这里至为关键一个问题是,雅氏寓托于"厚古薄今"的艺术趣味中的隐衷究竟是什么?对此,我们可以从他回顾自己精神求索历程的自传中获得某些消息。据雅氏自述,他十七岁时尚未把研究哲学作为志业,而是"热衷于诗歌、艺术、笔迹学、戏剧,并总是将注意力转向其他事物。虽然在这种分散精力的情况中我并不快乐,但其中对伟大事物的特殊体验,特别是在艺术中的体验,却使我感到快乐"①。艺术所带来的那种"对伟大事物的特殊体验"指的就是"生存体验"(生存意识),生存体验的觉醒说到底乃源发于雅氏对"伟大事物"的期待以及对时代精神状况的不满。"我不满于我自己,不满于社会状况,不满于公共生活中流行的谬误的信仰。我的基本反应是:不仅人类而且我自己都有什么东西是根本错了;但与此同时,我又感觉到另一世界的伟大庄严,即自然、艺术、诗歌与科学的伟大庄严。"②现实世界的不堪引发了雅氏对"另一世界的伟大庄严"的向往之情,他向往中的那个"伟大庄严"的世界就包含着以形式的创造为其韵致并以唤起人的生存意识为其指归的艺术(含诗歌)世界。由此看来,雅氏其实是在自觉意识到人类的精神危机与个人的人生危机的时刻而开始关注艺术的,而且他所关注的只是那种令人感到"伟大庄严"的艺术。可以说,体验人类的"伟大庄严"既是雅氏艺术趣味的中核,也是其全部精神趣味的中核,正是以这种精神趣味为根底,他对历史上的人物以及时人做出了品评。1949年,雅氏在致海德格尔的一封信中写道:"老年的柏拉图,老年的米开朗琪罗(亦译为米开朗基罗——引者注)、伦勃朗,老年的歌德——他们都奇妙地触摸到了最深处。他们给我们这些小人物以勇气。

---

① [德]卡尔·雅斯贝斯:《雅斯贝斯哲学自传》,王立权译,上海译文出版社1989年版,第4页。

② [德]卡尔·雅斯贝斯:《雅斯贝斯哲学自传》,王立权译,上海译文出版社1989年版,第4页。

人的精神并非必然要衰老，这是一个秘密。"① 这里所谓的"最深处"，指的乃是如岩浆般涌动于灵魂最深处的生存意识。这种"伟大庄严"的生存意识为人的精神提供了生生不已的活力，人的精神并非必然要衰老的秘密正在这里，柏拉图、米开朗基罗、伦勃朗、歌德等哲学家与艺术家之所以伟大的秘密也正在于他们触摸到了这种生存意识。正是以这种"伟大庄严"的生存意识为底据，雅氏认为包括自己和海德格尔在内的同代人仍还只是"小人物"，而只有不断地同历史上的那些"大人物"进行涌动于灵魂深处的生存交往，我们才能从他们那里汲取直面现实人生与临界处境的勇气。理解了这一点，我们也就能够深悉雅氏在品评艺术家时为何执着于"厚古薄今"的内在根由了。

二 同代人的严苛审查者与严厉批判者

仅从艺术史的角度看，雅斯贝斯对同时代艺术家所持的批判态度似乎是有失偏激的。不过，透过这似乎有失偏激的批判态度，我们可以清楚地看到他的艺术趣味具有一种鲜明的古典倾向，而这种古典化的艺术趣味所寓托的其实正是这位心系人类根本命运的哲学家在面对丧失生存本源的时代精神危机（其中包括艺术危机）时所流露出的难以掩抑的忧患意识，以及他对祈向超越之维的生存艺术（伟大的艺术）的殷切期待。

这里首先须得申明的一点是，雅氏对同时代的艺术家（乃至同时代的所有精神创造者）的评价从整体上看诚然不算高，不过这并不意味着他不了解同时代艺术（乃至整个时代精神文化）的大体趋势。在西方现代学术界，能像雅氏这般广泛阅读新出版的著述并具有如此开阔的视野与切己的现实关怀的思想者，不能说绝无仅有，但委实可以说是屈指可数的。据伽达默尔追述，"在他（雅斯贝斯——引者注）离开海德堡很长一段时间内，位于海德堡市主大街的科斯特书店还展示着一个小板凳，他每周都要极其严格和认真地抽出一个上午的时间来书店，就坐在这个小板凳上把新出版的所有书翻一遍。每次都挑走

---

① 雅斯贝斯1949年9月23日致海德格尔的信，收入［德］瓦尔特·比默尔、［瑞士］汉斯·萨纳尔编《海德格尔与雅斯贝尔斯往复书简（1920—1963年）》，李雪涛译，上海人民出版社2012年版，第269页。

一摞子书，要想知道他从阅读中获取了多少东西，那一定是令人大吃一惊的"①。雅氏在骨子里是一位如康德般理性地调控属己的时间秩序与心灵秩序并能够严格地按照时间节奏安排自己的生活节奏与思维节奏的哲学家，他在定期"把新出版的所有书翻一遍"的过程中肯定获取了多得"令人大吃一惊"的信息，其中自然就包括他对同时代艺术的了解与把握。对雅氏这样的"奇特的读者"，萨尼尔也曾有过一段精彩的记述："为了不仅了解浩瀚的历史，而且也能够概略地把握住当代的趋向，他发明了两种阅读方法：一种是浏览式的极其迅速的阅读；另一种是非常仔细的，非语言学的而是所谓表现心理学式的阅读。……他把两种阅读方法结合在一起。他匆匆地浏览整部著作，然后认真地深入到较小的章节中。如果这本书没有告诉他什么，他便很快把它扔在一边。这样，他非常经济地熟悉了同时代人提供的大量的文献，然而他常常对这种熟悉持怀疑态度。如果有人问起他对一个同时代人了解得如何时，他就会将这种阅读方式与对那些伟大著作的反复阅读进行比较，然后大都说，他对此了解很少。"②萨尼尔在这里记述了雅氏发明的两种阅读方法——"浏览式的极其迅速的阅读""表现心理学式的阅读"，其中前一种方法相当于我们平常所说的"速读"，即通过在短时间内熟悉同时代人提供的大量文献，快速地了解尽可能多的信息，借此把握当代精神文化的概貌与趋势。之所以说"他常常对这种熟悉持怀疑态度"，乃是因为通过快速阅读，他发现同时代人提供的文献中缺乏伟大的著作；只有针对为数不多的伟大著作，雅氏才会运用第二种方法，这种方法相当于我们平常所说的"精读"，即通过反复地阅读那些被精心挑选出来的伟大著作，身临其境地体察涵淹于字里行间的深微意味，进而与作者进行涌动于心灵深处的生存交往。当雅氏将上述两种阅读方式结合在一起的时候，他便通过比较形成了对同时代人的整体判断。当他说自己对同时代人"了解很少"时，其实并不是从"量"上来说的，而是从"质"上来说的；进而言

---

① ［德］汉斯-格奥尔格·伽达默尔：《哲学生涯——我的回顾》，陈春文译，商务印书馆2003年版，第190页。

② ［德］汉斯·萨尼尔：《雅斯贝尔斯》，张继武、倪梁康译，生活·读书·新知三联书店1988年版，第242页。

之，这里蕴含着雅氏明鉴于心的一种判断，即同时代人中缺少伟大的人物与伟大的思想。萨尼尔就此评说道："雅斯贝尔斯一生与同代人始终处于一种特殊的紧张状态中。一方面，他从青年时代起就感到欣慰的是，'人类……并不仅仅由我们同代人所代表'。他的讲学活动和哲学著述的座右铭中有这样一句话：'不引证同代人的思想。'他常说：'伟人不在我们之中。'他觉得，面对过去时代真正的伟大人物和他们的著作，几乎不值得去仔细研究同代人。……另一方面，他一生都在寻求精神的斗争，寻求对手给他带来的震动。"①

面对同时代的人，雅氏始终扮演着两种角色：第一种是严苛的审查者，第二种是严厉的批判者。就第一种角色而言，雅氏其实正在像柏拉图那样履行着审查同代人（包括艺术家）的责任，他据以审查的准纛就是其祈向超越之维的生存哲学（生存形而上学）。从这个意义上来说，他也是一位柏拉图式的立法者。当雅氏以其重心自在的生存形而上学为准纛来衡鉴同代人的时候，能够被他称为"伟大人物"的人自然就不多了。据雅氏自白心迹的自传，我们发现他最为敬佩的一位同代人当属马克斯·韦伯（1864—1920），他这样写道："在我看来，我的同时代人中，人的伟大性的实现，历史上久远的为人的标准，在马克斯·韦伯身上以一种独特而奇异的方式得到了体现。……韦伯于1920年逝世。直到今天，他的思想和他的品性对我的哲学的重要性是其他思想家所无法比拟的。在我1920年作的悼词中和在1932年出版的一本小册子中，我对这个事实作了公开的证言。他去世后我越来越清楚地感到他意味着什么：在我的哲学著作中我经常要提起他。"②

---

① ［德］汉斯·萨尼尔：《雅斯贝尔斯》，张继武、倪梁康译，生活·读书·新知三联书店1988年版，第217—218页。

② ［德］卡尔·雅斯贝斯：《雅斯贝斯哲学自传》，王立权译，上海译文出版社1989年版，第32页。值得注意的是，雅斯贝斯的这部自传篇幅并不长，他在另一处同样以格外敬重的口吻谈及韦伯："1920年马克斯·韦伯逝世，我觉得好像世界都变了样。伟人和我们永别了，是他使我的意识有了存在的根据，又给了它一个灵魂（和意义）。他的逝世似乎使我失去了最后的依靠，他是在理性的讨论中绝对可靠但并不直接显露的向导，在他思想的深邃的基础上产生出最宽广的明察事物的能力，能洞察瞬息万变的形势，对行动、事件和确认的知识作出判断。马克斯·韦伯是从不自称为权威的权威，他从不使人忘掉自己的责任，但只要是他严肃明晰的人道思想所赞同的，他总是给予鼓励。"见［德］卡尔·雅斯贝斯《雅斯贝斯哲学自传》，王立权译，上海译文出版社1989年版，第36页。

韦伯之所以能够成为雅氏心目中的伟大人物，乃是因为韦伯的身上体现了"人的伟大性"与"久远的为人标准"。雅氏所谈及的那本小册子，指的是《马克斯·韦伯：政治家、研究者、哲学家》（*Max Weber：Politiker, Forscher, Philosoph*, R. Piper & Co. Verlag, 1932）。在关于《大哲学家》的构想中，雅氏将韦伯列入了第三卷，一并被列入第三卷的同代哲学家还有一位——爱因斯坦（Albert Einstein, 1879—1955）。[①] 在雅氏看来，除了他们二人外，同代人中就再无其他堪称伟大的哲学家了。翻阅《大哲学家》（遗稿，1—2卷）中分别阐说韦伯、爱因斯坦的文字，雅氏显然对韦伯的评价更高。从某种意义上来说，雅氏所谓"他（马克斯·韦伯——引者注）去世后我越来越清楚地感到他意味着什么"，其确切意味当是这样的：伟大的哲学史随着马克斯·韦伯的去世宣告结束了。那么，雅氏究竟从韦伯身上汲取了哪些滋养呢？伽达默尔对此有过一段中肯的阐说："对一个具有多方面兴趣的人来说，韦伯是这方面的典范，他是世界上人们能看到的在整个文化科学领域里的最后一位通才，雅斯贝尔斯把他作为自己效法的榜样。在韦伯那里，他领略到了一个伟大研究者那种雷打不动的自律性，并因此而能够在知识领域的所有方面都有建树——直至达到他追求科学的苦行僧精神和方法论上可接受的限度为止。"[②] 可以说，雅氏委实从"整个文化科学领域里的最后一位通才"身上获致了开放的视野，得到了方法论启示，并在效法他的过程中领略到了"苦行僧"般地专注于人文学术研究的"自律性"。正因为如此，他才将韦伯誉为同时代最伟大的哲学家。至于配称艺术家中的哲学家的，同时代的人中也就只有艾略特、圣艾修伯里、毕加索等为数不多的

[①] 在《大哲学家》的构想中，雅斯贝斯把韦伯与兰克、布克哈特一并视为历史学家中的哲学家，把爱因斯坦与开普勒、伽利略、达尔文、冯·贝尔一并视为自然科学研究者中的哲学家。对于这种有趣的哲学观，萨尼尔曾给出过一种解释："当然他了解这两个人，知道他们不想当哲学家，而只想当尽可能纯粹的科学家。尽管他们关于哲学说得很少，但雅斯贝尔斯不认为他们不是哲学家。此外，在他看来，这两个人的著作无疑指明了未来哲学的方向。马克斯·韦伯奠定了纯粹的人文科学工作方法的基础，爱因斯坦奠定了完全受规律所支配的新世界观的基础。"见［德］汉斯·萨尼尔《雅斯贝尔斯》，张继武、倪梁康译，生活·读书·新知三联书店1988年版，第224页。

[②] ［德］汉斯-格奥尔格·伽达默尔：《哲学生涯——我的回顾》，陈春文译，商务印书馆2003年版，第190页。

第三章　艺术家论的韵致以及艺术家的生存样态

几位了。

对于同时代的人，雅氏在其深耕的各个学术畛域更多地扮演着第二种角色，即同代人的严厉批判者。① 其一，在精神病理学—心理学畛域，雅氏从其理解—描述心理学的立场出发，认为此在分析学的代表人物宾斯旺格（Ludwig Binswanger，1881—1966）、斯托希（Storch）、格布萨特尔（Gebsattel）、博斯（Boss）等人将疾病给思辨化了，这种做法意味着"毁灭"了研究对象本身。雅氏与精神分析学的代表人物弗洛伊德（Sigmund Freud，1856—1939）同样存在重大的分歧，他批评弗洛伊德将适用于解释个别病例的"性欲说"普泛化为总体性的理论，从而以狭隘的视域和粗野的态度把人降格成一种受限于"广义的性欲"的动物。对于人格分析心理学的代表人物荣格（Carl Gustav Jung，1875—1961），雅氏同样时有微词："作为一位作家，在荣格那里，这种对一切只注意行为和纪律的情绪是（而且表现为）一种无目的的活动，是一种喜欢耸人听闻的东西的倾向是一种用任意堆砌词藻的美文学来代替传统的东西的倾向，而且首先是（而且表现为）对语言的渴望。""在这种情绪里，思想有时严重地丧失了真实性。"② 也就是说，荣格的学说仍停留在"实存"分析的层面上，缺乏"生存"的超越性与"原初的严峻性"，因而遭到了雅氏的批判。其二，在神学领域，雅氏曾与鲁道夫·布尔特曼（Rudolf Bultmann，1884—1976）、卡尔·巴特（Karl Barth，1886—1968）进行过激烈的论战。他批评布尔特曼以非神话的立场解释《圣经》的做法，抨击巴特以人格化的上帝为依托的"上帝复活说"与"天启说"，从中可以看出雅氏所致力的"哲学信仰"与神学所信守的"宗教信仰"之间存在着的一段无可弥合的距离。其三，在艺术领域，雅氏早在精神病理学—心理学时期就一针见血地批评了那些缺乏生存根源的表现主义画家，这种立场贯穿于其艺术家论的始终，从而使他成为同时代艺术家的严厉批判者。那么，雅氏"在何种意义上是他那一时代的艺术家的同代人与同路人

---

① 以下分析参见［德］汉斯·萨尼尔《雅斯贝尔斯》，张继武、倪梁康译，生活·读书·新知三联书店1988年版，第218—237页。

② ［德］雅斯贝斯：《书信集》，1928年6月4日。转引自［德］汉斯·萨内尔《雅斯贝尔斯》，程志民、宋祖良、谢地坤译，中国社会科学出版社1992年版，第251页。

的"呢？萨尼尔曾对这个饶有意味的问题做过透辟的品说："他（雅斯贝斯——引者注）不是作为一同从事创作的艺术家、亲密无间的对话伙伴、艺术鉴赏家而成为同代人的，不是像阿多诺（Adorno）那样，对那一时代的艺术的本质做出概括，而是作为一名哲学家，终生致力于首先在科学意义上、随后在哲学意义上、并愈发在政治意义上洞悉自己的世界与人们共同的世界，理解人的存在方式，致思人能够承担超越性的种种可能性。经过这种考察和思索，他愈发成为一名独行者，虽然本身隶属于某一历史潮流，却对各种潮流与学派敬而远之。也正因如此，他才会对科隆展览的'那些'表现主义者抱怀疑态度。对他来说，凡·高个人的意义大于在身后被人们称为其奠基者的那个流派。作为独行者，雅斯贝尔斯在自己的著述中形成的见解，对于各个艺术家来说同时也是至关重要的，即使他们未曾彼此谋面。人们可以用近似的方式重新审视世界或世界的方方面面、人或人的存在的方方面面，由此就会产生一种新的哲学或新的艺术。"① 毋庸讳言，雅氏不是艺术鉴赏家，他自然不会囿于形式创造的层面而同艺术家进行"亲密无间的对话"；严格来说，雅氏也不是阿多诺那样的美学家，他坚决反对那种对某个时代的艺术的本质做出普泛化概括的做法；说到底，雅氏是一位致力于"洞悉自己的世界与人们共同的世界，理解人的存在方式，致思人能够承担超越性的种种可能性"的哲学家。作为哲学家，他通过探究"生存"与"世界"、"生存"与"超越存在"以及"生存"与"理性"、"生存"与"实存"的多重张力关系，进而对"生存"的韵致做了如下谛解：所谓"生存"，即意指敢于在世界之中自由选择、自我超越、运命自承的个体。这样的个体是雅氏为其建构的"生存人学"允诺的价值主体，作为价值主体的"生存"是独一无二、无可替代的，因而也是不能按照主客分立的"一般意识"将其规约在某个概念、某个流派或某个封闭的精神系统之下的。可以说，将自己的全部生命浑化于哲学致思之中的雅斯贝斯就是这样一位生存型的"独行者"，他诚然也要生活在世界与历史之中，不过他又无时不在超越着世界与历史，因而他对同时代的各种潮

---

① ［德］汉斯·萨尼尔：《着眼于卡尔·雅斯贝尔斯论哲学与艺术》，收入［德］卡·雅斯贝尔斯等《哲学与信仰：雅斯贝尔斯哲学研究》，鲁路译，人民出版社2010年版，第252—253页。

第三章　艺术家论的韵致以及艺术家的生存样态

流与学派——譬如艺术领域的野兽派、立体派、未来派、达达主义、原始主义、表现主义、抽象主义、形式主义、荒诞派等——要么抱着"敬而远之"的态度存而不论，要么抱着怀疑的态度给予严厉的批判。雅氏之所以认为"凡·高个人的意义大于在身后被人们称为其奠基者的那个流派（表现主义——引者注）"，说到底乃是因为他对凡·高作为一位独一无二的生存型艺术家的充分尊重；他之所以反对同时代的人将自己一概而论地归入"存在主义"之列，其实同样出自其生存哲学的立场。就此而言，雅氏启示于人的那种重新审视世界与人的存在的"新的哲学或新的艺术"，指的就是他所致力的生存哲学（以及生存艺术）。正是以生存哲学（以及生存艺术）为底据，雅氏在其著述中深入阐说了自己的艺术观并对同时代的艺术家进行了开诚布公的批判，即使与那些批判过的人未曾彼此谋面，他的见解"对于各个艺术家来说同时也是至关重要的"。这里尚须提及的一个学术史事件是，围绕着对歌德的评价问题雅氏曾与罗曼语言与文学批评家库尔提乌斯（Ernst Robert Curtius，1886—1956）进行过一场激烈的论战。与以往的多场论战有所不同，这场论战是由库尔提乌斯主动发起的。透过库尔提乌斯对雅斯贝斯的攻击，恰恰可以看出库尔提乌斯的思想中缺乏雅氏的良知反省之维以及只会结蒂于良知反省之维的"罪责"意识与"世界公民"意识。其四，在哲学领域，雅氏对现象学哲学、新康德学派、新实证主义、新马克思主义、存在主义等思潮的代表人物都做过犀利的剖判，事实上，在同代人中他剖判得最为犀利的就是自己的同行们。譬如，胡塞尔（Edmund Husserl，1859—1938）本是雅氏颇为敬重的一位师者，他从这位师者身上也学到了"现象学的方法"，不过当他阅读了胡塞尔的《哲学作为严格的科学》后，便认为这位"现象学之父"因着取消了"哲学"一词的伟大意义而"最天真、最傲慢地背叛了哲学"[1]。或许正是基于这一判断，雅氏在其《大哲学家》的构想中并没有安排胡塞尔（胡塞尔堪称20世纪西方最伟大的哲学家之一）的位置。马克斯·舍勒（Max Scheler，1874—1928）是比胡塞尔晚一辈的现象学哲学家，却不

---

[1] Karl Jaspers: *Philosophy* (Vol.1) (Epilogue 1955), translated by E. B. Ashton, The University of Chicago Press, 1969, p.7.

幸早于胡塞尔十年去世。雅氏认为舍勒诚然是一个"了不起的人物",不过"他并不是曾照亮我道路的明灯——他是一团鬼火。特别是,我从来没有恨过他,也从未能喜欢过他。……我很清楚,在我的心脏跳动着的'人'的空间里,舍勒不会陪伴我的"①。正是基于这一考虑,雅氏断然打消了在公开场合为舍勒的去世做纪念演讲的念头。再如,新康德主义弗莱堡学派的代表人物李凯尔特(Heinrich Rickert, 1863—1936)试图避开无根基的相对主义的泥沼,却又在构建"理论的人"的过程中掉进了空洞、僵化的"理性秩序"的陷阱,雅氏认为这种层次分明的"五斗橱哲学"虽然披着理性主义的外壳,但终究因着生存的不在场而丧失了当有的活力。又如,雅氏对新实证主义的代表人物石里克(Moritz Schlick, 1882—1936)、莱辛巴赫(Hans Reichenbach, 1891—1953)、卡尔纳普(Rudolf Carnap, 1891—1970)等人的评价都比较低,认为他们将"理性"降到了"知性"的层次,然而在"知性"层次上所展开的逻辑推演却放逐了哲学所当关问的"生存",它充其量是一种以美妙的客观性、科学性的形式出现的"智力游戏"。更为严重的是,这种智力游戏在客观性的背后往往隐藏着某种"偏激的、甚至使人感到咄咄逼人的气氛,它并未显露出这些思想家的内在境界的高尚品性"②。另如,雅氏与新马克思主义者布洛赫(Ernst Bloch, 1885—1977)、卢卡奇(Georg Lukács, 1885—1971)同样存在着思想上的分歧,他认为二人都是诺斯替派的信徒。在看到布洛赫有一次对斯大林主义表达出赞赏的立场后,雅氏一直对此耿耿于怀。他与卢卡奇之间的分歧要更大一些,这些分歧终于使他们二人在二战后的第一届世界哲学大会(日内瓦会议)上成为论战的对手。在《理性的毁灭》(1954)一书中,卢卡奇指责雅氏与海德格尔是"寄生的主观主义"③者的代表,称他们的作品宣扬了"孤独、悲观和

---

① 雅斯贝斯1928年6月4日致海德格尔的信,收入[德]瓦尔特·比默尔、[瑞士]汉斯·萨纳尔编《海德格尔与雅斯贝尔斯往复书简(1920—1963年)》,李雪涛译,上海人民出版社2012年版,第182页。

② Karl Jaspers, *Provokation*, Hans Saner (Hrsg.), R. Piper & Co. Verlag, 1969, S. 18–19.

③ [匈]卢卡奇:《理性的毁灭:非理性主义的道路——从谢林到希特勒》,王玖兴等译,山东人民出版社1997年版,第438页。

绝望"① 的情绪，他们"把极端个人主义的、小市民兼贵族的相对主义和非理性主义，一直引导出它们最后的结论。凡是他们到达的地方，那里就是冰河纪，北极圈，就是一个变空了的世界，一团毫无意义的混沌，一片作为人的环境的虚无；而对自己本身的绝望情绪，对无可解救的孤独性的绝望情绪，就是他们的哲学的内在含义"②。在罗织了上述"罪状"后，卢卡奇最后宣判："这两个人，由于有了他们那样的哲学的实质内容，始终都是法西斯的非理性主义的开路人。"③ 这里暂且不谈卢卡奇本该只指责海德格尔的"寄生的主观主义"，也权且不论他以纯然的"阶级分析"话语对雅氏进行的攻击自始就溢出了纯正学术论争的范围，因而根本无缘理解雅氏基于自我担当的"生存意识"而关注现代文化危机处境的忧患意识，若依萨尼尔的一个说法，令雅氏最为恼火的乃是这样一种情形："象卢卡奇这样一个本来富有才华的、具有分析能力的人竟会以这样可笑的方式把他看作是一个被毁灭了的理性的例证。"④ 大凡了解雅氏的反纳粹立场及其学说宗趣的学人都会知道，他绝不是一个"被毁灭了的理性的例证"，更不是"法西斯的非理性主义的开路人"。早在《理性与生存》（1935）一书中，雅氏就曾明确地提醒道："今天据此被称为'生存哲学'的哲学并不支持混乱的、非理性的运动，毋宁说，它理应被视为对其的反击。而且，混乱与毁灭就像在赤裸裸的非理性主义中一样，它恰恰也能容易地披着欺骗性的理性面纱出现。"⑤ 针对卢卡奇有意的歪曲与攻击，雅氏做了如下辩难："他如此轻蔑地咒骂的东西……恰恰是他自己正在干的事情，这是他的本性，显然是完全欠考虑的……过去曾有过……深邃的思想，现

---

① ［匈］卢卡奇：《理性的毁灭：非理性主义的道路——从谢林到希特勒》，王玖兴等译，山东人民出版社1997年版，第440页。

② ［匈］卢卡奇：《理性的毁灭：非理性主义的道路——从谢林到希特勒》，王玖兴等译，山东人民出版社1997年版，第470页。

③ ［匈］卢卡奇：《理性的毁灭：非理性主义的道路——从谢林到希特勒》，王玖兴等译，山东人民出版社1997年版，第471页。

④ ［德］汉斯·萨尼尔：《雅斯贝尔斯》，张继武、倪梁康译，生活·读书·新知三联书店1988年版，第230页。

⑤ Karl Jaspers, *Reason and Existenz*, translated by William Earle, Marquette University Press, 1997, p. 128.

在则完全平庸无奇——……偶尔还会出现精神的闪光。"① 从中不难体察，雅氏此刻的心情是极其愤懑的。

综观雅氏与同代人的精神交往史，其中最值得关注的当是他对同属于"存在主义"思潮的海德格尔（Martin Heidegger，1889—1976）、萨特（Jean Paul Sartre，1905—1980）等人的态度了。我们知道，雅氏不仅像海德格尔一样明确地拒绝过"存在主义"这个冠名②，而且明确地反对他人将自己与海德格尔不加区别地相提并论。雅氏在1938年1月30日致让·华尔的信中写道："因为海德格尔是跟我一起被列举的，好像我们做了同样的事情，在我看来，这是对我们俩误解的一个原因。对我们来讲共同的地方也许是对待传统大学哲学的批判性、否定性的态度，以及我们对克尔凯郭尔思想的依赖。但我们的区别在于我们进行哲学思考的内容。"③ 就思考的内容而言，雅氏与海德格尔委实有不少相同之处，不过二人却是存在大端处的分歧的，雅氏曾在其生前未曾出版的《海德格尔札记》第155条中对此做过一些交代："尽管在我的同时代人中我仅知道一位对我来说是真正伟大的哲学家，那就是马克斯·韦伯。不过如果撇开他的话，在'专业的同事'中除了您之外，还没有任何人除去通过其实用的成就，而是作为他本人，也就是说作为一位哲学家让我感动。……不过，与我最初所有的期待相反的是，您对我来说已经变成了一种权力的代表人物。我犹豫不决，并且从来就

---

① 雅斯贝斯：遗稿，转引自［德］汉斯·萨尼尔《雅斯贝尔斯》，张继武、倪梁康译，生活·读书·新知三联书店1988年版，第230页。另：雅氏在1949年8月17日致海德格尔的信中写道："1946年我跟卢卡奇有过一次公开的讨论。之后他说道：海德格尔至少是市民社会衰落的明确的现象，而我如果没有社会学意义上的场所的话，那就根本上什么都不是。早在1914年前我就认识他了。非常可怕地可以在他身上看到发生的变化，他也从一个有修养的、迸发出思想火花的人变成了一个无聊乏味的机器构件。他的陈词滥调让我震惊。"见［德］瓦尔特·比默尔、［瑞士］汉斯·萨纳尔编《海德格尔与雅斯贝尔斯往复书简（1920—1963年）》，李雪涛译，上海人民出版社2012年版，第264页。

② 让·华尔就此写道："在我们这一代，海德格尔就曾经反对过他所谓的'存在主义'，而雅斯贝尔斯（Jaspers）也曾说过'存在主义'是存在哲学的死亡！因此，看来我们只可以把'存在主义'这个名词的应用局限于愿意接受它的那些人，局限于我们不妨称之为巴黎学派，即萨特尔、西蒙纳·德·波瓦尔（Simone de Beauvoir）、梅尔洛·朋蒂（Merleau-Ponty）这些人了。但是关于这些名词，我们还一直没有一个固定的定义。"见［法］让·华尔《存在主义简史》，马清槐译，商务印书馆1962年版，第1页。

③ 转引自［德］瓦尔特·比默尔、［瑞士］汉斯·萨纳尔编《海德格尔与雅斯贝尔斯往复书简（1920—1963年）》，李雪涛译，上海人民出版社2012年版，"原注"第355页。

第三章 艺术家论的韵致以及艺术家的生存样态

没有最终清晰地了解您,而是以我的各种努力,用战斗的方式来反对这一权力。如果命运允许的话,我愿意试着发展我对您的批评,依据尼采的说法:我对我攻击的东西保持敬意。"① 这是雅氏在海德格尔七十岁生日时所记札记中的一段话,他将海德格尔视为"一种权力的代表人物",其含义与卢卡奇所指责的"法西斯的非理性主义的开路人"大致相同。可以说,雅氏终生都难以释怀的一个问题是,为何像海德格尔这般秉有独创意识的哲学家却公开支持纳粹专制权力,为何在二战结束之后他依然没有对此做出深刻的反省与公开的道歉,他的哲学思想与纳粹专制权力之间究竟存在何种内在的关联?面对自己早年就结识的这位"熟悉的陌生人",雅氏默默记下的《海德格尔札记》就是以尼采的方式同他所"攻击"的对手进行坦诚的精神"斗争"的真实记录。饶有意味的是,萨尼尔也曾引用尼采的一段话对雅氏与同时代人关系的"令人惊异之处"进行了品评:"他与同时代人中的重要人物的接触一般很少,并且对他们的评价一般很严厉。人们也许会寻找其中的原因。最终还是用尼采的话来说明其原因吧:'内心深处亢然地对待闪光,冷漠地朝向太阳,——于是所有太阳都变了。'"② 在反省时代的精神处境以及同代人的精神性状方面,雅氏其实就是一位尼采式的独行者与批判者,他对海德格尔的态度如此,对萨特的态度同样如此。雅氏从萨特的学说中发现了自己的思想原则的对立面,认为萨特以一种极端化的方式将人置于虚无之中,试图表明人是从虚无中自我创造出来的,这种做法固然是一种"通过虚无主义自身绝望的勇气"来克服虚无主义的尝试,但是它终究因着缺少"良知""爱""信仰"的温润而迥异于自己所喻说的"生存",因而它很容易陷入极端的"主观主义""非理性主义"的泥潭之中而成为一个"被毁灭了的理性的例证"。

就雅氏与同时代人的联系,萨尼尔曾说过一段颇为中肯的话:"哪里有哲学,哪里也就有紧张和对立。对雅斯贝尔斯来说,在一条道路上与他人并肩前进几乎是不可能的,至多只有在交叉路口上

---

① [德]瓦尔特·比默尔、[瑞士]汉斯·萨纳尔编:《海德格尔与雅斯贝尔斯往复书简(1920—1963年)》,李雪涛译,上海人民出版社2012年版,"原注"第367—368页。
② [德]汉斯·萨尼尔:《雅斯贝尔斯》,张继武、倪梁康译,生活·读书·新知三联书店1988年版,第243页。

相遇。"① 雅氏是一位带着切己的生命体验探问人类精神出路的哲学家,在对时代精神处境的感受与把握方面,他与同时代的不少人有着共同的危机意识与时代意识,因此,他们时而"在交叉路口上相遇"乃是一件自然而然的事。譬如,雅氏在爬梳时代意识的起源时就曾肯认过拉特瑙②的《时代的批判》(1912)与斯宾格勒③的《西方的没落》(1918),他认为在第一次世界大战之前与大战期间出现的这两部著作"成为对我们时代最杰出的写照",其新的特点"在于它们所用材料的真实性,在于它们以实证资料去支持所提观点的方法,还在于它们的广泛流传和它们所反复强调的主张——人类正直接面对着虚无"④。直面虚无并反抗虚无,乃是现代人的时代意识与生存意识的底色,在雅氏看来,首先自觉地揭示出这一底色的哲学家是克尔凯郭尔与尼采。为此,他接着写道:"不过,基尔凯郭尔和尼采仍然是这一领域中的领袖人物。"⑤ 其实,克尔凯郭尔(基尔凯郭尔)、尼采也好,拉特瑙、斯宾格勒也罢,他们主要是在动摇虚假的实存意识、唤醒本真的生存意识方面启发了雅氏的时代意识,至于如何直面以虚无为底色的时代意识进而实现人的重生,雅氏是有其自身的运思路径的:"毫无疑问,存在着一种普遍的信念,认为人的行动是毫无结果的,一切都已成为可疑的,人的生活中没有任何可靠的东西,生存无非是一个由意识形态造成的欺骗与自我欺骗不断交替的大漩涡。这样,时代意识就同存在分离了,并且只关注其自身。持有这种信念的人只可能产生关于他自身之空无的意识。他关于毁灭的结局的意识,同时就是关于他自己的生存之虚无的意识。时代意识已在空虚中完成了一个大转向。"⑥ 在雅氏看来,由克尔

---

① [德]汉斯·萨尼尔:《雅斯贝尔斯》,张继武、倪梁康译,生活·读书·新知三联书店1988年版,第237页。
② 拉特瑙(Walther Rathenau,1867—1922),德国犹太实业家、作家和政治家,担任过魏玛共和国外长。
③ 斯宾格勒(Oswald Arnold Gottfried Spengler,1880—1936),德国历史哲学家,历史形态学的创立者,著有《西方的没落》《普鲁士的精神与社会主义》《人与技术》等。
④ [德]卡尔·雅斯贝斯:《时代的精神状况》,王德峰译,上海译文出版社1997年版,第13页。
⑤ [德]卡尔·雅斯贝斯:《时代的精神状况》,王德峰译,上海译文出版社1997年版,第13页。
⑥ [德]卡尔·雅斯贝斯:《时代的精神状况》,王德峰译,上海译文出版社1997年版,第13页。

第三章　艺术家论的韵致以及艺术家的生存样态

凯郭尔、尼采在空虚中开启的时代意识的这一"大转向"是任何一个清醒而赋有良知的现代思想家都必须直面的时代精神处境，倘意识不到这一点，就会依然拘囿于瞒与骗的实存意识之中；然而，若仅仅浸渍于虚无之中，也无法让良知苏醒的"本真生存"立于临界体验的边缘处断然地贞认"实现了的绝对意识"（"爱""信仰""想象"）。追根究底，以"虚无"为底色的时代意识只是雅氏称说生存的"本源运动"（"无知""眩晕与战栗""畏惧""良知"）的契机，其指归则在于唤醒"本真的生存"带着"良知"的温润去贞认"实现了的绝对意识"，进而采取"无条件的行动"以跃向那终极的"超越存在"。就此而言，"虚无"在雅氏的整体运思路径中只是做了一个否定的导言，这是他与同时代的某些看似和他行进在同一条道路上的思想家"在交叉路口上相遇"的原委所在，也是他最终与他们分道扬镳的主要缘由。

在同时代的思想家中，雅斯贝斯的道德意识是最为自觉、确然与显豁的，他自始至终都在守护着由苏格拉底所奠定的西方人文主义传统，这一点也得到了诸多思想家的认可。譬如，布鲁希尔在1946年7月16日致阿伦特的信中，认为雅氏是西方"最后一位人文主义的守护者"[1]；阿伦特在1969年3月4日为纪念雅氏去世所做的悼词中，认为"在几乎四分之一的世纪里，他是德意志的良心"[2]；伽达默尔在谈及雅氏时，认为"他把深思熟虑的哲学教师的地位和道德家的地位集于一身"[3]；就连对雅氏颇有微词的桑巴特，在回顾自己当年就读于海德堡大学的岁月时，也承认"他至死都代表着德国人的良心"[4]。可以说，雅氏是一位对"良知""爱""信仰"始终怀有殷殷期待的哲学家，从根底处看，他所探索的那条祈向超越之维的生存哲学之路与同时代的多数人所走的路并不相同，因此他们的分道扬镳乃至彼此间关系的紧张与对立同

---

[1] ［德］科勒尔编：《汉娜·阿伦特/海茵利希·布鲁希尔书信集（1936—1968）》，孙爱玲、赵薇薇译，贵州人民出版社2004年版，第114页。

[2] Hannah Arendt and Karl Jaspers, *Hannah Arendt—Karl Jaspers Correspondence*, Edited by Lotte Kohler and Hans Saner, translated by Robert and Rita Kimber, Harcourt Brace Jovanovich, 1992, p. 685.

[3] ［德］汉斯-格奥尔格·伽达默尔：《哲学生涯——我的回顾》，陈春文译，商务印书馆2003年版，第198页。

[4] ［德］尼古劳斯·桑巴特：《海德堡岁月》，刘兴华译，江苏人民出版社2007年版，第173页。

样是一件自然而然的事。雅氏将自己与同代人之间展开的精神碰撞称为"生存交往"。这种以眺望中的"超越存在"为鹄的的"生存交往"超越了那种囿于"私意"纠缠与利害权衡的"实存交际",就其交往形式而言正是雅氏所说的"爱的斗争",亦即出于对"超越存在"("大全""绝对真理")的"爱"而在精神层面上进行的无条件的"斗争",这种"斗争"是开诚布公的,是不徇私情的,因而也是颇为严厉的。① 雅氏终其一生都在"生存交往"的意味上觅寻着真正的"对手",以便通过"爱的斗争"使"生存"所眺望的"超越存在"得以间接呈现,并借此彰显人的伟大与尊严。理解了这一点,我们也就能够把握雅氏作为同代人(包括同代艺术家)的严苛审查者与严厉批判者的独特意义了。

第三节　艺术家的三种生存样态

雅斯贝斯不仅是一位视野开阔的哲学家,而且是一位善于构造不同的"理想类型"的方法论大师。就艺术家的分类而言,他在精神病理学—心理学时期所著的《斯特林堡与凡·高》一书中,根据所涉猎的精神分裂症艺术家的生存样态的不同,将他们区分为如下两种范型:一种是"客观表现型的生存艺术家",斯特林堡与斯威登堡便属于该种范型;另一种是"主观体验型的生存艺术家",荷尔德林与凡·高便属于该种范型。② 进入理性哲学—世界哲学时期后,雅氏又在"大

---

① 雅斯贝斯指出:"如果在精神的竞赛中暴力已经罕见,那么在斗争中暴力就绝迹了,斗争便是活生生的爱的过程,是爱生存的表现。在爱之中,人们敢于毫无保留地相互提出疑问,从而在无情的审视下保持着真诚,进而回归本源。这种斗争在生存的显现中是生存成为现实的条件。它无所顾忌地、然而不用暴力地充当生存的基础。"见 Karl Jaspers, *Philosophy* (Vol. 2), translated by E. B. Ashton, The University of Chicago Press, 1970, p. 205。

② 雅斯贝斯将精神分裂症艺术家的生存样态区分为"客观表现型"与"主观体验型"两种范型,想必是受到了马克斯·韦伯的"理想类型"(ideal type,亦译为"观念类型")思想的启发。在《斯特林堡与凡·高》一书中,雅氏虽未对此详做说明,但从其运思方式看,这种推断当符合他的本意。他在其自传中的一段自白正透露出其中的一些踪迹:"我整个一生都面临着试图去理解他(马克斯·韦伯——引者注)的真实意义的任务。就在那些日子(指雅斯贝斯自1909年结识韦伯至韦伯1920年去世的那段日子——引者注)里他已影响到我的《精神病理学》的起草,而对我的《世界观的心理学》则影响更大,在这本书的引言中我强调了他在宗教社会学中所构造的观念类型对我的著作所具有的意义。"见[德]卡尔·雅斯贝斯《雅斯贝斯哲学自传》,王立权译,上海译文出版社1989年版,第32—33页。

第三章　艺术家论的韵致以及艺术家的生存样态

全论"的视域下分别阐说了歌德、莱辛、达·芬奇等具有理性精神的生存艺术家，倘从雅氏一贯的分类原则[①]来看，他们当属有别于前两种艺术家的第三种范型。雅氏固然没有为最后一种范型的艺术家进行命名，不过在这里称之为"理性生存型的艺术家"当不违雅氏学说的本然宗趣。下面，我们就对雅氏所论及的艺术家的三种生存样态做一番爬梳并勾勒其大致的轮廓。至于每位艺术家的具体情况，我们将在第四章至第六章中再一一分说。

一　客观表现型的生存艺术家

这里主要阐发如下两个问题：其一，为什么将斯特林堡、斯威登堡称为"客观表现型的生存艺术家"；其二，如何理解斯特林堡与斯威登堡之间的相通与不同？

1. 为什么将斯特林堡、斯威登堡称为"客观表现型的生存艺术家"

要想回答这个问题，首先需要厘清《斯特林堡与凡·高》一书的中心命意与研究方法。就中心命意而言，该书虽说是一部精神病理学专著，但其旨归却在于"探寻人的生命与创造力的可理解性的界限"[②]。在雅氏看来，所谓的"精神病人"同样有其独特的人格与鲜活的生命，那种诉诸主客二分的认知思维（"一般意识"便是这种主客二分的认知思维）并不能在将他们作为外在的对象加以"客观化"认识的过程中穷尽其整全的意蕴，因此，他反对研究者从某个关于"精

[①] 从雅斯贝斯的著述看，马克斯·韦伯的"理想类型"作为一种分类原则不仅影响了雅氏早期的《普通精神病理学》《世界观的心理学》《斯特林堡与凡·高》等书的写作，乃至其晚期的《大哲学家》一书在对那些哲学家进行分组时，其潜隐的分类原则也依然未在"理想类型"之外。雅氏曾就此指出："这种分组是想要抓住其中最为本质的部分，……而不是一个原则性的普通类型学"；"这样的一项工作应当依照以下的原则来进行：根据客观的相互关系，来整理传统的资料，使之成为一种理想类型的结构形式。这种形式会借助于其内在的联系而令人信服不已，只要它以历史资料作为其基础，而资料的选择又以此结构形式为其依据的话。透过几种理想类型的结构形式，能够使大哲学家的精神内涵集中到一处，从而在统一之中找到对立性。其伟大之处就在矛盾汇集的地方。这一结构方式所专注的是根源性的存在"。见［德］卡尔·雅斯贝尔斯《大哲学家》，李雪涛主译，社会科学文献出版社2005年版，第24、187页。

[②] Karl Jaspers, *Strindberg and Van Gogh*, translated by Oskar Grunow and David Woloshin, The University of Arizona Press, 1977, Author's Foreword, p. ix.

— 271 —

神分裂症"的定义出发将"精神病人"当作毫无个性的对象进行"科学化"的析解。"精神病人"首先是"人",他们的精神性征并不在"人"的诸多可能性之外,只是由于种种原因,他们出现了某些迥异于常人的精神性征,这样一来,他们才被称为"精神病人"。特别是那些不幸罹患了"精神分裂症"的艺术家(如斯特林堡、斯威登堡、荷尔德林、凡·高等),他们以其独异的生命样态以及由此创造出来的散发着独异气息的艺术作品震撼了世人的心灵,并引起了世人对自我生命意义的追问与反思,对这样的艺术家我们就更不能一概而论地将其纳入"精神分裂症"这一术语加以认知了。正是在这里,我们遇到了人的理解力的界限;也正因为这一点,"精神分裂症"对厘定人的理解力的界限进而敞开人的多种可能性来说便具有了无可替代的意义。雅氏就此指出:"精神分裂症这个术语具有不同的含义。一方面,它意指(除了许多其他的术语外)通常所说的一切精神疾病,这些疾病作为一个过程开始于某个特定的时间,不容许病人恢复到先前的正常状态,无法被视作已知的大脑疾病的临床表现。我们对精神分裂症这个术语的解释,可以而且必须包括本书所讨论的所有异质性的病例。另一方面,精神分裂症意指一个在身心上极具多元面相的心理变化的概念——不管面对的细节有多少或者有多么准确,我们都无法把这个概念精确地描述出来。无可否认,在前一种进行性的概念与后一种心理性的精神分裂症之间依然存在广泛的不完全一致之处。"[1] 雅氏在这里谈及了"精神分裂症"这个术语的两个方面的含义。第一个方面是从可以精确描述的"进行性"的异质精神性征来说的,这便是人们通常所说的"精神疾病",但与那些可逆的器质性生理病变不同,这类"精神疾病"却"不容许病人恢复到先前的正常状态"。雅氏就此指出:"它(精神分裂症)意指一切不可逆转的过程,但这并不能被称为脑器质性变化过程或癫痫。"[2] 基于"精神分裂症"的这层含义,雅氏认为斯特林堡、斯威登堡、荷尔德林、凡·高都具有"进行性"的

---

[1] Karl Jaspers, *Strindberg and Van Gogh*, translated by Oskar Grunow and David Woloshin, The University of Arizona Press, 1977, Introduction, p. xii.

[2] Karl Jaspers, *Strindberg and Van Gogh*, translated by Oskar Grunow and David Woloshin, The University of Arizona Press, 1977, p. 191.

第三章　艺术家论的韵致以及艺术家的生存样态

异质精神性征，并对他们的患病过程做了勾勒与描述。第二个方面则是从不可精确描述的心理性异质精神性征来说的，这种精神性征乃肇源于患者原初的人格并在其身心上表现为"极具多元面相的心理变化"。就后一方面而言，"它（精神分裂症）意指一种感觉，这种感觉需要心理学—现象学的理解，对无数独特而确定的概念来说，一个整全而陌生的精神世界虽然被创造了出来，但并没有人能够在整体上对其做出总括性的界定"[1]。从"心理学—现象学"的视域出发，雅氏认为"精神分裂症对人们来说并非一个全然确定了的概念，而是有着丰富的内涵，它在不同情况下富有不同的含义"[2]，特别是对斯特林堡、斯威登堡、荷尔德林、凡·高来说，他们中的任何一个人都是"特定的精神全体"，我们并不能将其视为某种可以认知的对象，因为通过认知所得出的结论仍是不确定的。为此，雅氏注重理解精神分裂症艺术家的原初人格与生存样态，并悉心洞察他们所创造的"整全而陌生的精神世界"。正是在与他们进行心灵交往的过程中，雅氏真切地体察到了他们之间的相通与不同。"通过整理出现的问题，对每一个个案进行确凿的考察，并比较它们之间的相通与不同，只有这样做，我们才能得出本质性的答案。"[3] 为了将这种相通与不同揭示出来，他在《斯特林堡与凡·高》一书中运用了"比较"的研究方法。

精神分裂症艺术家诚然是不可类型化的，但这并不意味着不可在典型的意味上对他们的原初生存进行比较，并在做出区分的同时洞察另一种意趣的"通性"。典型意味上的"比较"所信守的一个前提是，个性越丰富，通性越深刻；通性越深刻，个性越丰富。可以说，《斯特林堡与凡·高》一书在方法论上最大的特色乃在于对"比较"的运用，这也鲜明地体现在该书的副标题"与斯威登堡、荷尔德林作比较的病理学案例试析"上。雅氏就此指出："每一种具体的精神病理学

---

[1] Karl Jaspers, *Strindberg and Van Gogh*, translated by Oskar Grunow and David Woloshin, The University of Arizona Press, 1977, p.191.

[2] Karl Jaspers, *Strindberg and Van Gogh*, translated by Oskar Grunow and David Woloshin, The University of Arizona Press, 1977, p.191.

[3] Karl Jaspers, *Strindberg and Van Gogh*, ttranslated by Oskar Grunow and David Woloshin, The University of Arizona Press, 1977, Author's Foreword, p. ix.

理解都基于比较。为了关联着斯特林堡的作品来检视他的精神分裂症范型，可取的办法就是将它与那些完全不同的范型作对比，通过与斯特林堡的对比，那些范型的精神分裂症也得到了澄明。基于此，第二章除了把斯特林堡与斯威登堡的病例关联在一起加以描述外，还描述了与此迥然有别的荷尔德林与凡·高的病例。"[1] 我们发现，作为一位高超娴熟的方法论大师，雅氏是在两个相互贯通的层次上运用"比较"的方法的：首先，他悉心爬梳斯特林堡的病例，在掘发其丰富个性的基础上，引入凡·高这一相异的病例与之形成鲜明的对照，不仅就此构造出两种不同的"理想类型"，而且使两者各自独特的精神性征更为显豁地彰显出来；其次，他分别引入与斯特林堡生存样态相似的斯威登堡、与凡·高生存样态相似的荷尔德林两两加以比较，进而将斯威登堡与斯特林堡一并归入"客观表现型的生存艺术家"之列，将荷尔德林与凡·高一并归入"主观体验型的生存艺术家"之列。"从心理学的观点看，我们这里要讨论的病例在一定程度上代表了两种相反的范型，两者间的差别恰恰是要得到阐明的。一方面，我格外关注斯特林堡，另一方面，我对凡·高以及与斯特林堡的病例相类似的斯威登堡、与凡·高的病例相类似的荷尔德林也给予了格外的关注。"[2] 可以说，正是通过"比较"的方法，雅氏为我们勾勒出了精神分裂症艺术家的不同生存范型与个性特征，并就此比较了他们之间的相通与不同。

通过比较，雅氏郑重地指出："如果限定在本部专论中的几个病例，我们会看到，荷尔德林与凡·高代表着一种典型，它与斯特林堡和斯威登堡表现的那种典型形成了鲜明的对照。在斯特林堡与斯威登堡的作品中所表现出的精神分裂症仅仅关联于其内容与质料才有意义，而对荷尔德林与凡·高来说，受影响的是最内在的形式和创造力本身。"[3] 由此可见，对斯特林堡、斯威登堡来说，精神分裂症只具有"内容与质料"的意义。在精神分裂症急性发作期间，他们都没有创作出有影响的作品。

---

[1] Karl Jaspers, *Strindberg and Van Gogh*, translated by Oskar Grunow and David Woloshin, The University of Arizona Press, 1977, Introduction, p. xii.

[2] Karl Jaspers, *Strindberg and Van Gogh*, translated by Oskar Grunow and David Woloshin, The University of Arizona Press, 1977, Introduction, p. xii.

[3] Karl Jaspers, *Strindberg and Van Gogh*, translated by Oskar Grunow and David Woloshin, The University of Arizona Press, 1977, p. 194.

在间歇期间或痊愈之后创制的那些有影响的作品，多是对患病期间伴有的种种妄想体验的客观描述。[①] 这样一来，他们患病期间的痛苦经历便为此后的创作积累了取之不竭的"节余资本"[②]。就此而言，"斯特林堡与斯威登堡的那些崭新的经验具有客观的属性。如果它们在当时就具有深度的话，那是因为它们是一些客观、有形的东西，当它们已不在场时，给人留下的只是单调、怪异之类的印象"[③]。鉴于此，雅氏称斯特林堡、斯威登堡为客观表现型的精神分裂症艺术家。

2. 如何理解斯特林堡与斯威登堡之间的相通与不同

雅斯贝斯是将斯威登堡作为与斯特林堡相似的病例一并归入客观表现型的生存艺术家之列的，既然如此，他们二人之间就当有诸多相通之处。细究起来，两人的相通之处至少表现在如下三个方面。其一，就精神分裂症与其作品内容之间的关联来看，他们患病期间的异常体验都为其作品的相关主题提供了基本的质料。这一点前面已有所涉及，这里再举证一些实例。譬如，斯特林堡的《父亲》《同伴》等作品，就是他对自己在第一次精神分裂症发作期间由"婚姻危机"导致的仇视女性心理的表现，其中充满感知错觉、被害妄想、嫉妒妄想等异常体验；他在第二次精神分裂症发作期间由"地狱危机"导致的受害狂躁、幻觉性偏执狂[④]等体验则在《到大马士革去》《一出梦的戏剧》

[①] 雅斯贝斯就此指出："斯特林堡与斯威登堡所写的那些作品的内容都是纯然客观的东西，很容易就可得到理解。"见 Karl Jaspers, *Strindberg and Van Gogh*, translated by Oskar Grunow and David Woloshin, The University of Arizona Press, 1977, p. 130。

[②] 拉格尔克朗曾就斯特林堡的作品与其"婚姻危机"的内在关联指出："斯特林堡希望他的生活经历产生作品，尤其是痛苦经历。离婚以后，他手里有大量'节余资本'。他从一八九一年十一月开始，在后来的十个月中连续创作出七个剧本，每个剧本都以这样或那样的方式与离婚联系在一起。"见［瑞典］拉格尔克朗斯《斯特林堡传》，高子英译，外国文学出版社1983年版，第304页。

[③] Karl Jaspers, *Strindberg and Van Gogh*, translated by Oskar Grunow and David Woloshin, The University of Arizona Press, 1977, p. 129.

[④] 康德在撰成于1764年的《试论大脑的疾病》中，就曾对这类失去理性控制的妄想型狂躁症做过探讨："就迟缓的理性不再能够陪伴亢奋的妄想而言，由此就经常产生出一种非常模糊的妄想现象，它甚至能够与一种天才共存。使大脑对外部感受没有感觉的错乱状态就是失觉；如果其中占统治地位的是愤怒，这种失觉就叫做狂怒。绝望是一个无望的人暂时的失觉。一个错乱者的怒火汹汹则叫做躁狂症。如果躁狂症者是失觉的，那他就是疯狂的。"见［德］康德《康德著作全集（第2卷）：前批判时期著作Ⅱ（1757—1777）》，李秋零主编，中国人民大学出版社2004年版，第268页。

《鬼魂奏鸣曲》等作品中得到了呈示。更值得注意的是，他在一生中还撰写了大量自传性作品，其中，"在《一个愚人的自白》《地狱》和《传奇》中，他栩栩如生地勾勒了一幅当下呈现的自我画像，极其忠实而彻底地描写了其发病过程的两个主要阶段，这个过程就发生在大约1887年与1888年之间；其中，《地狱》相当于一部日记条目汇编，因此，它十分真实，是一份不可多得的原始资料"[1]。甚至可以说，斯特林堡的全部文学作品都带有一定的自传色彩。与此相似，斯威登堡在1743年意识到自己被"上帝"拣选后，他的兴趣从自然科学转到神学领域，其精神世界发生了巨大的裂变，撰写了大量带有神智学与宗教色彩的文学作品，譬如《梦境日记》《天国的奥秘》《天堂与地狱》等就是对他所经历的种种梦境、幻觉的客观描述。其二，就患病过程与其创造能力之间的关联看，斯特林堡、斯威登堡都经历过疾病的预发阶段、急性发作阶段与最后阶段，他们在前两个阶段都没有创作出有影响的作品，就作品的数量看也都是较少的，不过这非但没有导致其创作能力的衰退，反而诱发了他们的创作天赋，甚至影响了作品的内容与风格。他们往往在进入最后阶段后对各自在前两个阶段所遭际的身心压抑、灵魂撕裂以及诸种异常体验进行自我分析并加以客观描述，紧接着就会像岩浆喷发般迎来一个创作的高峰期。更有意味的是，斯特林堡经历"地狱危机"后创制的作品也如斯威登堡告别自然科学领域后创制的作品一样染上了浓重的神秘主义色调。其三，也是最为重要的一点，斯特林堡在"地狱危机"期间通过阅读斯威登堡的作品（如《天国的奥秘》等），从斯威登堡遭际的异常体验中辨识出了与自己相似的症状（焦虑、胸闷、心悸等）与疾病的性质，并以他的神智学神秘主义为视域发现了自己在充斥着偷情、离婚、诉讼、谋杀、盗窃、强奸、乱伦、诽谤的"人间地狱"中所受折磨的根源，进而在斯威登堡的启发下觅到了救赎自己的良方。[2] 鉴于此，斯特林堡将斯威登堡尊为"圣人"[3]，当得知这位客死英国伦敦的圣人的尸体

---

[1] Karl Jaspers, *Strindberg and Van Gogh*, translated by Oskar Grunow and David Woloshin, The University of Arizona Press, 1977, pp. 3 – 4.

[2] 斯特林堡在《地狱》中对此有过详细的描述。

[3] 斯特林堡在《第一蓝皮书》里为斯威登堡写了献词，把他当作"圣人"。

要运回母国瑞典时，他连续三天都在阅读斯威登堡的著作①，从中自然可以体察出斯特林堡对斯威登堡的敬慕之情了。

当然，作为一位独一无二的生存艺术家，斯特林堡是从自己的原初人格与精神需要出发来接受斯威登堡及其神智学神秘主义的影响的，因此，我们在看到二人息息相通的同时，也要看到他们之间的不同之处。雅斯贝斯艺术家论的衷曲，恰恰在于通过比较的方法揭示出寓于通性之中的每位艺术家的无可替代的个性。雅氏就此指出："斯特林堡的这种力量（指精神分裂症在他身上诱发的神智学结构——引者注）绝不是来自任何一种观念，而仅仅来自患者谋求存活下去的那种精神需要。斯特林堡这类世界观的基本特征在其患病过程期间从未发生过什么改变。无论在患病之前还是在患病之后，他都不是一位预言家。他不仅未曾认同过某个教派，也未曾成为某个教派的成员，更未曾创立过某个教派，他始终都保持着一个怀疑论者——一个惯于'实验'的人——的底色。当他做出阐释之际，尤其当他的阐释呈现出某些特定的观念之际，他绝不是在创造，而只是将其保持在把捉古老的神智学文化意义的范围之内。这有助于促进他与别人的联系，也容易让人获得一般意义上的理解。不过需要申明的是，所有这一切在经验中都有其根基，这些经验在他这样的精神分裂症患者与所有未患精神分裂症的人们之间产生了一道鸿沟。这就是他并非在通常的神智学著述中，而是在斯威登堡那里再次发现自身经验的原委所在。斯威登堡也曾捡起那些古老观念的传统，使它们充满了自身亲历的原初精神分裂症经验，只不过他的经验要比斯特林堡多得多罢了。"② 从中可以看出，斯特林堡与斯威登堡之间的相异之处主要表现在两个方面。其一，斯特林堡是基于自己真切的生存经验与"谋求存活下去的那种精神需要"来理解斯威登堡的作品并通过其作品吸纳传统的神智学神秘主义精神的，事实上，他对任何一种教条化、封闭化的神智学观念都没有兴趣。进而言之，斯特林堡的原初人格中从一开始就秉有神秘主义的因子，早在接触斯威登堡之前，他就对种种异象感兴趣，而且在"婚姻危机"

---

① ［瑞典］斯特林堡：《地狱·神秘日记抄》，潘小松译，东方出版社2003年版，第322页。
② Karl Jaspers, *Strindberg and Van Gogh*, translated by Oskar Grunow and David Woloshin, The University of Arizona Press, 1977, pp. 113–114.

期间就已产生过种种妄想体验。正是这种切己的生存经验，让斯特林堡在斯威登堡身上发现了与自己相似的精神性征，进而使他带着心有戚戚之感与作为先觉者的斯威登堡共同行进在探问神智学之神髓的路途之中，不过这并不必然意味着他们具有某种共同的世界观。其二，就世界观而言，斯特林堡"始终都保持着一个怀疑论者——一个惯于'实验'的人——的底色"，他从未在实体化的教派的意义上看待过神智学，自然也不会将斯威登堡作为某个教派的教主来加以膜拜了。更为重要的是，斯特林堡固然有着浓重的宗教感与唤醒世人的启蒙意识，但他从不是一位"预言家"。相较之下，斯威登堡从意识到自己被"上帝"拣选的那一刻起，实际上就在自觉扮演沟通"上帝"与世人、"天国"与世界的"预言家"的角色了。从根底处看，他创制的那些充满想象力的作品乃是对《圣经》中的种种启示所做的形象化的展示。

这里需要申明的是，斯威登堡是按照自己的自由意志选择"预言家"这一角色的，对他来说，以文学的形式阐释《圣经》乃是一项以生命相托的天职，而不是教会或教派意义上的职业，在这一点上，他与自由思想家斯特林堡对待宗教的态度有相似之处——斯威登堡同样不属于任何教会或教派，他也没有创立某个教派或以教主的名义向他人灌输某种教义的企图。"斯威登堡并未争取斯特林堡来支持他所信从的新基督教教义或者他的世界观类型，贯穿于作品中的那些事实性的内容说到底只是基于他的精神分裂症。正是由于他们的实际经验都是非常现实性的，这些经验才为他们之间带来了联系；斯特林堡并不想加入斯威登堡教派，至多是想寻找与他所处的那个时代的斯威登堡信徒之间的联系。"[①] 可以说，正是由于精神分裂症所导致的心灵震荡以及诱发的共通的神智学神秘主义体验，斯特林堡向早他一百六十一年来到世间的这位瑞典前辈送去了一份由衷的敬意。他们的相遇可从"生存交往"的意义上获得一种全新的理解：斯威登堡以其独异的生存意识呼唤着斯特林堡，与此相应，斯特林堡以其独异的生存意识吸

---

① Karl Jaspers, *Strindberg and Van Gogh*, translated by Oskar Grunow and David Woloshin, The University of Arizona Press, 1977, pp. 115–116.

纳着斯威登堡，就此而言，他们之间的交往是完全建立在共通的生存意识与共同的自由意志基础之上的。

二 主观体验型的生存艺术家

这里主要阐发如下三个问题：其一，为什么将荷尔德林与凡·高称为"主观体验型的生存艺术家"？其二，如何理解荷尔德林与凡·高之间的相通与不同？其三，如何看待那些无从归类的"例外"？

1. 为什么将荷尔德林与凡·高称为"主观体验型的生存艺术家"

从雅斯贝斯的运思理路与研究方法看，他在《斯特林堡与凡·高》一书中首先阐发了斯特林堡的病志、世界观的发展与作品风格的变化，进而将斯特林堡的丰富个性呈示出来；接着引入与其症状相似的斯威登堡的病例进行对照性阐析，进而构造出"客观表现型的生存艺术家"这一范型；最后将荷尔德林、凡·高作为与客观表现型的生存艺术家迥然有异的另一种范型加以构造与阐说，进而将其置于"主观体验型的生存艺术家"之列。可以说，雅氏在这项关于精神分裂症艺术家的专题研究中自始至终都运用了比较的方法。这里的问题是，雅氏为什么将荷尔德林与凡·高称为"主观体验型的生存艺术家"？总体来看，雅氏是通过如下两个层面的比较来回答这个问题的。

（1）从精神分裂症艺术家的发病过程与其创造能力之间的关联来加以比较，这是一个较为显在的层面

雅氏指出："精神分裂症是一个自我包蕴的完整世界。在探察这一问题时，人们应该考虑隐含于其他事情之中的下述观点：比如年代顺序——本人作品的源起日期与疾病在不同阶段发展过程的源起日期——是一个毋庸置疑的前提。在这两者之间建立起恰切关联的能力，可以使我们意识到初始阶段的重要性，也就是说，对预发阶段、第一次发作以及后来伴随的危机和交替出现较少受到干扰的间歇期做出辨识是很重要的。为此，我们必须观察患者在那些有限的时期内的直觉表现是否到后来却变成了自我模仿，必须观察我们已谈及的

那种存在于精神的真实渴望与自我约束形成的作品之间的张力是否显著，或者去观察那些与之形成鲜明对比的大量素描、图形等是否经过坚持不懈的紧张劳作之后就能轻易地产生出来。"① 在雅氏看来，精神分裂症是一个有机生发的过程，包括预发（初发、始发）、发作、结束（最后）等前后相续的阶段，就此而言，"精神分裂症是一个自我包蕴的完整世界"。当面对一位自身完整的精神分裂症艺术家的时候，研究者既需要从其生平年表中勾勒出患病过程的曲线图式，也需要从其著作年表中勾勒出患病期间各个阶段作品的曲线图式。对这两个曲线图式加以比较，研究者便可从中发现精神分裂症过程与艺术家创作能力之间的内在关联。② 在此基础上，将不同艺术家的患病过程曲线图式、作品曲线图式一一加以对照，精神分裂症如何影响艺术家创作的机制、特征以及艺术家究竟属于何种范型也就随之彰显出来了。

通过观察、比较与分析，雅氏发现斯特林堡与斯威登堡当属于一种范型，荷尔德林与凡·高则属于与此相对的另一种范型："事实上，前两位艺术家（斯特林堡与斯威登堡——引者注）并未受到现实衰退的影响，他们的文学创作一直持续到了最后阶段；而后两位艺术家（荷尔德林与凡·高——引者注）的作品则在激烈的精神震荡期间生长，并标示着某种趋向特定的顶峰的态势。从那一时刻起，瓦解的过程就获得了力量。在最后阶段，他俩都失去了创作能力与文学生产的能力。荷尔德林与凡·高的创作在其精神分裂的起始阶段与急性发作的那些年明显达到了辉煌；斯特林堡的作品在 19 世纪 90 年代的急性发作期是匮乏的，而他的几乎所有有影响的作品都是在最后阶段创作的。"③ 雅氏敏锐地发现，以斯特林堡与斯威登堡为代表的这类艺术家，他们的文学创作一直持续到精神分裂症的最后阶段，不仅如此，他们对时人及后世产生影响的那些作品几乎都是在最后阶段（或者症

---

① Karl Jaspers, *Strindberg and Van Gogh*, translated by Oskar Grunow and David Woloshin, The University of Arizona Press, 1977, pp. 195 – 196.
② 雅斯贝斯在《斯特林堡与凡·高》一书中特意列出斯特林堡的生平年表与著作年表，其目的便在于此。参见 Karl Jaspers, *Strindberg and Van Gogh*, translated by Oskar Grunow and David Woloshin, The University of Arizona Press, 1977, pp. 6 – 10。
③ Karl Jaspers, *Strindberg and Van Gogh*, translated by Oskar Grunow and David Woloshin, The University of Arizona Press, 1977, p. 194.

第三章　艺术家论的韵致以及艺术家的生存样态

状消失后）创作的，这表明精神分裂症并未从根本上影响他们的创作能力；相较之下，以荷尔德林与凡·高为代表的这类艺术家，他们则在精神分裂的起始阶段与急性发作期就创作出了具有深远影响的作品，并呈现出走向巅峰的趋势。此乃因为，他们在此期间陷入无以自控的恐惧与狂喜之中，像是着了魔一样紧张而忘我地劳作，于是，涌动于他们心中的那些主观性的体验就在激烈的精神震荡中外化成了独异的艺术形式。然而，正如岩浆的喷发与流星的燃烧一般，他们在绽放奇光异彩的同时，"瓦解的过程就获得了力量"。他们在最后阶段都失去了艺术创造能力，不仅如此，面对眼前敞开的这个"形而上的深渊"，他们都产生了莫名而持久的孤独感，而且最终都走向了自我的毁灭——荷尔德林彻底痴呆了，凡·高开枪自杀了。雅氏对这种难以界定的生存样态给出了自己的解释："生命中的行为越富有激情，就越发直截了当，那得到强化的情感越缺少限制，就越发趋近于自然；与此同时，那举止越古怪反常，就越发疯狂得像是着了魔一样。宛如狭小的人类视域突然间就被一颗流星照亮了，不过，在那些深为惊愕的见证者逐渐真确地对此有所意识之前，这种着魔似的人物业已通过精神病或者自杀走向了终结。"[①] 这充分表明，精神分裂症过程对荷尔德林和凡·高这样的艺术家的创作能力与艺术形式产生了根本的影响，具体来说，病情的恶化加速了他们深刻的形而上学体验过程，诱发他们以平常罕见的内在魔力与心灵震荡创制出撼人心魄的作品，与此同时，他们的心智结构也在这一过程中趋于瓦解。就这个问题，雅氏以斯特林堡作为参照对两位不同的艺术家做了进一步的比较："斯特林堡的不同之处则在于，他从未陷于混乱不清的心境；无论在基本的现象中表现出来的真实有多少，他的内在生命的机能总是保持着完整无损的状态；然而，我们看到有的患者的深度则依靠主观的体验，依靠介入全部的心灵，他们后来变得心理失常，在那种不是精神病医生的人看来，他们彻底地疯了。如果希望获得更为明确的结果，我们就无须把自己的眼界限定在那种平常类型的临床观察患者的范围之内，而

[①] Karl Jaspers, *Strindberg and Van Gogh*, translated by Oskar Grunow and David Woloshin, The University of Arizona Press, 1977, p. 128.

是须得寻找那些心智杰出的创造型人才,他们已成为精神分裂症的受害者,荷尔德林与凡·高就是这样的人。"① 雅氏的这个比较是颇有见地的,其结论也是颇为中肯的。从作品的内容看,斯特林堡之类的艺术家的作品充斥着浓重的"精神分裂气息",但此类创作者的心智机能却"总是保持着完整无损的状态"②;相较之下,荷尔德林与凡·高之类的艺术家以其全部的心灵介入其中所创作的作品固然也充斥着奇异的想象,但其真正打动人心的东西则是涵淹于其中的形而上学体验以及由此孕生的精神深度。然而,这类颇富精神深度的作品竟出自被精神分裂症瓦解了的心灵,而且只有在瓦解的过程中他们才能创作出撼人心魄的艺术品来,这委实是一个既令人着迷又令人困惑的问题。雅氏通过比较对这个问题做出了一种中肯的解释:"在这里,心灵已被精神分裂症所压倒,创造的形式和体验完全深植于这种心灵之中,尽管那些形式和体验在事后可能是易于理解的,但是,倘若没有精神分裂症就绝不会使其变得如此显豁。我们有幸能够比较这两类杰出的人物,因为只有通过比较,我们才能将蕴含于两者之中的那种共同的东西与典型的东西都阐发出来。"③ 所谓"共同的东西",是说他们都受到了精神分裂症的影响;所谓"典型的东西",是说他们受精神分裂症影响的方式并不相同。对荷尔德林与凡·高来说,他们的独特之

---

① Karl Jaspers, *Strindberg and Van Gogh*, translated by Oskar Grunow and David Woloshin, The University of Arizona Press, 1977, p. 130.

② 国内已有学者注意到这一点,如《红房间》的中译者张道文在"后记"中写道:"正如他生活中的坎坷一样,斯特林堡的思想历程也是崎岖曲折错综复杂的。半世纪来,欧洲一些资产阶级文艺批评家一直把他思想创作中的矛盾变化归之于他的不正常的精神状态,诸如'自大狂'、'被迫害心理'、'恶魔性忧郁症'、'内向性格'等等,甚至于说他有'亲母反父倾向'以及'早发性痴呆症'。这种企图把斯特林堡形容成一个'疯狂的天才'的精神分析法并不能解决问题。我们如果读一读他的优美的小说《海姆塞岛上的人们》(1887),或者一些其他的代表作如《红房间》(1879)和《古斯塔夫·瓦萨》(1899),就会发现这位作家的精神是何等健全、头脑是多么敏锐,而识见又是多么精到了。相形之下,那些精神分析专家倒真象是早发性痴呆症的患者。其实,拨开精神分析法制造的迷雾,我们就可以看到,象别的作家一样,斯特林堡本人和他的作品都打着时代和阶级的烙印。"([瑞典]斯特林堡:《红房间》,张道文译,人民文学出版社 1981 年版,"后记"第 426—427 页)应该说张道文的这个说法是有一定见地的,可惜他囿于"时代和阶级"的分析方法,对精神分析法做出了一概而论的否定,也未能看到雅斯贝斯从精神病理学—心理学的视域对此做出的另一种解释。

③ Karl Jaspers, *Strindberg and Van Gogh*, translated by Oskar Grunow and David Woloshin, The University of Arizona Press, 1977, p. 130.

第三章　艺术家论的韵致以及艺术家的生存样态

处在于，只有将发生在他们那里的一切视为一种纯粹主观性的心灵事件，才能对此做出合于其生存样态与艺术个性的理解，鉴于此，雅氏将荷尔德林与凡·高称为主观体验型的生存艺术家。

（2）从精神分裂症过程与艺术家在患病期间唤起的新经验入手加以比较，这是一个较为隐在的层面

雅氏看到，以斯特林堡、斯威登堡为代表的这类艺术家，他们在患病期间产生的那些新经验都是非常现实性的，这些现实性的经验说到底都是可以对象化的客观意识。无论那些幻觉、妄想如何奇异怪诞，它们其实都是世界表象的某种变形或者某种人格化的精神实体。正因为如此，他们才能在疾病的最后阶段将此前经历的种种异象化成作品的素材（质料）。譬如，斯特林堡在经历"地狱危机"后所写的作品中常常提及的"看不见的力量"（"看不见的手"），说到底就是《圣经·旧约》中的那个无时不在考验、惩罚与审判世人的"上帝"，他所描写的种种异象在《圣经》的启示、但丁的《神曲·地狱》以及斯威登堡的神智学作品中也能找到某些踪迹；至于斯威登堡所描写的"天堂"场景，其底本便是人间场景（或者说是对人间场景的理想化），而那些阴森可怕的"地狱"场景则是按照"天堂"场景的对立面进行描绘的。就此而言，雅氏判定"斯特林堡与斯威登堡的那些崭新的经验具有客观的属性"。与此相较，"我们谓之极其主观的患者首先在个体生命的深处获得一种富有深度与奇异性的体验，然后以创造性的形式、图画、观念、寓言等将其表达出来。离开体验的深度与奇异性，也就失去了表达的创造性"①。雅氏在这里将关注的焦点辐辏于"体验的深度与奇异性"上，可谓抓住了荷尔德林、凡·高之类的艺术家有别于斯特林堡、斯威登堡之类的艺术家的关键之处。就"体验"的属性而言，如果说后两位艺术家的体验是客观性、对象性的，那么前两位艺术家的体验则是主观性、非对象性的，这种主观性、非对象性的体验在荷尔德林、凡·高那里就是引起心灵恐惧与狂喜的形而上的激情。对荷尔德林、凡·高这样的艺术家来说，其内蕴

---

① Karl Jaspers, *Strindberg and Van Gogh*, translated by Oskar Grunow and David Woloshin, The University of Arizona Press, 1977, pp. 129 – 130.

的激情作为一种源始的推动力在外化为艺术形式的过程中,会带来心灵的骚动,同时也会受到自我意识与艺术形式的规约。由规约造成的塑形压力越大,由源始的推动力带来的骚动就会越强烈;反之亦然。这样一来,推动力与规约力就在艺术家的心灵中形成了巨大的张力。当这种张力保持适度的时候,作品就会从艺术家的心灵中不断地涌溢而出。诚如雅氏所说:"他们基于自己心灵的骚动来从事创作,并且基于瞬间的激情来进行塑造;不过,与此同时,他们也一直处于某种持续不断的规约之力的压抑之下——规约之力可以在这些患者身上不断得到增强,并依靠那种瞬间的强力的推动而达至异乎寻常的程度。"[1]

我们看到,雅氏是从艺术家源始的主观体验方面来阐发他们的创作心理机制的,这里的问题在于,这些艺术家都是精神分裂症患者,而且他们都在疾病预发与发作期间创造了独异的艺术形式与富有影响力的作品。这就向我们提出了颇为棘手的学术难题:如何看待这些主观型的艺术家在精神分裂症期间体验到的那种"充满魔力的现实",如何看待主观的深邃性与精神病开始发作两者之间的关联?面对这些困扰无数学人的难题,迄今人们的看法仍然莫衷一是,雅氏对此给出了这样一种解答:"这是一种充满魔力的现实,它需要永不停息地去征服,需要没完没了地去实现,需要在瞬间接近绝对存在,需要在至乐与恐惧之中经受永久的心神不定之苦,对此,我们则需要做出一种与精神病无关的阐释。就目前的情况而论,这种充满魔力的东西看来是以屈从而富有秩序与目的的方式存在于神智正常的人们之中的,而且这种从长远来看富有创造力的东西是可以在疾病发端之际伴随最大的激情而迸发出来的。这并不是说存在于我们中间的天才的心灵是有病的:这已超越了健全或不健全的对比;毋宁说,疾病过程为魔力的迸发提供了最后的推力,即便这只是瞬间的推进。灵魂似乎变得轻松起来,正是在这种状态下,心灵显示出了那种命运性的深渊,结果却在放松状态的巅峰时刻变得僵化与混乱起来,最后竟走向了分崩

---

[1] Karl Jaspers, *Strindberg and Van Gogh*, translated by Oskar Grunow and David Woloshin, The University of Arizona Press, 1977, p. 130.

第三章　艺术家论的韵致以及艺术家的生存样态

离析。"① 在雅氏看来，内蕴于艺术家心灵中的"魔力"是其创造力的源泉，这种富有创造力的魔力有其不断自我实现的需要，它在接近"绝对存在"的瞬间使艺术家心神不定的"至乐与恐惧"是一种臻于极致状态的形而上的"激情"。对这种正常的艺术创造激情及其内在运作机制，"我们则需要做出一种与精神病无关的阐释"，就此而言，荷尔德林、凡·高之类的天才艺术家的心灵"已超越了健全或不健全的对比"，我们并不能因其患了精神病就一概而论地说他们的心灵是"有病"的。这里的关键之点在于，"富有创造力的东西是可以在疾病发端之际伴随最大的激情而迸发出来的"；也就是说，在疾病发端之际，创造激情的推动力与自我意识、艺术形式的规约力在心智结构中尚保持着必要的张力，当精神病过程的情感应激反应及其摧毁力将规约力瓦解之际，最大的激情就会在这一瞬间以空前的强度从心灵的裂口迸发出来，这也正是最深邃的主观体验——形而上体验——在作品中得以显示的时刻。若从精神错乱与主观深邃性的关联来看，我们完全可以说"疾病过程为魔力的迸发提供了最后的推力"。

这里需要把握如下两点。第一点，疾病过程只是为魔力的迸发提供了最后的推力，其中起根本作用的其实仍是艺术家秉具的原初创造力。试想，一个没有伟异的艺术创造天赋的人，即便他患了精神病也不可能像荷尔德林与凡·高那样创造出富有主观深邃性的作品来。第二点，疾病过程毕竟为魔力的迸发提供了最后的推力，我们绝不能对此视而不见。假如没有这最后推力的参与，魔力的迸发便不可能达到如此异乎寻常的程度，他们的作品更不可能富有如此深邃的主观性。这委实是一个值得深思且含蕴深微的话题。"人们可能会对主观的深邃性与精神错乱开始发作之间的关联这一实情进行反思：在这个世界上，经常见得到的那些形成反差的东西须得联系起来，肯定的价值须得通过否定的价值来予以获取。或许这就是形而上体验所带来的最伟大的深度，它是人在感知超自然界的过程中所涌现出来的绝对意识、恐惧意识与至乐意识，此时此刻，心灵已被扯得四分五裂，它的机能

---

① Karl Jaspers, *Strindberg and Van Gogh*, translated by Oskar Grunow and David Woloshin, The University of Arizona Press, 1977, p. 129.

最后竟达到这样一种境地——除了废墟，什么也没有留下。"① 所谓"肯定的价值"，指的是艺术家的创造力所具有的价值，它是通过外化为艺术品的审美形式得以实现的；所谓"否定的价值"，指的是精神病过程对患者的身心所造成的摧毁力，它甚至会将患者的心灵撕成四分五裂的碎片，直至将患者的生命及其作品统统化为废墟。就此而言，没有任何一个心智正常的人愿意罹患精神病，这自然包括荷尔德林与凡·高在内。然而，人类艺术史的一个事实是，这两位不愿意罹患精神病的天才艺术家偏偏罹患了精神分裂症，而精神分裂过程又恰恰为其创造魔力的迸发提供了最后的推力与否定的契机，此即所谓"肯定的价值须得通过否定的价值来予以获取"。正是在这里，雅氏从荷尔德林与凡·高那里悟察到了精神分裂症艺术家的独特性以及他们敢于将生存所遭际的挫折内化于艺术创造过程的生存论意义。

2. 如何理解荷尔德林与凡·高之间的相通与不同

在雅斯贝斯看来，将精神分裂症艺术家区分为两种典型样态——客观表现型与主观体验型——固然颇为必要，不过，更为重要的是在共属同一典型样态的不同个体之间进行对比，因为这种对比更能够凸显他们丰富的个性与深刻的通性。鉴于此，雅氏在他所赞许的荷尔德林与凡·高之间进行了深入的比勘。

（1）荷尔德林与凡·高之间的不同之处

雅氏指出："对人们来说，在荷尔德林与凡·高之间作对比是颇具启发意义的。他俩所从事的艺术创作领域并没有多大不同，不过，二人的秉性则形成了鲜明的对照：荷尔德林是个属意于来世的理想主义者，凡·高则是个关切现世的现实主义者。二人的个性都不易改变，但又有很大的不同：荷尔德林生性柔弱、易受伤害；凡·高则生性强悍，若受到威压与惩戒等刺激，他就会做出强烈的反应。"② 有意思的是，荷尔德林以诗歌名世，凡·高以绘画名世，雅斯贝斯对这再明显不过的艺术史事实自是知晓的，然而他在这里却说"他俩所从事的艺

---

① Karl Jaspers, *Strindberg and Van Gogh*, translated by Oskar Grunow and David Woloshin, The University of Arizona Press, 1977, p. 131.

② Karl Jaspers, *Strindberg and Van Gogh*, translated by Oskar Grunow and David Woloshin, The University of Arizona Press, 1977, p. 193.

第三章 艺术家论的韵致以及艺术家的生存样态

术创作领域并没有多大不同",这无非是想有意避开从外在的形式上对他俩各自擅长的诗歌艺术、绘画艺术做出区分,进而将关注的焦点辐辏于两人内在秉性的比较上。就此而言,两人的不同之处主要表现在两个方面。

①从生命底色看,"荷尔德林是个属意于来世的理想主义者,凡·高则是个关切现世的现实主义者"。我们知道,荷尔德林是德国理想主义孕生的时代骄子,他当年在图宾根大学求学期间曾与谢林、黑格尔是过从甚密的同学,这些时代的骄子虽然性格不同、道路不同、命运不同,但他们都在心中渴望着某种超越现实世界的"虚灵之真际"(黄克剑语),并对人类的未来充满无限的希望。拿荷尔德林来说,理想主义始终是他的生命底色。譬如,他在1793年9月致弟弟的一封信中写道:"我爱未来世纪的人类。因为这是我最幸福的希望,相信我们的子孙会比我们更好,自由终将来临,而美德在自由中、在神圣而温暖的光明中会比在专制的冰冷地带生长得更加繁茂,这信仰令我坚强而积极进取。我们生活在一个所有的一切都在为拥有更美好的岁月而努力奋斗的时期。这些启蒙的萌芽,这些无言的希望以及把个体培养成为人类的诸多努力将传遍四方,日益强盛并会结出灿烂的果实。看!……这是我希望和行动的神圣目标——即在我们的时代唤醒将会在未来的某个时代成熟的萌芽。"① 综观荷尔德林的一生,他的诗歌就是为实现自己所希望的"神圣目标"而付出的行动与做出的见证。荷尔德林就像一个被"诗神"选中的"仆人",陷入了无可自抑的迷狂之中,他以诗的语言为灵媒呼唤着诸神的王国,并渴盼着人类也能够像他那样飞升到那个充满魔力的彼岸世界并诗意地栖居于其间。② 相

---

① [德]荷尔德林:《烟雨故园路:荷尔德林书信选》,张红艳译,经济日报出版社2001年版,第62—64页。
② 茨威格在《与魔搏斗的人:荷尔德林 克莱斯特 尼采》中写道:"荷尔德林从没有学过看世界(这既是他的伟大之处,也是他的局限之处)。他只是一味地在诗中虚构它。心潮澎湃的这种伟大的能力是荷尔德林最根本的也是唯一的力量;他从不曾深入下层的、混杂不清的世界,从不曾进入日常的世俗生活,而是轻盈地向一个更高的世界(那是他的故乡)飞升。他没有现实,但他有自己的领地,有他诗韵悠扬的彼岸。"见[奥]斯蒂芬·茨威格《与魔搏斗的人:荷尔德林 克莱斯特 尼采》,潘璐、何世平、郭颖杰译,安徽文艺出版社2013年版,第26页。

比之下，凡·高则生活在一个"上帝死了"（尼采语）①的时代，在这个充斥着罪与罚的时代里，屹立于时代精神之巅的是尼采、克尔凯郭尔之类的哲人与凡·高、斯特林堡、陀思妥耶夫斯基之类的艺术家。他们都敏锐地嗅到了时代精神氛围中弥漫着的末日审判的气息，因而都怀着"恐惧与战栗"的不安之心寻觅着各自期待的灵魂救赎之路。就凡·高而言，他早年曾以牧师的身份在普通农民与矿工中传布福音，试图将他们从苦难中救赎出来。因所谓的"过度热情"被解职后，他选择绘画作为以生命相托的志业。他在早期的绘画中继续悲悯农民与矿工的疾苦，留下了《走向矿井的男人和女人》《矿工们的妻子》《种土豆》《吃土豆的人》等画作。精神分裂症发作期间，凡·高蕴蓄已久的创造力迸发出来，他简直就像上帝创造世界一样疯狂地作画，留下了《向日葵》《麦田里的收割者》《暴风雨下的麦田》《星夜》《星空下的道路与松柏》等彪炳艺术史的景物画。那粗粝的色块，灼目的色彩，燃烧着的意象，视野尽头突兀上冲的动势，无不充盈着一种神话般的魔力。更为神奇的是，这些富有魔力的景物画均取材于现实世界，或者说，凡·高通过纯粹的色彩语言将神话般的魔力实现于现实世界，从而使其带有"现实主义"色彩的画作成为传递"超越存在"之消息的"密码"。

②从脾气秉性看，"荷尔德林生性柔弱、易受伤害，凡·高则生性强悍，若受到威压与惩戒等刺激，他就会做出强烈的反应"。确实如此。荷尔德林文静平和，内敛沉郁，这种性情一方面使他渴望过一种安谧宁静的生活，以便从中享受精神的自由②；另一方面又使他渴望沐浴在爱的光芒之中，这在他的书信中表露得最为真切。我们看到，除了很少的几位挚友（如谢林、黑格尔、那斯特等）与老师（如席勒、克斯特林等）外，他的信都是写给家人与恋人的，其中又以写给

---

① 1882 年，尼采借一个疯子的口宣告："上帝死了！永远死了！是咱们把他杀死的！我们，最残忍的凶手，如何自慰呢？"见 [德] 尼采《快乐的知识》，黄明嘉译，中央编译出版社 2001 年版，第 127 页。

② 荷尔德林在 1794 年 5 月 21 日致弟弟的信中谈及宁静的生活是一种难得享受，认为"即使人在一天中为精神的自由活动留出一个小时，人在此期间可以解决其最为迫切的、最高尚的需求，这就已经很好了，至少对于使自己在余下的时间精神振奋并开心愉快是足够了"。见 [德] 荷尔德林《烟雨故园路：荷尔德林书信选》，张红艳译，经济日报出版社 2001 年版，第 87—88 页。

第三章　艺术家论的韵致以及艺术家的生存样态

家人的居多；在家人中，又以写给母亲的最多，从中可以看出他对骨肉亲情特别是对慈母之爱的看重与依恋。① 这里值得注意的是荷尔德林分别写给母亲与席勒的信：从写给母亲的信看，他就像一个温顺的孩子，始终怀着赤子之心向这位充满无私大爱的慈母诉说着内心的喜悦与委屈；从写给席勒的信看，他就像一个忠诚的弟子，始终怀着虔敬之心向这位冷峻严肃的教父②吐露着自己的希望与失望。③ 可以说，荷尔德林一生都在渴盼着真纯的慈母之爱、严师之爱以及兄妹之爱、恋人之爱、挚友之爱，这一切都源于他心中的这样一个信念："没有什么东西能比一滴清澈纯粹的爱的露珠更令我安宁和平静，正如反之，尽管我尽己所能小心翼翼，但冷漠与隐蔽的对人的征服欲却总是令我过分紧张并煽起我内心生活的过度劳顿与动荡。"④ 没有"征服欲"，充盈于心的只有"清澈纯粹的爱"，这是荷尔德林"生性柔弱、易受伤害"的谜底所在，也是其全部诗歌的基调所在。阅读荷尔德林的诗歌，我们发现他就像一位被"清澈纯粹的爱"所充盈的使徒，始终向着此岸世界的慈母、严师、兄妹、恋人、挚友以及彼岸世界的诸神诉说着爱的絮语，尽管其中有赞歌也有哀歌。相较之下，凡·高持守的一个信念则是："无论肖像画抑或风景画，我希望表达的不是感伤性的忧郁，而是深沉的悲痛。"⑤ 如果说荷尔德林的哀歌中带有"感伤性的忧郁"，那么"深沉的悲痛"则是凡·高绘画乃至其全部生命的主

---

① 张红艳在《烟雨故园路：荷尔德林书信选》的"译者序"中写道："在荷尔德林遗留的两百多封书信中，大部分是写给他家人的，其中又有80多封信是写给他的母亲的。他与妹妹里克以及同母异父的弟弟卡尔一直保持着密切的关系，尤其是与弟弟卡尔，他们不仅是血脉相连的亲人，更是'心灵的兄弟'。"见［德］荷尔德林《烟雨故园路：荷尔德林书信选》，张红艳译，经济日报出版社2001年版，"译者序"第6—8页。

② 荷尔德林曾将席勒视为自己的精神教父，他在1795年9月4日致席勒的信中自称"我是属于您的——至少是作为无主之物"。见［德］荷尔德林《烟雨故园路：荷尔德林书信选》，张红艳译，经济日报出版社2001年版，第129页。

③ 即便在与席勒的关系出现裂痕之际，他在1796年11月20日致信索要未予发表的诗稿时仍以恳请的口吻写道："您改变了对我的看法吗？您放弃我了吗？"见［德］荷尔德林《烟雨故园路：荷尔德林书信选》，张红艳译，经济日报出版社2001年版，第141页。

④ 荷尔德林1797年11月2日致弟弟卡尔的信。见［德］荷尔德林《烟雨故园路：荷尔德林书信选》，张红艳译，经济日报出版社2001年版，第146页。

⑤ 凡·高1882年6月写于海牙的信。转引自［美］阿伯·J.卢宾《凡·高：心理传记》，程应铸译，文汇出版社2008年版，第3页。

— 289 —

色调。凡·高生活在一个"上帝退隐"的时代,他在现世罹遭的种种苦难将他的心灵浸渍于"深沉的悲痛"之中,这种受难意识也让他从代人类受难的耶稣身上看到了足可效法的范本,并从耶稣死后复活的启示中领悟到了灵魂救赎的闷机所在,若借用《凡·高:心理传记》的作者阿伯·J.卢宾的一个说法,这闷机就是"永久的欢乐是通过痛苦和蒙受苦难而得来的"[1]。由于蒙受苦难,凡·高便显得比常人更强悍与刚毅;同样由于蒙受苦难,他便变得比常人更暴躁、更惯常发怒[2],这便是凡·高"生性强悍,若受到威压与惩戒等刺激,他就会做出强烈的反应"的根由所在。也正是由于这一点,凡·高在现实交往中往往会因着执拗的言行与过激的反应而与自己的家人、亲属、同事乃至师长相疏离。[3] 在家人中,凡·高与弟弟提奥的关系最为密切(这从凡·高致提奥的信中便可看出来)。事实上,除了弟弟的身份之外,提奥还扮演了凡·高一生中绘画事业的资助人兼情感倾诉对象的角色。可以说,若没有这位在任何情况下都不离不弃的弟弟,凡·高便不可能取得如此巨大的成就。即便如此,他还是屡次向弟弟发脾气,甚至还对他产生过怀疑。[4] 在凡·高的现实交往中,最富悲剧性的事

---

[1] [美]阿伯·J.卢宾:《凡·高:心理传记》,程应铸译,文汇出版社2008年版,第7页。

[2] 1880年10月,凡·高结识了比自己小五岁的艺术家凡·拉帕德,他留给这位艺术家的印象是:"文森特是努力的、奋争的、狂热的、阴郁的,他惯常发怒,且如此频繁,如此暴躁!但是,他的高尚心灵和高贵的艺术家品质还是应该赢得友谊和赞美的。"见[美]阿伯·J.卢宾《凡·高:心理传记》,程应铸译,文汇出版社2008年版,第81页。

[3] 据《凡·高:心理传记》记述,凡·高曾热恋守寡的姨表姐凯·沃斯·斯特里克,当场遭到拒绝后仍一再追逐,他因此事与姨夫、姨母关系疏远,并在1881年圣诞节与父亲爆发激烈争执,父子关系几欲破裂。此后不久,凡·高又坚持地与一位未婚先孕、患有淋病、遭到遗弃的妓女西恩同居,他在此事上的执拗言行与面对反对意见的过激反应使他进一步与家人、亲属乃至当时所供职的古皮尔公司的上司和同事相疏离。参见[美]阿伯·J.卢宾《凡·高:心理传记》,程应铸译,文汇出版社2008年版,第82—85页。

[4] 例如,凡·高曾因提奥反对他与妓女西恩的关系而对弟弟产生了怀疑。《凡·高:心理传记》对此做了记述:"他(指凡·高——引者注)怀疑这个巴黎的画商(指提奥——引者注)不会努力去推销他的画作,怀疑对方乐于见到他的失败。泰奥(提奥——引者注)试图谅解文森特(凡·高——引者注)的敌意,把文森特的抨击理解为他在情急中的措辞,可是文森特竟然反驳,认为这只能证明泰奥不理解他,他表示他们的关系无望修复,他们相互间将没有什么事可做了。然而他的自相矛盾却令人瞠目结舌——当文森特沉浸在愤怒情绪中的时候,他另一方面还在忧心泰奥试图摆脱他。当他指责泰奥自以为是的时候,自以为是的正是他自己。他表示他漠然以对泰奥的意见,这是有违真实的,事实上他对泰奥的话极度敏感。"见[美]阿伯·J.卢宾《凡·高:心理传记》,程应铸译,文汇出版社2008年版,第90页。

件莫过于他与高更的相遇了。1888年10月,在凡·高的一再催请下,高更从巴黎来到法国南部的阿尔勒(Arles),在凡·高预先为他准备好的"黄屋"住下。① 这本是凡·高期待已久的事,然而不幸的是,他此时正处于极度紧张、敏感与狂躁的状态;更为不幸的是,高更的性情比凡·高还要强悍,凡事总喜欢发挥主导的作用,事实上,这位出道较早的画界前辈在凡·高的心里扮演了"父亲"的角色。两个生性强悍且都狂躁、易怒的艺术家整日待在一起,显然意味着一颗定时炸弹随时都有可能被引爆。他们之间的争辩自是在所难免的,而且经常是那种"电流一般强烈"的争辩。② 这类争辩加剧了凡·高的烦乱与不安,他的心智结构也随之趋于崩溃的边缘,最后终于导致了惨烈的"凡·高割耳事件"。应该说,仅就脾气秉性而言,这类惨烈的事件不可能发生在"生性柔弱"的荷尔德林身上。正因为如此,荷尔德林的生命像无焰的炭火般缓缓燃烧着,相比之下,凡·高的生命则宛如刺目的流星般瞬间燃烧殆尽。

(2) 荷尔德林与凡·高之间的相通之处

通过上述比较可以看出,荷尔德林与凡·高的"原初秉性"是有着显著差异的,但这并不意味着他们之间没有相似性,尤其在精神分裂症进展过程中,这种相似性——通性——就变得更为明显。在雅氏看来,他们二人的相通之处主要表现在以下两个方面。

①精神分裂症过程诱发了他们原初人格中既有的艺术天赋。"在第一次精神病急性暴发与此后再次发作之间的相对间歇期间,与初期表现出的那种富有哲人态度的激昂状态相伴的,便是一种日趋强化的安全感或自我肯定的恬淡感。与此同时,他们作品的风格也发生了显著变化,这些作品被他们自己也被别人视为其成长与取得成功之目标的顶峰。这时,他们都保持着创造力,创作不受妨碍地持续着,并创制出了一些全新的作品。在这整个过程中,自始至终存

---

① 高更在阿尔勒与凡·高同住的时间,从1888年10月23日至当年12月26日。
② 凡·高在致弟弟提奥的信中曾这样描述他与高更之间的辩论:"高更和我大谈德拉克洛瓦、伦勃朗等人的事情。我们的辩论如电流一般强烈,有时候一席话下来,会觉得像耗尽电力的电池一样虚脱。"参见[美]布拉德利·柯林斯《凡·高与高更:电流般的争执与乌托邦梦想》,陈慧娟译,广西师范大学出版社2006年版,第226页。

在着强烈对抗与自律创造之间的巨大张力。他们以极大的努力同越来越增长着的摧毁力量搏斗，并勉力夺取着制高点。"① 他们都敢于直面精神病产生的摧毁力量，并调动起原初人格中的自我意识、创造天赋与之对抗。那种摧毁的力量越大，他们的自我意识、创造天赋就越会焕发出奇瑰的魔力。在两者构成的必要张力中，他们都在激情盈溢的昂扬状态下飞升至艺术创作的巅峰。对荷尔德林来说，激情就意味着一切。在患病期间，他经常处于无名的兴奋之中；所有的客观对象都被激情融化了，这种摆脱了世界实存的自在状态正是本真生存的原初状态，也正是诗人的灵感被激情的火焰瞬间点燃的状态。然而，他就像那驾着太阳车飞升的法厄同一样，伴随着烈焰的升腾，疾病过程带来的空前强大的摧毁力量同时使他面临自我焚毁的深渊。这位飞升到杳渺的天际而直面深渊的诗人，带着无从排遣的孤独与眩晕从内心最深处说出了这样的话："我从不曾透彻了解这亘古不变的命运之语，当心灵承受住了悲伤的子夜，就会有一种新的幸福在心中升起，世界的生命之歌即使在深深的苦难之中，也会像黑暗中夜莺的歌唱那样神圣地向我们响起。"② 如果说荷尔德林在精神病急性发作期间所创作的那些哀歌宛如"黑暗中夜莺的歌唱"，那么凡·高在阿尔勒期间所创作的那些绘画就像是"深渊之上的舞蹈"了。"在阿尔（阿尔勒——引者注）的花园里，凡·高以同样的速度（指尼采，他在1888年秋冬之际，与凡·高在同一片天空下疯狂地从事生命最后时期的创作——引者注）和对阳光的迷恋，以同样喷薄欲出的创造力不停地作画。一幅闪耀着璀璨光芒的画刚刚完成，他那准确无误的笔端已经扑上新的画布，绝没有迟疑、计划或思考。创造几乎像作记录一般轻而易举，像具有了魔力一样明晰而敏锐，幻象一个接着一个。一个小时前刚刚离开凡·高的朋友，会在回来时惊讶地看到又一幅完成的新作，并且他已经饱蘸画笔，目光灼灼地开始画第三幅了：扼住他咽喉的魔鬼，容不得片刻喘息、间歇，只顾加鞭狂奔，而不管他胯下那躯体已气喘

---

① Karl Jaspers, *Strindberg and Van Gogh*, translated by Oskar Grunow and David Woloshin, The University of Arizona Press, 1977, p. 193.

② 转引自［奥］斯蒂芬·茨威格《与魔搏斗的人：荷尔德林 克莱斯特 尼采》，潘璐、何世平、郭颖杰译，安徽文艺出版社2013年版，第44页。

呼呼，全身滚烫。"① 可以说，凡·高在精神病急性发作期间的绘画就是他"同越来越增长着的摧毁力量搏斗，并勉力夺取着制高点"的直观见证。

②精神分裂症过程强化了他们的形而上学体验，他们的作品也越来越失去优美的色调。"在精神分裂期间，那种神秘的感觉与神秘的存在对二人来说都是某种不言自明的东西，无论这种东西究竟是更多地以现实的形态还是更多地以理想的形态呈现自身。与此前相比，他们的艺术与生命都获得了所谓形而上学或宗教的意义，其作品越来越失去优美的色调。荷尔德林诗歌中那缺乏联结的跳跃的节奏与凡·高绘画中那奇瑰刺目的色彩有异曲同工之处。对他俩而言，人们所理解的与生命、自然、世界的亲密感获得了更大的内在实现，并具有了更为丰富的形而上学意义。"② 雅氏在这里是从内容与形式两个层次进行阐析的。其一，从内容上看，荷尔德林与凡·高在精神分裂期间都真切地感觉到了某种神秘的东西，这种神秘的东西引导着他们不断地高飞远举，与此同时，又将他们抛入超越一般意识（超越主客二分的认知理性）的迷狂状态之中。这种迷狂的状态其实正是原初的生存意识汩汩涌现的样态，也正是神秘的东西向生存意识当下显现所需要的状态。无论是凡·高那里的神话现实，还是荷尔德林那里的彼岸神话，两者都是一般意识所不可认知的神秘之物，不过这种神秘之物对生存意识来说则是真实无妄的，它将生命、自然与世界紧密地联结在一起，并在荷尔德林与凡·高的作品中得到了直观的呈示，从而"具有了更为丰富的形而上学意义"。其二，从形式上看，荷尔德林与凡·高在

---

① ［奥］斯蒂芬·茨威格：《与魔搏斗的人：荷尔德林 克莱斯特 尼采》，潘璐、何世平、郭颖杰译，安徽文艺出版社2013年版，第160页。茨威格在该书中专门研究了尼采，他称尼采最后时期的创作就像是"深渊之上的舞蹈"，茨威格在阐说这个话题时颇具慧眼地发现，"1888年秋季的五个月是尼采最后的创作时期。在人类创造力的历史当中，这段日子显得如此卓尔不群。一个天才在如此短暂的时间里，如此疯狂不歇地思索，这是前所未有的。如此丰沛、激情、疯狂的创作，在自古至今的人类思想史上，找不到任何可与之匹敌的对手。也许就在同一年，咫尺之遥的同一片天空下，倒有一位画家正经历着那同样被激发到了疯狂境地的创造力"（同上书，第160页），这位画家就是凡·高。他在道出这个惊人的发现后，紧接着就对凡·高在激情燃烧状态下的创作做了上述描绘。

② Karl Jaspers, *Strindberg and Van Gogh*, translated by Oskar Grunow and David Woloshin, The University of Arizona Press, 1977, pp. 193 – 194.

精神分裂症发作期间的心灵结构越来越震荡不安，由其心灵裂口流溢而出的激情在塑形的过程中所形成的作品也越来越不合乎形式规则，这正是其作品"越来越失去优美的色调"的原委所在，因为优美的意象总是以合形式的和谐为其核心意蕴的。大凡悉心阅读过荷尔德林在患病期间所创作的诗歌的人，想必都会像雅斯贝斯那样感到其诗歌语言越来越"缺乏联结的跳跃的节奏"，茨威格就曾对此做过颇为形象的描述："……（荷尔德林）语言的韵律不断地变换，加强，扩展，它变得越来越隆隆作响，震耳欲聋，硕大无朋，富有冲动力，变得越来越迷惘，越来越本质，越来越激越。他开始时像一股泉水，潺潺的，像飘扬的旋律，结束时却像咆哮的，飞沫四溅的湍溪。韵律变得自由，成为主宰，并主宰着自己，他的放纵和爆发，神秘地和内心的自我毁灭，和理性的迷惘相伴而来。思想中逻辑的联系越松弛，韵律越自由：最终诗人再也不能阻拦那内心翻腾的巨浪，被它淹没了，他作为自己的尸体漂流在歌声湍急的河流上。"[①] 荷尔德林日益挣脱思想逻辑的控制，诗句在不和谐的心灵变奏下倾泻于笔端，这委实与凡·高以泼墨般的厚涂法粗野狂放地涂抹于画布上的那种"奇瑰刺目的色彩"有异曲同工之处。雅氏就此阐说道："在我看来，他（凡·高——引者注）最后几个月的某些绘画比传世作品的色彩更为炫目、更为艳丽，也比早期作品的色度更为明亮。与此同时，他从未顾及此类与事实不符的透视或构图错误，最终，这些因素出现得越来越多。弯曲的烟囱，歪斜的墙壁，扭曲的头部，这些似乎都不是有意而为的，而是无意之中画出来的；内心的骚动似乎松开了他的自我约束，那带有独特风格的笔触和曲线变得更加天然，绘画的模式也变得更加粗野不羁。我记得有两幅描绘奥弗（Auvers）的油画可作为证明这一说法的例子，画面之中尽是大片的麦田和一些散落的房屋。有人或许会就此推断，凡·高的症候于此瞬间趋向了最后阶段（同样值得关注的还有荷尔德林在 1805 年以后所写的那些晚期诗歌），而且他在这一过渡期间内结束了自己的生命。"[②] 可以说，

---

① ［奥］斯蒂芬·茨威格：《与魔搏斗的人：荷尔德林　克莱斯特　尼采》，潘璐、何世平、郭颖杰译，安徽文艺出版社 2013 年版，第 60 页。

② Karl Jaspers, *Strindberg and Van Gogh*, translated by Oskar Grunow and David Woloshin, The University of Arizona Press, 1977, pp. 176–177.

雅氏在这里所做的阐说已超出了精神病理学的视域；进而言之，他在阐说凡·高与荷尔德林的生存样态及其作品风格时，其实就已作为生存哲学家与美学家在发言了。

3. 如何看待那些无从归类的"例外"

作为生存哲学家与美学家，雅氏始终强调"生存"的独一无二性、无限可能性与不可规约性[①]，于是那些不能简单归类的"例外"[②]便成为他阐说"生存"之旨趣的可选案例。雅氏指出："不管在何种程度上对比这两种典型样态，它都通过那些富有显著个性的病例得到了范示，这范示自然是概要式的。我们不能把所有患精神分裂症的诗人、哲学家或艺术家都置于这些范畴之下。"[③] 在他看来，克尔凯郭尔就是一个"例外"。"假定他可能是一位精神分裂症患者，但是这一假定并不能得到当下的证明，因为就他而言，我们并不知道有关他的那些粗暴的原初症状，所以他不可能属于我们所说的两种典型样态中的任何一种。"[④] "例外"敞开了"生存"的无限可能性，它不仅对任何一种区分都提出了质疑，而且使得属于任何一种典型样态的生存个体都保持着原初的深刻性与丰富性。正是在这里，雅氏发现，独一无二的艺术自当根植于独一无二的生存，尽管在生存艺术家中能够发现精神分裂症的典型个例，不过，精神分裂症对他们来说更多地意味着诱发其艺术创造力的一种契机。"既然显著的精神分裂性人

---

① 雅斯贝斯指出："生存本身从来不是普遍的，因此，它不是作为一个特殊物可归属于普遍物的那种情况。但是，生存在现象中成为客观的，同时又是历史特殊性中的个体，这种特殊性还是在普遍的范畴中加以理解的。"见 Karl Jaspers, *Philosophy* (Vol.2), translated by E. B. Ashton, The University of Chicago Press, 1970, pp. 5 – 6。

② 雅斯贝斯指出："例外无论在何种意义上都是不可以重复的，但是对所有的人都是有意义的。人们可以用它来定自己的方向，而不能由它获得一种学说。它会告诉你，那是什么，但不给人们指路。它本身是不愿意当例外的，而是违背着自己的意愿在必须之中选择的。由于它对一般人（大众、实存——引者注）的损害，它从来就没有失去过罪恶的意识。从自己的内心来讲，它从不知道它是否是或者说应当是这一意义上的'真正例外'，或者，是否它只是有病，或反对社会秩序或在它的隔离中感到的是有罪。"见［德］卡尔·雅斯贝尔斯《大哲学家》，李雪涛主译，社会科学文献出版社2005年版，第54页。

③ Karl Jaspers, *Strindberg and Van Gogh*, translated by Oskar Grunow and David Woloshin, The University of Arizona Press, 1977, p. 194.

④ Karl Jaspers, *Strindberg and Van Gogh*, translated by Oskar Grunow and David Woloshin, The University of Arizona Press, 1977, pp. 194 – 195.

格总是罕见的，人们或许会转而在诸种精神领域中考察精神分裂症患者留下的大量文字、素描、绘画或雕刻，以便能在他们巨大的变化中发现精神分裂的因素。但是，我们在这里并不能发现稍许只有在伟大的人物那里才能引致那种创造力的精神分裂症的天赋与肥沃土壤。"[1] 就主观体验型的精神分裂症艺术家而言，荷尔德林与凡·高就是难得的范例。在这两个范例之外，雅氏另指出了无法归入这一类的瑞典先锋派画家恩斯特·约瑟夫森（Ernst Josephson，1851—1906）以及无从归入上述两种范型的法国版画家查尔斯·梅里翁（Charles Meryon，1821—1868）[2]；此外，他还枚举了更特殊的一个案例——法国象征派画家奥迪隆·雷东（Odilon Redon，1840—1916），这位画家虽然没有罹患精神分裂症，但就其作品中所透示出的那种精神分裂气息来看，显然可以将其关联于约瑟夫森那类的艺术家。在《斯特林堡与凡·高》一书中，雅氏仅以"附记"的形式对这三个案例做了简要的勾勒[3]，下面便循着雅氏谈论的顺序一一加以阐析。

①关于恩斯特·约瑟夫森的归类问题。雅氏首先指出："约瑟夫森是一位可与斯特林堡那种范型的患者相比较的艺术家。除了精神病这一事实外，斯特林堡并不能与荷尔德林作比较；同样，约瑟夫森也不能与凡·高进行比较。"[4] 在雅氏看来，约瑟夫森与荷尔德林、凡·高之类的主观体验型艺术家之间没有可比性，他当属于斯特林堡、斯威登堡之类客观表现型艺术家之列。接着，雅氏阐述了约瑟夫森的作品与其精神病之间的关联："对约瑟夫森来说，在他正常时期的自然

---

[1] Karl Jaspers, *Strindberg and Van Gogh*, translated by Oskar Grunow and David Woloshin, The University of Arizona Press, 1977, p. 195.

[2] 雅斯贝斯指出："如何发现某种对所有精神分裂症来说都通用的共同特征，并不是一件太难的事，但是这却不如去一丝不苟地辨识与确定它们之间的差别。目前，人们尚未下决心去研究这些问题在引导那些伟大人物方面所起作用的明确程度，也未想去探究它们在何种程度上可以带来积极的效果。迄今为止，我自己尚未看到任何人的成就能够同荷尔德林或凡·高相媲美，而其他的人要么某种程度上指向了斯特林堡与斯威登堡之类的人（如约瑟夫森），要么指向了与上述两种类型均无关联的那类人（如梅里翁）。"见 Karl Jaspers, *Strindberg and Van Gogh*, translated by Oskar Grunow and David Woloshin, The University of Arizona Press, 1977, p. 195。

[3] 参见 Karl Jaspers, *Strindberg and Van Gogh*, translated by Oskar Grunow and David Woloshin, The University of Arizona Press, 1977, pp. 197 - 199。

[4] Karl Jaspers, *Strindberg and Van Gogh*, translated by Oskar Grunow and David Woloshin, The University of Arizona Press, 1977, p. 197.

第三章 艺术家论的韵致以及艺术家的生存样态

主义作品（这些作品给他带来了声誉）与患病时期的作品（这些作品的内容具有神奇的魔力，并没有创造出任何一种明确的形式，气氛沉静且没有任何一点儿迷狂的痕迹）之间存在着迥然的差异。正如斯威登堡在正常日子的早期所写的科学作品与后来所写的神智学著述，约瑟夫森在正常时期与患病时期所写的作品之间同样存在着某种裂隙。"①从中可以看出，与正常时期给他带来声誉的自然主义作品相比，约瑟夫森经历疾病之苦后的那些作品"并没有创造出任何一种明确的形式"，也就是说，疾病过程并没有给他的艺术形式造成根本性的影响。值得注意的是，他在患病期间的奇异体验使其作品的内容具有了"神奇的魔力"，这就使它们与此前的作品有了明显的差异，不过就其带有的客观属性而言，这些充满神智学色彩的体验只是为其作品提供了一种特殊的"质料"。基于相似的精神性征，雅氏遂将约瑟夫森与斯特林堡、斯威登堡一并归入客观表现型的生存艺术家之列。最后，雅氏指出约瑟夫森的案例尚有待做进一步研究②，并引用了沃林（Wohlin）论约瑟夫森的一段文字："以艺术学术语的通常意义来衡量，它们并不能被看成是艺术品。它们显示了某些不相连贯、漂移不定的东西，这些东西是从已对形式和比例的感受力变弱的大脑中产生出来的；尽管如此，它们还是显示了一种不同寻常、富于想象的精神性观念以及敏感于修饰点缀的特征。人们可以本能地感觉到，这些作品已摧毁了指向未来的可能性。"③ 这段文字对我们理解约瑟夫森画作的精神性征是有一定启发意义的。

---

① Karl Jaspers, *Strindberg and Van Gogh*, translated by Oskar Grunow and David Woloshin, The University of Arizona Press, 1977, pp. 197 – 198.
② 迄今为止，约瑟夫森尚没有引起学界足够的重视，他在我国学界的遭遇更是如此。南京原形艺术中心的张志伟翻译的《发现精神病人艺术》（*The Discovery of the Art of the Insane*）一书[作者是美国学者约翰·麦基高（John MacGregor）]中的"表现主义与精神病人艺术"章节，其中谈及了约瑟夫森的相关情况以及雅斯贝斯在《斯特林堡与凡·高》中对精神分裂症艺术家所做的研究情况，是一份不可多得的参考文献。
③ Karl Jaspers, *Strindberg and Van Gogh*, translated by Oskar Grunow and David Woloshin, The University of Arizona Press, 1977, p. 198. 雅斯贝斯在引用这段文字后又专门加上一段注释性的文字："这些论述引自沃林（Wohlin）论约瑟夫森的一篇文章，写于1909年（《艺术与艺术家》第7卷，第479页之后。该文对他平时的作品做了大量的阐说，不过并没有单独阐说他患病期间的某部作品）。"

②关于查尔斯·梅里翁的归类问题。在雅氏看来,梅里翁创作的那种带有怪异色彩的版画艺术令人颇感兴趣,当时已有学者对其人其画进行了研究,这就让人们能够更容易地了解他的生存样态及其作品的性征。雅氏特别推荐了格斯塔·艾克(Goesta Ecke)的研究成果,认为他所撰写的《梅里翁》(收入《图解大师》第11卷)对梅里翁的形象做出了精彩的描述,不过有关他的传记资料仍未得到详尽的爬梳。鉴于此,雅氏发挥自己在病例研究方面的专长,将关注的重心辐辏于梅里翁的病志上。雅氏首先列出了梅里翁人生历程中的几个重要的节点:"他生于1821年,青年时期当过海军军官,辞职后开始学习版画艺术的时间并不会早于1849年。此后,他将全部的生命都交给了版画艺术,不过并未将自己所倾心的艺术仅仅视为一种艺术,而是将其视为自己所了解的神奇力量的一种显示。他的精神病开始的时间恰好是他创作出第一批值得注意的作品的时间(1850—1854年)。1858年,病情的发作致使他第一次住进精神病院。在他的病历中,幻觉、受害妄想('耶稣会会士')以及其他典型的症状居于主导地位。从1866年起,他又一次住进沙朗通(Charenton)精神病院,1868年死于院中。"[①] 这里需要注意如下两点:其一,从疾病过程与艺术家创作高峰期之间的关联看,梅里翁创作出第一批值得注意的作品的时间恰恰出现在疾病的开始阶段,在这一点上,他相似于荷尔德林、凡·高,而有别于斯特林堡、斯威登堡;其二,从患病期间的典型症状与艺术家的精神性征看,他所产生的幻觉、受害妄想("耶稣会会士")却相似于斯特林堡、斯威登堡,而有别于荷尔德林、凡·高。就此而言,梅里翁便不属于上述两种范型中的任何一种。为了将这个问题阐说得更彻底些,雅氏颇为详尽地描述了梅里翁的创作曲线,进而深入地揭示了精神病过程与艺术家创造天赋及其作品风格之间的关联:"他的创作风格并未真正地显示出某种变化来。从1852年至1854年,他的创作突然之间完全臻于成熟,攀升到了一个再也未能达到的高度,此后便失去了它的力量和优势,尽管他后来还创作出了几件高质量的作品。

[①] Karl Jaspers, *Strindberg and Van Gogh*, translated by Oskar Grunow and David Woloshin, The University of Arizona Press, 1977, p.198.

第三章 艺术家论的韵致以及艺术家的生存样态

根据模仿之作与原创作品所列出的创作年代，可从表面上粗略地说明他的创作曲线：1849—1850 年：总共有 16 件模仿之作和 3 件原创作品；1851—1854 年：有 25 件原创作品，1 件模仿之作；1855 年：突然出现一片空白，没有原创作品，仍还有 3 件模仿之作；1857 年：没有一件作品；1858 年：有 1 件模仿之作；1859 年：又一次出现没有作品的情况；1860—1861 年：有 10 件模仿之作，5 件原创作品；自此以后数年，偶有作品；1867—1868 年，不再有作品。综上可见，经过两年的模仿训练，他迎来了创作数量最为集中的几年，在此期间，他无疑创作出了最杰出的蚀刻版画作品（在他患病的早期），随后便出现突然衰减的趋势，而且再一次以镜像的方式复制了经由荷尔德林与凡·高转化而来的那种原初性格，即后期的作品呈现出精神分裂症的特征，如出现了飞龙以及其他各种怪物的形象，而此前这些神秘的力量只是通过形式间接地传达出来的。"[1] 这里同样需要注意两点。其一，从精神病对艺术家创造天赋的诱发看，"从 1852 至 1854 年，他的创作突然之间完全臻于成熟，攀升到了一个再也未能达到的高度，此后便失去了它的力量和优势"，在这一点上他确实复制了荷尔德林与凡·高的原初性格。然而他出于神智学神秘主义体验而在后期呈现出精神分裂症性征的作品中所描绘的飞龙以及其他各种怪物的形象，却又使他与斯特林堡、斯威登堡有了相似之处。既然梅里翁与上述两种范型都有相似之处，也就无从将他归入其中的某种范型了。其二，也是最为关键的一点，从精神病对艺术家创作风格的影响看，"他的创作风格并未真正地显示出某种变化来"；也就是说，精神病并没有从根本上改变他的创作风格，疾病过程只是为他的创作提供了某些带有客观属性的奇异体验，这些奇异的体验经过一段时间的沉淀后便从疾病过程的后期开始逐渐被他化作版画创作的"质料"。就此而言，梅里翁越发相似于斯特林堡、斯威登堡，而迥异于荷尔德林、凡·高。然而，一旦结合上一点中的疾病过程与创作曲线加以分析，梅里翁却又与荷尔德林和凡·高相似，而与斯特林堡和斯威登堡相

---

[1] Karl Jaspers, *Strindberg and Van Gogh*, translated by Oskar Grunow and David Woloshin, The University of Arizona Press, 1977, pp. 198 – 199.

异。于是，依循雅氏一贯的分类标准，梅里翁便成为一个无从归类的"例外"。

③关于奥迪隆·雷东的归类问题。这是雅氏在这里提及的最后一个案例，与前两个案例相较，雷东这个案例又表征着另外一种情形。雅氏就此写道："就我所知，他并没有罹患精神分裂症，但是面对他绘制于作品尚未流行之时的那些画作，一眼便可从中看出它们所透示出来的精神分裂气息。法菲尔（Pfeifer）曾将常人呈现出明显反常趋势的那些作品与精神分裂者的作品作过比较。在这个例子中，考虑到雷东是一位秉有颇高天赋的艺术家，引证的结果就更具说服力，因为艺术家怀有严肃认真、新颖独到的创作意图，这些意图便在实施的过程中呈示出与精神分裂症艺术家的作品的相似性。然而，我们在谈及这个问题时，总是将其关联于约瑟夫森那种范型的作品以及最疯狂的人们的作品，却并未将其与凡·高或梅里翁的作品关联起来。"① 在雅氏看来，从雷东的作品中所显示出来的精神分裂气息的性征看，他与约瑟夫森有着更亲密的关联，却与凡·高或梅里翁没有什么关联之处。不过，倘若人们仅仅根据这一点就贸然断定雷东与约瑟夫森一样同属于斯特林堡、斯威登堡那种范型，那便大错特错了，因为雅氏一开始就强调"就我所知，他并没有患精神分裂症"。显然，一位没有罹患精神分裂症的艺术家，他的作品中也有可能透示出某种精神分裂的气息，然而，人们并不能就此认定他是一位精神分裂症艺术家，更不能武断地将他归入某种范型的精神分裂症艺术家之列。

三　理性生存型的艺术家

在《斯特林堡与凡·高》一书中，雅氏在"精神分裂症"这个最大通性的前提下，选取了四个典型的案例——斯特林堡、斯威登堡、荷尔德林、凡·高，详尽地比较了他们之间的相通与不同，进而区分出两种范型的精神分裂症艺术家（客观表现型的生存艺术家、主观体

---

① Karl Jaspers, *Strindberg and Van Gogh*, translated by Oskar Grunow and David Woloshin, The University of Arizona Press, 1977, p. 199.

第三章 艺术家论的韵致以及艺术家的生存样态

验型的生存艺术家),并依据各自的生存样态及其作品性征将他们一一归入其中。事实上,雅氏在阐析上述两种范型的艺术家的过程中,特别是在阐析见证了生存深渊的荷尔德林与凡·高的过程中,已明确地以歌德作为对照,并把歌德视为与之截然相反的另一种范型。[①] 可惜的是,雅氏当时并没有为这种范型的艺术家命名,也没有对歌德的生存样态及其作品性征做出更为详尽的阐析。究其根由,以歌德为例示的这类艺术家固然取得了同样伟异甚至更为高卓的艺术成就,但是他们并没有罹患精神病,就此而言,他们已完全超出了雅氏当时为《斯特林堡与凡·高》一书所设定的研究视域。如果说这一点尚可理解的话,那么他在进入理性哲学—世界哲学时期后不仅在两次演讲中阐说过歌德,而且对达·芬奇、莱辛等艺术家中的哲学家均有过专门的论说,然而他仍旧没有对这种新型的艺术家进行命名,这就难免令人感到遗憾了。有鉴于此,笔者在这一部分将依循雅氏的运思理路,在悉心爬梳其歌德论、莱辛论、达·芬奇论线索的基础上,运用他一以贯之的"比较"方法,把上述三位呈现出别一种生存样态的艺术家一并归入"理性生存型的艺术家"之列。

1. 从《斯特林堡与凡·高》一书中的歌德论谈起

若想循着雅氏的运思理路构造出"理性生存型的艺术家"这一范型来,我们仍需要从《斯特林堡与凡·高》一书中有关歌德的谈论说起。雅氏在该书中曾两次相对集中地论及歌德,这两次都是特意地拿歌德做对照以便凸显主观体验型的生存艺术家的特征。第一次是关联着荷尔德林来谈的:荷尔德林受到"强烈的神的影响"所表现出的"这类完全真实、极其危险的体验","只有在精神分裂症患者们中间

[①] "比较"是凸显个性并据此进行分类的一种可行的方法,这种方法被广泛地运用于人文学术研究之中。同雅斯贝斯一样,茨威格在《与魔搏斗的人:荷尔德林 克莱斯特 尼采》一书中也运用了这种"比较"的方法,有意味的是,他也是拿歌德来与荷尔德林、克莱斯特、尼采之类充满魔性的诗人做对照的:"为了揭示这三个被魔鬼征服的诗人(荷尔德林、克莱斯特、尼采——引者注)的本性,为了揭示魔性本身的秘密,我忠实于我比较的方法,给这三个悲剧英雄树立了一个看不见的对手。但是,被魔性所蛊惑的诗人的真正对手并非没有魔性:没有哪种伟大的艺术没有魔性,没有那世界原初的曲调里低回的乐章。没有人能比这位一切魔性的天敌更能证明这一点,他生前甚至一直强烈地反对克莱斯特和荷尔德林,这个人就是歌德。"见〔奥〕斯蒂芬·茨威格《与魔搏斗的人:荷尔德林 克莱斯特 尼采》,潘璐、何世平、郭颖杰译,安徽文艺出版社2013年版,"作者的话"第4页。

才是可能的，譬如歌德永远也不可能有这样的体验"。① 与此相应，"荷尔德林从1801年至1805年的诗歌在文学领域被认为是独一无二的，其他任何一件文学作品都不能够与其相比。相较之下，尽管歌德在某种程度上代表着人类表现的最高范型，但是甚至连他也无法与荷尔德林相比肩"②。第二次则是关联着凡·高型的艺术家（含荷尔德林）来谈的："与凡·高型的艺术家截然相反，我们在歌德的身上发现了完全相对的另一极：这样的个性从不会被自己的创作彻底吸引，它总是像一种背景一样在持存着。荷尔德林后期的诗、凡·高的画、克尔凯郭尔的哲学，它们对似乎能做任何事的歌德来说是陌生的。那种富于创造力的人常常会走向毁灭——其实，导致其毁灭的并不是他所创造的东西，也不是他努力取得的东西或者过度的劳作，而是他的体验和主观感受（或许仅仅因为机能的变化或者精神崩溃）。他表现这些体验和主观感受的过程，同时就是趋于毁灭的过程；精神分裂症自身并不具有创造性的价值，因为只有极少的精神病患者才具有创造性。人总是秉有个性与天赋的，不过这在他们那里是无害的。对这类的个性来说，精神分裂症后来就成为敞开生存深渊的前提（诱因）。"③ 从上述谈论中，我们至少可以读出以下两个重要的消息。

①雅斯贝斯是将歌德作为与凡·高型的艺术家（包括荷尔德林）"完全相对的另一极"来预设的。究其根由，这不仅仅是因为歌德没有像他们那样罹患精神病，更是因为他们所表现的"极其危险的体验"对歌德来说乃是"陌生"的。对凡·高型的艺术家来说，"表现这些体验和主观感受的过程，同时就是趋于毁灭的过程"，与此相反，歌德则能够伴随其创造的作品一道成长。就生存样态而言，如果说凡·高型的艺术家像是划过暗夜的流星，他们在自我燃烧的过程中留下的是刺目的"抛物线"，那么歌德就像是穿越云层的太阳，他在放射理

---

① Karl Jaspers, *Strindberg and Van Gogh*, translated by Oskar Grunow and David Woloshin, The University of Arizona Press, 1977, p. 152.

② Karl Jaspers, *Strindberg and Van Gogh*, translated by Oskar Grunow and David Woloshin, The University of Arizona Press, 1977, p. 153.

③ Karl Jaspers, *Strindberg and Van Gogh*, translated by Oskar Grunow and David Woloshin, The University of Arizona Press, 1977, pp. 177–178.

第三章　艺术家论的韵致以及艺术家的生存样态

性之光的过程中留下的则是清晰的"圆形"轨迹。① 井村阳一曾对此做过精彩的评述："凡·高也好，荷尔德林也好，或者，克尔凯郭尔也好，他们都毁灭（vergehen）自己于其作品中，毁灭自己于哲学立场中。他们的体验和主观活动——恐怕这些是在灵魂机能的变化和解体中进展的——这些是反映在作品中同时趋于毁灭的过程。和这些生存艺术家相对立的是决不把自己全部人格注入作品之中，而把人格仍置于作品背后的那种类型的艺术家。凡·高的绘画、荷尔德林后期作品和克尔凯郭尔哲学立场，是和以歌德为顶点的那种类型的艺术家毕竟是无缘分的。诸如歌德这类的天才，随着持续缓慢的发展过程，创造出新的世界，并在其中得到成长。诸如凡·高和荷尔德林这类病态的天才，也创造新世界，但他们毁灭自己于其中。"② 应该说这段评述从整体上看是较为中肯的，不过，诸如歌德这类的天才为什么能够"随着持续缓慢的发展过程，创造出新的世界，并在其中得到成长"呢？或者说，是什么让歌德超越了凡·高型的艺术家所面临的"生存深渊"呢？可惜井村阳一并没有对此做更多的阐析。若从雅斯贝斯学说的本然宗趣来看，其托底的谜底乃在于"理性"对"生存"的澄明。

②雅斯贝斯固然从"敞开生存深渊"的角度肯定了凡·高型的艺术家"常常会走向毁灭"的生存论意义，但他并没有就此否认伴随着

---

① 茨威格在《与魔搏斗的人：荷尔德林　克莱斯特　尼采》一书中，像雅斯贝斯一样运用比较的方法，而且同样拿歌德的生存样态与荷尔德林、克莱斯特、尼采做对照，认为"他们（荷尔德林、克莱斯特、尼采——引者注）总是两手空空，又徒劳无获。他们的存在就像流星，像那不安分地旋转、坠落的星体，而歌德的星则划出了一条清晰、圆满的轨迹。歌德根深蒂固，并且他的根还越扎越深，越扎越广"。"歌德的生活公式是一个圆：闭合的线条，对生活圆满的包容，永远向自己回归，从不可动摇的中心与无限保持着同等的距离，从里到外全方位的成长。因此在他的生活中没有真正的如日中天的顶点，没有创作的顶峰——在任何时间，朝任何方向，他的本性都均匀饱满地朝着无穷生长。而着魔的人们的表现却是抛物线形的：迅猛地朝着惟一的方向上升、朝着更高、朝着无穷、骤然地升起，又骤然地坠落，不管在文学创作上还是在生活中他们的崩溃远离顶点不远：是的，它们总是神秘地交织在一起。"见［奥］斯蒂芬·茨威格《与魔搏斗的人：荷尔德林　克莱斯特　尼采》，潘璐、何др平、郭颖杰译，安徽文艺出版社2013年版，"作者的话"第6、8页。可以说，茨威格在这里所做的比较与雅斯贝斯所做的比较有异曲同工之处。

② ［日］今道友信等：《存在主义美学》，崔相录、王生平译，辽宁人民出版社1987年版，第155—156页。

— 303 —

创造过程不断成长的歌德的价值（所谓"甚至连他也无法与荷尔德林相比肩"，这仅仅是就荷尔德林这类的艺术家在"敞开生存深渊"的意味上所凸显的生存论意义而言的）。此乃因为，雅氏在做对照性阐析的过程中就曾判定"歌德在某种程度上代表着人类表现的最高范型"，仅据这个判定我们便可见出歌德在雅氏心中所占的重要位置了。当然，雅氏在建构其生存哲学大厦的早期，为了揭示独一无二的"生存"濒于"临界处境"时焕发出来的形而上的"激情"，委实从荷尔德林与凡·高那里受到了更多的启发，而对他终生敬重的歌德当时却没有着更多的笔墨。井村阳一对此阐说道："即使不去考虑来自精神病理学主题的兴趣，雅斯贝斯也在梵谷（凡·高）和荷尔德林一类艺术家那里，比起在歌德那里受到了更深刻的感召，这是事实。因此，在自己创造的艺术世界中遭到摧折和毁灭了自己的他们，比起歌德——他为了保持自己世界的协调、统一，敢于回避和有毁灭危险而且变幻莫测的（das Unerforschliche）限界相接触——更是生存性的。"① 确如井村阳一所说，凡·高和荷尔德林一类的艺术家比歌德更具"生存性"，雅氏从他们那里"受到了更深刻的感召"，这的确是一个毋庸置疑的"事实"。不过，笔者在此要申明的是，随着雅氏的运思重心从"生存"向"理性"的渐次转移，歌德一类的艺术家越来越引起他的关注并逐渐地成为他喻说"理性"之旨趣的范例，这同样是一个不争的事实。理解了这一点，我们就不会因为雅氏在《斯特林堡与凡·高》一书中对歌德着墨不多的那些谈论而误认为他当时对歌德有所贬抑了；进而言之，《斯特林堡与凡·高》的运思重心是理解与描述精神分裂症艺术家的生存性征，没有罹患精神病的歌德则是用来做对照的，雅氏自然不会在该书中对他做深入的阐发。即便如此，这些不多的文字已向我们透露出了一些重要的消息，而且这些消息已为雅氏此后不断追问歌德一类艺术家的生存性征埋下了伏笔：譬如，歌德为何"从不会被自己的创作彻底吸引"，吸引歌德的东西又是什么呢，再如，歌德为何能在某种程度上"代表着人类表现的最高范型"？歌德

---

① ［日］今道友信等：《存在主义美学》，崔相录、王生平译，辽宁人民出版社1987年版，第156页。

所代表的这种"最高的范型"又是怎样的一种范型呢？诸如此类的问题，雅氏在此后的精神探索历程中逐步对其做了阐明。

2. 生存哲学成熟期的歌德论与莱辛论

如果说雅斯贝斯在生存哲学酝酿期主要是以歌德做对照来凸显凡·高型的艺术家的生存性征的，那么进入生存哲学成熟期后，他对歌德本人的生存性征及其运思智慧则表现出越来越浓厚的兴趣。另需注意的是，在这一时期，内蕴于莱辛悲剧中的那种可贵的理性精神也进入了他的视线。对雅氏的精神探索与思想建构来说，这显然不是偶然的，更不是无关紧要的。下面就结合他在《时代的精神状况》《哲学》《生存哲学》中的相关阐说做一番必要的爬梳。

（1）《时代的精神状况》中的歌德论

雅斯贝斯在《时代的精神状况》一书的"导言"中花费大量笔墨阐析了时代意识的起源，他认为"从16世纪起，就有一根不间断的链条，伴随着世代的接续而一环接一环地将时代意识代代相传"①。在这根世代接续的链条上，雅氏列出了卢梭（1712—1778）、康德（1724—1804）、席勒（1759—1805）、费希特（1762—1814）、黑格尔（1770—1831）、司汤达（1783—1842）、克尔凯郭尔（1813—1855）、尼采（1844—1900）等时代批判者的名字。就19世纪的时代意识而言，雅氏最为推重的两个人，一个是克尔凯郭尔，一个是尼采：前者是"全面批判自己时代的第一个人"，"他的批判是第一个可以适用于我们正生活于其中的时代的批判"，后者则率先"注意到了欧洲虚无主义的到来，无情地诊断它的病症"②。在雅氏看来，他正身处其中的这个时代的精神状况就是由克尔凯郭尔与尼采率先揭示出来的。直面虚无，断然地回归本真的自我，绝不可瞒与骗，进而承担起自由选择、自我超越、自我生成的责任，这正是克尔凯郭尔与尼采催唤现代哲人必须牢记于心的崇高使命与根本任务。与这两个最具清醒的批判意识的哲人相比，其他人的时代意识依然是"模糊"的。即便如此，雅氏认为"它在许

---

① ［德］卡尔·雅斯贝斯：《时代的精神状况》，王德峰译，上海译文出版社1997年版，第4页。
② ［德］卡尔·雅斯贝斯：《时代的精神状况》，王德峰译，上海译文出版社1997年版，第8页。

多人那里正在觉醒。一般大众满足于文化和进步，而具有独立头脑的人却怀着不安的预感"[①]。这种充满着浓重的文化危机意识的"不安的预感"奠定了19世纪中叶以来西方现代文化的基调，也成为雅氏构想"生存"的"本源运动"（"无知""眩晕与战栗""畏惧""良知"）的运思契机，进而成为他喻说"实现了的绝对意识"（"爱""信仰""想象"）的否定的导言。正是基于这一运思路径，雅氏从歌德那里同样发现了一种"不安的预感"，并就此称引了歌德的这样一段话："人类将变得更加聪明，更加机灵，但是并不变得更好、更幸福和更强壮有力。我预见会有这样一天，上帝不再喜爱他的造物，他将不得不再一次毁掉这个世界，让一切从头开始。"[②] 从中可以看出，善于以理性调控激情的歌德同样具有清醒的时代意识与生存意识，就此而言，井村阳一所谓的"凡·高的绘画、荷尔德林后期作品和克尔凯郭尔哲学立场，是和以歌德为顶点的那种类型的艺术家毕竟是无缘分的"乃是有待修正的。确切来说，歌德并非与凡·高、荷尔德林、克尔凯郭尔之类的艺术家、哲学家无缘，他事实上也意识到了令人恐惧与战栗的临界处境，只是没有毁灭于其中，而是凭借着理性的力量再次返回现实世界，并于其中不断地超越着现实世界，进而最大限度地实现着人性的可能性与丰富性，这正是以歌德为代表的理性生存型的艺术家的独特之处。

（2）《哲学》（三卷）中的歌德论

《哲学》（三卷）是《时代的精神状况》的姊妹篇，雅氏在这部奠定了其世界哲学史地位的巨著中至少有四次相对集中地谈论过歌德。

雅氏对歌德的第一次谈论出现在《哲学》第一卷中，他是关联着"信仰与无信仰"（Faith and Unbelief）的张力问题来谈的："怀疑论者、伊壁鸠鲁派与唯物论者受到我们的尊敬，当我们看清他们的本质及其制高点时，发现就连他们似乎也有点支持歌德的这样一个说法——在信仰与无信仰的冲突中，所有信仰占统治地位的时代，对

[①] ［德］卡尔·雅斯贝斯：《时代的精神状况》，王德峰译，上海译文出版社1997年版，第9页。

[②] 转引自［德］卡尔·雅斯贝斯《时代的精神状况》，王德峰译，上海译文出版社1997年版，第9页。

第三章 艺术家论的韵致以及艺术家的生存样态

当代人和后代人而言都是光辉灿烂、意气风发、硕果累累的；反之，所有无信仰在其中占统治地位的时代，取得的一点微弱的成就也消失殆尽了，因为没有人操心去取得那点有关无信仰东西的知识。"① 在雅氏看来，怀疑论者、伊壁鸠鲁派与唯物论者代表着无信仰的一极，歌德则代表着信仰的一极，这两极看上去是完全对立的，有意味的是，雅氏恰恰从中发现了"无信仰中的信仰与信仰中的无信仰"（Faith within unbelief and unbelief within faith）②。进而言之，"信仰隐藏在无信仰之中"，与此同时，"无信仰隐藏在信仰之中"③。正如磁铁的阳极与阴极，信仰与无信仰同样是相互对立且彼此须臾不可分离的两极，"信仰的力量就存在于这种两极对立的极性之中"④。"极性"思维是雅氏哲学思维的显著特征，它乃是一种既含纳了对立的两极又超越了两极对立的辩证思维，雅氏所称说的权威与例外、理性与非理性、信仰与无信仰等话题均属于这种极性思维。只有保持着这种活泼泼的极性，才能够保证生存的浑全性、开放性、生成性与超越性，也才能够在根底处保证权威、理性与信仰的活力；一旦取消了对立双方中的某一方，另一方便会因着极性的丧失而趋于寡头化、教条化，那当有的活力最终也便荡然无存了。在雅氏看来，若把以歌德为代表的信仰这一极寡头化、教条化，便会导致信仰的静态化、封闭化与实体化；若把以怀疑论者、伊壁鸠鲁派与唯物论者为代表的无信仰这一极寡头化、教条

---

① Karl Jaspers, *Philosophy* (Vol.1), translated by E. B. Ashton, The University of Chicago Press, 1969, p. 261。雅斯贝斯在这里转述的是歌德《东西集·注释》中的一段话，比雅氏早三十七年出生的德国哲学家弗里德里希·包尔生（Friedrich Paulsen, 1846—1908）在《伦理学体系》中曾直接引用过这段话："世界历史的唯一真正的主题是信仰与不信仰的冲突。所有信仰占据统治地位的时代，对当代人和后代人都是光辉灿烂、意气风发和硕果累累的，不管这信仰采取什么形式；另一方面，所有不信仰在其中占据统治地位的时代（也不管这不信仰是什么形式）都只得到一点微弱的成就，即使它也能暂时地夸耀一种虚假的光荣，这种光荣也会飞快地逝去，因为没有人操心去取得一种对不信仰的东西的知识。"见 [德] 弗里德里希·包尔生《伦理学体系》，何怀宏、廖申白译，中国社会科学出版社1988年版，第362—363页。

② Karl Jaspers, *Philosophy* (Vol.1), translated by E. B. Ashton, The University of Chicago Press, 1969, p. 260.

③ Karl Jaspers, *Philosophy* (Vol.1), translated by E. B. Ashton, The University of Chicago Press, 1969, p. 260.

④ Karl Jaspers, *Philosophy* (Vol.1), translated by E. B. Ashton, The University of Chicago Press, 1969, p. 260.

化，原本富有"繁殖力"（fertility）的无信仰便会畸变成"彻头彻尾的无信仰"（Faithlessness proper）。雅氏就此指出："当极性自身削弱或者丧失时，就会导致完全缺乏信仰。值此之际，既没有信仰，也没有无信仰；徒剩下无意识的实存秩序，这种秩序源于习惯或常规，源于心理冲动或毋庸置疑的客观性——或者在别的情况下，徒剩下变化、偶合与心理混乱。在这两种情况下，对毫无约束地运用歌德的话来说，无信仰都是空洞无物的。"① "彻头彻尾的无信仰"要么囿于无意识的实存秩序，要么陷于变动不居的无秩序，雅氏对这种空洞无物的无信仰显然是时时警惕的；尤为可贵的是，他同样警惕把歌德这样的意在建构秩序与信仰的权威教条化乃至神化的倾向，认为这种倾向同样会从根底处风干真正的信仰的活力。我们知道，在雅氏的运思路径中，"信仰"是其"实现了的绝对意识"的核心要素之一，也是他在反省现代文化危机的过程中始终萦怀于心的关键问题。如果说丹尼尔·贝尔（Daniel Bell）所说的"现代主义的真正问题是信仰问题"②一语道出了至今仍在困扰着学人的现代主义问题的纽结点所在，那么雅氏通过极性思维对信仰问题所做的阐说显然能够为我们走出这个理论困境提供一条可行的突围之径。也正是在这个问题上，雅氏就歌德所做的谈论便使这位富有理性精神的德国古典艺术家具有了澄明生存的现代意义。

雅氏对歌德的第二次谈论出现在《哲学》第二卷中，他是关联着"历史上确定的生存的临界处境"来谈的："在可能的生存能够从这种关涉着其实存的有限之域转向另一种意识之前，临界处境必须是显而易见的。在临界处境中，历史性地确定的东西并不是纯然的机运，而是这种偶然存在的现象，我虽然无法通过智力来把捉这种偶然的存在，但我却能感到它确实就是时间中永恒的东西。歌德有一个恋人，他曾如是告诉这个心爱的人：'啊，在你成为我的姐妹或妻子之前，它就在时间之中。'"③ 雅氏以歌德为例示并称引他的这段话的指归，乃在

---

① Karl Jaspers, *Philosophy* (Vol. 1), translated by E. B. Ashton, The University of Chicago Press, 1969, p. 262.

② ［美］丹尼尔·贝尔：《资本主义文化矛盾》，赵一凡、蒲隆、任晓晋译，生活·读书·新知三联书店1989年版，第74页。

③ Karl Jaspers, *Philosophy* (Vol. 2), translated by E. B. Ashton, The University of Chicago Press, 1970, p. 190.

第三章　艺术家论的韵致以及艺术家的生存样态

于借此喻说可能的生存在历史之中直面"临界处境"而进行自我选择与自我超越时所呈示出来的可能性与必然性、历史性与永恒性之间的张力关系。在雅氏看来，歌德的这位恋人首先是他在历史之中偶然相遇的，就此而言，他们之间机运使然的相遇就带有一定的偶然性与巧合性。"正是作为偶然的机遇，我随着时间的推移意识到了影响我的处境的那些确定的条件。我成为什么，我给我自身设定怎样的任务，这有赖于各种各样的机会。……我对我生命中伴侣的爱有赖于我们在实存中的偶然相遇。"[①] 对可能的生存来说，机运的偶然性、巧合性与条件性在其生存意识的催唤下同时又意味着境遇的可变性、开放性与可能性；进而言之，当歌德这样的可能生存直面某种"临界处境"时，他会意识到这位恋人乃是其无限可能的恋人中的一位，他们在历史中的相遇并不是纯粹的机运，而是带有必然性的；他们若不在这一刻相遇，也会在另一刻相遇，在永恒的时间之流与无限敞开的可能性中，心存爱意的恋人总会在某一刻相遇的。于是，"人交替地寻求着借助于彼一方来使自身摆脱此一方：借助于必然性的观念来摆脱随机性的机运，并借助于机运的可能与机会来摆脱无法改易的必然性"[②]。雅氏在此喻说的可能性与必然性之间的张力同样出自他一贯的极性思维，正是这种极性思维既保证了哲学思维的广度与活力，又保证了生存选择的广度与活力；倘若丧失了这种极性思维，生存就有可能再次封限于实存秩序并习惯于一般意识之中，这样的实存固然可以在命定化的世界秩序中暂时找到某个可靠的支点并歆享一种安稳、快适的日常生活，但它也会因着缺乏临界意识而看不到其他诸种可能性。鉴于此，雅氏期待着以"生存澄明"唤醒迷陷于日常生活的实存的生存意识，进而为生存的自由选择荡开一个充满无限可能性的空间："作为哲学研究之思维的生存澄明创设了生存能够做出决定的空间。假如没有对生存的澄明，生存就会依然处于黑暗和不定之中。由于生存的澄明，生存在自我确定之中获得了对自身的意识。在对生存的澄明中，

[①] Karl Jaspers, *Philosophy* (Vol. 2), translated by E. B. Ashton, The University of Chicago Press, 1970, p. 190.

[②] Karl Jaspers, *Philosophy* (Vol. 2), translated by E. B. Ashton, The University of Chicago Press, 1970, p. 190.

可能的、变得敏感的生存，即作为从未成为现实的准备的生存，就是人性的广度，就像在个别的孤独中它是知的广度一样。"① 这是理解雅氏整体运思理路的一段颇为重要的话，他在此对"作为哲学研究之思维的生存澄明"的称说，已埋下了此后在《理性与生存》《生存哲学》中渐次深入地阐发其大全论、真理论、理性论的伏笔，就此足可断言，雅氏此后的运思重心逐渐由生存向理性的转移既不是偶然的，也绝非断裂式的突变；毋宁说，这一运思理路从一开始就涵淹于他对其祈向超越之维的生存哲学的整体构架之中。所谓"生存澄明"，说到底就是理性对生存的澄明，而理性的问题正是雅氏此后越来越强调的"哲学逻辑"的核心问题。可以说，正是通过理性对生存的澄明，生存才向无限的可能性永远保持着开放的格度；也正是因着对生存澄明问题的愈加关注，以歌德为代表的理性生存型的艺术家才愈加成为雅氏喻说生存当有的性向的范例。就此而言，上述这段话乃是笔者循着雅氏的运思理路来构造理性生存型的艺术家这一范型的根据所在。在雅氏看来，歌德就是这样一位赋有"人性的广度"的艺术家，他不仅在思维层面意识到了无限的可能性，而且敢于介入历史之中不断地实现人性的可能性、丰富性与当有的深度。当然，即便不考虑歌德在现实境遇中的每一次选择与超越均有待于机运的成全这一事实，作为生存于历史之中的一个有限的个体，他也不可能在自己身上将所有的可能性均一一实现。从这个角度说，他对无限可能性之实现的追求最终只能以失败而告终，他的追求过程也势必会成为见证无限可能性之消息的密码。正是在这个意义上，雅氏在《哲学》第三卷阐发"密码的当下解读：推测性的记忆与展望"时再次称引了歌德所说的那句话："这种记忆作为对过去深度的持续的意识伴随着我的实存。在密码中，过去变成了存在。这种存在并没有更多的东西，不过它也不是虚无。记忆通过当下事物的实在性变成了我通向存在的路口。在世界自身中，这种记忆的世界变成了不可思议的过去的当下在场。对世界定向来说，目前唯一的东西就是在无底止的来去之流中的一种新的实存，对我的

---

① Karl Jaspers, *Philosophy* (Vol. 2), translated by E. B. Ashton, The University of Chicago Press, 1970, p. 182.

第三章　艺术家论的韵致以及艺术家的生存样态

生存来说，它就是我在其中重新唤起的一种存在现象。从外在来说，实存是存在的记号；从内在来说，作为一种密码，它是涵淹于记忆之中的。歌德能够用难以理解的爱的絮语来表达这种密码性的存在：'啊，在你成为我的姐妹或妻子之前，它就在时间之中。'"① 雅氏再次称引歌德这句话的指归在于指出"记忆"（rembrance）对当下解读"密码"的重要性。在他看来，生存向着别一种可能性的超越并不是对此前实现的那种可能性的抛弃，而是一种扬弃，这种扬弃是通过"记忆"来进行的。在刻骨铭心的记忆中，生存此前对每一种可能性的实现都当下即是地成为"存在的记号"，"实存"作为"存在的记号"与生存决断过的"存在现象"并没有因着生存不断进行的新的决断而消失，而是作为见证了充满无限可能性的存在的"密码"永远地留存于记忆之中。② 就歌德来说，他通过记忆将此前真心爱过的恋人唤到当下，并用"爱的絮语"来表达"密码性的存在"。这种爱的絮语对实存与其一般意识来说固然是难以理解的，但对生存与其临界意识来说却依然是真切动人的，那过往决断过的一切值此之际都化为密码性的存在，在解读这种密码时，过往的一切都是如在眼前地当下在场的。

雅氏对歌德的第三次谈论出现在《哲学》第三卷中，他是关联着"白天的法则与夜间的激情"（Diurnal Law and Nocturnal Passion）的张力问题来谈的："夜间的种种需求无处不在，它们绝不会有充足的理由被带到白天。为了我的国家而说谎，为了一个女人而发假誓——这些仍然是一目了然地有悖于特定的道德、法律规条的行为。不过，撕毁曾经给出的约定，为的是扩展他自身富于创造性的生命——就像歌德对弗里德里克·布里翁所做的那样，这就是他自己永远无法阐明与辩明的行为了。……在这类的情形下，历史的实现，恰好是白天自身，有赖于白天秩序的违背。"③ 雅氏在这里对"白天的法则"与"夜间的

---

① Karl Jaspers, *Philosophy* (Vol. 3), translated by E. B. Ashton, The University of Chicago Press, 1971, p. 183.
② 雅斯贝斯在揭示艺术家以及哲学家的生存样态时颇为看重他们的日记与自传性的作品，应该说他的这种做法是与此密切相关的。
③ Karl Jaspers, *Philosophy* (Vol. 3), translated by E. B. Ashton, The University of Chicago Press, 1971, p. 94.

— 311 —

激情"的称说同样出自他一以贯之的极性思维。作为生存在现实的实存中须臾不可分离的两种力量，前者代表现实秩序这一极，后者代表冲破现实秩序的另一极，二者似乎是水火不相容的，然而正是在后者的不断刺激下，秩序本身始终保持着当有的活力，这便是雅氏所说的"白天与黑夜的二律背反"①。为了揭示这种二律背反的幽趣，雅氏首先对"白天的法则"的意味做了阐说："白天的法则管控我们的实存，要求清晰、一致与忠诚，使我们坚守理性与理念，坚守太一（One）与我们自身。它要求在世界中实现、在时间中建构，要求沿着一条无限的道路臻于实存的完满。"② 作为"管控我们的实存"的力量，"白天的法则"其实就是生存在理性的澄明下而为它在世界与历史中所决断了的实存建构起来的秩序（道德秩序、法律秩序等），在日常处境下，这些秩序及其要求——如"清晰、一致与忠诚"等——本是在世生存的每一个个体都应恪守的。在彪炳千秋的艺术家中，歌德就是这样一个以其深广的理性精神致力于建构秩序并谨遵秩序的范例，他勉力维持着自身的统一以及自身与他人、世界的和谐，甚至不惜将秩序的价值置于公正之上。③ 在世人的印象里，"夜间的激情"与歌德是绝缘的，然而在对待弗里德里克·布里翁（Friederike Brion）④ 的态度上，他同样受到了这种激情的影响，并且最终撕毁了曾经给出的约定。对自己断然撕毁约定的行为，歌德并不能够给出合理化的辩白，正是在这里，"白天的法则"在歌德身上呈示出自身的界限。"然而，谈论白天的界限则是另一种东西。由于对白天的刺激，我们无法找到和平。夜间的激情将破坏所有的秩序。它使我们跳进空无的无时间的深渊，

---

① Karl Jaspers, *Philosophy* (Vol. 3), translated by E. B. Ashton, The University of Chicago Press, 1971, p. 90.

② Karl Jaspers, *Philosophy* (Vol. 3), translated by E. B. Ashton, The University of Chicago Press, 1971, p. 90.

③ 雅斯贝斯在《歌德的人性》一文中转述了歌德的这样一个说法："他宁可忍受不公正，也不愿忍受无秩序；他宁可忍受不公正，也不接受'不公正'以一种不公正的方式被废除。"见 Karl Jaspers, "Goethes Menschlichkeit", in Hans Saner (Hrsg.), *Aneignung und Polemik: Gesammelte Reden und Aufsätze zur Geschichte der Philosophie*, Piper, 1968, S. 152.

④ 弗里德里克·布里翁（Friederike Brion）是一位牧师的女儿，青年歌德在斯特拉斯堡大学求学期间与她结识并一见钟情，当时正深受狂飙精神影响的歌德在爱的激情的催唤下写出了他最早的一组脍炙人口的抒情诗。然而，歌德最终还是背弃了当初许下的爱的诺言。

第三章　艺术家论的韵致以及艺术家的生存样态

同时将所有的一切都拖入旋涡之中。"① 在"夜间的激情"的刺激下，意识到"白天的法则"的歌德终于突破了此前曾经决断过的实存及其秩序，其衷曲就在于"扩展他自身富有创造的生命"。我们知道，歌德的一生是一个不断地扩展其富有创造的生命的过程，正是在这一过程中，他持续不断地敞开着新的可能性，进而在自己身上最大限度地实现着生命的丰富性。在雅氏看来，歌德每一次新的可能性的敞开与实现都是在"白天的法则"与"夜间的激情"之间的对立冲突中进行的，正是在这个意义上，雅氏才说"历史的实现，恰好是白天自身，有赖于白天秩序的违背"。这里的"白天本身"，指的是"法则本身"；进而言之，"法则本身"的活力乃是通过"夜间的激情"对"白天的法则"的不断刺激与违背来实现的。雅氏的这种运思方式从表面上看颇类于黑格尔所演述的"理性的狡计"，但从根底处看两者毕竟大不相同：后者是结蒂于"绝对理念"的思辨辩证法，前者则是诉诸"生存"与"理性"之间的张力的生存辩证法。就此而言，歌德固然是秉具理性精神的，不过他的理性精神从来没有离开过生存之根的滋养，这也是笔者把他视为理性生存型的艺术家之范例的一个重要根由。

雅氏对歌德的第四次谈论同样出现在《哲学》第三卷中，他是关联着"与本体论不同的解读密码"来谈的："如果密码的内容是我们进行哲学思维时谈及的，那么分离性就会渗入一般化了的语言的密码自身之中。在形而上学的语言中，不仅概念的秩序——来自世界定向领域的秩序——依然是分裂的，而且澄明可能性的生存呼吁也依然是分裂的。在每一种语言的历史性和多义性中，超越的存在都不是有效现存的东西。我们逐步地构想这种超越的存在，不过并不采取单一、常规的步骤。它呈示于多层的天国之中以及天国之外，呈示于带有等级秩序与对立面的各种形态的诸神之中。正如歌德所说的：'我自己不能满足于一种思维方式。身为诗人和艺术家，我是多神论者；作为自然科学家，我是泛神论者。作为道德之士，如果我觉得应该为我的

---

① Karl Jaspers, *Philosophy* (Vol.3), translated by E. B. Ashton, The University of Chicago Press, 1971, p.90.

人格悬设一个上帝，那么它也已经安排妥当了。'"① 在雅氏看来，本体论是对存在究竟是什么的总体化认识，它将本源的存在固化在关于存在的概念、命题与体系之中进行演述，在根底处乃是一种实体形而上学的存在论。对这种实体形而上学的存在论与本体论，雅氏始终保持着足够的警惕："本体论必须被分解，以便使那条返回到当下在场的生存的具体性的道路向单个的人敞开。如果他已踏上存在实现之路，那么，在他的整个实存所成为的密码中，超越的存在对他来说才是可听得见的。思考过和表达过的思想的明确分离是这种生存统一的条件。……真理存在于自在及其超越的实现中，而不存在于把统一客观化、并且把它思考为可传达的认识的哲学思想中。只有思想分崩离析了，真实的统一才有其存在的可能性。本体论必定不由自主地把实存看作它将之当作万物合一来认识的一般物之前的个别的东西。与此相反，解读密码从生存的唯一性出发，通过解读者的内在行为洞见到超越的唯一的一般物。"② 正是在反思本体论的过程中，雅氏发现歌德恰恰可作为喻说"与本体论不同的解读密码"这一话题的范例：首先，作为一位在历史与世界之中不断超越历史与世界的个体生存，歌德呼吁自由的生存个体敢于采取当下在场的决断与行动，以便不断地突破某种特定的现实处境与实存秩序，这种分离性的要求必然导致本体论在他那里的分崩离析；其次，作为一位在理性之光的烛照下进行自由思维的思想者，歌德善于

---

① Karl Jaspers, *Philosophy* (Vol. 3), translated by E. B. Ashton, The University of Chicago Press, 1971, pp. 143 – 144。雅斯贝斯在《歌德的人性》(1949) 中再次转述了歌德的这段话："歌德的哲学思考并未以理性的体系呈现，而是将各种可能的观点和立场都囊括于其中。不论何事何物，似乎都能在歌德的语录里找到出处。他能做到接受多样的观点和象征符号，他由此为自己保有了根据不同的情境展开思考的自由，比如作为自然研究者，他是一位无神论者，作为诗人，他是一位多神论者，而作为道德之士，他又是一位一神论者。"见 Karl Jaspers, "Goethes Menschlichkeit", in Hans Saner (Hrsg.), *Aneignung und Polemik: Gesammelte Reden und Aufsätze zur Geschichte der Philosophie*, Piper, 1968, S. 151。此外，雅氏 1954 年就神话问题与鲁道夫·布尔特曼 (Rudolf Bultmann) 展开了一场争论，他在《需要澄清的问题》中又一次转述了歌德的这句话："歌德说作为大自然的学生，他是一名泛神论者；作为诗人，他是一名多神论者；无论何时涉及道德品行，他都会表现得像个绅士。这些话简单明了地表明了我们在一个充满可能性的世界里的生活方式。每个可能性都在特定的时间成为现实，因此在神话语言里自身也更加清晰，更加确定。"见 Karl Jaspers and Rubtmann, *Myth and Christianity*, translated by R. Joseph Hoffmann, Prometheus Books, 2005, p. 88。

② Karl Jaspers, *Philosophy* (Vol. 3), translated by E. B. Ashton, The University of Chicago Press, 1971, p. 143.

第三章　艺术家论的韵致以及艺术家的生存样态

从不同的情境与立场出发，将各种可能的观点与象征符号纳入自由思维的过程之中，自由思维的过程所留下的踪迹便通过语言的历史性与多义性成为他在悬而未决之中解读超越存在的密码。无论是作为多神论者的诗人、艺术家，还是作为泛神论者的自然科学家，抑或是作为一神论者的道德人士，歌德呈示于世人的这些不同的身份在雅氏看来可以归结为一个：歌德是一位在密码中不断地探寻超越存在之消息的理性生存型的哲学家——这也是笔者将歌德归入理性生存型的艺术家之列的最直接的缘由。

通过上述阐析，我们足可断言，在《哲学》（三卷）中歌德已成为雅氏喻说"生存"之旨趣的范例之一。另需注意的是，雅氏在《哲学》第三卷中还化用了莱辛《智者纳旦》中关于"三个戒指"的描述："在实存中，并不存在将这带有生存根基之本质的最深奥的冲突加以升华的事情。三个戒指的故事并没有将我们的处境显示出来。我们从宗教的各个侧面所知道的东西，并不是唯一的真理的不同形式；毋宁说，正是这唯一普遍的超越存在在世界实存中以当下历史普遍性的形式导致了不可调和的真理的斗争。"[①] 雅氏尽管在这里尚未明确提及莱辛的名字，但是当他借着莱辛的运思智慧对"作为超越存在的历史表象之形式的实存"[②] 进行阐发时，莱辛的运思智慧已在实际上成为雅氏构建其祈向超越之维的生存哲学大厦的一个有机组成部分。若再关联着雅氏此后直接对弥漫于莱辛悲剧中的那种理性氛围的称叹（《生存哲学》，1938）与诠说（《论真理》，1947），我们同样可以断言，他的这些称叹与诠说早在《哲学》中就已经有了其初的根荄。

（3）《生存哲学》中的莱辛论

雅氏首次明确提及莱辛的时间不会迟于1938年，他在该年出版的《生存哲学》第二部分"真理论"中写道："理性的气氛弥漫于高尚的诗作特别是悲剧中。伟大哲学家都有这种气氛。哪里还有哲学，哪里就还能觉察到它。有些个别人的身上，比如莱辛，这种气氛就很明朗，他们虽然还没有什么本质内容，却像理性本身一样对我们起着影响作

---

① Karl Jaspers, *Philosophy* (Vol. 3), translated by E. B. Ashton, The University of Chicago Press, 1971, p. 24.

② Karl Jaspers, *Philosophy* (Vol. 3), translated by E. B. Ashton, The University of Chicago Press, 1971, p. 23.

用，而且我们之所以阅读他们的语言，完全是为了呼吸这种空气。"①对雅氏来说，真理乃是通向存在的道路，理性则是通向真理的道路，这样一来，彰显"理性的气氛"便成为真正的哲学永恒的使命与伟大哲学家之所以伟大的神髓所在。从雅氏所谓"哪里还有哲学，哪里就还能觉察到它"之类的断言中不难看出，"理性的气氛"在他那里是用作分判哲学"真正"与否的衡准的。依此衡准来作分判，那种丧失了理性气氛的哲学便被他逐出真正的哲学之列，而那种弥漫着理性气氛的"高尚的诗作特别是悲剧"则被请进了哲学的王国。正是在这层意趣上，雅氏在莱辛一类的艺术家身上感受到了真正的哲学精神，认为"我们之所以阅读他们的语言，完全是为了呼吸这种空气"。

可以说，雅氏的这种超越学院派哲学的哲学观不仅凸显了哲学的活的灵魂，而且将莱辛这样的伟大艺术家从理性的角度肯定了下来。这里有待做出深入探究的问题是，雅氏为什么会在这部著作中格外标举"理性的气氛"并就此肯认莱辛一类的艺术家与哲学家呢？追根究底，这既有学理上的考虑，也有现实上的契机。从学理上看，沿着雅氏在《哲学》中奠定的"生存澄明"这一运思理路，经由他在《理性与生存》中对"理性"与"生存"之张力的阐明，"理性的气氛"这一说法终于在《生存哲学》中格外显豁地彰显出来。雅氏遂将"理性"视为"凝视着现实自身、现实的种种可能性以及现实的无限可说明性"的"毫无蔽障的眼睛"，期待着这只眼睛"不变成裁判官，也不宣示什么绝对学说，毋宁只老实而公正地渗入一切存在着的东西中，使之成为有效用的，并且既不美化它，也不掩饰它，更不使它明晰易懂"②。雅氏在此强调的是，理性最宝贵的品性是"老实而公正"，正是依靠这种品性，理性才能够始终保持着"本真地看"的姿态，进而在实现其整体交往意志的过程中永不间断地向无所不包的"大全"（"大一"）奔赴，却不会以狭隘、独断、专横的姿态宣示某种绝对学说或者颁布某种实体化的信仰。鉴于此，雅氏向历史中彰显了理性之维的哲学致以了最高的敬意："几千年来的哲学，好比是对理性的一

---

① ［德］卡尔·雅斯贝斯：《生存哲学》，王玖兴译，上海译文出版社2005年版，第50页。
② ［德］卡尔·雅斯贝斯：《生存哲学》，王玖兴译，上海译文出版社2005年版，第50页。

第三章 艺术家论的韵致以及艺术家的生存样态

首唯一的赞美诗,——尽管它也时常误以为自己是一种完成了的知识,尽管它也时常堕落为无理性的理智(Verstand),因而时常反过来错误地蔑视理智,尽管它也时常被人憎恶,视为人类的一种特别负担,因为它不让人们安宁。"① 真正的哲学所涵淹的理性精神永远不会停下自己向着"大全"奔赴的脚步;一旦停歇下来,理性就会堕落成无理性的理智,"大全"就会畸变成某种实体化的信仰,而这种实体化的信仰转而又会加剧非理性的狂热,非理性的狂热与实体化的信仰恰恰是滋生纳粹独裁专政的温床。可以说,这正是雅氏在那个纳粹独裁专政愈演愈烈的时代呼唤与赞美"理性的气氛"的现实契机。

雅氏就此指出:"理性,它粉碎狭隘的伪真理,消解宗教狂热,它既不容许情感上的慰藉,也不容许理智上的慰藉。理性是'理智所感到的神秘',不过理性却在理智的一切可能性中发展理智,俾使它自己感到这个神秘是可以言说的。"② 大凡良知尚存的人心里都会明白,这段话的现实指向其实就是纳粹独裁专政,甚至可以说,《生存哲学》一书就是他在那个"谁要想活着就只有沉默"的不堪处境下,唯一能够以单纯哲学的方式从良知的深处发出的渊默无声且"毫无危险"的反抗。雅氏在1956年为该书撰写的"再版后记"中对此有过一段自我剖白:"我在这几次演讲(《生存哲学》一书由雅氏1937年9月所做的三个演讲组成——引者注)中说了一个人可以毫无危险地说的话:单纯的哲学。这样做之所以还可能,是因为纳粹分子,从最上层领导到最低级的帮手,不管他们在组织上、技术上、宣传上、诡辩上是多么出色的知识分子,而在精神事物方面都是些几乎令人难以置信的笨蛋。……这几次演讲里所说的话,并不是只为当时说的,然而说话所以采取那个方式,却是由于当时毫无办法。在我的用字遣词中,隐约可以听出某种来自这个背景的东西。当我后来偶尔听说有些同我素不相识的人阅读我这个演讲集而得到'安慰',以及哲学能够因为它要求成为哲学而提供这种安慰的时候,我感到很大鼓舞。"③ 雅氏在

---

① [德] 卡尔·雅斯贝斯:《生存哲学》,王玖兴译,上海译文出版社2005年版,第50页。
② [德] 卡尔·雅斯贝斯:《生存哲学》,王玖兴译,上海译文出版社2005年版,第50页。
③ [德] 卡尔·雅斯贝斯:《生存哲学》,王玖兴译,上海译文出版社2005年版,"再版后记"第92页。

此所说的"这个背景",指的就是纳粹独裁专政这一现实处境,至于说制造这种不堪处境的纳粹分子之所以被称为"几乎令人难以置信的笨蛋",乃是因为这些技术化、机器化、功能化、狂欢化、平庸化了的实存不仅缺乏生存之根的催孕,而且缺乏理性之光的澄明,因而他们所犯下的罪恶只能算作一种"平庸的恶"(阿伦特语)①。令人忧心的是,恰恰是这样的实存以及他们所犯下的"平庸的恶",导演了人类20世纪历史上最惨痛的一出人间悲剧。

雅氏是一位具有浓郁的现实处境感与自觉的时代意识的哲学家,从踏上哲学之路的那一刻起,他就颇为关注人类的命运及其可能的前景。他始终期待着"单纯的哲学"能够为人类走出时代的困境提供可能的出路,并代人类承担起一份不可推诿于外的责任。可以说,纳粹分子的上台及其导演的这出人间悲剧,乃是雅氏刻骨铭心的大痛,也是他终其一生都在痛切反省的时代精神处境,从而使他的哲学具有了厚重的现实感与责任感。1958年,雅氏荣获德国图书业和平奖,阿伦特在致辞中指出:"哲学和政治关系到每一个人。……事实上,政治家的位置相对来说要幸运一些,因为他们只需要对自己的民族负责;而雅斯贝尔斯的写作,至少是在他1933年后的著作中,却总像是在整个人类面前承担自己的责任那样。"② 雅氏不是政治家,而是一位康德式的哲学家,他以"世界公民"的身份与单纯哲学的方式所做的反省是通过理性之光的澄明力量来进行的。"对于他,责任并非一种负担,也与道德命令毫无关系。相反,它从一种内在的快乐中流溢而出,这种快乐存在于让事物显现、将晦暗照彻(clarifying)和使黑暗启明之中。从最终的分析来看,他对公共领域的肯定只是他热爱光和明彻(clarity)的结果。他如此长久地热爱着光,以至于可以用'光'来作为他全部个性的标记。在伟大作家的著作中,我们几乎总是能找到一个仅属于他的一以贯之的隐喻,他的全部著作仿佛在那里聚集为一。在雅斯贝尔斯的著作中,这一隐喻乃是'明彻'一词。人的生存被理

---

① 参见[美]汉娜·阿伦特《艾希曼在耶路撒冷:一份关于平庸的恶的报告》,安尼译,译林出版社2017年版。
② [美]汉娜·阿伦特:《卡尔·雅斯贝尔斯:一篇赞词》,收入[美]汉娜·阿伦特《黑暗时代的人们》,王凌云译,江苏教育出版社2006年版,第66—67页。

性所'照彻',而种种'环绕模式'——一方面是心灵'环绕'着一切向我们显现的事物,另一方面世界也'环绕'着我们,'我们总是在世界之中'——也被理性所照亮。最后,理性本身与真理的亲和性,由它的'广阔与明亮程度'来证实。所有能承受光,且不会在其照耀下化为水汽的事物,都分有人性;因而要在人类面前去为每一思想负责,意味着生活在这样一种光照里:在其中,自我和它所思考的事物都受到这种光照的检验。"[①] 阿伦特以"光"作为雅氏全部个性的标志,以"照彻"(clarifying)一词作为其全部著作的隐喻,可以说把捉到了雅氏其人其说的韵致。这里的"光"指的是理性之光,"照彻"指的是理性对生存的澄明,"环绕"指的是生存在理性的澄明下所祈向的"大全","环绕模式"指的是理性永无休歇地穿行于其中并将其照亮的"大全模式"——作为"我之所是"的生存、实存、一般意识、精神以及作为"存在之所是"的超越存在、世界,其中理性是联结一切大全模式的纽带,雅氏就此构建起了其祈向超越之维的生存哲学大厦。在这座既无所不包又通体敞亮的大厦中,如果说生存是其本真而可靠的地基,大全是其至大无外的空间,那么理性就是将一切大全模式的轮廓映照出来并将其辉映成一个统一的整体的光源。作为承受理性之光的照耀并分有人性的生存个体,人就在这个充满无限可能性的大全空间里自由思维着、自我决断着、自我超越着,并对自己会成为怎样的一个人担负起最终的责任。就此而言,雅氏启示于人的既不是信徒的宗教信仰,也不是道德家的绝对命令,而是哲学家的哲学信仰。[②] 具体来说,这种哲学信仰既是一种对生存与自由的信仰,也是一种对大全与理性的信仰。

可以说,雅氏的哲学洋溢着康德式的理性的光芒,不过又比康德多了一层克尔凯郭尔式的生存的挣扎感、悲壮感;他向克尔凯郭尔、尼采、荷尔德林、凡·高一类的生存哲学家、艺术家致以了崇高的敬

---

① [美]汉娜·阿伦特:《卡尔·雅斯贝尔斯:一篇赞词》,收入[美]汉娜·阿伦特《黑暗时代的人们》,王凌云译,江苏教育出版社2006年版,第67页。

② 雅斯贝斯认为,"对理性动物来说,当宗教的信仰不让人们有所皈依的时候,一切能证实的和可依靠的东西,都出于哲学"。见[德]卡尔·雅斯贝斯《生存哲学》,王玖兴译,上海译文出版社2005年版,"再版后记"第91页。具体分析参见孙秀昌《雅斯贝尔斯"哲学信仰"范畴解读》,《河北学刊》2010年第3期。

意，不过又比他们多了一层理性的透明感、开阔感。特别是步入生存哲学成熟期后，他在生命情调上更像是一位立足于生存与理性的张力间而坚韧前行的哲学家。他之所以越来越看重歌德、莱辛一类的艺术家，乃是因为他们在生命情调上属于同一种范型——理性生存型。

3. 理性哲学—世界哲学时期的歌德论、莱辛论与达·芬奇论

1945年，纳粹独裁暴政被逐出人类历史舞台，雅斯贝斯终于能够重登大学讲坛并重新获得公开出版著作的权利。此时，他已年届六十二岁，他的精神探索也步入了理性哲学—世界哲学时期。在晚期的思想建构过程中，雅氏已自觉地将歌德、莱辛、达·芬奇一类理性生存型的艺术家纳入自己的视野，并将他们归入大哲学家之列。他在这一时期的文字中更为频繁地谈论他们，尤为可贵的是，他还留下了专论性的歌德论、莱辛论、达·芬奇论。对这些专论性的文字，笔者将在第六章"理性生存型的艺术家之范例"中再做详尽的分说；这里仅勾勒出雅氏谈论他们的大致轮廓，目的在于将他构造"理性生存型的艺术家"这一范型的心路历程揭示出来，并为后面的分说做一番必要的准备。

（1）理性哲学—世界哲学时期的歌德论

歌德是雅氏持续关注的一位艺术家，从某种程度上可以说，他正是从歌德那里发现了喻说个体生存如何在理性的澄明下不断地在世界与历史之中实现自身的可能性与丰富性的绝佳的范例。进入理性哲学—世界哲学时期后，雅氏对歌德倾注了更多的心力，他的看法主要集中在两篇演讲文章中：一是1947年的《我们的未来与歌德》，二是1949年的《歌德的人性》。

1947年8月28日，六十四岁的雅斯贝斯在歌德生日这一天荣获法兰克福市授予的"歌德奖"，他在授奖仪式上做了题为《我们的未来与歌德》（"Unsere Zukunft und Goethe"）的演讲。雅氏主要谈了如下三个问题。①在歌德的帮助下赢得我们自身的未来。雅氏立足于自歌德以来就被诸多敏锐的思想家愈加痛切地意识到的人类文化危机处境，指出了通过吸纳歌德的世界来实现人的内在变革的必要性与可能的途径。雅氏认为，歌德作为人类历史上彻底实现了自己多种可能性的一位艺术家，他的整全的人格不仅无限丰富、不可穷尽，而且充满

着张力、对立与冲突。歌德宛若人类的一面镜子,在他的映照下,我们便可赢得自身的未来。让歌德帮助我们赢得自身未来的唯一恰当的做法,就是以生存在场的态度直面歌德的生存及其留下的大量作品与书信,在与他进行涌自心灵深处的对话与商讨的过程中不断深入地理解歌德。只有通过将歌德的真实性转变成我们的世界,歌德才能够真正地与我们同在,我们也才能够在他的教导下成为真实的自我。②从祈向超越之维的生存哲学的视域出发反省歌德的局限性。在雅氏看来,歌德的局限性主要表现在四个方面:其一,歌德虽然创造性地发现了一种自然观,但是他的发现却与现代自然科学毫无关系;其二,歌德确信自己所处的世俗世界在根底处是和谐的,这种世界观让他在人类自身的界限前退缩了;其三,歌德在不断尝试新的可能性的过程中虽然经历过内心的灼烧与撕裂,但他最终还是过早地离弃了"不可能之事";其四,歌德为了在自己身上实现完整的人性,他对"不可理解之物"采取了敬而远之的态度。③基于当下的精神处境与时代使命提出吸纳歌德的六点要求:其一,不要神化任何人,歌德当然也不能例外;其二,歌德是一个路标,而不是一个可模仿的典范;其三,歌德固然为各种事物提供了理由,不过人们并不能教条化地引用歌德的话来替自己的言行进行辩护;其四,既要关注以歌德为代表的那些以理性精神、和谐意识充分地实现了人性的"权威",也要关注以克尔凯郭尔、尼采为代表的那些以质疑、否定的姿态走向生存的自我毁灭的"例外";其五,歌德的局限并不全然是我们的局限,毋宁说我们已超越了歌德特有的局限,正带着属己的使命去解决摆在我们自己面前的时代难题;其六,也是最后一点,即是在歌德故居这个实际的问题上,雅氏希望在建筑方面要有一定的节制。对吸纳歌德活的精神来说,最重要的是把歌德故居建成收集歌德全部文献的场所与供人研究歌德思想的园地,以便使每个敬重歌德的个体在直面歌德、理解歌德的过程中勇毅地负荷起"成为他自己"的使命。

1949年6月17日,雅斯贝斯在瑞士巴塞尔举办的歌德诞辰二百周年纪念会上做了题为《歌德的人性》("Goethes Menschlichkeit")的演讲。这篇演讲可以说是《我们的未来与歌德》的姊妹篇,两文虽然有某些重叠之处,但从深微处看还是各有侧重的。如果说《我们的未来与歌德》的重心在于指出歌德的局限性，其衷曲在于警惕现实中出现的神化歌德的倾向，那么《歌德的人性》则重在揭示歌德人性的丰富性与复杂性，其衷曲在于以歌德的理性精神为纽带将德国人、德语共同体乃至全世界联结成一个精神共同体。[1] 雅氏在这篇演讲中依然将歌德的意义置于其充满危机感的时代意识之下加以阐释，认为我们正身处歌德所预感的灾难之中，因而我们仍有必要与歌德同在并与他进行深度的精神交往。雅氏围绕着歌德最为突出的特征谈了如下六个问题。①歌德是新时代以来最为丰富的人，他的丰富性意味着他是最具对立、矛盾与张力的个体。②歌德的《浮士德》是一部有关绝对行动的悲剧，他通过这部悲剧对绝对行动所招致的不幸以及可能的解救之途进行了探寻。③歌德对于行动的意义的探寻进一步转化为对"恶"的追问，他通过浮士德行动的歧义性展示了这种"恶"，并用充满爱意的上帝之眼注视着浑然一体的真实，进而将"恶"转化成实现"善"的必要元素与否定的契机。④歌德的哲学思考并未呈现出某种理性的体系，而是囊括于各种可能的立场之中。他坚持在对立统一中把握现实，因而他的思维属于一种实践思维方式。⑤歌德的伟大之处在于，他不是超人，亦非非人，作为将丰富的人性充分实现于一身的完整的个体，歌德是无可替代的"这一个"，我们并不能把他归入某个类型。我们所能做的，就是持续地倾听歌德，尽管他并不提供解决方案，却可以鼓舞我们去发掘人性中的新的可能性。即便是他的错误与局限，也隐藏着真相并能透露出他的伟大。⑥歌德通过人类的理性与真理实现了自救，当德国人、德语共同体乃至全世界都以自己的方式追念他的足迹时，德国人可以借助于歌德的生存样态在源头处获得重生，德语共同体可以借助于歌德的语言以及人文精神的激励成为一个充满理性之爱的精神共同体，全世界也可以通过歌德建构的"世界文学"实现人性的统一，这便是纪念歌德诞辰的意义。

---

① 赫尔穆特·富尔曼（Helmut Fuhrmann）曾就此指出："两篇演讲不但在评判取向上有所区别，在重心布局上也有所不同。在《我们的未来与歌德》中质疑与批评的态度要多于爱与赞叹的态度，而《歌德的人性》则恰好相反，其中爱与赞美占了主导，尽管仍有批评与质疑，但已明显居于次要位置了。"见 Helmut Fuhrmann, *Sechs Studien zur Goethe-Rezeption*, Königshausen & Neumann GmbH, 2002, S. 85。

这里需要强调的是，雅氏的上述两篇演讲文章均将歌德的生存性征、历史意义乃至局限性置于其充满危机感的时代意识下加以探究，这不仅延续了他在生存哲学时期就颇为看重的时代精神诊断，而且与他正在建构的世界哲学史的运思理路也是内在一致的。对雅氏来说，世界哲学史就是大哲学家的历史，或者说是人的生存意识通过一代代秉性各异的大哲学家而不断透显出来的历史。这些堪称大哲学家的个体都在一定程度上意识到了自己所处时代的精神危机，并以自己的方式给出了回应与解答。他们的回应与解答宛如长鸣的警钟，不断地回荡在人类精神共同体的各个成员的心间，吁请着此后那些心灵相契的个体沿着他们所提示的道路继续探索与实现人的新的可能性。对雅氏来说，理解歌德就意味着理解人的命运与可能性。歌德意识到"魔鬼"就隐藏在每个人的心中，他就此意识到了人的界限——人不是神；当然，人也不是魔。对歌德来说，人就是立于神与魔的两极张力间不断地在世界中实现属己的人性的生存，歌德的独特之处在于，他最终让魔鬼听从上帝的调遣、让激情受到理性的统摄，这样一来，歌德就在意识到人的界限的同时伴随着良知的自省而在自己身上培壅出了爱、信仰、想象一类的"绝对意识"。正是倚重这类在自己身上实现了的绝对意识，歌德才能够在再次返回世界之际断然地采取内在超越的行动，进而在不断扬弃世界的过程中实现着人性的丰富性与复杂性，更为重要的是，歌德在最高的水平上成为自己思想的主人。在1949年出版的《论历史的起源与目标》一书中，雅氏明确地将歌德与达·芬奇、康德等伟大的艺术家、哲学家一并置于"轴心时代"的理论框架下给予了充分的肯定，认为他们所创造的精神财富堪与2500年前的"轴心时代"相提并论。[①]

（2）理性哲学—世界哲学时期的莱辛论

进入理性哲学—世界哲学时期后，雅氏主要在两部著作中相对集中地阐说了莱辛：一是1947年出版的《论真理》，二是1981年作为遗稿出版的《大哲学家》第二卷。

在《论真理》一书中，雅氏是关联着"悲剧知识"来阐说莱辛

[①] 参见［德］卡尔·雅斯贝尔斯《论历史的起源与目标》，李雪涛译，华东师范大学出版社2018年版，第89页。

的。在他看来,悲剧能够在其沉默的顶点揭示人的最高可能性,因此,人便可从悲剧知识的历史表达中获致丰赡的哲学洞见以及通向解救之路的可能途径。就悲剧与解救而言,雅氏认为主要有两种解救方式:一是"在悲剧中的解救"(deliverance achieved within the tragic),二是"从悲剧中解救"(deliverance from the tragic);前者意指"悲剧继续保持完整,人通过在其中的自我忍受与自我转变而获得自我解救",后者则意指"悲剧本身已得到救赎,可以说悲剧已不再存在,它已成为过去。人虽然必得亲历悲剧,但过去是悲剧性的东西,现在已被穿透、扬弃了"。[1] 我们知道,雅氏并不是一位泛悲剧论者,他固然对"在悲剧中的解救"致以了由衷的敬意,不过他对"从悲剧中解救"也表达了殷切的期待。作为喻说"从悲剧中解救"的范例,雅氏提到了"希腊悲剧"(多呈示于三部曲中的最后一部中)、"基督教悲剧"(以卡尔德隆与拉辛为代表)与"哲学悲剧"[2],其中最能见出其生存形而上学之神韵的,乃是他对"哲学悲剧"的诠解。正是在诠解"哲学悲剧"之意趣的过程中,雅氏论及了莱辛的《智者纳旦》:"哲学精神可以使人们挣脱悲剧而获得解救,不过这类的解救必须伸展至悲剧之外。人应该在沉默中忍耐,但这是不够的;而且,人仅仅为迎接他者(Other)的到来做准备或者仅仅在白日梦中把它幻想为一种象征,这也是不够的。毋宁说,悲剧应该借着把这个他者转换为一种真实存在——这种真实存在是因悲剧知识而成为可能的,但并不局限于此——而被克服。这一意趣只有一次呈示于一出戏剧——莱辛的《智者纳旦》——中,这出戏剧由此成为独一无二的,而且它在德语戏剧中仅次于最深刻的《浮士德》(Fraust)。不过,歌德作为一个诗人尽管有着更加丰富、更加遒劲的想象力,但是若没有基督教象征的助力他就无法成功;莱辛则以其素朴的心灵将自己限定于纯洁、天真的人性之内——既不欺骗也不受骗,除非读者自己的心灵能够把诗人所勾勒的清晰轮廓填充起来,否则他就会一直冒着被误认为内容贫瘠或缺乏色彩与形式的

---

[1] Karl Jaspers, *Tragedy Is Not Enough*, translated by Reiche, Moore and Deutsch, Beacon Press, 1969, p. 76.

[2] Karl Jaspers, *Tragedy Is Not Enough*, translated by Reiche, Moore and Deutsch, Beacon Press, 1969, pp. 80 – 87.

危险。"① 雅氏不仅把莱辛的《智者纳旦》视为诠解"哲学悲剧"之意趣的独一无二的范例,而且将它与歌德的《浮士德》相提并论,认为莱辛固然在想象力方面略逊于歌德,不过他单纯凭借着素朴的心灵就把标示人性之纯洁、天真的整全精神传达出来,在这一点上他又比歌德略胜一筹。"在莱辛的戏剧里,理性清晰可见地活跃于人物的性格之中。正是戏剧的理性的气氛——既不是个体的行动与用语,也不是情感与真理——向我们传达了整全的精神。"② 这种"整全的精神"就是人类的理性精神,它宛如一道光照亮了全剧,使全剧沐浴在一种"理性的气氛"之中,也给纳旦带来了终局解救。莱辛提供的这种解救方式的人文意义在于,它诉诸人的理性,而且仅仅诉诸人的理性,这样一来,人的理性就成为人超越悲剧的唯一可以依凭的力量。可以说,雅氏在此对莱辛的悲剧中洋溢着的"理性的气氛"的推许,乃是他在1938年的《生存哲学》一书中所做的莱辛论的一种延续,或者说是越来越倚重理性精神的雅氏在经历了第二次世界大战这一人性灾难的淬砺后向有幸存活下来的人们提供的一条超越人间悲剧的途径。

在《大哲学家》第二卷中,雅氏将莱辛置于"伟大的唤醒者"(the great awakeners)之列并做了详尽的诠解,这些诠解性的文字可被视为一部相对完整的莱辛专论。雅氏在这部专论中主要阐说了四个问题。①莱辛的生平与著作。雅氏认为,从莱辛的生平看,他留给后世的是一位并不追求通常职业生涯的男人形象,除了最后十年供职于沃尔芬比特尔(Wolfenbüttel)的公爵图书馆外,他在一生的大部分时间里过着一种自由撰稿人的生活。为了生存下去,他勉力抓住眼前出现的各种机遇。像歌德一样,莱辛并不回避现实,从而在这个世界中尽己所能地实现着自己,两人的不同之处在于,他缺少歌德那样的好运气。莱辛一生总是罹遭不幸的际遇,加之生性敏感,很容易就会心烦和愤怒,但他总是能够迅速恢复平衡,继续以笃实、勇毅的男子汉气概和热情饱满的精神状态从事自己富有创造性的志业。就此而言,莱

---

① Karl Jaspers, *Tragedy Is Not Enough*, translated by Reiche, Moore and Deutsch, Beacon Press, 1969, p. 83.

② Karl Jaspers, *Tragedy Is Not Enough*, translated by Reiche, Moore and Deutsch, Beacon Press, 1969, p. 86.

辛突破了各种现实境遇的限制,并在戏剧创作、艺术评论、哲学乃至神学等领域都取得了斐然的成就。②莱辛的哲学思想。雅氏指出,作为哲学家的莱辛是一位唤醒者,他那富有启发性的思想并不向人们提供某种一劳永逸的真理,人们只能永不止息地向着那可望而不可即的终极目标一直走下去。这种思维方式意在开辟真理之路,并在寻求真理的过程中不断地解放人自身。与此同时,莱辛领悟到了一种人性观念,它主要不是对教育产生影响的人道主义,也没有回到古典时代的观念那里去。他的人性观念并不在于某种盛行的精神内涵,而只意味着他意识到了一种现代的人性,这种人性呈现出如下种种特征:宽容的观念;沟通、探讨、论辩的倾向;判断人类的伟大和衡估正义的方法;仁爱在这种状态下的可能程度。③莱辛的神学思想。雅氏首先从传记的角度考察了莱辛在青年时期、布雷斯劳时期对基督教的态度,指出"莱辛的态度是令人吃惊的。他生活于其中的事物已不再被他看成是可信的了,但是他却在其中感到了自己存在的根基。因此,他就在自己一边怀疑一边保存着的事物中不断地询问着、审查着、寻找着"①。所谓"询问着、审查着、寻找着",指的就是"理性"的批判品格,在雅氏看来,莱辛正是以这种带有批判品格的"理性"态度看待宗教问题的。其次,雅氏围绕着莱辛以"匿名"的方式出版已故学者塞缪尔·雷玛勒②关于宗教问题的一些断片这一事件,就莱辛在评论雷玛勒的那些断片时所面临的历史问题以及天启问题进行了分辨,认为莱辛经常采用譬喻、讽刺的方式探讨关涉宗教本质的问题,其衷曲就是作为独立的个体敞开宗教的神韵,而不让自己固着于某个单一的立场。"任何一个单一的立场都不能当作莱辛的最终立场;他以各种各样的立场持续不断地实验着。对他来说,那唯一正当的做法就是趋向真理的运动。"③ "趋向真理的运

---

① Karl Jaspers, *The Great Philosophers—Descartes, Pascal, Lessing, Kierkegaard, Nietzsche, Einstein, Weber, Marx*, translated by Edith Ehrlich and Leonard H. Ehrlich, Harcourt Brace & Company, 1995, p. 156.

② 塞缪尔·雷玛勒(Samuel Reimarus, 1694—1768),曾在汉堡的约翰诺伊姆(Johanneum)担任东方语言和数学教授,是一位学识渊博、出类拔萃的文献学大师。

③ Karl Jaspers, *The Great Philosophers—Descartes, Pascal, Lessing, Kierkegaard, Nietzsche, Einstein, Weber, Marx*, translated by Edith Ehrlich and Leonard H. Ehrlich, Harcourt Brace & Company, 1995, p. 178.

动"正是理性的底蕴所在,就此而言,"以各种各样的立场持续不断地实验着"的莱辛已成为理性精神的化身。最后,雅氏聚焦于反对首席牧师格策(Goeze)①一事揭示了莱辛在介入这场论战的过程中所表现出来的运思路径以及基本态度——反对霸占真理的教会与僵化了的基督教教义,主张理性的自然宗教与原初的基督宗教。莱辛的这种态度既让正统派神学家深感不爽,又让启蒙派神学家大为不悦,于是,以涵淹着批判品格的理性立身的莱辛便成为受到上述双方挤压的自由派思想家的代表。④莱辛的历史地位与影响,这是《论莱辛》的结语部分。雅氏首先将莱辛置于德国古典时代的历史处境下予以评说,认为在这个伟大的时代里,如果可以将歌德视为打开真正的解放与自由之门的第一人,那么完全可以将莱辛看作推动德国文化转型的先驱者、开拓者与拯救者。其次,雅氏阐析了康德与莱辛的关系②,认为两人的思维方式都带

---

① 约翰·梅尔基奥尔·格策(Johann Melchior Goeze,1717—1786),德国路德派神学家。
② 可惜的是,雅斯贝斯在这里没有专门阐析歌德与莱辛的关系。现把歌德自己就二人之间关系的相关谈论枚举如下,以便为笔者将歌德与莱辛一并列入理性生存型的艺术家提供必要的根据。歌德曾在自传中谈及莱辛的著作(特别提到《拉奥孔》)对他产生的影响:"卓越的思想家从幽暗的云间投射给我们的光辉是我们所最欢迎的。我们要设想自己是青年,才能想象莱辛的《拉奥孔》一书给予我们的影响是怎样,因为这本著作把我们从贫乏的直观的世界摄引到思想的开阔的原野了。给人误解那么久的'诗如图画'(ut pictura poesis)的原则一旦摒弃,造成艺术和语言艺术的区别了然自明,纵然它们彼此的基础是那样互相交错,但是两者的顶点这时却显出是截然分开了。造型艺术家要保持在美的境界之内,而语言艺术家总不能缺少任何一种含义,但可以逸出美的范围以外。前者为外部的感觉而工作,而这种感觉只有由美可以得到满足;后者诉诸想象力,而想象力还可以跟丑恶合得来;莱辛这种卓越的思想的一切结果,象电光那样照亮了我们,从前所有的指导的和判断的批评,都可以弃如敝屣了。"见[德]歌德《歌德自传——诗与真》,刘思慕译,人民出版社1983年版,第323页。当然,歌德与莱辛之间的关系是生存交往的关系(而不是实存意义上的模仿与追随的关系),通过这种涌自心灵深处的精神交往,歌德最终以和谐世界观为中核成为他自己,这可从歌德1827年4月11日与爱克曼的对话中见得出来。爱克曼首先说道:"关于莱辛,有一点很可注意,在他的理论著作里,例如《拉奥孔》,他不马上得出结论,总是先带着我们用哲学方式去巡视各种意见、反对意见和疑问,然后才让我们达到一种大致可靠的结论。我们体会到的无宁是他自己在进行思考和搜索,而不是拿出能启发我们思考,使我们具有创造力的那种重大观点和重大真理。"应该说,爱克曼的这段话道出了《拉奥孔》一书的真正价值所在,歌德在随后的答语中也肯认了这一点:"你说得对。莱辛自己有一次就说过,假如上帝把真理交给他,他会谢绝这份礼物,宁愿自己费力去把它找到。"不过,歌德话锋一转,道出了他与莱辛的不同之处:"莱辛本着他的好辩的性格,最爱停留在矛盾和疑问的领域,分辨是他当行的本领,在分辨中他最能显出他的高明的理解力。你会看出我和他正相反。我总是回避矛盾冲突,自己设法在心里把疑问解决掉。我只把我所找到的结果说出来。"见[德]爱克曼辑录《歌德谈话录》,朱光潜译,人民文学出版社1978年版,第130页。

有"批判性"的品格，正是这种批判性的品格保证了理性启蒙的内在活力，并使两人致力的理性启蒙成为一场真正的启蒙。雅氏最后称说了莱辛的历史影响，指出诸如门德尔松、黑格尔、谢林、叔本华、克尔凯郭尔等哲学家以及策勒尔（Zeller）、布罗克豪斯（Brockhaus）、施密特（Schmidt）等历史学者，都曾对此做出过评述，并向这位伟大的启蒙思想家表达了感激之情。①

由上述阐析不难看出，雅氏在理性哲学—世界哲学时期越来越自觉地将莱辛与歌德、康德相提并论，并从这三位值得敬畏的且同出于一个母国的哲学家那里汲取着运思智慧。雅氏在1959年8月26日致阿伦特的信中写道："莱辛是一位永远的革新者，他从少年时代起就在自己身上培壅着'理性'，并且在其天性中就包含经久不衰的人性。这种人性比此后的人道精神要伟大得多，也真实得多。只有歌德与康德能够与莱辛相媲美：洪堡只是在善良意志方面可以与其相比肩。"②洪堡（Humboldt）固然在善良意志方面可以与莱辛相比肩，不过若从理性的真诚性、公正性、开放性、批判性品格看，莱辛显然是更为伟异的。雅氏就此认为，能够与莱辛相媲美的只有歌德与康德，从这一断制里已足可见出莱辛在雅氏心目中的地位之高了。更为重要的是，他们三个人都是标举理性精神的生存个体，这就为笔者将莱辛置于理性生存型的艺术家之列予以阐说提供了学理上的依据。

（3）理性哲学—世界哲学时期的达·芬奇论

从公开出版的著述看，达·芬奇固然是雅氏谈论较晚的一位艺术家，不过这并不意味着他在雅氏心目中的地位就不高，这至少可以从雅氏的两次相关谈论中见得出来。

第一次出现在1949年出版的《论历史的起源与目标》一书中，

---

① 可惜的是，雅斯贝斯在这里没有提及歌德的名字。莱辛对歌德的影响还是颇为明显的，譬如，在《歌德谈话录》《歌德自传——诗与真》中，歌德就曾明确谈及莱辛对他的影响，并将这位伟大的德国前辈称为自己热望寻求的一种"新的引路明灯"（参见［德］爱克曼辑录《歌德谈话录》，朱光潜译，人民文学出版社1978年版，第88、129页；［德］歌德《歌德自传——诗与真》，刘思慕译，人民文学出版社1983年版，第322—326页）。其实，雅氏在《论莱辛》中已经注意到这一点，只是没有进行专门的阐述。

② Hannah Arendt and Karl Jaspers, *Hannah Arendt—Karl Jaspers Correspondence*, Edited by Lotte Kohler and Hans Saner, translated by Robert and Rita Kimber, Harcourt Brace Jovanovich, 1992, pp. 375–376.

第三章 艺术家论的韵致以及艺术家的生存样态

雅氏在该书中写道:"欧洲在 1500 到 1800 年间所创造的精神财富——米开朗基罗、拉斐尔、列奥纳多(通常译为达·芬奇——引者注)、莎士比亚、伦勃朗、歌德、斯宾诺莎、康德、巴赫、莫扎特——使科学技术相形见绌,它要求与两千五百年前的轴心时代相提并论。"[1] 雅氏在这里是关联着"轴心时代"思想谈及达·芬奇的,而"轴心时代"乃是他在构建世界哲学史大厦的过程中提出来的一个最具思想洞见的历史哲学范畴,人类的历史正是借助于"轴心时代"的辉映才获致了其当有的意义与结构。雅氏在这里将达·芬奇列为堪与"轴心时代"的大哲学家相提并论的人物之一,足可见出他对达·芬奇的评价之高了。另需注意的是,他在这里并未提及荷尔德林,而是提及了歌德,这表明达·芬奇在雅氏的心目中也是可与歌德相提并论的。[2]

第二次出现在 1950 年出版的《智慧之路》一书中,雅氏在该书的"附录"部分列出了供人参阅的经典作家名录,文学艺术领域就包括歌德、达·芬奇,其中同样没有提及荷尔德林、凡·高的名字[3],更遑论斯特林堡、斯威登堡了。由此可见,至少自 1949 年以来,雅氏已自觉地将达·芬奇与歌德并举,而且他们在雅氏心目中的地位也越

---

[1] [德]卡尔·雅斯贝尔斯:《论历史的起源与目标》,李雪涛译,华东师范大学出版社 2018 年版,第 89 页。

[2] 雅斯贝斯并不是最早指出歌德与达·芬奇(列奥纳多)之间相通性的思想家,譬如茨威格早在 1925 年问世的《与魔搏斗的人:荷尔德林 克莱斯特 尼采》中就曾写道:"每个魔性的人都鄙视现实,……歌德正相反——他大大地超越了自我!——他明哲保身,他觉得自己并不是为悲剧家而生的,'因为他的天性是和善的'。他不像他们那样谋求永恒的战争,他要的是——作为保存和协调的力量——平衡与和谐。他带着一种只能称之为虔诚的感情让自己屈居于生活之下,对这种更高的、最高的力,他尊敬它的各种形式和各个阶段('不管怎样,生活,总是好的')。……他们将艺术置于生命之上,将诗艺置于现实之上,……而歌德(像列奥纳多)觉得艺术只是生活的一部分,是生活中千万种美妙形式的一种,对他来说艺术和科学、哲学一样重要,但它也只是部分,是他生活中小小的、有影响的一部分。因此,那些着魔的人的形式变得越来越专一,而歌德的形式却越来越广泛。他们越来越多地把自己的本质转换成一个纯粹的单一性,一种极端的绝对性,而歌德却使他的本性变成了一个越来越广泛的普遍性。"见[奥]斯蒂芬·茨威格《与魔搏斗的人:荷尔德林 克莱斯特 尼采》,潘璐、何世平、郭颖杰译,安徽文艺出版社 2013 年版,"作者的话"第 7—8 页。

[3] 当然,人们并不能就此断言雅斯贝斯在晚年小觑了荷尔德林。他在为《大哲学家》撰写的提纲中,就把荷尔德林列入了第三大组,在该组提及的文学家还有希腊的悲剧作家、但丁、莎士比亚、歌德,从中可以看出,荷尔德林在雅氏心目中的地位始终是颇高的。这里的问题仅在于,倘以雅氏期待的"理性的气氛"来衡量,荷尔德林一类的艺术家确实逊色于歌德一类的艺术家。

— 329 —

来越高了。那么，雅氏为什么在这部探讨如何领悟哲学真谛的著作中却呼吁人们阅读达·芬奇、歌德等艺术家的作品呢？究其根由，乃是因为这些伟大的艺术作品能够以其无限的意蕴持续不断地感动人，它们在唤起人的生存意识的同时，还能够把人引向无限开阔的敞亮之地，进而使人永无休歇地行进在奔赴"绝对的大全"的"智慧之路"上。进而言之，雅氏所谓的"智慧之路"就是他立足于生存与理性的张力间揭示给人的真理之路，这条真理之路的枢机所在便是理性对生存的澄明，达·芬奇、歌德等伟大的艺术家恰好能够在这一点上为雅氏阐说这种生命智慧提供可资借鉴的范例。

雅氏对达·芬奇最全面且最深入的阐说集中在《作为哲学家的达·芬奇》（"Lionardo als Philosoph"）一文中，该文是他 1953 年为巴塞尔大学艺术史系所做的一次讲座[①]，也是他留给后世的一篇达·芬奇专论。雅氏在这篇专论中主要谈了四个问题。①就思维特征而言，达·芬奇善于通过眼与手穿透蕴含于人的身体之中的精神，这种方法带有鲜明的"直观思维"的特征。当他试图以那可见的形式显示不可见的"大全"时，他的绘画也便成为沟通"感性的真实"与"真正的真实"的中介。②就思维内容而言，达·芬奇将宇宙视为充满力量的一个有机体，认为太阳乃是一切能量的来源，现实世界终有一天会因能量耗尽而走向终结，在这一进程中，只有人才能在自身的精神中体验死亡与承担死亡。当他以这种"活力论"的世界观从事艺术活动时，他不仅描绘了自然灾难、世界终结与大洪水的情景，而且呈示了人在这一"临界处境"的威逼下所面临的诸种机遇，认为人有能力通过模仿自然界的形式并产生新的形式来洞察世界的根基，并能借助于艺术创造显示这种根本性的东西。③就存在方式而言，达·芬奇善于以画家的身份进行反思，并将这种通过直观方式获取根本知识的画家生活视为

---

① 雅斯贝斯在 1953 年 5 月 22 日致阿伦特的信中对此有所提及："这个学期很快就要过去了。我正在做题为《科学与哲学》的讲座，另在开设一个关于'邪恶问题'的研讨班。此外，我还有三个讲座：一个是为瑞士的牧师做讲座，这个讲座已经完成；一个是为（巴塞尔大学）艺术史系做题为《作为哲学家的达·芬奇》的讲座，计划在下周完成；两周内还要为瑞士的医生做题为《医生的理念》的讲座。"见 Hannah Arendt and Karl Jaspers, *Hannah Arendt—Karl Jaspers Correspondence*, Edited by Lotte Kohler and Hans Saner, translated by Robert and Rita Kimber, Harcourt Brace Jovanovich, 1992, pp. 219–220。

个体在世界之中赢取自身自由的高尚生活。在他看来，真正的画家不仅需要认知，而且需要行动；不仅需要认真与勤奋，而且需要倾注其全部的爱。④就性格特征而言，达·芬奇固然是一位富有理性精神的艺术家，不过当他向着那无所不包的"大全"不断趋赴时，依然面临着生存的深渊。为此，他使自己的生存始终保持着某种开放的局度，并把那些"未完成"的艺术品转换成一种指向"大全"的"密码"，这种作为"密码"的艺术遂成为"哲学的器官"。尤为可贵的是，达·芬奇作为人类历史上确实存在的一位"通才"，他勉力实现着属人的各种可能性，进而将科学家、技师、艺术家等身份集于一身，作为统一体而存在的达·芬奇也因此成为一位艺术家中的哲学家。雅氏就此指出："只有当哲学在生存、作品与思想中作为一个整体而变得可交流时，这种哲学才能在历史上获得重要的地位。在同样的意义上，达·芬奇与歌德一样是一位哲学家。"① 在雅氏看来，达·芬奇同歌德一样，他凭借着理性对生存的澄明而不断地在世界中超越着世界、在历史中超越着历史，尽管他并不满足于某种固化的角色，不过他所扮演的各种角色以及他在扮演这些角色的过程中创制的丰富多彩的作品与思想一并根植于其整全的生存，并伴随生存向着眺望中的"大全"不间断地奔赴统统化为见证"大全"的"密码"。正是在这个意义上，雅氏明确地将达·芬奇与歌德并称为同一范型的哲学家。可以说，这个毫不含糊的断制对我们把捉雅氏建构理性生存型的艺术家的运思轨迹来说是至关重要的；进而言之，随着雅氏对理性澄明生存的力量的愈加看重，他在"理性—大全"的整体运思框架下所建构的这一新的艺术家范型——以歌德、莱辛、达·芬奇为代表——至此已轮廓朗现了。

4. 结语：为"生存"插上"理性"的翅膀

我们看到，雅斯贝斯早年关注斯特林堡、荷尔德林、凡·高的时期，正是他持续酝酿生存哲学的关键时期。从这些精神分裂症艺术家（特别是见证了"生存深渊"的荷尔德林与凡·高）身上，雅氏为其

---

① Karl Jaspers, *Three Essays: Leonardo, Descartes, Max Weber*, translated by Ralph Manheim, Harcourt, Brace & World, Inc., 1964, p. 45.

酝酿中的生存哲学提供了直观的注脚；与此相应，雅氏晚年关注歌德、莱辛、达·芬奇的时期，正是他沿着生存哲学成熟期的"生存澄明"之路悉心建构理性哲学—世界哲学的关键时期。从这些以理性为纽带敞开真理之路与大全空间的伟大艺术家身上，雅氏为其建构的理性哲学—世界哲学提供了直观的例示。透过这些直观的例示，我们恰恰窥到了雅氏哲学探索的运思枢机所在——辐辏于"生存"与"理性"间的必要张力，为"生存"插上"理性"的翅膀；换言之，正是基于上述运思枢机，雅氏以歌德、莱辛、达·芬奇为代表构造了一种新的艺术家范型——"理性生存型的艺术家"。

就运思方式而言，雅氏在构造"理性生存型的艺术家"的过程中始终运用了极性思维。譬如，他所阐说的理性与生存、理性与非理性、权威与例外、白天的法则与夜间的激情等，这些都是其极性思维的具体运用。当然，雅氏是在不同的层面上进行阐说的，尤需注意的是，它们在其全部运思中所占的位置也不是平分秋色的：如果说理性与生存的两极张力关涉着雅氏哲学运思的枢机，那么理性与非理性的两极张力则是其全部思想的内在动力。关于这一点，他早在1935年出版的《理性与生存》一书中就有过明确的揭示："理性若离开与它相对的另一极（即非理性），既是不可想象的，也是无法呈现于现实之中的。问题仅仅在于，非理性是以什么形式呈现的，它是如何保持睥睨一切的姿态的，它又是如何被把握的。哲学活动适合奋力吸纳非理性与反理性的东西，通过理性为它构形，将它转变成理性的某种形式，乃至最终显明它与理性乃是同一的；所有存在的东西都应纳入法则与秩序之中。然而，桀骜不驯的意志与诚实无妄的心智却与此大唱反调，它们承认并维护着不可战胜的非理性。"[①] 在雅氏看来，非理性并不是哲学活动的多余物，作为与理性相对的另一极，它内在于哲学活动的整体之中；正是两极间必要的张力，让理性所维护的法则与秩序在面临非理性的挑战时始终处于动态生成的过程之中，哲学活动也便由此获致了不竭的内在动力与活力。伽达默尔曾颇为中肯地指出："深沉的

---

① Karl Jaspers, *Reason and Existenz*, translated by William Earle, Marquette University Press, 1997, p. 19.

第三章 艺术家论的韵致以及艺术家的生存样态

非理性主义作为一种真正的思想挑战而成为雅斯贝尔斯哲学的内在资源,……这一直是他在'哲学'名下发挥他思想的内在动力。"[1] 可以说,雅氏的其他各种极性思维方式均可置于理性与非理性的两极张力下获得一种理解。就理性与生存而言,保持彼此间的必要张力乃是至关重要的,因为这种张力一旦消失,就会产生不堪的思想混乱与严重的现实后果。最迟从 1931 年出版的《时代的精神状况》起,雅氏就敏锐地意识到,随着理性日益降格成一般意识,生存正面临着沦为实存的危险,与此同时,非理性主义与虚无主义正成为现代人必须直面的时代精神处境。令人不安的是,1933 年希特勒纳粹极权竟然登上了历史舞台,雅氏更是忧心忡忡地看到,非理性的狂热与偶像崇拜已致使理性与生存间的两极张力彻底断裂,而这种断裂又进一步加剧了非理性的狂热与偶像崇拜。鉴于此,雅氏在此后陆续出版的《理性与生存》(1935)、《生存哲学》(1938)、《论真理》(1947)、《哲学信仰》(1948)、《论历史的起源与目标》(1949)、《大哲学家》(1957) 等著作中,始终强调理性对生存的澄明作用,其衷曲就是为了防止生存在降格为实存的过程中迷陷于非理性的狂热而不得自拔。正是随着雅氏运思重心的微妙调整,歌德、莱辛、达·芬奇等富有理性精神的生存艺术家越来越受到他的青睐。

与客观表现型的艺术家、主观体验型的艺术家相较,以歌德、莱辛与达·芬奇为代表的理性生存型的艺术家通常具有如下相通之处。其一,他们的生存并未建基于深邃的内在剧变与强烈的激情之上(当然他们也都程度不同地受到过"夜间的激情"的刺激);毋宁说,他们以公正、诚实、清澈的理性之光不间断地澄明着生存,他们透显给世人的生命基调乃是坚韧、沉着、开放与宽容。其二,他们都不鄙视这个身处其中的现实世界,因为他们知道,人只有唯一的一个世界,人也只能在世界中超越这个世界。鉴于此,他们都立足于本明的生存中内蕴着的良知、爱、信仰与想象,通过绝对的行动在世界中实现着属人的各种可能性,并将自己的生存、作品与思想浑化为一个统一体。

---

[1] [德] 汉斯-格奥尔格·伽达默尔:《哲学生涯——我的回顾》,陈春文译,商务印书馆 2003 年版,第 190 页。

在这样的统一体里，他们都随着自己的作品一道成长，更为重要的是，他们都是自己的思想的主人。其三，他们都不拘囿于某个特定的领域；毋宁说，他们仿佛是人类的代表，为了敞开属人的可能性并探问人生根底处的秘密，他们在诸多不同的领域拓辟着、觅寻着，进而将各自留下的踪迹化为见证人类整体乃至"绝对的大全"的"密码"，就此而言，他们在雅氏的心目中都是伟大艺术家中的哲学家。

至此，笔者已循着雅氏的精神求索历程将他阐说过的三种典型样态的艺术家的轮廓勾勒出来了。应该说，这既是一件颇费周折的事，又是一件不得不做的事。在笔者看来，只有依着雅氏运思的恰切分际将这些样态各异的艺术家区分成不同的"理想类型"，此后对各个艺术家的分说才能获致学理上的根据。当然，笔者也颇为清楚，区分出这些不同的"理想类型"并不是雅氏艺术家论的鹄的，毋宁说他的鹄的乃在于揭示艺术家个体寓于某种深刻的通性中的丰富性与独一无二性。鉴于此，笔者将以三章的篇幅，对以斯特林堡、斯威登堡为范例的客观表现型的生存艺术家，以荷尔德林、凡·高为范例的主观体验型的生存艺术家以及以歌德、莱辛、达·芬奇为范例的理性生存型的艺术家一一做出详尽的阐说。

第四章 客观表现型的生存艺术家之范例

在《斯特林堡与凡·高》一书中,雅斯贝斯将精神分裂症艺术家区分为客观表现型与主观体验型两大范型,斯特林堡与斯威登堡是前一种范型的两个范例,荷尔德林与凡·高是后一种范型的两个范例。如果说雅氏对荷尔德林与凡·高的诠解已明显超出精神病理学—心理学研究的视域,那么他对斯特林堡与斯威登堡的称说则依然源自精神病理学—心理学研究的兴趣。[①] 这种研究范式固然没有属意于斯特林堡与斯威登堡作品的艺术形式及其审美价值,不过对我们深入理解精神分裂症如何参与并影响了这类客观表现型艺术家原初性格(人格)的震荡裂变及其作品内容的独异气氛显然是具有重要的启发意义的。

第一节 斯特林堡:客观表现型的生存艺术家范例之一

斯特林堡(A. Strindberg,1849—1912),瑞典现代文学奠基人,西方现代戏剧之父,被誉为瑞典的"鲁迅",他留下的戏剧、小说、诗歌、散文作品已得到深入研究,他的文学成就也已得到举世公认并

---

① 雅斯贝斯指出:"我承认我对斯特林堡的艺术并不感兴趣,我对他的兴趣只是源自精神病理学与心理学研究的原因。然而,凡·高之所以令我着迷,或许主要是因为他的整体的哲学和现实主义的道路,同时也是因为在其全部的精神分裂过程中出现的整个世界。"见 Karl Jaspers, *Strindberg and Van Gogh*, translated by Oskar Grunow and David Woloshin, The University of Arizona Press, 1977, p. 202。

对后世产生了不可轻忽的影响。① 然而，斯特林堡还是一位科学家（炼金术士）、神学家，更值得注意的是，他的双重人格及其内在的震荡裂变使他成为一个具有明显症候的精神分裂症患者。那么，斯特林堡的精神分裂症与他的多重身份以及文学创作之间究竟存在怎样的关联，这个问题恰恰构成了雅斯贝斯专论斯特林堡的重心。雅氏在《斯特林堡与凡·高》一书的"引言"中特意指出："关于斯特林堡作为一位作家的意义，本书将不作评判。他作为一位戏剧家的艺术才能以及他的作品的审美结构与美学价值，绝不进入这项研究课题。斯特林堡患了精神病。我打算清晰地展呈他的疾病的性质。这种疾病在他的生命中起着决定性的作用；此外，它是导致其世界观发生新变化的一个要素，并且影响到了其作品的内容。通过研究这些影响，我们可以获得这种世界观的形成与其作品的形成之间如何相互影响的知识。"② 基于上述考虑，雅氏主要阐说了三个问题：一是斯特林堡的病志，二是精神分裂症与斯特林堡的世界观发展，三是精神分裂症与斯特林堡的作品。

一　斯特林堡的病志

雅氏主要是根据斯特林堡的自传体作品开展研究的③，鉴于此，他

---

① 拉格尔克朗斯在《斯特林堡传》中指出："斯特林堡的贡献后来对他们中的好几个人都有一定影响。如果愿意的话，一八九四年夏天完全可以把他的名字同弗洛伊德、马勒（1860—1911，奥地利作曲家、指挥家）、克劳斯（1874—1936，奥地利诗人、批评家）和勋伯格（1874—1951，奥地利作曲家）排在一起——最后这个人，特奥多尔·阿道尔诺有一次对我说，他简直对斯特林堡着了迷。"见 [瑞典] 拉格尔克朗斯《斯特林堡传》，高子英译，外国文学出版社1983年版，第350页。另，张道文在斯特林堡《红房间》"后记"中提及斯特林堡对奥尼尔的影响："美国剧作家尤琴·奥尼尔在晚年曾经对他的一个朋友说：'我希望永生成为事实，因为那时候，我就会和斯特林堡见面了。'他的朋友说：'那不足以成为希望永生的理由。'奥尼尔的回答是：'对我来说，这足够了。'"见 [瑞典] 斯特林堡《红房间》，张道文译，人民文学出版社1981年版，"后记"第437页。

② Karl Jaspers, *Strindberg and Van Gogh*, translated by Oskar Grunow and David Woloshin, The University of Arizona Press, 1977, p. xi.

③ 雅斯贝斯指出："斯特林堡的自传体作品是极其重要的资料，占上述译本五卷的篇幅，依时间前后顺序，这些作品分别是：关于1886年之前的人生经历的作品有《一个女仆的儿子》（写于1886年）、《灵魂的发展》（写于1886年）；关于1875—1888年间他第一次婚姻经历的作品是《一个愚人的自白》（写于1888年）；关于1892—1894年间的人生经历特别是他（转下页）

第四章 客观表现型的生存艺术家之范例

在勾勒斯特林堡的病志之前,首先交代了开展研究的资料来源,并不厌其烦地列出了斯特林堡的生平年表与作品年表。在雅氏看来,斯特林堡是一位将生命化入作品的作家,他的作品就是其原初性格的自然外化与直观见证。就此而言,只需悉心体察斯特林堡自传体作品透露给我们的消息,并仔细对比分析他的生平年表与作品年表之间存在的关联,便可把他的原初性格特征、精神分裂症过程图式以及他所体验的客观意识揭示出来。我们可以把雅氏的这种研究方法称为传记体批评,追根究底,这种传记体批评乃其惯常运用的理解—描述方法的具体体现形式之一。笔者认为,即便在今天,雅氏的传记体批评对我们开展此类的研究仍具有方法论意义。然而,学界也一直有人持不同的意见,譬如《斯特林堡传》的作者拉格尔克朗斯就对斯特林堡自传体作品的真实性、可靠性问题(特别是斯特林堡屡屡谈及的"自杀"问题)提出了质疑,他认为那些作品首先是"文学作品",而文学作品的一大特性就是诗意的夸张;再者,斯特林堡性格偏执,野心勃勃,容易冲动,他在冲动之下写下的文字难免会存在夸张的情况;此外,斯特林堡的一些作品是在他理智清醒的时候对过去经历的回忆,他在有意识呈现某些消息的同时,难免也会有意识隐藏某些真实的消息。[①]

(接上页)第二次婚姻经历的作品是《分裂》(写于1902年);关于1894—1897年间人生经历的作品是《地狱》(写于1897年5月至6月);关于大约1897—1898年间人生经历的作品是《传奇》(写于1898年);关于1899—1900年间人生经历的作品是《孤独》(写于1903年)。在《一个女仆的儿子》《灵魂的发展》中,他对自己的原初个性和青少年时代的经历描述得极其清晰。在《一个愚人的自白》《地狱》《传奇》中,他栩栩如生地勾勒了一幅当下呈现的自我画像,极其忠实而彻底地描写了其发病过程的两个主要阶段,这个过程就发生在大约1887年与1888年之间。其中,《地狱》相当于一部日记条目汇编,因此,它十分真实,是一份不可多得的原始资料;《分裂》是一部迟来的追记,因此,它的人工加工成分较多,可信度较小;《孤独》几乎是苍白无色的,它宛如一部流水账记录了其发病最后阶段的某些细节。除此之外,斯特林堡的书信在其著述中也是须得查阅的,只是迄今为止已出版的这类书信仅占很小的比例,而且也很不系统。它们可以在参考书目中提及一下。"见 Karl Jaspers, *Strindberg and Van Gogh*, translated by Oskar Grunow and David Woloshin, The University of Arizona Press, 1977, pp. 3 – 4.

① 拉格尔克朗斯在《斯特林堡传》中曾多次表达了类似的看法,例如:"然而在主要生活内容方面,《女仆的儿子》却不能作为史料使用";又如:"从现在起,我必须设法不让我要写的这个人对我进行干扰。斯特林堡早已决定让别人如何去理解他生活的各个阶段,并为自己确定名称和性格。因此他的大部分作品都被看成是写他自己的经历,而这往往是不对的。他让我们按照他的想法相信他的本领是很大的。另外,在他的一生中,如果有人想了解他的秘密,或者把他的性格说得与他自己确定的性格不同,他就象被蛇咬着一样暴跳如雷。所以,想对他的 (转下页)

面对诸如此类的质疑，笔者宁愿聊备一说，这里依然依循雅氏的运思理路对斯特林堡病志中最重要的三个问题——斯特林堡的原初性格特征、精神分裂症过程图式以及他所体验的客观意识做一番爬梳。

1. 原初性格特征

雅氏认为，要想把捉斯特林堡的原初性格特征，首先须得把其原初性格中常见的"歇斯底里"因素与其显露出进行性精神疾病的特征区分开来："斯特林堡本人已经对其原初性格特征给出了清晰的描述，正如它显示给我们的那样，这种与众不同的情形并没有显露出进行性精神疾病的特征。斯特林堡的经历可能偏离普通人的那些经历，当然，这仅是就它们的进展程度而言的。由于它们的根源潜存于所有人的基本构造之中，所以真正来说，我们将要论及的一些表现形态可能都会被视为歇斯底里。另外，当用'歇斯底里'这个术语的时候，我们不应忘记，每个人在一定程度上其实都有歇斯底里的表现。我们对这些特征必须达成某些理解，以便能够掌握斯特林堡后来之所以出现病症的温床。与此同时，由于斯特林堡不同寻常的经历的独一无二性，其精神疾病的特殊形态将变得愈加明显。就我们能了解的情况而言，斯特林堡的歇斯底里天性并没有为其后来的患病提供预兆。类似的特征并不是伴随精神错乱而出现的，它们显然是更加司空见惯的东西。"[①]斯特林堡原初性格中的"歇斯底里"因素主要有两个，一是"怀疑"（doubt），一是面对压力的"敏感"（sensitivity）。在雅氏看来，这些潜存于所有人的基本构造之中的因素是司空见惯的，斯特林堡充其量表现得比常人更强烈些，其实"斯特林堡的歇斯底里天性并没有为其后来的患病提供预兆"。

（接上页）命运和性格得出自己看法的人会遇到很大困难，这是不足为怪的"；再如："在有关斯特林堡的著作中，人们从达拉尔岛上发生的事中得出了脱离实际的结论，把那件事当成斯特林堡经历过一场严重的精神危机或有迹象说明他神经错乱的一个证明。得出这样一个结论，是由于把《狂人辩词》（《一个愚人的自白》）里的描写当成了自传性的叙述，而且还用他十月七日的信加以补充。然而《狂人辩词》是一部小说；至于那封信，在我看来同他写给埃丽莎白特和向朋友们呼救的信一样，在很大程度上也是文学作品（贡纳尔·布朗德尔也着重指出过这一点），和他在西花园街上拉姆医生家的那间屋子里第一次创作时一样，也是在创作激情达到高潮的情况下写的。"见［瑞典］拉格尔克朗斯《斯特林堡传》，高子英译，外国文学出版社1983年版，第12、12—13、71页。

① Karl Jaspers, *Strindberg and Van Gogh*, translated by Oskar Grunow and David Woloshin, The University of Arizona Press, 1977, pp. 11 – 12.

第四章　客观表现型的生存艺术家之范例

那么，斯特林堡后来之所以出现病症的温床究竟是什么呢？针对这个问题，雅氏用理解—描述的方法回溯了斯特林堡从青少年早期开始就陆续显现出来的心灵动荡状态："从青少年早期开始，斯特林堡就已断断续续地显示出一种精神瞬间不正常的状态，即阶段性地出现大起大落的情况。二十三岁在乌普萨拉（Uppsala）时，他'讨厌这种省城生活，在那里，他一开始就感到不自在'。'他的心灵极其敏感，时常处在一种解体的状态，就像烟一样漂浮不定。这个灰暗肮脏的城市使他备受折磨，周围的事物也使他备感苦恼'。'他思忖着自身，就像所有惯于自我反省的人一样，他得出的结论是：他一定是精神失常了。有什么要做的事呢？如果那些事应该把他锁闭起来，他确实会变得精神错乱。他对此确信不疑，并且认为较好的做法也许就是抢先采取行动以避免精神错乱的发生。他记起曾经有人当面谈及乡下一个私人开设的精神病院，于是就给院长致函'，那位院长终于缓解了他的病痛。此时此刻，我们已难以在内源性决定能力与应激性累积作用之间画出一条界线。"① 雅氏在此立足于斯特林堡在《一个女仆的儿子》中所做的描述呈现了他"阶段性地出现大起大落的情况"。这种动荡不安的人格就像一座活火山，它的内核蕴蓄着巨大的能量。当斯特林堡以自我为中心做出"内源性决定"时，他的心灵结构尚能在充满内在紧张的情形下保持相对的稳定；然而，当外部境遇的强烈刺激所产生的"应激性累积作用"达到某个临界点时，他的持续动荡的心灵结构就有发生断裂的危险———一旦发生断裂，也就精神错乱了。雅氏就此指出了斯特林堡的一个格外明显的性格特征："非常敏感的自我意识，对任何压力的过度反应，与此同时，优柔寡断，变化无常。他一方面显得温和、顺从，易受各种处境的影响，另一方面却又显得盲信而倔强。他时常忧虑自己与他人——既包括优越于他的人，也包括不如他的人——的关系情况。他渴望引起人们的关注，却又总是因着怨憎而准备退回其自身。以斯特林堡的诚实品性，他对这些特征不可能不进行辨识与描述。"②

---

①　Karl Jaspers, *Strindberg and Van Gogh*, translated by Oskar Grunow and David Woloshin, The University of Arizona Press, 1977, pp. 18 – 19.

②　Karl Jaspers, *Strindberg and Van Gogh*, translated by Oskar Grunow and David Woloshin, The University of Arizona Press, 1977, p. 19.

由此可见，斯特林堡的原初人格内部存在彼此对立的两极，两极间的内在张力及其矛盾运动恰恰是造成他经常动荡不安的根源。

那么，这种内蕴着两极对立并保持着巨大张力的人格究竟是怎样的一种人格呢？为了厘清这个问题，雅氏首先称引了斯特林堡在《一个女仆的儿子》中所写的一段话："他秉具这样一种意志，这意志致使他时断时续地投入工作，然而又让他陷入狂热之中。与此同时，他对自己的未来没有任何筹划：他是一位相信自己坏命运的宿命论者，然而又怀着希望欲求一切事物。他在父母家里时冷若冰霜，然而又表现得温柔体贴乃至流露出一定程度的多愁善感之情；他能够脱下自己的外套送给一个穷人，也能够为一种不公正的状况流下眼泪。"[1] 这是一种典型的两极对立心灵结构。斯特林堡对这样一种促动着自己灵魂发展的心灵结构有着清醒的意识，雅氏特意称引了他在《灵魂的发展》中所写的一段话："性格中既有雄心勃勃的一面，又有优柔寡断的一面；需要某物之时不顾及他人，不需要某物之时则显得温和顺从；拥有强大的自信，却又伴有深深的不满足感；头脑时而清醒，时而又陷入非理性之中；态度时而坚冷如冰，时而又柔和似水。"[2] 鉴于上述特征，斯特林堡自我诊断的结果是"双重性格"（duality of character）。

雅氏是借着斯特林堡的自我剖析将他的原初性格特征判定为"双重人格"的，因而雅氏做出的判定就显得颇为可靠。更为可贵的是，雅氏的思考并没有止步于此。他紧接着探察了一个更为深微的问题：所有人的性格其实都具有双重性，既然如此，斯特林堡的双重人格究竟有何特性呢？进而言之，究竟是什么因素致使斯特林堡的双重人格变得格外显豁并时时存在着断裂、崩溃的危险？雅氏就此指出："由于可理解的一切事物都具有双重性，所以这种特征也是每个人都具有的。但是，在下述情形下，这种双重特征就会变得愈加极端明显起来——当差异悬殊的因素碰到较低程度的调和能力时，某种无关紧要的欲求就会来塑造一个人自身的生命。这时，各种突如其来的念头就易于闯入脑际，

---

[1] Karl Jaspers, *Strindberg and Van Gogh*, translated by Oskar Grunow and David Woloshin, The University of Arizona Press, 1977, pp. 19–20.

[2] Karl Jaspers, *Strindberg and Van Gogh*, translated by Oskar Grunow and David Woloshin, The University of Arizona Press, 1977, p. 20.

第四章 客观表现型的生存艺术家之范例

与此同时，接连不断的差异性因素在他的脑海里与现实生活中都被毫无保留地容纳下来，然而没有迹象表明他对富有内在关联并合乎逻辑发展的断言具有强烈的意识。斯特林堡的情况就是这样的。他易于被瞬间涌现的那些念想感动得激情澎湃。对于这种激情，他只是通过拒绝来加以平抑。这就为他缘何会一个接着一个地从事许多种职业提供了解释。没有人能够让他感到满意。他做过学生、教师、记者、图书管理员、医师助理和演员。不管瞬间的满足如何，他那觅寻着的心灵却从未能够找到实现人生的答案。周围的人们之所以会批评他，就是因为他的变化无常。他自己也意识到了这一点，不过他同时意识到寻求成功、克服困难、树立雄心壮志的积极价值。他对各门科学的癖好是百科全书式的。任何事情都能引起他的热情，每件事情也都遭到了他的质疑。这样的生命并不喜欢固守一隅、忠贞不渝与连贯如一；由于斯特林堡的这些缺点，他甚至没有忍耐的秉性。"[1] 在雅氏看来，斯特林堡双重人格的特点在于"变化无常"，其缺点在于缺乏"调和能力"与"忍耐的秉性"，这就致使他在面对瞬间涌现于心中的各种念头与激情时，"只是通过拒绝来加以平抑"。说到底，斯特林堡的双重人格中缺乏理性的克制能力与包容情怀，进而言之，缺乏雅氏期待着的理性对生存的澄明，仅基于这一点，雅氏便可把斯特林堡与那些理性生存型的艺术家（如歌德、莱辛、达·芬奇）彻底区别开来。

在上述称说的基础上，雅氏对缺乏理性澄明的双重人格给斯特林堡带来的影响做了总结："行动一个接着一个；住所变动不居；想法来了又去。很少有'固定的观念'作为其思考与创造的对象贯穿于他的一生——只是到了晚年，下述问题才格外显而易见起来：当然有婚姻与性的问题，另外还有权力的问题、压迫与支配的问题、相互折磨与阴谋诡计的问题。"[2] 从中可以看出，缺乏理性澄明的双重人格对斯特林堡产生了全面而深刻的影响，从行动到起居再到思想观念，他都受到了影响。就思想观念而言，他的思考越来越聚焦于婚姻与性的问

---

[1] Karl Jaspers, *Strindberg and Van Gogh*, translated by Oskar Grunow and David Woloshin, The University of Arizona Press, 1977, p. 20.

[2] Karl Jaspers, *Strindberg and Van Gogh*, translated by Oskar Grunow and David Woloshin, The University of Arizona Press, 1977, p. 20.

题、权力的问题、压迫与支配的问题以及相互折磨与阴谋诡计的问题。斯特林堡常常为这些问题所纠缠，并基于个人的经验思考这些问题。雅氏从他的个人经验中发现，"他的性欲以及他对认可与地位的渴望，在形成其个性的过程中起了决定性的作用。此后，在他罹患精神疾病的时候，这些因素就作为嫉妒狂情结与受害狂情结的组成部分再次呈现出来"[1]。斯特林堡是一个性欲与爱欲都很旺盛的男子汉，这在他与第一任妻子锡丽·冯·埃森的爱情与婚姻关系（从1875年至1890年保持婚姻关系）中表现得尤为明显；此外，斯特林堡还是一位雄心勃勃的天才诗人，他在前辈作家中试图与莎士比亚相比肩，在同代作家中始终与易卜生相较量，他还渴望斩获诺贝尔文学奖。然而，他在现实世界中屡屡受挫与失败，这就使他对自己的原始生命力越来越失去自我调控的能力，终于导致其双重性格的崩裂。与此同时，他在罹患精神分裂症期间还伴有明显的嫉妒狂情结（第一次发病期间）与受害狂情结，这就使他的病症显得复杂起来。更为复杂的情形是，"寻索持续变化期间的真实情况，他呈现出了两种典型的样态：渴望中毒带来的迷醉与一门心思想做演员产生的陶醉。前者导致了酒精中毒，不过他很快也就形成一种恐惧酒精的心理，可以说这对他产生了强烈的影响。最后，酒精在他的生命中已不再占有支配地位。他曾谈及自己想成为一名演员的欲望：'那或许是一种文化上的渴望，一种自我扩张的渴望，渴望着使自身志得意满，并与其他更杰出的虚构人物保持一致。'写作最终取代了渴望演戏的位置。斯特林堡后来反复思考了他起初将演员与诗人这两种角色混为一谈的问题"[2]。面对斯特林堡原初性格的复杂性及其患病期间各种因素交互影响的复杂性，雅氏始终以一种审慎的态度敞开着多种阐释的可能性，以便使自己能够从多个侧面把斯特林堡独一无二的原初人格呈示出来。

2. 精神分裂症过程图式

作为一部专题研究精神分裂症艺术家个案的著作，《斯特林堡与

---

[1] Karl Jaspers, *Strindberg and Van Gogh*, translated by Oskar Grunow and David Woloshin, The University of Arizona Press, 1977, pp. 20 – 21.

[2] Karl Jaspers, *Strindberg and Van Gogh*, translated by Oskar Grunow and David Woloshin, The University of Arizona Press, 1977, p. 21.

第四章 客观表现型的生存艺术家之范例

凡·高》一书的斯特林堡专论部分最为周详,几乎占去全书一半的篇幅。从运思路径看,雅氏在运用理解—描述的方法探讨了斯特林堡的原初性格特征后,继而对他的嫉妒狂躁症、可能发病的问题、迫害与出逃、1888年之后的岁月、受害狂躁症的发展、科学研究、疾病发作、第二次婚姻期等情况陆续做了称说,在此基础上,雅氏将探讨的焦点辐辏于他的精神分裂症过程图式。在勾勒斯特林堡的疾病过程图式之前,他首先从精神病理学专家的角度交代了如何辨识疾病状况的专业要求:"精神病理学根据变态症候依年份顺序发生的变化来辨识这些种类的疾病状况:首先,疾病的发展有所谓的各种推力,也就是说,这些推力可以加剧疾病的进程,进而带来某种持续的变化,尽管那些剧烈的症候会逐渐减弱下去;接着,患者出现阶段性症状或者发生诸多改变,不过这并不会影响人格的持续变化;最后,外部环境与经历引致了各种反应性症状,这些反应性症状在正常人那里也是存在的,只是因着患者持续的发病状态有其特殊性,它们才在形式与内容上出现了差异。从理论上看,这三个方面彼此之间迥然有异,不过,它们在个别的病例中并不总是容许轻易地诊断出来;事实上,它们联合起来发挥作用的可能性是非常大的,譬如,当阶段性症状让位于某种反应性症状时,情形就是这样的。"[1] 不少非专业人士往往这样推测,随着时间的推移,精神分裂症大概是以一种直线上升的形式不断地得到加剧的,然而实际的情形并非如此。雅氏提醒我们,只需参阅一下斯特林堡的年表并辨析其间的变化,我们就会惊讶地发现,那愈加剧烈的发作时期与愈加稳定的宁静生活在斯特林堡身上是交替发生的,这就使他的疾病过程图式呈现为独异的曲线形式。

雅氏认为,若想勾勒出斯特林堡的疾病过程图式,厘定他遇到明显推力的关键年份是首先要做的事。雅氏就此指出:"1887年和1896年,斯特林堡似乎遇到了明显的推力。在这两个年份里,他出现了一种急性发作且新近形成的基本症状。阶段性症状究竟是如何蔓延到其

---

[1] Karl Jaspers, *Strindberg and Van Gogh*, translated by Oskar Grunow and David Woloshin, The University of Arizona Press, 1977, p.54.

他周期中去的，关于这一点目前还相当不清楚。让我们列举一些可作证明的资料。在柏林时期的开始之年（1892），他好像经历了一次恢复活力的过程。1893年8月，他在（致保罗——引者注）信中写道：'休息一会儿后，我就觉得恢复了镇静，多么不可思议呀，我竟然可以工作了！一切都很顺利！'这个断言可以适用于某一天，或者至多可以适用于某几天。不过，也有一些时间更长一点儿的恢复期：1893年秋季期间，他与妻子在柏林的一家寄宿旅馆居住下来。他曾谈及这段日子：'两个月，难忘的两个月，没有一片阴云。绝对的信任，没有一点儿嫉妒的迹象。'（引自《分裂》——引者注）关于1894年春季的情况，我们读到：'现在，在这间小屋里，夫妻之间开始过上两个月的最为美妙的伴侣生活。'（引自《分裂》——引者注）另有一次，他写到了1894年的事：'现在，他是第二次结婚，是一个可爱的小女孩的父亲，而且看起来比实际的年龄要年轻十岁。'（引自《一个愚人的自白》——引者注）虽然1894年与1895年之交的冬季期间（当时正在巴黎），他的病情非常严重，但是1895年的夏天却似乎有所不同：'尽管一切都事与愿违，不过，我还是把这个夏季和秋季（1895）算作我命运多舛的一生中最幸福的一段时期。凡是我所开始的一切，结果都会好起来的；陌生的朋友送来了食物……金钱简直就是源源不断地涌来。'（引自《地狱》——引者注）"[①] 推力是推动与加剧疾病进程的动力，因而它是造成此后疾病持续性变化与阶段性发展的关键因素。雅氏以斯特林堡遇到明显推力的1887年、1896年为临界点（坐标点），同时结合他在各个阶段的典型症候，勾勒了斯特林堡的精神分裂症过程图式。

在雅氏看来，斯特林堡的精神分裂症过程始于19世纪80年代中期，一生中出现过两次急性发作：第一次急性发作导致他特有的感知错觉、原发性被害妄想、典型的嫉妒妄想以及从事特异科学研究的倾向，至1887年达到顶点，此后进入间歇期；第二次急性发作自1894—1896年，导致他的"宗教危机"与幻觉性偏执狂体验，并诱发"神智

[①] Karl Jaspers, *Strindberg and Van Gogh*, translated by Oskar Grunow and David Woloshin, The University of Arizona Press, 1977, pp. 54–55.

学的神秘主义"倾向。自 1897 年起，幻觉逐渐消失，张力得到缓解，在终末阶段达于一片安宁。此后，那种原初的焦虑未再出现。在 1897 年与 1898 年，他描写了自己患病期间的体验，其中"被害狂躁症"最富人文意趣。面对一系列"不可避免的偶然事件"，敏感的斯特林堡备感那双"看不见的手"——"命运"——的胁迫。他并不甘于任其操纵，于是倾其全部生命与之对抗，终因怀疑论的生命基调，最后只得在与"命运"的搏斗中同世界一起沉沦。斯特林堡"客观"地记录了自己在精神分裂症发作期间的种种"对象性意识"，雅氏据此将他称为客观表现型的艺术家。

3. 罹患精神分裂症期间所体验的客观意识

作为一位客观表现型的艺术家，斯特林堡的不少作品在很大程度上乃是对其罹患精神分裂症期间所体验的客观意识的描写。根据斯特林堡的描写，雅氏将他的客观意识概括为四大类：感官幻觉、超感官幻觉、原发性妄想、综合幻觉。这里须得辨析的是，"幻觉"并不是"错觉"："错觉"意指患者对客观事物的一种歪曲的感觉，而"幻觉"则意指患者在客观事物不在场或根本就不存在某物的情况下却能够感知到它的真实存在。

（1）感官幻觉

根据斯特林堡参与其中的感官的不同，雅氏把他的感官幻觉进一步分成触幻觉、嗅幻觉与味幻觉、视幻觉、听幻觉等几个小类。

①触幻觉。示例如下：

>他脚下的路面大幅地前后移动着，就好像站在轮船甲板上一样。他费了很大气力才爬到卢森堡公园的小山丘上。我们已经谈到过磁电影响。他与所谓挤压胸部与刺痛背部的电击搏斗。"一股电流击中了我的心脏；我的肺功能丧失了；如果我想逃脱死亡的话，那么我就必须起床。""在恍惚打盹之时，好像雷电击中了我，我变得麻木僵呆，不过并没有被电死。"他觉得被一条"电腰带"所环绕。身体遭受摧毁的威胁驱赶着他从一个旅馆搬到另一个旅馆。他甚至遭受了直接攻击的痛苦："当马车经过村外的路障时，我突然觉得有人从后面走来紧勒我的胸部，好像他正在

用膝盖顶住我的后背,这幻觉极其真实,我转过身来,想看看从后面袭击我的敌人究竟是谁。""夜间,我遭受着可怕的梦魇之苦。有人紧紧地顶住我的后背,一个劲地摇晃着我的肩膀。"①

②嗅幻觉与味幻觉。示例如下:

所有的食物都令他感到恶心,就好像腐烂变质了一样。他担心空气可能下了毒。他经常觉察到空气稠密,好像里面已经含了毒,不得不开着门窗工作。"空气令人窒息,即使开着窗户,也预示着这将是一个难熬的夜晚。"②

③视幻觉。示例如下:

"深褐色的乌云呈现出怪异可怕的形状,这加重了我的绝望情绪。"木料的纤维嵌出的形状,"就像通常一样,奇形怪状。譬如,眼前的这个就是一只被专横地处死的公羊的头颅"。他在岩石上辨认出了动物、帽子、头盔的图案。他试图将这些图案展示给考古学家:"不过,可以料想的是,我并不能把这种魔法展示给那位学者,因为他根本就看不到任何一个图案;而且,就连我的眼睛也好像被戳瞎了,再也无法从岩石中区分出任何一个类似有机体的图案来。但是第二天,当我再一次走到同一个地点时,当下就只有我自己一个人,我又看到了整个的兽群。"他看见"飞行的火焰,看上去就要掉落在他的脸前",在光天化日之下,鬼火正在忽隐忽现地燃烧着。有一次,他曾看见一位妇女进入等候室,她要是离开,他不可能注意不到,但是后来却发现她并没有在那里。③

---

① Karl Jaspers, *Strindberg and Van Gogh*, translated by Oskar Grunow and David Woloshin, The University of Arizona Press, 1977, p. 66.

② Karl Jaspers, *Strindberg and Van Gogh*, translated by Oskar Grunow and David Woloshin, The University of Arizona Press, 1977, p. 66.

③ Karl Jaspers, *Strindberg and Van Gogh*, translated by Oskar Grunow and David Woloshin, The University of Arizona Press, 1977, pp. 66–67.

④听幻觉。示例如下：

"我一搬进旅馆，地狱之门就全部打开了：双脚费力行进，家具正在移动……我刚在餐厅的饭桌旁坐下，一种隆隆的嘈杂声顿时就响了起来"（向别人询问此事时，他认为自己能够确定他们同样听到了这种嘈杂声）。他常常谈及"那种通常的嘈杂声：人们在搬动家具和跳舞"。他还谈及从自己头上传来的那种"通常的隆隆声"，谈及"楼上通常就像魔窟一样混乱嘈杂"（他侦查后发现："一个大厅——那就是我在那儿发现的一切，里面并没有幽魂"）。"突然，我听见一只无形的爪子正嚓嚓地抓挠我头上贴近天花板的壁纸。""自从我离开奥尔菲拉旅馆，我耳朵里响起的嘈杂声就一直在折磨着我，那嘈杂声就像是水车发出的巨大声响。""你的耳朵听到嘈杂声了吗？那声音听起来就像是从使用水车的磨坊那里传来的。"只是在极少的情况下他才会听到这些声响，而且这些声响也只是当他醒来时才会听得到。有一次，"一个陌生的声音叫道：卢特哈特药师（Druggist Luthardt）"。另一次，有人大叫了一声"阿尔普"（Alp），他顿时就醒来了。①

(2) 超感官幻觉

如果说"感官幻觉"指的是患者有特定的感官参与其中的幻觉，那么"超感官幻觉"指的就是固然没有特定的感官介入其中，不过患者还是直接而真实地意识到有某种东西在场。

示例如下：

"我感到有人在场……我虽看不见他，但我却知道那人就在现场。""我感觉有人在暗中追踪我，触碰我，摸索着我的心脏，不停地吮吸着。""我经常感到有人站在我的椅子后面。值此之际，我用一把尖刀状的东西猛地刺向背后，想象自己正在同敌人

---

① Karl Jaspers, *Strindberg and Van Gogh*, translated by Oskar Grunow and David Woloshin, The University of Arizona Press, 1977, p. 67.

搏斗。""当我开门进屋时,我感觉屋子好像已被怀有敌意的活物所占据。它们充斥了整个房间,我似乎是从人群中挤过去,最后才来到我的床边。""现在,那看不见的幽灵正在我的身上滑动。我猛地从床上坐起来。""晚上回到你的房间,你会发现有人正在那儿;你不能看见他,但你却会觉得那人分明就在现场。""有些晚上,我确信有人就在我的房间里。我非常害怕,突然吓得发起烧来,出了一身的冷汗。"[1]

（3）原发性妄想

这种客观意识指的是患者无中生有地相信周遭有某种东西在骚扰他、攻击他或迫害他,从而使他心烦意乱、躁动不安甚至痛苦难耐、怒火中烧,至于那种东西究竟是什么,他自己也不知道。

示例如下:

"顺便提一下,每件事都令我心烦",或者"不知怎地,我就感到局促不安"。雷雨期间,他说:"对我来说,这就像是人身攻击:每一道闪电都在击向我,万幸没有击中。""阵阵狂风以其自身特有的方式把我们抛来掷去,摔倒在地;它们拽起我们的头发;它们掀起我们的上衣后摆。"在人群中间时:"正谈着话,我蓦然感到恶心难耐,并伴有头痛;我突然沉默下来,说不出一句话。而且,我觉得自己不得不离开人群,他们肯定会因着摆脱了一个乏味无聊的人而显露出兴高采烈的神色。""我感觉受到了威胁。到底是谁在威胁我?我也不知道。"……"遇到这种恶魔似的事总是偶然的巧合。"他走进入住的房间。沙发朝向没有帘子的窗户。窗户向着暗夜敞开着,黑漆漆的轮廓倒映在他的脸上,豁开了一道道裂隙。"我诅咒这类经常存在且无法避免的巧合,这种巧合总是持续地摊在我的身上,明显的意图就是要激起我的受害狂躁。""他每次试图向考古学家展示岩石上的动物图案,那通道

---

[1] Karl Jaspers, *Strindberg and Van Gogh*, translated by Oskar Grunow and David Woloshin, The University of Arizona Press, 1977, pp. 67–68.

第四章　客观表现型的生存艺术家之范例

都会碰巧被那怪得难以说清的障碍物堵得死死的";靴子里的一根钉子变松了,刺痛了他的脚;门口堵着一堆垃圾,肯定是有人出于嘲讽的念头而扔在那里的。①

(4) 综合幻觉

这种客观意识指的是患者通过多种感官瞬间觉察到某种令人惊悚的神奇语境。

示例如下:

"我走进自己的房间,直打寒战,发起烧来。我脱掉外套,听到壁橱门自己打开了。有人在屋里吗?没有回答!……最后,我总算愉快地躺在床上,取来一本书,试图转移注意力。就在那时,一支牙刷莫名其妙地掉在地板上!瞬间过后,便盆盖提了起来,砰地一声落到地上,那一切恰恰都是在我眼前发生的。本来是不会有震动或摇晃的,这究竟是怎么了?黑夜寂静得要命……我害怕,非常害怕……这时,一点火花或者是鬼火从天花板上掉下来,正落在我的书上,熄灭了……"另一个例子:"吃晚饭时,空气中弥漫着一种不祥的宁静……接着,一阵狂风强行撞开虚掩着的窗户,怒吼着,就像从单簧口琴(Jew's Harp)中发出来的声响。接着,一切又归于静寂……"到了十一点钟,"空气沉闷得令人窒息。我打开窗户。一股气流涌进来,吹灭了油灯;我赶紧把窗户关上。油灯开始嘶嘶作响,发出叹息与啜泣之声。然后又是一片沉静……"还有一次:"晚上十点钟,一阵狂风咣咣当当地撞击着房门,一直吹向走廊。我把木楔子楔进门的下方,试图钉牢它。但是无济于事;它还在咣当作响。接着,窗户也开始发出咔哒声;火炉像狗一样嚎叫起来;整个屋子就像左右摇晃的一条船。"②

---

① Karl Jaspers, *Strindberg and Van Gogh*, translated by Oskar Grunow and David Woloshin, The University of Arizona Press, 1977, pp. 68 – 69.

② Karl Jaspers, *Strindberg and Van Gogh*, translated by Oskar Grunow and David Woloshin, The University of Arizona Press, 1977, pp. 69 – 70.

以上所举的事例，大多出自斯特林堡的自传体小说《地狱》。通过他的自我描述，雅氏便把斯特林堡在罹患精神分裂症期间的各种典型症候与客观意识完整、清晰、真实地呈现出来。"有经验的精神病学专家总是能够通过与他所熟悉的那些表现形式作比较，进而把感知中出现的各种各样的现象整理出一份详细的清单来，这份清单使他能够记起那些相似的病例。在这方面，显而易见的一个事实是，有些现象得到了高度的发展，而其他现象则几乎没有出现（例如，斯特林堡耳朵失聪，这在通常的病例中也很常见，不过我们在他那里并没有发现假性幻觉症状）。关于疾病中出现的其他不同样态的相似症状及其分布的多样性，无疑已经得到了研究，不过，迄今为止还不可能从中得出任何确定的结论来。"[1] 雅氏就是这样一位"有经验的精神病学专家"，他把精神分裂症患者首先看作"人"，进而在"人"的层面上与对方展开心灵间的对话，倾听他的心声，感受他的眩晕、恐惧与战栗，理解他的撕裂、痛苦与挣扎，然后将他挣扎期间的各种症状与客观意识活泼泼地描述出来。这样一来，一个独特、完整、连续的生命形象也就以他本真的面相呈现在研究者面前了。基于这种立场，雅氏对某些一上来就把精神分裂症患者看作"病人"的专业人士提出了批评，认为这些惯于诉诸一般意识（建立在主客分立基础上的认知理性）的专业人士从某种预设的精神病概念、类型出发，用总体化的方式对患者的症状以及客观意识做出某种抽象、推定与归类，然而，患者本真的生命性征却在抽象、推定与归类的过程中被遮蔽了。雅氏就此指出："任何一种用抽象、推定的方法所做的研究课题都是没有什么价值的；而且，截至目前，确定那些典型的分类也是不可能的。因此，就斯特林堡的病例而言，眼下对问题所作的详细讨论也都没有多大的价值。"[2] 这里有两点值得注意，其一，在分类方法的层面看，雅氏所主张的分类方法主要受到了马克斯·韦伯"理想类型说"的影响，并非出自当时流行的认知分类学。可以说，雅氏在将斯特林堡患病期间所

---

[1] Karl Jaspers, *Strindberg and Van Gogh*, translated by Oskar Grunow and David Woloshin, The University of Arizona Press, 1977, p. 70.

[2] Karl Jaspers, *Strindberg and Van Gogh*, translated by Oskar Grunow and David Woloshin, The University of Arizona Press, 1977, p. 70.

体验的客观意识分成感官幻觉（在感官幻觉之下又有若干小类）、超感官幻觉、原发性妄想、综合幻觉时，他的分类学智慧就是"理想类型说"的一种具体体现。这种立足于精神分裂症当然（而非实然）的分际而做出的分类，其最大的优势就是使雅氏对斯特林堡客观意识的称说呈现出一种既层次分明又内在关联的晶体式结构，进而最大限度地契合了斯特林堡本人的完整而有机的生命性状。其二，在具体研究方法的层面看，雅氏所主张的"理解—描述"的方法在一定程度上受到了胡塞尔现象学的影响，进而言之，雅氏把胡塞尔的现象学从哲学领域运用到精神病理学—心理学领域，从而使他在"现象学描述"中能够最大限度地直面斯特林堡患病期间的各种心灵事件。[①] 雅斯贝斯乃是一位方法论大师，这从他的斯特林堡专论中便可略见一斑。

二　精神分裂症与斯特林堡的世界观发展

斯特林堡的世界观涵括两个方面：一是"怀疑论"（skepticism）与"神智学神秘主义"（theosophic mysticiism）；二是"反女性主义"（antifeminism）。

1. "怀疑论"与"神智学神秘主义"

斯特林堡的原初性格中便交织着难以统一的斑驳色调。首先，他的作品本身即可印证这一观点。"我们很难在他的作品中发现某种被称为中心思想的东西。……斯特林堡委实在不断地怀疑与沉思，不过并不是为了把所有的细节都相互连接起来……而仅仅是为了通过否定他刚刚确定了的东西以罗列一系列的可能性。他的精神生活并不给我们提供一幅人类整体的画面，而只是诸多不同观点的聚集。"[②] 其次，他的生命形象也呈现出一种碎片化的底色。"在斯特林堡的一生中，他接连不断或者同时扮演过多种角色：社会主义者与个体主义者、民主主义者与贵族政

[①] 雅斯贝斯指出："那种割裂生命连续性的做法固然有利于组构某个特定事件的形式，不过对事件的现象性描述会产生对这个事件的清晰的意识，也就是说，要最终将其视为一个心理学意味上的、不可化约的事件，这在发病的过程中得到了证实。"见 Karl Jaspers, *Strindberg and Van Gogh*, translated by Oskar Grunow and David Woloshin, The University of Arizona Press, 1977, p. 70。

[②] Karl Jaspers, *Strindberg and Van Gogh*, translated by Oskar Grunow and David Woloshin, The University of Arizona Press, 1977, p. 85.

治论者、鼓吹发展与进步的功利主义者与反对进步的形而上学家。年轻时他是一位虔诚的宗教信徒，后来成为无神论者、物质主义者、实证主义者，最后——这是与他的精神分裂症联系在一起的——他变成了一位神智学的神秘主义者。"① 碎片化的生命底色与斑驳陆离的作品氛围对斯特林堡来说乃是一而二、二而一的，雅氏由此将其视为一个因着挣扎于盲信的教条与绝对的否定之间而"不承担责任"的人："他盲目地相信某些教条，又总是很快代之以绝对的否定，因而他有时对某一世界观表现出瞬间的忧郁，很快又陷入虚无主义。于是，他就摇摆于二者之间，这种不承担责任的人在任何时候都容易产生绝望。"② 确实，斯特林堡常常产生绝望的情绪，甚至经常想到自杀，追根究底，这种情绪的背后涵淹着一种与怀疑主义形影相随的"虚无主义"。

从生存哲学的角度看，虚无主义与实体化信仰是彼此对立的两极，在生存个体探寻信仰的路途中，它可成为解构"鬼神信仰""人的神化"等一切实体化信仰的否定的环节与契机。③ 就此而言，虚无主义

---

① Karl Jaspers, *Strindberg and Van Gogh*, translated by Oskar Grunow and David Woloshin, The University of Arizona Press, 1977, p. 86. 斯特林堡在晚年所撰的《地狱·神秘日记抄》中曾对自己精神探索的历程做了这样的回顾："我二十岁写《奥洛夫少爷》时就预见了邪恶的人群。真是奇妙，我现在把这部戏正看作是我自己的人生悲剧。辛辛苦苦地活了三十年，突然发现自己所经历的原来二十岁时就预见到了。有何益？我年轻时是个真正信仰上帝的人，此后你却把我弄成个自由思想者。你把自由思想者弄成个无神论者，又把无神论者弄成个和尚。受人道主义启发，我颂扬过社会主义。五年后你又向我揭示了社会主义的荒唐。你挖了我一切热情的墙角。假如我现在献身宗教，我肯定不出十年你会向我证明宗教是虚假的。"见［瑞典］斯特林堡《地狱·神秘日记抄》，潘小松译，东方出版社2003年版，第228页。

② Karl Jaspers, *Strindberg and Van Gogh*, translated by Oskar Grunow and David Woloshin, The University of Arizona Press, 1977, p. 88.

③ 生存个体如何在虚无主义与实体化信仰的两极张力间走上真正的信仰之路，这是雅斯贝斯毕生探问的一个核心问题。他在《哲学信仰》（英译本为《哲学的永恒视域》）中写道："虚无主义与逃入其中的鬼神信仰、人的神化是有区别的：正如信仰无从得到证明，与之相对立虚无主义显然也是不能驳倒的。当面对可怕的荒谬与世间的不公时，那些人并不在其完全的现实中承认它们，而是借助谈论上帝，以一种几乎无意识的实然态度对荒谬与不公避而不谈，有的时候似乎比虚无主义者自身更少关心真理。陀思妥耶夫斯基（斯特林堡也是如此——引者注）谈及对无辜孩童的折磨与屠戮。让这种人间惨剧成为可能的与容许的东西是哪一类的存在、世界与上帝？一个遭受恐怖之苦的人，一个此后永远带着憎恨与愤怒穿过世界的人，他确实是最难相处的邻居。他反过来唤起自身的恐惧与惊悚。正是起来反抗自我保存的本能，他才像疯子一样毁灭了自己。正如一个人可以通过天性陷入疯狂，他也可以通过其他人陷入这种惊悚，从而使自己成为彻底的虚无主义者。我们并不赞成这种虚无主义的立场，我们也不认可他拥有这种权利，（接下页）

第四章　客观表现型的生存艺术家之范例

就是斯特林堡式的生存个体在解构实体化信仰的过程中登场的:"鬼神信仰、与人的神化提供了信仰的替代品,相比之下,公开的无信仰就被称为虚无主义。虚无主义者冒着风险毫无掩饰地出场。对他来说,信仰的一切内容都是站不住脚的,他撕下人们对世界所做的一切解释的假面具并将这些解释视为骗人的东西;对他来说,一切事物都是有条件的、相对的;都没有根基,没有绝对,没有存在本身。一切事物都是可疑的。没有东西是真实的,一切事物都是可允许的。"[①] 如此看来,虚无主义者是冒着坠入地狱的深渊无望地追问与探寻信仰之路的一群人,这样的人至少要具有敢于直面魔鬼的勇气与活力:"虚无主义只能存在于这样的人身上:他通过生命力、生命之爱、强力意志的冲动而生活。通过肯认这些冲动,虚无主义在有利于一种富有活力的信仰的意义上取消了自身。"[②] 在西方现代社会,无论是思想界的克尔凯郭尔、尼采,还是艺术界的陀思妥耶夫斯基、斯特林堡,他们都是虚无主义的见证者,他们的原初人格中都内蕴着无比强大的原始生命力(生命之爱、强力意志)。斯特林堡就自称是瑞典最大的"火",他在1876年致西莉·冯·埃森的一封信中写道:"我是火;我的火是瑞典最伟大的火,如果您愿意,我会放火把那个可憎的鸟巢烧得一干二净!——您也有火,那种困扰您、折磨您的暗火,一种多年隐藏在熊熊烈火之下的暗火,有多少可憎的疯子想把它熄灭——来吧!完成您高尚的目标!您可以成为女演员——我可以为您自己建一个剧场。""我一定会成为一个伟大的人物……难道您不认为胸无大志、无所事事很没意思吗——您如果给这个国家奉献最伟大的作家——那一定就

(接上页) 不过,在它恰好作为对以前的邪恶的一种持续与反应而出现时,它就会宣布邪恶依然是邪恶的。不过我们变得无法相信存在的一致性。无尽的同情、沉默、迷惘、无望必定困扰我们。(在这种情况下)追问这样一个问题——我们所有的人如何才有可能不会变成虚无主义者?——就比忽视能够导致虚无主义的经验更具正当的理由。"见 Karl Jaspers, *The Perennial Scope* of *Philosophy*, translated by Ralph Manheim, Philosophical Library, 1949, pp. 144 – 145。

① Karl Jaspers, *The Perennial Scope* of *Philosophy*, translated by Ralph Manheim, Philosophical Library, 1949, p. 137.

② Karl Jaspers, *The Perennial Scope* of *Philosophy*, translated by Ralph Manheim, Philosophical Library, 1949, p. 137.

是我。"① 斯特林堡曾把自己比作"鹰"②"替罪羊"③ 等,别人曾把他比作"雄狮"④"鲨鱼"⑤ 等,这些形象固然都很传神,不过最为传神的仍是"火"这个形象。"火"喻示着熊熊燃烧的激情,作为斯特林堡原始生命力(爱欲之火、创造力之火)的喻象,它既是毁灭之火(嫉妒之火、报复之火),又是重生之火(批判之火);可以说,"火"本身就是内蕴两极张力的聚合体,它也成为斯特林堡双重人格的直观喻象。斯特林堡在他的作品中使用了大量"火"的喻象⑥,作为一种密码语言,它透露着毁灭与重生、惩罚与赎罪、虚无与拯救、地狱与天堂等既对立又统一的信息。可以说,斯特林堡就是一位"纵火者",

---

① [瑞典]斯特林堡:《斯特林堡文集》第 5 册,李之义译,人民文学出版社 2005 年版,第 239、241 页。

② 拉格尔克朗斯在《斯特林堡传》中写道:"(一八七六年)五月十九日,他写信告诉锡丽:'现在《奥洛夫老师》已经改完!奥洛夫老师万岁!他一定会替我争光!现在我什么也不怕了!'同一个月,斯特林堡又开始使用他青年时期最早用的那个骄傲的战时用的名字'鹰',并幽默地在前面加上象征爱情的鸟中最主要的鸟的名字——斑鸠。他在五月九日写的一封信上的签名是'你难过的斑鸠,鹰'。见[瑞典]拉格尔克朗斯《斯特林堡传》,高子英译,外国文学出版社 1983 年版,第 89 页。

③ 斯特林堡在 1906 年发表了一篇题为《替罪羊》的小说,对他"地狱时期"一直困惑的"为什么遭罪的总是自己"这个问题进行了解答,从中可以看出,经过巴黎"地狱时期"的淬砺,他由"与上帝摔跤"的雅各成为一个勇于承当替罪羊的角色,这时的斯特林堡已成为约伯式的受难者与诅咒者。

④ 笔者注意到,《斯特林堡文集》第 5 册的插页中有一幅漫画"雄狮斯特林堡"(雅可布松作)。另,拉格尔克朗斯在《斯特林堡传》中曾多次提及作为"狮子"的斯特林堡,譬如:"斯特林堡的两个哥哥个子都比他高、力气都比他大,另外又特别受宠爱。他追求名利的野心就在这里打下了基础。……在家里,斯特林堡不久就发现,他是一头狮子,一种坚强的自尊(不时地受到伤害的自尊)伴随着他的一生";又如:1905 年秋天,理查德·贝利为斯特林堡画过一张巨幅画像,他在 11 月给丹麦画家约翰森的信中说:"他就象一头在实际生活中受伤、但仍然傲气十足的老狮子。"见[瑞典]拉格尔克朗斯《斯特林堡传》,高子英译,外国文学出版社 1983 年版,第 13、454 页。

⑤ 拉格尔克朗斯在《斯特林堡传》中写道:"有人说,如果有一条鲨鱼在一个鱼群里逞凶作恶,鱼的肉就会长得更好更结实。在瑞典的文化生活中,斯特林堡一生都在扮演这种给人增加活力的鲨鱼角色。他一露面,人们就顿时活跃起来。这一点从人们对《黑旗》的反应上看得尤其清楚。"见[瑞典]拉格尔克朗斯《斯特林堡传》,高子英译,外国文学出版社 1983 年版,第 470 页。

⑥ 譬如,斯特林堡的戏剧《一出梦的戏剧》结尾处,女儿想借助火重新升入以太;又如戏剧《被烧毁的庭院》从开始就围绕着谁是纵火者展开,其中有大学生、陌生人的形象,陌生人认为"世界就是一座疯人院";又如戏剧《塘鹅》结尾处,儿子大喊"着火了",他认为"现在所有旧的东西,所有旧的罪孽,所有邪恶和丑陋,都会烧掉",女儿叶尔达同意哥哥的看法,认为"一切都必须烧掉,不然我们无法离开这里"。

他既以燃烧的激情摧毁着一切，又有一种立于堆满灰烬的废墟上建构点什么东西的冲动，正是在这个意义上，也只是在这个意义上，斯特林堡才有可能通过虚无主义观念发挥着它在价值衡估过程中的"否定的功能"①。就此而言，"虚无主义"就不再只是一种纯粹消极的姿态："在虚无主义中，有某种东西得到了表达，亦即诚实的人是不可忽视的。在现实世界中，绝望在极端处境中是不可避免的。每一种信仰都必定探究虚无的可能性。信仰不可能硬性地将自身归属于某种客观上可依赖的确定性。信仰始终是一种冒险，是一种赠品，因此，它必须不断地意识到虚无主义的威胁，以免它屈从于骄傲的诱惑——当它变得保守僵化时，它就会经常屈从于这种诱惑。"② 斯特林堡一直在寻找着"上帝"（世界的统一性）以及活着的终极目的，可他在这个过程中常常与"魔鬼"以及"虚无"迎面相遇。斯特林堡意识到了浸入自己骨髓的虚无主义观念的威胁，也意识到了它对探寻心目中真正的信仰的可能意义，然而当他选择以斯威登堡的"神智学"③ 作为自我拯救的药方时，他最终还是使自己摇摆于实体化信仰与既诱惑着他又使他备受折磨的虚无主义之间的两极张力中，至于雅氏所期待的那种非实体化的"哲学信仰"，则始终未能成为斯特林堡生命探求的鹄的。

对西方人来说，宗教是影响一个人的精神构塑的重要因素。鉴于此，雅氏着重考察了斯特林堡的宗教态度。可以说，"实验主义"是斯特林堡对宗教所持的最根本的态度，这种态度在根底处与相对主义、怀疑主义和虚无主义相通。他还在孩提时期就在寻找上帝，而找到的

---

① 雅斯贝斯指出："虚无主义的观念只有在下述场合才可发挥否定的功能：它从某种被公认的东西出发，通过衡估，虚无、幻灭、背叛、谎言、妄想都被揭露出来。为了发言，虚无主义要求一种根基，这种根基如果真正得到理解的话，就会取消虚无主义，以便有利于由这种根基所代表的肯定价值。因此，彻底的虚无主义的方法，首先包含在根据被视为自明的衡准拒绝一切的立场里，接着便使一切东西都消失在一个相互否定的旋涡里。" 见 Karl Jaspers, *The Perennial Scope of Philosophy*, translated by Ralph Manheim, Philosophical Library, 1949, p. 138。

② Karl Jaspers, *The Perennial Scope of Philosophy*, translated by Ralph Manheim, Philosophical Library, 1949, p. 144.

③ 神智学（Theosophie/theosophy）是一种蕴含丰赡的人文内涵的宗教学说，从根底处看，神智学乃是一种带有神秘主义气息的鬼神信仰，它与虚无主义构成对立的两极，从中透示出一种浓郁的"命运"气息。

却是魔鬼。① 在青年时期，他认为有两种力量交替支配着人的命运，一种是恶的力量，一种是善的力量。然而，善与上帝在他那里从未获致对恶与魔鬼的统摄，那在终极处安顿人的心灵的境界形态的"上帝"对他来说也从未达于自觉。因此，斯特林堡只得摇摆于善与恶、上帝与魔鬼之间，在双方的撕扯下而遁于虚无。身患精神分裂症期间，他在虚无中与恶魔一同沉没；在疾病过程间歇期，他反思自身曾遭遇的"宗教危机"，但终因无所归着而依然为浓重的虚无所笼罩。于是，他不断地"否定自己的过去"。绝对的否定在思维模式上其实与绝对的肯定同源，它虽然能够令人感到"宗教危机"，却无法使人走出虚无。斯特林堡诚然毕其一生都在苦苦寻觅，但他自己也不得不宣布过去的一切努力都已经失败："就像所有的宗教危机一样，它仍停留于一种碎片、非连续的混乱状态。"② 诚然，雅氏也讲人生是一场实验，不过他的"实验"在根底处隐贯着一种向死而生、向无而有的人文智慧。当他把生存挫折转换为"本明生存"濒于"临界处境"而明证"超越存在"的"密码"，心有存主的雅氏便与斯特林堡那纯然否定自我的"实验主义"迥异其趣了。二人都从宗教危机与信仰危机中反省到时代的文化危机，不过，雅氏的"生存"最终在虚灵不滞的"超越存在"那里得以安顿，而斯特林堡则最终走向一种赋有"命运"色彩的"神智学"。雅氏指出，在斯特林堡那里，"由精神分裂症过程带来的大量实验性的内容，自始至终都服务于那些形而上学的、宗教的、神话的观念。不管人们想谓之什么，它们都与各种神智学观念有关"③。应该说，斯特林堡的神智学倾向与他在精神分裂症发作期间研究斯威登堡的行为

---

① 斯特林堡曾经写道："我同生活作了了断。我们两清了。假如此前我有罪过，那么说实在的，我已受到足够的惩罚。我该害怕地狱吗？然而，我的确经历了此生千百个地狱，毫不动摇地走过。我忍受了足够的痛苦，这些痛苦足让我在内心唤起强烈愿望：远离尘世间我一直厌恶的名利和虚假的快乐。我生来就渴望走进天堂。还是孩子的时候我就因为生活的肮脏而哭泣过，感到自己在父母邻居眼里是个陌生人。从童年时代起我就寻找上帝，但找到的却是魔鬼。少年时我就戴上了耶稣基督的十字架，但我拒绝这样的上帝：他满足于统治在折磨他们的人前卑躬屈膝的奴隶。"见［瑞典］斯特林堡《地狱·神秘日记抄》，潘小松译，东方出版社2003年版，第157页。

② Karl Jaspers, *Strindberg and Van Gogh*, translated by Oskar Grunow and David Woloshin, The University of Arizona Press, 1977, pp. 91-92.

③ Karl Jaspers, *Strindberg and Van Gogh*, translated by Oskar Grunow and David Woloshin, The University of Arizona Press, 1977, p. 92.

第四章 客观表现型的生存艺术家之范例

有关。当他有意研究斯威登堡的著述之际,也正是自己感到症状减轻之时。他在对方的著述中发现了自己所有的经验,但是,这并不意味着他的这些经验就是被外在而单向地给予的。雅氏那种批判的理解心理学自始强调人的移情作用,其旨趣在于:理解他人其实并不在自我理解之外。因此,斯特林堡对于神智学的兴趣,最终仍根源于他自身的生存体验。"他或许通过研究自己所感兴趣的斯威登堡的作品与神智学传统而对其有了更深的理解,但是它们基本上还是主要源自他自身的体验。他曾直率地说,自己并不喜欢单纯的智性推理,也不喜欢神智学。不过,他自己原初的精神分裂症经历迫使他充满的神智学观念达到了如此这般的程度。"①

我们看到,充满命运感的斯特林堡在同样充满命运感的斯威登堡与神智学那里发现自己所有的经验也是一件自然而然的事。透过这一有意味的关联再来观审其世界观发展的踪迹,那总在"持续不断地摇摆于他的形形色色的世界观之中"的斑驳色调便愈加凸显。雅氏指出:"即便在危机之后,他的怀疑论也从未离开过他。其实,他总在怀疑几乎所有的东西,只是不怀疑自身的经历。而且这些经历又可以予以不同的解释,不过也不能断言这是一种病态的表达或被视为某种无用的东西。不言而喻,斯特林堡也对所有的教派教条怀有敌意。"②鉴于此,尽管斯特林堡的一生中有过多次世界观转变,但从未转变的即是他的怀疑论;换言之,正是源于怀疑论的生命基调,他才不断地否定自我,不断地实验各种各样的世界观。③ 与雅氏那赋有精神等级秩序的世界不同,斯特林堡的精神深处则是一个相对持续的并置世界,魔鬼与幽灵等力量均直接介入人类的生活,对他而言,"富有特定意义的符号观念,超自然的力量对人类进行教育与惩罚"的想法是相对

---

① Karl Jaspers, *Strindberg and Van Gogh*, translated by Oskar Grunow and David Woloshin, The University of Arizona Press, 1977, p. 92.

② Karl Jaspers, *Strindberg and Van Gogh*, translated by Oskar Grunow and David Woloshin, The University of Arizona Press, 1977, p. 92.

③ 譬如,斯特林堡所写的下面一段话其实也正是他自己精神探索的真实写照:"大约在1885年,鲁恩德,一个学生团体形成,名为'年轻的老头们'。这个团体的文学、科学和社会关注点都以激进为特点。他们的活动总是与时代的思想相一致,首先是社会主义,然后是虚无主义,最后是树立大分裂和世纪末理想,很有撒旦的味道和腐朽没落的味道。"见[瑞典]斯特林堡《地狱·神秘日记抄》,潘小松译,东方出版社2003年版,第220页。

— 357 —

恒定的。① 应该说，斯特林堡对时代的文化危机是有着刻骨铭心的体验并充满着一种难以抑制的期待的。"斯特林堡相信他在自己所处的时代发现了一种普遍弥漫着的魔鬼行动。'我们已经历了太多不幸的事件和太多无法解释的偶发事件，就连最强大的怀疑论者也会变得焦躁不安。失眠现象与日俱增，神经失调现象成倍增长，幻像不断出现，真实的奇迹层出不穷。处处弥漫着一种期待的气氛。'"② 那么，斯特林堡期待的究竟是什么呢，这才是问题的关键所在。在斯特林堡看来，"这是一个实验的时代，各种实验的否定结果都证明了那些教条的虚妄"。"青年期待新的东西……展望不可知的东西，不管它是什么，只要它不是旧的东西。人们渴望与神重归于好。不过，它们必须是新神，必须被更好地界定，必须与我们的时代和谐相处。时代的实验精神已经结束，除了否定的结果外，这些实验什么也没有显示出来。"③ 基于此，斯特林堡一方面断言"魔鬼的作用正愈加在真实的现象中显现自身"；另一方面在时代的"彻底溃败"中感到"青年一代正趋向于新的东西"，故而，我们并不能把斯特林堡简单地贬抑为"悲观主义"者，因为他那探向"新的神"的渴望从未在他那撕裂了的心灵中熄灭。问题只在于，他寄希望于年青一代及他们所期待着的"新的神"却是"以一种旧的观念表达出来的、关于历史之神的观念"④。所谓"历史之神"，说到底乃是一种"命运"之神，这种命运之神颇类于《旧约》中动辄发怒、无情惩罚人类的"上帝"。斯特林堡悲郁地挣扎于"各种实验的否定结果"所透示出的"那些教条的虚妄"之间，尽管他也满怀着期待"渴望与诸神重归于好"，但终究因着那层抹不去的怀疑论的生命基调而投向"历史之神"——命运之神——的怀抱。雅氏断言："斯特林堡世界观的真正本质，他的怀疑论以及对一切事

---

① Karl Jaspers, *Strindberg and Van Gogh*, translated by Oskar Grunow and David Woloshin, The University of Arizona Press, 1977, p. 93.

② Karl Jaspers, *Strindberg and Van Gogh*, translated by Oskar Grunow and David Woloshin, The University of Arizona Press, 1977, p. 93.

③ Karl Jaspers, *Strindberg and Van Gogh*, translated by Oskar Grunow and David Woloshin, The University of Arizona Press, 1977, p. 94.

④ Karl Jaspers, *Strindberg and Van Gogh*, translated by Oskar Grunow and David Woloshin, The University of Arizona Press, 1977, p. 94.

物的不完善的探察——所有这一切都依然存在；从根本上看，精神分裂症过程只是引致了新的素材，却没有产生新的理念。"① 从某种意义上可以说，斯特林堡的世界观始终未能摆脱《旧约》的根本观念——人类因原罪而遭受"上帝"（"看不见的力量"）的惩罚，同时因受到"上帝"的惩罚而得到救赎。

2. "反女性主义"

斯特林堡世界观的另一个维面是"反女性主义"。从现象上看，不幸的婚姻遭际伴随着他的第一次精神分裂症过程。他一生结过三次婚，每次都以离婚而告终，并诱发仇视女性的心理与嫉妒妄想。或者说，正是他的原初性格中业已存在的仇视女性的心理与嫉妒妄想导致了婚姻的破裂，而婚姻的破裂反过来又激化了"反女性主义"倾向。这里的问题是，斯特林堡"反女性主义"的根源究竟是什么？欲厘清这一问题，首先须探察他对"女性"的理解。

"女性"在斯特林堡的心灵中分裂为两种形象：一是"理想的女性"，二是"现实的女性"。理想的女性是无"性"（sex）的"母亲"，她只以"圣母"般的形象为其提供纯洁的母爱与无私的呵护，以便确认自己作为"儿子"的身份；现实的女性是有"性"的"妻子"，他对其充满占有欲，以便确认自己作为"丈夫"的角色。当他以理想的"母亲"形象为标准衡鉴现实中其他女性的存在价值时，他便在自己的爱情生活中出现了角色错位与内心矛盾。雅氏称述道："给他的一生烙下深刻印记的第一个女人是他的母亲。'他渴望母亲伴随自己一生……他像一株攀爬的蔓生植物一样需要支撑物。'他有崇拜、顺从某个女性的倾向，以便从她那里得到母亲般的关爱。后来，他倾向于以母亲的角色来衡量女人的价值。……'他在所爱的每一位女人的身上，都能看到母亲的踪影。鉴于此，他所爱慕的仅仅是那些慈母型的女人。'结婚两年后，他成为一位父亲。他想：'自己的妻子当时已是亲密伴侣，她作为母亲而获得了新的价值。在这种关系下，她那变得明显丑陋的长相消失了。'后来他抵制这些冲动并渴望使自

---

① Karl Jaspers, *Strindberg and Van Gogh*, translated by Oskar Grunow and David Woloshin, The University of Arizona Press, 1977, p. 96.

己从中摆脱出来。他试图去除'母亲与其他女人不能共享敬慕的古老迷信'。直到1884年,他还是在自己身上发现了'一种崇敬母爱的古老的迷信'。"① 说到底,斯特林堡所渴慕的是一种精神婚姻,但他作为一个男人,又有着难以克服的性冲动。然而,现实中的"妻子"又不能给予他所渴望的纯洁的"母爱"。当"母亲"与"妻子"、"母爱"与"性爱"之间的张力在他因怀疑而敏感、因敏感而怀疑的心灵中最终出现断裂时,婚姻的破裂在所难免,发展到极端,便导致其爱情生活中的嫉妒妄想、被害体验和那偏执的仇视女性心态,直至厌恶性生活本身,进而怡然自得地陶醉于一种"男性处女"的纯洁心境之中。"妻子离开他之后,他相当有个性地写道:'当我独自一人躺在依然散发着女人芳香的床上,我感到怡然自得。一种男贞精神的纯洁感使我觉得过去的体验中呈现出某种龌龊的东西。'"②

斯特林堡毕竟有其真性情,他能够把自己的切身体验化入关于女性、性关系与婚姻生活的批判性思考,这些刻骨铭心的体验与批判性思考也由此构成其精神分裂症人格及作品的素材。雅氏据此探究并勾勒出斯特林堡的疾病过程与其"反女性主义"倾向之间的某些内在关联。"起初阶段,他因性潜能的发展而与妻子保持炽热的关系,这种态度与他患病之前业已存在的理论上的反女性主义倾向是相称的。……第二阶段,对异性的仇视伴随着绝望的嫉妒达到顶点,这诱发他写出《父亲》《同伴》等反女性主义的作品;第三阶段,认为女性是一切罪恶之源的这一仇视女性的态度消失了。在他人生的最后十几年里,他能够比较公正地看待两性间各自的过失,进而把不幸的性冲动归之于某种更高的力量。"③ 这表明,斯特林堡在晚年已看到两性之间幸或不幸的根源在于"不幸的性冲动",对他来说,这"不幸的性冲动"所归诸的那种"更高的力量"其实仍在于无可逃避的"命运"。

---

① Karl Jaspers, *Strindberg and Van Gogh*, translated by Oskar Grunow and David Woloshin, The University of Arizona Press, 1977, p. 97.

② Karl Jaspers, *Strindberg and Van Gogh*, translated by Oskar Grunow and David Woloshin, The University of Arizona Press, 1977, p. 102.

③ Karl Jaspers, *Strindberg and Van Gogh*, translated by Oskar Grunow and David Woloshin, The University of Arizona Press, 1977, pp. 102–103.

三 精神分裂症与斯特林堡的作品

雅氏认为，斯特林堡是一位典型的客观表现型的生存艺术家，那些烙有其全部生存体验的作品本身即是精神病理学研究的对象。因此，考察他的创作年表及作品的形式与内容，便可从中发现精神分裂症与作品之间的某种内在关联。

从斯特林堡的创作年表看，"从1892年下半年到1897年，斯特林堡没有写出任何作品来。从1892年到1895年，他却专注于研究炼金术及其他相关领域。这些研究在1896年也几乎全部停止，所剩的全部都是大量的精神分裂症体验，不断地从一个地方搬到另一个地方，研究斯威登堡的著述。从1896年开始，他所写的仅仅是些日记。1897年起，这些素材被写进自传性作品《地狱》与《传奇》。接下来的1898年，我们看到他又开始有了惊人的创作效率，这一时期的主要作品是戏剧"。雅氏据此断言："疾病发展最为剧烈的那些年也正是斯特林堡完全缺乏诗意创作的那些年。"[1] 作品年表诚然也表明斯特林堡的戏剧作品创作限于一些特定年代，譬如1870—1872年、1879年、1881—1882年、1887—1888年、1892年、1898—1901年、1903年、1907—1909年，不过，"这一事实与其疾病毫不相干，它只关联于他一生的局部过程"[2]。

斯特林堡经过疾病高发期的创作衰退之后，其作品的形式是否发生了显著的变化，这是一个值得关切的问题。聚焦于这一问题，雅氏对那些可能带有独断色彩的推论保持了足够的警惕。譬如，有人推断：斯特林堡"危机前后"的作品风格变化颇大，前期的著作显得更加"简明、确当、有力"，而后期的作品则显得"单调、拖沓"。有人进一步推断：精神分裂症过程导致"天才"沦坠，斯特林堡"危机前后"判若两人。在雅氏看来，问题并不像人们所推论的那样简单。他指出："确实，精

---

[1] Karl Jaspers, *Strindberg and Van Gogh*, translated by Oskar Grunow and David Woloshin, The University of Arizona Press, 1977, p.107.

[2] Karl Jaspers, *Strindberg and Van Gogh*, translated by Oskar Grunow and David Woloshin, The University of Arizona Press, 1977, p.107.

神分裂症在长期的过程中总是产生这样的或类似的一些后果，不过它们并不能被说成是待定之物。相反，重要的在于以下事实：在经历危机之后，斯特林堡依然保持着创作能力、理解能力等。"① 雅氏在此无非是要强调，尽管精神分裂症会影响到作品的艺术形式及风格的变化，但这并不意味着两者之间存在一种必然的因果关联。毋宁说，艺术形式及风格的变化最终仍取决于艺术家的原初生存中既有的创造天赋，精神分裂症过程不过是起到了一种阻抑——在客观表现型的艺术家那里——或酵发——在主观体验型的艺术家那里——的作用。

在雅氏看来，精神分裂症对斯特林堡作品内容的影响也是不容忽视的。他指出："第一次精神分裂症发作导致他对妇女的仇视心理达到顶点，并诱发他创作了诸如《父亲》《同伴》等作品；第二次发作（从19世纪90年代伊始起）导致他的世界观发生了变化，使他后来的作品迄今仍笼罩一种不可理解的色彩与气氛。早期，他的作品完全是现实主义的，而后来却逐渐变得晦涩难懂起来。"② 究其原因，斯特林堡后期作品的"晦涩难懂"乃源自他以"神智学"的世界观对"现实主义"的世界图景进行了大胆的变形。

斯特林堡是一位敢于把自己的全部生命化入作品之中的艺术家。正因如此，我们总能在其作品中体察到他生命的脉动。"斯特林堡在任何时候都把自己的体验与其作品结合起来。他写于患病之前的《红房子》便是一个有力的证明。"病愈之后，他则把自己的精神分裂症体验直接转换为作品的素材："带有空幻色彩的神奇世界，突如其来的一阵大风，变质的食物，关于他的人生哲学、伪科学研究及其推论。……不过，这些细节已不再令人感兴趣了。"③ 由此可见，雅氏对斯特林堡"把自己的体验与其作品结合起来"的做法是给予充分肯定了的，不过同时指出"这些细节已不再令人感兴趣了"。应该说，这一品鉴态度颇为关键。正是在这里，雅氏厘定了以斯特林堡为范例

---

① Karl Jaspers, *Strindberg and Van Gogh*, translated by Oskar Grunow and David Woloshin, The University of Arizona Press, 1977, p. 108.

② Karl Jaspers, *Strindberg and Van Gogh*, translated by Oskar Grunow and David Woloshin, The University of Arizona Press, 1977, pp. 108 - 109.

③ Karl Jaspers, *Strindberg and Van Gogh*, translated by Oskar Grunow and David Woloshin, The University of Arizona Press, 1977, p. 109.

第四章　客观表现型的生存艺术家之范例

的客观表现型的生存艺术家的界限，并进一步对斯特林堡与尼采、克尔凯郭尔做了比勘。

斯特林堡具有强烈的"自我暴露"倾向。他以近乎"残忍的诚实"（brutal honesty）把自己的生活曝之于众，但这种"坦率"（candor）更多的是一种"瞬间的激情"。"他无所掩饰，却很容易满足；他尖锐而确信地阐述自己的观点，并视为真理。他并未感到对不断无条件地寻求自我澄明的深切渴望；他其实并不想趋向一种无限的澄明。正因为此，与尼采和克尔凯郭尔相较，斯特林堡的心理是肤浅的。"[①] 之所以说斯特林堡是"肤浅"的，乃是因着他那一贯外骛的心灵并不想寻求"无限"的"自我澄明"，故而这"有限"的自我便缺乏那份趋向"无条件"的东西的渴望。以一种"残忍的诚实"在"有条件"的向度上探求"真理"，所探求的"真理"最后也只能是某种"有条件"的东西。正因为把"有条件"的"真理"视为"无条件"的"真理本身"，他那探向"有条件"的"真理"的"残忍的诚实"与内心的搏斗只能演变成"瞬间的激情"，这位怒火中烧的"纵火者"未能实现凤凰涅槃，最终在创作的过程中随着不断从心灵的裂口喷发出来的作品一道走向毁灭的深渊。[②] 也正因为如此，有人才会这样评价他——"斯特林堡是个天才，但不是个伟大的作家"。[③] 这样的评价固然已经揭示出

[①]　Karl Jaspers, *Strindberg and Van Gogh*, translated by Oskar Grunow and David Woloshin, The University of Arizona Press, 1977, pp. 109–110.

[②]　拉格尔克朗斯在《斯特林堡传》中写道："在斯特林堡的想象中，赫拉克勒斯一直就是不停地诱惑和威胁斯特林堡的耶稣的对立物。在小说结束时的最后几行里，斯特林堡突然想到了'引火烧身'这个词。他并不是没有意识到，把带涅索斯毒血的衣服穿在身上、在写作过程中被烧死的就是他自己。阿克塞尔·鲍利象图尔奈一样企图把超人纲领变成现实，而在试验过程中却毁了自己。他最后变成一个疯子并自杀。但他同时又是一个敢想敢干、尽管知道试验会导致他的毁灭而决不后退的真正英雄。他的伟大就在这里，他象斯特林堡的地方就在这里。"见［瑞典］拉格尔克朗斯《斯特林堡传》，高子英译，外国文学出版社 1983 年版，第 294 页。

[③]　拉格尔克朗斯在《斯特林堡传》中对此做过这样的交代："斯特林堡曾受到包括雷维廷在内的瑞典批评家们空前热烈的赞扬。在当时发表的文章里，谈到他时形容词都是用最高级。""但是那些赞扬的话中总有一种保留。他们说斯特林堡是个天才，但不是个伟大的作家。……他的文章中最出色的无疑是他一八九九年五月三日在《瑞典日报》上发表的那一篇。他说斯特林堡是一个天才和一个粗俗的生物人的混合体。在斯特林堡身上，永垂青史的最强烈需要和最庸俗的天性'永远不能融合在一起'。雷维廷继续说，斯特林堡缺少的是自然的高贵和作为真正的文明人象征的带自我讽刺意味的微笑。""雷维廷总结性地指出：'关于奥古斯特·斯特林堡，我们可以把他称做奥古斯特一世·忏悔者，因为再也找不到象他这样无情的作家。看他的作品，（转下页）

斯特林堡式的"天才之谜"的一些秘密，不过其中尚含有一丝"保留"的意味；相比之下，勃兰兑斯的这样一个评价当是经得起文学史检验的定论——"斯特林堡是一个大作家，但不是一个领袖人物"。[①]倘依循雅斯贝斯的评价标准，笔者完全有理由在此补上一句话："只有歌德式的理性生存型的大作家，才有可能成为领袖人物。"斯特林堡固然很欣赏歌德，并借歌德内蕴于其原初人格中的"魔"与"灵"的搏斗来为自己辩护[②]，不过他终究没有成为歌德式的"领袖人物"，追根究底，斯特林堡原初人格中的"魔"最终未能在"灵"的引导下趋向那标示着和谐统一之境的"真理本身"。

在雅氏看来，眺望"无条件"的"真理"同样离不开眺望者的"真诚""坦率""激情"，只有充满"真诚""坦率""激情"的眺望者的目光才投向"无限"的"自我澄明"。正如尼采与克尔凯郭尔是主观体验型的生存哲学家，荷尔德林与凡·高即是主观体验型的生存艺术家。从雅氏对他们所表现出的更多的肯认态度看，我们可以隐隐约约地发现一条从《斯特林堡与凡·高》一书通向《哲学》与《理性与生存》的暗道：那便是雅氏承续克尔凯郭尔并汲取康德的"理性"而自成一家之言的"生存"。诚然，与《哲学》相较，雅氏在《斯特林堡与凡·高》一书中对于"生存"的哲学致思尚未达于自觉，"生存"的某些意蕴有时也还是诗意朦胧的；不过，把《斯特林堡与凡·高》一书视为雅氏走向生存哲学之路的一个路标，大概不违其精神探

（接上页）我有时候不禁会想起自己小时候在动物园里看到的给动物喂食时的情景，对这一点我毫无办法。在斯特林堡的书里，灵魂深处的各种野兽——里面不仅有魁伟高大的狮子和五彩斑斓让人喜爱的老虎，而且有满身污垢的狼——都在栅栏里面吼叫。'"见〔瑞典〕拉格尔克朗斯《斯特林堡传》，高子英译，外国文学出版社1983年版，第511页。

① 拉格尔克朗斯在《斯特林堡传》中对此做过这样的交代："盖奥尔格·勃兰兑斯可以说是在代表着整个欧洲的文化名人讲话，他在自己论述斯特林堡的那篇大文章里对这一点说得比较客气，但是更加清楚。勃兰兑斯写道：'斯特林堡是一个大作家，但不是一个领袖人物。'他在难以被人掌握的生活艺术上不能为人师表，勃兰兑斯继续说，'因为他身上不是只有一个斯特林堡，而是有很多斯特林堡在互相斗争'。"见〔瑞典〕拉格尔克朗斯《斯特林堡传》，高子英译，外国文学出版社1983年版，第512页。

② 拉格尔克朗斯在《斯特林堡传》中对此做过这样的交代："斯特林堡在歌德的作品里找到了支持。他在歌德的一本书的这样一段话下面画了线，即，对邪恶不恨的人有习惯于把一切看成相对的好的危险，其结果是他们身上所有真正的感情会慢慢死去。"见〔瑞典〕拉格尔克朗斯《斯特林堡传》，高子英译，外国文学出版社1983年版，第513页。

索的本然理路。

第二节 斯威登堡：客观表现型的生存艺术家范例之二

斯威登堡（Swedenborg，1688—1772，亦译为斯维东堡、史威登堡、斯维登伯格、施魏登贝格等），瑞典天才科学家[①]、基督教神秘主义神学家。这位"通行灵界的科学家"对波德莱尔（Baudelaire）的象征主义"应和论"、斯特林堡的神秘主义"神智学"产生了深刻的影响，歌德、托马斯·卡莱尔（Thomas Carlyle）、巴尔扎克、卡尔·荣格（Carl Gustav Jung）、海伦·凯勒（Helen Adams Keller）等文学家、哲学家、心理学家也都向他表达过敬仰、感激之情。[②] 在《斯特林堡与凡·高》一书中，雅斯贝斯是把斯威登堡作为与斯特林堡相比照的一个案例进行阐说的。通过审慎的比照，雅氏发现二人的精神分

[①] 据《通行灵界的科学家——史威登堡献给世人最伟大的礼物》一书载述，"他原本是十八世纪名噪一时的天才科学家。在一七四五年之前，他都持续与万有引力的发现者牛顿进行交流，精通二十种不同的科学领域，发表了多达一百五十册的科学论文"。此外，该书还称引了英国皇家科学技术学院教授荷伯特·丁格（Herbert Dingle）的一段赞词："爱因斯坦的物理学，即使是知性发达的现代人也很难搞懂。但它最核心的观念，一七三四年的史威登堡已经理解了。"见史威登堡研究会编著《通行灵界的科学家——史威登堡献给世人最伟大的礼物》，王中宁译，（台北）方智出版社股份有限公司2010年版，第40、15页。

[②] 《通行灵界的科学家——史威登堡献给世人最伟大的礼物》一书辑录了各界人士对斯威登堡的赞誉之词。譬如歌德说道："我的内心比谁都想相信那个超出肉眼可见之外的世界。我倾注一切的诗句与灵魂，想将被勒紧的自我释放开来。我将带著满满的活力，去体验史威登堡口中的灵界。"又如托马斯·卡莱尔说道："他是具备深厚涵养、坚实理智的巨擘！他拥有天使的气质，对我而言他是个非常美丽可爱的人！他清楚说出了人类史上任何一本著作没能提到的真相。史威登堡，你是岁月越流逝越发出光彩的灵性太阳！"又如巴尔扎克说道："我认真研究过各种宗教，过去六十年来出版的所有相关著作我都读过，我问了问自己各个宗教的真伪，最后还是决定回归史威登堡。无疑地，史威登堡已经消化了人类各大宗教的重要内容，并且将其整合为一。"又如卡尔·荣格说道："史威登堡是伟大的科学家，同时也是伟大的神秘主义者。他的生涯与著述在我心中种下了无限的感动。"又如海伦·凯勒说道："我以前一直处在绝望中，自认为早已被神抛弃，根本不知道自己为什么要这么悲惨地活著。我想诅咒神，但读了史威登堡的灵界体验后，我就不再痛苦了。我相信我不会死去，我会待在天堂之中，而且在那里我不再是残障者。不只如此，我还能恢复到年轻的状态，永远那样活下去。我了解了还在人世的时候我应该做些什么：除了尽心、尽性、尽意爱神之外，就是要爱人如己。我读完他的书之后，对死亡就一点都不害怕了。"见史威登堡研究会编著《通行灵界的科学家——史威登堡献给世人最伟大的礼物》，王中宁译，（台北）方智出版社股份有限公司2010年版，第9—13页。

裂症过程具有很大的相似性，他俩的作品在内容上也都是对患病期间所体验的客观意识的一种表现，雅氏据此将二人一并归入客观表现型的艺术家之列。

《斯特林堡与凡·高》一书的阐说中心是斯特林堡，鉴于此，雅氏对斯威登堡委实用墨不多（专论斯威登堡的文字在全书中所占的篇幅最少），不过这并不意味着他的精神分裂症状况就不值得关注。"斯威登堡这类的患者在广大的精神分裂症范围内是一种有限的范型，相对来讲出现得并不那么频繁，不过，若从某种绝对的观点来看待它的话，总还是存在大量罹患此症的人。"[1] 雅氏认为，斯威登堡在试图通过通灵术沟通"自然世界"与"神灵世界"期间，确已表现出精神分裂的典型症候。"那就让我们来看一看斯威登堡精神分裂症的一些典型特征。尽管他与斯特林堡的精神分裂症范型呈现出相似的性状，但是他们之间的偏差也是巨大的。二者病例中存在的共同之处是精神分裂的过程，这个过程总是允许患者继续保持其镇定自若、井然有序与自我导向的状态——这个过程在某个特定的时间发作与发展，并且在现象上表明他们有着非常相似的经历。"[2] 与斯特林堡一样，斯威登堡的精神分裂症过程也经历了前后相续的三个阶段——预发阶段、急性发作阶段、最后阶段，而且在客观意识方面也有某些相似之处。当然，斯威登堡与斯特林堡都是出现于人类历史上的独一无二的生存个体，"他们之间的偏差自然也是巨大的"。在揭示二人之间存在的通性的基础上，把斯威登堡的鲜明个性呈现出来，这正是雅氏专论斯威登堡的旨趣所在。鉴于此，雅氏一仍旧贯地运用理解—描述的方法，并主要从精神病理学—心理学的视域对斯威登堡做了诠释。雅氏重点诠释了三个问题：一是斯威登堡的病志，二是通行于"自然世界"与"神灵世界"之间，三是"超人的洞察力"与"通灵"经验的独异性。可以说，雅氏的这些诠释为我们提供了一种独特的研究斯威登堡的范式——精神病理学—心理学范式。

---

[1] Karl Jaspers, *Strindberg and Van Gogh*, translated by Oskar Grunow and David Woloshin, The University of Arizona Press, 1977, p. 115.

[2] Karl Jaspers, *Strindberg and Van Gogh*, translated by Oskar Grunow and David Woloshin, The University of Arizona Press, 1977, p. 116.

第四章　客观表现型的生存艺术家之范例

一　斯威登堡的病志

作为一位经验丰富、业务精湛的精神病理学家，雅氏在从事临床与研究的过程中探索出了一条描述、理解、诊断患者病志的途径，亦即"依年份顺序发生的变化"来辨识患者的症候及进展状况。雅氏的具体做法是，以患者遇到明显"推力"（症候出现剧烈变化）的年份为临界点（坐标点），向前追溯这种推力最初萌蘖的预兆，向后寻查这种推力趋于衰微的迹象，在此基础上勾勒出患病过程的图式来。[1] 在面对斯威登堡的病志时，雅氏就是严格按照上述程序开展研究的。

1. 1743年：推力的形成与人生的转捩点

作为推动与加剧患病过程的原动力，具有"应激性累积作用"的推力一旦形成并变得明显起来，这就表明患者的心灵结构已经发生剧烈的震荡与裂变。为了厘定这个关键的转捩点，雅氏首先对斯威登堡的生平做了这样的描述：

> 斯威登堡生于1688年，卒于1772年。他在自然科学领域赢得了一流学者的声誉，而且在瑞典已荣登领先地位，但是他的生命却在1743年经历了一场剧烈的变化。在此之前，他的著述一直流露着自然科学的精神；之后，他对这些学科已不再感兴趣了，而是进一步地写出了大量带有神智学与宗教性的文学作品。1745年，他辞去了自己所担任的一切职位。他在此后的一次带有自传色彩的报告中声称，上帝"于1743年向我——他的仆人——显示了自身，同时唤醒了我对精神世界的意识。因此，他赋予我直到今天才得以与神灵和天使进行交流的才能。自从那时起，我就准备将我领悟到的以及向我所显示的许多秘密都公布出来。譬如，如下要紧的问题就对至上的幸福与智慧具有高度的价值：天堂与

---

[1] 参见 Karl Jaspers, *Strindberg and Van Gogh*, translated by Oskar Grunow and David Woloshin, The University of Arizona Press, 1977, p. 54。

地狱，人死后的状况……福音及其精神意义"。①

从中可以看出，1743年是斯威登堡人生的转捩点，他在这一年"经历了一场剧烈的变化"，具体的表现就是，他不再对此前从事的自然科学研究感兴趣，而是开始准备着将生命的重心由对自然世界的关注转向对精神世界的关注。这充分表明，斯威登堡在1743年遇到了明显的"推力"。

那么，这个"推力"究竟是什么呢？根据斯威登堡的自我描述，这个推力就是上帝通过向他显示自身而在他的内心中唤醒了"对精神世界的意识"，值此之际，斯威登堡开始摆脱自然世界的束缚而趋于灵性的自觉。与此同时，斯威登堡意识到上帝赋予他独特的"与神灵和天使进行交流的才能"。

从此以后，他开始为一种全新的角色与使命做着准备，即扮演沟通自然世界（世俗世界、现实世界）与神灵世界（精神世界、超自然世界、天堂世界）的"使徒"角色，"让世人明确知道并相信死后的世界存在，不要让他们因无知落入地狱，而是要让他们都进天堂"。②

2. 精神分裂症过程图式

以1743年为临界点（坐标点），雅氏将斯威登堡的精神分裂症过程分成前后相续的三个阶段：1736—1742年为预发阶段，1743—1745年为急性发作阶段，1745年之后为最后阶段。雅氏对这一过程图式做

---

① Karl Jaspers, *Strindberg and Van Gogh*, translated by Oskar Grunow and David Woloshin, The University of Arizona Press, 1977, pp. 116–117.

② 《通行灵界的科学家——史威登堡献给世人最伟大的礼物》一书称引了斯威登堡自我描述的角色与使命："造物主让我自由往来于死后的世界，也就是灵界，这可以说是个空前绝后的奇迹。这样的奇迹在其他人身上几乎从未发生过。虽然远古时期曾有过人与天使直接对话的例子，但他们还是没办法直接进入灵界详细调查。就像我在人世能看、能听、能触摸一样，我在那个世界中也一样可以随心所欲地去看、去听、去触摸，去与灵对话。透过这样的奇迹，我亲身体验到天界中各种惊人的事实。因为这奇迹，我才可以同时生活在天上与人世，掌握灵界的所有真相。我知道神给了我什么样的使命。我的使命就是让世人明确知道并相信死后的世界存在，不要让他们因无知落入地狱，而是要让他们都进天堂。"见史威登堡研究会编著《通行灵界的科学家——史威登堡献给世人最伟大的礼物》，王中宁译，（台北）方智出版社股份有限公司2010年版，第19页。

第四章　客观表现型的生存艺术家之范例

了这样的勾勒："让我们来总结一下过程进展的表现形式，这里既包括精神分裂症过程的证据，也包括特别详细的现象：精神分裂症的起始阶段开始于1736年（斯威登堡当时四十八岁）；之后，伴随令人惊惧的现象、严重的烦躁不安与危机，精神分裂症从1743至1745年进入急性发作阶段；随后便是一个平静的时期，斯威登堡在这个时期获得了自信感与和谐感。"① 下面，我们就循着雅氏的运思理路对各个阶段的症候做一番爬梳。

（1）1736—1742年：预发阶段与精神分裂的预兆

具有"应激性累积作用"的推力并不是一蹴而就的，它在出现明显的临床症状之前，已经历了一个长期蕴蓄、萌蘖的过程，这个蕴蓄、萌蘖的过程就是精神分裂症的预发阶段，厘定最初萌蘖的端始（预兆）便成为描述这个阶段的关键所在。雅氏就此指出："这样的情况在精神分裂过程中是经常见到的，因此，很有可能在真实的疾病发作之前，某种预发的状态就已存在相对较长的一段时间了。真正说来，斯威登堡尚未屈从于那些促使自己向精神世界敞开大门的情势，而且没有听任超自然领域的秘密通过那些情势向他全然地显示自身。确实，他继续在自然科学领域里劳作，从一开始，他就在一种无所不包的哲学方法的引导下开展研究。直到1745年，他才中断这些研究，在这一年，他的《动物界》（Regnum Animale）最后一卷出版。不过，早在1736年，他就经历了一种自己无法忘记的状态，他称为'晕厥'，症状包括轻微的眩晕，眼前出现光的幻影，昏睡，醒来却头脑洁净而自由。"② 雅氏将斯威登堡出现精神分裂预兆的时间厘定在1736年，其根据是，斯威登堡在这一年"经历了一种自己无法忘记的状态"——"晕厥"（deliquium）。晕厥是由种种生理原因或心理原因导致的意识突然发生障碍的疾病，对斯威登堡而言，这种晕厥感在症状上固然包括"眩晕"（dizziness），不过这里的眩晕指的是一种头昏眼花的状态，即便最严重的眩晕也不会出现意识

---

① Karl Jaspers, *Strindberg and Van Gogh*, translated by Oskar Grunow and David Woloshin, The University of Arizona Press, 1977, p. 121.

② Karl Jaspers, *Strindberg and Van Gogh*, translated by Oskar Grunow and David Woloshin, The University of Arizona Press, 1977, p. 117.

障碍。此外，与斯威登堡的"晕厥"相伴出现的"眩晕"也不同于克尔凯郭尔所经历的那种"眩晕"（vertigo）：前者是在"有知"的前提下出现的一种有对象的客观症状，后者则是在"无知"的前提下出现的一种无对象的主观事件；后者是"生存"的"本源运动"的一个环节①，前者则只具有精神病理学的临床意义，并不具有生存论的哲学意义。

在晕厥期间，斯威登堡眼前出现的光的幻影是一种实体化的幻觉，这类实体化幻觉在他昏睡期间也会以梦境的形式出现。"从那时起，他就开始把做梦期间辨识出来的符号记录下来。由于这些记录（1736—1740）已经遗失了，直到1743年，我们才对他的梦境有了明确的了解。从这一年起，他开始撰写《梦境日记》（*Diary of Dreams/Traumtagebuch*），就这样一直坚持了两年的时间。这些梦境与先前那些年的梦境有所不同。这些梦里有大量与性爱有关的素材，然而，他纳闷的是自己的性欲为何到了白天却消失了。对他来说，他做的几乎所有的梦都是具有意义的。多年以来，他在科学研究中对宗教产生了越来越大的兴趣，现在它则占据了主导地位。充满幻影的迷狂状态起初只是间或地出现，而后来就伴随着大量不同寻常的梦境经常地出现了。"②伴随斯威登堡"对宗教产生了越来越大的兴趣"，出现于其梦境中的那些异象其实就是作为神启的神迹。

（2）1743—1745年：急性发作阶段与典型的精神分裂症状

1743年，上帝首次向斯威登堡显现了自身，从此以后，他开始为上帝启示于他的新的使命做着准备。1744—1745年，上帝不断地向他

---

① 雅斯贝斯在《哲学》第二卷中对作为"生存"的"本源运动"的一个环节的"眩晕"做了这样的称说："眩晕是一种旋转运动；它并不带给我固定的点，它依然将我置于没有任何牢固的立足点之地。""立于深渊的边缘（此时我战栗着，迫切地想要抛弃自我，又有退缩的冲动），眩晕就是对我在绝对意识的运动中穿越的这种破坏性倾向的一种譬喻，就像一个有诱惑力的声音在耳际悄悄说，一切事物都必定归于崩溃与毁灭。……生存要么回归自身、确证存在，要么愈加深感内疚地逃离，这种逃离会仅以虚无而告终。""在我陷入最强烈的眩晕中我仍能转向存在。……临于深渊，我未经过认知便意识到我自身，在那里，最大的可能性成为生存真实的起源。"见 Karl Jaspers: Philosophy（Vol. 2），translated by E. B. Ashton, The University of Chicago Press, 1970, pp. 231 – 232。

② Karl Jaspers, *Strindberg and Van Gogh*, translated by Oskar Grunow and David Woloshin, The University of Arizona Press, 1977, p. 117.

第四章 客观表现型的生存艺术家之范例

现出异象,这个神启的过程既是上帝对他的召唤,也是对他的考验。在此期间,无论是在梦中,还是在清醒之时,抑或在注解《圣经》的过程中,他都真实地感受到了各种各样的幻象,这些幻象令他战栗、惊惧与烦躁不安,这表明他进入了精神分裂急性发作阶段。"在有限存续的精神分裂症发作期间,幻象开始出现。这里所列的乃是早期阶段的一些例子。"① 雅氏根据斯威登堡的自我描述,枚列了以下三个例子。

①1744年在一次梦境中出现的幻象:

> 我晚上10点上床睡觉。半小时后,我听到自己脑子里发出一些嘈杂声。我相信那是潜入的诱惑者发出来的声音。正是在那一时刻,我油然觉得一阵战栗袭来,从头部开始,很快就传遍周身。这种感觉重复发生了好几次,同时伴随着一些嘈杂声……然后,我入睡了。但是,大约12点,凌晨1点或2点,一种强烈的战栗压倒了我,同时伴随着雷鸣般的嘈杂声,听起来就好像突然下起了大雷雨。我辗转反侧,掩面藏身,那情形难以用某种方式来加以描述……我彻底醒来……我怀疑这一切可能关涉到了什么东西。我似乎是在清醒地说话,然而我意识到这些话却是塞入我的嘴里的:啊,全能的耶稣……我双手合十来作祈祷,瞧,我马上感到一只手正紧紧地握着我的手。我继续祈祷……在那一时刻,我坐在他的膝盖上,面对面地望着他……他向我说话,询问我是否有健康证书。我回答:"主,您比我更了解这件事。"他说:"好的,那就做些与此有关的事情吧……"②

这里主要描述了斯威登堡的声幻觉、触幻觉,他对各种怪异的幻象产生了"战栗"之感。

②1745年在伦敦一家酒馆就餐时出现的幻象:

---

① Karl Jaspers, *Strindberg and Van Gogh*, translated by Oskar Grunow and David Woloshin, The University of Arizona Press, 1977, p. 117.
② Karl Jaspers, *Strindberg and Van Gogh*, translated by Oskar Grunow and David Woloshin, The University of Arizona Press, 1977, pp. 117–118.

>   我在伦敦的某个酒窖餐馆，午饭吃得晚了些……我饿了，吃得津津有味。这顿饭要吃完时，我注意到有某种模糊不清的东西挡住了我的视线。那东西变黑了。我看到地面上覆盖着一层最令人厌恶的爬行类动物，像蛇、蟾蜍等。因为我是完全清醒和有意识地看到的，这就令我更为惊讶。周围越来越阴暗，突然，它被撕成了碎片，这时我看到一个人正坐在屋子的角落里。由于我是孤零零的一个人，所以当他说"不要吃得那么多"时我变得害怕起来。眼前的一切又变黑了，不过旋即又变亮了……如此出乎意料的震惊让我赶紧往家跑……我回到了家。在同一个晚上，同样还是那个人再次向我显现了他自身。这时，我不害怕了。他声称自己就是上帝……他已选定我来向人类解释经文……作为考验，他向我显示了神灵世界以及地狱与天堂的世界，我辨认出了许多属于我这个阶层的熟人：从那天起，我背对世俗的学问，只关心我自己精神方面的事情……从那时起，上帝经常打开我的眼界，以便使我可以在光天化日之下观察他人的生命，而且可以在完全清醒的时候与那些天使和神灵进行交谈。①

这里主要描述了斯威登堡的视幻觉、听幻觉，他对这些超常的幻象感到了"出乎意料的震惊"。

③1745 年在首部系统注解《圣经》的巨著中谈及的幻象：

>   这样的动物（蟾蜍）曾经向我显示其自身，它们就像出自我的内心，显得非常逼真，我甚至能够看到它们就在我的眼前爬动：它们突然聚成一体，变成了火堆，随即发生了解体，它们破裂成碎片时便发出了嘈杂声，听起来就像是爆裂声。然后，这个地方再次洁净如初。这件事发生在伦敦，时间是 1745 年 4 月。它就像是从我的气孔里冒出来的水气，但我在地面上看到的却是一大堆

---

① Karl Jaspers, *Strindberg and Van Gogh*, translated by Oskar Grunow and David Woloshin, The University of Arizona Press, 1977, p. 119.

第四章 客观表现型的生存艺术家之范例

正在爬行的蛇。①

这里主要描述了斯威登堡的视幻觉、听幻觉,他感觉这些异常的幻象"非常逼真"。

以上是雅氏对斯威登堡在精神分裂症急性发作期间出现的幻象所做的细致入微的描述。接下来,他举证了斯威登堡对此类状况的自我理解:"斯威登堡对下述两种情况作了区分:一是让他听到与看到的那种在超自然世界里所发生的事情,二是他所解释的那些梦境,诸如此类的梦境起初只是一些符号,直到1745年才与他产生了关联并直接地显示出来。直到最后的那些日子,这些定期重现的新情况还在他处于睡眠与醒来之间的那种状态下发生着,'在这种状态下,人只知道他是完全清醒的'。"②斯威登堡自己区分的这两种情况,前一种情况可称为"幻境",亦即在清醒的时候意识到的那些与上帝启示有关的超自然现象;后一种情况是他所解释的"梦境",这种符号在1745年也与神启产生了内在关联,而且值得注意的是,他在最后阶段定期重现的梦境是"在他处于睡眠与醒来之间的那种状态下发生"的,也就是说,这时的梦境也有了意识的参与,这种意识就是被上帝的启示所唤醒了的"对精神世界的意识"。斯威登堡将自己意识到"精神世界"的状态称为"出神"(ecstasy),并描述了自己所了解的如下两类"出神"状态:一是在半睡半醒的状态下,心灵从肉体中脱离出来。情形如下:"某个人处于睡眠与正在醒来之间的状态,他在这段时间里只知道自己是完全清醒的。在这种状态下,我清楚明晰地看到了神灵与天使的形象并听到了它们的声音,这事看起来很奇怪,我却甚至已经触到了它们,不过在这样的情况下我的肉体好像已不存在了。"③ 二是处在完全清醒的状态下,心灵与肉体分隔开来,迁移到另外的地方。斯威登堡声称:"我自己极为逼真地经历这种情况已有两次或三次了,

---

① Karl Jaspers, *Strindberg and Van Gogh*, translated by Oskar Grunow and David Woloshin, The University of Arizona Press, 1977, p.119.

② Karl Jaspers, *Strindberg and Van Gogh*, translated by Oskar Grunow and David Woloshin, The University of Arizona Press, 1977, p.119.

③ Karl Jaspers, *Strindberg and Van Gogh*, translated by Oskar Grunow and David Woloshin, The University of Arizona Press, 1977, p.119.

而且我知道究竟是怎么回事以及如何发生的。我在此想举出这样一个例子。当我与神灵进行交谈时，我穿过某个城镇的条条街道，并且穿越某片旷野，不过我起初只是意识到自己正处于清醒的状态，我看到了与平常完全一样的各种事物；但是当我像那样走过几个小时后，我突然意识到——而且亲眼看到——我已到了某个完全不同的地方。"①雅氏是从心理学的角度看待斯威登堡的"出神"状态的。所谓"出神"，指的就是灵肉分离的状态，也就是我们通常所说的灵魂出窍的状态。②

在雅氏看来，斯威登堡自我描述的上述两种"出神"状态，其实都是以心灵与肉体的分离为前提的。那么，我们该如何看待灵肉分离的"出神"状态呢？雅氏从心理学的角度给出了一种阐释："从心理学的观点看，这两种情况其实是相似的：它们的出现意味着清晰可辨的精神分裂症正在发作，同时伴以频繁出现的重复性的方位与描述性的内容，它们各自的表现形式，从以假性幻觉（内在的声音与形象）的方式表现出来的真实幻觉（罕见），到纯粹创造性的或想象性的思想，可谓变化不等。"③在灵肉分离的情况下，斯威登堡便会颇为逼真地见到超自然的神灵的形象并听到神灵的声音，这时他就产生了视幻觉与听幻觉，而幻觉的出现正是精神分裂症发作时的典型症状。斯威登堡意识到，当进入通灵状态时，人既有可能遇到天堂里良善的神灵，也有可能遇到地狱里邪恶的神灵（邪灵、魔鬼），而邪恶的神灵却"在培植对人的凶残的仇恨，仅仅喜欢摧毁人的灵魂与肉体"。因此，

---

① Karl Jaspers, *Strindberg and Van Gogh*, translated by Oskar Grunow and David Woloshin, The University of Arizona Press, 1977, pp. 119 – 120.

② 康德在1766年撰成的《一位视灵者的梦》中也谈到了斯威登堡的上述状态，不过他是在自己的运思框架下进行描述的，并且把斯威登堡的"幻象"分成了三种："施魏登贝格（斯威登堡——引者注）先生把他的幻象分为三种，其中第一种是从躯体解脱出来，这是一种睡与醒的中间状态，在这种状态里他看到、听到、甚至感触到灵神。诸如此类的事情他只遇到过三四次。第二种是被灵神引走，例如此时他正在大街上行走，神志清楚，但他在灵神上却处在完全不同的地方，清楚地看到他处的房舍、人、森林等等。这种情况可能持续数小时之久，直到他突然又觉察到自己真实的位置。这种事情他碰到过两三次。第三种幻象是他每天在完全清醒时都有的寻常幻象，他的这些故事也主要是取材自这些幻象。"见［德］康德《康德著作全集（第2卷）：前批判时期著作Ⅱ（1757—1777）》，李秋零主编，中国人民大学出版社2004年版，第364页。

③ Karl Jaspers, *Strindberg and Van Gogh*, translated by Oskar Grunow and David Woloshin, The University of Arizona Press, 1977, p. 120.

第四章　客观表现型的生存艺术家之范例

倘若有人想要与神灵对话，他就会警告说："当心，那是径直通向精神病院之路。其中的原委在于，当某人处于这样一种出神的状态时，当他念念不忘这样一些精神上的与超自然的问题时，他就无法让自己免遭地狱恶灵的背叛行为的伤害。"① 就此而言，与神灵对话既是一条通向天堂之路，也是一条通向地狱之路，一旦人的心灵与肉体遭到邪灵的伤害与摧毁，他就径直走上了一条"通向精神病院之路"。雅氏就此指出："开始的时候，斯威登堡还能直率地说出自己的幻觉，后来，他就变得越来越缄默了。不过在夜间，人们经常能够听到他在自己的屋子里与邪恶的神灵大声地争论。此后，这样的事情在白天也曾发生过。他的面部表情经常发生彻底的改变，眼里同时迸射出火焰来。人们时常断言他已疯了。他不再去教堂，因为他在那里无法免遭那些邪恶的神灵对布道词的喋喋不休的驳斥。"② 遭受邪灵侵扰的斯威登堡在与邪灵争论的过程中，他产生了种种听幻觉与视幻觉，直至"他的面部表情经常发生彻底的改变，眼里同时迸射出火焰来"之际，不仅他的心灵受到了伤害，而且他的肉体也遭到了摧毁，进而表现出种种异常的体征与乖戾的言行举止来，这时人们便可断言"他已疯了"。另须注意的是，"有些时候，神灵们会同他开各种出乎意料的玩笑。'他们使糖尝起来就像那盐一样。''他们使食物闻起来就像那粪便与尿一样。'他觉得神灵们就分布在自己身体的各个部位，如头部、胃部等。他有时能够理解神灵们默无声息的思想交谈，因为他们在他的嘴部引起了某种变化"③。就像是命运女神与他开的各种恶意的玩笑，斯威登堡在神灵们的捉弄下产生了味幻觉、嗅幻觉、触幻觉相交织的综合幻觉。映现于幻觉中的各种幻象对斯威登堡来说都是客观存在的东西，这表明他在精神分裂症发作期间的种种体验都是对象化、实体化的客观意识。

（3）1745 年之后：最后阶段与"通灵"经验的客观描述

在前面提及的"伦敦事件"（1745 年的某一天在伦敦一家酒馆就

---

① Karl Jaspers, *Strindberg and Van Gogh*, translated by Oskar Grunow and David Woloshin, The University of Arizona Press, 1977, p. 120.

② Karl Jaspers, *Strindberg and Van Gogh*, translated by Oskar Grunow and David Woloshin, The University of Arizona Press, 1977, pp. 120 – 121.

③ Karl Jaspers, *Strindberg and Van Gogh*, translated by Oskar Grunow and David Woloshin, The University of Arizona Press, 1977, p. 120.

餐时产生的幻觉）中，斯威登堡亲历了令他惊惧的幻象（异象），感到了颇为严重的烦躁不安，与此同时，他的人生危机也迎来了"危"中有"机"的时刻。"在英国的伦敦，他有了特殊的体验，顷刻间就将之前对科学的着迷全都放下了。他摇身一变，成了与科学世界毫无关系、探求神秘灵界的大灵能者。从那天之后，原本镇日埋首于图书馆和研究室的史威登堡，将身旁的科学书与资料完全清理掉，书桌上只剩下一本《圣经》。"① 斯威登堡在这一年辞去自己所担任的一切职位，甘愿作为上帝的"仆人"自觉履行上帝赋予他的使命，值此之际，他那颗烦躁不安的心灵恢复了平静，他也因着天职意识的自觉与生命重心的最终确定而获得了"自信感与和谐感"。与此同时，随着灵性的全然自觉，斯威登堡正式步入了"通灵"阶段②，这也表明他的患病过程步入了最后阶段。"继续贯穿于他的生命中的那些无数的启示与幻觉，'完全丧失了曾经呈示于《梦境日记》中的那种令人心醉神迷、惊厥震撼的特征。斯威登堡在《精神日记》（*Diarium Spirituale*）、《天国的奥秘》（*Arcana Coelestia*）以及神学时期的其他著述中冷静地解释了他在神灵世界的经历，这与他在《梦境日记》中的那种狂热的描绘有着巨大的差异'。"③

在雅氏看来，斯威登堡在1745年之后"进一步地写出了大量带有神智学与宗教性的文学作品"，如《天国的奥秘》《天堂与地狱》等。若从形式上看，这类作品固然有人物、有叙述、有情节、有对话，可算得上小说一类的文学作品，不过在艺术上并没有什么特色；毋宁说，它们的真正特色表现在带有神智学与宗教色彩的内容方面。那么，我们该如何看待这类"文学作品"呢？对此，斯威登堡本人曾做过一段

---

① 史威登堡研究会编著：《通行灵界的科学家——史威登堡献给世人最伟大的礼物》，王中宁译，（台北）方智出版社股份有限公司2010年版，第25页。

② 斯威登堡在《天堂与地狱》一书的"作者序"中写道："神允准我和天使们相处并面对面交谈。我也被许可以13年的历程来察看什么是天堂和地狱。而现在我被许可将所见所闻描述出来，以便在希望中抖落无知并驱散怀疑。"见［瑞典］伊曼纽·史威登堡《天堂与地狱》，叶雷恩译，（台中）白象文化事业有限公司2011年版，"作者序"第7页。《天堂与地狱》一书出版于1758年，斯威登堡自称当时已与天使们相处并面对面交谈13年，据此推算，他正式通灵的时间当在1745年。

③ Karl Jaspers, *Strindberg and Van Gogh*, translated by Oskar Grunow and David Woloshin, The University of Arizona Press, 1977, p. 121.

第四章 客观表现型的生存艺术家之范例

意味深长的自我告白：

> 要找人代替我，研究我打算研究的科学课题，是非常容易的。但灵界的真相不是学问或知识，而是关于永恒生命的重大问题。我告诉大家的灵界真相，可能影响每个人会到天堂还是地狱去。这种特别的使命比我作为科学家能贡献的东西重要千倍万倍。除了我之外，没有人可以担起这个使命。所有的科学其实都是造物主立下的法则，而我就是受这位造物主的呼唤而得到这样的使命。我这些关于灵界的著述将能帮助数以亿计、甚至十亿计的人类到天界去。我看到了、亲身体验到了宇宙终极的真相。只要用心读过的人都会知道，我不是在写小说。[①]

从中可以看出，斯威登堡的本怀是想通过自己的作品将"宇宙终极的真相"揭示给人们。在他看来，"宇宙终极的真相"就是"灵界的真相"，"但灵界的真相不是学问或知识，而是关于永恒生命的重大问题"。进而言之，科学家所认知的自然世界只是那些生灭流变的宇宙现象，至于"灵界的真相"（"宇宙终极的真相"），则是任何一种蒂结于认知理性的"学问或知识"都无法解决的终极问题，这就厘定了自然科学及其诉诸的认知理性的界限。正是立于这个界限处，斯威登堡在上帝的召唤下意识到了向大家揭示"灵界的真相"的极端重要性，认为将这个真相告诉大家"可能影响每个人会到天堂还是地狱去"。

鉴于此，他以带有宗教神秘主义色彩的"通灵术"作为探索"永恒生命"之谜的另一条蹊径，进而在自己身上实现了由一位自然科学家向通灵神学家的角色转换。这次角色转换对斯威登堡的精神探求历程来说是意义重大的，他终于为自己觅到了一个可以生命相托的使命，对他来说，这种特别的使命比自己"作为科学家能贡献的东西"还要"重要千倍万倍"，而且"除了我之外，没有人可以担起这个使命"。正是出于这种"舍我其谁"的使命感，斯威登堡格外

[①] 转引自史威登堡研究会编著《通行灵界的科学家——史威登堡献给世人最伟大的礼物》，王中宁译，（台北）方智出版社股份有限公司2010年版，第40—41页。

提醒"我不是在写小说"。尽管如此,他留下的那些充满神秘气氛与奇诡色彩的作品还是披上了一层"小说"的面纱,透过这层面纱,我们读到的是他对自己所亲历的"通灵"经验的客观描述。当然,若仅以"文学"的标准来衡鉴,这类的客观表述有时会给人留下"单调、怪异之类的印象"。[①]

二 通行于"自然世界"与"神灵世界"之间

在审慎地勾勒出斯威登堡的精神分裂症过程图式后,雅氏聚焦于他最后阶段(1745年之后)的"通灵"经验,并以举例的方式对其进行了检视。可以说,斯威登堡客观描述的此类"通灵"经验对后世的影响颇为深远,检视涵淹于其中的人文消息显然是一件非常有意义的事。雅氏就此指出:"让我们进一步检视一下他在晚年(从五十七岁直到八十四岁去世)洞察神灵世界的一些例子。根据斯威登堡1745年以后的所有著述,毋庸置疑的是,他生活在两个世界里,而且他在这方面的经历有助于为他的那些断言提供证据:'唯有借助于上帝的恩典,他才能够同时在神灵世界的天使中间和世俗世界的人类中间传递这类的消息。'上帝'用他的仁慈开启了我的灵魂之门,以便可以觉识天堂与地狱并且理解它们的本性'。"[②] 这里所说的"两个世界",指的是"自然世界"(经验世界、世俗世界、属世的国度)与"神灵世界"(超验世界、超自然世界)。对世俗实存(大众、常人)来说,人们只能意识到自然世界的存在并生活于其中,斯威登堡的特异之处在于,他更能够意识到神灵世界的存在并能够生活在上述两个世界里。追根究底,斯威登堡的通灵能力乃是通过上帝的"恩典"("神启")获得的,也就是说,上帝通过"神启"开启了他的"灵魂之门",从而使他能够"同时在神灵世界的天使中间和世俗世界的人类中间传递

---

① 雅斯贝斯指出:"斯特林堡与斯威登堡的那些崭新的经验具有客观的属性。如果它们在当时就具有深度的话,那是因为它们是一些客观、有形的东西,当它们已不在场时,给人留下的只是单调、怪异之类的印象。"见 Karl Jaspers, *Strindberg and Van Gogh*, translated by Oskar Grunow and David Woloshin, The University of Arizona Press, 1977, p. 129。

② Karl Jaspers, *Strindberg and Van Gogh*, translated by Oskar Grunow and David Woloshin, The University of Arizona Press, 1977, p. 121.

这类的消息"。基于此，雅氏对斯威登堡通灵术的韵致做了透辟的揭示："基本的观念是两个世界——自然世界与神灵世界——彼此对应、相互关联，不过以大众的那种方式是无法了解神灵世界的。"[①] 所谓"大众的那种方式"，指的就是世俗实存所习惯的那种诉诸主客分立的认知思维方式，这种思维方式因着"灵魂之门"的锁闭而无从洞察神灵世界的幽趣。相较之下，斯威登堡的通灵术则将自然世界与神灵世界"彼此对应、相互关联"起来[②]，正是在这一点上，他的通灵术对波德莱尔的"应和论"产生了深刻的影响。[③] 波德莱尔曾以赞誉的口吻写道："灵魂更为伟大的斯威登堡（与傅利叶相比——引者注）早就教导我们说'天是一个很伟大的人'，一切，形式，运动，数，颜色，芳香，在精神上如同在自然上，都是有意味的，相互的，交流的，应和的。"[④] 可以说，波德莱尔的《应和》一诗就是对其"应和论"最直观的注脚。[⑤] 这里需要申明的是，波德莱尔固然将斯威登堡奉为自己的精神导师，不过他终究是一位天才诗人，他的"应和论"更多地出自诗人的天职意识；斯威登堡则是一位天才科学家与神学家，他的通灵术更多地源于天启宗教的神学观念。当然，若从思维方式上看，应和论与通灵术都不诉诸认知理性，而是诉诸灵魂的觉解（斯威登堡自称"灵眼"的张开，康德称为"内心深处已经敞开"），就此而言，

[①] Karl Jaspers, *Strindberg and Van Gogh*, translated by Oskar Grunow and David Woloshin, The University of Arizona Press, 1977, p. 121.

[②] 具体情况可参阅《天堂与地狱》第 12 节 "在天堂的每件事都和人们互相对应联系着"、第 13 节 "天堂和地上的每件事互相对应联系着"，参见 [瑞典] 伊曼纽·史威登堡《天堂与地狱》，叶雷恩译，（台中）白象文化事业有限公司 2011 年版，第 58—72 页。

[③] 李珺平认为，"具有超验主义（transcendentalism）意味的斯威登堡通灵术，才是应和论最重要的根柢，也是波德莱尔试图通过揭示现实世界之恶并进行审美救赎的一种思考方式。因此，不懂斯威登堡就不可能理解波德莱尔"。见李珺平《波德莱尔应和论与斯威登堡通灵术——兼及康德》，《湛江师范学院学报》2009 年第 5 期。

[④] [法] 波德莱尔：《波德莱尔美学论文选》，郭宏安译，人民文学出版社 1987 年版，第 97 页。

[⑤] 波德莱尔写道："自然是座庙宇，那里活的柱子/有时说出了模模糊糊的话音；/人从那里过，穿越象征的森林，/森林用熟识的目光将他注视。/如同悠长的回声遥遥地汇合/在一个混沌深邃的统一体中/广大浩漫好像黑夜连着光明——/芳香、颜色和声音在互相应和。/有的芳香新鲜若儿童的肌肤，/柔和如双簧管，青翠如绿草场，/——别的则朽腐、浓郁、涵盖了万物。/像无极无限的东西四散飞扬，/如同龙涎香、麝香、安息香、乳香/那样歌唱精神与感觉的激昂。" 见 [法] 夏尔·波德莱尔《恶之花》，郭宏安译，上海译文出版社 2009 年版，第 17—18 页。

两者委实具有一定的同构性。另外需要申明的一点是，斯威登堡固然强调"神灵世界"的重要性，不过他并没有就此贬抑"自然世界"。①毋宁说，自然世界与神灵世界是须臾不可分离且相互影响的，这两重世界之间的关系所表征的乃是一种价值上的等级秩序与象征性关系。②

雅氏是从精神病理学—心理学的视域检视斯威登堡的，在他看来，斯威登堡同时生活在两个世界里的时刻，正是他出现种种幻觉的时刻。"关于他的幻觉以及他对这些幻觉的描述，仅举少数几个例子就足够了。就像无数的同类患者所写的作品那样，它们总的来说乃是单调、重复、乏味的，确切地说，在最后的分析中甚至没有切身体验的东西；它们以这种病态的形式表达出来，并不直截了当，而是披上了古老观念的面纱，下面就是一个例证：'醒来后，我开始深深地沉浸于上帝之思中。当我抬头仰望天空，我看到一道炫目的白光，呈卵状。在我注视之际，它不断地伸展开来，直至遍及整个地平线。然后天穹洞开，我看到一些宏伟壮丽的景象。朝南望去，天使们站在敞开之域的尽头，围成一个圈，相互交谈，等等。'"③ 这里所举证的是斯威登堡的"视幻觉"，之所以说他对出现于此类幻觉中的种种超自然异象的描述"总的来说乃是单调、重复、乏味的"，主要是因为此类的描述并不追求艺术形式的新颖性与情感体验的深邃性，而旨在传达一种根深蒂固的"古老观念"。至于这种"古老观念"的韵致，说到底就是深藏于斯威登堡心中的基督

---

① 德国柏林大学哲学教授瓦特·荷尔顿（Walter Holton）曾品评道："在盲目的时代，史威登堡是少数睁开双眼的人。他睁开的是灵魂之眼。在爱因斯坦之前的两个世纪，他就发展出了相关的科学，与很多号称宗教先知的人不同，他不曾以信仰之名贬低理性，也不曾以恩宠之名贬低自然。对他而言，物质与心灵的宇宙是不可分离、互相影响的，依等级原理形成了一条不断裂的锁链。"转引自史威登堡研究会编著《通行灵界的科学家——史威登堡献给世人最伟大的礼物》，王中宁译，（台北）方智出版社股份有限公司2010年版，第14页。

② 康德在《一位视灵者的梦》中指出："对物质性的事物的认识具有双重涵义：就物质相互之间的关系而言，它有一种外在的意义；就物质性事物作为结果表现着作为其原因的灵神世界的力量而言，它有一种内在的意义。……这一内在的意义不为人所知，内心深处已经敞开的施魏登贝格（斯威登堡——引者注）使人知道它。……这也是他想对《圣经》作出的新诠释的根源。因为按照他如醉如痴的谈论，内在的意义，即《圣经》中所讲述的所有事物与灵神世界的象征性关系，是它们的价值的核心，其余的都只是外壳。"见 ［德］康德《康德著作全集（第2卷）：前批判时期著作Ⅱ（1757—1777）》，李秋零主编，中国人民大学出版社2004年版，第367页。

③ Karl Jaspers, *Strindberg and Van Gogh*, translated by Oskar Grunow and David Woloshin, The University of Arizona Press, 1977, p.122.

第四章 客观表现型的生存艺术家之范例

教神秘主义观念。雅氏就此称引了斯威登堡的这样一段话:"作为证明,我想在这里揭示一个天国的秘密:所有圣洁的神灵都面向上帝,面向太阳。而那些邪恶的神灵,则转身背离上帝。"[①] 从斯威登堡对神灵所做的"圣洁"与"邪恶"之辨中可以看出,他所信守的基督教神秘主义的核心观念包括"慈爱"与"信心"(或"良善"与"真理"),这些观念主要受启于《圣经·新约》(特别是四福音书,当然,就创世神迹以及有关异象而言,斯威登堡也受到了《圣经·旧约》中的摩西五书以及《圣经·新约》中的《启示录》等经文的启发),涵淹于其中的根本信条是"因信称义""道成肉身",其指归可概括为"救"与"赎"。就此而言,斯威登堡从上帝的启示中所领受的使命就是以使徒的身份扮演沟通自然世界与神灵世界的中介角色,为的是引导世俗实存(大众)死后进入天堂从而成为"面向上帝"的"圣洁的神灵",同时警告世人切莫堕入地狱乃至沦为"背离上帝"的"邪恶的神灵"。[②] 正是在这里,我们发现斯特林堡的神智学观念固然受到了斯威登堡的影响,不过从价值旨趣上看两者还是有根本性的差异的:斯特林堡的神智学观念主要受启于《圣经·旧约》(特别是摩西五书),涵淹于其中的价值旨趣可归结为"罪"与"罚"。

受古老的基督教神秘主义观念的影响,斯威登堡出现了种种幻觉并亲历了种种超自然异象。"斯威登堡在其出现幻觉的状态下所看到与听到的那些东西,可以或多或少地帮助他发展超自然领域的博物学与有其自身范围的地形学,帮助他深入完善对人死后的状态以及产生某些特殊个性的条件的认识。"[③] 正如波德莱尔在诗神凭附的迷狂状态下可以亲证异彩纷呈的超自然意象,斯威登堡在因着神灵凭附而出现幻觉的状态下同样可以亲历奇诡怪秘的超自然异象。对灵性业已自觉

[①] Karl Jaspers, *Strindberg and Van Gogh*, translated by Oskar Grunow and David Woloshin, The University of Arizona Press, 1977, p. 122.

[②] 美国第二十六任总统老罗斯福(Theodore Roosevelt)曾赞誉道:"史威登堡的一生就是克服物质、取得灵性胜利的过程,他的教诲生动,很能激励人,今天还追随他的人就是最好的证据。世上的良心之声看来似乎越来越小,几乎被其他声音所淹没,这样的时代更是需要史威登堡这样优秀的灵性领袖。"转引自史威登堡研究会编著《通行灵界的科学家——史威登堡献给世人最伟大的礼物》,王中宁译,(台北)方智出版社股份有限公司2010年版,第14页。

[③] Karl Jaspers, *Strindberg and Van Gogh*, translated by Oskar Grunow and David Woloshin, The University of Arizona Press, 1977, p. 121.

(灵魂之门业已开启、灵魂之眼业已睁开)的斯威登堡来说,出现于幻觉中的种种超自然异象不仅在空间构造上与世俗世界的三维空间构造彼此对应(这"可以或多或少地帮助他发展超自然领域的博物学与有其自身范围的地形学"),而且这个属灵的世界也因着超越了空间与时间而成为一个喻说"永恒生命"之灵趣的精神世界。斯威登堡借助于通灵术洞察、描写着天国的奥秘,从那些充满幻觉的描写中可以看出,他不仅可以与天使进行对话,而且可以与死去的人进行交流,这就完善了他对人死后状态的认识,同时加深了他对《圣经》经文隐含意义的理解。基于此,雅氏主要举证了斯威登堡描述过的三类幻觉。

①与死去的人进行交流:

> 他听到在亚里士多德、笛卡尔(Descartes)、莱布尼茨(Leibniz)的信徒们之间正展开着一场辩论:"他们聚集在我的周围,即亚里士多德的信徒在我的左侧,笛卡尔的信徒在我的右侧,莱布尼茨的信徒在我的身后。隔着一段距离,我看到有三个人戴着月桂花冠,我在内心里告诉自己,这三个人就是各自学派的领袖。莱布尼茨的身后还站着一个人,正挽着他的长袍的前摆。那人就是沃尔夫(Wolff)……"上帝"赋予我一种特权,可以同我在人间所知的一切人进行交谈,即使在他们死了以后。因此,我可以与这些人保持接触,有的接触了几天,有的接触了几个月——有的接触了几年,而且我也可以与天国与地狱中成千上万的神灵进行沟通。有些人在死了两天之后同我说话……他们声称并未失去任何东西,他们只不过是从一个世界转移到了另一个世界。他们的思想与欲望、感觉与乐趣,与他们在人间时是一样的。每个人刚死去时过着与其在人间时相似的生活,只是逐渐地开始转向天国或地狱"。①

这里所谈及的亚里士多德(及其信徒)、笛卡儿(及其信徒)、莱布尼茨(及其信徒)、沃尔夫都是真实地出现于历史长河中的人物,

---

① Karl Jaspers, *Strindberg and Van Gogh*, translated by Oskar Grunow and David Woloshin, The University of Arizona Press, 1977, p. 122.

第四章　客观表现型的生存艺术家之范例

他们虽然都已死去，但是斯威登堡仍可通过上帝赋予他的灵力与他们保持接触、进行交谈。对缺乏通灵能力的世俗实存（大众）来说，"人死后的状态究竟是怎样的"始终是一个谜，斯威登堡的描述①则为人们窥探死亡之谜提供了一种视域。②

②对超自然领域的地形进行描述：

> 他所提及的那些地形参照经常是非常精细的，例如："这些神灵居住在半山腰，位于基督天堂的左下方"；或者他谈及天国世界里非凡的城市："我看到了这些建筑，不得不钦羡其完美的排列和无限扩展的可能性。"③

这里的描写委实"非常精细"，方位颇为明确，空间感很强。我们看到，斯威登堡在《天堂与地狱》中把超自然领域的地形学与博物学发展到了极致之境：他在"属世的国度"（"自然世界""经验世界"）之外，为人们描述了一个栩栩如生的"神灵世界"（超验世界、超自然世界）：他首先把超验的"神灵世界"分成"天堂"（"属天的国度""天国"）与"地狱"（与"天堂"相背对的另一国度④）两部

---

① 斯威登堡在《天堂与地狱》第45—55节中对人死后的状态做了详尽的描述，参见［瑞典］伊曼纽·史威登堡《天堂与地狱》，叶雷恩译，（台中）白象文化事业有限公司2011年版，第282—370页。

② 美国康乃狄克州立大学心理学教授肯尼斯·凌（Kenneth Ring）以赞誉的口吻写道："我教学的领域是濒死者的体验与相关的现象，其中包含叫学生阅读史威登堡的著作。史威登堡的记述跟那些濒临死亡后又活过来的人讲述的没什么不同。要把他算成是圣者、先知先觉者，还是神秘主义者呢？我不知道该把他放进哪个框架里面，也许应该将这几个称号合起来称呼他才行。令我吃惊的是，他说出的东西和我的研究相符合的程度，让我不得不相信他真的去看过那里。如果有濒死经验者算是到死亡的门口探了一下头的话，史威登堡则是将死亡这间屋子完完整整探索了一遍。"转引自史威登堡研究会编著《通行灵界的科学家——史威登堡献给世人最伟大的礼物》，王中宁译，（台北）方智出版社股份有限公司2010年版，第16页。

③ Karl Jaspers, *Strindberg and Van Gogh*, translated by Oskar Grunow and David Woloshin, The University of Arizona Press, 1977, p. 123.

④ 斯威登堡写道："在地狱里的一切正好相反。在天堂的荣光照耀下，那里的人看起来一点都不像人。他们看起来倒像是怪物。他们纠缠在自己的邪恶和错谬之中，而非良善和真实，因此和聪明与智慧所行的正好相反。结局是，他们的生命不是生命，而是属灵的死亡。"见［瑞典］伊曼纽·史威登堡《天堂与地狱》，叶雷恩译，（台中）白象文化事业有限公司2011年版，第54页。

分，介于两者之间的乃是"属灵的国度"（"灵魂的世界""灵界"①）；在此基础上，他对上述三个"国度"分别做了细致的描述。以"属天的国度"为例，他描述了天堂的构成、分层、社区、区域、空间、时间、外在样式等，令人读来宛如身临其境。透过这些细致入微的描述，我们会发现斯威登堡以其基督教神秘主义观念为底据构造了一个富有价值秩序的"属天的国度"（"天堂"）。②

③对《圣经》经文隐含意义的理解：

> 理解经文的隐含意义意味着要采取完全不同的方式来接近其与超自然世界的联系。"上帝通过富有内在意义的圣言与人进行联系。因此，圣言统摄并超越了一切被书写下来的东西。"他枚举了那些富有隐含意义的作品，其意义并不是每个人都能理解的："只有在得到上帝的启迪之后，人的心灵才能理解精神上的意义乃至更为神圣的意义……人的内心最深处敞开了；他的灵魂在神圣的光芒下舒展开来。灵感便是其内在本性的真实舒展……在充满灵感的状态下，他们通过上帝——而不是通过自己——察识圣言的真意……"③

在斯威登堡看来，只有在得到上帝的启迪后，人才能以通灵的方

---

① 斯威登堡写道："灵魂的世界既不是天堂也不是地狱，而是一个地方或是状态介于两者之间。它是我们死后第一个会到达的地方，一旦时间满足之后得以被提到天堂去，或是被丢进地狱里，决定于我们生前在世上生活的光景。""灵界是介于天堂和地狱中途之地方，也是我们死后中途的状态。我曾经被展示过，它就是一个中途的地方，视觉可以看得到，地狱就在它的下方，而天堂就在它的上方，它是一个中途的状态，并可以理解，只要我们是在灵界，我们就还不是在地狱或是天堂。"见［瑞典］伊曼纽·史威登堡《天堂与地狱》，叶雷恩译，（台中）白象文化事业有限公司2011年版，第282页。

② 譬如，斯威登堡在《天堂与地狱》第11节中写道："因著主神圣的人性，整个天堂及天堂的各部分都反映著人性的组成，就如前面章节（第1—10节——引者注）的叙述一样。（1）主耶稣是天堂的神（2）主耶稣的神性创造了天堂（3）天堂是由无数个社区组合而成，每一社区都是天堂的缩影，每一个天使是天堂最小的组成（4）整个天堂，形如单一个体，亦反映著其单一性（5）天堂的每一个社区反映著其单一性（6）每个天使有著完美的人形。所有的这些陈述都引向一个结论，亦即是神，创造了天堂，而神带著人的形象。"见［瑞典］伊曼纽·史威登堡《天堂与地狱》，叶雷恩译，（台中）白象文化事业有限公司2011年版，第52页。

③ Karl Jaspers, *Strindberg and Van Gogh*, translated by Oskar Grunow and David Woloshin, The University of Arizona Press, 1977, p. 123.

式理解经文的隐含意义。譬如，他在《天堂与地狱》的"作者序"中对如何理解《马太福音》第24章第29—31节的含义做了这样的阐说：

> 圣经所阐述的是属灵上真正的对应联系（correspondence），因此其蕴含著深度的意义。关于这些属灵上含义的说明都可在我另一著作《天国的奥秘》（Secrets of Heaven）中找到。另一部分的说明亦可在我对启示录中针对白马的解释找到。对于主在经文中所讲的"祂要驾著天上的云降临"，这些都需要有较深入的认知和理解。"日头就变黑了"说明著主对于爱的态度（译注：圣经中太阳预表主对于爱的态度，因此神就是爱）。而月亮说明著主对于信心的态度（译注：圣经中月亮预表主对于信心的态度，说明在主里的信心）。天上众星说明著人心中的良善和真理，或慈爱和信心。人子的兆头显在天上预表神真理的展现。地上哀哭的万族说明著真理和良善，或信和爱。看见人子有能力，有大荣耀，驾著天上的云降临，说明著祂以话语（圣经）和启示同在。天上的云字意上指神的话语和荣耀的内涵。使者，用号筒的大声指天堂，亦指神的真理。[1]

依着斯威登堡的解读，经文中充满着"属灵上真正的对应联系"，或者说整部《圣经》就像一片深幽而神秘的"象征的森林"。

当雅氏从精神病理学—心理学的视域对斯威登堡的自我描述再做解读时，他则从中读出了另一种意味："这些经历是一种典型的症状：例如，患者一定要从刊登在报纸上的广告中读出某种隐含意义来等。就患者而言，那意义当下就是清晰、确定的，而不是编造出来的。这就经常伴以某种推测性的解释以及对各种精神体验所作的总结，结果便产生了某种彼此相关的系统性的意义。"[2] 值得注意的是，斯特林堡在经历"巴黎危机"（亦称"地狱危机"）期间也曾产生

---

[1] ［瑞典］伊曼纽·史威登堡：《天堂与地狱》，叶雷恩译，（台中）白象文化事业有限公司2011年版，"作者序"第6页。

[2] Karl Jaspers, *Strindberg and Van Gogh*, translated by Oskar Grunow and David Woloshin, The University of Arizona Press, 1977, p. 123.

过类似的症状①,更为重要的是,"斯特林堡发现,他的一切经历只有从斯威登堡那里才能获得完全的理解;只是在获得这一发现后,那经受训导与惩罚的观念才成为一种决定性的观念"②。当然,斯特林堡是以自己的方式对斯威登堡的神智学观念进行理解与吸纳的③,其中甚至有不少"误读"之处。就此而言,斯特林堡与斯威登堡的症状固然相似,他通过理解与吸纳斯威登堡的神智学智慧也从中获得了摆脱精神危机的方剂,不过从根底处看这两位患者之间还是存在较大差异的:斯特林堡的症状乃是其受害狂躁症的具体表现,相比之下,斯威登堡的症状则是其通灵幻觉的具体表征。

三 "通灵"能力的韵致与"通灵"经验的可传达性问题

斯威登堡以其超人的"通灵"能力成为18世纪欧洲轰动一时的人物,社会上流传的一些有关他能够与神灵交流的故事更是为他赢得了声誉。那么,我们对斯威登堡的通灵故事了解多少呢,他所秉具的"通灵"能力的韵致究竟何在呢,他的深微而奇诡的"通灵"经验是否具有可传达性呢?雅氏在专论斯威登堡的最后一部分探讨了上述问题。下面,笔者便循着他的运思理路对相关问题做一番称说。

1. 斯威登堡的"通灵"故事举隅

雅氏首先指出:"斯威登堡主要通过一些故事赢得了声誉,这些故事可以证明他超人的洞察力以及通过经验的方式从死者那里接收信息的能力。"④ 既然这些故事对我们理解斯威登堡"超人的洞察力"及其通灵能力的独特方式有如此重要的意义,枚举其中的一些例子也就不再是一件可有可无的事。可惜的是,雅氏并没有枚举此类故事,不

---

① 参见 Karl Jaspers, *Strindberg and Van Gogh*, translated by Oskar Grunow and David Woloshin, The University of Arizona Press, 1977, pp. 59 - 61, 71 - 72。

② Karl Jaspers, *Strindberg and Van Gogh*, translated by Oskar Grunow and David Woloshin, The University of Arizona Press, 1977, p. 73。

③ 关于斯特林堡对斯威登堡的理解与吸纳,可参阅 Karl Jaspers, *Strindberg and Van Gogh*, translated by Oskar Grunow and David Woloshin, The University of Arizona Press, 1977, pp. 73 - 75。

④ Karl Jaspers, *Strindberg and Van Gogh*, translated by Oskar Grunow and David Woloshin, The University of Arizona Press, 1977, p. 123.

第四章 客观表现型的生存艺术家之范例

过从他在此处所加的一个脚注中可以看出，他主要参阅了康德在《一位视灵者的梦》《致冯·科诺勃洛赫女士的信》《致瑞典女王的信》等著述中的相关记述，他还格外提醒说："我曾两次遇到过头脑清醒的精神分裂症患者，他们自称拥有对世间偶发事件的心灵感应能力，并能详细地将其描述出来。（顺便提一下，有些人并没有患精神分裂症，他们也自称拥有这种能力）客观地证明他们的才能的尝试尚未成功过。"① 由此可以推断，雅氏在这一部分中已不再仅仅拘囿于精神病理学—心理学的视域来考察斯威登堡，而且他对斯威登堡"通灵"能力的理解与评判显然受到了康德的影响。或许是因为斯威登堡的此类通灵故事已在欧洲流传甚广，雅氏觉得已没有一一枚举的必要，所以他只是以脚注的形式做了一种提示。然而对中国人来说，此类故事甚至连同斯威登堡的名字还是颇为陌生的，鉴于此，笔者在此主要依据康德在《一位视灵者的梦》中的相关记述（辅之以斯威登堡研究会编著《通行灵界的科学家》中的相关记述）做一番补缀。为了尽量展呈故事的原貌，笔者在称引的过程中暂时"悬置判断"，故而特意采取雅氏常用的理解—描述方法将其撮录如下。

康德在《一位视灵者的梦》中记述了关于斯威登堡的三个故事。
①接受一位侯爵夫人的考验：

> 1761 年年底，施魏登贝格（斯威登堡——引者注）先生被召见到一位侯爵夫人处。侯爵夫人高超的智力和见识使她几乎不可能在诸如此类的事例中受骗。促成这次召见的是关于此人所宣称的幻象的普遍传闻。在提出若干与其说旨在于获知另一个世界的真实消息、倒不如说旨在于拿他的想象寻开心的问题之后，侯爵夫人送走了他，事先已托付给他一项秘密的任务，涉及他与灵神的联系。几天之后，施魏登贝格先生出现了。据侯爵夫人自己承认，他的答案使她极度惊讶，因为她发现这答案是正确的，尽管如此却没有任何活着的人能告诉他这个答案。这个故事出自

---

① Karl Jaspers, *Strindberg and Van Gogh*, translated by Oskar Grunow and David Woloshin, The University of Arizona Press, 1977, p. 123.

当地宫廷一位当时在场的公使给哥本哈根的另一位外国公使的报告，也与对此事的特别调查所能够了解的完全吻合。①

这个故事中的侯爵夫人本想以通灵的问题难为斯威登堡（"拿他的想象寻开心"），未料到他竟然真的通过从死者那里接收信息的能力获知了问题的正确答案，这就使这位因其"高超的智力和见识"而"几乎不可能在诸如此类的事例中受骗"的侯爵夫人"极度惊讶"。由于这个故事出自当地宫廷一位当时在场的公使写给另一位外国公使的报告，这似乎增强了故事的真实性。

②灵视荷兰驻瑞典宫廷公使死去后留给其遗孀的一份付款收据：

一位荷兰驻瑞典宫廷公使的遗孀玛特维勒夫人被一个金匠的亲属催讨为打制一套银餐具的欠款。这位女士知道她的亡夫治家有条不紊，相信这笔债务在他活着时必定已经结清；然而，她在其亡夫遗留下来的文件中根本找不到任何证明。……因此，她向这位施魏登贝格先生透露了自己的心事，请求他，如果人们关于他与死者的灵魂交往所说的是真实的，就从另一个世界向她的亡夫获取消息，上述讨债究竟是怎么回事。施魏登贝格先生答应做这件事，几天之后在她的住所向她报告，他已取得所要求的信息；在他指点的一个这位夫人以为已经完全腾空的柜子里，还有一个暗格，所需的收据就在里面。人们立刻按照他的描述去找，除了秘密的荷兰文通信之外还找到了收据，由此完全勾销了金匠所提的要求。②

相较于第一个故事，这个故事在可信性上存在较多的疑点。譬如，既然公使已经付了款，那么他为何在生前没有及时地将付款收据交给夫

---

① ［德］康德：《康德著作全集（第2卷）：前批判时期著作Ⅱ（1757—1777）》，李秋零主编，中国人民大学出版社2004年版，第357—358页。
② ［德］康德：《康德著作全集（第2卷）：前批判时期著作Ⅱ（1757—1777）》，李秋零主编，中国人民大学出版社2004年版，第358页。另参见史威登堡研究会编著《通行灵界的科学家——史威登堡献给世人最伟大的礼物》，王中宁译，（台北）方智出版社股份有限公司2010年版，第45—46页。还可参见［苏］阿尔森·古留加《康德传》，贾泽林、侯鸿勋、王炳文译，商务印书馆1981年版，第75—76页。

第四章 客观表现型的生存艺术家之范例

人保管或者把付款收据的存放地点告知夫人呢？此外，既然公使已经付了款，那么金匠的亲属为何还要催讨欠款呢？鉴于此，第二个故事带有更多的传闻色彩。

③灵视斯德哥尔摩的火灾：

第三个故事具有这样的性质，其正确与否必定很容易得到一种完备的证明。如果我得到的消息正确无误的话，那是在1759年年底；当时施魏登贝格先生从英国回来，于一个下午在哥德堡登陆。他于当天晚上应邀在一位当地商人那里出席一个聚会，稍事逗留之后满脸惊愕神色地告诉聚会一个消息：此刻斯德哥尔摩的南玛姆城区有一场可怕的火灾正在肆虐。在几个小时的时间里，他不时地离开，之后他向聚会报告，大火已被遏止，此外还报告了大火已经蔓延到多么远。就在当晚，这个神奇的消息已经传开，翌晨已传遍全城；然而，两天之后，关于此事的报告才从斯德哥尔摩抵达哥德堡。据说，它与施魏登贝格的幻象完全吻合。①

在上述三个故事中，最后一个的可信度显得最大，康德有一段时间对此深信不疑，并惊叹道："很难想像人类历史上会有一个像史威登堡这样的人物，而未来也很可能不会再有。他谜样的能力实在让人震惊。"②

《通行灵界的科学家》中记述了关于斯威登堡的四个故事，其中有两个与康德的记述大致相同，不同的另两个故事如下。

①在瑞典女王面前通灵：

（有一次，斯威登堡受瑞典女王之邀在众官员面前试验通灵术，许多官员都满脸狐疑。）女王之所以召集这样的聚会，是为了两个

---

① ［德］康德：《康德著作全集（第2卷）：前批判时期著作Ⅱ（1757—1777）》，李秋零主编，中国人民大学出版社2004年版，第358—359页。另参见史威登堡研究会编著《通行灵界的科学家——史威登堡献给世人最伟大的礼物》，王中宁译，（台北）方智出版社股份有限公司2010年版，第47—49页。还可参见［苏］阿尔森·古留加《康德传》，贾泽林、侯鸿勋、王炳文译，商务印书馆1981年版，第76页。

② 转引自史威登堡研究会编著《通行灵界的科学家——史威登堡献给世人最伟大的礼物》，王中宁译，（台北）方智出版社股份有限公司2010年版，第9页。

— 389 —

理由。一来她想看看史威登堡（斯威登堡——引者注）已经传遍欧洲的通灵异能。二来是为了透过史威登堡之口在众臣们面前夸赞已故将军的遗泽。女王提到那位已过世将军的名字，并询问史威登堡认不认识，但是史威登堡连有这位将军的存在都不知道。女王把将军的名字写下来，交给史威登堡，命令说："将军死后留了一封遗书给我，这件事除了我之外谁也不知道，内容当然就更没人知道了。我之所以没有将它公开，是因为当时里面提到的人物还健在，同时将军也曾拜托我不要公开。不过现在信里的相关者都已经过世超过十年以上了，我想要将那封信公开给官员们。既然你可以到另一个世界去见到那些故去者的灵魂，那么我就想借你的口来将那封信的内容公开出来。"接受到女王的命令，史威登堡在诸多官员众目睽睽之下躺到沙发上，用他已经熟练得不能再熟练的"模拟死亡技术"脱离了肉体。但光知道将军的名字是不够的，真正进入灵界寻找之前还需要更具体的资讯，首先要钻进女王的灵魂才行。这是为了搞清楚女王所知那个将军的来历，但女王根本想都没有想到过史威登堡会跑到自己的灵魂中搜索情报。史威登堡进入灵界之后，用从女王那边看到的样貌一比对，立刻就找出了那位将军。史威登堡开始试著跟将军用思维概念来对话。史威登堡问他："您是不是某某将军？"将军给予了正面的回答。史威登堡马上将遗书的问题搬出来。待在灵界中，随著时间流逝，在世上的记忆也会渐渐淡忘甚至消失。将军拼命搜寻当初的记忆，好不容易才想起来，遗书的内容是自己与部属在战场上的英勇行径，并请求国家为那些冒著生命危险英勇奋战的部属们授勋。史威登堡得到答案，马上回到自己的肉体。这时周围所有的人都屏息望著他。宫中的气氛霎时紧张到几乎要令人窒息。史威登堡郑重地走到女王面前，说出了将军遗书的内容。听了史威登堡的话，女王大吃一惊："史威登堡大人，这还真是惊人。您辛苦了，您果然是瑞典的骄傲。现在让我们来朗读将军的遗书吧。"史威登堡从女王那里接过遗书，大声朗读。在场的官员纷纷发出了惊叹声。遗书内容跟史威登堡先前所说几乎没有什么差别。从这刻起，大家都将史威登堡视作瑞典的神人。女王宣布说，将军遗书的内容虽然此刻才公布，但是国家很久以前就已经

第四章 客观表现型的生存艺术家之范例

按照将军禀报的内容执行了。接著史威登堡就开始谈他在灵界见到将军的情况："将军现在生活在一个很棒的地方。我做的事情并没有什么了不起，我只不过是去问问将军，并且将听到的带回来罢了。这并不是什么超能力或魔术，希望大家不要误会了。"女王称赞了史威登堡一番，史威登堡在诸大臣的喝采声中离开了宫殿。这超出人们想像力的事件，在很短的期间内就传遍了整个欧洲。①

这个故事描述了斯威登堡通灵的全过程及其相关细节，显得颇为逼真，唯一的遗憾是，女王当时若能安排在场的某位大臣来朗读将军的遗书就显得更真实了。

②准确预言自己的死期：

以下介绍史威登堡一生中最重大的神奇事件，就是他准确预言出自己的死期。他所预言的日期是一七七二年三月二十九日，那一天他身在伦敦，也的确按照预言死去。……但另一件神奇的事是他预言自己死期的方法。他不是告诉自己的家人或亲戚，而是写了一封信给他素昧平生的约翰·卫斯理牧师。他之所以采用这个方法，是为了给出他通灵的另一个证据。史威登堡写给卫斯理牧师的信大致内容如下："我所尊敬的卫斯理牧师！我知道您想见我，所以我想向您报告，我会在一七七二年三月二十九日告别这个世界到灵界去，此事已定。在那之前我应该可以见您一面。……"卫斯理牧师也写了一封令人惊讶的回信："我所尊敬的史威登堡大人！我很早就听说过您作为异能者的名声。收到您的信我太过惊讶，我在朋友们注视之下打开了这封信。您跟我完全没见过面，怎么会知道我想见您呢？我跟朋友们都对这件事大为惊奇。您真是位神奇的人物。……"史威登堡对此解释："我当然是在精神上跟他的灵互相交流才知道他想见我的。但是比起单纯跟灵体沟通，要与活著的人进行这样的交流是更困难的。总之，卫斯理牧师回的这封信也可以说明我的通灵术是事

---

① 史威登堡研究会编著：《通行灵界的科学家——史威登堡献给世人最伟大的礼物》，王中宁译，（台北）方智出版社股份有限公司2010年版，第42—45页。

— 391 —

实。"他继续总结:"我现在还存留在这世上的东西,就只有我这已经完成使命的肉体,以及我执笔写下的那些著述。我向卫斯理牧师预言的一七七二年三月二十九日一到,世界就会再次知道我所说的是事实。"就像这样,史威登堡两次证明了人的寿命是在天界中先定下来的。①

由于斯威登堡以给他人写信的方式为验证自己的通灵能力留下了可靠的证据,因此这个神奇的故事无论从哪个方面来看都显得无懈可击。

上面枚举的通灵故事委实太过神奇了,特别是当斯威登堡以其坦诚而清醒的态度谈及自己的通灵经验时,他显然没有丝毫骗人的意思。然而,一个不争的事实是,无论这些被描述的通灵经验显得多么客观、逼真,归根结底它们都出自斯威登堡的通灵幻觉。这就带来了一个颇为棘手的问题:我们该如何看待此类通灵幻觉呢?面对通行于自然世界与神灵世界的斯威登堡,就连哲学家康德也惊叹不已,称他是"所有视灵者中间的首席视灵者""所有幻想家中的首席幻想家""所有妄想家中间最严重的妄想家",认为他的"狂乱幻影"是由其丰富的想象生育的"怪胎"。②那么,康德为什么要冒着传播"尚有顾虑的无稽之谈"的危险来研究这类的"怪胎"呢?他在《一位视灵者的梦》中为自己提出并回答了这个问题:"也许人们会问:究竟是什么能够打动我去从事一项像传播一个有理性的人对耐心倾听尚有顾虑的无稽之谈这样受轻视的工作,甚至使它们成为哲学研究的题材呢?然而,既然我们先前所谈的哲学同样是出自形而上学的安乐园的无稽之谈,我也就看不出让这两者携手出现有什么不当之处;而且,为什么由于对理性的虚假理由的盲目信任而受骗,比由于不谨慎地相信虚假的故事而受骗,就更为光彩呢?"③这里所说的"先前所谈的哲学",指的是以沃尔夫为代表的理性主义哲学,这类哲学"同样是出自形而上学的

---

① 史威登堡研究会编著:《通行灵界的科学家——史威登堡献给世人最伟大的礼物》,王中宁译,(台北)方智出版社股份有限公司2010年版,第49—52页。
② [德]康德:《康德著作全集(第2卷):前批判时期著作Ⅱ(1757—1777)》,李秋零主编,中国人民大学出版社2004年版,第357、369页。
③ [德]康德:《康德著作全集(第2卷):前批判时期著作Ⅱ(1757—1777)》,李秋零主编,中国人民大学出版社2004年版,第359页。

第四章 客观表现型的生存艺术家之范例

安乐园的无稽之谈"。如果说通灵者的"无稽之谈"宛如一种"感性的梦幻",那么理性主义哲学家的"无稽之谈"就像一种"理性的梦幻";如果说人们会因盲目相信前者描述的"虚假的故事"而受骗,那么人们也就会因盲目相信后者提供的"理性的虚假理由"而受骗。因此,无论是"感性的梦幻",还是"理性的梦幻",都要受到严格的审查与批判,这正是康德为自己期待的形而上学所确立的新的任务。康德认为,理性主义哲学的最大问题就是理论理性的寡头化,这种寡头化倾向导致它常常会因缺乏自我限定意识而显得独断、自负。"哲学的自负使得它给自己提出的全是些空洞的问题,它常常发现自己因某些故事而陷入严重的尴尬,要么因怀疑这些故事中的一些东西而受到惩罚,要么因相信其中的某些东西而受到嘲笑。两种困难在某种程度上由流传的灵神故事而汇合在一起。"① 由此可见,康德研究"视灵者的梦"的目的,就是特意地以"流传的灵神故事"给理性主义哲学制造麻烦,借此消解它的"自负"脾性,在将它"陷入严重的尴尬"之际唤醒它反省到自身的"无知",进而在根底处厘定它的界限。"正是这种无知,也使得我不敢完全否定各种灵神故事的所有真实性,但我有一种虽然奇怪但却常见的保留,即对这种故事中的每一个个别的都提出质疑,但总的来说却对所有的都给予几分相信。判断的权利留给读者;但就我自己而言,至少我充分地倾向于第二章的理由一边,使我认真而又不置可否地倾听各种各样的这类奇异故事。"② 这里所说的"第二章的理由",指的是康德在《一位视灵者的梦》第二章中从"历史学"的角度对斯威登堡"经过灵神世界的迷狂之旅"所做的考察(前面转述的那三个通灵故事即出自这一章,康德对其真实性的态度是"凭读者任己意探询"。③ 康德并没有像理性主义哲学家那样"完全否定各种灵神故事的所有真实性",从而避免了理论理性的自负与独断;他固然将"判断的权利留给读者",不过他并没有就此落入相对主

---

① [德]康德:《康德著作全集(第2卷):前批判时期著作Ⅱ(1757—1777)》,李秋零主编,中国人民大学出版社2004年版,第356页。
② [德]康德:《康德著作全集(第2卷):前批判时期著作Ⅱ(1757—1777)》,李秋零主编,中国人民大学出版社2004年版,第354页。
③ [德]康德:《康德著作全集(第2卷):前批判时期著作Ⅱ(1757—1777)》,李秋零主编,中国人民大学出版社2004年版,第356页。

义，而是对读者的判断力抱着一份期待；他所采取的那种"虽然奇怪但却常见的保留"态度说到底是康德正在酝酿中的批判哲学所特有的一种理性审查的态度，也就是说，通过严格的理性审查与批判，为我们的认识厘定界限。"就关于灵神性存在者的哲学学说而言……这种学说可以完成，但却是在消极的意义上，因为它确定无疑地设定了我们认识的界限，并使我们坚信：生命在自然中的不同表现及其规律是我们可以认识的一切，而这种生命的原则，也就是说，我们并不认识、而是推测的灵神本性，却绝不能被设想为积极的，因为在我们的全部感觉中找不到与此相关的资料；……根据这一点，人的灵神学可以称为在一种猜测的存在者方面必然无知的学说，并作为这样一种学说轻而易举地与课题相符。"① 在康德看来，人只能认识"生命在自然中的不同表现及其规律"，至于"生命的原则"（"灵神本性"）则只能去"推测"，却无从通过理论理性（认知理性）去认识。因此，关于灵神性存在者的哲学学说就成为"在一种猜测的存在者方面必然无知的学说"，它也由此在消极的意义上"设定了我们认识的界限"。这样一来，"人的灵神学"遂成为康德正在研琢的形而上学课题——"形而上学是一门关于人类理性的界限的科学"——的一个不可或缺的部分；进而言之，它构成了康德探索形而上学奥谛之路上的一个否定的环节。②

康德的《一位视灵者的梦》撰成于 1766 年，另外一篇题为《试

---

① ［德］康德：《康德著作全集（第 2 卷）：前批判时期著作 Ⅱ（1757—1777）》，李秋零主编，中国人民大学出版社 2004 年版，第 354—355 页。

② 康德就此写道："我已经探讨了一个吃力不讨好的题材……既没有用消息来满足好奇者，也没有用理性根据满足研究者。如果不是其他的意图来激励这项工作，我就浪费了自己的时间；我失去了读者的信任，引导他的探询和求知欲经过一段无聊的弯路，回到了他由此出发的无知之点。然而，事实上我关注着另一个目的，它在我看来比我所宣称的还要重要，我认为自己已经达到了这一目的。尽管我罕能自诩从形而上学那里得到了几分青睐，但我注定已经迷恋上了它；它提供了两项好处：第一项好处是完成了探究的心灵在凭借理性探索事物的隐秘性质时提出的课题。但在这里，结果欺骗希望是太经常的事情了，而这一次也逃脱了我们热切的手。……另一项好处更合乎人类知性的本性，它在于了解：课题是否也可以从人们能够知道的东西出发加以规定？这一问题与我们的判断在任何时候都必须依据的经验概念有什么关系？就此而言，形而上学是一门关于人类理性的界限的科学；而且既然一个小国在任何时候都有许多边界，认识并且维护自己的领地，绝对要比盲目地出征开疆拓土更为重要，所以，上述科学的这种好处是最不为人知的好处，同时也是最重要的好处，它也只是相当晚并且经过长期的经验才被得到。"见［德］康德《康德著作全集（第 2 卷）：前批判时期著作 Ⅱ（1757—1777）》，李秋零主编，中国人民大学出版社 2004 年版，第 370—371 页。

论大脑的疾病》的文字撰成于1764年。康德当时正走在由前批判时期向批判时期转变的路途上，他此后诸多模塑了人类思想版图的重要论断——如"为信仰留余地，则必须否定知识"[①] 等——的根荄也正处于萌蘖之中。有意味的是，恰恰是这些文字对正行进在由精神病理学—心理学向"纯正哲学"转变的雅斯贝斯产生了同样深刻的影响。我们看到，雅氏同样以人道主义的情怀看待每一位精神病人，同样反对从诉诸认知理性（理论理性、一般意识）的精神病学范畴出发去裁削他们整全的人格，同样主张以理解—描述的方法来呈现他们独一无二的个性。[②] 当然，雅氏所期待的"纯正哲学"是他在《哲学》（三卷）中建构而成的祈向超越之维的生存哲学，这种现代形态的哲学虽然在整体框架上与康德的三大批判（《纯粹理性批判》《实践理性批判》《判断力批判》）有着内在的关联，但是当雅氏直面着生存的根基业已动摇（"上帝死了"）、虚无主义大肆流行、生命的内核正在发生裂变的时代精神处境之际，他最终还是以克尔凯郭尔、尼采的运思智慧为契机走了一条旨在成为他自己的现代哲学之路。[③] 雅氏以"生存"为运思轴心，把康德的"界限"意识改造成一种"临界"意识，将理论理性（认知理性、一般意识）的"无知"作为其喻说生存的"本源运动"（"无知""眩晕""畏惧""良知"）的起点，将"无知""眩晕""畏惧"作为引生"良知"之维以及结蒂于良知之维上的"爱""信仰"之类"实现了的绝对意识"的否定的导言。雅氏所阐说的"良知""爱""信仰"其实是相通于康德所阐说的"善良意志"及其设定的"灵魂不死""上帝存在"的，在某种程度上可以说，雅氏辐辏

---

① ［德］康德：《纯粹理性批判》，蓝公武译，商务印书馆1960年版，第21页。

② 譬如，康德在《一位视灵者的梦》中忠实地摘引了斯威登堡在《天国的奥秘》（康德当年不惜从自己微薄的收入中挤出7英镑购买了八卷本的《天国的奥密》）中对其通灵幻觉所做的客观描述，他就此强调："我不曾把自己的梦幻强加给我们的作者（指斯威登堡——引者注）的梦幻，而是通过一种忠实的摘录把他的梦幻提供给懒散而又节俭的读者（他不愿为了一种小小的好奇心而如此轻率地浪费7英镑）。虽然直接的直观大多数被我删去了，因为诸如此类的狂乱幻影只会使读者夜不能寐；就连他的启示的混乱意义有时也以一种可行的语言来表达；然而，概论的要点并不因此而在正确性方面受到损失。"见［德］康德《康德著作全集（第2卷）：前批判时期著作Ⅱ（1757—1777）》，李秋零主编，中国人民大学出版社2004年版，第369—370页。

③ 康德的先验人学仍是古典形态的，我们并不能直接拿来解决现代人所面临的根本困境。就此而言，康德诚然可以带我们上路，不过，即便这位无与伦比的伟大哲学家也不是路本身。

于"无知""眩晕""畏惧""良知"所喻说的"本源运动"为康德的先验人学续上了运作于生存个体原初人格内部的心理学机制。无论是康德的先验人学,还是雅氏的生存哲学,两者都关注人的原初人格(心灵、精神)的奥秘,这就使二人在谈及斯威登堡时不约而同地把目光都投向了他那奇异无比的通灵能力。接下来的问题,就是我们该如何理解涵淹于斯威登堡"最离奇、最罕见的想象"① 中的通灵能力的韵致了。

2. "通灵"能力乃是一种"超人的洞察力"

在雅氏看来,"通灵"能力的韵致在于,它是一种"超人的洞察力"。正是凭借这种特异的能力,斯威登堡可以看见大众(世俗实存)无法看见的"超验世界",并能够与其中的神灵进行面对面的交谈。斯威登堡本人将这种"超人的洞察力"称为"灵眼":"我们无法以肉眼看见天使,只能以灵眼来观看。因他们处在灵界,而我们处在属物质的自然界。我们肉身的视觉器官——眼睛,是很粗糙的。……当我们脱离了肉身的视觉,灵眼就会被打开。当主喜悦时,我们瞬间即可看见。这个情形就像是我们用肉眼观看一样。这是为何亚伯拉罕,罗得,玛挪亚,及其他的先知们能看见天使的原因。这也是为何主在死里复活后门徒们能看见的原因。同理,这也是我能看见天使的原因。"② 这里所说的"肉眼",指的是"肉身的视觉器官"(感官之眼);所说的"灵眼",指的是不同于"肉眼"的"灵魂之眼"("内眼"③)。肉眼只能看见物质性的"自然世界",却无法洞察精神性的"神灵世界"。若想洞察精神性的"神灵世界",唯一的契机就是"以

---

① [德]康德:《康德著作全集(第2卷):前批判时期著作Ⅱ(1757—1777)》,李秋零主编,中国人民大学出版社2004年版,第368页。

② [瑞典]伊曼纽·史威登堡:《天堂与地狱》,叶雷恩译,(台中)白象文化事业有限公司2011年版,第50页。

③ 斯威登堡在另一处亦将"灵眼"称为"内眼":"以自然界为概念基础的人,无法理解超越其肉眼所及之延伸的空间。当他们以同样的概念来想像天堂的光景时,必然会错误的离谱。这里所讲的'延伸',并不像我们的自然界。在我们的世界,它是固定的,因此是可量测的。但在天堂它不是固定的,因此是不可量度的。……每个人都知道我们肉眼所及——可以一直看到太阳和星星,亦即非常的遥远。对任何思虑深入的人而言,人的内眼(inner sight)能借着意念看的更远。"见[瑞典]伊曼纽·史威登堡《天堂与地狱》,叶雷恩译,(台中)白象文化事业有限公司2011年版,第56页。

第四章 客观表现型的生存艺术家之范例

灵眼来观看"。在上帝的启示下,斯威登堡的"灵眼"被打开了,他同时也就具备了脱离肉体的视觉而与神灵进行交流的能力。① 康德将斯威登堡所说的"灵眼"称为"内感官",认为他凭借这种诉诸"灵神性直观"的"内感官"说出了"灵神的语言",就此而言,斯威登堡是"灵神们的真正宣谕官",他的通灵能力属于"灵神性人格"。在"出神"的状态下,秉具"灵神性人格"的斯威登堡"能派生出大量狂乱并且极其荒谬的形象,而我们的妄想者却相信在自己每日与灵神的交往中极清晰地看到这些形象"。②

想必是受到了斯威登堡的自我剖白以及康德对此所做的阐释的启发,雅氏对斯威登堡(也包括斯特林堡这样的客观表现型的精神分裂症艺术家)洞察超验世界的能力所由产生的契机做了如下的揭示:"斯特林堡与斯威登堡的经验方式只有在这些可识别的病态状况下才是可能存在的。康德曾将这种方式表述为:'那种清晰地洞察超验世界的能力,在这里只能通过丧失某些需要理解这个世界的心智能力来获得。'"③ 从中可以看出,"丧失某些需要理解这个世界的心智能力"乃是"清晰地洞察超验世界的能力"所由产生的唯一的契机。值此之际所丧失的那种"心智能力",就是大众用"肉身的视觉器官"观看属物的自然世界的能力;以此为契机所获得的那种"洞察超验世界的能力",就是视灵者用"灵眼"观看属灵的超验世界的能力。雅氏在此所称引的康德的这句话,其实就是斯威登堡所谓"当我们脱离了肉身的视觉,灵眼就会被打开"的另一种表述方式。康德在《一位视灵者的梦》中写道:"如果对其结构不仅适合可见世界、而且也在某种程度上适合不可见世界的人(假如曾经有过这样一个人的话)可能得到的利弊相互加以权衡,那么,这一类的赠礼看来就等于朱诺用来给

---

① 哈佛大学临床心理学家威尔森·凡·杜森(Wilson van Dusen)曾这样赞叹道:"我透过临床实验得知的东西,史威登堡都已经透过灵眼看到、知道、体会到了。"转引自史威登堡研究会编著《通行灵界的科学家——史威登堡献给世人最伟大的礼物》,王中宁译,(台北)方智出版社股份有限公司2010年版,第12页。

② [德]康德:《康德著作全集(第2卷):前批判时期著作Ⅱ(1757—1777)》,李秋零主编,中国人民大学出版社2004年版,第365、366、368页。

③ Karl Jaspers, *Strindberg and Van Gogh*, translated by Oskar Grunow and David Woloshin, The University of Arizona Press, 1977, p.124.

— 397 —

忒瑞西阿斯增光的那份赠礼；朱诺先把忒瑞西阿斯弄瞎，以便能够赋予他预言的才能。因为按照上述定理来判断，只有人们从认识当前世界所必需的知性丧失某种东西，才能在这里达到对另一个世界的直观认识。"① 忒瑞西阿斯（Tiresias）是希腊神话中的一位盲人预言者，他的预言能力是以肉眼被天后朱诺（Juno，罗马神话中称为朱诺，希腊神话称为赫拉）刺瞎为代价获得的。当然，这里只是个比喻，斯威登堡是位"清醒的梦幻者"②，他同时具有观看"可见世界"与"不可见世界"的能力，只是在睁开"灵眼"与神灵进行交流的时候，他暂时把那双"肉眼"闭上了。

可以说，斯威登堡通灵能力的全部韵致就蕴含在他所说的"当我们脱离了肉身的视觉，灵眼就会被打开"这句话之中了。若追溯这种说法的思想史渊源，我们最迟可在柏拉图的《会饮篇》中找到它的源头。苏格拉底对崇拜他的美少年阿尔基弼亚德说："要在肉眼失去敏锐的时候，灵眼才开始烛照，你离这种状况还远哩。"③ 这里所说的"灵眼"，指的是哲学家洞察"美本身""善本身""大本身"之类的"神像"（喻指苏格拉底心中所向往的完满之境）所需要的能力。到了新柏拉图主义者普罗丁（Plotinus，204—270，亦译为普洛丁、普罗提诺等）那里，他把柏拉图所说的"理念"称为整全的"太一"，把洞悉"太一"的能力称为"深邃的视力"："在我们的世界，一部分不会生出另一部分，每一存在者都只是部分；在那个世界，每一存在者都完全源于整体，既是整体又是部分；它表现为部分，但是它有深邃的视力，能洞悉它所包含的整体，就像传说中的林扣斯（Lynceus）的视力。据说，他能看到地球的内部。这个故事乃是用谜语比喻那个世界的存在者的眼睛。"④ 如果说普罗丁

---

① ［德］康德：《康德著作全集（第2卷）：前批判时期著作Ⅱ（1757—1777）》，李秋零主编，中国人民大学出版社2004年版，第344页。

② 康德在《一位视灵者的梦》中写道："在清醒时如此沉溺于自己始终丰饶的想象所编造的虚构和妄想、以至于很少注意自己如今最切身的感官感受的人，被合理地称为清醒的梦幻者。"见［德］康德《康德著作全集（第2卷）：前批判时期著作Ⅱ（1757—1777）》，李秋零主编，中国人民大学出版社2004年版，第346页。

③ ［古希腊］柏拉图：《柏拉图对话集》，王太庆译，商务印书馆2004年版，第347页。

④ ［古罗马］普罗提诺：《九章集》，石敏敏译，中国社会科学出版社2009年版，第632页。

第四章 客观表现型的生存艺术家之范例

所谓的"我们的世界"指的是经验世界,所谓的"那个世界"指的是超验世界(整全的"太一"),那么洞悉超验世界的"深邃的视力"就堪比斯威登堡所谓的"灵眼"。再到教父哲学的集大成者奥古斯丁(Aurelius Augustinus,354—430)那里,他把柏拉图的"理念"统摄于基督教神学的"上帝"范畴之下,"灵魂的眼睛"遂演化为神学家洞察上帝的"永定之光"的灵力:"你(指上帝——引者注)指示我反求诸己,我在你引导下进入我的心灵,我所以能如此,是由于'你已成为我的助力'。我进入心灵后,我用我灵魂的眼睛——虽则还是很模糊的——瞻望着在我的灵魂的眼睛之上的、在我思想之上的永定之光。这光,不是肉眼可见的、普通的光,也不是同一类型而比较强烈的、发射更清晰的光芒普照四方的光。不,这光并不是如此的,完全是另一种光明。……这光在我之上,因为它创造了我,我在其下,因为我是它创造的。谁认识真理,即认识这光;谁认识这光,也就认识永恒。惟有爱能认识它。"[①] 可以说,斯威登堡直接接续的是奥古斯丁的教父哲学传统,这从他以"灵眼的被打开"为契机来揭示先知们(如亚伯拉罕、罗得、玛挪亚等)能看见天使、耶稣的门徒们能看到主耶稣死后复活的光景以及他自己能看见天使的根由中即可见出。当然,与奥古斯丁有所不同的是,斯威登堡是以客观经验的方式向人们描述自己的"灵眼"所见的,而奥古斯丁则是以主观体验的方式向人们"忏悔"自己的"灵眼"所感的。

3. "通灵"经验的可传达性问题

斯威登堡的"通灵"经验奇诡而深幽,可以说已超出了常人的洞察力。那么,这类经验可否向人们传达呢?雅氏就此指出:"全部经验——即便那些完全'疯狂'的经验——的内容,都肯定会必然地成为精神性的东西。因此,它们总是可传达的。就某种变为客观对象且已演化为思想的经验而言,它基本上也是可以用言辞来表达的。这些思想主要依赖于周遭的环境,也依赖于前世所传下来的那些思想之总和的内容。"[②] 从中可以看出,斯威登堡的全部经验,包括他在短期的

[①] [古罗马] 奥古斯丁:《忏悔录》,周士良译,商务印书馆1963年版,第126页。

[②] Karl Jaspers, *Strindberg and Van Gogh*, translated by Oskar Grunow and David Woloshin, The University of Arizona Press, 1977, p.124.

精神分裂症发作期间出现的"疯狂"经验，说到底都是其心灵图像的外化与投射。如果可以把斯威登堡痴迷于自己的狂乱幻象算作他出现的精神分裂症症候的话，那么"这种疾病的独特之处在于：陷入混乱的人把纯粹是他的想象的对象置于自身外面，视为现实地出现在他面前的事物"[①]。也就是说，斯威登堡把自己的心灵图像投射到外部世界，并坚信出现于幻觉中的"神灵世界"是客观存在的。就此而言，斯威登堡乃是一位"客观唯心主义者"。[②] 当斯威登堡在自己的作品中客观地描述自己亲历的通灵经验时，他就把经验的内容转化成一种"精神性的东西"，进而把这种"精神性的东西"转化成思想的对象并客观化于自己的语言表达之中。

我们知道，语言是与思想同在的，任何一种思想的经验一旦被人们用言辞表达出来，它就进入了人类精神天空下的敞亮之地，成为一种可在人与人之间彼此传达与交流的东西。就此而言，无论斯威登堡的通灵经验如何奇诡深幽，其实依然是人类思想史的有机组成部分，它们借着斯威登堡独异的原初人格得以传达固然有着周遭环境的刺激为其提供的现实契机，不过从根底处看，这些思想经验"也依赖于前世所传下来的那些思想之总和的内容"。正是在这个意义上，雅氏格外强调："无论这些离开精神分裂症就无法分享的独特经验如何特殊，不过患者一旦谈及它们，它们就以相当普遍化的范畴表达出来了。这些范畴，这些独特的形式联系，既不是合乎情理的，亦不是荒唐不经的，而且肯定不是超自然的，它们恰好是人类之间相互交流的中介。因此，在神智正常的人们所作的纯粹理性建构与这些精神分裂症患者基于生存之需所作的交流之间无疑具有某种一致性。"[③] 斯威登堡的通灵经验之所以能够成为"人类之间相互

[①] ［德］康德：《康德著作全集（第 2 卷）：前批判时期著作 II (1757—1777)》，李秋零主编，中国人民大学出版社 2004 年版，第 349 页。

[②] 康德在《一位视灵者的梦》中写道："一位未来的诠释者将由此得出结论：施魏登贝格（斯威登堡——引者注）是一个唯心主义者。"见 ［德］康德《康德著作全集（第 2 卷）：前批判时期著作 II (1757—1777)》，李秋零主编，中国人民大学出版社 2004 年版，第 367 页。这里需要补充的一点是，当斯威登堡坚信出现于自己幻觉中的"神灵世界"是客观存在的并对此进行客观描述的时候，他已成为一位"客观唯心主义者"。

[③] Karl Jaspers, *Strindberg and Van Gogh*, translated by Oskar Grunow and David Woloshin, The University of Arizona Press, 1977, p. 124.

第四章 客观表现型的生存艺术家之范例

交流的中介",除了人类可以使用语言将这类独特的经验变成"相当普遍化的范畴表达出来"外,至少还有一个重要的原因是需要引起高度关注的,这个原因就是涵淹于斯威登堡通灵经验中的种种幻象(超验的"神灵世界")与"自然世界"(经验世界)之间存在着一种彼此应和的象征性关系。这种象征性关系使斯威登堡既没有否弃超验的"神灵世界",也没有否弃可感的"自然世界"[1],而是致力于将上述双重世界沟通起来。进而言之,作为基督教神秘主义者的斯威登堡其实就生活在双重世界之中[2],他的通灵经验的独异之处恰恰在于,他通过经验的方式传达着超验世界的消息,进而以一种"感性妄想"[3]的独特风貌将"自然世界"转化成一种被"神灵世界"所照亮了的"密码"。"密码"固然是携带着"神灵世界"的消息的,不过它并不就是"神灵世界"本身。可以说,雅氏在《哲学》第三卷中阐说的"密码论",在他诠解斯威登堡的通灵经验的幽趣时就已有了它最初的萌芽。

在对"通灵"经验的可传达性问题做了上述阐说的基础上,雅氏最后将探讨的焦点辐辏于这样一个问题上:"这些问题的焦点主要在于,是否可以说在另外一维上客观地存在着某个神灵的国度。"[4]可以说,神灵国度存在与否既是探讨斯威登堡通灵经验之秘密的焦

---

[1] 雅斯贝斯就此指出:"这里所谈及的诸如此类的内容(斯威登堡通灵经验的内容)乃基于现实的证据以及直接的物质性;否则,它们就只是一些虚假不实、无中生有、诗情画意或者仿佛失真的内容。"见 Karl Jaspers, *Strindberg and Van Gogh*, translated by Oskar Grunow and David Woloshin, The University of Arizona Press, 1977, p. 124。

[2] 雅斯贝斯在《哲学》第二卷中阐说"在世存在的双重性"时对这个问题有所涉及:"神秘主义者事实上继续生活在这个世界之中。……他的日常生活同神秘主义的经验——即超世的表现——保持内在的关系,但是这样一来又陷入了双重性之中。这种双重性在临界境况之中对于生存来说,即是在世生活的本质。"见 Karl Jaspers, *Philosophy* (Vol. 2), translated by E. B. Ashton, The University of Chicago Press, 1970, p. 183。

[3] 康德在《一位视灵者的梦》中写道:"就我们这位作者(指斯威登堡——引者注)而言,我把感性妄想和理智妄想分别开来,并且略过他不便停留在一种幻象中的时候以一种颠三倒四的方式冥思苦想出来的东西,就像对一位哲学家来说,人们通常往往必须把他观察到的东西与他推论出的东西分别开来那样,甚至假经验多半也比出自理性的假理由更有教益。"见[德]康德《康德著作全集(第2卷):前批判时期著作Ⅱ(1757—1777)》,李秋零主编,中国人民大学出版社2004年版,第364页。

[4] Karl Jaspers, *Strindberg and Van Gogh*, translated by Oskar Grunow and David Woloshin, The University of Arizona Press, 1977, p. 124.

— 401 —

点问题，也是关涉整个形而上学之奥谛的根本问题。雅氏认为，这个神灵国度的存在须得予以证明，他为此举证了精神史上的四种证明方式。① "要么通过人对世上感性—空间的经验这种客观的方式，甚或借助于实验的方式；若通过传心术以及诸如此类的方式所引导的那些实验，就像众所周知的那样，它们从未产生过无可争辩的结果，而且其逻辑前提早已依稀地潜存于大部分事例中了。"① 雅氏在这里加了一个脚注："大量颇为奇异的记述谈及个人在特殊境况下的种种经验（尤其是在盎格鲁—撒克逊的文学作品中），这些记述从未得到令人满意的解释，也不是我们的兴趣所在。"② 从中可以看出，雅氏并不满意于客观实验以及文学传奇之类的证明方式，因为此类证明"从未产生过无可争辩的结果"。② "或者，这些内容契合于某种意识形态的需要，作为一种信仰，它根本就不必具有精神分裂症的特征，而且假如是那样的话，我们也从未发现它充分实现过其意义（除非歇斯底里或其他具有精神病理特征的因素牵涉进来，也就是说，这种特征完全且经常地关联于那些相异的病症）。"③ 从中可以看出，雅氏对此类意识形态式的证明方式同样持质疑态度，因为它出自某种偶像化、独断化的信仰，迄今"从未发现它充分实现过其意义"。③ "或者，它们契合于某种诗意神话的渴念，这种渴念并不严格需要确凿的事实来提供证据，或者对这种渴念来说那事实具有完全不同的意义。"④ 总的来看，雅氏对此类神话式的证明方式持一种保留的态度，因为它"并不严格需要确凿的事实来提供证据"。若往更深处探察，"诗意神话的渴念"实乃源于鬼神信仰，它在根底处是对某种实体化的强力的信仰，这种崇尚强力的信仰并不是雅氏所渴念的

---

① Karl Jaspers, *Strindberg and Van Gogh*, translated by Oskar Grunow and David Woloshin, The University of Arizona Press, 1977, p. 124.

② Karl Jaspers, *Strindberg and Van Gogh*, translated by Oskar Grunow and David Woloshin, The University of Arizona Press, 1977, p. 124.

③ Karl Jaspers, *Strindberg and Van Gogh*, translated by Oskar Grunow and David Woloshin, The University of Arizona Press, 1977, pp. 124 – 125.

④ Karl Jaspers, *Strindberg and Van Gogh*, translated by Oskar Grunow and David Woloshin, The University of Arizona Press, 1977, p. 125.

第四章 客观表现型的生存艺术家之范例

"哲学信仰"。① ④ "最后,这样一个神灵国度的存在可以通过那包含意义的经验得到证明,对斯特林堡与斯威登堡来说这就是确凿的证据。到了这种程度,患者们就能够描述异乎寻常数量的此类现象,例如,简明扼要地描述他们的肉体经验,在这些经验中,他们满足了自己其他各方面的需要,而且可以从中获得文化意义。"② 这里所说的"包含意义的经验",指的是包含着"神灵国度"之消息的"通灵"经验,这些奇异、真实的经验并未否弃人的"肉体经验",而是在把人的肉体经验引致"出神"状态的"临界"体验之际唤起人对超验的"神灵国度"的向往。值此之际,人的感性幻觉也便成为亲证"神灵国度"("超验世界")之消息的否定的契机。斯威登堡(与斯特林堡)正是以这种合乎生存辩证法(而不是思辨辩证法)的方式为"神灵国度"的存在提供了一种证明。我们知道,斯威登堡客观地描写其感觉幻象的作品涵贯着一种明显的神话思维,不过我们并不能就此认为他具有鬼神信仰。毋宁说,他的神话思维背后隐藏着一种更深层次的宗教观念,正是在浓郁的基督教神秘主义观念的影响下,他将出现于希腊神话中的那个充斥着强力的神魔世界转化成了为"慈爱"与"信心"所充盈的"神灵国度"。

沿着这条思路继续探掘下去,雅氏越来越看重斯威登堡通灵经验的文化意义,他就此把自己对斯威登堡的探讨带入一个多种观点并置的开放之域。我们看到,雅氏在专论斯威登堡的结尾处介绍了学界关于其精神分裂过程之诊断的不同看法,探讨了精神分裂症与歇斯底里症、神秘主义等的复杂关系,从而使他的阐说保持了敞向其他可能性的局度。当然,雅氏的基本观点乃是一仍旧贯的:从斯威登堡真实经

---

① 雅斯贝斯在《哲学的永恒视域》(德文版为《哲学信仰》)中对神话式的鬼神信仰做过这样的阐释:"在人屈从于强力之处,他的体验就从神秘感的角度获得了被提升的意义与光辉。这些强力通过惊惧、情绪、鬼魅般的战栗或狂喜被感知,而且具有了有形的人格。反抗这些强力的斗争将人自身置于充斥魔力的世界里。赞同这些强力,迷恋于这种鬼神,通过鬼神信仰——我追随的这些强力是必要的,它们强化了我的迷信,让我相信我自己生命与行为的成功——对魔鬼的非理性冲力给出合理化的说法。渴望返回神话时代,渴望创造我自己的神话,渴望在神话中思考,这种渴望恰恰充斥了我生命的根基。"见 Karl Jaspers, *The Perennial Scope of Philosophy*, translated by Ralph Manheim, Philesophical Library, 1949, pp. 121 – 122。

② Karl Jaspers, *Strindberg and Van Gogh*, translated by Oskar Grunow and David Woloshin, The University of Arizona Press, 1977, p. 125.

验的内容及其出现的典型症状看,他确实在短期内罹患了偶发的精神分裂症。① 至于说精神分裂症究竟蕴含着怎样的文化意义,进一步说精神分裂症与现代文化之间究竟存在着怎样的关联,则是最为棘手也最值得深究的学术史难题。雅氏在《斯特林堡与凡·高》一书的最后一节"精神分裂症与现代文化"中探察了这个难题②,笔者在第二章第一节第三部分"《斯特林堡与凡·高》中的艺术之思"中对此做过阐说③,在此不赘。这里只想强调如下一点:现代文化危机的突出表征是"上帝死了"造成的经验世界与超验世界的断裂,而这恰恰与精神分裂症患者的典型症候——现实世界与精神世界的断裂——具有某种令人深思的同构关系。就此而言,古留加在阐析康德的《试论大脑的疾病》时所写的这样一段话当是值得我们参酌的:"生活在自然境界中的人,不象现代人这样容易患心病。康德认为当时的社会制度如果不是患这种心理上的疾病的原因,至少也是使这种疾病加重和持续的触发点。如果用现在的术语来表达康德的想法,就是这样的:心理疾病是对变

---

① 雅斯贝斯就此写道:"有关斯威登堡精神分裂过程的诊断已引起了争论。格鲁勒(Gruhle)宣称这个过程并非没有可能发生,但可能性并不大。我则认为它肯定发生了,尽管可用的资料尚不足以使诊断成为绝对正确的,正如斯特林堡的病例那样。有人或许推测,这是一种歇斯底里症,就像圣·特里萨(St. Teresa)及其他人的情形一样。就斯威登堡所处的时代而论,那时出现的精神分裂症会比以后出现的更令人奇怪,这就使得那些基本的症状令人感到格外费解。再者,人们可以认为他的思想内容既基于历史传统,又基于导致精神病的思想状况,这种推断是绝对确切的。不过,正如斯威登堡的病例,这种基于真实的经验得以领悟的内容几乎不可能不出现偶发的精神分裂症。有人最后把他与其他一些神秘主义者作了比较,而后得出了这样的结论:在所有的患者中,这个过程是相似的——起始阶段,危险期,归于平静。我则认为这种井然有序的发展路径并不适当。理解这类偶发的经验(因为它们尚不足以为人所理解)确实是我们的任务。如果仅仅依靠比较历史上的那些传记,而不涉及我们这个时代的人们中与之相类似的病例,那么我们就不能够从心理学上来完成这项任务。另外,从注重实际的心理学观点来看,在那些异乎寻常的神秘主义者(就自传的概念而言,要完整地获得他们的某种自传概念)之间所存在的差异显得更加富有魅力,例如,圣·特里萨与斯威登堡之间的差异就是如此——这种比较就纯粹变成了歇斯底里与精神分裂之间的对比。最后但并不是最不重要的一点是,那些伟大的神秘主义者提出了诸多有创造性的观点(如普罗丁、埃克哈特大师、托马斯·阿奎那),但是他们既不能被视为歇斯底里症患者,也不能被视为精神分裂症患者,甚至不能被视为不正常的人(参看本书最后一节中的比较)。"见 Karl Jaspers, *Strindberg and Van Gogh*, translated by Oskar Grunow and David Woloshin, The University of Arizona Press, 1977, pp. 125 – 126。

② 参见 Karl Jaspers, *Strindberg and Van Gogh*, translated by Oskar Grunow and David Woloshin, The University of Arizona Press, 1977, pp. 200 – 204。

③ 可参阅孙秀昌《雅斯贝斯"精神分裂症艺术家"思想探微》,《福建论坛》(人文社会科学版) 2009 年第 3 期。

态社会的一种变态的抗议。"① 笔者发现，无论是斯特林堡、斯威登堡，还是荷尔德林、凡·高，雅氏所关注的这些精神分裂症艺术家都比世俗实存（大众、常人）更敏锐、更痛切地感受到了现实世界与精神世界的断裂，并以各自的方式投身缝合其间裂隙的志业。然而，这个裂隙太宽、太深了，他们都为此倾尽了全部生命的激情，可是迄今尚没有出现一丝弥合的迹象。或许，这也正是陷入"崩溃的逻辑"怪圈的当今世界精神分裂症患者仍在不断增多的现实文化契机吧。

---

① ［苏联］阿尔森·古留加：《康德传》，贾泽林、侯鸿勋、王炳文译，商务印书馆1981年版，第71页。

第五章　主观体验型的生存艺术家之范例

荷尔德林是一位天才诗人，凡·高是一位天才画家，这两位天才艺术家都在各自擅长的领域创作出了影响深远的作品。令人着迷的是，他俩不仅都罹患了精神分裂症，而且二人最杰出的作品也都是在其罹患精神分裂症期间创作的。那么，如何理解艺术天才与精神分裂症之间的关联呢？长期以来，这个问题一直是一个令人困惑难解的谜。雅斯贝斯在《斯特林堡与凡·高》一书中对这个问题进行了探讨，他指出："荷尔德林的独一无二性源于以下的事实：一位相当杰出的诗人（尚未患病时，他就是一流的诗人），恰恰是以这样的方式成为精神分裂症患者的。在绘画艺术领域中，只有一个病例能够与他相媲美，这个人就是凡·高。除此之外，再没有能够如此这般地把创作与疾病结合为一体的其他病例了。"[1] 雅氏在这里将荷尔德林与凡·高相提并论，显然并不是基于艺术形式方面的考虑，毋宁说他是辐辏于二人作品的生存论根源予以掘发的。通过深入的掘发，雅氏将二人一并归入主观体验型的艺术家之列，认为内蕴于二人原初人格中的天才因素（魔力）才是他俩能够创作出杰出作品的最后根由，精神分裂症过程只是为诱导这种天才因素的爆发提供了必要的契机。可以说，雅氏以其正在酝酿中的生存哲学为底据所做的掘发，迄今仍具有重要的启发意义。

---

[1] Karl Jaspers, *Strindberg and Van Gogh*, translated by Oskar Grunow and David Woloshin, The University of Arizona Press, 1977, p.153.

第五章　主观体验型的生存艺术家之范例

第一节　荷尔德林：主观体验型的生存艺术家范例之一

雅斯贝斯在专论荷尔德林的文字中说过一段颇为透辟的话："正如一只害了病的牡蛎可以生长出珍珠，同样，精神分裂症过程也可催发出独一无二的精神作品。而且，就像欣赏美丽珍珠的人并未想到害病的牡蛎，一个为具有精神创造力量的生命所感染的人也想不到那些作品或许就是精神分裂症的结果这一可能性。不过，一个希望了解这个问题的人自会深究问题的根源与其间的关联，并且对自己的问题不设置任何界限。"[①] 可以说，这段话乃是雅氏关于荷尔德林全部论说的精要之所在，也是我们理解他的荷尔德林观的枢机之所在。我们在这里至少可以读出三点消息来，其一，荷尔德林确实罹患了精神分裂症，精神分裂症过程确如"害了病的牡蛎可以生长出珍珠"一样可以在患者的生命中"催发出独一无二的精神作品"来。在这个意义上，荷尔德林的作品便成为他动荡不安、剧烈裂变的内在生命的自然外化与直观见证。其二，荷尔德林确实是一位具有精神创造力的天才诗人，当我们品赏从其内在生命中自然外化出来的富有感染力的诗作时，正如我们在品赏牡蛎经过生命的磨砺而形成的颗颗闪闪发光的珍珠时，我们并未想到它们"或许就是精神分裂症的结果这一可能性"。其三，荷尔德林的诗歌创作与其精神分裂症过程之间究竟存在怎样的关联，这是一个值得深究的问题。若想揭示出其中涵淹着的幽微之趣，我们不能预设任何前提与界限，更不要将其纳入某个认知范畴或某种思维框架加以归纳、推导或解析；进而言之，我们只有与荷尔德林展开涌自灵魂深处的对话，才有可能从他伟异的人格与杰出的作品中品读出某些深微的消息来。

我们看到，雅氏的荷尔德林专论也如其他艺术家专论一样，他同样是运用其一以贯之的理解—描述方法呈示荷尔德林的生存性状、人生体验以及作品风格的。运用这种方法撰成的文字固然不像一般的学

[①] Karl Jaspers, *Strindberg and Van Gogh*, translated by Oskar Grunow and David Woloshin, The University of Arizona Press, 1977, p. 134.

院派著述那样具有概念的确定性、思致的明晰性、运演的系统性，不过透过这些灵动的文字我们更有可能走进荷尔德林以及称说荷尔德林的雅斯贝斯的生命深处。具体来说，雅氏在专论荷尔德林的文字中主要称说了三个问题：一是荷尔德林的病志，二是精神分裂症与荷尔德林的形而上学体验，三是精神分裂症与荷尔德林的诗。

一 荷尔德林的病志

荷尔德林（Hölderlin，1770—1843），德国天才诗人。雅氏根据兰格（Lange）在其专著《荷尔德林》[①] 中提供的素材勾勒了荷尔德林罹患精神分裂症的过程："荷尔德林（生于 1770 年）在 1800 年初次显现精神分裂症征兆，这些征兆在 1801 年变得相当明显。1802 年，他的疾病已为周遭的人们所明知；1806 年，他因过于频发的周期性兴奋症而必须住院治疗；1807 年，他在家人的照料下病情有所缓解；直到 1843 年，他在生命的最后阶段依然生活于精神分裂症的阴影之下。"[②] 从中可以看出，荷尔德林的精神分裂症过程是颇为显豁的，他同样经历了前后相续的初发阶段、急性发作阶段与最后阶段。尤其值得注意的是，当精神分裂症在 1807 年彻底摧毁了这位天才诗人的心灵结构之后，荷尔德林尽管在世界上又生活了三十六年（凡·高在这一点上与荷尔德林不同），但是他再也写不出来天才的诗作了。他彻底地疯了——精神分裂症在最后阶段也彻底耗尽了他仅存的最后一点诗歌天赋。荷尔德林式的天才承担的东西太重了，他太累了，就此而言，彻底的发疯也让这位天才诗人彻底获得了世俗实存（大众、常人）意

[①] H. 兰格（H. Lange）：《荷尔德林》，恩克出版社 1909 年版。雅斯贝斯认为兰格的这部著作提供了丰富、客观的事实性素材，但是在对荷尔德林作品的评价上却有失公允。鉴于此，雅氏特意做了一个注释："在精神病学的意义上，这部书是颇为客观的，但是在分析作品时，作者对作品价值的评价却是建立在对这些价值的有限的尊重基础之上的，由于这一事实，该书不幸地失去了它的影响力。尽管这一事实非常明显，读者轻而易举地就能漠视它，但严重的缺陷并不能掩盖贯穿于其中的客观性的优点，因此该书仍有其不可轻视的价值。"见 Karl Jaspers, *Strindberg and Van Gogh*, translated by Oskar Grunow and David Woloshin, The University of Arizona Press, 1977, p. 132。

[②] Karl Jaspers, *Strindberg and Van Gogh*, translated by Oskar Grunow and David Woloshin, The University of Arizona Press, 1977, p. 132.

义上的休眠。①

雅氏对处于精神分裂症预发阶段的荷尔德林的心灵状况及其言行表现了浓厚的兴趣，他枚举了其中的三个例子，①荷尔德林所遭受的心灵动荡之苦："1800年，荷尔德林遭受异乎寻常的心灵动荡之苦。他感到自己的创作能力在衰退，'许多美好的时光'都在'半是懒散半是郁闷的心境'之中度过去了。一种越来越'使人麻木的不安感'征服了他，他经常觉得'所有的人都显得过于清冷与矜持了'，'在许多场合下都像那冰一样'。"② 荷尔德林生性敏感，渴望自由，他往往会对周遭的人与事做出超乎常人的应激反应，同时对自己的创作进行严苛的自我审查，这就使他的心灵经常处于极度紧张的状态之中。②荷尔德林所体验的孤独感与寂寞感："荷尔德林被一种孤独感与寂寞感压倒了。1801年3月，他给自己的兄弟寄去一封带有这种心理特征的信：'我觉得长期以来我们已不像先前那样相互关爱了，这全是我的过错。是我首先表现得冷漠无情……对那永恒的爱的怀疑已经捕获了我……为了在信仰与感知中紧紧抓住一种更好的生活，我已殊死搏斗到精疲力竭的地步。是的，鉴于这一切，我忍受着痛苦而搏斗，这种感受比一位男人倾其全部力量所能忍受的其他任何一种痛苦都更令人难以置信……最后，在我的心已不只是从一侧出现断裂之后，我依然毫不动摇地坚持着，我不得不让自己的思想与那些邪恶的怀疑——通过清醒的眼光去审视它们——纠缠在一起，这些怀疑其实是很容易就能得到解决的，即厘清永恒的生命或短暂的生命哪个更有价值。'"③ 荷尔德

---

① 魏宁格曾就"许多天才常常会疯狂"这一谜团写道："许多天才常常会疯狂，蠢人以为这是由于维纳斯的影响，或者是神经衰弱的脊髓退化所致，但其真正原因却是：对许多天才者来说，天才的负担太沉重了。像阿特拉斯那样将整个世界压在肩上，对心胸狭隘者来说，这个任务是无法承受的，而对意志坚强者来说却绝不会如此。然而，一个人登得越高，跌落得越沉重。一切天才都是对混乱、神秘和黑暗的征服。如果天才退化了，变成了碎片，其毁灭将与其成功成正比。发了疯的天才已经不再是天才了，因为他选择了快乐而不是道德。一切疯狂都是无法忍受的痛苦造成的，那种痛苦与一切意识相连。索福克勒斯认为，人有可能因痛苦而发疯，于是，让发了疯的埃阿斯说出了下面的话：'我知道，马上就死，这对我来说最是仁慈。'"见[奥地利]奥托·魏宁格《性与性格》，肖聿译，译林出版社2014年版，第203—204页。

② Karl Jaspers, *Strindberg and Van Gogh*, translated by Oskar Grunow and David Woloshin, The University of Arizona Press, 1977, p. 132.

③ Karl Jaspers, *Strindberg and Van Gogh*, translated by Oskar Grunow and David Woloshin, The University of Arizona Press, 1977, pp. 132 – 133.

林始终渴望着母爱、兄弟之爱、朋友之爱，他乃是一个敢于为爱而生、为爱而死的生存个体。当他以"永恒的爱"（"爱的理念"）为标准严格审查与督责自己以及他人的言行时，他就会深责自己的"冷漠无情"，并感到自己与他人之间"已不像先前那样相互关爱了"。鉴于此，荷尔德林往往会体验到超乎常人的"孤独感与寂寞感"。在"对那永恒的爱的怀疑已经捕获了我"之际，他会"忍受着痛苦而搏斗"，直至达到"精疲力竭的地步"。他之所以要这样做，追根究底，就是"为了在信仰与感知中紧紧抓住一种更好的生活"。所谓"更好的生活"，指的就是为"永恒的爱"所浸润着的生活。在期待中的"永恒的爱"与现实境遇中的"冷漠无情"的双重撕扯下，荷尔德林最终"被一种孤独感与寂寞感压倒了"。③荷尔德林所表现的愤激情绪与反常举止："1802年3月至6月，荷尔德林在波尔多（Bordeaux）做家庭教师，当时，他因令人愤激的事情的侵袭而感到痛苦。荷尔德林辞掉工作返回家中，出现了明显的衣冠不整、言语粗野的症状，已完全具备了精神错乱的特征。愤激发生的阶段是与狂热的行为结合在一起的。谢林（Schelling）在1803年就他当时的情况写道：'精神彻底破碎……完全心不在焉……他仪表不整，令人讨厌……举止狂乱……文静而内向。'"① 荷尔德林率真无伪，与其"文静而内向"的一极相对的则是充满魔力的激情。他缺乏自我克制与自我调控能力，在遭受难堪的现实境遇之时，他常常会将内心涌溢的愤激之情一股脑地倾泻出来，值此之际，他还会表现出某种反常、狂热的行为。在这一点上，荷尔德林的原初性格颇类于总是受到激情激发与困扰的米开朗基罗，在同代人中与观念论者席勒有亲缘之处②，却迥异于总是以理性精神引导与驾驭内心激情的歌德。③

---

① Karl Jaspers, *Strindberg and Van Gogh*, translated by Oskar Grunow and David Woloshin, The University of Arizona Press, 1977, p. 133.

② 荷尔德林在致席勒的信中曾谈及二人之间的关系，他认为自己对席勒的敬重是一种复杂的情感。参见《烟雨故园路：荷尔德林书信选》（张红艳译，经济日报出版社2001年版）中的相关载述。

③ 1794年11月，荷尔德林在致诺伊弗尔的一封信中曾谈及自己与歌德的第一次邂逅，他在1799年7月曾给歌德写过一封信。像雅斯贝斯一样，茨威格也指出了二人之间的迥异之处："荷尔德林和歌德之间是一种完全互不关联的关系：如果荷尔德林听从了歌德的建议，顺从地调节自己的温度，去作一些田园诗和牧歌，那将十分危险：他跟歌德的对抗实际上是最高意义上的自救。"见[奥地利]斯蒂芬·茨威格《与魔搏斗的人：荷尔德林 克莱斯特 尼采》，潘璐、何世平、郭颖杰译，安徽文艺出版社2013年版，第35页。

第五章　主观体验型的生存艺术家之范例

雅斯贝斯运用理解—描述的方法逼真地呈现了荷尔德林精神分裂的典型症状，发现荷尔德林的病例是一个单纯的心灵事件。雅氏就此写道：

> 从精神病学的观点看，不用参阅对其作品的任何一种可能的评价，他的疾病过程的年表便可建立起来。其明显的变化仅仅发生在他的内在生活之中，与其他的病例相比，这是一种可辨识的典型方式，从一开始它就留下了明显的标记。那些心智性的作品从创作伊始就存在于作品本身之中并关涉作品本身；无须考虑其缘起，我们就能从一种纯然的质的立场上来接近、理解并赋予它们以价值。这种方法并不考虑现实与内容，而是考虑对人来说当下介入其中而理解、吸收的真实意义。甚至可以说，就连这种富有创造力的人的意图都无须考虑；恰恰相反，我们可以发现那些艺术品反倒会对此后时代的人们产生与艺术家的意图完全不同的影响与价值，它们或多或少都具有自然之作那样的效果。这种推测与评价发自作品本身，其合理性是坚不可摧的。这并不受那些通过运用它们并询问其真实与缘起的人的分析的影响——假如它是真实的。分析者诚然能够理解那些可能的效果，并能够理解从诸如此类的效果中提取出来的经验，不过这样的理解一定是预先设定的，因为否则的话他甚至无法询问这些问题。如果我们居然现在就将这类心智性作品的起源关联于某种疾病，那么下述推断仍然是不证自明的：心灵不可能患病；这是无限宇宙的一部分，它的真实性只是在特定的条件下并以特定的方式才显现于现实世界。①

依雅氏的诊断，荷尔德林诗作的内容并未直接涉及疾病过程本身，毋宁说，疾病过程只是通过强化他的形而上学体验才间接地影响到其诗歌创作的。与客观表现型的斯特林堡直接将精神分裂症体验转化为

---

① Karl Jaspers, *Strindberg and Van Gogh*, translated by Oskar Grunow and David Woloshin, The University of Arizona Press, 1977, pp. 133 – 134.

— 411 —

文学创作的素材不同,荷尔德林的精神分裂症关联于他的自我意识的深刻性。鉴于此,雅氏称荷尔德林为主观体验型的生存艺术家。

二 精神分裂症与荷尔德林的形而上学体验

1. 自我理解

荷尔德林是一位赋有天职意识的诗人,从青年时期就意识到"诗人的呼唤"(poetic calling),对古哲和前贤的著述敬畏而虔恭。"他在诗人、先知、英雄那里感觉到了如上帝般富于创造的气息。对他来说,英雄的行动就相当于诗人的呼唤。"[①] 大凡一个人越富有天职意识,就越严于自我反省、自我督责,进而越发能体察自我在现实中所升达的高度与所应承担的天职之间的张力。"确实,年轻的荷尔德林意识到了诗人的呼唤,不过,他总是不断地陷入困境之中,认为自己不能够妥善处理与现实的关系,不能履行自己对当代的责任。"[②] 在他初露精神分裂症征兆的前一年,这种内在的张力已达到极限。雅氏特意引用了荷尔德林的这样一段话:"那种神圣的鼓舞已离我而去了,我不得不一天天地呼唤着它回来。当我想起伟大时代的那些伟人们,他们就像神圣的火焰伸出援助之手,把这个世界上一切无生命的东西、一切木然的东西和一切废物都燃成一团火,伴随它们一起飞向天空。值此之际,我认为自己就是一束微弱的火光,四处散射,不顾自身燃烧殆尽而继续彻夜地书写——看!一种异常的战栗征服了我,在渊默中,我提醒自己记住那可怕的真相:一具活尸!"[③] 巨大的张力在诗人越来越深刻的自我理解和越来越强烈的自我督责下一旦发生断裂,那颗为"神圣的鼓舞"所灼烧着的心灵便断然扑向那光芒四射的"神圣火焰"。在雅氏看来,受精神分裂症煎熬期间,荷尔德林的"自我意识"逐渐由"哀婉动人"而转向一种镇定自若的状态。孤独的诗人越来越

[①] Karl Jaspers, *Strindberg and Van Gogh*, translated by Oskar Grunow and David Woloshin, The University of Arizona Press, 1977, p. 140.

[②] Karl Jaspers, *Strindberg and Van Gogh*, translated by Oskar Grunow and David Woloshin, The University of Arizona Press, 1977, p. 141.

[③] Karl Jaspers, *Strindberg and Van Gogh*, translated by Oskar Grunow and David Woloshin, The University of Arizona Press, 1977, p. 142.

不再感到孤独，他已在自己所渴慕的"永恒之域"获得安顿；与此同时，"他的诗也委实不再指向现实世界"。"古希腊已成为他真正的生存的现实"。他在这一时期以自由体创作的那些圣歌，突破了传统的诗歌形式，创造了一个"当代的神话世界"。① 荷尔德林的天职意识在精神分裂症的酵发下已达于全然自觉，他从"诗人的呼唤"中感到了"诗人"这一称呼的神圣。尽管疾病给他造成极大的现实之痛苦，但这一切已无法摇夺他对"诗人"的那份神圣的承担，而且一切现实的需要对他来说都已失去意义。他用自由体诗节创造了一个自由的"神话世界"，并完全生活于其中。"他完全为自己的工作而活着，不再关问其他任何事情。"他渴望着永恒，并从精神分裂症中体验到一种"形而上的欣快"。②

2. 神话人生哲学

雅氏指出："荷尔德林的人生哲学从一开始就显示出一种深刻的人与自然、人与古希腊世界、人与神的睦邻关系的意识。这三个世界说到底乃是一体的，对他来说同样如此。"③ 当然，神话世界观在他患精神分裂症之前与患病期间还是有一些变化的。"这种人生哲学先前充满着渴慕、冲突、痛苦与距离感，而在精神分裂症过程期间则变得愈加真实、直接、丰盈，同时被提升到愈加普遍、客观、非人格的永恒领域。他体验到一种神话现实，这种神话现实并未在所谓自然化的

---

① 雅斯贝斯就此指出："在经历精神分裂症暴发之后，古希腊已成为他真正的生存的现实，古希腊的事物对他来说依然是有兴趣的。那些圣歌是以自由体诗节写成的，它们为荷尔德林创造了当代的神话世界。他以伟大的力量创造了这个世界，这种力量摆脱传统的形式而自由自在地表现出来，完全从那痛楚的规训与坚定的信念中涌动出来，旋即化成感性的形式，不再关联于当代或者现实。对他来说，这些圣歌就意味着崇高的誓言的喷泻：这是诗人的呼唤。"见 Karl Jaspers，*Strindberg and Van Gogh*，translated by Oskar Grunow and David Woloshin，The University of Arizona Press，1977，pp. 143 – 144。

② 雅斯贝斯就此指出："在精神分裂过程中，诗人的遭遇到了何种程度并不重要，他受到现实需要的真实影响到了何种程度也不重要，对他来说，它们已完全失去了意义。他完全为自己的工作而活着，不再关问其他任何事情，这给了他以激情，正如无意之中就可达于理解的那样，这激情关联于精神分裂所激起的那种形而上的欣快。因此，我们可以发觉，最后诞生的那些诗恰好写于他神志清醒之后逐渐发生转变的时期，此后经过缓慢的过渡，他后期诗歌的那种碎片化的风格也就出现了。"见 Karl Jaspers，*Strindberg and Van Gogh*，translated by Oskar Grunow and David Woloshin，The University of Arizona Press，1977，p. 144。

③ Karl Jaspers，*Strindberg and Van Gogh*，translated by Oskar Grunow and David Woloshin，The University of Arizona Press，1977，p. 144.

人的现实与像神一样的绝对者的当下在场之间做出区分。因此，随着渴慕逐渐地变弱，那满足感则不断地增长着。于是，当荷尔德林实现了自己的成功并愈加亲密地接近属己的世界时，他也就变成了别人眼中的陌生人。"① 由此可见，当他"健康"之时，其世界观中业已赋有的"神话"因素与"现实"之间尚保持着巨大张力；当他"患病"之际，神话世界则完全成为现实，同时，他将灵魂安顿于自己用诗歌所创造的神话世界中。"在荷尔德林这里，那燃烧着的对于遥远的古希腊的渴望现在变成了现实。他的心灵不再在想象的形式中了解诸神，对于他和我们来说，诸神已成为现实与原初的存在。在某种程度上说，他后期圣歌的迷人效果便源于这种变化，而荷尔德林也充分地意识到了这一点。"②

雅氏的深刻之处在于，他并未停留于简单的描述，而是进而探究了荷尔德林神话世界观的变化与精神分裂症之间的内在关联。在他看来，"以鉴赏的眼光来理解荷尔德林的精神发展与在因果式的理解中将其精神发展归因于他的疾病其实并不矛盾，毋宁说，二者是相辅相成的"③。之所以说是不矛盾的，一来因着雅氏从不以贬抑的态度看待精神分裂症，一来源于他格外看重艺术家的原初人格。他指出："精神分裂症并不是一种智力缺陷，许多人患了此症并未出现明显的人生观紊乱——虽然这种紊乱相对而言屡次成为一种与疾病相关联的因素。依靠精神分裂症所松动的土壤，此前这土壤中就存在的精神发展的可能性使它成为一种无条件的、压抑不住的亲身体验，结果在催生出独一无二的花束后却毁灭了一切，这在精神正常的人们那里则是不可能的。因此，原初人格对这种体验是具有决定意义的，而且标示了精神分裂症的界限。"④ 如果一个人的原初人格中根本就没有神话世界观，那么无论如何也不能从他

---

① Karl Jaspers, *Strindberg and Van Gogh*, translated by Oskar Grunow and David Woloshin, The University of Arizona Press, 1977, p. 144.
② Karl Jaspers, *Strindberg and Van Gogh*, translated by Oskar Grunow and David Woloshin, The University of Arizona Press, 1977, p. 145.
③ Karl Jaspers, *Strindberg and Van Gogh*, translated by Oskar Grunow and David Woloshin, The University of Arizona Press, 1977, p. 146.
④ Karl Jaspers, *Strindberg and Van Gogh*, translated by Oskar Grunow and David Woloshin, The University of Arizona Press, 1977, p. 146.

那里催生神话现实来。而对荷尔德林与凡·高这样的主观体验型的天才来说，神话世界观就像一粒埋藏于心灵深处的种子，开始诚然是隐而不见的，但它会借助一定的契机而发芽开花。①

3. 内在紧张

对荷尔德林来说，神话与现实之间的张力自始至终都是存在的，即便在精神分裂症发作期间，他当时已完全生活于用诗歌的形式所创作的神话世界里，那现实作为一道无可回避的背景其实依然在撕扯着他的心灵。依循荷尔德林诗歌创作的顺序，雅氏从中辨识出前后贯通的两个阶段。"第一个阶段大约在1801年，第二阶段大约在1805—1806年。第一个阶段临近于精神正常与疾病过程的边界，第二个阶段则在疾病过程之中。这两个节点之间的那段时间始终贯穿着过程与自律意志之间的强大张力，疾病过程使心灵趋于分裂、亢奋并改变其特定的功能，自律意志则借助终极力量来寻求连贯、秩序与整体。"② 诚然，多数艺术家——甚至每一个精神性生存——都程度不同地存在某种内在的紧张，但只有在像荷尔德林这样的生存艺术家那里，这种内在紧张才富有一种压倒一切的精神性力量。"这种张力之所以在荷尔德林身上比在其他人身上更为显著，不仅因为他秉有卓异超群的智力，而且因为他从一出生就秉有一种动荡不安的心灵结构。"③ 可以说，正因为有着一颗极度敏感的心灵，荷尔德林才有可能比常人更为刻骨铭心地体验到来自那道无可回避的生命背景——命运——的挤压，也才有可能在与命运的绝决抗争中磨砺出永放人性异彩的精神珍珠。

---

① 雅斯贝斯就此指出："确实，那些最初受到限制最大的患者和单纯的功利主义者，他们在疾病开始发作时因遭受形而上的焦虑偶然也会出现某种人生观紊乱的情形。在那种情形下，就需要假定他们先前就已存在疾病的种子，尽管它在当时完全处于尚无法看见的潜伏状态。在像荷尔德林与凡·高这样的知名人士身上，我们可以最为明显地观察到那真实发生的变化，他们也让我们通过与那些不能表达或缺乏智力的患者的比较得到了理解。我们可以看到精神分裂症如何逐渐催育了他们自身的神话，这对他们来说是无可置疑地存在的事实，由此而经常带来某种祈向永恒的性格。通过比较诗人的梦幻内容——即精神分裂症的内容，我们可以发现这些内容与历史上的神话有着奇特的平行关系。"见 Karl Jaspers, *Strindberg and Van Gogh*, translated by Oskar Grunow and David Woloshin, The University of Arizona Press, 1977, p. 146。

② Karl Jaspers, *Strindberg and Van Gogh*, translated by Oskar Grunow and David Woloshin, The University of Arizona Press, 1977, p. 146.

③ Karl Jaspers, *Strindberg and Van Gogh*, translated by Oskar Grunow and David Woloshin, The University of Arizona Press, 1977, p. 148.

4. 强烈的神的影响

对荷尔德林来说，神是应该在场的，但在现实中，神已缺席。究其原因，是心无存主的现代人驱走了神。于是，他感到人类罪愆的深重，殷切呼唤着神的到来，同时也体验到由于"神的启示"而悬于人类头顶的"压倒一切的威胁"。"神的启示过去只是在最后的句子中有所表达，而在患病期间则再次出现于荷尔德林直接体验的神话世界之中，就像上帝强加于人类的危险观念一样，这种威胁对他来说乃是毋庸置疑的事实。"[1] 我们看到，在精神分裂症发作之前，荷尔德林的诗更多地以悲郁的情调关切人类的命运，讴歌先知与英雄的崇高人格；在精神分裂症发作期间，他的诗则更多地关切诗人自身被毁灭的问题。这表明，伴随诗人自我理解的加深，他的神话世界观也得到强化；诗人的内在紧张越为加剧，他就越为强烈地体验到神的影响。在荷尔德林那里，神的影响即意味着神对人的罪愆的惩罚。他在《论惩罚的概念》一文中写道："我从所承受的每一个对抗中推断出一种恶之意志。一切痛苦都是惩罚。……惩罚是跟随恶而来的。而恶是惩罚所跟踪的。"[2] 荷尔德林所言的神的惩罚缘起于人的"恶之意志"，由人的"恶之意志"所引向的惩罚人的"命运"之神，并不像由人的"善的意志"所生发出的"境界"之神那样赋有成全人的神格。诚然，惩罚人的"命运"之神对那些无恶不作的人来说无疑可以起到一定的警戒作用，但这只会惩罚人的神所喻示给人的毕竟是一种无可逃避的"命运感"。正是在这里，我们体察到了荷尔德林的希腊神话世界中弥漫着的"命运"气息。主神宙斯与那位"因为其神秘的源泉而被描述为夜的女儿"[3]——"命运女神"——的行事原则其实并无二致，他在幽冥的夜里睁开眼睛审视着人的"恶之意志"，并行使其作为终极审判者与惩罚者的权利。当然，自始即富有英雄主义人格的荷尔德林并未就此贬低人的价值，而意味着诗人在意识到自己正处于危险之中并可能遭到毁灭之际对自己所应肩负的任务的一种自觉："他的任务恰

---

[1] Karl Jaspers, *Strindberg and Van Gogh*, translated by Oskar Grunow and David Woloshin, The University of Arizona Press, 1977, p. 148.

[2] ［德］荷尔德林：《荷尔德林文集》，戴晖译，商务印书馆1999年版，第195页。

[3] ［德］荷尔德林：《荷尔德林文集》，戴晖译，商务印书馆1999年版，第194页。

恰就是把神圣的危险编织进他的诗里,并且以这样一种方式,它能够无害地传达给人类。就像酒神巴库斯(Bacchus)的诞生,他是宙斯用雷电击中塞默勒(Semele)之后诞生的,以至于现在天火仍作为一种无害的奠酒传递给人类,于是诗人捕捉那天谴,并以颂歌的方式传达那种不经过他改头换面就会有破坏性的东西。"[①] "诗人"的天职即在于吞下"天火",以便把"天谴"酿成无害于人的"奠酒"。可以说,这是一种代人类受罚的意识。正是这种意识,使荷尔德林的诗于熊熊的生命自燃中至今仍带给后人震撼灵魂的效果。

三 精神分裂症与荷尔德林的诗

1801—1805年,荷尔德林的精神分裂症不断加重,也正是在此期间,他创作了大量不朽的诗篇。对这一时期的诗,有的人贬抑,有的人赞扬。鉴于上述两种互相排斥的观点,雅氏认为有必要探究荷尔德林1801年以降的诗的风格是否发生过某种变化。[②]

雅氏探究这一问题时的前提是:"让我们首先不用顾及那些内容,而是仔细考量语词的效果、形式以及它们的顺序,这些所谓形式与本质的方面才是诗歌创造的真正生命。"[③] 在这里,雅氏的考察其实已超出单纯的精神病理学的视域。在他看来,今天的精神病理学完全使用过于粗糙的范畴分析荷尔德林的诗,这是行不通的。精神病理学家应

---

① Karl Jaspers, *Strindberg and Van Gogh*, translated by Oskar Grunow and David Woloshin, The University of Arizona Press, 1977, p. 150.

② 雅斯贝斯指出:"荷尔德林自1801年至1805年的作品无疑是在他已成为精神分裂症受害者之际写成的,令人吃惊的是,这些作品受到了多么不同的评价。由于已被漠视了一个世纪,只有部分作品得以出版——后期的作品遭到了圈外人的歪曲,兰格宣称它们在我们今天看来显然逊色于荷尔德林早期的作品,因为它们显示了精神变态的迹象;然而,冯·海林格拉特(V. Hellingrath)则将它们赞誉为'荷尔德林创作的中心、精髓和高峰,事实上是他临终的遗嘱'。诚然,这两种观点在其评价中是相互排斥的,不过双方基于各自的观察而论及的事实在各个方面都无须势不两立。兰格通过宣称精神变态引起了诗歌风格的变化,他的看法可能是无误的;同样,冯·海林格拉特在未经探询有关精神变态的问题就已觉察到这种变化之际,他的看法也可能是正确的。"见 Karl Jaspers, *Strindberg and Van Gogh*, translated by Oskar Grunow and David Woloshin, The University of Arizona Press, 1977, pp. 134 – 135。

③ Karl Jaspers, *Strindberg and Van Gogh*, translated by Oskar Grunow and David Woloshin, The University of Arizona Press, 1977, p. 135.

该向那些研究语言的表达方式与可能性的学者寻求帮助，将荷尔德林与凡·高的病例作为独一无二的个例来研究并悉心品味其中内蕴的"意义"，只有这样做，才有可能体察到诗人通过心灵搏斗而化入作品之中的那些瞬间体验。[1] 精神病学家的歧误在于，他们通常选择一种简单易行的方式，进而得出一种否定的评价。雅氏就此指出："精神病专家们经常以否定的评价来选择一条便捷易行的道路，仓促之间就匆忙地宣布某人'不可理解'，因而称其'怪异失常'，继而称其空虚无聊、微不足道、天方夜谭、杂乱无章，这类的做法是非常危险的。"[2] 在这里，我们可以明显地看到雅氏警惕知性一元论的一贯立场。

通过考察，雅氏认为荷尔德林的诗的风格在其精神分裂症发作期间委实发生过某些变化。譬如，诗人写于精神分裂症初露征兆时期的《夜歌》（"Nachtgesänge/Night songs"），突破了早期《致德国人》《祖国》《希腊》等诗作的韵律形式。在不断加深的自我理解中，诗人以自由体的形式致力于内心情感节奏的变化，从而创作出《夜歌》这部充满命运感的文学史杰作。1804 年，诗人病情加重。他在《生命过半》（"Halfte des Lebens/The middle of life"）中寓托了自己充满内在张力的心境，其独一无二的意境令人油然联想起凡·高在精神分裂症发作期间那种与众不同的绘画。诗中写道："湖畔的黄梨/与遍布的野玫瑰/倒映在湖面上，/可爱的天鹅，/因亲吻而沉醉/你们把头/浸入神圣肃穆的水里。/哦，当冬天来临时/我将到哪里去看花，到哪里去/寻找阳光/与地

---

[1] 雅斯贝斯就此指出："当今的精神病学范畴全都过于粗糙了，根本无法用来分析荷尔德林在罹患精神分裂症起初的那些年所写的诗。正相反，精神病学须得从诸如荷尔德林与凡·高那样独一无二的病例中汲取经验。鉴于此，我们不得不首先求助于那些研究语言的表达方式与可能性的学者，求助于那些掌握概念工具并用其来进行分析的学者，让他们想方设法利用瞬间感知到的经验（包括通过心灵搏斗所获得的每一样东西）来帮助我们。在这里，寻找某种貌似客观、真实的东西的困难乃基于如下事实：每一种结果势必预先就得到了某种确定的理解，单靠对内容进行理性的理解则是没有助益的。而且，结果一旦被提供出来，它们就只能通过那些秉有审美心灵的人们才能得以理解，却不能为那些寻求可得以计算与测度的客观特征的人所察觉。虽然后一种情况也可能间或出现，但是即便那样'意义'也须得为我们所把捉，或者我们只是处理难以理解、索然无味的表面形式问题，这些表面的形式却仅仅具有量上的特征，而不具有独异的特征。"见 Karl Jaspers, *Strindberg and Van Gogh*, translated by Oskar Grunow and David Woloshin, The University of Arizona Press, 1977, p. 135。

[2] Karl Jaspers, *Strindberg and Van Gogh*, translated by Oskar Grunow and David Woloshin, The University of Arizona Press, 1977, pp. 135 – 136。

上的避荫？／围墙时隐时现／无言而冷漠，在风中／风信旗哗啦啦作响。"[1] 从1805年到1806年，诗人精神分裂症恶化，其诗歌"在逐渐的变化中再次呈现出一种根本不同的风格。诗作变得更加简朴、单纯与空灵，只是偶尔出现一些韵律，而且也仅仅是准押韵的"[2]。这时他的诗更加晦涩深幽，雅氏举《春》（"Der Frühling/Spring"）为例："唯因神灵佑护人类无忧无虑／春光明媚，万物婀娜多姿，／绿色原野一望无垠，／美哉溪流淙淙波光摇曳，／群山巍峨万木蔽荫，／天高海阔自由呼吸。"[3]

应该说，雅氏在这里已经看到荷尔德林的精神分裂症影响了其诗歌的形式与风格，但他并未就此将两者之间的关系视为一种必然的因果关联。雅氏提醒道："不过，即使在整体氛围突然发生彻底改变之时，那事实也并不必然归因于精神分裂过程。"[4] 在诉诸知性的概念与诉诸生存的个性之间，雅氏选择了后者。"运用粗糙的精神病学范畴来分析荷尔德林的诗是无效的。不过，他的诗的某些特性反倒可以用来阐明其精神分裂的性质（然而，在这种疾病的广大范围内，只有某种特定范型的精神分裂症才能如此），而且可以更好地阐明精神分裂症的概念。"[5] 不是类型化的概念裁削典型化的个性，而是典型化的个性澄明类型化的概念，这是雅氏自精神病理学时期就已自觉了的致思理路。追根究底，这乃源于他对独一无二的个体生存的标举。

第二节　凡·高：主观体验型的生存艺术家范例之二

凡·高并不是一位少年得志的绘画天才。在二十七岁之前，他一直在摸索着、尝试着，凡·高生命中既有的创造天赋也一直在蕴蓄着、

---

[1]　参见 Karl Jaspers, *Strindberg and Van Gogh*, translated by Oskar Grunow and David Woloshin, The University of Arizona Press, 1977, p. 137。

[2]　Karl Jaspers, *Strindberg and Van Gogh*, translated by Oskar Grunow and David Woloshin, The University of Arizona Press, 1977, p. 139.

[3]　参见 Karl Jaspers, *Strindberg and Van Gogh*, translated by Oskar Grunow and David Woloshin, The University of Arizona Press, 1977, p. 139。

[4]　Karl Jaspers, *Strindberg and Van Gogh*, translated by Oskar Grunow and David Woloshin, The University of Arizona Press, 1977, p. 138.

[5]　Karl Jaspers, *Strindberg and Van Gogh*, translated by Oskar Grunow and David Woloshin, The University of Arizona Press, 1977, p. 139.

淬砺着。直到 1880 年,二十七岁的凡·高才为自己的生命觅到一种外化的形式,从《走向矿井的男人和女人》(1880)到《吃土豆的人》(1885),真实地记录了凡·高这一时期生命探寻的轨迹,正是在这一时期,缪斯女神向他绽露了第一丝羞涩的微笑。1885 年底至 1886 年初,凡·高的生命内部开始发生核聚变式的震荡①,1887—1888 年终于发生了剧烈的裂变。有意味的是,凡·高正是在这一时期创作出一生中最震撼人心的作品,《向日葵》(1888)、《星夜》(1889)等便是他留给后世的无可替代、恒放异彩的杰作。

献身于缪斯女神之际的迷狂,内蕴于生命深处的艺术天赋与灵感的汹涌迸发,使凡·高像最后时期的尼采一样做着一种"深渊之上的舞蹈"②。他疯狂地舞动着手中的画笔,用纯粹的色彩与毫无拘束的厚涂法描摹着生命的底色。凡·高为此倾注了自身全部生命的力量,他也在创造力迸发最为璀璨的那一时刻耗尽了自己生命中最后的一点能量。值此之际,凡·高的心灵结构被摧毁了,当他陆续做出割掉自己的耳朵、开枪自杀之类的举动时,他彻底疯了。凡·高的艺术创造力与他的精神分裂症之间究竟存在怎样的关联,这是一个值得深思的问题。雅斯贝斯的凡·高专论所探讨的正是这个问题;具体来说,他主要是从三个方面进行探讨的:一是凡·高的病志,二是阐释凡·高作品的生存论条件,三是精神分裂症与凡·高的作品。

一 凡·高的病志

凡·高(Vincent van Gogh,1853—1890),荷兰天才画家。他的

---

① 凡·高在 1888 年 2 月致弟弟提奥的一封信中写道:"让我颇有感触的是,有些方面我是一定要做出改变的。跟别人比起来,我太木讷了,就好像我被独自监禁了十年一样。恰恰大约十年前开始,我经历过了人生中艰难坎坷的时光,忧心忡忡,也没有朋友。""就像我曾说过的,我们都走在通往光明的大道上。不要心存怀疑,成功之路就是打起精神,保持耐心,日复一日地不懈工作。改善自己的画,才是最重要的事。"见[美]H. 安娜·苏编《梵高手稿》,57°N 艺术小组译,北京联合出版公司 2015 年版,第 206 页。

② 茨威格在《与魔搏斗的人》中将尼采最后时期充满魔力的思想创造过程喻为"深渊之上的舞蹈";巧合的是,在同一个时间段,在同一片天空下,凡·高正以其喷薄欲出的艺术创造力在做着同样的"舞蹈"。参见[奥地利]斯蒂芬·茨威格《与魔搏斗的人:荷尔德林 克莱斯特 尼采》,潘璐、何世平、郭颖杰译,安徽文艺出版社 2013 年版,第 160 页。

第五章　主观体验型的生存艺术家之范例

内心充满着紧张，既喜欢孤独，又渴望纯洁的爱与友谊。凡·高一生两度求婚，均以失败告终，且后果都是悲剧性的。他的思想与行为与同时代的人格格不入，多数人难以与其相处。他常面带沉思、严峻与忧郁，但笑起来又总是颇为开心与陶醉。他赋有天职意识，并倾注全部生命践履自己的信仰。作为一位牧师，他反对生命不在场的教条式布道，认为整个教会体系令人失望。他恪守《新约》中"要变卖你一切所有的，分给穷人"（《圣经·路加福音》第18章第22节）的律条，穿粗衣吃淡饭，来到普通农民与矿工中间传教，其衷曲在于，如自己不经历同样的痛楚，又怎能体味并拯救他们的苦难。然而，当地教会组织竟以所谓"过度热情"的名义将其解聘。作为一位画家，他反对学院派绘画，致力于表现人类真正的悲哀，而非情感上的忧愁。他早期的大部分绘画，譬如《走向矿井的男人和女人》（1880）、《矿工们的妻子》（1882）、《种土豆》（1884）、《吃土豆的人》（1885）等深烙着画家心灵中涌动着的苦难意识以及他敢于沉入生存的深渊迎接光明与救赎的意识。① 1885年11月，他离开荷兰，先来到比利时安特卫普学院学习绘画，因无法容忍那里所教授的学院派手法②，而于1886年3月前往巴黎。从此，他的绘画创作进入巅峰时期。那些给他带来世界声誉的杰作，譬如《贝母》（1887）、《向日葵》（1888）、《耳朵包着绷带的自画像》（1889）、《星夜》（1889）等，均是在这一时期创作的。

并不仅仅是一种巧合，凡·高的艺术巅峰期也正是他与精神分裂

---

① 卢宾在《凡·高：心理传记》中写道："在他（凡·高——引者注）早期很多关于宗教信仰的陈述中，他把黑暗和死亡、悲伤、拒绝等同起来，把光明和复活、欢乐、领受等同起来。他反复表明：需要坐守在黑暗中——那是面对哀伤、被弃、死亡——耐心地等候最后的幸福之光。他说，人，必须把自己扔入到深深的黑暗中，在苦难之路的前方闪耀着光明。他在心中执著于这一信念，他将他的身心扔进一个深渊。从黑暗的矿区，从黑暗的北方，以及从他强加于自己的黑暗隔绝中，他摆脱了出来，寻找到了普罗旺斯的光明，并且最终找到了天国的光明。"见〔美〕阿伯·J. 卢宾《凡·高：心理传记》，程应铸译，文汇出版社2008年版，第38页。

② 凡·高在1888年2月致弟弟提奥的一封信中写道："尽管我一直在坚持，但是实在无法忍受学院里的人对我吹毛求疵，他们一直心怀恶意。但是我尽力避免口舌之争，按照自己的想法行事。我觉得，在探寻的道路上，我正慢慢步上正轨，完全可以通过自学经典作品，来领悟绘画真谛。""因为他们经常那么画，然后还总想和我争个高低。……这个教学体系生产出的作品，是多么单调，多么死气沉沉，多么乏善可陈。"见〔美〕H. 安娜·苏编《梵高手稿》，57°N艺术小组译，北京联合出版公司2015年版，第210页。

— 421 —

症进行生死较量的时期。依雅氏判断，凡·高的精神病征兆端始于1885年12月，当时他已出现身体倦怠、胃功能紊乱等症状。1886年，他感到身体虚弱，时常伴有视听幻觉、性情狂躁。此后不断加剧，1887—1888年是个转折点。1888年12月，他用剃刀割掉自己部分右耳，被送进当地一家医院治疗，这是他精神分裂症第一次急性发作。他希望自己只是患了一场艺术家的突发病，而且艺术感觉变得愈加敏锐。他曾坦言："在危机期间，我相信我所想象的东西是真实的。""我感觉好多了；同样，我的心气也全被激发起来，我又开始期盼很多的东西。"[1] 在精神分裂症间歇期，他愈加疯狂地工作，进而在瞬间迸发的艺术创造力与吞噬生命的疾病所构成的巨大张力间摩擦出恒放异彩的精神光芒。他曾多次在信中写道："我不得不在半小时内思考成千上万的事情。""我越是混乱，就越发变得病弱；越是感到精疲力竭，就越发处于艺术创造的状态。""我就像一架机器那样全速地工作着。""我深深地沉浸于工作之中，已经没有停下来的可能了。"[2] 终于，天才的生命像流星一样燃烧殆尽，在人类艺术史的天空中划下一道永恒的弧线。1890年7月27日，凡·高开枪自杀，两天后去世，年仅三十七岁。[3]

---

[1] 参见 Karl Jaspers, *Strindberg and Van Gogh*, translated by Oskar Grunow and David Woloshin, The University of Arizona Press, 1977, pp. 160 – 161。

[2] 参见 Karl Jaspers, *Strindberg and Van Gogh*, translated by Oskar Grunow and David Woloshin, The University of Arizona Press, 1977, pp. 164 – 165。

[3] 关于凡·高的精神病究竟属于哪一种类型，雅斯贝斯在论凡·高的结尾处针对学界的不同看法进行了辨析："毫无疑问，凡·高遭受了精神病过程的痛苦。留待回答的问题，仅仅是这个过程确切地说当属于哪一种范型。如何才能使其得到诊断呢？治疗凡·高的医生认为他患了癫痫症，可是他却缺少癫痫症的抽搐症状以及癫痫症所特有的愚蠢行为，因此，我看到的上述诊断结果并没有正当的理由。唯一值得讨论的问题可能就是，这究竟是一种精神分裂过程还是一种麻痹症过程。我们并不能完全确定地将麻痹症排除在外。在凡·高的一生中，似乎有诸种可能的迹象一再表明他可能感染上了梅毒。麻痹症只能通过身体症状来予以验证，而我们对此却一无所知。有关它所产生的影响的唯一线索，恰好在凡·高后期的一些画作中出现了某种放荡不羁的特征，而且凡·高也亲自记述了某种特定的不安全感。然而，尽管如此猛烈的精神病侵袭了他长达两年的时间，但是他对自我批评与自我约束的绝对掌控致使麻痹症极有可能并未发生；对精神分裂症来说，虽然这是不常见的，却是有可能出现的。在我看来，精神分裂症的可能性似乎是最大的。精神病学家的责任心要求我们记录最低限度的不确定性，相较于荷尔德林与斯特林堡，这种不确定性对诊断凡·高的疾病更是具有特殊的意义。然而，由于凡·高的自杀，我们缺少了那种可供确证的传记的续篇，除此之外，我们还缺少相关的医学报告。"见 Karl Jaspers, *Strindberg and Van Gogh*, translated by Oskar Grunow and David Woloshin, The University of Arizona Press, 1977, p. 187。

二 阐释凡·高作品的生存论条件

凡·高的绘画是他毕生不断自我反省的精神写照。"在所有的时期，甚至在患病期间，他都在进行自我判断。"① 他关注人的生存，虽然一生创作了许多景物画，但"他说自己更喜欢画人，而不是画景"②。即便那些景物画，其中所隐贯的仍是画家那深邃的人文眷注。凡·高留下的大量书信袒露了自己的"高尚的道德精神""对真理的无条件的爱""对信仰的深深的虔敬"③。他越是坚定地爱那无条件的真理与虔敬地属望那永恒的上帝，就越发感到自己的作品还"不够好""未完成"。他的"自我解剖"（self-analysis）使其保持着对过去的深刻批判。直到1889年5月，他仍谦卑地说："我敢确信，我将永远不会成为一位伟大的画家。"④ 有意味的是，这位声称自己不会成为伟大画家的画家最后反倒自我成全为一位伟大的画家。其中原委在于，艺术家的天职承担使他觉悟到了那"无条件"的"真理"的存在，因而调动起自己的"全部生存"不断地向之趋赴。正是在这里，雅氏发现了凡·高作品的生存论意义，并从以下三个层次申述了阐释其作品的生存论条件。

① 凡·高的作品是他的"整全生存"（Gesamtexistenz/entire life）化入其中的结晶，"人"与"文"浑然一体而不可剥离。"我们必须把凡·高的性格、行为、气质、生存和艺术创作理解为一种复杂到非凡程度的整体。如果孤立地考虑他的艺术品（更不用说仅孤立地考虑其中少数几件艺术品了），我们就难以引导大家理解这类艺术的真正意义。他创作的那些艺术品乃是根植于人的整体精神的

---

① Karl Jaspers, *Strindberg and Van Gogh*, translated by Oskar Grunow and David Woloshin, The University of Arizona Press, 1977, p. 167.
② Karl Jaspers, *Strindberg and Van Gogh*, translated by Oskar Grunow and David Woloshin, The University of Arizona Press, 1977, p. 170.
③ Karl Jaspers, *Strindberg and Van Gogh*, translated by Oskar Grunow and David Woloshin, The University of Arizona Press, 1977, p. 171.
④ 参见 Karl Jaspers, *Strindberg and Van Gogh*, translated by Oskar Grunow and David Woloshin, The University of Arizona Press, 1977, p. 172。

一部分，它们作为艺术品自身只是喻示整体精神的格言、警句而已。……如果把艺术品视为整体的一部分，那么艺术品自身所显示给我们的，就没有穷尽艺术家以整体精神为背景而进行的创作活动的全部意蕴。"①

②与上述生存论阐释迥异其趣，"美学偏见"（aesthetic bias）则把艺术品看成孤立的完成品。雅氏显然无法肯认这一观点，于是指出："在凡·高的画作中，或许没有一件单个的作品就其自身而言是绝对完美、彻底完成的。除非那些在最宽泛的意味上看待艺术的人，或许才会从一种技艺的或装饰的观点把艺术品错误地看成是绝对完美与彻底完成的。"②

③由此看来，在艺术创作世界中事实上存在着截然相对的两极：审美型与生存型。审美型的作品意指"那些尽善尽美的作品，每一件都是自成宇宙的完成品。这类作品以快乐无比的美给人提供一种永恒的享受，而不再以疑问来引起人对个体生存与其他作品的关切"③。与之不同的是，"西方艺术史一次又一次地告诉我们，不管那自我圆足的艺术品如何无可怀疑地存在以及它如何富有美的形式，但是，作为局部的解决与通向整体之路的踪迹，艺术创作仍然在表现人格方面发挥着影响。我们在凡·高的绘画中，发现了实现后一种可能的极端形式"④。这种"作为局部的解决与通向整体之路的踪迹"的艺术，即是雅氏所期许的生存艺术。可以说，他之所以对凡·高的绘画表现出超出精神病理学视域的浓厚兴趣，其原委便在于此。雅氏指出："从作品自身来看，凡·高的作品无疑位列于近500年来伟大的艺术创作之列；从整体上来看，如果离开他的作品，他的生存也就没有什么与众不同之处。不过，这里所要强调的是，正是那种艺术成全了他独一无

---

① Karl Jaspers, *Strindberg and Van Gogh*, translated by Oskar Grunow and David Woloshin, The University of Arizona Press, 1977, p. 173.

② Karl Jaspers, *Strindberg and Van Gogh*, translated by Oskar Grunow and David Woloshin, The University of Arizona Press, 1977, p. 173.

③ Karl Jaspers, *Strindberg and Van Gogh*, translated by Oskar Grunow and David Woloshin, The University of Arizona Press, 1977, p. 173.

④ Karl Jaspers, *Strindberg and Van Gogh*, translated by Oskar Grunow and David Woloshin, The University of Arizona Press, 1977, p. 174.

二的伟大。深刻的内涵，遥遥的期待，现实主义的态度，浸润于宗教献身与绝对真实之中——所有这一切联合起来发挥作用，为我们提供了一个关于凡·高的整体形象。凡·高的作品根源于这种统一体，归功于他的宗教、道德与艺术冲动的一致。"①

我们发现，雅氏这里的运思已与《哲学》（三卷）前后相贯。譬如，他在《哲学》中同样以凡·高的绘画为例来阐释"神话现实"这一"密码"语言，而这里所谓"作为局部的解决与通向整体之路的踪迹"中的"踪迹"一词，其实正可视为"密码"一词的另一种说法。再譬如，他在《哲学》中集中探究了生存艺术的未完成性，这一话题在这里同样成为他考察凡·高作品之生存论意义的前提之一。雅氏指出："凡·高的所有作品都带有一种紧张寻找的性向，一幅画的创作驱动着另一幅画的创作，进而被卷入这种不停奋争的旋涡之中。……他的每一件作品一方面是渴望着完美的碎片，另一方面又是自身完美的——这种完美达至极致便可以让观赏者在瞬间忘掉那暴风雨般的骚动。当观察其中的一些画作时，人们并不能忘记那些未完成的半成品给人带来的影响。"② 那么，作为"整全生存"的凡·高以"现实主义的态度"究竟在"遥遥的期待"着什么呢？正是在对这一问题的探究中，雅氏独具慧眼地看到，凡·高所遥遥期待的东西，即是他在画作中紧张寻找的"绝对真实"，而且这"绝对真实"是与他的"宗教献身"合二为一的。由此，凡·高的作品便实现了"宗教、道德与艺术冲动的一致"。雅氏的这一判断是颇为中肯的。早在凡·高脱去牧师衣衫而准备以艺术家的姿态从事绘画创作之际，他便在1880年7月写给弟弟提奥的一封信中坦言："我认为人及其作品所表现出的内在道德的、精神的和崇高的美，真正的善和美的一切，均来自上帝。而人及其作品所表现出的恶和错的一切，则不属于上帝，上帝并不赞同。"③可以说，这是凡·高一踏上绘画创作之路便自觉到了艺术家天职的证

---

① Karl Jaspers, *Strindberg and Van Gogh*, translated by Oskar Grunow and David Woloshin, The University of Arizona Press, 1977, p. 174.

② Karl Jaspers, *Strindberg and Van Gogh*, translated by Oskar Grunow and David Woloshin, The University of Arizona Press, 1977, p. 175.

③ 转引自［美］彼得·泰森《文森特·凡高：画家》，高兴译，世界知识出版社1997年版，第68页。

言，而且在其心灵深处，不管人在世界之中经历多少苦难，他从未怀疑过一切归根结底是善的，此乃因为"上帝"是至善的。凡·高说，"这些论点常常在那些艰难困苦的日子里支撑着我[①]"。概言之，在《斯特林堡与凡·高》一书中，雅氏由其尚未完全自觉的生存形而上学视域发现了凡·高作品的生存论意义，并对这种生存型作品给予充分肯认，而对那种审美型作品以及"美学偏见"则保持着足够的警省。这里所谓的"审美偏见"，其实正是雅氏在《哲学》中所批判的"审美冷淡"。

三 精神分裂症与凡·高的作品

厘清了阐释凡·高作品的生存论条件，他的作品与精神分裂症之间的关联就自然凸显出来。雅氏认为，凡·高的疾病在1888年出现恶化，与此同时，他的艺术创作开始进入巅峰状态。"1888—1890年的那些作品对我们和我们的时代产生了巨大的影响。他在这一时期创制的作品多于此前那些年所有画作的总和。这是一个令人心醉神迷的强烈而狂暴的时期，虽然还总是有所约束的，其最后几周的作品给人留下多少有些无序的印象，这时他看起来已开始进入第二个时期，色彩变得愈加狂暴不羁……人们从中感到了精致情感枯萎乃至自我约束瓦解的可能性。"[②] 雅氏在此并未纠缠于精神分裂症与画家创作风格的骤变之间是否存在必然的因果关联，而是聚焦于艺术家的有个性的生存，阐发了凡·高在濒于"临界处境"而同死亡搏斗的过程中所透示出的某些契接生存哲学的人文意蕴。雅氏指出："凡·高1888—1890年的作品充满着一种紧张与兴奋，就好像世界问题与生存问题渴望着表现自身。这种艺术作为哲学式的存在影响着我们，虽然凡·高并没有打算宣称、思考或设想某种特定的哲学。我们在此所体验到的乃是奋争、惊奇、爱之类的意念。艺术选取的角度仅仅是表现上述体验的中介，虽然它也是由创作技巧丰富起来的。这是最后的也是最主要的原因，

---

① 转引自［美］彼得·泰森《文森特·凡高：画家》，高兴译，世界知识出版社1997年版，第25页。

② Karl Jaspers, *Strindberg and Van Gogh*, translated by Oskar Grunow and David Woloshin, The University of Arizona Press, 1977, p. 177.

而不是其意欲取得的效果。"① 事实上,雅氏在这里已经多少报告了所谓"艺术是哲学的器官"的消息。

就精神分裂症与凡·高的艺术创作之间的关联而言,雅氏的态度是一仍旧贯的。他认为,精神分裂症自身并不必然地带来艺术创作,只有对那些具有独特个性与天赋的艺术家来说,它才有可能成为敞开生存深渊的前提。雅氏最后断言:"如果凡·高没有通过近十年的艺术努力与毕生的生存斗争而颇为严肃地获取艺术创造能力的话,那么,他在精神分裂症的助推下也就创造不出什么东西来。精神分裂症绝不是引致某种新风格的绝对原因,而是说,它起到了协调某种业已存在的各种力量的作用。精神分裂症有助于从原初的人格中创造出新的东西来,如果没有精神分裂症这一诱因,它们就不能产生出来。"②

---

① Karl Jaspers, *Strindberg and Van Gogh*, translated by Oskar Grunow and David Woloshin, The University of Arizona Press, 1977, p. 177.

② Karl Jaspers, *Strindberg and Van Gogh*, translated by Oskar Grunow and David Woloshin, The University of Arizona Press, 1977, p. 178.

国家社会科学基金项目"雅斯贝斯艺术家论研究"(13BWW003)
河北师范大学文学院学术著作资助

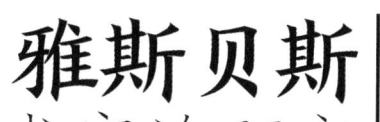

雅斯贝斯
艺术家论研究
下册

A Study of
Jaspers' Theory of the Artist

孙秀昌 著

中国社会科学出版社

下册目录

第六章　理性生存型的艺术家之范例 ………………………（429）
　第一节　歌德:理性生存型的艺术家范例之一 ………………（429）
　　一　立足于时代精神处境理解与吸纳歌德 …………………（431）
　　二　歌德的局限性与吸纳歌德的基本要求 …………………（455）
　　三　歌德的丰富性与其独一无二的伟大 ……………………（525）
　　四　结语:歌德的历史影响 …………………………………（543）
　第二节　莱辛:理性生存型的艺术家范例之二 ………………（554）
　　一　莱辛的作品与其生存论根源 ……………………………（556）
　　二　莱辛的文学成就与诗学思想 ……………………………（584）
　　三　莱辛的理论哲学与现代人性观念 ………………………（609）
　　四　结语:莱辛在德国古典时代与欧洲启蒙运动中的
　　　　　独特意义 …………………………………………（653）
　第三节　达·芬奇:理性生存型的艺术家范例之三 ……………（662）
　　一　"直观思维"与"艺术是超越存在的语言" ………………（663）
　　二　达·芬奇作品未完成性的生存论根源 …………………（669）
　　三　"艺术成为哲学的器官":一个理性生存型的艺术家 ……（674）

余论　冯至与雅斯贝斯的相遇 ………………………………（687）

附录一　雅斯贝斯"密码论"发微
　　　　——兼与海德格尔、萨特美学观比较 ………………（708）

附录二　雅斯贝斯论艺术（含艺术家）著述迻译 ……………(721)
　　迻译之一　哲学与艺术 ………………………………………(721)
　　迻译之二　艺术是解读密码的语言 …………………………(732)
　　迻译之三　悲剧的超越 ………………………………………(741)
　　迻译之四　我们的未来与歌德 ………………………………(801)
　　迻译之五　歌德的人性 ………………………………………(822)
　　迻译之六　作为哲学家的达·芬奇 …………………………(841)
　　迻译之七　论莱辛 ……………………………………………(883)

主要参考文献 …………………………………………………(978)

后记 ……………………………………………………………(1007)

第六章　理性生存型的艺术家之范例

　　在理性生存型的艺术家中，雅斯贝斯主要考察了三个范例：歌德、莱辛、达·芬奇。进入理性哲学—世界哲学时期后，雅氏不仅对这三个伟大艺术家的关注度越来越高，而且自觉地将他们置于理性与生存的张力下予以探究，其指归在于彰显理性对生存的澄明力量，进而为自我选择、自我超越、运命自承的生存插上理性的翅膀。就此而言，雅氏对歌德、莱辛、达·芬奇的论说乃是他构建其理性哲学—世界哲学大厦的有机组成部分。本章便循着雅氏的运思理路，对他的歌德论、莱辛论、达·芬奇论一一进行诠解。

第一节　歌德：理性生存型的艺术家范例之一

　　若问雅斯贝斯一生中持续关注的伟大艺术家是哪一位，歌德当是不二人选。早在青少年时代，雅氏就怀着喜悦与崇敬的心情阅读过歌德的作品；步入精神病理学—心理学时期后，他曾在《斯特林堡与凡·高》一书中将歌德与主观体验型的艺术家荷尔德林和凡·高作参照，认为"歌德在某种程度上代表着人类表现的最高范型"；进入生存哲学成熟期后，他曾在《时代的精神状况》一书中论及歌德的时代危机意识，在《哲学》（三卷）中分别关联着"信仰与无信仰""历史上确定的生存的临界处境""白天的法则与夜间的激情"等话题谈及歌德的生命智慧。

　　在理性哲学—世界哲学时期，雅氏更为自觉地把歌德作为理性生存型的艺术家的代表纳入自己的思想版图之中。关于这一点，他在

— 429 —

1941年所撰的《关于我的哲学》(über Meine Philosophie)中交代得颇为清楚:"歌德带来了人性与不受拘束的气息。呼吸着这样的气息,同他一起去爱那些在世界上显露出真实本质的东西,同他一起略带羞涩但绝不遮遮掩掩地去触碰边界,这是在动荡不安中的一种善举(Wohltat),也成为公正与理性的一种根源。"① 雅氏撰写这篇文字时,德国尚处于纳粹极权专制的黑暗统治之下,面对晦暗不明、摇曳不定、前景未卜的现实处境,很多人陷入绝望的情绪之中。为了维护自己做人的基本尊严与践行自己对犹太裔妻子许下的爱的诺言,他确曾想到过自杀,不过他最终从歌德一类的艺术家、哲学家那里看到了穿越黑魆魆的现实处境的一丝光亮,同时也为自己赢得了一份不至于绝望的希望。雅氏一生的精神探求,特别是他晚年的思想建构可以在这一语境下得到深微的理解。若向更深微处探察,我们甚至可以说雅氏就是一位歌德式的哲学家,他的生存与思维从未背弃现实世界;进而言之,他就在这个世界上自由地生存着、思考着、交往着、超越着,从而把自己成全为"自由、理性与交往的合体"(阿伦特语)②。

直到晚年,雅氏仍在持续地阅读歌德③,试图通过阅读歌德来理解"什么是德国人""什么是德国精神""什么是真正的理性启蒙"。萨尼尔编纂的《大哲学家》遗稿(两卷)中,还收入了雅氏为计划

---

① Karl Jaspers, *Rechenschaft und Ausblick: Reden und Aufsätze*, R. Piper & Co. Verlag, 1951, S. 339. 另:美国学者考夫曼编著的《存在主义》一书中也收入了雅斯贝斯的《关于我的哲学》一文,该书已有中译本。其中,译者将上述引文译为:"歌德助长了人性与不自觉的空气。呼吸这种空气,与歌德一块儿去喜爱梦幻世界中那些本质的东西,以及象他一样,带着一份敬畏的心情去接触光明的境界,乃是不安中的一份幸福,也成为正义和理性的一种根源。" 见[美]考夫曼编《存在主义》,陈鼓应、孟祥森、刘崎译,商务印书馆1987年版,第138页。

② 阿伦特1969年3月4日在纪念雅斯贝斯去世的仪式上所做的悼词。见 Hannah Arendt and Karl Jaspers, *Hannah Arendt—Karl Jaspers Correspondence*, Edited by Lotte Kohler and Hans Saner, translated by Robert and Rita Kimber, Harcourt Brace Jovanovich, 1992, p. 685.

③ 有意味的是,雅斯贝斯还把自己喜欢阅读的《歌德通信集》寄给阿伦特与其丈夫布鲁希尔共赏。布鲁希尔在1956年2月14日致雅斯贝斯的信中写道:"谢谢您寄送的这部书(指《论谢林》——引者注)以及美观的《歌德通信集》版本。广泛地阅读歌德的信是有益的,与此同时,人们也正在您于《论谢林》一书中措置他的清晰看法的引导下来看待康德。" 见 Hannah Arendt and Karl Jaspers, *Hannah Arendt—Karl Jaspers Correspondence*, Edited by Lotte Kohler and Hans Saner, translated by Robert and Rita Kimber, Harcourt Brace Jovanovich, 1992, p. 276.

第六章 理性生存型的艺术家之范例

中的歌德专论拟定的提纲以及收集的资料。可以说，雅氏毕生都与歌德同在，无论是青年歌德、中年歌德还是老年歌德，歌德始终以其独异的个性、丰富的面向、实践性的思维启迪着雅氏的心灵。从呈现在我们面前的文字看，雅氏完成的相对完整的论歌德的文献有两篇，均是演讲词：一篇是他在1947年8月28日接受"歌德奖"仪式上所讲的《我们的未来与歌德》，另一篇是他在1949年6月17日纪念歌德二百周年诞辰大会上所讲的《歌德的人性》，这两篇堪称姊妹篇的演讲词也可以说是另一种形式的歌德专论。下面，笔者便以这两篇演讲词为辐辏，对雅氏的歌德观做一番阐说。

一 立足于时代精神处境理解与吸纳歌德

《我们的未来与歌德》与《歌德的人性》的侧重点固然有所不同，不过雅氏在这两篇演讲词的开头部分都强调了理解与吸纳歌德的时代精神处境问题。雅氏如此谋篇布局的衷曲，意在做出这样一种提醒："我们正身处歌德所预感的灾难之中"[1]，因而我们仍有必要通过生存交往"与歌德同在"，运用"理解—描述"的方法倾听他的呼吁，同歌德一起直面虚无主义的深渊，在他的引导下进行内在的变革，进而赢得属于我们自己的未来。就此而言，"歌德依然能够与我们在一起"[2]。面对他留下的那些颇为广泛且触手可及的作品，"唯一恰当的做法就是年复一年地理解歌德"[3]。

1."我们正身处歌德所预感到的灾难之中"

第二次世界大战结束后，德国人因着纳粹极权统治对犹太人乃至对全人类所犯下的滔天罪行而必须直面历史与良知的双重审判。只有

---

[1] Karl Jaspers, "Goethes Menschlichkeit", in Hans Saner (Hrsg.), *Aneignung und Polemik*: *Gesammelte Reden und Aufsätze zur Geschichte der Philosophie*, R. Piper & Co. Verlag, 1968, S. 143.

[2] Karl Jaspers, "Our Future and Goethe", in Hanns E. Fischer (Eds.), *Existentialism and Humanism*: *three essays by Karl Jaspers*, translated by E. B. Ashton, Russell F. Moore Company, 1952, p. 41.

[3] Karl Jaspers, "Our Future and Goethe", in Hanns E. Fischer (Eds.), *Existentialism and Humanism*: *three essays by Karl Jaspers*, translated by E. B. Ashton, Russell F. Moore Company, 1952, p. 40.

— 431 —

通过历史的裁决与良知的自省，德国人才能赢来"德国精神"的再生，也才能重新赢得全世界的尊重，进而再次融入人类精神共同体之中。雅氏就此指出："目前，在这已被历史地确证和期待的人类现实的明暗相交处，我们注视着我们自身。在人类的整体进程中，我们德国人正处身于特定的世界政治情势：在从欧洲民族国家向世界强权转换的历史进程中，由于发生在那个特定时刻的军事毁灭，我们作为重要的政治力量已经被淘汰出局——永远地被淘汰出局了。不仅如此，我们还身处绝望之境，这种绝望之境，或许只有罹遭尼布甲尼撒（Nebuchadnezzar）摧毁耶路撒冷并将其中的一部分押往巴比伦的犹太人才能与之相比。然而，与他们不同的是，我们却没有一部能够使自身凝聚在一起的圣书。"①

所谓"绝望之境"，指的是唤醒生存意识的"临界处境"，这种"临界处境"带给生存个体的是一种虚无意识。濒于明暗相交的临界处，生存个体在意识到纳粹极权统治带来的现实灾难的时刻，同时也是真正的"德国精神"在这些生存个体心灵中苏醒的时刻。因此，对生存个体来说，"绝望之境"恰恰是希望之光重临的否定的导言，于是，他们怀着殷切的期待渴望着获救。德国人固然没有犹太人拥有的那样一部"能够使自身凝聚在一起的圣书"，不过他们仍拥有共同认可的古哲先贤及其留下的作品。值此之际，德国人纷纷将期待的目光投向了在德国古典主义时期"打开真正的解放与自由之门的第一人"——歌德。②

那么，我们该如何看待与吸纳歌德呢？正是在这个问题上，雅氏发现当时的德国人中存在两种堪忧的倾向：一种是神化歌德的倾向，他们认为歌德是一位无所不知的完人，进而将歌德尊为不容置疑的偶像；另一种乃是贬低歌德的倾向，他们认为歌德的世界已属于过去，

---

① Karl Jaspers, "Our Future and Goethe", in Hanns E. Fischer (Eds.), *Existentialism and Humanism: three essays by Karl Jaspers*, translated by E. B. Ashton, Russell F. Moore Company, 1952, pp. 36-37.

② 雅斯贝斯在《论莱辛》中指出："在德国古典主义时期，歌德是打开真正的解放与自由之门的第一人，正是他透过众多的西方观念而使那解放与自由之门得以洞然敞开。"见 Karl Jaspers, *The Great Philosophers—Descartes, Pascal, Lessing, Kierkegaard, Nietzsche, Einstein, Weber, Marx*, translated by Edith Ehrlich and Leonard H. Ehrlich, Harcourt Brace & Company, 1995, p. 187。

第六章 理性生存型的艺术家之范例

因而歌德在当下已失去意义①。这两种倾向看上去是彼此对立的两个极端，其实两者泥守着同一种思维方式，亦即世俗实存所习惯的一般意识。雅氏则从生存意识出发，以一种"执两用中"的极性思维方法指出了上述两种极端倾向的虚妄。针对神化歌德的倾向，雅氏在谈及歌德的局限性与吸纳歌德的基本要求时有颇为精辟的阐说，这里姑且不论；他在《歌德的人性》的开头部分，主要针对有人质疑歌德在今天还有什么意义的问题指出："歌德自己已然预见到了这样一个世界，他和他的同类在其中并无立足之地。自从德国解放战争以来，他就对世界历史的重大转折深信不疑。他的感受力正是在当时的一片虚无之中成长起来的。"② 在雅氏看来，歌德具有清醒的时代意识，这种时代意识在他那里体现为一种直面虚无的危机意识："歌德如是写道：'尼布尔（Niebuhr）曾预见一个野蛮时代的来临，他无疑是正确的。现在，这个时代已经到来了。'面对即将到来的19世纪，歌德预言：'归根结底，19世纪属于这样的一批人，他们或者头脑发达、才华横溢，或者善于领悟、注重实践，或者虽非天赋异禀，但也机敏能干，自命不凡……那就让我们同这些少数的、绝非属于一个不会立即重复出现的时代的人物一道成长。'更糟糕的是，那个时代毫无希望可言。歌德说：'当下的年轻人无法理解这一点：能够超越时代的人还没有出生，人们却将此称为一种幸运。'歌德关于政治教化和技术的构思草图——其中不乏对专制与独裁的称颂——不甚严谨，充满戏谑，它并非某种纲领，而是时为标准，时为反讽，时为惊怖的图景。简而言之，歌德看到了这样一个时代将要来临的消息，在这个时代里，上

---

① 雅斯贝斯在《歌德的人性》的结尾部分对这种倾向进行了追问与反省："歌德所意味着的一切，是否已属于历史中的一幕，一去不复返了？歌德是否已属于另外一个世界，那里有诸多的历史人物，但对我们而言，他们宛如童话形象般遥远，却仍然依稀可辨，他们正处于转型之中，而我们依然从中觉察到了消逝的一切？歌德很快还能够被理解吗？今天的世界所要实现的人性，歌德再也爱莫能助了吗？在歌德几乎被所有人遗忘之际，难道不会有少数人依然记得他的名字并倾听他的呼唤——'与最小的群体为伍？'""没有人知道答案。但是，我们如今为何对歌德依旧怀有如此强烈的感情呢？这表明，世界上总有那么一些人，他们在追寻着歌德。"见 Karl Jaspers, "Goethes Menschlichkeit", in Hans Saner (Hrsg.), *Aneignung und Polemik: Gesammelte Reden und Aufsätze zur Geschichte der Philosophie*, R. Piper & Co. Verlag, 1968, S. 157-158。

② Karl Jaspers, "Goethes Menschlichkeit", in Hans Saner (Hrsg.), *Aneignung und Polemik: Gesammelte Reden und Aufsätze zur Geschichte der Philosophie*, R. Piper & Co. Verlag, 1968, S. 142.

帝对人世不再感兴趣，他将'摧毁一切，重新开始'。"① 雅氏边称引边诠释的歌德的话出自他1825年6月6日致采尔特的信②，此时歌德已届七十六岁。雅氏惊讶地发现，步入老年的歌德依然保持着敏锐的精神洞察力，这使他在德国古典时代早期就预感到了虚无主义时代即将到来的危险，从而触摸到了西方文化意识的最深处。雅氏在1949年9月23日致海德格尔的信中写道："老年的柏拉图，老年的米开朗琪罗、伦勃朗，老年的歌德——他们都奇妙地触摸到了最深处。他们给我们这些小人物以勇气。人的精神并非必然要衰老，这是一个秘密。"③ 确实如此，老年歌德的危机意识与不安的预感表现得愈加沉重、痛切，这里仅举出歌德在与爱克曼谈话中的两个例子以作参证：譬如，歌德在1824年1月2日的谈话中说道："产生伟大作品所必不可少的那种不受干扰的、天真无瑕的、梦游症式的创作活动，今天已不复可能了。今天我们的作家们都要面对群众。每天在五十个不同地方所出现的评长论短、以及在群众中所掀起的那些流言蜚语，都不容许健康的作品出现。……在最近这两个破烂的世纪里，生活本身已变得多么孱弱呀！我们哪里还能碰到一个纯真的、有独创性的人呢！哪里还有人有足够的力量能做个诚实人，本来是什么样就显出什么样呢？这种情况对诗人却产生了不利的影响；外界一切都使他悬在虚空中，脚踏不到实地，他就只能从自己的内心生活里去汲取一切源泉了。"④ 又如，歌德在1828年3月12日的谈话中说道："如果在忧郁的心情中深入地想一想我们这个时代的痛苦，就会感到我们愈来愈接近世界末日了。罪恶一代接着一代地逐渐积累起来了！我们为我们的祖先的罪

---

① Karl Jaspers, "Goethes Menschlichkeit", in Hans Saner (Hrsg.), *Aneignung und Polemik: Gesammelte Reden und Aufsätze zur Geschichte der Philosophie*, R. Piper & Co. Verlag, 1968, S. 143.

② 歌德这段带有深切的历史感与危机意识的话给雅斯贝斯留下了深刻的印象，早在《时代的精神状况》一书中，雅氏就曾相对完整地称引过这段话："人类将变得更加聪明，更加机灵，但是并不变得更好、更幸福和更强壮有力。我预见会有这样一天，上帝不再喜爱他的造物，他将不得不再一次毁掉这个世界，让一切从头开始。"见［德］卡尔·雅斯贝斯《时代的精神状况》，王德峰译，上海译文出版社1997年版，第9页。

③ ［德］瓦尔特·比默尔、［瑞士］汉斯·萨纳尔编：《海德格尔与雅斯贝尔斯往复书简(1920—1963年)》，李雪涛译，上海人民出版社2012年版，第269页。

④ ［德］爱克曼辑录：《歌德谈话录》，朱光潜译，人民文学出版社1978年版，第17页。

第六章　理性生存型的艺术家之范例

孽受惩罚还不够，还要加上自己的罪孽去贻祸后代。"①

只有超越时代的生存个体才会产生歌德这样的危机意识与不安的预感，相比之下，"当下的年轻人"却无法理解这一点，因为他们仍是浮游无根地漂荡于时间之流中的实存，他们诉诸一般意识所看到的只是生灭流变的历史现象，而无法从生存意识出发洞察历史嬗演的真相以及自己亲在其中的时代精神处境，自然也就无法承担起对属己的历史的责任来。人类的历史一再证明，在一个对属己的历史普遍缺乏责任意识的时代，那些无所承担的实存及其诉诸的一般意识最容易导致狂热崇拜与虚无主义两极对峙、交替控制人们心灵的局面，而狂热崇拜与虚无主义恰恰是滋生极权主义的温床。纳粹极权统治酿造的人性灾难使歌德当年的预感不幸成为现实，在这个"摧毁一切，重新开始"的时代里，每个生存个体都必须对如何看待与吸纳歌德做出当下即是的决断："我们正身处歌德所预感到的灾难之中，它与歌德所生活的时代相距甚远。为此，我们就必须背弃歌德吗？或者说，我们如今仍有接受歌德教益的可能性？"② 尽管歌德所生活的时代与我们相距甚远，但是他那超越时代的灾难意识使他成为正身处现实灾难之中的每个生存个体的同代人。灾难意识是以虚无体验为核心的文化危机意识，这种文化危机意识乃是一种典型的临界意识，只有那些探入世界历史深处的生存个体才具有这种痛彻心扉的临界意识，就此而言，灾难意识显然是一种有别于一般意识的生存意识。可以说，像歌德这样具有深重的灾难意识的生存个体非但不会过时，反而会随着时间的绵延越发显出他的真知灼见与历史意义来。因此，我们没有理由背弃歌德；进而言之，我们今天仍有接受歌德教益的可能性与必要性。

歌德是西方19世纪率先预感到即将到来的人类灾难的先觉者之一，他的灾难意识唤醒了西方现代人的时代意识。③ 于是，雅氏将歌

---

① ［德］爱克曼辑录：《歌德谈话录》，朱光潜译，人民文学出版社1978年版，第170页。
② Karl Jaspers, "Goethes Menschlichkeit", in Hans Saner (Hrsg.), *Aneignung und Polemik: Gesammelte Reden und Aufsätze zur Geschichte der Philosophie*, R. Piper & Co. Verlag, 1968, S. 143.
③ 譬如，阿尔萨斯的神学家、哲学家阿尔伯特·施瓦依茨尔就曾在《1932年3月22日在歌德故乡法兰克福城举行的纪念歌德逝世100周年大会上的讲演》中说道："歌德是第一个为人类而担忧的人。在一个众人都还持传统的公正态度的时代，他已经依稀地感到，一个人在与大多数人反对的情况下如何才能维护自己，这个问题在未来的发展中将成为一个重大问题。"（转下页）

德置于西方19世纪以来的时代意识序列中进行了考察："西方的灾难，更确切地说是人类的灾难，在老年歌德那里就被意识到了，此后，尼布尔、司汤达（Stendhal）、托克维尔（Tocqueville）、布克哈特越来越清晰地预见到了它的到来。这场灾难在克尔凯郭尔与尼采那里获致了整体的理解，在马克思（Marx）那里则被期待着导向终极的拯救。"[1] 雅氏认为，西方19世纪以来的时代意识经由歌德、尼布尔、司汤达、托克维尔、布克哈特等思想家的渐次觉醒不断地趋于自觉，到克尔凯郭尔与尼采那里终于获致了整体的理解[2]，至于在现实世界中被期待着导向终极的拯救则是由马克思完成的。[3] 雅氏勾勒的这个思想谱系颇为清晰且富有历史洞见，"作为历史总体观念的组成部分，这类思想获得了它们的全部分量。我们持续绘制着完整的图景，在那里，未来既意味着有待充盈的空间，又意味着曾经所是的一切所指向的目标"[4]。在雅氏看来，思想家们的灾难意识绝不在于导致现实灾难，而在于唤醒生存个体意识到现实灾难的思想根源与潜在威胁，从而在根基处避免现实灾难的发生。更重要的是，灾难意识并不必然地导向绝

（接上页）"在这种预感到的忧虑中也包含着对他自己的民族的忧虑。无论走到哪里，他总是带着这种忧虑；有时他也把这种忧虑以激愤的言辞表达出来，但总是遭到人们的斥责，说他是反动派，说他不识时务等等。""现在，在他逝世100年之后……个人在形体上和精神上的独立性虽然还没有被消灭，但这种独立性在各个地方都受到了严重的威胁。在关系到人类命运的严峻时刻，我们纪念歌德的逝世。在这个关系到人类命运的时刻，没有其他任何诗人和思想家比他更适合于向我们讲话。作为与时代最不合拍的人，他洞察到了我们的时代，因为他与他在其中生活的时代精神毫无共同之处；作为一个最适合于时代的人，他向这个时代提出忠告，因为他给这个时代所讲的正是这个时代没有做的事。"转引自［德］彼得·贝尔纳《歌德》，李鹏程译，中国社会科学出版社1992年版，第202—203页。

[1] Karl Jaspers, "Our Future and Goethe", in Hanns E. Fischer (Eds.), *Existentialism and Humanism: three essays by Karl Jaspers*, translated by E. B. Ashton, Russell F. Moore Company, 1952, p. 35.

[2] 雅斯贝斯早在出版于1935年的《理性与生存》一书中就曾指出，"目前哲学状况的由来"乃是由克尔凯郭尔与尼采开启的。参见 Karl Jaspers, *Reason and Existenz*, translated by William Earle, Marquette University Press, 1997, pp. 19 – 50。

[3] 雅斯贝斯早在出版于1931年的《时代的精神状况》一书中就曾探讨过"时代意识的起源"与"当代状况的起源"。参见［德］卡尔·雅斯贝斯《时代的精神状况》，王德峰译，上海译文出版社1997年版，第3—20页。

[4] Karl Jaspers, "Our Future and Goethe", in Hanns E. Fischer (Eds.), *Existentialism and Humanism: three essays by Karl Jaspers*, translated by E. B. Ashton, Russell F. Moore Company, 1952, p. 35.

第六章 理性生存型的艺术家之范例

望,毋宁说它恰恰可以在把生存个体逼到临界处境之际使其意识到人类历史的起源、目标与种种可能性,进而唤醒生存个体通过运命自承的自由决断将不可推诿于外的历史责任承担起来。

对雅氏来说,灾难意识是时代意识的核心部分,时代意识是历史意识的核心部分,而历史意识的自觉即意味着生存意识的自觉。正是生存意识的自觉,终于使人类的历史具有了可理解的意义与结构;至于生存意识尚未自觉的那段漫长的时期,就只能算作"前历史"阶段。[1] 鉴于此,雅氏将包括歌德在内的思想家们的灾难意识、时代意识乃至历史意识置于"轴心时代"的视域下进行了更为深微的探察:"今天,人所熟知的近三千年的历史告诉我们,作为人类,我们的历史才刚刚开始。确实,我们已经理解了这段神奇的历史,它具有三个明显不同的起源,此即中国、印度和西方。这段历史包含了传统的所有内容,没有它们,我们就会觉得自己沉陷于虚无之中。然而,这些传统在今天却面临最为剧烈的变化,此时此刻,我们仿佛重新回到了起点。"[2] 在漫长的前历史阶段,尽管人类也有意识的萌动,但是人类的自我意识尚未从世界历史的无意识流动中冲决出来,绵延流淌的物理时间仍未成为经由生存个体抉择了的人类时间,那时的历史自然也尚未成为一种经由人类自我理解的属己的历史。雅氏认为,人类属己的历史迄今仅有近三千年的时间,这段"神奇的历史"分别起源于中国、印度和西方,它的"神奇"之处在于,在公元前500年前后,大约一千年左右的精神进程中,"那里是历史最为深刻的转折点。那时出现了我们今天依然与之生活的人们。这一时代,我们可以简称其为'轴心时代'"[3]。雅斯贝斯在《论历史的起源与目标》一书中列举了

---

[1] 雅斯贝斯指出:"可以确证的是,未经澄明的前历史延续了数千个世纪。相对于我们当下的认知能力而言,那充满矛盾的人类起源即使不是不可理解的,也始终是难以想象的。我们天生的特性,正建基于这个漫长的前历史时期之上。"见 Karl Jaspers, "Our Future and Goethe", in Hanns E. Fischer (Eds.), *Existentialism and Humanism: three essays by Karl Jaspers*, translated by E.B. Ashton, Russell F. Moore Company, 1952, p.35。

[2] Karl Jaspers, "Our Future and Goethe", in Hanns E. Fischer (Eds.), *Existentialism and Humanism: three essays by Karl Jaspers*, translated by E. B. Ashton, Russell F. Moore Company, 1952, p.35.

[3] [德]卡尔·雅斯贝尔斯:《论历史的起源与目标》,李雪涛译,华东师范大学出版社2018年版,第8页。

中国、印度和西方发生在这一时代的"非凡的事件"[①]，继而指出这一时代的崭新之处在于："在上述所有的三个地区，人们开始意识到其整体的存在、其自身的存在以及其自身的局限。他们感受到了世界的恐怖以及自身的无能为力。他们提出了最为根本的问题。在无底深渊面前，他们寻求着解脱和救赎。在意识到自身能力的限度后，他们为自己确立了最为崇高的目标。他们在自我存在的深处以及超越之明晰中，体验到了无限制性。"[②] 从中可以看出，"轴心突破"的底蕴在于生存意识的突破，亦即作为自由选择、自我超越、运命自承的生存个体，"人们开始意识到其整体的存在，其自身的存在以及其自身的局限"，从而使人真正成为人自身。尤为重要的是，"在这个时代产生了我们至今思考的基本范畴，创立了人们至今赖以生存的世界宗教的萌芽。不论从何种意义上来讲，都走出了迈向普遍性的一步"[③]。我们迄今仍需要依赖轴心突破期所形成的文化传统而生活。然而不幸的是，我们正身处其中的技术时代使"这些传统在今天却面临最为剧烈的变化"，此时此刻，我们因着失去了与文化传统的联系而觉得自己沉陷于虚无之中——历史的涡流打了一个旋，我们仿佛被重新抛回了起点。"因此，我们可以确定无疑地说，我们身处其中的这个技术时代是迄今为止历史上最为深微复杂的一次停顿。仅从表面上看，这一点便是显而易见的。自此以后，全球成为一体，人类的一切生活都依赖于这个没有明确目标的人造的世界。生产方式，劳动与社会组织，正以前所未有的情势改变着我们的生存。过去那种自由流动的生活骤然间终结了，这里仅列举一种症候：全球已被分割成若干彼此孤立的部分，人类再也不能像过去的时代那样自由迁移了；活门已被关闭，压力正在增加。然而，由于并伴随着现代技术的发展，人类的内在世界究竟发生了什么，仍是完全不明了的。不过，第一种但绝非最后的现象是，我们一直目睹着自尼采以来就已出现的那种总体上的虚无

[①]［德］卡尔·雅斯贝尔斯：《论历史的起源与目标》，李雪涛译，华东师范大学出版社2018年版，第8页。

[②]［德］卡尔·雅斯贝尔斯：《论历史的起源与目标》，李雪涛译，华东师范大学出版社2018年版，第8—9页。

[③]［德］卡尔·雅斯贝尔斯：《论历史的起源与目标》，李雪涛译，华东师范大学出版社2018年版，第9页。

第六章　理性生存型的艺术家之范例

主义。"① 在科学技术的装备下，所谓全球一体化的过程其实只是诉诸一般意识的科技理性同一化生存个体的过程。生存个体一旦被同一化为自私、自利、自闭、自恋的原子式的实存，由实存与实存组成的统一体就变成了宛如一群临时抱团取暖的刺猬组成的利益共同体。这样的利益共同体是缺乏内在活力与理性纽带的，它看似铁板一块，其实"活门已被关闭，压力正在增加"，随时都有可能分崩离析。因此，科技理性在制造统一的表象的过程中，"正以前所未有的情势改变着我们的生存"——将人畸变成拴缚于一体化的技术机器上的零部件，这样的零部件只是在发挥某种功能时才具有外在化的工具意义，其自身却不具有任何内在的价值。尤为严重的是，工具化了的实存就像那些可被拆卸、组装、替换的零部件一样千篇一律，毫无真正的个性可言，更无真正的自由可言。如果说人们在这种窘境下尚具有某种自由的外观的话，那么他们也只是享有服务于此架技术机器或者服务于彼架技术机器的自由，无论服务于哪一架技术机器，说到底人们都无法改变自身作为零部件的命运，这样一来，过去那种诉诸生存意识的自由流动的生活便骤然间终结了。至于"由于并伴随着现代技术的发展，人类的内在世界究竟发生了什么"，虽说迄今依然不太明朗，但是可以断定的一点是，"我们一直目睹着自尼采以来就已出现的那种总体上的虚无主义"。可以说，自由意识、交往理性与博爱情怀的终结，技术崇拜、科技理性、虚无主义的流行，乃是包括歌德、尼布尔、司汤达、托克维尔、布克哈特、克尔凯郭尔、尼采、马克思在内的思想家再次接续轴心人物的时代意识与历史意识而预感到的那种令人堪忧的人类灾难的契机所在。就此而言，人类在"迄今为止历史上最为深微复杂的一次停顿"的技术时代再次濒于歌德式的思想家们当年所预感到的临界处境。正因为如此，导致人类生存意识颓堕的技术时代绝不可能成为某些学者所谓的"第二个轴心时代"；毋宁说，它只是人类再次回味那个唯一的"轴心时代"，再次唤醒生存个体的时代意识与历史意识，进而再次赢得自身拯救的一个否定的契机。②

---

① Karl Jaspers, "Our Future and Goethe", in Hanns E. Fischer (Eds.), *Existentialism and Humanism: three essays by Karl Jaspers*, translated by E. B. Ashton, Russell F. Moore Company, 1952, pp. 35–36.
② 参见孙秀昌《"唯一的结构"与"生存的历史性"——一种对雅斯贝尔斯"轴心时代"思想的阐释》，《河北学刊》2006 年第 1 期。

在这个明与暗、光与影的交汇处,生存意识苏醒了个体怀着不至于绝望的希望再次渴望着终极解救。"在这次影响至为深远的停顿之后,没有人知道人将会变成什么。对未来的一切看法无疑都是虚妄的。事情总是从人们所预料的样子转向不同的结果。人类能够通过跳跃来实现内在的变革与再生,智性诚然无法对此做出解释,不过预期性的想象则已经将这一事实展现出来了。"① 立于临界处境的边缘,世界实存所诉诸的一般意识显露出了它的界限。值此之际,人并不能够凭借一般意识预知人将会变成什么,因而也无从根据因果律来设计、推测线性发展的历史图景。一切都取决于生存个体当下即是的抉择,这种当下即是、运命自承的抉择以其无所预料的样态,使此前的一切智性设计与推测都不再是注定了的,值此之际,生存个体能够做且应该做的,就是直面着虚无的深渊,"通过跳跃来实现内在的变革与再生"。正是在面对共同的人类灾难进而渴望着实现内在变革与再生的过程中,我们与歌德在心灵深处相遇了:"歌德留下来的大量著作、书信、谈话以及报告中所传达的丰富内容,让他能够'活到'当下,仿佛我们能够身临其境地与他交谈、向他询问并得到答复。谁与歌德同在,谁就总会有新的发现。"②

确实,对刚刚走出第二次世界大战阴影的德国人来说,面对四分五裂、一片瓦砾的"废墟",历史上还没有其他任何一个时代如此迫切地需要歌德。③ 为此,雅氏在演讲中呼吁德国人带着时代的难题向

---

① Karl Jaspers, "Our Future and Goethe", in Hanns E. Fischer (Eds.), *Existentialism and Humanism: three essays by Karl Jaspers*, translated by E. B. Ashton, Russell F. Moore Company, 1952, p. 36.

② Karl Jaspers, "Goethes Menschlichkeit", in Hans Saner (Hrsg.), *Aneignung und Polemik: Gesammelte Reden und Aufsätze zur Geschichte der Philosophie*, R. Piper & Co. Verlag, 1968, S. 143.

③ 早在1945年,恩斯特·鲍伊特勒就在《庆祝歌德生日的讲话》中说道:"而今天怎么样呢?整个国家处于一片瓦砾之中……活着的人感到绝望。死了的人在控诉。难道用沉默来对待今天合适吗?如果事关一个其杰作已被粉碎的国家要人的生日的话,沉默是合适的。但是,事情只与一个诗人的生日有关。诗人的国度就是语言。语言和爱是永恒的。……特洛亚在三千多年前就已衰亡,但是荷马活着。歌德活着,还要继续活下去,并且他将证明自己是最高尚的和最美好的,他的德意志精神能够长存,只要德国人纪念他,只要德国人自己本身生生不息,歌德就活着。为此,我们今天不该沉默,而必须说话。"转引自[德]彼得·贝尔纳《歌德》,李鹏程译,中国社会科学出版社1992年版,第204—205页。

第六章　理性生存型的艺术家之范例

歌德询问①，希望我们通过"生存交往"的途径（不同于"实存交际"）并运用"理解—描述"（不同于"认知—说明"）的方法谛听歌德的心声，通过与歌德的交谈实现我们内在的变革，进而在不断地理解歌德与化传统为己有的过程中走出时代精神的困局。如果这样做的话，我们就可以说"歌德依然能够与我们在一起"，歌德也会帮助我们赢得属己的未来。这样一来，我们终于通过吸纳歌德觅到了一条解决时代难题的可行之路。

2. "歌德依然能够与我们在一起"

具体来说，歌德期待我们向他询问的时代难题是——"我们将会成为什么呢？"② 就这个时代难题而言，无非会出现两种可能的情况："要么，我们将继续沉沦下去，就像一群乌合之众一样，不甘心却又注定如原材料般为人所用，最终不光彩地消失，仅为世人留下笑谈。要么，我们将实现灵魂的变革，并由此获得一种即使身处委顿之中和恶劣的生存境遇之下却依然能够持存的精神生命。我们可以说，内在的变革势必决定着我们未来的价值。"③ 第一种是依然拘囿于一般意识的实存可能出现的情况，他们在持续沉沦的过程中注定会因着只充当实现某种外在功能的工具而最终落入自我消失的深渊；第二种则是生存意识已经苏醒的个体可能出现的情况，他们在不断进行内在变革的过程中必定会因着直面任何不堪的人生境遇依然能够守住生命重心的

---

① 雅斯贝斯在《歌德的人性》中指出："歌德是说不尽的：抒情诗人，《浮士德》的作者，自然研究者，哲学家，以及其他诸多的身份。在目前所处的四分五裂的境况下，我们不禁要问，就歌德而言全人类能够共同谈论的东西是什么。鉴于此，他的人性（Menschlichkeit）还算是一个恰当的话题，换言之，我们所要追问的是，他是如何看待人类的根本存在以及如何在此世为人的。在歌德此在（Dasein）的现实中，在他自称为'伟大忏悔与自白的碎片'的作品中，问题的答案历历在目。歌德赋予我们这样去看待他的权利：'若要给后世留下些许有用之物，人们就须得忏悔与自白；人们必须将自己视为独立的个体……后世才得以从中拣选出适合其自身的东西。'" 见 Karl Jaspers, "Goethes Menschlichkeit", in Hans Saner (Hrsg.), *Aneignung und Polemik: Gesammelte Reden und Aufsätze zur Geschichte der Philosophie*, R. Piper & Co. Verlag, 1968, S. 142。

② Karl Jaspers, "Our Future and Goethe", in Hanns E. Fischer (Eds.), *Existentialism and Humanism: three essays by Karl Jaspers*, translated by E. B. Ashton, Russell F. Moore Company, 1952, p. 37.

③ Karl Jaspers, "Our Future and Goethe", in Hanns E. Fischer (Eds.), *Existentialism and Humanism: three essays by Karl Jaspers*, translated by E. B. Ashton, Russell F. Moore Company, 1952, p. 37.

气概而实现未来的价值。究竟是选择前者还是后者,这是一个事关德国人乃至整个人类命运与前途的大问题。显然,雅氏期待着我们选择后者。

接下来,雅氏就如何实现内在的变革提示了如下三点:① "我们通过再教育的'手段'并不能全然实现内在的变革,因为内在的变革根本无法被设定与筹划。"① 雅氏所期待的是一种旨在唤醒生存意识的生存论教育。② 这里所谓的"再教育的'手段'",指的是知识化教育的手段,这种手段诉诸一般意识,它将内在的精神转变成一种可按预先的设定与筹划直接传授的知识。然而知识一旦失去生存基源的养润,就会畸变成外在于生存的缘饰与累赘。在雅氏看来,内在变革的实现首先取决于生存意识的自觉以及生存个体之间的交往与呼吁:"它的实现,首先取决于每一个个体。从根本上说,我们不再是别的东西,而是有着空前的依赖性的个体,我们此刻被抛回到作为起源的我们自身,每个人都依赖于他自身而生存。人人都须得知道,这只能取决于他自己。失去了在习俗、法律、秩序之类可信赖条件下的那种客观上的安全感,反而经常遭到意识形态话语的攻击,在这种情况下,每个人只有通过人性的严肃性才能够确立自身的价值。做到这一点,相互之间彼此了解的个体就会像复活的人类本性与上帝建立联系一样,形成一个共同体。"③ 生存意识的自觉意味着每个个体都被抛回到作为起源的他自身,值此之际,生存个体意识到他不再是任何其他什么东西,他就是他自身,与此相应,他只能依赖于他自身而生存,至于他将会成为什么,也只能取决于他自己。在超越了习俗、法律等实存秩序的拘囿后,生存个体遂不再满足于那种"客观上的安全感",他也因着

---

① Karl Jaspers, "Our Future and Goethe", in Hanns E. Fischer (Eds.), *Existentialism and Humanism: three essays by Karl Jaspers*, translated by E. B. Ashton, Russell F. Moore Company, 1952, p. 37.

② 雅斯贝斯反对诉诸一般意识的知识化教育,主张一种旨在唤醒、润泽生存意识的生存论教育。雅氏在《什么是教育》中全面、深入地论述了他的生存论教育观,对这种教育观的阐析可参见孙秀昌《生存·密码·超越——祈向超越之维的雅斯贝斯生存美学》,人民出版社 2006 年版,第 229—246 页。

③ Karl Jaspers, "Our Future and Goethe", in Hanns E. Fischer (Eds.), *Existentialism and Humanism: three essays by Karl Jaspers*, translated by E. B. Ashton, Russell F. Moore Company, 1952, p. 37.

第六章　理性生存型的艺术家之范例

对实存秩序的突破而遭到那种维护实存秩序的意识形态的打压。在这种情况下，能够确立自身价值的唯一凭借就是"人性的严肃性"。每一个意识到人性的严肃性的生存个体在纯粹的人性之光的烛引下，相互理解，彼此关爱，自由交往，于是，这些生存意识自觉的个体便"像复活的人类本性与上帝建立联系一样"结成一个以人类理性为纽带的精神共同体。②"重要的是此时此刻。"① 雅氏认为，内在的变革发生在生存决断与突破的"此时此刻"，这个此时此刻是在不可预知的某个当下即是的瞬间到来的。对生存意识来说，所谓的"过去""现在""将来"其实都是生存个体瞬间进行决断并实现突破的当下。"人寻求当下，他不能等待（除非外部的物质世界），而是需要迅速抓住当下即是的真实。可以说，他希望通过及时的作为而驻留于时间之中。他并不想被人以关于未来的种种许诺说服自己走出当下——这唯一的真实。他只通过自己当下实现的人性服务于未来。"② 人在外部的物质世界进行的变革终究是有所待的，相较之下，人在内部的精神世界进行的变革则是无所待的，一个人只要自己下决心改变，他马上就可以实现内在的变革，这里的关键在于自己能否"迅速抓住当下即是的真实"。对生存意识自觉的个体来说，他不会被一般意识设定与筹划的那种历史愿景所迷惑，他也不相信世俗实存做出的种种关于未来的许诺；毋宁说，他只相信当下即是的真实，只愿意在"爱、信仰、想象"等"实现了的绝对意识"的烛引下采取"超越实存的无条件行动"③。这里需要强调的是，生存个体"超越实存的无条件行动"始终是在实存与时间之中进行的，也就是说，"他只通过自己当下实现的人性服务于未来"。之所以要强调这一点，乃是为了提醒人们将自身对属己的历史与未来的责任承担起来。③"内在的变革要求我们

---

① Karl Jaspers, "Our Future and Goethe", in Hanns E. Fischer (Eds.), *Existentialism and Humanism: three essays by Karl Jaspers*, translated by E. B. Ashton, Russell F. Moore Company, 1952, p. 38.

② Karl Jaspers, "Our Future and Goethe", in Hanns E. Fischer (Eds.), *Existentialism and Humanism: three essays by Karl Jaspers*, translated by E. B. Ashton, Russell F. Moore Company, 1952, p. 38.

③ 雅斯贝斯曾在《哲学》第二卷中对"无条件的行动"做过深入的阐发，参见 Karl Jaspers, *Philosophy* (Vol. 2), translated by E. B. Ashton, The University of Chicago Press, 1970, pp. 255–292。

清晰地理解由历史发展所形成的处境——我们身在其中的人类的处境和德国人的处境。"① 当下的处境是由一代又一代生存个体在过去通过一次又一次当下即是的决断与突破造成的，因此，"过去"并不是一去不返的时间，过去形成的传统也不是与我们的现在与未来无关的历史陈迹。"我们不能说：'过去的，就让它过去吧；让我们展望未来，莫回顾过去！'原委在于，'将来'只有在我们对已经发生的事情的突破、接纳与克服的过程中才会获致其延展的希望。"② 一个人若忘记了过去，他就无从理解自己正亲在其中的处境是如何产生的，也就无从理解自己将会成为什么。人对未来前景的展望，只能建基于人"对已经发生的事情的突破、接纳与克服的过程中"。就此而言，我们需要重新激活涵淹在过去形成的那些文献中的生存个体的活的精神，通过与他们进行涌自心灵深处的精神交往，不断地实现内在的变革，进而赢得我们属己的未来。

基于上述考虑，雅氏在《我们的未来与歌德》中颇为看重人在思考过去时的态度："人在思考过去时有两种态度：一种是识破我们过去所屈从的偶像，另一种是接受那些吁请我们回到自身的伟大的先辈。"③ 若分而言之，前一种态度旨在质疑与扬弃实存诉诸一般意识所制造的偶像崇拜，后一种态度则旨在以生存意识接受那些伟大前辈的吁请，进而在他们的吁请下回到我们自身；若合而言之，上述两种态度实际上是批判性反思的两个相互贯通的环节，人们切勿把二者断为互不连属的两截。否则的话，人们就会像库尔提乌斯那样，将雅氏在第一篇演讲《我们的未来与歌德》中对歌德局限性的反思误作一种反对歌德的立场，从而制造了一场丑诋雅斯贝斯的"库尔

---

① Karl Jaspers, "Our Future and Goethe", in Hanns E. Fischer (Eds.), *Existentialism and Humanism: three essays by Karl Jaspers*, translated by E. B. Ashton, Russell F. Moore Company, 1952, p. 38.

② Karl Jaspers, "Our Future and Goethe", in Hanns E. Fischer (Eds.), *Existentialism and Humanism: three essays by Karl Jaspers*, translated by E. B. Ashton, Russell F. Moore Company, 1952, p. 38.

③ Karl Jaspers, "Our Future and Goethe", in Hanns E. Fischer (Eds.), *Existentialism and Humanism: three essays by Karl Jaspers*, translated by E. B. Ashton, Russell F. Moore Company, 1952, p. 38.

第六章 理性生存型的艺术家之范例

提乌斯事件"[1]。其实,雅氏在内心深处是颇为敬重歌德的;当然,对越值得敬重的伟人(特别是像歌德这样的最优秀的前辈),雅氏诉诸理性精神所进行的批判性反思就越为严格,因为如何看待与吸纳歌德直接关系到德国人乃至全人类的命运与前途。"在大灾难时期,我们根本就不能从过去获得稳固的支撑。每一种联系——甚至同我们最优秀的前辈的联系,同最令人信服的传统的联系——都要经过重新检视与再次吸纳。"[2] 直面以虚无主义为底色的时代精神处境,我们是像实存那样依然拘囿于一般意识去偶像化歌德,妄想着给无所归依的心灵找到某根可以暂时抓住的救命稻草,还是断然地返回生存意识,以便在与传统保持内在联系的过程中将歌德视为引导我们赢得属己的未来的路标,这委实是一个命运攸关的大问题。

关联着人们对过去与传统的态度问题,雅氏在《我们的未来与歌德》的开头部分旗帜鲜明地亮出了这篇演讲所要谈论的核心话题:"我今天谈论的话题就是这类建设性思考中的一部分。歌德是德国人的杰出代表,他将怎样帮助我们赢得自身的未来?我们过去通过歌德所进行的教育不会再重复下去,在某种程度上说,这种遭遇甚至是注定了的。或许我们需要一种新的接受歌德的方法,在我看来,这已经开始了。"[3] 雅氏所期待的"新的接受歌德的方法"乃是一种"理解—描述"的方法,这种方法旨在重新唤起歌德涵淹于作品背后的生存意

---

[1] 1949 年,库尔提乌斯针对雅斯贝斯的歌德批判发表了三篇论战性文章:《歌德抑或雅斯贝斯》(载《行动》1949 年 4 月 2 日),《可以攻击雅斯贝斯吗?》(载《莱茵—内卡报》1949 年 5 月 17 日),《歌德、雅斯贝斯、库尔提乌斯》(载《行动》1949 年 7 月 2 日)。迄今为止,学界对"库尔提乌斯事件"阐析得较为详尽的文字至少有两篇(部):一是赫尔穆特·富尔曼(Helmut Fuhrmann)所著的《歌德接受史研究六论》(Sechs Studien zur Goethe-Rezeption, Königshausen & Neumann GmbH, 2002),其中第四部分专题探讨了"库尔提乌斯事件";二是弗兰克·鲁特格尔—豪斯曼(Frank-Rutger Hausmann)的《库尔提乌斯、歌德与雅斯贝斯:作为歌德研究专家的恩斯特·罗伯特·库尔提乌斯》("Curtius, Goethe und Jaspers oder: Ernst Robert Curtius als Goetheforscher"),该文收入 Matthias Bormuth (Hrsg.): Offener Horizont: Jahrbuch der Karl Jaspers-Gesellschaft, Wallstein Verlag, 2014。

[2] Karl Jaspers, "Our Future and Goethe", in Hanns E. Fischer (Eds.), Existentialism and Humanism: three essays by Karl Jaspers, translated by E. B. Ashton, Russell F. Moore Company, 1952, p. 38.

[3] Karl Jaspers, "Our Future and Goethe", in Hanns E. Fischer (Eds.), Existentialism and Humanism: three essays by Karl Jaspers, translated by E. B. Ashton, Russell F. Moore Company, 1952, p. 38.

识，以便让我们不断地透过他的作品去理解其整全的人格，最终让歌德以其活的精神真正地帮助我们赢得自身的未来。这确实是一种建设性的思考方式，可以说，《我们的未来与歌德》就是雅氏尝试着进行这种建设性思考的一个范例。

歌德委实是无与伦比的，不过他的无与伦比之处究竟何在呢？这却是长期以来困扰后人的一个难题。雅氏就此指出："虽然歌德是德国最伟大的抒情诗人，他的《浮士德》也为其赢得了全世界的赞誉，但他的作品并未使他与荷马、但丁或莎士比亚并驾齐驱。对歌德来说，那不可比较与无与伦比之处在于，其人其作作为一个整体，涉及诗歌、科学和在短时间内从事的公共事务的各个领域。在历史上，他可能是一位彻底实现了自己的人，与此同时，他通过自己的著作完成了一幅自画像并借此显示了自身。我们阅读他的作品、书信、谈话、报告，从童年到老年，他的整个一生都活生生地展现在我们面前，就好像我们在其人生的每个阶段都当面遇见了他。他可以做我们最亲密的人，伴着对其了解的不断深入，他的声望也随之越来越高。"[①] 如果仅就文学作品与其成就而言，尽管歌德堪称德国最伟大的抒情诗人，但是若与更伟大的诗人荷马、但丁、莎士比亚相比，他在人的关切方面还是略逊一筹的。[②] 显然，歌德的无与伦比之处并不在这里，而在于其人其作作为一个整体的独特魅力。歌德穿行于诗歌、科学、公共事务等各个领域，俨然成了一位"彻底实现了自己的人"。与此同时，他留下的那些种类繁多的诗歌、书信、谈话、报告等作品，宛如自画像一般成为其本真生存的自然外化的形式。正因为如此，我们在阅读他的

---

① Karl Jaspers, "Our Future and Goethe", in Hanns E. Fischer (Eds.), *Existentialism and Humanism: three essays by Karl Jaspers*, translated by E. B. Ashton, Russell F. Moore Company, 1952, p. 39.

② 雅斯贝斯在《生存哲学》一书中指出，伴随着哲学的大众化，出现了人类意识衰退的现象，"特别是，对于直到19世纪还表现于文学和体现于生活中的人的实质、命运和理想等等的理解能力，表现了势不可遏的衰退。如果说荷马、索福克勒斯、但丁、莎士比亚、歌德，他们对于人的关切一个比一个少，那么应该很有理由指出这是科学和哲学的过失所造成的现象。它们教人以外在的表面的思想去怀疑一切，它们并且通过它们的理性主义把一切的深刻意蕴掩盖起来；一切存在着的东西，都不外是它的天然的可认理智给它表现出来的东西，即是说，归根到底，不外是一个显而易见的事实性"。见［德］卡尔·雅斯贝斯《生存哲学》，王玖兴译，上海译文出版社2005年版，第87页。

第六章　理性生存型的艺术家之范例

文字时，才能够在其人生的每个阶段都宛如当面遇到这位最亲密的朋友，一边与他倾心交谈，一边倾听他的呼吁。在与歌德一道成长的过程中，我们对他的了解越来越深入，他在我们内心中的声望也随之越来越高了。

然而，正是在对歌德的了解越来越深入的过程中，我们发现歌德的人格就像自然本身一样，在呈现于我们面前的森然万象背后却"含藏着一种深邃的沉默"："在歌德这里，一个人似乎成为完全可知的，以至于所有的东西都似乎不再隐蔽。然而，文献向我们谈及他的东西越多，他就越变得神秘莫测。这一无限丰富的精神的持续流传，含藏着一种深邃的沉默。试图界定歌德的人格是徒劳的，他就像自然本身那样不可穷尽。他的心灵充满着张力、对立与冲突。他的作品几乎像《圣经》那样，如果以逻辑一致性原则为衡量尺度，如果期望得到一种可定义的固定观点，我们就会迷失于其中。不过，这个谜团并不能凭借任何最新发现的事实得以解决，就连诗歌也不能使其得以澄明。歌德留下的颇为广泛且触手可及的文献带来了这样一个重要的推论：歌德并不是一个神话人物，他的生活也不是一种传奇。他是可说明的真实，这真实与他自身的意愿密切相关，就保存于开明时代每一个鲜活的细节里，并成为一个吸引人们不断予以研究的话题。这就是我们不满于那种遗忘歌德的真实，不满于以想象附加于其生命之上的东西的臆断倾向的原委所在。尽管这些真实情况永远都不可能是充分的，不过其丰富性已足以防止那种编造事实的做法。"[1] 雅氏在这里深入阐发了歌德作品的生存论根源。歌德的作品是其本明生存的外化，这些外化出来的形式就像异彩纷呈的自然现象一样，我们对此不仅可以诉诸一般意识去说明，而且可以从仁者见仁、智者见智的种种说明中见出歌德人格的丰富性来。至于作为歌德作品之根源的人格本身（本明的生存），它却像那深邃而浑全的自然本身一样显得"神秘莫测"。正是在这里，一般意识遇到了自身的界限——"试图界定歌德的人格是徒劳的"。雅氏敏锐地看到，

---

[1] Karl Jaspers, "Our Future and Goethe", in Hanns E. Fischer (Eds.), *Existentialism and Humanism: three essays by Karl Jaspers*, translated by E. B. Ashton, Russell F. Moore Company, 1952, pp. 39 – 40.

歌德的心灵充满着"张力、对立与冲突",若打算以逻辑一致性原则为尺度进行衡量,或者打算从中抽绎出某种可定义的固定观点,那么我们就会"迷失于其中"。任何新发现的事实都无从解开这个谜团,"就连诗歌也不能使其得以澄明"。一般意识遇到自身的界限之时,恰恰是生存意识得以苏醒的时刻。也就是说,涌动于歌德心灵中的"张力、对立与冲突",并不是一般意识所能认知的实存现象,毋宁说这正是歌德的本明生存(原初人格)的自我运动,一旦觉解到这一点,歌德就不再显得"神秘莫测"了。当我们以本明的生存与歌德的本明生存进行深层交往时,他在我们的心灵中就变得真实、亲切起来,他根本就不是什么神秘莫测的神话人物,也根本用不着像拘囿于一般意识的实存那样试图通过编造事实去弥合歌德心灵中的张力、对立与冲突。更为重要的是,一旦贞定了歌德作品的生存论根源,我们就有理由相信,歌德留下的那些文献乃是他通过生存决断呈现在我们面前的事实,这些事实是真实无妄的,它们"就保存于开明时代每一个鲜活的细节里"。仅凭这一点我们就足可断言,"歌德并不是一个神话人物,他的生活也不是一种传奇"。对于歌德的人格及其作品,我们固然无从诉诸一般意识穷其真意,不过我们仍可诉诸生存意识来理解、描述其丰富性,这也就从根本上防止了那种编造事实的做法。"既不把歌德视为神话人物,也不将他遮蔽于编造的事实里,而是通过其自我描述来了解他,这样,他就会成为一个可想象的人。我们看到,他是如何两次真切地将生命转化为艺术——艺术地生活,并艺术地写作。不过,这种自我描述转而又消融于囊括一切的真实之中——即使是真实的自我的映象,也无法反映整体的真实。"① 雅氏在运用理解—描述的方法揭示歌德其人其作的奥谛时颇为看重他本人的自我描述(如《歌德自传——诗与真》《歌德书信集》等),因为这些自我描述乃是歌德本真生存的自我呈现,我们从中便可看到他是如何在遭遇人生危机的时刻将生命转化

---

① Karl Jaspers, "Our Future and Goethe", in Hanns E. Fischer (Eds.), *Existentialism and Humanism: three essays by Karl Jaspers*, translated by E. B. Ashton, Russell F. Moore Company, 1952, p. 40.

第六章 理性生存型的艺术家之范例

成艺术的①。于是，歌德将生命与艺术浑化为一体的生存样态——"艺术地生活，并艺术地写作"——便使他"成为一个可想象的人"。当然，歌德本人的自我描述仍是其"真实的自我的映象"，是他喻说其本明的生存（"整体的真实"）的一种密码语言，而不是"本明的生存"本身。正因为如此，"即使是真实的自我的映象，也无法反映整体的真实"；也正因为如此，歌德的自我描述"转而又消融于囊括一切的真实之中"。这样一来，无论我们如何趋近歌德其人其作，在他呈示给我们的映象背后依然"含藏着一种深邃的沉默"。

那么，我们到底该怎么办呢？雅氏就此指出："唯一恰当的做法就是年复一年地理解歌德，在阅读其作品、书信并与其商讨的过程中分享他的生命。这样，他就成为在我们人生的所有阶段都能给我们提供帮助的同伴。与歌德同在——这对我们成为德国人、日耳曼人乃至人自身来说或许是最为根本的事情。"② 所谓"年复一年地理解歌德"，指的是持续不断地与歌德进行生存交往。雅氏认为，歌德是不可穷尽、常读常新的，他"期待着新时代的新人能够注意到他"③。只要我们能够持续不断地与歌德进行涌自心灵深处的生存交往，我们就可以在阅读其作品、书信并与其商讨的过程中越来越深入地接近、敞开、分享他的生命世界。这样一来，歌德就会把他当年一次又一次直面临界处境时如何自我挣扎、自我选择、自我超越、自我生成的消息吐露给我们，"他就成为在我们人生的所有阶段都能给我们提供帮助的同伴"。这里需要强调的是，歌德提供给我们的帮助并不是实存论意义上的物质救助或教条化了的规训，而是生存论意义上的精神启迪，其中最关

---

① 由于雅斯贝斯专论歌德的这两篇文字都是演讲词，受演讲体的限制，他没有像专论斯特林堡、荷尔德林、凡·高、莱辛等艺术家、哲学家那样交代他的生平与作品，也没有更多地阐析他的自我理解。详细情况可参见歌德在《歌德自传——诗与真》（刘思慕译，人民文学出版社1983年版）中的相关自我描述。

② Karl Jaspers, "Our Future and Goethe", in Hanns E. Fischer (Eds.), *Existentialism and Humanism: three essays by Karl Jaspers*, translated by E. B. Ashton, Russell F. Moore Company, 1952, p. 40.

③ 雅斯贝斯在《歌德的人性》中写道："想要全面了解歌德是不可能的。事实上，他不断增益，常读常新，令人难以捉摸。他所留下的是无穷无尽的阐释可能，期待着新时代的新人能够注意到他。"见 Karl Jaspers, "Goethes Menschlichkeit", in Hans Saner (Hrsg.), *Aneignung und Polemik: Gesammelte Reden und Aufsätze zur Geschichte der Philosophie*, R. Piper & Co. Verlag, 1968, S. 143。

键的是我们要"具备精神受震撼的内在准备",只有这样,我们才能够通过歌德的精神感召接受一种"真正的教育"①,也只有这样,我们才能够通过"理解—描述"的方法走进歌德心灵的深处,在始终"与歌德同在"的过程中实现内在的变革。就此而言,"与歌德同在"乃是一件具有文化史意义的大事。进而言之,我们只有像歌德那样直面人生的危机,断然地返回自己的内心世界,重建诚实无伪、公正无私、中正平和的纯粹人性以及彼此关爱、相互尊重、开放包容的理性氛围,我们才能够在回归歌德的过程中敢于立足于自身的时代精神处境而赢得属己的未来。② 正是在这个意义上,雅氏认为与歌德同在"对我们成为德国人、日耳曼人乃至人自身来说或许是最为根本的事情"。

  内在的变革是在生存个体的心灵深处发生的,因此,雅氏提醒我们不要到现象世界去寻找接受歌德教育的某种根由,因为歌德曾生活的那个世界已经一去不复返了:"只有当我们时刻牢记那并不是我们的世界而且它永远不会重现时,我们才有可能移身于其中。歌德的世界是几千年来西方历史嬗演的结果,是它的最终完成与实现,目前已经完全变成记忆并与我们告别。尽管我们是这个世界的产物,但我们已经走出这个世界并走得如此之远,以至于显得歌德离荷马比离我们更近。我们的先辈几乎全都作为个体为我们所知,他们就存在于那里,然而提起他们来,我们又仿佛是在听来自一个与我们切近而又疏远的王国的神话故事。它仅是一个过去的世界,尽管过去的经验给我们提供了衡量人性的尺度,但它并不向我们显示任何一种可以完全复制的

---

  ① 雅斯贝斯在《什么是教育》中指出:"决定教育成功的因素,不在于语言的天才、数学的头脑或者实用的本领,而在于具备精神受震撼的内在准备。"见[德]雅斯贝尔斯《什么是教育》,邹进译,生活·读书·新知三联书店1991年版,第109页;另外,雅氏在自传中坦言:"我一直认为真正的教育是自我教育。这是个人的事。"见[德]卡尔·雅斯贝斯《雅斯贝斯哲学自传》,王立权译,上海译文出版社1989年版,第118页。

  ② 雅斯贝斯指出:"我们与歌德一起生活在沉默和对自然福祸的感激之中。通过他,我们的生命与西方传统相契接并与它们共存,从而生活在它们最富有人性、最无拘无束、最神奇美妙的形象之中。我们须回归歌德,并进入他的生命世界——但是我们也必须再次进入我们所处的这个当下的世界。"见 Karl Jaspers, "Goethes Menschlichkeit", in Hans Saner (Hrsg.), *Aneignung und Polemik: Gesammelte Reden und Aufsätze zur Geschichte der Philosophie*, R. Piper & Co. Verlag, 1968, S. 155–156。

第六章 理性生存型的艺术家之范例

生活方式。"① 具体来说，歌德所生活的那个世界尚处于德国古典时期，与雅氏演讲时德国人所生活的世界相比，那个时期至少尚没有当下如此发达的现代科学技术，至少尚未发生二战这般惨绝人寰的人性灾难，至少尚未出现尼采这样的奋力喊出"上帝死了"的"例外"……从整体上看，歌德的世界还是一个"上帝在场"的世界，在"上帝"之光的烛照下，那个世界尽管也充斥着对立、冲突、灾难、罪恶，但人与世界、人与人、人与自我最终还是能够臻于和谐统一的，正是在这个意义上，雅氏才说"歌德的世界是几千年来西方历史嬗演的结果，是它的最终完成与实现"。相比之下，当下却是一个"上帝死了"的时代，是一个历史的根基已被彻底动摇的时代。如果说歌德所生活的那个时代的根本难题是如何直面心智尚未成熟的大众进行理性的启蒙，那么当下这个时代的根本难题则是如何直面彻骨的虚无主义重建真正的信仰。就此而言，歌德的世界与荷马的世界离得更近一些，与我们的世界则相去甚远。雅氏之所以格外强调"尽管过去的经验给我们提供了衡量人性的尺度，但它并不向我们显示任何一种可以完全复制的生活方式"，乃是为了正告我们，切莫以泥古不化的态度试图返回歌德所生活的那个世界，也不要妄想完全复制曾经出现于那个世界的生活方式——这不仅是不应该的，而且是不可能的。生存个体的决断是当下发生的，这种决断并不着意去外部世界寻找理由，它听从着内心的声音并根据人性的尺度做出当下即是的抉择，因此，生存个体所抉择过的世界是一次性的，是不可重复出现的。然而，在任何一个时代里，这样的生存个体终究只占少数；占绝大多数的还是那些拘囿于一般意识的实存，他们惯于从一时之需出发将过去的某些伟大人物抬上神坛，试图返回伟人们曾经生活过的世界。历史已经证明，诸如此类的偶像崇拜与复古主义倾向乃是一条死路。尤显诡谲的是，上述倾向同时滋生了与此相对的另一极，于是我们看到，偶像崇拜与复古主义过后往往是怀疑主义与虚无主义的盛行，过去的那些伟大人物也随之遭人遗弃了。雅氏亲在其中的时代就是一个虚无主义与偶像崇拜相交

---

① Karl Jaspers, "Our Future and Goethe", in Hanns E. Fischer (Eds.), *Existentialism and Humanism: three essays by Karl Jaspers*, translated by E. B. Ashton, Russell F. Moore Company, 1952, pp. 40–41.

织的时代，在这样的一个时代里，要真正做到"与歌德同在"委实不是一件容易的事。

那么，我们在吸纳歌德的过程中要把重心落在何处呢？雅氏就此指出："重要的是通过将歌德的真实性转变成我们的世界来吸纳歌德的世界。如果我们不仅已经进入彻底不同的现代世界状态，而且也已经在那里停止享有充分发展的人类基本经验——如果我们不再懂得诚挚的爱、赢得友善以及在不断受教育的过程中实现自我突破——只有在上述情形下，我们才会失去歌德。"[1] 我们已进入一个与此前迥然有异的现代世界，当务之急是以我们的生存意识激活歌德的"真实性"（本明生存、内在精神、原初人格），这样便可"将歌德的真实性转变成我们的世界"，只有通过不断地化传统为己有，我们才能"吸纳歌德的世界"，真正地实现内在的变革。只要我们依然"懂得诚挚的爱、赢得友善以及在不断受教育的过程中实现自我突破的要求"，我们就可以继续与歌德同在。正是在这个意义上，雅氏认为"歌德依然能够与我们在一起"[2]，而且这位德国人的杰出代表也能够为当下苦苦挣扎着觅寻精神出路的生存个体提供如下帮助。①"他帮助我们摆脱直接的自然本性，进而在源于人并基于精神的自然状态中重新获得自身。"[3] 意思是说，歌德可以帮助我们从"直接的自然本性"（动物本性）中摆脱出来，进而使我们重新获得用以衡量人成其为人（而不是其他什么东西）的基本尺度。属人的人性尺度既不能到动物那里去寻找，也不能到"上帝"那里去寻找，而只能"源于人并基于精神的自然状态"，可以说，本真无伪、素朴自然当是这种属人的人性的底色。②"漠不关心、麻木不仁的态度不可能在歌德那里持续存在。他教导我们，要依他人所是的样子来理解他人、认可他人、欣赏他人，而不

---

[1] Karl Jaspers, "Our Future and Goethe", in Hanns E. Fischer (Eds.), *Existentialism and Humanism: three essays by Karl Jaspers*, translated by E. B. Ashton, Russell F. Moore Company, 1952, p. 41.

[2] Karl Jaspers, "Our Future and Goethe", in Hanns E. Fischer (Eds.), *Existentialism and Humanism: three essays by Karl Jaspers*, translated by E. B. Ashton, Russell F. Moore Company, 1952, p. 41.

[3] Karl Jaspers, "Our Future and Goethe", in Hanns E. Fischer (Eds.), *Existentialism and Humanism: three essays by Karl Jaspers*, translated by E. B. Ashton, Russell F. Moore Company, 1952, p. 41.

要以种种怪异的尺度来裁削他们。"① 意思是说，歌德教导我们要以仁爱之心对待他人，将他人看作同样具有浑全的个性的生存个体。不同的生存个体是不可相互替代的，因此，人与人理应相互理解、相互尊重、相互欣赏、相互宽容，任何人都不得以囿于一偏的怪异尺度去裁削他人的个性，否则的话，人们就会落入独断主义的泥潭，进而带来彼此间的仇视、对抗乃至相互吞噬。③"歌德阻止我们迷失于与杳渺、彼岸、未来有关的种种幻想和假象。他帮助我们成为真实的自我，教导我们不要错过仅有的实在——我们当下的真实。"② 意思是说，歌德是一位在世生存的个体，他只相信当下即是的生存抉择，而不相信那些"与杳渺、彼岸、未来有关的种种幻想和假象"；他宁愿在这个现实世界中不断地实现自我，而不愿意迷失于形形色色的"幻想与假象之中"。因此，歌德可以帮助我们丢弃种种空想，断然地介入现实世界，抓住任何一个实现自我的"当下的真实"，从而使我们不断地"成为真实的自我"。④"当我们困惑时，他让我们看清原因，并教导我们与自己保持距离。为了满足一天之需所从事的活动，也就成为理所当然之事。"③ 意思是说，歌德可以帮助我们以理性的精神审视自我，他通过为生存插上理性的翅膀，在引导我们敞开自我的同时又提醒我们勉力做到自我克制，防止我们迷陷于一时的激情或者泥守于某种临时的实存现象，从而使我们在现实之中不断地实现自我的超越。⑤"他教导我们态度温和，清心寡欲，从而使我们全神贯注于自身的本质。"④ 意思是说，歌德可以教导我们以中正平和的态度面对周遭

---

① Karl Jaspers, "Our Future and Goethe", in Hanns E. Fischer (Eds.), *Existentialism and Humanism: three essays by Karl Jaspers*, translated by E. B. Ashton, Russell F. Moore Company, 1952, p. 41.

② Karl Jaspers, "Our Future and Goethe", in Hanns E. Fischer (Eds.), *Existentialism and Humanism: three essays by Karl Jaspers*, translated by E. B. Ashton, Russell F. Moore Company, 1952, p. 41.

③ Karl Jaspers, "Our Future and Goethe", in Hanns E. Fischer (Eds.), *Existentialism and Humanism: three essays by Karl Jaspers*, translated by E. B. Ashton, Russell F. Moore Company, 1952, p. 41.

④ Karl Jaspers, "Our Future and Goethe", in Hanns E. Fischer (Eds.), *Existentialism and Humanism: three essays by Karl Jaspers*, translated by E. B. Ashton, Russell F. Moore Company, 1952, p. 42.

的世界，既要敢于介入其中，又要善于从选择过的实存现象中超拔出来。只有保持清心寡欲的状态，我们才能始终守住生命的重心，进而全神贯注于"本明的生存"（"自身的本质"）。⑥ "我们向他学习如何更清楚地观察事物之所是，以更为开阔的胸襟面对人和事：'幸福的双眸，/凡汝所见者，/不论是什么，/一切都很美！'而且，最终的'否定'是不可能的：'因为，无论如何，生命都是善的。'"① 意思是说，我们可以学习歌德是如何看待人类的根本存在以及如何在此世为人的，如果当下的人们也能够具有歌德那般开阔的胸襟，那么就可以像他那样洞悉万事万物的本真性状，并从根底处肯定世界的"美"与生命的"善"。

雅氏在列举了歌德可以为我们提供的上述帮助后，最后总结道："我们感到，歌德培养了体现于我们身上的每一种美好的品质。我们呼吸着爱的气息——爱人类，爱这个世界。我们在倾听万物发出的神性声音的过程中，也越来越具有超人的听力。"② 歌德深爱着这个世界，他在人生的每个阶段都能够以其本明的生存坦率地敞向着这个属人的世界，与此同时，世间万物也不断地向他呈露着本真的性状。歌德之所以能够为自己赢得了"辽阔的世界和丰广的人生"，归根结底取决于洋溢在其人其作中的"爱的气息"。③ 就此而言，歌德给我们提供的最大的帮助，就是"培养了体现于我们身上的每一种美好的品质"，进而吁请我们"呼吸着爱的气息"去赢得我们属己的未来。

---

① Karl Jaspers, "Our Future and Goethe", in Hanns E. Fischer (Eds.), *Existentialism and Humanism: three essays by Karl Jaspers*, translated by E. B. Ashton, Russell F. Moore Company, 1952, p. 42.

② Karl Jaspers, "Our Future and Goethe", in Hanns E. Fischer (Eds.), *Existentialism and Humanism: three essays by Karl Jaspers*, translated by E. B. Ashton, Russell F. Moore Company, 1952, p. 42.

③ 雅斯贝斯在《歌德的人性》中指出："歌德仿佛真的成了这样的一个人，他为自己赢得了'辽阔的世界和丰广的人生'。他在生命的每个阶段都舒展自身，与此同时，世界也得以跌宕起伏地在各类现象中呈现出来。他毫无保留地感知这个世界，深爱这个世界。当歌德睁开他的双眼，人们便在德语世界里赢得了他们的语言，美和形象也随之得以显露。"见 Karl Jaspers, "Goethes Menschlichkeit", in Hans Saner (Hrsg.), *Aneignung und Polemik: Gesammelte Reden und Aufsätze zur Geschichte der Philosophie*, R. Piper & Co. Verlag, 1968, S. 142。

二 歌德的局限性与吸纳歌德的基本要求

我们知道，雅斯贝斯在《我们的未来与歌德》中重点反思了歌德的局限性，在《歌德的人性》中重点称说了歌德的丰富性，这两个话题侧重点有所不同，本应关联起来进行理解。否则的话，就容易给人们造成某种误解，尤其会把雅氏对歌德局限性的反思误当成雅氏对歌德的攻击。这里存在一个常识性的问题——1947年8月28日，在德国人纪念歌德诞辰的当天，雅氏受邀来到歌德的出生地法兰克福参加"歌德奖"授奖仪式，当他在这个庄严的场合面对公众发表关乎德国人乃至全人类命运与前景的演讲时，他即便不去褒扬歌德，也没有任何理由去攻击歌德。不幸的是，库尔提乌斯后来竟然丑诋雅氏在演讲中攻击歌德，这种违反常识的无聊之见迄今仍然令人感到匪夷所思、讨厌至极。[①] 为了避免再次出现类似的误解，笔者在这里将歌德的局限性问题与丰富性问题作为雅氏批判性反思与吸纳歌德的两个相互贯通的环节加以把握。此外，在具体阐析雅氏对歌德局限性的批判性反思之前，笔者首先交代一下世俗实存（常人）对歌德的误解以及雅氏

---

① 海德格尔在1949年8月12日致雅氏的信中谈了对这个事件的看法："根据最近几年以及早些年的演练的经验，尽管我马上就注意到了库尔提乌斯的谩骂言辞的调子以及低俗的水准，在这里从本质上来讲其意图是相当可疑的。但是这样一位马上要被当作世界上第一位德语文学家的人，具有如此低劣的阅读能力，这是我始料未及的。您的报告（指《我们的未来与歌德》——引者注）与库尔提乌斯强加给您的一切正相反。他的整个批评在我看来既不可理解，又让人恶心讨厌。但只有用诸如此类空虚但能引起轰动的新闻来喂饱公众。……针对您的歌德观点，当然可以进行攻击；但我不知道以什么样的方式进行，才不至于重新陷入以往的祖父年代的窠臼。库尔提乌斯完全不知道，我们在何处；他不想知道这一点。这一在今天的大学中已经被升格为原则的往自己脸上贴金的做法，是最拙劣的事情，特别是在其周围竖起伪基督教的外表的时候。……我想，您早已忘记了库尔提乌斯的谩骂了吧。比谩骂更坏的还有出版界的整体的堕落。"（见［德］瓦尔特·比默尔、［瑞士］汉斯·萨纳尔编《海德格尔与雅斯贝尔斯往复书简（1920—1963年）》，李雪涛译，上海人民出版社2012年版，第260—261页。）雅氏当时尚未忘记库尔提乌斯的谩骂，他在1949年8月17日致海德格尔的信中写道："您对库尔提乌斯在报刊上发表的具有攻击性的文章所发表的意见，跟我的看法完全一致。我很愿意看到这些文字，并希望通过您而得到证实。起初这件事对我来说是一件让人心痛不已且令人失望的事情：这一由一个我认识四十年的人喷射出的仇恨，真的让我阵阵作痛——这是由于其非人性的原因。再进一步就是您所说的：没有任何内涵的轰动——不过这再度使我痛心：作为德意志状况的象征。"（见［德］瓦尔特·比默尔、［瑞士］汉斯·萨纳尔编《海德格尔与雅斯贝尔斯往复书简（1920—1963年）》，李雪涛译，上海人民出版社2012年版，第263页。）

对此做出的批驳。

1. 世俗实存对歌德的误解以及雅氏对此做出的批驳

在《我们的未来与歌德》中，雅氏继吸纳歌德的时代精神处境问题以及歌德如何帮助我们赢得自身的未来问题之后，他紧接着就对歌德的局限性进行了深刻的反思："然而，我们还是要反思：我们是否夸大了歌德的作用？人无完人。没有一个人是我们的方向，或者能为我们指点方向。"① 诚如雅氏所说，"人无完人"，歌德当然不会例外。就这种已成为常识的说法而言，歌德自然是有其局限性的，我们对其局限性当然也是应该进行反思的。这里的关键问题在于，歌德的局限性究竟何在？我们究竟应在何种层次上来反思歌德的局限性？恰恰在这些大端处，雅氏以其祈向超越之维的生存哲学为底据所下的这样一个论断——"没有一个人是我们的方向，或者能为我们指点方向"（任何一个生存个体都是独一无二、不可替代的，人与人之间只可自由交往、彼此尊重、相互唤醒，即便是歌德这样的伟大人物，他也是有局限性的，因此，我们并不能把歌德奉为一尊实体化的神）——终于把雅氏对歌德局限性的反思与世俗实存对歌德的指责②乃至攻击区分开来。

---

① Karl Jaspers, "Our Future and Goethe", in Hanns E. Fischer (Eds.), *Existentialism and Humanism: three essays by Karl Jaspers*, translated by E. B. Ashton, Russell F. Moore Company, 1952, p. 42.

② 1824年4月14日，歌德在与爱克曼的谈话中谈及反对他的五类"敌手"："第一类人是由于愚昧，他们不了解我，根本没有懂得我就进行指责。这批为数可观的人在我生平经常惹人厌烦；可以原谅他们，因为他们根本不认识自己所做的事有什么意义。第二批人也很多，他们是由于妒忌。我通过才能所获得的幸运和尊荣地位引起他们吃醋。他们破坏我的声誉，很想把我搞垮。假如我穷困，他们就会停止攻击了。还有很多人自己写作不成功，就变成了我的对头。这批人本来是些很有才能的人，因为被我压住，就不能宽容我。第四类反对我的人是有理由的。我既然是个人，也就有人的毛病和弱点，这在我的作品中不免要流露出来。不过我认真促进自己的修养，孜孜不倦地努力提高自己的品格，不断地在前进，有些毛病我早已改正了，可是他们还在指责。这些好人绝对伤害不到我，因为我已远走高飞了，他们还在那里向我射击。一般说来，一部作品既然脱稿了，我对它就不再操心，马上就去考虑新的写作计划。""此外还有一大批人反对我，是由于在思想方式和观点上和我有分歧。人们常说，一棵树上很难找到两片叶子形状完全一样，一千个人之中也很难找到两个人在思想情感上完全协调。我接受了这个前提，所以我感到惊讶的倒不是我有那么多的敌人，而是我有那么多的朋友和追随者。我和整个时代是背道而驰的，因为我们的时代全在主观倾向笼罩之下，而我努力接近的却是客观世界。我的这种孤立地位对我是不利的。""在这一点上，席勒比我占了很大的便宜。……我仍然悄悄地走自己的老路，不去关心成败，尽量不理会我的敌手们。"见［德］爱克曼辑录《歌德谈话录》，朱光潜译，人民文学出版社1978年版，第39—40页。

第六章 理性生存型的艺术家之范例

雅氏颇为清楚世俗实存对歌德的指责与攻击："我们知道，歌德确实遭到了反对——即便下述次要的指责无须谈及，如所谓'王室仆役'，反对变革，思想保守，心胸狭隘，轻薄无聊，追求享受，蓄意诽谤，'没有祖国'。"① 诸如此类的指责与攻击，早在歌德在世时就已出现了，追根究底，它们均是因着世俗实存始终拘囿于一般意识而导致的狭隘之见，雅氏固然认为这些狭隘之见不值得一提（"无须谈及"），不过它们在当下这个怀疑主义、虚无主义颇为盛行的时代具有很强的蛊惑性，非常容易遮蔽歌德的本真性状，进而阻塞通过吸纳歌德赢得我们属己的未来的道路，有鉴于此，雅氏还是对此进行了批驳："如此等等的攻击把歌德贬低到这样一个地步：他的本质不再是可识别的。其实，站在另一高度，那些引证的事实从一开始就有待于给出别一种理解。"② 雅氏所立足的"另一高度"，其实就是他毕生致力的祈向超越之维的生存哲学，他据此给出的"别一种理解"乃是以下这样的。

①针对所谓"王室仆役"之类的攻击③，雅氏指出："以尊严、斗

---

① Karl Jaspers, "Our Future and Goethe", in Hanns E. Fischer (Eds.), *Existentialism and Humanism: three essays by Karl Jaspers*, translated by E. B. Ashton, Russell F. Moore Company, 1952, p. 42.

② Karl Jaspers, "Our Future and Goethe", in Hanns E. Fischer (Eds.), *Existentialism and Humanism: three essays by Karl Jaspers*, translated by E. B. Ashton, Russell F. Moore Company, 1952, p. 42.

③ 1825 年 4 月 27 日，歌德在与爱克曼的谈话中谈及自己"毕生都在献身于人民和人民的教化"，可是当时的很多人并不理解他在魏玛替大公爵处理公共事务的初衷，有人污称他"不是人民的朋友"，还有人丑诋他是"君主的一个仆役、一个奴隶"，歌德针对上述攻击做了如下申说："奇怪，真奇怪，一个人的地位在舆论中竟弄到这样是非颠倒！我想不起我曾做过什么得罪人民的事，可是现在竟有人对我下了定论，说我不是人民的朋友。我当然不是革命暴徒的朋友。他们干的是劫掠和杀人放火，在为公众谋福利的幌子下干着最卑鄙的自私勾当。我对这种人不是朋友，正如我不是路易十五的朋友一样。我憎恨一切暴力颠覆，因为得到的好处和毁掉的好处不过相等而已。我憎恨进行暴力颠覆的人，也憎恨招致暴力颠覆的人。但是我因此就不是人民的朋友吗？一切精神正常的人是否不这样呢？""现在还有人说我是君主的一个仆役、一个奴隶。好象这种话有什么意思似的！我所服役的是一个暴君？一个独裁者？是一个吸吮人民的血汗来供他个人享乐的君主？多谢老天爷，这种君主，这样的时代，都已远远落在我们后面了。半个世纪以来，我一直和魏玛大公爵保持着最亲密的关系，在这半个世纪中我和他一起努力工作；但是如果我说得出大公爵有哪一天不在想着要做一点事，采取一点措施，来为地方谋福利，来改善一些个人的生活情况，那我就是在说谎。""如果我被迫当一个君主的仆役，我至少有一点可以自慰，那就是，我只是替一个自己也是替公共利益当仆役的主子当仆役罢了。"见 [德] 爱克曼辑录《歌德谈话录》，朱光潜译，人民文学出版社 1978 年版，第 82—83 页。

争和带有感激的默许履行对人的训导之职——在那个专制主义公国,歌德与卡尔·奥古斯特(Karl August)的关系显得多么庄严动人!"① 1776 年,歌德接受卡尔·奥古斯特之邀来到魏玛公国担任枢密顾问,从此开启了二人长达半个多世纪的亲密交往(卡尔·奥古斯特于 1828 年去世)。从歌德与卡尔·奥古斯特的交往中,我们可以真切地感受到涌动于歌德内心深处的一种夙愿——他试图通过自己对卡尔·奥古斯特的影响实施一种柏拉图式的"君主教育"。② 譬如,歌德的《伊菲格尼》(Iphigenia)就是"君主教育"的一个重要文献;当然,歌德最终并未实现这个夙愿。"对歌德来说,要不断影响卡尔·奥古斯特,使其成为君主的楷模,这是一项永远无法完成的任务。久而久之,歌德也就日益放弃了一切幻想。事实上,他想把德国君主改造成进步国君的试验已告失败。"③ 歌德固然在实存的层面上失败了,不过他与卡尔·奥古斯特的交往从一开始就不是那种以私利为纽带的实存论意义上的交际,而是"以尊严、斗争和带有感激的默许"为纽带的生存论意义上的交往;与此相应,这两个独立的生存个体为了实现一个共同的目标——"履行对人的训导之职"——而结成了一个相互尊重、相互成全、相互督责的精神共同体。就此而言,他俩已经超越了实存秩序层面的仆役—君主的二元对立结构。

②针对所谓的"反对变革,思想保守"之类的攻击④,雅氏指出:

---

① Karl Jaspers, "Our Future and Goethe", in Hanns E. Fischer (Eds.), *Existentialism and Humanism*: *three essays by Karl Jaspers*, translated by E. B. Ashton, Russell F. Moore Company, 1952, pp. 42 43.

② 歌德在魏玛公国对卡尔·奥古斯特大公实施的"君主教育"颇类于柏拉图当年在叙拉古对僭主狄奥尼修斯父子所履行的训导之职,不同之处在于,柏拉图希望实行"哲学家—政治家"的教养,歌德则希望实行"诗歌之王—政治家"的教养。尽管二人的希望最后都落了空,但是他俩留下的迄今仍令人揪心的人生际遇(歌德的人生际遇相对好一些),恰恰从根底处透显出哲学与政治、诗歌与政治之间始终存在着一种无可弥合的错落关系。

③ [德]汉斯·尤尔根·格尔茨:《歌德传》,伊德、赵其昌、任立译,商务印书馆 1982 年版,第 74 页。

④ 这类攻击主要肇源于歌德对于法国革命的态度。应该说,要想厘清这个问题,需要深入了解歌德的政治观(含革命观),具体可参见《歌德谈话录》中的相关载述。譬如,歌德在 1824 年 2 月 4 日谈及法国大革命时说道:"说我不能做法国革命的朋友,这倒是真话,因为它的恐怖行动离我太近,每日每时都引起我的震惊,而它的有益后果当时还看不出来。此外,当时德国人企图人为地把那些在法国出于必要而发生的场面搬到德国来,对此我也不能无动于衷。""但是我也不是专制统治的朋友。我完全相信,任何一次大革命都不能归咎于人民,而只(转下页)

第六章　理性生存型的艺术家之范例

"他看透了法国大革命的真相，承认了它的必要性，最终没有对这场人的行为错综复杂的革命做出整体评价；他的保守倾向表现的是一种在世界中保全自由的意愿。"① 歌德并不是法国大革命的朋友，因为他讨厌一切形式的恐怖行动与暴力革命；歌德也不是现存专制制度的朋友，因为他认为正是专制政府的不公、拖延与打压导致了暴力革命的发生，正是在这个意义上，他承认了这场革命的必然性。至于歌德缘何"最终没有对这场人的行为错综复杂的革命做出整体评价"，乃是因为他在因循守旧派与激进革命派的二元对立外为自己选定了一种"温和的自由派"的立场。1830 年 2 月 3 日，歌德在与爱克曼的谈话中讥诮边沁老年时还变成过激派，相较之下，他则认可清晰的理性胜过热情的杜蒙："杜蒙确实是个温和的自由派，一切讲理性的人都应

（接上页）能归咎于政府。只要政府办事经常公正和保持警惕，及时采取改良措施来预防革命，不要苟且因循，拖延到非受制于下面来的压力不可。这样，革命就决不会发生。""我既然厌恨革命，人家就把我叫做'现存制度的朋友'。这是一个意义含糊的头衔，请恕我不接受。现存制度如果贤明公正，我就没有什么可反对的。现存制度如果既有很多好处，又有很多坏处，还是不公正、不完善的，一个'现存制度的朋友'就简直无异于'陈旧腐朽制度的朋友'了。"（见［德］爱克曼辑录《歌德谈话录》，朱光潜译，人民文学出版社 1978 年版，第 23—24 页。）再如，歌德在 1830 年 3 月 14 日谈及法国文学革命时说道："任何一种革命都不免要走极端。一场政治革命在开始时一般只希望消除一切弊端，但是没有等到人们察觉到，人们就已陷入流血恐怖中了。就拿目前法国这场文学革命来说，起先要求的也不过是较自由的形式。可是它并不停留于此，它还要把传统的内容跟传统的形式一起抛弃掉。现在人们已开始宣扬凡是写高尚情操和煊赫事迹的作品都令人厌倦，于是试图描写形形色色的奸盗邪淫。他们抛弃了希腊神话中那种美好内容，而写起魔鬼、巫婆和吸血鬼来，要古代高大英雄们让位给一些魔术家和囚犯，说这才够味，这才产生好效果！但是等到观众尝惯了这种浓烈作料的味道，就嫌这还不够味，永远要求更加强烈的味道，没有止境了。一个有才能的青年作家想收到效果，博得公众承认，而又不够伟大，不能走自己的道路，就只得迎合当时流行的文艺趣味，而且还要努力在描写恐怖情节方面胜过前人。在这种追求表面效果的竞赛中，一切深入研究、一切循序渐进的才能发展和内心修养，都抛到九霄云外去了。对一个有才能的作家来说，这是最大的祸害，尽管对一般文学来说，它会从这种暂时倾向中获得益处。"（见［德］爱克曼辑录《歌德谈话录》，朱光潜译，人民文学出版社 1978 年版，第 207—208 页。）又如，歌德 1831 年 3 月 21 日在谈及青年政治运动时说道："拿破仑的榜样，特别使那批在他统治时期成长起来的法国青年养成了唯我主义。他们不会安定下来，除非等到他们中间又出现一个伟大的专制君主，使他们自己所想望做到的那种人做到登峰造极的地步。不幸的是，象拿破仑那样的人是不会很快出世的。我有点担心，大概还要牺牲几十万人，然后世界才有太平的希望。"（见［德］爱克曼辑录《歌德谈话录》，朱光潜译，人民文学出版社 1978 年版，第 237—238 页。）

① Karl Jaspers, "Our Future and Goethe", in Hanns E. Fischer (Eds.), *Existentialism and Humanism: three essays by Karl Jaspers*, translated by E. B. Ashton, Russell F. Moore Company, 1952, p. 43.

该是温和的自由派，我自己就是一个温和的自由派。在我的漫长的一生中，我都按照这个精神行事。"① 歌德说这段话时已届八十一岁高龄，我们完全可以把"我自己就是一个温和的自由派"视为他对毕生精神求索与坚守的自我剖白。从中可以看出，诉诸"理性"的"自由"让这位"自由派"诗人带上了"温和"的底色，他也因此与那些诉诸"激情"的"过激派"知识分子区别开来。歌德就此强调："真正的自由派要用所能掌握的手段，尽其所能努力去做好事。但是他要小心避免用火和剑去消灭不可避免的罪恶和缺点，而只采取谨慎的步骤，尽力逐渐排除彰明较著的缺点，但不用暴力措施，免得同时把同样多的优点也消灭掉。在这个本来不是十全十美的世界里，我们只能满足于还好的东西，等到有了有利的时机和条件，再去争取更好的东西。"② 所谓"真正的自由派"指的就是歌德所认可的"温和的自由派"，如果说这种富有理性精神的立场因着主张"采取谨慎的步骤，尽力逐渐排除彰明较著的缺点，但不用暴力措施"而被激进派贬为具有"保守倾向"的话，那么体现于歌德身上的这种"保守倾向"始终涵淹着他的一个夙愿，亦即"在世界中保全自由的意愿"。歌德是一位致力于在世界中不断地超越世界的生存个体，他所向往的自由也是在现实世界中不断实现着的自由，这就使他与那些试图通过纯粹的观念运动思辨绝对自由或者无视现实世界采取绝对行动的"浪漫派"知识分子区别开来。

③针对所谓"心胸狭隘，轻薄无聊，追求享受，蓄意诽谤"之类的攻击，雅氏指出："他那诚挚的爱即便没有在与某个女人的结合中臻于完美，也远非轻佻浮薄；在道德律的约束下，他充满追求快乐的精神；无论在公共事务中，还是在家庭事务中，乃至在愤慨与恼怒中，他的严肃或嘲讽都没有什么恶意。他待人的态度不是那种乏力的和善，而是真正的仁慈。他可以用冰冷的沉默来应对种种粗鲁的强求。他采取各种各样的防御措施，结果都被一一击破了。他既不是圣人，也不是超人，不过，他一点也不缺少人性，而且没有什么东西强迫他产生

---

① ［德］爱克曼辑录：《歌德谈话录》，朱光潜译，人民文学出版社1978年版，第205页。
② ［德］爱克曼辑录：《歌德谈话录》，朱光潜译，人民文学出版社1978年版，第205页。

第六章　理性生存型的艺术家之范例

不得不与之相符合的想法。每当歌德的某一言行让我们感到离奇古怪之时，我们都应该去探求其更深层的意味，匆忙之间所提的异议往往是错误的。我们没有真正理解的经常是那些轻易就让人相信的东西，对此，我们可以从众多事例中举出这样一个例子：1816年，他给福格特（Voigt，时任魏玛公国教育大臣——引者注）写信，反对谢林就职于耶拿大学。这看上去好像是不负责任的干预，不过事后表明，这显示了一种深邃的智慧，这种智慧不仅表现在学术管理方面，而且鉴于他的朋友谢林的专横倾向，他的反对也体现了一种真正的自由精神。与此相同的真实情形，还有他对费希特的态度。"[1] 歌德是遵循人性的尺度爱着这个世界的，这种爱既不低于也不高于人性的尺度。尽管他与深爱过的格丽琴（Gretchen）[2]、夏洛蒂·布芙（Charlotte Buff）[3]、夏洛蒂·冯·施泰因夫人（Frau Charlotte von Stein）[4]、玛丽安娜（Marianna）[5] 等最终未能如愿结为伉俪，但人们并不能就此指责他"轻佻浮薄"。歌德诚然追求现世实现的快乐感，不过他的追求从未僭越道德律的约束，因此他的快乐也从不是满足一己之偏私的实存之乐。歌德宅心仁厚，他始终是以和善的态度面对周遭的人与事的，当然他的和善并不是没有原则的迁就，而是涵淹着人类理性精神的"真正的仁慈"。即便歌德表现出来的某些令人感到"离奇古怪"的言行——譬如他排斥谢林、费希特的言行，当我们从更深层次上进行探究时，也能发现其中的根由乃出自歌德捍卫"真正的自由精神"的立场，因为他认为谢林的"专横倾向"、费希特的"国家主义倾向"是有违这

---

[1]　Karl Jaspers, "Our Future and Goethe", in Hanns E. Fischer (Eds.), *Existentialism and Humanism*: *three essays by Karl Jaspers*, translated by E. B. Ashton, Russell F. Moore Company, 1952, pp. 42 – 43.

[2]　格丽琴是歌德的第一个恋人，他俩相识于1763年，分手于1764年。歌德在《浮士德》中将格丽琴塑造成浮士德的恋人，她最终因对浮士德的爱而丧生。

[3]　歌德与夏洛蒂·布芙相恋于1772年，她是歌德小说《少年维特的烦恼》女主人公绿蒂的原型。

[4]　夏洛蒂·冯·施泰因夫人（亦译为夏绿蒂·冯·施泰因夫人、夏洛特·冯·施太因夫人、夏洛蒂、夏绿蒂、夏洛特等）是歌德移居魏玛后相恋时间最长的一位情人，两人之间经历了长达十余年的柏拉图式的爱情。

[5]　1815年秋，歌德与玛丽安娜在海德堡幽会并在一起度过了短暂的甜美时光。歌德在晚年的诗集《西东合集》中曾写有这样的诗句："我把心遗失在了海德堡。"迄今，在歌德与玛丽安娜幽会之地的断墙上仍镌刻着纪念两人至真之爱的诗句："我在这里爱过和被爱过。"

一精神的。就此而言,我们只能说歌德对谢林、费希特的排斥乃出于他对人类命运与前景负责的公心,而绝不能以所谓"蓄意诽谤"来诟责他。

④至于"没有祖国"之类的攻击,雅氏在这里并没有给予驳斥,究其原委,大概是因为同样受到过"没有祖国"之类攻击的雅斯贝斯认为如此浅薄无聊的诟责根本用不着去理睬。尽管如此,笔者还是愿意以歌德本人的自我剖白为依据,同时遵循雅氏学说的本然宗趣①,代歌德以及雅斯贝斯给出一种必要的回应。譬如,歌德在1830年3月14日与爱克曼的谈话中首先就"为祖国服务"的意味谈了自己的看法:"我们为祖国服务,也不能都采用同一方式,每个人应该按照资禀,各尽所能。我辛苦了半个世纪,也够累了。我敢说,自然分配给我的那份工作(诗歌创作——引者注),我都夜以继日地在干,从来不肯休息或懈怠,总是努力做研究,尽可能多做而且做好。如果每个人都可以对自己这样说,一切事情也就会很好了。"② 基于上述看法,

---

① 雅斯贝斯在其自传中详细阐说过自己对"什么是德国""什么是德国人"的理解,其中最关键的一段话是:"政治的德国——如俾斯麦在1848年潮流的基础上所建立的小德意志,它是从致命的不真实性出发的,又用帝国的观念(这观念来自中世纪)作外衣加以掩盖;又如第二帝国,它在精神上同样是欺骗性地建立起来的,就像在那时依哥德式建筑起来的火车站一样——(这个德国)并不是德国本身,从世界历史的观点来看,仅是一个短暂的政治插曲。德国——它具有数千年完全不同的、极富内容的东西。光辉的西方式的帝国观念在13世纪已经消亡。'德国人'只是被德国语言和在这种语言中展示出来的精神生活所集合在一起的,以及凭借这种语言使自身得以传达的宗教和道德的现实。这个德意志民族是异常多方面的。它的政治面貌只是一个方面,而且是其中不幸的一面,是从一个灾祸到另一个灾祸的历史。'德国人'生活在伟大的精神王国之中,从事精神上的创造和战斗,它不需要称自己为德国的,因为它没有德国的意向也没有德国的骄傲,它在世界范围内传送着的事物与观念中过着精神生活。"见[德]卡尔·雅斯贝斯《雅斯贝斯哲学自传》,王立权译,上海译文出版社1989年版,第78—79页。

② [德]爱克曼辑录:《歌德谈话录》,朱光潜译,人民文学出版社1978年版,第212页。此外,歌德在1832年3月中旬与爱克曼的最后一次谈话中就诗人如何爱国以及"什么叫做爱国,什么才是爱国行动"说了与此意味相通的一些话:"作为一个人和一个公民,诗人会爱他的祖国;但他在其中发挥诗的才能和效用的祖国,却是不限于某个特殊地区或国度的那种善、高尚和美。无论在哪里遇到这种品质,他都要把它们先掌握住,然后描绘出来。他象一只凌空巡视全境的老鹰,见野兔就抓,不管野兔奔跑的地方是普鲁士还是萨克森。""还有一点,什么叫做爱国,什么才是爱国行动呢?一个诗人只要能毕生和有害的偏见进行斗争,排斥狭隘观点,启发人民的心智,使他们有纯洁的鉴赏力和高尚的思想情感,此外他还能做出什么更好的事吗?还有比这更好的爱国行动吗?向一位诗人提出这样白费力的不恰当的要求,正象要求一个军团的统帅为着真正爱国,就要放弃他的专门职责,去卷入政治纠纷。一个统帅的祖国就是他所统率的那个军团。他只要管直接与他那个军团有关的政治,此外一切都不管,专心致志地去领导他那个(转下页)

第六章　理性生存型的艺术家之范例

歌德认为自己"为祖国服务"的方式就是按照自己的资禀把自然分配给自己的那份天职——诗歌创作——"尽可能多做而且做好",而不是像某些拘囿于种种偏见的文人那样放弃诗人的天职去写充斥仇恨的战歌。① 然而在那些狭隘的文人看来,一位诗人若不怀着仇恨写攻击敌人的战歌就是"不热爱祖国"的行为。面对此类的诟责,歌德申说道:"我不愿把自己想到的话说出来。那些责怪我的话里所含的恶意,比你所能想象到的要多。我觉得那是使人们多年来迫害我和中伤我的那种旧仇恨的新形式。我知道得很清楚,我是许多人的眼中钉,他们很想把我拔掉。他们无法剥夺我的才能,于是就想把我的人格抹黑,时而说我骄傲,时而说我自私,时而说我妒忌有才能的青年作家,时而说我不信基督教,现在又说我不爱祖国和同胞。你认识我已多年了,总该认识到这些话有多大价值。不过如果你想了解我这方面所受的痛苦,请读一读我的《讽刺诗集》,你就会从我的回击中看出人们时常在设法使我伤心。"② 歌德一方面痛惜某些文人热衷于"互相诽谤,互相设法把对方弄成可惧的敌人",认为"这个广阔的世界有足够的地方让自己生活也让旁人生活,大家大可和平相处,而且每个人在自己才能范围里都有一个够使他感到麻烦的敌人"③;另一方面,歌德认为一位诗人要根据自己的天性写自己亲身经历的东西,"至于我,生性并不好战,也没有战斗的情感,战歌就会成为和我这副面孔不相称

（接上页）军团,训练士兵养成良好的秩序和纪律,以便在祖国处于危险时成为英勇的战士,那么,他就是一个卓越的爱国者了。"见〔德〕爱克曼辑录《歌德谈话录》,朱光潜译,人民文学出版社1978年版,第259页。

① 歌德在1831年5月2日与爱克曼的谈话中谈及某个鼓吹革命的作家时说道:"他这位有才能的作家利用党派仇恨作为同盟力量,假如不靠党派仇恨,他就不会起什么作用。在文学里我们常看到这样的例子,仇恨代替了才能,平凡的才能因为成了党派的喉舌,也就显得很重要。在实际生活里,情况也是这样,我们看到大批人没有足够的独立品格,就投靠到某一党派,因此自己腰杆就硬些,而且出了锋头。"(见〔德〕爱克曼辑录《歌德谈话录》,朱光潜译,人民文学出版社1978年版,第240页。)此外,歌德在1832年3月中旬与爱克曼的最后一次谈话中也说了一段与此意味相通的话:"一个诗人如果想要搞政治活动,他就必须加入一个政党;一旦加入政党,他就失其为诗人了,就必须同他的自由精神和公正见解告别,把偏狭和盲目仇恨这顶帽子拉下来蒙住耳朵了。"(见〔德〕爱克曼辑录《歌德谈话录》,朱光潜译,人民文学出版社1978年版,第259页。)

② 〔德〕爱克曼辑录:《歌德谈话录》,朱光潜译,人民文学出版社1978年版,第213页。

③ 〔德〕爱克曼辑录:《歌德谈话录》,朱光潜译,人民文学出版社1978年版,第213页。

的假面具"①。后一方面对歌德来说显得尤为重要："我写诗向来不弄虚作假。凡是我没有经历过的东西，没有迫使我非写诗不可的东西，我从来就不用写诗来表达它。我也只在恋爱中才写情诗。本来没有仇恨，怎么能写表达仇恨的诗歌呢？还可以向你说句知心话，我并不仇恨法国人，尽管在德国摆脱了法国人统治时，我向上帝表示过衷心的感谢。对我来说，只有文明和野蛮之分才重要，法国人在世界上是最有文化教养的，我自己的文化教养大半要归功于法国人，对这样一个民族我怎么恨得起来呢？"② 歌德是一位推重人类精神的"世界公民"③，对他来说，不同的族类之间最重要的是文明与野蛮之分，而不是国与国、民族与民族之别，这就使他从根底处超越了狭隘的国家主义与民族主义："一般说来，民族仇恨有些奇怪。你会发现在文化水平最低的地方，民族仇恨最强烈。但是也有一种文化水平，其中民族仇恨会消失，人民在某种程度上站在超民族的地位，把邻国人民的哀乐看成自己的哀乐。这种文化水平正适合我的性格。我在六十岁之前，就早已坚定地站在这种文化水平上面了。"④ 由此可见，歌德心目中"祖国"乃是一个精神共同体，这个精神共同体以诉诸人类理性的仁爱为纽带，超越了国家之分、民族之别，生活于其中的个体与个体之间理应自由交往、彼此尊重、和睦相处，而不应自闭自恋、彼此倾轧、相互仇视，就此而言，每个生存个体都成了分有人类理性之光的"世界公民"。正是在这里，我们发现雅氏所关注的三位理性生存型的艺术家——歌德、莱辛、达·芬奇——在对待"祖国"问题上的共同之处：他们都超越了实存意义上的"国家公民"观念，进而在生存论的意义上使自己成为"四海之内皆兄弟"（《论语·颜渊》）的"世界公民"。

2. 雅氏对歌德"局限性"问题的批判性反思

在针对所谓"'王室仆役'，反对变革，思想保守，心胸狭隘，轻薄无聊，追求享受，蓄意诽谤，'没有祖国'"之类草率的攻击给予回

---

① ［德］爱克曼辑录：《歌德谈话录》，朱光潜译，人民文学出版社1978年版，第214页。
② ［德］爱克曼辑录：《歌德谈话录》，朱光潜译，人民文学出版社1978年版，第214页。
③ 德国学者彼得·贝尔纳在《歌德》中列专章讨论了歌德的"世界公民"问题。参见［德］彼得·贝尔纳《歌德》，李鹏程译，中国社会科学出版社1992年版，第147—177页。
④ ［德］爱克曼辑录：《歌德谈话录》，朱光潜译，人民文学出版社1978年版，第214页。

应与揭露后，雅氏话锋一转，向我们提出了"如何在更深的层次上来反抗歌德"以及"如何看待歌德的局限"的问题："对歌德的言行所进行的那些草率的谴责，我们应该予以揭露。不过，我们也许有权利在更深的层次上来反抗歌德？如果说人无完人，那么接下来要做的事情就取决于我们如何看待歌德的局限。执行这项任务，对我们把歌德纳入自身的世界来说是绝对必要的。如果不想沉沦于琐屑无聊之中，我们就必须停止自我欺骗。今天，事实和真相只存在于一切事物的不容置疑的可能性里。下面，就让我们冒着再一次听任自己的风险，来大胆探寻一下歌德的局限。"[1]

可以说，雅氏提出的问题乃是关系到我们如何在歌德的帮助下赢得属己的未来的根本性问题，尤其他的提问方式是发人深省、振聋发聩的，迄今仍在提醒着世人，若想真正地吸纳歌德，就必须从琐屑无聊、自我欺骗的实存状态振拔出来，回归本明的生存，以生存在场的方式与歌德展开涌自心灵深处的对话，通过"把歌德纳入自身的世界"来进行理解，深刻把握这个伟大的生存个体在他所处的现实世界不断实现自我的过程中透露出来的局限性，进而立足于我们正身处其中的时代境遇敞开每个生存个体自我生成的新的可能性。基于上述考虑，雅氏从四个方面指出了歌德的局限性：一是面对现代自然科学的拒斥态度，二是面对人类自身界限的退避态度，三是面对"不可能之事"的离弃态度，四是面对"不可理解之物"的敬而远之的态度。

（1）面对现代自然科学的拒斥态度

这是作为自然科学研究者的歌德在自然观（乃至世界观）方面表现出来的"局限性"，这个局限性在他身上也是最为明显的。雅氏就此指出："无可争议的是，歌德创造性地发现了一种自然观，他在形态学、颜色学以及他对本原现象的感知方面都做出了不可磨灭的贡献。今天，这些事实已得到普遍的认可。然而，所有这些发现与我们独特的现代自然科学毫无关系。"[2] 从中可以看出，雅氏既没有否认歌德的

---

[1] Karl Jaspers, "Our Future and Goethe", in Hanns E. Fischer (Eds.), *Existentialism and Humanism: three essays by Karl Jaspers*, translated by E. B. Ashton, Russell F. Moore Company, 1952, p.44.

[2] Karl Jaspers, "Our Future and Goethe", in Hanns E. Fischer (Eds.), *Existentialism and Humanism: three essays by Karl Jaspers*, translated by E. B. Ashton, Russell F. Moore Company, 1952, p.44.

自然观所具有的创造性，也没有否认他在形态学、颜色学、美学等方面所做出的杰出贡献；毋宁说，雅氏在此所反思的乃是歌德主要诉诸眼睛观察自然的感性直观方式[①]，认为运用这种方式所发现的东西其实"与我们独特的现代自然科学毫无关系"。尤其需要指出的是，歌德还把自己持守的感性直观方式绝对化了，这主要表现在他对牛顿（Newton）及其成果的反对上："他不仅不能理解，而且还极力拒斥。他激烈而顽固地与牛顿进行论争，甚至对牛顿的品行进行抨击，这种做法诚然令人吃惊，但并非偶然。然而，歌德在这件事上做错了。歌德的理解力无与伦比，他的心灵无限广阔，他喜爱发现每一件事情的真相，这样一个人怎么会在对待牛顿的问题上像是着了魔？他的错误表明，他对一个形成中的、技术掌控自然的世界以及由此所需要的那类知识心存忧惧。"[②] 牛顿是一位伟大的科学家，他在力学上基于对万有引力的发现提出的三大运动定律推动了现代科学技术革命，他还在光学上基于对三棱镜将白光发散成可见光谱的发现提出了一套影响深远的颜色理论。牛顿的科学发现有赖于抽象—实证的思维方式，这种方式与歌德的感性直观方式迥然有异，因此歌德无法理解牛顿乃是无足为怪的事。然而，当歌德像是着了魔一样抨击牛顿时，这就委实"令人吃惊"了。歌德曾在1824年2月4日与爱克曼的谈话中说道："我发现牛顿关于光和颜色的学说是错误的，并且有勇气来驳斥这个普世公认的信条，这对我就变成了坏事。我认识到真正的纯洁的光，我认为我有责任来为它进行斗争。"[③] 确实，在不遗余力地拒斥牛顿这

[①] 歌德在1827年2月1日与爱克曼的谈话中较为详细地谈及他所从事的颜色学、形态学以及其他方面的自然科学研究情况，他对主要诉诸眼睛观察自然的感性直观方式进行了称说："我认为我介绍这门科学（颜色学——引者注）时，先谈一切知觉和观察都必须依据的眼睛，是抓住了正确的起点的"；"由于眼睛是最重要的感官，所以要求变化的规律在颜色中显得特别突出"；"有一些很聪明的人钻研过的颜色学，不过很不幸，他们不能坚持正路，乘我不意就转到邪路上去了，他们不是始终把眼睛盯住客观对象，而是从观念出发"；"我对各门自然科学都试图研究过，我总是倾向于只注意身旁地理环境中一些可用感官接触的事物，因此我不曾从事天文学。因为在天文学方面单凭感官不够，还必须求助于仪器、计算和力学，这些都要花毕生精力来搞，不是我分内的事。"参见〔德〕爱克曼辑录《歌德谈话录》，朱光潜译，人民文学出版社1978年版，第115—119页。

[②] Karl Jaspers, "Our Future and Goethe", in Hanns E. Fischer (Eds.), *Existentialism and Humanism: three essays by Karl Jaspers*, translated by E. B. Ashton, Russell F. Moore Company, 1952, p.44.

[③] 〔德〕爱克曼辑录：《歌德谈话录》，朱光潜译，人民文学出版社1978年版，第22页。

第六章　理性生存型的艺术家之范例

件事上，任何人都不应该在人格上怀疑歌德的诚实与勇气①。可以说，歌德与牛顿进行的"斗争"乃是"生存交往"意义上的"爱的斗争"，这种没有私心与私怨的斗争在将歌德的生存性征充分展示出来的同时，也将他的自然观方面的局限展呈了出来——歌德的理解力无疑是"无与伦比"的，他的心灵无疑是"无限广阔"，可惜的是，这个杰出的生存个体却"在这件事上做错了"。②雅氏敏锐地发现，歌德以过人的诚实与勇气所犯下的这个错误对他来说并不是偶然的，透过这个必然的错误恰恰可以探察到含藏于歌德内心深处的一种难以释怀的忧惧，亦即"对一个形成中的、技术掌控自然的世界以及由此所需要的那类知识"的忧惧。

歌德的世界是一个可见、可感的有形世界，他观察这个有形世界的方式说到底是人类在手工业时代所诉诸的感性直观方式，单凭这种方式既无从催生现代科学技术革命，也无从理解、勾勒与预测现代科学技术革命可能带来的新的世界图景。③因此，涵淹于歌德与牛顿争执背后的乃是一个更深层次的问题，亦即诉诸感性直观的古代思维方式与诉诸抽象—实证的现代思维方式之间的张力问题："抛开歌德对

---

① 歌德在1824年2月4日与爱克曼的谈话中说道："无论在宗教方面、科学方面，还是在政治方面，我一般都力求不撒谎，有勇气把心里所感到的一切照实说出来。"见[德]爱克曼辑录《歌德谈话录》，朱光潜译，人民文学出版社1978年版，第21—22页。

② 譬如，德国生理学家杜布瓦—雷蒙（Du Bois-Reymond, 1818—1896）在《歌德和永无终结》（1882）中从歌德缺乏机械因果性概念的角度指出了他的这一局限："他的理论（自然科学理论——引者注）化的工作局限于从一个被他称为原始现象（本原现象——引者注）的、实际上已经十分复杂的现象中推导出另一个现象，有点象一幅迷茫的图画衔接着另一幅迷茫的图画，它们之间没有清楚的因果联系。歌德完全缺乏机械因果性的概念。因此，尽管他在他一生的很长时间中对他的颜色学作了热情的努力，但除其中的与主体感受有关的部分外，他的颜色学理论只是自学的业余爱好者的、创造不出任何成果的游戏；因此，歌德无法同物理学家互相理解；也因此，他对牛顿的伟大之处茫然无知。"转引自[德]彼得·贝尔纳《歌德》，李鹏程译，中国社会科学出版社1992年版，第198页。

③ 就此而言，歌德所描绘与预测的并不是我们正身处其中的现代世界图景，而是一个由手工业技术带来的古代世界图景。雅斯贝斯指出："我们绝不可被歌德的言说——他关于苏伊士运河、巴拿马运河以及未来世界交通的友善评论，他描绘的填海造田开拓殖民地（在《浮士德》的结尾）或社会化的精神性的学员教育的蓝图（在《威廉·迈斯特的漫游年代》里描绘的），以及被解释为对于即将到来的技术时代的预见或断言的许多其他东西——所哄骗。对歌德来说，这类做法含有两个方面的意味：一方面仅仅意味着工艺品数量的增加和从历史初期已经完成的类似河道整治的那一种宏观组织管理；另一方面则意味着它们只是好玩的设计而非可行的方案。"见 Karl Jaspers, "Our Future and Goethe", in Hanns E. Fischer (Eds.), *Existentialism and Humanism*: *three essays by Karl Jaspers*, translated by E. B. Ashton, Russell F. Moore Company, 1952, pp. 44–45。

自己的规划所做的那种相当模棱两可的最终评价不谈，有一点还是很明确的，那就是，它们所描绘与预测的并不是我们的世界。现代人控制自然的基础，是对人与自然的有形世界（歌德独一无二地捕捉到了世界的外形和色彩，在这一点上，他胜于亚里士多德）进行极度的抽象——对显微镜和望远镜表示反感的歌德拒绝了这种抽象。"[1] 现代人控制自然的基础乃是诉诸抽象—实证的现代思维方式，歌德拒绝了孕生现代科学技术的抽象—实证思维方式，同时意味着拒绝了我们正身处其中的现实世界图景。然而，作为一个试图在现实世界中实现自身的生存个体，歌德宁愿而且只能在现实世界中不断地超越现实世界，并且近乎本能地抗拒一切观念论乃至憎恶一切抽象的东西。"迄今，这种抽象已无可抗拒地发展起来。透过歌德的憎恶可以看到这样一个真相：某些必然导致与所有过去的历史断裂的事情确实已经出现了。歌德比同时代的人更为敏感，尽管他对于这个路向的真相以及它的必然性尚未形成清醒的认识，但他已经意识到，那些对于他自己、对于过去都十分重要和宝贵的东西都受到了威胁。"[2] 歌德对诉诸抽象—实证的现代思维方式委实是深恶痛绝的，正是透过这种近乎偏执的厌憎态度，雅氏从中看到了萦怀于歌德心底的最深一层的忧惧——歌德忧惧诉诸抽象—实证的现代思维方式会"导致与所有过去的历史断裂"，而且这个生性敏感的生存个体已早于同时代的多数世俗实存意识到"那些对于他自己、对于过去都十分重要和宝贵的东西都受到了威胁"。可以说，这才是歌德全部忧惧的根源所在。

雅氏探入歌德心灵的深微处，看到了这位"德国最伟大的抒情诗人"在面对抽象—实证的现代思维方式以及即将到来的现代世界图景时无从释怀的忧惧、难以压抑的焦灼、着了魔般的憎恶，同时指出了他的局限所在："歌德的局限在于：没有理解这个发生中的世界，他就对其闭上了眼睛；在人类未来的根基立于其上之处，他仅仅看到了

---

[1] Karl Jaspers, "Our Future and Goethe", in Hanns E. Fischer (Eds.), *Existentialism and Humanism: three essays by Karl Jaspers*, translated by E. B. Ashton, Russell F. Moore Company, 1952, p. 45.

[2] Karl Jaspers, "Our Future and Goethe", in Hanns E. Fischer (Eds.), *Existentialism and Humanism: three essays by Karl Jaspers*, translated by E. B. Ashton, Russell F. Moore Company, 1952, p. 45.

第六章 理性生存型的艺术家之范例

邪恶;他并没有意识到,人在这个新的世界里寻找自己道路的过程中所须直面的挑战。因此,歌德的这一面对于今天的我们来说显得很生疏,就此而言他根本不能给我们提供任何帮助。只有那些浪漫的、令人生厌的当代人,才不确切地引用他的话来反对早已变成现实并获得认可的事物。"① 当歌德以感性直观的方式打量周遭的世界时,他其实是在履行自己作为"诗人"的职分;当他忧惧抽象—实证的思维方式会导致人与传统的断裂进而导致人与自然、人与人、人与自我的断裂时,他其实是在作为人类心灵的伟大导师而发言,正是这一点使他成为"最伟大"的德国抒情诗人。② 然而,这一切并不能够掩盖歌德作为一名自然科学研究者的局限。可以说,这一局限恰恰在更深层次上呈露了身兼诗人与科学家双重身份的歌德内在的对立与冲突。甚至可以说,歌德是一位伟大的诗人,却不是一位真正的自然科学研究者,他的局限乃是诗人与科学家之间存在的无可弥合的张力的具体体现。厘清了这一点,我们也就可以理解雅氏为何要做出"没有理解这个发生中的世界,他就对其闭上了眼睛"之类的断制了。像歌德这样的"理解力无与伦比""心灵无限广阔"的伟大诗人,他在事实的层面上不可能看不到"这个发生中的世界",他只是出于一位伟大诗人的天职不愿意在情感与价值层面上去理解它。于是,歌德怀着痛切的忧惧之情拒斥它、憎恶它,从中看到的也仅仅是邪恶,而未曾意识到"人在这个新的世界里寻找自己道路的过程中所需直面的挑战"。在雅氏看来,歌德所忧惧的"这个发生中的世界"正在成为我们身在其中的现实境遇,我们无论采取一味回避的态度还是一味从道义上进行谴责,诸如此类的做法都是无法为我们赢得属

---

① Karl Jaspers, "Our Future and Goethe", in Hanns E. Fischer (Eds.), *Existentialism and Humanism: three essays by Karl Jaspers*, translated by E. B. Ashton, Russell F. Moore Company, 1952, pp. 45–46.

② 应该说,雅斯贝斯在一定意义上是同情理解歌德对诉诸抽象—实证思维的现代科学技术的拒斥与忧惧态度的。譬如,雅氏在《新人道主义的条件与可能》中专门探讨了当下的人如何在身处其中的技术时代实现新的人道主义的可能性问题,他特意就歌德的拒斥态度写道:"对这种技术时代发展的抗拒,早在上一个世纪许多思想家对待这种凄惨情况的不安和踌躇里已经有所表现。哥德所表现的抗拒态度,乃是其中一个很可敬佩的证据。"见〔德〕雅斯柏斯《新人道主义的条件与可能》,王玖兴译,收入中国科学院哲学研究所西方哲学史组编《存在主义哲学》,商务印书馆1963年版,第236页。

己的未来的。① 值此之际我们应该做的，就是直面挑战，首先充分了解现代科学技术的根源是什么，它能够给人类带来什么，它的界限究竟何在，人在这种现实境遇下可能会成为什么，只有这样，我们才能从现代科学技术带来的现实世界图景中觅寻到人类生成的新的可能性，并不断地为属己的未来拓辟出新的道路来。正是基于这层考虑，雅氏认为作为自然科学研究者的歌德所勾勒的那个仍停驻于手工业时代的世界图景"对于今天的我们来说显得很生疏，就此而言他根本不能给我们提供任何帮助"。我们看到，雅氏的衷曲在于分辨歌德究竟在哪个层面上能够为当下的人们提供帮助，在哪个层面上却无法为我们提供任何帮助。厘定了歌德的局限，我们便可真切感受到他内心深处的对立、冲突、焦灼与忧惧，进而在生存意识的层面上通过吸纳歌德的生命智慧来实现我们内在的变革。鉴于此，雅氏在这一部分的最后再次强调："歌德对于孕生了迥异于早期工艺技巧的大规模自然科学和现代技术的现代思维方式——直到现在，它依然远非一般人所能理解——感到不解、不安并鄙视：依现代人的心智来看，这种态度将他放逐到了一个属于过去的世界，尽管这个世界有那样完美的组织结构。无论如何，这个先前没有助益的世界现在已经成为我们的命运，这种命运既意味着人的庄严高贵，又意味着新的前所未有的挑战。如果我们渴望生存下去，我们就得迎接这个挑战。"② 所谓"孕生了迥异于早期工艺技巧的大规模自然科学和现代技术的现代思维方式"，指的就是抽象—实证方式，正是这种现代思维方式让依然持守感性直观方式的歌德"感到不解、不安并鄙视"，可以说雅氏的这个看法委实点到了歌德自然观以及世界观局限的关键处。我们知道，雅氏是从自然科学领域转入纯正的哲

---

① 雅斯贝斯曾在《新人道主义的条件与可能》中指出："今天的问题是：我们固然把技术时代视为人的不幸，但同时也视之为人的一种幸运呢，换句话说，我们把人类的最大危险也视为一个人类新高潮来临的可能呢，还是相反，我们把技术时代视为单纯将使人类走向毁灭的灾难呢？即是说，我们是否俨然以历史的裁判者自居而原则地、完全地、彻底地谴责这个技术时代，并且因断定我们的后代只有日益败坏而勉强生活于绝望之中呢？对于这个问题，未来的人道主义不能不作出决定。"见 [德] 雅斯柏斯《新人道主义的条件与可能》，王玖兴译，收入中国科学院哲学研究所西方哲学史组编《存在主义哲学》，商务印书馆1963年版，第236页。

② Karl Jaspers, "Our Future and Goethe", in Hanns E. Fischer (Eds.), *Existentialism and Humanism: three essays by Karl Jaspers*, translated by E. B. Ashton, Russell F. Moore Company, 1952, p. 46.

学领域的，进而言之，他是在深刻洞察现代自然科学的根源、特性、作用并触摸到它的界限的基础上，带着现代自然科学最终无法解答的"人能知道什么"（科学问题）、"人能成为什么"（人与人交往问题、真理问题、人的问题）、"人希望成为什么"（超越性问题）等关涉人类命运与前景的根本问题①走上纯正的哲学之路的。"科学问题"始终是雅氏哲学探索的根本问题之一，这使他成为现代西方思想界少数具有深湛的现代科学素养的哲学家之一，他依据"现代人的心智"对歌德在自然科学研究领域所表现出来的局限的反思无疑具有颇强的说服力与启发性。在雅氏看来，现代科学技术并不必然带来邪恶与不幸，正如它并不必然带来善果与福祉一样，说到底这里的关键问题仍是人如何驾驭科学技术并迎接它的挑战②，尤其是人如何在厘定技术限度的前提下超越技术，以便最终使生存个体真正地成为他自己。

（2）面对人类自身界限的退避态度

在雅氏看来，歌德之所以会遭到当下人的反对，其中一个重要的原因就是"歌德以一种可被称作'和谐的'（harmonious）根本态度肯定了一个世俗的世界"③。也就是说，歌德认为人与人生活于其中的世俗世界在根底处是和谐的，然而，对每一个亲身经历过纳粹极权统治与第二次世界大战酿成的人性灾难的生存个体来说，歌德所承诺的那个和谐的人生图景却已经破碎了。"为了谴责世上的苦难和罪恶的统

---

① 鉴于时代精神处境所发生的变化，雅斯贝斯在回溯康德的基本问题时，提出了他所关切的五个问题："科学问题、人与人交通（交往——引者注）问题、真理问题、人的问题以及超越性问题。"见［德］雅斯培《关于我的哲学》，收入考夫曼编著《存在主义》，陈鼓应、孟祥森、刘崎译，商务印书馆1987年版，第144页。

② 雅斯贝斯曾在《新人道主义的条件与可能》中指出："在我们看来，真实诚恳的人应该接受既成事实，应该接受既成事实中的可能性。在今天，这意味着，应该把技术视为既可以为大幸又可以为不幸而尚在未定之天的人类命运的关键之所系，应该把掌握技术视为自己的使命。所以，未来人道主义的条件是竭尽无限的努力，以学会并控制技术，这里是人类斗争的一个无边无际的战场。""问题在于，在这种情况下，如何重新发挥个别的人的不可代替的东西，如何使人重新成为他自己，而不是仅仅在日常职务的轨道上机械地奔驰呢？"见［德］雅斯柏斯《新人道主义的条件与可能》，王玖兴译，收入中国科学院哲学研究所西方哲学史组编《存在主义哲学》，商务印书馆1963年版，第236页。

③ Karl Jaspers, "Our Future and Goethe", in Hanns E. Fischer (Eds.), *Existentialism and Humanism: three essays by Karl Jaspers*, translated by E. B. Ashton, Russell F. Moore Company, 1952, p. 46.

治，人们势必会恐惧地疾呼：人们不能容忍与世界达成爱的和解，无从使其成为一个和谐的整体。我们已经意识到，我们正处身于不再想阅读歌德的境况之中。如果真的还能够阅读的话，那么这类处境会促使我们去阅读《圣经》、埃斯库罗斯（Aeschylus）和莎士比亚。"① 生存个体总是带着刻骨的处境感与切己的人生体验直面现实、反思历史、吸纳传统、创造未来的。就此而言，后纳粹时代的德国人感受最为深切的就是本雅明式的"废墟意识"②，与此相应，以阿多诺（亦译为阿道尔诺）为代表的反思启蒙神话的"启蒙辩证法"与"否定的辩证法"成为这代德国人文知识分子最为典型的思维方式。③ 值此之际，歌德的和谐世界观与肯定性思维就显得"不合时宜"了，正是在这个意义上，雅氏才说"我们正处身于不再想阅读歌德的境况之中"。相较之下，《圣经》、埃斯库罗斯和莎士比亚都揭示了人类面临的"临界

---

① Karl Jaspers, "Our Future and Goethe", in Hanns E. Fischer (Eds.), *Existentialism and Humanism: three essays by Karl Jaspers*, translated by E. B. Ashton, Russell F. Moore Company, 1952, p. 46.

② 对本雅明的"废墟意识"的阐析可参阅孙秀昌《本雅明"巴黎幻境"解读》，《河北师范大学学报》（哲学社会科学版）2015 年第 2 期；《本雅明"历史天使"意象探微》，《河北学刊》2015 年第 5 期。

③ 阿多诺在《多棱镜：文化批判与社会》（1955）中提出了一个著名的观点："在奥斯维辛之后，写诗是野蛮的。"阿多诺在《启蒙辩证法》（与霍克海默合撰）、《否定的辩证法》中对这种否定式的思维做了集中的阐发。追根究底，这种否定式思维乃是一种批判性思维，其思想旨趣是："我们本来的计划，实际上是要揭示人类没有进入真正的人性状态，反而深深地陷入了野蛮状态，其原因究竟何在。"（见［德］马克斯·霍克海默、西奥多·阿道尔诺《启蒙辩证法——哲学断片》，渠敬东、曹卫东译，上海人民出版社 2003 年版，"前言"（1944/1947）第 1 页。）其现实文化契机是："铁蹄法西斯主义者虚伪颂扬的，以及狡猾的人文专家幼稚贯彻的，就是：启蒙的不断自我毁灭，迫使思想向习俗和时代精神贡献出最后一点天真。一旦公众进入了下述状态：思想难免会成为商品，而语言则成了对商品的颂扬，那么，揭示这一堕落过程的尝试在被其世界历史后果彻底毁灭之前，就必须拒绝有关的语言要求和思想要求。"（见［德］马克斯·霍克海默、西奥多·阿道尔诺《启蒙辩证法——哲学断片》，渠敬东、曹卫东译，上海人民出版社 2003 年版，"前言"（1944/1947）第 1—2 页。）其批判肯定性思维的理由是："思想如果存心想摆脱其批判环节而单纯服务于现存制度，那么，它就会在违背意志的情况下推动它所选择的积极因素向消极的破坏因素转化。……肯定过程中的不同批判形式不可避免地会影响到理论的形态，而理论的真实性却消失不见了。当前，机械化的历史远远走在了精神发展的前头，官方发言人操心的是其他的事情，他们靠着理论获得了锦绣前程，但是，在理论还没有出卖其灵魂之前，他们就把理论给消灭了。"（见［德］马克斯·霍克海默、西奥多·阿道尔诺《启蒙辩证法——哲学断片》，渠敬东、曹卫东译，上海人民出版社 2003 年版，"前言"（1944/1947）第 2 页。）对阿多诺批判性的否定思维的解读可参阅孙秀昌、黎新华《"批判理论"视域下的"文化工业"批判——霍克海默、阿道尔诺〈启蒙辩证法〉阅读札记》，《燕赵学术》2012 年秋之卷。

第六章　理性生存型的艺术家之范例

处境",这种临界处境使约伯、阿伽门农、哈姆雷特等生存个体在直面令人恐惧的命运深渊时都产生了一种灵魂无可告慰的撕裂感与悲剧感①,他们在绝望之中挣扎着、疾呼着、抗争着、觅寻着,这种撕裂感与悲剧感恰恰深契于当下德国人的心灵,因此,"这类处境会促使我们去阅读《圣经》、埃斯库罗斯和莎士比亚"。

那么,歌德是如何看待人类自身的界限的呢?雅氏就此指出:"歌德知道人类有自身的边界,然而他在这边界前却退缩了。他满怀疑惑与敬畏地站在埃斯库罗斯的悲剧或哈姆雷特面前,始终与其保持着一定的距离,或者转而回到温和的阐释之中(比如对哈姆雷特的阐释)。他让自己免受莎士比亚的影响,拒绝与伟大的悲剧人物发生纠葛。他躲避他们。"② 就事实判断而言,如歌德这般睿智的生存个体不可能不知道"人类有自身的边界"③;然而,就价值判断而言,歌德作为在世生存的伟大诗人却不愿意认可这样的"边界",于是他在这边界前"退缩"了。歌德之所以"让自己免受莎士比亚的影响,拒绝与伟大的悲剧人物发生纠葛"④,其最后的闷机就在于此;他之所以"躲避他们",其托底的秘密同样在于此。那么,我们是否可以就此认为歌德缺乏悲剧感呢?雅氏对此做出了回应:"如果说歌德缺乏悲剧感那就大错特错了,他其实并不缺乏悲剧感,只是每当他冒险过于接近这个边界时,他都感受到了一种自身的分裂。他知道这深渊之所在,但他不想失败。他的目标是自身生命的实现,是世界万物的实现。他可以说出如此睿智然而令人不舒服的话,如'一个人不必而且不准容

---

① 雅斯贝斯在《论真理》(1947)中曾关联着真理问题对古希腊悲剧作家以及莎士比亚的悲剧做过阐说。对雅氏相关阐说的诠解可参阅孙秀昌《生存·密码·超越——祈向超越之维的雅斯贝斯生存美学》,人民出版社2010年版,第332—344页。
② Karl Jaspers, "Our Future and Goethe", in Hanns E. Fischer (Eds.), *Existentialism and Humanism: three essays by Karl Jaspers*, translated by E. B. Ashton, Russell F. Moore Company, 1952, pp. 46–47.
③ 雅斯贝斯特意谈及歌德在其1778年创作的《人类的界限》(*Boundaries of Mankind*)中的一句话:"没有人能够与神相比。"见 Karl Jaspers, "Our Future and Goethe", in Hanns E. Fischer (Eds.), *Existentialism and Humanism: three essays by Karl Jaspers*, translated by E. B. Ashton, Russell F. Moore Company, 1952, p. 54。
④ 歌德始终怀着一种敬畏的心情面对着莎士比亚,关于他对莎士比亚及其悲剧的看法,可参阅《歌德谈话录》中的相关谈论。

许任何一种威胁他生存条件的事实存在'，再如他这样谈论自己：'我发现，相对于无序状态，不公正更容易忍受。'"① 在雅氏看来，歌德"其实并不缺乏悲剧感"，因为"他知道这深渊之所在"，也就是说，歌德是知道人类自身的界限的，他同样知道人仅靠自身的力量是难以获得终局解救的。不过，立于自身行将分裂的边缘，歌德既没有像索福克罗斯笔下的俄狄浦斯那样刺瞎双眼、自我放逐，也没有像荷尔德林笔下的法厄同那样驾着阿波罗的太阳车驶向杳渺的太空；毋宁说，歌德更像是希腊神话中推石不止的西西弗斯②，他只想在人性的范围内做力所能及的事，只想以人性的尺度为衡准不断地实现自己。③ 于是，歌德就在这个世界之中忍耐着、抗争着、克制着、突破着，最终使自己成为比他所推的石头更坚韧的生存个体。在理性的澄明下，这样的生存个体具有男子汉的勇毅气概，他敢于立于实存世界之中采取"内在超越"的行动，并在实存世界中捍卫着"绝对意识"（爱、信仰、想象及其在实存世界中的体现，如讽刺、游戏、羞愧、镇定自若等）④。就此而言，歌德在不断实现内在超越的过程中并没有超离实存世界与世界秩序，因而他也没有仅仅诉诸那种旨在摧毁一切秩序的"夜间的激情"，毋宁说歌德是在"白天的法则"与"夜间的激情"的

---

① Karl Jaspers, "Our Future and Goethe", in Hanns E. Fischer (Eds.), *Existentialism and Humanism: three essays by Karl Jaspers*, translated by E. B. Ashton, Russell F. Moore Company, 1952, p. 47.

② 歌德在1824年1月27日与爱克曼的谈话中说道："人们通常把我看成一个最幸运的人，我自己也没有什么可抱怨的，对我这一生所经历的途程也并不挑剔。我这一生基本上只是辛苦工作。我可以说，我活了七十五岁，没有哪一个月过的是真正的舒服生活。就好象推一块石头上山，石头不停地滚下来又推上去。我的年表将是这番话的很清楚的说明。要我积极活动的要求内外交加，真是太多了。"见［德］爱克曼辑录《歌德谈话录》，朱光潜译，人民文学出版社1978年版，第20页。

③ 井村阳一对此品评道："雅斯贝斯在《我们的未来与歌德》（1947）中，研讨了谓之歌德的存在的限界。——歌德无与伦比的伟大，就表现在其人与作品的完整的统一。进而言之，歌德生活本身作为一个整体，构成一部艺术作品。歌德期望着生的实现和宇宙的协调，追求着无制约的人性的全部实现，他面对成了障碍的因素防卫了自己。歌德虽然预感到了毁灭性限界状况的深渊，却因为厌恶自我挫折，终于回避了其深渊。这就是作为悲剧诗人的歌德区别于埃斯库罗斯和莎士比亚等人的地方。歌德对这些诗人的悲剧作品深怀敬意，但没有过分接近这些悲剧中的伟大主人公。歌德是躲着他们所走的使自己毁灭的道路而前进的。"见［日］今道友信等《存在主义美学》，崔相录、王生平译，辽宁人民出版社1987年版，第156—157页。

④ 参见 Karl Jaspers, *Philosophy* (Vol. 2), translated by E. B. Ashton, The University of Chicago Press, 1970, pp. 248 – 254。

第六章　理性生存型的艺术家之范例

张力下不断地改善、突破世界秩序的。只是在这个意义上，歌德才说"相对于无序状态，不公正更容易忍受"。当然，我们并不能就此指责歌德一味地认同秩序而甘于忍受不公正，事实上，歌德的这句话道出了在世生存的个体在被置于"无秩序"与"不公正"的两难处境下而不得不做出的一种两难的抉择——在歌德看来，人一旦被不受控制的"夜间的激情"所吞噬，世界就会陷入无理性、无秩序的混乱之中，值此之际，"公正"也就无从谈起了。就此而言，"秩序"当比公正更重要，于是，在生存逻辑的彻底处，歌德认为与其首先选择公正，倒不如首先选择秩序。① 雅氏固然对歌德的这个说法有一定的保留意见，不过他在深微处是同情理解歌德的。雅氏曾在1949年8月4日致阿伦特的信中写道："像你一样，我常常愤慨于歌德就秩序与不公正所做的引证。它包含着一个令人头疼的真理——我不得不承认，我自己有时也怀有同样的看法，尤其在'公正'并不全然清晰的时候。"② 这个"真理"之所以"令人头疼"，乃是因为"秩序"与"公正"对人来说都是不可或缺的，两者在日常处境下并不存在什么矛盾，但是罹遭两难抉择的临界处境之际，我们就不得不像歌德那样做出两者必选其一的决断了。歌德依据自己持守的理性精神、人性尺度以及和谐世界观最终选择了"秩序"，他也因此把自己成全为理性生存型的艺术家。

如果说歌德在濒于人类自身的界限之际所采取的退避态度是一种"消极态度"的话，那么我们并不能就此指责歌德在追求一种实存意义上的和谐幸福的生活，更不能就此认为歌德试图以所谓"社会整体的幸福"为先决条件压抑生存个体的幸福。正如雅氏所指出的："歌德的消极态度并不意味着舒服自在地追求一种和谐幸福的生活并借此

---

① 值得注意的是，歌德所期待的"秩序"并不是通常所说的"实存秩序"（如法律、习俗等），而是与非理性的"无秩序"相对立的理性的秩序。正是在这个意义上，歌德在《亲和力》中认为"在理性面前一切法律都是无所谓的，而在上升的天平上总会加上新的砝码"。歌德固然认可法律的意义，不过他同时深悉法律的意义是有限的。譬如，歌德在1830年10月20日与爱克曼的谈话中指出："法律的用意毋宁是减少弊端的总和，而不是增加幸福的总和。"（见［德］爱克曼辑录《歌德谈话录》，朱光潜译，人民文学出版社1978年版，第224—225页。）进而言之，法律虽然可以诉诸他律与强制减少世间的恶，却不能诉诸人的自律引导世间的善。

② Hannah Arendt and Karl Jaspers, *Hannah Arendt—Karl Jaspers Correspondence*, Edited by Lotte Kohler and Hans Saner, translated by Robert and Rita Kimber, Harcourt Brace Jovanovich, 1992, p. 139.

掩饰岌岌可危的处境。他对此给出了自己的证据。在他那里，随时可能爆发的危急状态不断在激化，他不得不奋力获得自己的均衡感。他的教育观念，他简明地说出'我不能不着急'之类话的起因以及他晚年的自我克制——所有这一切都是一种独一无二而且没有止境的内在活动，然而这种内在活动并没有给他带来所谓的幸福。终其一生，他都像老者一样在说话，并没有享受过幸福的岁月。"[1] 综观歌德的一生，他从未掩饰过"岌岌可危的处境"，他也从未享受过和谐幸福的生活。歌德曾在《西东合集》（West-östlicher Divan）中把自己比作随时可能喷发的埃特纳火山（Mount Etna），他不得不在各种板块的碰撞与挤压下"奋力获得自己的均衡感"。他的"自我克制"并非意味着他对外部压力的屈服，而是意味着他在以独一无二的生存性状从事着"没有止境的内在活动"。这种内在活动充满着对立与冲突，当然不会给这位在世生存的个体"带来所谓的幸福"。"歌德承受了难以测度的苦难。他就此说道：'慰藉是一个颇为荒唐的词汇：/谁若不会绝望，/谁就无权活着。'当这位老人回顾自己的一生时，他蓦然间发现，若将所有真正的幸福时光加起来，那也不会超过4个星期。"[2] 歌德所承受的苦难是他在内在超越的过程中所遭遇的种种属人的苦难，那么，既然歌德对上帝的庇护未曾抱过什么奢望，他又是凭借怎样的力量承受了重重苦难的呢？"歌德承受的所有苦难都停留在人性的边界之内。他在自身的可能性中大概也看到了最为骇人的东西，却并未让自己罹遭此类的苦难。歌德一生谨慎、坚忍，因而他的生命得到了庇护。"[3] 从中可以看出，歌德是凭着"谨慎、坚忍"的人格力量度过自己漫长而充满纠葛的一生的。歌德的独特之处恰恰在于，他总是与身处其中的现实世界展开情人间的"争吵"，这种争吵从未使他消停过，也从未使他遁向"彼岸世界"。他在面对人类自身的界限时固然采取了一种"消极"（退避）

---

[1] Karl Jaspers, "Our Future and Goethe", in Hanns E. Fischer (Eds.), *Existentialism and Humanism: three essays by Karl Jaspers*, translated by E. B. Ashton, Russell F. Moore Company, 1952, p. 47.

[2] Karl Jaspers, "Goethes Menschlichkeit", in Hans Saner (Hrsg.), *Aneignung und Polemik: Gesammelte Reden und Aufsätze zur Geschichte der Philosophie*, R. Piper & Co. Verlag, 1968, S. 155.

[3] Karl Jaspers, "Goethes Menschlichkeit", in Hans Saner (Hrsg.), *Aneignung und Polemik: Gesammelte Reden und Aufsätze zur Geschichte der Philosophie*, R. Piper & Co. Verlag, 1968, S. 155.

第六章　理性生存型的艺术家之范例

的态度，不过这也让他断然地介入这个世界，并在内在超越的过程中最大限度地实现着自身的可能性，同时勇毅地承担起自己对这个属己的世界的责任，可以说，这未尝不是别一种意趣的"积极"（入世）态度。

歌德深爱着这个世界，他唯想在这个世界中实现自己。尽管歌德在内在超越的过程中同样感受到了世间的苦难与恐怖，甚至意识到了人类自身的界限，但是他仍然不肯相信人在根底处是恶的。"歌德并没有以自我欺骗的方式，而是以超然淡定（aloofness）的态度应对源自世界图景的冲击。他目睹并触及了恐怖，不过，他越迫近地接触那深不可测的恐怖，他的言语就越变得犹豫不定。最后，他把自己隐藏于沉默之中。不过，在这个过程中，他时而会说出一些绝望的话。此外，即便有某位思想者用哲学判断直白地表达生存内部的分裂，歌德也不会那样做——比如他愤怒地回绝康德关于'根本恶'的知识，指责康德用这种理论玷污了他的哲学家的'斗篷'。"[1] 歌德认为生命与世界在根底处当是善的、和谐的，从这种人性观、世界观出发，他自然不会主张"根本恶"（"绝对的恶"）[2]，至于他以"充满爱意的讽刺"[3] 指责康德关于"根本恶"的理论"玷污了他的哲学家的'斗篷'"，固然从中暴露了歌德式的哲学偏见[4]，不过就歌德毕生的运思轨迹看，他的这个说法乃是自圆其说的，而且他向来未曾有过贬抑

---

[1] Karl Jaspers, "Our Future and Goethe", in Hanns E. Fischer (Eds.), *Existentialism and Humanism: three essays by Karl Jaspers*, translated by E. B. Ashton, Russell F. Moore Company, 1952, pp. 47–48.

[2] 雅斯贝斯指出："歌德拒绝承认绝对的恶，他能够将其包纳进来，并从善的那一面看待它。这是一种局限性的表现，至少这种有限的眼光没有关注到那些受威胁的、被强迫的以及有罪责的人。"见 Karl Jaspers, "Goethes Menschlichkeit", in Hans Saner (Hrsg.), *Aneignung und Polemik: Gesammelte Reden und Aufsätze zur Geschichte der Philosophie*, R. Piper & Co. Verlag, 1968, S. 155。

[3] 雅斯贝斯认为，"充满爱意的讽刺"（loving irony）是在实存中捍卫绝对意识的一种表现形式，他就此指出："在充满爱意的讽刺中我知道我不会造成伤害。知晓了我的爱的界限会使爱更加果决。正如争辩在讽刺中寻求破坏的方式，爱则在讽刺中寻求其直接确定的检验。"见 Karl Jaspers, *Philosophy* (Vol. 2), translated by E. B. Ashton, The University of Chicago Press, 1970, p. 249。

[4] 雅斯贝斯在1963年10月22日致阿伦特的信中写道："令人遗憾的是，在完全不同的意义上，'根本恶'这个术语来自康德，就连歌德、席勒也未曾搞懂它的含义。"见 Hannah Arendt and Karl Jaspers, *Hannah Arendt—Karl Jaspers Correspondence*, Edited by Lotte Kohler and Hans Saner, translated by Robert and Rita Kimber, Harcourt Brace Jovanovich, 1992, p. 525。

康德的意图。① 确实，歌德始终是以真诚的态度表达自己的见解的，无论在科学观上，还是在政治观上，抑或在宗教观、哲学观、美学观、艺术观上，他都能够忠实于自己的内心，从不会瞒与骗。就歌德看待世间苦难与恐怖的态度而言，他"并没有以自我欺骗的方式"掩饰其深重的危机意识，毋宁说，他是立基于自己持守的和谐观对充满苦难与恐怖的世界图景采取了一种"超然淡定"的态度。这种态度既不是实存意义上的无动于衷，也不是犬儒式的明哲保身，而是在实存中捍卫"绝对意识"的一种态度，雅氏在《哲学》第二卷中将这种态度称作"镇定自若"："在心神镇静的感觉中，或者在尚不能看作天真心境的孩子般的安静感中，或者在处境幸运的人生感觉中，存在一种镇定自若的态度；不过，作为绝对意识的一种要素，镇定自若关联着临界处境。作为赢获的背景与通向未来的可能性，它是安然自得的存在确定性。它不是自我实现感，不是存在于实存中的高度，而是没有当下决断的宁静的确定性。这种受到庇护的感觉是一种可能的日常态度，与其说它是一种标准，倒不如说它是一种防护措施。它可以容忍有限的打击，这些打击不再使它心烦意乱，而是唤起生存决断意志的激情。当存在在临界处境中显示（最后，这会在镇静中再次平静下去）的时候，无声的宁静就结束了。"② 由此可见，"镇定自若"宛如我们在攀登高峰的过程中终于达至某个较高的平台而暂时休憩的状态，对歌德这样的生存个体来说，他在内在超越的过程中每次对实存世界有所突破之后都会产生一种安然自得的心境。这种"关联着临界处境"的心境乃是"绝对意识的一种要素"，它使生存个体并不恒驻于任何一种

---

① 关于歌德对康德的态度，可参看《歌德谈话录》中的相关载述。譬如，歌德在1825年5月12日的谈话中说道："在我们一生中，受到新的、重要的个人影响的那个时期决不是无关要旨的。莱辛、温克尔曼和康德都比我年纪大，我早年受到前两人的影响，老年受到康德的影响，这个情况对我是很重要的。"此外，在1827年4月11日的谈话中，当爱克曼问及在近代哲学家中谁最高明时，歌德说道："康德，毫无疑问。只有他的学说还在发生作用，而且深深渗透到我们德国文化里。""康德没有注意到我，尽管我本着自己的性格，走上了一条类似他所走的道路。""席勒经常劝我不必研究康德哲学，他常说康德对我不会有用处。但是席勒自己对研究康德却极热心，我也研究过康德，这对我并非没有用处。"见［德］爱克曼辑录《歌德谈话录》，朱光潜译，人民文学出版社1978年版，第88、131页。

② Karl Jaspers, *Philosophy* (Vol.2), translated by E. B. Ashton, The University of Chicago Press, 1970, p. 254.

实存秩序。进而言之，作为一种"防护措施"，它可以让生存个体"容忍有限的打击，这些打击不再使它心烦意乱，而是唤起生存决断意志的激情"。就此而言，"镇定自若"乃是生存个体面对未来的可能性再次进行决断的"预备状态"，或者说它是一种"自我激发的冲动"，其指归则在于"行动与得到自我实现"。[①]

（3）面对"不可能之事"的离弃态度

为了在自己身上实现无所不包的人性，歌德在不断尝试新的可能性的过程中虽然经历过内心的灼烧与撕裂，但他最终还是对"不可能之事"采取了离弃的态度。雅氏认为这是"歌德局限中最难探讨的一个问题"[②]，他对自己能否厘清这个问题深有顾虑，唯恐自己的批评会因陷入独断的歧误而无法同情理解歌德。于是，雅氏在探讨这个问题之前首先申明："如果我的意见中含有不诚的语气，那将导致整体上的虚妄。"[③] 可以说，雅氏的批评是颇为诚恳的，他始终没有丝毫贬抑、攻击歌德的意思。

雅氏将"最难探讨"的这个问题归结为："就其本身而论，歌德无所不包的人性是否一定存在错误？"[④] 为了将这个问题探讨得更彻底些，雅氏特意以歌德同女性的关系问题为辐辏进行了详慎的考察。确实，歌德在爱情方面的某些言行[⑤]最易引致后人的诟病，若厘清了这个问题，涵淹于歌德"无所不包的人性"背后的人文意趣也就彰显出

---

① 雅斯贝斯就此指出："镇定自若并不是不受影响。它既不是自我约束的恬淡寡欲，也不是安逸地拒绝对我施加影响的处境。它通过让我远离高处来保护我；当存在变得黯淡无光而且我的自我缺席的时候，它就会成为避风港。不过镇定自若并不会满足于自身。它是一种预备状态，是一种自我激发的冲动，为的是行动与得到自我实现。"见 Karl Jaspers, *Philosophy* (Vol. 2), translated by E. B. Ashton, The University of Chicago Press, 1970, p. 254。

② Karl Jaspers, "Our Future and Goethe", in Hanns E. Fischer (Eds.), *Existentialism and Humanism: three essays by Karl Jaspers*, translated by E. B. Ashton, Russell F. Moore Company, 1952, p. 48.

③ Karl Jaspers, "Our Future and Goethe", in Hanns E. Fischer (Eds.), *Existentialism and Humanism: three essays by Karl Jaspers*, translated by E. B. Ashton, Russell F. Moore Company, 1952, p. 48.

④ Karl Jaspers, "Our Future and Goethe", in Hanns E. Fischer (Eds.), *Existentialism and Humanism: three essays by Karl Jaspers*, translated by E. B. Ashton, Russell F. Moore Company, 1952, p. 48.

⑤ 关于歌德在爱情方面的言行，可参阅《歌德自传——诗与真》以及多种歌德传记（如格尔茨、路德维希、贝尔纳等学者均著有歌德传记）中的相关载述。

来了。具体说来，雅氏是从以下三个层面进行阐析的。

①雅氏首先提醒人们抵制常人所谓"朝三暮四"之类的诟责："以前，人们指责歌德在爱情方面朝三暮四，说他迟早会对每个女人都表现出不忠来。"① 在雅氏看来，这是一种庸俗肤浅的指责，甚至可以说这种指责是对歌德的恶意丑诋。"当然，我们憎恶这类指责，原委在于：他所爱的每一个女人对他来说都是非常重要的，而且是不可替代的；这些情人能在他的言语中理解与认识自身，她们在别的诗人的言语中却不能做到这一点；歌德的每一次告别都是在良知的压力下发生的，我们因而不能对他求全责备。而且，他对她们是多么的忠诚啊——在他的一生中，他不顾冯·施泰因夫人冒犯的举动，对她表现出无比的忠诚；他是怎样地为每一位心爱的人而担忧，又是怎样地为她们的不幸而不安！"② 从雅氏的回应中我们至少可以看出如下三点。

其一，歌德同女性的关系是"生存交往"意义上的关系，而不是"实存交际"意义上的关系。雅氏认为，"实存"之间的"交际"乃是"实存"的自我保全与扩展的一种功能，"生存"之间的"交往"则意指不同的生存个体为了实现彼此的自由而进行的发自灵魂深处的交感、互动与"爱的斗争"。"作为实存，说话的是一个有目的的、对自己具有无限兴趣的生命，他把一切都置于对自己的实存有所促进的条件之下，他只在这个意义上表示同情和反感，他只出于这种兴趣才与人交往。"③ 相形之下，"生存交往"则与此迥然有异。"作为生存，说话的是一个自己在那里存在着的人。他面对着生存，这个不可替代者，面对着别的不可替代者。"④ 由此可见，"实存"间的"交际"意在以他人为实现自身的资具，而"生存"间的"交往"则旨在以个我的生存自由成全另一个生存个体的自由。就此而言，歌德深爱过的每一个女

---

① Karl Jaspers, "Our Future and Goethe", in Hanns E. Fischer (Eds.), *Existentialism and Humanism: three essays by Karl Jaspers*, translated by E. B. Ashton, Russell F. Moore Company, 1952, p. 48.

② Karl Jaspers, "Our Future and Goethe", in Hanns E. Fischer (Eds.), *Existentialism and Humanism: three essays by Karl Jaspers*, translated by E. B. Ashton, Russell F. Moore Company, 1952, p. 48.

③ [德] 卡尔·雅斯贝斯：《生存哲学》，王玖兴译，上海译文出版社2005年版，第28页。

④ [德] 卡尔·雅斯贝斯：《生存哲学》，王玖兴译，上海译文出版社2005年版，第28页。

第六章　理性生存型的艺术家之范例

人都是与他一样"不可替代"的生存个体,她们都在歌德的言语中理解与认识了自身。以冯·施泰因夫人与歌德的交往为例,她在结识歌德之前与粗野、无爱的丈夫过着索然无趣、死气沉沉的日常生活,她整日笼罩在一种忧郁、孤独、病态的氛围之中,正是歌德的诚挚炽烈之爱重新唤醒了她爱世界的能力:"歌德唤醒了她。在他的剧本《哥哥和妹妹》中人们读到的那封信里回荡着夏绿蒂轻柔的声音。这种生命的觉醒有多么甜美,尽管它几乎是违背她的意志的!'我重又爱上了世界,而我曾如此远离过它!我爱上它是由于您。我的心在责备着我。我感到,我在给您、也给我自己准备着痛苦。只是在半年前我还渴望着死,现在我已经不想它了。'"① 在这个并不可爱的世界上,正因为有了爱世界的能力,人才有了坚忍地活下去的理由,歌德的爱恰恰唤醒了她压抑已久的爱世界的能力,从而使她重新回归本真的自我。当然,生存交往中的唤醒力是相互的,正是在冯·施泰因夫人柏拉图式的纯洁之爱的温润下,歌德终于从对方身上进一步认识到了自己:"夏洛特·冯·施太因夫人——她按照封建的惯例嫁给了粗野的厩长冯·施太因——却对他的一生产生了深刻影响。直到歌德1786年出走意大利时为止,这位既敏感又文雅的施太因夫人同歌德始终保持着密切的关系。她已经是七个孩子的母亲——然而,这位文雅而又待人亲切的人物正是歌德长期物色的伴侣。歌德为了追求施太因夫人,在几年中写了成百封书信。为了判断施太因夫人在歌德心目中究竟意味着什么,我们必须从歌德的诗中来认识这位夫人的影响:'如果不是那不可抗拒的宿命/把我们俩的命运系到一起,/以致只有在你身上我才认识自己,/那我肯定早就会远走高飞,/走向辽阔的大地。/我的诗歌、理想、希望和要求/只向你、在你面前倾吐,/我们的生活相依在一处。'"② 说到底,冯·施泰因夫人唤醒了歌德自我克制的能力:"夏绿蒂要求于歌德的是自制,纯洁的友谊和灵魂的契合无间。但他是个青年男子,渴望着占有女人。歌德忍受痛苦的能力从来没有象在与这

---

① [德]艾米尔·路德维希:《歌德传》,甘木、翁本泽、仝茂莱译,天津人民出版社1982年版,第148—149页。
② [德]汉斯·尤尔根·格尔茨:《歌德传》,伊德、赵其昌、任立译,商务印书馆1982年版,第73—74页。

个苛求的女人的关系上表现得如此充分。"① 由此可见,歌德与冯·施泰因夫人的交往并不是一个同质化的过程,而是两个不同的生存个体相互敞开、彼此唤醒的过程,正是在这个充满爱意与张力的过程中,他俩之间产生了一种独特的"亲和力"②。

其二,雅氏之所以认为不能对歌德求全责备,乃是因为他与所爱的女人的每一次告别都不是实存论意义上的无情抛弃,而是生存论意义上的人生决断,这里的关键在于歌德在做决断的过程中始终面临着"良知的压力"。在雅氏看来,生存个体的良知是逐步地显现出来的。"人的良知被所有客观对象物、各种惯例、诸多道德规条、形形色色的机构和社会形态所遮蔽。大众并不承认良知,每一种客观秩序也在把自身绝对化的同时而否弃良知。……只有在一个个体与另一个体之间的生存交往中,良知才是坦诚的,并且不会沦为某种凝固了的客观权力。在这种交往中,它将得到表达并受到质疑,以便与其他的良知一道发现自己的真理。"③ 像歌德这样的生存个体在与他所爱的女人进行坦诚交往的过程中,他自然会突破各种客观秩序的约束,倾听自己的良知从渊默处发出的呼吁:"我到底是谁?"在良知中向生存个体说话的其实正是他自己的声音。生存个体倾听着良知的声音,终于觅到了真实的自我,从此不再受到实存的困扰。"良知意味着挑战,它让我在翱翔之中把捉我的存在并感觉到它是真实的——当我有可能迷失我的存在的时候,它就是封堵我道路的障碍物。然而,它还只是把肯定要做的东西让渡给了我不准做的东西的真理。良知说不(says No),让我摒绝事物,它是我的肯定的良知的助手。……自由遂成为一种必然,'我意愿'('I will')也就变成'我必须'('I must')。"④ 良知的声音呼唤生存个体观看这个世界本身,使他敢于

---

① [德]艾米尔·路德维希:《歌德传》,甘木、翁本泽、仝茂莱译,天津人民出版社1982年版,第152页。

② 1809年,歌德出版长篇小说《亲和力》(与歌德出版于1774年的《少年维特的烦恼》时隔35载),这部小说围绕着爱德华、夏绿蒂夫妇与各自的情人奥狄莉、奥托展开情节,描述了他们深陷其中的道德与情感冲突,对我们深入理解歌德同女性的交往具有颇大的启发意义。

③ Karl Jaspers, *Philosophy* (Vol.2), translated by E. B. Ashton, The University of Chicago Press, 1970, p. 237.

④ Karl Jaspers, *Philosophy* (Vol.2), translated by E. B. Ashton, The University of Chicago Press, 1970, pp. 234–235.

第六章　理性生存型的艺术家之范例

超越自己被历史给定的实存形式，这样一来，他就必须在面对新的可能性之际做出抉择。"我不能徘徊在我的实存与我的行为的即时性之中。一旦良知让我做出分判，它就要求我进行决断：这决断并不是以偶然的方式发生的，而是向着我所意愿的我自己生成。在诸多的可能性中，我通过良知抉择而使我自身显现出来。"[1] 良知抉择的过程既是生存个体向新的可能性生成的过程，也是他向曾经选择过的实存告别的过程。正是在这个过程中，像歌德这样的生存个体真切地感受到了"良知的压力"：他已倾听到良知的呼唤，因而他必须向新的可能性生成；与此同时，他不得不向与他交往过的女人告别，然而这些女人毕竟是他曾经深爱过的个体，这样一来，他必然在内心深处产生一种羞耻与愧疚相交织的情感，雅氏在《哲学》第二卷中将这种复杂的情感称作"生存上的羞愧"："与心理羞愧中的亏欠感类似，生存会因为其客观性自身总是带给它一种孱弱感而羞愧。鉴于此，当它的客观化被当作生存自身，而不是被当作它的现象时，它就是虚假的，它的现象只是它引起质疑的客观性。生存既不能呈现于关于存在性的称说中，也不能呈现于被认作生存的要求中；它也不能因着把自身看得像个目标而存有成为生存的意愿。无论它在何处称说，即使这种称说似乎有了些微的可能，生存也会为其孱弱而感到羞愧。它无须得到客观对象间接的救助。因此，它的有效呈现要通过羞愧避免过早的突破，其关键是生存在自身以及在他人面前的沉默。"[2] 在"沉默"中，像歌德这样的生存个体意识到自己并不是神，他无法全然无视现实处境做出无条件的"绝对行动"；当然自己也不是实存，他绝不会一味拘囿于现实秩序而不做决断。于是，他意识到自己所能做的，就是在实存世界中不断地超越实存世界。"生存个体无论何时在客观的社会范围内被指认为它自身，生存都会表现出羞愧来。生存与生存之间需要在相同的层次上展开没有保留的交往，在离开这一点我自身被触及的地方，

---

[1] Karl Jaspers, *Philosophy* (Vol. 2), translated by E. B. Ashton, The University of Chicago Press, 1970, p. 235.

[2] Karl Jaspers, *Philosophy* (Vol. 2), translated by E. B. Ashton, The University of Chicago Press, 1970, p. 251.

我就只会感到羞愧。"①"羞愧"是生存个体在内在超越的过程中必然产生的一种情感,也是他在实存世界中捍卫"绝对意识"时的情感表现形式之一。意识到这一点,他尽管保持沉默并承担起属己的责任就是了。"在生存羞愧中我获得了一种超然的态度,这种超然的态度自身仍不能产生任何东西,不过它从缓缓的流逝中为自身留下了机遇。"②此时此刻,像歌德这样的生存个体所思所想的,大概就是"我曾深爱过,也曾被深爱过,今生今世足矣"。这其中的秘密渊默、深微而灵动,人类的语言委实是难以达其意的。"生存羞愧所保护的东西是一个秘密,这秘密是,最好的意愿无论如何也不能使我说出来。任何语词都只是混淆了它。我们在澄明生存的哲学中使用的语词勉力在一般的情况下发现自我澄明的方式,不过澄明自身并不产生于这些语词之中。语词所透露给我们的只是一种方式而已。"③说到底,语词在这里是以"密码"的形式向我们透露些微的消息的,若想领悟其中的真意,我们只能诉诸个我的良知去倾听涵淹于语词背后的生存之呼吁。

其三,正是通过诉诸个我的良知,雅氏透过歌德的语词体察到了他发自内心的"忠诚"。只要读一读歌德的书信、诗歌、小说以及他的自传,我们就能真切地感受到"他是怎样地为每一位心爱的人而担忧,又是怎样地为她们的不幸而不安"。这种"担忧"与"不安"是生存意义上的本源运动,其根本的动力是本真而充满激情的生存之爱。因此,我们并不能以是否最终步入实存意义上的婚姻殿堂来看待歌德的"忠诚"。从生存的层面来说,那种无爱的婚姻生活才是窒息生存之爱的因牢,夫妻间一旦出现彼此厌倦、相互伤害的情形,那更是对爱情的最大的不忠。当然,歌德也是渴望自己的生存之爱能够结出甜美的果实的,然而命运女神却只让他和心爱的女人分享热恋的过程,最后他只能把那些酸涩的经历与无限的忠诚化作美妙的诗篇留存在记

---

① Karl Jaspers, *Philosophy* (Vol. 2), translated by E. B. Ashton, The University of Chicago Press, 1970, p. 251.
② Karl Jaspers, *Philosophy* (Vol. 2), translated by E. B. Ashton, The University of Chicago Press, 1970, p. 251.
③ Karl Jaspers, *Philosophy* (Vol. 2), translated by E. B. Ashton, The University of Chicago Press, 1970, pp. 251–252.

忆里。歌德的这种忠诚在他与冯·施泰因夫人的交往中表现得尤为显豁。① 路德维希在《歌德传》中称引了歌德的如下诗句:"哦,您的崇高的存在,/使我们看见了未来,/但不管它怎样把我们照耀,/爱情和幸福都无从信赖!/……/双方的幸福都得不到,/我们爱得多么轻率。/恶梦我们都怕做,/美梦想做又难再。/一方不理解另一方,/理想成为自己之所爱。/……/如今只剩下一个回忆,/活在我们骚动着的内心里。/过去——呼吸得多么自由,/眼下——只能在痛苦中窒息。/两个人生活都不充实,/最明亮的时刻感到的只是悲戚。/狡猾的厄运改变不了我们——/只有这一点才是我们的慰藉。"② 歌德在这里有期待,有失望,有抱怨,有抗争,然而他最终还是未能挣脱"狡猾的厄运"布下的罗网。歌德的厄运其实在他与崇尚柏拉图式爱情的冯·施泰因夫人邂逅的那一刻起就已注定了。"那些记载着他关于小事情的大想法的纸页很快变成了一千七百封书信和札记。整整十年来它们被保留在一个女人的锦匣里。歌德从来没有崇拜过任何人,象崇拜这个女人一样。她的灵魂是一个硕大无比的杯子,从那里面他那心灵之泉清澈无比地流泻出来。但这个女人只爱'歌德'这个概念,并不爱他本人。而他爱的也不是这个活女人,而只是她那理想的形象,这一点可以说明那蕴含在他们的相互吸引中的全部美好的,有益的东西。"③ 歌德满怀炽烈的爱火渴望着与他心目中的"太阳"熔铸成灵与肉的结合体,并竭尽全力地为这位高傲的女神服务,然而她却只想在灵的层面与歌德保持朋友式的关系,甚至还时常当着宫廷人员的面贬抑他,这让歌德深感痛苦。歌德想要的是可以在现实世界中实现的爱情,对这位在世生存的个体来说,只有这样的爱情才是真实的。有一次,"他写信给夏绿蒂,回顾了过去,把自己比做一株被人砍去枝条的柳树,为的是让她赐予他全部新的、更新的嫩芽。他觉得,他身上现在已经长出了一些新枝。夏绿蒂喜欢这个形象,但要她发展它,却是她所不能同意于歌德

---

① 大概是限于演讲体的缘故,雅斯贝斯没有对此展开阐说。笔者在这里参引《歌德传》中的相关载述,以便为雅氏的论断提供一些必要的佐证。
② [德] 艾米尔·路德维希:《歌德传》,甘木、翁本泽、仝茂莱译,天津人民出版社1982年版,第151—152页。
③ [德] 艾米尔·路德维希:《歌德传》,甘木、翁本泽、仝茂莱译,天津人民出版社1982年版,第146—147页。

的。她写道，那棵不久前被人砍掉的树，既不会给他以浓荫，也不会给他以庇护。收到这封信，歌德觉得自己受到了委屈。因为她对他使用了一些带侮辱性的字眼，当他一门心思为她的新房子、为她的火炉、为她的眠床操持着的时候"①。尽管如此，歌德依然不顾她的冒犯的举动，"对她表现出无比的忠诚"，直到他再也无法忍受爱情的煎熬而"远走高飞"②。由此可见，所谓"歌德在爱情方面朝三暮四"纯属诬妄之词，至于"说他迟早会对每个女人都表现出不忠来"更是恶意丑诋。作为在世生存的个体，歌德在同他深爱着的女人的交往中所经历的不安与羞愧、煎熬与痛苦以及他所表现出来的无比的忠诚，也只有同歌德一样伟异的生存个体（如雅斯贝斯）才能在良知的渊默处聆听得到。

②雅氏提醒我们要格外注意克尔凯郭尔对歌德的一个批评："存在一种被普遍忽视了的批评。克尔凯郭尔说，在爱情上，引诱者除了决定引诱以及决定结婚之外，还有第三种行动方式，那就是：'他根本不做决定——他坠入爱河，然后结束爱情，最后遗忘。'作为述说这种中间存在方式的一个例子，克尔凯郭尔引用了歌德在《诗与真》（*Dichtung und Wahrheit*）中的自我剖白。情人关系的破裂其实对双方都有伤害；不过，最大的羞辱正是这种破裂后的藕断丝连，这种对于分手的必要性的礼貌和善的理解。"③ 从生存的层面来看，情人关系的破裂无论对歌德深爱过的女人还是对歌德本人"都有伤害"，这从歌德坦诚的抱怨、噬心的痛楚与刻骨的羞愧中即可见得出来。这里暂且不论命运女神让歌德与那些女人相遇之际到底谁先"引诱"了对方（有时是歌德先追求女方，有时是女方先追求歌德），其中一个明显不过的事实是，歌德相信双方之间存在着一种磁力般的吸引力与交感力（亲和力）④，而且他

---

① ［德］艾米尔·路德维希：《歌德传》，甘木、翁本泽、仝茂莱译，天津人民出版社1982年版，第153页。

② 1786年9月3日，歌德与包括夏绿蒂·冯·施泰因夫人在内的魏玛人不辞而别，出走意大利，直到1788年6月18日才返回魏玛。

③ Karl Jaspers, "Our Future and Goethe", in Hanns E. Fischer (Eds.), *Existentialism and Humanism: three essays by Karl Jaspers*, translated by E. B. Ashton, Russell F. Moore Company, 1952, pp. 48–49.

④ 1827年10月7日，歌德在与爱克曼的谈话中谈及自己过去的一段爱情经历，其中就说到了这种强烈而神秘的吸引力与交感力（亲和力）。参见［德］爱克曼辑录《歌德谈话录》，朱光潜译，人民文学出版社1982年版，第158—161页。

每次都迷狂般地"坠入爱河",这对在世生存的歌德来说就已足够了。倘若关系破裂之后依然在实存的层面藕断丝连甚至纠缠不休,这反而是"最大的羞辱",于是歌德采取了"结束爱情,最后遗忘"的态度。其实,歌德只是在实存的层面上"结束""遗忘"了此前的某段爱情,若从生存的层面看,他则把那份刻骨铭心的爱深深地涵淹在他的"沉默""孤独"以及他的作品之中了。

克氏认为歌德的爱情观体现了"引诱""决定结婚"之外的第三种态度——"不做决定"。[①] 这里的关键问题是,我们当如何理解"不做决定"的本然意味?可惜的是,雅氏提出这个问题后,并未进行深入的阐发,这里便循着雅氏学说的本然意趣做一些必要的补充。雅氏在《哲学》第二卷中将这种"不做决定"的态度称为"游戏"(play),认为正如"讽刺""羞愧""镇定自若"一样,它也是生存个体"在实存中捍卫绝对意识"的一种态度。"玩游戏是一种天真的娱乐活动,它充满活力,不再受现实的牵累。作为从现实威胁中解脱,它是通往无承担的道路。游戏伴随着欢笑,就像欢笑伴随着讽刺。"[②] "游戏"关联于人的自由[③],它可以使生存个体从现实的威胁中解脱出来("不再受现实的牵累"),从而处于一种"无承担"的状态之中。"玩游戏之所以成为绝对意识的一种要素,乃在于:在游戏中,我描绘一个可能性的领域,而冲淡严肃认真的色调。这是游戏获致其本质所在。游戏并不止于玩。"[④] "游戏"的韵致在于,它可以为生存个体的自由选择敞开一个"可能性的领域",并且可以使他不再一本正经地混迹于充斥瞒与骗的实存秩序之中。正因为如此,"游戏并不止于

---

① 雅斯贝斯指出:"永远不会有人知道歌德内在生存的真实。但是,因着将歌德看作某种模型而误解了他的后人会受到他的生命表象如此大的影响,以至于克尔凯郭尔有关他的批评变成了真的。实际上这类批评并没有击中歌德的要害,不过确实击中了一种接受歌德的方式。"见 Karl Jaspers, "Our Future and Goethe", in Hanns E. Fischer (Eds.), *Existentialism and Humanism: three essays by Karl Jaspers*, translated by E. B. Ashton, Russell F. Moore Company, 1952, pp. 50–51.

② Karl Jaspers, *Philosophy* (Vol. 2), translated by E. B. Ashton, The University of Chicago Press, 1970, p. 250.

③ 雅斯贝斯的"游戏说"与席勒的"游戏说"固然内涵有异,不过在指向人的"自由"这一点上则是完全相通的。

④ Karl Jaspers, *Philosophy* (Vol. 2), translated by E. B. Ashton, The University of Chicago Press, 1970, p. 250.

玩"，也正是在这种意味上，"游戏"成为"绝对意识的一种要素"。"作为思维的概念与表达，哲学思考在这种意味上是一种游戏；意识到这种游戏性乃是一种保护机制，它会防止我们思想中的任何僵固的东西成为客观的，从而使那些实体化了的真理变得可疑。并没有任何一种陈述被赋予衡量一切的特权，因此它并不是不可触动的，也并不是可以客观地决定一切的。任何一种哲学思想都会被再次相对化。那种真理的拥有者会一本正经地宣布某一真理。我已忘记了我是在玩游戏，以讽刺的眼光来看，我的一本正经将使我显得滑稽可笑。我并不能受缚于那些客观的陈述，而要对已经做出的陈述负责任。我不必轻率地抛弃那些陈述，不过我必须控制它们，而不是让它们控制我。"①由此可见，"游戏"作为一种"保护机制"，它既可以使任何一种哲学思想"再次相对化"，又可以防止任何人以真理拥有者的姿态"一本正经"地宣布某一实体化了的真理，进而将那种"一本正经"的独断姿态谑称为"虚假的严肃"（false seriousness）："虚假的严肃使我忘记在对象中进行哲学思考的游戏因素，这会妨碍我做彻底的实验。在那种严肃中，我不再是自由的，因为我不能再去注意倾听与理解那本真的东西；只有通过游戏这一中介，我才能同时是真实的、认真的。游戏是为了保持哲学思考的张力：用游戏作为指向终极严肃的语言——不过，作为一种语言，它并不是那严肃本身。伴随着这种负责任的自由，真正的哲学思考在无承担的任意思想与确定客观的僵化思想之间移动。当我把哲学思考视为一种原初的、基本的呼吁，我就会失望地听到，那些关于只需我接受的绝对之物的客观有效性，其实是独断的；而真正的哲学思考则是一种游戏，在这种游戏中，我学会去看各种可能性。"②"游戏"作为指向"终极严肃"（ultimate seriousness）的语言，它固然尚不就是"严肃本身"（seriousness itself），不过它"在无承担的任意思想与确定客观的僵化思想之间移动"的过程中已架起了通向负责任的"终极严肃"的桥梁。这样一来，在"游戏"中使生存

---

① Karl Jaspers, *Philosophy* (Vol. 2), translated by E. B. Ashton, The University of Chicago Press, 1970, p. 250.
② Karl Jaspers, *Philosophy* (Vol. 2), translated by E. B. Ashton, The University of Chicago Press, 1970, p. 250.

个体"学会去看各种可能性"的哲学思考就成为一种"原初的、基本的呼吁",它呼吁生存个体看清"那些关于只需我接受的绝对之物的客观有效性"的"独断"面目,从而为唤醒其本真的生存自由做了一种必要的准备。①

"游戏"作为"在实存中捍卫绝对意识"的一种态度,它在遮诠的意义上意指生存个体对一般意识所推断的那种客观化秩序与实体化真理的一种悬置(不做决断)态度,一旦意识到这一点,生存个体便由拘囿于客观化秩序与实体化真理的"世界实存"生成为"可能的生存";从表诠的意义上说,这种不做决断的"可能的生存"为生存个体濒于临界处境之际做出指向"终极严肃"的良知决断做了必要的准备,一旦做出合于"严肃本身"的良知决断,生存个体便由"可能的生存"生成为"本真的生存"。"世界实存"→"可能的生存"→"本真的生存"乃是一体于"生存"的"本源运动"的不同阶段,由此观之,在爱情生活中"不做决断"的歌德当处于中间的一个阶段,克氏称之为"中间的生存"(Zwitterexistenz),雅氏称之为"可能的生存"。对处于"可能的生存"("中间的生存")阶段的歌德来说,他的"不做决断"显然具有双重的意义:一方面,歌德通过"不做决断"对"世界实存"进行了悬置与突破,就此而言,他的"不做决断"并不是人们通常所说的那种不负责任地游戏爱情,而是具有敞开生存的可能性与自由空间的积极意义;另一方面,歌德通过"不做决断"最大限度地实现了在世生存的可能性、丰富性与协调性,然而他也因此未能做出那种期待中的临界跳跃,就此而言,他的"不做决断"最终使他诉诸人生艺术化的审美态度而停步于"可能的生存"("中间的生存")阶段。②

如果把"可能的生存""世界实存""本真的生存"分别对应于人的"审美生活""日常生活""本真生活",那么我们就可以从雅

---

① 就此而言,雅斯贝斯的"游戏说"与巴赫金的"狂欢化理论"亦有相通之处。

② 井村阳一就此品评道:"歌德的丰富性、有协调的统一之实现,就是由于回避了超越的东西,由于缺少这些东西而获得的。在雅斯贝斯看来,这无非就是歌德本身的限界。歌德面对生存的深渊回避了决断,因而获得了生的丰富性和协调,却停步于克尔凯郭尔所说的'中间的生存'(Zwitterexistenz)。"见[日]今道友信等《存在主义美学》,崔相录、王生平译,辽宁人民出版社1987年版,第157页。

氏匠心独具的"生存辩证法"中破译出更深一层的人文消息来。具体来说,"生存"由其"世界实存"→"可能的生存"→"本真的生存"→"超越存在"(意指瞬间即永恒的"临界超越")的辩证运动,最终所透示给我们的乃是"生存"的自我扬弃运动。由生存的自我扬弃运动再来反观"审美生活","审美生活"以其想象化、游戏化的形式世界对"日常生活"的悬置与突破,同时意味着进入审美自由之境界的"可能的生存"对那不自由的"世界实存"的扬弃。艺术的意义在于此,其界限亦在于此。雅氏指出:"艺术允许我们生活于一种完全没有责任的生活中。这是有意的存在之欺骗(delusion of being),人们通过具体地感受那最深奥、最遥远的诸存在可能性的当下在场而被内在地打动。"① "生存"为了突破"世界实存",需要"可能的生存"这一中间环节,因而也需要一种以想象、游戏为特质的艺术媒介来彻底摆脱那必然的因果链条的束缚。这是"有意的存在之欺骗",而"有意"所喻示的正是"生存"自己乖离自己,自己超越自己,为的是"通过具体地感受那最深奥、最遥远的诸存在可能性的当下在场而被内在地打动"。说得更彻底些,生存的自我扬弃即意味着生存自己是自己的理由。这自己是自己的理由的"生存",通过自我坎陷于"审美生活",为自身敞开了"那最深奥、最遥远的诸存在可能性";它又因着内蕴于自身之中的良知,面对诸可能性,在瞬间即永恒的良知决断("临界超越")中回归"本真的生存"与祈向"超越存在"。这样一来,"审美生活"便成为"生存"达至"本真生活"的必要的导言。由此观之,歌德的局限也就进一步凸显出来了——停步于"可能的生存"("中间的生存")阶段歌德以人生艺术化的审美生活消弭了临界处境并回避了临界超越。

雅氏就此强调了克氏在批评歌德时所提出的这样一个原则性的问题:"一位艺术家能在何种程度上把自己的生存本身变成一件艺术品?他说,歌德的困境在于其悲怆之情的匮乏:这是一种只需改变批评的

---

① Karl Jaspers, *Philosophy* (Vol. 1), translated by E. B. Ashton, The University of Chicago Press, 1969, p. 333.

第六章 理性生存型的艺术家之范例

性质就可使得艺术家从爱情以及其他事情中全身而退的境况。每当那活生生的恋爱关系威胁并即将摧垮他之时,他就会通过'使其成为艺术'来消除它。"[1] 歌德固然也是主张将其生命化入艺术的,不过这里的关键问题在于他化入艺术中的生命究竟是"可能的生存"还是"本真的生存"。譬如,歌德1824年1月2日在与爱克曼的谈话中曾谈及他早年创作的小说《少年维特的烦恼》,他说道:"我象鹈鹕一样,是用自己的心血把那部作品(指《少年维特的烦恼》——引者注)哺育出来的。其中有大量的出自我自己心胸中的东西、大量的情感和思想,足够写一部比此书长十倍的长篇小说。我经常说,自从此书出版之后,我只重读过一遍,我当心以后不要再读它,它简直是一堆火箭弹!一看到它,我心里就感到不自在,深怕重新感到当初产生这部作品时那种病态心情。"[2] 歌德在恋爱生活中每逢濒于灵魂行将撕裂的临界之际,他就会通过生命的艺术化("使其成为艺术")来消除它,这实际上是以"可能的生存"状态与审美生活的态度回避了临界超越。另外需要注意的是,歌德与自己的作品保持着一定的距离,他之所以在《少年维特的烦恼》出版后很少再去读它,甚至"深怕重新感到当初产生这部作品时那种病态心情",说到底就是因为歌德唯恐自己在"火箭弹"般燃烧着的激情(这是一种着魔般的激情)的炙烤下毁灭于自己的作品之中。[3]

歌德在将痛楚的爱情经历化成作品的过程中,也在不断地向自己的过去告别。"当人生的新阶段、新处境、新任务在歌德的生命中出

---

[1] Karl Jaspers, "Our Future and Goethe", in Hanns E. Fischer (Eds.), *Existentialism and Humanism: three essays by Karl Jaspers*, translated by E. B. Ashton, Russell F. Moore Company, 1952, p. 49.

[2] [德]爱克曼辑录:《歌德谈话录》,朱光潜译,人民文学出版社1978年版,第17页。

[3] 正是在这一点上,雅斯贝斯将歌德与以凡·高、荷尔德林为代表的主观体验型的艺术家区别开来。像凡·高、荷尔德林这样的艺术家不仅把自己的本真生存全部化入作品,而且不惜"把自己毁灭于其中"。对他们来说,作品即是其本真生存的自然外化,本真的生存即是作品的全部神髓。以克尔凯郭尔意趣上的"生存"为契机而走上哲学之路的雅斯贝斯,当然对艺术领域内的克尔凯郭尔——凡·高、荷尔德林——始终保持着敬意,而对虽然同样创作出伟大的艺术品,但为了保持自己与世界的协调统一而终究回避了生存深渊的歌德则提出了善意的批评。在雅氏看来,歌德虽然也预感到了毁灭性的"临界处境",但因important厌恶自我挫折,故而在现实世界中总是躲着悲剧主人公自我毁灭的道路而前行,这也正是作为悲剧诗人的歌德与同样是悲剧诗人的埃斯库罗斯和莎士比亚的区别所在。

现之际——其本身就像一件纯粹的艺术品——他不得不放弃每一次转瞬即逝的满足感。在持续前行的不忠中,他仅仅保有追忆中的忠诚。"①所谓"持续前行的不忠",意指歌德为了实现新的可能性而不断地向自己的过去告别;所谓"保有追忆中的忠诚",意指歌德为了纪念自己的过去而将那些刻骨铭心的经历化入了作品。就歌德的爱情经历而言,他对冯·施泰因夫人的爱恋是最值得注意的:"在对冯·施泰因夫人的爱恋中,歌德自己似乎(seems)已经捕捉到了绝对之物——这种绝对之物在某个时候必然会变得强人所难、'不合常理'。在这迷雾重重的十年,在这个无情地强求自己的阶段,歌德可能过着一种与此前和此后都不同的生活。正是在这段时间里,他深刻展示了自己的观察力和冲动——他的创作的主要动力。也正是在那时,他看到了人的高贵之中的信义,发现了《伊菲格尼》的要旨,认识到了'人可以高尚、良善、扶危济困',并发现了像米尼翁(Mignon)那样令人不可思议、不可忘记的人格。"②所谓"绝对之物",指的是柏拉图式的"爱的理念"("爱本身")。"爱的理念"意指爱的无限完满状态,作为生存个体眺望中的"虚灵之真际",它并不能够被人完全地实现于经验的世界,不过它也从不乖违于经验的世界;毋宁说,它就在歌德与冯·施泰因夫人这样的生存个体之间的爱恋中当下呈现着,并督责着经验世界中热恋着的生存个体不断地向之趋赴。沐浴在"爱的理念"中,在世生存的个体便会真切地感受到"人的高贵之中的信义"。然而,在世生存的个体终究是有限的,他在向着无限完满的"爱的理念"不断趋赴的过程中,难免受到肉身存在以及现实境遇的限制,有时便会感到力不从心,值此之际,"爱的理念"("绝对之物")就会变得"强人所难"甚至"不合常理"。歌德的可贵之处在于,他在对冯·施泰因夫人的爱恋中"似乎已经捕捉到了绝对

---

① Karl Jaspers, "Our Future and Goethe", in Hanns E. Fischer (Eds.), *Existentialism and Humanism: three essays by Karl Jaspers*, translated by E. B. Ashton, Russell F. Moore Company, 1952, p. 49.

② Karl Jaspers, "Our Future and Goethe", in Hanns E. Fischer (Eds.), *Existentialism and Humanism: three essays by Karl Jaspers*, translated by E. B. Ashton, Russell F. Moore Company, 1952, p. 49.

第六章　理性生存型的艺术家之范例

之物"①，这正是他迷狂般地"坠入爱河"的根由所在，也正是他能够深刻地展示自己的观察力和创作冲动的主要动力所在。在爱神的召唤与命运女神的威逼所构成的足够大的张力下，歌德热切地追求着，勇毅地抗争着，顽强地忍耐着，与此同时，歌德在这一时期所创作的戏剧《伊菲格尼》也焕发出一种古典人道主义的理想光辉，从而使该剧成为堪与莱辛的《智者纳旦》相媲美的伟大作品。②

③歌德毕竟不同于以荷尔德林和凡·高为代表的主观体验型的艺术家，他凭借自我保护的天性与自我克制的理性最终放弃了对"不可能之事"的追求。鉴于此，歌德并没有像荷尔德林和凡·高那样毁灭于自己的作品之中，而是随着自己的作品一道成长，从而在内在超越的过程中把自己成全为一位理性生存型的艺术家。雅氏敏锐地发现，歌德与冯·施泰因夫人爱恋的那个时期"也正是歌德越来越难以忍受的一个时期"③。在爱神与命运女神的双重撕扯下，歌德再也无法忍受下去，他于1786年秋断然出走意大利，直到1788年夏才返回魏玛。

---

① 值得注意的是，雅斯贝斯在这里使用了"似乎"（scheinen/seem）一词，关于其中的意趣，富尔曼曾有一个中肯的品说，认为这是雅氏惯常使用的"双重开放性"（Doppelheit Offenheit）的批评态度："首先，对所谈现象的别种解读可能性持开放的态度。这尤其体现在他审慎的用词上，比如动词'看起来、似乎'（scheinen）和副词'或许'（vielleicht）。其次，对矛盾持开放的态度，而这类矛盾是含藏于所描述联系的本质之中的。后一种开放性一方面体现在用语'像是出现了衰退'，它并没有排除这样的可能性，即所谓的'衰退'若换一种视角就可被解读成与之相反的'升华'；另一方面体现在有意识地运用具有多重含义的句子，比如下面这句：'在他自我保护的天性里以及他对不可能之事的鄙弃里，我们发现了整全、圆满的歌德。'通过这样的表述很容易便可看出，对于雅斯贝斯而言，弱点、错误和局限性总是可能成为优点、正确和新的拓展点的；此外，凡是关乎最自我、最内在和某一个体作为整体的东西，这些从来都不能成为绝对令人信服的知识，这种谦逊的哲学上的'不知道'（即我自知我不知道），通过下面这句话表现得淋漓尽致：'永远不会有人知道歌德内在生存的真实。'这句话跟在上面的引文之后，便给后人留下了解读的空间。解读是从直接的文本中脱胎而出的，因而具有极大的开放性。它在可信度上可多可少，但是绝不会是唯一的。"见 Helmut Fuhrmann, *Sechs Studien zur Goethe-Rezeption*, Königshausen & Neumann GmbH, 2002, S. 15–16。

② 诚如格尔茨所说："施太因夫人对歌德产生的那种动人情思的影响是无庸置疑的：她在歌德眼里愈益成为理想主义人道主义的化身，正如《伊菲格尼》所表现的人道主义那样。这个剧本于1779年公演……伊菲格尼的形象始终体现了古典人道主义的理想。""《伊菲格尼》是继莱辛的《纳旦》之后最彻底地表达了宽容思想的那种人道主义的自白。"见［德］汉斯·尤尔根·格尔茨《歌德传》，伊德、赵其昌、任立译，商务印书馆1982年版，第74页。

③ Karl Jaspers, "Our Future and Goethe", in Hanns E. Fischer (Eds.), *Existentialism and Humanism: three essays by Karl Jaspers*, translated by E. B. Ashton, Russell F. Moore Company, 1952, p. 50.

"自从意大利旅行归来后，他就放弃了对'不可能之事'的追求，他也随之丧失了捕捉真正的当下以及超感觉意义所需的那种激发鲜活洞察力的灵感。前些年他所信守的那种纯粹的、无可比拟的高贵消退了。由灵感之源所滋养的那剩下来的创造力，使他能够在诗歌、科学以及晚年所完满实现的智慧领域中继续产生着丰富的、不可替代的影响。过去所伸展并被测度的那种非同寻常的、无所不包的人性，在歌德这里再次由其最高的可能性所测度，然而，它依然看上去像是出现了衰退。"[①] 所谓"放弃了对'不可能之事'的追求"，指的是歌德不再强求与"爱的理念"实现合一，在经历屡次争取、屡次失败的痛苦与淬砺之后，他意识到"爱的理念"是不可能完全实现于包括他在内的任何一个在世生存的个体身上的，他也就此认识到了人自身的界限。歌德的灵感与激情"像是出现了衰退"，不过与此相伴的则是他的理性精神得到了同步的升华。借着理性对生存的澄明，他的作品越来越趋于典雅、深邃与沉静。[②] 歌德曾在 1829 年 4 月 10 日与爱克曼的谈话中回溯了自己的这一精神成长历程："在过去一切时代里，人们说了又说，人应该努力认识自己。这是一个奇怪的要求，从来没有人做得到，将来也不会有人做得到。人的全部意识和努力都是针对外在世界即周围世界的，他应该做的就是认识这个世界中可以为他服务的那部分，来达到他的目的。只有在他感到欢喜或苦痛的时候，人才认识到自己；人也只有通过欢喜和苦痛，才学会什么应追求和什么应避免。除此以外，人是一个蒙昧物，不知道自己从哪里来，向哪里去，他对世界知道得很少，对自己知道得更少。我就不认识我自己，但愿上帝不让我

[①] Karl Jaspers, "Our Future and Goethe", in Hanns E. Fischer (Eds.), *Existentialism and Humanism: three essays by Karl Jaspers*, translated by E. B. Ashton, Russell F. Moore Company, 1952, p. 50.

[②] 格尔茨在《歌德传》中写道："促使歌德写出伟大艺术作品的并不是诗人的灵感，而是在这里寻找这种相互关系的证据的意识。从这个意义上来讲，罗马成了歌德精神复活的场所：'现在我越来越难说，为什么我要留在罗马；常言道，海越深，人也就越想往里探索，因此，我也要对罗马城作一番观察。没有过去岂能认识今天，今昔对比更需时日和宁静。'（1787 年 1 月 25 日致魏玛友人的信。）歌德承认，旅行伊始，很少懂得什么是艺术，只是现在好象才意识到艺术的规律。过去，他欣赏的似乎只是大自然的光彩，而今才认识到大自然的本质所在。他认为，古典艺术伟大严谨的形式成了他的尺度。"见 [德] 汉斯·尤尔根·格尔茨《歌德传》，伊德、赵其昌、任立译，商务印书馆 1982 年版，第 89 页。

第六章 理性生存型的艺术家之范例

认识自己！我想说的只有一点，当我四十岁在意大利时我才有足够的聪明，认识到自己没有造型艺术方面的才能，原先我在这方面的志向是错误的。"①"认识自己"对人来说是最难的一件事，其中的原委在于，世俗实存只知认识外在的世界，并将获得的知识作为达到自己有限目的的资具，至于自己究竟是什么，或者说"自己从哪里来，向哪里去"，他则知之甚少。只有在他产生痛切的临界体验（"感到欢喜或苦痛"）的时候，人才转向内在的世界认识他自己（追问自己究竟是什么）；人也只有通过临界体验的淬砺，才学会"什么应追求和什么应避免"——对该做且能做的事，人就应追求；对"不可能之事"，人就应避免。歌德坦承自己在意大利时"才有足够的聪明"认识到自己能够做什么、不能够做什么，他此时恰恰年届不惑。歌德在"四十不动心"（孟子语）的年龄认识到了自己的界限所在，他那颗骚动不安的心灵随之安宁下来。"在他自我保护的天性里以及他对不可能之事的鄙弃里，我们发现了完整（whole）、完满（complete）的歌德。"② 所谓"完整、完满的歌德"，指的是歌德在自己力所能及的范围内尝试着各种可能性，并在其尝试的各个领域都趋于"完满"的境地。这里的"完满"一语双关，它既意味着完美，同时意味着完成；具体来说，歌德在自己步入中年之际完成了由生存向理性的转变。

毋庸置疑，意大利之行成为歌德人生历程中的重大转折点："从1787年起，歌德开始步入一种明确而既定的生存方式。他想要脚踩地面之上，享受在家的幸福感——在与克里斯蒂安娜的居家生活中，他找到了这种幸福感。他声明放弃那不可能之事，不过与此同时他也终竟缩入那孤独之地，退入一种隐秘的绝望心境，从不断给他带来不快的外在世界遁入自我保全的离群索居之中。他所剩下的只有隐忍顺从。与过去相比，他对绝对之物的热情看上去冷却木然了。不过，基于这样的经验，那种富于同情的慈爱之心增长了，并且在自然科学著作、后期的小说、源源不断的抒情诗、自我解剖与聪明才智中得到了无可

---

① ［德］爱克曼辑录：《歌德谈话录》，朱光潜译，人民文学出版社1978年版，第193页。
② Karl Jaspers, "Our Future and Goethe", in Hanns E. Fischer (Eds.), *Existentialism and Humanism: three essays by Karl Jaspers*, translated by E. B. Ashton, Russell F. Moore Company, 1952, p. 50.

— 495 —

比拟的展现。"① 歌德在返回魏玛后不久便与平民出身的克里斯蒂安娜相识、同居,并与冯·施泰因夫人断绝关系,从此,他的爱情生活开始步入轨道。② 随着对"不可能之事"的放弃以及对"绝对之物"的热情的日渐冷却,歌德于离群索居、隐忍顺从之中遁入了"孤独之地"。这里的"孤独"指的是"独自与自我相处"的状态:"由于独自与自我相处,我便成为双重的人:我与自我说话,我倾听自我的声音。处于孤独(solitude)之中,我并不感到孤单(alone)。这里所发生的乃是另一种交流。"③ 歌德的激情与魔性"下降"了,与此同时这位天才诗人的理性与慈爱则随之"上升"了。他越来越生活在一种自我交流的"孤独"之中,这种孤独颇类于自我反省的"慎独",它虽然减少了激情的热度与冲力,却增加了理性的深度与宽容。我们就此可以断言,歌德在经历了意大利之行的精神危机后,他终于为自己的生存插上了理性的翅膀,从而在自己身上实现了理性对生存的澄明,他的人生也随之实现了由生存向理性的转变。就连作为"例外"的尼采,也从步入中年后的歌德身上发现了这种突出的变化。④

---

① Karl Jaspers, "Our Future and Goethe", in Hanns E. Fischer (Eds.), *Existentialism and Humanism: three essays by Karl Jaspers*, translated by E. B. Ashton, Russell F. Moore Company, 1952, p. 50.

② 格尔茨在《歌德传》中记载了歌德与克里斯蒂安娜相识、相爱及其居家生活的相关情况,参见[德]汉斯·尤尔根·格尔茨《歌德传》,伊德、赵其昌、任立译,商务印书馆1982年版,第98—100页。

③ Karl Jaspers, *Philosophy* (Vol. 3), translated by E. B. Ashton, The University of Chicago Press, 1971, p. 80.

④ 尼采在《人性的,太人性的》中写道:"人生过半后的歌德表达了成熟的艺术见解,他不也就是这个意思吗?(指的是像拜伦那样对莎士比亚持一种反省的态度——引者注)——难道他的这种见解不是遥遥领先,超越了好几代人,以至于我们大体上可以断言:歌德尚未产生影响,他的时代尚待到来?他的天性使他长期奔走在诗艺革命的路上,他无比深切地体会到,因传统中断而间接地发现了、仿佛从艺术废墟下发掘出来了什么新的宝藏、前景和辅助手段;正因为如此,他后来的改弦易辙才如此沉重,这种转变表明他感觉到了一个至为深刻的要求:恢复艺术传统;……虽然凭借新时代的力量难以满足他的要求,但由此而生的痛苦却通过一种快乐获得充分的补偿:即这些要求曾一度得以满足,而且这种满足我们今天也仍然可以分享。不是个人,而是或多或少理想化的面具;不是现实,而是一种象征性的普遍;淡化了的时代特征、地方色彩几不可见,化为神话;当代的感觉和当代社会的问题凝聚在最简单的形式中,消除它们刺激、紧张、病态的特征,使它们在除艺术意义之外的任何意义上都失效;不是新题材和新性格,而是早已习惯的老题材和老性格不断获得新生和重塑;所有这些,就是后期的歌德理解的艺术,也是古希腊人以及法国人从事的艺术。"见[瑞士]尼采《人性的,太人性的:一本献给自由精神的书》(上卷),魏育青译,华东师范大学出版社2008年版,第189—190页。

第六章　理性生存型的艺术家之范例

(4) 面对"不可理解之物"的敬而远之的态度

这是歌德在哲学思维方面表现出来的局限性，也是我们理解歌德全部局限性的关键所在。① 雅氏就此指出："歌德满意于安宁地崇敬那类不可理解之物。我们可能会问，他从边界处退缩得是否并不那么快，是否由于宣称不可理解之物的不可理解性的倾向而就此转移话题，导致他那些精彩的富于启发性的言论并未做到深思熟虑?"② 这里所谓的"不可理解之物"，指的是歌德所面临的终极问题。对在世生存的歌德来说，他面临双重的终极问题：其一，歌德在反省其内在世界的过程中，他越发真切地觉解到涌动于自我心灵深处的纯真之爱对人成其为人的重要意义。沿着纯真之爱所示的方向无限地追求下去，他必然会遇到"爱的理念"之类的终极问题。在这个无待的人生向度与终极问题上，歌德是能够自我做主的，他的追求也是无条件的，也就是说，他只管怀着诚挚的爱心去爱就是了。正是由于这一点，被爱神召唤着的歌德陷入了爱情的迷狂，也正是由于这一点，同时被诗神召唤着的歌德也陷入了诗性的迷狂。其二，当歌德怀着诚挚的爱心不断地与外部世界打交道进而不断地向着"爱的理念"所示的人生境地趋赴时，他一次又一次地突破着实存秩序，也一次又一次地受到现实境遇的制约与拷打，直至身心俱疲、灵魂行将撕裂之际，他势必会追问"我是谁""我从哪里来、要到哪里去"之类的终极问题，这个终极问题归根结底是命运的问题。在这个有待的人生向度与终极问题上，歌德则是不能完全做主的，他的追求自然也是需要外部条件成全的。命运女神让歌德与心爱的女人在现实世界中相遇，却不允许他们在现实世界中结为伉俪，这就是歌德在爱情生活中遭遇的幸运与不幸。可以说，歌德在与冯·施泰因夫人热恋的过程中同时触及了上述双重无法给出明确解释的终极问题。值此之际，歌德并没有像古希腊悲剧作家与莎士比亚笔下的悲剧主人公那样在濒于临界处境之际走向自我毁灭的深渊，而是回返现实世界继续尝试新的可能性，他的生命底色在历经人

---

① 在《我们的未来与歌德》中，雅斯贝斯是把这个问题与第三个问题合在一起探讨的，笔者之所以将其列为一个单独的问题，乃是因为它是我们理解歌德全部局限性的关键所在。
② Karl Jaspers, "Our Future and Goethe", in Hanns E. Fischer (Eds.), *Existentialism and Humanism: three essays by Karl Jaspers*, translated by E. B. Ashton, Russell F. Moore Company, 1952, pp. 54–55.

生苦难的淬砺之后也越来越趋于宽容、克制与沉静。就此而言,"歌德满意于安宁地崇敬那类不可理解之物",不过这也让我们在他坚韧地在世超越的过程中发现了"完整、完满的歌德"。

在"爱的理念"(以及守护"爱的理念"的爱神)与命运女神的双重撕扯下,歌德还面临着一个无法给出明确解释的东西——"魔"(daemon)①。1831年3月2日及3月8日,歌德两次集中地同爱克曼谈及"魔",认为魔是"知解力和理性都无法解释的",它可以显现在一切不是知解力和理性所能解释的事件与领域里:魔在整个自然界有多种多样的显现方式,许多自然物通体都显现出魔力,有的则只有一部分显现出魔力;魔往往在一些重要的历史人物(伟大的政治家、军事家等)身上起作用,"特别是身居高位的人",如弗里德里希大帝、彼得大帝、拿破仑②以及魏玛大公卡尔·奥古斯特就属于这类人物;魔在艺术领域的表现尤为突出,歌德认为最高度的魔力是在音乐中显现的,"高到非知解力所可追攀,它所产生的影响可以压倒一切而且

---

① 朱光潜将歌德所谈的"daemon"译为"精灵"(见[德]爱克曼辑录《歌德谈话录》,朱光潜译,人民文学出版社1978年版,第235页),这是不确切的。"精灵"在西语中有专用的表达方式,譬如在英语中可用"genius"来表示。雅斯贝斯在《哲学》第三卷中谈及"上升与下降"时,就曾专门阐说过"灵与魔"的意味:"在独白的运动中,灵或者魔像是我的内在自我的形式。他们都接近于我,像朋友一样与我共享一段长长的历史,而且他们呈现为敌人的样子,挑战我或者引诱、迷惑我。他们并不让我安宁。只有在我屈从于纯然的实存时,屈从于实存晦暗的本能性与合理性时,他们才会离我而去。"见 Karl Jaspers, *Philosophy* (Vol.3), translated by E. B. Ashton, The University of Chicago Press, 1971, p. 80。

② 1828年3月11日,歌德在与爱克曼的谈话中谈及天才与创造力的关系,认为拿破仑就是一位富有创造力的天才:"在这方面拿破仑真了不起!他一向爽朗,一向英明果断,每时每刻都精神饱满,只要他认为有利和必要的事,他说干就干。他一生就象一个迈大步的半神,从战役走向战役,从胜利走向胜利。可以说,他的心情永远是爽朗的。因此,象他那样光辉灿烂的经历是前无古人的,也许还会后无来者。""我们看到,创造一切非凡事物的那种神圣的爽朗精神总是同青年时代和创造力联系在一起的。拿破仑的情况就是如此,他就是从来没有见过的最富于创造力的人。"见[德]爱克曼辑录《歌德谈话录》,朱光潜译,人民文学出版社1978年版,第163、164页。1829年4月7日,歌德又在谈话中指出:"拿破仑摆布世界,就象洪默尔摆布他的钢琴一样。这两人的成就都使我们惊奇,我们不懂其中奥妙,可是事实摆在眼前,确实如此。拿破仑尤其伟大,因为他在任何时候都是一样。无论在战役前还是在战役中,也无论是战胜还是战败,他都一样坚定地站着,对于他要做的事既能看得很清楚,又能当机立断。在任何时候他都胸有成竹,应付裕如,就象洪默尔那样,无论演奏的是慢板还是快板,是低调还是高调。凡是真正的才能都显出这种伶巧,无论在和平时期的艺术中还是在军事艺术中,无论是面对钢琴还是站在大炮后面。"见[德]爱克曼辑录《歌德谈话录》,朱光潜译,人民文学出版社1978年版,第191页。

第六章　理性生存型的艺术家之范例

无法解释。所以宗教仪式离不开音乐，音乐是使人惊奇的首要手段"，尼科罗·帕格尼尼①就是最具魔力的音乐家的杰出代表，所以他的音乐"产生了顶大的效果"。有意味的是，歌德认为画家身上的魔力较少，大概是因为绘画才能不是天生的，即便具有绘画才能的个体也需要认真研究对象、学习揭示大自然奥谛的基本方法②。至于歌德所擅长的诗歌领域，则到处都显现着魔力，"特别是在无意识状态中，这时一切知解力和理性都失去了作用，因此它超越一切概念而起作用"，拜伦的诗便是其中的一个代表③。有意味的是，歌德认为自己的本性中并没有魔力，但是要受制于魔力。④ 歌德谈这番话时已八十二岁了，我们完全可以将这番话视为歌德就原始的生命力、原初的创造力与天才之谜所做的深入思考的总结，而"原始的生命力、原初的创造力"就是那些与魔共舞的天才人物身上所透显出来的无法用知解力与理性予以解释的"魔力"。就此而言，歌德所谈论的"魔"并不是实体化的"魔鬼"，也不是他在《浮士德》中塑造的那个"太消极的恶魔"⑤，而是为天才人物提供了原初创造力的"魔力"（the daemonic）。

这里需要注意的是，歌德关于"魔"（"魔力"）的这番谈话是由爱克曼当时正在帮助歌德编辑《歌德自传——诗与真》一事引发的。⑥我们看到，歌德在其自传的行将结尾处阐说了"魔力对生活的影响"，

---

① 尼科罗·帕格尼尼（Niccolo Paganini，1782—1840），意大利音乐家、作曲家，擅长小提琴。

② 歌德在这里并未谈及画家身上为何魔力较少的原因，他在与爱克曼的其他谈话中对此有所谈论。譬如，他在1826年12月13日的谈话中谈及绘画才能不是天生的，必须认真学习；他在1827年4月11日的谈话中谈及吕邦斯（Rubens，1577—1640，亦译为鲁本斯，荷兰画家）的风景画妙肖自然而非模仿自然。参见［德］爱克曼辑录《歌德谈话录》，朱光潜译，人民文学出版社1978年版，第101—102、129—130页。

③ 歌德在1825年2月24日与爱克曼的谈话中对拜伦有专门的评说，在1825年12月25日的谈话中又谈及拜伦的诗是"被扣押的议会发言"。参见［德］爱克曼辑录《歌德谈话录》，朱光潜译，人民文学出版社1978年版，第61—66、94页。

④ 参见［德］爱克曼辑录《歌德谈话录》，朱光潜译，人民文学出版社1978年版，第235—237页。

⑤ 在1831年3月2日的谈话中，当爱克曼问及"《浮士德》里的恶魔有没有精灵的特征"时，歌德认为"那个恶魔太消极了"，不能具有魔力（精灵），魔力"只显现于完全积极的行动中"。参见［德］爱克曼辑录《歌德谈话录》，朱光潜译，人民文学出版社1978年版，第236页。

⑥ 爱克曼在1831年3月8日的谈话中对此做了这样的交代："我们谈到歌德自传第四卷，我们无意中又碰到精灵（魔——引者注）问题。"见［德］爱克曼辑录《歌德谈话录》，朱光潜译，人民文学出版社1978年版，第236页。

雅氏在出版于 1948 年的《哲学信仰》（英译本译为《永恒的哲学视域》）中称引了其中的两段话，第一段话是："它不是神，因为它似乎是非理性的；它不是人，因为它没有智力；它不是恶魔，因为它是仁慈的；它不是天使，因为它经常在人们痛苦的时刻显露出愉悦的神情。它像是机遇，因为它似乎打破了自然秩序；它像是天意，因为它显示了因果联系。它似乎能够洞察限制我们的一切东西……它似乎只在不可能的事物中苦壮成长，却以鄙视的态度拒绝可能的事物……它形成了一种相互矛盾的力量，这时并没有违抗道德世界的秩序。"[①] 第二段话是："不过，当这种魔力在任何人那里占主导地位的时候，它就会显得极其可怕……无论在心智上还是在天赋上，这些人都不是最杰出的，他们很少因心地善良而受到称赞；不过，一种巨大的力量从他们身上发出来……所有的道德力量结合起来都无力对抗他们，人类中神志更清醒的人们试图怀疑他们是妄想的牺牲品或者骗子也无济于事，因为民众都为他们所吸引。在同辈中，他们很少或者从没有遇到过旗鼓相当的人，而且他们只会被他们与之交战的宇宙自身所征服。"[②] 由此可见，歌德说的"魔"，并不是反哲学的鬼神学（demonology）所研究的那种实体化的"魔鬼"，而是真正的哲学所关注的那种将生存个体引向难以捉摸的"临界处境"的"魔力"。[③] 雅氏就此指出："正是在这种意义上，歌德运用了'魔力'（demomic）这个术语，他以无与伦比的、充满魔力的洞察力说话，不过，以这种方式它的本质依然无可把捉。此乃因为，魔力只是移入种种矛盾之中，它并不能够从概念上得到

[①] Karl Jaspers, *The Perennial Scope of Philosophy*, translated by Ralph Manheim, Philosophical Library, 1949, pp. 124 – 125. 中译本参见 [德] 歌德《歌德自传——诗与真》，刘思慕译，人民出版社 1983 年版，第 835—836 页。

[②] Karl Jaspers, *The Perennial Scope of Philosophy*, translated by Ralph Manheim, Philosophical Library, 1949, p. 125.

[③] 雅斯贝斯指出："当魔力用作表现某种濒于现实、我的意志与存在之界限的无可测度之物时，那情形就完全不同了，尽管无可测度之物被构想为一种发挥实际作用的实体，但它仍旧无法被真实地感知到。值此之际，我们就不再需要处理魔鬼论的问题了，而是需要形象地表现我们无法理解的整体之物，这个整体之物并非我们自愿、有违常情、超出意料之外，它好像从其原初的基源施以无从抵抗的影响。这时，我们就不再需要处理魔鬼的问题了，而是需要处理魔力的问题。不过，这种魔力并没有变成形象，也没有变成理论；它仍然难以捉摸地表现着临界处境。"见 Karl Jaspers, *The Perennial Scope of Philosophy*, translated by Ralph Manheim, Philosophical Library, 1949, pp. 123 – 124。

确切的表达。因此，在歌德那里'魔力'依然是一个具有无穷多意义的单词，他用这个词来意指那种不可理解之物，当他想要以神秘之物、神奇事件以及因果关联来表现魔力时，他就只能以种种猜测围着它绕圈子。这就是歌德不得不就魔力所说的东西，长期以来，他以多重的意义——一种诗的隐喻——谈论了魔力。"[1] 歌德意识到"魔力"并不能够从概念上得到确切的表达，这表明他对"不可理解之物的不可理解性"已臻于自觉，他不得不以"诗的隐喻"——"富于启发性的言论"——对"魔力"的多重意义所做的喻说就是这种自觉的表现。

雅氏的《哲学信仰》与其关于歌德的演讲酝酿、形成于同一时期，于是我们便在《我们的未来与歌德》中读到了一段与上述引文意趣完全相通的文字："歌德对所谓'魔力'（the daemonic）的谈论就是这类思维方式的一个例子——这些谈论很深奥，不过在整体上又完全是不确定的。由此带来的后果是，或许他过分地回避了对于终极问题的回答，并过快地代之以近似的暗示或象征——如果这些暗示或象征是给人深刻印象的。他那非教条的、独特的谈论华美富丽，充满不确定性，既没有遮蔽其注重实际经验的解析，又没有妨碍其预兆性地接触那些边界。他是怀着惊异之情并借助直观来接触那些边界的——既不是源于追寻明确概念的动力，也不是源自对于普遍思想的清晰意识。"[2] 歌德之所以要用"不确定"的语言来谈论"魔力"之类的终极问题，乃是因为这类问题是无法用明确的语言来解答的，就此而言，与其说歌德"过分地回避了对于终极问题的回答"，倒不如说他是在自觉地采用"暗示或象征"式的语言来喻说这类无法直接道说的终极问题。这里所谓的"暗示或象征"，与前面所谓的"诗的隐喻""富于启发性的言论"其实意味相通，它们在根底处都属于雅氏所说的"密码"语言。这种"密码"语言的独特韵致在于，它既没有让歌德遗忘"不可理解之物"，也没有让歌德遗忘自己亲在其中的现实世界，进而通过他的艺术语言将他亲历过的现实世界转化为透露"不可理解之物"的消息的

---

[1] Karl Jaspers, *The Perennial Scope of Philosophy*, translated by Ralph Manheim, Philosophical Library, 1949, p. 124.

[2] Karl Jaspers, "Our Future and Goethe", in Hanns E. Fischer (Eds.), *Existentialism and Humanism: three essays by Karl Jaspers*, translated by E. B. Ashton, Russell F. Moore Company, 1952, p. 55.

密码，这样就为"不可理解之物"确定了依稀可辨的轮廓。

倘以雅氏在《哲学》第三卷中关于"灵与魔"的论说为底据做更深微的探究的话，我们就会发现歌德其实是以"灵"（"灵力"）的引导力量为"魔"（"魔力"）确定其范围的："我的灵导向清晰性，他是我的忠诚的基源，是我想要实现与持久之部分的基源。他在人造世界的光明之域晓得法规与秩序。他向我展呈这个世界，容许我的理性在其中行使权力，在我不听从我的理性的情形下指责我，在理性的范围内劝告我不要涉足其他的领域。"① 就此而言，"灵"是一种理性的构形力，它为"白天的法则"提供了基源；与此截然相反，"我的魔呈现为一种让我充满恐惧的深渊。他试图把我领进无世界的存在。他可以提出毁灭的建议。他带给我的不仅是对失败的理解，而且还有它的直接成就。他把在其他时间里曾是否定的东西视为潜在的肯定。因此，他可以毁灭忠诚、合法性与清晰性②。"就此而言，"魔"是一种非理性的原始创造力，它为"夜间的激情"提供了动力。可以说，正是在"灵"与"魔"、理性与非理性、构形力与创造力所构成的足够大的张力下，歌德以"灵"、理性、构形力这一极为主导调遣着诗艺，从而创造了一种"高级的，肯定不低于魔性艺术的艺术"③。

---

① Karl Jaspers, *Philosophy* (Vol. 3), translated by E. B. Ashton, The University of Chicago Press, 1971, p. 80.

② Karl Jaspers, *Philosophy* (Vol. 3), translated by E. B. Ashton, The University of Chicago Press, 1971, p. 80.

③ 茨威格在《与魔搏斗的人》中做出了与雅斯贝斯的观点意趣相通的一个论断："被魔性所蛊惑的诗人的真正对手并非没有魔性：没有哪种伟大的艺术没有魔性，没有那世界原初的曲调里低回的乐音。没有人能比这位一切魔性的天敌更能证明这一点，他生前甚至一直强烈地反对克莱斯特和荷尔德林，这个人就是歌德，关于魔性他曾对爱克曼说：'每个最高级的创造，每一句意义深刻的格言……都不在任何人力的控制之下，而是高居于所有尘世的力量之上。'没有哪种伟大的艺术没有灵感，而所有灵感又都来自未知的彼岸，来自自醒之上的一种知识。我认为，那些亢奋的，被自己的激越制服的诗人，那些狂妄无度的人，他们真正的对手应该是其有度的主人，应该是一个用现实的愿望束缚魔性的力量，并且有目的地使用它的诗人。因为魔性虽然是最伟大的力量和所有创造之母，但它全无方向：它只瞄准它所来自的无穷和混沌。如果一个艺术家用人性的力量控制了这种原始的力量，如果他能按照自己的意愿给它设立现实中的限制和方向，如果他能像歌德那样'调遣'诗艺，把'无度无形'的东西转变成有形的思想，如果他能作魔鬼的主人而不是奴仆，那么一种高级的，肯定不低于魔性艺术的艺术就会产生。"见［奥地利］斯蒂芬·茨威格《与魔搏斗的人：荷尔德林　克莱斯特　尼采》，潘璐、何世平、郭颖杰译，安徽文艺出版社2013年版，"作者的话"第4页。

第六章　理性生存型的艺术家之范例

歌德是遵循人性的尺度与理性的精神不断地进行内在超越的。他深挚地爱着这个亲在其中的世界，正是因着爱的深挚，他逐渐地濒于世界的边缘，蓦然发现了人在世界之中实现"爱的理念"的界限——人并不就是神。于是，他以富有理性品格的"灵"（"灵力"）克制着激情燃烧的"魔"（"魔力"），断然返回属己的世界进行内在的超越。"我们可以这样说：歌德了解每种事物的情况，不过他的局限在于，他在任何不容许他占据优势的事物面前的退缩，因为这些事物易于影响他的潜力的充分开掘。他的局限意味着人类具有无限的可能性，这就要求人们禁止任何一种有限的现象变成绝对之物。因此歌德的局限并非偶然的缺陷，而是他根据自己完善人性的意图而选择的人生的部分实现。他的失误，正是他的真实存在的显著特征。因此，他不得不摒弃那些不属于他的东西：现代自然科学，康德的'根本恶'的观念，他所谓的'超验'的东西，以及一切他称为'病态'的东西。歌德总是知晓界限在哪儿，不过他总是从中抽身而去——也许，这只是他对敬重之物所持有的敬而远之的态度。"① 歌德在人性的界限内竭尽全力地做着自己所应做且所能做的事，他认为只有这样做才能充分挖掘自身的潜力，进而将自身的潜力充分地实现于现实世界之中。于是，"他不得不摒弃那些不属于他的东西"，如"现代自然科学，康德的'根本恶'的观念，他所谓的'超验'的东西，以及一切他称为'病态'的东西"。歌德既不是一个形而上学家，也不是一个现世主义者；他既在不断地超越着现实世界，又不让自己超离这个现实世界。他委实"知道界限在哪儿"，不过他总是以一种"敬而远之"的态度面对界限。在这一点上，歌德与主张"敬鬼神而远之"（《论语·雍也》）的孔子有相似之处；对歌德这样的渴望在世生存、在世实现的个体来说，他同样深悉"未知生，焉知死"（《论语·先进》）的真义，他为自己承诺的人生使命就是以诚挚的爱心与宽容勉力承担起自己对这个属己的世界的责任来。就此而言，所谓歌德的"局限"与"失误"其实"正是他的真实存在的显著特征"；也正是基于这一点，歌德在内

---

① Karl Jaspers, "Our Future and Goethe", in Hanns E. Fischer (Eds.), *Existentialism and Humanism: three essays by Karl Jaspers*, translated by E. B. Ashton, Russell F. Moore Company, 1952, pp. 55 – 56.

在超越的过程中实现了自身的完整性:"歌德的完整性在于其通过行动与训练敞开于世界中的生存,而不在于其思想世界的完整性。他在人生的每一个阶段、每一种现象、每一种观点中都达到了尽善尽美,并使它们保持这种完美。每当遇到破坏、毁灭、反常之物的威胁,他就返回其生存的完整性,不过,他总是能够带着对无限潜能的回忆阐明这些事物,让那些未曾透露的意义向其活生生的现实呈现。当然,在这一过程中需要保持根本上的不确定性,因为它是无止尽的。"① 歌德的完整性既不是诉诸有限目的的实存世界的完整性,也不是诉诸一般意识的思想世界的完整性,而是诉诸人性潜能与行动的生存的完整性。当歌德为了实现人性的潜能而敞向世界并在世界中采取无止尽的行动时,他也在根底处保持着自身形象的开放性、生成性与不确定性。

雅氏通过对歌德"局限性"的反思,既回应了世俗实存攻击歌德的虚妄,也回应了世俗实存神化歌德的虚妄,进而使我们从上述两种彼此对立却均限于非此即彼的一般意识的思维方式中跳了出来,从而为我们在生存论的意义上理解与吸纳歌德提供了一种有益的思维方式。与此同时,雅氏也基于对歌德"局限性"的批判性反思为我们勾勒出一个独一无二的理性生存型的艺术家的形象来。

3. 吸纳歌德的基本要求

在对歌德的"局限性"进行批判性反思的基础上,雅氏基于当下的精神处境与时代使命提出了吸纳歌德的六点要求。

(1) 不要神化任何人,歌德这样的伟大人物也不能例外

雅氏指出:"我们不要神化任何人。歌德崇拜的时代已成为过去。如果我们想成为其真正的继承人,我们就不要失去对脆弱的人性之基的洞察力。我们自由、欣悦地沐浴在伟大人物的光辉之中,回应歌德的爱的力量,呼吸他生命的空气,但我们绝不能因此对歌德所遮蔽的东西——对深不可测之物的看法——视而不见。可以说,歌德让我们的身心得到休憩与策励,却不能够把我们从重压之下解救出来。在这个属于我们而他却一无所知的世界中,他并不能

---

① Karl Jaspers, "Our Future and Goethe", in Hanns E. Fischer (Eds.), *Existentialism and Humanism: three essays by Karl Jaspers*, translated by E. B. Ashton, Russell F. Moore Company, 1952, p. 56.

第六章 理性生存型的艺术家之范例

引导我们。"① 歌德所遮蔽的东西——"深不可测之物"——指的就是"不可理解之物",正是这个"不可理解之物"标示出歌德的原初人格与其精神探索的界限。沐浴在歌德为我们展呈的理性之爱的氛围里,我们的身心虽然可以从中得到"休憩与策励",但是歌德"却不能够把我们从重压之下解救出来"。这里所说的"重压",指的是雅氏痛切感受到的这个充斥着人性灾难与虚无主义的时代精神处境。"针对未来的可怕预感对歌德而言并非现实。相比之下,他对这些预感的评价更趋于理性,并由于其不确定性而认为它们几乎无害。他早已在思考新的造物了。"② 对歌德而言"并非现实"且其评价"更趋于理性"的"可怕预感"在雅氏身处其中的时代已成为一种现实的、难堪的临界处境。雅氏认为我们必须对每一个生存个体正挣扎于其中的这个难堪的现实处境做出毫不含糊的决断,并在向死而生、向无而有的生存决断与临界超越中赢得终局的解救。令雅氏遗憾的是,"在这个属于我们而他却一无所知的世界中,他并不能引导我们"。鉴于此,"歌德崇拜的时代已成为过去",我们应深刻地洞察"脆弱的人性之基",立足于自身的时代精神处境吸纳歌德的生命智慧,只有这样做,我们才能"成为其真正的继承人"。就此而言,我们虽然需要敬畏歌德,却"不可为歌德造一尊神化的偶像,因为这将违背他的本性"③。

"不要神化任何人",哪怕对我们理应敬畏的伟大人物也概莫能外,可以说这是雅氏一以贯之的哲学立场。④ 譬如,雅氏曾专门探讨过"反对人的神化""反对神化大人物"的问题:"对大人物的敬畏并不是神化他们。每个人,包括那最伟大的、最奇特的且最尊贵的大人物,他们仍然是人。他们是我们中的一员。不要迷信他们,而是要从

---

① Karl Jaspers, "Our Future and Goethe", in Hanns E. Fischer (Eds.), *Existentialism and Humanism: three essays by Karl Jaspers*, translated by E. B. Ashton, Russell F. Moore Company, 1952, pp. 56–57.
② Karl Jaspers, "Goethes Menschlichkeit", in Hans Saner (Hrsg.), *Aneignung und Polemik: Gesammelte Reden und Aufsätze zur Geschichte der Philosophie*, R. Piper & Co. Verlag, 1968, S. 155.
③ Karl Jaspers, "Goethes Menschlichkeit", in Hans Saner (Hrsg.), *Aneignung und Polemik: Gesammelte Reden und Aufsätze zur Geschichte der Philosophie*, R. Piper & Co. Verlag, 1968, S. 154.
④ 雅斯贝斯在《生存哲学》《哲学信仰》《什么是教育》《大哲学家》等著述中一再重申其反对"人的神化"的哲学立场。

他们的不掩盖自己中见到真实的他们，正因为如此，他们才被人确定为大人物的。我们不是要在神话中维护着他们的伟大，而是要纵观这些大人物所有的现实情况。"① 应该说，直面一个虚无主义盛行的时代，我们敢于向包括歌德在内的伟大人物致敬，这乃是我们对人成其为人的一份庄严的承诺，也是我们以伟大人物为范本向着期待中的人不断生成的一种能力，然而，这并不意味着就要去神化他们。否则的话，我们就会落入偶像崇拜与实体化信仰的泥潭，从而误入一条反哲学的歧路。"有时，人的神化起到了信仰替代品——一种试图将自身视为真正信仰的荒谬信仰——的作用。这种实际上的无信仰的最典型的特征，或许是坚决主张所有的人都相信它的对象；它是狂热的、缺乏爱心的、怒气冲冲的，它发现其他人没有同样的信仰乃是无法容忍的。让所有的人都崇拜我所崇拜的东西。"② 这样一来，由"人的神化"所导致的实体化信仰就会沦为一种独断的教条，它其实并不是一种能够提撕生存超越的真正的信仰。"从根底处看，人的神化乃是一种鬼神信仰。正如失去上帝的人们抓住魔鬼充作一种假想的超越存在，他们也会抓住活着的人并把他们制造成神。"③ 从虚无主义到"鬼神信仰"（偶像崇拜）只有半步之遥，追根究底，两者都是世俗实存诉诸一般意识对待信仰的态度：如果说前者是一种赤裸裸的无信仰，后者则是一种实体化的伪信仰；双方看起来是截然相反的两极，其实在思维方式上并无二致。雅氏所期待的，乃是诉诸生存意识的"哲学信仰"："不管人的神化关联着怎样的动机，也不管它会呈现出怎样神圣的形式与深奥的解释，它实乃根源于一种谬误。哲学信仰以各种各样的形式撕下它的假面具。它绝不会片刻忘记人的有限性与未完成的特性。它坚定地持守上帝的诫命，不要混淆上帝本身（identity），不要用虚假的手段抓住他，因为它只会果决地返回更隐蔽之处。它要求人敢于直接地站在上帝面前并等待上帝将要说的话。人不应该通过把人

---

① ［德］卡尔·雅斯贝尔斯：《大哲学家》，李雪涛主译，社会科学文献出版社2005年版，第5页。

② Karl Jaspers, *The Perennial Scope of Philosophy*, translated by Ralph Manheim, Philosophical Library, 1949, p. 135.

③ Karl Jaspers, *The Perennial Scope of Philosophy*, translated by Ralph Manheim, Philosophical Library, 1949, pp. 135–136.

构想为绝对之物而离开上帝,也不应该通过倾听人(而非上帝)或者好像人就是上帝而离开上帝。人应服从严苛的诫命,在意识到上帝不像世界上的某物或其他东西那样在场时,要敢于忍受世界的虚空。只有在这种严峻的处境下,人才会在上帝说话时自由地倾听上帝——只有那时,他才会保持好准备的姿态,即便上帝没有说话;也只有那时,他才会继续向真实开放,这真实是历史地向他呈现的。"[1] "哲学信仰"是喻说生存自由的信仰,它所承诺的"上帝"意指生存个体在直面临界处境之际眺望的"虚灵之真际"。任何人都不能以上帝自居,更不能以上帝的名义颁布教条化的真理。撕下形形色色的实体化信仰的假面具,乃是雅氏建构其祈向超越之维的生存哲学的内在动力之一。"对于哲学家来说这是一个重大而特殊的使命,哲学以其理性的智慧去除了对大人物的神化,以使他们真正地让人感到敬佩。大人物自身从不容忍这种神化的存在⋯⋯真正的大人物在任何时候都与其他人在人性方面有着平行的关联。当他不再这样做的瞬间,他便丧失了他的伟大。"[2] 就此而言,敬畏伟大的人物而不去神化他们,便成为以"哲学信仰"为依凭的哲学家所应承担的一个"重大而特殊的使命"。

(2)歌德是一个路标,而不是一个可供模仿的典范

人的有限性与未完成性提醒我们,人将永远行进在趋向"上帝"的路途之中,却永远无法与标示着无限完满之境的"上帝本身"相同一。"对我们来说,在世界上并没有人能够成为上帝,不过存在这样的人,在倾听上帝的过程中,通过向我们展呈人的可能性,他们的自由鼓励了我们。我们无法抓住上帝本身的手,但我们能够在命运中抓住我们同伴的手。"[3] 这里所说的"同伴",指的是"在倾听上帝的过程中,通过向我们展呈人的可能性"鼓励了我们的伟大人物,这些伟大人物中自然包括歌德。我们固然"无法抓住上帝本身的手",但"能够在命运中抓住我们同伴的手",进而与那些真实地出现于人类历

---

[1] Karl Jaspers, *The Perennial Scope of Philosophy*, translated by Ralph Manheim, Philosophical Library, 1949, p. 136.

[2] [德]卡尔·雅斯贝尔斯:《大哲学家》,李雪涛主译,社会科学文献出版社2005年版,第6页。

[3] Karl Jaspers, *The Perennial Scope of Philosophy*, translated by Ralph Manheim, Philosophical Library, 1949, p. 136.

史之中的伟大人物一道，携手行进在通向"虚灵之真际"的道路上。就此而言，"歌德不是一个可供模仿的典范。对我们来说，他是一个路标，就像其他伟大人物一样——不过，他凭借其人性的中介超越了他们，这些人性的中介纯化我们，澄明我们，让我们愈加深切地去爱。歌德就像是人类的一个代表，不过，他从来没有成为我们亦步亦趋的道路①。""路标"是指示道路情况的标志，而不是道路本身。歌德为在世生存的个体探索人的可能性提供了一个"路标"，当我们怀着敬畏之心向他请教的时候，他是很乐意回答每一位请教者的提问的。作为"一个路标"，歌德会以谦逊的态度向我们吐露他曾经走过的道路，曾经体味到的对立、矛盾与撕扯，提示人性的可能性与界限在哪里。作为"人类的一个代表"，歌德会鼓励我们以"人性的尺度"爱这个属己的现实世界，提醒我们回归自身去赢取我们属己的未来。如果有人"模仿"歌德当年的样子，试图跟随着他"亦步亦趋"地走路，他就会告诫这些"信徒"（"模仿者""追随者"）——"要成为你自己"。

"要成为你自己"是雅氏全部学说的指归所在。他在《大哲学家》的"前言"中正告道："每一位哲学大师都不愿意别人成为他的信徒，而是作为他们自己的人。我们对他们身怀敬畏之情，但如果要朝他们的方向努力以至于接近他们，那我们自己也要进行哲学思考。"② 只有像前辈哲学大师那样"进行哲学思考"，我们才能理解哲学的原初精神在于唤起个体自由选择、自我超越、运命自承的生存意识，并通过理性对生存的澄明为个体的自我生成敞开充饣无限可能性的空间。③

---

① Karl Jaspers, "Our Future and Goethe", in Hanns E. Fischer (Eds.), *Existentialism and Humanism: three essays by Karl Jaspers*, translated by E. B. Ashton, Russell F. Moore Company, 1952, p. 57.

② ［德］卡尔·雅斯贝尔斯：《大哲学家》，李雪涛主译，社会科学文献出版社 2005 年版，"前言"第 6 页。

③ 在雅斯贝斯看来，歌德在不断内在超越的过程中所体现出来的人性的广度，正仰赖于理性对生存的澄明。早在生存哲学时期，雅氏的这一思想就已经形成了，他曾在《哲学》第二卷中这样写道："作为哲学研究之思维的生存澄明创设了生存能够做出决定的空间。假如没有对生存的澄明，生存仍然处于黑暗和不定之中。由于生存的澄明，生存在自我确定之中获得了对自身的意识。在对生存的澄明中，可能的、变得敏感的生，即作为从未成为现实的准备的生，就是人性的广度，就像在个别的孤独中它是知的广度一样。"见 Karl Jaspers, *Philosophy* (Vol. 2), translated by E. B. Ashton, The University of Chicago Press, 1970, p. 182。

第六章　理性生存型的艺术家之范例

就此而言，没有任何人能代替我们思考，即便是古哲先贤留给我们的生命智慧，仍需要我们诉诸当下即是的生命践履重新去体味、去吸纳。雅氏就此指出："对于我们这些后来者来讲，其使命是让这些大师们带领我们进入已被澄明了的地方，在那里我们会清楚地知道我们的自我会如何发展。……在威胁着人类存在的世界性的大灾难面前，我们今天还是有可能依据历史的知识，吸收人类伟大的思想经验，并将之转化成时代的力量。今天我们想要具体认识到究竟哪些'精神包裹'是需要我们继续保持的，这点是非常重要的，因为只有在这之中，才能够使永恒秩序的力量以及原型得以显现。对于哲学的继承，我们不知道如果把它带到民众那里去，是否有助于克服这场灾难，也不知道哲学是否只会使每一个个人保持清醒，随后而来的是什么以及是否要坚持已建立起来的、超验的、自由的尊严，对这些我们都是一无所知。我们只知道，数千年来这些哲学大师已经走上了通往最深刻的理性之路，而我们也很乐意与他们在这条路上一道行进。"① 毋庸置疑，"在威胁着人类存在的世界性的大灾难面前"，歌德留给后世的"精神包裹"是需要我们继续保持的，这里的关键在于，我们要在吸纳他的思想经验的过程中"将之转化成时代的力量"。只有这样，我们才能在歌德的澄明、激励与提醒下，与他一道行进在"通往最深刻的理性之路"上。

事实上，雅氏在这里还涉及了他毕生都在关注的一个问题——生存个体的"自由与权威"之间的张力问题，雅氏早在《生存哲学》一书中就对这个问题做过透辟的阐析，此后又在《大哲学家》《什么是教育》等著述中一再申说这个问题。雅氏认为，"个别的人（生存个体——引者注）总想在他自己的起源中重新把外来的权威看成自己的真理"②，这正是雅氏所期待的"生存教育"得以立基的根源。鉴于此，他特意称说了生存个体在权威的教育下逐渐变得自由的过程："受到了信仰的那种权威，最初是一种真正的、触及本质自己的教育的唯一源泉。个别的人乃是重新从他的有限性开始。他在成长过程中，

---

① ［德］卡尔·雅斯贝尔斯:《大哲学家》，李雪涛主译，社会科学文献出版社2005年版，"前言"第7页。
② ［德］卡尔·雅斯贝斯:《生存哲学》，王玖兴译，上海译文出版社2005年版，第37页。

为了吸取传统内容，是依附于权威的。当他在权威中成长的时候，自身中就敞开了这样一个领域，在这个领域中他到处都会遇到生存。如果不是在权威中成长起来的，则他虽然也占有知识，他虽然也掌握语言和思维，但是他却始终被遗弃于空洞可能性的领域中，在那里他所遇到的只是虚无。"① 就教育的途径而言，雅氏主张的"生存论教育"乃是一种"范本教育"，亦即以活生生地存在于历史传统中的权威人物（及其经典作品）为范本对受教育者的心灵进行翻译与引渡，在这个意义上，"生存论教育"也是一种"经典教育"（"权威教育""传统教育"）；就教育的起源与指归而言，"生存论教育"则是一种"自我教育"，亦即受教者反省到自我的生存起源，进而在回归本真生存的过程中不断地成为他自己。正是在这个意义上，雅氏认为"生存论教育"是受教育者在范本（经典、权威）的翻译与引渡下逐渐走上成熟的过程："（一旦）逐渐成熟，个别的人就在思维自身、省察自身的时候体会到了自己的起源。权威的种种内容一旦成了他自己的内容，就变得生动活泼起来。……个别人通过权威达到了自身，他就从权威中超脱出来了。要设想一个人的极端形象（Grenzvorstellung），现在已是可能的了：他已经成熟，完全独立自主，经常反省自己，无所遗忘，本着最深邃的起源而生活，他能够以最高的远见采取自决的行动，并且他根据他产生出来的那个权威而忠于自己。"② 就此而言，那些启迪生存个体"忠于自己"的"权威"便成为他最终"达到了自身"之途中的"路标"。"在他发展的过程中，他需要依靠；他生活在尊敬和规矩之中；当他还不能本着他的起源替自己作决定的时候听从别人给他作出的决定。在他的解放过程中，他的起源从自己内心里逐步发展，越来越有力而明亮，终于他以完全的确信在自身中听到真理的声音，到了此时他甚至会自由地掌握这真理以反对外部强加给他的权威。对他说来，自由就成为自己掌握了的真理必然性，而任意武断则已经克

---

① ［德］卡尔·雅斯贝斯：《生存哲学》，王玖兴译，上海译文出版社2005年版，第37—38页。
② ［德］卡尔·雅斯贝斯：《生存哲学》，王玖兴译，上海译文出版社2005年版，第38页。

服；权威是在他内心中的、通过他的自身存在而发言讲话的超验界。"①这里所说的"自由"，意指自己是自由的理由，在其全然自觉、乐于道中、浑然天成的意味上颇类于孔子点示的"从心所欲不逾矩"（《论语·为政》）的境地。这里所谓的"超验界"，意指生存个体所趋赴的"超越存在"，就其无限完满而言颇类于孔子所弘敷的"道"。孔子也好，歌德也罢，他们都是弘敷的"道"的范本，是引导后来者的"路标"，当然，他们尚不就是"道本身"。尽管如此，我们仍要向那些引导我们前行的"权威"送上一份由衷的敬畏。这里再次重申，我们之所以要对他们抱有敬畏之情，乃是为了警惕放任自流，以免导向精神的虚无与人性的灾难，但敬畏并不意味着要把他们偶像化为实体化的"神"，否则就会导致迷信与"鬼神信仰"，这同样会酿成现实的灾难。雅氏就此指出："权威从不需要在大庭广众中宣布，它是自然而然形成的。每一个人在伟大人物面前，也应成为他自己。"② 雅氏在自由与权威的张力间申说着生存个体通过权威的点化与引渡达成自我教育的幽趣，其衷曲说到底在于启迪生存个体把自由选择、自我生成、自我命意的责任承担起来。

在雅氏看来，"每个人都有自己的命运和责任"。一个人究竟选择与哪些哲人神交，也正印证着他的心灵为哪些心灵所撼动。"所以我必须有选择地学习。当我进行哲学思考时，我愿意以哪些哲学家作为根据，这对我来说是关键的。因为我在读谁的书、跟谁交谈，这决定着我自己的思想。……通过与他们的交往，我选择了自我教育的道路。"③ 确实，对一个真正自由的人来说，自己的命运并不在自己的自由选择之外。正是在此意趣上，人自己是自己的理由。当然，这从根底处贞定的自由并不是那种失去超越矢向的放任自流。面对诸种可能性，一个人究竟向着人之为人的超越之维不断"升华"，抑或朝着被物化的可能性日益"沉沦"，这需要自由的个体运命自承地自主抉择。

---

① ［德］卡尔·雅斯贝斯：《生存哲学》，王玖兴译，上海译文出版社2005年版，第38页。
② ［德］雅斯贝尔斯：《什么是教育》，邹进译，生活·读书·新知三联书店1991年版，第83页。
③ ［德］卡尔·雅斯贝尔斯：《大哲学家》，李雪涛主译，社会科学文献出版社2005年版，第28页。

雅氏提醒人们，要想达到人类的水准，只有在会心于大哲学家们所做的哲学思考时才是可能的。"这一哲学思考是建立在大师们的深度、独立性、广度、思想强度以及内容的明确性基础之上的。只有在这些大师那里，内容是浓缩的，几乎没有一页书是让你白读的。"① 因此，与这些大师们的神交"乃是我们自我本质真理的源泉，这样我们就不会失去已经清楚领会了的一切，不会再掉进早已看透了的幻觉效果之中；这样我们就不会由于那在时间之中搏斗着的、把人类往他那最高的可能性方向引导的力量，而消失得无影无踪；这样我们就可以通过竭尽全力重新谈论这个题目，而在面对大师的时候肩负起自己的责任；这样我们就可以在已经思考过了的明亮的空间里实现我们的自我，在历史中受到教育"②。

可以说，与歌德这样的大师进行生存交往，我们自始都会在内心深处感受到一种来自根源性探寻的"深度、独立性、广度、思想强度以及内容的明晰性"，同时也会愈益强化我们"肩负起自己的责任"的使命感。这种生命间的点化与引渡是在穿越时空隧道的精神王国中进行的，并且只涌动于个体与个体之间的心灵共振中。伟大的哲学家以其精神范本的力量在同一祈向上引导着那些企慕自由与超越的人们，从而成全着生存个体的自我生成。这一由"自由"与"权威"的张力所喻示的两者之间的内在一致性，使我们能够自觉地把伟大的哲学家视为烛引我们的"路标"，"他们的思想成为先于我们存在的各种形式的可能性。去认识这些大师，他们同时是最具根源性的哲学家，乃是我们在精神上跃进的原动力，在大师们的哲学思想中尝试着共同前进，也就是在行进中一直可以望得见带路人。那些我们所研究的哲学家不由自主地把我们带入了他们的轨道"③。这里所说的"带路人"，指的就是能够引导我们前行的"路标"；可以说，歌德就是这样的"路标"——当然，他只是人类精神王国中的"路标"之一，而且，他并不是"路本身"。

---

① ［德］卡尔·雅斯贝尔斯：《大哲学家》，李雪涛主译，社会科学文献出版社2005年版，第28—29页。

② ［德］卡尔·雅斯贝尔斯：《大哲学家》，李雪涛主译，社会科学文献出版社2005年版，第31页。

③ ［德］卡尔·雅斯贝尔斯：《大哲学家》，李雪涛主译，社会科学文献出版社2005年版，"前言"第6—7页。

（3）歌德固然为种种事情提供了理由，不过我们并不能教条化地引用歌德的话替自己的言行做理由化的辩护

歌德探入灵魂的深处与人性的内部所做的寻索是充满张力的，他以"密码"式的语言所作的那些喻说也是非实体化、非教条化的。我们在吸纳歌德产生的东西以及他自己并未委弃的东西的过程中，稍有不慎就会落入实体化、教条化的网罟。雅氏对其中存在的危险颇为清楚，譬如，"从吸引人自身成为一个完整的人，到以自我为中心而与世隔绝；从摆脱束缚将阅历转化为诗歌，到以审美的态度拒绝承担责任；从臣服于崇高的事物，到不负责任地沉迷于纯粹微不足道的东西；从歌德的思想深度，到含混不清、难以辨别的思想；从其智慧的真正均衡，到并无实质可言的优柔寡断；从普遍性，到缺乏特征，都仅有一步之遥"①。歌德是一位富有生存意识的伟大个体，他在内在超越的过程中留下了丰富的人生轨迹与思想经验，我们只有同样立基于生存意识与歌德进行涌自灵魂深处的交往，同他一起体味内心的分裂、对立、撕扯与突破，我们才有可能在心有戚戚的刹那觉解其深微而灵动的生命智慧；一旦以世俗实存所习惯的一般意识看待歌德，歌德活泼泼的生命就被抽空了，他留下的那些富有生机的神慧也便被风化成一种不再成全人的生命的冷慧。

不幸的是，"歌德之后，上述所有的变化都发生了，这是德国文化的悲剧。有太多的人都想成为'小歌德'"②。歌德是一个鲜活地生存于人类历史中的独一无二的伟大个体，他既是不可替代的，也是不可重复的。哪怕一个人时时处处都征引歌德的话，他也不可能成为"小歌德"。歌德的话并不是教条，而是其生存意识的记号。"歌德为每件事情都提供了理由。不过，我们并不能通过这样的引用——'正如歌德所说的'或者'就像歌德所做的'——来进行辩护。"③ 我们所

---

① Karl Jaspers, "Our Future and Goethe", in Hanns E. Fischer (Eds.), *Existentialism and Humanism: three essays by Karl Jaspers*, translated by E. B. Ashton, Russell F. Moore Company, 1952, p. 57.

② Karl Jaspers, "Our Future and Goethe", in Hanns E. Fischer (Eds.), *Existentialism and Humanism: three essays by Karl Jaspers*, translated by E. B. Ashton, Russell F. Moore Company, 1952, p. 57.

③ Karl Jaspers, "Our Future and Goethe", in Hanns E. Fischer (Eds.), *Existentialism and Humanism: three essays by Karl Jaspers*, translated by E. B. Ashton, Russell F. Moore Company, 1952, p. 57.

做的每件事只能到我们自己的生存意识与生存决断中去寻找理由，歌德所说的话充其量只是在我们做决断之际唤醒了我们生存意识的自觉。更为关键的是，"歌德并不是完美的人。毋宁说，他作为一位哲学家，能够让我们借助于其局限感知到一切自我意识的前提：不可能有完美的人。人作为有限的存在，永远也不能达至完美状态"①。这里所说的"自我意识"，指的就是"生存意识"。这种生存意识既让我们意识到人性的可能性，也让我们意识到人性的界限。就此而言，"生存意识"（"自我意识"）乃是一种自知其界限的意识，正是这种自我设限的意识，让生存个体在面对"人能知道什么""人能成为什么""人希望成为什么"等关涉"人是什么"的诸多重大问题时做出一种属己的回答，并通过这种属己的回答为"成为我们自己"做好充分的准备。

（4）既要关注歌德式的"权威"，也要关注克尔凯郭尔、尼采式的"例外"

雅氏是以他惯常运用的极性思维与比较方法对歌德进行批判性反思的："今天，当我们试图进行审慎而真诚的哲学思考时，始终存在着来自人性的两个方面的定向，两者对于揭示真理来说都是不可缺少的：一方面，我们看到了例外——他们是所在时代的受难者，在不可知之物的视域中，他们展现着在人的存在中绝对的可能性；另一方面，我们看到了歌德这一现象，这一通过持续变化而显现的生活的真实，在一种独特的尺度上——可以说，一种理想的常态——就是人性的自我显现。每一个例外都失败了；例外看上去受到了与其相结合的绝对之物的限制，最终走向生存的自我毁灭。歌德则沿着'死亡并获得新生'的道路步入极度的恐惧与良心的压力之中，经过内心的分裂与垂死的体验，他又抽身返回并准备去实现新的变化。歌德选择了一种充满人性的生活。他并不是克尔凯郭尔与尼采那样的受难者。"② 整全的真理（die Wahrheit）是通过历史性的形象不断得以显现的，在这个永

---

① Karl Jaspers, "Our Future and Goethe", in Hanns E. Fischer (Eds.), *Existentialism and Humanism: three essays by Karl Jaspers*, translated by E. B. Ashton, Russell F. Moore Company, 1952, pp. 57 – 58.

② Karl Jaspers, "Our Future and Goethe", in Hanns E. Fischer (Eds.), *Existentialism and Humanism: three essays by Karl Jaspers*, translated by E. B. Ashton, Russell F. Moore Company, 1952, p. 58.

第六章 理性生存型的艺术家之范例

无底止的过程中,如果说克尔凯郭尔和尼采以其"受难者"的姿态成为所在时代的"例外",那么歌德则以其"充满人性的生活"成为"谜"一样的"权威"①。例外与权威作为彼此对立的两极,分别标示着"人性的两个方面的定向":前者"展现着在人的存在中绝对的可能性",它以生存个体的自我毁灭(失败)成为间接地透露"绝对之物"("整全的真理")之消息的密码与例外;后者则以"独特的尺度"("人性的尺度""理想的常态")为衡准,通过不断的内在超越成为喻说"人性的自我显现"的范例与权威。当然,歌德式的权威并不是始终镇定自若的,他的原初人格的自我分裂与对立(如"灵"与"魔"的张力)也经常使他处于紧张之中,并且由于紧张而处于剧烈的矛盾运动之中。当歌德"沿着'死亡并获得新生'的道路步入极度的恐惧与良心的压力之中"时,他同样经历了"内心的分裂与垂死的体验"。在濒于临界处境之际,歌德迎面遇到了"绝对之物"("超验界")②,他同样对这"不可理解之物"深感恐惧与战栗。与克尔凯郭尔、尼采式的例外有所不同的是,歌德最终在"灵"对"魔"的导引下将自己带到一个由理性之爱所照亮的和谐、温煦的人生境地面前,他凭借理性之爱的力量"抽身返回"现实世界之中,并在不断地突破现实世界的过程中实现着人性界限内的各种潜能。由此可见,无论是例外还是权威,两者其实都是以"绝对之物"("超验界")为基础的:"当它们显现的时候,它们都确信有超验界。没有同超验界的联系就既没有生存方面的例外,也没有真正的权威。"③ 既然两者都以"超验界"("绝对之物""根本的真理""整全的真理")为基础,例外与权威也便在彼此对立的张力间显现出了"共同性":"例外和权威这一对彼此极端矛盾的对立面,相生相成,同是根本真理(整全的真

---

① 雅斯贝斯指出:"权威是真理统一(性)在历史现实中的形象化了的谜。"见[德]卡尔·雅斯贝斯《生存哲学》,王玖兴译,上海译文出版社2005年版,第39页。
② 雅斯贝斯在《生存哲学》中指出:"权威永远是建立在超验界(超越存在、绝对之物、整全的真理、无所不包的大全、不可理解之物——引者注)上的主张或要求,就连当时根据超验界而发布命令的那个人也要听从这种要求。"见[德]卡尔·雅斯贝斯《生存哲学》,王玖兴译,上海译文出版社2005年版,第36页。
③ [德]卡尔·雅斯贝斯:《生存哲学》,王玖兴译,上海译文出版社2005年版,第41—42页。

理——引者注）的一个指标。两者虽有两极性却又有共同性。"①

由此可见，例外与权威对于我们揭示浑全真理的幽趣来说都是不可或缺的，缺少了其中任何一方，都会因着极性的消失而导致对方的寡头化，那浑全的真理也就无从借着两者之间的极性张力得以显现了。鉴于此，雅氏格外强调，我们既要关注歌德式的"权威"，也不能轻忽克尔凯郭尔和尼采式的"例外"："我们不能没有克尔凯郭尔与尼采。他们都不提供某种哲学体系。二人看上去都把自己的思想播撒于无数的箴言里；二人每时每刻都显现着自身的矛盾；二人都致思于思维与想象、概念与形象、科学与诗歌等的基本原理；二人都让我们感到与整体的一种隐蔽的联系而没有使我们将其客观化。他们松开了我们的限制，激发我们去行动与吁求，并让我们从未质疑的这些胚芽在我们中间成长。"② 克尔凯郭尔、尼采式的"例外"只愿献身于一个人所期许着的"整全的真理"（如克氏所期许的"上帝"，尼采所期许的"超人"），而不愿就缚于世俗实存所习惯的一般意识与客观有效的真理。因此，他们都不提供某种自我封闭的哲学体系，也不把自己通过生存意识与整全的真理建立的"隐蔽的联系"加以客观化。濒于临界处境之际，他们宁愿突破一切实存秩序的规定而过着一种"无职业、无配偶、无立足之地"的"漫游"生活，甚至不惜在灵魂自我撕裂之际断然毁灭自我的实存而跃入生存的深渊。就此而言，"例外可以为了给超验界（浑全的真理——引者注）服务而变成非现世的（weltlos），可以由于消极规定（无职业、无配偶、无立足地）而仿佛自身消灭了。它可以通过这些规定而成为这样一种真理：不是什么榜样，不通过它自己的存在指明一条道路。它仿佛是道路尽头上的一座灯塔，从非普遍物的处境中发出亮光把普遍性的东西照亮。"③ 从这个意义上来说，克尔凯郭尔和尼采式的"例外"的"例外性"就在于松开客观有效的普遍秩序强加给我们的限制，激发我们去吁求超出一切现世规定

---

① ［德］卡尔·雅斯贝斯：《生存哲学》，王玖兴译，上海译文出版社2005年版，第41页。
② Karl Jaspers, "Our Future and Goethe", in Hanns E. Fischer (Eds.), *Existentialism and Humanism: three essays by Karl Jaspers*, translated by E. B. Ashton, Russell F. Moore Company, 1952, p. 58.
③ ［德］卡尔·雅斯贝斯：《生存哲学》，王玖兴译，上海译文出版社2005年版，第34页。

第六章　理性生存型的艺术家之范例

的"浑全的真理",从而以别一种否定与间接的方式向着"真理的本原"("浑全的真理")不断逼近。

如果说例外提示的是逼向"真理的本原"的否定与间接的方式,那么权威所提示的就是逼向"真理的本原"的肯定与直接的方式。"当着例外和权威向真理的本原逼近的时候(而真理则正出于具体现实向着我们走近),它们遇到了我们。例外是提出问题的、令人震惊的、使人迷惑的东西,权威是负荷着我的丰富生活的、使人藏身的、令人安心的东西。"① 正是在这个意义上,歌德与尼采的生存样态、思维方式表现出迥然的差异:"尼采与歌德是极其不同的。尼采始终保持着否定的力度,他在一切形式的虚无主义中历险,猛烈地与他那个时代的信条展开搏击,永远生活在一种攻击性、绝望、无爱、狂热信仰的氛围之中。他主动挑起争斗。他让我们烦恼,而且我们也让自己烦恼,因为我们发现他已先于我们充满活力地奔向真理。相比之下,歌德则生活在肯定之中。他爱世界与生活,爱一切事物和所有的人。他强烈要求促成和解与一致。他力促达成和解。他的所有言论都充满仁爱与友善的氛围。正是这些东西,让我们怀着如此喜悦的心情一次又一次地探寻歌德,增添我们自身研索爱的冲动与活力,保持协调与肯定或者理性与适度,对世界的资源和人类的财富始终葆有坦荡的心胸,无论它们何时威胁甚至有负于我们。"② 在尼采式的例外所保持的"否定的力度"的反衬下,"生活在肯定之中"的歌德式权威的独特力量也便凸显出来。可以说,歌德"强烈要求促成和解与一致"的愿望与"保持协调与肯定或者理性与适度"的做法,既是这位独一无二的伟大个体的优势所在,也正是他的局限之所在。

(5)不要把歌德的局限全然当成我们的局限,毋宁说我们已然超越了歌德特有的局限

歌德的局限根源于他的勉力达成和谐与一致的世界观。受这种世界观的影响,他在人性的限度内不断地进行着内在超越并尝试着人的

---

① [德]卡尔·雅斯贝斯:《生存哲学》,王玖兴译,上海译文出版社2005年版,第36页。
② Karl Jaspers, "Our Future and Goethe", in Hanns E. Fischer (Eds.), *Existentialism and Humanism: three essays by Karl Jaspers*, translated by E. B. Ashton, Russell F. Moore Company, 1952, pp. 58–59.

— 517 —

可能性，最终并没有在濒于临界处境之际实现最后一次跳跃。鉴于此，雅氏向我们提出了一个颇为关键的问题："我们需要将歌德的局限当作我们自己的局限，以便由此重建他留下的一切财富并达到我们能力的限度吗？"① 这个问题之所以关键，乃是因为对这个问题的回答直接关系到我们看待人的可能性与机遇的态度。只有厘清这个问题，我们才能直面属己的时代精神处境，进而在歌德的帮助下解决那些只能由我们自己解决的时代难题。"今天，仍有一些好心人认为可以通过与歌德的交往同这样的人达成一致，并认为可以寻求一条最好能在其中一起成长的道路。但是，我们并不这样认为。尽管我们极其弱小，我们也已经超越了歌德特有的界限。确切地说，作为个体，我们正遭遇一个属己的时代，负荷着不可逃避的使命。摆在面前的这些问题，正鞭策着我们来予以解决。"② 在生存论的意义上，人存在无限生成的可能性，任何在世生存的个体都无法终结人对其潜在可能性的探索，一旦终结了这个探索的过程，也就意味着终结了人的自我生成的历史。就此而言，歌德式的权威固然在内在超越的过程中实现了人的诸多可能性，不过肯定没有实现人的所有可能性。我们至少可以这样说，克尔凯郭尔和尼采式的例外的存在就为人性的定向提供了另一种可能的方式。"对真理的一切把捉，都是出于对例外的敞开，出于对例外的谛视"③，仅从这个角度说，我们也不能把歌德式的权威绝对化、实体化。更为关键的是，我们所处的这个时代向我们提出了有别于歌德时代的难题。如果说歌德时代的难题是如何直面与克服知识论的怀疑论与经验论的相对论提出的挑战，那么我们所处的这个时代的难题就是如何直面与克服第二次世界大战酿成的人性灾难与虚无主义的挑战。尽管歌德当年已经预感到人类即将出现的危机与灾难的某些端倪，但是这种危机与灾难终究不是歌德所直面的现实。歌德希望以一种和谐

---

① Karl Jaspers, "Our Future and Goethe", in Hanns E. Fischer (Eds.), *Existentialism and Humanism: three essays by Karl Jaspers*, translated by E. B. Ashton, Russell F. Moore Company, 1952, p. 59.

② Karl Jaspers, "Our Future and Goethe", in Hanns E. Fischer (Eds.), *Existentialism and Humanism: three essays by Karl Jaspers*, translated by E. B. Ashton, Russell F. Moore Company, 1952, p. 59.

③ [德] 卡尔·雅斯贝斯：《生存哲学》，王玖兴译，上海译文出版社2005年版，第36页。

第六章　理性生存型的艺术家之范例

的世界观解决人性内部的纠葛,这种解决方式最终把他留在了他所处的德国古典主义时代。现代人需要直面与克服的难题直到克尔凯郭尔和尼采式的例外这里才达于自觉,恰恰在这里,雅氏发现"始终保持着否定的力度"并敢于"在一切形式的虚无主义中历险"的尼采能够为我们解决时代的难题提供更多的启迪。一旦意识到了这一点,我们就会发现尼采"已先于我们充满活力地奔向真理",与此同时,我们也就"超越了歌德特有的界限"——尽管我们目前还"极其弱小"。

每个时代的生存个体都会面对他们所处的那个时代的难题,人类的精神正是在不断解决时代难题的过程中持存下去的。鉴于此,雅氏就我们如何直面当下的困境吸纳歌德提出了新的要求:"如果我们的精神还要持存下去,那么我们就会在吸纳歌德的过程中面临一场剧变。在保存和精选文献、保护传统、促进对于来自歌德的所有东西的使用等方面,我们要归功于过去对歌德的接受。在这些方面,人们的成就是堪称模范的,而且是值得继续下去的。不过,恕我直言,人们的歌德观却不值得采纳,人们对歌德的崇拜也不应该持续下去。"[1] 雅氏所反对的"歌德观",指的是世俗实存"对歌德的崇拜"。可以说,警惕歌德崇拜、防止神化歌德正是雅氏发表《我们的未来与歌德》这篇演讲的一个重要的现实契机。经历了惨绝人寰的第二次世界大战灾难的雅氏颇为清楚,任何一种偶像崇拜与实体化信仰都是导致独断主义与虚无主义交替盛行或者同时盛行的最后的根源。

那么,在我们所处的这个时代,我们该如何看待与吸纳歌德呢?"至此,一个奇怪的问题便产生了。那就是:我们不是的东西以及我们不能成为的东西,怎样才能与我们相接近并且成为我们生命中不可或缺的东西?我们怎样才能够生活在一种看得见某一事物的位置,让其塑造并教育我们,而不是力求去效仿它?"[2] 面对包括歌德在内的任何一个历史人物,我们确实无法通过"效仿"而成为他们,这样一

---

[1] Karl Jaspers, "Our Future and Goethe", in Hanns E. Fischer (Eds.), *Existentialism and Humanism: three essays by Karl Jaspers*, translated by E. B. Ashton, Russell F. Moore Company, 1952, pp. 59–60.

[2] Karl Jaspers, "Our Future and Goethe", in Hanns E. Fischer (Eds.), *Existentialism and Humanism: three essays by Karl Jaspers*, translated by E. B. Ashton, Russell F. Moore Company, 1952, p. 60.

来，怎样才能使"我们不是的东西以及我们不能成为的东西"通过我们接受的教育"与我们相接近并且成为我们生命中不可或缺的东西"，就成为我们必须直面的一个难题。"在我们与以前的一切历史之间不断扩大的裂隙，使这一问题成为我们生活中普遍的、基本的问题：我们既不能使其产生也不能使其延续的那些作为不可复制的过去的一部分的事物，如何成为我们的记忆，并作为空间、进而作为尺度、最终作为进步的推动力服务于我们？我们怎样来吸收曾经存在于艺术、诗歌、哲学中的东西——不是在教条化的因循守旧中，不是在相对化的漠不关心中，不是在不负责任的审美情感中，而是将其视为对我们的吁求来影响我们的一切？"[1] 我们亲在其中的现代世界深受现代科学技术与现代机器生产的影响，这就使其与手工业生产占主导的古代世界有了根本的不同，从而进一步扩大了我们与以前的一切历史之间的裂隙，同时使如何看待与吸纳歌德的问题"成为我们生活中普遍的、基本的问题"。面对这个问题，一切试图回到过去的想法都无异于痴人说梦，一切试图以"教条化的因循守旧""相对化的漠不关心""不负责任的审美情感"对待历史传统的做法也都被证明是死路一条。

那么，我们该如何把传统化为己有呢？在雅氏看来，唯一的办法就是回归我们本真的生存，进而与历史上的伟大人物进行涌自灵魂深处的生存交往；进而言之，诉诸生存交往的个体完全可以超越时代的局限，只在精神的王国里与过去那些堪称伟大的心灵相遇："实际上并没有人完全受他所处时代的限制，我们之中的极少数也可能会从他的独立性之中与大师一道进入那唯一的同时性里。在那里他聆听回答，体验到鼓舞、吸引力以及排斥。大哲学家是他永远的同时代人。"[2] 我们虽然无法在实存论与一般意识的层面上与那些大师们相遇，却可以在生存论与生存意识的层面上把他们作为我们的"同时代人"并与他们倾心交谈。鉴于此，雅氏对哲学的时代使命做了这样的称说："我

---

[1] Karl Jaspers, "Our Future and Goethe", in Hanns E. Fischer (Eds.), *Existentialism and Humanism: three essays by Karl Jaspers*, translated by E. B. Ashton, Russell F. Moore Company, 1952, p. 60.

[2] ［德］卡尔·雅斯贝尔斯：《大哲学家》，李雪涛主译，社会科学文献出版社2005年版，第31页。

第六章　理性生存型的艺术家之范例

们今天的哲学已不是伟大的原创性哲学，但它更不是过去文本的合理重复。相反，它是我们吸纳过去的器官，因此，它虽然并不充分，但它是当下的、活生生的，它虽是审慎的，但终究赋有探索真实的敏感的良知"；"这类哲学仅仅存在于内在行动之中，而且它总是依次地发生于单纯的个体之中。起源与选择取决于个体，因此，只有单独的个体才能够完成吸纳歌德的任务①。"这里所说的"单纯的个体"，指的是生存个体；所说的"内在行动"，指的是自由选择、自我超越、自我生成、运命自承的行动；所说的"我们今天的哲学"，指的就是雅氏所期待的祈向超越之维的生存哲学。雅氏认为，这种哲学"赋有探索真实的敏感的良知"，它不是那种将传统变成知识的学院派哲学，而是一种"当下的、活生生的"的行动哲学。它以唤醒生存个体的"内在行动"为起点与指归，以诉诸生存交往为达成"我—他"双方均要回归自我的途径，因而可以成为"我们吸纳过去的器官"。

　　以自己所期待的祈向超越之维的生存哲学为底据，雅氏重新激活了歌德的原初人格，发现他就是一个有别于世俗实存的生存个体。"歌德晚年曾经这样说：'我从事的事情并不能得到流行；无论谁那样认为并试图使其流行起来都是错误的。我并不为大众写作，而是仅仅为那些秉有相似的意志与目的的个体写作。'"② 这里所说的"大众"，指的是习惯于一般意识的"世俗实存"；所说的"秉有相似的意志与目的的个体"，指的是根源于生存意识而从事内在行动的生存个体。歌德深知，只有那些诉诸一般意识的作品才能在大众（世俗实存）间流行开来，但是，这种流行的作品并不能唤醒人的生存意识与内在行动，也无助于我们回归原初的自我。鉴于此，歌德立志为生存个体而写作，而不是为大众写作，更不会为了作品的流行而邀媚于大众。"作为一个作家，我在自己的这一行业里从来不追问群众需要什么，不追问我怎样写作才对社会整体有利。我一向先努力增进自己的见识

---

① Karl Jaspers, "Our Future and Goethe", in Hanns E. Fischer (Eds.), *Existentialism and Humanism: three essays by Karl Jaspers*, translated by E. B. Ashton, Russell F. Moore Company, 1952, pp. 60–61.

② Karl Jaspers, "Our Future and Goethe", in Hanns E. Fischer (Eds.), *Existentialism and Humanism: three essays by Karl Jaspers*, translated by E. B. Ashton, Russell F. Moore Company, 1952, p. 61.

和能力,提高自己的人格,然后把我认为是善的和真的东西表达出来。我当然不否认,这样工作会在广大人群中发生作用,产生有益的影响,不过我不把这看作目的,它是必然的结果,本来一切自然力量的运用都会产生结果。作为作家,我如果把广大人群的愿望当作我的目的,尽量满足他们的愿望,那么,我就得象已故的剧作家考茨布那样,向他们讲故事,开玩笑,让他们取乐了。"① 歌德认为,作家的任务就是以自己的原初人格为根源,通过"增进自己的见识和能力,提高自己的人格",把自己心目中"善的和真的东西"化成作品,希望涵淹着他的原初人格的作品能够在广大人群(大众、世俗实存)间自然而然地发挥影响,而不是有意识地"满足他们的愿望""让他们取乐"。歌德的作品在广大人群间发挥影响的过程,也正是把世俗实存转化为生存个体的过程。"确切地说,他并不是在大众的宣传中流行起来的——而是在无数的个体组成的群体中播撒开来的,他们是越来越壮大的一个群体,他们中的每一个人最终都是一个个体。"② 从中可以看出,歌德所期待的"群体"(乃至"社会整体")并不是由一个个世俗实存组成的利益共同体,而是由一个个生存个体组成的精神共同体,这个精神共同体是以"每一个人最终都是一个个体"为先决条件的。③

(6) 要把歌德故居建成收集歌德全部文献的场所与供人研究歌德思想的园地,在重新激活寓托于文字背后的原初人格的同时与歌德展开诉诸"爱的斗争"的生存交往

这是我们吸纳歌德的一个实际应用问题。雅氏在《我们的未来与歌德》的最后一部分对这个问题发表了中肯的看法,他认为重建歌德故居对我们固然是非常必要的,不过在建筑方面要尽量节制,尤其要

---

① [德]爱克曼辑录:《歌德谈话录》,朱光潜译,人民文学出版社1978年版,第224页。
② Karl Jaspers, "Our Future and Goethe", in Hanns E. Fischer (Eds.), *Existentialism and Humanism: three essays by Karl Jaspers*, translated by E. B. Ashton, Russell F. Moore Company, 1952, p. 61.
③ 在运思路径上,歌德所期待的这个"精神共同体"与马克思、恩格斯所期待的那个"以各个人自由发展为一切人自由发展的条件"的"联合体"("真实的集体")有异曲同工之妙。见马克思、恩格斯《共产党宣言》,收入《马克思恩格斯全集》第四卷,人民出版社1958年版,第491页。

第六章 理性生存型的艺术家之范例

努力穿越时间的裂隙而忠实于记忆中的基本真实性。"这个地方一定不要成为单纯的遗迹或圣陵——两者都极其不适合于歌德——不过，让人在接近它的时候要抱有敬畏之心，这是重建歌德故居的基础所在。"[①] 若把歌德故居建成单纯的"遗迹"，我们就会把歌德变成一个与当下全然无关的"死人"；若把它建成单纯的"圣陵"，我们就会把歌德奉为神明来崇拜，这种偶像崇拜同样会抽空歌德鲜活的生命与精神。

要想真正吸纳歌德的生命智慧，更为重要的是把歌德故居建成收集歌德全部文献的场所与供人研究歌德思想的园地。雅氏就此指出："更为重要的是，在此基础上要创建观察与研究歌德的场所。歌德的传统需要学习，他的作品需要理解。所有可能的物证都必须留给后人，以便让后人在领悟歌德时会更容易一些，不然的话，我们今天理解起他来确实就会很困难了。不管糟糕与否，这样的处理方式在我们建立当下与过去的关联时总是不可避免的。今天，任何一个打算与歌德生活在一起的人都定要成为一个初级的歌德研究者。"[②] 雅氏心目中的歌德故居更像是一个博物馆，应当把歌德留下的所有记载其言辞的文献统统收集起来，至于其他的东西（如旧宅、甬路等）都还是次要的。"对我们来说，歌德就生活在他的言辞之中。因为这些言辞事关紧要，所以他的作品、信件、谈话，上述这些文献统统都应该收集起来，让人们能够触手可及，即使那些存在时间极短的印刷品也不要放过。至于其他的东西，包括旧宅和研究，都仅仅是临时的替代物。因此，重建的歌德故居将具有博物馆的性质并且能成为展览歌德哲学的园地，这个园地对我们理解歌德并适时超过他来说将变得越来越至关重要。"[③] 雅氏之所以格外重视记载歌德言辞的文献，乃是因为这些言辞是歌德生存样态的自然外化与直观见证，就此而言，"歌德就生活在

[①] Karl Jaspers, "Our Future and Goethe", in Hanns E. Fischer (Eds.), *Existentialism and Humanism: three essays by Karl Jaspers*, translated by E. B. Ashton, Russell F. Moore Company, 1952, p. 62.

[②] Karl Jaspers, "Our Future and Goethe", in Hanns E. Fischer (Eds.), *Existentialism and Humanism: three essays by Karl Jaspers*, translated by E. B. Ashton, Russell F. Moore Company, 1952, pp. 62–63.

[③] Karl Jaspers, "Our Future and Goethe", in Hanns E. Fischer (Eds.), *Existentialism and Humanism: three essays by Karl Jaspers*, translated by E. B. Ashton, Russell F. Moore Company, 1952, p. 63.

他的言辞之中"。把记载歌德言辞的文献统统收集起来，便可为我们从事纯粹的歌德研究并完成理解歌德的任务提供可靠的一手资料。

要想通过纯粹的歌德研究理解、吸纳歌德的生命智慧，余下的最重要的一件事，就是激活寓托于这些言辞背后的鲜活的生命，在与歌德进行生存交往的过程中勇毅地承担起成为我们自己的责任来。"在歌德的精神鲜活之处，他的言辞是自由的；在那里，存在着争论与相互对立的论点。因此，吸纳歌德的道路是一种美妙的象征，它提醒我们，要重建问题的正反两个方面，进而在无情的争论中对其进行彻底的讨论。结果是，这种重建的效果是非常出色的。在歌德的帮助下，通过破坏常规，他的独一无二性得到了进一步的强调。在我们真正的传统遭到破坏的处境下，我们情愿冒着风险来了解歌德。我们采取坦率的、真诚的、自觉的态度来批评歌德，这些批评是显而易见的。我们知道自己正在做的事情。"① 所谓"坦率的、真诚的、自觉的态度"，指的是一种批判性反思的态度，这种态度说到底是一种为理性精神所照亮的"生存在场"的态度。雅氏认为，只有采取这种"生存在场"的态度来批评歌德，我们才能体味到内在于歌德原初人格中的分裂、对立与矛盾，体味到他在"灵"与"魔"、"白天的法则"与"夜间的激情"构成的两极张力下所做的挣扎、撕扯与突破，进而把歌德的局限性、丰富性、独特性和伟大性一一揭示出来。当然，雅氏颇为清楚自己的做法是要冒一定的风险的，甚至会给自己带来"攻击歌德"之嫌。但是，"在我们真正的传统遭到破坏的处境下"，如何继承与吸纳历史上的伟大人物是一个生死攸关的大问题。雅氏认为，我们既不能否定他们，也不能神化他们；只有以我们切己的生命体验重新激活这些伟大人物的原初人格与活的精神，我们才能通过"化传统为己有"赢得属己的未来。可以说，这是时代赋予我们的庄严使命，为了实现这一无可推诿于外的庄严使命，"我们情愿冒着风险来了解歌德"。

当然，对歌德的批判性反思并不是实存论意义上的"攻击"，而

---

① Karl Jaspers, "Our Future and Goethe", in Hanns E. Fischer (Eds.), *Existentialism and Humanism: three essays by Karl Jaspers*, translated by E. B. Ashton, Russell F. Moore Company, 1952, pp. 63 – 64.

是生存论意义上的"爱的斗争"。"只有生发于爱、学识和技能,并且联合语言学家和建筑师来进行重建,我们才能最终取得成功。歌德在哪里有重要价值,人格就在哪里有重要意义。在法兰克福,这一点毋庸置疑。"① 歌德始终强调人格之于艺术家的根源性地位②,说到底,他乃是通过其伟大的人格对后世发挥持续的影响的,鉴于此,雅氏在《我们的未来与歌德》的结尾处向伟大的歌德送上了一份由衷的敬意:"歌德是这座城市最伟大的子孙,对我来说,能够在这座城市受到格外的欢迎是我无上的荣幸;与此同时,能够在这座持续纪念歌德的城市获得'歌德奖'也令我感到任重道远。与歌德相联系,直面他的呼吁,号召人们来赞美他——所有这些,对一个德国人来说都能产生自身的影响:他总有一种在家之感,他被激励着,并且意识到在他这里各种善的力量已经发展壮大起来。"③ 这里所说的"与歌德相联系,直面他的呼吁",指的是以"坦率的、真诚的、自觉的态度"与歌德进行生存交往。雅氏认为,只有通过这种涌自心灵深处的生存交往,我们才能从歌德身上体味到一种"在家之感",并在他的激励下不断地将"各种善的力量"融入自己的思想与行动。

三 歌德的丰富性与其独一无二的伟大

雅斯贝斯在《歌德的人性》中重点阐说了歌德的"丰富性"

---

① Karl Jaspers, "Our Future and Goethe", in Hanns E. Fischer (Eds.), *Existentialism and Humanism: three essays by Karl Jaspers*, translated by E. B. Ashton, Russell F. Moore Company, 1952, p. 64.

② 譬如,1824年3月30日,歌德在与爱克曼的谈话中说道:"一般说来,作者个人的人格比他作为艺术家的才能对听众要起更大的影响。"又如,他在1824年4月14日的谈话中说道:"总的来说,一个作家的风格是他的内心生活的准确标志。所以一个人如果想写出明白的风格,他首先就要心里明白;如果想写出雄伟的风格,他也首先就要有雄伟的人格。"又如,他在1828年10月20日的谈话中认为,古希腊的艺术家之所以"不仅妙肖自然,而且超越了自然",乃是因为"艺术家们自己的人格已陶冶得很伟大,他们是凭着自己的伟大人格去对待自然的"。见[德]爱克曼辑录《歌德谈话录》,朱光潜译,人民文学出版社1978年版,第38、39、174页。

③ Karl Jaspers, "Our Future and Goethe", in Hanns E. Fischer (Eds.), *Existentialism and Humanism: three essays by Karl Jaspers*, translated by E. B. Ashton, Russell F. Moore Company, 1952, p. 64.

问题。① 雅氏就此指出："歌德是新时代以来最为丰富之人，他所知晓的一切看起来无边无际。"② 那么，雅氏是在何种意义上、他又是如何阐说歌德的"丰富性"的呢？对于这个问题，学界见仁见智。③ 下面，笔者就循着雅氏的运思理路，从以下三个方面进行诠解：其一，内在矛盾与紧张：歌德是一个"最富于对立与张力的人"；其二，用人性的尺度勉力维护自我的统一：歌德人格中的"灵""魔"张力与其自我导向；其三，"在其丰富性之中仍能保持为一个完整的人"：歌德独一无二的伟大。

1. 内在矛盾与紧张：歌德是一个"最富于对立与张力的人"

雅氏颇为明确地指出："歌德的生命是一个发展的过程，在这个过程中，所有的矛盾、对立、悖论不断地出现，又复归于统一。歌德的丰富性意味着，他就是一个最富于对立与张力的人。"④ 可以说，这段话是雅氏对歌德"丰富性"之谜的和盘托出。具体来说，雅氏是从以下两个方面展开阐述的：其一，敏感的天性与自我审视的品格；其

---

① 歌德的"丰富性"问题是一个不可穷尽的话题。爱克曼为当年辑录的《歌德谈话录》所撰写的序言中就曾写道："我认为这些谈话不仅就生活、艺术和科学作了大量阐明，而且这种根据实际生活的直接素描，特别有助于使人们从阅读歌德的许多作品中所形成的歌德其人的形象更为完备。""不过我也远不认为这些谈话已描绘出歌德的全部内心生活。这位非凡人物及其精神可以比作一个多棱形的金刚石，每转一个方向就现出一种不同的色彩。歌德在不同的情境对不同的人所显现的形象也是不同的，所以就我这方面来说，我只能谦逊地说，这里所显现的是我的歌德。"见［德］爱克曼辑录《歌德谈话录》，朱光潜译，人民文学出版社1978年版，第264—265页。与歌德相处九年之久的爱克曼尚且把歌德丰富的人格"比作一个多棱形的金刚石，每转一个方向就现出一种不同的色彩"，对晚于歌德近三个世纪出生且只能借助前人的理解（这里重点借助雅斯贝斯的理解）再做理解的一个中国学人来说，笔者在此更应谦逊地说："这里所显现的是我的歌德。"

② Karl Jaspers, "Goethes Menschlichkeit", in Hans Saner (Hrsg.), *Aneignung und Polemik: Gesammelte Reden und Aufsätze zur Geschichte der Philosophie*, R. Piper & Co. Verlag, 1968, S. 143.

③ 井上阳一对此所做的一个品评是颇为中肯的："雅斯贝斯的歌德评价，并没有偏重于消极一面。另一方面，他对歌德评说，他作为全面进行思维的人，是在最高水平上的自己思想的主人，因而歌德是一个哲学家。而且在《歌德的人性》(1949)中，叙述了这样的见解：歌德是充满矛盾的紧张存在，这一点又是歌德的丰富性。矛盾的统一，必须是无止境地不断地朝前追求的。悲剧《浮士德》的主题是无制约的活动，可是浮士德的企图也不免遭到挫折。在这种不知足的追求和挫折的主题中，歌德——浮士德的人物形象和达·芬奇的人物形象是相吻合的。"见［日］今道友信等《存在主义美学》，崔相录、王生平译，辽宁人民出版社1987年版，第157页。

④ Karl Jaspers, "Goethes Menschlichkeit", in Hans Saner (Hrsg.), *Aneignung und Polemik: Gesammelte Reden und Aufsätze zur Geschichte der Philosophie*, R. Piper & Co. Verlag, 1968, S. 144.

二，自我分裂的多重含义。

（1）敏感的天性与自我审视的品格

在雅氏看来，歌德之所以能够成为一个"最富于对立与张力的人"，这与他敏感的天性与自我审视的品格密切相关："歌德生性敏感，他与万物擦肩而过，却从不无动于衷。无论是在青年时期，还是在中年时期，抑或是在老年时期，他都曾濒临无可承受的边界。这直接导致——据他自己坦诚——他会反思所有的罪，而这些罪仿佛自己都已然触犯，在他看来，所有的恶习与不道德的行为都有可能出现在自己身上。"① 生性的敏感既使歌德敏于感受周遭的世界给他带来的压力，又使他善于捕捉周遭的世界给他带来的机遇。于是，歌德带着切己的生命体验断然地介入这个世界，从不会以无动于衷的态度对待与自己照过面的人与物。歌德总是不断地在世选择着、实现着、突破着、撕裂着，每逢"濒临无可承受的边界"之际，他就返回生存的完整性，继而开启下一次内在超越的过程。就在这个周而复始的内在超越的过程中，歌德展示了内在的矛盾与紧张，同时尝试了人生的多种可能性，进而在自己身上充分挖掘与实现了人性的潜能。更为重要的是，歌德善于"反思所有的罪，而这些罪仿佛自己都已然触犯"。这是一种弥足珍贵的"自我审视"的品格，它就像内视的眼睛，使歌德意识到世人所犯下的任何一种罪在人性中都有其根源，因而都是人性的可能性，鉴于此，"所有的恶习与不道德的行为都有可能出现在自己身上"。一旦意识到这一点，歌德就会激发自己生命中既有的善的力量与之抗衡，以防止恶的可能性出现在自己身上。

正是借着这种自我审视的品格，歌德的自我出现了分裂、对立与矛盾："青年时期的歌德就已经带着审视的眼光站在了自我欲求的对立面。他目光如炬，满怀激情，他的自察意识摧毁了所有可能败坏其幸福的幻象，从而带给他高度的自律和自我掌控的能力。"② 对歌德来说，"理

---

① Karl Jaspers, "Goethes Menschlichkeit", in Hans Saner (Hrsg.), *Aneignung und Polemik*: *Gesammelte Reden und Aufsätze zur Geschichte der Philosophie*, R. Piper & Co. Verlag, 1968, SS. 143 – 144.

② Karl Jaspers, "Goethes Menschlichkeit", in Hans Saner (Hrsg.), *Aneignung und Polemik*: *Gesammelte Reden und Aufsätze zur Geschichte der Philosophie*, R. Piper & Co. Verlag, 1968, S. 144.

性"与"非理性"、"自我掌控"与"自我欲求"、"白天的法则"与"夜间的激情"乃意味着须臾不可分离的对立、矛盾的两极,或者说,两极间的对立与矛盾恰恰内在于歌德独一无二的生存之中。正是通过两极间对立冲突与矛盾运动,歌德为自己在世超越的内在行动提供了动力与活力,他的生存样态也随之成为展呈人性矛盾性、复杂性与丰富性的范例。

(2) 自我分裂的多重含义

对歌德来说,"这种分裂具有多重含义:体验与反思、直接与间接、肯定与否定、冲动与自控。这种分裂也体现在浮士德和梅菲斯特(Mephisto)这两个角色身上。浮士德为不竭的渴望和最高的目标所充盈,梅菲斯特则是自我反思和破除幻象的化身"①。雅氏在此枚举了"体验与反思、直接与间接、肯定与否定、冲动与自控"等彼此对立的两极,借此阐说体现在歌德身上的自我分裂的多重含义,其实,人性中对立、矛盾的两极——如善与恶、灵与魔、"白天的法则"与"夜间的激情"等——均不在这种分裂的多重含义之外。雅氏进而以歌德笔下的浮士德、梅菲斯特这两个对立的角色为例对这种分裂的意趣做了直观的阐释:"在飞升中,浮士德呼喊道:'我一心一意,无非是争取戴上人类的冠冕,如不可能,/那还成个什么样的人?'梅菲斯特却冷冷地答道:'最后你还是——像现在一样。'"② 雅氏在此所称引的是《浮士德》第一部第四场《书斋(二)》中发生在浮士德与梅菲斯特之间的一段对话,从中可以看出,书斋中的浮士德充满着激情,他正"为不竭的渴望和最高的目标所充盈",与此相反,梅菲斯特则冷言冷语,他是"自我反思和破除幻象的化身",于是,浮士德和梅菲斯特这两个角色便代表着内在于歌德人格中的恰相对立的两极:"歌德认可了安培尔的解释——'不仅主人公(浮士德——引者注)暗藏的永不满足的欲求,而且梅菲斯特的嘲弄和讥讽也是我自身存在的一部分。'"③

---

① Karl Jaspers, "Goethes Menschlichkeit", in Hans Saner (Hrsg.), *Aneignung und Polemik: Gesammelte Reden und Aufsätze zur Geschichte der Philosophie*, R. Piper & Co. Verlag, 1968, S. 144.
② Karl Jaspers, "Goethes Menschlichkeit", in Hans Saner (Hrsg.), *Aneignung und Polemik: Gesammelte Reden und Aufsätze zur Geschichte der Philosophie*, R. Piper & Co. Verlag, 1968, S. 144.
③ Karl Jaspers, "Goethes Menschlichkeit", in Hans Saner (Hrsg.), *Aneignung und Polemik: Gesammelte Reden und Aufsätze zur Geschichte der Philosophie*, R. Piper & Co. Verlag, 1968, S. 144.

第六章　理性生存型的艺术家之范例

雅氏在此所称引的这段话出自歌德1827年5月3日与爱克曼的谈话①，歌德之所以会认可安培尔（Ampère）②的解释，乃是因为他的评说颇为中肯："作为一个行家，他指出了作品与作者的密切关系，把不同的诗篇当作诗人生平不同时期的果实来评论。"③ 确实，歌德的作品就是其生命成长的直观写照，若把他撰写于不同时期的作品结合起来阅读，便可从中勾勒出歌德生命成长的轨迹来。可以说，从狂飙突进时期的《少年维特的烦恼》④，到步入理性沉思期的《浮士德》，自我欲求与自我掌控、自我冲动与自我反思、"夜间的激情"与"白天的法则"之间的矛盾始终内蕴于歌德的人格之中，正是两极间的矛盾与冲突所产生的动能推动着歌德不断地在现实世界中进行着突破："歌德不愿错过任何东西，却又严格克制自己；他愿意为一切留有余地，却又放弃这一念想；他投身于狂飙突进之中，却又获得秩序和纪律。正是从这种矛盾之中，歌德实现了自我的升华。"⑤ 这里所说的"自我的升华"，指的是歌德立于"夜间的激情"与"白天的法则"（"秩序和纪律"）的两极对立之间，并在后者的导引下不断地趋向统一的矛盾运动。"因此，歌德的一生是一个持续不断的、永无自我餍足的过程。暗藏的欲求从未停歇，明亮的自察意识也永无止境。对立

---

① 歌德说："关于《浮士德》，他（安培尔——引者注）说得也很妙，他指出不仅主角浮士德的阴郁的、无餍的企图，就连那恶魔的鄙夷态度和辛辣讽刺，都代表着我自己性格的组成部分。"见［德］爱克曼辑录《歌德谈话录》，朱光潜译，人民文学出版社1978年版，第139页。
② 安培尔（J. J. Ampère，1800—1864），法国文学家和史学家。
③ ［德］爱克曼辑录：《歌德谈话录》，朱光潜译，人民文学出版社1978年版，第139页。
④ 歌德认为《少年维特的烦恼》是他切己的人生体验的写照，这种体验乃是涌动于每个生存个体心灵深处的事件，从根底处看它与外在的影响以及所谓"一般世界文化过程"并没有什么瓜葛。1824年1月2日，歌德在与爱克曼的谈话中说道："……《维特》这本书直到现在还和当初一样对一定年龄的青年人发生影响。我自己也没有必要把自己青年时代的阴郁心情归咎于当时世界一般影响以及我阅读过的几部英国作家的著作。使我感到切肤之痛的、迫使我进行创作的、导致产生《维特》的那种心情，毋宁是一些直接关系到个人的情况。原来我生活过，恋爱过，苦痛过，关键就在这里。""至于人们谈得很多的'维特时代'，如果仔细研究一下，它当然与一般世界文化过程无关，它只涉及每个个别的人，个人生来就有自由本能，却处在陈腐世界的窄狭圈套里，要学会适应它。幸运遭到阻挠，活动受到限制，愿望得不到满足，这些都不是某个特殊时代的，而是每个人都碰得着的不幸事件。假如一个人在他的生平不经过觉得《维特》就是为他自己写的那么一个阶段，那倒很可惜了。"见［德］爱克曼辑录《歌德谈话录》，朱光潜译，人民文学出版社1978年版，第18—19页。
⑤ Karl Jaspers, "Goethes Menschlichkeit", in Hans Saner (Hrsg.), *Aneignung und Polemik: Gesammelte Reden und Aufsätze zur Geschichte der Philosophie*, R. Piper & Co. Verlag, 1968, S.144.

的统一从未终止过,它也必将不间断地持续下去。'半个世纪以来,我为此吃尽了苦头……我总是在追寻、探索与实践,竭尽所能去做到足够好、足够多。'"① 歌德所说的"竭尽所能去做到足够好、足够多",指的是歌德尽己所能地以"白天的法则"驾驭"夜间的激情",为的是将两者之间的对立冲突与矛盾运动不断地导向那期待中的和谐统一之境。对在世生存、在世超越的歌德来说,他向着和谐统一之境的趋赴是一个持续不断、永无底止的过程。因此,"这样的人性并非一味求善,并非井井有条,并非和谐平静,而是上下求索和自我的重生"②。为了在内在超越的上下求索中不断地获得"自我的重生",歌德提出的要求是:"人'必须自我控制;赤裸裸的本能并不适宜于人'。"③ 所谓"赤裸裸的本能",指的就是不受"白天的法则"控制的"夜间的激情",歌德认为这种单极的"本能"与"激情"并不合乎人性的尺度,因而呼吁生存个体必须时时处处在"灵"与"魔"的张力间进行"自我控制"与自我导向。

2. 用人性的尺度勉力维护自我的统一:歌德人格中的"灵""魔"张力与其自我导向

作为在世超越的个体,歌德就生活在我们人类中间。"由于存在撕扯分裂的可能性,歌德又设法自救以维护统一。在激情涌溢的火山口上,他通过自行设定的尺度克制着自己。无论遭遇何物,他都试图用人性的尺度去作解读。"④ 在雅氏看来,歌德的原初人格自我分裂成两种彼此对立、相互撕扯的力量:一种是由非理性的原始冲动(本能、欲望、好奇、沉醉等)发动起来的"夜间的激情",雅氏将这种原始冲动力称为内在于歌德人格中的"魔"(daemon),促使他一次又一次站在"激情涌溢的火山口"上迷醉于情人间的爱恋的力量正是这

---

① Karl Jaspers, "Goethes Menschlichkeit", in Hans Saner (Hrsg.), *Aneignung und Polemik: Gesammelte Reden und Aufsätze zur Geschichte der Philosophie*, R. Piper & Co. Verlag, 1968, S. 144.

② Karl Jaspers, "Goethes Menschlichkeit", in Hans Saner (Hrsg.), *Aneignung und Polemik: Gesammelte Reden und Aufsätze zur Geschichte der Philosophie*, R. Piper & Co. Verlag, 1968, S. 144 – 145.

③ Karl Jaspers, "Goethes Menschlichkeit", in Hans Saner (Hrsg.), *Aneignung und Polemik: Gesammelte Reden und Aufsätze zur Geschichte der Philosophie*, R. Piper & Co. Verlag, 1968, S. 145.

④ Karl Jaspers, "Goethes Menschlichkeit", in Hans Saner (Hrsg.), *Aneignung und Polemik: Gesammelte Reden und Aufsätze zur Geschichte der Philosophie*, R. Piper & Co. Verlag, 1968, S. 145.

第六章 理性生存型的艺术家之范例

个"魔";另一种是富有理性品格的自我导向力量所呵护的"白天的法则",雅氏将这种自我导向力量称为内在于歌德人格中的"灵"(genius),促使他"设法自救以维护统一"的力量正是这个"灵",他在维护自我统一的过程中通过不断的自我克制"自行设定的尺度"正是"人性的尺度"。可以说,歌德的一生就是在"灵"与"魔"的张力间不断地实现人性潜能的过程。为了将歌德的丰富性与矛盾性问题阐析得更深入些,笔者在此结合雅氏《哲学》第三卷关于"灵"与"魔"、"白天的法则"与"夜间的激情"的相关论说对这个问题做一番探究。

雅氏指出:"我的灵可以是我唯一的上帝,他在这种形式下依然能够向我显示出来,然而他的本质却远远离去了,以至于他不能作为自身变得熟识起来。我的魔则像是一种强力,他既神圣又反对神圣,这种强力的幽晦不明禁止做出界定。他并不等同于邪恶;在被我的灵引导的过程中,他是看不见的可能性。灵给予我确定性,而魔则是难以测度、含混不清的。灵似乎是以坚定、清晰的声音说话;魔则悄悄地以强制的、含糊的声音说话,这让我同时感到他好像不在那儿似的。"[①] 在"我的魔"的刺激与逼示下,作为"我唯一的上帝"的"灵"向我显示出来。在"我的灵"的引导下,那"不可测度、含混不清"的"魔"被"灵"赋予了"确定性"的形式。值得注意的是,内在于我的自我整体中的"灵"与"魔"都不是在实存论上赋意的,毋宁说两者都"增强了实存的可疑性"[②]。更为重要的是,对生存个体的原初人格来说,"灵"与"魔"并不是两个截然不同的东西。"灵与魔好像是一体的分裂,而且是同一种东西:我的自我本身的整体在我的实存中是不完美的,而且只在它的神话客观化中向我说话。在实存中,他们是我的灵魂行进在生存自我显现之路上的向导,是让他们自

[①] Karl Jaspers, *Philosophy* (Vol. 3), translated by E. B. Ashton, The University of Chicago Press, 1971, p. 81.

[②] 雅斯贝斯指出:"不管怎样概括白天与黑夜(为"白天的法则""夜间的激情"提供基源的分别是"灵"与"魔"——引者注)的两极张力,它的概念依然最有可能增强实存的可疑性。我并不知道什么。作为生活在白天的人,我信任我的上帝,不过我这样做乃是担心陌生的力量会超出我的理解。在受缚于黑夜的过程中,我自失于深渊,在深渊中黑夜毁灭了我,不过当它这样做时,它变成了一种既毁灭又实现的真理。"见 Karl Jaspers:*Philosophy* (Vol. 3), translated by E. B. Ashton, The University of Chicago Press, 1971, p. 99。

— 531 —

身处于隐藏状态的预兆——或者他们是预知之物，在这种情形下我无须相信他们。在我的道路上，我遇到透明性的界限，这些界限从不是固定的，不过一直以不同的形式再现着；而且，正是在这些界限面前，灵与魔让他们的声音完全没有存在地得到倾听，并且在临时实存中明确地向我显露。"①"灵"与"魔"其实就内在于歌德这样的生存个体的原初人格（"我的自我本身的整体"）之中。这种原初的人格之所以"在我的实存中是不完美的"，乃是因为它被主客分立的"一般意识"以及客观化的实存世界暂时封限了。当然，内在于原初人格中的"灵"与"魔"的张力此时只是处于隐匿状态，从根底处看，他们其实从未停止相互撕扯的矛盾运动，于是，他们在使生存个体不断地突破临时实存的过程中成为"我的灵魂行进在生存自我显现之路上的向导"。"这时，正如总是在神话领域一样，不真实的东西就存在于不朽之中，从稀奇古怪的迷信到分裂人格虚幻的错觉（无不如此）。如果我只是日复一日地活着，这些东西就不单单存在。它们——没有存在的东西——是在生存的瞬间自我澄明的一种形式，是对生存确定的表达，是如下事实的神话对象化——若不是在交流的斗争（包括与自身的斗争）中，就不会有生存。"② 如果说斯特林堡与斯威登堡在将他们的原初人格客观化于神话的过程中尚带有神智学的"稀奇古怪的迷信"色彩，那么荷尔德林与凡·高的原初人格在使他们陷入迷狂之际则产生了"分裂人格虚幻的错觉"。这些"不真实的东西"作为他们"在生存的瞬间自我澄明的一种形式"，同样是"对生存确定的表达"，不过若与歌德这样的理性生存型的原初人格及其表达相比，即便像荷尔德林和凡·高这样的主观体验型的生存艺术家也是难以在丰富性上与歌德相媲美的，更遑论斯特林堡与斯威登堡之类的客观表现型的生存艺术家了。究其根由，就在于"歌德将魔力描绘成一种具有客观有效性的力量；他通过其矛盾现象确定了它的范围"③。譬如，歌德在与

---

① Karl Jaspers, *Philosophy* (Vol. 3), translated by E. B. Ashton, The University of Chicago Press, 1971, p. 81.
② Karl Jaspers, *Philosophy* (Vol. 3), translated by E. B. Ashton, The University of Chicago Press, 1971, p. 81.
③ Karl Jaspers, *The Perennial Scope of Philosophy*, translated by Ralph Manheim, Philosophical Library, 1949, p. 125.

第六章　理性生存型的艺术家之范例

其情人交往的过程中，始终在其原初人格中保持着"灵"与"魔"的内在张力，并通过前者对后者的克制与引导成为驾驭与调遣"魔"的主人。①

毋庸置疑，歌德在与夏洛蒂·布芙、冯·施泰因夫人等情人热恋的过程中肯定同"魔"照面过、较量过，这其实就是造成他烦恼不安的根源。"本能、欲望、好奇心、沉醉都可以成为夜间的现象，不过它们并不能辨识出夜的深度来。……当夜的激情攫住我们的时候，我们并不了解这种激情，不过，那些陷入与我们毗邻的爱河的人们可以知道它。它是对夜的忠诚，生存的这种非反思的自我折磨在追问的过程中并没有得到答复。这种激情似乎像是生存的一种翻转，不过，在强烈的欲望与沉醉中，在独断的反抗或温婉的屈从中，它避开了生存之丧失。这或许就是其过渡的媒介，不过与之相伴的乃是一种无可摇夺的核心，这核心看起来好像就濒于破碎存在的边缘上。"② 坠入爱河的歌德深悉"夜间的激情"的冲决力与摧毁力，认为这种"赤裸裸的本能并不适宜于人"，因为"屈从于激情的自我遗弃乃是通向灭亡的道路，于是否定自我的人就会把否定的自我交给建构性的、怀抱着爱的生命。然而在建构的过程中，他否认自己屈从于死亡"③。歌德不想在"濒于破碎存在的边缘上"自我遗弃、自我毁灭，于是挣扎着、较量

---

① 有意味的是，茨威格曾在《与魔搏斗的人》一书中做出了与雅斯贝斯一致的论断："……只有在生命中遭遇过魔鬼的人，只有战栗地看到过它的梅杜萨眼睛的人，只有完全了解它的危险的人，才会把它当做可怕的敌人来对付。在青年时代歌德肯定曾与这个危险的人物面对面地较量过，进行过生与死的抉择——维特证明了这一点，在他身上歌德预见性地让自己摆脱了克莱斯特和塔索，荷尔德林和尼采的命运！自从这次可怕的遭遇以后，歌德毕生都对他强大对手的致命的力量保持着长久的敬畏和毫不掩饰的恐惧。他凭借神奇的眼睛识破他的死敌的每一种形象和变化：贝多芬的音乐、克莱斯特的《彭忒西勒亚》，莎士比亚的悲剧（最后他不敢再翻这些书：'这会把我毁了'），他的思想越多地专注于创作和自我维护，他就越是小心谨慎地、战战兢兢地躲开他的对手。他知道，如果献身于魔鬼，下场将是如何，因此他保卫着自己，因此他徒劳地告诫别人：歌德耗费了巨大的力量来保存自己，而那些着魔的人们付出同样多的力量来耗尽自己。对歌德来说，这场争斗也是为了一个最高的自由：他为他的尺度，为他的完善同无度进行斗争，而那些着魔的人则为无穷而战。"见［奥地利］斯蒂芬·茨威格《与魔搏斗的人：荷尔德林　克莱斯特　尼采》，潘璐、何世平、郭颖杰译，安徽文艺出版社2013年版，"作者的话"第5页。

② Karl Jaspers, *Philosophy* (Vol.3), translated by E. B. Ashton, The University of Chicago Press, 1971, pp. 94–95.

③ Karl Jaspers, *Philosophy* (Vol.3), translated by E. B. Ashton, The University of Chicago Press, 1971, p. 98.

着、克制着，"设法自救以维护统一"。在富有理性品格的"灵"的引导下，歌德在直面边界的时刻并未像荷尔德林那样跃向杳渺无穷的彼岸世界，而是再次返回他亲在其中的现实世界，并期待着在这个唯一属于他的现实世界中保持与尝试新的可能性。"生存想要保持它的可能性。它对实现的抑制是一种原初的力量，在这里，它意味着在适当时刻的自我保存。当它显出不情愿固定下来时，它是软弱的。因此，只是在我年轻的时候，我才会真正地生活于纯粹的可能性之中。生存并不想要任意地滥用自身，而是想要为了本质而挥霍自身。只有当决断成熟时（当我在历史性的把捉中可以实现我自身时，我依然怀着恐惧继续坚持我普遍的可能性，当下却变得没有把握了）——只有在那时，我才会在拒绝进入我白天命运的过程中离开我自身。如果我回避每一次不可改变的异常痴恋，规避每一种职业性、婚姻性、契约性的结合，那么我就会阻止我自己的实现；最后，在我这里可能是基源的东西将徐徐升入虚空，此时此刻我仅剩下可能的生存。这样一来，我丧失了那个重要的时刻，我并未跳进黑暗的深渊。通过克制，我拒绝自我进入白天，也拒绝自我进入黑夜；我并未达到生或死。"[1] 歌德在年轻的时候总是拒绝进入自己"白天的命运"，勉力保持着"可能生存"的状态。就此而言，歌德的"自我保存"并不是从实存论上赋意的，而是具有生存论上的意趣，亦即保持生存的可能性。歌德在敞开生存的可能性及其实现于现实世界的各种可能性的过程中，他同时在自己身上展呈了人性的丰富性、复杂性、矛盾性以及人在任何时刻都应当秉具的自由意志。

我们看到，青年歌德在"灵"与"魔"的张力下总是持续不断地与自己深爱的女人交往着。"魔的魔力（magic）将我卷进类似于黑夜的爱恋中；由于不敢触及它，我就在我的灵的引领下，将充满爱意的热情投入升华了的清晰性。沐浴在着了魔的爱恋中，我并不知道我要做什么；剥离了任何一种尘世的中介，这种爱完全变成超越性的；它在毁灭中寻求着实现。在灵的清晰引导下，爱晓得自己就在路途之中，它具有可信赖的交往性，这与其他的理性本性是一致的，因此，它想

---

[1] Karl Jaspers, *Philosophy* (Vol. 3), translated by E. B. Ashton, The University of Chicago Press, 1971, pp. 97–98.

要生活于世界之中。"① 这里所说的"爱"乃是一种交往理性，它始终在"灵"的导向力与"魔"的冲决力所构成的张力下寻求着在世界之中的实现与突破。这使歌德这样的生存个体从一开始就面临一种两难选择："在限制我可能性的过程中实现自我是一场斗争，在这场斗争中让我的自我生成保持一定的距离，好像它对我怀有敌意一样。我让自己从我的手中夺取属己的命运，不管我是进入白天还是屈从于黑夜。如果我逃避现实，我就是有罪的。不过在那时，每一次的实现都存在因拒绝其他可能性而带来的罪感。"② 生存个体若选择"逃避现实"，他就会因着逃避自己对现实世界的责任而产生"罪感"；生存个体一旦在现实世界中选择了某一种可能性，他又会因为拒绝了其他可能性而产生"罪感"。无论是选择前者，还是选择后者，"罪感"始终与生存个体相伴，这就是生存自身的"罪意识"。"生存自身就是罪意识。在白天的法则中，罪疚存在于某种其他的东西得以显现的临界处：通过排斥可能性引起了过激的问题。激情作为一种原初的部分包含着罪疚；在激情的深处，我们领会到罪疚却无法讲明它，我们领会到忏悔却没有我们可以确定的行为。"③ "罪意识"是一种自我反省的生存意识，说到底，它是涌动于生存个体原初人格中的一种"恐惧"："对罪的阐明源自对激情感到恐惧；它了解激情的可能性，随之相伴的便是对自我设限与防卫白天世界的罪意识。"④

歌德带着难以释怀的恐惧感与"罪意识"直面着内在于自我原初人格中的"魔"，他在"灵"的引导下"通过自行设定的尺度克制着自己"。歌德与"魔"较量时所倚重的尺度就是他通过自我克制而为自己设定的"人性的尺度"。这种尺度既不会高于人性，也不会低于人性，它恰恰是在世生存的个体所当遵循的"人性的尺度"。以人性

---

① Karl Jaspers, *Philosophy* (Vol. 3), translated by E. B. Ashton, The University of Chicago Press, 1971, p. 98.

② Karl Jaspers, *Philosophy* (Vol. 3), translated by E. B. Ashton, The University of Chicago Press, 1971, p. 98.

③ Karl Jaspers, *Philosophy* (Vol. 3), translated by E. B. Ashton, The University of Chicago Press, 1971, p. 98.

④ Karl Jaspers, *Philosophy* (vol. 3), translated by E. B. Ashton, The University of Chicago Press, 1971, p. 98.

的尺度为衡准，歌德固然在内在超越的过程中不断地突破着现实世界，不过他从不愿意像荷尔德林那样越出人性自身的界限。歌德自知人并不是受原始冲动支配的"魔"本身，他同时自知人也不是祈向无限完满的上帝的"灵"本身；对歌德来说，人就是在魔性与神性的两极张力下不断地实现自身潜力的一个物种。正是在这个意义上，歌德通过"灵"与"魔"的两极对立与矛盾运动把自己成全为新时代以来"最富于对立与张力"且"最丰富"的生存个体。

歌德的一生是一个动态生成的过程，这也是他矛盾性与丰富性的一个重要表现。"歌德为世界所充盈，透过这种彻底的丰富性所观察到的人性是非同寻常的。深入歌德的日常生活对他进行研究，去证实确实存在过这么一个角色，并借此和他共同经历贯穿其人生的每个阶段，这是一件饶有乐趣的事。我们会遇见一位青年歌德，他的着魔与燃烧令我们倾心不已；我们也会碰到一位中年歌德，他工作时的全神贯注激励着后人；我们还会邂逅一位老年歌德，他的睿智与平和留给后人取之不尽、用之不竭的教益与启迪。"[①] "灵"与"魔"的两极对立为歌德的动态生成提供了内在的动力，前者对后者的导向作用则为这一动态生成的过程提供了确切不移的矢向。纵观歌德从青年到中年再到老年的人生历程，我们恰恰可以从中发现这个矢向——从"着魔与燃烧"的青年歌德向着"睿智与平和"的老年歌德的渐趋运动。在这个漫长的过程中，有些事件对推动歌德人格的突变起了至关重要的作用，其中最值得关注的事件就是歌德与冯·施泰因夫人的热恋过程以及由此所促成的歌德的出走意大利之举。经历了意大利之行的精神危机后，歌德向自己的过去做了告别，他终于与克里斯蒂安娜结为伉俪，过起了稳定、宁静的居家生活，他的性格也随之变得愈加宽容与清醒。"魔让生存的现象消解于它超越的过程之中。它不去寻求自己的命运。就连一个孩子也会既领悟又散发出令人不快的魅力，在此后趋于成熟的过程中，它的种种变形既没有遭到否定，也没有得到肯定，而是被以无从理解的方式接受下来。如果生存听从魔的话，那么它的

[①] Karl Jaspers, "Goethes Menschlichkeit", in Hans Saner (Hrsg.), *Aneignung und Polemik: Gesammelte Reden und Aufsätze zur Geschichte der Philosophie*, R. Piper & Co. Verlag, 1968, S. 145.

第六章　理性生存型的艺术家之范例

命运进程就会在不知不觉、非情非愿中将它导向残酷无情、麻木不仁。它体验了无可改易的必然性。在难以抗拒的冲动的控制下，它一边痛苦着，一边行动着。它在充满爱意地保护他人与遵循所有规则的过程中可以发现自身与它的实存形式，尽管在其他状态下会蒙恩于魔鬼。从孩提起，面对命运进程的魔力是隐匿的，它含藏于粗野与游戏之中；不过总有一天，如果防卫性的灵限制了魔，魔性就会转变为宽容、清醒的爱之类的东西，即便近在咫尺，也会保持遥远的距离。"① 所谓"宽容、清醒的爱"，指的是在"灵"的引导下所实现的理性之爱，这种爱是对情欲之爱的升华，是生存个体在经历了激情的燃烧、痛苦的折磨与理性的淬砺后在自己身上积淀下来的一种普遍性的爱。这种爱像太阳一样普照着世界，它既不会遗漏这个属己的世界上与他照面的每一人、每一事，也不会在任何人与事上停驻下来。值此之际，内在于歌德原初人格中的"魔"固然并未就此消失，不过它已被歌德的"灵"所驯服；"魔"固然还会在某个不期然的时刻从蛰伏的状态中活跃起来，不过已经不再像青年歌德时那样具有冲决力与摧毁力。

更为重要的是，老年歌德固然变得愈加宽容与清醒，不过这并不意味着他就变得"残酷无情、麻木不仁"，更不意味着他就屈从了命运；毋宁说，老年歌德以其宽容、清醒的理性之爱超越了命运。他怀着无限宽广的慈爱胸怀敞向着现实世界，并在这个属己的世界中尽心竭力地做着自己力所能及的事；命运女神固然还会偶尔向老年歌德露出一丝诡秘的坏笑，不过他此时已经学会以一种类似于"生死有命，富贵在天"（《论语·颜渊》）的态度泰然处之了。雅氏所期待于我们的，就是在人生的各个阶段上与歌德相遇，并伴随他一起"进入人性的纠葛之中"："当我们与歌德一起进入人性的纠葛之中，当我们将他的答案在自己身上重新化为问题之时，我们同歌德的交往就会更加深入。"② 这是一种生存交往的态度，只有通过这种涌自心灵深处的交往，我们才能更加深入地理解歌德、信任歌德、敬仰歌德，进而在聆

---

① Karl Jaspers, *Philosophy* (Vol. 3), translated by E. B. Ashton, The University of Chicago Press, 1971, pp. 98–99.
② Karl Jaspers, "Goethes Menschlichkeit", in Hans Saner (Hrsg.), *Aneignung und Polemik: Gesammelte Reden und Aufsätze zur Geschichte der Philosophie*, R. Piper & Co. Verlag, 1968, S. 145.

听歌德教诲的过程中不断地成为我们自身。①

基于上述考虑，雅氏郑重地提出了"我们该如何看待歌德"② 的问题；也就是说，我们该如何看待歌德的丰富性与局限性呢？雅氏就此指出："歌德这样的同行者是无可替代的：他等待着我们的询问，对几乎所有的人生境遇，他都能给出启发性的话语。我们可以把他视为典范，向他看齐，他会向我们展示标准和准绳。他教育我们如何为自己的日子赋予形式，如何不去荒废赐予我们的生命时光，如何为我们内心的行动带来秩序。"③ 歌德以其理性的精神在召唤着我们，向我们展示着"人性的尺度"（"标准和准绳"）是如何在内在超越的生存个体身上逐步实现的。我们询问得越多、越深入，歌德回答得就越多、越深入，我们在倾听他的回答的过程中受到的启迪也就越丰赡，对他的理解与信任便随之增多起来："因此，即便是歌德的错误，对我们而言也是非常重要的，因为犯错的人可是歌德。即便在他的错误之中，也隐藏着真相；即便在他的局限之中，也透露着伟大。"④ 歌德是人类的一个代表，他既不在"人性的尺度"之下进行追问，也不在"人性的尺度"之上或之外进行追问；毋宁说，他所追问的就是人自身的可能性、矛盾性与界限问题。歌德的"错误"与"局限"，是歌德这个充满内在对立与矛盾的生存个体在代表着人类于人性的界限之内不断实现人的可能性的过程中必然出现的"错误"与"局限"。歌德相信人在根底处是善的，相信人与世界在终极处是和谐的，于是，他以"人性的尺度"为衡准介入现实世界，进而在内在超越的过程中展呈了他的丰富性，同时显露了他的局限性。

---

① 雅斯贝斯在《大哲学家》的"前言"中写道："我们没有可能来俯视这些大师，如果我们能仰视他们的话，已经算是幸事了。我们透视不了这些大师。我们教育自身，去理解他们，以便让他们教诲我们，从而使我们重返自我。他们所教诲于我们的与我们所提出的问题的内容是一致的。他们与我们的交谈取决于我们向他们请教的方式。"［德］卡尔·雅斯贝尔斯：《大哲学家》，李雪涛主译，社会科学文献出版社2005年版，"前言"第6页。

② Karl Jaspers, "Goethes Menschlichkeit", in Hans Saner (Hrsg.), *Aneignung und Polemik: Gesammelte Reden und Aufsätze zur Geschichte der Philosophie*, R. Piper & Co. Verlag, 1968, S. 154.

③ Karl Jaspers, "Goethes Menschlichkeit", in Hans Saner (Hrsg.), *Aneignung und Polemik: Gesammelte Reden und Aufsätze zur Geschichte der Philosophie*, R. Piper & Co. Verlag, 1968, S. 154.

④ Karl Jaspers, "Goethes Menschlichkeit", in Hans Saner (Hrsg.), *Aneignung und Polemik: Gesammelte Reden und Aufsätze zur Geschichte der Philosophie*, R. Piper & Co. Verlag, 1968, S. 155.

第六章 理性生存型的艺术家之范例

歌德是在追问人自身的可能性、矛盾性与界限问题的过程中透显出其丰富性与局限性的,这便使他成为世界文学史上"无可替代"的"这一个"。"在这层意义之上,我们终于可以发问:歌德的作品在濒临困厄之际还能立于人性的边界之处发声吗?他确实对一些人给出了断言,而针对其他一些人的经历,却不再给出他们所寻求的启迪。但不管怎样,歌德的形象就立在那里,并且我们知道,这样一个人就存在于那里,这便犹如射进世界的一道亮光。"① 歌德始终在现实世界之中突破着现实世界,他为此承受的一切苦难都停留在人性的边界之内。在濒于人性的边界之际,歌德总是抱以一种"沉默"的态度,这种沉默的态度既意味着他对"不可理解之物"的由衷的敬畏,同时意味着他已在自己身上淬砺出一种泰然处之的大洒脱与大从容。歌德在内在超越的过程中最终倚重人类的理性之爱照亮了现实世界,这种理性之爱"犹如射进世界的一道亮光",不仅使人的在世生存成为一种值得过的生活,而且使"不可理解之物"不再显得那么晦暗不明,值此之际,命运女神的坏笑也便不再显得那么冷酷无情了。正是在这个意义上,歌德的原初人格中绽放出一种淡然地面对人自身命运的崇高气象来。秉具这种崇高气象的生存个体委实没有像古希腊悲剧作家以及莎士比亚笔下的悲剧人物那样在濒于临界处境之际走向自我毁灭,不过歌德同样经历了自我的分裂以及"灵"与"魔"的彼此对立、相互撕扯,在这一点上,我们同样可以从中体味到一种恐惧感、挣扎感、沉重感;与前者有所不同的是,歌德最终以"灵"对"魔"的引导把人领入一条"设法自救以维护统一"的道路,从而给人带来了一种不至于绝望的希望。② 从审美形态的角度看,歌德的伟大人格以及由此孕生的作品更倾向于崇高,而不是悲剧。"悲剧是动人心魂的,但动人心魂的艺术不必只是悲剧。"③

---

① Karl Jaspers, "Goethes Menschlichkeit", in Hans Saner (Hrsg.), *Aneignung und Polemik: Gesammelte Reden und Aufsätze zur Geschichte der Philosophie*, R. Piper & Co. Verlag, 1968, S. 155.

② 雅斯贝斯指出:"针对未来的可怕预感对歌德而言并非现实。相比之下,他对这些预感的评价更趋于理性,并由于其不确定性而认为它们几乎无害。他早已在思考新的造物了。"见 Karl Jaspers, "Goethes Menschlichkeit", in Hans Saner (Hrsg.), *Aneignung und Polemik: Gesammelte Reden und Aufsätze zur Geschichte der Philosophie*, R. Piper & Co. Verlag, 1968, S. 155。

③ 黄克剑:《"悲"从何来?——就悲剧之"悲"对中、西文学人文趣向的一个比较》,《文艺研究》2004 年第 3 期。

3. "在其丰富性之中仍能保持为一个完整的人"：歌德独一无二的伟大

可以说，歌德固然没有毁灭于他的作品之中，不过他的崇高而伟大的形象同样是令人"可爱可敬"的："如果歌德的行动并非在任何时候都能满足每一个人，那么这种行动便只是通过他的喜好来确定其范围的，而这恰恰同时树立了他可爱可敬的伟大形象。歌德已然能够实现自己的本性，因为他并没有被那个堕入虚无的世界撕扯至人性可能的边界之外。我们的时代面纱尽落，对它而言，歌德的生活虽然不能为我们的任务提供解决方案，但却能够振奋并鼓舞我们去发掘人性中新的可能性。"① 歌德始终在人性可能的边界之内行动着，他固然意识到了虚无的世界，不过并未堕入其中；他虽然无法在一个虚无主义盛行的时代为我们提供解决时代难题的方案，却可以其"已然能够实现自己的本性"的伟大人格"振奋并鼓舞我们去发掘人性中新的可能性"。就此而言，歌德的局限性、丰富性以及他的独特性、伟大性乃是相互贯通、彼此涵摄的问题，切莫割裂开来，否则的话，就会导致对歌德的一些不必要的误解。

雅氏认为，歌德的独特与伟大之处在于，他既不是"超人"，也不是"非人"，作为将丰富的人性充分实现于一身的完整的个体，歌德乃是出现于人类历史中的一个活生生的人。他就此把自己成全为人类历史中无可替代的"这一个"，我们并不能把他归入某个类型。雅氏就此指出："歌德处于全面的发展之中，他不会在任何一个特殊之处迷失自我，而是在其丰富性之中仍能保持为一个完整的人。他不是超人，亦非非人，也没有诸如此类的诉求。"② 尼采期待自己成为"超人"，歌德则没有这样的诉求；利奥塔把人纳入"非人"之域加以探究，歌德同样没有此类的兴趣。在歌德看来，人就是人，人的使命就是在人性的界限内全面实现自身的可能性。基于此，歌德在不断内在超越的过程中成为"在其丰富性之

---

① Karl Jaspers, "Goethes Menschlichkeit", in Hans Saner (Hrsg.), *Aneignung und Polemik: Gesammelte Reden und Aufsätze zur Geschichte der Philosophie*, R. Piper & Co. Verlag, 1968, S. 155.
② Karl Jaspers, "Goethes Menschlichkeit", in Hans Saner (Hrsg.), *Aneignung und Polemik: Gesammelte Reden und Aufsätze zur Geschichte der Philosophie*, R. Piper & Co. Verlag, 1968, S. 154.

第六章　理性生存型的艺术家之范例

中仍能保持为一个完整的人"。这里有两点值得注意，①丰富性。"人可能成为的一切，都蕴藏于歌德身上"①，说的就是歌德的丰富性。若向更深微处探察，我们就会发现，歌德作为在世生存的个体经历了内蕴于原初人格中的"灵"与"魔"的搏斗，并在两者的对立、冲突与矛盾运动中呈现了自我搏斗、自我超越、自我生成的历史，可以说，从青年歌德到中年歌德再到老年歌德，其间的变化正是歌德自我成长史的真实写照。②完整性（统一性）："歌德的统一性寓于他的自我书写与反思之中，即他如何在回看自己的过程中成为形象并且在永志弗灭的著作中呈现出来。这一形象既非基于某一原理构建的，也没有囊括了一切，而只是开放整体中的一部分。这位老人在1831年写道：'我越是老迈，就越发感到自己的生命是有缺陷的，因为它既非作为整体而行动，也未曾沾沾自喜于其中。'"②歌德通过自我书写的方式反思着自我生成的历史，理性的反思精神既使他能够及时意识到人性的界限，又使他不断地趋向"整体"，从而使他成为"开放整体中的一部分"。此外，若从内蕴于歌德原初人格中的"灵"与"魔"的两极张力看，我们同样可以对他的完整性（统一性）做出一种解释。我们看到，对立、矛盾的两极在歌德身上并不是不分伯仲的；进而言之，标示着"理性""自我掌控""白天的法则"的"灵"这一极对标示着"非理性""自我欲求""夜间的激情"的"魔"那一极发挥着导向作用，这就使歌德能够通过剧烈的矛盾运动始终追求着以前者为导向的统一性③；当然，这种统一性是歌德不断地向之趋赴的理想境地，它从未在歌德身上完全实现过，就此而言，歌德始终行进在趋向统一性的路途之中。

---

① Karl Jaspers, "Goethes Menschlichkeit", in Hans Saner (Hrsg.), *Aneignung und Polemik: Gesammelte Reden und Aufsätze zur Geschichte der Philosophie*, R. Piper & Co. Verlag, 1968, S. 154.

② Karl Jaspers, "Goethes Menschlichkeit", in Hans Saner (Hrsg.), *Aneignung und Polemik: Gesammelte Reden und Aufsätze zur Geschichte der Philosophie*, R. Piper & Co. Verlag, 1968, S. 154.

③ 雅斯贝斯是一位理性生存型的哲学家，他对歌德趋向于统一性的生存范型给予了更多的肯认，相比之下，他对尼采所谓"衡量大哲学家的标准乃是看在他们内心之中究竟蕴藏有多大规模的矛盾"则持一种有所保留的态度。参见［德］卡尔·雅斯贝尔斯《大哲学家》，李雪涛主译，社会科学文献出版社2005年版，第56页。

歌德以其丰富而完整的人格形象留下了"身后美名"①，他的独特魅力就像一个"谜"，吸引着众多的思想家对其做出阐释。雅氏在这里同样向人们提出了这样一个问题："歌德究竟是怎样的一个人呢？"②他针对这个令人困惑多年的问题指出："歌德是不可穷尽的。我们并不能将其归入任何一个种类，如诗人，自然科学家，艺术家，作家，行政官员，朝臣，政客。他是上述的一切角色，而且比这一切角色的总和还要多。为了追问我们接受歌德的方式，我们可以姑且把歌德称为哲学家。"③雅氏为什么要将曾经自称对哲学本身没有感觉的歌德称为哲学家呢？此乃因为，雅氏心目中的哲学家就是"思考与探察整体的人"，在这个意义上，歌德完全符合这样的要求："歌德不仅将其经验转变为形式，而且将其经验转变为思想。他以反思为导引，在潜意识的驱使下持续不断地探向那意识之光。这样的人就是哲学家，因为哲学家就是思考与探察整体的人。在这一点上，歌德达到了最高境界。"④雅氏在这里主要是从理性的维度来阐释并肯认歌德的伟大人格的，他认为歌德"就像理性自身"一样不断澄明着自身，并在在世超越的过程中不断地探察着"整体"的幽趣。"他的爱心永无底止地跃动，他持续不断地介入生活之中，不是拒斥生活，而是在生活中坚守

---

① 魏宁格在阐说"身后美名"的意蕴以及天才追求不朽声名的深层动机时曾谈及歌德："古罗马诗人们的 aere perennius（拉丁语，比黄铜还永久的——引者注）诗篇和持续了四十个世纪的埃及金字塔，就是我们所推崇的形象。一个人的身后美名如果受到了怀疑，它很快就会贬值并迅速消失，而不会流传好几个世纪。""唯有超越了时间限制的事物才具有绝对的价值。……凡是具备了绝对价值的东西，都必定不会随着时间而改变，而在肉体死亡之后，那些东西也必定会以其永恒的存在去征服时间。这就让我们空前地接近了渴望不朽的最深层动机。一个丰富的、具有个性的、充分的生命，如果必定会因为死亡而告结束，或者像歌德1829年2月14日对埃克曼所说，死后对一切都丧失了感觉，正是这一点才促使人去追求不朽。天才追求不朽的欲望最为强烈，这可以从我们讨论的其他与天才者性格有关的事实中得到解释。"见［奥地利］奥托·魏宁格《性与性格》，肖聿译，译林出版社2014年版，第149、151—152页。

② Karl Jaspers, "Goethes Menschlichkeit", in Hans Saner (Hrsg.), *Aneignung und Polemik: Gesammelte Reden und Aufsätze zur Geschichte der Philosophie*, R. Piper & Co. Verlag, 1968, S. 154.

③ Karl Jaspers, "Our Future and Goethe", in Hanns E. Fischer (Eds.), *Existentialism and Humanism: three essays by Karl Jaspers*, translated by E. B. Ashton, Russell F. Moore Company, 1952, p. 51.

④ Karl Jaspers, "Our Future and Goethe", in Hanns E. Fischer (Eds.), *Existentialism and Humanism: three essays by Karl Jaspers*, translated by E. B. Ashton, Russell F. Moore Company, 1952, p. 51.

自我的本性，甚至以自己沉默和厌弃的方式抗拒着他不愿接受的一切，就此而论，他就像理性自身。"① 歌德就像蜜蜂采蜜一样吸纳着各种可能的思维方式来表达自己的生命体验，但从未拘囿于其中任何一种思维方式。"我们从他的言语中听到了斯宾诺莎所要表达的东西；他阅读了康德、普罗丁、柏拉图的书；他喜欢谢林。他接受了每一种适合于他的思想。然而，因此称他为折中主义者的说法却是错误的。他没有堆积那些可结合的思想；他赋予它们以新生，就像自己头脑的产物一样。他的新柏拉图主义，他的斯宾诺莎主义，他的康德主义，都是自由的变体。以最高的标准来评判，歌德是其心智的主人。"② 可以说，歌德的心胸就像理性自身一样保持着开放的局度，借着理性对生存的澄明，这位始终是其心智的主人的哲学家最终把自己成全为一位理性生存型的艺术家，在这一点上，只有莱辛与达·芬奇能够与歌德相媲美。

四 结语：歌德的历史影响

在《歌德的人性》这篇演讲的最后一部分，雅斯贝斯结合纪念歌德的意义阐说了歌德的历史影响。在雅氏看来，歌德凭借人类的理性之爱实现了自救，当德国人、德语共同体乃至全人类都以自己的方式追念他的足迹时，德国人可以借助于歌德的生存样态在源头处获得重生，德语共同体可以借助于歌德的语言及其人文精神的激励再次凝聚起来，全人类也可以通过歌德期待的"世界文学"祈向人性的统一，进而以理性之爱为纽带形成一个和谐一致的精神共同体。可以说，这既是我们纪念歌德诞辰的意义，也是歌德能够持续发挥其历史影响的闳机所在。雅氏就此指出："当下，歌德所处的三个圈子——德国人、德语共同体以及全世界，都将以自己的方式来

---

① Karl Jaspers, "Our Future and Goethe", in Hanns E. Fischer (Eds.), *Existentialism and Humanism: three essays by Karl Jaspers*, translated by E. B. Ashton, Russell F. Moore Company, 1952, p. 51.

② Karl Jaspers, "Our Future and Goethe", in Hanns E. Fischer (Eds.), *Existentialism and Humanism: three essays by Karl Jaspers*, translated by E. B. Ashton, Russell F. Moore Company, 1952, p. 53.

追寻他的足迹。"① 下面，笔者便依循雅氏的运思理路，从以下三个方面［歌德对德国人、对德语共同体以及对全世界（全人类）的影响］——加以诠解。

1. 歌德对德国人的影响

歌德是德意志文化孕生的伟大子孙，他的精神首先在他的祖国产生了影响。"对于德国人而言，追念歌德可以帮助他们在源头上获得重生，进而过上他们想要的那种生活。当歌德宣示自己的意图之时，他曾树立了崇高的道德目标：'普遍的人性遍布大地之上，各式各样，有些还可以在我的祖国被重新发现、认可并得到促进。'"② 所谓"普遍的人性"，指的是以人性的尺度为标准、以理性之爱为中核而承诺的一系列人性观念，如自由、仁爱、秩序、正义、适度、克制、宽容、和谐等。歌德以其伟大的原初人格所承诺的"普遍的人性"是超时空的，它如普照大地的太阳，德国人一旦再次沐浴于其中，他们的生存意识就会被唤醒，他们便可"在源头上获得重生"。

1832年3月22日上午，在属己的世界中穿行了八十三载的歌德迎来了自己即将与世界作别的时刻。他对身边的口授记录员说："打开百叶窗，让阳光进来。"③ 这是歌德对理性之光、自由之光、仁爱之光的最后一次深情的召唤，从此之后，这位在世生存的伟大个体——一个"阳光"的亲证者与弘敷者——与"阳光"融为一体，化作了历史中的永恒形象。歌德离世而去的消息不胫而走，很快就在德国思想界产生了影响。雅氏特意称引了谢林在《对歌德去世的悼词》（1932）中的话："1832年3月，当歌德去世的消息传到慕尼黑，谢林以下述致辞结束了他当天在学院的讲话：'存在着这样的时代，其中，那种具有了不起的人生阅历、不可动摇的健全理性以及超乎一切怀疑的崇高而纯洁精神的伟人，他仅仅通过自己的存在就可以持续而坚定地发挥影响与作用……只要歌德在世，德国人就不会感到孤独和贫乏，就

---

① Karl Jaspers, "Goethes Menschlichkeit", in Hans Saner (Hrsg.), *Aneignung und Polemik: Gesammelte Reden und Aufsätze zur Geschichte der Philosophie*, R. Piper & Co. Verlag, 1968, S. 156.

② Karl Jaspers, "Goethes Menschlichkeit", in Hans Saner (Hrsg.), *Aneignung und Polemik: Gesammelte Reden und Aufsätze zur Geschichte der Philosophie*, R. Piper & Co. Verlag, 1968, S. 156.

③ 转引自［德］艾米尔·路德维希《歌德传》，甘木、翁本泽、仝茂莱译，天津人民出版社1982年版，第626页。

第六章　理性生存型的艺术家之范例

算它孱弱、内部分裂，它在精神上依然是高卓、富有而强大的。'"①谢林（1775—1854）比歌德小二十六岁，他与歌德的交往是生存论意义上的交往。谢林的悼词是发自内心的，是第一时间做出的，是一位富有魔力的天才哲学家代表德国人向一位"具有了不起的人生阅历、不可动摇的健全理性以及超乎一切怀疑的崇高而纯洁精神的伟人"送上的由衷的敬意与追念。通过追念，歌德依然活在全体德国人中间，"德国人就不会感到孤独和贫乏"。

雅氏认为，在当下的时代精神处境下继续追念歌德会产生更大的影响："追念歌德对当下我们的所作所为产生了影响。'让少年远离歌德'在二十年前的德国还是一句警告性的话。不过，他的名字在今天的德国依旧耳熟能详，他还陪伴着部分德国学校的孩子一起成长。今年，德国人想要庆祝歌德的诞辰，就好像人们在困境之中聚集在一个圣者的周围。我希望这些庆典对我的同胞而言具有真正的意义，并且希望通过真理来驳斥尼采的这样一句话：'歌德在德国历史上纯粹是一个空前绝后的特殊现象。'"② 在纳粹极权统治的年代，受民粹主义鼓动的德国政府唯恐少年人接受歌德的影响，于是"让少年远离歌德"。然而，歌德并没有远离人们。而今，歌德依然在德国的部分学校伴随孩子们一起成长。特别是在纪念歌德二百年诞辰的庄严时刻，身心备受折磨的德国人再次团聚在这位"圣者"的周围，向他询问并

---

① Karl Jaspers, "Goethes Menschlichkeit", in Hans Saner (Hrsg.), *Aneignung und Polemik*: *Gesammelte Reden und Aufsätze zur Geschichte der Philosophie*, R. Piper & Co. Verlag, 1968, S. 156. 德国学者彼得·贝尔纳在《歌德》中以附录的形式收录了历代著名思想家"对歌德的评价"，其中收录了谢林《对歌德去世的悼词》（1932）中的这段话："有这样一些时期，在这些时期中，仅仅由于具有卓越经验、不可动摇的健全理性和不容置疑的纯洁品质的人物的存在，社会就受到了他们的支撑和鼓舞。在一个这样的时代里，不仅德国文学而且整个德国本身遭受了它能遭受的最令人痛苦的损失。一个这样的人逝去了，在一片精神混乱和社会混乱之中，他曾象一个坚强有力的支柱那样挺立着，许许多多的事物都靠他支撑才存在着；他象照亮一切思想道路的埃及法老那样。他的本性同所有的混乱状态、同无法则性是相敌对的，他把他对人们的思想的巨大的影响力一直只看作是真理本身所起的作用和他自身行为适度而产生的结果。在他的精神中，请允许我补充一下，也在他的心脏中，德国人一定能够发现对艺术科学、诗和生活等方面的活生生的东西所作的慈父般智慧的判断和最终的和谐结论。只要歌德活着一天，德国人就一天也没有感到过孤独和贫乏，尽管德国那时虚弱无力和支离破碎，但它在精神上却是丰富和强大的。"转引自［德］彼得·贝尔纳《歌德》，李鹏程译，中国社会科学出版社1992年版，第195—196页。

② Karl Jaspers, "Goethes Menschlichkeit", in Hans Saner (Hrsg.), *Aneignung und Polemik*: *Gesammelte Reden und Aufsätze zur Geschichte der Philosophie*, R. Piper & Co. Verlag, 1968, S. 156 - 157.

聆听这位慈父般的"师者"的教诲。歌德所点示给人们的，就是他所亲证与弘敷的以"理性之爱"为中核的"真理"。这种虚灵不滞的真理是永恒的，它就显现于当下每一个生存个体亲证与弘敷的过程之中。只要人们还有志于将这种恒放光芒的真理觉解于心、践履于行，人类就可以在它的照耀下生生不息地持存下去。可以说，歌德既不是第一个亲证与弘敷这种真理的生存个体（不是空前的），也不可能是最后一个（不是绝后的）。就此而言，雅氏完全有理由驳斥尼采所说的"歌德在德国历史上纯粹是一个空前绝后的特殊现象"这句话。[①]

2. 歌德对德语共同体的影响

歌德所亲证与弘敷的真理首先活泼泼地体现在他自己的言行之中，其影响会按照由近及远、由较小的范围到更大的范围的顺序渐次播撒开去。鉴于此，在称说歌德对德国人所产生的影响之后，雅氏紧接着就将他的影响推扩至德语共同体："在一个更为广泛的圈子里，歌德也普适于整个德语共同体。他率先解放了德语这种语言。自歌德起，德语就不再是西方世界的边缘土语。因为西方的人文精神变成了德语的载体，德语共同体作为精神的空间，作为歌德的、莱辛的和康德的语言，正是主要通过人文精神的激发而形成的。"[②] 语言并不仅仅是交流的工具，它更是人文精神的载体。一种语言的活力，正是由使用它的生存个体所具有的原初人格以及由此生发的人文精神赋予的。从这种生存论的语言观出发，雅氏认为德语乃是西方文化的一种载体，正是由于歌德率先为德语灌注了人文精神进而解放了这种语言，德语才不再是西方世界的边缘土语。在这一点上，只有莱辛、康德能够与歌德相媲美。在他们的共同努力与赋予下，德语不仅融入了西方世界，而且以其富有人文精神的内在活力不断扩大着影响，从而形成了作为

[①] 尼采的这句话出自他的《人性的，太人性的》一书："歌德的文学属于比'民族文学'更高的那一类文学。因此，歌德同他的民族的关系既不是生活上的关系，也不是一种新的关系或一种陈旧的关系。他过去是、现在仍然是仅仅为少数人而活着的；对于大多数人来说，他只不过是可以满足他们的虚荣心的喇叭，一代又一代的人拿起这喇叭向德意志以外的地方吹去。歌德不仅是一个善良的人和伟大的人，而且他就是一种文化。歌德是德意志历史上的一个前无古人后无来者的特殊现象。"转引自［德］彼得·贝尔纳《歌德》，李鹏程译，中国社会科学出版社1992年版，第198—199页。

[②] Karl Jaspers, "Goethes Menschlichkeit", in Hans Saner (Hrsg.), *Aneignung und Polemik: Gesammelte Reden und Aufsätze zur Geschichte der Philosophie*, R. Piper & Co. Verlag, 1968, S. 157.

精神空间的德语共同体。

那么，被歌德、莱辛和康德解放了的这种德语的本性是什么呢？或者说，歌德、莱辛和康德究竟为这种语言灌注了怎样一种人文精神呢？雅氏就此指出："这种德语就其本性而言并不会经由社会—政治因素而遭受禁锢，也不会借着对教堂和宗教的巨大兴趣而遭受束缚。就其根本而言，它是自由的、精神的，并且建基于个人的自发性之上，因此也不会因着政治和社会的败坏而在根基上受到腐蚀。按照这一要求，它向每一个使用德语的人都敞开着。认可这一要求也无关政治现实，而是通过一种世界精神彼此相连，这一精神存在于富有教养的各民族的大合唱之中，存在于各民族自身的独特性之中。"① 雅氏认为，从根底处看，歌德、莱辛和康德为这种德语灌注了"自由"精神。这种内蕴自由精神的语言建基于每个生存个体的原初人格之中，因而是自发的；它并不从任何外在的东西中获得自身存在的理由，因而生存个体可以自由地使用它表达自己对政治、宗教、社会等的看法，却可以使它不受这些外在因素的禁锢与束缚，也可以使它的根基免遭败坏了的政治、宗教、社会的腐蚀。这种德语语言一旦对自身的自由本性获得了自觉，它就会按照内在的要求"向每一个使用德语的人都敞开着"，进而将每一个使用德语的人都彼此联结起来。自由精神是一种"世界精神"，它在根底处是超政治、超民族、超现实、超历史的，因此，生存个体对这种德语的本性及其内在要求的认可与承诺同样无关任何一种外在因素，毋宁说，它通过以自由为基源的世界精神将各个具有独特性的生存个体以及由生存个体组成的各个具有独特性的民族凝结成一个彼此相连的精神共同体。这个精神共同体就是雅氏所说的"全人类"（"全世界"），栖息于这个精神共同体中的居民就是秉具世界精神的歌德（以及莱辛、康德、雅斯贝斯等）渴盼成为的"世界公民"。

3. 歌德对全人类的影响

基于上述阐析，歌德的精神可以在最广泛的层面上对全人类产生

---

① Karl Jaspers, "Goethes Menschlichkeit", in Hans Saner (Hrsg.), *Aneignung und Polemik: Gesammelte Reden und Aufsätze zur Geschichte der Philosophie*, R. Piper & Co. Verlag, 1968, S. 157.

影响就成为一件自然而然的事。雅氏就此指出："在最广泛的层面上，全人类都可以在歌德身上确切了解自己的人性。人性总是相通的。大地上的子民都能够在他的身上找到彼此的影子。"① 在我们之前，歌德已代表人类尝试了内蕴无限潜能的人性在现实世界中得以实现的诸多可能性及其界限，并在不断进行内在超越过程中为我们确立了人性的尺度。任何一个在世生存、在世突破、在世实现的个体（"大地上的子民"）都可以从歌德的自我斗争史、自我成长史中"确切了解自己的人性"并"找到彼此的影子"，因为"人性总是相通的"。正因为如此，歌德的精神既是属于德国人的、德语共同体的，也是属于全人类的；也正因为如此，歌德的逝世很快就在全世界产生了影响。

这里仅举一例。英国学者托马斯·卡莱尔（Thomas Carlyle）② 在惊悉歌德去世的消息后，撰写了《歌德之死》（1832）以示悼惋："我们伟大的诗人就这样离开我们而去了。那主宰众多事物的神圣力量在地上不再存在了。这个一直属于我们的、日日劳作的人已经穿上了永恒的礼服，发散出荣耀的光环。他的逝世如同日落。太阳使事物的形体展现出来，而具有世界影响的诗人是一切事物的灵魂的眼睛，是一切事物的灵魂的展现者。受到这位人物的活动的密切影响的时代将会有多长呢？我们能够亲自确证这样一位诗人的存在，这对于我们这些他的同时代人来说就已经是一种奖赏了。他洞察到了一切秘密中最大的秘密，即被人们视为司空见惯之事中的秘密。他所说的话将变成事实。18 世纪是一个患有不治之症的时代，而新的时代就在一个智者诞生的瞬间开始了。神性的预定力量使他这样一个人成了他那个时代的拯救者。——时代的灾祸难道没有落在他的头上吗？这是通过善所进行的拯救，因为伟大就是善。"③

在托马斯·卡莱尔看来，歌德是一位"具有世界影响的诗人"，

---

① Karl Jaspers, "Goethes Menschlichkeit", in Hans Saner（Hrsg.）, *Aneignung und Polemik: Gesammelte Reden und Aufsätze zur Geschichte der Philosophie*, R. Piper & Co. Verlag, 1968, S. 157.

② 托马斯·卡莱尔（Thomas Carlyle, 1795—1881），英国哲学家、历史学家，著有《法国革命》《论英雄、英雄崇拜和历史上的英雄》《普鲁士腓特烈大帝史》等。

③ 转引自［德］彼得·贝尔纳《歌德》，李鹏程译，中国社会科学出版社1992年版，第196—197页。

第六章　理性生存型的艺术家之范例

这位诗人以其亲证与弘敷的"神圣力量"成为一切事物的灵魂的"眼睛"与"展现者"。这种"神圣的力量"以理性之爱为中核，它在根底处是善的，它如"太阳"一般"使事物的形体展现出来"。正是借着对"神圣的力量"的觉解与践行，歌德直面"患有不治之症"的18世纪的时代精神处境，"成了他那个时代的拯救者"。可以说，托马斯·卡莱尔的这段话道出了所有相信理性之爱的生存个体的共同心声。

一百多年后，雅氏在《歌德的人性》中以歌德构造的"世界文学"（Weltliteratur）术语为辐辏再次肯认了歌德对全世界的贡献以及他对全人类发挥的深远影响："歌德构造了'世界文学'一词。他已经预见到各民族间的精神交流将会兴起，并向诗人、批评家、作家、研究者以及哲学家揭示了彼此结识、互相倾听的使命。当人与人尚感到彼此陌生之时，人们便应该彼此包容，并作为同一个精神世界的一员彼此相爱。在那个精神世界里，普遍的民间诗歌将会孕育而出，少数天才个体的罕见杰作也将会适用于所有的人。歌德是打算通过'世界文学'这个构想来实现人性的统一。"[①] 1827年1月31日，歌德在与爱克曼的谈话中首次明确地提出"世界文学"这个术语并阐说了它的韵致："我愈来愈深信，诗是人类的共同财产。诗随时随地由成百上千的人创作出来。这个诗人比那个诗人写得好一点，在水面上浮游得久一点，不过如此罢了。马提森先生[②]不能自视为唯一的诗人，我也不能自视为唯一的诗人。每个人都应该对自己说，诗的才能并不那样稀罕，任何人都不应该因为自己写过一首好诗就觉得自己了不起。不过说句实在话，我们德国人如果不跳开周围环境的小圈子朝外面看一看，我们就会陷入上面说的那种学究气的昏头昏脑。所以我喜欢环视四周的外国民族情况，我也劝每个人都这么办。民族文学在现代算不了很大的一回事，世界文学的时代已快来临了。现在每个人都应该出力促使它早日来临。"[③] 从这段表述看，歌德所称说的"世界文学"

---

① Karl Jaspers, "Goethes Menschlichkeit", in Hans Saner (Hrsg.), *Aneignung und Polemik: Gesammelte Reden und Aufsätze zur Geschichte der Philosophie*, R. Piper & Co. Verlag, 1968, S. 157.
② 马提森（Mathisson, 1761—1851），德国抒情诗人。
③ ［德］爱克曼辑录：《歌德谈话录》，朱光潜译，人民文学出版社1978年版，第113页。

是他内心期待着的一种"本原现象"①，这种标示着理想之境的"本原现象"生发于每个生存个体原初人格（天性）中既有的"诗的才能"。以这种普遍性的才能为纽带，人们便可跳出封闭的自我以及"民族文学"的小圈子，增进不同个体、不同民族间的文学交流，进而形成"世界文学"这样一个精神共同体。这里需要补充的一点是，歌德所说的"诗的才能"当是以人格为基源的，而且能够发挥世界影响的人格当是以理性的爱为中核的伟大人格。②只是在这个意义上，歌德所期待的"世界文学"才会成为表现伟大人格（伟大人格当涵摄了诗的才能）的形式，也只是在这个意义上，"世界文学"才会因其对伟大人格的表现而成为"实现人性的统一"的精神共同体。生活在这个精神共同体里，人与人彼此结识与倾听，相互包容与关爱，其乐融融，自由自在，和谐共处，岂不快哉！就此而言，歌德殷切呼唤的"世界文学的时代"就是一个"实现人性的统一"的时代。正如马克思、恩格斯期待的"共产主义"社会，中国古人期待的"大同"社会，歌德期待的"实现人性的统一"的时代乃是他对未来理想社会的文化想象与庄严

---

① 歌德在美学领域提出了一个著名的命题："美其实是一种本原现象"。他在1827年4月18日与爱克曼的谈话中说道："我对美学家们不免要笑，笑他们自讨苦吃，想通过一些抽象名词，把我们叫做美的那种不可言说的东西化成一种概念。美其实是一种本原现象（Urphänomen），它本身固然从来不出现，但它反映在创造精神的无数不同的表现中，都是可以目睹的，它和自然一样丰富多彩。"见［德］爱克曼辑录《歌德谈话录》，朱光潜译，人民文学出版社1978年版，第132页。歌德在1829年2月13日与爱克曼的谈话中认为，人只有诉诸"最高理性"才能悟识"本原现象所自出的神"："知解力高攀不上自然，人只有把自己提到最高理性的高度，才可以接触到一切物理的和伦理的本原现象所自出的神（这里的'神'指的是'最高的真实'，类似于'绝对理念'——引者注）。神既藏在这种本原现象背后，又借这种本原现象而显现出来。"见［德］爱克曼辑录《歌德谈话录》，朱光潜译，人民文学出版社1978年版，第183页。

② 譬如，1824年3月30日，歌德在与爱克曼的谈话中说道："一般说来，作者个人的人格比他作为艺术家的才能对听众要起更大的影响。"又如，他在1824年4月14日的谈话中说道："总的来说，一个作家的风格是他的内心生活的准确标志。所以一个人如果想写出明白的风格，他首先就要心里明白；如果想写出雄伟的风格，他也首先要有雄伟的人格。"又如，他在1828年10月20日的谈话中认为，古希腊的艺术家之所以"不仅妙肖自然，而且超越了自然"，乃是因为"艺术家们自己的人格已陶冶得很伟大，他们是凭着自己的伟大人格去对待自然的"。又如，他在1831年1月17日的谈话中说道："在艺术和诗里，人格确实就是一切。但是最近文艺批评家和理论家由于自己本来就虚弱，却不承认这一点，他们认为在文艺作品里，伟大人格不过是微不足道的多余的因素。""当然，一个人必须自己是个人物，才会感觉到一种伟大人格而且尊敬它。"见［德］爱克曼辑录《歌德谈话录》，朱光潜译，人民文学出版社1978年版，第38、39、174、229页。

承诺。在他看来，只有依靠每个生存意识自觉的个体的共同努力，才能促使这个时代的早日到来。

庆祝歌德诞辰的意义，恰恰在于通过歌德意识到联结彼此的纽带，增进不同个体、不同民族间的相互理解与包容，克服偏见与仇视，最终"实现人性的统一"，雅氏在《歌德的人性》这篇演讲的开头部分与行将收尾部分都强调了这一点："全世界都在庆祝歌德的诞辰。德国人以他为标杆，更大范围的德语共同体通过歌德意识到了联结彼此的纽带，地球上所有受过教养的民众也都以崇敬的目光景仰着歌德。"[1] 这是雅氏在开头所讲的一段话；他在行将收尾部分所讲的一段话是："数月以来，全球都在庆祝歌德的诞辰，在演讲的结尾也不妨简要谈谈庆祝的意义。我们衷心希望这些活动能够起到联结世界民众的作用。有一个阶段，歌德曾这样写道：'其中，民族间的仇恨会消散殆尽，人们能对邻邦人民的福乐和痛苦感同身受。这一文化阶段才契合我心目中的人的天性。'"[2] 从中不难看出雅氏发表这篇演讲的衷曲所在。可以说，雅氏在这里是代表着全人类向矢志成为"世界公民"的歌德致敬的："歌德想要为人类服务，却罹受不解和误会，甚至被迫同自己的祖国决裂，这些都让他非常痛苦。但是，在他的独立性中，他通过人类的真理实现自救，这也是为了他的祖国和全人类。"[3] 面对世俗实存的误解甚至丑诋，歌德宁愿冒着"同自己的祖国决裂"的风险并甘心忍受着巨大的痛苦献身于全人类的事业。追根究底，他的独立品格乃来自他始终持守的这样一个不可摇夺的信念：首先通过"人类的真理"救赎自己，接着通过自己伟大的人格唤醒他人的生存意识，最终将世俗实存组成的利益共同体转化为生存个体组成的精神共同体。

然而，当下的精神处境却是令人堪忧的："在面对暴力带来的惊骇与恐惧中，在官僚体制崩塌并朝着原子化的、像质料一样可以被调

---

[1] Karl Jaspers, "Goethes Menschlichkeit", in Hans Saner (Hrsg.), *Aneignung und Polemik: Gesammelte Reden und Aufsätze zur Geschichte der Philosophie*, R. Piper & Co. Verlag, 1968, S. 142.

[2] Karl Jaspers, "Goethes Menschlichkeit", in Hans Saner (Hrsg.), *Aneignung und Polemik: Gesammelte Reden und Aufsätze zur Geschichte der Philosophie*, R. Piper & Co. Verlag, 1968, S. 156.

[3] Karl Jaspers, "Goethes Menschlichkeit", in Hans Saner (Hrsg.), *Aneignung und Polemik: Gesammelte Reden und Aufsätze zur Geschichte der Philosophie*, R. Piper & Co. Verlag, 1968, S. 156.

度的人类群体的转变中——这种转变是通过社会、牺牲以及人性福乐之类的含糊言语得以表达的。"① 这里所说的"人类群体",指的是由"原子化的、像质料一样可以被调度的"的世俗实存(乌合之众)组成的利益共同体。致力于建构这种利益共同体的圣西门派主张个人应为社会整体的幸福而牺牲个人的幸福,并且认为社会整体的幸福是个人幸福的不可或缺的条件。歌德对这种从根本上取消生存个体的独立与自由并违背了人的自然天性的看法是持反对态度的,他在1830年10月20日与爱克曼的谈话中说道:"我却认为每个人应该先从他自己开始,先获得他自己的幸福,这就会导致社会整体的幸福。我看圣西门派的学说是不实际的、行不通的。因为它违反了自然,也违反了一切经验和数千年来的整个历史进程。如果每个人只作为个人而尽他的职责,在他本人那一行业里表现得既正直而又能干胜任,社会整体的幸福当然就随之而来了。"② 歌德始终坚持以"内心独立且躬行于自我教养"的生存个体为先决条件建构人类的精神共同体,并为这项崇高而神圣的事业奉献了毕生的精力:"在这个世界上,只要还可以为那些人——他们将自己视为个体的人,他们内心独立且躬行于自我教养,他们处于真正的共同体之中并沐浴在爱、友谊与世界主义的氛围里——创造新的空间,那么,歌德就可以通过他自己,通过他的创作和思想,来帮助我们。他永远都在那儿,静候着我们。"③ 歌德秉持的是一种"世界主义"(Weltbürgertum)的立场,这种超越时空的立场使歌德有理由坚信,以独立、自由的生存个体为根源便可建构一种为爱与友谊所充盈的"真正的共同体";同时也使同样秉持世界主义立场的雅氏有理由坚信歌德"可以通过他自己,通过他的创作和思想,来帮助我们"。而且,歌德是任何一个生存意识自觉了的个体的"相同时代的人"④,他

---

① Karl Jaspers, "Goethes Menschlichkeit", in Hans Saner (Hrsg.), *Aneignung und Polemik: Gesammelte Reden und Aufsätze zur Geschichte der Philosophie*, R. Piper & Co. Verlag, 1968, S. 158.
② [德] 爱克曼辑录:《歌德谈话录》,朱光潜译,人民文学出版社1978年版,第224页。
③ Karl Jaspers, "Goethes Menschlichkeit", in Hans Saner (Hrsg.), *Aneignung und Polemik: Gesammelte Reden und Aufsätze zur Geschichte der Philosophie*, R. Piper & Co. Verlag, 1968, S. 158.
④ 雅斯贝斯指出:"大哲学家能超越时代意味着,他们全都是相同时代的人。黑格尔有句话:'没有什么比时间更好的了,不过我们应当等待最好时刻(类似于歌德所期待的世界文学的时代——引者注)的到来。'这不是针对那些在历史上作为绝对的、高高在上的、唯一的真理性(思辨化了的绝对理念,这是一种单纯的永恒性——引者注)被赶下历史舞台而言的。(转下页)

第六章 理性生存型的艺术家之范例

对自己通过促进我们内在的变革帮助我们赢得属己的未来这件事有足够的耐心——"他永远都在那儿,静候着我们"。雅氏在《歌德的人性》的最后称引歌德的这样两句诗结束了全篇演讲:"于最为杂乱无章之中,/世界在静静思考。"①

歌德是在历史之中超越历史的,这就使他成为一个独一无二且影响深远的伟大个体,在这一点上,歌德完全符合雅氏遴选大哲学家(大思想家)的标准。雅氏在《大哲学家》的"导论"中指出:"我们在这里选择的那些大思想家,他们在历史描述中具有时代的功用,对历史来说,他们是独一无二的。这意味着,他们的现存在意义的重要性和规模范围超越了历史概貌的比例。他们那作为真理语言的超越时间的本质,远远超出了他们的历史关联。他们的本质正处在这一超时代性之中。我们持此观点并不是要否定历史,而是超越它。"② 超越历史并不意味着否定历史,意识到这一点颇为关键。歌德式的生存个体能够以其伟大的人格与弘敷的真理超越历史,这就使他不像世俗实存那样囿于"单纯的时间性"之中;与此同时,他并未在历史之外超越历史,这就使他不像试图与整全的真理合一的神秘主义者那样飘向"单纯的永恒性"之中。"单纯的时间性将我们引入麻木不仁的无穷尽之中去,其中只有来来往往。单纯的永恒性将我们引入非现实存在的抽象之中。我们达到了这两者的统一,并与经验论相联系,由超验论使我们领悟,然后,我们从这个统一出发,再来看这最为本质的是什么。"③ 在人类历史的长河中,雅氏从歌德这里见证了将时间性与永恒性统一于一身的直观形象。"将哲学和哲学家放到历史事实中并联系到精神的时代去研究,是十分有意义的。但是,这也不过只是为了能够在光亮处看到哲学家的一个先决条件

(接上页)因为历史将王位只让那些具有超验性并且让神性降临人世的人(在时代中超越时代的伟大个体——引者注)篡夺了。"见[德]卡尔·雅斯贝尔斯《大哲学家》,李雪涛主译,社会科学文献出版社 2005 年版,第 36 页。

① Karl Jaspers, "Goethes Menschlichkeit", in Hans Saner (Hrsg.), *Aneignung und Polemik: Gesammelte Reden und Aufsätze zur Geschichte der Philosophie*, R. Piper & Co. Verlag, 1968, S. 158.

② [德]卡尔·雅斯贝尔斯:《大哲学家》,李雪涛主译,社会科学文献出版社 2005 年版,第 36 页。

③ [德]卡尔·雅斯贝尔斯:《大哲学家》,李雪涛主译,社会科学文献出版社 2005 年版,第 36 页。

— 553 —

而已，这光亮能够使超历史的真理成为当下。"① 这里所说的"光亮"，指的是歌德式的哲学家弘敷的"整全真理"，借着这整全的真理之光的照耀，"超历史的真理"便在始终做着内在超越的歌德身上"成为当下"的，也使他有足够的信心与耐心等待着后人的询问。

正如说不尽的莎士比亚，歌德同样是无可穷尽、常读常新的。无论在国外，还是在国内，歌德研究一直保持着长盛不衰的势头。目前，历代对歌德的研究正成为歌德学术史研究的对象，诸多研究歌德的范式随之得到了有效的总结。譬如，国内学者叶隽在其撰著的《歌德学术史研究》（译林出版社 2013 年版）中，对西方 19 世纪中期以来歌德研究的相关范式做了详慎的爬梳，可惜他并未论及雅斯贝斯的歌德研究。值得庆幸的是，德国学者赫尔穆特·富尔曼（Helmut Fuhrmann）在其撰著的《歌德接受史研究六论》（*Sechs Studien zur Goethe-Rezeption*，Königshausen & Neumann GmbH，2002）中专列一章，详细交代了雅氏接受歌德的过程及其与恩斯特·罗伯特·库尔提乌斯（Ernst Robert Curtius）之间围绕着歌德问题展开的论战。可惜的是，富尔曼的研究重心乃是诠解"库尔提乌斯事件"，而不是阐析雅氏研究歌德的范式，这就导致该书中涉及雅氏的那些文字多落于浮泛之谈，并未达到笔者期待中的学思深度。说到底，雅斯贝斯为歌德学术史提供了一种"生存哲学"（国内多称为"存在哲学"）的研究范式，笔者在这里立足于雅斯贝斯祈向超越之维的生存哲学对他的歌德观所做的诠解，就是试图为深入阐发这种研究范式的幽趣做一点有益的尝试。

第二节 莱辛：理性生存型的艺术家范例之二

在雅斯贝斯的思想版图中，莱辛是一位苏格拉底式的哲学家与唤醒者。他总是不断地搅动那些静止、怠惰、傲慢的世界实存所习惯的一般意识与封闭化的观念体系，期待他们从一劳永逸地掌握或占有实体化真理的迷梦中苏醒过来，呼唤他们要敢于在世界之中断然地立足

---

① ［德］卡尔·雅斯贝尔斯：《大哲学家》，李雪涛主译，社会科学文献出版社 2005 年版，第 36 页。

于本真、灵动、温煦的生存意识与诚实、公正、开放的批判理性采取一次又一次的自我超越行动，进而永不休歇地行进在通往无所不包的大全真理的途中。莱辛曾给后世留下这样一段恒放真理之光的话："假若上帝的右手握着所有真理，左手握有唯一的、不断躁动的追求真理的冲动，而且带有时时甚而总是使我陷入迷误这一附加条件，然后对我说：选吧！我会恭顺地扑向他的左手，并说：我父，给我吧！纯然的真理只属于你自己！"① 莱辛的这段话启迪着一代又一代扑向上帝"左手"的生存个体奋斗不息地探索着闪耀于个我心灵的纯然的真理，克尔凯郭尔就曾对这位唤醒了他的"追求真理的冲动"的前辈表达了由衷的敬意："全神贯注于他是实存（应为'生存'——引者注）着的个人这一境况的实存（应为'生存'——引者注）着的个人将对莱辛关于奋斗不息的那几句话心悦诚服。说得多美啊！诚然这话没有为其作者获得不朽的声誉，因为它非常简单，但每一个勤于思索的个人都必定能够证实这话的真理性。"②

大道至简：生存唤醒着生存，具有批判品格的理性将生存带入开放、澄澈的敞亮之地，这就是莱辛与克尔凯郭尔共同践行着的人间大道。正因为莱辛与克尔凯郭尔都具有生存意识与批判理性，他们才会在探索纯然真理的途中相遇；也正因为如此，雅氏才会在《大哲学家》第二卷中将他俩一并归入"伟大的唤醒者"之列（被归入"伟大的唤醒者"之列的还有帕斯卡尔、尼采）。就莱辛的"哲学家"身份而言，雅氏下了这样一个精辟的判语："作为哲学家，莱辛是一位唤醒者，他的思想是富有启发性与令人不安的，并不向人们明确地指定那种提供宁静的心绪和安全的港湾的真理。相反，他意识到，这样的目标是可望而不可即的：我们所能做的，就是沿着这条道路一直走下去。"③ 莱辛这样的"唤醒者"并不给出任何一种实体化的真理，而是

---

① ［德］莱辛：《历史与启示——莱辛神学文选》，朱雁冰译，华夏出版社 2006 年版，第 80 页。

② ［丹麦］克尔凯廓尔：《实存的体系是不可能的》，刘鑫译，收入熊伟主编《存在主义哲学资料选辑》上卷，商务印书馆 1997 年版，第 39 页。

③ Karl Jaspers, *The Great Philosophers—Descartes, Pascal, Lessing, Kierkegaard, Nietzsche, Einstein, Weber, Marx*, translated by Edith Ehrlich and Leonard H. Ehrlich, Harcourt Brace & Company, 1995, p. 145.

将各种固化的立场、观点统统纳入批判理性的鉴照之下，通过审慎的质疑、区分、阐明与净化，引导生存个体倚重其不可让渡的自由意志不断地询问着、审查着、寻找着、厘定着，从而为人拓辟出一条祈向纯然真理的道路。可以说，雅氏对莱辛的角色定位是独具只眼的，其品评莱辛的理论视角也是颇为独特的，这就使他的莱辛论透显出别一种风致来。下面，笔者便循着雅氏的运思理路对莱辛的作品与其生存论根源、文学成就与诗学思想、理论哲学与现代人性观念（实践哲学）一一做出详尽的阐发。[①]

一 莱辛的作品与其生存论根源

莱辛给后世留下了卷帙浩繁的作品，这些作品迄今仍是人类文化史上一笔颇为宝贵的精神遗产。那么，我们应如何品评莱辛其人其说呢？一旦聚焦于这个问题，我们发现对此做出一个中肯的品评并不是一件容易的事。雅斯贝斯的可贵之处在于，他不仅敏锐地发现了莱辛作品的多重性、多样性与丰富性，而且辐辏于其思维特点与人性观念发现了莱辛始终怀有的"祈向真理的统一意志"，这种祈向真理的意志既带有统一性，也带有超越性与毫不含糊的确定性。"一"与"多"在莱辛这里乃是两个相互贯通的层面，雅氏就此阐发了莱辛作品的生存论根源。[②]

1. 莱辛作品的"多重性、多样性、丰富性"与"祈向真理的统一意志"

雅氏首先指出："查阅莱辛的作品时，我们发现它们因其多重性

[①] 雅斯贝斯在《论莱辛》中还详尽称说了莱辛的神学思想与反对格策的论战，鉴于本节的篇幅已经较长，加之这部分内容并不是本课题论述的重点，况且笔者在诠解莱辛的哲学思想、诗学思想及其作品的生存论根源时对此已有涉猎，因而本节就不再专门阐发了。

[②] 雅斯贝斯在撰写《大哲学家》的过程中始终看重大哲学家们的"著作和人格"，在雅氏看来，"大哲学家乃是集他们的著作和人格为一体的"，"他生活的真相本身不是其自身的证明而是提示。人和著作相互诠释着"；"不考虑与人的联系，那这作品就只是形式主义艺术家的游戏而已，这同时也证实了它就是这样的东西。因为，哲学不是由那些也是值得赞赏的头脑们的专利，而是作为唯一的全人类的共同财富。哲学家们由他们所创作出的著作影响，并且又使他们的人格充满其著作。在哲学里，进行哲学思考的人的本质属于哲学的正题。"见［德］卡尔·雅斯贝尔斯《大哲学家》，李雪涛主译，社会科学文献出版社2005年版，第44—45页。

第六章　理性生存型的艺术家之范例

（multiplicity）、多样性（diversity）与丰富性（amplitude）而令人困惑不解。"① 所谓"多重性、多样性与丰富性"是就莱辛的作品所涉猎的多个领域、多样体裁、多种内容而言的，譬如，迄今依然颇受重视的戏剧类作品有《明娜·冯·巴尔赫姆》（Minna von Barnhelm）、《爱米丽雅·迦洛蒂》（Emilia Galotti）、《智者纳旦》等，艺术评论类作品有《拉奥孔》（Laokoon）、《汉堡剧评》（Hamburgische Dramaturgie）等，神学与哲学类著述有《论人类的教育》（Erziehung des Menschengschlechts）以及围绕着《匿名者断片》（Fragments of an Anonym）的出版与格策的论战文章等。此外，莱辛还留下了大量的诗歌、寓言、警句、信件、笔记、书评、人物批评以及文献学等方面的文字。就此而言，莱辛不仅是诗人②、评论家、神学家、哲学家，而且是文献学家、博学家。

直面莱辛这样眼界开阔、兴趣广泛、多才多艺的生存个体与其创制的"多重性、多样性、丰富性"的作品，若拘囿于通常的理解方式而不幸迷陷于其中，的确是"令人困惑不解"的。为了走出这座思想的迷宫，雅氏采取了一条独辟的蹊径：他聚焦于莱辛的思维特征与其一贯使用的方法，透过迷人眼目的"多重性、多样性与丰富性"，悉心地把捉涵淹于其中的统一性。雅氏就此称引了莱辛在一部计划编纂的文集的"序言"里的一段告白："设想一下有这么一个人，他怀有无限的好奇心，并不喜好某一门特定的科学。对他的心灵来说，人们无法给出确定的方向，为了获得满足，他会遨游学问的所有领域，目瞪口呆地看着一切，渴望了解一切而又厌倦一切。假如他并不完全缺少才华的话，他会留意大量的事物，却很少去证实；他会谈及许多条路径，自己却不去遵循；他会搞出多项奇怪的发明，却都没有什么用处；他经常只在那些几乎不值得一看的领域亮出某种观点。"③ 雅氏称

---

① Karl Jaspers, *The Great Philosophers—Descartes, Pascal, Lessing, Kierkegaard, Nietzsche, Einstein, Weber, Marx*, translated by Edith Ehrlich and Leonard H. Ehrlich, Harcourt Brace & Company, 1995, p. 131.

② 这里的"诗人"取其广义，意指"文学家"，含通常所说的诗人、戏剧家、小说家、散文家等。

③ 转引自 Karl Jaspers, *The Great Philosophers—Descartes, Pascal, Lessing, Kierkegaard, Nietzsche, Einstein, Weber, Marx*, translated by Edith Ehrlich and Leonard H. Ehrlich, Harcourt Brace & Company, 1995, p. 132。

引的这段告白颇富意味,事实上,莱辛让读者设想的那个人就是他自己:莱辛总是怀着"无限的好奇心"遨游于"学问的所有领域",他"渴望了解一切""留意大量的事物""谈及许多条路径",却从不让自己拘囿于某一特定的领域、事物或途径。倘从这个角度来阅读莱辛,我们就会发现他的作品既不会让人陶醉于优美的语言之中,也不会给人提供某种斩钉截铁的判断,更不会向人传达某种欢愉的心境。在莱辛的精神世界里,一切事物仍是悬而未决的。

"那么,莱辛能给我们留下什么呢?"[1] 在提出这个关键的问题后,雅氏对莱辛最擅长的戏剧、评论与神学一一进行了审查。①对其戏剧的审查:"在戏剧呈示的自由之中,莱辛被关涉人类道德实质的真理所吸引,这类真理来自一个永恒的世界,并可以拿它对处境、人民和观众施加影响。"[2] 戏剧是莱辛毕生最为钟情的一个领域,他将戏剧舞台作为展示自由意志的场所,通过苏格拉底式的人物对话,将来自一个永恒世界的纯然真理间接地透示给人们。这种纯然的真理关涉人类道德的实质,从而可以督责在世生存的个体不断地寻求自我心灵的改善。②对其评论的审查:"在评论中,莱辛通过从原则上区分相关的范畴来阐释文学与艺术作品,并借助于对这些特定作品的阐释让问题变得明晰起来。"[3] 莱辛的艺术评论别具一格,一般人难以品出个中的滋味。拿他的《拉奥孔》来说,迄今仍有不少人将这部著述的重心归结为诗与画的具体区别,甚至为莱辛谈及的某些具体观点争论不休。按照雅氏的看法,这部著述的真正价值并不在于那些具体的观点,而在于其使用的方法,亦即从原则上做出"区分",这种区分的方法让那些探讨的问题最终"变得明晰起来"。可以说,莱辛的"区分"方法以其理性精神所特有的澄明力量启迪了包括雅斯贝斯在内的众多德

---

[1] Karl Jaspers, *The Great Philosophers—Descartes, Pascal, Lessing, Kierkegaard, Nietzsche, Einstein, Weber, Marx*, translated by Edith Ehrlich and Leonard H. Ehrlich, Harcourt Brace & Company, 1995, p. 132.

[2] Karl Jaspers, *The Great Philosophers—Descartes, Pascal, Lessing, Kierkegaard, Nietzsche, Einstein, Weber, Marx*, translated by Edith Ehrlich and Leonard H. Ehrlich, Harcourt Brace & Company, 1995, pp. 132 – 133.

[3] Karl Jaspers, *The Great Philosophers—Descartes, Pascal, Lessing, Kierkegaard, Nietzsche, Einstein, Weber, Marx*, translated by Edith Ehrlich and Leonard H. Ehrlich, Harcourt Brace & Company, 1995, p. 133.

国思想家。③对其神学的审查:"在有关神学问题的哲学思考中,莱辛将不同的立场展示在舞台上,并展示对立各方彼此间的相互对抗。在这里,他再次要求明晰性,他就此成为一位为争取正义(正如他在许多'声援'性的人物批评中所做的那样)、人道和宽容以及扎根于信仰中的诚实而作战的斗士。"① 同上述两个领域一样,莱辛在对神学问题所做的哲学思考中同样要求"明晰性",这种明晰性直接关涉理性的诚实性、公正性、公开性与批判性。莱辛的衷曲在于审查彼此间相互对抗的各种立场,以便为祈向中的真正信仰留出空间。在与格策的论战中,为了争取正义、人道和宽容以及扎根于信仰中的诚实,他甚至不惜中断了自己惯常的论辩风格而成为一位勇毅的"斗士"。

经过上述审查,雅氏敏锐地发现了涵贯于莱辛作品中的关键因素,这个关键的因素就是他自始至终追问的"道德—宗教的实质"问题:"在一切事物之中,道德—宗教的实质乃是关键的因素,它决定了莱辛的判断并且赢得了我们的兴趣。我们从一开始就在莱辛的身上看到了这种实质,到他晚年的时候终于达至其极点。"②"道德—宗教的实质"并不是现实世界中的那些关于道德—宗教的形态各异、立场不一甚至彼此对立的教条与体系,毋宁说,前者在根底处为后者提供了活的基源与终极根据。在莱辛看来,这种活的基源与终极根据才是关乎人成其为人的至为重要的东西。"如果我们试图在莱辛的生平年表中发现某种发展以及趋向某种新东西的步骤、转向或者不断加剧的轨迹,那么最后留给我们的仍是最初的那种印象:对莱辛来说,最重要的东西从根本上看是保持不变的。"③ 确实如此,莱辛毕生都在究问最重要的东西。就精神探索历程看,他在青年时期曾研习过

---

① Karl Jaspers, *The Great Philosophers—Descartes, Pascal, Lessing, Kierkegaard, Nietzsche, Einstein, Weber, Marx*, translated by Edith Ehrlich and Leonard H. Ehrlich, Harcourt Brace & Company, 1995, p. 133.

② Karl Jaspers, *The Great Philosophers—Descartes, Pascal, Lessing, Kierkegaard, Nietzsche, Einstein, Weber, Marx*, translated by Edith Ehrlich and Leonard H. Ehrlich, Harcourt Brace & Company, 1995, p. 133.

③ Karl Jaspers, *The Great Philosophers—Descartes, Pascal, Lessing, Kierkegaard, Nietzsche, Einstein, Weber, Marx*, translated by Edith Ehrlich and Leonard H. Ehrlich, Harcourt Brace & Company, 1995, p. 133.

苏格拉底的哲学、沃尔夫主义者（Wolffian）的哲学与伏尔泰（Voltaire）①的戏剧，后来又研习过斯宾诺莎的哲学与教父哲学，在人生的后十年还研习过莱布尼茨（Leibniz）的哲学，并匿名出版了塞缪尔·雷玛勒（Samuel Reimarus）的神学断片。莱辛的精神探索固然一直处于不断变动的过程之中，不过"最重要的东西从根本上看是保持不变的"。

正如"变"与"不变"，"多"与"一"在莱辛这里也是两个须臾不可分离的层面。围绕着这个问题，雅氏进一步阐发了莱辛思想的统一性、超越性与确定性：①统一性："莱辛并没有沿着彼此隔绝的路径在多个领域从事研究、思考与创造——他所从事的并不是那些由一个多面手来探索的互不相同的领域。毋宁说，莱辛始终怀有祈向真理的统一意志，他所祈向的真理引导着他一头扎进一切事物之中。他在任何地方都发现了可以用来表达自己的经验与责任的资具。"② 正如理一万殊，亦如月映万川，对莱辛来说那一以贯之的东西就是他始终怀有的"祈向真理的统一意志"。正是这种致力于统一的意志，将他从事的多个领域联结成一个整体，并引导着他断然地介入一切事物之中，以便使自己在介入事物的过程中督责着事物同他一起祈向那纯然的真理。②超越性："他所遭遇的一切并不属于某个彼在的世界，而只属于这个此在的世界，然而，这个世界却由超越它的某种东西支撑与烛照着。因此，莱辛并没有陷入红尘之中，或者说他根本就没有被卷入这个世界。"③ 作为在世生存的个体，莱辛就在这个亲在其中的

---

① 伏尔泰（Voltaire，1694—1778），法国18世纪启蒙哲学家、文学家，被誉为"法兰西思想之王""法兰西最优秀的诗人""欧洲的良心"，代表作有《哲学通信》《形而上学论》《路易十四时代》《俄狄浦斯王》《凯撒之死》《穆罕默德》《老实人》等。迄今，世人仍对这位持守启蒙立场——如"我不同意你的观点，但我誓死捍卫你说话的权利"——的伟大思想家抱以仰慕之情。雅斯贝斯在为《大哲学家》构拟的提纲中，计划把伏尔泰列入第三卷第四类（"在教育意志和文学批评中"的哲学家）第一小组"人文主义者"中，一并被列入这一组的哲学家还有西塞罗、伊拉斯谟（Erasmus）。

② Karl Jaspers, *The Great Philosophers—Descartes, Pascal, Lessing, Kierkegaard, Nietzsche, Einstein, Weber, Marx*, translated by Edith Ehrlich and Leonard H. Ehrlich, Harcourt Brace & Company, 1995, p. 133.

③ Karl Jaspers, *The Great Philosophers—Descartes, Pascal, Lessing, Kierkegaard, Nietzsche, Einstein, Weber, Marx*, translated by Edith Ehrlich and Leonard H. Ehrlich, Harcourt Brace & Company, 1995, p. 133.

第六章 理性生存型的艺术家之范例

世界中超越着世界,支撑他并烛照着他不断超越世界的东西,就是他始终祈向着的纯然真理。宛如那不断穿越云层的太阳,莱辛固然未曾在世界之外的某地穿行,不过他也从未"卷入这个世界"。③确定性:"他的思想并非来自某个更高的灵启,因而并不带有那种神秘体验的痕迹。它既未受到教会宣谕的确定性信仰的束缚,也不要求用亲身经历与具有担保作用的事物来进行启示。然而,它却以生存之真诚所富有的同等力量致力于唯一重要的东西,不过,这样的事物既没有被占为己有,也没有被明确断定。他的思想并不是某种既定的拥有物,而只是一种存在,一种在临时的表象中不断地趋向于它的存在。可以说,这类思想的确定性乃基于无知。"① 莱辛立足于人类自身既有的理性能力,本着真诚、公正、公开的原则对教会宣谕的确定性的信仰进行彻底的审查,因此他既不需要求助于"更高的灵启",也不要求自己像教徒那样诉诸神秘的体验与客观化的神迹进行宗教式的启示。追根究底,莱辛的思想中充盈着一种"理性的气氛",这种理性的气氛将他关注的一切事物都带入澄澈敞亮、无所不包的"大全"之中。在理性的审查与大全之光的普照下,各种各样的事物固然"既没有被占为己有,也没有被明确断定",不过它们都获致了自身的基源,这一基源就是自由选择、自我超越、运命自承的本真生存。本真的生存所致力的"唯一重要的东西"乃是那无所不包的"大全"(纯然的真理),这样一来,莱辛就在生存与理性的张力间为人类贞定了别一种意趣的"确定性"。这种确定性并不结缘于那种静止化、封闭化的"一般意识",进而言之,它是以"无知"为其否定的契机的。

由此可见,在雅氏祈向超越之维的生存哲学视域的观照下,莱辛的多重面相最终被归结成一个浑全的形象——作为苏格拉底式的哲学家与唤醒者,莱辛的思想也随之透显出一种独特的力量:"这是一种唤人觉醒而不给予人满足的思想。满足感只取决于为它所唤醒的人。如果你愿意的话,可以说这既是这种思想的不足,同时又是它的独特

---

① Karl Jaspers, *The Great Philosophers—Descartes*, *Pascal*, *Lessing*, *Kierkegaard*, *Nietzsche*, *Einstein*, *Weber*, *Marx*, translated by Edith Ehrlich and Leonard H. Ehrlich, Harcourt Brace & Company, 1995, p. 133.

力量之所在。"① 所谓"它所唤醒的人",指的是为理性所唤醒的生存个体;所谓"这种思想的不足",指的是莱辛的思想并不给出某种固化的观点,现实世界的一切事物在他的审查下仍处于悬而未决的状态之中;所谓"独特力量之所在",指的是充盈于莱辛思想中的那种弥足珍贵的"理性的气氛",在这种"理性的气氛"的催唤下,一切事物都获致其当有的基源,进而向着无所不包的"大全"敞开着、奔赴着。

2. 莱辛作品的生存论根源

莱辛的作品是其生存性向的直观呈现,鉴于此,雅氏辐辏于莱辛的生平重点阐发了孕生其作品的生存论根源。具体而言,莱辛作品的生存论根源主要涵括两个方面:一是自由意志与人生自觉,二是不幸遭际与男子汉气概。

(1) 自由意志与人生自觉

莱辛的一生是其自由意志不断延展与实现的过程,这首先体现在他与众不同的职业生涯上:"莱辛的生平概况勾勒了一位并不追求通常职业生涯的男人形象。他过着一种自由撰稿人的生活,为了养活自己,他抓住了出现在面前的所有机遇。只是在生命的最后十年,才因着被任命为公爵图书馆的馆员,他的生活终于获得了些许的稳定。"② "自由撰稿人的生活"是莱辛为自己选定的一种精神渗透于其中的真正的生活,这种生活既可以使他诚实无伪地生活于现实世界之中,又可以使他公正、公开地直面公众探讨纯然真理的问题,更可以使他最大限度地实现自己的自由意志。凭借着涌动于心的自由意志,莱辛敢于介入现实世界,并勇于尝试不同的现实生活,不过他也从没满足于任何一种安逸的现实生活与稳定的实存秩序。为了充分揭示这一点,雅氏对莱辛一生中最出人意料的一次重大决断——莱辛在 1760 年突然离开柏林前往布雷斯劳担任陶恩兹将军

---

① Karl Jaspers, *The Great Philosophers—Descartes, Pascal, Lessing, Kierkegaard, Nietzsche, Einstein, Weber, Marx*, translated by Edith Ehrlich and Leonard H. Ehrlich, Harcourt Brace & Company, 1995, p. 133.

② Karl Jaspers, *The Great Philosophers—Descartes, Pascal, Lessing, Kierkegaard, Nietzsche, Einstein, Weber, Marx*, translated by Edith Ehrlich and Leonard H. Ehrlich, Harcourt Brace & Company, 1995, p. 122.

第六章　理性生存型的艺术家之范例

（General Tauentzien）的秘书——做了深入的阐析。①

　　柏林是莱辛一生中居住时间较长的一座城市，从1748年11月—1751年、1752—1755年、1758—1760年，他都在这座城市居住。截至1760年，莱辛已通过创作戏剧（如《萨拉·萨姆逊小姐》）、发表艺术评论（如《关于悲剧的通信》）、编辑文学刊物（如《柏林特许报》文学副刊）、翻译狄德罗的戏剧等骄人的成就在柏林获得了知识分子领袖的地位，并与门德尔松（Mendelssohn）②、尼柯莱（Nicolai）③、拉姆勒（Ramler）等知识界的精英成为可以进行生存交往的朋友。当时，他主要通过赚取版税维系自己的生存，过着一种虽然简朴但也没有什么压力的现实生活。令人们意想不到的是，莱辛却在这个时候断然离开自己所熟悉的柏林知识界，前往布雷斯劳接受了陶恩兹将军秘书一职，主要负责起草陶恩兹将军致国王、政府官员以及其他人的信件。这是与"自由撰稿人的生活"完全不同的另一种生活，那么，"莱辛为什么要去布雷斯劳呢"？面对这个令人费解的难题，雅氏首先称引莱辛1760年12月6日致拉姆勒的信中的一段话对此给出了一种解释："然而，这所有的一切难道不是出自你的自由意志吗？难道不是因着你对柏林的厌倦吗？难道不是因着你以为朋友们肯定都讨厌你了吗？你不是以为生活在人群中而不是生活在书本中的

---

① 雅斯贝斯指出："我们可以在表层意义上将莱辛的一生划分为如下几个时期：首先是'七年战争'爆发（1756）之前的那个时期；接着是在柏林、布雷斯劳和汉堡的日子（1756—1770）；最后是在沃尔芬比特尔的岁月，这一时期在心智方面并没有什么显著的意义。"见Karl Jaspers, *The Great Philosophers—Descartes, Pascal, Lessing, Kierkegaard, Nietzsche, Einstein, Weber, Marx*, translated by Edith Ehrlich and Leonard H. Ehrlich, Harcourt Brace & Company, 1995, p. 134。按照雅斯贝斯的上述划分，莱辛在柏林、布雷斯劳和汉堡的时期对其心智的发展最有意义。

② 摩西·门德尔松（Moses Mendelssohn, 1729—1786），德国犹太裔哲学家，被誉为"德国的苏格拉底"，著述有《论自明》《斐多》《灵魂》《耶路撒冷：论宗教权利与犹太教》等。门德尔松是莱辛一生中最真挚的朋友，二人的思维方式也有相近之处。关于门德尔松的著述提要以及他与莱辛就悲剧等问题进行的开诚布公的讨论，可参见［美］列奥·施特劳斯《门德尔松与莱辛》（卢白羽译，华夏出版社2012年版）、莱辛《关于悲剧的通信》（朱雁冰译，华夏出版社2010年版）等。

③ 弗里德里希·尼柯莱（Christoph Friedrich Nicolai, 1733—1811），书商和作家，著有《论悲剧》，并就悲剧问题与莱辛有过书信交往。收入莱辛《关于悲剧的通信》，朱雁冰译，华夏出版社2010年版。

时光又回来了吗?"① 莱辛写这封信时已在新职位上履职了一段时间,想必他对那种相对格式化的公文写作产生了抱怨之情。这里值得注意的是,透过这段涵淹着抱怨之情的自我辩白,我们发现了莱辛做出人生重大决断的内在动力,此即"自由意志"。进而言之,正是因着涌动不息的"自由意志",莱辛才会厌倦了日渐惯常化、书本化、实存化的柏林生活,进而促使他勇毅地选择一种虽然充满风险却实实在在的军旅生活(尽管这种军旅生活一旦日常化也会令莱辛感到厌倦的)。雅氏就此写道:"现在,莱辛在这个重要的新职位上获得了一份不菲的收入。他可以自由地消费了。他生活于战时的氛围中,经常在酒馆里同军官们打交道。他在信中声称自己是个酒鬼和赌徒。歌德在《诗与真》中写道:'与科洛卜施托克和格莱姆不同的是,莱辛并不介意丢弃个人的尊严,因为他确信自己有能力在任何时刻都可重新赢取它。他之所以乐于过这种在酒馆里乃至在人世间的消遣生活,乃是因为他那内在自我的强力运作时刻都需要一种与之相抗衡的强力。因此,他加入了陶恩兹将军随从的行列。'"② 雅氏颇有意味地引用歌德在《诗与真》中的一段话③对莱辛的人生决断做出了进一步的阐释,从中可以看出,莱辛同歌德一样,也是一位敢于凭借"内在自我的强力"("自由意志")介入现实世界并在这个现实世界中不断地实现自我的生存个体,二人的共同之处可借用歌德自传《诗与真》这个书名中的一个字来加以概括,那就是"真"——在

---

① Karl Jaspers, *The Great Philosophers—Descartes, Pascal, Lessing, Kierkegaard, Nietzsche, Einstein, Weber, Marx*, translated by Edith Ehrlich and Leonard H. Ehrlich, Harcourt Brace & Company, 1995, pp. 125 – 126.

② Karl Jaspers, *The Great Philosophers—Descartes, Pascal, Lessing, Kierkegaard, Nietzsche, Einstein, Weber, Marx*, translated by Edith Ehrlich and Leonard H. Ehrlich, Harcourt Brace & Company, 1995, p. 126.

③ 中译本《歌德自传——诗与真》对这段话的载述是:"有一篇著作是七年战争的真正的产儿,具有完完全全的北部德意志民族的内容,在这儿我要首先特加敬意地介绍出来。它是取材于有意义的生活的第一个剧本,有特定的时代内容,因此有不能估量的价值:它就是莱辛的《明娜·冯·巴恩海姆》。莱辛与克洛普斯托克和格来姆相反,欣然敞屣个人的尊荣,因为他自信随时可以再取得和继续享有它。他耽乐于闲散的酒店和俗世生活,因为他需要有一种巨大的抗衡力量来平衡他自己的激烈活动的内心。因此他又投身入普鲁士将军陶恩治安(Tauentzien, 1710—1791)的幕中。我们很容易看出上述的作品怎样在战争与和平之间,恨和爱之间产生出来。就是这个作品,出色地使诗的艺术眼界一新,把它从一向局促着的文坛和市民的世界转到较高尚较有意义的世界去。"见 [德] 歌德《歌德自传——诗与真》,刘思慕译,人民出版社 1983 年版,第 285—286 页。

第六章　理性生存型的艺术家之范例

"内在自我的强力"（"自由意志"）的催唤下，一次次真实地"跳进"这个世界，又一次次真实地"跃出"这个世界，正是在这不断地"跳进"与"跃出"的过程中，莱辛敞开了自己的世界视域，同时获致了对这个亲在其中的世界的本真体验，他的那些文学作品，其实就是对这些本真体验的直观呈现。在跟随陶恩兹将军的这些年里（1760—1765），莱辛沿途游历了皮尔蒙特（Pyrmont）、哥廷根（Göttingen）、卡塞尔（Kassel）、哈尔伯施塔特（Halberstadt）等地，陪同陶恩兹将军前往前线并参加了围攻施维德尼茨（Schweidnitz）的战役。莱辛不仅对士兵的生活有了切己的了解，而且在负责起草陶恩兹将军致国王、政府官员以及其他人的信件的过程中对关涉布雷斯劳人民公共利益的重大问题也有了真切的看法，这不仅为他此后写出《明娜·冯·巴尔赫姆》（Minna von Barnhelm）一剧提供了足够丰厚的生活基础①，也使这部剧作以其对情节的鲜活介绍深刻影响了包括歌德②在内的众多剧作家。

布雷斯劳时期的军旅生涯固然给莱辛带来了丰赡的人生体验，也让他"在这个重要的新职位上获得了一份不菲的收入"，不过这一切并没有阻止莱辛做出离开布雷斯劳的决断："战争结束两年后，莱辛无法忍受公职强加给他的束缚，遂又回到了柏林。他曾给父亲写过这样的话：'我一定要离开布雷斯劳。至于之后会发生什么，我毫不操心。在这个世界上，任何一个健全而乐于工作的人都是无所畏惧的。'"③ 从根

---

①　雅斯贝斯颇为中肯地指出："如果没有所有这些实际的经历，莱辛也不可能写出《明娜·冯·巴尔赫姆》这部戏剧来。"见 Karl Jaspers, *The Great Philosophers—Descartes, Pascal, Lessing, Kierkegaard, Nietzsche, Einstein, Weber, Marx*, translated by Edith Ehrlich and Leonard H. Ehrlich, Harcourt Brace & Company, 1995, p. 126。

②　1831年3月27日，已届八十二岁高龄的歌德在与爱克曼的谈话中指出："这部剧本（指《明娜·冯·巴尔赫姆》——引者注）最初出现在那个黑暗时期，对我们那一代青年人产生过多大影响，你也许想象得到。它真是一颗光芒四射的流星，使我们看到还有一种远比当时平庸文学所能想象的更高的境界。这部剧本的头两幕真是情节介绍的模范，人们已从此学得很多东西，它是永远值得学习的。""现在没有哪个作家还理会什么情节介绍。过去一般人期待到第三幕才发生的那种效果，现在在第一幕就要产生了。他们不懂得作诗正如航海，先须推船下海，在海里航行一定路程之后，才扬满帆前驶。"见［德］爱克曼辑录《歌德谈话录》，朱光潜译，人民文学出版社1978年版，第239—240页。

③　Karl Jaspers, *The Great Philosophers—Descartes, Pascal, Lessing, Kierkegaard, Nietzsche, Einstein, Weber, Marx*, translated by Edith Ehrlich and Leonard H. Ehrlich, Harcourt Brace & Company, 1995, p. 126。

底处看,只听从"自由意志"的催唤而不断地在现实世界中做着人生决断的莱辛是不可能在任何一种实存秩序与刻板的生活中长久驻留的。如果说战争期间的生活尚能给他带来鲜活的人生体验因而使他能够忍受相对格式化的公文写作的话,那么战争结束后刻板的公职强加给他的束缚就让他再也无法忍受了。于是,莱辛这个"健全而乐于工作的人"以其"无所畏惧"的气概断然离开布雷斯劳,时隔五年之后再次返回柏林过起了"自由撰稿人的生活",陆续出版了艺术评论《拉奥孔》(1766)、戏剧《明娜·冯·巴尔赫姆》(1767)等。从1767年至1770年,他在德国国家剧院——该剧院在汉堡创立,后来倒闭了——担任剧作家,在此期间出版了《汉堡剧评》。追根究底,莱辛之所以乐于过一种"自由撰稿人的生活",乃是因为这种生活可以让他立基于"自由意志"不断地品尝"生活本身"的真正滋味。雅氏就此写道:"当莱辛还是一个年轻学生的时候,他想要的就不是书本中的生活,而是生活本身;不是反观内在的宇宙,而是敞向外部的世界。他在当时就曾这样说道:'书本固然可以让我成为一名学者,但却不能让我成为一个实实在在的人。'甚至到了晚年,他依然一再重申:'我不想成为一个知识渊博的人……在某种程度上来说,我努力奋斗的全部目的,就是在必要的时候,能够随时借助别人那些赋有学识的作品来做自己的事……从他人那里汲取的经验,以及从书本中获得的经验,这笔财富只是学识,而个人的体验则是智慧。后者所提供的最少的本钱,其价值也要高于前者几百万倍。'"① 确实如此,莱辛自始至终都格外看重"个人的体验",这种"身体之、心验之"意味上的"体验"乃是一种活泼泼的生命智慧,其价值显然要远远高于那种生命不在场的书本知识。难能可贵的是,莱辛在自己还是一个学生的时候就颇为明确地意识到了这一点。进而言之,他早在学生时代就已达于人生自觉并为自己确立了一条有别于常人的人生道路。

1746年9月至1748年6月,莱辛在莱比锡(Leipzig)大学修习神学。颇有意味的是,对他来说主要的智力激发却来自文学(尤其是戏

---

① Karl Jaspers, *The Great Philosophers—Descartes, Pascal, Lessing, Kierkegaard, Nietzsche, Einstein, Weber, Marx*, translated by Edith Ehrlich and Leonard H. Ehrlich, Harcourt Brace & Company, 1995, p.139.

剧）领域："通过克里斯特洛布·米利乌斯（Christlob Mylius）——一位才华横溢但性格易变的多产记者，他还是几个期刊的出版商——的引介，莱辛加入莱比锡文学和戏剧生活的圈子里。他钦羡演员卡罗琳·诺伊贝尔（Karoline Neuber）非凡的艺术才华，自己开始从事喜剧创作，见证了戏剧《年轻的学者》（The Young Scholar）的成功上演。对他来说，这是一个自由地通向更广阔的世界的开端，就此可以让他摆脱各种顾忌而祈向真理。"① 充满自由与想象的文学领域为莱辛施展其"自由意志"提供了绝佳的舞台，不到二十岁的莱辛就创作了戏剧《年轻的学者》并见证了它的成功上演，自身天赋的展露也坚定了他以"自由撰稿人"的身份介入现实世界的信心。尤为重要的是，莱辛从戏剧中发现了一个"通向更广阔的世界"的路口，以此作为心智开启的端始，莱辛踏上了一条"可以让他摆脱各种顾忌而祈向真理"的道路。1748年夏，莱辛来到维滕贝格（Wittenberg）短暂地修习了医学，不过这时真正牵动其心灵的依然是戏剧与剧院："在这里，真理通过喜剧或悲剧显现自身；……也正是在这里，莱辛对德国萌生了一种愿景：德国的戏剧艺术将得到净化。"② 莱辛将戏剧视为真理显现自身的方式，以此为出发点，他把净化德国戏剧艺术的天职断然负荷在自己身上，进而为自己的生命确立了面对任何前景未卜的境遇都毫不动摇的重心，可以说，莱辛至此已在自己身上实现了人生的自觉。

雅氏认为，莱辛人生自觉的消息是他在1749年1月20日致母亲的信中最为显豁地透露出来的："我来到莱比锡……在这里可以看见整个世界的缩影。最初的几个月里……我总是沉浸在自己的书本中，只以自己为中心，很少想到别人，也很少想到上帝……唯一的欣慰无非是那令我疯狂的勤奋。不过不久之后，我的视野就被打开了……我开始意识到书本固然可以让我成为一名学者，但却不能让我成为一个实实在在的人。我大胆走出蜗居之所去和我的同龄人交往。伟大的上帝！我发现

---

① Karl Jaspers, *The Great Philosophers—Descartes, Pascal, Lessing, Kierkegaard, Nietzsche, Einstein, Weber, Marx*, translated by Edith Ehrlich and Leonard H. Ehrlich, Harcourt Brace & Company, 1995, p. 124.

② Karl Jaspers, *The Great Philosophers—Descartes, Pascal, Lessing, Kierkegaard, Nietzsche, Einstein, Weber, Marx*, translated by Edith Ehrlich and Leonard H. Ehrlich, Harcourt Brace & Company, 1995, p. 124.

了我同其他人之间的悬殊差距。土里土气的羞怯，疏于照顾而笨手笨脚的身体，对于举止与行为的全然无知……我感到了前所未有的尴尬。而这一切的结果，就是让我做出了这个坚贞的决定——就此而言，无论付出任何代价，我都要提升自身……我学习跳舞、击剑以及骑马腾跃……我的身体变得更加灵活了些，并且我要寻找同伴，以便让现在的我也学着去生活……（有一段时间，他把严肃的书本弃置一旁。）我最先掌握了喜剧……它们让我受益匪浅。从这些喜剧中，我学会了区分举止的彬彬有礼与局促笨拙、自然而然与粗鲁无礼。它们让我熟识了真正的与虚伪的道德，并教会我去避免恶习，这种恶习有多么卑劣讨厌，就有多么滑稽可笑。……但我几乎忘了说我从喜剧那里获得的最重要的裨益。从那时起，我开始了解我自己，并且显然拿自己开玩笑乃至嘲弄自己甚于任何一个人……（于是，他下定决心自己来写喜剧。）在这些喜剧上演之后，我确信自己在这方面并不是无能的。"[1]
莱辛在这封言辞恳切的信中全面总结了自己过去的生活，明确表达了自己要在体现自由与交往精神的戏剧事业中而不是在生产与传播知识的学术界过一种能够使自己"成为一个实实在在的人"的生活。我们看到，雅氏在阐说莱辛乐于过一种"自由撰稿人的生活"的缘由时已称引过该信中的一段话——"书本固然可以让我成为一名学者，但却不能让我成为一个实实在在的人"，在此他又不惜笔墨地称引该信中大段大段的文字，足见这封信在莱辛精神探索历程中的重要地位了。我们甚至可以断言，这封信乃是莱辛吐露其人生自觉消息的宣言书，这一年，他刚刚二十岁。

莱辛的自由意志与人生自觉让他在学生时代就走上了一条有别于常人的异路，这条异路充满风险、挑战与诸多难以测知的不确定性，这自然引起了父母的担忧。莱辛的父亲是一位牧师，母亲是一位牧师的女儿。这个家庭的整体氛围节制而正统，在道德上严肃而无趣。父母当初送莱辛到莱比锡大学修习神学的目的，就是希望他能够系统掌握神学方面的知识与技能，大学毕业后也能以牧师为职业过一种相对

---

[1] Karl Jaspers, *The Great Philosophers—Descartes, Pascal, Lessing, Kierkegaard, Nietzsche, Einstein, Weber, Marx*, translated by Edith Ehrlich and Leonard H. Ehrlich, Harcourt Brace & Company, 1995, p. 123.

第六章　理性生存型的艺术家之范例

稳定的现实生活。然而，让父母意料不到的是，莱辛却走上了一条异路甚至"歧路"，父母的责怪随之纷至沓来。面对父母的责怪，莱辛并没有采取一味屈从的态度，而是以一种真诚、勇毅的态度坦陈了自己的心志。譬如，莱辛在1749年5月30日的一封信中向父亲"抗议"道："时间将判定我是否尊敬我的长辈，是否相信我的宗教信仰，是否按照道德的要求来引导我的生活。时间将判定谁是更为虔诚的基督徒——有的基督徒记住了基督教教义的原则，动辄就将其不加理解地夸示出来，而且频频去教堂做礼拜……有的基督徒则通过谨慎地怀疑那些教义原则而开始上路，并且通过检验的方式获致自己坚定的信念，或者至少还在力求抵达那一境地。"[①] 时间总是公正的。此后的事实表明，莱辛在这里所说的话都是诚笃恳切的：就他与父亲的关系而言，莱辛在一生中始终对"有意为难"他的父亲怀有真挚的崇敬之情，并自觉承担着作为人子理应承担的责任[②]；就他对宗教信仰的态度而言，莱辛从没有反对过原初的基督信仰，毋宁说，他警惕的乃是原初的基督信仰在实证化、实体化的基督教教条与膜拜仪式中的失落。鉴于此，莱辛立志成为一名"更为虔诚的基督徒"，这样的基督徒敢于诉诸自身既有的自由意志与批判理性，"通过谨慎地怀疑那些教义原则而开始上路，并且通过检验的方式获致自己坚定的信念"。可以说，莱辛终其一生对基督教所持的这种立场从来就没有改变过。

基于上述阐析，雅氏总结了莱辛由其人生自觉所透显出的两个鲜明的性格特征。①莱辛渴望过上一种精神渗透于其中的真正生活："我们在此看到了体现于一位年轻人身上的情感，尽管他成长于狭小而有限的环境，但他同样被一种富有忠诚精神的道德—宗教生活和自

[①] Karl Jaspers, *The Great Philosophers—Descartes, Pascal, Lessing, Kierkegaard, Nietzsche, Einstein, Weber, Marx*, translated by Edith Ehrlich and Leonard H. Ehrlich, Harcourt Brace & Company, 1995, p. 124.

[②] 为了说明这个问题，雅斯贝斯特意举了几个例证：譬如："1768年，在父亲从事牧师职业五十周年之际，他在《汉堡日报》上发表了以下声明：'这位可敬的老人，现在七十五岁了，依然拥有超群的记忆力和快乐无忧的面孔。'"再如："1771年，父亲去世后，莱辛承担了所有未偿还的债务（不论什么时候，只要莱辛有收入，他就会经常帮助自己的父母和兄弟姐妹）。"见 Karl Jaspers, *The Great Philosophers—Descartes, Pascal, Lessing, Kierkegaard, Nietzsche, Einstein, Weber, Marx*, translated by Edith Ehrlich and Leonard H. Ehrlich, Harcourt Brace & Company, 1995, pp. 124 – 125。

然而然地建基于经典、《圣经》与神学的教育所塑造。现在，他步入这个世界，渴望过上一种真正的生活，过上一种精神渗透于其中的生活，除此之外，别无所求。"①所谓"精神渗透于其中的生活"指的是忠诚精神灌注于其中的道德—宗教生活，在这种"真正的生活"中，"道德"是本真的道德，"宗教"同样是本真的宗教。当莱辛带着本真的道德—宗教意识步入这个世界时，这个世界也被渗透于其中的忠诚精神照亮了。②莱辛只诉诸自身既有的自由意志接受来自纯然的真理的引导："我们看到这样一位年轻人对于自己的学业所采取的态度，他的心里并未怀有一丝市侩主义或享乐主义，对于专门的职业或应试教育也未曾寄予一丝念想，他决意要与未来成功的愿景建立起正确的联系，除此之外，便是寻找临时绕行的道路。一个真正的学生是这样的：他只以自己的方式接受来自他自己的守护神的引导。莱辛是无法模仿的，不过他的范本作用却可激励那些追随他的年轻人为着他们自己不可预知的道路而在不同的世界里以不同的方式去探索，这类探索并不受那些学术规条、检查考试以及令人窒息的平庸之辈的束缚，显然易见的是，无法躲避的大众社会正是试图利用这些东西来压制我们的。"②所谓"以自己的方式"，指的是诉诸自身既有的自由意志；所谓"他自己的守护神"，指的是莱辛永远祈向的纯然的真理。正是在纯然真理的引导下，莱辛才能够不受市侩主义与享乐主义的玷染；正是在自由意志的催唤下，他才能够不受专门的职业与应试教育的拘囿。作为独一无二的生存个体，莱辛固然是不可模仿的，不过他仍时时以其范本的力量召唤着人们从形形色色的大众秩序中超拔出来，争取像莱辛那样"过上一种精神渗透于其中的生活"。

（2）不幸遭际与男子汉气概

在谈及莱辛的人生遭际时，雅氏写了这样一段意味深长的话："尽管作为评论家、作家和剧作家莱辛取得了巨大的成功，尽管由于

---

① Karl Jaspers, *The Great Philosophers—Descartes, Pascal, Lessing, Kierkegaard, Nietzsche, Einstein, Weber, Marx*, translated by Edith Ehrlich and Leonard H. Ehrlich, Harcourt Brace & Company, 1995, p. 124.

② Karl Jaspers, *The Great Philosophers—Descartes, Pascal, Lessing, Kierkegaard, Nietzsche, Einstein, Weber, Marx*, translated by Edith Ehrlich and Leonard H. Ehrlich, Harcourt Brace & Company, 1995, p. 124.

第六章 理性生存型的艺术家之范例

写作和戏剧而在德国的精神生活中几乎位居最高仲裁者的地位,尽管他声名远扬,但是命运还是拒绝给予他幸福的权利。"① 幸福与德行是分别结蒂于人生两个向度上的价值:后者关涉人的心灵的不断改善、品操的不断提升、精神生活的不断纯化,人在这个无待向度上的追求并不受现实境遇的制约。也就是说,只要人愿意,人就可以依循既有的自由意志不断地提升自身的人生境界,而且这是一个永无底止的过程;后者则关涉人对生、富、贵等基本权利与发展权利的追求,人在这个有待向度上的追求则受到现实境遇的制约。也就是说,当现实境遇成全时,人的权利就能得到保障,人随之便会产生一种幸福感(或幸运感)。反之,人就会产生一种不幸感。无论是幸运感抑或不幸感,人在现实境遇中的权利状况究竟如何最终都是由命运决定的。在现实境遇中,人的幸福与德行之间的关系往往是错落的,进而言之,有福的人未必有德,有德的人未必有福。莱辛就是这样一位不幸的人,"尽管他声名远扬,但是命运还是拒绝给予他幸福的权利"。

莱辛的不幸遭际表现在诸多方面:譬如,在事业上,他所致力的很多有意义的冒险事业都失败了,其中最令他失望的是德国国家剧院的倒闭;再如,在与同时代人的关系上,他与学术界、宗教界人士的关系始终较为紧张,其中最令他愤怒的是与格策的论战;又如,在家庭与婚姻生活上,他歆享的天伦之乐与夫妻之爱委实太少了,其中最令他伤怀的就是妻子埃娃·柯尼希(Eva König)的亡故与儿子的夭折。莱辛与孀居的埃娃·柯尼希在1771年订婚,直到1776年才正式结为伉俪。然而幸福的生活并没有持续多久,他们的儿子在1777年底的产钳分娩后夭折,他那通情达理的妻子也于1778年1月在产床上撒手而去。可以说,这是莱辛一生中罹遭的最不幸的事件。那么,莱辛缘何多次罹遭不幸呢?聚焦于这个问题,雅氏从以下三个方面给出了解答:①由莱辛的自由意志所致:"莱辛在一生中曾多次遭遇逆境。由他的自由意志所带来的反反复复的间断性只是造

---

① Karl Jaspers, *The Great Philosophers—Descartes, Pascal, Lessing, Kierkegaard, Nietzsche, Einstein, Weber, Marx*, translated by Edith Ehrlich and Leonard H. Ehrlich, Harcourt Brace & Company, 1995, p. 127.

— 571 —

成他人生不幸的一个原因。"① 从中可以看出，莱辛的自由意志即便不是使他多次遭遇逆境的唯一原因，至少也是其中一个不可轻忽的原因，甚至可以说是颇为重要的一个原因。在自由意志的催唤下，莱辛不甘心也不会与任何一种实存秩序完全合模，他时常像一个"流浪者"一样穿行于不同的城市和不同领域之间，过着一种虽不稳定却自由自在的生活，雅氏就此称引了莱辛的这样一句话："毋庸置疑，我最终也能抵达某个地方，在那里，人们需要一位像我这样的流浪者。"② 此外，涌动于莱辛内心深处的自由意志还会促使他反对任何一种独断的观念，让他勇敢地拿起批判理性的武器对之行使审查的权力，他与格策的论战便有这方面的原因。②由莱辛的经济拮据所致："从学生时代起，他就因经济拮据而挣扎。只是在跟随陶恩兹将军的那五年中，他的经济状况才有所好转。在生命的最后十年里，作为一名图书管理员，他依靠并不算高、勉强够用的薪水维持生计；（去世后），国家不得不为他的葬礼埋单。"③ 莱辛自愿选择了一种"自由撰稿人的生活"，这种生活凭借赚取不稳定的版税维持生计。即便在跟随陶恩兹将军的那五年中他的经济状况才有所好转，嗜书如命的莱辛主要用这笔收入购得了一个书屋，并通过订购拍卖的书籍拥有了大约6000册藏书。此外，1771年父亲去世后，莱辛负荷起了偿还家庭所有债务的责任。由此不难推断，莱辛一生中并没有多少积蓄，更何况他的自由意志也使他无意于积蓄更多的物质财富。既然如此，每逢他所致力的冒险事业出现资金运转问题时，他也就无能为力了。③时运不济、命途多舛所致："莱辛并不是怀着明确的目的顽强努力、迅速获得并牢牢保持成功的那种的人；如果功利主义的旁门左道有悖于自尊，莱辛就会拒绝

---

① Karl Jaspers, *The Great Philosophers—Descartes, Pascal, Lessing, Kierkegaard, Nietzsche, Einstein, Weber, Marx*, translated by Edith Ehrlich and Leonard H. Ehrlich, Harcourt Brace & Company, 1995, p. 126.

② Karl Jaspers, *The Great Philosophers—Descartes, Pascal, Lessing, Kierkegaard, Nietzsche, Einstein, Weber, Marx*, translated by Edith Ehrlich and Leonard H. Ehrlich, Harcourt Brace & Company, 1995, p. 124.

③ Karl Jaspers, *The Great Philosophers—Descartes, Pascal, Lessing, Kierkegaard, Nietzsche, Einstein, Weber, Marx*, translated by Edith Ehrlich and Leonard H. Ehrlich, Harcourt Brace & Company, 1995, p. 126.

第六章　理性生存型的艺术家之范例

它们。他缺乏歌德所拥有的那种好运气。"[1] 像歌德一样，莱辛也是依循理性精神来澄明自己的生存的，他既不会在一般意识的筹谋下孜孜于现世的成功与个人的幸福，也不会选择功利主义的旁门左道而有悖于人的尊严。然而，与歌德在现实世界中遇到的"好运气"相比，命运女神对在世生存的莱辛实在是太缺少眷顾了。歌德有幸得到了与他志同道合的魏玛大公卡尔·奥古斯特的赏识，他于1775年接受开明的卡尔·奥古斯特之聘迁居魏玛，直到1832年去世，他在此地定居长达五十七年之久。歌德固然在处理行政事务的过程中并不事事遂心，不过他在自己更为喜欢的文化、教育领域的志业（如创建魏玛剧院、耶拿大学等）还是相对得心应手的。此外，歌德的政府高级职位使他享有相对优厚、稳定的经济待遇，在婚姻生活中，他不顾偏见与贤能的平民女子克里斯蒂安娜同居多年后终于结为白头偕老的伉俪。相比之下，早于歌德二十年来到这个世上的莱辛则时常碰壁，如果说莱辛的生活拮据、事业受挫以及与格策的笔墨官司均与他不可让渡的自由意志与批判理性有关的话，那么妻子的亡故与儿子的夭折则纯粹是命运对他的不公了。

那么，莱辛又是以怎样的精神状态直面命运多舛的人生遭际的呢？雅氏就这个问题写道："尽管因着高度的敏感，莱辛很容易心烦和愤怒，但他却能够迅速恢复平静，并且没有什么伤痛可以让他感到绝望。莱辛以热情饱满的精神状态坚持从事心智方面的事业，但他却总是以多少带点自我嘲讽的方式防止自己变得伤感起来。在成就方面，莱辛是谦恭而可敬的，在任何情况下，他都是健全而诚实的。莱辛并不逃避现实，他承认发生在自己身上的一切以及在何处误入了迷途。只要允许莱辛这样做，他就会带着似乎会增加灾难的能量去坚持自己富有创造性的工作。莱辛征服了他自己。"[2] 这段话至少向我们透露了如下三点消息。① "尽管因着高度的敏感，莱辛很容易心烦和愤怒，但他

---

[1] Karl Jaspers, *The Great Philosophers—Descartes, Pascal, Lessing, Kierkegaard, Nietzsche, Einstein, Weber, Marx*, translated by Edith Ehrlich and Leonard H. Ehrlich, Harcourt Brace & Company, 1995, p. 127.

[2] Karl Jaspers, *The Great Philosophers—Descartes, Pascal, Lessing, Kierkegaard, Nietzsche, Einstein, Weber, Marx*, translated by Edith Ehrlich and Leonard H. Ehrlich, Harcourt Brace & Company, 1995, p. 126.

却能够迅速恢复平静，并且没有什么伤痛可以让他感到绝望"。其实，莱辛愤怒时的暴脾气颇像他的父亲。莱辛一生中最大的愤怒莫过于格策对他的诋毁以及政府对他公开发表反对意见之权的褫夺了。1778年，政府偏袒格策，公然勒令莱辛停止印刷他的《反对格策》(Anti-Goeze)，这让他火冒三丈，他在当天深夜所撰的一则便笺里写道："我要命的暴脾气！……简直就要迸发了！……真卑鄙！现在，你纯粹是想冷不防地阻拦我吗？……去吧，你想做什么就做什么，我咬牙切齿……咬紧下唇！当我真的这样做时，他（指莱辛的父亲——引者注）就站到了我的面前……这个人正是我的父亲……当有事激怒他的时候，那就是他的脾性……好吧，老伙计，没事的。我是理解你的。你就是这样一位既和善又暴躁的男人。你自己经常眼里饱含男子汉的泪水向我抱怨，我知道你兴奋起来很容易，也知道你在兴奋中会变得忘乎所以。你经常对我说：'戈特霍尔德，求求你了，要从我的身上汲取教训：事事都要当心……我想这至少可以让你有所提高。'是的先生，老伙计，是的先生。我依然觉得这已够絮叨的了。"① 莱辛在这则便笺中以内心抗辩的方式发泄了自己的愤怒，同时反省、缓释、控制了自己的愤怒。在莱辛重获内心平静的过程中，回荡于其心中的一个声音发挥了重要的作用，那就是同他一样"既和善又暴躁"的父亲对他恳切的提醒。如果说这件事表明了莱辛面对自己的自由意志受到公然挑衅时的自我调适心理，那么他面对人生最不幸的事件——妻子亡故、儿子早夭——时又是如何承受的呢？雅氏结合莱辛在那段无比伤心的日子里所写的一些信件对此做出了阐释。1777年12月31日，莱辛在致埃申堡（Eschenburg）②的信中写道："我的欢愉只是昙花一现：我非常舍不得失去这个儿子！因为他对我来说有着巨大的意义！——不要以为区区几个小时的父亲身份就让我变成了一个溺爱孩子的父亲！我知道自己在说些什么。——难道是因为不得不被铁钳拖

---

① Karl Jaspers, *The Great Philosophers—Descartes, Pascal, Lessing, Kierkegaard, Nietzsche, Einstein, Weber, Marx*, translated by Edith Ehrlich and Leonard H. Ehrlich, Harcourt Brace & Company, 1995, p. 125.

② 约翰·约阿希姆·埃申堡（Johann Joachim Eschenburg, 1743—1820），美学家和文艺评论家。

第六章　理性生存型的艺术家之范例

进这个世界，所以他才没有表露好感吗？还是因为这么快就感到了事情的不妙？——他利用有生的第一次机会选择离开难道不是明智的吗？——然而，这个卷发的小家伙却正在把他的母亲一道拖走！——为此，我几乎无望能留住她。——只有这一次，我想要和他人一样享有幸福的权利。但是事与愿违。"① 由此可见，莱辛面对命运女神的不公与寡情伤痛欲绝，字里行间确实流露出难以掩抑的悲怨之情，然而这种悲怨之情并未导向绝望。想必是埃申堡曲解了莱辛的心曲，他在次年1月7日的回信中答复道："我几乎记不得可能是写给你的那封充满悲情的信说过的东西了。如果信中流露出一丝极小的绝望的话，我确实都会感到羞愧。另外，我的失败并不是绝望，而是眩晕，这种眩晕有时会以略带几分痛苦和厌世的方式把自身表现出来。日后，我的朋友们只好将就我所采取的这种方式了。"② 面对无从释怀的命运女神狰狞的坏笑，他宛如被逼到了悬崖的边缘，脚底下就是深不可测的万丈深渊。值此之际，那"略带几分痛苦和厌世"的"眩晕"对莱辛来说既是自然而然的人生体验，也是他彻底看透在世生存的个体的界限进而循着本真的生存意识实现人生飞跃的一个否定的契机。以此为契机，莱辛为自己留住了一份直面任何不堪的人生遭际都不至于绝望的希望③，从而使他最终成为自己命运的主人。②"莱辛以热情饱满的精神状态坚持从事心智方面的事业，但他却总是以多少带点自我嘲讽的方式防止自己变得伤感起来"。莱辛是一位善于自我反省、自我策励、自我振拔的生存个体，他在学生时代就为自己确立了献身心智事业的职志，这种人生的自觉使他在面临各种困厄之际仍能做到心有所安。屋漏偏逢连夜雨，正在莱辛痛失爱子而且即将痛失爱妻的伤怀时

---

① Karl Jaspers, *The Great Philosophers—Descartes, Pascal, Lessing, Kierkegaard, Nietzsche, Einstein, Weber, Marx*, translated by Edith Ehrlich and Leonard H. Ehrlich, Harcourt Brace & Company, 1995, p. 128.

② Karl Jaspers, *The Great Philosophers—Descartes, Pascal, Lessing, Kierkegaard, Nietzsche, Einstein, Weber, Marx*, translated by Edith Ehrlich and Leonard H. Ehrlich, Harcourt Brace & Company, 1995, p. 129.

③ 莱辛在1778年1月7日致埃申堡的同一封信中还写道："我的妻子好起来的希望再一次变小了；实际上，我现在唯一的希望就是准许我迅速地重燃希望。" 见 Karl Jaspers, *The Great Philosophers—Descartes, Pascal, Lessing, Kierkegaard, Nietzsche, Einstein, Weber, Marx*, translated by Edith Ehrlich and Leonard H. Ehrlich, Harcourt Brace & Company, 1995, p. 128。

刻，格策却发表了第一篇反对莱辛的文章。这篇带有丑诋性的文字显然加剧了莱辛的伤痛[1]，他在1778年1月7日致埃申堡的同一封信中吐露了自己黯然的心境："感谢你给我格策文章的复件。现在，这些事情确实是唯一能够转移我注意力的东西。"[2] 与其沉浸于绝望之中，倒不如转移注意力投入自己终生致力的心智事业，这就是莱辛面临绝境时的生存逻辑。雅氏就此指出："尽管妻子的亡故给他带来了巨大的精神压力，莱辛还是迅速地投入工作之中。"[3] 当然，莱辛在通过反对格策的论战转移注意力的同时，也在以他特有的"多少带点自我嘲讽的方式"对自己当下的处境进行着郑重的审查。莱辛在1778年1月5日致弟弟的信中写道："我刚刚经历了人生中最伤心的两周。我正面临失去妻子的危险，而这个损失会让我的余生痛苦不堪。她生下了孩子，让我成为一个非常可爱、健康、活泼的男孩的父亲。但是他和我们仅仅待了二十四个小时，然后就成了强行拉他进入这个世界所用的那种残忍方式的牺牲品。莫非是因为并不太看重他被强邀而至的这个宴席，所以他又独自偷偷溜走了？总之，我知道自己简直就不是一位父亲。"[4] 所谓"我知道自己简直就不是一位父亲"，这是莱辛式的自讽：从表层看，他是在嘲讽自己没有能力保护好儿子从而未能尽到父

---

[1] 莱辛曾在《反对格策》中愤激地写道："您指控我怀着敌意攻击基督宗教，指控我全面亵渎上帝。请您自己说：还有比这更具侮辱性的指控吗？还有比这更为直接使人招致仇恨和迫害的指控吗？您挥舞着这样一把匕首向我扑来，我除了脱帽致意，难道不应想些别的办法抵挡您的攻击？难道我应该安静、惶恐地呆呆站着，免得让您的黑色礼服沾上灰尘？难道我应该屏息静气，免得吹落您假发上的扑粉？您对着狗大嚷：'它疯了！'您很明白这连小巷里的顽童也体味得出的结果：难道这可怜的狗不可以对您叫几声？不可用叫声揭穿您的谎言？……难道要我宁可犯亵渎上帝之罪，也不应放弃这并非美德的美德？彬彬有礼、温文尔雅、风度翩翩：这就是我们这个阴柔的女性时代的可悲美德！你们都是表面光华，仅此而已，但是，罪的光华往往恰似美德的光华，至于我的表述是否有这层表面光华，又有什么关系？"见［德］莱辛《历史与启示——莱辛神学文选》，朱雁冰译，华夏出版社2006年版，第247页。

[2] Karl Jaspers, *The Great Philosophers—Descartes, Pascal, Lessing, Kierkegaard, Nietzsche, Einstein, Weber, Marx*, translated by Edith Ehrlich and Leonard H. Ehrlich, Harcourt Brace & Company, 1995, p. 129.

[3] Karl Jaspers, *The Great Philosophers—Descartes, Pascal, Lessing, Kierkegaard, Nietzsche, Einstein, Weber, Marx*, translated by Edith Ehrlich and Leonard H. Ehrlich, Harcourt Brace & Company, 1995, p. 129.

[4] Karl Jaspers, *The Great Philosophers—Descartes, Pascal, Lessing, Kierkegaard, Nietzsche, Einstein, Weber, Marx*, translated by Edith Ehrlich and Leonard H. Ehrlich, Harcourt Brace & Company, 1995, p. 128.

第六章 理性生存型的艺术家之范例

亲的责任,不过从深层看,他则是在控诉命运的不公与现实世界的残忍无情,从中透露出来的乃是莱辛对儿子深挚的爱恋与哀婉之情。再如,莱辛在 1778 年 1 月 13 日致埃申堡的信中写道:"这仍旧是我沿着自己的道路开始梦想的起点。供应充足的文学鸦片和神学消遣将有助于我过一天就算一天。"① 莱辛写这封信时,他的爱妻已经离世而去了。所谓"供应充足的文学鸦片和神学消遣将有助于我过一天就算一天",这同样是莱辛式的自讽:从表层看,莱辛是在嘲讽自己所致力的文学与神学只能起到一种自我麻醉、自我消遣的作用,不过从深层看,他则始终是将文学与神学作为灵魂自我救赎的神圣志业来看待的。正因为如此,他才以热情饱满的精神状态说"这仍旧是我沿着自己的道路开始梦想的起点"。③ "在成就方面,莱辛是谦恭而可敬的,在任何情况下,他都是健全而诚实的;莱辛并不逃避现实,他承认发生在自己身上的一切以及在何处误入了迷途;只要允许莱辛这样做,他就会带着似乎会增加灾难的能量去坚持自己富有创造性的工作。莱辛征服了他自己"。莱辛从没有将自己在现实世界中获得的成就视为自傲的资本与获利的资具,他始终以"谦恭"的态度祈向着纯然的真理,并以这祈向中的纯然真理审视着现实世界。正因为如此,莱辛这位真理的仆人才是"可敬"的;也正因为如此,他才敢于以"健全而诚实"的态度直面任何一种现实境遇而从不逃避自己的责任。莱辛的妻子去世后,他在悲痛之余最终还是认可了这一不忍认可的现实。他在 1778 年 1 月 10 日致埃申堡的信中写道:"我的妻子去世了,这也是我目前所经历的事。想想我此后不会有许多这样的经历,我于是获得了慰藉,感觉自己一下子就解脱了。"② 妻子的去世固然令莱辛悲痛万分,不过他清醒地认识到,生死无常,这并不是在世生存的个体所能做主的事,对自己不能做主的事是不必执着的;人死不能复生,尚需在世生存的个体即便悲痛欲绝也不能改易这一无从改易的命运,对不

---

① Karl Jaspers, *The Great Philosophers—Descartes, Pascal, Lessing, Kierkegaard, Nietzsche, Einstein, Weber, Marx*, translated by Edith Ehrlich and Leonard H. Ehrlich, Harcourt Brace & Company, 1995, p. 129.

② Karl Jaspers, *The Great Philosophers—Descartes, Pascal, Lessing, Kierkegaard, Nietzsche, Einstein, Weber, Marx*, translated by Edith Ehrlich and Leonard H. Ehrlich, Harcourt Brace & Company, 1995, pp. 128 – 129.

能改易的命运同样是不必执着的；再说了，妻子的死亡同时意味着她解脱了在世生存的痛苦，况且人一旦死过便不会再死，就此而言死亡也意味着另一种意趣的永生；更何况，莱辛清楚尚有心智方面的志业在等待着自己，对自己能做主的这种志业自当倾尽余生的全部精力去完成。鉴于此，他并没有沉溺于痛失爱妻的悲恸之中，而是在终极处获得了一种慰藉。1778年1月12日，莱辛又在致弟弟的信中写道："好吧，我不想再说更多关于她的事了。……立在我所面对的四堵墙之间，我是如此得安宁，如此得满足！"① 对莱辛这样的理性生存型的个体来说，他与妻子在现实世界相遇的这段日子里曾经休戚与共地生活过、真心真意地相爱过，这就足够了。这是多么令人钦羡的一种满足啊！如果说这种由真爱所浸润的满足感让莱辛立在由现实世界围成的"四堵墙之间"最终超越了死亡的话，那么由祈向中的纯然真理所烛照的满足感则让他最终敢于以超越死亡的男子汉气概傲对着现实世界中的一切挑战。妻子去世后，莱辛全力以赴地投入反对格策的心智事业中。他在这个过程中也曾痛苦过、厌倦过，甚至还曾有过打算离开沃尔芬比特尔的念头，不过他最终还是选择留下来继续进行抗争。1778年8月9日，莱辛在致爱丽丝·雷玛勒（Elise Reimarus）②的信中写道："啊，这个可恶的敌人，如果他知道我继续待在这里只是为了激怒他，那么我将会遭受更多的痛苦！——但是我的自尊心太强了，我并不认为自己是在受罪——只想咬紧自己的牙关——让我的小船随风浪漂流。我不打算自己亲手去倾覆它，这就足够了！"③ 莱辛的可贵之处在于，自己遭受的灾难越大，他身上被激发出来的创造力也就越大。在专制政府褫夺了他的公开印刷《反对格策》的权利后，他以戏剧《智者纳旦》的形式进行了更为深邃、影响也更为深远的理性批

---

① Karl Jaspers, *The Great Philosophers—Descartes*, *Pascal*, *Lessing*, *Kierkegaard*, *Nietzsche*, *Einstein*, *Weber*, *Marx*, translated by Edith Ehrlich and Leonard H. Ehrlich, Harcourt Brace & Company, 1995, p.129.

② 爱丽丝·雷玛勒（Elise Reimarus），H. S. 雷玛勒（H. S. Reimarus）的遗孀，她是J. A. 法布里修斯（J. A. Fabricius）的女儿。

③ Karl Jaspers, *The Great Philosophers—Descartes*, *Pascal*, *Lessing*, *Kierkegaard*, *Nietzsche*, *Einstein*, *Weber*, *Marx*, translated by Edith Ehrlich and Leonard H. Ehrlich, Harcourt Brace & Company, 1995, p.130.

判。莱辛就此"征服了他自己",同时征服了死亡与命运。雅氏以赞叹的口吻写道:"在莱辛的一生中,他从未打算过自杀。"① 在世生存的个体一旦征服了死亡与命运,又何须自杀?至此,一个敢爱敢恨、敢作敢为、勇毅坚忍的男子汉形象已活泼泼地映现在我们眼前了。

我们看到,雅氏主要是通过莱辛的信件来称说他面对命运多舛的人生遭际时的精神状态的,因为这类文字最真切地呈露了他的心路历程与人生态度。在雅氏看来,从莱辛面对不幸的人生遭际的态度中也最能见出他的品性与人格。雅氏就此指出:"任何事情都来之不易。莱辛为了成为自己之所是而努力奋斗着。他突破了各种意味上的约束,可是并没有在物质自由方面获得稳定感,也没有在现世中获得天然的喜悦感。人们必然会把莱辛在经历所有苦难的过程中仍能保持高度兴奋的原因归结为一种与众不同的喜悦感——冷面相对地行进在真理之路上的内在满足感。"② 莱辛的自由意志使他一生都在为"成为自己之所是"而努力奋斗着,这个不断突破实存秩序的各种约束的过程既让他自我超越着、自我生成着,也让他在充满不确定性的现实境遇中承受着常人难以承受的苦难。莱辛之所以能够把各种苦难在自己身上内化成为昂然振举地从事富有创造力的心智事业的动能的缘由,追根究底在于这样一种与众不同的喜悦感——"冷面相对地行进在真理之路上的内在满足感"。纵观莱辛的一生,他总是冷峻地面对命运女神的坏笑;甚至可以说,命运女神对莱辛有多冷峻,他的态度就有多冷峻。莱辛冷对命运女神的力量,并不是来自彼岸世界的某种天启,而是根源于此岸世界的理性与人性,这一点在莱辛短暂的婚姻生活中表现得最为明显。"莱辛的婚姻并不是初恋的结果,从根底处说,初恋看来是与生命本身融为一体的,因此要忍受一辈子——这是唯一可能的现实,并不允许出现他者之爱的可能性。而联结莱辛与埃娃·柯尼希之间的爱则是两个相互独立的成人源于理性和人性的互相吸引。莱辛所

---

① Karl Jaspers, *The Great Philosophers—Descartes, Pascal, Lessing, Kierkegaard, Nietzsche, Einstein, Weber, Marx*, translated by Edith Ehrlich and Leonard H. Ehrlich, Harcourt Brace & Company, 1995, p. 130.

② Karl Jaspers, *The Great Philosophers—Descartes, Pascal, Lessing, Kierkegaard, Nietzsche, Einstein, Weber, Marx*, translated by Edith Ehrlich and Leonard H. Ehrlich, Harcourt Brace & Company, 1995, p. 127.

经历的爱是独一无二的，好像他之前从来就未曾爱过。可以说，这就让他这样的流浪者第一次去爱就把根深扎在这个世界上。于是，实存本身——日常现实——就变成了庇护之所。"① 联结莱辛与埃娃·柯尼希之间的爱并不仅仅是那种两情相悦的初恋之爱，更不是那种拘囿于肉欲享乐的本能之爱，而是"两个相互独立的成人源于理性和人性的互相吸引"，更为重要的是，这种爱就扎根于在世生存的个体的心灵之中，从而使人的日常现实成为一种值得过的生活。莱辛与埃娃·柯尼希结婚时都已过不惑之年，两人的相遇是两个相互独立的生存个体的相遇，将这两个独立的生存个体联结在一起的爱是经过理性审查的人性之爱，这种人性之爱建立在自由意志的基础上，自始至终都涵淹着诚实、包容、沟通与责任。就此而言，他俩之间的爱是带有普遍性与共通感的人类之爱，这种爱既是属于两人世界的"独一无二"的爱，也是属于人类的普遍之爱。正因为如此，这样的爱才在两人之间实现了真正的心心相印与内在感通；也正因为如此，这样的爱才超越了两性间的情爱，进而让莱辛敢于立基于每个在世生存的个体心灵中就有其根荄的普遍之爱投身于人类的心智事业。"埃娃·柯尼希去世之后，在生命留给莱辛的这三年中，他全身心地忙于相同的事情，这些事情对他的一生来说都是重要的。不过，现在的每件事似乎都充盈着一种来自其极深之处的新力量，一种发自灵魂的新声音。"② 埃娃·柯尼希于1778年1月去世，莱辛则于1781年2月去世③。在生命留给他的最后三年中，莱辛全身心投入的"相同的事情"就是以无所畏惧

---

① Karl Jaspers, *The Great Philosophers—Descartes, Pascal, Lessing, Kierkegaard, Nietzsche, Einstein, Weber, Marx*, translated by Edith Ehrlich and Leonard H. Ehrlich, Harcourt Brace & Company, 1995, p. 129.

② Karl Jaspers, *The Great Philosophers—Descartes, Pascal, Lessing, Kierkegaard, Nietzsche, Einstein, Weber, Marx*, translated by Edith Ehrlich and Leonard H. Ehrlich, Harcourt Brace & Company, 1995, p. 130.

③ 雅斯贝斯记述了莱辛之死的相关细节："1781年2月3日的晚上，莱辛在他的会所患了中风。他间歇性地说不出话来，还咳出了鲜血。他知道，现在轮到自己去面对死亡了。他那模糊不清的意识曾一再清晰起来。2月15日，他能够再次离开自己的房间。返回房间时，他靠在门框上，大汗淋漓，对正在照料他的继女说：'请冷静，马尔森（Malchen）！'他回到床上，接受了多次放血治疗，最终脸上带着微笑离开了人世。"见 Karl Jaspers, *The Great Philosophers—Descartes, Pascal, Lessing, Kierkegaard, Nietzsche, Einstein, Weber, Marx*, translated by Edith Ehrlich and Leonard H. Ehrlich, Harcourt Brace & Company, 1995, p. 131。

的男子汉气概与格策进行的激烈论战。在这场激烈的论战中，莱辛从灵魂深处发出了一种"新力量""新声音"，这种"新力量""新声音"便是他终生都在呼唤着的"爱、理性与交流"："针对牧师格策的卑劣攻击，莱辛与之展开了最为有力的论战，尽管如此，他把整件事情只看作一场闹剧而已。在《智者纳旦》中，他见证了另外一个对他来说真实存在的世界，这个世界根源于爱、理性与交流的力量，并且已经克服了悲剧。"① 依靠充盈于灵神深处的"爱、理性与交流"的力量，莱辛不仅超越了死亡与命运，而且克服了悲剧，最终实现了灵魂的自我拯救。

莱辛是一位勇于直面"临界处境"实现自我拯救的生存个体，他在经历"无知""眩晕""畏惧""良知"之类的"本源运动"后，终于在"爱""信仰""想象"之类"实现了的绝对意识"那里获致了从事"绝对行动"的勇气，更为重要的是，他在这个过程中将所有的苦难与失败都转化为见证纯然真理、表达本真信仰的"密码"："莱辛敢于在密码中表达自己的信仰。他在《论人类的教育》《庄重与轻浮》以及最后与雅可比的对话中，始终让自己的表达保持灵动不居的状态，唯想由此增强其实质的影响力。……在所有这些文献中，我们都可找到某种自主性的力量，它似乎来自另外一个星球，实则完全根源于这个世界。这一时期，莱辛创作的那种富有哲理性的作品给人留下了最为深刻的印象，而且因着埃娃之死所引起的情感动荡的持续影响，作品感人肺腑的力量实际上还在不断增长着。然而，莱辛并没有在任何一处明确地提及埃娃。莱辛遗赠给德国人、西方人以及整个世界的，乃是在经历幸福与困厄的过程中结出的一种爱的果实，这种果实在时间中超越了时间，并把人们引向这样一个关键之点：之前可被抽象地表达的某种东西，人们只是在此刻才觅得它的真相。"② 莱辛的信仰就是对"爱、理性与交流"的信仰，这种信仰建基于个体心灵的自由意志，并给在世生存的个体带来一种"自主性的力量"，凭借这种由爱所温润、由理性所照亮、由交流所联结的"自主性的力

---

① Karl Jaspers, *The Great Philosophers—Descartes, Pascal, Lessing, Kierkegaard, Nietzsche, Einstein, Weber, Marx*, translated by Edith Ehrlich and Leonard H. Ehrlich, Harcourt Brace & Company, 1995, p. 130.

② Karl Jaspers, *The Great Philosophers—Descartes, Pascal, Lessing, Kierkegaard, Nietzsche, Einstein, Weber, Marx*, translated by Edith Ehrlich and Leonard H. Ehrlich, Harcourt Brace & Company, 1995, p. 130.

量",莱辛最后阶段的作品达到了一种本真、澄明的境界。他在这一时期创作的那种富有哲理性的作品之所以能够超越时空,迄今依旧可以给德国人、西方人乃至全世界的人带来一种不断增长着的感人肺腑的力量,其最后的秘密便在于此。以莱辛留给后世的最重要的悲剧作品《智者纳旦》为例,他在这部作为"解读密码的语言"的作品中,将之前可被抽象地表达的真理与信仰以直观的形式活灵活现地呈示了出来。

事实上,悲剧主人公纳旦就是莱辛的自我写照。正如纳旦一样,莱辛濒于临界处境之际罹遭的各种苦难与悲剧性的失败,最终成为纯然的真理与本真的信仰真实无妄地向他发言的否定的契机:"在埃娃之死与莱辛之死之间的这三年里,他遭遇的无可补救的不幸就是诽谤所带来的伤害。由于格策的攻击,他的图书馆馆员的位置受到了威胁。加上对于自由的强烈渴望,他又把自己的物质实存置于危境之中。那充满人性与真理的和平世界的瑰丽愿景正是由这样一个越过深渊边缘的人在攸关于他自己的实存的关头创造出来的。"[1] 莱辛的伟大在于,他勇毅地立于"危境"之中,怀着"对于自由的强烈渴望",断然地"越过深渊边缘",向我们展现了"充满人性与真理的和平世界的瑰丽愿景",从而通过最为关键的"临界跳跃"把自己成全为"存在的镜子或者说是其代表"。雅氏在《大哲学家》的"导论"中对"大人物"的意味做了如下提示:"跟所有的整体存在的反光一样,伟人很是清晰夺目的。他是存在的镜子或者说是其代表。他处在引导他的'统摄'(即'大全'——引者注)之中,故而不会失去最为关键的东西。他在世界上的出现同时也是世界的一个突破,这可以比作是美丽的完美之光。悲剧性的失败,也由于其蓬勃向上的生命活力的原因而被看作是谜一般的静寂,这一生命成为超越一切概念的语言。"[2] 在雅氏看来,"伟人"(大人物、伟大的哲学家)是作为"存在的镜子或者说是

---

[1] Karl Jaspers, *The Great Philosophers—Descartes, Pascal, Lessing, Kierkegaard, Nietzsche, Einstein, Weber, Marx*, translated by Edith Ehrlich and Leonard H. Ehrlich, Harcourt Brace & Company, 1995, p. 130.

[2] [德]卡尔·雅斯贝尔斯:《大哲学家》,李雪涛主译,社会科学文献出版社2005年版,第1页。

第六章 理性生存型的艺术家之范例

其代表"而在世界之中突破世界的,他宛如"美丽的完美之光",将"整体存在"("大全""统摄""超越存在")清晰夺目地映照出来。他那"悲剧性的失败",恰恰因其"蓬勃向上的生命活力"而被转化为透示"整体存在"之消息的"密码",他的生命也因此"成为超越一切概念的语言"。就此而言,莱辛完全符合雅氏判定的"大人物"的标准。鉴于此,雅氏在《大哲学家》第二卷中专门阐说了莱辛,认为作为"伟大唤醒者"的莱辛迄今仍在呼唤着在世生存的个体通过阅读他的密码语言不断地祈向超越存在。

莱辛的高尚人格与坚毅无比的个性赢得了世人的赞誉,譬如,歌德曾在1825年10月15日与爱克曼的谈话中指出:"我们所缺乏的是一个象莱辛似的人,莱辛之所以伟大,全凭他的人格和坚定性!那样聪明博学的人到处都是,但是哪里找得出那样的人格呢!"① 雅氏在《论莱辛》中所写的最后一句话同样向这位勇毅的"男子汉"送去了一份深挚的敬仰之情:"在莱辛所处的那个时代……几乎所有的人都认为莱辛富有个性,为人可靠、诚实、忠诚,并且秉具男子汉的勇毅气概。"② 可以说,雅氏的这个评说是颇为中肯的③,我们甚至可以断言,此乃是

---

① [德]爱克曼辑录:《歌德谈话录》,朱光潜译,人民文学出版社1978年版,第92页。
② Karl Jaspers, *The Great Philosophers—Descartes, Pascal, Lessing, Kierkegaard, Nietzsche, Einstein, Weber, Marx*, translated by Edith Ehrlich and Leonard H. Ehrlich, Harcourt Brace & Company, 1995, p. 189.
③ 在《论莱辛》中,雅斯贝斯从各个方面勾勒了莱辛的男子汉形象,特别是运用比较的方法进一步凸显了他留给后世的这一形象。譬如,雅氏注意到莱辛在《反对格策之七》中所说的这样一段话:"这位匿名作者是一个非常小心的人,他希望避免用真理来惹恼大家;但是我却拒不认为真理会造成这样一种烦恼。我坚定地相信,人们只是为了用于审查而展示的那些真理并没有在普通大众间挑起疯狂的宗教狂热,毋宁说,那种宗教狂热只是由那些试图将其化为行动的人们煽动起来的。这位匿名作者是个聪明人,他希望避免因着过早地出版这些断片而让自己或他人陷入痛苦之中。狂怒之下,我冒着首要是自身安全的风险出版了这些断片。我之所以这样做,乃是出于我的这样一种信念——如果这些观点是完全有根据的,那么为了人类的利益,它们就需要尽早地为公众所知晓。"由此可见,莱辛是真理的仆人,为了捍卫真理自身的尊严,他不再像那位匿名作者雷玛勒那样保持沉默,而是勇毅地出版了雷玛勒的神学断片,并在由此引发的神学论战中以一位战士与狂人的姿态公开发表了自己对真理的见解。围绕着"为什么雷玛勒始终保持着沉默,而莱辛却出版了这些断片"这一问题,雅氏对莱辛与雷玛勒的性格特征进行了比较:"作为一位值得信赖且颇有见识的学者,作为一位诚实的思想家,作为一位严肃而虔诚的人,雷玛勒是无可挑剔的。然而,他不是一位战士,也不是一位革新者,因此,他的做事态度是谨慎持重的。莱辛同样谨慎从事,不过他是与时代同步的。""莱辛出版这些断片是一次英勇的行动。他大胆地做了雷玛勒未敢做的事。他断然负荷起了出版断片的重任,这个重任并没有让已故 (转下页)

经得起后世不断评说的一种不刊之论。

二 莱辛的文学成就与诗学思想

雅斯贝斯的《论莱辛》在整体结构上分为四个部分，第一部分是"生平与作品"，旨在"阐述莱辛的生平、综览他的作品、解释他在诗学方面所做努力的意义"。在做了导语性的准备工作后，他陆续探讨了三个重要的问题："首先，我们将探讨莱辛的哲学思想；其次，探讨他的神学思想；最后，探讨上述两者在反对牧师格策的那场独特的论战中以及在《智者纳旦》和《论人类的教育》这两部作品中的有机融合。"雅氏如此布局谋篇的衷曲，是想让我们"在莱辛的思想所富有的那种唤醒的力量中领略他的伟大"。①

我们知道，莱辛首先是一位文学家、艺术评论家，不过，他留给后世的那些彪炳千秋的文学作品、艺术评论著作在人类思想史上的影响并未局限于文艺界；我们同时知道，雅斯贝斯首先是一位哲学家，他固然不会轻忽莱辛的文学作品与艺术评论著作的地位，不过他终究不会像那些专业化的美学家、文艺理论家那样对莱辛的这些文字从文艺本身的角度做出更多的解读。作为哲学家，雅氏一以贯之的态度就是他在《哲学》第三卷中所说的"在艺术中思考，而不是思考艺术"；进而言之，他所思考的并不是艺术本身的幽趣，而是涵淹于艺术中的那种唤醒生存意识的独特力量。正是在这里，艺术成为哲学的器官；也正是在这里，雅氏在更为根本的基源处——"生存"是艺术与哲学共有的基源——与莱辛相遇，并对莱辛的文学成就与诗学思想做出了别一种意趣的解读："在文学史上，莱辛作为富有创造力的作家占有

（接上页）的匿名作者受到伤害——确实如此，除了莱辛本人外，其他任何人都没有受到过伤害。"见 Karl Jaspers, *The Great Philosophers—Descartes, Pascal, Lessing, Kierkegaard, Nietzsche, Einstein, Weber, Marx*, translated by Edith Ehrlich and Leonard H. Ehrlich, Harcourt Brace & Company, 1995, p. 163. 另参见［德］莱辛《历史与启示——莱辛神学文选》，朱雁冰译，华夏出版社2006年版，第227页。

① Karl Jaspers, *The Great Philosophers—Descartes, Pascal, Lessing, Kierkegaard, Nietzsche, Einstein, Weber, Marx*, translated by Edith Ehrlich and Leonard H. Ehrlich, Harcourt Brace & Company, 1995, p. 139.

一席之地。在将他视为哲学家中的'唤醒者'来解读方面，我认为他的伟大之处主要并不在于那些虚构的作品。不过，莱辛作品中诗作的地位从一开始就是须得提请人们牢记于心的。"[1] 从中可以看出，雅氏从未小觑过莱辛作品中诗作的地位，不过须得提请注意的是，既然要将莱辛视为哲学家中的"唤醒者"来解读，雅氏自会把莱辛作品中所涵蕴的"唤醒"力量作为全部解读的重心。具体来说，雅氏是从四个方面来解读的："早期的诗歌作品""作为诗人的自我理解""批评与诗意的想象""戏剧作品"。下面便循着雅氏的运思理路一一加以阐发。

1. "早期的诗歌作品"

莱辛在自由意志初萌的青年时代写了一批带有模仿性、游戏性的诗篇，如何相对中肯地理解与评价这些早期的诗歌作品一直是困扰莱辛研究界的一个难题。雅氏在《论莱辛》中针对这个难题阐说了自己的见解："莱辛在青年时代就开始写诗了。作为一名学生，他在许多纸张上都写满了题为《美酒与爱情》的诗。父母看后大为震惊，姐姐烧毁了他大部分手稿。然而，莱辛却写道（1749年4月28日）：'这些诗乃是对阿那克里翁（Anacreon）的自由的模仿。如果有人认为我的感情与他的诗毫无一致之处，那么他就无法了解我。'这些诗显示了'我只想尝试各种诗歌创作的倾向'。"[2] 莱辛的《美酒与爱情》恰好撰写于他人生自觉的学生时代，想必是家人从这些诗作中嗅到了这个不安分的学生想走人生异路甚至"歧路"的危险倾向，故而"大为震惊"、横加指责甚至不惜将大部分手稿毁于一炬，这恰恰反衬出莱辛从学生时代起就已显露出不安于实存秩序的精神性向，雅氏正是从这种精神性向中觉察到了涌动于莱辛生命深处的自由意志。在这种自由意志的催唤下，莱辛最大的渴望就是在多种可能性中尝试不同的诗歌创作风格。这样一来，莱辛在早期的诗歌创作中就透显出以下三个方面的特征：尝试性、反思性、一贯性。

[1] Karl Jaspers, *The Great Philosophers—Descartes, Pascal, Lessing, Kierkegaard, Nietzsche, Einstein, Weber, Marx*, translated by Edith Ehrlich and Leonard H. Ehrlich, Harcourt Brace & Company, 1995, p. 134.

[2] Karl Jaspers, *The Great Philosophers—Descartes, Pascal, Lessing, Kierkegaard, Nietzsche, Einstein, Weber, Marx*, translated by Edith Ehrlich and Leonard H. Ehrlich, Harcourt Brace & Company, 1995, p. 134.

(1) 尝试性

雅氏就莱辛早期诗歌的尝试性指出:"话说回来,这其实就是莱辛早期诗歌尝试的本质:就一个富有实践精神且秉具颇高天赋的头脑与心灵而言,这些诗并不是一位年轻天才的源始性创造,而是一种模仿性的游戏,也就是说,它们只是尝试着同那些业已存在的各种诗歌保持相似之点。莱辛依照法国的范式,以伏尔泰为榜样来写戏剧。在当时,他依然认为伏尔泰是'神圣的范本';与此同时,他也依旧受到戈特谢德(Gottsched)学派的影响。他像盖勒特(Gellert)那样写寓言故事,并跟随当时的风气,像卡斯特纳(Kästner)那样创作警句;他以哈勒(Haller)的方式尝试写说教式的诗歌,以哈格多恩(Hagedorn)和格莱姆(Gleim)的风格来写抒情诗。"① 莱辛在学生时代委实尝试了各种各样的诗歌创作风格,这些创作风格以其丰富多彩的形式吸引着莱辛并催唤着他的自由想象,同时敞开了他本真生存的多种可能性。莱辛在多种可能性的风格中尝试着,这种尝试诚然还是一种"模仿性的游戏",不过它已为这位年轻天才的源始性创造提供了必要的准备。其实从事诗歌写作亦如学习书法,它同样是从临摹前人的那些范本开始的。正是在不断临摹各种范本的过程中,莱辛逐渐地将自身生命中既有的创造力酵发、催唤出来,进而在某个瞬间如闪电般迎来那灵思绽放的壮丽时刻。这个时刻的到来固然是无从测知的,不过可以肯定的一点是,若不经过长期的模仿、尝试、淬砺与驱策,这样的时刻是不可能到来的。"莱辛受到了其多个方面的能力带来的快意和公开承认的抱负的驱策:'他人只需夸赞我在某一领域付出的努力,从而可以让我以愈加严肃的态度去追求心中的抱负。因此,我日思夜想着如何在某个我认为到目前为止尚没有其他德国人做得更加出色的领域里展示自己的力量。'"② 那些得到公开承认的范本激起了莱辛的创作欲望,他一方面渴望着别人能够对自己正在众人耕耘过的

---

① Karl Jaspers, *The Great Philosophers—Descartes, Pascal, Lessing, Kierkegaard, Nietzsche, Einstein, Weber, Marx*, translated by Edith Ehrlich and Leonard H. Ehrlich, Harcourt Brace & Company, 1995, p. 134.

② Karl Jaspers, *The Great Philosophers—Descartes, Pascal, Lessing, Kierkegaard, Nietzsche, Einstein, Weber, Marx*, translated by Edith Ehrlich and Leonard H. Ehrlich, Harcourt Brace & Company, 1995, p. 134.

某一领域所付出的努力给予肯认;另一方面也在苦苦觅寻着可供自己更为出色地施展创造力的领域。莱辛在勉力实现自己人生抱负的过程中,他的态度始终是严肃的。对已经达于人生自觉的莱辛来说,最重要的事情莫过于在自由意志的催唤下不断地认识自己进而不断地成为自己了。于是,他在进行各种尝试与模仿性游戏的同时,也在不断地自我审视着、自我怀疑着,这就使莱辛的诗歌探索呈现出一种鲜明的反思性。

(2) 反思性

雅氏就莱辛诗歌探索的反思性指出:"莱辛在德国留意着那种与众不同的领域。'要让自己在好多人都已取得卓越成就的某个科学领域里一举成名是非常困难的。那么,在为自己的青年时代选择努力的方向——到目前为止,我的同胞们还罕见有人在这些领域中施展才华——时,难道我错得太离谱了?'"① 莱辛在青年时代为自己选择的方向,就是让真理通过戏剧显现自身,进而让德国的戏剧艺术通过自己的努力得到净化。在莱辛生活的时代,德国尚没有人向全世界奉献出他所期待的这种戏剧。以他所期待的这种戏剧为衡准反思自己当下的种种尝试,莱辛发现自己依然差距较大,于是,他对此前走过的道路进行了自我质疑:"莱辛意识到了自己所怀抱负的可疑性:'如果有人可以理直气壮地授予我一个德国莫里哀(Molière)的头衔,那么我肯定能够获得持久的名声。说实话,我渴望赢得这一名声,不过它的境界与我的无能恰是抑制我的这一最大愿望的两个因素。'"② 莱辛诚然渴望自己能够像莫里哀那样获得公众的认可,不过他也意识到凭着自己的天赋并不能够使自己成为莫里哀。事实上,作为独一无二的生存个体,莱辛并不能够成为任何一个"他者";进而言之,他只能够成为"莱辛"自己。于是,经过持续的自我反思与自我质疑,莱辛正朝着属于他自己的那块田畴不断地迈进着。

---

① Karl Jaspers, *The Great Philosophers—Descartes, Pascal, Lessing, Kierkegaard, Nietzsche, Einstein, Weber, Marx*, translated by Edith Ehrlich and Leonard H. Ehrlich, Harcourt Brace & Company, 1995, pp. 134 – 135.

② Karl Jaspers, *The Great Philosophers—Descartes, Pascal, Lessing, Kierkegaard, Nietzsche, Einstein, Weber, Marx*, translated by Edith Ehrlich and Leonard H. Ehrlich, Harcourt Brace & Company, 1995, p. 135.

（3）一贯性

在人生达于自觉的学生时代，创造力的种子其实已在莱辛身上生根、萌蘖了，其突出的表现，就是莱辛早期的诗歌尝试中已内蕴着持续其终生的主旨："尽管带有游戏的特征，但是即便他早期的那些诗歌尝试也表现出了其持续终生的主旨。他在青年时代所写的喜剧里，就清晰地呈现出了某些基本的情形：在《青年学者》中，他因倾意于实际的生活而排斥抽象的知识世界；在《自由思想者》（The Freethinker）中，他表现了纯粹的智力生活的可疑性；在《犹太人》（The Jews）中，他展示了生活于基督教世界的人们为反抗最大的不公以及失败的爱情所做的斗争。"① 莱辛是一位渴望自由的生存个体，他从学生时代就"因倾意于实际的生活而排斥抽象的知识世界"，并对纯粹的智力生活进行了怀疑，这一点在《青年学者》与《自由思想者》中得到了直观的呈示；莱辛同时是一位富有现代人性观念的生存个体，他总能够满怀慈爱之情与公正之心直面这个充斥着不公与缺乏爱心的现实世界，这一点在《犹太人》中得到了充分的展现。由此足可断言，莱辛早期作品中透显出的这种主旨，已为其毕生的精神求索奠定了基调。

2."作为诗人的自我理解"

莱辛是一位具有理性精神的诗人，这种理性精神不仅表现在他对他人的批判性审查上，而且表现在他对自己所从事的文学活动的批判性反思上。雅氏就此指出："我们拥有莱辛在人生的各个时期对自己的文学活动所做的评价。这些评价全都关涉他的作品中反思与诗歌之间的关系。反思与诗歌是密不可分的，不过反思性的思想则居于首要的地位。"② 所谓"反思性"，指的是自我质疑、自我抗辩、自我扬弃。纵观莱辛一生的文学活动，他正是在不断地进行自我审查、自我理解的过程中实现自我超越的。前面已关联着莱辛早期的诗歌探索谈及这个话题，下面便辐辏于"反思与诗歌之间的关系"，就他分别在《论

---

① Karl Jaspers, *The Great Philosophers—Descartes, Pascal, Lessing, Kierkegaard, Nietzsche, Einstein, Weber, Marx*, translated by Edith Ehrlich and Leonard H. Ehrlich, Harcourt Brace & Company, 1995, p. 135.

② Karl Jaspers, *The Great Philosophers—Descartes, Pascal, Lessing, Kierkegaard, Nietzsche, Einstein, Weber, Marx*, translated by Edith Ehrlich and Leonard H. Ehrlich, Harcourt Brace & Company, 1995, p. 135.

第六章　理性生存型的艺术家之范例

寓言的本质》《汉堡剧评》中进行的自我理解做进一步的阐发。

（1）在《论寓言的本质》中进行的自我理解

雅氏看到，莱辛一生酷爱寓言，他不仅喜欢阅读、使用寓言[①]，而且创作了大量的寓言，更为重要的是，他对寓言进行了严格的自我审查与深刻的自我理解。雅氏特意谈及莱辛1759年出版的《论寓言的本质》（Essays on the Nature of the Fable）一书，格外强调了他在该书的"序言"中对自己发表过的作品所做的批评："在表达'最初的不悦'时，莱辛写道，'通过持续追寻更加美好的事物，我现在可以为年轻时所写的那些轻率之作赎罪了，或许到最后，我会将它们弃于脑后甚至全部遗忘'。在这种信念的支配下，他很想抛弃早期的全部作品。然而，他紧接着又考虑到那些'怀有好感的读者'。难道他应该将这一看法——他们的赞许乃是浪费在了完全无价值的东西之上——曝之于众吗？'你们宽容地鼓励着我，希望我通过在作品中加入足够多的富含真正价值的内容，并且这些作品的表述是极其恰切的，足可表明它们已意识到了内在的承诺，借此来努力证明你们的判断乃是正确的。因此，我决定尽可能地采取改善的态度，而不是随顺最初的冲动去抛弃那些早期的作品'。"[②] 雅氏在这里以其惯常使用的"理解—

[①] 莱辛是一位善于用寓言表达自己独特见解的大师，譬如，他在《第二次答辩》中使用了"狄安娜神殿"的寓言，在《一个譬喻》中使用了"宫殿失火"的寓言（雅氏在《论莱辛》中对两个寓言做了称说，参见 Karl Jaspers, *The Great Philosophers—Descartes, Pascal, Lessing, Kierkegaard, Nietzsche, Einstein, Weber, Marx*, translated by Edith Ehrlich and Leonard H. Ehrlich, Harcourt Brace & Company, 1995, pp. 173 – 175），在《智者纳旦》中使用了"三个戒指"的寓言〔雅氏在《哲学》第三卷中提及过这个寓言，参见 Karl Jaspers, *Philosophy* (Vol. 3), translated by E. B. Ashton, The University of Chicago Press, 1971, p. 24〕。雅氏颇为推重莱辛使用的这些寓言，因为这些非概念化的寓言便是他所期待的"密码"语言，它们更易于以譬喻的形式把莱辛祈向中的纯然真理喻说出来，从而使他与格策的论战能够产生真正的唤醒作用。莱辛在《反对格策之八》中对此做过自我剖白："关于我的争论方式，即我不仅通过论据使我的读者的理智信服，而且以种种出人意料的形象和暗示激发他们的想象力……当然，我同时设法通过想象影响读者的理智。我认为，以形象烘托论据和通过隐喻说明使某些人警醒的次要概念不仅具有实效，而且也是必要的。谁对这种方式一无所知和毫不理解，谁就绝不可自称作家，因为，一切优秀的作家都是经由这条途径形成的。"见〔德〕莱辛《历史与启示——莱辛神学文选》，朱雁冰译，华夏出版社2006年版，第229页。

[②] Karl Jaspers, *The Great Philosophers—Descartes, Pascal, Lessing, Kierkegaard, Nietzsche, Einstein, Weber, Marx*, translated by Edith Ehrlich and Leonard H. Ehrlich, Harcourt Brace & Company, 1995, p. 135.

描述"的方法真实地呈现了莱辛当时的心路历程,从中可以看出,莱辛之所以会对过去的作品大为"不悦"甚至产生了"赎罪"之感,乃是因为他要"持续追寻更加美好的事物"。在"更加美好的事物"的吸引下,莱辛起初很想"抛弃早期的全部作品",不过考虑到那些"怀有好感的读者"的宽容与策励,他准备为作品"加入足够多的富含真正价值的内容"进而实现其"内在的承诺"。我们知道,莱辛的心灵始终是向公众开放的,这种基于爱与真诚而进行的生存交往让善于自我审查的莱辛能够健朗地行进在祈向纯然真理的途中。于是,他最后决定采取"改善的态度",这种态度的可贵之处在于,它不是抛弃过去,而是扬弃过去。正是通过这种扬弃的态度,莱辛终于在不断尝试与探索的过程中实现了自我超越。

越是自己所酷爱的东西,就越要对其进行严格的审查,这是莱辛一以贯之的立场。那么,莱辛为什么如此酷爱寓言呢?他撰写《论寓言的本质》一书的心曲又何在呢?雅氏就此写道:"莱辛从早期的作品中选取了大量的寓言。'我喜欢处在诗歌与道德所共有的那个边界上的寓言。'他读过全部古代的寓言和新近的寓言,并对寓言理论进行过思考,这'引导着他撰写了目前这部作品'。他起笔就奚落'人们要么因着不相信自己的记忆力而像搞研究一样做笔记,要么并不注重表达的精确性而仅仅满足于思索那些思想,要么为了满足实际需要而尝试着记下那些梗概'。在现阶段,'对于撰写一部真正意义上的书来说,仍缺少很多的东西'。然后,莱辛告示读者这部作品最终会是怎么一个结果,也就是说,它将作为一部寓言集而面世,书中另附有关于寓言的若干篇论文。"① 这里需要注意以下两点:①莱辛之所以喜欢寓言这种文体,乃是因为它"处在诗歌与道德所共有的那个边界上"。莱辛从来就不是那种"为诗而诗"意义上的诗人,他写诗的目的是教育人类,其最终的归趣在于使人成为人。于是,"处在诗歌与道德所共有的那个边界上"的寓言便成为他自觉选择的一种文体。②莱辛之所以要撰写《论寓言的本质》一书,乃是为了反拨当时的种种

---

① Karl Jaspers, *The Great Philosophers—Descartes, Pascal, Lessing, Kierkegaard, Nietzsche, Einstein, Weber, Marx*, translated by Edith Ehrlich and Leonard H. Ehrlich, Harcourt Brace & Company, 1995, pp. 135–136.

第六章 理性生存型的艺术家之范例

弊端,以便能够写出一部"真正意义上的书"。莱辛在此反拨的时弊主要是那种脱离作品实际的知识化、抽象化、实用化的做法,他所期待的那部"真正意义上的书"理应实现寓言作品与对寓言实质之理解的内在统一。鉴于此,"莱辛要求他的读者,'莫要脱开这些论文来评判那些寓言,其中的原委在于,即使我并没有为了增进对寓言的理解而撰写这些论文,也没有为了增进对论文的理解而创作那些寓言,但是两者——就像那些齐头并进而同时到来的事物一样——之间的相互借鉴程度是非常大的,并不能保持彼此独立与隔绝的状态而不受对方的影响'。"① 在莱辛看来,一位诗人对寓言实质的理解与他创作的寓言作品之间不能彼此独立、彼此隔绝,而是应该相互借鉴、相互影响、相互成全的。进而言之,一位诗人在创作寓言的过程中,理应深刻理解寓言这种文体的实质,以便能够依循自己的理解进行创作,这样一来,他所创作的作品也就体现了寓言的实质。基于上述看法,"莱辛郑重声明,如果读者'在阅读的过程中发现我谈论的这些规则并不总是与那些作品相符'的话,那么他就愿意毫不犹豫地抛弃那些寓言。他就此断言,读者理应'晓得,天才总是倔强而执拗的,他们很少会有意地遵循规则来创作,而且可以肯定的是,这些规则意在修剪那些过度的部分,并不会抑制作家的天赋。因此,就请读者在那些寓言中鉴察自己的品位,并在这些论文中检验我的论证吧'"。② 莱辛是一位颇富创造力且影响深远的天才诗人③,他所创作的那些寓言并未有意地遵循任何一种外在化、抽象化、教条化的"规则",说到底,他是根据自己对寓言之实质的理解进行创作的。如果说经由天才诗人切己

---

① Karl Jaspers, *The Great Philosophers—Descartes, Pascal, Lessing, Kierkegaard, Nietzsche, Einstein, Weber, Marx*, translated by Edith Ehrlich and Leonard H. Ehrlich, Harcourt Brace & Company, 1995, p. 136.

② Karl Jaspers, *The Great Philosophers—Descartes, Pascal, Lessing, Kierkegaard, Nietzsche, Einstein, Weber, Marx*, translated by Edith Ehrlich and Leonard H. Ehrlich, Harcourt Brace & Company, 1995, p. 136.

③ 歌德1828年3月11日在与爱克曼的谈话中说道:"天才和创造力很接近。……天才的这种创造力是产生结果的,长久起作用的。""莱辛不肯接受天才这个大头衔,但是他的持久影响就证明他是天才。……天才与所操的是哪一行一业无关,各行各业的天才都是一样的。……关键在于有一种思想、一种发明或所成就的事业是活的而且还要活下去。"见[德]爱克曼辑录《歌德谈话录》,朱光潜译,人民文学出版社1982年版,第164—165页。

— 591 —

的理解所提出的某些看法也算是"规则"的话，那么"这些规则意在修剪那些过度的部分，并不会抑制作家的天赋"，而且这样的"规则"可以鉴察出读者的品位并经得起读者的一再检验。莱辛就此肯定了他对自己创作过的寓言进行严格的自我审查、自我理解的必要性与重要性，进而打算把这种做法在自己的创作活动中推广开来："莱辛打算把他处理寓言时所使用的这种方法同样运用于其他类型的作品。他想重新考虑、调整与补订迄今所创作的以及未来将要创作的作品。他曾对自己行之有效的经验做过如下描述：'只要行家里手计划非难、搜集、挑选、整理这些想法，并且将它们划分成若干个话题，他就会为自己孕生出多种有益的构想而感到欣喜若狂。不过，他一旦采取进一步的措施并着手将自己的创意变成文字，那种分娩的阵痛就出现了，而他并不乐意在没有鼓励的情形下去忍受这种阵痛。'"① 莱辛"重新考虑、调整与补订"自己创作的各种作品的过程，也是他通过自我审查"非难、搜集、挑选、整理"自己的各种想法的过程。正是在这个过程中，他进一步深化着对作品的理解，同时"孕生出多种有益的构想"。这些有益的构想乃是诗人借助自我理解而在心灵中新结胎的创意。当然，若想把这些创意变成新的作品，其间尚须经过"分娩的阵痛"，而读者建立在生存交往基础上的"鼓励"则可以使诗人把这种阵痛降低到可以"忍受"的程度。由此可见，无论是旨在审查自我的理解还是意在审查他人的理解，它们在创作过程中所发挥的作用都是不可小觑的。对莱辛来说，这种批判性理解的地位甚至可与作品创作平分秋色。

（2）在《汉堡剧评》中进行的自我理解

雅氏认为，《汉堡剧评》是莱辛将他在《论寓言的本质》中使用的自我审查、自我理解的方法从寓言领域推扩到戏剧领域的典范之作。于是，雅氏对此进行了专门的阐说："莱辛在《汉堡剧评》（1769）中开宗明义地写道：'先谈谈我自己吧'：'我既不是演员，也不是诗人。'他只是试着写些戏剧。'最初尝试着写那些剧本，是把表现乐趣

---

① Karl Jaspers, *The Great Philosophers—Descartes, Pascal, Lessing, Kierkegaard, Nietzsche, Einstein, Weber, Marx*, translated by Edith Ehrlich and Leonard H. Ehrlich, Harcourt Brace & Company, 1995, p.136.

第六章　理性生存型的艺术家之范例

和愉快当作天才的目标。我充分地意识到,最近创作的任何一部令人满意的作品,我只将其归功于批评。我觉得那眼流淌于心的活泉并不是靠着自身的力量喷涌向上的,也不是靠着自身的力量喷射出如此丰富、如此新鲜、如此纯净的水柱的:我须得用力地挤压我自己,以便把这种压力输送进条条喷射水柱的管道。假如不是勉力学会了谦恭地借用他人的珍宝,借助他人的火堆来温暖自己的身子,我就会沦为一个极其贫乏、冷漠、短见的人了。'"① 莱辛的《汉堡剧评》迄今仍饮誉文艺批评界,然而它的魅力究竟何在呢?当然,仁者见仁,智者见智,雅氏在此给出的解释是,它的魅力恰恰在于莱辛对"批评"的重要功能的强调与运用。莱辛所说的"批评"不仅是指向他人的,更是指向批评者自身的,这里所谓的"我既不是演员,也不是诗人"就是典型的自我批评。正是通过自我质疑与自我理解,莱辛意识到了自己作为一位戏剧家的职分所在,进而对自己最初撰写的那些剧本进行了自我扬弃、自我净化与自我提撕。

尤其值得注意的是,莱辛认为自己最近创作的任何一部令人满意的作品,其成功的秘密只在于"批评"所发挥的作用,如此鲜明地标举批评的独立地位的态度在整个文学艺术史与文艺批评史上都是不多见的,这种态度在批评与创作各行其道、彼此睥睨的当下就越发显得弥足珍贵了。对莱辛来说,个体生存中既有的创造天赋宛如一眼活泉,仅靠天才诗人自己的力量是无法"喷涌向上"的,更遑论"喷射出如此丰富、如此新鲜、如此纯净的水柱"了;进而言之,天赋的灿然喷射需要莱辛这样的天才诗人"用力地挤压我自己,以便把这种压力输送进条条喷射水柱的管道"。莱辛用以挤压自己的力量,说到底就是"批评"所具有的唤醒力与澄明力。莱辛就此彰显了批评本身的独特力量,并向这种独具魅力的"批评"表达了由衷的感激之情:"莱辛对批评的作用心存感激,这种意识令他在读到或听到有人指控批评会抑制天才时就'大为光火'。'我自己是一个蹩脚之人,因此,对我所

---

① Karl Jaspers, *The Great Philosophers—Descartes, Pascal, Lessing, Kierkegaard, Nietzsche, Einstein, Weber, Marx*, translated by Edith Ehrlich and Leonard H. Ehrlich, Harcourt Brace & Company, 1995, p. 136.

— 593 —

依靠的拐杖的抨击并不可能启发我的思考。'"① 莱辛在这里把自己比作"蹩脚之人",把"批评"比作自己"所依靠的拐杖",其实这个比喻的旨趣仍在于提示批评的重要作用:具有创造力的个体生存只有依靠"批评"的澄明力,他才能把自己既有的天赋唤醒出来,进而使自己始终行进在奔赴纯然真理的正途中。按照莱辛的理解,这样的批评从来都不会抑制天才,因而他才会对那种武断的指控"大为光火"。

《汉堡剧评》不仅是戏剧批评史上的经典之作,而且是整个文艺批评史上的经典之作,它的地位堪与《歌德谈话录》《罗丹艺术论》等相媲美②。莱辛结合自身的创作经验与批评实践,使创作与批评实现了内在的统一,这种做法迄今对我们依然具有重要的启发意义。更为关键的是,莱辛格外强调了批评的独特力量与不可轻忽的地位,从而使批评这种文体形式在自己身上实现了自觉。

3. "批评与诗意的想象"

由于对"批评"这种文体形式的格外看重,雅氏又辐辏于"批评与诗意的想象"这一话题对批评在莱辛这里的独特韵致与作用做了进一步的阐发:"在莱辛看来,批评就其自身而言就是至高无上的形式。'我自认为是从密切接近天才的东西那里获得了批评这种才能的。'这让他慢工出细活,让他持续不断地进行旨在激励自我超越的批判性反思('毫无疑问,我最初的那些想法比起其他每个人来一点儿也不强,不过脑子里灌满别人想法的人最好还是待在家里'),这种批判性反思本身就有其不可轻忽的意义和价值。可以说,他撰写那些文学批评的目的,乃是赋予批评一种更加成熟与有益的角色。后来,这些篇目都收进了《汉堡剧评》一书里。"③ 莱辛所谓的"批评",指的是凭借公开运用理性的权利进行"批判性的反思",这种批判性的反思"旨在

---

① Karl Jaspers, *The Great Philosophers—Descartes, Pascal, Lessing, Kierkegaard, Nietzsche, Einstein, Weber, Marx*, translated by Edith Ehrlich and Leonard H. Ehrlich, Harcourt Brace & Company, 1995, p. 136.

② 斯特林堡的日记,荷尔德林、凡·高的书信,《芬奇论绘画》等,均属于这类自我审查、自我理解的文字。

③ Karl Jaspers, *The Great Philosophers—Descartes, Pascal, Lessing, Kierkegaard, Nietzsche, Einstein, Weber, Marx*, translated by Edith Ehrlich and Leonard H. Ehrlich, Harcourt Brace & Company, 1995, pp. 136–137.

第六章　理性生存型的艺术家之范例

激励自我超越",它通过辨析对象、厘定界限、敞开空间、觅得基源,进而为诗人拓辟出一条通向纯然真理的道路,因此,"批评就其自身而言就是至高无上的形式"。这样一来,莱辛便立足于批判性反思本身的意义与价值赋予批评更加成熟与有益的角色,这也正是他撰写《汉堡剧评》的指归所在。基于上述考虑,莱辛对批评的作用同样给予了颇高的评价:"莱辛就批评的这种作用宣称道:'每个人都有权利为自己的勤奋努力而感到骄傲;可以说,我已仔细检验了剧本创作这门艺术……我也通过充分的实践让自己在这个问题上享有了发言的权利……就我无力去做的那些事情而言,我仍然能够判断自己能否去做。'"[1] 如果说这里所谓的"检验"指的是批判性反思,那么这里所谓的"实践"指的就是在进行批判性反思的同时而进行的戏剧创作。正是通过批判性反思与戏剧创作的内在结合,莱辛在戏剧艺术问题上"享有了发言的权利",这种发言的权利说到底是一种诉诸自我理解、自我审查、自我调整、自我引导的判断力,莱辛凭借这种判断力不仅意识到自己能够做什么,而且意识到不能够做什么,进而提醒自己在探索戏剧艺术的道路上切莫误入歧途。

回溯莱辛戏剧探索的历程,雅氏发现他从亚里士多德的悲剧理论中汲取了避免误入歧途的智慧:"确保莱辛以自己的方式从事研究而并未误入歧途的秘密是:'我的理解与亚里士多德从活跃于希腊舞台上的无数杰作中抽取出来的那些观念完全一致……特别是我考虑到自己能够(就悲剧问题)无可置疑地证明,如果不想稍许偏离完美之境,那么悲剧就寸步也不能脱开亚里士多德的引导。'"[2] 亚里士多德的悲剧理论是建立在古希腊悲剧创作实践基础之上的,他从无数杰作中抽取出来的那些"观念"本来就不是任何一种僵化的教条,正因为如此,莱辛认为这些观念仍旧能够引导后世的悲剧创作;也正是基于自己对悲剧问题所做的理解与评价,他敏锐地发现了亚里士

---

[1] Karl Jaspers, *The Great Philosophers—Descartes, Pascal, Lessing, Kierkegaard, Nietzsche, Einstein, Weber, Marx*, translated by Edith Ehrlich and Leonard H. Ehrlich, Harcourt Brace & Company, 1995, p. 137.

[2] Karl Jaspers, *The Great Philosophers—Descartes, Pascal, Lessing, Kierkegaard, Nietzsche, Einstein, Weber, Marx*, translated by Edith Ehrlich and Leonard H. Ehrlich, Harcourt Brace & Company, 1995, p. 137.

多德的悲剧洞见给后世带来的各种最极端的后果:"与'我们的感觉'背道而驰的是,法国悲剧根据亚里士多德的规则所建构起来的那些先入之见并不可能永远持续下去。'一些英国戏剧唤醒了沉睡中的我们。'"① 后世在接受亚里士多德悲剧理论影响的过程中出现了两个极端:其中的一端是"法国悲剧"(指的是法国古典主义悲剧),它将亚里士多德提出的规则化约成"三一律"之类的教条,莱辛对种种出于"先入之见"的教条颇为反感,认为它们并不能够指导现实的戏剧创作;另一端则是"英国戏剧"(指的是以莎士比亚为代表的英国戏剧),它并没有什么先入之见,而是以其诗意的想象"唤醒了沉睡中的我们"。有意味的是,这种缺乏确定规则的戏剧反而得到了莱辛的赞许:"被这束突如其来的真理之光刺得睁不开眼睛,我们反而又被弹回另一个深渊的边缘。英国戏剧缺乏……确定的规则……我们从中可以得出什么结论呢?……即使没有这些规则,我们也能实现悲剧所要达到的目的。……可是,人们一旦从这些规则入手,就会把所有的规则都弄乱套了,进而会因食古不化——天才应被告知什么必须要做以及什么不需要做——而遭受谴责。"② 事实上,莱辛在这里的看法与康德提出的"天才就是那天赋的才能,它给艺术制定法规"③ 不谋而合。对莎士比亚一类的天才诗人来说,即便没有规则,他们也能凭借自己的天赋才能"实现悲剧所要达到的目的";相较之下,从先定的规则入手的"法国悲剧"却因其"食古不化"而遭到了莱辛的批评。在莱辛看来,"法国人"(指的是那些泥守"三一律"之类教条的人)的歧误在于,他们从主客分立的一般意识出发,割裂了悲剧理论与悲剧实践之间的内在关联,从而"严重误解了古代戏剧的法则",其中最明显的表现是,"他们把亚里士多德关于戏剧作法的理论中的一些外部特征视为戏剧的本质,这反而削弱了那些至关

---

① Karl Jaspers, *The Great Philosophers—Descartes, Pascal, Lessing, Kierkegaard, Nietzsche, Einstein, Weber, Marx*, translated by Edith Ehrlich and Leonard H. Ehrlich, Harcourt Brace & Company, 1995, p. 137.

② Karl Jaspers, *The Great Philosophers—Descartes, Pascal, Lessing, Kierkegaard, Nietzsche, Einstein, Weber, Marx*, translated by Edith Ehrlich and Leonard H. Ehrlich, Harcourt Brace & Company, 1995, p. 137.

③ [德]康德:《判断力批判》上卷,宗白华译,商务印书馆1964年版,第152页。

第六章　理性生存型的艺术家之范例

重要的部分"①。人们诉诸一般意识只能认知现象性的东西，而无从把握戏剧的本质。若想把握戏剧的本质，只能诉诸超越主客分立的生存意识与诗意的想象，并通过批判性的反思对其进行唤醒与澄明。然而颇为遗憾的是，法国人却以那些教条化了的"规则"剪杀了亚里士多德理论中活的精神，诸如此类的规则只会以寡头化、独断化的姿态阻抑诗人发挥自身的天赋才能。

当然，莱辛并没有一概而论地否弃戏剧规则。雅氏就此指出，"规则确实是存在的"，莱辛所认可的那些戏剧规则乃源自"天才自身所赋有的创造力"。从根底处看，它们"并不是从亚里士多德那里学来的，而是从天才赋有的创造力本身所产生的规则那里汲取来的"，鉴于此，"莱辛认为自己就有能力来改进伟大的剧作家高乃依所写的每一部戏"。② 尽管高乃依③也是一位伟大的剧作家，但是若将这位法国古典主义戏剧的奠基人与更伟大的剧作家莎士比亚相比，无论在提出问题与处理问题的方式上，还是在性格的深刻性与丰富性上，抑或在视野的开阔与自由度上，他的作品因缺乏诗意的想象仍是颇显促狭的。基于上述评判，"莱辛把法国悲剧从它一直享有无上权威的宝座上推了下来。他就此发现了莎士比亚④。"其实，莱辛在学生时代也曾受到过法国戏剧的影响，不过随着批判性反思的不断深入，他终于唤醒了自己的创造天赋，进而在沿着属于自己的道路勇毅前行的过程中

---

① Karl Jaspers, *The Great Philosophers—Descartes, Pascal, Lessing, Kierkegaard, Nietzsche, Einstein, Weber, Marx*, translated by Edith Ehrlich and Leonard H. Ehrlich, Harcourt Brace & Company, 1995, p. 137.

② Karl Jaspers, *The Great Philosophers—Descartes, Pascal, Lessing, Kierkegaard, Nietzsche, Einstein, Weber, Marx*, translated by Edith Ehrlich and Leonard H. Ehrlich, Harcourt Brace & Company, 1995, pp. 137 – 138.

③ 皮埃尔·高乃依（Pierre Corneille, 1606—1684），法国古典主义戏剧奠基人，《熙德》（1636）是其最优秀的悲剧作品。《熙德》上演后虽然受到巴黎观众的欢迎，但遭到黎塞留（Richelieu, 1585—1642，第一任法国首相）的反对。在他的授意下，夏普兰（Chapelain, 1595—1674，法国新古典主义诗人、批评家，法兰西学院的实际筹建者，在戏剧理论方面主张三一律）撰写了《法兰西学院对〈熙德〉的意见书》（1638），谴责《熙德》一剧违背了三一律。高乃依被迫接受了三一律，此后，三一律便成为法国古典主义悲剧家共同遵守的清规戒律。

④ Karl Jaspers, *The Great Philosophers—Descartes, Pascal, Lessing, Kierkegaard, Nietzsche, Einstein, Weber, Marx*, translated by Edith Ehrlich and Leonard H. Ehrlich, Harcourt Brace & Company, 1995, p. 138.

扬弃了法国戏剧。

4. "戏剧作品"

莱辛固然在诸多领域取得了骄人的成就，不过他对后世影响最为深远的仍旧是其独具一格的戏剧作品。鉴于此，雅氏在《论莱辛》中对其戏剧作品进行了专门的品评。另须注意的是，《论莱辛》是雅氏的遗稿，其中尚有未来得及完善之处，譬如对莱辛最重要的剧作《智者纳旦》，雅氏就没有做更为深入的阐说。幸好雅氏在《论真理》中将《智者纳旦》作为"哲学悲剧"的典范进行了阐析，这里便结合上述两种文献对莱辛的戏剧作品做一番诠解。

（1）莱辛戏剧的独特韵致

雅氏就莱辛戏剧的独特韵致指出："即使在今天，依然有三部莱辛的戏剧持续上演于舞台，并且给我们留下了深刻的印象。真正伟大的诗人总是把自己的作品构想成世界的镜子。在其创造的无限天真的愿景里，他看到了万事万物，并把它们转换成无所不包的真理王国与摆脱了界定和结构的无限之境。然而，在莱辛那里这种真理却是境域化与结构化的。"① 所谓"境域化"（circumscribed），指的是莱辛敢于直面现实境域中的根本问题，他的戏剧从不给世人直接呈现某种"无限天真的愿景"或某个"无所不包的真理王国"；所谓"结构化"（structured），指的是莱辛的戏剧作品具有精审的结构，这种结构是他长期进行批判性反思的结晶。从中可以看出，莱辛所展现的就是这个现实世界的舞台，不过他也没有就此拘囿于这个现实世界。他通过苏格拉底式的对话让舞台上的各种角色彼此抗辩、相互冲突，借此将祈向中的"无限之境"（"无所不包的真理王国"）以"境域化与结构化"的方式间接地呈示给世人，进而唤醒着世人要敢于通过倾听"密码"式的语言勇毅地行进在奔赴"无限之境"的途中，这也正是莱辛的三部戏剧迄今仍"持续上演于舞台，并且给我们留下了深刻的印象"的内在缘由。基于此，雅氏对莱辛流传于世的三部戏剧的独特韵致一一进行了评说："我们在《明娜·冯·巴尔赫姆》一剧中看到，

---

① Karl Jaspers, *The Great Philosophers—Descartes, Pascal, Lessing, Kierkegaard, Nietzsche, Einstein, Weber, Marx*, translated by Edith Ehrlich and Leonard H. Ehrlich, Harcourt Brace & Company, 1995, p. 138.

第六章 理性生存型的艺术家之范例

莱辛通过表现一个充满争斗与自私自利的世界，把矛头指向了道德问题。在《爱米丽雅·迦洛蒂》一剧中，莱辛同样依据那些法则所限定的规条，通过传统的主题展示了一部悲剧所具有的那种经过精心构思的审美结构。在《智者纳旦》一剧中，我们看到了他所建构的那个理想的世界，在那里，真理、人性与交往理性都获胜了，它们在剧作家设置的困厄与动荡的背景下纷纷实现着自身。"① 无论是《明娜·冯·巴尔赫姆》所指向的"道德问题"，还是《智者纳旦》所呈示的"真理、人性与交往理性"问题，它们都是在世生存的个体不可回避也无法回避的根本问题；至于《爱米丽雅·迦洛蒂》一剧所具有的那种"经过精心构思的审美结构"，则是莱辛根据自己对戏剧本质的理解而采取的一种结构化的形式。从内容到形式，莱辛的戏剧都像水晶体一样莹澈剔透，其中弥漫着一种真诚、公正、开放的"理性的气氛"。

那么，我们该如何看待莱辛创作的这类具有理性气氛的作品呢？"不可否认，莱辛同样是一位诗人，一位创新者，一位精通剧烈而尖锐的戏剧对白的大师。然而，这并未让他成为一位伟大的诗人。尽管文学创作享有最大程度的自由，但是在莱辛那里诗歌作品却成为实现另一种意图的工具。对莱辛来说，他在创作的时候总是保持着一种思维定式，相较于古代悲剧作家或莎士比亚所拓辟的那种恢宏的广度，这种思维定式总是留给我们受限的印象。它其实并不是诗，而是思想，是用以表达莱辛真正想要诉说的衷曲的首选工具。"② 首先需要申明的是，雅氏所谓的"这并未让他成为一位伟大的诗人"其实并没有贬低莱辛之意，其准确的意味当是这样的：莱辛尚未成为古希腊悲剧家及莎士比亚那样的堪称最伟大的诗人。值得注意的是，这里有一个比较的语境：古希腊悲剧家、莎士比亚都拓辟出了一种"恢宏的广度"，与此相较，莱辛则因其一贯的批判性反思立场而赋予诗歌的另一种独

---

① Karl Jaspers, *The Great Philosophers—Descartes, Pascal, Lessing, Kierkegaard, Nietzsche, Einstein, Weber, Marx*, translated by Edith Ehrlich and Leonard H. Ehrlich, Harcourt Brace & Company, 1995, p. 138.

② Karl Jaspers, *The Great Philosophers—Descartes, Pascal, Lessing, Kierkegaard, Nietzsche, Einstein, Weber, Marx*, translated by Edith Ehrlich and Leonard H. Ehrlich, Harcourt Brace & Company, 1995, p. 138.

特的角色（"在莱辛那里诗歌作品却成为实现另一种意图的工具"）总是留给我们"受限的印象"。不过若换一个角度看，这种"受限的印象"恰恰是莱辛戏剧的独特韵致所在。我们看到，雅氏可谓莱辛的真正知音，他以"艺术是哲学的器官"这一判断为立论底据，不仅将莱辛视为理性生存型的艺术家，而且将他视为诗人中能够唤醒人的生存意识与理性精神的伟大哲学家。就此而言，雅氏所谓"它其实并不是诗，而是思想，是用来表达莱辛真正想要诉说的衷曲的首选工具"与其说是对莱辛的贬低，倒不如说是在另一种意趣上对莱辛的肯认与褒扬。

由于人们在看待莱辛时所取的视域有所差异，他的三部戏剧便被折射出不同的色调来。针对各种不同的看法，雅氏从自己立足的视域出发一一给予了回应，①关于《明娜·冯·巴尔赫姆》的主旨：有人认为该剧"颂扬了普鲁士人性格中的爱国主义情怀"，雅氏则反对这种看法，认为正确的理解应该是："这部戏剧歌颂了善良的意志和理性，斥责了自我诱导的过度行为以及不能立即辨识这种行为的狭隘视野。"① 雅氏并没有拘囿于狭隘的民族主义、爱国主义立场，而是站在"世界公民"的立场上发现了该剧涵淹着的"善良的意志和理性"，应该说雅氏的这种解释更合于莱辛的本怀。②关于《爱米丽雅·迦洛蒂》的结构：某些浪漫派诗人曾嘲讽该剧是"披着戏剧外衣的代数演算"，把它贬成"一部出着大汗、忍着疼痛而产生的戏剧"，说它"纯粹是枯燥乏味的理性思考的产物"。就连在多数情况下能够与莱辛心心相通的歌德，也曾认为它"仅仅是思想的产物"。雅氏则指出："由于莱辛对悲剧的审美标准有着执拗的认识，因此，他自己也晓得，这部戏剧与其说是创造出来的，倒不如说是辛勤劳作的结果。尽管因着作品无可挑剔的上演而受到了称赞，他还是说：'我并未打算让它成为我最优秀的戏剧。'"② 从中可以看出，雅氏是运用"理解—描述"的方法来品评莱辛的，这种品评方法的优势在于，它诉诸生存个体之

---

① Karl Jaspers, *The Great Philosophers—Descartes, Pascal, Lessing, Kierkegaard, Nietzsche, Einstein, Weber, Marx*, translated by Edith Ehrlich and Leonard H. Ehrlich, Harcourt Brace & Company, 1995, p. 138.

② Karl Jaspers, *The Great Philosophers—Descartes, Pascal, Lessing, Kierkegaard, Nietzsche, Einstein, Weber, Marx*, translated by Edith Ehrlich and Leonard H. Ehrlich, Harcourt Brace & Company, 1995, p. 138.

第六章 理性生存型的艺术家之范例

间的交往，通过展呈与倾听莱辛的自我理解与自我审查，最终将文学史上独一无二的"这一个"肯定了下来。相较之下，前面所举的各种看法就缺乏同情理解了，它们其实并没有真正走进所批评的对象，当然也就无从像雅氏那样揭示出莱辛戏剧的独特韵致了。③关于《智者纳旦》的主旨：有人指责该剧旨趣单一，它不应被赋予相应的美誉。针对这种缺乏同情理解的指责，雅氏同样运用"理解—描述"的方法给出了一种中肯的解释："莱辛告诉我们，在神学论战期间，审查机构不断地给他找麻烦，禁止他直接表达自己的信念，这时，《智者纳旦》就成为他用来间接地表达自己信念的媒介。当观点无法得以公开发表时，他遂选择舞台作为自己的平台。1779 年，他在计划为《智者纳旦》撰写的那篇前言（他死后出版的著作之一）里写道：'如果人们最终说这部单一旨趣的戏剧并不完全配享被赋予的美誉，那么我将会保持沉默，但我并不会为此感到羞愧。我意识到有一个更为高远的目标值得我去追求，我依然可以借此赢得人们的敬重。'"① 雅氏乃是一位善解莱辛心意的哲学家，他通过莱辛的自我剖白向我们透显了《智者纳旦》之所以"成为他用来间接地表达自己信念的媒介"的具体语境与其隐衷所在，同时将莱辛面对人们指责之际的态度及其根由呈示了出来：莱辛之所以会"保持沉默"，乃是因为那些人所说的确实是事实，对此类事实他自己也是承认的；莱辛之所以不会"为此感到羞愧"，乃是因为这条批判性反思与论辩的道路是他自己选择的，对自己自觉选择了的道路莱辛自然会心甘情愿地走下去，当然也就无愧可言了；莱辛之所以依然坚信自己可以"借此赢得人们的敬重"，乃是因为他所选择的这条道路是通向无所不包的大全与纯然的真理（值得自己去追求的"更为高远的目标"）的。由于对自己追求中的大全与纯然真理有了一份庄严的承诺，莱辛不仅获致了任何不堪的境遇都无可摇夺的生命的重心，而且断然地把自己所从事的戏剧事业当作了一种天职。像莱辛这样天职自觉了的个体是不需要做任何外在化的理由辩护的，他只需诉诸严格的自我理解、自我审查、自我扬弃，进

---

① Karl Jaspers, *The Great Philosophers—Descartes, Pascal, Lessing, Kierkegaard, Nietzsche, Einstein, Weber, Marx*, translated by Edith Ehrlich and Leonard H. Ehrlich, Harcourt Brace & Company, 1995, pp. 138 – 139.

而循着自己所选择的道路勇毅地走下去。在雅氏看来,莱辛相信善良的意志与未来的历史终将对他的戏剧作品做出公正的评判。

(2) 作为"哲学悲剧"之范例的《智者纳旦》

雅氏的悲剧论集中体现于《论真理》一书里,他在该书的"悲剧知识"部分关联着"悲剧与解救"①这个话题深入阐析了莱辛的《智者纳旦》。具体来说,雅氏的运思理路是这样的:首先,他将悲剧的解救方式区分为两种——"在悲剧中的解救"与"从悲剧中解救"②;其次,他分梳了能够体现"从悲剧中解救"之旨趣的三类悲剧——"希腊悲剧""基督教悲剧""哲学悲剧",认为第一类悲剧多呈示于希腊悲剧三部曲中的最后一部中③,第二类悲剧以卡尔德隆与拉辛为代表④,第三类悲剧的范例则只找到了一个,那就是莱辛的《智者纳旦》。雅氏就此肯认了《智者纳旦》在西方悲剧史上所具有的无可替代的地位,下面便循着他的运思理路对该剧的独特韵致做一番阐说。

雅氏首先交代了莱辛创作《智者纳旦》的现实契机:"莱辛是在他一生中最绝望的时期写下这部被他称为'戏剧诗'的作品的,当时他正深受妻子与儿子相继去世的打击,此外,与臭名昭著的主教格策的争执也加重了他的痛苦。对于所谓'一个人在如此绝望的时刻最好忘却世界的真情实况'之类毫无主见的建议,莱辛回答道:'绝非如此:世界正如我所看到的那样自然;它在事实上并非那么真实,这很

---

① 雅斯贝斯指出:"解救的内涵总是多于为这种或那种局部的不幸所提供的救助。由于已体验到根本的真实性,人便把痛苦本身与摆脱痛苦作为一个形而上学的过程而予以体验。"见 Karl Jaspers, *Tragedy Is Not Enough*, translated by Reiche, Moore and Deutsch, Beacon Press, 1969, p. 74。

② 雅斯贝斯指出:"在悲剧中的解救与从悲剧中解救迥然不同。要么悲剧继续保持完整,人通过在其中自我忍受与自我转变而获得自我解救;要么悲剧本身已得到救赎,可以说悲剧已不再存在,它已成为过去。人虽然必得亲历悲剧,但过去是悲剧性的东西,现在已被穿透、扬弃了。"见 Karl Jaspers, *Tragedy Is Not Enough*, translated by Reiche, Moore and Deutsch, Beacon Press, 1969, p. 76。

③ 参见 Karl Jaspers, *Tragedy Is Not Enough*, translated by Reiche, Moore and Deutsch, Beacon Press, 1969, pp. 80 – 81。

④ 雅斯贝斯指出:"卡尔德隆与拉辛是基督教悲剧的高峰。他们的悲剧里充满了一种新的张力,我们在其中所蒙受的天意、天恩甚至天谴取代了命运与恶魔。人的发问不再只由终极的沉默来作答,现今的一切都由确然存在于彼岸的那位大慈大悲的上帝来支撑。诗人贯穿于一部部作品中的那种为真理而做的不懈斗争不见了,具有象征密码的戏剧也不见了,如今,我们竟然在罪孽深重的世界与上帝自身皆为确然的真实存在的知识中看到了真理的当下在场。"见 Karl Jaspers, *Tragedy Is Not Enough*, translated by Reiche, Moore and Deutsch, Beacon Press, 1969, p. 30。

第六章　理性生存型的艺术家之范例

难说单单归因于天意。'莱辛在他的《智者纳旦》中描绘了如此自然的一个世界：它既不是居高临下的，也不是虚幻不实的。'"[1]像悲剧主人公纳旦一样，莱辛乃是一位敢于直面"临界处境"的男子汉。无论是妻儿的去世给他带来的打击，还是与格策的争执给他造成的痛苦，这些不堪的人生遭际非但没有让莱辛"忘却世界的真情实况"，反而让他看清了现实世界的真相。他认为这个世界上所发生的一切都是自然而然的事情，即便是自己正在遭际的人生绝境也不能"单单归因于天意"，这就让他断然地诉诸人自身既有的力量超越了命运。我们看到，作为"哲学悲剧"之范例的《智者纳旦》所描述的悲剧情境其实正是莱辛在现实世界中所罹遭的悲剧性际遇的艺术化呈现，与此相应，悲剧主人公纳旦也就成为喻说莱辛悲剧性际遇的一个化身。莱辛认为，只有将主人公置于悲剧性际遇之下，才能够将他超越命运所依凭的力量逼示出来，进而展呈出"人在失败中的伟大"。鉴于此，莱辛特意在《智者纳旦》中描述了一个高度"境域化"的世界：这个世界"既不是居高临下的，也不是虚幻不实的"，它就是纳旦这样的生存个体生活于其中的属己的世界。

雅氏接下来掘发了纳旦之所以能够在世界中超越着世界进而最终超越了命运并克服了悲剧所依凭的那种独特的力量。雅氏就此指出："《智者纳旦》并不是悲剧。当纳旦在剧的开头出场时，他的悲剧已被留在了过去。……由于纳旦过去的悲剧以及他目前对于悲剧的认识，这出戏的真正意义首先在他身上展露出来。悲剧已经被克服了——不是像埃斯库罗斯那样借助于由宙斯主神（Zeus）、狄刻神（Dike）与众神所辖制的世界的神话直观完成的，不是像卡尔德隆那样借助于特定的基督教信仰解决的，也不是像印度戏剧中那样借助于一种想当然的真实秩序赋予的——而是借助于人的本真的人性观念实现的。这种观念像永远生长着的东西一样显现着，而没有给定的一成不变的形式。人性的观念并不存在于对一个完美的、完成的世界的沉思中，毋宁说，它只寓托于人们的全面奋斗中。这些人认为，它从人们的内在行动中

---

[1] Karl Jaspers, *Tragedy Is Not Enough*, translated by Reiche, Moore and Deutsch, Beacon Press, 1969, pp. 83–84.

产生，并在人们的生存交往中得到实现。"① 由此看来，纳旦乃是依凭"人的本真的人性观念"来超越命运并克服悲剧的。这种观念并不来自希腊悲剧那样的对"神"的信仰，因为命运化了的"神"说到底所提示给人的仍是一种对"世界"的信仰，故而并不能使人得以自救；它也不来自任何一种实体化了的宗教信仰（包括"基督教悲剧"那样的对"上帝"的信仰以及"印度戏剧"那样的对"真实秩序"的信仰），因为实体化了的信仰最终所肯认的并不是人自身的自由，故此它依然不能使人得以自救②；应该说，"人的本真的人性观念"乃来自雅氏的"哲学信仰"（对人的自由意志、理性精神与人类之爱的信仰），它根源于"生存"的"内在行动"（在世界中超越世界），经由人与人之间的"生存交往"（交往理性）得以实现，进而使人最终凭借自身的力量获得自我解救。"要获得解救的渴望自始就与悲剧知识相伴而来。当人遭际严酷的悲剧事实时，他就要直面无情的界限。在这一界限之内，他找不到全面解救的保证。毋宁说，只有当人至死不渝地表现出其人格与实现其自我时，他才能获得救赎与解救。"③ 确实如此，真正的悲剧总是需要指向解救的，倘若只展呈灾厄与痛苦，那就不能被称作悲剧④，或者说只能被称作"惨剧"，这里的关键问题是主人公究竟是凭借怎样的力量获得解救的。针对这个关键的问题，雅氏认为纳旦在"至死不渝地表现出其人格与实现其自我"的过程中所呈示的"人的本真的人性观念"，正是使他敢于"直面无情的界限"进而克服悲剧的力量，也正是这种足以克服悲剧、超越命运的属人的

---

① Karl Jaspers, *Tragedy Is Not Enough*, translated by Reiche, Moore and Deutsch, Beacon Press, 1969, p. 84.

② 雅斯贝斯指出："人渴望获救，并且如愿以偿。但是，这不是全靠人自身做到的，因此，难以完成的重任就从人身上卸掉了。基督的献身与佛陀的启示不仅给人提供了救助，而且切切实实地为人赋予了力量，人只要参与进来与其合作，就可获得自由了。"见 Karl Jaspers, *Tragedy Is Not Enough*, translated by Reiche, Moore and Deutsch, Beacon Press, 1969, p. 38。

③ Karl Jaspers, *Tragedy Is Not Enough*, translated by Reiche, Moore and Deutsch, Beacon Press, 1969, p. 42.

④ 雅斯贝斯指出："那类只描述恐怖本身以及残忍、凶杀、阴谋——简言之，一切可怕的事件——的诗，并不会因之而成为悲剧。此乃因为，在悲剧中，英雄理应具有悲剧知识，观众也应该被引导着来分担它，这就是从悲剧中寻求解救进而探问根本的真实性的根源之所在。"见 Karl Jaspers, *Tragedy Is Not Enough*, translated by Reiche, Moore and Deutsch, Beacon Press, 1969, p. 74。

第六章 理性生存型的艺术家之范例

力量最终肯定了人的价值与尊严,从而使"这出戏的真正意义首先在他身上展露出来"。

基于上述考虑,雅氏聚焦于纳旦的人格(灵魂、心灵)性征以及他在实现自我意识的过程中所呈示出来的"人的本真的人性观念"对该剧的主旨做了进一步的阐发:"纳旦的灵魂既敏感又明智。它已找到其自身,并在最可怕的痛苦中成熟起来。如此成熟的灵魂似乎要把人类重新聚合成一个大家庭,这个长期以来分崩离析、忘却了各成员间血缘关系的大家庭而今又要恢复彼此间的认可(在该剧中,这是通过一个实际的家庭象征性地得以实现的)。在此,纳旦并未受到任何建立在综合知识基础之上的总体规划的引导。他在来自任何一种境遇的诸种知识与暗示的帮助下,并在他那永远常在的人类之爱的引导下一步一个脚印地前行着。鉴于人类的道路并没有合理性的目的,这些道路只有通过心灵的力量才有可能创造出来;心灵的智慧是一切当中最为深谋远虑的。"[①] 在雅氏看来,纳旦"既敏感又明智"的灵魂是在经受"最可怕的痛苦"的煎熬与淬砺的过程中成熟起来的。这种成熟的灵魂之所以能够把长期以来分崩离析的人类"重新聚合成一个大家庭"进而"恢复彼此间的认可",乃是因为它具有一种独特的震撼心灵的力量。这种独特的力量并非源于"建立在综合知识基础之上的总体规划的引导",此乃因为"人类的道路并没有合理性的目的";说到底,它只来自"永远常在的人类之爱的引导"。纳旦正是在自己的心灵中既有的"人类之爱"(这种"人类之爱"是纳旦在直面临界处境之际被那无情的命运逼示出来的)的引导下,通过生存间的交往与爱的斗争,最终将人类共同祈向的"纯然的真理"与"整全的精神"以"密码"的形式象征性地呈示出来。

在雅氏看来,《智者纳旦》一剧的主旨是从以下三个方面体现出来的。①基于"爱的冲动"的"灵魂间的交往"使人与人凝结成一个团结的整体:"在这部戏剧中,不信任、猜疑与敌对的行为都被当作人们的内在天性的显示得到了解决。在理性的范围内出于爱的冲动所

[①] Karl Jaspers, *Tragedy Is Not Enough*, translated by Reiche, Moore and Deutsch, Beacon Press, 1969, pp. 84 – 85.

做的一切，最终必定会有好的结果。自由引发自由。谨小慎微的克制伴以突然而至的确然洞见，小心翼翼的筹划伴以毫无保留与掩饰的突破——这些正标志着灵魂间的相遇，而灵魂与灵魂的相遇则为无可撼动的团结奠定了基础。与此同时，那些被排除在人类大家庭之外的卑劣之徒就不知不觉地变得软弱无力了。"① 人与人的真正团结不可能建基于利益之上，因为人对利益的逐求只会带来相互间的"不信任、猜疑与敌对的行为"。相较之下，纳旦"在理性的范围内出于爱的冲动所做的一切"则使他超越了人们通常拴缚于利益的"内在天性"，最终必定会带来的那种"好的结果"便是人类真正的团结，其内在的机制是这样的：为爱的冲动所充盈的生存个体是绝对自由的，这种自由的个体又会通过无条件的"爱的冲动"唤醒与引生另一个同样充盈着爱的冲动的自由个体；更为重要的是，"在理性的范围内"所说的"爱的冲动"并不是那种囿于一己之偏私的私人情感，而是具有主观普遍性与必然性的人类情感，它因着已经突破了那种"谨小慎微"的自我克制与"小心翼翼"的自我筹划而能够实现"灵魂间的相遇"，"而灵魂与灵魂的相遇则为无可撼动的团结奠定了基础"。这里所谓的"灵魂间的交往"也被雅氏称为"交往理性"，它以涌动于生存个体灵魂深处的"爱的冲动"为基源，以生存个体所祈向的人类整体为目标，从而使生存个体之间的自由交往真正成为可能。②基于"自由意志"的生存意识使人成为独一无二的生存个体，并使这些生存个体通过彼此间的必然冲突共同祈向那纯然的真理："至于真正的人，他们绝非某种唯一正确的人性观念的千篇一律的摹本。他们是本质上不同的、独一无二的个体，这些个体化的人物之所以能够彼此相遇，并不是因为他们拥有共同的背景与血统（因为他们包括许多不同的范型，如托钵僧、修道士、圣殿骑士、利甲、萨拉丁、纳旦等），而是因为他们追随着通向真理的同一个方向。他们每个人都陷入自身特有的纠葛之中，并凭借这些纠葛而与其他人区分开来。大家都设法解决自己的困难：每个人都在不窒息天性的同时驾驭着自己独特的天性。此乃

---

① Karl Jaspers, *Tragedy Is Not Enough*, translated by Reiche, Moore and Deutsch, Beacon Press, 1969, p. 85.

第六章　理性生存型的艺术家之范例

因为，他们所有人的生命都深深地扎根于共同的土壤之中：每一个生命都体现着一种潜在的自由与已经实现了的自由的特殊形象。"① 这里所谓的"真正的人"，指的是独一无二的生存个体，这些生存个体并不是"某种唯一正确的人性观念的千篇一律的摹本"。譬如伊斯兰文化中的托钵僧（the Dervish）、印度文化中的僧侣（the Monk）、欧洲十字军东征时期的圣殿骑士（the Knight Templar）、犹太文化中的利甲（Recha）、穆斯林英雄萨拉丁（Saladin）以及智者纳旦，他们都具有"自由意志"与各自的背景、血统、信仰。为了捍卫各自的信仰，他们每个人都在"自由意志"的促动下进行着彼此间"爱的斗争"，于是纷纷"陷入自身特有的纠葛之中，并凭借这些纠葛而与其他人区分开来"，其实这正是悲剧冲突的根源所在。通过彼此间展开的必然性的悲剧冲突，"每一个生命都体现着一种潜在的自由与已经实现了的自由的特殊形象"。更为重要的是，他们之所以能够彼此相遇，乃是因为他们的生命都"深深地扎根于共同的土壤之中"，这个"共同的土壤"就是他们都追随着的"通向真理的同一个方向"——"纯然的真理"。在尚未分裂的纯然真理那里，不再有悲剧，这也正是悲剧冲突最终得以解决的闳机所在。③基于"哲学的热情、深邃的悲怆与微笑着的沉静"的"理性气氛"使《智者纳旦》一剧呈示出一种"整全的精神"："在莱辛的戏剧里，理性清晰可见地活跃于人物的性格之中。正是戏剧的理性气氛——既不是个体的行动与用语，也不是情感与真理——向我们传达了整全的精神。一个人切勿拘泥于题材。所有的题材都有时间的限制，并不是本真性的：十字军东征时期圣地耶路撒冷的浪漫背景，当时所有的民族与一切民众都在那里麇集并相互影响；德国启蒙运动的思想；以受人鄙视的犹太人为主角——所有这些都为表现戏剧终归无法搬上舞台的东西提供了必不可少的直观手段。看起来莱辛已竭尽全力做了一件几乎不可能做成的事，而且几欲成功了。如欲指责他非诗意的抽象与偏好启蒙运动的观念形态，那只是一种泥守于细节与剧情的素材论而已。对我们的灵魂——而非视觉或智

---

① Karl Jaspers, *Tragedy Is Not Enough*, translated by Reiche, Moore and Deutsch, Beacon Press, 1969, pp. 85 – 86.

力——来说，看上去最容易的事，实际上也是最难的。此乃因为，如果我们要感受哲学的热情、深邃的悲怆与微笑着的沉静，如果我们要意识到莱辛的戏剧中所涵蕴的本真与独特的东西，我们就必须从灵魂的深处来予以呼应。"① 这里所谓的"哲学的热情、深邃的悲怆与微笑着的沉静"，即意指作为哲学活动之神髓的理性精神，正是这种理性精神使该剧弥漫着"理性气氛"，也正是凭借这种超越了个体行动、用语、情感、真理的理性气氛，该剧"向我们传达了整全的精神"。这里所谓的"整全的精神"，即意指无所不包的"大全""纯然的真理"或"超越存在"。"整全的精神"标示着人所祈向的无限完满之境，它超越了任何一种具体的时空，只在悲剧人格濒于临界处境的瞬间向生存个体透露某些消息。鉴于此，雅氏提醒人们"切勿拘泥于题材"，因为"所有的题材都有时间的限制，并不是本真性的"。要想把那本真性的"整全的精神"呈示出来，对我们的灵魂来说实际上是"最难"的事。莱辛的可贵之处在于，他"已竭尽全力做了一件几乎不可能做成的事，而且几欲成功了"。雅氏就此认为，人们与其因着"泥守于细节与剧情的素材"而"指责他非诗意的抽象与偏好启蒙运动的观念形态"，倒不如从灵魂的深处认真体味莱辛戏剧中所涵蕴的"本真与独特的东西"——"理性气氛"与"整全的精神"。可以说，《智者纳旦》为雅氏喻说"哲学悲剧"提供了一个难得的范本；也可以说，正是雅氏那祈向超越之维的生存哲学赋予了这部伟大的戏剧别一种意趣，并重新发现了莱辛独一无二的伟大。

我们看到，"哲学信仰"使纳旦获得了终局解救，不过，这种解救并不是一种虚假的超脱。雅氏曾称引歌德的这样一句话："在公平了结成为可能的情形下，悲剧就荡然无存了。"② 应该说，雅氏是肯认歌德的这一论断的，但他同时强调，任何一种"公平了结"都"只有在经历彻底绝望之后才能得到它"，而不能使其"自动地趋于和谐，

---

① Karl Jaspers, *Tragedy Is Not Enough*, translated by Reiche, Moore and Deutsch, Beacon Press, 1969, p. 86.
② Karl Jaspers, *Tragedy Is Not Enough*, translated by Reiche, Moore and Deutsch, Beacon Press, 1969, p. 86.

否则，我们就是在以幻想欺骗自己。因为在那种情形下，悲剧是被忽略了，而不是被克服了（the tragic is overlooked, not overcom)"[1]。概言之，"哲学信仰"不是以"自动趋于和谐"的"幻想"来"忽略"悲剧，而是在"生存"与"世界"、"生存"与"整全的精神"（"大全"、"纯然的真理"或"超越存在"）的张力中，由"生存"在"世界"中的自我超越与"生存"间的"交往"——"爱的斗争"——"克服"了悲剧。这时，那沉重的命运感依然存在，不过，那被"整全的精神"所穿透了的命运已不再是注定了的他在的命运，而是人的功过自承的自在的命运。这是雅氏的结论："我们可以通过这种公平了结来意指人与人之间的生存交往，这一交往源自为人类持久互爱而进行的生存深处的斗争，以及由此而建立的相互联系的纽带。与幻想迥然异趣，这种休戚与共是人的生命所须履行的生存任务。借助于它，人克服了悲剧。只有在此基础上，我们才能毫无自欺地领悟人类克服悲剧的形上意义。"[2] 从中可以看出，雅氏以《智者纳旦》为范例所阐说的"哲学悲剧"，其指归在于肯定人克服悲剧所依凭的那种属己的力量，进而让人在"毫无自欺地"地直面临界处境之际敢于进行"生存深处的斗争"，进而勇毅地承担起自由选择、自我超越、运命自承的责任。

三 莱辛的理论哲学与现代人性观念

在雅斯贝斯看来，莱辛的哲学思想包括两个方面：一是理论哲学，这种理论哲学以质疑不真实的知识与教条化的体系为出发点，以苏格拉底为范本勾勒出"未来哲学家"的形象，从根底处看属于一种"实验性""论辩性"的思维方式；二是实践哲学，这种实践哲学意指莱辛所意识到的现代人性观念，如宽容、沟通、正义、仁爱等。下面便循着雅氏的运思理路一一加以阐析。

---

[1] Karl Jaspers, *Tragedy Is Not Enough*, translated by Reiche, Moore and Deutsch, Beacon Press, 1969, p. 86.

[2] Karl Jaspers, *Tragedy Is Not Enough*, translated by Reiche, Moore and Deutsch, Beacon Press, 1969, p. 87.

1. 莱辛的理论哲学
(1)"质疑":莱辛理论哲学的出发点

在雅氏看来,莱辛的理论哲学有一个出发点,那就是"质疑"。早在学生时代,渴望"成为一个实实在在的人"的莱辛就随着人生的自觉对书本知识抱以"谨慎怀疑的态度",可以说,这种谨慎怀疑的态度贯穿于莱辛毕生的精神探索历程之中。莱辛认为,人们从书本里习得的知识只是诉诸间接经验的学识,只有从生活中获得的直接体验才是生命的智慧。雅氏就此指出:"学识完全可被当作一种合理的工具来使用,这样的话,它就不会遭人鄙视了。但是,那种不真实的知识与教条化的体系,莱辛则认为绝对是有害的:'该死的书本知识!'……'那些愚蠢的智者'始终未能记住,'人类的知识只是一种假定',他们'教会了我们傲慢自大的态度'。由于冥顽不化地执守那些教条化的体系,他们无法容忍'谨慎怀疑的态度'。对这种傲慢自大的态度来说,质询是'有危险的','顽固不化则能给它带来声誉';'从成堆的谎言累积起来的高峰上',他们假装看到'自然、神灵和上帝……纷纷向他们揭去面纱'。"[①] 莱辛并没有一概而论地否定学识,不过他同时强调,学识只有在被当作实现生命意义的合理工具时才"不会遭人鄙视"。至于那种"不真实的知识与教条化的体系",则"绝对是有害的",其最大的弊害在于,它以独断论的姿态规避质疑,从而使那些"愚蠢的智者"滋生了一种"傲慢自大的态度",他们甚至佯装已经知道了"自然、神灵和上帝"的秘密。

正如"道可道,非常道"(《道德经》第一章),超越时空的"上帝"同样是无从直接道说的,对这种不生、不灭、不朽的"绝对理念",个体只能诉诸生存意识(生命的智慧)去谛听,却不能诉诸一般意识来认知。这样一来,那些"愚蠢的智者"在佯装已经知道不朽的东西之际就僭越了一般意识(认知理性)的界限。只有那些真正的智者,才会在直面一般意识的界限时意识到自己应该保持"无知"的

---

① Karl Jaspers, *The Great Philosophers—Descartes, Pascal, Lessing, Kierkegaard, Nietzsche, Einstein, Weber, Marx*, translated by Edith Ehrlich and Leonard H. Ehrlich, Harcourt Brace & Company, 1995, pp. 139–140.

第六章　理性生存型的艺术家之范例

状态。针对这种状况，雅氏特意称引莱辛的诗句做了深入的阐析："例如，在有关不朽的问题上，上述论调就愈加显豁起来。智慧女神自身则保持着沉默，'……她永远把手指压在自己的嘴唇上'。相较之下，她的信徒们却非要'告诉我们智慧所教之外的东西'。愚蠢的人坚信听到了上帝在说话并相信'上帝所说的话'。莱辛写道：'（我也一样）屈从于傲慢与诱惑，/把哲学上的胡言乱语当作上帝的真理，/发疯的心灵冥思着骇人的奇迹/在那里凭空设想出一个王国，/为乌有之乡插上梦想的翅膀。/……/直到一个残忍的医师撕碎他们的胡言乱语——/起初病态而富有的他现在才归于健全与贫瘠。'刚开始的时候，他是贫瘠而痛楚的。那么现在呢？'在时光把上帝、世界和我自身/带离之前，/谁会前来教给我我所相信与知道的东西？'"① 希腊神话中的智慧女神乃是真正智者的化身，她的最大的智慧，就是她懂得在应该"保持沉默"的时刻"把手指压在自己的嘴唇上"。这样的智慧是一种自知其"无知"的智慧，是一种批判性反思的智慧，是一种自我审查、自我理解、自我扬弃的智慧。相较之下，那些"愚蠢的智者"（智慧女神的信徒们）却囿于一般意识一元论的樊篱，非要把那些不可认知的东西误作可以认知的东西明告给人们。正因为缺乏批判性反思的智慧，他们总是"冥顽不化地执守那些教条化的体系"，进而"把哲学上的胡言乱语当作上帝的真理"。为了"撕碎他们的胡言乱语"，这时候就迫切需要"残忍的医师"诉诸公开发言的权利勇毅地道出真相来。

在西方，第一位堪称"残忍的医师"的哲学家当数苏格拉底，他以"助产术"的方式将那些自以为无所不知的智者一步步逼到"无知"的边界，进而在边界处将"美本身、善本身、大本身"之类的纯然真理间接地引导出来。在德国古典哲学时期，如果说主张"为信仰留余地，则必须否定知识"② 的康德同样是一位值得尊敬的"残忍的医师"，那么与康德并肩而行的同道者大概就只有莱辛了。

---

① Karl Jaspers, *The Great Philosophers—Descartes, Pascal, Lessing, Kierkegaard, Nietzsche, Einstein, Weber, Marx*, translated by Edith Ehrlich and Leonard H. Ehrlich, Harcourt Brace & Company, 1995, p. 140.

② [德]康德：《纯粹理性批判》，蓝公武译，商务印书馆1960年版，第21页。

— 611 —

在《反对格策之一》中，莱辛就曾把自己比作向公众报告危险疫情的医师："上帝明鉴，我丝毫不反对您和下萨克森的所有校长们向我的佚名作者开战。相反，我为此感到高兴，因为，我恰好借此将他的著作的由头公之于众，以便许多人能够审查、批驳。……我相信，将它们公之于众，为基督宗教所建立的功业，就不是您以您所有的讲道集和报纸所能比得了。怎么，由于我比您对基督宗教寄予更大的信赖，我就是基督宗教的敌人了？由于我向卫生顾问报告有病毒悄悄袭来，我就将瘟疫带进了国门？"① 匿名（佚名）者断片的作者雷玛勒试图通过实证的方法证明《圣经》天启的不可实证性，进而证明基督教信仰的不可实证性，这种诉诸现代科学的实证方法具有颇大的破坏力，它如病毒般威胁着基督教信仰的根基。由此可见，莱辛之所以要出版雷玛勒的那些断片，既不是因为他同意雷玛勒的观点，也不是因为他想借此在暗地里从事反对基督教的活动，而在于向公众"报告有病毒悄悄袭来"的消息，以便引起公众的注意并对其进行"审查、批驳"。作为一位具有启蒙意识与自由精神的思想家，雷玛勒确实看到了现代科学在开启民智方面所发挥的重要作用，并就此"展示了一种富有启蒙意义的哲学"，但是当这种哲学以科学一元论的姿态谈论信仰问题时，它"在宗教领域却给我们留下了肤浅的印象，它既显示出一种毫不含糊的自负与自满的情绪，又显示出一种天真幼稚的缺乏批判意识的态度"②。相较之下，"莱辛想要锐意进取，他在公开的讨论中询问着、思考着、验证着，他一直都在寻求着自我教育"③，这恰恰是莱辛公开出版匿名者断片的决定性的动机。在莱辛心目中，任何一种关于真理与信仰的谈论，哪怕是一种有破坏力的谈论，都不应处于"匿名"的状态，而是应该交给公众进行

---

① ［德］莱辛：《历史与启示——莱辛神学文选》，朱雁冰译，华夏出版社 2006 年版，第 190 页。

② Karl Jaspers, *The Great Philosophers—Descartes, Pascal, Lessing, Kierkegaard, Nietzsche, Einstein, Weber, Marx*, translated by Edith Ehrlich and Leonard H. Ehrlich, Harcourt Brace & Company, 1995, p. 162.

③ Karl Jaspers, *The Great Philosophers—Descartes, Pascal, Lessing, Kierkegaard, Nietzsche, Einstein, Weber, Marx*, translated by Edith Ehrlich and Leonard H. Ehrlich, Harcourt Brace & Company, 1995, p. 162.

第六章　理性生存型的艺术家之范例

质疑、审查与批判。① 就此而言，莱辛在这里"继续秉持着批判的立场，以便挑出那种正确无误的东西，并从中分离出值得遵循或不值得遵循的东西来"②。

那么，这种批判性反思的独特韵致何在呢？莱辛通过其批判性的反思"从中分离出值得遵循或不值得遵循的东西来"又是什么呢？莱辛在《反对格策之三》中以"为谷粒通风而翻动谷粒本身"为喻对此做了形象化的道说："益加惠于所有爱接受教诲和信仰的善良人，损只殃及少数不论理智还是德操都不值得重视的人。损只殃及 paleas levis fidei（轻信的糟粕），只殃及那些轻浮的基督教糠秕，它们随着一股股吹来的怀疑之风与沉稳的谷粒分离而飞走"；"这类东西，德尔图良说，不论多少，Avolent quantum volent（尽可以随风飞去）！——但我们今天的教士却并非如此。即便基督教的糠秕，也不应丢失！他们不愿让人为谷粒通风而翻动谷粒本身。"③ "怀疑之风"意在区分"糠秕"与"谷粒"，进而在扬弃"糠秕"的过程中把"谷粒"留下来，"这是一条非常奇特的深化信仰自身的道路"④，其"奇特"之处在于，

---

① 莱辛在《反对格策之七》中写道："佚名作者并非我的朋友；我甚至不知道，除了一种欲求，世上还有什么东西能够推动我发表他的手稿……这种欲求便是：尽可能快地看到——在我有生之年看到——它受到应有的批驳"；"残稿包含着某些东西，是我有限的分辨力和学养无法中肯剖析的。我处处——即便在千里之外也——看不见得到解答的机会。首席牧师先生当然想象不到，这样一种求解答而不得的窘况，使一个热爱真理的人感到多么急躁不安"；"我对于我难道无关紧要？对于我自己在我认为可以摆脱窘况的地方去寻找摆脱之道，我不负有义务？除了在公众当中，我又可能在哪里更容易寻求这摆脱之道呢？我很清楚，为了更多人的幸福，一个人理应牺牲他自己有限的幸福。可是，也应牺牲自己永恒的幸福？在上帝与人面前，有什么东西能够束缚我，宁可忍受种种疑惑的折磨，也不愿因公开这些疑惑而激怒信仰薄弱者？"见［德］莱辛《历史与启示——莱辛神学文选》，朱雁冰译，华夏出版社 2006 年版，第 225 页。

② Karl Jaspers, *The Great Philosophers—Descartes, Pascal, Lessing, Kierkegaard, Nietzsche, Einstein, Weber, Marx*, translated by Edith Ehrlich and Leonard H. Ehrlich, Harcourt Brace & Company, 1995, p. 162.

③ ［德］莱辛：《历史与启示——莱辛神学文选》，朱雁冰译，华夏出版社 2006 年版，第 203—204 页。

④ 雅斯贝斯就此指出："倘若沿循这些路径，以同样天真幼稚的批判来否认孩子般的接受态度，就会带来一种彻底的怀疑态度。如同莱辛所做的，他把正在被证明的东西与没有被证明的东西审慎地区分开来，这种做法使得宗教信仰日益清晰，与此同时又不会宣称任何一种信条，尽管如此，这样的宗教信仰正如莱辛的信仰那样同样是不可动摇的。这是一条非常奇特的深化信仰自身的道路。"见 Karl Jaspers, *The Great Philosophers—Descartes, Pascal, Lessing, Kierkegaard, Nietzsche, Einstein, Weber, Marx*, translated by Edith Ehrlich and Leonard H. Ehrlich, Harcourt Brace & Company, 1995, p. 163。

他既以"怀疑"("质疑")为出发点,又没有把"怀疑"畸变成否定信仰的"怀疑主义";它既以厘定信仰("谷粒")为落脚点,又没有把"信仰"畸变成不容怀疑的"教条主义"。说到底,它立足于"怀疑主义"与"教条主义"的两极张力间,诉诸人类健全的批判理性敞开了一条审查真理、深化信仰的道路。就此而言,莱辛所敞开的这条道路既不同于以雷玛勒为代表的启蒙派(自由派)的实证主义与怀疑主义,也不同于以格策为代表的正统派(守旧派)的教条主义与独断主义,正因为大端处的分歧,把《圣经》文本教条化了的格策才以傲慢自大的姿态丑诋莱辛"将瘟疫带进了国门",不容许莱辛"为谷粒通风而翻动谷粒本身"。

其实,"质疑"("怀疑")在莱辛这里乃是出自他一以贯之的批判性反思的立场,依据莱辛所持的这种立场,基督宗教在历史上之所以多次出现灾难性的变故,"并不是因为没有人产生怀疑,而是因为,没有人敢于公开表露这种怀疑"[1]。任何一个时代,一旦没有人敢于对基督宗教公开表露怀疑的立场,那么基督信仰就会因着缺失了活的精神而畸变成僵死的教条[2],事实上,恰恰是这些僵死的教条扼杀了真正的信仰。由此说来,"对宗教的辩护者提出反驳最尖刻的人,却不见得因此而对宗教怀有坏的用心"[3]。从莱辛与格策展开的神学论战中可以看出,莱辛就是这样一位怀着善良的意志对宗教的辩护者格策"提出反驳最尖刻的人"。雅氏就此指出了批判性的质疑之于莱辛思想的两点重要意义。①"质疑影响的只是知识、教条、'上帝的话'和傲慢自大。他并没有因此而绝望,因为他在自己的余生里继续于这种无知的状态下从事着哲学思考;他会允许自己被蕴含于传统中的那种根本性的东西所打动,他将检验、思考、征用与拥有某种值得信任的东西,至于这种东西的根基,他既无法证明,

---

[1] [德]莱辛:《历史与启示——莱辛神学文选》,朱雁冰译,华夏出版社2006年版,第211页。

[2] 雅斯贝斯就此指出:"《圣经》研究与确证信仰的探求是两件不同的事情。"见 Karl Jaspers, *The Great Philosophers—Descartes, Pascal, Lessing, Kierkegaard, Nietzsche, Einstein, Weber, Marx*, translated by Edith Ehrlich and Leonard H. Ehrlich, Harcourt Brace & Company, 1995, p. 168。

[3] [德]莱辛:《历史与启示——莱辛神学文选》,朱雁冰译,华夏出版社2006年版,第246页。

第六章　理性生存型的艺术家之范例

也不可丧失。"[1] 莱辛通过批判性的质疑，厘定了知识与教条的界限，最终将那种"既无法证明，也不可丧失"的根基锚定在每位信仰者的内在情感中。莱辛在《一个譬喻》中指出："人们即便一时不能消除理性一再对圣经提出的所有异议，宗教仍然不可动摇地、健康地存留在那些从基本宗教真理获得内在情感的基督教徒心中。"[2] 这种内在的情感涌动于每个信仰者心灵之中，它既以客观化的形式呈现于历史之中，又不拘囿于任何一种客观化的形式与历史。因此，"信仰的真理是无法从外在于它的一切事物中得到基础、证明或保证的，它乃是一种自我确证的真理。鉴于此，对《圣经》的理解应该遵循这样的原则：'那些被书写下来的传统理应用寓于这些传统中的内在的真理来解释；如果《圣经》并不含有内在的真理，那么那些被书写下来的传统也就无法将内在的真理给予某个宗教文本'"[3]。格策的根本歧误，就在于把客观化的《圣经》文本当作了信仰的真理本身。诚然，《圣经》文本中是含有"内在的真理"的，不过人们并不能就此把两者混淆起来，更不能以那种教条化了的"真理"取代"信仰的真理"。[4] 莱辛以其带有批判品格的理性所质疑的，其实就是此类教条化的东西，为的是将形形色色的"秕糠"与"谷粒"（"信仰的真理"）区分开来，进而唤醒人们到自己的心灵深处去寻找建基于内在情感的真正信

---

[1] Karl Jaspers, *The Great Philosophers—Descartes, Pascal, Lessing, Kierkegaard, Nietzsche, Einstein, Weber, Marx*, translated by Edith Ehrlich and Leonard H. Ehrlich, Harcourt Brace & Company, 1995, p. 140.

[2] [德]莱辛：《历史与启示——莱辛神学文选》，朱雁冰译，华夏出版社 2006 年版，第 151 页。有意味的是，雅斯贝斯在《生存哲学》一书中说过一段与此意趣相通的话："哲学假定，看起来对宗教好像很有危害的哲学思维，事实上对一种真正的宗教并不能构成什么危险。凡经不起思维考验的东西，一定不是真正的货色，凡不愿听取意见和不敢被考问的东西，当然也不是真品实货。严格的思维将使具有真实本原的东西只会显现得更纯洁更光明。但堕落的宗教，则咎由自取，应该有受攻击的危险。"见[德]卡尔·雅斯贝斯《生存哲学》，王玖兴译，上海译文出版社 2005 年版，第 86 页。

[3] Karl Jaspers, *The Great Philosophers—Descartes, Pascal, Lessing, Kierkegaard, Nietzsche, Einstein, Weber, Marx*, translated by Edith Ehrlich and Leonard H. Ehrlich, Harcourt Brace & Company, 1995, p. 167.

[4] 雅斯贝斯就此指出："信仰的真理在被客观化于语言、《圣经》或教义之前，它是当下存在的（它就当下地存在于每一位真正信仰者的心灵之中——引者注）。"见 Karl Jaspers, *The Great Philosophers—Descartes, Pascal, Lessing, Kierkegaard, Nietzsche, Einstein, Weber, Marx*, translated by Edith Ehrlich and Leonard H. Ehrlich, Harcourt Brace & Company, 1995, p. 167。

仰与纯正真理。就此而言，诉诸理性思维活动的哲学并不会直接确定某种信仰的真理，不过它终究以理性的祈向统一的意志为生存个体在其心灵深处确定信仰的真理敞开了道路。正是在莱辛这里，雅氏找到了自己的哲学同道①；或者说，正是有了雅氏这样的哲学同道，莱辛理论哲学的独特性征才被彰显出来。②"通过质疑，莱辛已经触及了受到理性仔细审查的历史性问题，并且通过犀利的阐述提出了一个让人无法置之不理的难题。他提出来的这个难题后来被克尔凯郭尔继续追问着。这个难题虽然不可能得到解决，但是对它的彻底思考却具有深化生存意识的作用。"②在理性的审查下，"历史性"问题表现出两种不同的形态：一种是雅氏批判的实存的历史性，它拘囿于一般意识与因果关系，试图运用实证的方法为某种总体化的历史图景及其确定性提供理由化的证明；另一种是雅氏期待的生存的历史性，它不仅以当下决断的生存意识超越了一般意识与因果关系，而且以理性的质疑精神与祈向统一的意志超越了任何一种总体化的历史图景③，正因为如此，信仰的真理（纯然的真理、理性的真理、超越存在）只能诉诸生存意识来领悟，而不能诉诸历史证据来实证，更不能把从实证中获得的知识与教条当作信仰的真理。基于对历史性问题所做的上述审查，雅

---

① 早在《生存哲学》一书中，雅斯贝斯就曾指出："哲学看来好像是一种无效的和骗人的思维，它在任何地方都不给人以'那个'现实。因为它假定思维的人通过哲学思维只想把他已经带来的和他可能成为的那种东西弄得更加明晰，使之具有更高的连续性，而不是假定思维的人想取得某种他原来无论如何不可能取得的东西和想成为他原来出于自身之力所决不能成为的那种人。……哲学只能指明如何通过真理以接近现实，如何去把捉永远当前现在但又永远不普遍公开的那个存在的道路。"见［德］卡尔·雅斯贝斯《生存哲学》，王玖兴译，上海译文出版社2005年版，第74页。

② Karl Jaspers, *The Great Philosophers—Descartes, Pascal, Lessing, Kierkegaard, Nietzsche, Einstein, Weber, Marx*, translated by Edith Ehrlich and Leonard H. Ehrlich, Harcourt Brace & Company, 1995, p. 168.

③ 真理与历史的张力问题是由理性与生存的张力所衍生出来的一个富有挑战性的问题，雅斯贝斯就此指出："真理建基于历史之中并在历史之中实现自身之所以是一个富有挑战性的问题，乃是因为我们人类自身的处境：我们生活于历史之中，我们必须在时间之中才能得以生存；无论我们想什么还是做什么，我们只能在历史的范围内行动。此外，那种永恒的、超历史的、非历史的真理仍旧是一个令人着迷且无可逃避的观念。对我们来说，这种观念至少在那些就其本义上而言非时间性的正确形式中当下呈现着，种种正确的形式就存在于现实之中，并作为超历史的绝对真理的符号而展现在我们面前。"见 Karl Jaspers, *The Great Philosophers—Descartes, Pascal, Lessing, Kierkegaard, Nietzsche, Einstein, Weber, Marx*, translated by Edith Ehrlich and Leonard H. Ehrlich, Harcourt Brace & Company, 1995, p. 165。

氏从莱辛所说的"那些偶然的历史真理……永远不能成为证明必然的理性真理的证据"①这个论断中，发现莱辛已在这里提出了一个让人无法置之不理而且可以深化生存意识的理论难题。"作为证据，对《圣经》文本及其品质和价值的历史性认识，以及当今那种被贴上'宗教历史'的标签的历史知识——莱辛认为这些东西都是重要的。不过，就此类知识对于信仰的重要性来讲，他以最为果决的态度断言，人类的这种认知力量既不能为信仰筑基，也不能否决信仰的存在。"②雅氏看到，莱辛固然没有否定关于宗教历史的知识，不过他已意识到这种历史知识毕竟是有其局限的，因为"人类的这种认知力量既不能为信仰筑基，也不能否决信仰的存在"；进而言之，真正的信仰无须诉诸一般意识与历史证据为其提供理由化的证明。就此而言，"信仰并不会因着人们从历史的角度或实践的角度对《圣经》文本所提出的异议而受到影响。《圣经》并不就是宗教。'反对这种文字与反对《圣经》'并'不等同于反对精神或反对宗教'"③。基于上述立场，莱辛看到以格策为代表的正统派与以雷玛勒为代表的启蒙派看似水火不相容，其实双方共用着一个前提，那就是基督教信仰的真实与否是可以通过对《圣经》文本的证明来做出实证的，然而，对立双方共用的这个前提恰恰是莱辛所反对的："通过坚持这一立场，莱辛既反对正统的理论，也反对雷玛勒的观点。正统理论宣称：基督教信仰是真实的，因此，《圣经》在其所有的部分中所说的东西也都是真实的；雷玛勒宣称：《圣经》中有许多部分所说的东西并不是真实的，因此，基督教也不是真实的。莱辛则通过反对上述对立的双方所共用的前提而宣称：《圣经》并不就是基督教，因此，对《圣经》

---

① Karl Jaspers, *The Great Philosophers—Descartes, Pascal, Lessing, Kierkegaard, Nietzsche, Einstein, Weber, Marx*, translated by Edith Ehrlich and Leonard H. Ehrlich, Harcourt Brace & Company, 1995, p. 166.

② Karl Jaspers, *The Great Philosophers—Descartes, Pascal, Lessing, Kierkegaard, Nietzsche, Einstein, Weber, Marx*, translated by Edith Ehrlich and Leonard H. Ehrlich, Harcourt Brace & Company, 1995, p. 170.

③ Karl Jaspers, *The Great Philosophers—Descartes, Pascal, Lessing, Kierkegaard, Nietzsche, Einstein, Weber, Marx*, translated by Edith Ehrlich and Leonard H. Ehrlich, Harcourt Brace & Company, 1995, p. 170.

的那些非难就其自身而言并不就是对基督教的抨击。"① 在雅氏看来，莱辛批判性质疑的最动人之处，就在于把信仰问题从拘囿于一般意识与历史证明的教条主义与怀疑主义的网罗中彻底解放出来，进而以理性的澄明力量为确认生存意识以及生存所祈向的那种信仰的真理敞开了道路，而这也正是理性哲学在伪信仰与无信仰盛行的时代精神处境下所当负荷起的一种不可推诿于外的天职；否则的话，真正的哲学精神也就随着宗教信仰的失落而消弭了。②

（2）苏格拉底：莱辛勾勒的"未来哲学家"形象的范本

在雅氏看来，莱辛关切的哲学问题主要有两个，一是哲学在其自身历史上的神韵究竟是什么？二是"未来哲学家"的形象究竟该是怎样的？雅氏发现，莱辛早在人生自觉的青年时代就对上述问题进行了深微的探察："1750 年，二十一岁的莱辛将自己'关于摩拉维亚教派信徒的诸多想法'写了下来。他在这部只有开始部分尚存的断片里，认为哲学家们所走的道路可以同宗教所沿循的道路进行一番比较。"③

---

① Karl Jaspers, *The Great Philosophers—Descartes, Pascal, Lessing, Kierkegaard, Nietzsche, Einstein, Weber, Marx*, translated by Edith Ehrlich and Leonard H. Ehrlich, Harcourt Brace & Company, 1995, p. 170.

② 早在出版于1931年的《时代的精神状况》一书中，雅斯贝斯就曾称说过类似的看法："如此放弃自身任务的哲学（哲学的学院化与专业化使哲学精神与个体生命的根源分离——引者注），虽然增多了自己的研究领域，却只是使自身陷于混乱。它所放弃的任务乃是崇高的任务。已不再能按照天启宗教的教条而生活的人，只有通过哲学（理性哲学——引者注）才能意识到自己的真正意愿。的确，凡以天启信仰的形式而忠于超越者的人，只要没有变得愈益褊狭，是永远不应受到打击的。因为去打击一个信仰者的信念，是纯然毁灭性的事。这个信仰者可能并不拒斥哲学的论辩，许多人也敢于容纳那种与人生不可分离的怀疑，但是，他仍然始终把在历史形式中的存在的确定性当作出路和准则，因此必然要返回到他自己的思想方式上去。对于这种可能性，我们现在不予关心。今天，无信仰成了与时代合拍的强大潮流。信仰离开宗教是否可能，这是一个问题。哲学即起源于这个问题。今天的哲学探讨意味着我们试图在一种不依赖于启示而形成的信仰中确证我们自身。布鲁诺、斯宾诺莎和康德是这方面的先驱人物。……哲学是站在真正的个人一边的，也就是说，它升起了自由的旗帜。"就此而言，"今天的哲学是那些因为具有充分的意识而不受宗教保护的人的唯一避难所"。见［德］卡尔·雅斯贝斯《时代的精神状况》，王德峰译，上海译文出版社1997年版，第132—133页。可惜的是，雅氏在当时尚未意识到莱辛的重要性；雅氏对莱辛的看重，最迟可追溯至1938年出版的《生存哲学》。笔者在考察雅氏论莱辛的学术史线索时对此已做过交代，在此不再赘述。

③ Karl Jaspers, *The Great Philosophers—Descartes, Pascal, Lessing, Kierkegaard, Nietzsche, Einstein, Weber, Marx*, translated by Edith Ehrlich and Leonard H. Ehrlich, Harcourt Brace & Company, 1995, p. 140.

第六章　理性生存型的艺术家之范例

莱辛回溯西方哲学自身的历史，通过比较哲学之路与宗教之路的不同，他最终从"人中至贤"苏格拉底身上获得了关键性的启发："'人类被创造出来的目的，乃是为了行动，而不是为了吹毛求疵。'曾有那么一段时间，一切智慧都存在于简明的生活规则之中。当时，最有道德的人也被视为最渊博多识的人。但是，七位智者的门徒却背叛了这一目的。他们渴求知识，却遗忘了实践。'对他们的求知欲来说，那些人人可以掌握却不是人人能够实践的真理，统统都是过于华而不实的滋补品。'他们想知道更多的东西。'天堂是他们先前所称颂的目标，现在则成为他们所推测的领域。那些数字向他们敞开了一个充满奥秘的迷宫……人中至贤苏格拉底'想让他们放弃对教条的追求，以便把他们从这种大胆鲁莽的飞离中召唤回来'。'……在你之上的那种东西并不是为你而存在的！请把目光转向你的内心！……在这里，你要理解与掌握的唯一的事情就是：理解与掌握你自己！'"① 人类原初的智慧乃是植根于生存践履的实践智慧，它们都"存在于简明的生活规则之中"。这些简明的生活规则为的是促使生存个体遵从内心的善良意志而采取正当的行动，知与行的合一使当时"最有道德的人也被视为最渊博多识的"，就此而言，他们拥有的学识也可被称为"善的知识"。然而，在"七位智者"② 之后，他们的门徒却抽空了知识的生存

---

① Karl Jaspers, *The Great Philosophers—Descartes, Pascal, Lessing, Kierkegaard, Nietzsche, Einstein, Weber, Marx*, translated by Edith Ehrlich and Leonard H. Ehrlich, Harcourt Brace & Company, 1995, pp. 140 – 141.

② 这里的"七位智者"（the seven wise men），是指古希腊人所说的七个最有智慧的人，亦称"古希腊七贤"，他们都是拥有原初智慧的真正的智者。相较之下，将他们的原初智慧知识化、教条化了的门徒则是"愚蠢的智者"。关于"古希腊七贤"的具体情况，雅斯贝斯曾在《大哲学家》的"导论"中做过一些交代："在整个古代，有七位贤人被作为哲学家的典范［见：斯内尔（Snell）］。他们被作为历史上的真人来看待，实际上人们只是从梭伦（Solon）起才有了真正的历史观点。这七位智者被认为代表着格言中的智者。在这一点上，世界上的任何民族是相同的，只不过这里是以古希腊文化内容作为其代表而已。这七大贤人被看成是世间的凡人，而不是圣者，更不是上帝的使臣。但是他们的形象随着以后的哲学家各自的观点而改变。因此，他们被描写为永恒、真正的哲学的典范人物，就像以后的时代对他们的看法那样。例如，他们知道人类的尺度，这使他们根本地与神区别开来。他们拥有在城邦城市生活的智慧，知道如何与人交往。可是，有时他们会让人感到书生气十足［例如七贤之一的泰勒斯（Thales）就曾被女佣笑话过，因为他走路时观察别人的头颅而掉到井里去。事见：柏拉图］。他们是底凯阿西（Dikaiarch，公元前320年）的生活实践者：'这七位贤人是有智慧的人并且是法律的制定者。他们不仅仅使用语言来做哲学思考，他们的智慧表现在他们的卓有成效的著作中。现在他们仍然是不可置疑的哲学家。（转下页）

根源，这些异化为"愚蠢的智者"的门徒的最大歧误在于，"他们渴求知识，却遗忘了实践"。遗忘了实践与生存根源的知识在愚蠢的智者那里变成了知识自身的滋衍，以至于沦为"吹毛求疵"的无谓争论或炫耀。伴随此类华而不实的知识滋衍得越来越多，那种实践的真理反而被掩埋得隐而不见了。在寡头化了的一般意识的怂恿下，他们甚至自称认知了"天堂"的奥秘，进而引诱人们梦游于"充满奥秘的迷宫"。这些外在的知识使人的追求越来越远离人自身，它们也越来越不成全人的本真生命。无论此类知识显得如何不可一世，它们终究无益于人的心灵的自我改善，更无益于人在世界之中的正当行动。值此颓危之际，"人中至贤"苏格拉底截断众流，他以"助产术"的方式把那些愚蠢的智者"从这种大胆鲁莽的飞离中召唤回来"，吁请他们把目光转向自己的内心，呼唤他们立足于自己的内心觅寻自我超越、自我拯救的正途。苏格拉底留给时人以及后世最重要的一句正告是"理解与掌握你自己"，这正是哲学成其为哲学的神韵之所在，同时也是苏格拉底被莱辛尊为"人中至贤"的原委之所在。然而令莱辛痛心的是，"智者们反对苏格拉底的说法，他们叫嚣道：'你这神明的亵渎者！你诱惑我们的民众！你祸害我们的年轻人！你就是祖国的敌人！……你这种离经叛道的教育的目的究竟何在？是为了诱惑我们的学生？还是为了剥夺我们的教职？抑或是为了弃我们于耻辱与贫乏的境地？'"[①] 那些愚蠢的智者们之所以声嘶力竭地丑诋苏格拉底，与其说是因为他"诱惑"了年轻的学生，倒不如说是因为他"剥夺"了他们的"教职"（意在谋食的岗位，而不是志在寻求真理的天职），至于说苏格拉底弃他们于"耻辱与贫乏的境地"，倘从生存意识看，其实这正是逼使他们立于一味向外寻求的一般意识的界限处，转而以自知其"无知"的

（接上页）在古时候只有精明能干的人能成为哲学家，即使他们的语言不是挖空心思想出来的乏味的语句。这是因为这些人不在是否应当从政或如何从政的问题上转来转去，而是直接去从事，并且干得很好。'西塞罗（Cicero，公元前106—前43年）曾断言：依我看，这七位智者具备一切，他们成为国家生活的中心并在国家里拥有最高的社会地位。"见［德］卡尔·雅斯贝尔斯《大哲学家》，李雪涛主译，社会科学文献出版社2005年版，第8页。

① Karl Jaspers, *The Great Philosophers—Descartes, Pascal, Lessing, Kierkegaard, Nietzsche, Einstein, Weber, Marx*, translated by Edith Ehrlich and Leonard H. Ehrlich, Harcourt Brace & Company, 1995, p. 141.

第六章 理性生存型的艺术家之范例

状态返回自己的内心去觅寻生存的真理的契机所在。可是，这些囿于一般意识的实存并不晓得苏格拉底诲示的生存的真理，当然，对天职自觉的苏格拉底来说，愚蠢的智者无论如何极尽丑诋之能事，他们也无从逼迫这位人中至贤放弃自己心中持守的纯然真理。"那包藏祸心的怨憎能迫使一位贤明之士否弃真理吗？可以说，除了能够剥夺他的生命，它从这位贤明之士身上带不走任何东西。"① 确实如此，苏格拉底虽然最终被那些包藏祸心的智者夺去了生命，但是这位贤明之士所点示的哲学品格恒在。苏格拉底的死，为他信守的哲学真理画上了最圆满的一个句号，同时以其生命践履为他的后昆上了最为直观也最为惊心动魄的一课。

由苏格拉底拓辟的这条哲学道路是艰苦而充满风险的。在苏格拉底之后，尽管哲学作为学院派的一个专门学科越来越红火、越来越细化，但是，真正能像苏格拉底那样走在纯正的哲学之路上的贤明之士，委实并不多见。"'只有少数几个信徒沿着苏格拉底所指示的道路继续前行。'柏拉图开始梦想，亚里士多德则得出推断。纵观绵亘于我们面前的悠久的哲学传统，时而是柏拉图的思想占据优势，时而是亚里士多德的观点处于支配地位。这时，笛卡尔出现了。'在他的手里，真理似乎是以一种新的样式呈现出来的；它越具欺骗性，就愈加光芒四射。'新的哲学开始经受测量技术的洗礼。'在古典遗迹方面几乎不屑一顾的科学，却以坚实的步伐引导着测量技术探向大自然最隐蔽的奥秘。人们似乎已在行动中发现了这种奥秘。'新科学的信徒们'不知疲倦地行进在发现新真理的道路上。他们在最小的空间也能借助于一些由符号连接起来的数字搞清楚诸多奥秘，而这些奥秘对亚里士多德来说则需要相当数量的推论才能说清楚'。"② 莱辛发现，即便是"沿着苏格拉底所指示的道路继续前行"的少数几个信徒，他们的哲学主张也已经与苏格拉底所点示的哲学神韵有了微妙的偏离：柏拉图

---

① Karl Jaspers, *The Great Philosophers—Descartes, Pascal, Lessing, Kierkegaard, Nietzsche, Einstein, Weber, Marx*, translated by Edith Ehrlich and Leonard H. Ehrlich, Harcourt Brace & Company, 1995, p. 141.

② Karl Jaspers, *The Great Philosophers—Descartes, Pascal, Lessing, Kierkegaard, Nietzsche, Einstein, Weber, Marx*, translated by Edith Ehrlich and Leonard H. Ehrlich, Harcourt Brace & Company, 1995, p. 141.

开始梦想一种带有道德形而上学色彩的理念论，亚里士多德则开始推断一种带有实体形而上学色彩的形式论；无论是柏拉图的理念论，还是亚里士多德的形式论，这两种交互影响西方哲学史的理论都开始钟情于肯定性思维。进而言之，两者在此后的接受者那里都日渐缺少了理性当有的批判性反思的品格，与此相应，哲学的理性光芒也随之变得越来越黯淡了，在陆续经历了希腊化时期、罗马化时期的些微闪光后，理性精神丧失殆尽的哲学在漫长的中世纪只好蛰居于宗教的蛹体之中了。直到笛卡儿的出现，新的哲学才终于在畅扬"我思故我在"的批判精神的过程中刺破宗教的蛹体而再次透显出理性的光芒。然而，此时的新哲学已开始经受新科学的挑战。新科学的信徒们倚仗着新兴的测量技术轻而易举地就解决了当年亚里士多德颇费周折才能解决的科学难题，"但是在谈及人类的时候，对新成就的赞许并不能妨碍做出下面的判断：'他们的头脑里填满了关于外部世界的知识，而内心却依然是空空荡荡的。他们引领着智力达至最遥远的天堂，然而感觉却由于求知的激情而被降至残忍的野兽水平之下了'"①。科学无论怎样"新"，它依然不能解决人的心灵改善的问题。颇具讽刺意味的是，伴随头脑里填满越来越多"关于外部世界的知识"，人们的内心却越来越"空空荡荡"起来，直至在将贪婪逐求的外部知识作为征服世界与他人的资具之际，人们其实已经因着贪欲的膨胀而"被降至残忍的野兽水平之下了"。

　　直面新科学带来的时代精神危境，莱辛再次把人们抛回由苏格拉底率先意识到的那个哲学的基源处："理解与掌握你自己！"鉴于此，莱辛以苏格拉底为范本，概述了自己对"未来哲学家"的看法。大致说来，莱辛心目中的未来哲学家具有如下四个性征。①未来的哲学家能够立于洞察力的制高点上审查科学知识的界限并指出愚蠢智者的荒唐可笑的一面："让我们想象有这么一个人，他立于洞察力的制高点上俯瞰我们人类在求知方面所进行的那些主要的劳作，并以苏格拉底般的敏锐来辨识我们高度赞美的智者身上所具有的荒唐可笑的一面，进而敢于以十足的自信宣布：'啊！你们的科学尚处于智慧的初级阶

---

① Karl Jaspers, *The Great Philosophers—Descartes, Pascal, Lessing, Kierkegaard, Nietzsche, Einstein, Weber, Marx*, translated by Edith Ehrlich and Leonard H. Ehrlich, Harcourt Brace & Company, 1995, p. 141.

第六章　理性生存型的艺术家之范例

段，它仍是为专家提供的一种游戏，是给那些盲目自大的人们的一丝慰藉！'"① ②未来的哲学家具有严于律己、宽以待人、无所畏惧、真诚无伪的美德："可以设想的是……这个人会教给我们要严于律己，宽以待人；即使面临成堆的不幸与羞辱，他依然会教给我们要高度珍视美德，抵御那种极度愚蠢的行为……他还教给我们不仅要信仰上帝，最好还是要热爱上帝；最后，他教给我们要毫无畏惧地面对死亡，并且通过心甘情愿地退出这个世间舞台来见证我们坚定的信念——才智并不会让我们在生命的最后时刻摘下我们不再扮演的那个角色的面具。"② ③未来的哲学家在一般意识的界限处敢于承认自身的无知："让我们进一步来设想，这个人从来就不精通那种越派不上用场就越自吹自擂的知识。就让他对历史或者语言始终都保持这种天真无知的状态吧。对于那些美好的事物以及大自然的奇迹，让他只知将它们认可为伟大造物主存在的最可靠的证明就足够了。一个从未验证过这一切的人只会说：我并不知道它，我也无法理解它。"③ ④未来的哲学家敢于冒着风险撕下官方哲学家虚假知识的面具："然而，这个人却有权拥有哲学家这一称号。同样，他也有勇气来否认官方因着人们所占有的公职的权力而授予他们的这一耀眼的头衔。如果他在任何一个团伙里都敢于冒着风险撕下他所发现的那种虚假知识的面具，由此导致他们的讲堂变得即使不是空无一人，至少也不再那么拥挤的话……我们的官方哲学家们将怎样来对付这个人呢？"④ 由此可见，莱辛在勾勒未来哲学家的形象时显然是以苏格拉底为范本的，他认为这样的哲学家既不会囿于知识与实证，

---

① Karl Jaspers, *The Great Philosophers—Descartes, Pascal, Lessing, Kierkegaard, Nietzsche, Einstein, Weber, Marx*, translated by Edith Ehrlich and Leonard H. Ehrlich, Harcourt Brace & Company, 1995, p. 142.

② Karl Jaspers, *The Great Philosophers—Descartes, Pascal, Lessing, Kierkegaard, Nietzsche, Einstein, Weber, Marx*, translated by Edith Ehrlich and Leonard H. Ehrlich, Harcourt Brace & Company, 1995, p. 142.

③ Karl Jaspers, *The Great Philosophers—Descartes, Pascal, Lessing, Kierkegaard, Nietzsche, Einstein, Weber, Marx*, translated by Edith Ehrlich and Leonard H. Ehrlich, Harcourt Brace & Company, 1995, p. 142.

④ Karl Jaspers, *The Great Philosophers—Descartes, Pascal, Lessing, Kierkegaard, Nietzsche, Einstein, Weber, Marx*, translated by Edith Ehrlich and Leonard H. Ehrlich, Harcourt Brace & Company, 1995, p. 142.

也不会耽于玄思与空谈，而是始终依循着哲学的本真精神尤其是运用自己的理性来辨析、推断那些与个体生存的意义密切相关的事物。最后，莱辛以其特有的反讽语调总结道："迄今为止，这样一位蛮勇的门外汉朋友在我们的时代尚未挺身而出，而且也不会起来反抗；那些颇为专注于事情的真实性的绅士们，将确保我的想象永远都成不了现实。"[①] 其实，莱辛就是他所期待的那种"未来哲学家"，他通过毕生的心智生活最终把自己成全为苏格拉底式的哲学家。莱辛留给世人的大量启迪心扉的戏剧对白，显然就是苏格拉底的对话法在戏剧领域中的具体运用与直观表达。就此而言，莱辛的文字背后始终跃动着一颗苏格拉底式的灵魂，尤为可贵的是，他在青年时代发布的这个宣告中，就已经以苏格拉底为范本为自己许下了要成为这样一位"未来哲学家"的愿念。

雅氏颇为看重莱辛发布于 1750 年的这个宣告的重要意义，认为这个宣告已透露出青年莱辛哲学自觉的消息："在青年时代所发布的这个宣告中，莱辛作为一位思想家为自己的一生设定了坚定不移的方向，我们在这里发现了他同帕斯卡尔、克尔凯郭尔、尼采的相似之处：他们都以自己的方式对现代科学做了理解，承认现代科学本身是具有价值的，而不是一味地鄙弃它。他们都积极地介入其中：帕斯卡尔涉足自然科学领域，莱辛与尼采则涉足哲学和历史领域。不过他们都知道，对人类来说至关重要的真理是无法从那里觅得的。"[②] 莱辛、帕斯卡尔、克尔凯郭尔、尼采一类的哲学家有一个共同的性征：从遮诠的角度来说，他们既不是那种一味背对着现实精神处境做玄空思辨进而推演出一套绵密而封闭的思想体系的形而上学家，也不是那种拘囿于一般意识一元论为世界实存秩序的稳定性做理由化辩护的技术专家；从表诠的角度来说，他们都是带着切己的生命体验直面时代精神危境的生存哲学家，他们都意识到了造成时代精神危境的一个关键性因素就是在现代技术理性武装下获得了突飞猛进发展的现代科学。当然，他们都没有一概而论地鄙弃现代

---

① Karl Jaspers, *The Great Philosophers—Descartes, Pascal, Lessing, Kierkegaard, Nietzsche, Einstein, Weber, Marx*, translated by Edith Ehrlich and Leonard H. Ehrlich, Harcourt Brace & Company, 1995, p. 142.

② Karl Jaspers, *The Great Philosophers—Descartes, Pascal, Lessing, Kierkegaard, Nietzsche, Einstein, Weber, Marx*, translated by Edith Ehrlich and Leonard H. Ehrlich, Harcourt Brace & Company, 1995, p. 143.

第六章 理性生存型的艺术家之范例

科学的价值，而是凭借批判性反思的智慧积极地介入其中，辨析它的基源，厘定它的界限，进而在一般意识的界限之内肯定它的价值，至于超出一般意识界限的真理、信仰等对人类来说至关重要的终极眷注问题，它就无从解决也无从给出一条启发人以自知其"无知"为契机进而返回自己的心灵深处去觅寻人类自我超越、自我解救的正途了。在雅氏看来，反省到一般意识之界限的时刻，也正是生存意识被唤醒的时刻。诉诸自由意志的生存意识从一开始就是在理性的澄明下祈向纯然的真理（大全、超越存在）的，因而莱辛并不会因其对现代科学、思辨哲学的批判性反思而将哲学思想引入"感觉与激情的旋涡"。雅氏就此指出："莱辛的意图是为了让哲学思想陷入感觉与激情的旋涡吗？完全不是这样的。莱辛不仅认为莱布尼茨和斯宾诺莎都是伟人，还认为他们的思想都具有认知功能，因而都要求思想的清晰度、区分度以及深度。"[①] 可以说，"要求思想的清晰度、区分度以及深度"乃是莱辛所期许的哲学思维方式的神韵所在。若说得再具体些，我们完全可以用雅氏的这样一个论断做一种提示："莱辛既不贬抑各门科学，也不轻忽那种系统、玄奥的哲学。他所要求的一切，就是想看到它们合理地得以实现，而不要彼此间混淆不清。"[②] 那么，这种哲学思维方式究竟是如何在莱辛的批评实践中得以体现的呢？针对这个问题，雅氏以莱辛撰写于青年时代的《蒲伯，一个形而上学家！》（"Pope a Metaphysician！"）一文[③]为范例

[①] Karl Jaspers, *The Great Philosophers—Descartes, Pascal, Lessing, Kierkegaard, Nietzsche, Einstein, Weber, Marx*, translated by Edith Ehrlich and Leonard H. Ehrlich, Harcourt Brace & Company, 1995, p.143.

[②] Karl Jaspers, *The Great Philosophers—Descartes, Pascal, Lessing, Kierkegaard, Nietzsche, Einstein, Weber, Marx*, translated by Edith Ehrlich and Leonard H. Ehrlich, Harcourt Brace & Company, 1995, p.143.

[③] 美国学者列奥·施特劳斯（Leo Strauss）在为《蒲伯，一个形而上学家！》撰写的"题要"中指出，该文是由莱辛与门德尔松合撰的，他还交代了该文出炉的某些背景："莱辛与门德尔松合写了《蒲伯，一个形而上学家！》这篇论战文章。成文起因是 1753 年柏林科学院为 1755 年设立的有奖征文，要求对比蒲伯（Alexander Pope）的'万有皆善'和（莱布尼兹）乐观主义体系（System des Optimismus），并审视'蒲伯体系'是否言之成理。莱辛和门德尔松临到最后才打算参加这次有奖征文——参赛征文必须于 1755 年 1 月之前递交。论文主体大概在 1754 年底就修改完毕。主要由于门德尔松'不愿署上自己的名字'，莱辛才决定放弃参加征文比赛，转而将这篇文章以小册子的形式发表。莱辛是否因为这个决定，才事后在文章中加入一些不合征文体例的对科学院的调侃，尚无定论。文章于 1755 年深秋匿名发表。最开始，大家根本不知道门德尔松也参与撰写了这篇文章；莱辛被一致认为是唯一的作者。"见［美］列奥·施特劳斯《门德尔松与莱辛》，卢白羽译，华夏出版社 2012 年版，第 66 页。

做了深入的剖析。

(3)《蒲伯，一个形而上学家!》：喻说莱辛哲学思维方式的一个范例

雅氏首先指出："为未来的哲学家勾勒了轮廓的青年莱辛，同样为我们提供了这种哲学思维方式的一个范例。"① 这个范例就是莱辛撰写于二十六岁时的《蒲伯，一个形而上学家!》一文，他在该文中抨击了普鲁士科学院，"因为它为一项有奖竞赛而准备的问题的措辞在形式上混淆了哲学与诗歌；尤为严重的是，它缺少哲学思维所要求的那种敏锐性。他诠释蒲伯的方法，就是把蒲伯同莱布尼茨进行比较，在此基础上对蒲伯提出批评并审查他的各项主张，这些做法乃是莱辛在这一领域坚持系统性思维的明证"②。蒲伯（Alexander Pope）③ 是18世纪英国启蒙主义诗人，他的诗歌虽然具有浓郁的形而上学意味，但是诗歌与形而上学毕竟各具特质；也就是说，正如形而上学终究是形而上学，诗歌终究是诗歌，因而人们不能将各具特质的诗歌与形而上学混为一谈（自然也不能将诗人与形而上学家混为一谈）。就此而言，普鲁士科学院所谓的"蒲伯，一个形而上学家"这个提法本身就是有问题的。正是从质疑这个有问题的提法出发，莱辛对蒲伯的各项主张进行了全面的审查与分辨。这里的关键并不在于他通过审查与分辨所得出的那些结论，而在于他从青年时代起就自觉运用的这种批判性反思的方法。如果说《拉奥孔》的指归在于辨析诗歌与绘画的界限，《反对格策》的指归在于辨析哲学与宗教的界限，那么《蒲伯，一个

---

① Karl Jaspers, *The Great Philosophers—Descartes, Pascal, Lessing, Kierkegaard, Nietzsche, Einstein, Weber, Marx*, translated by Edith Ehrlich and Leonard H. Ehrlich, Harcourt Brace & Company, 1995, p.143.

② Karl Jaspers, *The Great Philosophers—Descartes, Pascal, Lessing, Kierkegaard, Nietzsche, Einstein, Weber, Marx*, translated by Edith Ehrlich and Leonard H. Ehrlich, Harcourt Brace & Company, 1995, p.143.

③ 亚历山大·蒲伯（Alexander Pope, 1688—1744），英国新古典主义文学的代表人物，著有《田园诗集》（*Pastorals*, 1709）、诗体《批评论》（*An Essay on Criticism*, 1711）、讽刺诗《夺发记》（*The RapeoftheLock*, 1712—1714）、叙事诗《温莎林》（*Windsor Forest*, 1713）、哲理诗《道德论》（*Moral Essays*, 1731—1735）、哲理诗《人论》（*An Essay on Man*, 1734）、讽刺诗《愚人志》（*The Dunciad*, 1742）等。此外，他还翻译了古希腊史诗《伊利亚特》（*Iliad*，译成于1720年）、《奥德赛》（*Odyssey*，译成于1726年），编纂了莎士比亚的戏剧集。

形而上学家!》的指归就在于辨析哲学与诗歌的界限。在雅氏看来，莱辛在《蒲伯，一个形而上学家!》中主要是从以下四个方面进行审查与辨析的。

①莱辛认为诗歌与哲学（形而上学）各具其特质，与此相应，诗人与哲学家各有其职分。首先，就诗歌的特质与诗人的职分而言，"诗歌是'完美而感性的话语'。诗人讲述的每一件事情都'应该即刻给人带来强烈的感觉；他谈论的每一个真理都应该感动并说服我们。为了达到这一目的，诗人往往根据此种体系来表达与之相应的此种真理，根据彼种体系来表达与之相应的彼种真理，除此之外，别无他途。在这里，他依据伊壁鸠鲁（Epicurus）发言……在那里，他则依据斯多葛派学者（Stoics）说话'"①。莱辛将诗歌的内涵归结为"完美而感性的话语"，这种话语之所以被称为"诗歌"而不被称为"哲学"，乃是因为它具有"完美而感性"的形式，正是这一形式上的性征使诗歌成其为诗歌，进而最终将诗歌与哲学区分开来。基于诗歌的上述特质，诗人的职分便是诉诸"完美而感性"的形式来讲述事情，至于讲述的效果怎样，既不取决于讲述的"事情"究竟是什么，也不取决于这种讲述是否具有逻辑的一致性与理性的清晰性，而要看它是否能够"即刻给人带来强烈的感觉"。诚然，若从讲述的"事情"看，诗人是可以征用任何一种真理进行讲述的，不过诗人的目的并不在于追求某种体系性的真理，而在于追求"感动并说服我们"的效果。正因为如此，我们才会看到"诗人往往根据此种体系来表达与之相应的此种真理，根据彼种体系来表达与之相应的彼种真理"。相较之下，形而上学的特质与形而上学家的职分就迥然有异了："由形而上的真理所构成的某种体系却全然不同。形而上学家须得说清楚他想使用的语词的含义，绝对不能偏离这个含义；他的思维必须是内在一贯的。"② 形而上学是一种诉诸概念、判断与推理的理性话语，这种话语形态追求概

---

① Karl Jaspers, *The Great Philosophers—Descartes, Pascal, Lessing, Kierkegaard, Nietzsche, Einstein, Weber, Marx*, translated by Edith Ehrlich and Leonard H. Ehrlich, Harcourt Brace & Company, 1995, p. 143.

② Karl Jaspers, *The Great Philosophers—Descartes, Pascal, Lessing, Kierkegaard, Nietzsche, Einstein, Weber, Marx*, translated by Edith Ehrlich and Leonard H. Ehrlich, Harcourt Brace & Company, 1995, p. 143.

念的明确性、逻辑的一致性,它往往从某个元命题出发,按照一定的运思节奏推衍出一套体系性的真理来。与此相应,形而上学家的职分就是使用具有明确指谓的语词进行思维,他的思维在逻辑上必须具有内在的一贯性,否则的话,他就不得被称作"形而上学家"("哲学家")。就此而言,尽管诗人在征用真理进行讲述时与哲学家也有一致之处,但是毕竟不能将两者混为一谈:"诗人和哲学家也许是一致的。'然而,一位富有哲思的诗人仍然不是哲学家,同样,一位富有诗意的哲学家依旧不能使他成为一位诗人。'"[1] 一位富有哲思的诗人仍然是诗人,而不是哲学家,因为哲思在他那里主要是用来实现其诗歌韵致的工具;与此同时,一位富有诗意的哲学家依旧是哲学家,而不是诗人,因为诗意在他那里主要是用来实现其哲学旨趣的工具。

[2]莱辛认为蒲伯的诗歌中确有"类似于哲学体系的东西",而且人在这个体系中拥有其指定的位置。就这种"类似于哲学体系的东西"而言,"莱辛从蒲伯的诗篇里寻章摘句,然后把它们汇聚起来,这样就可构成某种类似于哲学体系的东西了:在一切可能的世界体系中,上帝肯定已把最好的体系给创造出来了。在这个最好的体系中,所有的事物都须得彼此关联,否则它就会分崩离析。事物间的关联取决于一个完美的层级结构,一切存在物在其中都拥有自己的位置"[2]。蒲伯诗歌中"类似于哲学体系的东西"并不是他有意构建的,而是莱辛特意从其诗歌里寻章摘句汇聚起来的,经过莱辛的一番分辨与勾勒,它便具有了哲学体系的某些特征。具体来说,它的元命题是"上帝在一切可能的世界体系中创造了最好的体系",由此推衍出来的第二、第三命题依次是"所有的事物在这个最好的体系中都须得彼此关联""一切事物在这个彼此关联且完美的层级结构中都拥有自己的位置"。依此逻辑节奏继续推衍下去,自然就会推断人在这个晶体般层级井然的理性体系中所拥有的位置:"这个伟大的链条从无

---

[1] Karl Jaspers, *The Great Philosophers—Descartes, Pascal, Lessing, Kierkegaard, Nietzsche, Einstein, Weber, Marx*, translated by Edith Ehrlich and Leonard H. Ehrlich, Harcourt Brace & Company, 1995, pp. 143 – 144.

[2] Karl Jaspers, *The Great Philosophers—Descartes, Pascal, Lessing, Kierkegaard, Nietzsche, Einstein, Weber, Marx*, translated by Edith Ehrlich and Leonard H. Ehrlich, Harcourt Brace & Company, 1995, p. 144.

第六章 理性生存型的艺术家之范例

穷一直延展到人,又从人一直延展到虚空。在这个不可改易的存在物的链条中,人拥有其指定的位置。若要求人比他现在更加完美,就如同对于手来说要求它是头脑却不是思维所驱使的工具一样可笑。若询问人缘何未被造得完美无瑕这个问题,就如同询问人缘何不是上帝、尘世缘何不是天堂一样无趣。'每一个创造物的福祉,都建基于与其本性相协调的条件之上',这也正是适合其本性和完善程度的情况。人就是依其条件尽可能地臻于完美的一个物种。"① 从中可以看出,每个创造物在上帝创造的这个最好的体系中占据的位置都是以其各自的本性(以及与其本性相协调的条件)为基源的,人在其中所拥有的位置同样如此。就人的本性而言,人并不是完美无瑕的上帝;再看与人的本性相协调的那些条件,人所生存的这个尘世也不是完美无瑕的天堂;不过,在理性之光的唤醒与烛引下,不完美的人在这个并不完美的尘世上却始终有着一种祈向无限完美的上帝与天堂的冲动。于是,所谓"人就是依其条件尽可能地臻于完美的一个物种"便是顺理成章地推衍出来的一个结论,这也是从上帝创造的最好体系中推衍出来的最后一个命题。

③莱辛以莱布尼茨等哲学家作参照,发现了作为"真正的诗人"的蒲伯在征用形而上学内容时所表现出来的"瑕疵":"莱辛把蒲伯诗篇的内容同莱布尼茨、夏夫兹博里(Shaftesbury)以及其他人进行了比较。他发现在蒲伯那里存在诸多错误失真、肤浅鄙陋以及自相矛盾的说法,并且非常敏锐地对其做了揭露。不过,莱辛觉得这些瑕疵都是可以理解的。作为一位真正的诗人,蒲伯更为关切的是,'从形形色色的系统那里汲取可以带来感性愉悦的事物,并用这类事物来润饰自己的诗,而不是创建某个属于他自己的体系……'。'他首先阅读那些处理过同样论题的这一位或那一位作家的作品,并未根据自己的基本原则予以审查,就从那些悦耳的诗篇中获取他认为最有助于表达的每一样东西。'莱辛证明了这样一个事实:蒲伯使用的素材中的形而上学部分更多的是从他人那里借来的,而不是由他自己

---

① Karl Jaspers, *The Great Philosophers—Descartes, Pascal, Lessing, Kierkegaard, Nietzsche, Einstein, Weber, Marx*, translated by Edith Ehrlich and Leonard H. Ehrlich, Harcourt Brace & Company, 1995, p.144.

思考出来的。"① 莱布尼茨、夏夫兹博里②等哲学家乃是为了探寻真理而诉诸概念、判断与推理来建构自己的哲学体系的，因此他们建构的哲学体系始终具有概念的准确性与逻辑的一贯性。以此作对照，莱辛敏锐地发现与揭露了诗人蒲伯存在的"诸多错误失真、肤浅鄙陋以及自相矛盾的说法"。如从哲学的本性与哲学家的职分看，诸如此类的说法显然是一种"瑕疵"，不过若从诗歌的本性与诗人的职分看，这些所谓的"瑕疵"便成为"可以理解"的了。此乃因为，诗人蒲伯从形形色色的系统那里汲取智慧时，他的目的并不在于"创建某个属于他自己的体系"，而是在于"润饰自己的诗"并给人"带来感性愉悦"。鉴于此，对于那些以"拿来主义"的态度从不同的作家那里所征用来的东西，蒲伯无须像哲学家那样依据某种一贯的"基本原则予以审查"。莱辛据此认为，"蒲伯使用的素材中的形而上学部分更多的是从他人那里借来的，而不是由他自己思考出来的"，与其说这是蒲伯的"瑕疵"，倒不如说是他作为一位"真正的诗人"的独特韵致所在。"正如蒲伯在书信的许多段落中所记录的那样，他本人也意识到了这一点。……有关蒲伯诗句中附着的哲学思想，具有决定意义的乃是他写给斯威夫特（Swift）的这句话：'请允许我留着哲学家那样的胡子，直到我自己将它摘掉，并且可以对它戏谑打趣。'莱辛就此评说道：'这句话说出了许多东西！一旦发现某个著名的学术团体认为这绺假胡子竟值得严肃审查的话，他会感到多么地吃惊啊！'"③ 蒲伯对自己诗句中"附着的哲学思想"有着清醒的意识，他将此举颇为形象地比作"留着哲学家那样的胡子"，待实现了给人带来的"感性愉悦"的效果后，他自会"将它摘掉"的，届时他便会露出"诗人"的真面目来；进

---

① Karl Jaspers, *The Great Philosophers—Descartes, Pascal, Lessing, Kierkegaard, Nietzsche, Einstein, Weber, Marx*, translated by Edith Ehrlich and Leonard H. Ehrlich, Harcourt Brace & Company, 1995, p. 144.

② 夏夫兹博里（Shaftesbury，1671—1713），亦译为舍夫茨别利、沙夫茨伯里等，英国伦理学家、美学家，新柏拉图派代表人物，著有《论特征》等。他认为人先天具有的"内在感官"固然属于人的理性部分，不过它仍是一种不假思索的感官能力，其学说的指归在于证明道德感与美感的先验性与共通性。

③ Karl Jaspers, *The Great Philosophers—Descartes, Pascal, Lessing, Kierkegaard, Nietzsche, Einstein, Weber, Marx*, translated by Edith Ehrlich and Leonard H. Ehrlich, Harcourt Brace & Company, 1995, p. 144.

而言之，蒲伯虽然"留着哲学家那样的胡子"，但是就其真面目而言，他依然是一位诗人，而不是哲学家。普鲁士科学院的歧误恰恰在于，它被蒲伯留着的"这绺假胡子"迷惑，进而依据哲学的标准对其进行"严肃审查"，这不仅有喧宾夺主之嫌，而且混淆了哲学与诗歌的界限，缘此，它所做的审查从一开始就是令莱辛感到"吃惊"的一个错误。

④莱辛聚焦于普鲁士科学院让公众争论的话题的表述方式，指出这个话题所建基的前提是错误的："它要求人们'审查蒲伯的体系，而这个体系却被包纳于这样一个命题里：一切最终都是好的'。然而，这正是蒲伯未曾坚持的观点。他承认，大自然让很多灾祸都降临到了我们的头上。因此，他根本不可能说一切皆'好'（good）。不过他可以这样说，在对事物的规划里，一切皆'宜'（right）。因此，他声称：'无论是什么，它们都是适宜的。'普鲁士科学院因法语译文'一切皆好'（tout est bien）而被引入了歧途。"①"好"（good）与"宜"（right，合宜）乃是两个意味不同的形容词，以前者为谓词的命题"一切皆好"属于价值判断，以后者为谓词的命题"一切皆宜"则属于事实判断。所谓"一切皆宜"，指的是一切被纳入某个规划的事物在这个规划里都有合宜于其条件的位置并享有其特定的权利，这确实是事实；然而，合于事实判断的事物未必在价值上就能以"好"相称，人们更不能就此做出"一切皆好"这样的全称价值判断。普鲁士科学院的歧误恰恰在于，它在混淆了"好"与"宜"的意味进而将两个意趣迥异的判断——"一切皆好"与"一切皆宜"——混为一谈的前提下，最终把"一切皆好"这个全称价值判断误当成蒲伯思想体系的核心命题，然而这个命题"正是蒲伯未曾坚持的观点"。莱辛认为，既然连蒲伯自己都承认大自然时常向人类降祸，他怎么可能会断言"一切皆好"呢？这是一种颇为有力的抗辩。在莱辛的抗辩下，普鲁士科学院因其对批评的对象缺乏批判性反思的智慧而暴露出来的独断色彩与傲慢自大的态度就显豁无遗了。就此而言，即便蒲伯的思想有

---

① Karl Jaspers, *The Great Philosophers—Descartes, Pascal, Lessing, Kierkegaard, Nietzsche, Einstein, Weber, Marx*, translated by Edith Ehrlich and Leonard H. Ehrlich, Harcourt Brace & Company, 1995, pp. 144 – 145.

一种体系，这种独特体系的核心命题也不是"一切皆好"，而是"一切皆宜"。

在对莱辛诠释蒲伯的方法做了悉心爬梳后，雅氏继而指出："莱辛通过反对下述双方的做法挽救并捍卫了哲学中最为重要的东西：他既反对想要取代哲学的科学研究，又反对由随心所欲、杂乱无章、毫无系统的争论所带来的思想混乱。然而，彼此对立的这两方却占据着学术上的要职，并且都是学术团体的骨干成员。"[①] 雅氏在这里是从遮诠的角度评价莱辛的：莱辛反对的第一种做法——"想要取代哲学的科学研究"——混淆了哲学与科学的界限，它试图以实证主义的立场去把握某种准确可靠的"科学真理"，这种做法在主张科技理性一元论的主流启蒙思想家那里表现得最为突出；莱辛反对的第二种做法——"由随心所欲、杂乱无章、毫无系统的争论所带来的思想混乱"则混淆了哲学与诗歌的界限，它试图以一种不加批判、模棱两可的混乱思想审查富有哲思的诗人的哲学体系。在莱辛看来，上述两种做法都消弭了哲学的根本精神，因此，他要捍卫"哲学中最重要的东西"并把它拯救出来。那么，莱辛澄清了他所挽救与捍卫的东西了吗？除了上述两种错误的做法，还有其他什么可行的方法吗？对此，雅氏从表诠的角度做了评说："作为哲学家，莱辛是一位唤醒者，他的思想是富有启发性与令人不安的，并不向人们明确地指定那种提供宁静的心绪和安全的港湾的真理。相反，他意识到，这样的目标是可望而不可即的：我们所能做的，就是沿着这条道路一直走下去。"[②] 可以说，这是雅氏全部莱辛论的点睛之笔，他在这里将莱辛明确地归结为"唤醒者"，作为伟大的唤醒者的莱辛既不给人提供某种实体化的科学真理，也不给人提供某种实体化的宗教信仰；他断然地依赖哲学自身的理性精神，通过批判性的反思对所阐述的对象进行严格的审查与辨析，其指归在于唤醒生存个体在理性的澄明下勇毅地走在通向纯

[①] Karl Jaspers, *The Great Philosophers—Descartes, Pascal, Lessing, Kierkegaard, Nietzsche, Einstein, Weber, Marx*, translated by Edith Ehrlich and Leonard H. Ehrlich, Harcourt Brace & Company, 1995, p.145.

[②] Karl Jaspers, *The Great Philosophers—Descartes, Pascal, Lessing, Kierkegaard, Nietzsche, Einstein, Weber, Marx*, translated by Edith Ehrlich and Leonard H. Ehrlich, Harcourt Brace & Company, 1995, p.145.

第六章 理性生存型的艺术家之范例

然真理的路途中。

正因为莱辛认为通向纯然真理的道路始终是向生存个体敞开着的，他才以一种独特的方式进行系统性的思考，雅氏就此指出："莱辛能够以一种严谨的态度进行系统性的思考。在有限的范围内，他试图勾勒出那些体系来。但是，莱辛并不是任何体系的创造者。只有一次，他趋近了这一目标，那就是在《论人类的教育》的接近结尾之处。在那里，他的哲学洞见与神学洞见似乎结合成了一体，但是从整体上看，它仍处于悬而未决的状态，而且他最后是以诸多疑问进行收尾的。"[①] 雅氏敏锐地看到，莱辛在《论人类的教育》的接近结尾处趋近了完美的"体系性"目标，具体来说，这里当指莱辛所写的如下几段话："至善的上帝，不要让我去想这亵渎神明的事！——教育有其目的，不论对人类、还是对个别人。凡是被教育者，都将被教育成某种东西。""人们向少年展示的诱人前景，向他展示的荣誉、成功，无非是教育他成人的手段，使他成为一个这样的人——即便没有荣誉、成功一类的前景仍然能够履行其义务。""人实施教育的目的即在于此，上帝实施的教育达不到此一目的吗？技艺对于个人所做到的，自然对于整体会做不到吗？亵渎，亵渎呀！""不，那个完成的时代将会到来，一定会到来；到那时，人的理智愈是怀着信念感觉到一个日益美好的未来，人便愈无须向未来乞求自己行为的动因；到那时，人行善只因为善，而非由于给行善规定了任何报偿，而在以往，只有这报偿才吸引和固定住人的疑惑不定的目光，使之认识到善的更高的内在报偿。""《新约》初级读本中向我们许诺的那个新的永恒福音的时代（参阅〈启〉14：6），一定会到来。"[②] 莱辛在上述几段话中委实将"他的哲学洞见与神学洞见似乎结合成了一体"，不过"似乎"终究是"似乎"；进而言之，即便在唯一的一次趋近于完美的"体系性"目标的阐说中，莱辛仍然使探寻的纯然真理"处于悬而未决的状态"，因为

---

① Karl Jaspers, *The Great Philosophers—Descartes, Pascal, Lessing, Kierkegaard, Nietzsche, Einstein, Weber, Marx*, translated by Edith Ehrlich and Leonard H. Ehrlich, Harcourt Brace & Company, 1995, p.145.

② ［德］莱辛：《论人类的教育——莱辛政治哲学文选》，朱雁冰译，华夏出版社2008年版，第125—126页。

莱辛在《论人类的教育》的最后是以诸多疑问来收尾的："［既然连］纯然现世的（zeitlich）赏罚［都］能使人们迈向完善，为什么我不能一次就此走完使我完善的所有步伐呢？""对永恒奖赏的盼望如此强有力地推动我们去走的所有步骤，为什么不可以在下一次走完呢？""为什么我不该经常回来，恰如我能够获取新的认识、新的能力？［难道］我一次带走的东西如此之多，以致不值得再为重回此世而付出努力？""就因如此而不该回来？或者因为我忘记自己曾经活过？我忘记此事是我的福分。对我前世的记忆，也许只会容许我滥用当前的状况。对于暂时（auf Jetzt）必须忘掉的事情，难道我就永远忘掉了？""或者，因为这样我会损失太多时间？——损失？——我究竟会耽误什么呢？整个永恒岂非都是我的？"[1] 莱辛固然承认人有"迈向完善"的意志，不过人迈向完善的步伐并不是一次性完成的，人也不是沿着一条直线前行的，此乃因为，在世生存的个体尚是不完善的，这样的个体"在自己的永恒道路上带着的东西实在太多！必须如此频繁地离开正路"；然而，这又不能成为人否弃永恒的完善状态的理由，此乃因为，在世生存的个体可以通过一次又一次的行动，永不间断地行进在趋向完善状态的道路上，"正是通过这条道路，人类才得以达到完美"。[2] 莱辛就此给在世生存的个体留下了一种不至于绝望的希望："迈开你不可觉察的步伐吧，永恒的天命！只是让我不要因为这种不可觉察而对你绝望。——让我不要对你绝望，即便你的步伐或许在我看来仿佛是在后退！——最短的线始终是直的，这说法并不正确。"[3] 这里所谓"永恒的天命"，乃意指生存个体在理性的澄明与召唤下自觉意识到的天职，

---

[1]［德］莱辛：《论人类的教育——莱辛政治哲学文选》，朱雁冰译，华夏出版社2008年版，第131—132页。

[2] 莱辛就此写道："你在自己的永恒道路上带着的东西实在太多！必须如此频繁地离开正路！——如果说，这推动着人类接近其完美的巨轮缓慢运转，它由一些较快、各自为达到同一目的而提供其个体力量的小轮所驱动，难道不对吗？""同样！正是通过这条道路，人类才得以达到其完美，每一个别的人（有的早些，有的迟些）首先必须通过这条道路——'必须在此生通过吗？他在此生可否既是感性的犹太教徒又是精神性的基督徒呢？他在此生能够超越二者吗？''肯定不能！——可是，每一个别的人为什么不能不止一次地降临在这个世界上呢？"见［德］莱辛《论人类的教育——莱辛政治哲学文选》，朱雁冰译，华夏出版社2008年版，第129页。

[3]［德］莱辛：《论人类的教育——莱辛政治哲学文选》，朱雁冰译，华夏出版社2008年版，第129页。

第六章　理性生存型的艺术家之范例

天职意识的觉醒使在世生存的个体敢于向着那眺望中的完善之境逶迤前行。莱辛之所以反对"最短的线始终是直的"这种说法，乃是因为人并不就是完满的上帝，在世生存的个体只能不间断地趋近于那一终极目标（有时甚至还会出现"后退"的情形），却不能够一蹴而就地与终极目标合一；如若像某些"狂热者"误以为人类是沿着最短的直线迈向完善之境的，人就会因着"操之过急"[①] 而陷入实体形而上学的泥沼，这样做的后果，不仅会终结人类自我生成的历史，而且会造成人类不忍看到的现实灾难。

对莱辛来说，真理就是通向完美之境的道路，这条道路始终是向自我超越的生存个体开放着的，那眺望中的完满之境也因此永远处于一种"悬而未决"的状态。正是在这个意义上，雅氏认为"莱辛并不是任何体系的创造者"，莱辛通过批判性的反思、审查与尝试，其指归只有一个，那就是以理性的力量敞开通向纯然真理的道路。雅氏就此指出："莱辛认为，在体系中组构哲学的种种尝试乃是人类认知过程中非同寻常的领域。不过，无论在什么地方，他都反对某种结构或体系将自身假定为绝对之物。"[②] 应该说，莱辛并没有一概而论地反对体系，他在有限的范围内也曾试图勾勒出某种体系来；说到底，他所反对的是将某种体系绝对化、寡头化的做法，这类做法往往从某个实体与元命题出发推断出一套静止化、封闭化的体系。相较之下，莱辛则没有此类实体与元命题，因而他的思想在根底处也是开放、灵动的："就艺术领域中的哲学批评来说，莱辛从亚里士多德那里吸收了种种观念；就他的基本观点而言，他则偏向于莱布尼茨和

[①] 莱辛就此写道："那些狂热者只是操之过急，他们的同时代人尚未脱离孩提时代，狂热者自以为不予启蒙、不使他们有所准备便能一举使其成为与第三个时代（暗示约阿西姆关于世界历史的三时代学说：第一个时代是圣父治下的旧约时代，第二个时代是圣子治下的新约时代，第三个时代是以圣灵为标志的人类发展时代。——引者注）相当的成人。""正是这种做法使他们成为狂热者。狂热者往往颇为正确地看到未来，但他对这个未来迫不及待，希望加快这个未来的步伐，希望通过自己来加速这个未来的实现。自然为此耗费数千年时间，他们却希望在自己以有生之年便使之（in dem Augenblicke seines Daseins）水到渠成。"见［德］莱辛《论人类的教育——莱辛政治哲学文选》，朱雁冰译，华夏出版社 2008 年版，第 128 页。

[②] Karl Jaspers, *The Great Philosophers—Descartes, Pascal, Lessing, Kierkegaard, Nietzsche, Einstein, Weber, Marx*, translated by Edith Ehrlich and Leonard H. Ehrlich, Harcourt Brace & Company, 1995, p. 145.

— 635 —

斯宾诺莎。"① 具体来说，莱辛是根据对象自身的基源汲取与其特质相应的思想来从事审查活动的，譬如，亚里士多德关于诗学的种种观念建基于艺术创作实践，因而更适合于莱辛在艺术领域中所从事的哲学批评；再如，莱布尼茨、斯宾诺莎的思维方式更有益于拯救与保卫哲学中最重要的东西，因而他的基本观点便"偏向于莱布尼茨和斯宾诺莎"。②

（4）"实验性"与"论辩性"：莱辛思维方式的韵致

在悉心阐发莱辛理论哲学的出发点及其勾勒的"未来哲学家"形象等话题的基础上，雅氏对莱辛思维方式的韵致做了如下概括："莱辛的思想辨析对象，限定论题，探向终极之物。这些思想迫使我们去清晰地探寻问题，结果是从属于具体的细节，而不是整体之物。无论在何种情况下，他的思想都向更广泛的思考、更深入的洞察以及更重要的东西敞开着，直到我们清晰地看到人们在达至确信不疑的时刻所面临的危险是什么。"③ 所谓"辨析对象，限定论题，探向终极之物"，指的是分辨不同对象各具的特质，根据对象自身的特质将其限定在一定的范围内加以探讨，避免出现彼此混淆的状况。至于探向中的"终极之物"（"整体之物"），则不直接用概念、命题予以断定，而是让其处于"悬而未决"的状态。正因为如此，莱辛的思想便能够迫使我们以理性的精神不断地去探寻问题，拓辟道路，它所带来的结果，就是留下了探向"终极之物"的思想踪迹（"具体的细节"），这些思想的踪迹不仅是清晰可辨的，而且始终敞向哲学中最重要的东西——"终极之物"。当人们对此达至确信不疑的时刻，人们遇到的最大的危险就是将探向中的"终极之物"实体化、静态化。一旦将"终极之物"

---

① Karl Jaspers, *The Great Philosophers—Descartes, Pascal, Lessing, Kierkegaard, Nietzsche, Einstein, Weber, Marx*, translated by Edith Ehrlich and Leonard H. Ehrlich, Harcourt Brace & Company, 1995, p. 145.

② 雅斯贝斯就此指出："这就解释了莱辛与诸如莱布尼茨和斯宾诺莎这样的哲学家有缘的原委所在，也说明了他对这些哲学家始终怀有仰慕之情的内在根由。"见 Karl Jaspers, *The Great Philosophers—Descartes, Pascal, Lessing, Kierkegaard, Nietzsche, Einstein, Weber, Marx*, translated by Edith Ehrlich and Leonard H. Ehrlich, Harcourt Brace & Company, 1995, p. 145。

③ Karl Jaspers, *The Great Philosophers—Descartes, Pascal, Lessing, Kierkegaard, Nietzsche, Einstein, Weber, Marx*, translated by Edith Ehrlich and Leonard H. Ehrlich, Harcourt Brace & Company, 1995, p. 145.

实体化、静态化，也就闭塞了生存个体自由选择、自由交往、自我超越、自我生成的道路。莱辛的伟大之处，恰恰在于他既清醒地意识到了这一危险，又勇毅地指出了这一危险，进而呼唤人们始终以生存的原初性、理性的清晰性探问严肃的真理问题。就此而言，"阅读莱辛的作品可以训练人们清晰思维与精确表达的能力，让人们能够遵循一系列清晰的观念，避开那种并不相干的东西。不过，他也给我们带来了内容的完整性、真理的严肃性、沟通的自由度与表达的自主性"①。可以说，莱辛的思维方式是别具韵致的，具体来说，它具有两个鲜明的特点：一是"实验性"，二是"论辩性"。

① "实验性"。雅氏首先就莱辛思维方式的"实验性"指出："这种思维是带有实验性的：对种种后果进行实验；通过可能唤起的情感进行即时性的表达；质询那些似乎神圣不可侵犯的东西；冒着丧失生命扎根于其中的基础的危险不断地追问；最后以问题作结。这是用概念、实际行动、人自身所进行的一个实验，也是人类自身作为一种会思考的存在所要承担的风险。"② 人是一种"会思考的存在"，仅凭会不会思考这一点足可把人与其他物种区分开来。思想者在诉诸概念与实际行动对人自身进行实验的过程中，既要善于对可能出现的各种后果进行实验并对可能唤起的各种情感做出即时性的表达，又要敢于对一切事物（尤其是那些"似乎神圣不可侵犯的东西"）进行质询并做出富于理性精神的审查。思想者借着理性之翼的高飞振举自由地盘旋于人类的精神生活之中，他不断地追问着，探寻着……他的思维飞得越高，他离生命扎根于其中的基础（"本明的生存"）就越远；他的思维距"终极之物"（"超越存在"、"大全"、"上帝"或"纯然的真理"）越近，他就越有将"终极之物"实体化进而渴望与之神秘合一的危险。值此之际，思想者的使命，就是持续地敞开通向纯然真理的道路，同时指出人在探寻纯然真理的路途中可能

---

① Karl Jaspers, *The Great Philosophers—Descartes, Pascal, Lessing, Kierkegaard, Nietzsche, Einstein, Weber, Marx*, translated by Edith Ehrlich and Leonard H. Ehrlich, Harcourt Brace & Company, 1995, pp. 145 – 146.

② Karl Jaspers, *The Great Philosophers—Descartes, Pascal, Lessing, Kierkegaard, Nietzsche, Einstein, Weber, Marx*, translated by Edith Ehrlich and Leonard H. Ehrlich, Harcourt Brace & Company, 1995, p. 146.

遇到的问题与需要承担的风险。可以说，莱辛就是一位真正的思想者，他所持守的实验性思维就是一种真正的真理之思。"这种思维开辟着道路，并在寻求真理的过程中解放着人类。"① 也就是说，这种实验性的思维在理论领域基于假设并诉诸概念、命题进行推断②，从而以理性的力量为生存的自由行动与人类的自我解放敞开了无限可能性的空间。

正是在这里，雅氏看到了莱辛思想中涵淹着的"理性"与"生存"之间的张力："思路的清晰需要明确果断的表达。然而，这种清晰意味着它只不过是一种实验。这种实验性的思维并不能够在其思想的实质中找到基源——由于那基源是绝对的，因此，它今后只可能永远以自身为根据。"③ 实验性的思维是一种理性思维，理性思维说到底是一种形式的力量，它"并不能够在其思想的实质中找到基源"。在所有的"大全"样式中，唯有"生存"为其他各种"大全"样式提供了基源，而"生存"则只能永远以自身为根据。"理性"作为祈向"统一"（"终极之物"）的意志与联系一切"大全"样态的纽带，它的使命就是召唤生存个体永不停歇地行进在探向纯然真理的途中，并将这个过程中的一切东西都置于理性之光下加以审查，进而为生存个体的自由选择、自我超越、自我生成敞开一个无限大的空间。正是在这个意义上，我们说莱辛是一位理性生存型的哲学家；也正是在这个意义上，这位理性生存型的哲学家在谈及信仰问题时对"基督教精神"与"神学"做了严格的区分："严格说来，我当作可能的观点所提出的这些建议，恰恰能够确保那些充满渴望的心灵获得平静，从而满足于基督教精神，而不是那

---

① Karl Jaspers, *The Great Philosophers—Descartes, Pascal, Lessing, Kierkegaard, Nietzsche, Einstein, Weber, Marx*, translated by Edith Ehrlich and Leonard H. Ehrlich, Harcourt Brace & Company, 1995, p. 146.

② 雅斯贝斯就此指出："在理论领域，实验性的思维是一种基于假设的思维：如果假设是真的，那么我们便可以就此做出推断。"见 Karl Jaspers, *The Great Philosophers—Descartes, Pascal, Lessing, Kierkegaard, Nietzsche, Einstein, Weber, Marx*, translated by Edith Ehrlich and Leonard H. Ehrlich, Harcourt Brace & Company, 1995, p. 146。

③ Karl Jaspers, *The Great Philosophers—Descartes, Pascal, Lessing, Kierkegaard, Nietzsche, Einstein, Weber, Marx*, translated by Edith Ehrlich and Leonard H. Ehrlich, Harcourt Brace & Company, 1995, p. 146.

第六章　理性生存型的艺术家之范例

种神学。"①"基督教精神"是本明生存的原初信仰，这种原初的信仰是觉解于心、践履于行的，因而它"能够确保那些充满渴望的心灵获得平静"；相比之下，基督教会以及"神学"则诉诸实体化的信仰、实证化的天启与《圣经》中的文字，热衷于构建出一套知识化、教条化的体系，这样做的一个后果，就是抽空了涵淹于原初信仰中的活的精神，最终使神学畸变成一种禁锢心灵（而不是成全心灵）的东西。②

为了将原初信仰中活的精神唤醒出来、赓续下去，进而使信仰永远建基于生存个体的自由意志之上，莱辛在对待"体系"与"天启"的态度上便呈现出不同的风致。雅氏首先称说了莱辛独特的体系观："莱辛并没有什么'体系'。不过，他却抓住了体系，设计了体系，甚至会在某种特定的语境下说'我的体系'。所有的体系都是实验性的，既可得到赞同，也可遭到拒斥。莱辛懂得体系，并不断地将体系性的思维付诸实践。不过，他并没有偏好某一体系而贬抑另一体系，也没有追随任何一种体系。由于他的真理观排除了体系，又由于思维就其本身而言总是体系性的，而且如果它是以某种体系的形式展开的，自然就需要种种先决条件，这样一来，体系对莱辛来说就转变成了许许多多的设定和可能性。最后，我们发现的并不是某种体系，而是某个问题。"③作为理性生存型的哲学家，莱辛自始至终面对着这样一个充满张力

---

① Karl Jaspers, *The Great Philosophers—Descartes, Pascal, Lessing, Kierkegaard, Nietzsche, Einstein, Weber, Marx*, translated by Edith Ehrlich and Leonard H. Ehrlich, Harcourt Brace & Company, 1995, p.146.

② 同是理性生存型的艺术家的歌德在这一点上与莱辛有相似之处。歌德在 1832 年 3 月 11 日（歌德去世前十天）与爱克曼的最后一次谈话里，对《圣经》和基督教会进行了批判："理解《圣经》的问题有两种不同的观点。一种是原始宗教的观点，也就是来自上帝的完全符合自然和理性的观点。只要得到上帝恩宠的生灵还存在，这种观点就永远存在，永远有效。但是这种观点太高尚尊贵，只有少数优选者才会有，不易普遍流行。此外还有教会的一种比较平易近人的观点；它是脆弱的，可以变更而且在永远变更中存在，只要世间还有脆弱的人们。未经污染的上帝启示的光辉太纯洁太强烈，对这些可怜的脆弱人是不适合而且不能忍受的。于是教会就作为中间和事佬插足进来，把这种纯洁的光辉冲淡一些，弄暗一些，使一切人都获得帮助，使不少人获得利益。通过基督教会作为基督继承人能解除人类罪孽这种信仰，基督教会获得了巨大权力。基督教僧侣的主要目的就是要维持这种权力，来巩固基督教会的结构。"见［德］爱克曼辑录《歌德谈话录》，朱光潜译，人民文学出版社 1978 年版，第 252 页。

③ Karl Jaspers, *The Great Philosophers—Descartes, Pascal, Lessing, Kierkegaard, Nietzsche, Einstein, Weber, Marx*, translated by Edith Ehrlich and Leonard H. Ehrlich, Harcourt Brace & Company, 1995, p.146.

的问题：当莱辛在理论领域诉诸假设、概念进行推断时，他总会构建出某种"体系"来，这是由思维本身的韵致所决定的；然而，莱辛的真理观乃是一种喻说生存个体自由选择、自我超越、自我生成的真理观，它要求通过理性的澄明力量为生存个体敞开通向纯然真理的道路，鉴于此，莱辛从一开始就拒斥任何一种封闭化、绝对化的体系，他更并不会出于一己之偏爱褒抑或追随某种体系。就此而言，"所有的体系都是实验性的，既可得到赞同，也可遭到拒斥"。无论是得到赞同，还是遭到拒斥，一切体系均须经受理性的审查与实践的检验。在理性的审查与实践的检验下，体系对莱辛来说就不再是从某个假定的先决条件出发循着一贯的逻辑节奏必然推衍出来的一套教条化的东西，而是"转变成了许许多多的设定和可能性"。这些缺乏生存基源的设定和可能性只是为具有自由意志的生存个体进行当下即是的决断敞开了空间并做了一种准备，因此，我们从中发现的"并不是某个体系，而是某个问题"。与此相应，莱辛在信仰方面并没有选择神学的天启信仰，而是选择了哲学的理性信仰（若从生存哲学的角度看，哲学的理性信仰也是一种喻说与澄明生存自由的信仰）："在这个世界上，哲学家在作为一个人而被赋予的手段范围内开展工作。因此，他放弃了天启。不过，由于思维无疆和不安于现状，他自然就面临着对天启有所要求这一问题。在这一点上，莱辛的思想达到了它的高度和广度。一位哲学家是一个'在自然之光的照耀下独自观看与行动的人，他要让自己完全满足于这种光芒，并试图让这光芒尽可能地保持纯净和明亮'。"[1] 对哲学家的职分已达于自觉的莱辛认为自己只能以哲学的方式来审视人类的精神生活，他既看重生存选择的原初性与严峻性，又颇为看重理性的真诚性、公正性与公开性。基于此，他在对待宗教信仰的立场上"放弃了天启"，而更倾向于生存在场的自然宗教与非实体化的理性宗教。当然，这并不意味着莱辛就一概而论地否认天启："莱辛并未否认天启，他也没有公开宣称自己赞同天启。莱辛讨论了天启的可能性及其带来的各种后果，并

---

[1] Karl Jaspers, *The Great Philosophers—Descartes, Pascal, Lessing, Kierkegaard, Nietzsche, Einstein, Weber, Marx*, translated by Edith Ehrlich and Leonard H. Ehrlich, Harcourt Brace & Company, 1995, pp. 146–147.

第六章　理性生存型的艺术家之范例

且仅对后者给予了反驳——如果他认为它们有缺陷的话。"① 莱辛主张对天启的可能性及其带来的各种后果进行批判性的审查，进而将审查的对象完全置于理性的光芒之下。② 莱辛的心曲就是让这理性的光芒"尽可能地保持纯净和明亮"，为的是唤醒人们立足于《圣经》中含蕴的那种神圣的基督精神，而不是立足于《圣经》中的文字或诉诸所谓的"历史证据"来判断天启乃至整部经书的真伪与好坏。③ "《圣经》诚然含有天启的成分，不过并不是上面提到的那种天启——两者之间的区别在于，前者立足于文字，后者则立足于精神。在那部《圣经》出现之前，宗教观念其实就已存在了。"④ 所谓"上面提到的那种天启"，指的就是那种拘泥于《圣经》中的文字记载而为基督教辩护的"天启"，诸如此类未经批判性审查的天启乃是莱辛所反对的，他与主教格策以及《为天启基督教而辩》的作者威廉·麦斯柯（Friedrich Wilhelm Mascho）等神学家的分歧点正在这里；至于莱辛所期待的那种先于《圣经》文本而存在的"宗教观念"，指的就是原初而自然的基督精神，这种合于人类理性的基督精神迄今仍能够成全"独自观看与行

---

① Karl Jaspers, *The Great Philosophers—Descartes, Pascal, Lessing, Kierkegaard, Nietzsche, Einstein, Weber, Marx*, translated by Edith Ehrlich and Leonard H. Ehrlich, Harcourt Brace & Company, 1995, p. 171.

② 雅斯贝斯指出："我们也许会问：莱辛打算挽救天启吗？他并不相信天启，与此同时，他也无法让自己否认它的可能性。他打算挽救基督教吗？对莱辛本人来说，他从未清晰地说明过自己在何种意义上是一个基督徒。不过，在抵挡对手的攻击时，他则热衷于声称自己就是一个基督徒。那么，他的目的究竟何在呢？暂时看来，也许莱辛是想同他人继续居住在这座'宫殿'里或者置身于它周遭的环境中，不过他总是持续不断地致力于审查、探求与援助方面的工作。"见 Karl Jaspers, *The Great Philosophers—Descartes, Pascal, Lessing, Kierkegaard, Nietzsche, Einstein, Weber, Marx*, translated by Edith Ehrlich and Leonard H. Ehrlich, Harcourt Brace & Company, 1995, p. 186。

③ 歌德在这一点上与莱辛同样有相似之处，他在1832年3月11日与爱克曼的谈话中指出："关于《圣经》中各书孰真孰伪的问题提得很奇怪。什么是真经，无非是真正好、符合自然和理性、而在今天还能促进人类最高度发展的！什么是伪经，无非是荒谬空洞愚蠢、不能产生结果、至少不能产生好结果的！如果单凭流传下来的书是否有某些真理这样一个标准，来断定《圣经》中某一部经的真伪，我们就有很多理由怀疑某些'福音'是否是真经。……尽管如此，我还认为四'福音书'完全是真经，因为其中反映了基督的人格伟大，世上过去从来没有见过那样神圣的品质。如果你问我，按我的本性，是否对基督表示虔敬，我就回答说，当然，我对他无限虔敬！在他面前我鞠躬俯首，把他看作最高道德的神圣体现。"见［德］爱克曼辑录《歌德谈话录》，朱光潜译，人民文学出版社1978年版，第253—254页。

④ Karl Jaspers, *The Great Philosophers—Descartes, Pascal, Lessing, Kierkegaard, Nietzsche, Einstein, Weber, Marx*, translated by Edith Ehrlich and Leonard H. Ehrlich, Harcourt Brace & Company, 1995, p. 146.

动的人"（自由选择、自我超越、自我生成的生存个体）的本真生命。我们知道，莱辛善于以极性思维的方式最大限度地敞开思想的空间、保持思想的活力，正如他在哲学与诗歌、哲学与科学的张力中振翼飞举那样，他在哲学与天启（宗教）的张力下展开的运思也使他的思想达到了常人难以企及的高度和广度。

②"论辩性"。雅氏在称说莱辛思维方式的"实验性"之后，接着就其"论辩性"做了这样的概括："莱辛的思维方式是论辩性的。这种思维既发起挑战，又避免受到攻击。首先，它是反对独断论的：对莱辛来说，任何声称是绝对化的理论、教条，或者断言是不容置疑的主张，就其真正的本质而言都是不真实的。其次，莱辛的思维是具有反讽意味的，因此，连他自己的那些声明也会立即就被他置于一种悬而未决的状态。"① 所谓"论辩性"，指的是生存个体在理性的澄明下为敞开通向纯然真理的道路而进行的"爱的斗争"，这种爱的斗争追根究底是为了展开"坦率的交流与批判性的对话"。② 至于为何"论辩性"的思维"既发起挑战，又避免受到攻击"，乃是基于如下两点：其一，就"反对独断论"而言，它确实是在发起挑战。进而言之，莱辛通过批判性的质疑，意在指出任何一种自称绝对化的理论、教条以及所谓不容置疑的主张"就其真正的本质而言都是不真实的"；其二，就"反讽性"而言，它确实又可"避免受到攻击"。正如苏格拉底的对话法，莱辛始终将他探向的终极真理置于一种"悬而未决的状态"，从而避免了那种实体化、独断化、教条化的弊端。

---

① Karl Jaspers, *The Great Philosophers—Descartes, Pascal, Lessing, Kierkegaard, Nietzsche, Einstein, Weber, Marx*, translated by Edith Ehrlich and Leonard H. Ehrlich, Harcourt Brace & Company, 1995, p. 147.

② 雅斯贝斯指出："莱辛的作品具有一种论辩的风格，这种风格往往显得严厉而尖刻，不过终究是为了展开坦率的交流与批判性的对话。莱辛只有一次背离了这种风格，这次背离便发生在他与格策进行的那场处境危险的公开论战中。"见 Karl Jaspers, *The Great Philosophers—Descartes, Pascal, Lessing, Kierkegaard, Nietzsche, Einstein, Weber, Marx*, translated by Edith Ehrlich and Leonard H. Ehrlich, Harcourt Brace & Company, 1995, p. 178。这里需要申说的是，在与格策进行的那场公开论战中，思想者之间的"论辩"终于演变成了战士间的"论战"。说到底，莱辛是为了避免终极真理的实体化、独断化与教条化而战，并不是为了一己之偏私而战，从中凸显了他诚笃、勇毅的男子汉气概。更为重要的是，即便在处境如此危险的情势下，莱辛依然把批判的重心放在审查格策立论的前提——立足于《圣经》中的文字（而不是活的基督精神）来证明天启信仰的合法性——上，从而始终保持了一位哲学家当有的理性精神。

第六章　理性生存型的艺术家之范例

雅氏敏锐地看到了莱辛思维方式的"论辩性"与苏格拉底对话法之间的内在关联，并就这种"论辩性"的思维方式可能带来的误解做了透辟的辨析："这种方法乃是文人雅士（literati）的特点。正如苏格拉底是智者的领袖，莱辛则是文人雅士的领袖。不过，苏格拉底和莱辛的思考都是论辩性的，而不是破坏性的。这里的差别在于，一个人到底是以一种武断的方式进行言说，在任何情况下都要炫耀自己智性的光辉，还是源自默识于心的信念进行言说，通过这样的形式，并以一种间接的方式表明某种确凿可信的东西，只是因着这种东西无法直接道说，他才不让自己迷失于所说的话与说话者之中。"① 莱辛的思维中确实涵淹着苏格拉底对话法的精神，他俩的思考也确实"都是论辩性的，而不是破坏性的"。可以说，厘清这一点对彻底把握莱辛思维方式的神髓相当关键。所谓"破坏性"，指的是否定"终极真理"（上帝信仰、超越存在），格策对莱辛的丑诋显然就基于这种看法，然而这种看法却是对莱辛"论辩性"思维的一种误解。莱辛的论辩性思维旨在敞开通向"终极真理"的道路，而不在于否定终极真理。他之所以要通过批判性的审查让终极真理处于悬而未决的状态，乃是为了避免终极真理的实体化、独断化与教条化，同样不是为了否定终极真理。若依莱辛自己的"谷粒""糠秕"之喻，我们可以把终极真理比作谷粒，把一切关于终极真理的实体化、独断化、教条化的说法比作秕糠，莱辛扬弃后者的衷曲显然在于留下前者，而不是将前者也一并抛掉。若向更深微处探掘，这里还存在一个更有意趣的问题，亦即语言与终极真理（中国称为"道"）的张力问题。恒常如如的终极真理是不可用语言直接道说的，为了喻说不可直接道说的终极真理，莱辛除了以寓言的方式进行形象化的描摹与提示外，他还采用了苏格拉底式的"助产术"。这种助产术以"默识于心的信念"勉为其难地进行言说，意在间接地引导出涌动于每个生存个体心灵中的终极真理的观念，而不是以某种武断的方式"炫耀自己智性的光辉"。如果说前者是苏格拉底、莱辛式的善于利用语言同时又超越语言的真正的智者，那么后

---

① Karl Jaspers, *The Great Philosophers—Descartes, Pascal, Lessing, Kierkegaard, Nietzsche, Einstein, Weber, Marx*, translated by Edith Ehrlich and Leonard H. Ehrlich, Harcourt Brace & Company, 1995, p. 147.

者就是格策式的不幸迷失于所说的话与说话者之中的"愚蠢的智者"。

那么,"这种既反对独断论又具有反讽意味的对立思维究竟代表着什么呢? 在这种思维中得到证实的东西又是什么呢?"① 对那些依然拘囿于一般意识与语言文字的实存来说,上述问题委实是容易引起歧见的。雅氏针对尼柯莱对莱辛的某些误解做了分辨与匡正:"尼柯莱在谈及莱辛时曾这样说,他'在遵循自己的那些原则时是独断的,但是他在进行自己的那些审查时则是持怀疑态度的'。尼柯莱的评价是很中肯的,但是他在使用'独断'一词时却犯了错误。如果把莱辛所遵循的原则说成具有'独断'的特征,那么这些原则就会有悖于他所做的构想。然而,它们恰恰是这种具有论辩性、实验性和反讽性的语言避免在性质上沦为独断所凭借的手段,并且凭借这样的手段向我们传递某种整一的信念。可以说,这种完整性的思维是由一种基本的思维框架来支撑的。"② 雅氏首先对尼柯莱用以指摘莱辛的"独断"(dogmatic)一词进行了审查,认为他之所以会在使用"独断"一词时犯了错误,乃是因为他未曾领悟到"论辩性、实验性和反讽性的语言"在莱辛的基本思维框架中所扮演的角色。就莱辛的基本思维框架而言,这类语言并不具有本体论的地位,而是他"避免在性质上沦为独断所凭借的手段",其指归则在于"凭借这样的手段向我们传递某种整一的信念"。所谓"整一的信念",指的就是以生存决断为基源(而不是以语言为基源)的终极真理。这种"整一的信念"固然需要借助于语言得以传达,不过它从不会拘囿于语言之中;说到底,它只以密码的形式向那些当下决断且秉有伟异人格的生存个体透露其消息。正是在这层意义上,雅氏认为"这种思维框架直接表现在实践以及与实践相关的思考之中"③;也正是在语言与理论的界限处,雅氏开始深

---

① Karl Jaspers, *The Great Philosophers—Descartes, Pascal, Lessing, Kierkegaard, Nietzsche, Einstein, Weber, Marx*, translated by Edith Ehrlich and Leonard H. Ehrlich, Harcourt Brace & Company, 1995, p. 147.

② Karl Jaspers, *The Great Philosophers—Descartes, Pascal, Lessing, Kierkegaard, Nietzsche, Einstein, Weber, Marx*, translated by Edith Ehrlich and Leonard H. Ehrlich, Harcourt Brace & Company, 1995, p. 147.

③ Karl Jaspers, *The Great Philosophers—Descartes, Pascal, Lessing, Kierkegaard, Nietzsche, Einstein, Weber, Marx*, translated by Edith Ehrlich and Leonard H. Ehrlich, Harcourt Brace & Company, 1995, p. 147.

人称说莱辛的实践哲学。

2. 莱辛的现代人性观念

在称说莱辛的实践哲学时，雅氏重点阐析了他所领悟到的现代人性观念："莱辛领悟到了一种人性观念，它主要不是对教育产生影响的人道主义，也没有回到古典时代的观念那里去。他的人性观念并不在于某种盛行的精神内涵，而只意味着莱辛意识到了一种现代的人性。"① 无论是文艺复兴时期的人道主义，还是古典时代的人性观念，它们都直接畅扬某种"盛行的精神内涵"，如自由、平等、博爱等，以便借着这些明确的观念来教育公众。相比之下，莱辛的运思重心则不在于提出某种明确的人性观念，而在于唤醒生存个体心灵中既有的人性观念。② 我们知道，莱辛受到了笛卡儿、斯宾诺莎、莱布尼茨的启发，他最终在苏格拉底那里觅到了哲学的根本精神——理性精神。在理性精神的烛照下，莱辛致力于审查一切事物，正是在这一过程中，他将那些经过审查后依然能够成全生存个体之本真生命的人性观念间接地昭示给公众。

在雅氏看来，莱辛领悟到那种具有现代意味的人性观念呈现出如下特征："宽容的观念；沟通、探讨、论辩的倾向；判断人类的伟大和衡估正义的方法；仁爱在这种状态下的可能程度。"③ 所谓"宽容的观念"，指的是莱辛所期待的人类理性的整一性与开放性，他就此反对一般意识的分裂性与狭隘性。正是立于人类理性的制高点上，莱辛以世界公民的胸怀理解与包纳每个浑全的生存个体以及每个赋有内在品格的世界民族，从而使自己超越了孤立的实存本位主义与狭隘的民

---

① Karl Jaspers, *The Great Philosophers—Descartes, Pascal, Lessing, Kierkegaard, Nietzsche, Einstein, Weber, Marx*, translated by Edith Ehrlich and Leonard H. Ehrlich, Harcourt Brace & Company, 1995, p. 147.

② 雅斯贝斯在题为《新人道主义的条件与可能》的演讲（雅氏在1949年日内瓦"国际会晤大会"上的演讲）中说道："人道主义这个名称含有各种不同的意义。首先，它是指一种重视吸取古典传统的教育理想。然后，它被了解为从人的起源上将现代的人加以重新建立。最后，它是指承认每个人的尊严的人道精神。"见［德］雅斯柏斯《新人道主义的条件与可能》，王玖兴译，收入中国科学院哲学研究所西方哲学史组编《存在主义哲学》，商务印书馆1963年版，第226页。据雅氏对"人道主义"不同含义的揭示，莱辛主要是在后两层含义上重建现代人性观念的。

③ Karl Jaspers, *The Great Philosophers—Descartes, Pascal, Lessing, Kierkegaard, Nietzsche, Einstein, Weber, Marx*, translated by Edith Ehrlich and Leonard H. Ehrlich, Harcourt Brace & Company, 1995, p. 147.

族主义立场；所谓"沟通、探讨、论辩的倾向"，指的是莱辛期待的那种坦率的交流与批判性的对话，他就此反对任何一种傲慢自大的独断论。正是诉诸交往理性的力量，莱辛在人类的精神生活中进行着坦诚布公的"爱的斗争"；所谓"判断人类的伟大和衡估正义的方法"，指的是莱辛期待的批判性反思的方法，正是借助于这种旨在扬弃"糠秕"、留下"谷粒"的方法，莱辛对人类的伟大、正义精神的体现等进行着判断与衡估；所谓"仁爱在这种状态下的可能程度"，指的是仁爱在理性的澄明下可能实现的程度。仁爱作为一种"实现了的绝对意识"，它在良知的温润与信仰的照耀下，使得充斥着冲突与不幸的在世生存的过程同时成为一个不断地探向终极真理的过程。

雅氏聚焦于莱辛的犹太观详尽阐发了他的现代人性观念："莱辛以极大的义愤和本明的清晰，率先意识到我们中的犹太人在西方基督教世界中遭遇的不人道的评判和对待。他在最早的一部戏剧《犹太人》（1749）中就讨论了这个问题；在最后那部伟大的戏剧诗《智者纳旦》中，他选择一个犹太人来表现人在信仰、理性和人性方面的伟大之处。"[①] 犹太人在西方基督教世界中的不幸遭遇是西方现代社会的一个重大的公共事件，甚至可以说，从一个思想者的犹太观中，即可判断出他的人性观念的高下来。莱辛的可贵之处在于，作为一位出生于基督教家庭并生活于基督教世界的德国诗人、哲学家，他超越了狭隘的民族主义立场与反犹主义倾向，通过自己最早的戏剧《犹太人》与最后的伟大戏剧《智者纳旦》，向"犹太人"这个饱经屈辱与忧患的族类送去了一份由衷的崇敬之情[②]，并以犹太人纳旦为代表表现了"人在信仰、理性和人性方面的伟大之处"。

为了彰显莱辛犹太观的可贵之处，雅氏在这里运用了他惯常的

[①] Karl Jaspers, *The Great Philosophers—Descartes, Pascal, Lessing, Kierkegaard, Nietzsche, Einstein, Weber, Marx*, translated by Edith Ehrlich and Leonard H. Ehrlich, Harcourt Brace & Company, 1995, pp. 147–148.

[②] 雅斯贝斯就此指出："莱辛在稍后为《犹太人》所撰的'序言'中写道：'在一个民族必然蒙受的耻辱的压迫下，我想，一位基督徒若没有一种崇敬之情，他就不会拥有一颗敬重之心。在我看来，过去这个民族中的许多英雄和先知就已发表过看法，现如今人们应该怀疑他们中间还能否找出一位诚实之人吗？'"见 Karl Jaspers, *The Great Philosophers—Descartes, Pascal, Lessing, Kierkegaard, Nietzsche, Einstein, Weber, Marx*, translated by Edith Ehrlich and Leonard H. Ehrlich, Harcourt Brace & Company, 1995, p. 148。

第六章　理性生存型的艺术家之范例

"比较"方法："莱辛这种看法的意义需要通过比较予以澄明。在很长一段时间里，单个的犹太人就已被公认为相当不错的了，不过在广大基督徒中间，人们依旧在很大程度上想当然地认为犹太人这个群体是邪恶的族类、高利贷者、骗子。诗人盖勒特（Gellert）就此指出：'如果我们没有用蔑视的态度和狡诈残忍的方式让他们变得愈加卑劣和诡诈，也没有用我们自己的行径迫使他们痛恨我们的宗教，或许这个民族中的许多人会拥有更加慈善的心肠。'"① 正如偏见只会引生新的偏见，憎恨也只会滋生新的憎恨。慈善的心肠固然并不会必然地唤起同样慈善的心肠，不过可以肯定的是，能够缓释人世间的憎恨的，只能是慈善的心肠，而不可能是被憎恨所熏炙着的心灵。颇为不幸的是，"在广大基督徒中间，人们依旧在很大程度上想当然地认为犹太人这个群体是邪恶的族类、高利贷者、骗子"，这种仇视犹太人的偏狭态度只会加剧基督教世界与犹太人世界的隔阂与仇视，最终竟演变成一场惨绝人寰的排斥、迫害、屠杀犹太人的现实悲剧。相较之下，莱辛则率先在西方世界超越了反犹主义盛行的时代局限："莱辛是毫无保留地把犹太人作为人而不是作为异类来看待的第一人，在他看来，犹太人绝不是一个低劣的民族。他并没有要求（如同在所谓同化的过程中所发生的那样）他们不再做犹太人。他不仅超越了那些早期的人道宣言，而且从根本上对那些宣言进行了改造。在西方世界，莱辛可能是完全摒除了反犹思想和情感的第一人，他表明了自己［在他之前，巴尔塔萨·贝克（Balthasar Bekker）也曾明确地反对对巫师盲信和迫害的疯狂态度］反对仇视、憎恶、迫害犹太人的疯狂立场。"② 雅氏在这里对莱辛做出了极高的评价，认为他之所以能够成为"毫无保留地把犹太人作为人而不是作为异类来看待的第一人"，乃是因为莱辛能够立于人类理性的制高点上来看待犹太人。正因为如此，莱辛才会以世界公民的"宽容"胸怀将犹太人"作为人"来看待，而不是作为

---

① Karl Jaspers, *The Great Philosophers—Descartes, Pascal, Lessing, Kierkegaard, Nietzsche, Einstein, Weber, Marx*, translated by Edith Ehrlich and Leonard H. Ehrlich, Harcourt Brace & Company, 1995, p. 148.

② Karl Jaspers, *The Great Philosophers—Descartes, Pascal, Lessing, Kierkegaard, Nietzsche, Einstein, Weber, Marx*, translated by Edith Ehrlich and Leonard H. Ehrlich, Harcourt Brace & Company, 1995, p. 148.

"异类"来看待。他就此认为"犹太人绝不是一个低劣的民族",而是同属于人类大家庭中的一个彼此之间完全平等、各具独立个性的成员,与犹太人的交往自然应以承认、尊重这个独特族类的精神个性为前提,而不是以某种普遍的"人道宣言"同化乃至消弭它的精神个性。也正因为如此,莱辛才能够以真正的博爱精神[1]"率先意识到我们中的犹太人在西方基督教世界中遭遇的不人道的评判和对待",进而在众多著述中公开表明自己"反对仇视、憎恶、迫害犹太人的疯狂立场"。在西方世界,即便有极少数的人(如巴尔塔萨·贝克等)曾先于莱辛表达过类似的立场,不过能以如此彻底的理性精神、如此博大的慈悲情怀、如此勇毅的男子汉气概完全摒除了反犹思想和情感的思想者,莱辛无疑堪称西方精神史上的"第一人"。

在此需要强调的是,尽管莱辛坚决反对那类反犹主义者,但是这并不意味着他就是一位亲犹主义者:"假如我们就此给他贴上亲犹主义者的标签——亲犹主义者只是与反犹主义者相对立的一种人——的话,那么我们对待他的态度就是不公正的。在纯粹的人性氛围中,两者间的这种对置就消失了。"[2] 亲犹主义者与反犹主义者乃是彼此对立的两个极端,两者固然在看待犹太人的具体观点上针锋相对,不过双方恰恰具有一种共同的思维模式——二元对立、非此即彼的排他式、独断式思维模式。拘囿于这种思维模式的对立双方均诉诸主客分立的一般意识,两者均以征服、占有、同化甚至消除对方为目的,其背后所隐藏的均是狭隘的民族本位主义立场。正是世俗实存的一般意识与狭隘的民族本位主义立场,成为亲犹主义者与反犹主义者彼此仇视、相互倾轧的最后根源。相较之下,莱辛的理性精神与博爱情怀则畅扬"纯粹的人性",沐浴在纯粹的人性氛围中,犹太人与其他族类都成为

---

[1] 真正的博爱是经过理性澄明的生存之爱、人类之爱,这种爱以尊重他者的个性为前提,以诉诸"爱的斗争"的交往理性为途径,以唤醒他者"成为你自己"为旨趣,目的在于构建一个由赋有个性与真爱的生存个体组成的人类精神共同体;相比之下,那种所谓"普遍化的博爱"则是拘囿于一般意识的实存之爱,它以同化他者的个性为前提,以诉诸尔虞我诈、你死我活的利益之争为手段,以诱惑他者屈从于某种独断化的实存类型进而占有他者、取消他者为旨趣,目的在于建构一个由失却个性与真爱的实存个体组成的人类利益共同体。

[2] Karl Jaspers, *The Great Philosophers—Descartes, Pascal, Lessing, Kierkegaard, Nietzsche, Einstein, Weber, Marx*, translated by Edith Ehrlich and Leonard H. Ehrlich, Harcourt Brace & Company, 1995, p. 148.

第六章　理性生存型的艺术家之范例

人类精神共同体中不可或缺的成员，人与人之间、不同的族类之间本应情同手足、相亲相爱，而不应彼此仇视、相互倾轧，这样一来，亲犹主义者与反犹主义者之间的对置也就消失了。就此而言，假如有人因着莱辛同情犹太人的不幸遭际、反对反犹主义者的偏狭立场就给他贴上"亲犹主义者"的标签，那么对待他的这种态度委实是"不公正"的。确切地说，莱辛是一位世界公民，他超越了任何一种狭隘的民族本位主义立场。莱辛既不是反犹主义者，也不是亲犹主义者，他只是站在毕生眺望的"纯粹人性"的制高点上，凭着理性的真诚、公正、公开品格与宽容、博爱、交往的精神，以男子汉的勇毅气概替同样作为人类成员却饱经屈辱的犹太人说了几句公道话。然而颇为不幸的是，现实世界中总有太多惯于从非此即彼的一般意识出发进行排他式思维的人们，在这些人的有色眼镜里，"反对仇视、憎恶、迫害犹太人的疯狂立场"的莱辛俨然成了一位亲犹主义者。基于难以消除的偏见与误解，他们对莱辛进行了恶意中伤："莱辛早已招致人们的恶意中伤，人们诽谤他变成了许多公开支持犹太人的那类德国人。1778年，坊间就流传着这样一个谣言：作为对莱辛攻击基督教（尽管并没有这类攻击，但是在某些保守派的眼里，这类攻击是存在的）的酬报，阿姆斯特丹的犹太人给莱辛赠送了价值一千块金币的礼物。"[1] 事实上，莱辛只是立足于理性精神对基督教进行了批判性的审查，他从来没有像格策之流的保守派所说的那样"攻击基督教"，他更不会像拘囿于利益交换的世俗实存所谣传的那样接受犹太人赠送的"价值一千块金币的礼物"。可以说，诸如此类的诽谤恰恰反衬出这些心怀叵测的诽谤者骄横跋扈、狭隘偏私的民族本位主义立场来。

莱辛是值得世人——包括犹太人在内的全世界的人——感谢的，此乃因为，只有弥漫于莱辛作品中的那种纯粹的理性精神与纯粹的人性氛围，才能从根源处避免人类重犯第二次世界大战中那样的人性灾难。当然，莱辛所需要的并不是世人馈赠的物质方面的礼物，而是世人出于良知评判向他送上的由衷的敬意。值得欣慰的是，莱辛去世后，

---

[1] Karl Jaspers, *The Great Philosophers—Descartes, Pascal, Lessing, Kierkegaard, Nietzsche, Einstein, Weber, Marx*, translated by Edith Ehrlich and Leonard H. Ehrlich, Harcourt Brace & Company, 1995, pp. 148–149.

作为德国犹太裔哲学家的门德尔松撰写了《追忆莱辛》一文，向这位超越了国家、民族、宗教信仰之别的挚友表达了哀思与感谢之情；1937年，美国犹太裔思想家施特劳斯在为门德尔松的《追忆莱辛》撰写的"题要"中，再次饱含深情地发出了"自己的民族有义务感谢德意志民族的这个伟大的儿子"[①]的吁请。如果说门德尔松与施特劳斯更多的是代表犹太人向莱辛表达感谢的，那么作为地地道道的德国人的雅斯贝斯则是代表人类向"德意志民族的这个伟大的儿子"致以敬意的。雅氏在阐说了莱辛的犹太观之后，紧接着将莱辛置于德国古典时代晚期的精神状况下做了评说："让我暂且岔开这个话题，转而谈论一下德国古典时代晚期的精神。正是有了莱辛和门德尔松，德国人与犹太人之间建立不可分离的精神上的联盟的伟大时代开始了。从此以后，就有了犹太裔的德国人或德国裔的犹太人，在原初的意义上来看，这其实都是一回事。他们用德语生活与创造，认为自己无疑就是德国人，不过并无须放弃自己的犹太人身份（早前就曾出现过此类歪曲的看法）。"[②] 门德尔松是莱辛一生中最要好的朋友，他们之间的友谊是以纯粹的人性与人类之爱为纽带结成的真挚友谊[③]，这种超越了国家、民族、宗教信仰之别的真挚友谊开启了"德国人与犹太人之间建立不可分离的精神上的联盟的伟大时代"。在这个伟大的时代里，我们见到了德国人与犹太人彼此尊重、心心相通、和睦相处的曙光。

---

① 施特劳斯写道："笔者有这么个短处：更愿意将他的注意力放在某个犹太人身上。可是，尽管进行过一番严肃认真的搜寻，笔者却无法在晚近时代那些叛教或是可疑的犹太人中间找到哪怕一个人，能有莱辛这样的思想自由。此外，笔者也不会忘记，自己的民族有义务感谢德意志民族的这个伟大的儿子，尤其在这告别的时刻。"见 [美] 列奥·施特劳斯《门德尔松与莱辛》，卢白羽译，华夏出版社2012年版，第213—214页。

② Karl Jaspers, *The Great Philosophers—Descartes, Pascal, Lessing, Kierkegaard, Nietzsche, Einstein, Weber, Marx*, translated by Edith Ehrlich and Leonard H. Ehrlich, Harcourt Brace & Company, 1995, p. 149.

③ 雅斯贝斯写道："1753年前后，莱辛开始结识后来成为他最要好的朋友的摩西·门德尔松。不过在与门德尔松晤面之前的很长一段时间里，莱辛就已经阐明了自己有关犹太人问题的立场。1754年，他在一封信中热情洋溢地描述了这位新结识的朋友：'他的坦诚品格及其哲学精神让我倾向于把他视为第二个斯宾诺莎。除了他的那些失误，他和斯宾诺莎简直就不相上下了。'"见 Karl Jaspers, *The Great Philosophers—Descartes, Pascal, Lessing, Kierkegaard, Nietzsche, Einstein, Weber, Marx*, translated by Edith Ehrlich and Leonard H. Ehrlich, Harcourt Brace & Company, 1995, p. 148。

第六章　理性生存型的艺术家之范例

正是在这道曙光的普照下，莱辛以其"博爱主义的精神、公平公正的精神、开放自由的精神"为伟大的德国古典时代奠定了可贵的"德国精神"的基础。然而，最迟从费希特起，这种可贵的精神却逐渐衰落了，与此相应，德国思想家的格局也随之变得越来越促狭了："自从迈出这一步后，那种博爱主义的精神、公平公正的精神、开放自由的精神本身就不能在其范围内容忍反犹主义的存在了。反犹主义不仅不合大体，而且还会对自由本身造成一种威胁。无论反犹主义出现在何地，那里都存在着真诚、理性、公正、人类之爱的自我摧毁这样的情形——正如即将发生在广大的浪漫主义者圈子中的情形那样，举个例子来说，在反犹主义者中，费希特就是一个秉持错误的德国民族主义立场的有害的倡导者。当特莱奇克（Treitschke）用奥韦尔贝克（Overbeck）的习语使得反犹主义成为人们'规训有素'的习性时，当一个人可以在德国文化界发表反犹太人的言论却不会因此遭到鄙视时，精神自身也就开始走上了衰落的道路。就连残存于雅各布·布克哈特（Jacob Burckhardt）——一位独特而伟大的历史思想家——身上的那点反犹主义色调，也打开了存在于历史观念之中的有关人类局限性问题的大门。这让他的见解深度蒙上了<u>一丝</u>阴影。"① "博爱主义的精神、公平公正的精神、开放自由的精神"均体现着"纯粹的人性氛围"，在这种温煦澄亮的精神氛围的融摄下，世间所有的对立（包括反犹主义与亲犹主义的对立）、隔膜、仇视、憎恶、迫害都消失了，那不合大体的反犹主义自然也就无从存在了。说到底，反犹主义最大的危害在于，它摧毁了人类最宝贵的自由本身，同时摧毁了真诚、理性、公正与人类之爱。譬如德国哲学家费希特（1762—1814）、德国历史学家特莱奇克（1834—1896）就怀有狭隘的德国民族主义立场，就连伟大的瑞士文化史学家等，雅各布·布克哈特（1818—1897）也因其思想中的反犹主义色调而致使他的某些见解"蒙上了一丝阴影"。

雅氏既是以其弘敷的理性精神对前辈思想家进行严格的批判性审查的，也是带着痛切的人生体验来反思反犹主义思想与犹太大屠杀之

---

① Karl Jaspers, *The Great Philosophers—Descartes, Pascal, Lessing, Kierkegaard, Nietzsche, Einstein, Weber, Marx*, translated by Edith Ehrlich and Leonard H. Ehrlich, Harcourt Brace & Company, 1995, p. 149.

间的关联的:"在德国,不管流行的反犹主义思想与犹太大屠杀之间存在多么大的距离,如果没有反犹主义思想的流行,就不可能出现这场大杀戮。它终结了德国精神的时代,并造成了目前精神上完全空虚的局面。它的标志就是1933年之后我们的哲学研讨精神的崩塌,在这段时期德裔犹太人是不在场的。"① 伴随"德国精神"的不断衰落,德国思想界的格局变得越来越促狭、越来越独断。1933年,纳粹终于在狂热的国家主义、民族主义思潮的怂恿下窃据德国政治舞台的中心,一浪高过一浪的反犹主义思潮最终不幸地畸变成了一场现实悲剧,这场惨绝人寰的现实悲剧也彻底终结了德国精神的时代。雅斯贝斯在其自传中详细地载述了他对这段痛彻心扉的现实人生悲剧的反思以及对"什么是德国人""谁是德国人""什么是德国精神"等问题的理解:"对于包括我在内的少数人来说,在德国发生的事件意味着德国的终结。这从1933年起是可能的,而从1939年起则是确定无疑的。"② 在纳粹暴政期间,当多数人在强权的诱迫下出卖德国人的灵魂时,"什么是德国人""谁是德国人"就成了问题。"1933年,我的妻子由于是一个德国犹太人而被德国所叛卖,当她拒绝了她爱得或许比我更深的德国时,为了使她重新肯定德国,我明确而骄傲地回答说:就把我看作是德国。"③ "德国人"从来不是一个抽象的概念,它只在精神高卓的个体(如莱辛、康德、歌德、雅斯贝斯等)身上得以呈现。一个人即是"德国人",这是雅氏哲学所内隐的生存逻辑。以个体的生命格范标示着人类精神高度的"这一个人",并不囿于世界之中的任何一种"合法"的规定,而只把生存的目光投向内心祈向中的"世界公民"。雅氏坦言:"当我详细讲述这些思想时,我同时又从内心感到驱使我向往世界公民的动力在增强。首先作为一个人,然后在这个背景下才从属于一个国家,我觉得这是最根本的。"④ 可以说,正

---

① Karl Jaspers, *The Great Philosophers—Descartes, Pascal, Lessing, Kierkegaard, Nietzsche, Einstein, Weber, Marx*, translated by Edith Ehrlich and Leonard H. Ehrlich, Harcourt Brace & Company, 1995, p.149.
② [德]卡尔·雅斯贝斯:《雅斯贝斯哲学自传》,王立权译,上海译文出版社1989年版,第77页。
③ [德]卡尔·雅斯贝斯:《雅斯贝斯哲学自传》,王立权译,上海译文出版社1989年版,第77页。
④ [德]卡尔·雅斯贝斯:《雅斯贝斯哲学自传》,王立权译,上海译文出版社1989年版,第80页。

是那一虚灵不滞的"世界公民"的理念,使雅氏以哲学式的反抗主动承担起对自由的责任,多次放弃去别国"避难"的机会,最终选择留在这个已丧失道德根基的国家与每一个德国人一起承受人性的灾难,并难能可贵地"从来没有说过一句可能被理解为支持政府的话"[①];也正是期许于"世界公民"的理念,使他在二战结束之后深刻反省"德国的罪责问题"。雅氏在公开表达对希特勒国家的看法时谈道:"当我们的犹太朋友被押遣走的时候,我们并没有上街示威,也没有大声呐喊。我们没有这样做,哪怕自己也遭杀害。相反,我们苟且地活着,其理由尽管是正当的,但却是那样的软弱无力,这个理由便是:我们的死亡无济于事。我们仍然活着,这就是罪过。"[②] 可以说,这既是雅氏在代表着德国人承担德国的罪责,也是他在代表着人类承担人类的罪责。

在《尼采:其人其说》一书中,雅氏把自己阐释尼采的方法表述为"理解取决于理解者的本性"[③],其实这个方法同样适用于他对莱辛(乃至对其他哲学家)的阐释。我们完全可以断言,正是基于自身既有的健全而厚重的人性观与犹太观[④],雅氏从莱辛的犹太观中发现了直观地体现在他身上的那种以宽容、博爱、公正、自由、交往为主要内容的现代人性观念,进而成为莱辛的真正知音之一。

四 结语:莱辛在德国古典时代与欧洲启蒙运动中的独特意义

雅氏在《论莱辛》的结语部分主要谈论了三个话题:一是莱辛的

---

① [德]汉斯·萨尼尔:《雅斯贝尔斯》,张继武、倪梁康译,生活·读书·新知三联书店1988年版,第62页。

② [德]雅斯贝尔斯:《希望与忧虑》。转引自汉斯·萨尼尔《雅斯贝尔斯》,张继武、倪梁康译,生活·读书·新知三联书店1988年版,第67页。

③ [德]卡尔·雅斯贝尔斯:《尼采:其人其说》,鲁路译,社会科学文献出版社2001年版,第17页。

④ 仅从犹太观上看,同为20世纪德国存在哲学巨擘的海德格尔,其生命格局与思想气象与雅斯贝斯相较就显得过于促狭了,这既可从他在纳粹暴政期间对有着犹太血统的老师胡塞尔、雅斯贝斯的妻子格特鲁德等师友的疏离态度上见得出来,也可以从他一度公开支持纳粹政权竟然至死未对这段不光彩的历史做出反省与道歉中见得出来。事实上,这乃是雅斯贝斯最终未能原谅海德格尔也没有与这位曾经的"朋友"实现和解的最根本的原因。

历史地位，二是康德与莱辛的关系，三是大师们对莱辛的评价。其实，上述三个话题始终贯穿着同一个旨趣，那就是雅氏充分肯定了莱辛在德国古典时代与欧洲启蒙运动中的独特意义。

雅氏首先描述了莱辛所处的国家治制状况与时代精神状况。就当时的国家治制状况而言，"莱辛所属的国度肯定是令人感到压抑与窒息的，这个18世纪中叶的德国是在普鲁士国王腓特烈大帝统治下的一个不大的专制国家，它公然蔑视一切人尤其是德国人"①。世界上任何一个专制国家无不公然蔑视纯粹的人性，莱辛所属的专制德国当然也不例外。加之当时的德国正处于普鲁士国王腓特烈大帝统治之下，德国人作为一个族类的自主权也得不到应有的尊重。在双重的压制下，莱辛自然会备感"压抑与窒息"了。再就时代精神状况而言，"莱辛所处的那个时代也是被普遍赞同的正统派新教氛围所充斥的，这种新教相信《圣经》文本与狂热而虔敬的文字；正是通过这一事实，胆怯无力地生活在这个世界中的德国人认为一切非德国人的东西都是更加重要、正当而富有意义的——必须承认的是，这类看法在那个时代常常被认为是理所当然的，但也是错误的，因为人们未能识别出自己民族中的伟大人物来。当然，并非所有的伟大人物都是黯淡无光的。从事哲学研究的思想家们会提到欧洲伟大的思想家莱布尼茨，他固然用法语和拉丁语写作，不过也用德语写了一些文章，并声称喜爱德国语言。后来，他所阐述的'绝对的精神'得到了康德的赞誉。在莱辛的世界里，莱布尼茨就是屹立于颇为伟大的人物中间的一员，这些伟大的人物以个人的正直与忠诚完成着旨在解决向现代思想转变的心智性任务"②。以主教格策为代表的正统派新教在当时德国的思想界占据主导地位，这种正统派新教泥守于未经批判的《圣经》文本与文字，致使基督教信仰越来越教条化，其当有的活力随之变得越来越匮乏。与此同时，在普鲁士国王统治下德国人

---

① Karl Jaspers, *The Great Philosophers—Descartes, Pascal, Lessing, Kierkegaard, Nietzsche, Einstein, Weber, Marx*, translated by Edith Ehrlich and Leonard H. Ehrlich, Harcourt Brace & Company, 1995, p. 186.

② Karl Jaspers, *The Great Philosophers—Descartes, Pascal, Lessing, Kierkegaard, Nietzsche, Einstein, Weber, Marx*, translated by Edith Ehrlich and Leonard H. Ehrlich, Harcourt Brace & Company, 1995, pp. 186 – 187.

尚缺乏自觉的民族主体性意识，他们一味认同非德国人的价值标准，却不能识别出自己民族中的伟大人物来。当然，也有极少数伟大的思想家在幽暗的夜空中透显出一丝光芒来，譬如被誉为17世纪的亚里士多德的德国哲学家莱布尼茨，就"以个人的正直与忠诚完成着旨在解决向现代思想转变的心智性任务"，从而受到了康德、莱辛的称赞。

这是一个迫切需要从根本上进行变革的时代，在这个光明与黑暗剧烈较量的时代里，一种使德国人真正成为其自身的"德国精神"正在一批呼唤纯粹人性与个体自由的伟大思想家的艰辛孕育下渐愈形成。"这乃是在接下来的几十年里为德国古典文学培壅地基的一种文化，凭借这种文化，德国人真正地成为其自身。今天，我们仍然凭借我们的古典文化遗产继续做着真正的德国人。"[①] 雅氏认为，在这个伟大的时代里，歌德乃是"打开真正的解放与自由之门的第一人"，莱辛则是推动德国文化转型的"先驱者、开拓者与拯救者"："在德国古典主义时期，歌德是打开真正的解放与自由之门的第一人，正是他透过众多的西方观念而使那解放与自由之门得以洞然敞开。莱辛作为一位先驱者、开拓者与拯救者，他尚未进入由他自己所筹划的那块领地。但是，根据历史的观点并在此引导下，将莱辛视为推动德国文化转型的先驱，这对于所有的时代以及所有的人（甚至包括那些在古典领域取得了一流成就的人们）来说都是恰当的。"[②] 如果说歌德是以其提出的"世界文学"的观念最终奠定了他在德国古典时代不可撼动的地位的话，那么莱辛则是以其"世界公民"的身份、清澈澄明的理性气氛、批判性反思的生命智慧最终成为这个伟大时代的"先驱者、开拓者与拯救者"的。莱辛的一生固然没有歌德那么幸运，他固然"尚未进入由他自己所筹划的那块领地"，不过这位一直行进在通向纯然真理之路上的探索者始终持守着一个不可摇夺的信念："生活在每个时代的每位个体其实都是'与上帝比邻而居的'存在，他们就活在当下，并

[①] Karl Jaspers, *The Great Philosophers—Descartes, Pascal, Lessing, Kierkegaard, Nietzsche, Einstein, Weber, Marx*, translated by Edith Ehrlich and Leonard H. Ehrlich, Harcourt Brace & Company, 1995, p. 187.

[②] Karl Jaspers, *The Great Philosophers—Descartes, Pascal, Lessing, Kierkegaard, Nietzsche, Einstein, Weber, Marx*, translated by Edith Ehrlich and Leonard H. Ehrlich, Harcourt Brace & Company, 1995, p. 187.

为着最好的自己而生活。"① 作为"与上帝比邻而居的"存在，个体与个体之间理应真诚相待、真心相爱，为的是祈向一个纯粹的人性涵淹于其中的精神共同体，正是基于内心涌动的这个不可摇夺的信念，莱辛对经验世界中一切可能独断化、教条化的事物不断地审查着、扬弃着。正是在这里，雅氏发现了莱辛的伟大之处："莱辛的伟大之处在于，他为了解决这些问题而不倦地努力着，并树立了一个恒在的范本，或许对今天的人们仍具有特殊的意义。"② 应该说，这里的"或许"（perhaps）一词完全可以去掉。

莱辛所生活的时代也是一个迫切需要启蒙并且涌现出了影响深远的启蒙思想家的时代，渴望在世生存的莱辛以其真诚、公正、开放的理性精神介入了这个伟大的时代，于是，这位坚持不懈的思想开拓者为解决时代难题付出的种种努力便具有了另一重意义："莱辛的世界属于启蒙运动的一部分，这是一场发生在欧洲上层社会的智力运动，随着民族气质和状况的不同而不断得到改进，它最早发生在英国，随后是法国，继而是德国，并越过这些国家而蔓延开去。"③ 相比于欧洲其他国家，德国启蒙运动的消息来得较迟些。在莱辛之前，诸如法国哲学家笛卡尔（Descartes, 1596—1650）、英国哲学家霍布斯（Hobbes, 1588—1679）、荷兰犹太裔哲学家斯宾诺莎（Spinoza, 1632—1677）、德国哲学家莱布尼茨（Leibniz, 1646—1716）都已曾试图通过自然宗教、道德与法律来指导人们的生活。④ 从整体性征上看，这一时期的启蒙运动在科学发展的影响下，弘敷进步的观念，强调变革的意志，思想

---

① Karl Jaspers, *The Great Philosophers—Descartes, Pascal, Lessing, Kierkegaard, Nietzsche, Einstein, Weber, Marx*, translated by Edith Ehrlich and Leonard H. Ehrlich, Harcourt Brace & Company, 1995, p. 187.

② Karl Jaspers, *The Great Philosophers—Descartes, Pascal, Lessing, Kierkegaard, Nietzsche, Einstein, Weber, Marx*, translated by Edith Ehrlich and Leonard H. Ehrlich, Harcourt Brace & Company, 1995, p. 187.

③ Karl Jaspers, *The Great Philosophers—Descartes, Pascal, Lessing, Kierkegaard, Nietzsche, Einstein, Weber, Marx*, translated by Edith Ehrlich and Leonard H. Ehrlich, Harcourt Brace & Company, 1995, p. 187.

④ 雅斯贝斯指出："从笛卡尔、霍布斯、斯宾诺莎、莱布尼茨起，植根于崇高的现代哲学思想的启蒙运动开始受到科学的发展、朝往自然的因而有效之物的倾向以及通过理性可以认知之物的驱动，它将能够而且应当（通过自然宗教、道德与法律）指导我们的生活。"见 Karl Jaspers, *The Great Philosophers—Descartes, Pascal, Lessing, Kierkegaard, Nietzsche, Einstein, Weber, Marx*, translated by Edith Ehrlich and Leonard H. Ehrlich, Harcourt Brace & Company, 1995, pp. 187–188。

第六章 理性生存型的艺术家之范例

家们主要致力于一种旨在开启民智、改造社会、争取更多自由与权利的"智力的启蒙"。① 这种"智力的启蒙"固然在没有读写能力的大众阶层中收效甚微,不过对受过教育的各个阶层都产生了深刻的影响。② 有意味的是,当莱辛受到前辈思想的激发而独自踏上启蒙之路后,他却与当时趋于思想的单义性、确定性的主流启蒙思想家们(如雷玛勒等)渐行渐远了。"莱辛远离了启蒙运动的单义性及其寓于精确明晰的思考中的那种单纯的确定性,在他看来,追求思想的单义性与确定性正是启蒙运动犯下的根本性的错误。"③ 思想的单义性、确定性是有悖于理性的批判性、澄明性的,这种倾向虽然得到了科技理性与实证方法的支持,其经过确定性的思考得出的那些单义性的结论也容易为大众阶层所接受,但是它从根底处丧失了理性启蒙的活力,因而遭到了莱辛的批判与审查。正是在这里,我们发现莱辛的思想世界固然属于启蒙运动的一部分,不过他那弥漫着"理性的气氛"的思想世界从一开始就与主流启蒙思想家们保持着一种"苏格拉底式的距离"④,从而在启蒙

---

① 雅斯贝斯指出:"由于进步的观念强化了改造与变革的意志,不仅各种细微之处发生了变化,而且我们人类的整体状况也发生了改变:我们相信自己的知与行同正在进行的某种必然进程无论如何都是协调一致的('智力的启蒙'是一个虽然肤浅但依然强有力的观念)。"见 Karl Jaspers, *The Great Philosophers—Descartes, Pascal, Lessing, Kierkegaard, Nietzsche, Einstein, Weber, Marx*, translated by Edith Ehrlich and Leonard H. Ehrlich, Harcourt Brace & Company, 1995, p. 188。

② 雅斯贝斯指出:"大众几乎未曾参与启蒙运动。毕竟,他们既不能读东西,也不会写东西。不过,启蒙运动对受过教育的各个阶层都产生了影响,这不仅包括为了争取更多的自由与权利而斗争的中产阶层,而且包括贵族阶层和牧师阶层。约瑟夫二世(Joseph II)在奥地利推行的改革取缔了倚靠罗马教廷的耶稣会,废除了腓特烈大帝的专制统治并消除了他按照合理性的逻辑精心设计的国家的粗暴本性,德国的哲学家们曾将这个国家视为一架'冷漠运转的机器'而予以拒斥,它鼓吹牺牲个人的权利而服从于国家的政治目标——约瑟夫二世所做的这一切在趣向上是与启蒙运动相一致的。"见 Karl Jaspers, *The Great Philosophers—Descartes, Pascal, Lessing, Kierkegaard, Nietzsche, Einstein, Weber, Marx*, translated by Edith Ehrlich and Leonard H. Ehrlich, Harcourt Brace & Company, 1995, p. 188。

③ Karl Jaspers, *The Great Philosophers—Descartes, Pascal, Lessing, Kierkegaard, Nietzsche, Einstein, Weber, Marx*, translated by Edith Ehrlich and Leonard H. Ehrlich, Harcourt Brace & Company, 1995, p. 162.

④ 刘小枫在为其主编的"莱辛注疏集"撰写的"出版说明"中指出:"莱辛以一个公开的启蒙知识人身份审慎地与启蒙运动保持苏格拉底式的距离,表面上迎合启蒙思潮却自己心里有数,以绝妙的写作技艺提醒启蒙运动中的知识人心里搞清楚自己究竟在干什么。对于后现代文化处境中的知识分子来说,莱辛肯定是值得特别关注的前辈。"见[美]维塞尔《启蒙运动的内在问题——莱辛思想再释》,贺志刚译,华夏出版社2007年版,"出版说明"第3页。这里需要申明的是,莱辛在与启蒙运动保持苏格拉底式的距离时确实是"心中有数",不过作为一位富有理性精神与批判品格的独立思想家,他并没有迎合过包括启蒙思潮在内的任何一种思潮,哪怕仅仅在"表面上"。

运动内部开辟了别有意趣的另一种面向。就此而言，在德国古典时代与欧洲启蒙运动时期，只有康德能与莱辛相媲美。

雅氏接下来阐析了康德与莱辛的关系："康德的《纯粹理性批判》在莱辛死后几周就出版了。两人都没有意识到彼此间存在的那种亲缘关系。康德曾怀着崇敬之情提及过莱辛——他从莱辛那里学到了美学与宗教方面的东西。晚年，莱辛则删去了自己年轻时曾针对康德写过的一首出语刻薄的讽刺小诗。客观地看，这两位德国人都克服并超越了那些三心二意、浅薄无聊之士的见解，使有关理性的启蒙成为一场真正的启蒙，这种启蒙乃是生存哲学的中介与前提。他俩的思维都是'批判性'（critical）的，而'批判'这个词也一再出现在二人的著述之中。"① 康德（1724—1804）比莱辛（1729—1781）早降世五年，晚辞世二十三年，这两位旨趣相通的德国哲学家在长达半个多世纪的共同在世生存的时间里诚然"没有意识到彼此间存在的那种亲缘关系"，不过他们都向对方送去过崇敬之情或者表示过同情理解。雅氏认为，他俩的亲缘关系就在于涵淹于各自著述中的"批判性"思维，正是这种"批判性"的思维使他俩既超越了故步自封的正统派立场，也超越了盲目冒进的启蒙派立场，从而"使得有关理性的启蒙成为一场真正的启蒙"。可以说，雅氏的这个评价既是慧心独具的，也是与康德、莱辛心心相通的，借着这个评价，雅氏实际上已将自己致力的"生存哲学"置于由康德、莱辛开启的真正的理性启蒙这一学脉之中；进而言之，雅氏在理性哲学—世界哲学时期的全部心思，就是以批判性的理性启蒙为"中介与前提"，对自由选择、自我超越、运命自承的生存个体进行永无休歇的照亮与澄明。雅氏就此揭示了理性的批判品格的真义："这种批判并不是破坏性的：它所遵循的路径是区分、勾勒、阐明、净化和解放，以便'把地基打得足够牢固'，并'为信仰留余地'，从而让人们意识到否定、净化、辩护、阐明的意义。"② 雅氏在

---

① Karl Jaspers, *The Great Philosophers—Descartes, Pascal, Lessing, Kierkegaard, Nietzsche, Einstein, Weber, Marx*, translated by Edith Ehrlich and Leonard H. Ehrlich, Harcourt Brace & Company, 1995, p. 188.

② Karl Jaspers, *The Great Philosophers—Descartes, Pascal, Lessing, Kierkegaard, Nietzsche, Einstein, Weber, Marx*, translated by Edith Ehrlich and Leonard H. Ehrlich, Harcourt Brace & Company, 1995, p. 188.

第六章　理性生存型的艺术家之范例

此援引的这两句话均出自康德：前者出自康德的《任何一种能够作为科学出现的未来形而上学导论》，原话是"人类理性非常爱好建设，不止一次地把一座塔建成了以后又拆掉，以便察看一下地基情况如何"[1]；后者出自康德的《纯粹理性批判》，原话是"为信仰留余地，则必须否定知识"[2]。由此可见，凭借理性的批判品格，自主决断的生存个体既不会落于某种实体化的信仰，也不会落于某种浮游无根的无信仰，这就解决了生存个体如何直面充斥着虚无主义的精神处境依然能够自信而勇毅地祈向眺望中的"终极真理"的时代难题，更为重要的是，它彻底封死了任何一条通向教条主义、绝对主义以及非理性主义的道路。[3]

我们注意到，雅氏在理性哲学—世界哲学时期格外强调莱辛与康德的亲缘关系，与此同时，他还多次将莱辛与康德、歌德相提并论，这对雅氏来说显然并不是偶然的。譬如，雅氏在1953年发表的《神话与宗教》一文中写道："莱辛，这位自由主义者的范本，自由主义最伟大的体现者之一，反对那种极端化的正统信仰，反对那种想要通过重释教义来捍卫或保护宗教的文明化、合理化的神学，也反对雷玛勒以其合理主义（rationalism）而颇为自得的那些破坏性的观念。莱辛远离诸如此类的观点，从未设想自己看到了整全的真理。带着永无止境的批判活力，他向《圣经》的内容保持着开放。他谴责那些半真半假、含糊费解、自我欺骗的陈词滥调。因此，他自己并没有成为一位正统派的信徒，而是径直赞成以其朴真的形式存续于心灵的那种虔诚的正统信仰（然而，他并不赞成牧师格策的那种不诚实的偏狭态度）。他尊重雷玛勒的论据，

---

① ［德］康德：《任何一种能够作为科学出现的未来形而上学导论》，庞景仁译，商务印书馆1978年版，第4页。
② ［德］康德：《纯粹理性批判》，蓝公武译，商务印书馆1960年版，第21页。
③ 雅斯贝斯在《大哲学家》（第一卷）中谈及康德的道德理性与其非教条化、非实体化的宗教观、信仰观，认为康德在这一点上与莱辛有相通之处："显现为图像和思想的东西只有通过道德理性，而不是通过一种逻辑认识，才能被检验，才能在这之后被获取或拒绝。对于康德来讲……信念是理性在不可理解的事物上失败时的希望，但这希望来自于理性本身，而不是任何外在的保证。理性理解的不是自体性存在，而是对于在其理性当中的、有限的人敞开的那个存在。因此，在康德看来——虽然形式上承认启示的可能性，然而，启示的真实却是由理性来感知的——宗教不是任何独特源泉。他的宗教著作不是批判哲学的系统整体中的一部分。但是宗教是他童年的根基，仿佛仍在吹拂着他。他属于莱辛一类的哲学家，这些哲学家理性地解释宗教内涵，如果神话称自己为认识，那么他们就使神话'失去神话特征'，但却抓住神话的本质并由此准备获得神话。"见［德］尔·雅斯贝尔斯《大哲学家》，李雪涛主译，社会科学文献出版社2005年版，第455页。

认为这些论据对得到真理来说是重要的，不过他也意识到了它们的限度以及自己的过人之处。他最不赞成神学家们的合理主义，他们反复无常、优柔寡断，想要保护宗教，却因着所有这些好意而变得不真实了。在布尔特曼这里，我找不到莱辛、康德、歌德的影子，他没有一点儿自由的精神，有的只是与他们相对立的某些东西。"[1] 雅氏在这里将莱辛视为受到真正的启蒙精神启迪的自由派思想家的代表，他通过无底止的理性运动始终保持着批判的活力与信仰的生机，从而使自己与形形色色的正统派信仰、启蒙派信仰区别开来。可以说，莱辛的立场正是雅氏的立场，他同样以批判性的理性与自由的精神为依凭来看待信仰、宗教、神话的问题，进而与主张"去神话"的德国路德派神学家布尔特曼（Bultmann）产生了分歧，两人遂围绕着"去神话"的问题展开了一场论战。雅氏认为，布尔特曼最大的问题在于"他没有一点儿自由的精神"，在他的身上"找不到莱辛、康德、歌德的影子"。正是借着对布尔特曼的批评，雅氏再次将莱辛、康德、歌德一并视为理性与自由精神的化身。由此可见，雅氏将这三位伟大的德国启蒙思想家相提并论的衷曲，从表层看乃是为了彰显他们在德国古典时代与欧洲启蒙运动中的独特风致，从深层看则是意在借此为自己探索的理性—世界哲学之路觅得可供效法的范本，我们从中亦可见出雅氏赓续莱辛、康德、歌德一脉而形成的以超历史的理性精神为中核的启蒙观。[2]

---

[1] Karl Jaspers, "Myth and Religion", in Karl Jaspers and Rubtmann, *Myth and Christianity*, translated by R. Joseph Hoffmann, Prometheus Books, 2005, pp. 49 – 50.

[2] 雅斯贝斯在1952年8月23日致阿伦特的信中，对阿伦特在其《拉赫尔》（*Rahel*）一书中所涵淹的那种启蒙观进行了批评，认为阿伦特的错误在于误解了"理性"之于莱辛的超历史的根源，进而曲解了由莱辛开启、最后由歌德成就的那种"启蒙"的意味。雅氏就此指出："在我看来，你援引'启蒙'思想的每样东西举证的似乎都是反面的例子（多姆、弗里德兰德），这就导致了带有贬义的阐述。然而，正是'启蒙'——由莱辛开启、最后由歌德成就的那种'启蒙'——的伟大引导了拉赫尔。范哈根（Varnhagen）也部分地具有那种'启蒙'思想，尽管他采取的是一种更加变形的形式。我想知道，你阐述'启蒙'的方式是否不太充分甚至曲解了'启蒙'。根据你对《论人类的教育》的看法，你认为莱辛的'理性'立基于历史之维，并将其置于门德尔松的对立面。这种看法在我看来是错误的。即便在莱辛那里，理性自身的起源——感谢上帝——也是超越历史之维的，他用历史进行思考，这种思考又超越了历史。历史学家的魅力在于讲述一种趋向未来的神圣化的历史。门德尔松无疑是浅薄单调的，与莱辛相比，他更加自满、幼稚和独断。尽管门德尔松不可能与莱辛相媲美，不过维系两人朋友关系的推动力，乃在于两人对一种无可争辩的真理的共同追求。"见 Hannah Arendt and Karl Jaspers, Edited by Lotte Kohler and Hans Saner, *Hannah Arendt—Karl Jaspers Correspondence*, Edited by Lotte Kohler and Hans Saner, translated by Robert and Rita Kimber, Harcourt Brace Jovanovich, 1992, pp. 192 – 193.

第六章 理性生存型的艺术家之范例

关于莱辛的影响，雅氏在《论莱辛》的结尾处做了如下评说："关于莱辛的影响，诸多伟大的哲学家（门德尔松、黑格尔、谢林、叔本华、克尔凯郭尔）和历史学家（策勒尔、布罗克豪斯、施密特）都对此做出过评述。在莱辛所处的那个时代，几乎所有伟大的德国人都直接向他表达了感激之情，与其说这是因为他们通过莱辛学到了什么东西或者什么可供传授的东西（尽管也有这方面的原因），倒不如说是因为他们借助于莱辛这个范本并通过他们自身的自我教育而受到了莱辛的教育。"[①] 在雅氏看来，莱辛的独特魅力主要并不在于他可以传授给我们什么确凿的东西，而在于弥漫于其作品中的"理性的气氛"（批判性思维），正是在理性气氛的浸润、酵发下，我们同莱辛一起踏上了探索纯然真理的道路。[②] 也正是在与莱辛一道探索纯然真理的路途中，每个在世生存的个体都感受到了莱辛这个范本的独特魅力，进而通过自我教育不断地把自己成全为独一无二的个体。[③] 雅氏曾在《生存哲学》一书中意味深长地写道："哲学的道路是漫长和艰苦的；只有少数人，也许，真正走过它；但它的确是切实可行的。"[④] 可以说，莱辛、康德、歌德，包括雅斯贝斯本人，他们都是真正走过纯正的哲学之路的个体，尽管这样的个体在绵延不断的人类精神探索史上永远只占少数。

美国学者维塞尔（Leonard P. wessel）在《启蒙运动的内在问题——莱辛思想再释》一书中将弥漫于莱辛作品中的"理性的气氛"（批判性思维）比作"思考酵母"，可以说这个比喻是颇为恰切的。至

---

① Karl Jaspers, *The Great Philosophers—Descartes, Pascal, Lessing, Kierkegaard, Nietzsche, Einstein, Weber, Marx*, translated by Edith Ehrlich and Leonard H. Ehrlich, Harcourt Brace & Company, 1995, pp. 188 – 189.

② 1825年1月18日，歌德在与爱克曼的谈话中说道："莱辛的理解力最高，只有和他一样伟大的人才可以真正学习他，对于中材，他是危险的人物。"见［德］爱克曼辑录《歌德谈话录》，朱光潜译，人民文学出版社1978年版，第58页。

③ 雅斯贝斯在《大哲学家》的"导论"中指出："如果我看到一位大人物，那他就给我以启示，让我知道我是谁。如果我见到大人物并与之打交道的话，那么我就能在他那儿找到了自我。这样的愿望越纯粹、思想越真诚，大人物的愿望和他的思想作用就越清楚。大人物的气质可以说是他感知的手段。"见［德］卡尔·雅斯贝尔斯《大哲学家》，李雪涛主译，社会科学文献出版社2005年版，第3页。

④ ［德］卡尔·雅斯贝斯：《生存哲学》，王玖兴译，上海译文出版社2005年版，第88页。

于"如何认识莱辛'思考酵母'之确定内容",研究者们恰恰在这个问题上无不感到颇为棘手。"也正是由这一点开始,研究者彼此分道而行了。在莱辛思想探索方面,研究者得出各种具体的结论,所依据的,是自己对莱辛的思考酵母、思想方法或莱辛关于真理概念构成要素所做的分析。"① 就此而言,雅斯贝斯依据其祈向超越之维的生存哲学对莱辛所做的诠释,无疑为莱辛研究史提供了一个独特的视域。

第三节 达·芬奇:理性生存型的艺术家范例之三

在艺术史上,列奥纳多·达·芬奇的个人形象就像他所绘制的《蒙娜·丽莎》中的那位主人公一样,至今仍在向所有的解读者流露着一种难以一语道尽的微笑。"人们不禁要问:达·芬奇在本质上是一位艺术家、科学家还是哲学家?抑或是一位不能被纳入知性努力所建构起来的任何范畴之下的某种形象?于是,达·芬奇就变成了一个神奇的人物,一个神秘人物的化身。"② 正是透过这层"神秘"的面纱,雅斯贝斯以其生存形而上学的慧眼看到了达·芬奇那独一无二的生存。在《作为哲学家的达·芬奇》(1953)中,雅氏聚焦于以下四个问题对达·芬奇及其作品做了一种独具人文智慧的诠解:①"直观思维"的方法,即通过眼与手穿透蕴含于人的身体之中的精神;②活力论(vitalism)的世界观,即宇宙是一个充满力量的有机体,太阳是一切能量的来源;③以画家的生活方式进行反思,并获取在世界之中的生存自由;④辐辏于达·芬奇的全部生存,考察其"独具的伟大,这种伟大或许超越了在艺术家、科学家与哲学家之间所做出的区分"③。

上述问题其实可归结为一个问题,此即:"我们在何种意趣上称

---

① [美]维塞尔:《启蒙运动的内在问题——莱辛思想再释》,贺志刚译,华夏出版社2007年版,第4页。

② Karl Jaspers, *Three Essays: Leonardo, Descartes, Max Weber*, translated by Ralph Manheim, Harcourt, Brace & World, Inc., 1964, p.4.

③ Karl Jaspers, *Three Essays: Leonardo, Descartes, Max Weber*, translated by Ralph Manheim, Harcourt, Brace & World, Inc., 1964, p.4.

达·芬奇是一位哲学家?"① 围绕这一问题,雅氏探究了达·芬奇的"直观思维"在以可见的形式显示不可见的"超越存在"时所透示出的张力,指出他的绘画在作为沟通"感性的真实"与"真正的真实"之中介的意趣上所赋有的"密码"意趣,并就此重申了生存艺术形而上学的那个核心命题:"艺术是超越存在的语言。"② 在此基础上,雅氏继续追问了造成达·芬奇作品未完成性的生存论根源,揭示了这位"通才"艺术家在面对"大全"时所遭遇的生存挫折。相形之下,荷尔德林与凡·高以精神分裂症为契机,把那些化入了各自全部生存的作品转换为契接"超越存在"的"密码",而"达·芬奇的生存并未建基于任何一种深邃的内在剧变或强烈的激情之上。毋宁说,我们从他身上所看到的乃是耐力、沉静以及对壮美世界的坚定的爱"③。不言而喻,达·芬奇是一位富有理性精神的艺术家;同样无可置疑的是,当他在向着"大全"不断趋赴时依然面临着生存深渊。正是在这一意趣上,雅氏称达·芬奇是一位理性生存型的艺术家。他那"未完成"的艺术,无时不在催唤着我们的生存趣向那个虚灵不滞的"一"。对达·芬奇来说,这种作为"密码"的艺术已成为哲学的器官,所以,他又是一位艺术家中的哲学家。由此可见,雅氏生存哲学时期的"生存""超越存在""密码""艺术是超越存在的语言""艺术是哲学的器官"等核心话题在他写于理性哲学—世界哲学时期的《作为哲学家的达·芬奇》中仍在延续着、发展着,我们也可从中体察到雅氏试图以"理性"来澄明"生存"的致思轨迹。

一 "直观思维"与"艺术是超越存在的语言"

"直观思维"(visual thinking)亦被译为"思维直观"(thinking vision),这被认为是达·芬奇的思维方式。雅氏指出:"达·芬奇的思

---

① Karl Jaspers, *Three Essays: Leonardo, Descartes, Max Weber*, translated by Ralph Manheim, Harcourt, Brace & World, Inc., 1964, p. 44.
② Karl Jaspers, *Three Essays: Leonardo, Descartes, Max Weber*, translated by Ralph Manheim, Harcourt, Brace & World, Inc., 1964, p. 11.
③ Karl Jaspers, *Three Essays: Leonardo, Descartes, Max Weber*, translated by Ralph Manheim, Harcourt, Brace & World, Inc., 1964, p. 53.

维——这也是其与众不同的特征——完全基于眼与手。对他来说，存在的东西必须是可见的，他所确知的东西须得用手绘制出来。"① 达·芬奇颇为看重眼睛，认为"眼睛比其他感官更少欺骗性，它能映现一切自然之作"②。眼睛的特性在于直观，它直接摄取表象，并为表象所愉悦。一位单纯的欣赏者往往止于直观，不过，对同时也是创作者的画家来说，直观则仅仅是第一步。"只有当手把直观的现象创造性地再现出来之际，眼睛所察觉的东西才能变得清晰明澈。"③ 如果说眼睛摄取表象的瞬间是一种审美静观，那么画家用手绘制表象的过程则是一种"行动"（action），它旨在"创造出此前自然界尚未产生过的东西"④。由此，眼的摄取表象与手的创造形式便构成达·芬奇思维的基本过程。"这种思维把直观与行动结合起来，它并不运用概念，而是诉诸线条、形式与形象。古人曾把画家贬为手艺人，达·芬奇则推翻了这一看法。依他的观点，离开手工操作，人们仅通过沉思并不能在大脑中产生与获得任何完美的东西。'绘画理论'引致绘画'行动'，这比单纯的理论更为优越。因此，达·芬奇的思维——而且他自己也将其视为思维——同时即是直观与行动；它是思维直观，画家用手所绘制的作品把直观的现象呈示了出来。"⑤ 当然，这一过程绝不是被动的，因为"思维直观"说到底是一种"思维行动"（thinking action）。通过主动的"思维行动"，画家赋予表象以形式。雅氏由此指出："只有通过思维行动，那可见的东西才能真正成为可见的。"⑥

达·芬奇的"直观思维"总是在世界之中直观地显示他所察识的

---

① Karl Jaspers, *Three Essays: Leonardo, Descartes, Max Weber*, translated by Ralph Manheim, Harcourt, Brace & World, Inc., 1964, p. 5.

② Karl Jaspers, *Three Essays: Leonardo, Descartes, Max Weber*, translated by Ralph Manheim, Harcourt, Brace & World, Inc., 1964, p. 5.

③ Karl Jaspers, *Three Essays: Leonardo, Descartes, Max Weber*, translated by Ralph Manheim, Harcourt, Brace & World, Inc., 1964, p. 5.

④ Karl Jaspers, *Three Essays: Leonardo, Descartes, Max Weber*, translated by Ralph Manheim, Harcourt, Brace & World, Inc., 1964, p. 5.

⑤ Karl Jaspers, *Three Essays: Leonardo, Descartes, Max Weber*, translated by Ralph Manheim, Harcourt, Brace & World, Inc., 1964, pp. 5–6.

⑥ Karl Jaspers, *Three Essays: Leonardo, Descartes, Max Weber*, translated by Ralph Manheim, Harcourt, Brace & World, Inc., 1964, p. 6.

第六章　理性生存型的艺术家之范例

感性形式，因此他认为一位画家不能缺乏这种必要的感觉能力。"在他看来，离开眼与手，无物存在。对要存在的某物来说，它必须是可见与可触的。"① 不过，这并不等于说达·芬奇是一位经验主义者或感性主义者。雅氏指出："达·芬奇心里所考虑的事情远不只这些。他自己并不满足于那种可见与可触的东西，他的哲学思维与通常所说的经验论与感觉论也大相径庭。他相信，对我们来说任何能够存在的东西在某种意义上都是可再现的，这不仅包括业已存在的外在自然，而且包括一切出现于头脑中的观念——后者最为重要，它是潜在的现实。"② 由此可见，达·芬奇哲学思维的内在张力在于，如何在感性真实中以可见的表象与形式透示那不可见的"潜在的真实"（potential reality）。"潜在的真实"是不可直接直观的，直观那不可直接直观的"潜在的真实"，必然把人的感觉能力带到一种临界状态。在感觉能力的界限处，达·芬奇意识到了一切可见的事物所赋有的"象征"品性。象征诉诸人的想象，这是生存的眼睛。"想象敞开了通往存在的道路，艺术家据此为存在创造出了可见的外形；只有通过这些可见事物的真实存在，存在才变得真实起来。"③ 这里所说的"存在"，即意指前面所谈及的"潜在的真实"，亦指谓后面还要称说的"精神""上帝""本真的真实""大全的真实"，一言以蔽之，它们意指那虚灵不滞的"超越存在"。"超越存在"是不可见、不可知的，它像太阳一样照亮世界，在世界之中显现自身，并赋予"感觉的真实"（sensuous reality）以基源。"达·芬奇谈及事物可见的表象，认为无法成为可见的表象的东西便不存在。不过，我们须得在表象中洞察基源；我们必须学会透过可感的表象察识其不可感的基源。基源在表象中说话，可以说，它能够为人所领会，但不能单纯地为人所感知。"④ 在雅氏看

---

① Karl Jaspers, *Three Essays: Leonardo, Descartes, Max Weber*, translated by Ralph Manheim, Harcourt, Brace & World, Inc., 1964, p. 7.
② Karl Jaspers, *Three Essays: Leonardo, Descartes, Max Weber*, translated by Ralph Manheim, Harcourt, Brace & World, Inc., 1964, p. 7.
③ Karl Jaspers, *Three Essays: Leonardo, Descartes, Max Weber*, translated by Ralph Manheim, Harcourt, Brace & World, Inc., 1964, p. 7.
④ Karl Jaspers, *Three Essays: Leonardo, Descartes, Max Weber*, translated by Ralph Manheim, Harcourt, Brace & World, Inc., 1964, pp. 7–8.

来，达·芬奇自始葆有一份对可见世界的虔敬，因为我们只有一个世界，而且当这世界表象被转换为透示不可见的基源的隐喻时，那可见的世界就变得透明了。达·芬奇的思维直观，说到底即是以隐喻的方式在可见的表象中将不可见的精神基源呈示出来。雅氏就此指出："从方法上看，这就是达·芬奇思维的要点。每一种真实的事物都通过感知而存在，不过当眼与耳所感知的东西以恰切的方式被领会时，其自身恰恰是精神性的。在感知世界的过程中，我们总是穿越感知世界而翱翔，而不是进入某个彼在于感知世界的领域。反过来说，为了为我们而存在，精神也必须变成表象。"[①]

我们不难发现，雅氏由"直观思维"而论及隐喻世界的理论姿态是他的"密码"论。"密码"在某种意趣上也可谓之"隐喻"或"象征"[②]，它的一个突出的人文义涵是，以可见的现象世界来透示那虚灵不滞的超越之维，而那超越之维——雅氏也称之为隐蔽的"上帝"——则赋予可见的现象世界以形式、结构与秩序。尤为重要的是，雅氏发现"现象"与"基源"在达·芬奇的"直观思维"中是密不可分的，这恰恰符合他所期许的"密码"意趣。"达·芬奇在种种世界现象中察觉到了基源，因此，在其他之处相互分离的两种东西在达·芬奇的直观中则依然保持为一体。……对他来说，形态观察与因果解释不可分，数学技巧与意义、目的不可分，美与象征不可分。因此，每一件作品一旦被创造出来，就立即成为一种对象性的知识，成为一种情绪的表现，人们通过对其意义产生无限的共鸣而使其成为一种隐喻。"[③] 雅氏

[①] Karl Jaspers, *Three Essays: Leonardo, Descartes, Max Weber*, translated by Ralph Manheim, Harcourt, Brace & World, Inc., 1964, p. 8.

[②] "密码"虽然在一定意趣上可谓之一种"象征"，但两者毕竟并不完全等同。雅氏在《哲学》第三卷中对此有明确阐说："在密码中，不可能把象征物与被象征的东西分离开来。密码使超越存在得以显现，不过它是不可解释的。如果我打算进行解释，那么就必须把联结为一体的东西分开。……我在解释密码时所理解的东西并不是密码本身，而仅仅是被破坏和被改变为一种纯粹象征符号的密码。被解释的密码变得像象征符号一样明白易懂……而密码只是它自身所是的东西。……一般的象征符号是一种关系，人们依靠它并超越它，以便超越地说出形而上学密码的本质；但密码本身不再是关系。" 见 Karl Jaspers, *Philosophy* (Vol. 3), translated by E. B. Ashton, The University of Chicago Press, 1971, p. 124. 雅氏在这里使用"象征"一词更多是一种方便的说法，其真正的义涵乃意指"密码"。

[③] Karl Jaspers, *Three Essays: Leonardo, Descartes, Max Weber*, translated by Ralph Manheim, Harcourt, Brace & World, Inc., 1964, p. 35.

第六章　理性生存型的艺术家之范例

认为，达·芬奇那些彪炳艺术史的杰作之所以能够产生独一无二的影响，其根源正在于它们乃是携带"超越存在"之消息的"密码"（某种意趣上的"象征"或"隐喻"），这在他的古典作品及其所使用的"明暗法"中表现得最为明显。①在达·芬奇的画作中，每一个细节都赋有跃动着的生命。不过，它们同时又渗透于作为"大全"的整体之中，并没有哪一个细节偶然地为自身而存在。在统一的秩序与无限的细节之间所构成的必要张力中，达·芬奇创造了古典艺术的经典之作。"这带给他的时代一种新的启示，并敞开了一个新的艺术世界。达·芬奇发现了一种指向宇宙统一秩序的密码，这在本质上是不可重复的。"① ②"明暗法"（chiaroscuro）作为"使不可见的东西成为可见的新途径"，它无疑是配称于完美的古典艺术形式的。艺术史上，有些杰出的艺术家——譬如伦勃朗——也使用过这种方法，不过它的肇始者乃是达·芬奇。黑格尔曾将"明暗法"称为"色彩魔幻术"，对象在这种魔幻术中被蒸发掉了。那些最深的阴影为光所充盈，阴影通过感觉不到的过渡而加深，直到光线最亮，那阴影变得最深，其间并没有一个严格的分界线。雅氏认为，"黑格尔所熟悉的这些消息乃是由达·芬奇首先发现的。它就像一种可使一切对象变得透明的密码那样来运作；它用最为变动不居的对象及其纯粹的表象，通过可靠的形体表现而敞开了那隐蔽之物的范围②"。"明暗法"的艺术史意义在于，它以最清晰的可见性指向"本真的真实"。在达·芬奇的艺术世界里，没有现代艺术中的那种变形与撕裂，一切对象不仅是高度确定的，又是完全透明的。这是一种在"真正的直观"中达至的"大全的真实和在大全中的真实"。"对盲目的直观来说，每一种事物都是不透明的真实，而对真正的直观来说，一切可感的事物都变成精神性的，虽然那真正的真实仍是不可见的。"③

---

① Karl Jaspers, *Three Essays: Leonardo, Descartes, Max Weber*, translated by Ralph Manheim, Harcourt, Brace & World, Inc., 1964, p. 9.
② Karl Jaspers, *Three Essays: Leonardo, Descartes, Max Weber*, translated by Ralph Manheim, Harcourt, Brace & World, Inc., 1964, p. 9.
③ Karl Jaspers, *Three Essays: Leonardo, Descartes, Max Weber*, translated by Ralph Manheim, Harcourt, Brace & World, Inc., 1964, p. 11.

雅氏认为，达·芬奇的"直观思维"解决了艺术史上的一个难题。艺术必须是"感性的"，同时又能是"精神的"。对伟大的艺术家来说，"艺术是超越存在的语言"。与这种在感性真实中透示本真的精神真实的"密码"艺术不同，"那种披着华彩外衣而纯然可见的艺术看来并不是本质性的"。雅氏由此批判道："那指向丰富生命的冲动在能够吸引永恒之前是苍白的，那赋有精神的生命在生命精神化之前是无力的。"① 可以说，雅氏的这一批判立场并非来自艺术自身，而是来自要求对艺术行使判断权利的哲学。在雅氏看来，"从柏拉图到奥古斯丁再到克尔凯郭尔，哲学一直在要求评判绘画、音乐与诗的权利，这乃因为，绘画、音乐与诗总会关涉善与恶"。② 艺术家的自治领域是创造美的形式，而美的形式不可避免地会涉及那些为艺术而艺术的艺术家自身所不能解决的善恶问题。于是，像柏拉图、奥古斯丁、克尔凯郭尔（也包括雅斯贝斯）这样的道德哲学家便以一种批判的态度来检查艺术品，并同那些单纯的艺术家"磋商一种哲学的权利"③。

几千年来哲学与艺术之间的斗争，其根源便在于此。雅氏认为，尽管达·芬奇并没有明确地称说那些伟大的哲学家，"但他确实同他们一样在为感性的精神化而奋斗"。诚然，"感性的真实是不可或缺的，没有它，除了空洞的抽象之外便无物存在"。不过，"精神的真实则是本真的真实，当它显现时，它不准被生命冲动与感性形象所吞没，因为如果那样，除了感官沉醉与没有超越存在的现实之外，便不会再有什么东西存在"。④

雅氏从其生存形而上学的批判立场与"密码"论的理论姿态出发，对达·芬奇的"直观思维"做了一种别具人文意趣的阐释，并

---

① Karl Jaspers, *Three Essays: Leonardo, Descartes, Max Weber*, translated by Ralph Manheim, Harcourt, Brace & World, Inc., 1964, pp. 11-12.

② Karl Jaspers, *Three Essays: Leonardo, Descartes, Max Weber*, translated by Ralph Manheim, Harcourt, Brace & World, Inc., 1964, p. 12.

③ Karl Jaspers, *Three Essays: Leonardo, Descartes, Max Weber*, translated by Ralph Manheim, Harcourt, Brace & World, Inc., 1964, p. 12.

④ Karl Jaspers, *Three Essays: Leonardo, Descartes, Max Weber*, translated by Ralph Manheim, Harcourt, Brace & World, Inc., 1964, p. 12.

从中发现了他在艺术史上的伟大:"人们可能会把达·芬奇视为最令人惊奇地表现了精神的形体性与形体的精神性的艺术家之一。"① 可以说,那幅与达·芬奇的名字一起载入史册的《蒙娜·丽莎》便是这一方面的经典之作,画中的那位理性生存型的女性形象正标示着"精神的形体性与形体的精神性"所能达至的完美结合:高高的额头下一双敞开的眼睛,几乎不显露的微笑,恬静的身姿,不经意地交叠着的双手,这一切,均使那看不见的精神在这位有形体的女性形象中成为可见的。在雅氏看来,达·芬奇的伟大之处在于,"看起来好像达·芬奇通过瞬间的人物形象察觉到了永恒的崇高理念,认为这崇高的理念即等同于人类的理性。在蒙娜·丽莎那里,没有卖弄风骚,没有诱惑,没有社会面纱,有的乃是那颗宁静孤独的灵魂。在清醒的意识中,她把感情与精神、爱与思想结合为一体,并保持着它们之间的张力。达·芬奇看到了女性的尊严,而她的性别特征则只是其中的一个成分。这种形体中的精神是超越理解的;它甚至超越了达·芬奇能在自己的《论绘画》一书中所教的一切东西"②。

二 达·芬奇作品未完成性的生存论根源

达·芬奇是一位通才,活动于艺术、科学、技术等领域。作为艺术家,他开创了意大利的古典艺术。但从乔治·瓦萨里(Giorgio Vasari)以来,人们一般认为他在艺术上的成就逊色于拉斐尔(Raphael)与米开朗基罗(Michelangelo),因为这二人在其一生中创作了大量伟大的作品,而达·芬奇却只有少数几幅画作被列为艺术史杰作。最令一些艺术史家不满意的是,他的许多作品是断片式的。于是达·芬奇给人们留下了这样一个话柄:他浪费了自己的艺术天赋。雅氏的深刻之处在于,他并未拘囿于上述对达·芬奇的看似有道理的指责,而是

---

① Karl Jaspers, *Three Essays: Leonardo, Descartes, Max Weber*, translated by Ralph Manheim, Harcourt, Brace & World, Inc., 1964, p. 12.
② Karl Jaspers, *Three Essays: Leonardo, Descartes, Max Weber*, translated by Ralph Manheim, Harcourt, Brace & World, Inc., 1964, p. 11.

以其无所不包的"大全"视域,把对这一问题的探察引向一个彻底处。他的提问方式是:"达·芬奇为什么留下了未完成的作品?"[1] 问题纽结之处,也是秘密透示自身之处。正是在这里,雅氏探究了达·芬奇作品未完成性的生存论根源。

雅氏认为,倘要正确地评价达·芬奇,只有在以下情形下才是可能的,此即:"我们要懂得把文化领域划分为诸如艺术、文学、科学、技术这些方面只带有相对的意义。由此,达·芬奇的绘画、画论与科学努力都指向一个大全整体,它超越一切划分,因而无法在这种划分下将其归类。"[2] 依此观点,"来自大全的更高一级的权威在衡鉴着每一具体领域,同时使其葆有意义,并使其契接基源,而作为基源的大全恰恰不再是另一个特殊的领域;人们并不能直接地、客观地理解大全,而只能通过那些彼此独立的具体领域间接地指向它。所有的具体领域都从作为整一的基源中分有其意义"[3]。"大全"是"整体",是"一",是意义的"基源",个体生存不间断地向之趋赴,但永远不能完全与之同一。在此意趣上说,任何一个个体生存在面对虚灵不滞的"大全"整体时都必然会遭受挫折。"对人来说,实现这一整体却是不可能的。一个人越有力、越深刻地努力去表达它,就愈加迅猛地接近失败,而这种失败本身恰恰就是真理的显现。不过,若离开歧义性,这种情况就绝不会发生;它并不能被强制性地展现出来。"[4] 正如越虔敬的基督徒在面对至善的"上帝"时就愈加深刻地反省到自身的"罪",雅氏这里所谓的"失败"也不是"实存"意味上的失败,而是自我督责的个体生存在面对终极的"大全"时所深切感到的内在张力,这种张力激发着个体生存不断地向着"大全"做自我超越运动。因此,在雅氏看来,达·芬奇

---

[1] Karl Jaspers, *Three Essays: Leonardo, Descartes, Max Weber*, translated by Ralph Manheim, Harcourt, Brace & World, Inc., 1964, p. 49.

[2] Karl Jaspers, *Three Essays: Leonardo, Descartes, Max Weber*, translated by Ralph Manheim, Harcourt, Brace & World, Inc., 1964, p. 47.

[3] Karl Jaspers, *Three Essays: Leonardo, Descartes, Max Weber*, translated by Ralph Manheim, Harcourt, Brace & World, Inc., 1964, pp. 47-48.

[4] Karl Jaspers, *Three Essays: Leonardo, Descartes, Max Weber*, translated by Ralph Manheim, Harcourt, Brace & World, Inc., 1964, p. 48.

第六章　理性生存型的艺术家之范例

在各具体领域的活动并未导致其艺术天赋的浪费，他的作品的未完成性也并不像人们通常所理解的那样是由于精力涣散。他之所以这样做，乃是为了透过映射着"大全"之光的具体领域，不懈地奔向那作为光源的"大全"整体。尽管这会带来生存挫折，但生存的意义正来自向着"大全"而趋赴的努力。雅氏就此指出："他不能满足于将自身拘囿于任何特殊领域，因为他所关切的是作为整体的世界；不过，只有专门的领域才能提供通向整体的现实道路。以他的一生投身于各个领域的超人努力注定要走向失败。他将自己的全部身心倾注于某一单独的领域，很快将它弃置一旁，然后继续从事其他的事情，不过他还是打算回头去完成它。"①

正如在专门领域中超越专门领域，雅氏的生存艺术形而上学同样主张在感性真实的艺术中超越感性真实的艺术，目的只在于透过分有"大全"之光的感性艺术祈向作为真正的真实的"大全"整体。这样一来，艺术创作就成为通向"大全"整体的道路，而不是其终结，因此作品的未完成也便在所难免。雅氏指出："达·芬奇为一切现实中的精神内容所神迷。为了显示这种内容，他必须在头脑中构思形象，然后用手在艺术品中将其塑造成现实存在的事物。但是，因为精神从来都不能被完全地表现出来，而且因为理念超越了任何一件作品所能表达的界限，所以艺术品是无法胜任显现总体的世界知识这一任务的。"② 可以说，雅氏在此是将达·芬奇作品的未完成性视为关涉其生存艺术形而上学的一个根本问题提出来的，这种在艺术中超越艺术的哲学态度也使他面对这样一个难题：达·芬奇那里有一些素描——譬如描绘看不见的世界末日或宇宙事件的一些草图——甚至并不寻求完美，这究竟是为什么？雅氏自己提出这一问题之后，做了如下独出机杼的诠解。他认为，由于达·芬奇怀着对整体的求取之心，并不断经受一些新形象、新观念的质问，因此他总是在这些形象、观念与整体之间洞察某种隐在的关联。"这就意味着他不得不把它们联系在一起，

---

①　Karl Jaspers, *Three Essays: Leonardo, Descartes, Max Weber*, translated by Ralph Manheim, Harcourt, Brace & World, Inc., 1964, p. 49.

②　Karl Jaspers, *Three Essays: Leonardo, Descartes, Max Weber*, translated by Ralph Manheim, Harcourt, Brace & World, Inc., 1964, p. 50.

什么也不能丢弃。"① 鉴于此，达·芬奇必须不断地实验，为的是明证那个看不见的"大全"整体。那些所谓碎片式的素描，便是他在实验中留下的踪迹，其作用在于引导人们从可见的七彩光谱中反观那不可见的"大全"光源。即便那些相对完成的作品，其实也是他经过构思与实验而创制出来的。可以说，达·芬奇是"在前形象中工作"（working in prefigurations），自始至终并没有受限于某一全然对象化了的有限目的。"这些关于前形象的构想，只有少数一部分在他完成的艺术品中达至其目标。它们并不像其他一些伟大艺术家的素描那样拘囿于有限的目的。毋宁说，它们是一种永不间断的开始，试图毫无例外地变换一切事物的形象。这就解释了为什么他的许多构想由于其特有的本性而无法得以完成，也解释了为什么他敢于尝试着使每一种不可见的东西都变成可见的，乃至于经常不惜以失败为代价。他并不把此类失败视为真正的失败，因为他确信任何一种东西都是可以使其成为可见的。"②

达·芬奇作品未完成性的生存论前提，是作为理性生存的艺术家在艺术中超越单纯的艺术视域时对作为终极完美的"大全"整体的贞认。在雅氏看来，"达·芬奇努力寻求完美，因为没有这种追求，任何东西都将是模糊不清的③"。达·芬奇之所以努力寻求"完美"，其衷曲在于：他主要是以画家的生活方式来赢得生存的自由，因而自然会在艺术领域中寻求形式上的完美。不过，他"并不想把自身迷失于获取完美的过程之中。在一些伟大的作品中，他成为一位伟大的艺术家"④。达·芬奇之所以伟大，正在于他不仅寻求形式的完美，更寻求那终极的完美。这样一来，他突破各个专门领域的界限，"渴望所有的事物都能服务于唯一的整体。那个唯一的整体总是出现于他的头脑

---

① Karl Jaspers, *Three Essays: Leonardo, Descartes, Max Weber*, translated by Ralph Manheim, Harcourt, Brace & World, Inc., 1964, p. 50.
② Karl Jaspers, *Three Essays: Leonardo, Descartes, Max Weber*, translated by Ralph Manheim, Harcourt, Brace & World, Inc., 1964, p. 50.
③ Karl Jaspers, *Three Essays: Leonardo, Descartes, Max Weber*, translated by Ralph Manheim, Harcourt, Brace & World, Inc., 1964, p. 51.
④ Karl Jaspers, *Three Essays: Leonardo, Descartes, Max Weber*, translated by Ralph Manheim, Harcourt, Brace & World, Inc., 1964, p. 51.

第六章 理性生存型的艺术家之范例

之中，并且使每一缺点都成为一种赋有希望的缺点"①。这里所谓"赋有希望的缺点"是颇为传神的。对作为理性生存的达·芬奇来说，因其渴望"唯一的整体"却终不能完全达至而带有"缺点"，也正因为他不惜以失败为代价地渴望"唯一的整体"而赋有"希望"。应该说，雅氏更多地是在生存论的意趣上来理解并肯认达·芬奇的。他认为，达·芬奇以超人的努力期许建构一座"整体的大厦"，同时又想在每一细节之处保持人的比例。这样一来，他就不可避免地留给自己——除了极少数伟丽的绘画外——大量辛辛苦苦聚集起来却没有派上用场的建筑材料。在趋向一种更为纯粹的真理的过程中，达·芬奇虽然不能像伦勃朗那样在其绘画与雕塑中始终保持一种确定了的特征，也不能像帕斯卡尔、莱布尼茨、康德那样在每一思想中都保持其最高的水平，"不过，他的那些达到最高水平的作品同样是不可模仿的。在复制品中，在他的模仿者的作品中，那种本质的东西丢失了。复制品或许有利于实现一种美、一种迷人的形式与虚假的完美，然而它却缺乏独一无二的直观。即便在缄口不语的笑中，那独一无二的直观也可使这种笑被间接地看到"②。

所谓"独一无二的直观"，即是达·芬奇这位理性生存型的艺术家所独具的"直观思维"。如果说得更彻底些，这种"直观思维"乃是使其作品保持未完成状态的生存思维，这突出地表现在达·芬奇对自己作品的态度上。"他并不怀疑自己试图完成作品，但是完成作品并不是他的终极目标或准则。他的直观思维的目标超越了那种已完成的作品。"③ 由此看来，"达·芬奇并不满足于自己的任何一件作品，这种态度绝不是偶然的。他无法完成自己的绘画，因为他的意图已超越了作品的界限④"。应该说，如何通过"直观思维"贞认"终极目标"，这既是达·芬奇自始所致力的，也是雅氏真正所关心的。他指

---

① Karl Jaspers, *Three Essays: Leonardo, Descartes, Max Weber*, translated by Ralph Manheim, Harcourt, Brace & World, Inc., 1964, p. 51.

② Karl Jaspers, *Three Essays: Leonardo, Descartes, Max Weber*, translated by Ralph Manheim, Harcourt, Brace & World, Inc., 1964, p. 51.

③ Karl Jaspers, *Three Essays: Leonardo, Descartes, Max Weber*, translated by Ralph Manheim, Harcourt, Brace & World, Inc., 1964, p. 10.

④ Karl Jaspers, *Three Essays: Leonardo, Descartes, Max Weber*, translated by Ralph Manheim, Harcourt, Brace & World, Inc., 1964, p. 10.

出:"更高的意义在于努力使其自身成为可见的,不过可见的作品并不足以完成它。在打破可见之物的界限的过程中,或者在使答案保持其开放的未完成性中,那种本质性的东西便得到了表达。通过这种不确定的可见性,那不可见的东西开始说话,不过它不再能够被人所看见。我们瞥一眼超越存在,然而它依然保持着隐蔽;精神性的东西在有形之物中向我们说话。实事求是地说,作品所说的总多于任何完美的东西。即使在达·芬奇似乎已完成的完美之作中,仍有超越这种完美的东西。"① 雅氏坦言:"达·芬奇自己并没有阐说此类的观念,不过这种解释看来能够说明他从不满意自己已完成的作品的原因。"② 由此不难悟察,雅氏乃是从其生存形而上学的理论姿态来阐说达·芬奇作品的未完成性的,故而这一问题的提出本身就已超出单纯的审美视域。单纯的审美视域所关注的仅仅是形式,艺术品在形式上当然不应是残缺不全的;而生存形而上学所眷注的则是分别赋予艺术以根源与依据的"生存"与"大全",它诚然也要求作品在形式上的完美,但它更期许艺术家在心仪"大全"整体时去追求那更为深刻的未完成性,因为这是一种"赋有希望的缺点",或者说是一种失败中的伟大。从这一意趣上来看,任何一种生存型的艺术都是不可能最终完成的。说到底,这种艺术乃是一种"超越存在的语言",即"密码"。③

三 "艺术成为哲学的器官":一个理性生存型的艺术家

对雅氏来说,考察达·芬奇作品的未完成性,同时意味着探问

---

① Karl Jaspers, *Three Essays: Leonardo, Descartes, Max Weber*, translated by Ralph Manheim, Harcourt, Brace & World, Inc., 1964, p.10.

② Karl Jaspers, *Three Essays: Leonardo, Descartes, Max Weber*, translated by Ralph Manheim, Harcourt, Brace & World, Inc., 1964, p.10.

③ 井村阳一曾对此做过精辟诠解。他指出:"必须要考虑到,在雅斯贝斯当作达·芬奇的一个问题的未完成中,包含着形式的一面和艺术本质的一面。当雅斯贝斯把艺术家生存看作是包容作品并赋予作品以根据的东西的时候,而且当他把艺术家看作是对全体的包括者的追求者的时候,作品本身在本质意义上的完成是不存在的。问题已超出了单纯美学的界限。艺术作品纵使在形式上是完成的,但仍旧追求所谓更深刻的完成,这点表明了艺术的深刻的象征性。在这个层次里,艺术要求把自己解释为超越者(全体的包括者)的密码。"见[日]今道友信等《存在主义美学》,崔相录、王生平译,辽宁人民出版社1987年版,第165页。

艺术家的全部生存。雅氏的生存形而上学自始就把艺术视为艺术家生存活动的一个环节，进而在"生存"与"超越存在"所构成的张力中凸显艺术的"密码"意趣。由这一理论姿态出发，雅氏详尽探究了达·芬奇的全部生存，试图阐明艺术在他那里是如何成为哲学的器官的。

1. 艺术在达·芬奇那里成为哲学的器官：达·芬奇的伟大之处

倘从审美视域来品评，我们或许会说达·芬奇只是一位比较伟大的艺术家，作为古典艺术的先驱之一，他在艺术史上跻身诸多伟大的艺术家之列。那么，达·芬奇独一无二的伟大是什么？换言之，究竟是什么东西使达·芬奇成为诸多伟大的艺术家中无可替代的"这一个"？雅氏的探掘就是从这一根本问题开始的。

雅氏认为，达·芬奇"超越历史"的伟大之处正"在于其存在自身的完整性，所有的科学研究与艺术创造均源于此，并服务于此：哲学生存与关于世界的知识经由个性创造而得以具体化"[1]。艺术家、科学家、技师在达·芬奇那里是浑化为一体的，并没有哪一方面占绝对优势。"把其中的某一方面割裂出来视为本质——通常把他称为艺术家——只是后人的兴趣，而不是达·芬奇本人的意图。"[2] 一旦超越一切具体视域，我们便可以用一种"大全"的眼光来重新评价达·芬奇，进而将他称为哲学家。"当然，这里的哲学并不意味着某种科学范畴、独断的教条，而意味着一种整全的知识，这种知识作为一个整体获得了自身意识，从而作为一种涵括一切知识的人类存在形式而掌控了自身。艺术、科学、绘画、建筑都不是自足的门类，超越它们之上而同时存在的乃是那个引导它们的精神领域。"[3] 可以说，雅氏这里所期许的哲学具体指谓生存形而上学，这种哲学把人的天趣盈盈、浑全整一的生存活动视为一个统一的精神领域，正是它超越了人对艺术、宗教、伦理、科学、政治、经济等所做的划分，进而引导个

---

[1] Karl Jaspers, *Three Essays*: *Leonardo*, *Descartes*, *Max Weber*, translated by Ralph Manheim, Harcourt, Brace & World, Inc., 1964, pp. 44–45.

[2] Karl Jaspers, *Three Essays*: *Leonardo*, *Descartes*, *Max Weber*, translated by Ralph Manheim, Harcourt, Brace & World, Inc., 1964, p. 45.

[3] Karl Jaspers, *Three Essays*: *Leonardo*, *Descartes*, *Max Weber*, translated by Ralph Manheim, Harcourt, Brace & World, Inc., 1964, p. 45.

体在这些具体领域内从事自由的实践活动。这些具体领域诚然都赋有各自的自律法则,但从生存论的视域看,它们的自足都是相对的。因此,"只有当哲学在生存、作品与思想中作为一个整体而变得可交流时,这种哲学才能获得历史的重要地位。在同样的意义上,达·芬奇与歌德一样是一位哲学家"①。这样一来,作为整体生存而活动于艺术、科学、技术等领域的达·芬奇就自然而然地进入了雅氏生存形而上学的视域。如果在狭义上把文学与艺术视为两个领域,那么文学家中的哲学家相对多一些,雅氏曾在自己的著述中提到过荷马、埃斯库罗斯、索福克勒斯、欧里庇德斯、但丁、莎士比亚、歌德、陀思妥耶夫斯基、荷尔德林等;在艺术家中,这位精通西方艺术史的哲学家仅明确提到过达·芬奇、米开朗基罗、伦勃朗、凡·高等少数几位。对这少数几位艺术家中的哲学家,他又进一步品评道:"诗人中有少数几位是哲学家,唯有达·芬奇是艺术家中杰出的哲学家。在他那里,艺术成为哲学的器官,因为他不仅将艺术作为一种认知的工具而从事艺术家的活动,而且使其成为一种反思的对象。这就使他从根底处与那些伟大的形而上学艺术家——譬如米开朗基罗、伦勃朗——区别开来。"②

对达·芬奇来说,"艺术成为哲学的器官"至少包蕴以下两层意趣。①作为哲学的器官的艺术毕竟是一种艺术,它尽管诉诸思维,但这思维乃是一种"直观思维",而不是知性思维。由此,达·芬奇便与那些仅仅诉诸知性思维的哲学家区别开来。在这层意趣上来说,"如果没有超越思维的东西,哲学就依然是贫乏的、不完整的。我们可以通过艺术创作与诗歌创作赋予观念以形体,这就必须使艺术创作与诗歌创作成为哲学洞见的器官"③。其实,雅氏在这里是在强调达·芬奇的"直观思维"及其直观艺术对于那种知性思维以及知性哲学的超越。②作为哲学的器官的艺术毕竟在艺术中超越了艺术,尽管它也

---

① Karl Jaspers, *Three Essays*: *Leonardo*, *Descartes*, *Max Weber*, translated by Ralph Manheim, Harcourt, Brace & World, Inc., 1964, p. 45.

② Karl Jaspers, *Three Essays*: *Leonardo*, *Descartes*, *Max Weber*, translated by Ralph Manheim, Harcourt, Brace & World, Inc., 1964, p. 45.

③ Karl Jaspers, *Three Essays*: *Leonardo*, *Descartes*, *Max Weber*, translated by Ralph Manheim, Harcourt, Brace & World, Inc., 1964, p. 46.

第六章 理性生存型的艺术家之范例

诉诸直观,但这直观终究不是一种感性直观,而是穿透艺术且审视艺术的"直观思维"。它并不囿于单纯的审美视域,而是旨在呼吁个体生存的自我决断,反对不承担生存选择责任的审美冷淡,进而要求一种哲学判断艺术的权利。从第二层意趣上来看,"达·芬奇的生命与作品提供了这样一种证明:我们在任何地方——也包括艺术领域——都能看到在善与恶、真与假、本质与空虚、有益与无益之间所进行的选择与决断。对艺术来说,就像其他所有的实现方式一样,它乃是确信生存与听从柏拉图式判断的一种要素。我们这里所说的东西基本上不同于那些艺术行家们所谓的艺术性。对于精神创造来说,只有那种路西法式的人(Luciferian),才以高超的艺术性与无价值的魅力来诱惑人们迷醉于无责任的审美享受,这既令人感到美妙,又使人觉得可怕"[1]。

可以说,唤醒"生存"进行自我贞定的选择,在"生存"无限趋赴"超越存在"的过程中,以一种"赋有希望的缺点"把艺术转换为明证"超越存在"的"密码",这是雅氏生存艺术形而上学托底的秘密,也是他把艺术视为哲学的器官的韵致所在。雅氏的美学态度即出自其生存形而上学,这一哲学姿态顺理成章地把审美艺术与作为哲学器官的艺术区分开来,并期冀人们在后者那里倾听生存的呼吁。"那些邂逅达·芬奇的人会被召唤着去倾听他的呼吁。……只有当我们在纯粹的艺术与作为哲学的器官的艺术之间感到迥然不同,我们才会在内心中倾听到那一呼吁,并受到来自大全的推动,由此而从语词与形象中意识到我们自己,这仅仅因为我们自己就在这一生成的过程之中。"[2] 达·芬奇及其"未完成"的作品正可产生这样一种震撼人心的效果。我们沐浴在达·芬奇营造的理性氛围之中,倾听着他从生命深处发出的呼吁,并在他的呼吁下不断地成为我们自己。

---

[1] Karl Jaspers, *Three Essays: Leonardo, Descartes, Max Weber*, translated by Ralph Manheim, Harcourt, Brace & World, Inc., 1964, p. 46.

[2] Karl Jaspers, *Three Essays: Leonardo, Descartes, Max Weber*, translated by Ralph Manheim, Harcourt, Brace & World, Inc., 1964, p. 57.

2. 达·芬奇生存性征与其"普遍公正"的品格

那么,我们通过达·芬奇究竟倾听到了些什么呢?雅氏首先勾勒了达·芬奇的生存性征,其次结合达·芬奇超政治、超宗教乃至超生死的人生态度阐说了其"普遍公正"的品格,最后对达·芬奇与米开朗基罗的生存样态进行了比较。

(1) 达·芬奇的生存性征

在雅氏看来,达·芬奇的生存性征主要表现在如下三个方面。① "公正无私、宽宏大量与单纯坦率"。雅氏就此指出:"达·芬奇并不插手世间的事物;他没有寻求权力地位的倾向;野心、嫉妒与成功欲看起来都与他绝缘;他并不关心公共生活;我们所知的他的私人生活表明了他的公正无私、宽宏大量与单纯坦率。"[①] "公正无私、宽宏大量与单纯坦率"是理性精神在达·芬奇原初人格中显现出来的第一个特征,这样的人格与充斥于世俗实存的权力欲、成功欲以及野心、嫉妒心截然相反。正是由于秉具了这样的人格,达·芬奇"并不关心公共生活",在面对世间事物时,他的态度是让事随心转,而不是心随事转。② "孤独"。雅氏就此指出:"尽管达·芬奇有许多熟人与追随者,尽管那些人全都关心他、热爱他,然而毕其一生他都是孤独的,不过并没有迹象表明他对自己的孤独感到痛苦。达·芬奇依靠的是他自己,他既不提供保护,也不寻求保护。可以说,他的自我贞定是不可摇夺的。"[②] 这里所说的"孤独",指的是自我贞定的生存个体秉具的"内在独立性"。"这独立性不是刚愎和执拗,不含有狂热的教条,而是不依赖时间的不断动荡而赢得绝对的宁静。这种哲学家的独立性是永不故步自封的。他能承受这一切,在这一点上他是别样的,对此他并不汲汲以求。但他能有自信心,不随波逐流。他有忍受孤独的耐力。"[③] 可以说,达·芬奇的"孤独"就是这样一种为理性所澄明的"内在独立性"。就此而言,达·芬奇"需要我们尊敬,但并不需要

[①] Karl Jaspers, *Three Essays: Leonardo, Descartes, Max Weber*, translated by Ralph Manheim, Harcourt, Brace & World, Inc., 1964, p. 52.

[②] Karl Jaspers, *Three Essays: Leonardo, Descartes, Max Weber*, translated by Ralph Manheim, Harcourt, Brace & World, Inc., 1964, p. 52.

[③] [德] 卡尔·雅斯贝尔斯:《大哲学家》,李雪涛主译,社会科学文献出版社2005年版,第12页。

我们追随"①。③"适度"。雅氏就此指出:"达·芬奇的头脑太明澈了,在他那里不容许有任何潜藏的东西与不可控制的力量蔓延开去。由于所有这些非凡的品质,他不会浪费自己的精力;由于他全部的深度,我们没有在他身上察觉潜藏力量的爆发。我们对他所了解的每一件事都留下一种适度与理性的印象。"② 达·芬奇的"适度"乃是一种为理性所澄澈了的生存样态,这使得他能够免受"激情、愤怒或过度的言行"以及"通常的偏好"的影响③,进而使他能够以坦荡的胸怀与沉静的态度面对周遭的事物。不过,"他的沉静乃是由大量不屈不挠的行动赋予的。在他那里,从来就没有听天由命与意志衰退之类的悲哀迹象"④。就上述生存性征看,达·芬奇已成为理性精神在人类历史中的直观形象。

(2) 达·芬奇"普遍公正"的品格与其超政治、超宗教乃至超生死的态度

达·芬奇超越了偏于一隅的私爱,他所钟爱的"普遍性"就像太阳一样普照万物。他自身并没有沿循体系性的哲学观念,而是立足于自己所眺望的超越之维镇定自若地行走在向任何可能发生之物无限开放的世界之中。⑤ 这是一个完全独立的人格所赋有的"普遍公正"(universal

---

① 雅斯贝斯指出:"即使今天,达·芬奇留下的普遍印象仍带有令人清醒的特质。这个人——他不需要其他人,他完全自我贞定地探求知识,他突破世界而幽浸于孤独之中,没有那种可以使人意识到他自身并与另一个自我发生关联的交往——需要我们尊敬,但并不需要我们追随。"见 Karl Jaspers, *Three Essays*: *Leonardo*, *Descartes*, *Max Weber*, translated by Ralph Manheim, Harcourt, Brace & World, Inc., 1964, p. 55。

② Karl Jaspers, *Three Essays*: *Leonardo*, *Descartes*, *Max Weber*, translated by Ralph Manheim, Harcourt, Brace & World, Inc., 1964, pp. 52 – 53.

③ 雅斯贝斯指出:"在一些描述中,我们感到他可能会给某些评论者留下为人冷峻、缺乏热情的印象——确切地说,这是因为他没有激情、愤怒或过度的言行,否则,这些缺陷就会让人受缚于通常的偏好,因此,这让我们格外珍视那些克服了上述缺陷的人们。"见 Karl Jaspers, *Three Essays*: *Leonardo*, *Descartes*, *Max Weber*, translated by Ralph Manheim, Harcourt, Brace & World, Inc., 1964, p. 55。

④ Karl Jaspers, *Three Essays*: *Leonardo*, *Descartes*, *Max Weber*, translated by Ralph Manheim, Harcourt, Brace & World, Inc., 1964, p. 53.

⑤ 雅斯贝斯指出:"达·芬奇钟爱的普遍性就像太阳一样照耀着万物,不过它还是有某种限度的:它是一种在活动中直观的普遍性。由于他拒绝受限于任何一种同一化的历史活动,他的兴趣也就可能显得太普泛了。他从事非意识形态的斗争,既不反对教会,也不反对任何一种政权或信仰。他自身并没有追随体系性的哲学观念,而是生活于一种向任何可能发生的事物都无限开放的世界之中。"见 Karl Jaspers, *Three Essays*: *Leonardo*, *Descartes*, *Max Weber*, translated by Ralph Manheim, Harcourt, Brace & World, Inc., 1964, p. 53。

impartiality），这只有在理性澄明自身时才是可能的，其实这也正是达·芬奇之所以能够以超政治、超宗教乃至超生死的态度面对现实世界的根由所在。"在超验的存在之上所建立的独立性使哲学家能成为他的思想的主人，使他能保持正确的行为而不误入歧途。可是谁能有独立性并能经常深入其中呢？只有他自己，除非在一个权威之中这个自我是把握不了其自身的，在权威之中，不只有它自身的存在，还要联系到其他一切，这便是理性；并且这一把握是没有尽头的。"① 可以说，达·芬奇的"普遍公正"正是理性所赋有的诚实、公正、开放的品格在他身上的直观体现。

尼采曾赞美过这种"普遍公正"，称达·芬奇"在视域上是超基督教的"，并认为他是一个"神秘莫测、不可思议的人物"。在雅氏看来，达·芬奇在视域上确实是"超基督教"的，不过这一点并非神秘莫测。他指出："达·芬奇的生命是赋有超越的精神的；他诚然谈及上帝，不过他所谈及的上帝并不是《圣经》里启示的上帝。他并没有告诉我们他是否祈祷过；倘若曾经祈祷过的话，他当时所处的境况又是怎样的。他的基督教主题的绘画并未显示基督教精神。他生活于由不关心宗教所赋予的绝对自由之中，在宗教改革之前，这种不关心宗教的自由是可能存在的。"② 人在根底处是"绝对自由"的，这是达·芬奇能够以理性赋予的独立精神、清晰意识从事包括表现基督教主题在内的各种绘画活动的闳机所在，也是他敢于藐视教会、权威对他攻击的根由所在。③ 正

---

① ［德］卡尔·雅斯贝尔斯：《大哲学家》，李雪涛主译，社会科学文献出版社 2005 年版，第 12 页。
② Karl Jaspers, *Three Essays: Leonardo, Descartes, Max Weber*, translated by Ralph Manheim, Harcourt, Brace & World, Inc., 1964 p. 54.
③ 雅斯贝斯在《大哲学家》的"导论"中指出："对达·芬奇来讲，教会、基督信仰、权威对他的攻击并不成问题。这一切对他完全是无所谓的，他甚至没有为此而斗争过，而是用他的精神创造和思想来藐视这些。他顺从当时的礼俗和习惯，比如交往的规矩。他将信仰之物作为创作的主题，并没有想要去信仰什么。指出对他来说根本不存在的矛盾之处，是没有丝毫意义的，并且这些矛盾对于他的作品和思想没有产生影响——如果要证明在他看来是很清楚地阐述了现代机械论的基础原则和他有关生命力形而上学间的矛盾的话，这将会是简单得多。这两者对他来说还不够彻底，因此并没有达到它们应有的结果。因为它们预先已经被归纳进了一个概括性的整体之中：达·芬奇生活在观察的清晰世界里，这个世界使他的眼睛能够看到所展示的事物以及用手能够完成的工作。因为他的文章并不真正像 17 世纪的那样，有清晰系统的思维风格以及严格的纪律，而是美妙的、对读者来讲很有说服力的对万物的体验，万物蕴藏在所有现象的具体特征之中。"见［德］卡尔·雅斯贝尔斯《大哲学家》，李雪涛主译，社会科学文献出版社 2005 年版，第 57 页。

是在这里,雅氏从达·芬奇的生存样态中发现了一个重要的秘密:"达·芬奇把人视为自然界的一部分。不过,在自然界中,人是独一无二的存在;人秉有自然属性,完全在自然中并通过自然而存在,然而他又超越自然,因为人能自由地升华与沉沦。达·芬奇看到了人类的伟大与渺小。"① 伟大也好,渺小也罢,最后的理由都在于人自己,因此人也理应对自己选择的一切后果负最后的责任。这就是人的自由。

达·芬奇当然是渴望人理应伟大的,在他看来,人的伟大便在于人对自然属性的克服。他说:"人是有别于动物的,不过这仅仅表现在极个别之处。人是神圣的存在。在自然界停止创造形式之处,人在自然的帮助下开始从自然物中创造出无数的形式。对于其行为与动物的行为相称的存在来说,此类的形式并不是必需品。因此,动物并无丝毫创造形式的努力。"② 形式创造即隶归于人的精神创造活动,这其中并非没有价值判断。"极其可鄙的乃是'残酷的人们所过的那种邪恶的生活方式。他们不配拥有如此高贵的人的身体。他们的身体只是装食物与排泄食物的袋子。他们的人生旅程只是为了觅食,除了外形与声音,他们与人类毫无共同之处;在其他各个方面,他们远远比动物还要低级'。"③ 鉴于人的罪恶,他向人们发出呼吁:"如果发现一个善良而赋有美德的人,请不要抛弃他,而要尊敬他;不要强迫他,不要让他因你的迫害而在沙漠、洞穴与其他孤独的地方寻求避难。如果发现了这样的人,请尊敬他。因为对我们来说,这样的人就像是人间的神。"④ 这"人间的神"由其本明的"善良"所充量投射之处,即是那虚灵而真实的"超越存在"("绝对的大全"),而并不完全等同于基督教信仰中的"上帝"。雅氏认为,"上帝"在达·芬奇那里更多

---

① Karl Jaspers, *Three Essays: Leonardo, Descartes, Max Weber*, translated by Ralph Manheim, Harcourt, Brace & World, Inc., 1964, p. 32.

② Karl Jaspers, *Three Essays: Leonardo, Descartes, Max Weber*, translated by Ralph Manheim, Harcourt, Brace & World, Inc., 1964, p. 32.

③ Karl Jaspers, *Three Essays: Leonardo, Descartes, Max Weber*, translated by Ralph Manheim, Harcourt, Brace & World, Inc., 1964, p. 33.

④ Karl Jaspers, *Three Essays: Leonardo, Descartes, Max Weber*, translated by Ralph Manheim, Harcourt, Brace & World, Inc., 1964, p. 33.

地是一种对"超越存在"的"隐喻"。达·芬奇诚然创制了许多涉及基督教主题的绘画（最杰出的是《最后的晚餐》），不过，"在这些绘画中，达·芬奇看来是想反思一切事物，并未略置一词。就像人的生与死都要在教堂举行仪式一样，画基督教主题的画乃是一件自然而然的事。其实，达·芬奇是把这些主题作为工具来利用的：用于表达母爱、女性的至福，以及对不同性格的男人的情感所产生的影响，并以其作为基于崇拜的姿态来进行构图的理由"①。达·芬奇这位伟大的人文主义者所眷注的是人的"绝对自由"，他在雅氏"哲学信仰"意趣上的"超越存在"那里默识到了人的"绝对自由"的终极根据。"因此，达·芬奇既不受人的欲望与热情的干扰，也不接受宗教信仰的慰藉。"② 那虚灵不滞的"超越存在"安顿了他的灵魂，这使他超越了任何一种当下利益，并始终保持着对历史的敬畏。"在其一生中，他虽然没有野心，对荣誉也不感兴趣，但他清楚地表达了对死后的声名的渴望，这是激励他坚定地行动的原委所在。'人们无声无息地终其一生，在大地上留下的踪迹无异于空中的一缕青烟与水中的一朵泡沫。''哦，你为什么不创造在你死后仍将作为一个活生生的整体而存在的作品，而只创造那种你即便活着却与那可怜的死者长眠无异的作品呢？'他明确地写道：'我将忍耐。'"③ "所谓'死后的声名'，亦被称作'死后的荣誉''不朽的声名''身后美名'，指的是超越了时间限制而具有某种绝对价值的声誉。④ 绝对价值是在历史中不断显现出来的，达·芬奇就是这样一位直观地体现了绝对价值的历史形象。正是因着"对死后的声名的渴望"，达·芬奇以坦然的态度超越了生死，

---

① Karl Jaspers, *Three Essays: Leonardo, Descartes, Max Weber*, translated by Ralph Manheim, Harcourt, Brace & World, Inc., 1964, p.35.

② Karl Jaspers, *Three Essays: Leonardo, Descartes, Max Weber*, translated by Ralph Manheim, Harcourt, Brace & World, Inc., 1964, p.54.

③ Karl Jaspers, *Three Essays: Leonardo, Descartes, Max Weber*, translated by Ralph Manheim, Harcourt, Brace & World, Inc., 1964, p.54.

④ 古罗马诗人贺拉斯在一首题为《纪念碑》的诗中曾提及"死后的荣誉"："我立了一座纪念碑，它比青铜/更坚牢，比国王的金字塔更巍然，/无论是风雨的侵蚀，北风的肆虐/都不能把它摧毁，或是岁月的/不尽轮回和光阴的不停的流逝。/我不会完全死亡，我的大部分/将躲过死神，虽死而犹有生机/死后的荣誉将使我继续生存。"转引自程波《天才/疯子：达利画传》，华东师范大学出版社2006年版，第191页。

第六章 理性生存型的艺术家之范例

并敢于在这个生灭流变的现实世界中行动着、忍耐着。

历史是公正的。在后人对前人的一次又一次的评价中，那些狭隘的东西将被不断地淘汰掉，而把那标示虚灵之公意的"超越存在"逐渐凸显出来。对达·芬奇来说，那为人的自由提供了终极根据的"超越存在"并不在人的自由选择之外。"这是他与《圣经》宗教最大的疏离之处，也正是他与古代和德国世界相亲缘之处。然而，甚至就连死后声名的那一全然短暂的瞬间也被人们遗忘了。不过对达·芬奇来说，当他面对超越存在时，当下的荣耀便为永恒所取代，当然这只能在极端不同的情形下才能被人所理解。对超越存在的贞认带给他永不停息的行动，引导他忘记一切富丽堂皇的东西，并将其视为无关紧要之事。"① 达·芬奇可以超越一切当下的利益，但他作为时间之中的一个具体存在，死亡对他来说同样是无可回避的。不过，他能意识到死亡，并在穿透死亡时将之转换为一种"临界处境"。"所有活着的东西都会死亡。只有人能在精神中体验死亡与承担死亡。在达·芬奇的人生断言中，他总能意识到死亡。"② 雅氏看到，"所有活着的东西都会死亡"作为无可改易的自然律（这是一种无可挽回的必然），它意味着死亡乃是所有有生的东西都必须直面的命运。人的高贵之处在于，"人能在精神中体验死亡与承担死亡"，这种体验死亡与承担死亡的"精神"就是"死亡意识"。说到底，死亡意识对人来说乃是一种临界意识，它让人能够坦然地面对死亡并承担起自己在世生存的责任来。"因着对自然律有了认识，于是达·芬奇沉静地生活并热爱着生命。'在我期待学习如何生存之际，我学会了如何面对死亡。''正如好好地度过一天会带来幸福的睡眠，好好地度过一生便会带来幸福的死亡。'"③ 可以说，达·芬奇的死亡意识让他意识到了生命的界限，正是意识到了这个界限，他才反省到了生命的意义，即在有限的生命中创造出无愧于"人"这个称号的价值来。

---

① Karl Jaspers, *Three Essays: Leonardo, Descartes, Max Weber*, translated by Ralph Manheim, Harcourt, Brace & World, Inc., 1964, pp. 54–55.

② Karl Jaspers, *Three Essays: Leonardo, Descartes, Max Weber*, translated by Ralph Manheim, Harcourt, Brace & World, Inc., 1964, p. 33.

③ Karl Jaspers, *Three Essays: Leonardo, Descartes, Max Weber*, translated by Ralph Manheim, Harcourt, Brace & World, Inc., 1964, p. 34.

3. 达·芬奇与米开朗基罗生存样态的比较

雅氏所展示给我们的达·芬奇是一个典型的理性生存型的艺术家形象，在其中核处乃是生存，而且这生存同时又是被理性所澄明了的。为了揭示这位理性生存型的艺术家独特的生存性征，雅氏对达·芬奇与米开朗基罗的生存样态进行了详细的比较。①二人受欢迎的程度以及对待对方的态度不同："米开朗基罗与拉斐尔都被视为偶像而受到极端的崇拜，而达·芬奇虽然也曾受到法兰西国王和许多贵族的欢迎，但他并未受到普遍的欢迎。"① "达·芬奇与米开朗基罗都在佛罗伦萨的时候，年轻的人们都成群结队地涌向比他年龄更小的米开朗基罗那里。曾经有一次，米开朗基罗当着一大群画家的面叱喝达·芬奇：'你永远也不能浇铸出一个骑士的雕像，只有米兰人那些木头脑瓜才会信任你。'——达·芬奇当时只是脸上泛红，什么话也没有说。他总是保持着自己卓然的举止风度，相比之下，米开朗基罗则听任自己的情感奔泻从而使其失去了自控力。"② 从中可以看出，米开朗基罗受到了极端的崇拜，而达·芬奇则没有受到普遍的欢迎，究其原委，作为理性生存型的艺术家，他并不需要别人的追随，更无意于唤起别人崇拜他的激情。至于在对待对方的态度上，米开朗基罗"听任自己的情感奔泻从而使其失去了自控力"，这使他无法同情理解达·芬奇，在激情的炙烤下，他的言辞举止可以说已经冒犯了达·芬奇。相比之下，达·芬奇则懂得克制与包容，即便遭到米开朗基罗的冒犯，他仍然能够"保持着自己卓然的举止风度"，从根底处看，这种坦然、大度的举止风度乃源自理性对生存的澄明。②二人的原初性格与所属的世界不同："达·芬奇与米开朗基罗分属于两个鲜有联系的世界：达·芬奇是一位世界主义者，而米开朗基罗则是一位爱国者；达·芬奇安详、平和，他通过稳健的理性调控着自身，而米开朗基罗则为源自英雄主义的纷乱情感所困扰；达·芬奇控制着自己，使心中的激情平静下来，并能够把事物与自身分开来看待，而米开朗基罗则热衷于令人

---

① Karl Jaspers, *Three Essays: Leonardo, Descartes, Max Weber*, translated by Ralph Manheim, Harcourt, Brace & World, Inc., 1964, pp. 55 – 56.

② Karl Jaspers, *Three Essays: Leonardo, Descartes, Max Weber*, translated by Ralph Manheim, Harcourt, Brace & World, Inc., 1964, p. 56.

不安的激情，并毫无限制地将自身沉浸于绝望之中。"① "达·芬奇似乎在幸福与悲痛之间为自己觅得了一块平静、恒常的居所，而米开朗基罗则似乎在一块不断发生危机之地重新夺回了自己，他总是在灰心丧气与极度得意之间剧烈地振荡。"② "达·芬奇似乎在沉思人类世界的极端可能性，这些可能性纯粹是集自然现象之总和的聚合体，而米开朗基罗则只是这一聚合体中的一部分。"③ 从中可以看出，米开朗基罗性情激越、偏执，他拘囿于"爱国者"的立场，既为英雄主义激情所发动同时受到这种激情的困扰，相比之下，达·芬奇则性情安详、平和，他立足于"世界主义者"立场，"通过稳健的理性调控着自身"，并沉思着"人类世界的极端可能性"。③二人的创作风格不同："通过使人物充满激情，并赋予它们宏伟庄严的外形，米开朗基罗创造的塑像胜过了达·芬奇。这些塑像所显示的是一个剧变的世界，从中透露出一种策励人们趣向超越之维的绝望；那出自《圣经》的信仰在这里变成了一种新的现实。"④ "达·芬奇以清晰的理性创制了令人无法忘记的形象；他显示了理性自身的神奇力量，而理性自身却很少直接捕捉事物，人们难以把捉其澄明的深度。米开朗基罗的创作则赋有一种震荡与爆发的力量，带有无限的真理，因而以另一种方式影响了我们；这些作品更令人痛苦且更能打动人，更令人烦恼且更能充斥人的记忆。"⑤ 从中可以看出，米开朗基罗的作品以雄壮崇高的风格取胜，其中充满着一种激越人心的"震荡与爆发的力量"，相比之下，达·芬奇的作品则以和谐优美的风格见长，从而显示了一种澄澈人心的"理性自身的神奇力量"。通过上述对比，达·芬奇作为一位理性生存型的艺术家的独特魅力就更加显豁了。

---

① Karl Jaspers, *Three Essays: Leonardo, Descartes, Max Weber*, translated by Ralph Manheim, Harcourt, Brace & World, Inc., 1964, p. 56.

② Karl Jaspers, *Three Essays: Leonardo, Descartes, Max Weber*, translated by Ralph Manheim, Harcourt, Brace & World, Inc., 1964, pp. 56-57.

③ Karl Jaspers, *Three Essays: Leonardo, Descartes, Max Weber*, translated by Ralph Manheim, Harcourt, Brace & World, Inc., 1964, p. 57.

④ Karl Jaspers, *Three Essays: Leonardo, Descartes, Max Weber*, translated by Ralph Manheim, Harcourt, Brace & World, Inc., 1964, p. 56.

⑤ Karl Jaspers, *Three Essays: Leonardo, Descartes, Max Weber*, translated by Ralph Manheim, Harcourt, Brace & World, Inc., 1964, p. 56.

概言之，达·芬奇是一个自我贞定的人，一个超越社会与历史的人。他通过"直观思维"把捉着"感性真实"，并穿透"感性真实"眺望着那"真正的真实"。他相信一个画家的判断应超越自己的作品，他的"直观思维"确实也使他能够给予自己的作品以恰切的引导。"达·芬奇的创造力随着他的反思能力的增长而增长。他的作品是与盲目的行动相对立的。达·芬奇的绘画之所以具有道不尽的魅力，或许正源于这种整体的思维与艺术才能，源于他在一切艺术中超越艺术的基本态度，这使他超越了自己的作品，而且能够——归功于他的想象——表达既不能用语言道出，又不能用概念术语阐述，也不能通过被动地看而感知的东西。这样的东西是他通过自觉的思维直观而使其获得当下在场的。"① 正是借助理性自身所赋有的自我反思的品格，达·芬奇与其创造的作品一道成长着。

通过阐说达·芬奇的作品及其全部生存，雅氏最后想喻示给我们的是："正如思想家是他的思想的主人，艺术家也是他的艺术品的主人。"② 可以说，这也是雅氏生存样态及其一生精神探索的自我写照。他早期受启于克尔凯郭尔而走上生存哲学之路，此后继续以"生存"为中核，侧重于用康德的"理性"来澄明"生存"。这在他对生存艺术家——特别是荷尔德林、凡·高、达·芬奇——的诠解中亦可略见一斑。在《作为哲学家的达·芬奇》一文的结尾处，雅氏意味深长地写道："我们能够遇到达·芬奇是幸运的。"③

---

① Karl Jaspers, *Three Essays: Leonardo, Descartes, Max Weber*, translated by Ralph Manheim, Harcourt, Brace & World, Inc., 1964, p. 14.
② Karl Jaspers, *Three Essays: Leonardo, Descartes, Max Weber*, translated by Ralph Manheim, Harcourt, Brace & World, Inc., 1964, p. 13.
③ 雅斯贝斯在《作为哲学家的达·芬奇》的结尾处写道："还有更多的东西需要予以阐释。可以说，我们能够遇到达·芬奇是幸运的。他是一个独立自主的人，并未受到社会与历史的影响；他已忘掉了社会与历史，只是通过直观自然的显示而与无限的自然和谐地生活在了一起。我们乐于接受他所赠予的礼物，这个礼物就是他观看与研究的方式以及他的生存方式。当然，这并不意味着我们自己就应该沿袭他的人生道路或哲学思维模式。"见 Karl Jaspers, *Three Essays: Leonardo, Descartes, Max Weber*, translated by Ralph Manheim, Harcourt, Brace & World, Inc., 1964, p. 58.

余论　冯至与雅斯贝斯的相遇[*]

冯至在德国留学期间（1930—1935）曾受到过雅斯贝斯以及存在主义哲学的影响，这是毋庸置疑的学术史事实。遗憾的是，这种影响的具体情况究竟如何，或者说冯至是在何种意味上与雅氏相遇的，迄今仍是一个有待解决的学术难题。下面便尝试着对这个难题做一番爬梳与掘发，权作引玉之砖，并就此讨教于大方之家。

一

冯至是一位具有浓重的尼采、克尔凯郭尔气质的学者与兼具里尔克、歌德气质的诗人。尚在北京大学德文系求学的时候（1921—1927），他就曾创作过《问》（1922）、《归乡》（1923）、《残余的酒》（1923）、《残年》（1924）、《你——》（1924）、《我是一条小河》（1925）、《默》（1926）、《蛇》（1926）等诗歌作品，并将荷尔德林、海涅、歌德等德国诗人的部分作品译介给国内读者，从中不难见出这位既忧郁苦闷又充满狂飙叛逆激情的青年诗人的生命情调来。1926年，当冯至第一次读到里尔克的那篇"神助之作"《旗手》（"Cornett"）时，他就被其"色彩的绚烂，音调的铿锵，从头到尾被一种幽郁而神秘的情调支配着"[①]的独特魅力感动了。正如雅斯贝斯在《尼采：其人

---

[*] 这部分文字已发表于《江海学刊》2019年第4期。
[①] 冯至：《里尔克——为十周年祭日作》，原载《新诗》1936年第1卷第3期，收入《冯至全集》（第四卷），河北教育出版社1999年版，第83页。

其说》中所说的"理解取决于理解者的本性"①，为里尔克的那种"幽郁而神秘的情调"所感动的冯至正是从里尔克的诗句中发现了真实的自我，这个真实的自我其实也正是雅氏从尼采（以及克尔凯郭尔）那里受到启发而致力建构的"生存哲学"的"生存"（Existenz）。

或许是因着一种天缘吧，冯至在海德堡（Heidelberg，冯至译为"海岱山"）大学学习德语文学、哲学、美术史期间，当时正在该校执教的雅斯贝斯曾做过他的学术导师。② 据冯至撰写于1987年11月的《自传》，他自称"在留学期间，喜读奥地利诗人里尔克的作品，欣赏荷兰画家梵诃（凡·高——引者注）的绘画，听雅斯培斯教授讲课，受到存在主义哲学的影响"③。从中可以清楚地看出，冯至在德国留学期间确实受到过雅氏以及存在主义哲学的影响。至于这种影响的具体情况究竟如何，冯至本人留给后世的资料颇为有限，目前仅能从他与德国友人鲍尔④的通信、《冯至年谱》及其发表的个别篇什中窥得零零散散的一些消息。

①1931年12月31日，冯至在致鲍尔的信中写道："雅斯贝斯出版了一本小书：《时代的精神状况》。您读过这本书吗？对我们来说，也许尤其是对您，这是一本很有兴味的书。"⑤《时代的精神状况》出版于1931年12月，冯至在当月就向德国的友人推荐这本"很有兴味的书"，这表明他是颇为关注雅氏的著述情况并对这本新著颇感兴

---

① ［德］卡尔·雅斯贝尔斯：《尼采：其人其说》，鲁路译，社会科学文献出版社2001年版，第17页。
② 德国波恩大学汉语系主任罗尔夫·特劳采特尔教授在冯至接受联邦德国语言文学科学院"宫多尔夫外国日耳曼学奖"授奖仪式上的颂词《诗人型的学者，学者型的诗人和翻译家》中说道："1930年他在海德贝格（海德堡——引者注）学习，在那里还能听到弗利德利希·宫多尔夫的课，卡尔·雅斯丕斯是他的一个学术导师。"见《冯至全集》（第五卷），河北教育出版社1999年版，第223页。
③ 冯至：《自传》，收入《冯至自选集》，首都师范大学出版社2008年版，第1页。
④ "冯至在德国海德堡大学留学时，在宫多尔夫教授讲授的德国文学课堂上认识了德国同学鲍尔。1931年上学期，鲍尔在宫多尔夫教授指导下所写的博士论文通过答辩，随后便离开了海德堡。此后两人书信往还不断，成为终生挚友。"见《冯至全集》（第十二卷），河北教育出版社1999年版，第144页下注。
⑤ 冯至：《致鲍尔》，收入《冯至全集》（第十二卷），河北教育出版社1999年版，第153页。

余论　冯至与雅斯贝斯的相遇

趣的。

②1933 年 8 月 29 日，冯至在致鲍尔的信中写道："阿莱文退休了，我今天早上才知道。现在我又站在十字路口了。我要么攻雅斯贝斯，现在我正在读他的三卷本《哲学》，越往下读，越喜欢。可是我很缺乏哲学基本知识；要么——……或者把我的论文搁在一边，到您和张教授（指张凤举——引者注）这儿来；——或者——您了解些关于苏黎世大学和巴塞尔大学的情况吗？世界大得不得了，但是要为自己找个地方却总是那么难。"① 冯至在德国留学期间，原本打算跟随宫多尔夫（Friedrich Gundolf）教授做博士学位论文，未料这位令他至为仰慕的德国文学史家、文学批评家竟在 1931 年 7 月 12 日猝死于课堂之上。此后，他只好选择宫多尔夫的继任者阿莱文教授指导自己的博士学位论文，值得庆幸的是，论文的选题依然是他所喜欢的里尔克研究。世事多舛，希特勒上台后德国国家社会党开始清洗犹太人，"这时阿莱文因是犹太人而被解职，冯至的博士论文必须重新找导师和定题目，所以他感到是'站在十字路口'了"②。当冯至"站在十字路口"的时候，他将跟随雅斯贝斯作为自己的人生选择之一，为此曾埋头啃读过雅氏出版于 1932 年的三卷本《哲学》，而且"越往下读，越喜欢"。这表明冯至在内心里与雅氏是有一份天然的学术缘分的，那么他为什么最终没有选择雅氏作为自己博士学位论文的指导老师呢？可以说这是研究冯至与雅氏相遇时遇到的最为关键的问题，也是迄今尚未解决的难题。倘依着冯至在这里的说法，其中的原因当是自己"很缺乏哲学基本知识"。应该说，冯至的这个说法并不是自谦之词，更不是推托之词。冯至在骨子里就具有诗人的禀赋，因此他的自我期许是成为一位诗人，而不是成为学者型的哲学家。他当时最敬仰的教授是"伟大而没有学究气"的宫多尔夫③，倾注心力最大的乃是歌德、

---

① 冯至：《致鲍尔》，收入《冯至全集》（第十二卷），河北教育出版社 1999 年版，第 172 页。
② 见《冯至全集》（第十二卷），河北教育出版社 1999 年版，第 172 页页下注②。
③ 冯至在 1931 年 7 月 25 日致杨晦（字慧修）的信中写道："……至于 Gundolf 的死，却给我的刺激很大：他是那样一个可爱可敬的人，从十六岁到五十一岁在不断的工作中，而性格永远是一个'男孩子'，在德国大学里再找这样伟大而没有学究气的教授，恐怕是不可能了。"见《冯至全集》（第十二卷），河北教育出版社 1999 年版，第 123 页。

— 689 —

里尔克、格奥尔格、诺瓦利斯、荷尔德林、波德莱尔、霍夫曼斯塔尔（Hofmannsthal）等诗人的作品。至于说他同时喜欢啃读雅氏以及尼采、克尔凯郭尔①的哲学著作，更多的是因着这些哲学家所阐说的"存在"与他自己的生命情调以及人生体验有着某种内在的契合。但是哲学与文学毕竟是两个不同的专业，仅就博士学位论文的选题与撰写而言两者的具体要求也是大不相同的。据《冯至年谱》记载，他"在古老的海德堡大学主修文学，兼修哲学、美术史"②。从冯至的禀赋、兴趣、学术积累与人生定位看，在宫多尔夫猝死、阿莱文被"退休"之后，按常理讲，他在海德堡大学另选一位文学领域的教授做自己博士学位论文的指导老师乃是一件自然而然的事，即便如此，他还是首先想到了哲学家雅斯贝斯，由此便可以窥见冯至"站在十字路口"而说出"世界大得不得了，但是要为自己找个地方却总是那么难"之际的两难心境了。可以说，冯至固然最终没有选择雅氏作为自己的博士学位论文的指导老师，不过他与雅氏之间的那份难以割舍的精神之缘却始终是涌动于他的内心深处的。

③1933 年 12 月 13 日，冯至在致鲍尔的信中写道："经过长时间很不痛快的犹豫不决，我还是决定留在这里（是因雅斯贝斯而留下的：这学期他讲授尼采，并主持康德研究班），很多事只好认了。"③这是一段饱含真切的生命体验的文字，它直观地呈示了冯至作为自我决断的个体在选择自己的人生道路过程中的真实心迹。这个"犹豫不决"的过程显然是令他"很不痛快"的，经过长时间如临深渊的眩晕、战栗与畏惧，他最终为自己做出了决断——"我还是决定留在这里"，并对这个决断给出了如下的理由——"是因雅斯贝斯而留下的：这学期他讲尼采，并主持康德研究班"，这足以表明冯至与雅氏之间的精神之缘是颇为内在的。当然，这种精神之缘并不局限于雅氏所讲授的尼采、康德等大哲的哲学思想，若往更深处探察的话，不难发现

---

① 冯至在 1932 年 2 月 22 日致杨晦的信中写道："……假期里我打算研究荷尔德林和克尔恺郭尔。我认为克尔恺郭尔是 19 世纪的一位可以同尼采相提并论的伟人。"见《冯至全集》（第十二卷），河北教育出版社 1999 年版，第 155 页。
② 《冯至年谱》，收入《冯至全集》（第十二卷），河北教育出版社 1999 年版，第 635 页。
③ 冯至：《致鲍尔》，收入《冯至全集》（第十二卷），河北教育出版社 1999 年版，第 174—175 页。

雅氏所关注过的很多艺术家（如斯特林堡、荷尔德林、凡·高、歌德、莱辛、里尔克等）恰恰也是冯至所喜爱的。可以说，冯至与雅氏的相遇乃是生存型的艺术家与生存型的哲学家的相遇，促使他做出"留在这里"的"决定"的最内在的动因说到底就是为艺术（家）与哲学（家）赋予共同根源的"生存"。就此而言，在海德堡大学主修文学专业的冯至固然要选择一位文学教授来指导自己的博士学位论文，不过这并不妨碍他可以突破专业的界限而在更为根本的"生存"层面上与雅氏心心相通。我们甚至可以做这样一个大胆的假设：假如冯至当初是以成为哲学家为其人生志业的话，那么他在海德堡大学肯定会选择雅氏作为其博士学位论文的指导老师的。

④1934年2月4日，冯至在致鲍尔的信中写道："在我研究的领域这里只有惟一的一位教授，我已请他做我的论文指导老师。但是听课学生的情绪几乎让人无法忍受。您可以想像到，我现在多么怀念那段时间啊！那时我还有幸同您一起听取我们伟大教师的讲座。除此之外我可以在雅斯贝斯那里舒畅地呼吸。在康德研究班里我面前打开了一个陌生的、但成果还很少的世界，在这个世界里我只是个孩子。"① 冯至写这封信时距他来德已逾三年半，选择博士学位论文的指导老师的事已经没有拖延的余地了。事实上，他不仅已没有在哲学研究领域里选择导师的可能性，即便在自己从事的文学研究领域里也没有更多选择的可能了，因为"在我研究的领域这里只有惟一的一位教授"。冯至最终选择的这位文学教授名叫布克，此后，他便放弃原定的《里尔克的〈布里格随笔〉研究》这个题目，只好不情愿地跟随布克教授研究《自然与精神的类比——诺瓦利斯的文体原则》。尽管这位新选的指导老师的授课很难与他崇敬的"伟大教师"——宫多尔夫——的讲座相比肩，但是他终究还"可以在雅斯贝斯那里舒畅地呼吸"。至于说"在康德研究班里我面前打开了一个陌生的、但成果还很少的世界，在这个世界里我只是个孩子"，这其实并不是冯至的自谦之词，可以说，它与前面提及的那句"我很缺乏哲学基本知识"恰好形成一

---

① 冯至：《致鲍尔》，收入《冯至全集》（第十二卷），河北教育出版社1999年版，第177—178页。

种相互印证的关系，从中既可见出冯至真诚无欺的赤子之心及其对于哲学的虔敬态度，也从一个侧面道出了他缘何未选择雅氏做博士学位论文的指导老师的衷曲所在。

⑤据《冯至年谱》记载，冯至的博士学位论文于1935年6月22日、26日通过两次答辩，"第一次主考为文学教授布克和古德语教授潘采尔，第二次主考是哲学教授雅斯贝斯和艺术史教授戈利塞·巴赫斯，获博士学位"①。从中不难看出，尽管雅氏未曾担任过冯至的博士学位论文的指导老师，但是他最终还是作为主考之一见证了冯至获得博士学位的庄严时刻。冯至是一个颇念旧情的诗人，1947年11月2日，他在致鲍尔的信中写道："最近我可以看到德国和瑞士的报刊了。慕尼黑一家报纸上发表的雅斯贝斯的演讲……这些使我能够了解到德国的一些情况。"② 这表明，时隔12年之后，冯至对于自己当年的这位哲学教授仍然是萦怀于心的。

⑥1945年，正当"在中国，提起尼采这个名字，人们总认为他是一个法西斯的代言者"的时候，冯至则在《尼采对于将来的推测》一文中写道："我在这里并不要充作尼采的辩护人，我只因为近来读到一本雅斯培斯论尼采的著作，里边有一章论尼采对于将来的推测，感到很大的兴趣，我觉得把这些推测介绍给国人，不是没有意义的。因为此后的世界将要怎样演变，是每个有心人的头脑里都会发生的问题。另一方面，由此我们也可以知道一些尼采是怎样的一个人。"③ 冯至在这里借着阐说尼采而明确地提及了对尼采有过专论的雅斯贝斯，据冯至随后所说的"至于雅斯培斯论尼采的书，则出版于1936年"来推断，他当时读到的那本论尼采的书当是雅氏出版于1936年的《尼采：其人其说》（*Nietzsche*: *Einführung in das Verständnis seines Philosophierens*）。我们知道，冯至早年曾深受尼采、克尔凯郭尔的影响，如果说在国内引领他关注这一学域的导师是他毕

---

① 《冯至年谱》，收入《冯至全集》（第十二卷），河北教育出版社1999年版，第640页。
② 冯至：《致鲍尔》，收入《冯至全集》（第十二卷），河北教育出版社1999年版，第195页。
③ 冯至：《尼采对于将来的推测》，原载《自由论坛》1945年第20期，收入《冯至全集》（第八卷），河北教育出版社1999年版，第250页。

余论　冯至与雅斯贝斯的相遇

生敬重的鲁迅的话，那么在国外给予他较多引领的导师就当数雅斯贝斯了。

二

长期以来，冯至与雅斯贝斯相遇的情况究竟如何一直是一个隐而不彰的学术话题，迄今为止对此做过较为全面爬梳的国内学者当数解志熙教授。解教授在《生的执著——存在主义与中国现代文学》一书中写道："的确，在冯至与存在主义的关系中，雅斯贝斯是个关键的人物，一个引路人。通过聆听雅斯贝斯的讲课，阅读他的著作，冯至不仅对雅斯贝斯本人的实存（应为'生存'——引者注）哲学有了直接的了解，而且进而加深了对其他存在主义者，尤其是尼采和克尔凯郭尔的理解，并且我们也有理由相信冯至对西方现代主义文艺的理解也有雅斯贝斯的影响。比如冯至非常推崇斯特林堡和梵高，而雅斯贝斯曾为这两位艺术家写过一部专著——《斯特林堡和梵高》（*Strindberg und Van Gogh*，1922）。至于里尔克对冯至三、四十年代创作的深刻影响，也只有在存在主义这个范畴内才可能发现其独特意义——里尔克不仅是个现代派诗人，而且极富存在主义思想，而里尔克的存在主义思想与雅斯贝斯的实存哲学则颇为相近。"[①] 应该说，解教授颇为看重冯至与雅氏之间的学缘关系，从而将这个长期遭人遗忘的话题第一次以学术探讨的方式彰显了出来。

当然，大凡拓荒性的学术探讨总免不了留下这样或那样的遗憾，解教授留下的最大的遗憾就是他的某些断制仍有简单化之嫌。我们看到，解教授的那部书稿是在其1990年元月答辩通过的博士学位论文的基础上修订而成的[②]，当时国内学界对这个话题的研究尚处于初创阶段，可供参阅的资料更是极其有限。应该说，解教授在此情形

[①] 解志熙：《生的执著——存在主义与中国现代文学》，人民文学出版社1999年版，第63页。
[②] 台湾的智燕出版社于1990年10月以《存在主义与中国现代文学》为题出版了该书，人民文学出版社于1999年7月以《生的执著——存在主义与中国现代文学》为题出了该书的修订本。

— 693 —

下能够敏锐地发现这个话题并自觉地加以探讨，仅凭这一点就足可表明其探讨的学术价值了。这里须得指出的是，解教授曾将其博士学位论文中关涉冯至的那部分文字寄给当事人指正，年事已高的老诗人在 1990 年 2 月 8 日的回函中就相关问题做了郑重的答复："谢谢你寄给我你的论文的一部分。我仔细读了一遍，许多地方可以看出你对于存在主义和与之相关的中国现代文学有较深入的研究，有独到的见解。……可是有一点我须略作解释，论文 65 页说，'多年来冯至对此一直守口如瓶'，这是由于我不以存在主义者自居，也不曾想过把存在主义哲学介绍到中国来，其实我也没有这种能力。那时我不过是以相当大的兴趣读了些 Jaspers、Rilke 的书，很不全面，但其中有发人深省的论点如关于决断、界限、孤独与关联、寂寞与交流、死的完成等，都对我的思想产生不少影响，它们成为我生命中的'血肉'，这自然在作品里显示出来。至于论文里一再提到我受过'系统的存在主义思想训练'，未免过奖了，我是既无'系统'，也没有'训练'。可以说我有存在主义的某些体会，并没有存在主义哲学。"① 冯至撰写这封回函时已是八十五岁高龄，三年之后他就与世长辞了。可以说，这是冯至就他与雅氏以及存在主义哲学的关系问题留下的最后一篇文献，也是他一生中对此阐说得最简要、最明确、最彻底的一篇文献，他在这篇宝贵的文献中至少向我们吐露了以下三点重要的消息。

① "'多年来冯至对此一直守口如瓶'，这是由于我不以存在主义者自居，也不曾想过把存在主义哲学介绍到中国来，其实我也没有这种能力。"冯至确曾受到过雅氏以及存在主义哲学的影响，但是令人遗憾的是，他却从未专门论说过这段学术缘分，从未专门翻译过雅氏的著述，从未撰写专文介绍或阐发过雅氏的学说，翻检《冯至全集》以及雅氏的《通信集》②，也未曾发现他与雅斯贝斯有过通信来往的踪迹，特别是 1949 年以来，除了在晚年的某些公开场合以及《自传》、通信中间或

---

① 冯至：《致解志熙》，收入《冯至全集》（第十二卷），河北教育出版社 1999 年版，第 491—492 页。

② Karl Jaspers, *Korrespondenzen* (1—3), Wallstein Verlag GmbH, 2016.

余论　冯至与雅斯贝斯的相遇

提及雅氏的名字或者自称当年曾听过雅氏讲课[①]外，再无其他可供参阅的一手资料，难怪解志熙会做出"多年来冯至对此一直守口如瓶"这样的断制了。这个断制可能会给人们带来如下一种推测——在新中国成立以来的很长一段时间里（至少在1978年之前），存在主义是被当作"现代资产阶级哲学"和"现代修正主义意识形态"而遭到持续批判的，冯至本人也曾因着"受到当时（50年代）文艺界左倾思潮的影响"而一度否定过自己深受存在主义影响的《十四行集》[②]，"文化大革命"期间，他被扣上"反动学术权威""走资本主义道路的当权派""黑线人物"三项罪名，更是"度过了十年含垢忍辱、无所作为的生活"[③]。在这种难堪的时代语境下，"含垢忍辱"的冯至只好运用自己"沉默"的权利而对当年的那段学缘"守口如瓶"了。对于上述推测，大概冯至并不会断然予以否认，不过他给出的则是另外两个理由。其一，"我不以存在主义者自居"——这个理由显然是成立的。

[①]　譬如，冯至在1985年《给第二届德语文学研究会年会的贺信》中曾提及过雅斯贝斯的名字："近半个世纪来，在德语国家出现了维特根斯坦、海德格尔、雅斯贝斯、胡塞尔、霍克海默尔、阿多诺、马库斯、哈贝玛斯等思想家，他们都对文学有一定的影响。我们研究文学就应对这些人和他们的学说都有所涉猎。要从事文学研究，就要下一番功夫。不仅要研究作家、作品，还要了解与此关系密切的各种思潮。"见《文艺报》1985年7月27日，收入《冯至全集》（第五卷），河北教育出版社1999年版，第446—447页；又如，冯至在1987年荣获联邦德国国际交流中心"文学艺术奖"颁奖仪式上的答词中说道："回想半个多世纪前，我作为一个中国留学生在柏林和海岱山听过雅斯贝斯、斯佩朗格、宫多尔夫、佩特森那些著名教授的讲课，从德国的文学和哲学中吸取过有益的精神营养。"原载《外国文学评论》1987年第2期，收入《冯至全集》（第五卷），河北教育出版社1999年版，第192—193页。

[②]　冯至在答香港《诗双月刊》陈少红、王伟明之问时说道："我一度否定我的十四行诗，是受到当时（50年代）文艺界左倾思潮的影响，回想起来是错误的。"见《山水斜阳》，原载《诗双月刊·冯至专号》1991年7月1日，收入《冯至全集》（第五卷），河北教育出版社1999年版，第256页；此外，冯至还在同期的《诗双月刊·冯至专号》上发表了一篇题为《自传》的小诗，从中亦可见出他的自我反省精神与自我忏悔意识："三十年代我否定过我二十年代的诗歌，/五十年代我否定过我四十年代的创作，/六十年代、七十年代把过去的一切都说成错。/八十年代又悔恨否定的事物怎么那么多，/于是又否定了过去的那些否定。/我这一生都像是在'否定'里生活，/纵使否定的否定里也有肯定。/到底应该肯定什么，否定什么？/进入了九十年代，要有些清醒，/才明白，人生最难得到的是'自知之明'。"见《冯至全集》（第二卷），河北教育出版社1999年版，第291页；另可参阅冯至1988年12月根据1979年8月的原稿改写的《自传》中的一段话："回想50年代后期、60年代初期，在'左'的路线影响下，写过些不实事求是、并有违心之论的文章，甚至对于自己过去的作品，有时也迎合时尚，给予不公允的批评。"见《冯至全集》（第十二卷），河北教育出版社1999年版，第611页。

[③]　冯至：《自传》，收入《冯至全集》（第十二卷），河北教育出版社1999年版，第611页。

在存在哲学的代表人物中，只有萨特这般的哲学家才乐意公开地承认自己是"存在主义者"，而雅氏、海德格尔则对这种"主义化"了的冠名始终保持着足够的警醒。譬如雅氏曾在1937年致法国哲学家让·华尔（Jean Wahl）的信中明确地写道："存在主义是存在哲学的死亡。"[1] 就此而言，当具有强烈的自我反省意识因而在一定程度上警惕任何一种"主义化"了的话语形态的老年冯至说出"我不以存在主义者自居"时，这其实就是一件再自然不过的事了。其二，冯至自称"不曾想过把存在主义哲学介绍到中国来，其实我也没有这种能力"——这个理由就难以让人信服了。事实上，他在1949年以前不仅通过翻译或撰述将大量具有深刻的存在体验的欧洲作家介绍到国内来[2]，而且直接翻译过尼采、克尔凯郭尔的一些著述并对他们的学说做了较为深入的阐发，譬如《Søren Kierkegaard 语录》（译作，载《沉钟》1933年总第21期）、《尼采诗抄六首》（译作，载《文学》1937年第8卷第1期）、《尼采诗抄五首》（译作，载《译文》1937年第3卷第3期）、《谈读尼采》（撰文，载《今日评论》1939年第1卷第7期）、《〈萨拉图斯特拉〉的文体》（撰文，载《今日评论》1939年第

---

[1] 见《法国哲学通讯》（*Bulletin de la Societe francaise de philosophie*），1937年12月4日，第196页。

[2] 翻检《冯至全集》并重点参阅其中的《冯至年谱》，我们看到冯至翻译或撰述的相关文字集中在1949年之前，譬如：里尔克的《给一个青年诗人的十封信》（译作，分批刊载于1931年10月份的《华北日报·副刊》第619号至626号上），里尔克的《布里格随笔（摘译）》（译作，刊载于《沉钟》1932年总第14期），里尔克的《豹》（译作，刊载于《沉钟》1932年总第15期），里尔克的《论山水》（译作，刊载于《沉钟》1932年总第18期），里尔克的《马尔特·劳利茨·布里格随笔（摘译）》（译作，刊载于《沉钟》1934年总第32期），《画家梵高与弟弟》（译作，刊载于《沉钟》1934年总第31期），《里尔克——为十周年祭日作》（撰文，后附《里尔克诗抄》，含译诗六首：《豹》、"Pietá"、《一个女人的命运》、《啊！朋友们这并不是新鲜》、"Orpheus"、《啊！诗人你说你做什么……》，刊载于《新诗》1936年第1卷第3期"里尔克逝世十周年特辑"），荷尔德林的《命运之歌》（译作，刊载于《大公报·星期文艺》1936年5月27日），歌德的《玛利浴场哀歌》（译作，刊载于《新诗》1937年第1卷第5期），《〈浮士德〉里的魔》（撰文，刊载于《学术季刊》1943年第1卷第3期），《里尔克诗十二首》（译作，刊载于《文聚》1943年第2卷第1期），格奥尔格的《给死者》（译作，刊载于《中央日报》1944年10月10日），霍夫曼斯塔尔的《德国的小说》（译作，刊载于《新文学》1944年第1卷第2期），《歌德与人的教育》（撰文，刊载于《云南日报》1945年8月12日，又载于《世界文艺》1945年第1卷第2期），《从〈浮士德〉里的"人造人"略论歌德的自然哲学》（撰文，刊载于《大公报·星期文艺》1946年10月27日），《歌德的〈西东合集〉》（撰文，刊载于《文学杂志》1947年第2卷第6期），等等。

1卷第24期)、《一个对于时代的批评》(撰文,载《战国策》1942年7月20日)①、《尼采对于将来的推测》(撰文,载《自由论坛》1945年总第20期),《Kierkegaard杂感选译》(译作,载《大公报·星期文艺》1948年2月8日)等。由上不难看出,冯至并不是不曾想过把存在主义哲学介绍到中国来,也不是没有能力来做这件事。如果说他在1949年之前是凭着自己的兴趣有选择地来做这件事的话,那么他在50年代至70年代被剥夺了自由言说的权利的时代语境下更大程度上是不敢做也不能做这件事了。至于说他为何始终没有翻译过雅斯贝斯的著述或者撰写过专论雅氏学说的文字,这就涉及他对"存在主义哲学"的理解以及他究竟在何种意义上、何种程度上接受雅氏乃至存在主义哲学的影响等更深层次的问题了。

②"那时我不过是以相当大的兴趣读了些Jaspers、Rilke的书,很不全面,但其中有发人深省的论点如关于决断、界限、孤独与关联、寂寞与交流、死的完成等,都对我的思想产生不少影响,它们成为我生命中的'血肉',这自然在作品里显示出来。"我们知道,冯至在赴德国留学的第二年(1931)就下决心用40马克购买了六卷本《里尔克全集》,此后一边研读,一边翻译了其中的不少作品,甚至还打算以里尔克的《布里格随笔》作为自己博士学位论文的研究对象,这不能说他对里尔克(Rilke)的书读得"很不全面"(充其量只能说"不太全面"),显然冯至的话里含有一种自谦的意味,这种自谦也表现在他对雅斯贝斯的态度上。冯至留学德国的五年恰好是雅氏构建其生存哲学大厦的关键时期,他在这一时期出版的《时代的精神状况》《哲学》都成了冯至"以相当大的兴趣"阅读的书籍,这些哲学专著固然因其理论化的外观而会给主修文学的冯至带来一定的晦涩之感,不过终究因其含蕴的"决断、界限、孤独与关联、寂寞与交流、死的完成"等发人深省的论点而对这位苦苦觅寻精神出路的诗人产生了深刻的影响。当然,这种影响并不是外在的,而是内化为冯至生命中的

---

① 该文对19世纪最重要的三位"畸人"之一的克尔凯郭尔(另外两位"挖掘人的灵魂到了最深密的地方,使一切现成事物产生不安,发生动摇"的"畸人"是陀思妥耶夫斯基和尼采)的"决断"范畴做了深入的阐发。见《冯至全集》(第八卷),河北教育出版社1999年版,第242—248页。

"血肉",或者说宛如盐溶于水一样,不露痕迹地呈示于他的作品的整体肌质(包括通常所说的内容与形式)中。每一位悉心品读冯至《十四行集》的个体都会感到其中包蕴着强烈的哲学意味,这种哲学意味从根底处奠定了冯至诗歌的基调。德国学者维克特博士曾颇为中肯地指出:"冯至诗歌的基调是:我们是什么?我们面对着什么?我们——孤独地迷失在尘世里,每个人都身处一座孤岛上——究竟如何生存?"①而这些也正是雅氏的生存哲学所要解决的元命题。可以说,恰恰在这里,作为生存型的艺术家的冯至与作为生存型的哲学家的雅斯贝斯相遇了。

③"至于论文里一再提到我受过'系统的存在主义思想训练',未免过奖了,我是既无'系统',也没有'训练'。可以说我有存在主义的某些体会,并没有存在主义哲学。"这是揭开冯至究竟在何种意义上接受雅氏乃至存在主义哲学影响之谜的颇为重要的一段话。所谓"系统的存在主义思想训练",指的是跟随某位存在哲学家(比如雅斯贝斯)进行系统化的专业训练进而掌握从事哲学研究的基本知识、方法和能力,若从这个角度来说,以文学为其主修专业并以从事文学创作与研究为其终生志业的冯至确实对于存在主义思想"既无'系统',也没有'训练'",解志熙的那句评说也确实"未免过奖了"。所谓"过奖",其实只是"过度阐释"的另一种说法;当然,即便有"过度阐释"之嫌,那句评说也绝不是毫无根据的伪造与虚构②。这里的关键是如何理解"我有存在主义的某些体会,并没有存在主义哲学"这句话的意味。所谓"体会",就是"体验"③的意思。就"体验"而言,冯至不仅有"存在主义的某些体会",而且他的这些体会还是颇为深刻的。这里值得注意的是,始终带着切己的生命体验治学的雅斯

---

① 《维克特博士在授予冯至教授国际交流中心"文学艺术奖"仪式上的颂词》,收入《冯至全集》(第五卷),河北教育出版社1999年版,第209页。

② 参见解志熙《生的执著——存在主义与中国现代文学》,人民文学出版社1999年版,"增订后记——兼答曾庆元先生"。

③ "体验"含有"身体之、心验之"的意思,大凡真正的体验都是刻骨铭心的,因此它不同于外在化的"经历"。1991年1月24日,当《现代诗报》的梁锦询问"诗必须来源于自己亲身经历的事吗"时,冯至答道:"不能说是亲身'经历'的事,应是自己'体验'的事。"见《冯至全集》(第五卷),河北教育出版社1999年版,第262页。

余论　冯至与雅斯贝斯的相遇

贝斯并非哲学专业出身，他从精神病理学领域转入哲学领域后，将当时大学里流行的那种体系化、专业化、知识化的哲学形态视为哲学的堕落，进而以其致力的生存哲学来眷注个体乃至人类的处境、选择、责任、命运以及可能的前景，可以说这正是冯至喜欢阅读雅氏的《哲学》（三卷）并向鲍尔郑重推荐《时代的精神状况》的内在契机所在。1990年10月2日，冯至就诗歌创作问题接受香港《诗双月刊》采访，当童蔚询问"哲学对您的影响看来很深，那么您认为自己是哲理诗人吗"时，冯至这样答道："哲学对我有影响？也只能这么说，其实我是最不哲学的人。我的思想不大逻辑。哲学家有两类，一类是自己创造出一套哲学体系，另一类是对生命有深刻的体验，只是诚实地写出个人的感受，前者如康德、黑格尔，后者如基尔克郭尔、尼采等。那种自成体系的哲学，文字比较艰深，我不大去读，但像基尔克郭尔、尼采，文章写得非常深刻，文字生动十分感人，我读他们的著作也受到他们的影响。"[①] 冯至在这里将哲学家分成两大类：就前一类"文字比较艰深"且"自成体系"的哲学家而言，作为诗人因而擅长形象思维的冯至确实是"不大逻辑""最不哲学"的人，当然他对此类的哲学也是"不大去读的"；就后一类"文字生动十分感人"且"对生命有深刻的体验，只是诚实地写出个人的感受"的哲学家而言，惯于沉思并写出了"沉思的诗"[②] 的冯至则与他们心心相通，他自然就会"读他们的著作也受到他们的影响"了。冯至在这里固然只明确提及基尔克郭尔（克尔凯郭尔）和尼采的名字，不过这两个名字背后的那个"等"字让我们有理由再补上另外一个名字——雅斯贝斯，因为雅氏在根底处就属于后一类的哲学家。

[①] 冯至：《谈诗歌创作》，收入《冯至全集》（第五卷），河北教育出版社1999年版，第249页。

[②] 当然，"沉思的诗"仍旧是"诗"而非"哲学"。当童蔚询问"您是哲理诗人，您认为是吗"时，冯至答道："我不承认。当时我的《十四行集》刚出版时，有不少人写评论文章，称它为'沉思的诗'。沉思不等于哲学，说是沉思还比较接近，说是哲理，我总觉得我还够不上。"见《冯至全集》（第五卷），河北教育出版社1999年版，第249页。关于诗（乃至文学）与哲学的区别，冯至还有一个更精辟的说法——《十四行集》与《山水》中固然含有深邃的哲理，不过这些文学作品之所以成其为文学作品，乃是因为"'理'通过形象表达出来"。见《冯至全集》（第五卷），河北教育出版社1999年版，第255页。

三

冯至与雅斯贝斯的相遇是中国现代文学史、学术史上的一件大事，这段饶有意趣的故事也成为中德文化交流史上的佳话。① 德国波恩大学的顾彬（W. Kubin）教授②在为雅氏《大哲学家》中译本的出版撰写的"序"中对此有过一段较为深入的阐说："作为诗人和日耳曼学者的冯至在20世纪30年代曾师从雅斯贝尔斯在海德堡学习过，此乃众所周知的事，并且后来冯至在他那动人心弦的美丽的十四行诗中吸收了雅氏有关交流的哲学。由于对中国现代文学的普遍轻视，令人遗憾的是，这样的一个重要影响不论在中国还是在欧洲都鲜为人知。谁要是重新发现雅斯贝尔斯的话，那他就会重新发现冯至，而重新发现冯至却意味着重新发现了一段德国人与中国人相遇的神秘故事。这一故事异常丰富多彩，并不仅仅局限于材料方面，更在于其内容。冯至的十四行诗乃是雅斯贝尔斯哲学纲要的诗歌形式的转化。这些诗歌同时也在继续吟咏着存在主义哲学的重要思想。处于某一世界之中的人类共同思想，其中个人的失败总是更可能地显现出来。那对交流保持着开放的个人，也会离超验更近些。这一规则适用于每一个人，不论他在东方抑或在西方。正因为此，雅斯贝尔斯在他的'世界哲学'中也极力纳入了中国哲学的内容，基于同样的理由冯至在他的十四行诗中也尽可能地融入了德国特别是欧洲思想家或艺术家的内涵。谁要是紧随自我的话，这便意味着与他人在交流之中共处，那么他便会成为这样一个人，一个不再区分德国人或中国人的人。"③ 这是迄今为止国

---

① 为了表彰冯至为中德文化交流所做出的贡献，德国政府及有关机构在20世纪80年代曾将多项荣誉授予正由喜寿之年步入耄耋之年的冯至，如慕尼黑歌德学院授予的"歌德奖章"（1983）、民主德国授予的"格林兄弟奖"（1985）、联邦德国国际交流中心授予的"文学艺术奖"（1987）、联邦德国授予的"大十字勋章"（1987）、联邦德国语言文学科学院授予的"宫多尔夫外国日耳曼学奖"（1988）。

② 顾彬曾将冯至的全部二十七首《十四行集》译成德文，在联邦德国国际交流中心授予冯至"文学艺术奖"的颁奖仪式上，主持者向来宾分送了由德国国际交流中心出版的《十四行集》的中德对照本。参见《冯至全集》（第五卷），河北教育出版社1999年版，第208页。

③ [德]顾彬：《"紧随你自己！"——卡尔·雅斯贝尔斯对中国可能具有的意义》，见[德]卡尔·雅斯贝尔斯《大哲学家》，李雪涛主译，社会科学文献出版社2005年版，"中文版序"第2页。

外学者集中阐说冯至与雅斯贝斯相遇这个话题的最为深刻的一段文字，其中值得我们注意的至少有以下三点。

①尽管"冯至在20世纪30年代曾师从雅斯贝尔斯在海德堡学习过"是"众所周知的事"，但是雅氏对冯至的重要影响"不论在中国还是在欧洲都鲜为人知"，这种绝非危言耸听的状况无论如何都是"令人遗憾"的。顾彬在这里将阐发的重心聚焦于冯至的十四行诗与雅氏的交流哲学之间的内在关联，应该说抓住了问题的关键之处，不过当他将"鲜为人知"的原因归结为人们"对中国现代文学的普遍轻视"时，这位著名的汉学家却把这个复杂的学术问题做了简单化的处理。试问，即便那些重视中国现代文学的学者（甚至那些研究冯至及其十四行诗的专家），又有几人真正自觉地关注过这个话题呢？更遑论能够对此给出某种令人信服的阐释了。就国内学界的相关研究而言，解志熙当是自觉关注这个问题并给出独到阐释的第一人，不过他的某些尚有简单化之嫌的阐释还是遭到了当事人冯至的委婉的批评。除此之外，张松建在《一个杜甫，各自表述：冯至、杨牧、西川、廖伟棠》（载美国《今天》2008年春季号）一文中以"一首新诗，一部传记"为题谈及冯至与尼采、克尔凯郭尔、雅斯贝斯以及里尔克的思想关联，可惜论者的运思重心乃在于阐发"担当""承受""决断"等存在主义观念是如何悄然融入了杜甫的形象的，而冯至与雅斯贝斯的学缘问题只是做了一种必要的陪衬。至于另外某些阐发冯至及其十四行诗与存在主义之关联的文章就更是乏善可陈了，譬如吴武洲的《"存在与超越"——论冯至〈十四行集〉的哲学追寻》[载《徐州师范大学学报》（哲学社会科学版）2002年第2期]一文，其主标题原本就是国内出版的第一部雅氏文集的书名（《存在与超越——雅斯贝尔斯文集》，余灵灵、徐信华译，上海三联书店1988年版），可惜论者花费大量的笔墨分析了冯至与海德格尔、萨特的思想关联，反而将做过冯至学术导师的雅斯贝斯置于阐释视野之外。又如罗寰宇的《"向死而生"的存在——论冯至〈十四行集〉中海德格尔的存在思想》（载《名作欣赏》2009年第6期）一文，论者干脆将副标题直接取为"论冯至《十四行集》中海德格尔的存在思想"，冯至与雅斯贝斯的相遇问题自然也就被排斥在阐释的重心之外了。综观国内学界的研究状况，

人们对这个重要的学术话题或者视而不见，或者是避而不谈，或者闪烁其词，或者顺便提及，或者浅尝辄止，或者有失一偏，致使它至今仍是一个悬而未决的问题。当然，这个问题本身就具有一定的复杂性与深刻性，要想给出某种相对可信的解答并不是一件容易的事。就顾彬的说法而言，与其将"鲜为人知"的原因归结为人们"对中国现代文学的普遍轻视"，倒不如跳出文学研究与哲学研究各自的专业拘囿，进而以雅氏所说的"大全"视野来重新审视这个问题的症结所在——多数研究冯至与中国现代文学的学者并不了解或者不屑于去了解雅氏哲学观的旨趣，与此同时，多数研究雅氏与西方现代哲学的学者却又不了解或者不屑于去了解冯至诗学观的韵致，在这种专业分隔的情形下，即便有些研究者注意到了冯至与雅氏的相遇这个话题，他们也无从于深微之处给出某种内在贯通、圆融无执的阐释，这才是最令人遗憾的一件事。

②冯至与雅斯贝斯都是带着切己的生命体验不懈地求索人类精神出路的生存个体，因此二人的相遇乃是互相敞开与互相发现的过程。顾彬颇为中肯地指出："谁要是重新发现雅斯贝尔斯的话，那他就会重新发现冯至，而重新发现冯至却意味着重新发现了一段德国人与中国人相遇的神秘故事。"可以说，这段"神秘的故事"自始至终都是在"生存"的层面上展开的，而生存的自由选择、自我决断及其渴望交往的特性终于让一个生存型的中国诗人与一个生存型的德国哲学家走到了一起，若悟透了这一层，他们的相遇也就不再显得那么"神秘"了。正如顾彬所言，这个"故事"是"异常丰富多彩"的，其魅力"并不仅仅局限于材料方面"——也就是说，并不仅仅局限于冯至在其作品中引用了雅氏的多少句话或者借用了多少个术语，应该说，那种掉书袋式的引用或借用只能表明一种外在的接受与影响，况且具有独特的个性与诗人气质的冯至也不会那么做，"更在于其内容"——也就是说，冯至诗歌的基调是与雅氏生存哲学的基调内在相通的。就此而言，我们完全可以像顾彬那样说"这些诗歌同时也在继续吟咏着存在主义哲学的重要思想"，至于说"冯至的十四行诗乃是雅斯贝尔斯哲学纲要的诗歌形式的转化"，这个断语却是需要重做考量的。冯至的十四行诗固然受到了雅氏哲学的影响，不过若是将其视为雅氏哲

学纲要的"诗歌形式的转化",则会带来如下两个问题。其一,冯至的诗歌中融合了里尔克、诺瓦利斯、格奥尔格、荷尔德林、歌德以及尼采、克尔凯郭尔、雅斯贝斯等众多诗人、哲学家的思想,显然不能将其简单地化约成雅氏一个人的"哲学纲要"。我们知道,那种忽视雅氏对冯至影响的做法诚然是需要纠正的,不过我们并不能因此就无限夸大这种影响,事实上后一种做法同样会降低乃至遮蔽这个话题的学术史意义,因而同样无益于人们从学理上揭开这个困扰我们多年的学术难题的谜底。其二,冯至的诗歌固然受到了存在主义哲学的影响,不过我们不能一概而论地将这种复杂的影响看成对某种哲学纲要的"诗歌形式的转化"。这里首先须得厘清的一个问题是,冯至是如何以诗歌的形式"转化"存在主义哲学思想的。一旦将探问的重心聚焦在这一点上,我们就会发现冯至其实是以鲁迅所说的那种"拿来主义"的态度对待存在主义哲学的,他就像辛勤采集花粉的蜜蜂一样,当他将各种各样的思想花粉酿制成甜美有机的诗歌之蜜的时候,我们已无从分清其中的哪些成分是来自尼采的,哪些是来自克尔凯郭尔的,哪些是来自雅斯贝斯的或者其他什么人的了。更为重要的是,冯至是一位文体意识颇为自觉的诗人与学者,他的博士学位论文研究的就是诺瓦利斯的文体,他也曾痴迷于尼采能够将德国的语言运用到如此纯熟完善的境地,并专门撰写了《〈萨拉图斯特拉〉的文体》一文对这种兼具"力和柔韧性,以及音调的流畅"的语言做了悉心的阐发。正是在这一点上,雅氏的文体与冯至所激赏的尼采的文体是有相通之处的,当然这也给他带来了褒贬不一的评价。譬如,当年曾在海德堡大学听过雅氏授课的德国学者桑巴特认为,"雅斯贝尔斯所教的哲学否定了传统体系意义下的哲学,几乎可说是反哲学。那是一种普遍的沟通理论,一种废话连篇的韵律学,一种永恒对话的诗学。从雅斯贝尔斯那里听到的是未来的音乐"[1]。桑巴特从传统体系哲学的立场出发将雅氏致力的"普遍的沟通理论"说成"反哲学",进而将这种"永恒对话的诗学"视为"废话连篇的韵律学",这些批评的话恰恰从另一个侧

---

[1] [德]尼古劳斯·桑巴特:《海德堡岁月》,刘兴华译,江苏人民出版社2007年版,第171—172页。

面反衬出了雅氏哲学的独特魅力。雅氏从立志"登上纯正哲学的高处"的那一刻起,就认为"学院派哲学并不是真正的哲学;由于它声称是一种科学,它看来完全是在讨论一些对我们的存在的基本问题来说并非本质的东西"①。然而,在"学院派哲学"占主导的时代语境下,雅氏致力的"纯正哲学"却不断地遭到桑巴特一班人的批评:"我对雅斯贝尔斯的第一反应十分消极:我认为他的哲学是高雅的小品文章,让人喜悦的文学作品,园中的亭台。在我看来,缺少'概念的处理'。最让我在意的,是他特殊的语言,那种暗示性的、催人入睡的童话风格,一种十分模糊、不显眼、马马虎虎的表达方式。语音沙哑,反复无常,不能简明扼要地陈述,不能运用令人信服的术语,和海德格尔、施密特、容格或贝恩(Gottfried Benn,1886—1956)那种像打磨宝石一样闪亮的刚强的、男性的、军人般的、简洁的语言无法相比。"② 雅氏向来就不是一位体系性的哲学家,他也从未赞成过那种掉书袋式的"学院派"文体。在雅氏这里,文体并不仅仅是其"对话的诗学"的外观,从根底处看它始终契接着孕生它的"生存"本源,因此,采用那种雅逸的"小品"文体以及暗示性的语言对雅氏来说乃是一件自然而然的事,至于所谓"缺少'概念的处理'"也就成为其"对话的诗学"的一种必然的选择。可以说,作为诗人的冯至本该向雅氏自觉追求的这种"对话的诗学"及其"小品"文体送上一份必要的敬意,遗憾的是,他却只将那份敬意送给了尼采,反倒是作为哲学家的伽达默尔对此表达了更为明确的同情之理解。伽达默尔在《哲学生涯》一书中称誉雅氏把"北方人的冷静与节日般的激情洋溢化合在一起",进而内化为自己特有的写作风格。譬如他的《哲学》(三卷)"充满了沉思的气息",他的句法"具有晶体般明晰的结构",他的每一个句子都"既有个人风格又朴实无华,一种别人无法模仿的写作方式。……这是一种精磨的风格。为了能使藏在深处的真实清晰可见,他既能解释出任何一种极端状态,又不至于出现僵化的表达方

---

① [德]卡尔·雅斯贝斯:《雅斯贝斯哲学自传》,王立权译,上海译文出版社1989年版,第39页。

② [德]尼古劳斯·桑巴特:《海德堡岁月》,刘兴华译,江苏人民出版社2007年版,第172页。

余论　冯至与雅斯贝斯的相遇

式。步步为营的思想进程穿破了一切形式的教条主义堡垒，在思想风波柔和的浪花中映照出敞开地平线的广阔"①。伽达默尔是雅斯贝斯离开海德堡大学后所空出的哲学教席的继任者，他对其前任所做的上述富有诗意的品评显然是颇为中肯的。从雅氏自觉追求的这种文体入手，我们正可找到揭开冯至与雅斯贝斯相遇之谜的别一条蹊径。

③冯至与雅斯贝斯的相遇乃是喻示"生存交往"之意趣的一个范例。在雅氏致力的生存哲学中，无条件的"生存交往"不同于那种有条件的"实存交际"，说到底它是源发于生存决断的事件。这种"生存交往"意义上的相遇超越了专业、国别乃至一切外在的囿限，从而使两位同样具有敏锐的时代处境意识与自觉的文化危机意识的生存个体在体味"个人的失败"、民族的苦难并探问人类可能的前景的过程中有缘并肩行进在探问与倾听"人类共同思想"的途中。我们看到，雅氏在1922年的《斯特林堡与凡·高》中探讨了精神分裂症艺术家的生存样态以及精神分裂症与现代文化的关系，在1931年的《时代的精神状况》中对西方现代文化危机的种种症状做了鞭辟入里的诊断；与此相应，冯至在20世纪40年代陆续发表了《德国民族性的分裂及其可能的演变》（载《中央日报》1944年9月24日）、《论时代意识》（载《中苏日报》1947年9月21日）。我们固然不能就此断定冯至在这里直接受到了雅氏的影响，不过我们却可以断定这两篇文字的基调与雅氏那两部著作的基调并无二致。冯至在去世前两年（1991）的一次答问中，曾就"写诗的座右铭是什么"之问答道："诗应该是一个时代的心灵记录和历史见证。"② 可以说，冯至的诗歌观与雅氏的哲学观有着共同的"生存"根源，在二人这里，诗歌与哲学都意味着"生存"的记录以及"生存"的历史的见证，这正是诗人冯至与哲学家雅斯贝斯在探问与倾听"人类共同思想"的途中不期然相遇的内在根由。更令人欣慰的是，他俩在各自的精神孤旅中都不期然地遇到了那些同样在探问与倾听"人类共同思想"的孤旅者——尼采、克尔凯郭

---

① ［德］汉斯-格奥尔格·伽达默尔：《哲学生涯——我的回顾》，陈春文译，商务印书馆2003年版，第193—194页。

② 冯至：《答〈现代诗报〉编辑部问》，收入《冯至全集》（第五卷），河北教育出版社1999年版，第261页。

尔以及斯特林堡、荷尔德林、凡·高、歌德等。他俩在同这些有着内在的精神之缘的哲人与诗人共处的过程中,并未扮演被动倾听的角色,更没有做过任何一个人的传声筒。应该说,他们既在倾听,同时也在交流,进而在倾听与交流的过程中真正地回到了个体生存自身。正如冯至在《谈读尼采》一文中以称叹的口吻所说的:"尼采不希望读者成为他的信徒。凡是先知先觉,都是教大众信仰他。如果尼采也是先知,那么他只让大家信仰一句话:认识自己的路。他说:'你只要忠实地跟随你自己吧:——那你就是随从我了。'"① 从中不难看出,冯至在同尼采的精神交往中受到的最大的启示就是"认识自己的路"并"忠实地跟随你自己"。1991年,当有人就"在您刚开始写的时候,您是否寻求过精神上的导师"向冯至询问时,他答道:"没有。我总是靠自己的摸索前进。我有时也受别人的影响。……说到受影响也是有阶段性的,20年代初读歌德的诗,我难以接受,里尔克的诗我也不大懂,到了30年代就感到歌德、里尔克所说的话正是我要听的话。这种影响一直持续到今天,可是也渐渐淡泊下来了。现在我好像又不接受什么影响了。"② 可以说,这些话既是冯至对自己一生精神求索的总结,也是他作为一个"靠自己的摸索前进"的生存型诗人的自我道白。

有意味的是,雅氏以其"大全"的视野对哲学史上几乎所有伟大哲学家的思想都有所汲取,不过他同样未曾贸然做过任何一位哲学家的仆役。说到底,他只是在共同探问真理的途中与其敬畏的那些前贤相遇。作为一位生存型的哲学家与教育家,雅氏不仅将自由、选择与责任浑化于自己的生命及著述中,而且提醒他的学生要敢于自我创造、自我决断、自我教育、运命自承。"他不愿意有任何学生。他的许多最有才华的博士学位攻读生……都不称自己为哲学教师,这使他很高兴。谁要是以他为依靠,那就是误解了他。"③ 雅氏最为看重的是个体的自由,失去了这一点,教育无从谈起,个体也无从成为他自己。"他

---

① 冯至:《谈读尼采》,载《今日评论》1939年4月1日,收入《冯至全集》(第八卷),河北教育出版社1999年版,第282页。

② 冯至:《谈诗歌创作》,收入《冯至全集》(第五卷),河北教育出版社1999年版,第252页。

③ [德]汉斯·萨尼尔:《雅斯贝尔斯》,张继武、倪梁康译,生活·读书·新知三联书店1988年版,第207页。

余论　冯至与雅斯贝斯的相遇

不进行任何说教，而是给人以自由，所以，他是一位无可比拟的教育家。他从未有过成为楷模或权威的要求，甚至对此的愿望也被他看作是令人堕落的东西；然而他的确是一个楷模、一个权威。……人们体验到，他企望真理，此外别无他求。"[①] 正像冯至所赞许的尼采一样，这位只求成为"伟大而独立的真理的仆人"[②] 的教育家"不干涉、不铸形，不强施影响。他只是启发……"[③]。同尼采一样，雅氏也给世人留下了这样一句忠告："不要追随我，要追随你自己！"[④] 可以断言，"追随你自己"乃是生存交往的指归所在，悟透了这一点，冯至与雅斯贝斯在生存交往的意义上的相遇问题也就迎刃而解了。就此而言，顾彬所下的这样一个断制——"谁要是紧随自我的话，这便意味着与他人在交流之中共处，那么他便会成为这样一个人，一个不再区分德国人或中国人的人"——其实已经为我们觅到了破解这个学术难题的"阿里阿德涅之线"。

---

① ［德］汉斯·萨尼尔：《雅斯贝尔斯》，张继武、倪梁康译，生活·读书·新知三联书店1988年版，第207—208页。
② ［德］卡尔·雅斯贝斯：《雅斯贝斯哲学自传》，王立权译，上海译文出版社1989年版，第96页。
③ ［德］汉斯·萨尼尔：《雅斯贝尔斯》，张继武、倪梁康译，生活·读书·新知三联书店1988年版，第208页。
④ Karl Jaspers, *Philosophie und Welt: Reden und Aufsätze*, R. Piper & Co. Verlag, 1958, p. 439.

附录一 雅斯贝斯"密码论"发微
——兼与海德格尔、萨特美学观比较[*]

一 "密码":雅斯贝斯生存美学的运思枢机

对一生致力于祈向超越之维的生存哲学的德国哲学家雅斯贝斯来说,那标示人的自由选择、自我超越的"生存",既是其全部学说的辐辏点,也是其生存美学所立足的原初根源。离开"生存",艺术就会被抽空为无决断的"审美冷淡",艺术的超越之维也会蜕变为空洞的超越;那喻示人所眺望的"虚灵之真际"的"超越存在",既是其全部学说的形上之维,也是其生存美学所瞩望的终极目标。离开"超越存在",艺术就会委顿为媚俗的狂欢,艺术的生存之源也会被风干为封闭的"实存";那携带"超越存在"的消息并为自由选择的"生存"所解读的"密码",既是联结"生存"与"超越存在"的中介,也是其生存美学的韵致所在。雅氏就此把艺术视为哲学的器官,并贞定了艺术活动的真义:"艺术是解读密码的语言。"[①] 由"密码"论及艺术,我们既可明见艺术哲学在雅氏全部学说中的地位,也可洞识他那祈向超越之维的生存美学在西方美学史上的独特魅力。

我们看到,雅氏之所以心仪于"密码"这一运思范畴,乃源于他自始面对这样一个形而上学的难题:作为"虚灵的真实","超越存

---

[*] 该文已发表于《福建师范大学学报》(哲学社会科学版)2009年第2期。

[①] Karl Jaspers, *Philosophy* (Vol. 3), translated by E. B. Ashton, The University of Chicago Press, 1971, p. 168.

在"并不直接显现。倘直接显现，他所期许的"生存形而上学"（生存哲学）便会蜕化为一种"实体形而上学"；作为"生存"的依据，"超越存在"对人能成为什么和人希望成为什么又是至关重要的。倘否弃"超越存在"，"生存形而上学"就会变质为一种"反形而上学"。为回应实体形而上学与反形而上学这双重歧误，那作为"生存"与"超越存在"之中介的"密码"遂成为雅氏建构其"生存形而上学"的枢机所在。雅氏指出："我们称形而上学的对象性为密码，因为密码并不是超越存在本身，而是意指超越存在的语言。密码并不为一般意识所理解，甚至不为其所听闻。只有当我们作为可能生存时，这类语言才接近我们。"① 这段言简意赅的话，是雅氏对"密码"的人文义涵所做的一种提示。依"超越存在"在"密码"中向"生存"显现的方式与程度不同，雅氏把"密码"语言分为三种："超越存在的直接语言""可交流的直观语言""思辨的观念语言"。这三种语言也未尝不可理解为"密码"的三个层级，由前至后，距作为"根源"的"生存"越来越远，与此同时，作为"依据"的"超越存在"的显现也越来越间接。在雅氏看来，那诉诸直观的艺术语言属于第二种"密码"语言。由此，艺术哲学合乎逻辑地成为雅氏全部学说的一个有机组成部分；这一以"密码"为辐辏的艺术哲学，也可称之为生存艺术形而上学（生存美学）。

二 "密码"的韵致："密码是生存与超越存在的中介"

对囿于自我保存意志与"一般意识"的"实存"而言，要么是非"世界"的"超越存在"，要么是非"超越存在"的"世界"，因而"密码"终于无从谈起。"密码"如何呈现"超越存在"，最终取决于自由选择、自我超越的"生存"的态度。即是说，"密码"所携带的"超越存在"的消息只是在"生存"那里才得以破译。雅斯贝斯由此指出："生存是解读密码的场所。"② 通过"生存"解读，"超越存在"

---

① Karl Jaspers, *Philosophy* (Vol. 3), translated by E. B. Ashton, The University of Chicago Press, 1971, p. 113.

② Karl Jaspers, *Philosophy* (Vol. 3), translated by E. B. Ashton, The University of Chicago Press, 1971, p. 131.

借助"密码"间接地向"生存"显现,"生存"借助"密码"间接地明证"超越存在",这样一来,作为中介的"密码"就同时肯定了"生存"与"超越存在"。"正如在一般意识中实验是主观与客观的中介一样,密码则正是生存与超越存在之间的中介。"① 应该说,这是对"密码"的韵致的一语道破。

"密码"不再纠缠于主客分立的思维模式。因此,既不能把密码当作心灵的产物从心理学上来理解,也不能把它作为定在的东西由科学来客观地研究。在雅氏看来,"超越存在"作为"绝对的大全"给予"生存"以依据,它只以"密码"的方式间接地显示给"生存"。"生存"只是解读它,而不去创造它,因此"密码"并不是主观的;与此同时,"密码"不是"一般意识"的普遍物,它从不成为认知的对象,而旨在呼唤"生存"以接近"超越存在",因此"密码"又不是客观的。毋宁说,"密码是这样的存在,它把超越存在带至当下在场,而又不必使超越存在成为客观的存在,也不必使生存成为主观的存在。否则,当已被解释的密码作为我们认知的东西而使超越存在成为对象时,或者当主观性的行为方式被构想与滋生为知觉与产生形而上学经验的机能时,本原的、真正的当下存在就堕入一般意识的领域"②。雅氏认为,只有一个世界,而且"内在存在"与"超越存在"并不是完全异质的,否则,"超越存在"对我们来说就沉沦了。也就是说,"超越存在"本是要照亮"内在存在"的,并在这种照亮中把"超越存在"转化为"生存"在其中自由选择的"密码"。由此看来,"密码"所喻说的乃是"生存"在世界之中的"内在超越"。经由"内在超越","生存"在自我担待、运命自承的自由选择中把"内在存在"转化为内蕴"超越存在"消息的"密码"。雅氏指出:"一种纯然彼岸的存在是空虚的,它简直就像不存在。因此,经历真正的存在的可能性需要一种内在超越。"③ 在"内在超越"中,"内在存在"已

---

① Karl Jaspers, *Philosophy* (Vol.3), translated by E. B. Ashton, The University of Chicago Press, 1971, p.120.

② Karl Jaspers, *Philosophy* (Vol.3), translated by E. B. Ashton, The University of Chicago Press, 1971, p.120.

③ Karl Jaspers, *Philosophy* (Vol.3), translated by E. B. Ashton, The University of Chicago Press, 1971, p.119.

不再是不可改易的必然,而是"生存"自由选择的场所。这既使"生存"与"超越存在"密切相关,又使两者在张力之中保持着一段永不可消弭的距离。诚如雅氏所说:"当超越存在为生存当下所忆及,它并不被当作其本身——因为生存与超越存在并不能达到同一——而是被领会为密码;并且它不是某一对象,而仿佛是穿透一切对象又囊括所有对象的对象性。因此,内在超越意味着随即再度消隐的内在存在,它是作为密码的语言而存在的超越存在。"[1]

三 雅斯贝斯与海德格尔、萨特美学观比较

提及"存在主义",与雅斯贝斯同时代的哲学家中,我们自然还会想到海德格尔与萨特。他们都直面"上帝死了"这一文化危机现实,认为自由是个体生存的第一要义,个体通过自由选择不断地生成着自身,否认在人的自由选择之前或之外还存在某种实体性的本质。他们因此格外关注个体的生存处境,认为人的历史就是一个不断创造处境、又不断超越处境的过程,在这一过程中,个体应该对自我选择的一切后果承担起理应承担的责任。就此而言,雅氏与海德格尔、萨特的学说都是追问人的存在的哲学,而且他们的追问都是围绕着人的自由、选择与责任来进行运思的。不过,雅氏的"生存"与萨特所张扬的自我筹划与创造的"自我"毕竟有别,更与海德格尔那挣扎于充斥着命运感的时间之链中的"此在"("亲在",Dasein)迥异。

就美学思想而言,雅氏、海德格尔、萨特对艺术的言说都蒂结在各自的哲学致思之中。他们都关注语言与存在、艺术与存在的关系,将语言与艺术视为澄明存在、明证真理的某种方式或道路。但是,因着各自的哲学致思的不同,他们的美学思想遂呈现出不同的色调来。鉴于此,笔者首先对他们的哲学观的分野做一简要分辨,在此基础上,再对雅氏与海德格尔、萨特的美学观分别予以比较。

---

[1] Karl Jaspers, *Philosophy* (Vol. 3), translated by E. B. Ashton, The University of Chicago Press, 1971, p. 120.

1. 雅斯贝斯与海德格尔、萨特哲学观的分野

海德格尔与萨特在有关"存在"的称说中尽管也涵括大量与雅氏看似并无二致的关于价值主体方面的思想，但是，萨特由"自为的存在"与"自在的存在"所阐说的"先于人的本质"的"人的自由"，最终在他那句"他人即是地狱"的断言中显露出不可小觑的裂隙。诚如黄克剑先生所指出的："他（指萨特——引者注）看到了一个从个体的人出发的'主观性林立'的世界，然而竟然未能就道德和整个人生价值的贞定深入到对主体良知及主体间性的寻问。"① 雅氏之所以自始就自觉而坚决地把自己的"生存哲学"与萨特的"存在哲学"划清界限，这道"良知"之光在萨特"存在哲学"中的终未透出理应是颇为重要的原委所在。

与萨特不同，海德格尔不但论及了在世的"此在"（"亲在"）这一有限存在在有限的时间中必然遭遇的全部"烦""畏"以及有关"先行到死"的筹划、决断等与雅氏的"无知""眩晕与颤栗""焦虑"等颇为相似的话题，他甚至同雅氏一样谈及了"良知"。但是，我们看到，雅氏的"无知""眩晕与颤栗""焦虑"只是指认"良知"的消极的导言，而且更为重要的是，雅氏的"良知"因着"爱"与"信仰"的提撕而赋有向着"神性"充量投射的性向，而对海德格尔来说，那"爱"与"信仰"自始即在他的视野之外。由此，那没有"爱"与"信仰"之温润的"良知的呼唤"说到底仍是沉沦于"常人"处境的"亲在"的自我唤起。② 海德格尔虽然也曾说过"只还有一个上帝能救渡我们"③，但他所指称的"上帝"在根底处不过是在天、地、人、神间的游戏中同"人"做着游戏并不时戏弄"人"的"命运"之"神"，而不是那以无条件的"爱"与"信仰"成全良知自省的生存个体不断自律提撕的"境界"之"神"。换言之，正是因着"爱"与"信仰"自始就在海德格尔的视野之外，他的"良知"终于自闭于有条件的"亲在"而失落于"常人"的命运。源于"良知"

---

① 黄克剑：《心蕴——一种对西方哲学的读解》，中国青年出版社1999年版，第169页。
② 参见黄克剑《心蕴——一种对西方哲学的读解》，中国青年出版社1999年版，第159—160页。
③ 孙周兴选编：《海德格尔选集》（下），上海三联书店1996年版，第1289页。

的尚未独立与自觉，那失落于"常人"的命运的"亲在"并不能成为真正的价值主体。

2. 雅斯贝斯与海德格尔美学观比较

正如雅氏喻示真理的途径之一是"密码"（涵括作为诉诸直观的艺术这一"密码"），海德格尔澄明真理的道路之一是"艺术"。在海德格尔看来，真理的本质乃是"无蔽"，也就是从存在者中拯救出存在来。不过，"存在者之无蔽从来不是一种纯然现存的状态，而是一种生发"①。"生发"意指一种动态生成的过程，这一动态生成的过程被海德格尔表述为"澄明与遮蔽的原始争执"②。换言之，作为无蔽的真理并非存在者意义上的事物的某个特征或某种属性，而是在澄明与遮蔽之间的对抗中被争得的。那么如何道说这种原始争执意味上的真理呢？围绕这一纠缠了海德格尔一生的核心问题，他把目光投向艺术及艺术品。他说："作为存在者之澄明和遮蔽，真理乃通过诗意创造而发生。凡艺术都是让存在者本身之真理到达而发生，一切艺术本质上都是诗（Dichtung）。艺术作品和艺术家都以艺术为基础，艺术之本质乃真理之自行设置入作品。"③依海德格尔的本怀，艺术就是真理的生成与发生，通过艺术，作品中的真理得以澄明与保存。因此，在艺术品中发挥作用的是存在之光闪耀其中的真理，而不只是那种存在者意义上的真实。因着存在之光闪耀其中的真理的照亮，艺术品便呈示出一种美的光辉来。基于此，海德格尔对美做了如下界说："这种被嵌入作品之中的闪耀就是美。美乃是作为无蔽的真理的一种现身方式。"④这种海德格尔式的界说，将美视为"无蔽的真理的一种现身方式"，真理的现身具体来说是通过艺术对真理的创建、保存与敞开来实现的。正是这一让无蔽发生的敞开领域，"才在存在者中间使存在者发光和鸣响"⑤。经验之中人在被艺术所敞开的世界中作为存在者沐浴存在之光亮，谛听真理之鸣响，泽被充满诗意的美之闪耀，这就

---

① ［德］马丁·海德格尔：《林中路》，孙周兴译，上海译文出版社1997年版，第38页。
② ［德］马丁·海德格尔：《林中路》，孙周兴译，上海译文出版社1997年版，第39页。
③ ［德］马丁·海德格尔：《林中路》，孙周兴译，上海译文出版社1997年版，第55页。
④ ［德］马丁·海德格尔：《林中路》，孙周兴译，上海译文出版社1997年版，第40页。
⑤ ［德］马丁·海德格尔：《林中路》，孙周兴译，上海译文出版社1997年版，第56页。

是海德格尔引自荷尔德林并按自己的致思予以发挥的诗句"人诗意地栖居"所开示给人的一种终极性的生活状态。海德格尔认为，栖居本质上是诗意的。"这种诗意一旦发生，人便人性地栖居在这片大地上，'人的生活'——恰如荷尔德林在其最后的诗歌中所说的那样——就是一种'栖居生活'。"① 海德格尔这位诡谲晦昧的哲学家将真理之思归结为艺术之思，通过追问艺术的本质来澄明作为无蔽的真理，就此而言，正像谢林一样，艺术哲学也做了海德格尔整个哲学大厦的拱顶石。在这一点上，雅氏并未像海德格尔那样把艺术看得如此重要，因为在雅氏看来，对生存的真理来说更为重要的并不是艺术，而是内蕴于生存之中的良知决断和超越祈向，而且越到后期，两人的致思重心及路向越表现出难以弥合的分歧：雅氏把目光投向了世界哲学史以及为世界哲学史提供了精神"轴心"的"四大圣人"[雅氏在《论历史的起源与目标》（1949）、《大哲学家》（1957）等著作中，将苏格拉底、释迦牟尼、孔子、耶稣视为开创世界历史的"轴心"人物②]，在交往破裂的世界中将真理之追问指向道德之提撕，由此而成全了一种沟通"生存"与"超越存在"之中介的"密码论"（雅氏在 1947 年出版的《论真理》一书中详尽探讨了作为"密码"的生存悲剧③）；相形之下，缺少良知自省的海德格尔则自失于艺术之思的林中之路。布鲁希尔在 1950 年 2 月 22 日致阿伦特的信中，对雅氏与海德格尔在同一时期各自的代表作——《论真理》与《林中路》——做了对照性评说，并颇为敏锐地指出了二人的差异："《林中路》我已拜读……他（海德格尔——引者注）依然行驶在尼采的轨道上，回到柏拉图中间，把西方的存在理念埋葬并将其炸毁，在一无所获的地方希望发现新的东西。然而，他的发现不过还是他的虚无而已，他被这些东西牵着鼻子走。读过雅斯佩尔斯的人可以作出这样的评价：他已触摸到西方哲学的本质。而读过海德格尔的人会这样说：他迷路了，在森林的尽头

---

① 孙周兴选编：《海德格尔选集》（上），上海三联书店 1996 年版，第 480 页。
② 参见孙秀昌《"轴心"突破与"境界"自觉——一种对雅斯贝斯"轴心时代"思想的读解》，《哲学研究》2006 年第 1 期。
③ 参见孙秀昌《生存·悲剧·超越——祈向超越之维的雅斯贝斯生存悲剧》，《问道》2017 年总第 1 辑。

附录一　雅斯贝斯"密码论"发微

迷失了方向。"① 布鲁希尔的品评是颇具慧眼的，雅氏委实在人类当有的良知与尊严所透出的"境界"暖意中"触摸到西方哲学的本质"，而海德格尔则在被"虚无"与"命运""牵着鼻子走"的途中"迷路了"。

雅氏与海德格尔艺术观的分歧还肇因于二人语言观的不同。在海德格尔看来，"存在在思中形成语言。语言是存在的家"②。对海德格尔来说，语言是与存在、思处于同一层级上的：思是存在之思，存在之思形成语言，存在也只在存在之思形成的语言中呈现自身。基于此，海德格尔认为"语言之本质现身（das Wesende）乃是作为道示（Zeige）的道说（Sagen）"③，而"道说"则意味着"显示、让显现、让看和听"④。在这里，作为语言之本质的"道说"与作为交流之媒介的"说"（Sprechen）是不同的：前者是"语言说"（Die Sprache spricht），后者是人"说"。"于是，对语言的深思便要求我们深入到语言之说中去，以便在语言那里，也即在语言之说而不是在我们人之说中，取得居留之所。"⑤ 不是人"说"语言，而是"语言说"，并在"道说"意味上的"语言说"中呈示无蔽的存在，同时通过呈示无蔽的存在的道说"把'存在'发放到被照亮的自由之境以及它的可思性的庇护之所（das Geborgene der Denkbarkeit）中"⑥，可以说，这是海德格尔语言观的根底所在。正是以这一语言观为底据，海德格尔认为"筹划着的道说就是诗……诗乃是存在者之无蔽的道说"⑦。作为一种"筹划着的道说""无蔽的道说"，诗与语言、存在、思也被置于同一层级之上了。海德格尔的这一运思，说到底是借助了语言的命名力量：命名即意味着敞开、澄明、显示。他说："由于语言首度命名存在者，这种命名才把存在者带向词语而显现出来。这一命名（Nennen）指派

---

① ［德］罗·科勒尔编：《汉娜·阿伦特/海茵利希·布鲁希尔书信集（1936—1968）》，孙爱玲、赵薇薇译，贵州人民出版社2004年版，第185页。
② 孙周兴选编：《海德格尔选集》（上），上海三联书店1996年版，第358页。
③ 孙周兴选编：《海德格尔选集》（下），上海三联书店1996年版，第1134页。
④ 孙周兴选编：《海德格尔选集》（下），上海三联书店1996年版，第1132页。
⑤ 孙周兴选编：《海德格尔选集》（下），上海三联书店1996年版，第983页。
⑥ 孙周兴选编：《海德格尔选集》（下），上海三联书店1996年版，第1119页。
⑦ ［德］马丁·海德格尔：《林中路》，孙周兴译，上海译文出版社1997年版，第57页。

(ernennen)存在者,使之源于其存在而达于其存在。这样一种道说(Sagen)乃澄明之筹划,它宣告出存在者作为什么东西进入敞开领域。"① 通过把语言思为道说,把诗思为命名,把道说与命名思为对存在的敞开、澄明、显示,海德格尔走完了由语言而诗、由诗而语言的追问之路,此即所谓:"语言本身就是根本意义上的诗。"② 我们看到,贯穿于语言之思这条追问之路始终的乃是存在之思,这一存在之思在海德格尔那里最终孕生出一种语言本体论。这种语言本体论反对把语言当作一种传达,认为"语言不只是、而且并非首先是对要传达的东西的声音表达和文字表达。……不如说,唯语言才使存在者作为存在者进入敞开领域之中"③。

把语言等同于存在,视"语言是存在的家",人以语言之家为家,囿于纯思的人们与创作的人们只是这个家的看家人和那由天、地、神、人所构成的"世界游戏"(Weltspiel)的见证者,而人的价值主体地位也便随之被悬搁了。这正是雅氏与海德格尔的分歧点所在。尽管二人都在反思着现代文化的危机问题,但海德格尔似乎是从前文化或超文化的视野切入的。他将其老师胡塞尔的"现象学"原则推到极端,对人所创造的语言、艺术品乃至一切成全人的价值主体的文化进行加括号或终止判断,直至把目光投向人的价值主体尚未绽出之前的前苏格拉底时代,并从那充满命运色彩的巴门尼德的"存在"与赫拉克利特的"逻各斯"那里获得了运思的契机。相比之下,雅氏则认为文化意即人化,人化意即人的自我生成的过程,由人的自我生成所形成的文化世界属于一个价值领域,这一价值领域在古希腊是由苏格拉底这一"轴心"人物开示出来的。苏格拉底等"轴心"人物以及历史上其他伟大的哲学家、艺术家,都以不可替代的个我生存创造出了"超越存在"蕴含于其中的作品,这些作品成为联结"生存"与"超越存在"之中介的"密码"。艺术品、哲学著作如此,人所创造与使用的语言也不例外。对于西方现代哲学中较为盛行的把语言等同于存在或以语言取代存在的语言神话,雅氏自始保持着清醒的批判意识。他曾

---

① [德]马丁·海德格尔:《林中路》,孙周兴译,上海译文出版社1997年版,第57页。
② [德]马丁·海德格尔:《林中路》,孙周兴译,上海译文出版社1997年版,第58页。
③ [德]马丁·海德格尔:《林中路》,孙周兴译,上海译文出版社1997年版,第57页。

一针见血地指出:"当语言不在真实意义上被使用时,它就不能实现作为一种交流工具的目的,而是变得以自身为目的了。假如我通过一块玻璃观看风景,假如这块玻璃朦胧不清,而我的注意力投向了玻璃本身,那么我就不再看见风景。今天,人们不去努力把语言用作思考存在的工具,而是以语言代替存在。"① 在雅氏看来,语言只是"玻璃",它的真正意义乃在于让人们透过"玻璃"看到背后的"风景"。这里的"风景",即意指虚灵不滞的"超越存在";能够看见"超越存在"这一"风景"的人,即意指自我超越的"生存";"生存"借以看见"超越存在"的"玻璃",即意指把"语言"转换为联结"生存"与"超越存在"之中介的"密码"。对雅氏来说,正如将注意力投向"玻璃本身"的人们其实并看不见风景,那些把作为一种交流工具的语言变成以语言自身为目的的"实存"也看不见"超越存在"。"超越存在"只通过"密码"性的语言向"生存"间接传达,"生存"也只透过"密码"性的语言间接地领悟"超越存在"。我们就此可以断言,雅氏通过他那建基于祈向超越之维的生存哲学的"密码论"对现代语言神话进行了反省与扬弃,并由此与同属存在哲学这一思潮的海德格尔有了泾渭之判。诚然,海德格尔的语言观(以及艺术观、真理观)存在某种反思人类中心主义的隐衷,但以落入语言本体论陷阱为代价来反思人类中心主义,乃至最终消解了作为价值主体的人,这代价及其教训无论如何也是不可小觑的。

3. 雅斯贝斯与萨特美学观比较

相较于海德格尔把语言视为显示存在的"道说",萨特是把语言视为一种"说话"进而把"说话"视为一种"行动"的。作家就是通过说话这一行动方式介入世界、揭露现实、改变情境(处境)的一类人。在这一点上,萨特的"说话"就像福柯的"话语"那样属于一种能动的述行行为。萨特说:"语言是行动的某一特殊瞬间,我们不能离开行动去理解它。"② "说话就是行动……我在说话时,正因为我计划改变某一情境,我才揭露这一情境;我每多说一个词,我就更进一

---

① [德]卡尔·雅斯贝斯:《时代的精神状况》,王德峰译,上海译文出版社1997年版,第110页。

② 施康强选译:《萨特文论选》,人民文学出版社1991年版,第101页。

步介入世界，同时我也进一步从这个世界冒出来，因为我在超越它，趋向未来。"① 由此可见，"介入"是理解萨特写作观（文学观）的一个关键词。在他看来，写作就是说话，说话就是一种介入世界的行动，这也是萨特对"什么是写作"所做的一种界定。依此界定，以介入世界为宗趣的写作便不是单纯的语言游戏，与意义打交道的作家也便不是游戏语言的人。此乃因为，字词本身并不包含意义，而只有意义才使人们得以理解每个字词的含义；文学客体诚然只能通过语言才得以实现，不过它从来不是在语言本身那里被给予的。"事实上只有意义才能赋予词以语言一致性；没有了意义，词就会变成声音或笔划，四处飘散。"② 应该说，只有那些与意义打交道的作家，才最终把意义赋予了语言。"作家的职能是使得无人不知世界，无人能说世界与他无关。一旦他介入语言的天地，他就再也不能伪装他不会说话：如果你进入意义的天地，你再也无法从中脱身了；还是让语词自由自在地组织起来吧，它们将组合成句子，而每句话都包含整个语言，指向整个宇宙。"③ 我们看到，萨特的语言观与海德格尔的语言本体论迥然不同，而与诉诸生存决断的雅斯贝斯的语言观与密码论则有着相通之处。

　　落实到艺术（含文学）上，萨特明确反对所谓"语言纯洁主义"与"纯艺术"，认为"艺术从来不站在语言纯洁主义者们那一边"，"纯艺术（为艺术而艺术——引者注）和空虚的艺术是一回事"。④ 在萨特看来，写作活动不是一种不偏不倚地描绘社会和人的状况的科学活动，而是一种含蕴着作家的好恶迎拒并旨在揭露、改变世界的价值活动。"'介入'作家知道揭露就是改变，知道人们只有在计划引起改变时才能有所揭露。他放弃了不偏不倚地描绘社会和人的状况这一不可能的梦想。"⑤ 我们知道，科学活动回答的是那类属于"是不是"的问题，价值活动处理的是那类属于"该不该"的问题，鉴于此，把介入原则贯彻到底的萨特自然而然地将写作视为一种生命在场的价值活

---

① 施康强选译：《萨特文论选》，人民文学出版社1991年版，第102页。
② 施康强选译：《萨特文论选》，人民文学出版社1991年版，第95—96页。
③ 施康强选译：《萨特文论选》，人民文学出版社1991年版，第103页。
④ 施康强选译：《萨特文论选》，人民文学出版社1991年版，第105页。
⑤ 施康强选译：《萨特文论选》，人民文学出版社1991年版，第102页。

动,主张作家应该把整个身心投入他的作品,并据此将文学的目的表述为:"作家选择了揭露世界,特别是向其他人揭露人,以便其他人面对赤裸裸向他们呈现的客体负起他们的全部责任。"① 与雅氏一样,自由、选择与责任在萨特那里也是同一的;与萨特一样,雅氏对那种沉浸于审美静观的"纯艺术"("美的艺术")没有给予更高的评价,对那种囿于单纯的游戏而失去生存承担的"审美冷淡"也进行了深刻的反省。也正因为自由与责任乃是一体的,二人都把目光聚焦于人之为人所应承担的对属己的自由的责任。为了唤起个体对属己的自由的责任,雅斯贝斯期许以生存的自由吁请生存的自由(他的生存悲剧论便透示了这一意旨),萨特则主张以作家的个体自由召唤读者的个体自由。这样一来,萨特就给读者留下了自由的空间,阅读活动也便成为一种不同于机械反应与被动接受的创造性活动。萨特就此对阅读做了如下界说:"阅读是引导下的创作。"② 进言之,阅读是读者在作家引导下的创作。由此,文学行动本身就包含着阅读行动,写作遂不再是作家一个人的事情,作品也不再是自足的文本,而是一个向读者的自由敞开的事件。"作家为诉诸读者的自由而写作,他只有得到这个自由才能使他的作品存在。"③ 召唤读者的自由,当然是离不开召唤者自身的自由的。于是,在作家与读者的双向互动中,文学行动成为一种以自由吁请自由的召唤活动。"任何文学作品都是一项召唤。……艺术品的出现是一个崭新的事件……它是由读者的自由来实施的……因此作家向读者的自由发出召唤。"④ 在这里,萨特其实提出了与德国接受美学家伊瑟尔的"召唤结构"与"隐含的读者"颇为相通的命题。二人都从胡塞尔现象学的意向性活动这一理论视野获得运思契机,把作品视为一项召唤,把阅读视为双向交互作用的动态生成过程。不过,尽管萨特把现象学方法应用于美学致思与文学批评早于伊瑟尔,但他并没有像伊瑟尔那样着意于建构一套完整的基于现象学的美学体系与阅读理论体系。萨特这位诺贝尔文学奖得主是把更多的目光辐辏

---

① 施康强选译:《萨特文论选》,人民文学出版社1991年版,第103页。
② 施康强选译:《萨特文论选》,人民文学出版社1991年版,第120页。
③ 施康强选译:《萨特文论选》,人民文学出版社1991年版,第125页。
④ 施康强选译:《萨特文论选》,人民文学出版社1991年版,第121页。

于对存在与虚无、自由与责任的体证的，因而他是一位存在哲学家，他的文学创作实践与文学理论实践最终做了其所致力的存在哲学的注脚。在这一点上，萨特与雅氏有着相通之处。二人所不同的是：雅氏没有给后世留下文学作品，也没有像萨特那样写出较为完整的文学理论与批评著述。这是其一。他俩虽然都被后人冠以存在哲学家的名谓，但二人所指称的"存在"委实迥异，这突出地表现在他们对人的理解上。萨特认为，"人是这样一种生灵，面对他任何生灵都不能保持不偏不倚的态度，甚至上帝也做不到。……人也是这样一种生灵，他不能看到某一处境而不改变它，因为它的目光使对象凝固，毁灭它，或者雕琢它，或者如永恒做到的那样，把对象变成它自身。人与世界面对爱情、仇恨、气恼、恐惧、欢乐、愤怒、赞赏、希望和绝望显示它们自身的真理"[①]。萨特所理解的人，是介入世界而有条件地行动着的人，是自我筹划而被爱恨情仇等自我保存意志所咀嚼着的人，因而是尚未挣脱了命运之神笼罩的人。这种人，尚不是雅斯贝斯所希冀的那种秉有无条件的爱与信仰、从事着无条件的行动因而使其境界之光得以绽出的人（"生存"）。毋宁说，萨特所理解的人，恰恰是雅氏所反省的"实存"。这是其二。其三，"介入世界"既成全了萨特，最终也限制了他。雅氏的"生存"诚然也介入世界，但这"世界"被"生存"的无条件行动转换成了自我受挫、自我超越并内蕴"超越存在"之消息的"密码"。可以说，这是二人哲学观最大的不同，也是他们美学观最大的分野所在。

由此可见，就美学思想而言，雅斯贝斯区别于时贤的独特智慧之一，便是他的"密码论"。"密码论"的闳机在于：它把解读"超越存在"之消息的责任交给"生存"，同时又未否弃"世界存在"的价值。由此，人成为在世界之中自由地眺望超越之维的存在。

[①] 施康强选译：《萨特文论选》，人民文学出版社1991年版，第102—103页。

附录二 雅斯贝斯论艺术(含艺术家)著述迻译

迻译之一 哲学与艺术[①]

一 艺术是自然发生的吗?

绵延数千年的艺术创造之溪好像从艺术自身的源头处飞流而来。然而,哲学一开始出场,它便以质询的目光直面着宗教实存(existence),看到艺术的内容与观念很久以前便被宗教活动同化了。艺术家为宗教服务,基于普遍的超越观念而创造富有崇高情调的作品,他不仅在历史上处于匿名的状态,而且在艺术品中也未曾表现出自发的个性。不过,从另一方面来看,艺术在哲学出场之前是有可能达至它的巅峰之境的。在争取解放的时代里,艺术从其有所依恃的蛰伏状态中苏醒过来,试图作为艺术自身而展露于宗教面前,这就像是晚近发生的一次濒于新生的清晰性之边缘的神话制造行动,这种清晰性诉诸人的智力,从虚构的方面来看则是枯燥无味的。当时,艺术虽然已经建基于那些伟大艺术家的内在独立的生存(Existenz),但尚未表现出与宗教交战的姿态。在艺术家能够自我贞立之际,换言之,当他能够像哲学家那样进行思考之际,艺术便成为人类探察

[①] 本文选译自 Karl Jaspers, *Philosophy* (Vol. 1), translated by E. B. Ashton, The University of Chicago Press, 1969, pp. 326–335;参见德文版: Karl Jaspers, *Philosophie* (Ⅰ), Springer-Verlag, 1956, S. 330–340。——中译者注

存在（being）的一种可能的表达方式，此时此刻，它好像正在取代宗教的位置。其中的原委在于，正是待到哲学活动前来搭救，艺术才确实切断了同宗教的联系。哲学精神通过这种可选择的姻亲关系作用于艺术家，直到最后，当宗教与哲学都式微之际，艺术也似乎变得空洞无物了。

然而，那种整齐划一的艺术本质仍是让我们感到一筹莫展的问题。无论在何处了解性质与形式，我们都会倾向于寻找某种根本的一致性，因此，我们就不得不遵循某种普遍有效的东西以及某种与之相符合的完美观念——比如，认知过程中的逻辑一致性——来加以探究。但是，数千年来使艺术有可能得以交流与理解的那种普遍性的东西，并不是艺术起源的本质，而是它作为介质的本质。

我们须在介质之前，以及在客观的模式之前，甚至在观念之前去寻找起源。但是，当我们想要看清艺术究竟以何种方式从哲学出发时，我们却没有趋向这一目标的途径。无论是在特定艺术的演化过程中，还是在其古典与浪漫形式的理想形态中，抑或在热门的（可能是实质性的或印象性的）话题中，以及在（技术性的、有政治倾向性的或者道德性的）公用事业中，乃至在作为一种游戏性的自治实验的形式主义艺术中，我们都未能找到这样的参照点。此外，如果我们的探寻越过这一切而返回既产生了艺术也产生了哲学的生存，那么，艺术似乎就可规避那种明确、充分的定义了。

当允许我们通过在当下的实存中观照存在这一探察方式来澄明生存之际，艺术也便经由这条澄明生存的途径而发生了。在哲学思考中我们将存在视为可思想的，在艺术中则将其视为可表现的。在通过哲学阐述而进行的交流中，某种最大限度地直接性诉诸有意识的思想是可达到的；在直接的艺术交流中，由艺术直观所带出的结论——作为一种思想而全然隐匿不露——则是间接的。

再说一遍，上述解决方案可适用于阐明介质，却不可用来澄明本源。尽管所有时代的艺术似乎都有其最易理解的形态，但是艺术各自起源的本质乃是颇具历史性的（这颇似哲学的起源），以至于它事实上只是在其介质中才显现为某个紧密结合为一体的世界。

二 哲学吸纳与艺术吸纳

像哲学一样，艺术也有三个要素：创作、创制的作品和吸纳（adoption）。

哲学研究是我在让自己的生命摆脱虚假生活的过程中所进行的思考。我希望这种思维活动能让我从盲视升达洞见、从自我分裂升达自我统一、从实存升达存在。哲学研究让我升达的境地固然无法遂愿，不过这种境地依然是我内心所祈望的，它使我在外寻中遭遇种种失败后将这些失败再逆转过来。在这种思维活动中，真理是我的方向，而不是我的所有物；它是从自我放逐到自我回归的运动。它依然在我必须赢取的东西与我可能获得的东西之间的临界处，不完满是其作为中间存在（intermediate being）而罹遭的命运。我在吸纳传统思想的过程中开始这一哲学思考——吸纳不是被动地接受已思之物的知识，而是把知识转化成我的思考行动。这种哲学研究不是我单纯接受的某种东西，不是某种确定的获得之物，不是大量本质性的东西，也不是对某种自我圆足的思维结构的见解。

不过在艺术中，它却以直观的形式具象化为一种形象，在跳跃之中达至丰富与完满。当我在欣赏作品的过程中吸纳艺术时，我会激动、放松、振奋或获得某种安慰。这种完美——理性的力量总不能达到，但在直观性的语言中却能完全在场——是没有任何瑕疵的。由于在日常生活中裹足不前，遗忘了实存的现实状况，它使人从日常生活的困境中暂时摆脱出来，似乎所有的忧烦与意图、快乐与痛苦都被抛到了九霄云外。但旋即之后，他必须再次回到实存中来。美弃他而去，仅仅化为记忆。直观的艺术并不是实存之中的存在，而是与此截然不同的存在。它远离生活，似乎在其完美的形象中就包含了全部的生活；然而，当人重新回到活生生的现实之中时，生活仍将依其自身的轨道而运行。艺术在何处将其光束投向那实存的无尽深渊与恐怖，并通过明晰的意识来转换它，它便会在那里比最为清澈的思想更能鲜明地确证存在，这种明晰的意识把人从激情与沉醉的状态中拯救出来。这时，人不仅似乎在寻求永恒的庇护，而且纯化与抽空了所有的事物；实际上，他似乎就在其中存在着。

因此，哲学研究的目标是在生活本身的真实中进行思考，而吸纳艺术的要点则恰恰在于把真实从沉思的迷恋中分离出来。正是作为哲学研究的一部分，其可能性才不必用来满足我们，以免它会终止哲学研究本身。相形之下，可提供满足的只是特指那种令人愉快的艺术。令人愉快乃是艺术的实质所在，对它来说，这不仅是允许的，而且正是它的目标。

我们生活的真实与我们从艺术中获取的深刻满足之间的分离，在艺术达至最大的深度之处是最为明显的。悲剧诗人以一种超出常人理解与预知的伟绩，设法在实存之中展呈作为存在的终极密码的失败。他把观众引进他所构塑的各种英雄处境之中，这些处境对我们的实际生活来说仍是不充分的，它们诚然可以激起我们内心深处的感情，不过并没有成为我们自身的命运。作为观众，我们所畏惧与蒙受但总体上仍作为解救而感觉到的那种东西，并没有超出我们自身所承受的历史真实性，其中的原委在于，我们并没有置身于英雄似乎正亲涉其中的临界处境。在悲剧中，它并不属于我们这般的沉沦之人。只有生存，才会真正地沉陷于临界处境——它既不是我们观看悲剧英雄时所能体验到的东西，也不是悲剧英雄被观看时向我们显示的东西。那呈示于历史真实之中的临界处境唯有在理想类型中才能得到明确的规定。

这正是思考者在完全回忆起个人的真实存在之际，作为哲学可能性而对临界处境的思考格外空洞的原委所在；相形之下，作为理想类型而直观地呈示于悲剧之中的临界处境则是格外充盈的——尽管这会不可避免地伴以观众逃避自身的风险。

我通常宁愿与诗人在一起，随他进入一个丰富的世界。在那里，诗人给出或允诺了一切的东西；不过，我还须相信一个哲学思考者的微薄的吁求。这正是我的体验：我越不摒弃我自己，越不停止自身的哲学思考，我的心灵就越对艺术的生存根源持续开放。

三 哲学创作与艺术创作

在从事哲学研究的思考时寻求自我提升与在观赏形象时享受当下

存在的满足，这是人的基本特性。这种特性在我们称为哲学家和艺术家的个体所创制的作品中成为可以传达的。

当两者的实质都源自他们的生存，在艺术家那里，这种交流的可能性便来自我们称为天赋的那种创造能力。天才所创制的作品，在其根源处是晦涩难懂、含蕴无穷的。不过，其作品却是当下在场的，就像现实自身一样，它总能成为新的理解的出发点。对艺术家而言，他自己的作品一经产生似乎就变成了谜；哲学家则只晓得他受到了启迪，然而，如果以如此清晰易懂的方式仍未发现这些思想，这对他来说就更像是一个谜。就哲学家的创造能力而言，那种艺术意趣上的天赋并不是一个合适的字眼；作为一位从事哲学思考的人，如果我理解了哲学家的作品，我便会愈加确信自己本来就赋有把捉其思想可能性的能力——好像只是由于我自身的愚笨与怠惰，同样的事情才未曾发生在我的身上。

无论如何，即便在并不太重要的戏剧中，具有真实性的创造能力也是值得称赞的，这种真实性就在于它可凭借创造的力量而为生存的展现服务——尽管有一类艺术天才，我们在那里几乎感觉不到生存。那些波拿巴（Bonapartes）式的艺术家，其形象就像鲁本斯（Rubens）或理查德·瓦格纳（Richard Wagner），他们虽然在艺术领域带来了革命性的变化，并以其闻所未闻的个性和不可一世的高傲姿态创造了完美的作品，但似乎并未触及我们内心深处的存在。他们好像始终都在被旺盛的精力、情欲或升华了的世俗形式所驱赶着。而要想创制出那种可听得见的超越存在的语言，仅靠生存还是不够的，仅靠天赋也是不够的。在艺术家那里，如何通过否弃重复的唯一性而实现生存与天赋的相互支持，乃是艺术家根源处的秘密。

艺术家与哲学家都渴望一个整体。对哲学家而言，这个不可获致的整体就是他永远无法完成的那个目标以及那种在途中的意识，而艺术家则在每件作品中都完成了一个整体。只有在无意识的状态下，他的生活，包括他的全部作品，对他来说才会成为一个大全的整体。因此，对哲学家来说，创制一部独一无二的作品才是有意义的，其余的一切工作，都只是为其做好准备并做出阐释——不过对他来说，他虽能完成这样一部整全的作品，但那个整全的体系依然是无法完成的。

对艺术家来说，他在系列作品中持续创制每一件自身就完美与整全的作品则是有意义的，就像哲学一样，这一作品系列转而变成了未完成的整体，仍是一种精美的断片。就艺术家而言，他对那些作品所采取的方式，多少有些像个孩子，当他继续进行创作时，就把前面所写的那些作品丢下不管了。在这种意趣上，哲学家则会抓住每一个独特的机会来叩问从未成为艺术家的目标的东西。不过，艺术家能时不时地实现自己的目标，而哲学家却从未实现过。

由于作为生存的艺术家总是大于他的作品，那从生存基源分离出来的艺术品就不仅可以唤起创作的欲望，而且可以带来源于不满足而引生的痛苦，即便对完美的作品也是如此。艺术家所推出的完美作品将它的创造者置于生存性的不安状态之中，倘若没有这种状态，创作过程就无法持续下去。

四　哲学作品与艺术作品

以作品的形式呈现的哲学并非真正的哲学研究。在哲学研究那里，蕴含于作品中的思想仅仅是一种功能。作为一种思维着的生活，哲学研究不仅是哲学思想结构的根源，而且是它的尺度。

因此，当哲学作品为了作为一种客观的整体存在而试图离开它自身的根源时，它就获致了类似于艺术品的特征。像艺术品一样，哲学作品也会封闭于自身的世界之中，具体呈现在我们眼前的只是某种单一的结构，始终致力于那个整体的创作者也会像致力于某件封闭的艺术品一样，他的想象力因此受到了限制，直到最后，那个整体便作为不同于他所想象的某种东西而与他对峙起来。他已有了一个先行的概念，并据此拟出草案，经过删除与修订，使各个部分相互协调。在每一细节处，他都意识到了整体。不仅是表现形式，而且连思想结构也呈现出与艺术品的相似性。换言之，这种思想结构原则上也能以不同的表现形式呈现出来。此外，哲学所寻求的确定性、明晰性与艺术的可视性有着亲密的同源关系；反之亦然，艺术家在作品中的清晰表达也颇像某种哲学的概念。哲学家的思想似乎就像艺术家出自本能的杰作，结果，就有一些人希望品赏类似于艺术品的哲学著作。这样的著作种类繁多，我们可以在哲学史的博物馆里看到它们的身影。

然而，哲学作品一旦完全脱离生存而成为一种独立完结的实存形态，这便意味着哲学的死亡。为了拯救哲学的本性，必须把哲学思考的作品同艺术品区分开来。艺术品可以变得完美，而哲学思考在任何一件作品中都是不完美的。哲学思考对完全终结之物仍保持着质疑的立场；客观化的终结之物在哲学思考中乃意味着一种可能性；它希望为听众所转译，而不仅仅是被接受。在哲学作品中，人是不能安宁的，也不能把自己让渡给当下的存在；他应该通过与作品的接触逐渐意识到这种存在。哲学思考将为他澄明存在，而不像艺术品的视点那样仅仅给予他存在。即是说，当他全神贯注于那实现的时刻，他并不想超离这一视点。思的本性取决于无止的掘进，而看的本质则在于平静的自我沉浸。

事实上，当本应只是在无意识的状态下才能获致的那些要素开始主动吸引作品创作者的注意时，哲学思考便与艺术结构有了亲缘关系，并在思想结构中被客观化，这就有助于它疏离其自身。

譬如，有意识地追求语言学方面的思考，则有可能抽空试图表达信仰的哲学思考的严肃性。某些倾向于构制语词的哲学家——黑格尔就是其中之一——容易受到曲解：黑格尔并未有意识地关注自己的语言；在对语言的反思中，他甚至把语词视为纯粹的记号。不过，像这样的新词毕竟分散了从事哲学思考的读者的注意力，他们只是因为出人意料而为这些新词所迷住。如果思想变成如同某个语词或某个句子之类的客观对象，那么哲学思考就会沦为如同某种夸饰的风格而得以蔓延的修辞艺术。正如哲学可能会堕落成科学一样，它同样有可能沦为玩弄语言结构的游戏。因此，假如具有实在性的语言乃是使我们自身抛弃哲学思考之需的一种方式，那么这种方式就会在技术活动的语言与密切关联着我们生活的语言的隔绝状态中显现出来。这种隔绝的状态在艺术中可能是需要的，但真正的哲学思考则要求连贯性，其中的原委在于，在一种思想的生活中得以践行的思考恰好就是它所是的那种东西。

随着哲学在形式上与艺术品出现的不同，哲学思考实际上已变成了无所不包的大全，此乃因为在它之外再也没有某个可以推断出来的整体。作为一个整体，哲学本身是没有定在的形式的，它向四面八方都敞开着。

就像在其他各种事物中所看到的那样，我们在哲学中当然也可以寻求单纯的经验。我们可以思忖思想大厦的体系结构并得到某种无所承担的愉快——或者不愉快，如果这些动机没有得到持续满足的话。真正的哲学乃是通向我们之所是与我们之想是的道路，它也是我们自我教育的道路。它的本性就是它自身的生命，这种生命通过思考而澄明其自身。它并不是某种趋向终结的手段，因为作为一种推理方法，它甚至不能与其功能相分离。它仅仅在关联它的实现时才是一种结构。它并不向我们呈现某种作为完美目标的终结状态，它在当下的呈现中获得着满足，与此同时，它作为一种临时的现象也从未被人完成过。

五　审美冷淡

由于艺术的内容将其应具的特性归之于宗教或艺术家的哲学自治，故而就像那种不包含生存承担的纯粹的逻辑有效性一样，纯艺术——一种被人称为在形式上达至一般意识的艺术——同样变得无所承担起来。这种纯艺术之所以能够占有万物，仅仅因为它们把自身交给了表象。这样一来，从原则上说就没有什么东西不能变成它的对象了，而且除了形式与技巧之外，其他的一切都变得无关紧要了。因为这种艺术既不是宗教的，也不是哲学的，而只是一种纯粹的介质，它并不能让我们承担对任何事物的责任，因而也不能服务或反对宗教与哲学。除了无休无止的、可能性的自由游戏之外，它并没有自身的起源。

另外，作为艺术家与哲学家，如果他试图用另一种手艺来固守纯粹的形式或理性的法则，那么，人们就不会再相信他具有驾驭临界处境的能力。那种绝对的严肃性变成了书呆子式的冥顽不化；而且，如果喜剧成为终极的艺术形式，它就会变成空洞的闹剧，这就如同讽刺一旦采取自我放逐的姿态便会导致非本真的虚无主义一样。在不再具有宗教性的艺术中，直接再现绝对者变得"过时了"，在哲学中，它也将成为一种丧失生存根基的假说——对艺术和哲学来说，两者现在均已悬置了它们通向超越的途径，而且，艺术为的是那种无生存承担

附录二 雅斯贝斯论艺术（含艺术家）著述选译

的形式与美，哲学为的则是那种潜在的清晰和系统的思想。

这时，我们从艺术品中获得的解救变成了无承担的表象，因为在作品中仅有作品自身的律则，而没有真实生活的律则。我所创造的那些诗的形式似乎把我从生存抉择中解脱出来，我所构想的诸多可能性似乎免去了我直面现实的必要。我不必有所抉择，便可猜测可能所是的东西；我不必是我所是，便可满足于我所想象的前景。我可能会在没有界限的纯思所带来的喜悦中扩张自身，可能会为无论怎样的人类可能性而感到激动。我坠入销魂的迷狂，陷于彻骨的绝望；在不承担任何后果的纯粹当下的无时间性中，我随心所欲地遗忘了我自身。在这方面，音乐是所有的艺术中最诱人心魄的一个门类。柏拉图曾激烈抨击过音乐，圣·奥古斯丁（St. Augustine）、加尔文主义者（Calvinists）和克尔凯郭尔也都秉持这种态度。自我陶醉于那销魂的迷狂瞬间，一个人在实存中就会变得更加无助。这时，他的哲学思考只是赋予其被音乐所征服的权利。

当我享受这无时间性的完美艺术之际，实际上我仍在临时实存中必然地持存着。我好像同时生活于互不相关的双重世界之中，并把自己撕裂为双重人：一重屈从于充斥日常生活偶然性动机的实存的困惑，一重屈从于从遥远之处绚丽绽放的清晰的刺激。于是，内在的行动不再从属于对整体的呼求。在这种双重的生活方式中，我纵容自身陷于即时性的放松，变成了一个囿于日常生活的情绪化的人和迷于艺术的幻想者。

如果艺术中的生活占据了优势，如果现实实存中的行动不再被视为负有责任的，我们就说这是一种"审美生活"。这种生活破裂成零零碎碎的美丽瞬间。我不仅身临其中享受艺术品，而且还寻求构塑自我的真实经验，似乎它就像艺术品一样，而且，我还试图制造无所承担的真实。我唯一知晓的律则就是那特定的形式法则；为了享受这种艺术，我必须一直占有新的、不同的事物，所以我的生活将依赖于不断的变化。在审美生活中，人不再是他自身的存在。他意识不到忠诚、连续性或责任，除非在装腔作势的时候，他才偶尔为这些东西所触动。无条件性缺失了，实存的痛苦与艺术中的解脱交替出现。在哲学思考中，堕落之路导致了假想的知识；在这种艺术性的审美生活中，它导

— 729 —

致了虚假的想象。在装腔作势与情绪化的戏剧中，我们似乎获得了解救，但真正的解救只能通过在基于本真生活的艺术中解读密码才能获致——我们通过哲学思考寻求澄明的实质也是如此。

不过，同哲学敞开的诸多可能性相比，那种不做任何承诺的艺术乃是颇为独特的，它并不带有预言的品性。相比之下，哲学思考中的某种可能性旨在吁求将其转化成真实的自我存在，而艺术却允许我们生活在一种完全无所承担的生活之中。这是有意的存在之欺骗，人们通过具体地感受那些最深奥、最遥远的存在可能性的当下在场而被内在地打动了。

六 哲学与艺术间的争执与和解

艺术鉴赏与哲学思考的共同之处似乎在于内在存在的在场，或者是对内在存在的寻求。哲学能够在艺术中洞察超越存在之在场的某种形式，立即吁请其成为源泉并加以充盈。哲学已从艺术中——特别是从诗歌中——获取了动力并对这些动力予以回馈。比较起来，哲学在这种情形下似乎并没有什么荣光之处，它为那些从事艺术创造的人们提供庇护的要求也遭到了拒绝。与此相对的另一种情形是，艺术家与诗人却被哲学思考迷住了。于是，有的诗人变成了哲学家，有的哲学家则变成了诗人。

哲学思考所关注的是那种能够阐明具有约束性的真实生活并借给它飞翔之翼的思考。作为一种无条件的内在行动，它沉入生活之中。然而，指向艺术的无承担态度能够变成对待生活的态度，艺术真理能够变成无条件真理的替代品，艺术享受能够取代真实生存，源于此，哲学思考经常同艺术进行斗争。这种贯穿于哲学史的斗争，被那些感到自己正处在屈从于艺术的危险之境的哲学家们最为坚决地进行着。他们反对艺术诱引人们仅仅即时地活着，而不能以思想的方式在自我存在中主动承担起自身的命运。当然，他们并不反对艺术自身作为一种沉思性判断的可能性。哲学思考意识到了自身的贫乏，因而会致力于寻求那种沉思性的判断。哲学思考将自己带到了边界之地，在那里，它自身的语言停止了。这时，理性的语言尽管缺失，但是艺术——这是一种显示原初存在的多样性的内在艺术，而不是那种没有真理品格、仅仅取乐于人的游戏艺术——仍在说话。在边界之地，艺术世界会像某种超拔的启示那样敞开自身；这时，哲学对此所做的理解要胜于艺术对自身所做的理解。

在对艺术品的生存吸纳中，我们的哲学意识是与艺术家的真理意志相一致的。这种真理意志并不空幻地追逐无聊的东西，而会带给我们存在自身的语言。艺术家似乎已意识到存在自身的语言，却无法明告我们，而只能让我们在他所塑造的直观形象中来意会。不过，只有艺术家中的哲学家才有能力做这些既可能极其危险地导向无聊同时也可能呈示真理的事——尽管这类真理也具有无承担的特征，但它在现象性的实存中吁求实现真实的真理。

当艺术品被迫屈从于道德考察，或者当艺术效果被关联于某种目的得以分析时，哲学所引导的那种对于艺术的吸纳就是错误的。在真正的吸纳中，我服从于哲学让我看到的那些在沉思中得以实现的诸多可能性，不过它只是在为我的生存选择做准备，而哲学自身并无法实现它们。哲学家会意识到这种劣势，他会希望自己能作为一位艺术家在艺术中做他作为哲学家所不能做到的事。但是，哲学吸纳的要旨——它是贯穿于一切反思的主线——是有意识地抓住真理的内容并服从生存意识的检验，因而它能在自身中区分艺术。真正的艺术将被哲学所吸收，作为一种实现，它超出了哲学在思维中所能做的任何事情；对于哲学来说，那种不真实的艺术将被作为单纯的、简单的非真理而遭到摒弃。哲学晓得那些在艺术创作中沉沦的方式，其中的原委在于，在真正的作品中，它为超越的真理所触动。如果一个人有此潜能的话，那么这些作品就会教给他一种允其通达存在的语言。如果艺术家的作品已经触及我们的生存，那么，我们在哲学思考中所寻求的，便是通过与他的创造性的根基的交流而承担起我们自身的责任。

只有在一种情形下，哲学才会在同一层面上参与到艺术之中。形而上学的沉思是艺术的类似物，它试图理性地解读密码语言。在哲学思考把我们带到可知性与生存澄明之间的临界之地，当所有可知性的东西都消失之时，在绝对的沉默中，哲学思考仍不会停止下来。通过抽象的逻辑范畴，通过对那些真实的和虚构的观点予以阐释，作为形而上学的哲学以一种从不清晰明确且理应关注存在自身的语言在说话。这是一个音乐的世界,但它难以听见,而且易于堕落成单纯的声明与合理性之类的噪声。当艺术也许处于红红火火的时刻,它是无法凭着直觉立即听见的;它在表现这类思想的过程中经历了长期的训练。在精神世界里,并不存在某个仅仅通过天性而不通过教育就可立即实现潜能的领域;即便是在艺术中,我们也需要方法、训练与经验,我们在沉思中自然也是如此的。但是,艺术却被赋予实现的功能,而长期在沉思中的训练则仅能让我们感到可明确表达出来的东西乃是较少的。在形而上学中,独断论比在其他任何地方都更能毁灭哲学思考。沉思是在过程中得以延展的一个事件;形而上学哲学并未变成艺术,它只是向那些从事哲学思考的人揭示真理在艺术形式中得以洞悉的方式。然而,情形并不总是这样的。沉思非常类似于艺术,乃至它有可能满足于其自身。没有任何规条可以阻止真正喜爱音乐的人从事哲学思考,反之亦然,但古谚则声称规条所到之处鲜有例外存在。像叔本华和尼采这样的哲学家,他们都喜欢音乐,却全然缺乏形而上学沉思者——比如普罗丁、康德、黑格尔或者谢林——所特有的那种哲学意义上的音乐学。

即便完美的艺术也无法全然不受哲学意识中的吸纳的影响。那种不做承诺的快乐将遭到破坏,那暂时的解脱将被视为单纯的希冀而再次遭到质疑,那超出我们所能道说的悦耳之音最终将会驱使我们返回语词中去,而且艺术的发现也终将会回溯到思想中去。在形而上学的沉思中,我们从不受时间影响的艺术狂欢那里带回临时实存的这些思想开始发出声音来。我们并不能终结它们;艺术自身成为生存的功能。它不再蜷缩于孤立的世界,也不再与人类的实存相隔绝,而是成为人类在敞开着的精神世界中进行无条件的自我澄明的一个因素。

迻译之二 艺术是解读密码的语言[①]

艺术是这样一种传达:当它发生在直观自身之中,而不是发生在

---

① 本文选译自 Karl Jaspers, *Philosophy* (Vol. 3), translated by E. B. Ashton, The University of Chicago Press, 1971, pp. 168 – 175;参见德文版:Karl Jaspers, *Philosophie* (Ⅲ), Springer-Verlag, 1956, S. 192 – 199。——中译者注

思辨性思维之中时，它所传达的就是人在自然、历史和人类的密码（ciphers）中所解读的东西。由于艺术让密码得以传达出来（艺术所传达的东西并不能以其他的方式得以言说，尽管全部的哲学思考同样关涉这种由艺术来处理的内在存在），因此就像谢林所说的那样，艺术在这里便成为哲学的器官。在形而上的艺术哲学中，我们在艺术中思考，而不是思考艺术。思辨性思维并没有像科学性的艺术理论那样把艺术变成客体；对于这种思维方式来说，我们的艺术沉思毋宁说变成了凝望超越存在的目光。只有在婉拒各种归纳出来的一般化结论的过程中，那些蕴含于艺术沉思中的哲学思想才能从哲学上得以传达。在那里，哲学乃是间接地存在着的。哲学并不作引导，而只是教人去理解它无法予以引导的东西，尽管这些东西在本质上也是从属于哲学的。在我们认为哲学思考即将把我们带向关键所在的地方，我们必须心甘情愿地承认，各种各样的阐释统统归于彻底失败。当我进行哲学思考时，我能更为清晰地听到莎士比亚以其自在沉沦着的原初性格所言说的东西（这种东西是未经诠释和不可诠释的），然而我却不能将其转化成哲学思想。

一 作为介质领域的艺术

在密码刚刚开始说话之处，它就注定迅速地遭到破坏，这会让我同密码分离开来而与超越存在相同一，此时便产生了神秘主义。在隐蔽的神性于自我存在的实际行动中得以听闻之处，也便产生了由生存（Existenz）所决断的临时实存（temporal existence）。然而，在我于密码中解读永恒存在并基于完美性而使纯然的沉思得以持存之处——换言之，在我与客体保持着相分离的张力以及临时实存依然得以持存之处，便出现了艺术领域，这个领域是介于永远沉没于神秘主义和永远由生存所决断的事实存在之间的一个世界。在神秘主义中，我消融于未曾分化的太一（One）；在临时实存中，我的自我存在屈从于隐蔽的神性；不过，当我沉思艺术之时，我的自我存在则解读着超越存在的密码，并因此保留着纯粹的可能性。神秘主义者们滑入了无客体的泛神论；艺术家们则在密码中意识到了蕴含于神圣之物的无限丰富的形式之中的多样性，其中并没有哪一种单独看去是纯然神圣的。不过，生存所祈望的那个上帝（God）则使艺术受到了重创，它将艺术作为密码而赋有的生机降格为一种充满各种可能性的游戏。

我在想象性的艺术直观中感到的满足使我超拔了单纯的实存，同时也让我脱离了本真的生存。这是臻于绝对意识的一种高峰体验，它让我摆脱了实存的痛苦：赫西俄德（Hesiod）让缪斯女神引导人们"从忧伤中得以解脱，在悲痛中获得慰藉"。但是，想象并不能让我承担起属己的责任。它不再使我真正地成为我自身，而是创造了一个我可以栖身于其中的空间，或者一种能改变我的内在姿态的当下存在，我在其中却没有采取任何一种关涉生存决断的措施。人在欣赏艺术的过程中"迅即遗忘悲痛，或者预想更多的忧伤；因而他已快速地被缪斯女神的赠礼所改变"。然而，生存并没有遗忘的天性，促使生存发生转化的东西既未让人心神涣散，也未让人满足于来自其他某种东西的成就感。毋宁说，生存只接受与吸纳属己的真实。

不过，除非生存在沉思存在的过程中通过介入艺术所给予的自我遗忘而为它自身赢得一个空间，否则它就无法达成真正的转化。在不做承诺的艺术中潜存着承诺的可能性。真理只有在下述情形下才会趋于消亡：当所有的严肃性都不再可能存在，我只是从审美的角度随意地享受奇异的事物，这些事物从不进入我的自我可能性的领域，而注定只是服务于我的好奇心、变化欲以及那种日渐增强着的不再成为我自身的情绪。正是在此情形下，实存与生存的真实性被来自艺术语言的那种抽空生存的描述所遮蔽，从而不再能够让人看到任何本真的东西。不过，承认这种衰退的可能性并不意味着要对诉诸直观的艺术中起初就有的那种追求快乐的正当性提出异议，因为如果没有这种毫无约束的直观，我就无法自由地成为可能的生存。倘若全然沉浸于实存的真实，或者仅仅关注自我生存的真实，我就会感到仿佛是被囚禁了一样。为我的无能感所钳制与消磨，我会突然采取各种盲目、暴烈的行动。作为生存，直面这些原初的密码，除非它们开始说话，否则我作为生存便无法兑现属我的自由。若没有艺术语言中虚空的真实时刻，我也不能自由地获致作为生存的真实。

真实并不止于艺术，此乃因为，在真实中生存作为其自身确凿地当下在场并真诚地做着自己的决断。但是真实也不会多于艺术，此乃因为，只有在通过艺术方式获致的密码语言的回声中真实才开始说话。

二　形而上学与艺术

形而上的思考促使人接近艺术。当艺术意味着对密码的严肃解读，而不仅仅诉诸藻饰、游戏、感性愉悦时，它就会使人的精神向根源开放。通过分析艺术品的形式，通过阐释出现于智力发展的历史中的艺术品世界以及艺术家们的传记，人寻求着与生存个体的联系——或许，他并不寻求与他自身的联系，而是寻求与某个正在提出问题、观察事物的个体的联系，而且他也在所寻求的存在之基中构塑着这些艺术品。根据人所创制的艺术品的外部特征，有一条分界线将我们称为艺术品的所有东西做了如下划分：分界线的这一侧乃是在超越存在的密码中说话的艺术品，而另一侧的艺术品则缺乏深度与根基。只有在形而上的思考中，人才会通过反省的意识接受这条分界线，并相信自己正严肃地走在通往艺术的道路上。

三　模仿、理念与天才

艺术家为了能够将他视作密码所解读到的东西表达出来，他必须模仿真实。然而，单纯的模仿并不是艺术。这种模仿只在诉诸认知能力的世界定向中发挥着一些作用，比如结构性的图画、机械性的描绘以及设计的各种模型和图式。在这里，只有观念在引导着语言，而且用作标准的也只是某种经验的真实或某种一贯具有意义的意图。说到底，这样的模仿只是在以直观的形式明晰而简洁地表达某些知性的东西。

艺术家觉察到的东西要多于经验的真实与知性的结构。在所有的事物中都涵淹着无数关于整体与形式的理念，它们都带有普遍性，尚不能够被充分地描绘出来。涵淹于多种多样的范型与风格化的形式中的图式以抽象的、不相称的方式展呈出来——不过，这些方式却适用于诉诸知性的世界定向——那作为本质性的理念而在世界中不断得以播散的东西。于是，艺术便使精神具有了在理念中得以表现的力量。

虽然艺术所表现的力量是普遍的，但艺术家无法将它们普遍地表达出来。只有在天才创制的那些作品中，它们才能够成功地获致某种独一无二的具体形式，这种具体的形式是绝对历史化的、不可替代的，不过仍可得到普遍的理解，却又无法为人所重复。这就是为历史性的生存所理解的超越存在发出来的独一无二的声音，超越存在通过这种独一无二的声音变成了一种密码。

追随者们所做的各种重复丧失了原初真理的魅力，而天才们则似乎通过这种原初的真理把超越存在自身从天堂带到了人间。追随者们只知道模仿，及至末流，最终就只剩下重复经验的真实、较早的作品或被知性构想出来的东西了。

艺术模仿理论只适用于它的语言质料，审美理想主义为普遍的力量而辩解，天才理论则探向根源。不过，天才这个概念仍是混沌不清的。它究竟是指创造性的天赋呢，抑或是指历史性的生存呢？如果意指前者的话，它就服从于对其各种成就的客观评价；如果意指后者的话，它就显现为超越存在的根源。生存意味上的天才通过其作品吁求我的存在，存在的语言由此作为一种传达的形式打动了我，而天赋意味上的天才则有一种微弱的客观意蕴。毋宁说，正是在人能够触及存在的根基之处，以及能够在密码中说话之处，生存与天赋才终于合二为一而成其为天才。

四 超验的直观与内在的超越

在艺术中，密码要么作为超验的直观而达至其直观性，要么作为内在超越而在现实本身中变成可见的。

神话中的人物要么置身于自然世界之外，要么作为特殊的存在物置身于世界之中，它们在艺术家那里均获得了表现的形式。希罗多德（Herodotus）曾说过，希腊人有自己的诸神，这些神是由荷马与赫西俄德为他们创造出来的。这些历史存在物并不是被凭空构想或创造出来的；它们相当于一种原创性的语言，这种语言在功能上与语词型语言有类似之处，不过它们是用来理解超越存在的。作为力量的化身，这些神话中的人物只在神与怪那里才得以具象化，并保留了象征与神秘的形式。由于变成了人形，它们好像提升了人的实存，不过依然是以人的方式表现出来的诸多神圣的观念：人是呈示于这种超验直观中的诸神的映象，这种映象无不带有瑕疵。圣母、受难的基督、圣徒、殉道者以及属于广袤的基督教王国的人物、情景和事件，这一切都以神异的直观图景呈现在人们的眼前；超越存在在这里所呈现出来的形式是与经验实存相分离的，并非它的可能的完美状态。但是，各种神话的直观对象却总是以人的形式表现出来一种神性，它摆脱了单纯关涉人类的一切事物，与那个全然现实的世界相比，这乃是一个独特的、与自然世界并立的神奇世界。

艺术的内在超越似乎只表现经验现实本身，这乃是另外一个问题。各种各样的艺术委实仅在直观性的经验起源中说话，但神话艺术却把经验现实的各种要素转换成另外一个世界：在它是真正的真实之处，它就会让我们洞察到不可能来自那些要素的东西。在这个世界里，那些要素是不能被完全析解的。这是真正的另一个世界，倘将其析解为诸多经验要素的碎片，我们就会破坏它们。不过，内在超越的艺术则把经验世界自身转化成了密码。它虽然似乎在模仿世界中发生的事情，却能够让这些事情明晰起来。

那种充满膜拜仪式的世界是超验直观的艺术得以存在的一个前提。它需要以某个诉诸践履的信徒们的共同体为先决条件，因而它也成为艺术家自身直观能力的一种依赖物；它的深度恰恰归因于这样一个事实：艺术家个体不再仅仅依赖他自身，而只能表达他与其他所有人共同知晓的东西。相较之下，内在超越的艺术则系于个体艺术家的独立性。他有其原初的实存视域，也有可能陷入对现实做单纯模仿或认知分析的境地，而且通过他自身的自由提升自己对事物的直观能力，这种直观能力却不是由膜拜仪式与共同体教给他的。纯粹超验的艺术家赋予传统的理念以形式，内在超越的艺术家则教会我们如何把实存转换为密码进而重新理解实存。

迄今为止，那些最伟大的艺术家总是想方设法把这两种可能性结合起来。他们并没有降低神话素材的地位，而是继续让其在现实中发挥作用，因为他们自身的自由能够让他们在超越中重新发现这种现实。

这就是埃斯库罗斯、米开朗基罗、莎士比亚、伦勃朗所采取的方式。对他们来说,神话与现实的原初联系成为一种得到提升了的现实,这种现实总是只能于瞬间之中一次性地得到洞察与定形。通过这些最伟大的艺术家,神话——来自一种已经式微而哑默的传统——现在再一次大声地说话,并发出各种不同的声音。神话赋予现实以艺术表达的力量,通过分享这种力量,我们就可以不再仅以现实的语言来表达了。另外的情况依然存在,凡·高就是这样一个特例。他放弃了所有的神话素材,把自己完全限制在现实之中,因而令那必要的超越存在的声音无限地匮乏下去,但这对我们的时代来说则是真实的。

五 艺术的多样性

音乐、建筑与雕塑可以让我们在现实中解读密码,这种现实性在它们那里分别是以即时性、空间性与形体性的方式产生出来的。绘画与诗表现想象的东西,它们在世界中是不真实的,前者仍受限于各种可视的事物,其线条与颜色能够在平面上使人产生虚幻在场的感觉;而后者则完全不再想象任何可被看见与思考的东西,它必须在语词中进行表达。

在音乐中,作为自我存在形式的临时实存正在变成密码。音乐使超越存在在某一存在物的内在性中说话。当存在物消失时,音乐继续呈现它的时间形式。它的质料看不见、不落于空间、不可想象,在这种意义上说,音乐是最为抽象的艺术,因而也最缺少具体性;但从这种质料总能在时间之中产生与泯灭自我进而获得其形式这层意味上来看,它又是最为具体的艺术——对我们来说,在时间之维中显形的自我存在恰恰就是在世界中显现的存在本身。也就是说,当音乐把现存实存的普遍形式转化成它自身的真实时,它就触到了生存的内核。在音乐与自我存在之间并没有任何对象性的东西。每一种音乐的真实都可能变成演奏者或听众的当下真实,参与其中的个体将允许他的实存的时间形式仅仅由声音所构成与充盈进而变得明晰起来。音乐是一种有待于人来表演的艺术,对舞蹈来说,正在跃动的舞姿是颇为本质的,它甚至不允许某种可能使其意蕴得以传达的符号存在;它只能由一个人教给另一个人，而且，如果它确实包含某种密码的话，那么这种密码就只能存在于它的音乐方面——正如所有的音乐都含有让其自身伴以身体运动之类的东西。相比之下，戏剧则不必非要被搬上舞台演出；那些最深刻的戏剧，譬如《李尔王》（*King Lear*）或《哈姆雷特》（*Hamlet*），就几乎无法容忍排演。

建筑构塑空间并使空间性成为存在的密码。它激发我在空间中移动的方式，并要求我在时间中以连续性的动作来充分显现我的心灵世界的结构空间——不过，对我的心灵来说，建筑并不像音乐那样很快就消失无踪，而是能够继续持存下去，这一点是确切无疑的。我的世界的空间形式，它的轮廓、结构、比例，均化为静止的、持续存在的密码。

雕塑赋予了形体性本身一种表达的权利。从各种物神、方尖塔到大理石人形，雕塑这种密码并不是其他事物的形象，毋宁说，它就是以三维体的形式凝结而成的存在的实存。由于实存在人的形式中获致其最具体的形体表象，于是人的形象便成为雕塑表现的主要对象——然而，在这种雕塑密码中，神性并不是以常人的形式，而是以超人的身体在场的形式呈现出来的。

在时间中实现的音乐艺术需要声音质料；在空间中实现的建筑艺术需要定界的质料，这种质料与服务我们现实人类实存的空间性用途以及目的相关联；在造型中进行体验的雕塑艺术需要在形式中表现内容的质料。无论何时，只要这些用于实现艺术目的的因素仅仅被看成是实存的，密码在它们那里就变得苍白无力，艺术也就不再是本真的了：如在音乐中模仿自然的声音，在雕塑中再现随意的事物以及摹状普遍的对象物，在建筑中分离出有限目的的形式，如今都已明显地变得机械化、智性化了。

音乐、建筑、雕塑有待于可让它们的密码说话的诸要素的真实在场，相较之下，绘画与诗则在当下并不真实之物的愿景中，或在无限世界的方位中自由设计的可能性间移动，因为这类作为色彩或语词型语言的对象物常被用作服务于其他目的的、非独立的手段。

这就是前三种艺术的作用依赖于它们的感知在场的原委所在——当倾听音乐时，我依赖于我发自此时此刻的实际行动；当把一座大型建筑尽收眼底时，我依赖于我在空间中实际伫立与移动的方式；当领略一尊雕塑时，我则依赖于形体的重力与可触性。这些艺术似乎并不情愿赋予我们任何一条真实可靠的入径，它们受限的丰富性只向那些能够持守自律的个体敞开其深度。因此，如果要有密码显现出来，我必须作为我自身介入其中。自我活动则旨在直接通向密码性的存在，其间无须介入任何其他对象物。如果我完全成功地赢得进入上述三种艺术的通道，那么我就会发现，比起诗与绘画来，我在音乐、建筑、雕塑中可以更容易地避免自我欺骗。

绘画与诗创造了一切事物、一切存在和非存在的无限空间，这易于给人带来娱乐性的放松。当下的自我活动起初只是寻求获得一种想象的幻觉；不过，只有到了第二步，通过这种幻觉，它才瞄准密码。事物呈现出的无底止的变化致使密码发挥作用变得愈加困难起来。由于这种天然具有的多样性，那些易于接近的事物乃是带有欺骗性的。

另外，绘画与诗显示了丰富的现实世界，它们不仅让我们解读时间、空间与形体的密码，而且让我们解读那种得以实现的现实的密码。在这些密码中，它们与所有其他各种现实的或潜在的存在一起，以想象性的方式包含了上述三种艺术领域。它们在嵌入的客观性中运作，这种客观性足以让绘画与诗远离那种接近存在的根本力量；不过，嵌入物让那些艺术门类像对待某种介质性的存在一样来处理实存，这条途径是我们在每一个地方都可看到的。在密码中，它们虽然使我们与存在分离开来，但是也使我们更加接近那条在实存中真正地遇到密码的途径。

如若打破这一划分，那么音乐与诗就会一起同其他艺术门类对立起来。它们是最能直接打动我们的两种艺术门类。当各种情感——音乐中的感官享受，文学中不断变化的、悬而未决的体验——被迅即激起之时，音乐与诗就会欺骗我们，并会使我们失去密码；但是，它们也确实打动了我们，因为在声音与语言这两种最为抽象的质料中，它们最为直接地呼吁着一种积极的介入。对使密码在唤醒当下的自我存在时被感觉到的行动来说，积极的介入会在时间中得以强化。就此而言，各种空间艺术越是超然与冷静，就越是显得高贵。它们越是向沉思显示自身的密码，沉思向着它们的趋近就越是会受到抑制。

迻译之三　悲剧的超越[①]

第一章　悲剧意识

人应该探究真理的奥秘，这对人的天性来说是至关重要的。凡语言存在之处，不管这种语言如何粗糙、含混，人都有能力借助语言触及真理并思索真理。

系统哲学的萌生是一次向前的飞跃。不过，这一飞跃并未使人以往的真理意识失去效力。此乃因为，这种意识涵纳着那些从一开始就唤起人以形象、仪礼、传说的形式传递真理的原初直观。在这一阶段，神话的力量、启示的权威和生活行为的戒律都是现实存在的东西。各种基本问题尚不是借助理性意识提出来的：人们并未通过逻辑思考的形式，而是通过公认的事实来觅寻问题的答案。为什么人的境况会是今天这个样子？失去天恩（The Fall from Grace）[②] 和普罗米修斯（Prometheus）的神话回答并再现了人的这一问题。我如何才能实现净化、获得解救并免于恐惧？神秘的礼拜、仪式和行为律则给予了答复并指示了道路。

历史上，哲学成为系统的思想发生于公元前600年至公元前300年的几个世纪里，在此期间，原初直观的语言也正达至其明晰、成熟与有力的顶点。

哲学与这些直观的意象是密不可分的：它激发并强化了原初意象；与此同时，不管哲学是否要去奋力克服它们或者同化、利用它们，这些意象都反过来深深地困惑并影响了哲学。此乃因为，哲学在这些意象中看到了自己的对应物：它们势必会对哲学予以抵制，或者对其加以吸收与确认。结果，哲学就被撇下来面对它绝对无法理解的一些意

[①] 这篇文字译自 Karl Jaspers，*Tragedy Is Not Enough*，translated by Reiche，Moore and Deutsch，Beacon Press，1969；参校德文版：Karl Jaspers，*Von der Wahrheit*：*Philosophische Logik*（Erster Band），R. Piper & Co. Verlag，1947（3. Auflage，1983）。——中译者注

[②] 亚当、夏娃在蛇的诱惑下偷食智慧树上的禁果，上帝遂将人的始祖逐出伊甸园，并使人成为有死的存在物。——中译者注

象，并将这些意象看成与自身全然不同的东西。持续地探讨这些无可化约的意象的哲学家，无论他们出于何种目的，最终都将发现它们变成了哲学探究的工具。

起初，这些基本观念都是真理的语言。它们形成一个无所不包、密不可分的整体，这个整体塑造着人的生命并使之趋于完整。只是在更加深入发展的过程中，宗教、艺术与诗才彼此分离开来。这一分离致使真理的语言破裂成若干个支脉。不过，它们的原初统一体仍继续影响这些支脉，并使它们保持着相互的关联。

一 宗教

那赋予共同体与个体以力量并在宗教中作为根据与界限所显露的东西，始终是哲学探究命定的领域和哲学发现的基础部分。宗教变成与哲学相对的另一极，它不断地向哲学的穿透力提出挑战。不过，宗教对哲学所付出的努力而进行的反抗却是具有建设性的。正是宗教使灵魂成为人性的基石，尽管后来这种灵魂抛弃宗教的特殊历史形式，从而似乎是摒弃了宗教本身。

对人来说，倘若全然摒弃与遗忘宗教，就会终止哲学探问本身。取而代之的将是自身茫然无知的非理性的绝望，一种仅仅从一个瞬间到另一个瞬间的得过且过的生活，一种为混乱的迷信所充斥的虚无主义。最终，甚至连科学也会沉沦。人类的基本问题——人是什么？人能成为什么？人会怎么样？——将不再反映严肃的体验，也不再为人们所追问。当然，这些同样的问题还会以新的面目出现，不过人们所得到的将是仅限于对人的日常生活似乎不可理喻和毫无意义的回答。

二 美的艺术

美的艺术使可见的世界向我们传情叙意。我们如艺术所教的那般去看待事物。通过建筑师所赋予的形式，我们体验到了空间；当一片风景成为宗教建筑的缩影，当它为人的劳动所塑形并经过长期的使用而成为生活的一部分，我们于此时体验到了这片景致。只有当自然与人在雕塑、素描、绘画中凝定为本质性状时，我们才能体验到它们。从某种意义上说，当这样来做时，也只有当这样来做时，事物才会呈现其独特的形式并显示其可见的性质与灵魂，这性质与灵魂先前却似乎是隐而不显的。

我们必须区分两种艺术：一种是作为特定审美观念之表现的艺术，另一种是作为形而上的真实存在①之象征的密码艺术。只有当美恰好呈示出形而上的真实存在，这种真实存在被体验为美的东西，每一事物因其真实性而被视为本真的美的时候，这两种艺术才会合一。我们为形而上学艺术所保留的称号"伟大的艺术"，即意指以其直观的创作显示隐蔽的实在的艺术。不言而喻，一切未经如此自我超越的表象——所有纯粹的装饰，所有仅仅迷惑感官的表演——至多只是技术精巧意义上的艺术，而与哲学毫不相干。大凡美脱离形而上学的背景之处，莫不皆然。

三　诗

语言将体验转化成概念。在语言中，诗是能够传达每件如此显露的事物的词汇表。从伴随祭祀仪典的魔咒，到祈求上帝的祷词和赞美诗，以至对人的生活与命运的表现，无不充分表露出人类的天性。诗是语言自身的摇篮，是人类最先创造的言语、洞见与行动。哲学最初就是以诗的形式出现的。

诗是这样一种媒介，通过它，我们以最自然、最自明的方式首次洞察到周遭的宇宙和内在的世界。当语言把我们卷入这个新的体验之流时，我们就发生了转变。诗唤起我们的想象力，并且不知不觉地在我们心中展开全部的意象。只有这些意象才会使我们紧紧地抓住实在。

四　悲剧知识：从悲剧中获得的洞见

起初，正如我们看到的那样，宗教、艺术与诗乃是一体的。在它

---

① 真实存在（reality），亦译为实在、真实性等。——中译者注

们的原初直观中所表达出来的东西，无非是我们意识的全部内容。让我们从这个广阔的领域中选取一例来加以考量：悲剧命运与解救。各种各样的悲剧都有某些共同之处：悲剧能够以惊人的视角观察一切实际存在与发生的人情物事；在其沉默的顶点，悲剧暗示出并实现了人的最高可能性。

这些悲剧直观与洞察含有一种隐匿的哲学（hidden philosophy），因为它们给本来无意义的厄运赋予了意义。虽然我们不能将这种潜在的哲学转译成专门术语，但可以通过哲学诠释把它较为鲜明地凸显出来。我们通过重新体验原初直观获得这种隐匿的哲学。这个直观的世界是不可替代的。作为哲学的器官，它是哲学思考的一个至关重要的部分。但是在寻求其自我实现的过程中，这种直观的世界就跨越了哲学，而哲学必须再度将它当作与哲学自身迥异的某种东西来触及它。

所有对悲剧知识的出色表达都熔铸在历史的范型里。这些表达在风格、主旨和意向方面，都显而易见地带有其时代的特征。但是在具体的历史形式中，并不可能有永恒与普遍的知识。在任何情况下，人都必须重新获得它，并将其真理融入自己的生命。对我们来说，悲剧知识表达中的殊异乃是历史的事实。

悲剧范式的历史性表达之间的这些差异与对照让彼此变得显豁起来。更为重要的是，它们为我们自身的所有知识提供了基础。

正是透过这些差异与对照，我们才领悟到悲剧意识的各个层面，还可领悟到通过悲剧来诠释存在的各种可能性以及悲剧中终极解救的主要动因。悲剧知识的历史表达为我们提供了一系列通向理解之路的可能途径。

五 历史概观

让我们回顾一下那些显示于直观与艺术形式中的悲剧知识的伟大范例。

①荷马；埃达神话与冰岛传奇；从欧洲到中国的各民族英雄传奇。
②希腊悲剧：埃斯库罗斯、索福克勒斯、欧里庇得斯。只是在这

里，悲剧才作为一种独立的诗的形式而诞生，此后的所有悲剧都依赖它或从它那里得到启发。

③现代悲剧以三个国度的人物为代表：莎士比亚，卡尔德隆，拉辛。

④莱辛；表现德国文化理念的悲剧；席勒以及继后的19世纪悲剧作家。

⑤其他表现畏惧与惊悚的诗篇对自身的存在问题进行了追问：《约伯记》；几部印度戏剧（然而，它们之中没有一部是纯然的悲剧）。

⑥克尔凯郭尔、陀思妥耶夫斯基、尼采的悲剧知识。

英雄传奇将悲剧世界观展呈为不言而喻的事。这体现在当时还没有直面问题的心智挣扎，因而也就没有对于解救的渴望。残酷的灾难、死亡、毁灭以及勇毅与荣耀：这些才是紧要的事。

伟大的悲剧——希腊悲剧与现代悲剧——产生于时代转型之际，它的出现就像是从吞噬一个时代的烈火中升腾起的火焰。终了，它却沦为单纯的装饰品。

希腊悲剧是一种半仪式化的表演，它源发于人类为了晓知诸神、生存的意义与正义的性质而进行的孤注一掷的斗争。

起初，它是有关秩序与神性、基本而有效的制度以及城邦的信仰的一部分。最后，它也许会对所有这些历史的产物产生怀疑，但它绝不会质疑正义的理念或善与恶的实在性（例如欧里庇得斯）。

与此相反，莎士比亚则穿行于一个纯粹世俗的舞台；在他的戏剧人物身上，一个自负傲慢的社会辨识出自己被拔高了的形象。人的生命就是从以下方面来理解自身的：潜力与危险、伟大与虚无、仁慈与残暴、高贵与卑贱、纯粹的生之欢呼与面对失败、毁灭的迷乱、战栗，以及博爱、献身、坦诚与憎恨、狭隘、盲目。总而言之，人类通过遭遇自身无法解决的问题，通过直面为实现自身的意愿所付出的一切努力的最终失败而洞察自己——所有这一切都以不可摇夺的秩序以及善与恶之间的强烈对照为背景。

卡尔德隆与拉辛是基督教悲剧的高峰。他们的悲剧里充满了一种新的张力，我们在其中所蒙受的天意、天恩甚至天谴取代了命运与恶魔。人的发问不再只由终极的沉默来作答，现今的一切都由确然存在于彼岸的那位大慈大悲的上帝来支撑。诗人贯穿于一部部作品中的那种为真理而做的不懈斗争不见了，具有象征密码的戏剧也不见了，如今，我们竟然在罪孽深重的世界与上帝自身皆为确然的真实存在的知识中看到了真理的当下在场。但是，就在这种截然相反的新的张力中，真正名副其实的悲剧却被基督教真理泯灭了。卡尔德隆与拉辛的悲剧因着出自基督教信仰，故而看得较远些；但是与莎士比亚相比，无论在提出问题与处理问题的方式上，还是在性格的深刻性与丰富性上，抑或在视野的开阔与自由度上，其作品都是相当狭囿的。

绝对而极端的悲剧意味着，无论如何都毫无出路可言。虽然在欧里庇得斯的一些剧作中已有可能发现这一点，但直到它出现于19世纪的戏剧中，这一点才变得真正明显起来。然而除了单纯的审美标准外，其他的一切都在这里倾覆了，最终致使悲剧坠入了无底的深渊。

六　悲剧知识中的存在意识与没有悲剧性的安全感

一道巨大的沟痕把那些从未获得过悲剧知识——以及随之产生的作为悲剧知识之媒介的悲剧、史诗、小说——的文明，与那些其生活方式被内在于人类生存中的强烈的悲剧意识所决定的文明分离开来。

回顾过去，我们可以看到历史如何被悲剧人（Tragic Man）的诞生截然分开。他的悲剧洞见并不一定是某个成熟文明的产物，而可能是相当原始的文明结出的果实。但是，无论原始与否，人只有在获得了此类知识之时才好像真正苏醒过来。因为这时他要怀着新的不安来直面那些终极界限，并在不安的驱使下超越那些界限。他无法容忍任何一种稳定的事物，因为没有任何一种事物能让他感到满足。悲剧知识是历史运动的最初阶段，它不仅发生于外部事件之中，而且涌动于人自身的灵魂深处。

前悲剧知识是圆融、完整、自足的。它看到人的痛苦、灾厄与死亡。在这种知识中，深沉的悲哀伴着纵情的欢乐。作为生与死、死而复生的永恒循环和永恒变化的一部分，悲哀变得可以理解了。神的死亡与复活，一年四季中作为这一死亡与复活的时刻而加以庆祝的节日，这些都是基本的现实。我们几乎在世界各地都能发现这样一位神话观念中的圣母，她作为造物主和死神，既孕育、呵护一切，爱抚它们并使之成熟，又把一切收回，无情地令其死亡，在巨大的灾难中毁灭它们。但是，这类的命运形象尚不是悲剧知识，而只是描述了一种人类在死亡中求得安慰的知识。从根底处说，这种知识尚未意识到历史性。在这里，一切事物永远都是同等真实的，没有什么能给人们留下深刻的印象，一切都同样重要。无论什么东西，都依其原状完整无遗地显露出来。

与此相反，悲剧知识则含蕴着一种历史因素，循环的模式只是它的背景。那些至关重要的事件是独一无二的，而且始终处于运动之中。它们一旦被不可摇夺的决断所构塑，便不会再次发生。

然而前悲剧知识并不总是被悲剧知识取代。对前悲剧知识而言，它或许有可能保持自身真理的完整性并与其他文明的悲剧世界观比肩而行。人在哪里能够成功地对宇宙做出和谐圆融的解释并真正地与之协调相处，哪里就不可能存在这种悲剧观念。古代中国，尤其是前佛教时期的中国在很大程度上就属于这种情况。在这类文明中，所有的苦难、不幸与罪愆都只是毫无必要出现的临时的滋扰。这里并没有恐怖、抵拒或对这个世界状况的辩护——没有控诉，只有哀怨。人并不会因绝望而撕心裂肺：他泰然自若地忍受着痛苦，甚至对死亡也置之度外。没有无望的纠结，也没有阴郁的受挫；一切基本上都是明朗、美好与真实的。对这种文明来说，恐惧与惊悚诚然也是体验的一部分，并且此类体验如同对那些悲剧意识业已苏醒的文明一样地司空见惯，不过安宁静谧仍是占主导地位的生命情调；既没有斗争，也没有反抗。对过去的深层意识将人与古代一切事物的根基联结起来。人在这里所寻求的并不是任何一种历史运动，而是更新与重建一个秩序井然、美懿良善的永恒实在。无论在哪里，悲剧感一旦出现，某些非同寻常的东西就失落了：失却悲剧阴影的安全感，自然而高尚的人性，在这个世界上的安适感以及丰富的具体洞见——对中国人来说，这一切都一度是真实的。时至今日，中国人舒展、安详的面容仍然与西方人紧张而赋有自我意识的表情形成鲜明的对照。

七 史诗与戏剧中的悲剧知识

神话思维看到了世界根底处的不和谐，这种不和谐是通过诸神的多样性反映出来的。没有人能够对他们的全体做出公正的评判；在某处对一个神祇的信奉，必定会触犯另外一处的某个神祇；诸神自身之间相互争战，他们在争斗中拿人的命运做赌注。但是，就连诸神也不是无所不能的；阴森森的莫伊拉[①]凌驾于诸神与人之上并行使着她的主宰权。"为什么""由何而来"之类的追问引致诸多回答，不过这些回答要视具体情形而定，并不会提供唯一的答案。人可以拥有其境遇内的所有财富及其全部范围内的潜能。他体验到各种极限境遇，但他并未倾尽全力地追求那个无所不包的统一体，因此他也就依然没有不惜任何代价地致力于寻求问题的答案。

这种早期形态的悲剧洞见可以在荷马的史诗中见得到：它是通过纯粹观赏的欢乐、对诸神的膜拜以及毫无质疑的坚定与忍耐表现出来的。[②]

同样是面对命运的忍耐与沉静的反抗，在埃达神话与冰岛传奇中就变得深思熟虑了，虽然这一切并未像荷马史诗中所描绘的那样丰富多彩，却更加激情四射、更加奔放无疆。

所有这些看法还都只像是一知半解的悲剧知识。它们既没有区分开不同种类的失败[③]，也没有彻底领悟悲剧失败所赋予的无可测量的深度。英雄时代的人尚未渴望灵魂的解放：倘能获得忍耐的力量，他的灵魂就心满意足了。不知何故，他的追问中辍得太早了。他过于轻易地就把生与死作为毫无疑问、不言而喻的东西接受下来。他的史诗

---

① 莫伊拉（Moira）是希腊神话中的命运女神。——中译者注

② 然而，如果说精神性和内在性被（约翰·H. 芬利）视为《伊利亚特》的悲剧性征，那么《奥德赛》的智慧性与社会性显然就更接近于高级喜剧了。——原英译者尾注

③ Weisen des Scheitern，意指"船只搁浅或罹遭海难（引申为'陷于困厄之境或罹遭毁灭的状态'）"。这是雅斯贝斯用来指称失败的术语。虽然"shipwreck"（船只失事）这个字眼是海员的用语，但英语并不在"失败"（failure）的意义上来使用它。在现代的英式英语与美式英语中，与"成功"（success）相反并表示"失败"的词汇有颇为明显的匮乏之虞；"失败"往往只是被视为一个不幸的穿插事件，人们只是短暂地意识到它，却被当作毫无积极意义的东西忽略过去了。与此相反，德国思想——与存在主义者的运思趋向相去甚远——则恰恰因其语言与文学传统而习惯于将"失败"作为具有星系结构的普遍过程来加以阐述。——原英译者尾注

观点与前悲剧知识（如古代中国）的不同仅在于——它并未将世界的诸种矛盾掩饰在和谐一致的帷幔之下。

希腊悲剧从神话与史诗世界撷取素材，不过有所不同的是，人们不再平心静气地忍受他们的悲剧知识，而是对那些问题进行永无底止地究问。在改造神话的时候，人们提出疑问并寻求解答。只有在此时此刻，神话才臻于完全的成熟与深刻，然而并没有任何一种说法可以长此以往地成为不刊之论。每一位伟大的悲剧诗人都会按照自己的目的而重写神话。最终，那些神话就在人热情地追求真理的过程中——在诗人与神明的对话中——被消耗殆尽了，直至仅留下一堆堆残灰余烬（那些依然有其诱人之处却不再撼人心魄的诗歌意象），除此之外，别无他存。

悲剧问题在本质上已具有哲学意味，不过它们依然是以形象化的戏剧语言陈述出来的，尚未触及理性的哲学表达方式。这些问题是直接指向诸神的：为什么事物会是这样的，人是什么，人靠什么来引导，罪是什么，命运是什么，人类有效的律令是什么，它们又来自何处，神是什么？

这些问题寻求着通向公正而善良的诸神（gods）以及通向唯一的上帝（the one God）的道路。但是当人沿着这条道路前行的时候，传统却慢慢地瓦解了。传统无法与日渐理性化的正义、善良以及全能之类新准则相合拍。在臻于最纯粹、最完美的传统内容的支撑下，这一高度心智化的探讨发展到最后，便是以怀疑论的出现而告终。

在对传统——出于纪念酒神狄俄尼索斯（Dionysus）的神圣节日——进行的这种戏剧化的再度审视中，诗人通过不厌其烦地表现自然、人与诸神所祈愿获得的东西，要多于人在先前所获得的欢乐。关于那种欢乐，赫西俄德在赞美缪斯（Muses）的诗句中吟唱道：

  啊，虽然新的苦恼已经使人发疯，
  直到他认清只有恐惧与绝望，
  作为缪斯的仆人，吟诗者还是应该去赞美，
  赞美古代的荣耀，
  赞美英雄与奥林匹斯山上值得尊敬的众神，

> 这个人就会忘记他曾在黑暗里遭受的痛苦,
> 这些疗治创伤的力量乃是缪斯赐予的礼物。①

悲剧要求的则更多:灵魂净化。众所周知,这灵魂净化究竟是什么,即便亚里士多德也没有给我们讲清楚。不过,我们可以肯定的是:它是触及每个人最内在的存在②的一种体验。它促使人不只是作为一个观众在静观,而更应作为一个亲身介入其中的人从受震撼的体验中愈加深刻地接受实在。它通过清除掉我们日常生活中那些卑微、迷乱与琐屑的体验——所有这些都是令我们狭隘与盲目的东西——,从而使真理成为我们的一部分。

八 对世界的哲学诠释与天启宗教中的悲剧超越

悲剧知识以如下两种形式来运用神话:在史诗中,这种知识把直观的意象世界当成真实存在的东西而毫无疑问地接受下来;在悲剧中,它则是追寻有关神性问题的知识。每一种悲剧形式都转而为人提供了克服悲剧自身的方式:史诗以其对世界的哲学诠释而成为每一次启蒙运动的根源,而悲剧则是天启宗教的根源。但从根底处看,这两种形式都还是不足的。

无论是苏格拉底之前的哲学家,还是柏拉图,他们对实在所做的思辨性考查③——与悲剧既对立又互补的考查——都未曾使他们从人对自身的无知④这一根本意识中推演出结论来。直到亚里士多德之后的时代,审慎冷静的、百科全书式的哲学才得出此类结论,并消解了

---

① 见《神谱》第98—103行。杰克·琳赛译,希腊散文之牛津丛书译本(牛津大学出版社1938年版,第149页)。——原英译者尾注
② Das Selbstsein des Menschen,即"人的自我"。雅斯贝斯用"自我"意指个人意识以及意识到的内在活动——既是过程又是它的产物。在构塑自己的内在张力与内在活动并使它们成为可感知的东西的过程中,人也就意识到了它们。——原英译者尾注
③ Seinsvergewisserung,这包括对一个人自身的内在状态及其与外界关系的查证。——原英译者尾注
④ Nichtwissen,这并不是说"无知"到"没有能力知道得更多"。这个表示否定的词指的是将来而非现在。——原英译者尾注

那为传统所认可的错误的上帝观念①。这种后出的哲学遂将宇宙构想成一个和谐的世界，它的每一不和谐都只是相对的而已。

这种哲学将个体命运的重要性相对化了，它认定每个人的人格都是不可摇夺的东西，这种东西就像在戏剧中扮演一个角色，它在世界舞台上便只是演述出自身的命运来，不过在这样做的时候，个体的人格并没有将自身等同于角色。在这种情况下，悲剧知识已丧失其分量；它对于生存的最后态度不再是表现不屈不挠的英雄的顽强精神，也不再去传达纠缠于世的灵魂的净化效果。毋宁说，悲剧知识在最后这个阶段已变得冷漠（Apathy）②了，进而成为对痛苦无动于衷的、却牢不可破的安宁心态。

一旦直面悲剧知识，哲学的冷漠就无法带来足够的解放。首先，冷漠只是忍耐而已。它也许会主张先前神话时代的英雄式抵抗，但又缺乏那种抵抗的热情；因其在内容上几乎空洞无物，它便萎缩成一个纯然孤绝的凝定之点，这个凝定之点就是毫无意义的自我肯定。其次，冷漠仍是一种理论，虽然给人以深刻的印象，却难以被大多数人在实践中贯彻执行。正因为如此，人超越其悲剧知识与哲学空洞而渴求一种更为深刻的解放。这种解放恰恰是天启宗教所许下的承诺。

人渴望获救，并且如愿以偿。但是，这不是全靠人自身做到的，因此，难以完成的重任就从人身上卸掉了。基督的献身与佛陀的启示不仅给人提供了救助，而且切切实实地为人赋予了力量，人只要参与进来与其合作，就可获得自由了。

犹太教与基督教此类天启宗教认为，生活的矛盾、人的矛盾以及所有通过悲剧表现所发现的矛盾都植根于人类的起源之中：原罪根源于亚当的堕落，救赎是由基督在十字架上的死亡所带来的。世间万物原本就是朽腐的：在作为个体的人能够承担罪责之前，他早已陷于不可克服的罪咎之中。他被卷入了犯罪与寻求拯救的普遍过程之中。他亲身参与了犯罪与拯救这两个环节，虽然并不完全是通过他自己来进行的。因着原罪，他已有咎；由于天恩，他被解救。如今，他无论如

---

① 当然，这只是完成了早年由赫希俄德与色诺芬所开始的过程而已。——原英译者尾注
② 英译本中采用首字母大写的方式来表示强调，汉译中则采用加着重号的方式予以标示。下同，不再一一标注。——中译者注

何都要背负起十字架。他不再只是忍耐生存的痛苦、不协调与撕心裂肺的矛盾冲突①，而是有意识地去选择它们。这已经不再是悲剧，因为福祉与极乐的光辉已经照彻令人恐惧的黑暗。

由此可见，基督教的解救是与悲剧知识相反的，人被解救的机运恰恰消除了人陷于困境而毫无出路的那种悲剧感。在基督教戏剧中，解救的神秘性构成了剧情的基础与框架，悲剧知识中的张力一开始就已被人经由天恩而体验到的完美与解救所消解。因此，并不存在真正的基督教悲剧。

在这一点上，悲剧失去了其扣人心弦的品性：人虽然为它所激起，却没有触动最内在的存在。对基督徒来说，最为根本的问题甚至不可能出现于悲剧中。在具体的基督教意识中，那种属于宗教的东西永远与诗意无干，因为诗意只有在生存层面（通过生活并置身于生活当中）才能被体认得到，它却无法被当作一种审美现象来加以观照。从这个意义上来讲，一个基督徒势必会误解莎士比亚：莎士比亚把一切事物都成功地运用为戏剧的主题，尽一切可能展示人类的真实面目，但是，他的作品唯独缺少那种特殊的宗教气息。一旦面对莎士比亚的剧作，基督徒就会知道，这些作品并未向他显示为一种深刻的个体体验的事件，甚或没有触及那由信仰所带来的恩赐。在基督徒看来，莎士比亚似乎仅有间接地导向信仰的体验——在其作品有缺口的开放式断片中，在所留下的悬而未决的问题中，在其戏剧人物的紧张以及他们的应力、缄默与无意识中，存在向获救的机会。

基督徒注定把握不住悲剧知识的本质。不过，这种悲剧知识如果保持着哲学意味并沿着纯哲学的路子发展下去，也不失为人类超越其局限的一条途径。它提供了一种独特的解救方式，却无从为基督教的观点所理解，而且一旦终结于哲学的冷漠，它的内容就荡然无存了。

在基督教的语境里，人的每一种基本体验都不再是悲剧性的。罪愆成为"快乐的过失"——没有罪，就没有拯救的可能。犹大的背叛对基督的献身与死亡是必要的，这是所有信徒获得拯救的根源。在这

---

① Das Zerrissene，库恩在《冲突》一书中阐说了这个术语是如何在早期黑格尔的神学著作中被率先用来表示——以康德哲学的术语——基督降世之前的犹太人所遭受的严重精神"分裂"之苦的。——原英译者尾注

个世界上，基督是最深刻的失败的象征，然而他绝不是悲剧性的。正是在失败中，他得以领悟、实现并臻于圆成之境。

第二章 悲剧的基本特征

悲剧作为一个事件阴森森地出现在我们面前，展示出实存①的可怖面相来，但这实存仍然显示了人的本性。悲剧揭示了它与未知的人性背景之间的纠葛。然而自相矛盾的是，人在面临悲剧的时候，他同时将自己从中解救出来。这乃是获得净化与救赎的一种方式。

崩溃与失败揭示了事物的真实本性。在失败中，生命的真实并没有丧失；正相反，人在这种情形下才会完全真确地感受到生命真实本身。没有超越存在，就没有悲剧。即便在与诸神和命运做无望的搏斗中对抗至死，这也是一种超越的行为：这种行为是朝向人的特有本质的运动，人在遭逢毁灭时，他就会认识到这个属己的本质。

在悲剧意识成为人对真实性的意识的基础之处，我们就称之为悲剧情态（tragic readiness）②。不过，我们必须将人对事物的瞬间意识与真正的悲剧意识区分开来。

人一旦想到稍纵即逝的瞬间，他就会把趋向于死亡的现实事件看成生长、腐朽与再生这一自然循环的环节，正如所有的生命是朝生暮死一样。他承认自己属于自然，并且与自然相一致。在这种情形下，人不期然间遭逢一个令他战栗的隐秘。那不受时间流逝所影响并且知晓自己不朽的灵魂是什么？虽然灵魂意识到自己的世俗实存的有限性及其必死的命运，但是无论这个必死的事实还是这个灵魂的隐秘都不适宜于冠以"悲剧"之名。

与此相反，名副其实的悲剧意识远不只是对痛苦与死亡、流逝与绝灭的凝思。要使这些东西成为悲剧性的，人就必须行动。只有通过自己的行动，人才会进入必定要毁灭他的悲剧困境。这里所要毁灭的

---

① Dasein 是人经验的、世俗的实存，它与作为未知背景的真正存在截然不同。为易读起见，Dasein 经常被径直译为 existence（实存）。——原英译者尾注

② Tragische Haltung，这是在面对悲剧时的泰然自若的内在态度；它与哈姆雷特的"随时准备着就是了"（《哈姆雷特》第 5 幕第 2 场）有相似之处。——原英译者尾注

不仅是人的具体存在的生命，而且包括他所追求的任何一种具体体现完美之境的东西。人的心灵正是因其赋有各种潜能而遭遇失败与瓦解。任何一种潜能一旦要想得到充分实现，就会引发并招致灾难。

要获得解救的渴望自始就与悲剧知识相伴而来。当人遭际严酷的悲剧事实时，他就要直面无情的界限。在这一界限之内，他找不到全面解救的保证。毋宁说，只有当人至死不渝地表现出其人格与实现其自我[①]时，他才能获得救赎与解救。

人可以通过在无知中、在纯粹的忍耐中、在不可动摇的反抗中以毫无疑问的忍受力来获得解救。不过，这只是解救的萌芽与最贫乏的形式。或者，人还可以通过澄明悲剧过程的本质来获得解救，这种悲剧过程在真相大白时能够净化人的心灵。最后，在某些信仰从一开始就把生命引向解救之路的情形下，解救会在人凝思悲剧过程之前即已发生。这样一来，伴随人直接超越到那看不见的上帝———一切背景的背景———面前，悲剧其实从一开始就被克服了。

一 诠释悲剧知识的方式

作为诗人的作品呈现于我们面前的那些悲剧的意义，不可能被化约成一个单一的公式。此类作品表现了人应对悲剧知识的劳心苦役。情境、事件、社会力量、宗教信仰以及各种类型的性格，都是人用来表达悲剧的手段。

每一首伟大的诗篇都具有诠释不尽的意义，它们充其量为诠释提供了所探寻的方向。大凡全然理性的诠释成为可能之处，诗也便成为赘疣了———事实上，这里从一开始就不存在真正的诗歌创作。在诠释能使某些要素得以清晰彰显之处，它恰恰是凭借一种深奥的直观增强了这些要素的可理解性，而那种深奥的直观则是隐而不彰的，它并不会被任何一种分析或诠释所穷尽。

在所有的诗篇中，诗人的心智构思都在维护着自身的权利。然而，就分量上来讲，当思想本身显现出来却没有具体体现在戏剧人物身上

[①] 自我是意识的产物与活动。——原英译者尾注

之际，诗就愈加枯燥乏味了。到了如此地步，作品的产生所依靠的就不再是悲剧直观的力量，而是哲学嗜好。当然，这并不是说悲剧诗中的思想就不可以具有至关紧要的哲学意味。

到目前为止，我们已经考察了悲剧知识的全貌，我们的诠释还须得对下面三个问题给出更透彻的解答。

（1）悲剧的客观性方面是什么样的，悲剧的存在模式与悲剧事件的进程模式是怎样的，悲剧是如何被思维构想出来的？我们对诗中的悲剧性主题所做的诠释将会给出一种答案。

（2）悲剧的主观性方面是如何表露自身的，悲剧是如何进入意识之中的，怎样获得悲剧知识并通过它得到解救与救赎？

（3）对悲剧所做的每一种基本诠释有什么意义？

二　作为诗的主题的悲剧

当悲剧事件在诗中获得形式并得到表达时，我们并不试图给悲剧下定义，而是使完全直接的悲剧事件形象化了。

我们的诠释必须牢牢抓住诗人原初直观的内容以及在其作品中已得到表达与阐述的东西。诠释增加了原初直观中所蕴含或可能蕴含的意味，不管诗人是否已经明确地思索过这层意味。

在诗篇里，悲剧意识为自己的思想赋予了具体的形象：只有通过悲剧基调，我们才能感觉到在事件中直接影响我们的或存在于全体世界（the world as a whole）① 中的紧张与灾难。悲剧出现在斗争中，出现在胜利与失败中，出现在罪愆中。它是对人显示于崩溃与颓败之中的伟大的量度。悲剧寓示出实存的终极不和谐，它将自身显露于人追求真理的绝对意志里。

三　悲剧气氛

生命与死亡，周而复始的荣与衰，转瞬即逝的事实，这一切本身

---

① Weltsein 是我们经验中可知事物的总和，它包括作为世界之一部分的我们。——原英译者尾注

并未造成任何悲剧气氛。旁观者可以冷静地沉思这个亲涉其中并借此藏身的过程。悲剧气氛作为我们被抛置其中并令我们感到陌生与险恶的命运而出现。它是一种威胁我们的异在之物，令我们无法逃避。无论我们走到哪里，也无论我们看到什么，听到什么，冥冥之中总有某种东西会摧毁我们，不管我们做什么或者渴望什么。

在印度戏剧中，这种基调是作为我们生活于其中的世界图景而出现的，我们被弃置于这世界里，陷入毫无保护的境地。因此，《考西卡的愤怒》（Kausika's Wrath）中这样写道：

> 整个世界像是腐肉堆积之地，
> 湿婆的仆人——"时间"——大开杀戮，屠尸横陈旷野。
> 黄昏的苍穹火红一片
> 那是惨遭极刑的受害者的血。
> 如同火葬柴堆的余烬
> 虚弱的日轮泛着微光；星星在穹顶闪烁
> 像是悬于天空的坟场；
> 并且，俨如漂白了的骷髅，
> 苍白的月亮发着的阴惨惨的光……

如同但丁（Dante）的《地狱篇》（Inferno）一样，恐怖的基调支配着布鲁盖尔（Brueghel）[①]、希罗尼米斯·博斯（Hieronymus Bosch）[②]的一些作品。但是这种气氛只不过是前景而已。我们必须探索某些更深刻的东西，不过如果不首先经历这些恐怖，我们就无法有所发现。

希腊戏剧中的悲剧气氛并不是所有天地万物的基调。毋宁说，它只涉及个别事件与个别人物。也许，甚至在任何个别行为或事端发生之前，紧张不安的气氛就笼罩了一切事物并对即将到来的灾难做了预告，尽管尚未有人知道这灾难会采取什么形式降临。埃斯库罗斯的

---

① 布鲁盖尔（Brueghel, 1525—1569），佛兰德斯画家，以描绘宗教场景与神话故事著称，其主题多为揭露人性的弱点。——中译者注

② 希罗尼米斯·博斯（Hieronymus Bosch, 约 1450—1516），荷兰画家，以描绘乡村景致与地狱惨状著称，其主题多为表现世界的罪恶与人类道德的沉沦。——中译者注

《阿伽门农》（*Agamemnon*）就为我们提供了一个绝佳的例子。

不论是在佛教或基督教中，也不论是在叔本华或尼采那里，抑或是在埃达神话或《尼伯龙根之歌》（*Nibelungenlied*）中，悲剧基调都表现为多种式样的所谓悲观主义及其对这个世界的各色各样的生动描绘。

四 斗争与冲突

真理与实在出现了分裂。由于分裂而在联合中相互支持，在冲突中相互斗争。悲剧知识看到的就是不可避免的斗争。对于悲剧诗人来说，问题恰恰是这样的：谁跟谁在做斗争，什么与什么在发生真正的冲突？

我们发现，诗直接表现的斗争是人与人或人与自我的斗争。相互对立的需求、责任、动机与性格品性在斗争中相持不下。心理学与社会学的分析似乎使这些斗争可以作为事实而变得可理解，然而，悲剧诗人洞悉得更深远。他的任务是把悲剧知识直观地呈示出来，所有这些有限的事实只不过是为他提供了素材罢了。通过这种素材，他指出冲突的关键之所在。依据冲突方的解释，或者诗人的解释，或者观众通过诗人的解释而做出的解释，现在这种冲突得到了理解。这些对斗争的解释本身就是现实，因为最强有力的动力总是由这些被揭示出来的意义所发动的，悲剧的情节结构便是这种意义的展现。

体现于艺术品自身之中的这些解释要么是内在的，要么是超越的。悲剧可以是内在的，譬如在个体与普遍之间展开的斗争，或者在历史上更迭嬗递的各种生活方式之间展开的斗争；悲剧也可以是超越的，譬如在人与神之间展开的斗争，或者在诸神之间展开的斗争。

五 个体与普遍

个体与普遍的律令、规范、必然性相对立：从非悲剧角度来说，他只是表现为违背律令的任性；从悲剧角度来讲，他则表现为真正的例外，这种例外虽然反抗律令，但仍旧获得了真理的支持。

普遍原则在社会力量、社会阶层、法规与公职事务中有着集中的体现，因此社会可能会产生悲剧；另外，普遍原则还可作为一种强制性的永恒律令集中体现于人的性格之中，这些律令与个体的内驱力以及人格背道而驰，因此也存在由性格引致的悲剧。

通常而言，基于上述解释的悲剧作品在诗意方面是贫乏无力的。全然具体的人的驱策力与全然抽象的普遍律令在冲突中相遇，这些冲突虽然可以合乎理性地渐次展开，但是它们并不把那些涌动于存在深处的、扣人心弦的直观图景呈现为可见的形式。正是这些两难抉择的明晰性将问题彻底呈现出来。若对我们难以把握的无限广袤之境毫无感受，那么我们成功传达的一切东西最终都还只是苦难——而非悲剧。这是自启蒙运动以来的现代悲剧所遭际的特殊困境。

六　生活方式的冲突

综合性的历史哲学应该把人的状况的变迁解释成一种赋有意义的连续体，这种连续体就是各种生活方式嬗递展开的历史；在每一个时代，这些生活方式都对普遍的处境以及占主导地位的行为模式、思想模式做出了说明。它们并不是猝然间彼此取代的。当新的生活方式逐渐展开自身之际，旧的生活方式仍还存在着。面对尚未耗散殆尽的旧生活方式的持久力与内聚力，新的生活方式的有力突破在开始的时候注定会失败。过渡阶段是一个悲剧地带。

依照黑格尔的观点，历史上的伟大英雄就是在这一意味上成为悲剧形象的。他们纯粹而坚决地体现着新的观念，他们在太阳般的光辉中冉冉升起。他们的真正意义一开始并没有受到注意，直到旧有的生活方式感觉到了危险，便聚集起全部力量，以摧毁新事物最杰出的代表的方式来扼杀新事物。无论是苏格拉底还是尤利乌斯·恺撒（Julius Caesar）[1]，作为体现新原则的先驱，在胜利的同时也成为两个时代分界处的牺牲者。旧的生活方式仍有显示自身威力的正当理由，因为它

---

[1] 尤利乌斯·恺撒（Julius Caesar，约公元前100—公元前44年），罗马共和国末期杰出的军事统帅、政治家，史称凯撒大帝。——中译者注

仍在发挥着作用；它依然赋有活力，并通过其丰厚而精致的传统生活方式来证明自己，纵然腐烂的种子已开始生出置它于死地的新芽。新的生活方式也在坚持着自身的合理性，但是还没有一个业已建成的社会秩序与文化来保护它。眼下，它的功用暂时还发挥不出来。在最后的狂暴中，旧的生活方式重新集结起全部的力量，它所能摧毁的，唯有英雄，那体现新生活方式的第一个伟大人物。新事物随后的突破就不再是悲剧性的了，它将获得成功。柏拉图与奥古斯都·凯撒（Augustus Caesar）① 均获得了辉煌的胜利；他们都实现了内心的愿景；他们用自己的作品模塑了人类；他们也都规划了未来的图景。不过，他们都是以牺牲了的第一个英雄为其凝望的典范的。

这种解释标示着一种特定的历史哲学，它开始只是在世界之中思辨那固有的东西是什么，后来却演进到把本质人格归因于事实上无法验证的历史整体，最后则赋予历史图景以魔力般的自我导向。

七　人与神的对抗

斗争是在个人与"强力"（powers）、人与魔鬼、人与神祇之间发生的。这些强力难以捉摸。如果人试图把捉或者只是去理解它们，它们就会躲开。它们既在这里，又不在这里。同一个神祇，既是乐善好施的，又是残忍邪恶的。

人对此并不知情。不知不觉间，他恰恰沦为他所要摆脱的那些强力的牺牲品。

人反抗诸神，就像敬奉阿尔忒弥斯（Artemis）② 的贞洁青年希波吕托斯（Hippolytus）③ 反抗阿佛洛狄忒（Aphrodite）一样。他在与不

---

① 奥古斯都·凯撒（Augustus Caesar，公元前63—公元14年），亦称盖维斯·屋大维·奥古斯都（Gaius Octavius Augustus），罗马帝国开国皇帝，尤利乌斯·恺撒的甥孙，公元前44年被其指定为第一继承人并收为养子，统治罗马长达40年，是世界历史上最为重要的政治家之一。——中译者注
② 阿尔忒弥斯（Artemis），希腊神话中的贞洁、狩猎女神。——中译者注
③ 希波吕托斯（Hippolytus），希腊神话中忒修斯（Theseus）与希波吕忒（Hippolyta）的儿子，他敬奉贞洁女神阿尔忒弥斯，永不对女人产生欲望，因拒绝继母（她敬奉爱神与美神阿佛洛狄忒）的爱恋与勾引而遭到诬陷，后被海神波塞冬（Poseidon）杀死。——中译者注

可征服的力量的战斗中败下阵来。

八　诸神之间的对抗

斗争是各种强力之间、诸神自己之间的冲突：在这些可怕的游戏中，人只是众神的抵押品，或者只是他们的道具、工具；不过，人的伟大正在于成为这一媒介的行动。通过这一行动，人的灵魂被赋予活力，并变得与那些强力等量齐观了。

在索福克勒斯的《安提戈涅》(Antigone) 中，有其冥界来源或政界来源的诸神幽隐不显，它们基本上就是这样一些陷于互相争战的力量。但是在埃斯库罗斯的《复仇女神》(Eumenides) 中，诸神间的争斗就相当明显了，它们处于最显著的前台并决定着人们的需求。在《普罗米修斯》(Prometheus) 所表现的这类斗争中，人甚至未曾出现在舞台上。

悲剧世界观总是包含斗争的迹象。然而，自在且自为的斗争就是悲剧性的吗？如果不是的话，那么又是什么使斗争成为悲剧性的呢？倘要判定这个问题，我们就必须进一步探究悲剧世界观的其他方面。

九　胜利与失败

在悲剧中，谁或者什么东西取胜了？人与各种强力交相冲突。结局往往使人联想到这样一种有利于胜利者的定论：失败的一方是错误的。然而事实并非如此。毋宁说，我们发现的倒是悲剧的以下几个方面。

（1）胜利并非属于成功者，而是属于受挫中的失败者。在经受失败的痛苦中，失败者赢得了胜利。在真理中，表面上的胜利者却处于劣势；他的成功是短暂而空洞的。

（2）获胜者是普遍性的一方（What conquers is the universal）[①]，是

[①] 英文版写为斜体，汉译中采用加着重号的方式予以标示。下同，不再一一标注。——中译者注

世界秩序、道德秩序、普遍的生活法则、永恒的东西——但是对这种普遍性的认可恰恰隐含着相反的意义：普遍性的本质就是表示它必须要粉碎与它相对抗的人类的伟大。

（3）其实并没有任何东西获胜。所有的东西都转而成为可疑的了，英雄如此，普遍性的东西亦是如此。与超越者相较，其他一切都是有限与相对的，因此不管是个别的还是普遍的，例外的还是常规的，都应遭到毁灭性破坏。杰出的人与庄严的秩序均有其自身的限度，越过限度就会走向瓦解。在悲剧中获胜的是超越者——更确切地说，甚至超越者也不曾取胜，因为只有透过整个境遇，它才能感觉到自己的存在。它既不称霸，也不屈从；它只是存在着。

（4）在胜利与失败中，在一次性地解决胜负的过程中，一种新的历史秩序诞生了，眼下轮到它暂时登上舞台了。它的重要意义首先关联于产生它的那种特殊的悲剧知识。因此，一位悲剧诗人的高下，就决定于他从胜利与失败中，以及他对这些问题的解决方式中所描绘出来的内容。

十　罪

通过把悲剧性格的命运理解为罪的结果，进而理解为超出罪本身的内在精神活动，悲剧就成为自我意识了。毁灭就是对罪的偿还。

诚然，这世界充满了无辜的毁灭。隐匿着的罪恶暗中搞破坏，并未被人察识；它悄无声息地进行着，并未被人听闻；当有人在城堡的地窖里被折磨致死时，世上没有权威哪怕只是听说过这种罪恶。只要无人出面作证或知悉他们的牺牲，人们就会像殉难者般死去却没有成为殉难者。每天都有一些毫无防备的生灵在地球上被折磨，被毁灭。伊万·卡拉马佐夫（Ivan Karamazov）[①] 一想到好战的土耳其人（Turks）纯粹为了取乐而残杀儿童，他就会发疯似的勃然大怒。但是，只要灾难还不是对罪的偿还并且尚未关联于生命的意义，这整个令人

[①] 伊万·卡拉马佐夫（Ivan Karamazov），俄国作家陀思妥耶夫斯基长篇小说《卡拉马佐夫兄弟》中的人物。——中译者注

心碎、可怕的现实就不是悲剧。

然而，罪的问题并不拘囿于个别人的行动与生活。毋宁说，它涉及我们每个人都是其中一分子的人类整体。我们到哪里去寻觅对所有这种不该受的灾难负责的罪愆呢，使无辜者受苦受难的强力又在何处呢？

只要人们清醒地审视这个问题，他们就会产生同罪的想法。所有的人都一同犯罪，一同担责，因为他们有着共同的起源与目标。这方面的一个标志——尽管不能拿来做解释——是我们对下述想法（这种想法对我们有限的理解力来说似乎是荒谬可笑的）感到震惊与困惑（Betroffenheit）[①]：我要对世上所犯下的一切罪负责，除非我已经竭尽所能来阻止它，直至牺牲我的生命。我是有罪的，因为在这种罪愆发生的时候我活着而且还会继续活下去。如此一来，对所发生的一切的同罪感就控制住了每个人。

因此，我们必须从广义上就人类实存本身的罪来谈论罪，同时从狭义上就人对任何特定的行为当负的责任来谈论罪。当我们自己的罪并不局限于某一特定的错误行为，而是在更为深刻的意义上立于人类实存的真正本质得到发现时，有罪的观念就真正成为兼容并包的了。为此，悲剧知识对以下两种罪做了区分。

（1）首先，实存是有罪的。从最广泛意义上来讲，罪就等同于实存本身。这种看法早在阿那克西曼德（Anaximander）那里就已初露端倪，后来又在不同的意义上被卡尔德隆重新提起——人的最大的罪莫过于降生于世。

这一点也呈现在如下事实中——我的实存恰恰带来了痛苦。印度思想对此有个形象的说法：每一投足，每一呼吸，我都在荼毒生灵。不管我是否行动，仅仅由于我活着，我就侵犯了其他的实存。无论被动还是主动，我都招致了实存之罪。

1）一个特定的生命因其出身而获罪。确实如此，我既未渴望过这个世界，也未曾希冀我个人能存在于其间。我的罪并非出于我的意

[①] 在英文中，"perplexed"指的是外部的环境使人迷惑（baffled）。在德文中，一个人要是betroffenheit，则是说他不仅被迷惑，而且他的内心受到了触动。——原英译者尾注

愿，而只是因为我自己有这样一个出身。我的血统来自有罪的祖先，这致使我自己也有了罪。

作为俄狄浦斯与其亲生母亲所生下的女儿，安提戈涅生来就触犯了天条律令。她的血统带来的诅咒在她身上作祟。她被排除于合法的血统常规之外，不过正是这一点使她秉具了非凡的深度与人的感情：她对神圣的律令具有最确定无疑、最不可动摇的认识。她死了，因为她比别人更伟大，因为她的非凡事例体现着真理。她心甘情愿地死去。死亡对她来说意味着自我解放；在整个行动的途程中，她始终与她的自我保持着一致。

2）一种特定的性格之所以有罪，乃是因为他之所是的东西①。性格本身就是命运的一种形式——只要我将我自身从我自己的性格中分离出来并转而对其加以审视。

我身上有着多少卑劣的东西，有着何等作恶的欲望，有着多么刚愎自负、顽固不化的骄矜——所有这一切，既不是我自己渴念的，也不是我自己造成的。然而，我对这一切仍旧感到愧疚。这里姑且不论我是否不情愿未曾赎罪就死去，也姑且不论我是否试图通过唤起我存在的更为深刻的根源（这根源可以使我摒弃原来的我，尽管我并不能够成为我所渴望的东西）来超越我的卑劣本性并在这个过程中遭到毁灭，我在此所要强调的是，最终仍是我的罪愆导致了我的命运。

（2）其次，行动是有罪的。从狭义上来说，在我自由从事的任何一种独特的行动（从某种意义上来讲，这种行动并不一定发生，而且也可以不同的方式发生）中都可找到罪愆。

1）有罪的行动可以从对法则的蔑视中表现出来；它是个人完全出于自己的专断而有意识地对抗普遍性的东西的任意行为。它既是应受谴责的无知所带来的后果，也是半清醒地调换与隐蔽动机所带来的后果。这种肆意而为的任性所涉及的，除了卑鄙与邪恶的苦痛外，别无他物。

2）当悲剧知识辨识出行动有罪时，情况就有所不同了。虽然出

---

① 这是罗德（Rohde）与尼采"令人神往的"的观点，但是现在根据狄尔斯（Diels）提出的新的手稿证据，人们已普遍放弃这种说法。——原英译者尾注

于自由这一根基，但是诚实而合于道德必要性的行动也会遭遇失败。人不可能通过正当而诚实的行动来逃脱自己的罪愆：罪本身似乎在平白无辜的情况下就招致了。人将罪责负荷在自己身上。他并不试图逃避罪责。他持守着自己的罪，倒不是出于个性的顽强，而恰恰出于这样一个真理——他注定要在必不可免的献身中遭遇失败①。

十一 人在失败中的伟大

如果不能超越人的赎罪而在人身上见出伟大的品性，那么悲剧知识就不能得到拓展与深化。

人非上帝，这是他渺小与走向毁灭的原因。不过，他能把人类的诸种可能性发挥到极致，而且明知这样做会走向毁灭——这乃是人的伟大之处。

因此，我们从悲剧知识中所学的东西主要包括：什么使人痛苦和失败，人在面对现实的时候他负荷在自己身上的东西是什么，他是以何种态度或方式牺牲自己的实存的。

悲剧英雄——被提升与强化了的人——本身就处于善与恶之中，他在美德中实现自己，又在邪恶中取消自己。② 在任何情形下，他的实存都被他那用来应付一些真实的或假定的绝对要求的一致性毁坏了。

他的抵抗、顽强与骄傲驱使着他进入"伟大"的罪愆之中。他的忍耐、勇毅及爱把他提升到善的境界。他总是通过在极限境遇下体验生命而逐步成长。诗人看出悲剧英雄身上携带着超越了个别实存的某些东西——强力、道义、个性与充沛的精力。

悲剧描绘出超乎善恶的人的伟大。诗人的观点与柏拉图的相似："你以为那些滔天的大罪与纯粹的邪恶来自懦弱的天性而非来自强健的天性吗？……与此相对，你以为不论是善行还是恶行，懦弱的天性从来都不会成为任何伟大事物的起因吗？"只有从最有天赋的那类人中，才会"既产生出对社会与个人造成最大伤害的人，也产生出行最

---

① Schuld des Soseins，指的不是存在、起源或行动的罪，而是产生于个人性格中的固执与卑劣的罪。——原英译者尾注

② Im Bösen sich vernichtigend，意指身体与精神两个方面的自我毁灭。——原英译者尾注

大的善的人来……而狭隘的天性却从不会对人类或城邦做出任何伟大的事情来"。①

第三章 真理问题

当各自都认为自己是真实的力量相互冲突，悲剧就会发生。实在是破碎的，真理是分裂的，这是一种对悲剧知识的基本领悟。

因此，赋予悲剧以生机的问题是：什么是真实的？由此又引出以下问题：谁是正确的，正义在世上能带来成功吗，真理能取胜吗？每一行动者都显示出某种特定的真理，同时也揭示出这种特定真理的局限，由此将不公正在一切事物中展示出来——这的确是悲剧的过程。

然而，在一些悲剧（譬如《俄狄浦斯》与《哈姆雷特》）中，主人公自己探询真理。真理的可能性——与之相关联，知识的全部问题，它的可能性、意义与结果——成为戏剧的主题。

在我们对这两部不可穷尽其意蕴的悲剧所做的诠释中，我们将把重点放在这个基本问题上。

一 《俄狄浦斯》

俄狄浦斯是一位下决心求知的人，他智慧超群，善于思考，解出了斯芬克斯之谜并战胜了这个怪兽。正因为这一点，他成为底比斯的统治者。俄狄浦斯还是一位始终不肯行骗的人，他把自己不知不觉中犯下的可怕罪行揭露出来。由此，他招致了自己的毁灭。他充分意识到自己的探求所带来的福祉与灾祸并把握住两者，因为他渴望获得真理。

俄狄浦斯是无辜的。为了避免犯下神谕曾预言的恶行（弑父娶母），他做了自己力所能及的一切。他躲开他以为是自己父母所在的那个国家。后来，他却不知不觉地在另一个国家杀死了自己的生父，娶了自己的母亲。"这种事不是我有意要做的。""我毫无所知地做了

---

① 柏拉图：《理想国》，第6章。——原英译者尾注

这种事，在法律面前我是无罪的。"①

这部悲剧表现了作为底比斯统治者的俄狄浦斯如何试图让他的国家避开可怕的瘟疫：起初，他毫无疑虑地探求邪恶的肇因；接着，他因不祥的预感而畏缩不前；最后，他毅然决然地将真相揭示了出来。

先知告诉俄狄浦斯，谋杀他父亲的凶手仍在这个国家逍遥法外：若要避开瘟疫，必须驱逐这个凶手。然而，谁是凶手呢？俄狄浦斯请教先知泰瑞西亚斯（Teiresias），他却不愿意回答："唉，在智慧没有用处的地方拥有智慧是多么可怕的事。""你是全然无知的。不！我绝不会告诉你我所知道的东西。目前，这是我的痛苦；若告诉你，它就会成为你的痛苦了。"②

俄狄浦斯敦促他，侮辱他，逼迫他讲出实情，最后他却得知自己正是亵渎了这块国土的罪犯。为这件不可能的事所困惑，俄狄浦斯嘲笑先知的知识，乞援于自己建基于理智之上的知识，这种知识曾使他而非先知战胜了斯芬克斯："凭借天赋的理智而非禽鸟之学来猜测真相。"③

不过，眼下这个被彻底激怒的先知仍通过问题来暗示那可怕的真相："你……嘲讽我是瞎子。你有眼睛，难道没看见你自己该受到的谴责？你是谁的儿子？"④

现在，俄狄浦斯开始探寻了。通过询问自己的母亲，他获悉了情况的真相：一个人可以尽力求知，可以在探究与知识中胜过他人——然而，他仍有可能在不知不觉中犯下最有害的罪恶。无论如何，生命与福乐可能会欣欣向荣，直到这些转而都被知识彻底摧毁为止——这就是剩下的那种无法解答的真理与生命之谜：

---

① 《俄狄浦斯在科罗诺斯》（*Oedipus at Colonus*），第963—964、966—968行。正如其他所有译自希腊文的译本一样，这里的译文同样旨在保存雅斯贝斯所强调的内涵。通过在多种英译本中进行挑选，或者只对照希腊文径直将雅斯贝斯的引文译成英文，这个目标得到了实现。——原英译者尾注

② 《俄狄浦斯王》，杰布（R. C. Jebb）译（剑桥大学出版社1887年版），第316—317行；达德利·菲特、罗伯特·菲茨杰拉德（Dudley Fitts and Robert Fitzgerald）译（纽约：哈考特出版社1949年版），第23—24页。——原英译者尾注

③ 《俄狄浦斯王》，第398行，收入《底比斯戏剧》（*The Theban Plays*），沃特林（E. F. Watling）译（企鹅经典丛书1949年版），第37页。——原英译者尾注

④ 《俄狄浦斯王》，第412行，沃特林译本，第37页。——原英译者尾注

附录二　雅斯贝斯论艺术（含艺术家）著述迻译

如果他对俄狄浦斯的谈论没有说对，
那么谁来判定这些由凌驾于人之上的某些残酷的力量造成的事件呢？①

俄狄浦斯在全部真相面前退缩了，他宁愿去死，也不愿最终不得不面对这个真相：

在我看到这灾难致命地沾染到我身上之前，
但愿我从人们的目光中消失。②

伊俄卡斯忒（Jocasta）枉费心机地要把他引回那种使活下去成为可能的无疑无问的无知状态：

既然机运对人来说意味着一切，人又无法清晰地预知任何东西，
他为什么还非得要惧怕呢？
最好是轻松快乐地生活，尽己所能，无思无虑。
至于你母亲的婚床——不要怕它。
就像神谕所显示的一样，在此之前，在梦中，
已有许多人与自己的母亲同床共枕。
不过，这对他来说并非无可承受的事情，
他依然过着最自在的生活……
恳求你——对这件事不要刨根问底了……③

然而，一经察觉到其中的某些迹象，就再也没有什么东西能够促使俄狄浦斯去掩盖真相了："我必须这样做。我不能让真相隐匿不彰。"④
当他揭开真相时，他抠出自己的双眼。从此以后，它们只能凝

---

① 《俄狄浦斯王》，第828—829行，杰布译本。——原英译者尾注
② 《俄狄浦斯王》，第832—833行，收入《三部希腊戏剧译作选》（*Three Greek Plays in Translation*），大卫·葛尼（David Grene）译（芝加哥大学出版社1942年版），第123页。——原英译者尾注
③ 《俄狄浦斯王》，第977—983、1061行，葛尼译本。——原英译者尾注
④ 《俄狄浦斯王》，第1065行，沃特林译本，第55页。——原英译者尾注

视着黑暗,因为它们没有"在我痛苦与作孽时使我看出如此可怕的东西!"①

合唱队吟诵出来的结论是适用于全体人类生活的:生活是幻觉,醒悟是毁灭:

> 凡人的子孙啊,我是多么相信你们的生活只是一个幻影!必有一死的人在哪里赢得的幸福不是转瞬即逝的外观?你——不幸的俄狄浦斯——的命运提醒着我,不要妄言尘世之人的幸福。②

怀着对知识的渴望,凭借着卓越的理解力,俄狄浦斯总是行进在一条无意识的道路上。他最终成为知识所带来的灾难的牺牲品,而这灾难却是他从未料到过的:"你因知识招致灾祸,因命运遭到诅咒!"③

不过,这种对知识的不懈追求与对其一直通向灾难的后果的无条件的承受——这一切引生了另一种真理。人们将一种新的价值毕恭毕敬地赋予这位因知识与命运而受到诅咒的俄狄浦斯。他的尸骨给他所安息的土地带来了福泽。人们关心他的遗骸,并把他的墓穴奉为圣陵。俄狄浦斯自己实现了内在的和谐,最后这也找到了外在的表现形式:他的坟墓成为一个圣地。

二 《哈姆雷特》④

一桩难以证验的罪行发生了。丹麦国王被其弟弟谋杀,凶手随后窃取王位并娶了死者的妻子。鬼魂向被害国王的儿子哈姆雷特单独透露了这件事,没有任何其他证人。除了罪犯本人——新国王,无人知晓这件罪行。若被告知这桩谋杀案,在丹麦当前的状况下则不会有人相信它已发生过。而鬼魂,由于他是一个幽灵,因而无法为哈姆雷特充当毋庸置

---

① 《俄狄浦斯王》,第1272行,杰布译本。——原英译者尾注
② 《俄狄浦斯王》,第1186—1195行,杰布译本。——原英译者尾注
③ 《俄狄浦斯王》,第1347行,杰布译本。——原英译者尾注
④ 下面的许多解释,我都得益于卡尔·威尔德尔(Karl Werder)的《关于莎士比亚〈哈姆雷特〉的讲座》(*Vorlesungen über Shakespeares Hamlet*),柏林:1859—1860年第1版,1893年第2版。——雅斯贝斯原注

疑的证人。尽管哈姆雷特觉察到了这一罪行，就像是完全知晓了一样，但是罪行本身仍无法得到证明。现在，哈姆雷特献身于一个独特的使命：去证实这桩难以证实的谋杀，待证据确凿后就采取行动。

整部剧本表现的就是哈姆雷特探寻真相的过程。但是，真相不仅是对有关案件事实的孤立问题所做的解答，而且包含更多的东西。整个世界的状况就是：这种罪行可能会发生，可能会继续不为人所觉察，依旧无法得到澄清。在哈姆雷特意识到自己使命的时刻，他也知道：

这是一个混乱不堪的时代。唉，可憎的不幸
我却生来就要去匡正它！①

任何人罹遭哈姆雷特的境遇都会知晓别人不知道的事情，却又不能确切地知道它，这个人就会以一种新的、不同的目光打量整个世界。他将无法交流的东西深藏在自己的心底。每一个人、每一种处境、每一项条例都通过自己对探求的抵制，通过对违逆真理的阴谋的屈从而显示出自身不真实的一面。万事万物都是有瑕疵的，就连最诚信善意的好人也不得善终［如奥菲莉娅（Ophelia）和雷欧提斯（Laertes）］。"在这个世界上，诚实的人犹如万里挑一那般稀罕了。"②

哈姆雷特的知识及其对知识的渴求使他与世界分离了。他在世界之中，又不能属于这个世界。他便扮演起疯子的角色。在这个虚伪的世界上，发疯是个面具，这面具容许他不必在自己的真实情感方面说谎，不必在毫无敬意的地方佯装恭敬。他可以通过冷嘲热讽说出真相。无论说什么，真的抑或假的（所说的一切都是模棱两可的），他都能借助疯子这个面具加以掩盖。他之所以选择疯子作为自己恰当的角色，乃是因为真理不容许有其他的选择。

在哈姆雷特认识到自己已被打上例外的标签并注定遭到排斥的时刻，他受到电击般的震惊，充分意识到正发生在自己身上的事情。他向朋友们诉说，好像正在与所有可能受到庇护的人类实存作别——然

---

① 《哈姆雷特》，第 1 幕第 5 场。——原英译者尾注
② 《哈姆雷特》，第 2 幕第 2 场。——原英译者尾注

而，他同时又在这种作别中对他们隐瞒着真相：

> 我无须再费口舌了，咱们还是握手分开吧：
> 你们可以按照自己的本分与意愿做自己面对的事，
> 因为每个人都有自己的本分与意愿，
> 事实正是如此；至于我自己这可怜的角色，
> 你们就瞧着吧，我要去祷告。①

不过，这个假面具只是日常生活中的伪装。哈姆雷特必须承担一个实际的角色，这是一个在完全不真实的世界上探求真理并对所犯的罪行报仇雪恨的角色。如果不通过含混、不洁与变形，这个角色就不可能扮演到底。哈姆雷特必须承受他的天性与派给他的角色之间的张力所带来的痛苦，直到他不再将自己看作自己，而是必须同某些乖戾、扭曲之人一样拒斥他自己。仅此一点就解释了他为何这样来评判自己。

很多诠释者把哈姆雷特描绘成一个优柔寡断、神经过敏、犹豫不决、错失良机的人——一个无所作为的梦想家。他的许多自我责备也似乎确证了这样的看法：

> 而我，
> 一个愚钝而颠顶的家伙，面容憔悴，
> 像一个不切实际的傻瓜……②
>
> 于是，重重的顾虑使我们全变成了懦夫；
> 就这样，与生俱来的决心
> 被苍白的冥想害得黯然失色；
> 那些极其重要的伟业
> 也会在这种思前想后下逆流而退，
> 最终失去了行动的意义……③

---

① 《哈姆雷特》，第 1 幕第 5 场。——原英译者尾注
② 《哈姆雷特》，第 2 幕第 2 场。——原英译者尾注
③ 《哈姆雷特》，第 3 幕第 1 场。——原英译者尾注

每一次机会确实都在责告我
刺激起迟钝的复仇之念！……
……或者是某个怯懦的顾虑
把事件考虑得过于仔细——
一个想法拆开只有四分之一是智慧，
另有四分之三是怯懦——我不明白，
我为什么还活着说"这件事需要做"，
之前，我却曾有理由、意志、力量与手段来做它。①

的确，哈姆雷特一定要给人留下无所作为的印象；他不断地找到暂不行动的某种理由。于是，他就以这种方式打击着自己。他前面所说的每一句话，都是为了驱策自己采取行动。

然而这正是悲剧的基本特征：哈姆雷特始终处于行动的过程之中；他不断地探寻着真理的目标以及与真理相一致的行动。如果以真正的真理这一尺度来衡量的话，他的犹豫不决就是完完全全有合理的缘由的。正是命运强加给他的这种处境，致使他看上去像是一个被苦思冥想夺去勇气的怯懦者。

哈姆雷特绝非怯懦或优柔寡断。毋宁说，一再显示出来的倒是与此相反的一面：

我的生命我早已置之度外。②

无论出现在何处，他都蛮勇地冒着生命的危险。他沉着镇定，并能立刻做出适当的决断［例如在对付罗森克兰茨（Rosencrantz）与吉尔登斯特恩（Guildenstern）时］。他卓然超群；他敢作敢为，既能够用剑也能够用机智进行战斗。并不是他的性格瓦解了他的勇气；只是作为知情者——以鞭辟入里的洞察力——又有所不知的窘境使他徘徊不定。例如，当他的情绪在极端的感情迸发下失去控制，误以为波洛

---

① 《哈姆雷特》，第4幕第4场。——原英译者尾注
② 《哈姆雷特》，第1幕第4场。——原英译者尾注

涅斯（Polonius）就是国王而将他杀死时，他也绝非赞同自己使用暴力，即便国王真的为他所害也是如此。此乃因为，他的使命的意义不只是要求国王本该被某个复仇者杀死；对这个复仇者来说，真正的使命则在于令人信服地去证明国王究竟干了什么事。与通常那些在盲目冲动之下莽然行动的所谓果断之人相比，哈姆雷特的确没有采取行动，至少没有不加考虑就仓促行动。可以说，他是被他的所知与其所不知缠缚住了。相反，那些除了决断之外别无他有的人，他们坚定有力地保证，不假思索地服从，毫无疑问地蛮干——他们实际上陷入狭隘的幻觉之境了。只有热衷于狂烈、即刻地诉诸行动并以被动地屈从于冲动为其个性特征的弱智者，才会指责哈姆雷特的无所作为。

与此相反的一方才是真实无妄的。当哈姆雷特首次清楚地看到自己的使命时，他便说道：

　　我的命运在呼唤，
　　使我全身每一根细微的血管，
　　都变得像尼米亚雄狮的筋腱一样坚硬。[①]

他一直坚守着这种承诺，直到在与雷欧提斯（laertes）进行生死攸关的决斗时，他才迅速地改变了决定。这出戏的每一幕都展现了哈姆雷特在专一地迈向目标的过程中，始终处在最清晰的洞察与积极的献身造成的紧张情势之中。只有一次，这个过程被行刺波洛涅斯所中断，那是听任冲动的鲁莽行为，而不是出自清晰洞察的行为。然而，并非行动与掩饰行动的面具本身就已是全部的真理。只有在行为与面具向属意于哈姆雷特的同代人——他们必须使真理成为知识的一部分——显现之际，这种真理才会被人意识到。这在哈姆雷特对打算与他同赴黄泉的霍拉旭（Horatio）所说的最后的话中得到了证实：

　　啊，善良的霍拉旭，
　　我死之后，

[①] 《哈姆雷特》，第 1 幕第 4 场。——原英译者尾注

假若事情还是这样不清不楚，
我的名誉将蒙受多大的伤害！
如果你真的用心爱过我，
那就暂且放弃升天的福乐，
留在这个冷酷的世间艰辛地活下去，
以便向世人讲述我的故事。①

　　哈姆雷特的命运是一个无解的谜。他的求真意志是没有界限的，但是他的故事并不可能指出正义、良善与真实本身。这部戏剧以沉默而告终，不过仍有一些确定的点凸显出来。这些确定的点本身并非整全的真理，但是哈姆雷特在其命运的进程中对它们表示了赞同；它们并不是哈姆雷特本人的路标，而是通过他，成为其他人的路标。他对这个世界的肯认可以从他对那些在他的悲剧中与他站在一道的人们的肯认显示出来，并通过他们的映衬，更把哈姆雷特与众不同的性格与命运提升到一个几乎无以企及的高度。

　　霍拉旭是哈姆雷特唯一的朋友，这个人既真诚又忠实，能够忍耐，敢于赴死，因此哈姆雷特才可以对他说这些话：

自从我高贵的灵魂成为自我选择的主人
而且能够辨识世人，
你就被我的灵魂选中。因为你
遭受一切苦难而泰然自若；
你承受命运的虐待与恩宠，
却能报以同样的谢意；幸福属于
感情和理智如此协调的人，
命运不能把他们玩弄于指掌之间。给我一个
不为感情所奴役的人吧，我愿意把他
珍藏在心底，犹如我对你所做的一样，
永久铭记在我的心窝里。

---

① 《哈姆雷特》，第 5 幕第 2 场。——原英译者尾注

这类的话现在无须多言!①

在天性与性格方面,霍拉旭与哈姆雷特息息相通,但是使命与命运将哈姆雷特引向一条独自品尝人生根本体验的小路,这种体验却是无法与他人共享的。

福丁布拉斯(Fortinbras)乃是这样一个人:他拘囿于这个世界现实带来的地地道道的幻觉之中,毫无质疑地生活与行动着。他无忧无虑地行动。他看重荣誉。他在哈姆雷特死后坦言道:

至于我,我悲哀地拥抱我的命运;
大家总还记得,我在这个王国本来也有继承王位的权利,
现在正是我要求这个权利的有利时机。②

他迅即利用了业已发生之事,不过还是在不事声张的震惊中向死去王子的命运表达了敬意。在他下令以最高的荣誉褒奖死者的时候,福丁布拉斯再次肯认了哈姆雷特的品质,仿佛这种品质业已从丹麦的王座上大白于天下:

因为他若有机会登基为王,
他一定会成为一位贤明的君主。③

福丁布拉斯——这个无知却未曾意识到自己无知的现实主义者——可以活下去。他的力量是有限的,这种力量仍局限于其所处地位的自然目的,尚未意识到纯然有限实存的那种无望感。就这世界的有限目的而言,福丁布拉斯得到了有着清晰洞见的哈姆雷特的信任:"他已得到我这濒死之人的赞许。"④

尽管福丁布拉斯出身高贵,但是其仅仅献身于荣耀的生命依然是

---

① 《哈姆雷特》,第3幕第2场。——原英译者尾注
② 《哈姆雷特》,第5幕第2场。——原英译者尾注
③ 《哈姆雷特》,第5幕第2场。——原英译者尾注
④ 《哈姆雷特》,第5幕第2场。——原英译者尾注

有限而虚假的。这在哈姆雷特拿自己与福丁布拉斯作对比之前就已显示出来：

> 真正的伟大意味着
> 没有十足的缘由绝不心旌摇荡，
> 然而在攸关于荣誉时
> 就会发现即便为了一根稻草也会让人争吵不休……
> 我羞愧地看到
> 两万人即将赴死
> 为了博得一个空幻的名声就在其操纵下
> 走向卧榻一样的坟墓……①

哈姆雷特既不可能是霍拉旭，也不可能是福丁布拉斯。他自身缺少一切实现的可能性吗？哈姆雷特怀着对最终决断的恐惧寻求真理，这种寻求除了具有否定的意义外，似乎并没有给他带来自我实现的东西。诗人只有一次让哈姆雷特设想过——如果连短暂的瞬间也算的话——自我实现的机会，那就是在他满怀信心地致信奥菲丽亚（Ophelia）之时：

> 你可以怀疑星星是焰火，
> 也可以怀疑太阳会移动，
> 还可以怀疑真理是否成为谎言，
> 但永远不要怀疑我的爱。②

哈姆雷特凭借绝对的标准在自己身上体验到某种不可摇夺的东西，这种东西要高于真理。此乃因为，甚至真理也可能是靠不住的，不管其表象如何：这就是该悲剧的主题。但是奥菲丽亚没有使他如愿以偿。伴随这次最骇人的心灵撕裂，哈姆雷特唯一的一次机会也化为乌有了。

---

① 《哈姆雷特》，第4幕第4场。——原英译者尾注
② 《哈姆雷特》，第2幕第2场。——原英译者尾注

哈姆雷特的真理之路并没有呈现拯救。他的命运被一个无知——一种持续不断地对于界限的意识——的领域所包围。界限之外就是虚无吗？这部戏在传达一切的线索中从头至尾都默默地暗示着：这些界限并不与虚无相毗邻。

哈姆雷特拒绝屈从于迷信——他的拒绝不仅源于其知识的清晰度，而且源于他对尚未得到详细说明的那种无所不包之物的信任：

> 我们经受得起预兆的考验；一只雀子死了，那是特殊天意的安排。如果这事现在发生，它就不会发生在将来……做好准备就是一切。既然没人知道他会失去什么，那么及早离开又有何妨？①

对于具体的行动，他还有更加深思熟虑的看法：

> ……我们要明白，
> 当精审的筹划变得乏力的时候，
> 一时的孟浪反倒有助于我们取得成功；
> 这就教导我们，
> 无论我们希望多么辛苦图谋，
> 总有一种神性的东西在构塑着我们的结局。②

哈姆雷特借此谈论他的无知的方式并没有指向虚无，而是指向了超越存在：

> 霍拉旭，天地之间有许多东西
> 都是你的哲学里未曾梦想到的。③

当出现在哈姆雷特面前的鬼魂拒绝讲更多的东西时，无知的态度似乎就带有了不可思议的意味：

---

① 《哈姆雷特》，第5幕第2场。——原英译者尾注
② 《哈姆雷特》，第5幕第2场。——原英译者尾注
③ 《哈姆雷特》，第1幕第5场。——原英译者尾注

可是这种永恒的启示
是不准许向有肉有血的凡耳宣示的。①

还有哈姆雷特最后的一句话也可作如是观：

剩下的乃是沉默。②

经过所有这些克制与迂回之后，霍拉旭以其对死去朋友的感人肺腑的话结束了这个故事：

一颗高贵的心现在破碎了。晚安，亲爱的王子。
愿飞翔的天使歌唱着送你安息！③

或许莎士比亚未曾给他笔下的其他濒死的英雄写下这样一种告别的话。确实，与斯多葛派贤哲、基督教圣徒、印度隐士之类经常出现的典型相比，哈姆雷特并未提供任何可资广为效仿的生命方式的范型。但是作为一位真正高贵的人，他具有独一无二的追求真理与崇高人性的坚定意志。他完全介入了这个世界；他并未从中隐遁，而是发现这个世界正在排斥他。他的无与伦比之处在于其全然自我捐弃地直面命运的气概，在于其毫无哀婉凄美的英雄主义情调。

人的困境在《哈姆雷特》这部戏剧寓言中得到充分的表现。真理可以寻获吗，有可能依靠真理生活吗？人的处境为这类问题提供了一种解答：所有生命的力量都是由茫然无知产生的。它既产生于想象的知识（被当作信仰的神话以及神话之替代品中的知识）之中，也产生于毫无疑问的接受与令人心胸狭隘的谎言之中。拘囿于人的困境，对真理的探求就成为一项不可能完成的使命。

如果完全显示出来，真理就瘫痪了——除非人能够像哈姆雷特所做的那样，通过孤注一掷的英雄主义与纯正质朴的直观，在颤抖灵魂

---

① 《哈姆雷特》，第1幕第5场。——原英译者尾注
② 《哈姆雷特》，第5幕第2场。——原英译者尾注
③ 《哈姆雷特》，第5幕第2场。——原英译者尾注

的永无歇止的运动中发现一条道路。沉思默想——理性意识——使人怯懦，除非一个人坚不可摧的内驱力在清晰的知识之光的照耀下积聚起更强大的力量。但是这种内驱力尚未得到具体的实现就把自身消耗殆尽了，留下的乃是超人——而不是非人——在其失败中的伟大这种印象。这也可从其他观点得到证实。因此，尼采明白人永远不可能完全接受真理，犯错是在所难免的——这就是说，就那些根本性的真理而言，它们在任何情况下都是人的存在的前提，要想把捉这些前提，人就必定会犯错。或者像荷尔德林所做的那样，他让恩培多克勒（Empedocles）因设法把整全的真理揭示给世人而冒犯诸神。永远是同样的问题：人必须为真理而死吗，真理意味着死亡吗？

哈姆雷特的悲剧表现的是人在毁灭的边缘而战栗的知识。其中没有警告，没有道德说教，只有一个人在意识到他的无知并决意探求真理的过程中所祈向的根本实在的知识，正因为如此，他的生命破碎了："剩下的乃是沉默。"

第四章　悲剧的主体性

对无动于衷的旁观者来说，悲剧知识是无关紧要的东西，它只是在认知中才会引起关注。毋宁说，它是一种赢得的知识，正是在这种知识里，我通过我认为在其间获取理解力的方式，通过我在其间观察与感受的方式，进而让我的自我逐渐成长起来。在这种知识中并通过这种知识，整个人发生了转变。这种转变可以使人走上解救之路：在解救中，人通过克服悲剧而上升到至高无上的实在；与此相反，这种转变也可能使观众陷入审美冷淡之途：人心不在焉，浮游不定，遁于虚无之中。

一　解救的概念[①]

人被抛在这个世界上，遭受一切困厄痛苦，面临无可逃避的灾难

[①] 雅斯贝斯的"Erlösung"一词包括"解救"（"deliverance"，不需要牺牲）与"救赎"（"redemptiom"，必须牺牲）这两层含义。行文中这些字眼基于语境要求而交替使用。——原英译者尾注

的威胁，人便急切地寻求解救——或在今世得到救助，或在来世获得拯救，或从当下的痛苦中解放出来，或挣脱一切苦难而得到救赎。

每个人都与同伴一道，通过在其自身的处境中采取实际的行动而得救。不过，为这种解救活动所不能及的是，自远古以来就有某些个体（特别是被赋予或拥有特殊能力的术士、巫师或祭司），采用唯有他们自己才知晓的方法带来救助。

公元前10世纪至公元前1世纪在人类历史上刻下一道深深的分界线。人类的意识开始觉察到苦难的普遍性，并通过先知和救世者寻求解脱与救赎之路。这些人以人类的身份面向人本身，提出全面的要求，给所有的人提供帮助。苦难不再只是日常生活的困苦与疾病、衰老与死亡，还意味着人作为人在世界之中所受的根本束缚（由于无知、由于罪愆、由于混乱）。于是，救世者、和平救星与世界秩序缔造者们不再只提供一些局部的、暂时的救助。他们所做的远远不止这些，而是通过这种局部的救助——哪怕没有它——指出整体解救之路。

这种救赎包含在通过启示而为人所知的客观事件之中，人因此能够在整体中辨识正确的道路，并在整体中为自己标出正确的路径。

世界的进程可以用两种不同的方式进行设想。若以非历史的方式设想，可以把它看成周而复始的循环过程；若以历史的方式设想，便可把它理解成某种独一无二的东西，这种东西以崩溃与重建之类的重大而具有决定性的事件为标记，以持续不断的跨越式启示为特征。不过，在这两种情形中，世界进程都具有全体与超越的特性：它超越了所有特殊的事件，不管这些事件是支配某次循环的普遍规律，还是构成普遍历史的某个非重复性的过程。无论是循环性的还是历史性的，世界进程都超越了其本身，它对其未知背景的自觉体验乃是救赎的基础。正是由于这种体验，所有的不幸与痛苦都得到了理解与克服。个体通过戒律磨砺与禁欲苦修，以及通过对其意识的神妙操作而参与了这个过程。他借助于天恩，以及借助于其本性在变形中的再生而得到了提升。

解救的内涵总是多于为这种或那种局部的不幸所提供的救助。由于已体验到根本的真实性，人便把痛苦本身与摆脱痛苦作为一个形而上学的过程而予以体验。

二　悲剧与解救

悲剧观点将人类的需要与痛苦建基于形而上学之上加以领会。倘没有这一形而上学之基，我们便只剩下悲苦、忧伤、厄运、灾难与失败。然而，只有超越上述所有不幸的知识，悲剧才会向我们显现。

那类只描述恐怖本身以及残忍、凶杀、阴谋——简言之，一切可怕的事件——的诗，并不会因之而成为悲剧。此乃因为，在悲剧中，英雄理应具有悲剧知识，观众也应该被引导着来分担它，这就是从悲剧中寻求解救进而探问根本的真实性的根源之所在。

这个问题对于实际上正濒临毁灭边缘①的悲剧英雄以及对于只是作为一种可能性来体验它的观众来说是不同的。观众只经由证同作用才置身于剧情之中，对那些有可能发生在自己身上的事，他也仿佛感到实际上已经降临到自己头上。因为他在这时已把自己融入人类的更大的自我之中，而这个更大的自我则把他与其他所有的人都统一在一起。我自己就置身于悲剧所描述的人物当中。在痛苦中有人对我说："这就是你。"同情使人具有人性——同情并不意味着含混不清的遗憾，而是自己仿佛介入其中的感同身受；因此，可以在伟大的悲剧中发现人性的氛围。但是，正源于观众自身事实上是绝对安全的，他的严肃的人类关切易于堕落为对恐怖与残忍的非人乐趣，或者道德上的伪善，或者借着与高贵的英雄的证同，蜕变为与廉价的、虚假的自尊情感相伴生的自我欺骗。

悲剧知识是在主人公身上臻于完满的。他不仅遭罹痛苦、溃败与毁灭，而且有意地承受这一切。他不仅知晓自己饱受的痛苦，而且他的灵魂正是在这个过程中被撕裂的。诉诸人在毁灭的边缘所发生的转变，悲剧向人显示其力量。悲剧英雄就像卡珊德拉（Cassandra）②那

---

① "Grenzsituation"即"临界处境"（limit-situation）。英文中没有真正适当的普遍措辞可以同时表示"limit"（"界限"）与"limit of our powers"（"我们能力的界限"）这两层意思。这是身兼心理学家与哲学家的雅斯贝斯的特征，他成功地为康德有节制的"边缘概念"（marginal concept）赋予了新的意味，用来表示人类存在的全部痛苦。——原英译者尾注

② 卡珊德拉（Cassandra），希腊神话中的女预言家，特洛伊公主，能够预卜吉凶。因拒绝阿波罗的求爱，受其诅咒，后来无人再相信她的预言。——中译者注

样领悟悲剧气氛。通过质疑，他将自己与命运牵系在一起。他在斗争中逐渐意识到自己所代表的力量，当然这种力量并不就是一切。他体验到自己的罪责，并对其提出了质疑。他追问真理的本质，并完全自觉地践履胜利与失败的意义。

在观看悲剧时，我们超越了实存的界限，也因此获得了解救。在悲剧知识中寻求解救的努力不再只意味着渴望挣脱不幸与痛苦，而更意味着渴望通过超越悲剧现实而摆脱现实的悲剧结构。但是，在悲剧中的解救（deliverance achieved within the tragic）与从悲剧中解救（deliverance from the tragic）迥然不同。要么悲剧继续保持完整，人通过在其中的自我忍受与自我转变而获得自我解救；要么悲剧本身已得到救赎，可以说悲剧已不再存在，它已成为过去。人虽然必得亲历悲剧，但过去是悲剧性的东西，现在已被穿透、扬弃了①。不过从根底处说，它还是作为如今已不再是悲剧的现实生活的基础被保存了下来。无论是在悲剧中还是在对悲剧的超越中，人都在不知所措的茫然无知的混乱之后得到了解救。他不再沉陷于黑暗与混乱之中，而是脚踏在由确定的因而令人满意的真实存在构筑的坚固地基上。然而这一真实存在仍是含混不清的，因为人只有经历彻底绝望之后才能得到它。这种绝望依然作为威胁与可能性而继续存在着。

三 在悲剧中的解救

直面悲剧，观众体验到他自身的解救。从本质上看，他不再被单纯的好奇心、破坏欲以及对刺激与兴奋的寻求所怂恿。当他面对悲剧时，比所有这一切症候都更为根本的东西征服了他。当观众被唤起，并为他边观看边增长着的洞视所引导，他就会与根本的真实存在相遇，并在其中发现自身道德生活的意义与动力。通过对某种普遍性的东西的亲身体验，一旦悲剧完全吸引住了这个观众，他就肯定获得了解救。这种吸引力究竟是什么，对此已有过多种方式的解释，它们全都是重

---

① "Aufgehoben"即"提升并保留"（lifted up and preserved）的意思，它是黑格尔采用的一个术语，用来描摹对立面消除但在更高阶段的合题中又得以保留的性状。——原英译者尾注

要的，但是无论是单一的解释还是综合的解释，它们都不足以说明这种扣人心弦的悲剧体验的真实性，这种悲剧体验已洞悉了存在的基本原理。

（1）通过观看悲剧英雄的表现，人意识到自己身上的潜能：无论发生什么事，他都能坚持到底。

当一位英雄经受厄运的考验时，他便证明了人的尊严与伟大。人能够成为勇士，能够不为任何变动不居的境遇所摇夺，只要还活着，他就能够重建自己。濒于临界处境之际，他也能够献出自己的生命。

在全部的意义以及所有的确定性都消失殆尽的情况下，就会有某种东西从人的内心深处萌生出来：与其根本身份保持同一的自我维护能力。这种身份既通过耐力——"我必须在沉默中迎接我的命运"——得以自我维护，也通过活下去的勇气以及敢于在可能性的界限处有尊严地赴死的勇气得以自我维护。究竟是哪一种做法更合乎情理，并没有任何一种客观的方法将此推断出来。乍看起来，不惜任何代价的生命意志似乎非常富有活力并显得极其坚执顽强。然而，它也可以成为绝对服从的标志——它坚持自己被派定的身份，将这种身份视为理所当然的东西，却没有对此提出怀疑与质问。与此相反，对生命的逃离起初看来可能像是一种胆小害怕的行为。但是，当一个人被迫过着毫无尊严的生活，除了对死亡的恐惧外已没有任何其他东西可以使他眷恋生命，他在这种情况下寻求死亡就会成为一种勇敢无畏的举动。

究竟什么是勇气呢？它既不是单纯的生命力，也不是单纯挑衅的力量。它只存在于挣脱实存桎梏的自由中，存在于勇猛无畏的灵魂伴随其坚定性与真实性所显示的从容赴死的能力中。勇气是所有的人都共同持守的东西——只要他们是人，哪怕在信仰上有所差异。有些基本的东西在这里显现出来：当悲剧英雄自由地选择了毁灭并使一个自由的人迎向死亡的时候，他就向观众揭示了他们中的每一个人都有可能做的事情。

直面悲剧，观众可以预知、辨识或强化他自己的潜能，这些潜能因悲剧知识而清晰地呈现在他的面前。

（2）通过观看有限事物的毁灭，人目睹了无限的实在与真理。存在（Being）是一切背景的背景；每一个特殊的形态都注定要归于失败。英雄和他所赖以生存的理念越庄严伟丽，事件的进程就越富有悲剧性，所解释出的真实性也就越根本。

悲剧无意于以道德的眼光来评判一个绝不该有罪的罪人的毁灭是否公正。罪与罚乃是一种浸淹于道德论的狭隘框架。只有在人的伦理实体将自身展现为彼此冲突的力量时，人才会成长到英雄的高度；只是在这时他的罪愆才会降为无罪进而成为其性格的必然结果，也只是在这时他的毁灭才会成为其自我复归过程中的一个环节，在这个过程中他既包纳了过去也救赎了过去。悲剧性的毁灭不再是毫无意义的偶发事件，而是成为一种无可挽回的必然性，这恰恰因为绝对者从一开始就已宣告一切事物都是有限的。于是，统摄整个过程的真实存在就变得一目了然了——个体之所以会为这个必然的过程牺牲自己，正是因着他的伟大。当悲剧英雄迎向自己的毁灭时，他自身便与真实存在契合为一。

黑格尔率先提出这样一种解释，用它定义悲剧的本质内容。不过，他在这样做的时候已简化了悲剧的要旨，以至于正走在剥夺悲剧的真正意蕴的路上。他所看到的情况确实是存在的，但是这种情况只是在彼此对立的方面——难以和解的各执己见——结成的须臾不可分解的整体中才是有效的。只有在这种语境下进行理解，黑格尔的悲剧概念才不会终止于浅薄的和解与过早的满足。

（3）在目睹悲剧的时候，我们通过悲剧知识引发了尼采所理解的那种狄俄尼索斯式的生命感受。观众发现毁灭本身乃是真实存在的胜利，这种真实存在根深蒂固，天长地久，它永远都不会遭到摧毁：在放纵与毁灭、冒险与厄运中，这种真实存在也就意识到自己至高无上的力量。

（4）按照亚里士多德的看法，悲剧场景可以带来净化效果——一种灵魂的净化。观众对英雄充满了同情，并对自身充满了恐惧。不过，观众在生活中通过体验这些情感又从中解脱出来。他因受到震撼而升腾振举。情感的自由从被纳入秩序的激情中喷涌出来。

所有这些解释的共同之处是：正如事物在毁灭中碎裂得袒露无遗，我们在悲剧中清楚地体验到根本性的真实存在。在悲剧中，我们超越了痛苦与恐惧，进而趋向本质性的真实存在。

四　从悲剧中解救

根本性的真实存在处于更广大的关联之中，当诗人向我们表明可以通过对此有所意识来克服悲剧之际，他就把我们从悲剧中解救出来。悲剧要么与这种真实存在合为一体并与之保持一致，要么就在真实存在面前萎缩成单纯的表象与舞台前景。

五　希腊悲剧

在《复仇女神》（*Eumenides*）中，埃斯库罗斯把事件的悲剧性过程描述为属于过去的东西。通过表现神鬼与阿雷奥帕古斯（Areopagus）[①]的贵族议事会制度、复仇女神崇拜所达成的和解，悲剧冲突已使这个城邦国家产生了人类生存的秩序。继悲剧英雄时代之后的是法律与秩序的时代，在这个时代里，人怀着虔信之心过着生活：他既对自己的城邦承担着义务，又服务于保护城邦的诸神。暗夜中悲剧性的东西为白日之光中的新生活提供了基础。

《复仇女神》是唯一一部完整保存下来的三部曲[②]中的最后一部。埃斯库罗斯尚存的其他所有戏剧都只有中间部分[③]，因此，它们都缺少很可能构成每出三部曲中结尾部分的最终解决方案。《普罗米修斯》也是一出三部曲中的中间部分，这出三部曲的结尾部分很可能包含着这样一种解答——由神性的悲剧转变为神性的秩序。埃斯库罗斯的悲剧仍为古希腊式的虔诚所支配，并在这一点上达到了清澈透明的完美程度。

索福克勒斯也仍然是个有信仰的人。他的《俄狄浦斯在科罗诺

[①] 阿雷奥帕古斯（Areopagus），雅典一小丘名，雅典最高法院在该处断案。——中译者注
[②] 指的是埃斯库罗斯的《俄瑞斯忒斯》三部曲，包括《阿伽门农》《奠酒人》《复仇女神》。——中译者注
[③] 不过，埃斯库罗斯的《波斯人》（*Persians*）目前普遍被认为是一出不相连贯的三部曲的第 2 部，而《被缚的普罗米修斯》则是《普罗米修斯》三部曲的第 1 部。——原英译者尾注

斯》(*Oedipus at Colonus*) 以找到新制度的调和行为结束全剧，在风格上可与埃斯库罗斯相媲美。在人与神、人的行为与神的力量之间始终保持着一种意味深长的关系。英雄们莫名其妙地遭到毁灭（这就是悲剧的主题）——像安提戈涅那样犯下无意识的罪行，或者像俄狄浦斯那样被罪愆所碾碎，值此之际，他们只有服从于神的意志。他们并不是出于认知，而是出于信赖才接受了神的真实，并向神献出了自己的意志与实存。一时的谴责虽然是无法遏止的，但最终都在哀怨中平息下去。

从悲剧中解救在欧里庇得斯那里就终结了。心灵的冲突，机缘运会的偶发事件，神的干预，这一切都使得悲剧无所附丽。个体被抛回自己的本源。绝望赫然呈现，与此相伴的是对生命的意义与目标的探问。此时此刻，不单是哀怨，就连谴责也出现在前台。转瞬之间，安宁似乎正从祈祷与对神的谛听中涌流出来，却又再度失落于怀疑之中。不再有什么解救了。机运女神（Tyche）——机会（chance）与命运（fate）——取代了诸神的位置。人的有限与孤独变得可怕而明显起来。

六 基督教悲剧

虔信的基督教徒不再承认有真正的悲剧。救赎已经发生过了，并且通过天恩而不断地重现。这种非悲剧的态度把人在尘世间的痛苦与不幸转变成一种世界观，这种世界观可能是彻底悲观厌世的，它把世界看成一个纯粹的试验场所，人在这里必须赢得永恒的拯救。世界作为一个为天意所引导的事件之流而存在。这里的一切都不过是途径与过渡；这里没有任何东西是终极的真实存在。

确实，如果把捉到的正是悲剧超越的时刻，那么悲剧的每种形式都会是显而易见的。能够岿然屹立，能够死于虚无之中——这就是"解救"，不过这是在悲剧之中并通过悲剧自己的功效而实现的解救。如果只有纯粹的内在性，如果我们无从逃避地被拘囿于我们实存的界限之内，那么即使我们绝不退让并在毁灭中苦苦支撑，也终归是毫无意义的。在如此苦苦支撑我们自己的时候，我们并没有通过引入另一个世界来克服内在性。我们只有而且正是凭借着超越的行动、对最外层的那些边界的认识以及在回顾那些边界的过程中所获取的洞察力而这样做的。只有一种信念——坚信在内在的真实性之外还可领悟到另一种真实性——才能够带来挣脱悲剧的解救。这适用于解释但丁与卡尔德隆的情况。在他们那里，悲剧知识、悲剧困境自身与悲剧英雄主义都发生了根本的变化，因为这些诗人都将它们纳入天意的筹划与天恩的运作之中，这种筹划与运作把人从尘世间的一切巨大的虚无与自我毁灭中拯救出来。

七 哲学悲剧

哲学精神可以使人们从悲剧中解救，不过这类解救必须伸展至悲剧之外。人应该在沉默中忍耐，但这是不够的；而且，人仅仅为迎接他者（Other）的到来做准备或者仅仅在白日梦中把它幻想为一种象征，这也是不够的。毋宁说，悲剧应该借着把这个他者转换为一种真实存在——这种真实存在是因悲剧知识而成为可能的，但并不局限于此——而被克服。这一意趣只有一次呈示于一出戏剧——莱辛的《智者纳旦》（Nathan the Wise）——中，这出戏剧由此成为独一无二的，而且它在德语戏剧中仅次于最深刻的《浮士德》（Fraust）。不过，歌德作为一个诗人尽管有着更加丰富、更加遒劲的想象力，但是若没有基督教象征的助力他就无法成功；莱辛则以其素朴的心灵将自己限定于纯洁、天真的人性之内——既不欺骗也不受骗，除非读者自己的心灵能够把诗人所勾勒的清晰轮廓填充起来，否则他就会一直冒着被误认为内容贫瘠或缺乏色彩与形式的危险。

莱辛是在他一生中最绝望的时期写下这部被他称为"戏剧诗"的作品的，当时他正深受妻子与儿子相继去世的打击，此外，与臭名昭著的主教格策（Hauptpastor Goetze）的争执也加重了他的痛苦。对于所谓"一个人在如此绝望的时刻最好忘却世界的真情实况"之类毫无主见的建议，莱辛回答道："绝非如此：世界正如我所看到的那样自然；它在事实上并非那么真实，这很难说单单归因于天意。"[①] 莱辛在

---

① 拉赫曼、芒克（Lachmann and Muncker）编：《莱辛全集》第13卷，莱比锡：戈申1897年版，第337页。——原英译者尾注

他的《智者纳旦》中描绘了如此自然的一个世界：它既不是居高临下的，也不是虚幻不实的。

《智者纳旦》并不是悲剧。当纳旦在剧的开头出场时，他的悲剧已被留在了过去。在他那约伯（Job）般的命运背后，潜藏着阿萨德（Assad）的毁灭。由于纳旦过去的悲剧以及他目前对于悲剧的认识，这出戏的真正意义首先在他身上展露出来。悲剧已经被克服了——不是像埃斯库罗斯那样借助于由宙斯主神（Zeus）、狄刻神（Dike）[①] 与众神所辖制的世界的神话直观完成的，不是像卡尔德隆那样借助于特定的基督教信仰解决的，也不是像印度戏剧中那样借助于一种想当然的真实秩序赋予的——而是借助于人的本真的人性观念实现的。这种观念像永远生长着的东西一样显现着，而没有给定的一成不变的形式。人性的观念并不存在于对一个完美的、完成的世界的沉思中，毋宁说，它只寓托于人们的全面奋斗中。这些人认为，它从人们的内在行动中产生，并在人们的生存交往中得到实现。

纳旦的灵魂既敏感又明智。它已找到其自身，并在最可怕的痛苦中成熟起来。如此成熟的灵魂似乎要把人类重新聚合成一个大家庭，这个长期以来分崩离析、忘却了各成员间血缘关系的大家庭而今又要恢复彼此间的认可（在该剧中，这是通过一个实际的家庭象征性地得以实现的）。在此，纳旦并未受到任何建立在综合知识基础之上的总体规划的引导。他在来自任何一种境遇的诸种知识与暗示的帮助下，并在他那永远常在的人类之爱的引导下一步一个脚印地前行着。鉴于人类的道路并没有合理性的目的，这些道路只有通过心灵的力量才有可能创造出来；心灵的智慧是一切当中最为深谋远虑的。

基于上述缘由，这部戏剧将陷于混乱的一切事物如何得到彻底厘清展呈了出来。在这部戏剧中，不信任、猜疑与敌对的行为都被当作人们的内在天性的显示得到了解决。在理性的范围内出于爱的冲动所做的一切，最终必定会有好的结果。自由引发自由。谨小慎微的克制伴以突然而至的确然洞见，小心翼翼的筹划伴以毫无保留与掩饰的突

[①] 狄刻神（Dike），希腊神话中的正义女神，她居住于奥林帕斯圣山，充当宙斯主神的谋士，监视人间的生活，并向宙斯报告不公平的事情。——中译者注

破——这些正标志着灵魂间的相遇，而灵魂与灵魂的相遇则为无可撼动的团结奠定了基础。与此同时，那些被排除在人类大家庭之外的卑劣之徒就不知不觉地变得软弱无力了。

至于真正的人，他们绝非某种唯一正确的人性观念的千篇一律的摹本。他们是本质上不同的、独一无二的个体，这些个体化的人物之所以能够彼此相遇，并不是因为他们拥有共同的背景与血统（因为他们包括许多不同的范型，如托钵僧、修道士、圣殿骑士、利甲、萨拉丁、纳旦等），而是因为他们追随着通向真理的同一个方向。他们每个人都陷入自身特有的纠葛之中，并凭借这些纠葛而与其他人区分开来。大家都设法解决自己的困难：每个人都在不窒息天性的同时驾驭着自己独特的天性。此乃因为，他们所有人的生命都深深地扎根于共同的土壤之中：每一个生命都体现着一种潜在的自由与已经实现了的自由的特殊形象。

在莱辛的戏剧里，理性清晰可见地活跃于人物的性格之中。正是戏剧的理性气氛——既不是个体的行动与用语，也不是情感与真理——向我们传达了整全的精神。一个人切勿拘泥于题材。所有的题材都有时间的限制，并不是本真性的：十字军东征时期圣地耶路撒冷的浪漫背景，当时所有的民族与一切民众都在那里麇集并相互影响；德国启蒙运动的思想；以受人鄙视的犹太人为主角——所有这些都为表现戏剧终归无法搬上舞台的东西提供了必不可少的直观手段。看起来莱辛已竭尽全力做了一件几乎不可能做成的事，而且几欲成功了。如欲指责他非诗意的抽象与偏好启蒙运动的观念形态，那只是一种泥守于细节与剧情的素材论而已。对我们的灵魂——而非视觉或智力——来说，看上去最容易的事，实际上也是最难的。此乃因为，如果我们要感受哲学的热情、深邃的悲怆与微笑着的沉静，如果我们要意识到莱辛的戏剧中所含蕴的本真与独特的东西，我们就必须从灵魂的深处来予以呼应。

歌德曾经说过这样一句话："在公平了结成为可能的情形下，悲剧就荡然无存了。"如果我们把这种公平了结设想成一种宇宙的、超越的过程，在这种过程中万事万物都自动地趋向于和谐，那么我们就是在以幻想欺骗自己。因为在那种情形下，悲剧是被忽略了，而不是被克服了。不过，我们可以通过这种公平了结来意指人与人之间的生存交往，这一交往源自为人类持久互爱而进行的生存深处的斗争，以及由此而建立的相互联系的纽带。与幻想迥然异趣，这种休戚与共是人的生命所须履行的生存任务。借助于它，人克服了悲剧。只有在此基础上，我们才能毫无自欺地领悟人类克服悲剧的形上意义。

八　悲剧萎缩为审美冷淡

希腊悲剧在作为宗教仪式的酒神节上演。中世纪的神秘剧也与宗教密切相关，这种传统后来决定了卡尔德隆仍以神秘剧的形式创制他的悲剧。与此相反，在莎士比亚时代的英国，悲剧则通过一个充满生命力的世界标志着自我认识的实现。在其巅峰，这种悲剧无疑带来了内心的解放，这种解放在这个世界之中提供了一种类似于宗教仪式的体验，所有参与其中的人都从中受到了鼓舞。伟大的诗人是民众的教育家，是他们时代风貌的预言家。他们的观众不仅受到了感动，而且被转变成了真正的自我。

然而，戏剧与观众总是过不了多长时间就退化成单纯的游戏功能。剧作越来越缺少道义上的责任。起初，它的严肃性是通过传递悲剧知识而带来的一种"解救"的途径，也是发生在观众内心中的某种情愫。但是，在逐渐沉降到常人所追求的消极娱乐的水准时，这种严肃性就在痛并快乐着的被动兴奋中消失了。

重要的是，我不仅观看悲剧并从中获得"审美"熏陶，而且要将自己的内在自我投注其中并由于悲剧对我的直接影响而表现出悲剧的洞察力。假如我认为自己是安全的，假如我把悲剧视为某种漠不关己的东西，或者某种可能拖累我但已被永远摆脱了的东西，那么就失掉了悲剧的全部内涵。于是，我就会从安全港中来观看世界，仿佛已无须在波涛汹涌的大海里为探询我的命运而以全部身心冒险了。我会从堂而皇之的悲剧性解释来看待世界：世界就是如此创设的，以至于世上所有伟大的事物都注定归于毁灭，为的是满足无动于衷的旁观者的兴致。

若接受这一观点，就等于使生存活动陷于瘫痪。于是，灾难并未起到唤醒我们的作用，而是促使我们接受这个已知的世界。因为世界本来就是这个样子，我无从改变它，我应为自己未被卷入其中而庆幸。

但是我喜欢从远处观看灾难：悲剧发生在其他地方，只要我自己处于安宁之中，这就是非常好的事。作为一个旁观者，我分享着这种感受，并从我自以为高尚的情感中得到自我满足。我有所偏袒，做出评价，允许自己受到震动——实际上，我却保持着安全的距离。

从前，悲剧知识曾一度转变为审美风雅之事。早在古典主义后期这种情形就出现了，当时古老的戏剧得以复兴；这种情形在近代又再次发生过。不仅是观众，就连诗人自己也丧失了先前严肃的目标。19世纪新出现的悲剧大都是充斥着慷慨激昂、技艺高超、矫揉造作的藻饰的展览品。从前，在悲剧中的解救一度通过让人如透过玻璃观察世界一样，透过悲剧看到没有说出与无法说出的生命深处而使人得到解放。19世纪，这种解救则降格成对戏剧形象装扮下的悲剧哲学理论的理解。在此，我们所拥有的乃是涂抹上审美表演之斑斓色彩的非真实之物。在这种派生的文化里，艺术家与其作品之间存在着不一致之处，他的大多数作品缺乏生命与血性。没有强烈的感情，没有戏剧性的事件序列，没有舞台效果的娴熟处理，这类作品根本无法替代希腊悲剧与莎士比亚悲剧的无限深度。现在所剩下的一切都不过是思想、感伤与怜悯，甚或还有某些虽正确但欠成熟的深刻见解。在如黑贝尔（Hebbel）[①]、格里尔帕策（Grillparzer）[②]这样的著名诗人身上，得之于教育与文化的端庄持重取代了直接产生于人类生存的严肃性。最终，他们的剧中人物都是空洞不实的——如果叩问其真实性的话。

第五章　悲剧的基本诠释

在毁灭的边缘，悲剧英雄用行动展示了悲剧性实在的性状。诗人的作品将这种性状当下呈现出来，英雄们在对整个存在的悲剧做一般性陈述的过程中又用语言把它表达出来。于是，悲剧知识自身便成为描摹悲剧性实在之性状的基本方式。但是对于世界的悲剧性诠释（一种悲剧的形而上学）的系统展开则是一种智性的结构，这种智性的结

[①] 黑贝尔（Hebbel，1813—1863），亦译为赫布尔等，德国剧作家。——中译者注
[②] 格里尔帕策（Grillparzer，1791—1872），奥地利剧作家。——中译者注

构只有在对诗作进行沉思——因而是间接的真实性——的过程中才能得以尝试。

对悲剧本身的意义所做的这些反思可以系统地加以分类整理并使之首尾一贯，由此便可产生出若干关于悲剧的基本诠释。它们既可以从神话方面来加以把握，也可以用哲学概念来加以阐明。前面已经或多或少附带说明的东西，我们现在将立足于系统化的语境——加以重述。

一　神话的诠释

神话的诠释意味着根据形象——这些形象被当成了真实的东西——所做的思考。这种诠释在理解古希腊悲剧时占据着主导地位。古希腊悲剧将关于神与魔的认识表现为决定性的力量，而这只有在信奉此类神灵的地方才具有意义。这就使古希腊悲剧与我们拉开了一定的距离。我们既不向希腊诸神的祭坛奉献牺牲，也不信奉希腊的魔鬼，但我们依然能够理解蕴含于古代悲剧形式中的那些曾发挥过作用的要旨。那些呈示于古希腊悲剧作品具体形象中的高度严肃的思想、追问与回答，至今仍焕发着一种无与伦比的魅力。

相形之下，莎士比亚对我们来说就亲近多了，因为他的境遇与我们的更为接近。多亏有这种接近，莎士比亚才能够站在世俗舞台上讲述，并且可以用象征性的密码，而不是用体现信仰内容的具体形象来传达。我们在莎士比亚那里没有发现复仇女神、阿波罗神和宙斯神，而代之以巫婆、精灵与童话的魔力；没有发现普罗米修斯，而代之以普罗斯帕罗（Prospero）与爱丽儿（Ariel）[①]的形象；没有发现充作戏剧演出框架的宗教祭礼，而代之以诗人所担负的崇高使命：透过镜像看世界，为真实存在作证，使观众感觉到意义、秩序、律法、真理和神圣的背景。因此，任何一种对于莎士比亚悲剧的神话诠释都是无效的。

[①] 普罗斯帕罗（Prospero）与爱丽儿（Ariel）是莎士比亚戏剧《暴风雨》中的主人公与精灵。——中译者注

最重要的是，神话的诠释与操控万事万物的终极力量有关。

人是善于设想与筹划的，如果他要自僭为这个操控力的话，他就必定会有这样的体验——尽管始终在做着规划，但是他依然从属于某种别的东西，某种完全不同而又包容更广的东西。他知道得越少，悲剧知识就使他对依然隐匿着的一切越发敏感：悲剧事件是由一种不可抗拒的力量所操控的。

在悲剧知识内，这种操控力被称为"命运"（destiny）。不过，那被认作命运本性的东西会以截然不同的神话形式呈现出来。这可以是一种与个人无关的、隐匿无名的诅咒（curse）①，它肇因于某种罪咎，而这种罪咎致使其自身作为家族的祸根世代相袭地持存下去。在埃斯库罗斯与索福克勒斯的作品里，它的代理者是诸如厄里倪厄斯（Erinyes）②之类富有魔力的存在物；诸神事先就知道命运；神谕也预言着命运；人自身的行动则可以促成它或阻碍它。它始终不是，或在绝大多数的时候并不意味着人类的罪愆。相反，英雄的下述说法是有正当理由的：

> 陌生的人们啊，我已蒙受不幸之苦——由于无意的行为而受苦，而这些行为——愿上帝为我作证——没有一个出于我自己的选择。
>
> ……并非蓄意犯下的罪过……在法律面前我是清白的，我毫无恶意，却落到了这般田地！③

最后，他总结陈词：

> ……你们如何能够理由充分地责备这种毫不知情的行为呢？④

不过，正如有诅咒一样，也还存在着许诺（promise）。许诺的兑

---

① 诅咒（curse），亦可译为"天谴""祸端"。——中译者注
② 厄里倪厄斯（Erinyes）是希腊神话中三个复仇女神的总称。——中译者注
③ 《俄狄浦斯在科罗诺斯》，第521—523、529、548行，杰布译本。——原英译者尾注
④ 《俄狄浦斯在科罗诺斯》，第977行，杰布译本。——原英译者尾注

现无爽，一如天谴的毫无怜恤［由于蒙受了许诺，俄狄浦斯在欧墨尼得斯（Eumenides）的圣林里找到了极乐的死亡之所］。

正像在埃斯库罗斯的作品中一样，那种与个人无关的、隐匿无名的力量首推莫伊拉（Moira），甚至诸神都必须服从于她，就连至高无上的宙斯神也要与她搞好团结。

出现在欧里庇得斯作品中的堤喀神（Tyche）——机运女神——撇开诸神，她毫无目的、随心所欲地实行着自身的统治。在希腊化时代，堤喀神是女神与魔鬼的化身，到了罗马人那里她则变成了福尔图娜（Fortuna）①。

在卡尔德隆的作品中，操控的力量是天意（Providence），它作为上帝深不可测的意志引导着灵魂得到拯救。

每种操控的行为都以人类自身的行动为中介而奏效，并带给人类不曾预料也不曾渴盼的后果。

以神话的观点来看，世界是神祇与魔鬼两种力量的竞技场。这些力量关涉着那些出现在人、行动及事件中的后果。如果人想要理解这一切，就必须追溯神祇与魔鬼，它们是导致这一切的根源。

二 哲学的诠释

思维力求通过概念而不是通过形象来把握悲剧的基本性质，它试图给出种种普遍性的诠释来。

（1）有一种诠释将悲剧置于存在（Being）自身之中进行考量。就存在的辩证法来看，任何存在之物都以自我否定的方式存在着。存在物通过否定而运动，进而成为悲剧性的东西。上帝就其固有的本性而言是悲剧性的；受苦受难的上帝是一切存在之本。这种普遍悲剧的教条——"泛悲剧主义"——是一种视悲剧为普遍现象的形而上学。存在本身是脆弱的，这个世界的悲剧由此而源自根本的悲剧困境。

---

① 福尔图娜（Fortuna）是罗马神话中的命运女神，她旋转"命运之轮"以决定每个人的命运。——中译者注

说一切存在之本是悲剧性的，这看起来是荒谬的。这种狭隘的伪见事实上并没有超越我们的世界，而只是将属于世界的某一方面绝对化了。毋宁说，悲剧仅仅存在于这个世界的现象界。穿透悲剧，我们会听到有某种不同的东西在说话，而这种不同的东西则不再是悲剧性的。

（2）另一种解释则把悲剧置于世界之中加以考量。在那种情形下，世界性的悲剧就成为表现普遍否定的可见的形式。这种否定隐含于万物的有限、被分裂的多元性以及一切现存之物为了自我保存与争夺霸权而进行的相互争斗之中，而且这种否定最终隐含于机运之中。从这种意味上来说，世界的进程和一切产生的东西的全面溃败都被称为悲剧性的。

这种观点并不满足于将悲剧降低到形形色色的罪恶、痛苦、受难的水准。所有这些，至少还要以一种活生生的代理者去体验它们为其先决条件。事实上，这种观点会把悲剧的含义引申到包括一切普遍的否定性的地步。然而，只有与人息息相关，我们才会谈及真正的悲剧。

（3）人的悲剧可分为两个层次：

1）所有人的生命、活动、成就以及胜利最终都注定要毁于一旦。人可能会因受到蒙蔽而没有洞察到死亡、受难、疾病以及必死的命运，但它们终将吞没一切。此乃因为，作为此时此地而存在的实存的生命是有限的，它具有多元相斥相克的特性。生命趋于毁灭，意识到这一点本身就已是悲剧：每一次特定的毁灭与每一种受难的方式，最终都导源于一个基本的、无所不包的实在。

更深刻、更真确的悲剧只能产生在这样的地方：悲剧知识了解到，正是在真与善的本性中发现了毁灭性的冲突，冲突的各方都必须不屈不挠地要求各自应得的承认。

2）实在（Reality）四分五裂，各方自相纷争，真理也是如此。真理反对真理，为了捍卫自身的正当主张，它不仅必须反对非正义，而且反对其他真理的正义主张。悲剧是真实的，此乃因为势不两立的对立是真实的。从神话的角度来说，这种分裂或许反映在人为许多神服务的义务中，在此，服务于某个神势必会削弱或排除对其他神的义务。

或者，不采用此类神话式的表述方式，我们也可以在每个生存者反对其他一切生存者的斗争中直观到这种对立的状态。从根底处看，上述所有观点都持一致的看法：人的性格、心灵与生存不仅由于共同的纽带而联结在一起，而且由于其彼此间的不相兼容而被推入斗争之中。每个道德律令都被罪咎所玷污，因为它必须摧毁其他具有同等正当性的道德与律令。

从这个视角看去，呈现出来的某些鲜明的特征可以使我们指出悲剧的真正本质。毫无例外，普遍性的毁灭是每一个实存（existence）的基本特征，这涵括意外的不幸、暂时可以逃避的罪过以及白白遭受的痛苦。然而，只有在那种并不过早地中断发展与成功，而是产生于成功本身的失败中，我们才能发现真正的悲剧。仅仅关于生命听任命运摆布的知识尚不是悲剧知识，真正的悲剧知识洞察得更加深刻。它晓得即便人拥有表面上的成功与安全，但在他的内心深处，人最终仍被遗弃、被抛掷到无底的深渊。

因此，在纯粹想要体验毁灭与痛苦的渴望里，寻不见悲剧知识的踪迹。只有当人真正地承担危险，并在现实世界之中采取真正的行动与实现时承担无可逃避的罪愆与毁灭，这种悲剧知识才会产生。

我们并不会通过在"成功或失败"两者之中选择其一的思维方式理解悲剧。只有通过更深入的探索，通过看清我们取得空前的最大成功之时恰恰是我们真正遭遇最大的失败之刻，我们才能够把握住悲剧。除此之外，还有一种对悲剧来说虚假不实的失败，在此仅仅出现了某种偶然的过失、意外的不幸，或者乖张地求取失败却不为有效的结果而奋斗，这种奋斗所渴求的灾难恰恰是没有必要的。

三　诠释的界限

以悲剧知识的名义所完成的乃是对实在的原初直观。与这些直观相比，所有的悲剧诠释都是不充分的。神话的诠释本身只是观察悲剧的一种方式，仅限于古希腊悲剧而已。因此，把所有这些直观归结于一个单一的概念之下，并以其作为它们的共性的做法是荒谬可笑的，因为作为直观的形象，它们总是多于或少于概念所能传达的东西。在悲剧知识的个别部分中——如在文学的悲剧性主题中——寻求特殊的含义就会错过看到整体的机会。那些声称是对悲剧的唯一诠释的诸种诠释，在以下两种情形中必居其一：要么使悲剧变得狭隘，要么完全没有把握住它。

因此，我们必须对以下三点做出区分：第一，悲剧性实在本身；第二，作为自觉体察这种真实存在的悲剧知识；第三，悲剧的哲学。悲剧性实在只有通过悲剧知识才能在改变人类的人格方面发挥作用，而悲剧的哲学——即悲剧诠释——只能在以下两条路径中选择其一：要么完全歪曲悲剧知识，要么向那些源自独立的原初直观的广阔意识保持开放。

四　把悲剧知识曲解成悲剧世界观

任何仅仅把悲剧推演为占支配地位的真实规律的努力都是毫无哲学根据的。我们反对这种做法，一如我们反对每一种以演绎的方法接近存在与实在的形而上学，这种形而上学会就存在或上帝的性质做出描述性的陈述——我们之所以反对这种做法，乃是因为它试图使存在、实在、上帝成为既绝对又有限的东西。即便那些深刻的二元论（人们假定它们存在于实在的基础之中，并设想它们可以用来说明悲剧的起源，例如，上帝的某一方面并不就是上帝本身），它们也仅仅是哲学思想中相对有效的密码符号，从它们那里并不能够得到任何演绎性的知识。悲剧知识是开放的知识，它充分意识到了自身的无知。无论把它僵化为哪一种泛悲剧主义，都是对它的曲解。

至于悲剧哲学是如何变得狭隘浅陋、曲解滥用的，我们不妨以黑贝尔为例来加以研究。他的系统诠释蜕变到了荒谬、怪异与狂热的地步，其结果就是：诗凭借思辨来营构，从而丧失了全部真正的精神深度——一方面将诗简化为单纯的心理学；另一方面则通过苦思冥想使诗变得格外富丽堂皇。与此同时，黑贝尔在闪电般的瞬间也获得了某些惊人的洞察与看法，但是他的悲剧意识只不过是在哲学外衣掩饰下的痛苦意识而已。

当巴恩森（Bahnsen）[①]谈及悲剧的普遍法则时，或者乌纳穆诺（Unamuno）[②]谈及悲剧性的生命感时，作为一个美学概念，悲剧也获得了与这种令人误解的悲剧哲学相一致的色彩。

当真正的悲剧被转变成绝对的东西，并且被表现为仿佛它构成了人的本质与价值时，悲剧世界观最为极端的畸变也就出现了。

悲剧既不同于不幸、受苦与毁灭，也不同于疾病或死亡，更不同于罪恶。悲剧之所以如此与众不同，乃取决于悲剧知识的本性；这种知识是普遍的，而不是特殊的；是质问，而不是接受——是控诉，而不是哀怨。悲剧知识由于真理与灾难之间的密切联系而有了更为明显的独特之处：当彼此冲突的力量按比例增长时，随着它们冲突的必然性的不断加深，悲剧也就变得越来越强烈。所有的不幸只有通过它所发生于其中的或者我们使之产生联系的语境，通过那些遭受痛苦与付出爱心的人的意识与知识，通过根据悲剧知识对不幸做出富于意义的诠释才能够成为悲剧。不过就其自身而言，不幸并不是悲剧，而只意味着所有的人都必须背负的重担。悲剧知识侵入并突破了实在，但并未统御实在——还有太多东西未被触及、未被记起或者没有得到诠释。它诱导我们进入一个激动人心的富丽堂皇之域；然后，它不顾清澈诚实的目光而遮蔽了真理。

悲剧成了极少数显赫人物的专利——其他所有的人都必须满足于在灾难之中麻木不仁地归于溃败。于是，悲剧不再是全体人类的特征，而成为人类贵族政治的特权。作为特权的标志，这种世界观变得妄自尊大、冷酷无情，它通过迎合我们的虚假的自尊来骗慰我们。

因此，这种悲剧知识是有其界限的：它并没有完成对世界的全面完整的诠释。它无法把握普遍的痛苦；它无法理解人的生存中全部的恐惧以及不可解决的问题。这从下述事实中清楚地显现出来：尽管日常的现实——诸如疾病、死亡、偶然、苦难以及恶意——很可能成为悲剧得以表现自身的媒介，但是它们从一开始就不怎么被看重，无非

[①] 巴恩森（Bahnsen，1830—1881），德国哲学家，深受叔本华影响，著有《作为世界法则的悲剧性与作为形而上学审美形态的幽默》。——中译者注

[②] 乌纳穆诺（Unamuno，1864—1936），西班牙哲学家、作家，著有《生命的悲剧意识》等。——中译者注

因为它们本身并不是悲剧。悲剧哲学栖居在庄严伟丽的氛围之中；作为恰切而成功地表现灾难所带来的幸运的后果，它向我们展示了个体的完善，进而把我们擢升到高于现实的境界。但是在这样做的时候，这种哲学也限制了我们的意识。此乃因为，就人们从这样一种体验中寻求解脱而言，只有以向他们自己隐匿现实的可怖深渊为代价，他们才能借此获得解救。苦难——绝望、虚无、伤心、贫困以及无助的不幸——让人大声吁求着救助。但是所有这类谈不上伟大的痛苦的现实，都被盲目得意的心灵当作不值得注意的东西抛到一边去了。与此同时，人始终急切地期待着从缺少悲剧魅力的可怕现实中得到拯救。

与这种缺乏爱心的盲目性相应，我们还在目前有关悲剧的习语中发现一种打了折扣的美学隐语——一种在传达悲剧本质的同时却又歪曲了它的意义的隐语。这种隐语缺乏诚意，它既使得实在显得遥远难即，又总是太轻易地就把我们从不得不正视的苦难——世界真实存在的苦难——中解救出来。于是人们便油嘴滑舌地谈到，悲剧揭示出生命本身的无价值以及所有个体的有限人生的无价值，伟大人物的毁灭恰恰是它的一个特性，世界建立起来就是为了撕碎与毁灭这种杰出的个体。借着诸如此类烦冗的普遍性原则及其似是而非的含糊其词，人们用连篇累牍的谎言掩盖了现实中存在的真实病症。

在所有的悲剧哲学中，悲剧知识的极性特质丧失了。在原初直观中，悲剧与悲剧解救是绾系在一起的。但是假如我们取消了悲剧的反极，进而把它孤立成"唯悲剧"（nothing-but-tragedy），我们就会落入无底的深渊，在那里从未产生过伟大的悲剧作品。

无论在何处，只要一个完全缺乏信仰的灵魂欲寻求形式化的炫耀，他就会发现唯悲剧的哲学恰好适合于作为掩饰虚无的幌子。悲剧的壮观能够使自高自大的虚无主义者将其自我拔高到感觉自己已是一个英雄的哀婉情境之中。在真正的严肃消失之处，他通过悲剧的强烈刺激产生了一种虚假严肃的体验。种族记忆、萨迦神话与古希腊悲剧统统成为他利用的手段。然而，那曾经是真实的信仰的东西，如今却变成蓄意掩饰虚无的、毫无诚实可言的替代品。那些古老的信仰作为名言警句，或者被用来给那种恰恰非英雄的自我实存的堕落涂上一层英雄的色彩，或者是为了给沉溺于舒适安逸的生活的生命罩上一层廉价的英雄主义的光圈。

于是，上述悲剧哲学的滥用将混乱、阴暗的冲动释放了出来：对无意义的行动的乐趣，对折磨他人和受折磨的乐趣，对为破坏而破坏的乐趣，对世界和人类的憎恨的乐趣，以及对自己受鄙视的实存的憎恨的乐趣。

第六章　悲剧知识的不足

我们既不应通过思辨的推演获得系统化的悲剧知识，也不应取消悲剧知识的极性而把它变成一种哲学上的绝对知识，而是应当把悲剧知识作为一种原初的体验保存起来。原初的悲剧直观存在于从具体形象所体认到的思想与质疑中。此外，这种形式的悲剧知识总是包含着最终摆脱悲剧的解救——不是通过说教与启示，而是通过对秩序与公正的憧憬以及同胞之爱，通过信任，通过坦率的心灵以及对答案阙如的问题本身的认可来实现的。

悲剧知识通过矛盾增加着内在的紧张，它并未解决这些矛盾，不过也没有认定它们的必不可解性。因此，它并不是一种全然完成的知识；只有在体验本身中，在对问题的持续不断的探询中才能偶遇那种完善的境地。

我们应当对悲剧体验保持这种原初的直观。我们应当对基本的历史脉络保持一览无余的视野，正是在历史的脉络中悲剧直观才首次出现并得以完善。我们不必吵嚷着要解释何物已然存在、将要存在、永远存在，而是应当倾听什么东西正试图显示给我们。哲学的任务并不是通过类推的方法把悲剧范畴从对世界的有限认识转变成对一切实在的全面认识，而是从我们听到的密码符号中发现一种语言。这就是具有悲剧性启示的神话、图像、故事颇能包蕴真理却又不失其悬而未决之特性的原委所在。

如果悲剧的原初直观保持其纯粹性的话，它就已包含了哲学的精髓：运动、质疑、开放、激情、惊讶、诚实、无妄。

哲学把悲剧知识看成从原初直观与体验中取之不尽的东西。虽然无法使用相同的语言，但哲学可以感受到自身的内容与悲剧直观——譬如说莎士比亚的悲剧直观——的一致性。不过，哲学拒绝把这种对照物铸造成固定不变的理性术语"悲剧性的生命哲学"。

我们已对大全（Encompassing）的多个方面、大全各部分的多样性以及大全整体的观念给出了阐释——所有这些都限定了悲剧知识应当被置于其中进行诠释的框架。世上凡是存在不一致以及不一致的后果变得显而易见的地方，那里就会出现悲剧。可以说，这并不需要推论，只消阐明眼前的东西就成了。统一体的无法达成这一点就凸显了我们周遭所见的一切事物的瓦解。由于统一体在我们临时实存中的缺席，它便以悲剧的姿态呈现在我们面前。

然而这并不等于说悲剧是绝对的，说到底，它只适合在前台上演。悲剧既不属于超越存在领域，也非在于一切存在的基源，而是隶归于感觉与时间的世界。

一　真理植根并实现于哲学探索的过程中

我们知道，真理使人对真理的探寻面临一种两难选择：要么去生活并犯下过错，要么去把握真理并为真理而死。但是陷入这种死板的非此即彼的选择只是后来理性阐释的结果，而不是出于悲剧知识自身的开放性。针对这种可怕而庄严的选择，我们还应当补充以下一点：对我们来说，无论是作为死亡还是作为安宁的源泉，整全的真理在生命与时间之流里都是不可得到的。真理在时间之流里永远处于运动之中，变动不居，即便在它不可思议地变得具体明朗起来时，也无从加以固定。绝不脱离这一基本处境——这是哲学思想能够保持真实的唯一条件。

悲剧知识在其开放性中尚未放弃这条路径。更确切地说，把相对真理当成绝对真理本身就是悲剧的堕落——它为悲剧知识提供了一个合适的对象。在毁灭的时刻，我们可以想到的每个完结的真理都将证明自身尚不就是真理。

二 道路与运动

由于并不存在完结的真理，我们趋向真理的运动自身就是真理能够在此时此地的生存中臻于完善的唯一形式。正是在这个过程中，我们对真理的永无底止的寻求让我们体验到那种完善的境地乃是一个永远不会达至的目标。贯穿整个哲学逻辑一直在引导着我们的唯一观念，就是思想家提供的那种坚定不移地走自己的路的观念。

他意识到自己对什么有所知以及对什么有所不知。他并未成为完结而整全的真理这一谎言的牺牲品。他以全部真实无妄的方式践行着真理的意义。他参与到不断深化着的交往之中。

这就是对伟大而高贵的生命的直观：在趋向真理的运动中承受着境遇摇曳不定的痛苦并使之被真理所照亮；面对不确定性而屹立不动；证明自己能够拥有无限的爱与希望。

迻译之四 我们的未来与歌德[①][②]

一

西方的灾难，更确切地说是人类的灾难，在老年歌德（old Goethe）那里就被意识到了，此后，尼布尔（Niebuhr）、司汤达（Stendhal）、托克维尔（Tocqueville）、布克哈特（Burckhardt）越来越清晰地预见到了它的到来。这场灾难在克尔凯郭尔与尼采那里获致了整体的理解，

[①] 1947年8月28日，卡尔·雅斯贝斯在歌德生日这一天被授予"歌德奖"，值此之际，他在法兰克福发表了这篇演讲。——英文版原尾注

[②] 这篇演讲的德文标题为"Unsere Zukunft und Goethe"，英译者译为"Our Future and Goethe"。文中所分五个部分的序号系中译者所加。在英文版中，该文结构层次的划分采取的是中间间隔一行的格式。本文译自 Karl Jaspers, *Existentialism and Humanism: three essays by Karl Jaspers*, in Hanns E. Fischer (Eds.), translated by E. B. Ashton, Russell F. Moore Company, 1952, pp. 35 – 64；德文版见 Karl Jaspers, *Rechenschaft und Ausblick: Reden und Aufsätze*, R. Piper & Co. Verlag, 1951, S. 26 – 49；德文版另见 Karl Jaspers, *Aneignung und Polemik: Gesammelte Reden und Aufsätze zur Geschichte der Philosophie*, Hans Saner (Hrsg.), R. Piper & Co. Verlag, 1968, S. 121 – 141。——中译者注

在马克思（Marx）那里则被期待着导向终极的拯救。

作为历史总体观念的组成部分，这类思想获得了它们的全部分量。我们持续绘制着完整的图景，在那里，未来既意味着有待充盈的空间，又意味着曾经所是的一切所指向的目标。

可以确证的是，未经澄明的前历史延续了数千个世纪。相对于我们当下的认知能力而言，那充满矛盾的人类起源即使不是不可理解的，也始终是难以想象的。我们天生的特性，正建基于这个漫长的前历史时期之上。

今天，人所熟知的近三千年的历史告诉我们，作为人类，我们的历史才刚刚开始。确实，我们已经理解了这段神奇的历史，它具有三个明显不同的起源，此即中国、印度和西方。这段历史包含了传统的所有内容，没有它们，我们就会觉得自己沉陷于虚无之中。然而，这些传统在今天却面临最为剧烈的变化，此时此刻，我们仿佛重新回到了起点。

因此，我们可以确定无疑地说，我们身处其中的这个技术时代是迄今为止历史上最为深微复杂的一次停顿。仅从表面上看，这一点便是显而易见的。自此以后，全球成为一体，人类的一切生活都依赖于这个没有明确目标的人造的世界。生产方式，劳动与社会组织，正以前所未有的情势改变着我们的生存。过去那种自由流动的生活骤然间终结了，这里仅列举一种症候：全球已被分割成若干彼此孤立的部分，人类再也不能像过去的时代那样自由迁移了；活门已被关闭，压力正在增加。然而，由于并伴随着现代技术的发展，人类的内在世界究竟发生了什么，仍是完全不明了的。不过，第一种但绝非最后的现象是，我们一直目睹着自尼采以来就已出现的那种总体上的虚无主义。

在这次影响至为深远的停顿之后，没有人知道人将会变成什么。对未来的一切看法无疑都是虚妄的。事情总是从人们所预料的样子转向不同的结果。人类能够通过跳跃来实现内在的变革与再生，智性诚然无法对此做出解释，不过预期性的想象则已经将这一事实展现出来了。

目前，在这已被历史地确证和期待的人类现实的明暗相交处，我们注视着我们自身。在人类的整体进程中，我们德国人正处身于特定的世界政治情势：在从欧洲民族国家向世界强权转换的历史进程中，由于发生在那个特定时刻的军事毁灭，我们作为重要的政治力量已经被淘汰出局——永远地被淘汰出局了。不仅如此，我们还身处绝望之境，这种绝望之境，或许只有罹遭尼布甲尼撒二世摧毁耶路撒冷并将其中的一部分押往巴比伦的犹太人才能与之相比。然而，与他们不同的是，我们却没有一部能够使自身凝聚在一起的圣书。

那么，我们将会成为什么呢？

要么，我们将继续沉沦下去，就像一群乌合之众一样，不甘心却又注定如原材料般为人所用，最终不光彩地消失，仅为世人留下笑谈。

要么，我们将实现灵魂的变革，并由此获得一种即使身处委顿之中和恶劣的生存境遇之下却依然能够持存的精神生命。我们可以说，内在的变革势必决定着我们未来的价值。

（1）我们通过再教育的"手段"并不能全然实现内在的变革，因为内在的变革根本无法被规定与筹划。它的实现，首先取决于每一个个体。从根本上说，我们不再是别的东西，而是有着空前的依赖性的个体，我们此刻被抛回到作为起源的我们自身，每个人都依赖于他自身而生存。人人都须得知道，这只能取决于他自己。失去了在习俗、法律、秩序之类可信赖条件下的那种客观上的安全感，反而经常遭到意识形态话语的攻击，在这种情况下，每个人只有通过人性的严肃性才能够确立自身的价值。做到这一点，相互之间彼此了解的个体就会像复活的人类本性与上帝建立联系一样，形成一个共同体。

（2）重要的是此时此刻。人寻求当下，他不能等待（除非外部的物质世界），而是需要迅速抓住当下即是的真实。可以说，他希望通过及时的作为而驻留于时间之中。他并不想被人以关于未来的种种许诺说服自己走出当下——这唯一的真实。他只通过自己当下实现的人性服务于未来。

（3）内在的变革要求我们清晰地理解由历史发展所形成的处境——我们身在其中的人类的处境和德国人的处境。我们不能说："过去的，就让它过去吧；让我们展望未来，莫回顾过去！"原委在于，"将来"只有在我们对已经发生的事情的突破、接纳与克服的过程中才会获致其延展的希望。

人在思考过去时有两种态度：一种是识破我们过去所屈从的偶像，另一种是接受那些吁请我们回到自身的伟大的先辈。

然而，在大灾难时期，我们根本就不能从过去获得稳固的支撑。每一种联系——甚至同我们最优秀的前辈的联系，同最令人信服的传统的联系——都要经过重新检视与再次吸纳。

我今天谈论的话题就是这类建设性思考中的一部分。歌德是德国人的杰出代表，他将怎样帮助我们赢得自身的未来？我们过去通过歌德所进行的教育不会再重复下去，在某种程度上说，这种遭遇甚至是注定了的。或许我们需要一种新的接受歌德的方法，在我看来，这已经开始了。

虽然歌德是德国最伟大的抒情诗人，他的《浮士德》（Faust）也为其赢得了全世界的赞誉，但他的作品并未使他与荷马（Homer）、但丁或莎士比亚（Shakespeare）并驾齐驱。对歌德来说，那不可比较与不相匹配之处在于，其人其作作为一个整体，涉及诗歌、科学和在短时间内从事的公共事务的各个领域。在历史上，他可能是一位彻底实现了自己的人，与此同时，他通过自己的著作完成了一幅自画像并借此显示了自身。我们阅读他的作品、书信、谈话、报告，从童年到老年，他的整个一生都活生生地展现在我们面前，就好像我们在其人生的每个阶段都当面遇见了他。他可以做我们最亲密的人，伴着对其了解的不断深入，他的声望也随之越来越高。

在歌德这里，一个人似乎成为完全可知的，以至于所有的东西都似乎不再隐蔽。然而，文献向我们谈及他的东西越多，他就越变得神秘莫测。这一无限丰富的精神的持续流传，含藏着一种深邃的沉默。试图界定歌德的人格是徒劳的，他就像自然本身那样不可穷尽。他的心灵充满着张力、对立与冲突。他的作品几乎像《圣经》那样，如果以逻辑一致性原则为衡量尺度，如果期望得到一种可定义的固定观点，我们就会迷失于其中。不过，这个谜团并不能凭借任何最新发现的事实得以解决，就连诗歌也不能使其得以澄明。歌德留下的颇为广泛且触手可及的文献带来了这样一个重要的推论：歌德并不是一个神话人物，他的生活也不是一种传奇。他是可说明的真实，这真实与他自身的意愿密切相关，就保存于开明时代每一个鲜活的细节里，并成为一个吸引人们不断予以研究的话题。这就是我们不满于那种遗忘歌德的真实,不满于以想象附加于其生命之上的东西的臆断倾向的原委所在。尽管这些真实情况永远都不可能是充分的,不过其丰富性已足以防止那种编造事实的做法。

既不把歌德视为神话人物,也不将他遮蔽于编造的事实里,而是通过其自我描述来了解他,这样,他就会成为一个可想象的人。我们看到,他是如何两次真切地将生命转化为艺术——艺术地生活,并艺术地写作。不过,这种自我描述转而又消融于囊括一切的真实之中——即使是真实的自我的映象,也无法反映整体的真实。

二

唯一恰当的做法就是年复一年地理解歌德,在阅读其作品、书信并与其商讨的过程中分享他的生命。这样,他就成为在我们人生的所有阶段都能给我们提供帮助的同伴。与歌德同在——这对我们成为德国人、日耳曼人乃至人自身来说或许是最为根本的事情。

然而,做到这一点并不容易。歌德的世界已成为过去;只有在那样一个世界里,歌德才可能成为歌德。我们可以喜欢他以及他的世界,不过,只有当我们时刻牢记那并不是我们的世界而且它永远不会重现时,我们才有可能移身于其中。歌德的世界是几千年来西方历史嬗演的结果,是它的最终完成与实现,目前已经完全变成记忆并与我们告别。尽管我们是这个世界的产物,但我们已经走出这个世界并走得如此之远,以至于显得歌德离荷马比离我们更近。我们的先辈几乎全都作为个体为我们所知,他们就存在于那里,然而提起他们来,我们又仿佛是在听来自一个与我们切近而又疏远的王国的神话故事。它仅是一个过去的世界,尽管过去的经验给我们提供了衡量人性的尺度,但它并不向我们显示任何一种可以完全复制的生活方式。

重要的是通过将歌德的真实性转变成我们的世界来吸纳歌德的世界。如果我们不仅已经进入彻底不同的现代世界状态,而且也已经在那里停止享有充分发展的人类基本经验——如果我们不再懂得诚挚的爱、赢得友善以及在不断受教育的过程中实现自我突破——只有在上述情形下，我们才会失去歌德。

实际上，歌德依然能够与我们在一起：

他帮助我们摆脱直接的自然本性，进而在源于人并基于精神的自然状态中重新获得自身。

漠不关心、麻木不仁的态度不可能在歌德那里持续存在。他教导我们，要依他人所是的样子来理解他人、认可他人、欣赏他人，而不要以种种怪异的尺度来裁削他们。

歌德阻止我们迷失于与杳渺、彼岸、未来有关的种种幻想和假象。他帮助我们成为真实的自我，教导我们不要错过仅有的实在——我们当下的真实。

当我们困惑时，他让我们看清原因，并教导我们与自己保持距离。为了满足一天之需所从事的活动，也就成为理所当然之事。

他教导我们态度温和，清心寡欲，从而使我们全神贯注于自身的本质。

我们向他学习如何更清楚地观察事物之所是，以更为开阔的胸襟面对人和事：

> 幸福的双眸，
> 凡汝所见者，
> 不论是什么，
> 一切都很美！[①]

而且，最终的"否定"是不可能的：

> 因为，无论如何，生命都是善的……

我们感到，歌德培养了体现于我们身上的每一种美好的品质。我们呼吸着爱的气息——爱人类，爱这个世界。我们在倾听万物发出的

[①] 引自歌德的《浮士德》第二部第五幕，守塔人的唱词（这里的译文参见钱春绮所译《浮士德》，上海译文出版社2011年版，第523页——中译者注）。——英文版原尾注

神性声音的过程中,也越来越具有超人的听力。

三

然而,我们还是要反思:我们是否夸大了歌德的作用?人无完人。没有一个人是我们的方向,或者能为我们指点方向。

我们知道,歌德确实遭到了反对——即便下述次要的指责无须谈及,如所谓"王室仆役",反对变革,思想保守,心胸狭隘,轻薄无聊,追求享受,蓄意诽谤,"没有祖国"。

如此等等的攻击把歌德贬低到这样一个地步:他的本质不再是可识别的。其实,站在另一高度,那些引证的事实从一开始就有待于给出别一种理解:以尊严、斗争和带有感激的默许履行对人的训导之职——在那个专制主义公国,歌德与卡尔·奥古斯特(Karl August)的关系显得多么庄严动人!他看透了法国大革命的真相,承认了它的必要性,最终没有对这场人的行为错综复杂的革命做出整体评价;他的保守倾向表现的是一种在世界中保全自由的意愿。他那诚挚的爱即便没有在与某个女人的结合中臻于完美,也远非轻佻浮薄;在道德律的约束下,他充满追求快乐的精神;无论在公共事务中,还是在家庭事务中,乃至在愤慨与恼怒中,他的严肃或嘲讽都没有什么恶意。他待人的态度不是那种乏力的和善,而是真正的仁慈。他可以用冰冷的沉默来应对种种粗鲁的强求。他采取各种各样的防御措施,结果都被一一击破了。他既不是圣人,也不是超人,不过,他一点也不缺少人性,而且没有什么东西强迫他产生不得不与之相符合的想法。每当歌德的某一言行让我们感到离奇古怪之时,我们都应该去探求其更深层的意味,匆忙之间所提的异议往往是错误的。我们没有真正理解的经常是那些轻易就让人相信的东西,对此,我们可以从众多事例中举出这样一个例子:1816 年,他给福格特[①]写信,反对谢林就职于耶拿大学。这看上去好像是不负责任的干预,不过事后表明,这显示

[①] 福格特(Voigt)在萨克森—魏玛公国(Saxonia-Weimar)任教育大臣,兼任耶拿大学校长。谢林是一位闻名于世的浪漫派哲学家,他后来在柏林大学接替了黑格尔的讲席。——英文版原尾注

了一种深邃的智慧，这种智慧不仅表现在学术管理方面，而且鉴于他的朋友谢林的专横倾向，他的反对也体现了一种真正的自由精神。与此相同的真实情形，还有他对费希特（Fichte）①的态度。

对歌德的言行所进行的那些草率的谴责，我们应该予以揭露。不过，我们也许有权利在更深的层次上来反抗歌德。

如果说人无完人，那么接下来要做的事情就取决于我们如何看待歌德的局限。执行这项任务，对我们把歌德纳入自身的世界来说是绝对必要的。如果不想沉沦于琐屑无聊之中，我们就必须停止自我欺骗。今天，事实和真相只存在于一切事物的不容置疑的可能性里。下面，就让我们冒着再一次听任自己的风险，来大胆探寻一下歌德的局限。

（1）无可争议的是，歌德创造性地发现了一种自然观，他在形态学、颜色学以及他对本原现象的感知方面都做出了不可磨灭的贡献。今天，这些事实已得到普遍的认可。

然而，所有这些发现与我们独特的现代自然科学毫无关系。对歌德来说，这表现在他对牛顿（Newton）及其成果的反对上——他不仅不能理解，而且还极力拒斥。他激烈而顽固地与牛顿进行论争，甚至对牛顿的品行进行抨击，这种做法诚然令人吃惊，但并非偶然。然而，歌德在这件事上做错了。歌德的理解力无与伦比，他的心灵无限广阔，他喜爱发现每一件事情的真相，这样一个人怎么会在对待牛顿的问题上像是着了魔？他的错误表明，他对一个形成中的、技术掌控自然的世界以及由此所需要的那类知识心存忧惧。我们绝不可被歌德的言说——他关于苏伊士运河、巴拿马运河以及未来世界交通的友善评论，他描绘的填海造田开拓殖民地（在《浮士德》的结尾）或社会化的精神性的学员教育的蓝图［在《威廉·迈斯特的漫游年代》（*Wilhelm Meisters Wanderjahre*）里描绘的］，以及被解释为对于即将到来的技术时代的预见或断言的许多其他东西——所哄骗。对歌德来说，这类做法含有两个方面的意味：一方面仅仅意味着工艺品数量的增加和从历史初期已经完成的类似河道整治的那一种宏观组织管理；另一方面则意味着它

---

① 康德的信徒费希特（Fichte）是一位伟大的国家主义者和拿破仑的反对者；作为哲学家，他提出了一种指向无限的主观唯心主义体系。——英文版原尾注

们只是好玩的设计而非可行的方案。抛开歌德对自己的规划所做的那种相当模棱两可的最终评价不谈，有一点还是很明确的，那就是，它们所描绘与预测的并不是我们的世界。现代人控制自然的基础，是对人与自然的有形世界（歌德独一无二地捕捉到了世界的外形和色彩，在这一点上，他胜于亚里士多德）进行极度的抽象——对显微镜和望远镜表示反感的歌德拒绝了这种抽象。迄今，这种抽象已无可抗拒地发展起来。透过歌德的憎恶可以看到这样一个真相：某些必然导致与所有过去的历史断裂的事情确实已经出现了。歌德比同时代的人更为敏感，尽管他对于这个路向的真相以及它的必然性尚未形成清醒的认识，但他已经意识到，那些对于他自己、对于过去都十分重要和宝贵的东西都受到了威胁。歌德的局限在于：没有理解这个发生中的世界，他就对其闭上了眼睛；在人类未来的根基立于其上之处，他仅仅看到了邪恶；他并没有意识到，人在这个新的世界里寻找自己道路的过程中所须直面的挑战。因此，歌德的这一面对于今天的我们来说显得很生疏，就此而言他根本不能给我们提供任何帮助。只有那些浪漫的、令人生厌的当代人，才不确切地引用他的话来反对早已变成现实并获得认可的事物。

歌德对于孕生了迥异于早期工艺技巧的大规模自然科学和现代技术的现代思维方式——直到现在，它依然远非一般人所能理解——感到不解、不安并鄙视：依现代人的心智来看，这种态度将他放逐到了一个属于过去的世界，尽管这个世界有那样完美的组织结构。无论如何，这个先前没有助益的世界现在已经成为我们的命运，这种命运既意味着人的庄严高贵，又意味着新的前所未有的挑战。如果我们渴望生存下去，我们就得迎接这个挑战。

（2）歌德以一种可被称作"和谐的"（harmonious）的根本态度肯定了一个世俗的世界，这种态度遭到了人们的反对。为了谴责世上的苦难和罪恶的统治，人们势必会恐惧地疾呼：人们不能容忍与世界达成爱的和解，无从使其成为一个和谐的整体。我们已经意识到，我们正处身于不再想阅读歌德的境况之中。如果真的还能够阅读的话，那么这类处境会促使我们去阅读《圣经》、埃斯库罗斯和莎士比亚。

歌德知道人类有自身的边界，然而他在这边界前却退缩了。他满怀疑惑与敬畏地站在埃斯库罗斯的悲剧或哈姆雷特面前，始终与其保持着一定的距离，或者转而回到温和的阐释之中（比如对哈姆雷特的阐释）。他让自己免受莎士比亚的影响，拒绝与伟大的悲剧人物发生纠葛。他躲避他们。如果说歌德缺乏悲剧感那就大错特错了，他其实并不缺乏悲剧感，只是每当他冒险过于接近这个边界时，他都感受到了一种自身的分裂。他知道这深渊之所在，但他不想失败。他的目标是自身生命的实现，是世界万物的实现。他可以说出如此睿智然而令人不舒服的话，如"一个人不必而且不准容许任何一种威胁他生存条件的事实存在"，再如他这样谈论自己："我发现，相对于无序状态，不公正更容易忍受。"

歌德的消极态度并不意味着舒服自在地追求一种和谐幸福的生活并借此掩饰岌岌可危的处境。他对此给出了自己的证据。在他那里，随时可能爆发的危急状态不断在激化，他不得不奋力获得自己的均衡感。① 他的教育观念，他简明地说出"我不能不着急"之类话的起因以及他晚年的自我克制——所有这一切都是一种独一无二而且没有止境的内在活动，然而这种内在活动并没有给他带来所谓的幸福。终其一生，他都像老者一样在说话，并没有享受过幸福的岁月。

歌德并没有以自我欺骗的方式，而是以超然淡定的态度应对源自世界图景的冲击。他目睹并触及了恐怖，不过，他越迫近地接触那深不可测的恐怖，他的言语就越变得犹豫不定。最后，他把自己隐藏于沉默之中。不过，在这个过程中，他时而会说出一些绝望的话。此外，即便有某位思想者用哲学判断直白地表达生存内部的分裂，歌德也不会那样做——比如他愤怒地回绝康德关于"根本恶"的知识，指责康德用这种理论玷污了他的哲学家的"斗篷"。

（3）现在就让我来触及歌德局限中最难探讨的一个问题。如果我的意见中含有不诚的语气，那将导致整体上的虚妄。

这个问题是：就其本身而论，歌德无所不包的人性是否一定存在

---

① 《西东合集》（*West-östlicher Divan*）中有这样的诗句："他去'高处'歇息"（"Rast ein Aetna ihm 'Empor'"）——他如埃特纳火山（Etna）般喷发着怒火。——英文版原尾注

错误？以前，人们指责歌德在爱情方面朝三暮四，说他迟早会对每个女人都表现出不忠来。当然，我们憎恶这类指责，原委在于：他所爱的每一个女人对他来说都是非常重要的，而且是不可替代的；这些情人能在他的言语中理解与认识自身，她们在别的诗人的言语中却不能做到这一点；歌德的每一次告别都是在良知的压力下发生的，我们因而不能对他求全责备。而且，歌德对她们是多么的忠诚啊——在他的一生中，他不顾冯·施泰因夫人（Frau von Stein）冒犯的举动，对她表现出无比的忠诚；他是怎样地为每一位心爱的人而担忧，又是怎样地为她们的不幸而不安！

存在一种被普遍忽视了的批评。克尔凯郭尔说，在爱情上，引诱者除了决定引诱以及决定结婚外，还有第三种行动方式，那就是："他根本不做决定——他坠入爱河，然后结束爱情，最后遗忘。"作为述说这种中间存在方式的一个例子，克尔凯郭尔引用了歌德在《诗与真》（*Dichtung und Wahrheit*）中的自我剖白。情人关系的破裂其实对双方都有伤害；不过，最大的羞辱正是这种破裂后的藕断丝连，这种对于分手的必要性的礼貌和善的理解。

克尔凯郭尔接着提出了这样一个原则性的问题：一位艺术家能在何种程度上把自己的生存本身变成一件艺术品？他说，歌德的困境在于其悲怆之情的匮乏：这是一种只需改变批评的性质就可使得艺术家从爱情以及其他事情中全身而退的境况。每当那活生生的恋爱关系威胁并即将摧垮他之时，他就会通过"使其成为艺术"来消除它。

克尔凯郭尔的解释谈到了生存的严肃性。这种解释究竟是荒谬的，还是抓住了真相的本质？这个问题本来就是无法回答的，我们只能提出来加以讨论。举例来说，类似的讨论如下。

当人生的新阶段、新处境、新任务在歌德的生命中出现之际——其本身就像一件纯粹的艺术品——他不得不放弃每一次转瞬即逝的满足感。在持续前行的不忠中，他仅仅保有追忆中的忠诚。

在对冯·施泰因夫人的爱恋中，歌德自己似乎（seems）已经捕捉到了绝对之物——这种绝对之物在某个时候必然会变得强人所难、"不合常理"。在这迷雾重重的十年，在这个无情地强求自己的阶段，歌德可能过着一种与此前和此后都不同的生活。正是在这段时间里，他深刻展示了自己的观察力和冲动——他的创作的主要动力。也正是在那时，他看到了人的高贵之中的信义，发现了《伊菲格尼》的要旨，认识到了"人可以高尚、良善、扶危济困"，并发现了像米尼翁（Mignon）那样令人不可思议、不可忘记的人格。

不过，这也正是歌德越来越难以忍受的一个时期。自从意大利旅行归来后，他就放弃了对"不可能之事"的追求，他也随之丧失了捕捉真正的当下以及超感觉意义所需的那种激发鲜活洞察力的灵感。前些年他所信守的那种纯粹的、无可比拟的高贵消退了。由灵感之源所滋养的那剩下来的创造力，使他能够在诗歌、科学以及晚年所完满实现的智慧领域中继续产生着丰富的、不可替代的影响。过去所伸展并被测度的那种非同寻常的、无所不包的人性，在歌德这里再次由其最高的可能性所测度，不过它依然看上去像是出现了衰退。在他自我保护的天性里以及他对不可能之事的鄙弃里，我们发现了完整、完满的歌德。

从1787年起，歌德开始步入一种明确而既定的生存方式。他想要脚踩地面之上，享受在家的幸福感——在与克里斯蒂安娜的居家生活中，他找到了这种幸福感。他声明放弃那不可能之事，不过与此同时他也终竟缩入那孤独之地，退入一种隐秘的绝望心境，从不断给他带来不快的外在世界遁入自我保全的离群索居之中。他所剩下的只有隐忍顺从。与过去相比，他对绝对之物的热情看上去冷却木然了。不过，基于这样的经验，那种富于同情的慈爱之心增长了，并且在自然科学著作、后期的小说、源源不断的抒情诗、自我解剖与聪明才智中得到了无可比拟的展现。

永远不会有人知道歌德内在生存的真实。但是，因着将歌德看作某种模型而误解了他的后人会受到他的生命表象如此大的影响，以至于克尔凯郭尔有关他的批评变成了真的。实际上这类批评并没有击中歌德的要害，不过确实击中了一种接受歌德的方式。

歌德是不可穷尽的。我们并不能将其归入任何一个种类，如诗人、自然科学家、艺术家、作家、行政官员、朝臣、政客。他是上述的一切角色，而且比这一切角色的总和还要多。为了追问我们接受歌德的方式，我们可以姑且把歌德称为哲学家。

歌德不仅将其经验转变为形式，而且将其经验转变为思想。他以反思为导引，在潜意识的驱使下持续不断地探向那意识之光。这样的人就是哲学家，因为哲学家就是思考与探察整体的人。在这一点上，歌德达到了最高境界。

歌德就是作为这样的人出现在我们面前的。他的爱心永无底止地跃动，他持续不断地介入生活之中，不是拒斥生活，而是在生活中坚守自我的本性，甚至以自己沉默和厌弃的方式抗拒着他不愿接受的一切，就此而论，他就像理性自身。他是一个只承认与其适合的东西的单子，但又像一个展示（尽管从不屈服）其自身于所有奇异之物的万能的单子。

将歌德视为一位哲学家来予以讨论，并不意味着要讨论他的哲学。我们通常所提及的是狭义的哲学，它只关联于人类知识的一个特定领域。歌德对这种类型的哲学表现出一种冷淡的态度。

要么，他判定这种哲学是多余的："我认为独立的哲学是没有必要存在的，它其实完全包含在宗教与诗歌之中。"

要么，他认为这种哲学与他是格格不入的："我对哲学本身没有感觉"，"康德的《纯粹理性批判》完全在我的视域之外"，"我并不关心黑格尔的哲学"。

要么，哲学作为某种陌生的东西引起了他的兴趣，于是他选取"一种寻求理解哲学家观点的方式，并且将这些观点应用于自我教育之中，好像它们已成为探讨的话题"。

要么，他只是个别地受到了某种哲学的影响，例如，他在谈及康德的《判断力批判》时说："这部著作开启了我人生中极其快乐的新纪元……它的主要思想，与我过去的作品、行为和思考颇为相似。"

哲学自身发明概念、范畴，提取生存的影像，实现思维与判定的运动——所有这一切都在符合逻辑的认知之中有条不紊地进行，尽管并不总是囿于体系，却依然是有其系统性的。歌德除了厌弃，是否也在分享着这种哲学呢？

在哲学史方面，歌德是有原创性的，这体现在关于自然的视觉知识的概念的创造或阐明上，诸如本原现象、形态变化、极性、共生。

通过建构形态学和色彩理论,他清楚地阐明了关于世界上的形状与色彩的知识。他完成了如下任务:"准确追踪导致某种现象出现的各种条件,勠力争取获得现象的最大可能的完整性,因为它们必须最终与自身达至一致……然后以一个科学家的眼光构造一种组织结构,以此呈现它们整体的内在生命。"

构成歌德自然观的这一整套概念最大限度地体现了他的特点。这已渗透到他晚年的全部思考之中。他将其延伸到生活的方方面面,甚至包括精神生活,不过,我们无须将其视为一种哲学本体论,因为这仅仅是他的哲学的一部分。

所有这一切并没有展示一幅显要、原初的本体论图画,而只是一种总体的哲学态度,一种通过直观地催唤你在对象中之所见使你获得目击者地位的途径。歌德无论是看到了什么还是经历了什么,他都能从中发现有意义的消息。对人生的每一种处境,他以一种探向其整体——不是将其视为对象,而是在理解中直接指向其客观现实——的态度,好像都给出了富有启发性的评说。

对一贯具体的讨论来说,最基本的观点是,大量的复合体诉诸丰富的变化重现自身。歌德利用了一切可能的思维方式、系统和样式,为的是表达他所碰巧要阐明的东西。我们从他的言语中听到了斯宾诺莎所要表达的东西;他阅读了康德、普罗丁、柏拉图的书;他喜欢谢林。他接受了每一种适合于他的思想。然而,因此称他为折中主义者的说法却是错误的。他没有堆积那些可结合的思想;他赋予它们以新生,就像自己头脑的产物一样。他的新柏拉图主义,他的斯宾诺莎主义,他的康德主义,都是自由的变体。以最高的标准来评判,歌德是其心智的主人。

由于歌德不想将自己束缚于任何凝固于语言的思想之中,而是执着于对自己原初观照的信赖,他因此会无拘无束地陷入矛盾之中。这里有不计其数的例子。1774 年,他在《普罗米修斯》中愤慨地说出了反抗神的地位的话:"我应该为你而荣耀?为什么?我就是我!我坐在这里用我的形象构塑着人自身,享受着快乐与幸福,并没有留心你的存在。"不过,我们在其 1778 年创作的《人类的界限》(*Boundaries of Mankind*)中却又读到:"没有人能够与神相比。"再举一例,歌德曾颇为明确地意识到了一种翻案诗（palinode）。① 1821 年，他在《一与一切》（One and All）中写道："一切都必须消失殆尽。"1829 年，他却在《遗嘱》（Testament）中写道："任何存在都不会消失殆尽。"

由于歌德并未持有凝滞之见，因此并不存在与他相争斗的情形。归根结底，与他争斗或许正意味着参与他心灵中发生过的争斗——这不像我们参与少数伟大哲学家的方式：他们并不让我们更好地了解更多的东西，而是引导我们回到我们自己。歌德那无所不包的生存意识看来是向一切事物敞开的，从不对任何事物设限——当然，他事实上不得不在言辞中拒斥那些可能令他屈从的异常之物，如他所说："天空与大地如此广袤，这将调动起一切存在的器官来对此进行把捉。"

现在，就让我们重新回到歌德的局限这个问题上来，讨论一下歌德哲学思维的局限。

歌德满意于安宁地崇敬那类不可理解之物。我们可能会问，他从边界处退缩得是否并不那么快，是否由于宣称不可理解之物的不可理解性的倾向而就此转移话题，导致他那些精彩的富于启发性的言论并未做到深思熟虑？歌德对所谓"魔力"的谈论就是这类思维方式的一个例子——这些谈论很深奥，不过在整体上又完全是不确定的。由此带来的后果是，或许他过分地回避了对于终极问题的回答，并过快地代之以近似的暗示或象征——如果这些暗示或象征是给人深刻印象的。他那非教条的、独特的谈论华美富丽，充满不确定性，既没有遮蔽其注重实际经验的解析，又没有妨碍其预兆性地接触那些边界。他是怀着惊异之情并借助直观来接触那些边界的——既不是源于追寻明确概念的动力，也不是源自对于普遍思想的清晰意识。

1813 年，他在写给雅可比（Jacobi）的信中，坦白自己是一位诗歌领域中的多神论者和自然科学领域中的泛神论者，并不满足于某一种思维方式——他补充说："如果作为一位有道德的人我的人格中应该需要一个上帝，那么我也早已关心它的存在了。"就我们能够看到

---

① "palinode"由"palin"（重复）与"oidé"（歌）组合而成，意为话语的重复且伴有语意的颠倒。——英文版原尾注

的歌德的人生及其作品而言，这句话似乎无意中承认但并未指明，从来就没有什么东西真正地控制过他。

我们可以这样说：歌德了解每种事物的情况，不过他的局限在于，他在任何不容许他占据优势的事物面前的退缩，因为这些事物易于影响他的潜力的充分开掘。他的局限意味着人类具有无限的可能性，这就要求人们禁止任何一种有限的现象变成绝对之物。因此歌德的局限并非偶然的缺陷，而是他根据自己完善人性的意图而选择的人生的部分实现。他的失误，正是他的真实存在的显著特征。因此，他不得不摒弃那些不属于他的东西：现代自然科学，康德的"根本恶"的观念，他所谓的"超验"的东西，以及一切他称为"病态"的东西。歌德总是知晓界限在哪儿，不过他总是从中抽身而去——也许，这只是他对敬重之物所持有的敬而远之的态度。

歌德的完整性在于其通过行动与训练敞开于世界中的生存，而不在于其思想世界的完整性。他在人生的每一个阶段、每一种现象、每一种观点中都达到了尽善尽美，并使它们保持这种完美。每当遇到破坏、毁灭、反常之物的威胁，他就返回其生存的完整性，不过，他总是能够带着对无限潜能的回忆阐明这些事物，让那些未曾透露的意义向其活生生的现实呈现。当然，在这一过程中需要保持根本上的不确定性，因为它是无止尽的。

四

至于如何吸纳歌德才能适应今天所看到的无限真实的处境，我接下来就对此做一下总结。

我们不要神化任何人。歌德崇拜的时代已成为过去。如果我们想成为其真正的继承人，我们就不要失去对脆弱的人性之基的洞察力。我们自由、欣悦地沐浴在伟大人物的光辉之中，回应歌德的爱的力量，呼吸他生命的空气，但我们绝不能因此对歌德所遮蔽的东西——对深不可测之物的看法——视而不见。可以说，歌德让我们的身心得到休憩与策励，却不能够把我们从重压之下解救出来。在这个属于我们而他却一无所知的世界中，他并不能引导我们。

歌德不是一个可供模仿的典范。对我们来说，他是一个路标，就像其他伟大人物一样——不过，他凭借其人性的中介超越了他们，这些人性的中介纯化我们，澄明我们，让我们愈加深切地去爱。歌德就像是人类的一个代表，不过，他从来没有成为我们亦步亦趋的道路。他是一个并不为人树立榜样的典范。

我们在吸纳歌德产生的东西以及他自己并未委弃的东西方面存在一些危险。从吸引人自身成为一个完整的人，到以自我为中心而与世隔绝；从摆脱束缚将阅历转化为诗歌，到以审美的态度拒绝承担责任；从臣服于崇高的事物，到不负责任地沉迷于纯粹微不足道的东西；从歌德的思想深度，到含混不清、难以辨别的思想；从其智慧的真正均衡，到并无实质可言的优柔寡断；从普遍性，到缺乏特征，都仅有一步之遥。歌德之后，上述所有的变化都发生了，这是德国文化的悲剧。有太多的人想成为"小歌德"。歌德为每件事情都提供了理由。不过，我们并不能通过这样的引用——"正如歌德所说的"或者"就像歌德所做的"——来进行辩护。歌德并不是完美的人。毋宁说，他作为一位哲学家，能够让我们借助于其局限感知到一切自我意识的前提：不可能有完美的人。人作为有限的存在，永远也不能达至完美状态。

今天，当我们试图进行审慎而真诚的哲学思考时，始终存在着来自人性的两个方面的定向，两者对于揭示真理来说都是不可缺少的：一方面，我们看到了例外——他们是所在时代的受难者，在不可知之物的视域中，他们展现着在人的存在中绝对的可能性；另一方面，我们看到了歌德这一现象，这一通过持续变化而显现的生活的真实，在一种独特的尺度上——可以说，一种理想的常态——就是人性的自我显现。每一个例外都失败了；例外看上去受到了与其相结合的绝对之物的限制，最终走向生存的自我毁灭。歌德则沿着"死亡并获得新生"的道路步入极度的恐惧与良心的压力之中，经过内心的分裂与垂死的体验，他又抽身返回并准备去实现新的变化。歌德选择了一种充满人性的生活。他并不是克尔凯郭尔与尼采那样的受难者。

然而，我们不能没有克尔凯郭尔与尼采。他们都不提供某种哲学体系。二人看上去都把自己的思想播撒于无数的箴言里；二人每时每刻都显现着自身的矛盾；二人都致思于思维与想象、概念与形象、科学与诗歌等的基本原理；二人都让我们感到与整体的一种隐蔽的联系而没有使我们将其客观化。他们松开了我们的限制，激发我们去行动与吁求，并让我们从未质疑的这些胚芽在我们中间成长。

不过，尼采与歌德是极其不同的。尼采始终保持着否定的力度，他在一切形式的虚无主义中历险，猛烈地与他那个时代的信条展开搏击，永远生活在一种攻击性、绝望、无爱、狂热信仰的氛围之中。他主动挑起争斗。他让我们烦恼，而且我们也让自己烦恼，因为我们发现他已先于我们充满活力地奔向真理。相比之下，歌德则生活在肯定之中。他爱世界与生活，爱一切事物和所有的人。他强烈要求促成和解与一致。他力促达成和解。他的所有言论都充满仁爱与友善的氛围。正是这些东西，让我们怀着如此喜悦的心情一次又一次地探寻歌德，增添我们自身研索爱的冲动与活力，保持协调与肯定或者理性与适度，对世界的资源和人类的财富始终葆有坦荡的心胸，无论它们何时威胁甚至有负于我们。

问题是这样的：我们需要将歌德的局限当作我们自己的局限，以便由此重建他留下的一切财富并达到我们能力的限度吗？今天，仍有一些好心人认为可以通过与歌德的交往同这样的人达成一致，并认为可以寻求一条最好能在其中一起成长的道路。但是，我们并不这样认为。尽管我们极其弱小，我们也已经超越了歌德特有的界限。确切地说，作为个体，我们正遭遇一个属己的时代，负荷着不可逃避的使命。摆在面前的这些问题，正鞭策着我们来予以解决。

如果我们的精神还要持存下去，那么我们就会在吸纳歌德的过程中面临一场剧变。在保存和精选文献、保护传统、促进对于来自歌德的所有东西的使用等方面，我们要归功于过去对歌德的接受。在这些方面，人们的成就是堪称模范的，而且是值得继续下去的。不过，恕我直言，人们的歌德观却不值得采纳，人们对歌德的崇拜也不应该持续下去。

至此，一个奇怪的问题便产生了。那就是：我们不是的东西以及我们不能成为的东西，怎样才能与我们相接近并且成为我们生命中不可或缺的东西？我们怎样才能够生活在一种看得见某一事物的位置，让其塑造并教育我们，而不是力求去效仿它？

在我们与以前的一切历史之间不断扩大的裂隙，使这一问题成为我们生活中普遍的、基本的问题：我们既不能使其产生也不能使其延续的那些作为不可复制的过去的一部分的事物，如何成为我们的记忆，并作为空间、进而作为尺度、最终作为进步的推动力服务于我们？我们怎样来吸收曾经存在于艺术、诗歌、哲学中的东西——不是在教条化的因循守旧中，不是在相对化的漠不关心中，不是在不负责任的审美情感中，而是将其视为对我们的吁求来影响我们的一切？

让我们停止追问这些令人困惑的事情。我们今天的哲学已不是伟大的原创性哲学，但它更不是过去文本的合理重复。相反，它是我们吸纳过去的器官，因此，它虽然并不充分，但它是当下的、活生生的，它虽是审慎的，但终究赋有探索真实的敏感的良知。

然而，这类的哲学仅仅存在于内在行动之中，而且它总是依次地发生于单纯的个体之中。起源与选择取决于个体，因此，只有单独的个体才能够完成吸纳歌德的任务。

歌德晚年曾经这样说："我从事的事情并不能得到流行；无论谁那样认为并试图使其流行起来都是错误的。我并不为大众写作，而是仅仅为那些秉有相似的意志与目的的个体写作。"

确切地说，他并不是在大众的宣传中流行起来的——而是在无数的个体组成的群体中播撒开来的，他们是越来越壮大的一个群体，他们中的每一个人最终都是一个个体。

五

我的演讲就要结束了。在结束演讲之前，请允许我就吸纳歌德的一个实际应用问题再发表一点看法。不久前，人们开始重建歌德故居，这对我们来说自然是非常必要的，而且与我们将来对歌德的吸纳之间也存在诸多可比拟之处。

歌德故居指的并不是那座旧宅。旧的世界已经永远地消失了；我们必须努力穿越裂隙而忠实于记忆。

歌德故居将按照旧宅的恰切比例与景观来予以仿造——如果可能的话，它也模仿其恰切的轮廓、壁纸、泥工、木雕——经过仿造，一切都鲜活如初，显得崭新恰当、清晰可辨。至于旧宅的韵味则完全是另外一件事情。我们早已不再生活于旧的世界。我们的记忆通过时间而传送，就像在一个比例模型里，一个小物件在移动的光线下穿越波流，被传向一个有待建立的新世界。

这座旧宅将孤零零地矗立在一片荒凉的废墟之中，或者，它很快就会被其他众多根据不同风格的现代城市住宅建造的博物馆类建筑所包围。两者之间的间隔，正显示着这些新建筑与过去的事物之间的隔膜。然而，这种隔膜感越强烈、明显，人们就越想在从其停泊之处撕裂的世界上紧紧地抓住那高贵的传统，试图有助于以一种新的方式来吸纳歌德。

另外，这种崭新而宏伟的建筑将不仅仅是一个依比例建造的模型。旧宅的遗迹将被固定于其中并成为其中的一部分——或许有一个窗栅、少许横梁、很多石头。墙角石上将雕有少年歌德的塑像，旁边站立着他的父亲。歌德在向人们宣布这样一条准则："我的想法和愿望是，在世界终结之前，请不要挪动这块石头。"屋子将矗立在同样的地基上，我们从《诗与真》中得知，歌德就是在这里出生、成长的。由此，我们将保留一点可以影响我们的真实的记忆，正如在叙拉古（Syracuse）的石头路面，人们倾向于认为它是由柏拉图或埃斯库罗斯踩出来的。这样，歌德故居这个地方无论如何都在废墟上或在新的建筑物中保有其基本的真实性。这个地方一定不要成为单纯的遗迹或圣陵——两者都极其不适合于歌德——不过，让人在接近它的时候要抱有敬畏之心，这是重建歌德故居的基础所在。

然而，更为重要的是，在此基础上要创建观察与研究歌德的场所。歌德的传统需要学习，他的作品需要理解。所有可能的物证都必须留给后人，以便让后人在领悟歌德时会更容易一些，不然的话，我们今天理解起他来确实就会很困难了。不管糟糕与否，这样的处理方式在我们建立当下与过去的关联时总是不可避免的。今天，任何一个打算与歌德生活在一起的人都定要成为一个初级的歌德研究者。

对我们来说，歌德就生活在他的言辞之中。因为这些言辞事关紧要，所以他的作品、信件、谈话，上述这些文献统统都应该收集起来，让人们能够触手可及，即使那些存在时间极短的印刷品也不要放过。至于其他的东西，包括旧宅和研究，都仅仅是临时的替代物。因此，重建的歌德故居将具有博物馆的性质并且能成为展览歌德哲学的园地，这个园地对我们理解歌德并适时超过他来说将变得越来越至关重要。由于建筑师的偏爱，歌德在这里被当成了哲学的仆人。过去曾经在法兰克福（Frankfurt）、魏玛（Weimar）造访过歌德的旧宅，当步入长长的博物馆甬路，我们在很长时间内都无法按捺住不快的心绪。现在，最后的步骤就要到了。按照当前吸纳歌德的要求，我们只有通过绕路而行，仅仅把歌德视为研究对象，才能够获得一个纯粹的歌德并完成理解歌德的任务。

现在余下来的唯一可能的事情，就是博物馆的建设要有节制。歌德故居是欧洲无数的瓦砾建筑之一，它表明"歌德曾经出生在这里"。我们站在瓦砾之上，看上去可以引起一种比过去任何时候都令人疏离的感伤之情。我们怀着担忧与恳切的心情，面对废墟，这种气氛非常不适合于歌德。或者，歌德所唤起的我们的情感，就是对这种基本态度的难以忍受的控诉。

在歌德的精神鲜活之处，他的言辞是自由的；在那里，存在着争论与相互对立的论点。因此，吸纳歌德的道路是一种美妙的象征，它提醒我们，要重建问题的正反两个方面，进而在无情的争论中对其进行彻底的讨论。结果是，这种重建的效果是非常出色的。在歌德的帮助下，通过破坏常规，他的独一无二性得到了进一步的强调。在我们真正的传统遭到破坏的处境下，我们情愿冒着风险来了解歌德。我们采取坦率的、真诚的、自觉的态度来批评歌德，这些批评是显而易见的。我们知道自己正在做的事情。

不过，只有生发于爱、学识和技能，并且联合语言学家和建筑师来进行重建，我们才能最终取得成功。歌德在哪里有重要价值，人格就在哪里有重要意义。在法兰克福，这一点毋庸置疑。

我希望我已把自己的意见表达清楚了。歌德是这座城市最伟大的子孙，对我来说，能够在这座城市受到格外的欢迎是我无上的荣幸；与此同时，能够在这座持续纪念歌德的城市获得"歌德奖"也令我感到任重道远。与歌德相联系，直面他的呼吁，号召人们来赞美他——所有这些，对一个德国人来说都能产生自身的影响：他总有一种在家之感，他被激励着，并且意识到在他这里各种善的力量已经发展壮大起来。

迻译之五　歌德的人性[①]

一

全世界都在庆祝歌德的诞辰。德国人以他为标杆，更大范围的德语共同体通过歌德意识到了联结彼此的纽带，地球上所有受过教养的民众也都以崇敬的目光景仰着歌德。

歌德是说不尽的：抒情诗人，《浮士德》的作者，自然研究者，哲学家，以及其他诸多的身份。在目前所处的四分五裂的境况下，我们不禁要问，就歌德而言全人类能够共同谈论的东西是什么。鉴于此，他的**人性**还算是一个恰当的话题，换言之，我们所要追问的是，他是如何看待人类的根本存在以及如何在此世为人的。在歌德此在（Dasein）的现实中，在他自称为"伟大忏悔与自白的碎片"的作品中，问题的答案历历在目。歌德赋予我们这样去看待他的权利："若要给后世留下些许有用之物，人们就须得忏悔与自白；人们必须将自己视为独立的个体……后世才得以从中拣选出适合其自身的东西。"

歌德仿佛真的成了这样的一个人，他为自己赢得了"辽阔的世界和丰广的人生"。他在生命的每个阶段都舒展自身，与此同时，世界也得以跌宕起伏地在各类现象中呈现出来。他毫无保留地感知这个世界，深爱这个世界。当歌德睁开他的双眼，人们便在德语世界里赢得了他们的语言，美和形象也随之得以显露。

不过也有人质疑歌德在今天还有什么意义。歌德自己已然预见到了这样一个世界，他和他的同类在其中并无立足之地。自从德国解放战争[②]以

---

① 1949年6月17日，雅斯贝斯在瑞士巴塞尔举办的歌德二百周年诞辰纪念会上做了题为《歌德的人性》（"Goethes Menschlichkeit"）的演讲。文中所分九个部分的序号系中译者所加。在德文版中，该文结构层次的划分采取的是中间间隔一行的格式。本文译自 Karl Jaspers, *Aneignung und Ausblick: Reden und Aufsätze*, R. Piper & Co. Verlag, 1951, S. 50–68；另见 Karl Jaspers, *Rechenschaft und Polemik: Gesammelte Reden und Aufsätze zur Geschichte der Philosophie*, Hans Saner (Hrsg.), R. Piper & Co. Verlag, 1968, S. 142–158。——中译者注

② 这里的"解放战争"指的是1813—1815年德国人民反抗拿破仑统治、争取国家独立自由的战争。——中译者注

来，他就对世界历史的重大转折深信不疑。他的感受力正是在当时的一片虚无之中成长起来的。

歌德如是写道："尼布尔曾预见一个野蛮时代的来临，他无疑是正确的。现在，这个时代已经到来了。"

面对即将到来的19世纪，歌德预言："归根结底，19世纪属于这样的一批人，他们或者头脑发达、才华横溢，或者善于领悟、注重实践，或者虽非天赋异禀，但也机敏能干，自命不凡……那就让我们同这些少数的、绝非属于一个不会立即重复出现的时代的人物一道成长。"① 更糟糕的是，那个时代毫无希望可言。歌德说："当下的年轻人无法理解这一点：能够超越时代的人还没有出生，人们却将此称为一种幸运。"

歌德关于政治教化和技术的构思草图——其中不乏对专制与独裁的称颂——不甚严谨，充满戏谑，它并非某种纲领，而是时为标准，时为反讽，时为惊怖的图景。

简而言之，歌德意识到这样一个时代将要来临，在这个时代里，上帝对人世不再感兴趣，他将"摧毁一切，重新开始"。

我们正身处歌德所预感到的灾难之中，它与歌德所生活的时代相距甚远。为此，我们就必须背弃歌德吗？或者说，我们如今仍有接受歌德教益的可能性？

歌德留下来的大量著作、书信、谈话以及报告中所传达的丰富内容，让他能够"活到"当下，仿佛我们能够身临其境地与他交谈、向他询问并得到答复。谁与歌德同在，谁就总会有新的发现。

但是，想要全面了解歌德是不可能的。事实上，他不断增益，常读常新，令人难以捉摸。他所留下的是无穷无尽的阐释可能，期待着新时代的新人能够注意到他。

我们不妨尝试着列出其中最为突出的一些根本特征。

---

① 这段引文出自歌德1825年6月6日致采尔特的信，参见［德］汉斯·尤尔根·格尔茨《歌德传》（伊德、赵其昌、任立译，商务印书馆1982年版）第196页的引文："老实说，这个世纪是属于能干的头脑，属于思维敏捷而又实际的人物。他们具有一定的本领，因而感到自己高出于众人之上，虽然他们本身甚至不是天分最高的人物。让我们尽量坚持这样一种思想，而我们就带着这个思想同多半还是少数的、决非属于一个不会立即重复出现的时代的人物一道前来，一道成长。"——中译者注

二

歌德是新时代以来最为丰富之人，他所知晓的一切看起来无边无际。

歌德生性敏感，他与万物擦肩而过，却从不无动于衷。无论是在青年时期，还是在中年时期，抑或是在老年时期，他都曾濒临无可承受的边界。这直接导致——据他自己坦诚——他会反思所有的罪，而这些罪仿佛自己都已然触犯，在他看来，所有的恶习与不道德的行为都有可能出现在自己身上。

青年时期的歌德就已经带着审视的眼光站在了自我欲求的对立面。他目光如炬，满怀激情，他的自察意识摧毁了所有可能败坏其幸福的幻象，从而带给他高度的自律和自我掌控的能力。

这种分裂具有多重含义：体验与反思、直接与间接、肯定与否定、冲动与自控。这种分裂也体现在浮士德和梅菲斯特（Mephisto）这两个角色身上。浮士德为不竭的渴望和最高的目标所充盈，梅菲斯特则是自我反思和破除幻象的化身。在飞升中，浮士德呼喊道：

> 我一心一意，无非是争取戴上人类的冠冕，如不可能，
> 那还成个什么样的人？[①]

梅菲斯特却冷冷地答道：

> 最后你还是——像现在一样。[②]

歌德认可了安培尔（Ampère）[③]的解释——"不仅主人公[④]暗藏

[①] ［德］歌德：《浮士德》，第一部第四场，《书斋（二）》，见钱春绮译本（上海译文出版社2011年版）第67页；另参见绿原译本（人民文学出版社1994年第1版，2017年第5次印刷）第47页："如果不能获得全心全意追求的人类冠冕，我又算得是什么？"——中译者注

[②] ［德］歌德：《浮士德》，第一部第四场，《书斋（二）》，见钱春绮译本第67页；另参见绿原译本第47页："你是什么——终归还是什么。"——中译者注

[③] 安培尔（J. J. Ampère，1800—1864），法国文学家和史学家。——中译者注

[④] 指浮士德。——中译者注

的永不满足的欲求，而且梅菲斯特的嘲弄和讥讽也是我自身存在的一部分。"

歌德的生命是一个发展的过程，在这个过程中，所有的矛盾、对立、悖论不断地出现，又复归于统一。歌德的丰富性意味着，他就是一个最富于对立与张力的人。

歌德不愿错过任何东西，却又严格克制自己；他愿意为一切留有余地，却又放弃这一念想；他投身狂飙突进之中，却又获得秩序和纪律。正是从这种矛盾之中，歌德实现了自我的升华。

因此，歌德的一生是一个持续不断的、永无自我餍足的过程。暗藏的欲求从未停歇，明亮的自察意识也永无止境。对立的统一从未终止过，它也必将不间断地持续下去：

> 半个世纪以来，我为此吃尽了苦头……我总是在追寻、探索与实践，竭尽所能去做到足够好、足够多。

这样的人性并非一味求善，并非井井有条，并非和谐平静，而是上下求索和自我的重生。

因此，歌德提出的要求是：人"必须自我控制；赤裸裸的本能并不适宜于人"。

由于存在撕扯分裂的可能性，歌德又设法自救以维护统一。在激情涌溢的火山口上，他通过自行设定的尺度克制着自己。无论遭遇何物，他都试图用人性的尺度去做解读。

歌德为世界所充盈，透过这种彻底的丰富性所观察到的人性是非同寻常的。深入歌德的日常生活对他进行研究，去证实确实存在过这么一个角色，并借此和他共同经历贯穿其人生的每个阶段，这是一件饶有乐趣的事。我们会遇见一位青年歌德，他的着魔与燃烧令我们倾心不已；我们也会碰到一位中年歌德，他工作时的全神贯注激励着后人；我们还会邂逅一位老年歌德，他的睿智与平和留给后人取之不尽、用之不竭的教益与启迪。

当我们与歌德一起进入人性的纠葛之中，当我们将他的答案在自己身上重新化为问题之时，我们同歌德的交往就会更加深入。现在，就让我们举些例子，来看看这一切究竟是如何发生的吧。

三

人永远走在路途之中，永远求索而不得，他真正的生命是行动。歌德在许多地方都表明了这一点：

> 我痛恨一切光说不练、无法增益我行动的说教。
> 即便在科学知识中，人也一无所知；人永远都须得躬行实践。
> 人怎样才能认识自身呢？通过观察是行不通的，唯有通过行动才有可能。

这一切听起来虽然简单，却充满了意蕴。《浮士德》就是关涉绝对行动的悲剧；歌德在称颂无止尽的渴望、追求和行动的同时，也揭示了蕴藏于其中的不幸。

梅菲斯特在全剧伊始就识破了那空虚的一面：

> 我要拖着他过浪荡生活……
> 让他挣扎、发呆、粘着，
> 再对付他的贪得无厌。[1]

在结尾处他还说道：

> 他不满足于任何幸福和喜欢……
> 这最后的、空虚无谓的瞬间，
> 这个可怜人也想要抓紧。[2]

---

[1] ［德］歌德：《浮士德》，第一部第四场，《书斋（二）》，见钱春绮译本第69页；另参见绿原译本第47—48页："我将拽着他去过放荡的生活……他将坐立不安，呆望着我，离不开我，并由于贪得无厌，将只看见佳肴美酒从他馋涎欲滴的唇边滑过。"——中译者注

[2] ［德］歌德：《浮士德》，第二部第五幕第五场，《宫中大院》，见钱春绮译本第536页；另参见绿原译本第383页："任何喜悦、任何幸运都不能使他满足……这最后的、糟糕的、空虚的瞬间，可怜人也想把它抓到手。"——中译者注

附录二 雅斯贝斯论艺术(含艺术家)著述选译

与梅菲斯特相反,浮士德则怀有崇高的目标:

作着崇高努力的人类精神生活,
几时曾被尔等认清?①

他的行动当是没有止境的:其结果是增加了自身的意义。浮士德在开头就说道:

投身到时间的洪涛之中,
投身到世事的无常之中!……②

之后,用来描述浮士德行动的语句就更多、更直白了,比如:

我努力追求最高的存在。③

然而,不论何种形式、处于何种层次的行动都遭受了质疑:浮士德的行动毫无例外地失败了。

每一番行动都会带来愧疚与罪责。格丽琴(Gretchen)④生活的被毁灭,同文末菲勒蒙(Philemon)和包喀斯(Baucis)夫妇⑤的被毁灭首尾呼应。当行动的舞台延伸至全世界,浮士德行动中的破坏性始终没有改变过。

鉴于这种将人攫住、令人着迷的绝对行动所招致的不幸,歌德给

---

① [德]歌德:《浮士德》,第一部第四场,《书斋(二)》,见钱春绮译本第61页;另参见绿原译本第43—44页:"一个人的精神在高尚奋发之际,又几曾被你们这些家伙理解过?……"——中译者注
② [德]歌德:《浮士德》,第一部第四场,《书斋(二)》,见钱春绮译本第65页;另参见绿原译本第46页:"让我们投身到时间的澎湃,投身到事变的翻滚!……"——中译者注
③ [德]歌德:《浮士德》,第二部第一幕第一场,《幽雅的境地》,见钱春绮译本第210页;另参见绿原译本第186页:"一再向最高的生存攀登。"——中译者注
④ 格丽琴是浮士德最初的恋人,因对浮士德的爱而丧生。——中译者注
⑤ 根据希腊神话,菲勒蒙和包喀斯是一对贫苦夫妇,他们因款待乔装下凡的宙斯(Zeus)和众神使者赫尔墨斯(Hermes)而得好报。而在《浮士德》第二部中,这对老夫妇却因浮士德围海造田的宏图而遭遇不幸。——中译者注

出了三种从中解脱以便感受幸福的可能性。

第一，歌德明白："无论哪一种绝对行动，最后都难免破产。"在浮士德身上，这种绝对行动以毁灭、谋杀、劫掠、奴役他人、纵火焚烧教堂而告终。真正的行动必须是无限的，其特点是持续、成熟并"带来结果"。它永远是"不断上升的链条中的一环"。

第二，有益的行动为沉思所笼罩。感知能够——在一种"诗意状态"中展露自身——通过作诗获得自由，这就像是铺设了一圈围栏，将所做之事掩藏起来，并且对其加以限制。

歌德的沉思并不是超然于世外的神秘修行，也不是他本人所厌恶的思辨性超越，而是在现实之中真正扼住当下在场的神性。

第三，救赎可以通过永恒的爱自上而下地得以完成。赫尔曼·格林（Hermann Grimm）竟然将浮士德的填海造陆看成"在他的生命将尽之际对人类创造行动的最高称颂"，不禁令人惊异。更令人惊异的是，独裁者浮士德肆无忌惮的极权统治居然被当成了肯定我们这个世界的预言。

若将《浮士德》当作通过行动救赎人类的福音书，那就大错特错了。人类并不是通过行动得到救赎的，而是如天使们所言：

> 凡是不断努力的人，
> 我们能将他搭救。①

并非诸如此类的行动本身，而是其中的动力才成为这种自上而下的、无可把握的救赎的前提，这种动力不是无限的行动，而是一直追求的自我努力以及对根本存在或神性的孜孜求索。

---

① ［德］歌德：《浮士德》，第二部第五幕第六场，《山峡、森林、岩石、荒凉之地》，见钱春绮译本第554页；另参见绿原译本第394页："凡人不断努力，我们才能济度。"根据绿原、钱春绮的译注，1831年6月6日歌德与艾克曼的谈话中曾涉及这个话题："浮士德得救的秘诀就在这几行诗里。浮士德身上有一种活力，使他日益高尚化和纯洁化，到临死，他就获得了上界永恒之爱的拯救。这完全符合我们的宗教观念，因为根据这种宗教观念，我们单靠自己的努力还不能沐神福，还要加上神的恩宠才行。"见［德］爱克曼辑录《歌德谈话录》，朱光潜译本（人民文学出版社1978年版）第244页。朱光潜将这里所引的两行诗句译为："谁肯不倦地奋斗，我们就使他得救。"——中译者注

四

  对行动意义的探寻转化为对恶的追问。歌德将恶视为何物呢？我们不妨通过阐释《浮士德》来寻找答案，尽管我们知道，诸如此类的阐释并无定论。"无论是对世界历史还是对人类历史而言"——歌德谈论自己的诗作时说道——"都是一个问题方了，另一个问题又生出来"。他提示读者，"从表情、眼神以及轻微的暗示中"去理解文义。这样的话，"读者发现的东西，甚至比我能给出的东西还要多"。

  歌德通过浮士德行动的歧义性来展示这种恶。《浮士德》开篇就用错误的翻译"太初有为"（im Anfang war die Tat）替换了原本的"太初有言"（im Anfang war das Wort），这难道不是已经彰显了浮士德一犯再犯的原罪吗？抑或它乃是人类使命的一种象征，即出离消极被动的观望并飞升至富有成效的实干进而取得硕果累累？

  浮士德通过签订契约与魔鬼相结合，却试图依然保有这样的权利，亦即将魔鬼朝自己这边引导而非委身于他。和这种盲目的自信一样大胆狂妄的，是他过去曾倾心于魔法，这种魔法早已崩坏，只是如今又通过梅菲斯特攫取了新的形式。在这两种情况下，浮士德都交出了自我的"控制权"，而且越陷越深，直至最后，他失控的渴求、执拗、权力意志、自欺欺人以及急躁盲动一次又一次地给魔鬼参与决定留下了余地。

  浮士德从未诉诸恶，却招致了恶。他既不愿摧毁格丽琴、毒害她的母亲，也不愿致菲勒蒙和包喀斯于死地，更不愿火烧教堂。不负责任的是那种模棱两可的歧义性。他并非有意为之，也没有意识到这一切。但他的的确确导致了这一切的发生，因为他失去了对自我的控制，转而求助于魔法和魔鬼，并未恪守人类的尺度。

  在《浮士德》的结尾部分，歌德强化了这种歧义性。就在因忧虑而导致失明之前，浮士德幡然悔悟，这让他彻底看清自己不幸的一生：

    我还没有挣脱到自由的场所。
    我真想能跟魔术分道扬镳，

> 把那些咒语一股脑儿忘掉；
> 自然啊，能在你面前做堂堂男子，
> 那样才有努力做人的价值……①

要在此世成为人，那就意味着在限度之内凭借真正的力量争取各种可能。但是浮士德再也不能这么做了。面对"忧虑"带来的危险，他对自己说道："你可得小心，别再说咒语了！"他在失明之后积极忍耐，经受住了自然人性的考验。但是他无法再改变了。最后，歌德在人性的终极边界处用一种犹如嘲弄的冷酷羞辱了他笔下的浮士德。他让失明的浮士德依然抱有建功立业、颁布命令，高兴得忘乎所以之类的幻觉：

> 千手的运用存乎一心，
> 最大的事业足能完成。②

浮士德听到一种声音，他还以为是民夫在开凿运河和堤坝，事实上，却是鬼魂在挥动着铁锹为他挖掘坟墓。

当浮士德在毫无根据的幻觉中说道：

> 在自由的土地上跟自由的人民结邻！③
> 虽不算安全，却可以自由居住。④

歌德却让他做着相反的事，即歌功颂德：

---

① ［德］歌德：《浮士德》，第二部第五幕第四场，《半夜》，见钱春绮译本第 528 页；另参见绿原译本第 377 页："我还没有奋斗到自由的洞天。唯愿我从此同魔术断了来往，把所有咒语统统忘光；自然啊，让我站在你面前只是一个男子，才不枉辛辛苦苦做人一场。当年，我在冥晦朦胧之中求索……"——中译者注

② ［德］歌德：《浮士德》，第二部第五幕第四场，《半夜》，见钱春绮译本第 554 页；另参见绿原译本第 380 页："为了完成大业，一颗心足以指挥千只手。"——中译者注

③ ［德］歌德：《浮士德》，第二部第五幕第五场，《宫中大院》，见钱春绮译本第 536 页；另参见绿原译本第 382 页："在自由的土地上和自由的人民站成一堆！"——中译者注

④ ［德］歌德：《浮士德》，第二部第五幕第五场，《宫中大院》，见钱春绮译本第 535 页；另参见绿原译本第 382 页："虽说不上安居，倒也行动自由，生活写意。"——中译者注

是那为我服役的民夫们。①

然后他命令梅菲斯特去征募更多的民夫：

报酬、引诱、强制都用到。②

歌德看清了这种恶，并毫无妥协地用浮士德行为的歧义性揭示了这一点。

歌德通过普通人的遭际公开点明了善恶之间抉择的严肃性：这种震慑人心的情形发生在格丽琴身上，她因着浮士德与魔鬼同在而拒绝了他的救助；这种令人难忘的情形也发生在包喀斯身上，她看穿了浮士德使用"技术性魔法"填海造陆的魔鬼伎俩。真理就含藏在这些普通人的身上。

现在就让我们跃升至形而上的层面来关注一下充满寓意的恶之扬弃（Aufhebung des Bösen）。浮士德的获救究竟意味着什么呢？

事实上早就有恩典降临于他。浮士德并未意识到这种善，但他身上的善始终对抗着梅菲斯特，向后者宣示着爱和崇高的意义，反抗着——尽管总是太迟——梅菲斯特灾难深重的恶行。

说到底，浮士德身上的恶可被称为"尘世的残余"（Erdenrest）。在融为一体的双重人性中，这种残余愈加难以涤除。然而上帝，也只有上帝能够将其涤除掉。魔鬼过后，才会有灵魂的净化。

浮士德离开了魔鬼。然而歌德却将他的救赎建立在歧义之上：这种一直追索着的自我救赎的努力，是作为一种纯粹的道德观念，还是作为一种善恶之彼岸的单子圆极（Entelechie）③的力量？

转瞬之间，浮士德的罪行仿佛消散得无影无踪。我们想起了歌德关于拿破仑的诗句：

---

① ［德］歌德：《浮士德》，第二部第五幕第五场，《宫中大院》，见绿原译本第382页；另参见钱春绮译本第534页："那是为我服役的民伕。"——中译者注

② ［德］歌德：《浮士德》，第二部第五幕第五场，《宫中宽广的前厅》，见绿原译本第382页；另参见钱春绮译本第534页："出钱、诱骗或者压制！"——中译者注

③ 亚里士多德使用"圆极"这一概念表示完成了的实体、潜能的圆满实现；在莱布尼茨那里，"圆极"意指单子乃是终极的、单纯的、不能再扩张的精神实体。——中译者注

> 末日审判到来之时，
> 英雄拿破仑最终站在上帝的王座之前……

魔鬼早已备好罪过簿。这些罪过作为事实无可辩驳，然而上帝却说：

> 莫在我的耳边聒噪不休！
> 你说话的样子就像是德国教授。①

恶在上帝的意志中消弭了，因为在更高的层面上，它已不再是恶。

针对自己笔下的浮士德，歌德有一句奇特的话流传至今，值得我们注意："恶与善彼此对峙，因此，恶的对立面，也就是善，永不可或缺……浮士德，这一集此在生命和内在冲动于一身的隐形恶魔的蒸馏器，他是可怖的未来以及看似美好当下的揭示者，反之亦然！——他是一位宣说'莫作裁断'的伟大的布道者。"

恶因此失去了它的锋刃，变成了善的必要元素。恶并没有自己的权力。歌德的许多话都印证了这一点："世界是一架管风琴，魔鬼就是它的琴箱。""魔鬼应被看成是实现更高层次的世界统治的一种工具。"

恶属于人类，但也总有它的好处。只有反面才能直接刺激正面。魔鬼并非敌人，而是神的仆役。人类的活动太容易衰颓，才需要这位伙伴来刺激一下。上帝对梅菲斯特说："我从不憎恶跟你一样的同类。"②

歌德让魔鬼显得如此慈悲敦厚、善良无害、软弱无能，势必会遭到一些人的反对。歌德反对康德，而与思想家普罗丁、库萨的尼古拉（Nikolaus von Kues）、斯宾诺莎、黑格尔为伍，对于他们而言，恶已变得微不足道。

歌德想把我们从善与恶的可怕抉择中解放出来，从持续不断的判

---

① 这里的引文参见［德］埃米尔·路德维希《拿破仑传》，梁锡江等译，长江文艺出版社2013年版，第296页。——中译者注
② ［德］歌德：《浮士德》，《天上序曲》，见钱春绮译本第5页；另参见绿原译本第9页："我从不曾憎恶过你的同类。"——中译者注

决和谴责中解放出来，直至抵达充满爱意的理性。将所有的事物都赋予两面，并且随意说个"不仅……而且……"就把一切抹平，这种做法虽然非常简便易行，却是对形而上学思维方式的一种滥用。歌德的要求则要复杂得多，他的说法是从人性的可能出发的：满怀爱意，不触犯有约束力的标准，用上帝之眼去注视浑然一体的真实。

世上没有什么恶与不幸能够带走歌德的人生乐趣。他对于存在（Sein）的信念无可动摇：

> 无论如何，生命都是善的。
> 人当为自己的存在而感到高兴。

> 幸福的双眸，
> 凡汝所见者，
> 不论是什么，
> 一切都很美。①

这就是歌德的观点。他的爱似乎开启了事物的本质。一道神奇之光播撒在万物之上。歌德的双眸摆脱了厌恶与憎恨，从而能够敏锐而又亲切地发现一切纯粹的存在之物。这让人变得更好，因为人得以无限地向歌德之所见靠拢。

因此，歌德确信一切都必须复原自身，这同样肇源于最为骇人的错误：

> 所有的人性痼疾都是对纯粹人性的抵偿与救赎。

五

歌德如何看待人，如何看待人的行动以及恶，这就已经是哲学问

---

① ［德］歌德：《浮士德》，第二部第五幕第三场，《深夜》，见钱春绮译本第523页；另参见绿原译本第423页："双眸殊多福，所欲无不备，不论见何物，无往而不美。"需要注意的是，这里所引的诗句并非浮士德所说，而是出自守塔人林叩斯之口。——中译者注

— 833 —

题了。但是歌德的哲学思考并未以理性的体系呈现，而是将各种可能的观点和立场都囊括其中。不论何事何物，似乎都能在歌德的语录里找到出处。他能做到接受多样的观点和象征符号，他由此为自己葆有了根据不同的情境展开思考的自由。譬如，作为自然研究者，他是一位无神论者；作为诗人，他是一位多神论者；作为道德之士，他又是一位一神论者。

然而，歌德的思维从一开始就倾向于消解对立、促成和谐的体系。新柏拉图主义认为，存在的多重层级是互相交织的，这在歌德看来是最为自然的观点。自然与精神、自然与艺术、必然与自由、个体与普遍、理论与实践的统一对歌德而言才是真实的，而分离则是不真实的、暂时的。吸气和呼气就是对这种对立统一的一个譬喻。他的思维追求一种宏大的秩序，在这个秩序中，一切事物都有各自的意义和权利，就连那些应受谴责的事物也被作为善的整体的反力而被重新接纳进来。

这种存在图景符合歌德的实践思维方式。因为他是在对立统一中把握现实的，所以他的思考并不囿于原则、道德与部分，而是坚持从当下的在场出发。首要的是自发性，而非规则；重要的是整体，而非经由理智析解过的事物。"人只了解自己所爱的东西。"

但是这种爱并不意味着对人性的一切都全盘接受。歌德的自由是一种面向标准的意志。如果他破坏了标准，他绝不会为自己辩解，而是把应负的责任承担起来。

歌德谨遵秩序和传统，社会中不容置疑的要求对他而言依然有效。这位创作了《浮士德》的诗人在担任大臣期间认可了一桩针对孩童谋杀的死刑判决。就像歌德反对费希特及其无礼而又慷慨激昂的挑衅，反对谢林的哲学独裁诉求，这些都是歌德追求秩序的示例。这种追求秩序的意志被赋予颇高的优先地位，歌德甚至认为，与其无秩序，他宁愿忍受不公正；让不公正存在，总比用不公正的方式消除不公正要好些。在任何情况下，他都无法容忍极端、激进和异想天开。

然而，和谐的总体知识以及有秩序的生活绝不是歌德对此问题的最终结论。

歌德说："一个理性的世界应被视为一个伟大的永生的个体，它持续不断地产生着必然的结果，并以这种方式，使自己成为凌驾于偶然之上的主宰。"歌德只是说这个世界"应被视为"如此，而非"本就"如此。

卡莱尔（Carlyle）认为，歌德能"将一个充斥怀疑、分裂以及绝望的疯狂的宇宙转化成一个富有信仰、和谐以及敬畏的智慧的宇宙"。但是我们不要忘记，歌德熟知所有的可怖之处，并且，他的解决方案并不是通过哲学的总体图景得到的，而是通过一次跳跃——跃向"永恒之爱"的恩典，跃向"永恒宁静"的神性——得到的。

在生命的实践之旅中，随着年龄的增长，歌德的这种意愿最终成长为内在秩序的统一整体，而他为之付出的代价则是失却了普遍的交流。由此，他倾向于不断排除不甚统一之处，并摒弃那些陌生的存在。歌德认为，"只有富有成效的才是真实的"。这句话的意味如下："我注意到，我会把那些对我有成效的想法看成真实的，这想法会同我其他的思考联系起来，同时促进了我；但是，我的这种想法无法与他人的意识相联结，也无法促进他，甚至还会阻碍他，由此，他人便认为这是错误的：这不仅是可能的，甚至是自然的。如果人们完全确信这一点，那么便不再有争执。"

天使们以颇含歧义的话语指出了上述说法的裂隙，并且否定了内心的净化与粹聚作用：

> 不合你们本性的，
> 一定要避开，
> 扰乱你们内心的，
> 将无法忍耐。①

人类此在的不可解决性导致某种程度上的绝望。人们都不愿意长久地承受负荷，在帮助似乎无能为力的地方，就标示出了人性化帮助的界限。歌德并未否认这一点，他只是忍受着，沉默着，并不失时机

---

① ［德］歌德：《浮士德》，第二部第五幕第五场，《埋葬》，见钱春绮译本第544—545页；另参见绿原译本第387页："凡事不属于你们，一定要避开，凡事扰乱你们内心，决不能忍耐！"据钱春绮、绿原的译注，这段合唱系对梅菲斯特所说。但亦可解作对众天使所说，以叮嘱他们要避开恶灵。——中译者注

地抓住每一次可能性。

如果能在歌德的高度敏感中察觉他的自我保护的需求，人们就会看到，由于再也无法承受重负，他是如何退回沉默与宁静之中却又因此显得冷酷与自私的。在这里，进与退就如同吸气和呼气。由于孤独，歌德走向了人群，与他们生活在一起并投身自己热爱的事业。在创作方面，"如果想做成点什么"，他就需要"参与和刺激"。他对所有民众的圈子都表现出兴趣。歌德的居所挂有一幅画，供游人驻足观赏，他在画的下方写道：

你们站在这儿做什么——门不就在那儿吗？
放心进来吧，你们定会感到宾至如归的。

在这片友善的氛围中，在这个隐藏一切的深邃前景里，歌德并没有忘记残暴与废墟。但是他倾向于承认那些残暴与废墟远离了我们的日常视线，它们只存在于远方。在大地面前，在十字架喻示的基督信仰面前，在即将离校闯荡之际，教育省[①]的学生们体会到了对存在于我们之中的东西应葆有的敬畏之心，并做好了应对一切现实境况的准备。

六

即便将歌德的人性置于当下，我们依然无法形成某种图式。这也正是歌德的伟大之处。

歌德并不属于任何一个类型。他的灵魂似乎吸收了西方所有的诗歌和思想，在回响中再次实现并完全囊括了它们。

歌德处于全面的发展之中，他不会在任何一个特殊之处迷失自我，而是在其丰富性之中仍能保持为一个完整的人。他不是超人，亦非非人，也没有诸如此类的诉求。

我们也不可为歌德造一尊神化的偶像，因为这将违背他的本性。

[①] ［德］歌德在《威廉·迈斯特的漫游年代》中所描绘的教育乌托邦。——中译者注

我们似乎还可以同尼采一起在歌德身上看到一个现代人，一个"多样化的人，一个由来已久的、饶有趣味的混沌；但并非世界形成之前的那个混沌，而是之后的那个"。尼采将这种个性的优势理解为，"毫不迟疑地生存于对立之中，充满了那种柔韧的强度，见招拆招，仅为自己葆有了自由，由此提防了成见和教条"。不过，在这样的个性特征描述中，歌德所听到的不过是一种强有力的却是虚假不实的声调。

歌德的统一性寓于他的自我书写与反思之中，即他如何在回看自己的过程中成为形象并且在永志弗灭的著作中呈现出来。这一形象既非基于某一原理构建的，也没有囊括了一切，而只是开放整体中的一部分。这位老人在1831年写道："我越是老迈，就越发感到自己的生命是有缺陷的，因为它既非作为整体而行动，也未曾沾沾自喜于其中。"

歌德究竟是怎样的一个人呢？一方面，这个问题或许可以通过他的那些宿敌得到更为清晰的认识。他们中有追求极端的狂热分子、怀有成见者、民族主义者、道德说教者以及仇恨此在生活的人。然而，面对这位伟大的诗人，就连他们也会不时地临阵倒戈。

另一方面，歌德也通过他所拒绝的东西彰显了自身，这些东西有疾病、浪漫派、超验论、机械唯物论。他宣称自己是一个坚定的非基督徒，他并不希望将悲剧摄入自己的内心。然而，他所拒绝的东西却又触动了他，因为他无论如何都在拒绝中承认了它们，并在自己身上克服了它们。

人可能成为的一切，都蕴藏于歌德身上——至少看起来是这样的。因此，歌德可以和每一个人进行对话。他似乎无所不晓。

七

那么，我们该如何看待歌德呢？

歌德这样的同行者是无可替代的：他等待着我们的询问，对几乎所有的人生境遇，他都能给出启发性的话语。我们可以把他视为典范，向他看齐，他会向我们展示标准和准绳。他教育我们如何为自己的日子赋予形式，如何不去荒废赐予我们的生命时光，如何为我们内心的行动带来秩序。

对于歌德听得越多、关注得越多，我们对他的信任便也越多。因此，即便是歌德的错误，对我们而言也是非常重要的，因为犯错的人可是歌德。即便在他的错误之中，也隐藏着真相；即便在他的局限之中，也透露着伟大。

在这层意义之上，我们终于可以发问：歌德的作品在濒临困厄之际还能立于人性的边界之处发声吗？他确实对一些人给出了断言，而针对其他一些人的经历，却不再给出他们所寻求的启迪。但不管怎样，歌德的形象就立在那里，并且我们知道，这样一个人就存在于那里，这便犹如射进世界的一道亮光。

歌德拒绝承认绝对的恶，他能够将其包纳进来，并从善的那一面看待它。这是一种局限性的表现，至少这种有限的眼光没有关注到那些受威胁的、被强迫的以及有罪害的人。

歌德承受了难以测度的苦难。他就此说道：

> 慰藉是一个颇为荒唐的词汇：
> 谁若不会绝望，
> 谁就无权活着。

当这位老人回顾自己的一生时，他蓦然间发现，若将所有真正的幸福时光加起来，那也不会超过4个星期。

但是歌德承受的所有苦难都停留在人性的边界之内。他在自身的可能性中大概也看到了最为骇人的东西，却并未让自己罹遭此类苦难。歌德一生谨慎、坚忍，因而他的生命得到了庇护。

针对未来的可怕预感对歌德而言并非现实。相比之下，他对这些预感的评价更趋于理性，并由于其不确定性而认为它们几乎无害。他早已在思考新的造物了。

但是，如果歌德的行动并非在任何时候都能满足每一个人，那么这种行动便只是通过他的喜好来确定其范围的，而这恰恰同时树立了他可爱可敬的伟大形象。歌德已然能够实现自己的本性，因为他并没有被那个堕入虚无的世界撕扯至人性可能的边界之外。我们的时代面纱尽落，对它而言，歌德的生活虽然不能为我们的任务提供解决方案，却能够振奋并鼓舞我们去发掘人性中新的可能性。

我们与歌德一起生活在沉默和对自然福祸的感激之中。通过他，我们的生命与西方传统相契接并与它们共存，从而生活在它们最富有人性、最无拘无束、最神奇美妙的形象之中。我们须回归歌德，并进入他的生命世界——但是我们也必须再次进入我们所处的这个当下的世界。

八

数月以来，全球都在庆祝歌德的诞辰，在演讲的结尾也不妨简要谈谈庆祝的意义。我们衷心希望这些活动能够起到联结世界民众的作用。有一个阶段，歌德曾这样写道："其中，民族间的仇恨会消散殆尽，人们能对邻邦人民的福乐和痛苦感同身受。这一文化阶段才契合我心目中的人的天性。"

歌德想要为人类服务，却罹受不解和误会，甚至被迫同自己的祖国决裂，这些都让他非常痛苦。但是，在他的独立性中，他通过人类的真理实现自救，这也是为了他的祖国和全人类。

当下，歌德所处的三个圈子——德国人、德语共同体以及全世界，都将以自己的方式来追寻他的足迹。

对于德国人而言，追念歌德可以帮助他们在源头上获得重生，进而过上他们想要的那种生活。当歌德宣示自己的意图之时，他曾树立了崇高的道德目标："普遍的人性遍布大地之上，各式各样，有些还可以在我的祖国被重新发现、认可并得到促进。"

1832年3月，当歌德去世的消息传到慕尼黑，谢林以下述致辞结束了他当天在学院的讲话："存在着这样的时代，其中，那种具有了不起的人生阅历、不可动摇的健全理性以及超乎一切怀疑的崇高而纯洁精神的伟人，他仅仅通过自己的存在就可以持续而坚定地发挥影响与作用……只要歌德在世，德国人就不会感到孤独和贫乏，就算它孱弱、内部分裂，它在精神上依然是高卓、富有而强大的。"

追念歌德对当下我们的所作所为产生了影响。"让少年远离歌德"在二十年前的德国还是一句警告性的话。不过，他的名字在今天的德国依旧耳熟能详，他还陪伴着部分德国学校的孩子一起成长。今年，德国人想要庆祝歌德的诞辰，就好像人们在困境之中聚集在一个圣者的周围。我希望这些庆典对我的同胞而言具有真正的意义，并且希望通过真理来驳斥尼采的这样一句话："歌德在德国历史上纯粹是一个空前绝后的特殊现象。"

在一个更为广泛的圈子里，歌德也普适于整个德语共同体。他率先解放了德语这种语言。自歌德起，德语就不再是西方世界的边缘土语。因为西方的人文精神变成了德语的载体，德语共同体作为精神的空间，作为歌德的、莱辛的和康德的语言，正是主要通过人文精神的激发而形成的。这种德语就其本性而言并不会经由社会—政治因素而遭受禁锢，也不会借着对教堂和宗教的巨大兴趣而遭受束缚。就其根本而言，它是自由的、精神的，并且建基于个人的自发性之上，因此也不会因着政治和社会的败坏而在根基上受到腐蚀。按照这一要求，它向每一个使用德语的人都敞开着。认可这一要求也无关政治现实，而是通过一种世界精神彼此相联，这一精神存在于富有教养的各民族的大合唱之中，存在于各民族自身的独特性之中。

在最广泛的层面上，全人类都可以在歌德身上确切了解自己的人性。人性总是相通的。大地上的子民都能够在他的身上找到彼此的影子。

歌德构造了"世界文学"（Weltliteratur）一词。他已经预见到各民族间的精神交流将会兴起，并向诗人、批评家、作家、研究者以及哲学家揭示了彼此结识、互相倾听的使命。当人与人尚感到彼此陌生之时，人们便应该彼此包容，并作为同一个精神世界的一员彼此相爱。在那个精神世界里，普遍的民间诗歌将会孕育而出，少数天才个体的罕见杰作也将会适用于所有的人。歌德是打算通过"世界文学"这个构想来实现人性的统一。

九

在即将结束之际，我们有必要重新回到刚开始的时候就提出来的那些问题：歌德所意味着的一切，是否已属于历史中的一幕，一去不复返了？歌德是否已属于另外一个世界，那里有诸多的历史人物，但对我们而言，他们宛如童话形象般遥远，却仍然依稀可辨，他们正处于转型之中，而我们依然从中觉察到了消逝的一切？歌德很快还能够被理解吗？今天的世界所要实现的人性，歌德再也爱莫能助了吗？在歌德几乎被所有人遗忘之际，难道不会有少数人依然记得他的名字并倾听他的呼吁——"与最小的群体为伍"？

没有人知道答案。但是，我们如今为何对歌德依旧怀有如此强烈的感情呢？这表明，世界上总有那么一些人，他们在追寻着歌德。

在面对暴力带来的惊骇与恐惧中，在官僚体制崩塌并朝着原子化的、像质料一样可以被调度的人类群体的转变中——这种转变是通过社会、牺牲以及人性福乐之类的含糊言语得以表达的。在这个世界上，只要还可以为那些人——他们将自己视为个体的人，他们内心独立且躬行于自我教养，他们处于真正的共同体之中并沐浴在爱、友谊与世界主义（Weltbürgertum）的氛围里——创造新的空间，那么，歌德就可以通过他自己，通过他的创作和思想，来帮助我们。他永远都在那儿，静候着我们：

于最为杂乱无章之中，
世界在静静思考。

迻译之六　作为哲学家的达·芬奇[①]

引　言

在保存条件不佳的情况下，达·芬奇[②]仍给我们留下了几幅非凡的画作，值得关注的有《蒙娜·丽莎》（*Mona Lisa*）与《最后的晚餐》

[①] 本文的德文标题是"Lionardo als Philosoph"，英文标题是"Leonardo as Philosopher"，直译为《作为哲学家的列奥纳多》，这里译为《作为哲学家的达·芬奇》。本文译自 Karl Jaspers, *Three Essays: Leonardo, Descartes, Max Weber*, translated by Ralph Manheim, Harcourt, Brace & World, Inc., 1964, pp.1-58；德文版见 Karl Jaspers, *Leonardo als Philosoph*, Frank Verlag, 1953；德文版另见 Karl Jaspers, *Aneignung und Polemik: Gesammelte Reden und Aufsätze zur Geschichte der Philosophie*, Hans Saner (Hrsg.), R. Piper & Co. Verlag, 1968, S.77-120。——中译者注

[②] 达·芬奇（da Vinci）是列奥纳多·迪·皮耶罗·达·芬奇（意大利文原名为 Leonardo di ser Piero da Vinci）的简称，雅斯贝斯称为 Leonardo（列奥纳多）。依汉语读者的习惯，中译者将本文中的 Leonardo 统一译为达·芬奇。——中译者注

(*Last Supper*)。至于其自画像的真实性虽遭到某些质疑，不过所有见过它的人都能记起那张世上独一无二的伟人的面容。而且，他还留下数千页的笔记与素描。此外，我们还可看到与其同时代的人们对他的记述以及他对其他画家所产生的影响，这些画家在其作品中反映了达·芬奇的观念。从达·芬奇画作的遗迹和断片中，从他的日记以及他对他人的影响中，我们依然能够获得对于达·芬奇的最基本的认识。

达·芬奇无所不能，他由此作为通才而闻名于世。作为艺术家，他开了意大利古典艺术的先河，不过其悲剧在于，他的许多宏大的规划却未能得以完成。自瓦萨里（Vasari）起，人们通常有所保留地认为他浪费了自己的天赋，因此在艺术成就上逊色于拉斐尔与米开朗基罗，而这两个人则毕生都是艺术家，并且都完成了无数伟大的作品。

他是一位著名的科学家，曾被誉为现代科学的开创者。但是，基于下述缘由这一看法已遭到质疑：他在自己的研究中并未运用精确的科学方法；他所确信的那些构想与未来科学的原理之间存在雷同之处，这正在让人误入歧途；他所设计的绝大多数器械只是直观想象的产物，并不能够建造出来；他对数学的应用非常有限，因此远不能与伽利略所秉具的科学睿智相提并论。

通常情况下，较少看到有人称他为哲学家。人们已经断然地否认了这种主张，他们之所以持反对意见的理由是：他缺乏建构体系性的观念与概念的能力；他那众多关涉哲学的东西缺乏连贯性；而且，他并没有参与到那薪火相传的哲学传统中去。

人们不禁要问：达·芬奇在本质上是一位艺术家、科学家还是哲学家？抑或是一位不能被纳入知性努力所建构起来的任何范畴之下的某种形象？于是，达·芬奇就变成了一个神奇的人物，一个神秘人物的化身。

艺术史家、科学史家与哲学史家已将那些精心研究的成果告知世人。从歌德到雅各布·布克哈特（Jacob Burckhardt），直到我们同时代的人，人们始终试图阐明在达·芬奇那里所打动大家的东西，为的是唤回那种已遭遗忘的东西，重建那种已被遗失的东西，揭示那种隐而不露的东西。

我将试图对达·芬奇的哲学思维给出一种解释：首先描述他的思

维特征；接下来阐述这种思维的内容及其以画家的生活方式所进行的反思；最后我们将考察达·芬奇独具的伟大，这种伟大或许超越了在艺术家、科学家与哲学家之间所做出的区分。

一 达·芬奇的思维特征

1. 达·芬奇的思维——这也是其与众不同的特征——完全基于眼与手。对他来说，存在的东西必须是可见的，他所确知的东西须得用手绘制出来。

达·芬奇赞美眼睛。眼睛比其他感官更少欺骗性，它能映现一切自然之作。只有通过眼睛，我们才能欣赏世界的美，而且只是因着这种直观，精神性的东西才能受制于人的视域。丧失了视力，灵魂就会被抛进黑暗的囚牢，再也不会怀着希望去注视那照亮整个世界的太阳。因此，人宁愿失去听觉与味觉，也不愿失去视觉。

歌德对这种以眼睛来识别事物的重要性进行了描述。在他看来，由于达·芬奇"对自然的领悟是全然直观的，并且由于他的思维建基于现象本身，因此他未绕任何圈子就直接触及了真理"。"由于眼睛的澄明力与识别力属于才智领域，所以我们的艺术家完全拥有澄明力与聪颖的智力。"

不过，只有当手把直观的现象创造性地再现出来之际，眼睛所察觉的东西才能变得清晰明澈。人们解剖一个有机体时，手在不用词语的运动中进行思考；同样，在取材自然来作画或设计一种想象的图案时也是如此，人们在此过程中创造出此前自然界尚未产生过的东西。这种思维把直观与行动结合起来，它并不运用概念，而是诉诸线条、形式与形象。古人曾把画家贬为手艺人，达·芬奇则推翻了这一看法。依他的观点，离开手工操作，人们仅通过沉思并不能在大脑中产生与获得任何完美的东西。"绘画理论"引致绘画"行动"，这比单纯的理论更为优越。因此，达·芬奇的思维——而且他自己也将其视为思维——同时即是直观与行动；它是思维直观，画家用手所绘制的作品把直观的现象呈示了出来。

但是，眼与手既不通过被动地察看事物，也不通过盲目地操控事物来获得知识。只有通过思维行动,那可见的东西才能真正成为可见的。这种思维行动实际上包括了两个步骤。

借着数学的帮助,思维行动在变动不居、混沌未分的感觉中创造与发现了结构。正是数学,最早使得精确地直观事物成为可能。"除非思维行动以数学表达的方式予以运作,否则人类的研究就不能被称为科学。"达·芬奇在其头脑中拥有一种具体而直观的数学天赋,通过数学,他理解了一切易于眼见的秩序与法则。

当然,对达·芬奇来说,对现实秩序的数学洞察仍然不是一种真正的知识。这种真正的知识必须伴以洞察殊异个别的东西,并洞察那些真正可感的无穷细节。因此,他对那种心浮气躁与酷爱简化的行为提出了批评。他痛惜人们竟奢望把捉那包蕴宇宙万物的上帝的心灵,但从他们的所作所为来看,他们似乎并没有足够的时间去获得关于某一单个的细节——比如人的身体——的准确翔实的知识。正如黑格尔谈及达·芬奇时所说的,他自己"以一种近乎病态的彻底性"研究此类的细节。

对达·芬奇来说,只有通过有秩序的结构与无穷尽的个性之间的张力,那可见的东西才是可知的。他从未迷失于幻想,而总是直观地呈示他所思考的东西,并且总是思考他所看到的东西。他全然置身于丰富的感性直观之中,同时保持着冷静与清醒。他并未谋求某种特殊的力量以便借此沉思那种超感性的东西,而是完全生活于真实的世界之中;在真实的世界中,他保持着人的比例,并继续让人以人可理解的言语来说话。

达·芬奇强调作为特定条件而发挥作用的感觉能力的必要性。在他看来,离开眼与手,无物存在。对要存在的某物来说,它必须是可见与可触的。一切"使人难于感知的东西——譬如,有关人们所争论不休的上帝与灵魂的本性问题——都是值得怀疑的"。

2. 不过,达·芬奇心里所考虑的事情远不只这些。他自己并不满足于那种可见与可触的东西,他的哲学思维与通常所说的经验论与感觉论也大相径庭。他相信,对我们来说任何能够存在的东西在某种意义上都是可再现的,这不仅包括业已存在的外在自然,而且包括一切出现于头脑中的观念——后者最为重要,它是潜在的现实。知识并不是随意的复制品（譬如，这可与我们的照相术来作比较），而是要把头脑所领会的东西产生出来。这些东西涵括以技术想象所构想的那种可能存在的机器的图形，以可见的形式所显示的那种不可见的东西的绘画，而且包括人们对一切可见的事物所秉具的那种象征品性的意识。想象敞开了通往存在的道路，艺术家据此为存在创造出了可见的外形；只有通过这些可见事物的真实存在，存在才变得真实起来。

达·芬奇谈及事物可见的表象，认为无法成为可见的表象的东西便不存在。不过，我们须得在表象中洞察基源；我们必须学会透过可感的表象察识其不可感的基源。基源在表象中说话，可以说，它能够为人所领会，但不能单纯地为人所感知。

从方法上看，这就是达·芬奇思维的要点。每一种真实的事物都通过感知而存在，不过当眼与耳所感知的东西以恰切的方式被领会时，其自身恰恰是精神性的。在感知世界的过程中，我们总是穿越感知世界而翱翔，而不是进入某个彼在于感知世界的领域。反过来说，为了为我们而存在，精神也必须变成表象。

在《论绘画》（*Treatise on Painting*）一书中，达·芬奇自始至终都在谈论感知世界中的精神与具体世界中的数、形式和理性。正是基于这种方法，他探讨了透视、比例、运动的基本规律、有机体的结构以及通过面部与躯体结构表现不变的性格特征、用手势表现瞬间的激情等话题。不过，这些包含达·芬奇"绘画科学"的洞见无论如何都不是精神的最后的秘密。达·芬奇所做的确实比他所说的要多。他在偶尔的陈述中已意识到了这一点，尽管并未对此进行系统的阐述。

如果说他的少数一些绘画确实对我们产生了独一无二的影响，那么这其中的根源是什么呢？作为人的存在背景的微笑、魅力与风景，这些东西在它们自身那里是本质性的吗？当这些画作影响我们之际，其影响究竟是源于每一件绝笔之作都既是直觉创造的产物又是思想的产物，还是源于它们乃是由清晰的哲学意识养润出来的？达·芬奇对存在本性的寻求以及他对宇宙万物的研究，这些都构成其绘画内容的一部分吗？或许他的绘画所具有的两个著名且基本的特征为我们提供了一种暗示——他那使其成为所谓古典艺术创建者的构图形式（composition/*Bildform*)① 和他所使用的明暗法（chiaroscuro/*Helldunkel*)②。

在绘画中，每一个细节都赋有跃动的生命，不过，它们都包含于整全的统一体之中，没有哪一个细节偶然地为自身而存在——这带给他的时代一种新的启示，并敞开了一个新的艺术世界。达·芬奇发现了一种指向宇宙统一秩序的密码（cipher/Chiffre），这在本质上是不可重复的。在这样做时，他实现了一种古典的完美，在这些完美的画作中，尚未出现公式化与规约化的迹象，那崇高与庄重的质地也不存在浮华与藻饰的成分。不过，对达·芬奇来说，这种完美的密码仅仅是他的作品的一部分，一个步骤，而不是终结。

看来明暗法恰好是与这种完美的形式相配称的方法。黑格尔称之为色彩魔幻术，在这种魔幻术中对象被蒸发掉了。那些最深的阴影为光所充盈，阴影通过感觉不到的过渡而加深，直到光线最亮，那阴影变得最深，其间并没有一个严格的分界线。对象溶解于一种无对象游戏的反射幻觉之中，这种反射幻觉与其他幻觉连成一片，它们变得如此精神化，以至于已达于音乐领域的边缘。黑格尔所熟悉的这些消息乃是由达·芬奇首先发现的。它就像一种可使一切对象变得透明的密码那样来运作；它用最为变动不居的对象及其纯粹的表象，通过可靠的形体表现而敞开了那隐蔽之物的范围。柯勒乔（Correggio）③所传达的东西更多一些，他让人迷失于感官魅力之中；伦勃朗则通过另一种独特的形而上学来表现隐蔽之物，作为一种使不可见的东西成为可见的新途径——通过思维的过程，这种做法源自达·芬奇。

在达·芬奇的创作意图中，精神性的特征也表现于他对其作品的态度上。他并不怀疑自己试图完成作品，但是完成作品并不是他的终极目标或准则。他的直观思维的目标超越了那种已完成的作品。

达·芬奇并不满足于自己的任何一件作品，这种态度绝不是偶然

---

① 德文版中的 *Bildform* 写为斜体，英文版中的 composition 则没有写为斜体。这里依德文版加着重号予以标示。——中译者注

② 德文版中的 *Helldunkel* 写为斜体，英文版中的 chiaroscuro 则没有写为斜体。这里依德文版加着重号予以标示。——中译者注

③ 柯勒乔（Correggio, 1494—1534），意大利画家，他是壁画装饰艺术的开拓者，一生绘制了很多富有娇媚风格的圣坛画，还有许多小型的宗教绘画。他的绘画构图明快，色泽丰富多彩，光影间富于变化，流丽间洋溢着温馨与祥和的氛围。——中译者注

的。他无法完成自己的绘画，因为他的意图已超越了作品的界限。在《最后的晚餐》——它是可信的——中，无论犹大还是耶稣都是没有完成的。歌德给出了一个古老的解释："他既不能完成背叛者，也不能完成基督，因为他们都是眼睛无法看见的纯粹的观念。"更高的意义在于努力使其自身成为可见的，不过可见的作品并不足以完成它。在打破可见之物的界限的过程中，或者在使答案保持其开放的未完成性中，那种本质性的东西便得到了表达。通过这种不确定的可见性，那不可见的东西开始说话，不过它不再能够被人所看见。我们瞥一眼超越存在（transcendence/Transzendenz），然而它依然保持着隐蔽；精神性的东西在有形之物中向我们说话。实事求是地说，作品所说的总多于任何完美的东西。即使在达·芬奇似乎已完成的完美之作中，仍有超越这种完美的东西。达·芬奇自己并没有阐说此类的观念，不过这种解释看来能够说明他从不满意自己已完成的作品的原因。

因此，有一些草图与实验，达·芬奇甚至在其中并不寻求完美。他把丑陋的东西视为其探讨的话题，描绘那些实然与可然的反常性的东西和变态性的东西。他勾勒不可能看到的宇宙事件的草图，绘制世界末日或暴风雨的图景。迦斯底里阿纳（Castiglione）[①] 曾说，当年迈的达·芬奇在罗马时，他的头脑中充满了幻想。

他那独具个性的画作是难以道说的。一位法国人曾说过，所有谈及《蒙娜·丽莎》的人都丧失了自己的理智。那高高的额头下一双敞开的眼睛，几乎不显露的微笑，恬静的姿态，不经意地交叠的高贵的双手，使精神在这位有形体的妇女形象中成为可见的。看起来好像达·芬奇通过瞬间的人物形象察觉到了永恒的崇高理念，认为这崇高的理念即等同于人类的理性。在蒙娜·丽莎那里，没有卖弄风骚，没有诱惑，没有社会面纱，有的乃是那颗宁静孤独的灵魂。在清醒的意识中，她把感情与精神、爱与思想结合为一体，并保持着它们之间的张力。达·芬奇看到了女性的尊严，而她的性别特征则只是其中的一个成分。这种形体中的精神是超越理解的；它甚至超越了达·芬

[①] 迦斯底里阿纳（Castiglione，1688—1766，中文名郎世宁），意大利画家，1715年由欧洲耶稣会以传教士身份派来中国，曾任清廷宫廷画师，是继马可波罗、利玛窦之后又一位著名的中意文化交流使者。——中译者注

奇能在自己的《论绘画》一书中所教的一切东西。

在达·芬奇那里，最清晰的可见性呈现出梦一般的特性，因为它指向本真的真实。他所表现的对象并不是模糊的，而是高度确定却又透明的。就像在中世纪世界观中并不存在宇宙分层一样，他并不知道那种真实的程度，不过，这是一种大全（Encompassing/Umgreifenden）的真实和在大全中的真实。但是，他却知道不同种类的直观，此即：对盲目的直观来说，每一种事物都是不透明的真实，而对真正的直观来说，一切可感的事物都变成精神性的，虽然那真正的真实仍是不可见的。

3. 这是一个上千年的老问题。因为艺术必须是感性的且能够是精神的，所以在以下两者之间存在一条明显的界线：对所有杰出的艺术品来说，艺术既限于感性的世界，又是超越存在的语言。与这种透示不可见之物的艺术相比，那种披着华彩外衣而纯然可见的艺术看来并不是本质性的；那指向丰富生命的冲动在能够吸引永恒之前是苍白的，那赋有精神的生命在生命精神化之前是无力的。

因此，从柏拉图到奥古斯丁再到克尔凯郭尔，哲学一直在要求评判绘画、音乐与诗的权利，这乃因为，绘画、音乐与诗总会关涉善与恶。于是，那些检查艺术品并对它们持批判态度的纯粹思想家便同单纯的画家或诗人磋商一种哲学的权利。

达·芬奇并没有明确地谈及那些伟大的哲学家，但他确实同他们一样在为感性的精神化而奋斗。感性的真实是不可或缺的，没有它，除了空洞的抽象外便无物存在。精神的真实则是本真的真实，当它显现时，它不准被生命冲动与感性形象所吞没，因为如果那样，除了感官沉醉与没有超越存在的现实之外，便不会再有什么东西存在。本真的真实只有进入感觉领域才可能是真实的，不过一般的感觉——纯粹的感觉——则是空洞的。人们可能会把达·芬奇视为最令人惊奇地表现了精神的形体性与形体的精神性的艺术家之一。

他是如何实现这一点的呢？他发表的许多评论都说明了这一问题。"那类其作品先于其判断的艺术家是令人遗憾的。只有其判断高于其作品，他才能够在艺术中臻于完美。"不过，根据达芬·奇的说法，这种引导艺术创作的判断包括两个阶段：首先是无意识地欺骗自身的判断，其次是关于这种判断的判断。

附录二　雅斯贝斯论艺术（含艺术家）著述选译

达·芬奇描述了第一类判断。艺术家自身的自然在作品中的人物、姿势、动作中无意识地重现其自身。"由于灵魂——身体的主人——作为你的判断是与其自身同一的，因此，作品中的愉快与其通过建构你的身体所创设的判断是相类似的。""这种判断是相当有力的，它足可引导艺术家的双手并使他重现其自身。"

不过，这种既建构着艺术家的身体又引导着他的作品的活的灵魂，只有当"它成为我们自己的判断"才能决定作品创作。这种真实而"属己"的判断洞穿了另外那种无意识的判断，它通过不断地听取其他判断、通过实践不同的风格而达成它自身，借此而与其他各种判断取得协调并超越了它们。

艺术家自身的自然通过其判断而无目的地呈现出来，而且保持其迷人心魄的个体生命的本质，其结果便是作品只由艺术家的本性所决定。如果这位画家是"一个傻子"，那么他的画作（例如在叙述的整个过程中）便"缺乏连贯性与简洁性，人物形象的处理并不考虑他们所发挥的功能，有的人朝此方向看，其他的人则朝另外的方向看，就好像在梦境中一样。因此，那表现于画作中的每一种精神状态与生理状态都遵循着画家的自然本性"。不过，如果画家的判断优越于他的作品而且优越于他的自然判断，那么他就能够给予其作品以正确的引导。

换言之，正如思想家是他的思想的主人，艺术家也是他的艺术品的主人。他通过反思来锻炼这种能力。他的判断穿透其富有创造力的心灵和双手所创制出来的那些东西的每一个细节，这就是达·芬奇花费那么长的时间从事创作的原委所在。此类判断并不妨碍他的创造性，而是激发它并纯化它。这样做并未损害他的作品（就像巴尔扎克在关于不为人知的杰作的故事情节中所谈及的那种艺术家①的沉思一样），而是其中的一个要素。达·芬奇的创造力随着他的反思能力的增长而

---

① 1831年，巴尔扎克写过一部题为《不为人知的杰作》的小说，小说中描写了年轻的画家尼古拉斯·普桑（Nicolas Poussin）有一天去拜访一位年迈的大师的故事。在同普桑的交谈中，这位老者对那种看似"完美"的画作提出了严苛的批评。当普桑参观他的画室时，惊讶于他的一幅画了10年之久的美人画像竟然只是一张已被涂得近乎黑了的花纸，色彩斑驳，混沌一片，根本认不出画的究竟是人还是物。只有画面的最下角，从中可隐约看出是一只女人的脚。次日，普桑带着不安之感再次拜访这位老者，才知道他已于夜间去世，死前烧掉了所有的作品，其中就包括那张"不为人知"的杰作。——中译者注

— 849 —

增长。他的作品是与盲目的行动相对立的。达·芬奇的绘画之所以具有道不尽的魅力,或许正源于这种整体的思维与艺术才能,源于他在一切艺术中超越艺术的基本态度,这使他超越了自己的作品,而且能够——归功于他的想象——表达既不能用语言道出,又不能用概念术语阐述,也不能通过被动地看而感知的东西。这样的东西是他通过自觉的思维直观而使其获得当下在场的。

4. 达·芬奇的直观——这是在有形的东西中洞察精神的能力——有助于我们理解他所从事的科学研究的本性以及决定其科学研究的那种态度。达·芬奇委实被视为现代科学的开创者之一,但这是在何种意义上来说的呢?

(1)对他来说,认知即意味着再现。在素描与绘画中,在工具加工与技术装置中,在科学实验中,眼与手的工作在每一个阶段都与直观再现密切相关并且在直观再现中得以完成。

作为解剖学家,达·芬奇宣称人的身体并不能仅仅在词语中得以表现。"你越认真地描述它,你就会越发让读者感到困惑。因此,你除了必须进行描述外,还必须将其描画出来。"在达·芬奇的解剖研究中,素描几乎将文字部分排挤了出去。他在素描这一行为过程中分析并澄明自己的观念,与达·芬奇的这种做法相一致,素描在形态科学中则成为一种研究方法。解剖学家、植物学家、地质学家们都尊称他为大师。他从素描中创造并发展了这种直观思维。

有人曾提出过反对意见,认为认知与直观是两件不同的事情,看见某物并不等同于知悉某物,清晰的形式只是一个审美判断的问题,而不是一个科学发现的问题。然而事实并非如此。在所有的形态学中,制图者都在科学家的引导下而工作,科学家自己也作为制图者而工作。这种形象化的做法诚然并不能发现任何诉诸测度、实验与公式的自然规律,不过它却敞开了知识的特有领域,这种知识首先在形象中得以辨识,尽管像所有的科学一样它也要求语言对此做出解释。

由于达·芬奇将形象性的再现与艺术创作等同起来,他也因此遭到了批评。批评者主张科学图形表征事实,而艺术则创造某种愿景;科学图形处理经验事实,而艺术的本质则在于传达某种意义。达·芬奇自己也意识到了科学与艺术的不同。他说绘画获取自身的力量首先是遵循自然，然后是通过创造而超越自然。在这两种情形下，认知都被纳入了某种形式活动之中。从事解剖学的制图者并不进行拍照，而是进行抽象并将本质建构出来。不过在这样做时，他并不发明，而是发现已经存在于那里的东西。相比之下，艺术家则伴随他所发现的东西而达成某些新的东西。其间的界限并不是固定的，正如可从达·芬奇的人脸素描和马的素描中所获悉的那样，他让它们的姿态呈现出无限的变化。

（2）认知以感觉为基础。达·芬奇说："那类并非源自感觉（感觉是一切确定性之母）的知识以及那类并非终止于可见的实验的知识都是微不足道的。"他之所以否认"持存于心智中的科学里自始至终都存在真理，主要因为实验在此类纯粹的心智活动过程中并没有容身之地，而离开了实验，任何东西都不能为人所确知"。因此，知识并不存在于被动地观看之中，而是存在于主动的行动之中。被动者只是一种机械地模仿他者的人，而创造者则在主动地行动着。创造者乃是立于自然与人类之间的调解人。

（3）作为一位现代科学家，达·芬奇努力寻求着确定性。一种可靠且经得起质询的洞察力就其本身而言是弥足珍贵的。"说谎是可鄙的，就连赞美上帝之作的谎言也是如此，因为它冒犯了上帝的神圣性；真实则是卓越的，它将高贵的品性赋予它所赞美的那些最为微不足道的东西。因此，甚至在处理卑微低劣与无关紧要的事情之际，真实与那类事关至为高蹈、至为极端的智性问题的一切诡辩与谎言相比也要优越得多。"

（4）现代科学是普遍的。寻求普遍性的努力在达·芬奇那里占有主导地位。一切真实的东西都值得知解。他感兴趣之事的范围是没有限制的。凡是存在的东西，都要让其为人所见并且为人所知。

（5）在其有意识地趋向无限与渴望发现的进程中，现代科学敞开了新的视域并摆脱了传统的观点。全神贯注于这种努力，达·芬奇穿越那宏大堂皇但封闭虚幻的世界而进入一个敞向真实的世界。对他来说，真实之物不再是确证何者为已被完全知晓的东西的事例，它们要求在自身中得到检验并在每一细节处为人所知晓。为了拒斥那种独断的总体化知识，他提步向前，探寻着、发现着。他将过去那些玄奥的抽象物降格为表达的手段，用来表述自己的思想，但其自身并不具有效性。

形象性的再现，依靠感觉，努力寻求令人信服的确定性与普遍性——这些都促使达·芬奇具有了一位现代科学家的个性特征。但是，当探察他的科学的现实内容时，我们发现其限度就变得明显起来。

1. 达·芬奇的发现，尤其是在解剖学、植物学、地理学领域的发现，并未得到现代意义上的结构理论的引导，而是源自一种从视觉上观察事物的观点，这种视觉观受到一种无所不包的宇宙意识的引导。

因此，他在描绘人的形态时，总是渴求"揭示人的本性与习惯"。他在所规划的解剖学工作中，声称自己的意图在于显示有机体从受孕到在子宫内生长、从一岁的幼儿到成年男女的过程中的发育情况。而且，他还继续表现身体方面的各种基本存在状态：在不同的笑的方式中所表现的喜悦，在不同的哭的方式中所表现的痛苦，"在表征谋杀、逃遁、恐惧、鲁莽、杀气腾腾的暴怒的不同举止中"所表现的斗争，在拉拽、推运、搬送、持握、支撑的过程中所表现的努力。现代的解剖学家们对其解剖素描的精确性、准确性、明晰性大加赞赏，不过令人失望的是，它们却没有得到任何一种现代解剖学原理——比较解剖学的观念或者将动物与植物以及将潜隐于有机体深层结构的根本意图与基本生命机能纳入某个体系的观念——的引导。他们惊诧于达·芬奇本应在细节上更准确地绘制心脏的结构，但是他墨守盖伦（Galen）① 关于血液流动的观念，任凭其与自己的解剖学发现不相配称。在观察力要求一种无所不包的思想视野以便将其导向新的观察之处，达·芬奇似乎止步不前了。观察是为观察所引导的，而不能受制于某种诱发抽象的过程。尽管他使用了许多传统的概念，例如"自然运动""世界中心"，但是他没有彻底系统地思考过它们。他只是前后矛盾地借用它们来表达自己的观察，而不是为着这些传统概念本身的缘故而使用它们。

2. 达·芬奇写道："根据我所遵循的原则，我要让那些不是数学

---

① 盖伦（Galen，约129—200），古罗马时期的医学家、解剖学家，他在医学史上的最大成就是结合"灵气说"创立了血液流动理论。——中译者注

家的人无法理解我","机械学是数学科学的天堂"。他认为,"仪器科学或数学科学是至为高贵且极其有用的"。为什么这么说呢?因为"一切移动的活体都通过它来完成自身的行动"。

基于上述说法,达·芬奇已被视为现代数学科学的创建者之一。不过,这种看法是站不住脚的,除非它仅仅意味着文艺复兴时代人们在数学方面所表现出来的普遍兴趣以及对技术发明和作坊式活动的热情,为此后精密科学的发展创造了有利的条件。

达·芬奇确实谈论了大量有关数学的话题,我们也拥有许多出自他的手笔的数学素描,不过不得不提请注意的是,数学在其实际的自然研究中所扮演的角色是微不足道的。说起数学来,我们便会在心中萌生一种作为建设性思想之训练的纯粹数学观念,这种数学仅以自身为根据;在数学科学中,数学是与观察相辅相成的;在技术的参与下,最后一个步骤便是单纯的计算。达·芬奇在这些领域内没有为数学做出任何原创性的贡献。

有人也许会质问,达·芬奇是否懂得数学的本性。实际上,在任何情况下数学对他来说都仅仅意味着增加其所勾勒的那些简图之明晰性与准确性的几何学,甚或连实用的算术都谈不上。达·芬奇的思维通常带有几何学的特征,很少见到算术上的成分,因为就连算术也是缺少直观的。

我们不能在达·芬奇那里寻找数学科学的精神。他并不熟悉科学家所使用的那种严格的方法。科学家精心设计数学构型、阐释其推论,并通过实验来予以证明。单凭上述步骤,便有可能使达·芬奇置身于真正的数学科学家的行列,进而经由牢固的脚手架而进入无限的领域,但是数学在他那里只是用以精确地描述观察所得的工具,从未成为一种迫切需要超越观察的方法,也从未通过将经验减少到最小量而去洞察与敞开数学科学的世界。对达·芬奇来说,直观的形象仍然是不可或缺的;考虑到他的所作所为,他从未将直观的形象降位于单纯的参照点的行列。在可见的世界中,他寻求一种不可见的东西,这种不可见的东西在大量赋有定性的形式中精确地表达自身。他并未寻找物理定律,这类定律无法生动地表现出来,而只能以量化的或形式化的数学符号予以表达。他的科学研究反而是一连串快速的突然捕寻——他通过观察与形象的表现不断地发现着,但未能将其进行到底。他并未超越可见之物去获取推导不可见之物的程序并通过测量法证实自己的理论。因着完全委身于这种观察法,他终究不能超越它。由于他的某些表述的普遍性,这些表述似乎预见到了数学科学的一些原理。在达·芬奇那里,牛顿的世界与歌德的世界尚没有发生分离。不过,在他那里占优势的精神乃是歌德式的,而不是伽利略或牛顿式的。

对达·芬奇来说,数学与机械学依然是一个可视与可触的世界,这个世界可以直接地或者伴以机械的帮助而在空间中制造出来。他就像研究机械的构成法那样来研究身体的构造,两者都是无所不包的生命的功能。依据后来出现的机械学与生物学之间的分离来看,达·芬奇的那种构想依旧是含混不清的。

就达·芬奇赋予可视物与生命体的优先地位而言,完全可以说他并不是一位现代科学家。他以机械学的观点来看待生命过程的含义,并把有机体构想为一架机器——这种看法肇始于笛卡儿时期,它注定会阻塞人们通向一切真正的生物学知识与探索的道路。一旦考虑到上述情形,我们势必要把达·芬奇视为这种谬见的先驱来非难他。达·芬奇尚未意识到机械论与活力论之间的矛盾。机械论对他来说乃是一种使运动的结构得以显现的手段,而不是一种普遍的过程理论。

缘此,达·芬奇或许因其现代科学精神而闻名,但这并不是数学科学的精神。人们仍须记住,在宏伟的现代科学大厦中,数学科学仅是其中的一个构成要素,而不是决定性的要素。

达·芬奇的现代科学态度,可通过他对巫术、神灵信仰以及一切来自不受批判性观察所约束的幻想性观点的敌意得到证实。他强烈地要求真实,而且真实的东西必须通过感觉(特别是视觉)以及已被证实的经验而为我们所意识到。

达·芬奇抨击流行的神灵信仰。他认为,在宇宙中并不存在此类脱离躯壳的东西。在由各种元素构成的王国里,除了物体,无物存在。"神灵没有声音。除了空气流动或振动,其他什么都无法听到。不过,在没有测度仪器之时,不可能有空气的流动,而没有物体,也不会有仪器存在。既然如此,神灵就既不可能有声音,也不可能有形状,更不可能有威力。假使神灵可能具有躯体,它就不能穿过那扇关闭着的门。"神灵是不可能存在的东西。无论是神灵还是人类中所谓举起巨大的重物、引来暴风雨、将他人变成猫或狼的巫师,他们永远都不可能存在。此乃因为,假使他们存在的话,他们就会比任何军队都更有力量——他们会通过唤来暴风雨摧毁每一支舰队,无疑会成为凌驾于所有国家之上的主宰者;对他们来说,隐藏着的金银珠宝会是看得见的;他们会在大气中流经四面八方,从宇宙的这一端流向另一端。假使在人们中间存在此类的技能,那么他们为什么不去保持它?再者,假使这种技能存在的话,世界怎么还能持存下去?这其中的原委在于,有很多人将要摧毁上帝与整个世界,以便满足他们的一己之私欲。

达·芬奇抨击黄金制造者。他虽然曾称赞那些发明了有用之物的炼金术士,但是在设法制造黄金的过程中,那种疯狂攫取的贪念使他们犯了错误。只有自然界才产生元素;人从这些元素中制造出无数的化合物,却无法制造出不可分割的原初物质。没有哪一位炼金术士曾以人工的方式成功地制造出仅能由自然界制造出的最小的东西,更不必说那产生于太阳的黄金了。

他抨击那种推测性的妄想,指责那些吹毛求疵与充满幻想的人们喋喋不休地谈论庄严的神秘之物。"你会以奇迹的方式避难吗?你会说自己对那种难以进入人类思维的东西以及那种在自然界中并无可证之实例的东西有所知吗?"

与那些巫师、炼金术士以及惯于冥思的空想家不同,达·芬奇警告他的读者要把自身限制于自己所能达到的领域之内。人们不应该无视现实的可能性,而把自己的能力浪费在那类徒劳无益的事情之上。要让他们紧紧抓住那些自然之物,而不要试图去做超人;要坚持在矿山里采掘黄金,而不要毁灭自身试图去制造它。由于"自然替自己报仇,因此她看来会报复那些试图创造奇迹的人们;与较为审慎的人们相比,他们最终拥有的东西会更少些"。"对于所有那些渴求永生的炼金术士、自诩为黄金与白银的制造者以及那些最大的傻瓜、巫师和魔法师来说",他们命该如此。

总结:达·芬奇于科学方面所做的努力在经验世界中带来了大量真正的发现,不过每一种发现仍保持着孤立的状态,他并没有将其整合成一种具有指导性的科学理论。他通过诉诸经验的机械学来发现事物，通过实际的手工操作为有机体赋予形态学上的观念。然而，他的基本看法并不是一种理论，而是一种作为有机的整体而遍在的自然观。

二 达·芬奇的思维内容（形而上学）

达·芬奇的思维相异于那种作为整体而存在的世界概念体系。他着手于研究思维的每一种可能性，但任何一种可能性对他来说都未成为无根据的假定。伴随每一次观察，他不断地从头开始。在沉思整体（the All）的过程中，自然现象的无穷细节为他提供着导引，整体则在每一个特定的细节中得以表现并为他所感知。对他来说，观察并不仅仅是确证其观点的手段；可以这样说，他不带偏见地接近事物，用观念与形象不断地试验与游戏，并不惧怕矛盾。他虽然生活于作为整体的世界之中，但他只能在特殊的东西中去体验它的存在。他留于身后的那些科学发现，仅仅是其探求的副产品。

1. 宇宙并不仅是一种机械装置，它还处处充满着生命。地球作为整体也是一个活泼泼的有机体，它的肌肉是土壤，骨骼是岩石层，血液是矿脉中的泉水，呼吸是海潮的涨落。它的躯体温度是由火提供的，疗用泉、硫黄矿与火山中喷出的火就是其生命活动的中心。

世界是一个整体，从这个整体中衍生出如下的法则：每一种东西都试图保持其自身的存在，不过又努力追求成为整体，避免自身的不完整。机械法则也指向这种统一：自然以最简捷的方式采取每一次行动，一旦给定了原因，那效应便会以尽可能简捷的方式出现。停歇在地球上的一只小鸟的重量，就足以使地球的位置发生移动。

所有事物的核心都是能量。海浪席卷浪波，一波又一波，滚滚向前，拍打着海岸；溪水的力量汇聚成涡流，无物能够抵挡；骑手们交战，战马以无穷的形式变化显示出自由的力量；人的情绪变化在表情与姿态中得到了诉说，所有这一切都佐证了同一个事实：运动源自能量。达·芬奇所谈的能量与后来物理学所说的能量概念毫无关联。他虽然朦朦胧胧地预测到此类的概念，但仅仅将其视为总体能量的局部方面，并将总体能量称作"看不见的力量""超感觉的力量""精神上的无形力量"。

附录二 雅斯贝斯论艺术（含艺术家）著述选译

达·芬奇对能量进行了描绘，这种看不见的力量在活体中有其根源。能量从活体中转移到非生命体，并赋予其生命的表象。离开能量，万物便无法运动，声音或声调也无从产生。通过外部的力量，能量被注入物体，物体遂由其休眠的自然状态而发生转化。能量是一种神奇有效且至关重要的力量，它促使一切被造之物改变着自身的形状与方位。自我设限的物体已丧失了自由。能量与它所支配的东西发生冲突，并以势不可当的力量驱逐任何一种阻拒的力量。通过自身所受的重压，它终于征服了一切事物。能量借助于阻力而得以增加，但是它的力量在这种斗争中并不持久，因此，能量所引起的运动也不会得以持续。能量在冲突之中逐渐变得强大，在平静之中则逐渐变得弱小。它越强大，就越迅速地消耗着自身。迟缓使它强大，迅速则使它衰弱。当它压服一切事物之际，它便飞速地冲向自身的解体。

达·芬奇几乎像思考生命体一样在谈论着这种能量：它不由自主地消耗着自身：它生于必然，而死于自由。它总在力求削弱与消耗自身。无论遇到任何抵抗，它都会迅即将其驱逐，然而，它同时取消了反对其自身解体的力量。在斗争中，它战胜了使其得以存在的根据，亦即抵抗的力量，同时也消灭了自身。当抵抗的力量加剧时，它变得更有力量，不过它也由此猛然向前而冲向自己所渴望的死亡。它的伟大力量增强了自身趋向死亡的欲望，但是这种欲望是自相矛盾的，因为一切事物都努力逃避死亡，而力量自身却仅仅是这样一种渴求死亡的冲力。

在一切现象中，达·芬奇都"看到"了他所声称的那种看不见的力量。这种力量是他在精神能量与无机物的惰性之间展开的斗争中看到的。伴随能量的日渐剧增，生命与死亡之间展开的这种斗争也在摧毁着生命，不过，死亡随即又被新的生命所超越。斗争本身是永不休歇、无可毁灭的法则，这种法则超越了生命与死亡。

正如他之前的埃赫那顿（Ikhnaton）以及他之后的歌德，达·芬奇赞美道，在这个富有力量的世界中最伟大的东西就是太阳。他声称，自己看到整个宇宙中的其他任何物体都没有它伟大、有力量。它的光亮澄明了太空中所有的物体，因为充满生机的生物中的热量都来自灵魂，而所有的灵魂又都在太阳那里获致其本源。在宇宙中并没有其他

— 857 —

的热源或光源。因此，他向那些宁愿崇拜人或神——如朱庇特（Jupiter）、农神（Saturn）、战神（Mars）——也不愿崇拜太阳的人们发出了警告。

2. 我们的现实世界并不总是今天这个样子的，终有一天它会走向终结。达·芬奇看到，这个世界正处在日渐干枯与燃烧的过程之中：空气将更加稀薄且缺少湿度，河流将会枯竭，土壤将会失去肥力。动物因此将忍饥挨饿，人则将采取诸多措施来保存自己，但最终注定要走向死亡。曾经富庶的地球将变得贫瘠而空无，然后将毁于火的力量，它的表面将化为灰烬。达·芬奇说，这或许就是现实的自然万物的结局。

达·芬奇的预言更多地源自感觉而不是思维，他于当下就看到了过去与将来。他收集的化石向他显示了遥远过去的生命，那时的海洋现在则变成了高山。他那著名的洞穴探察，向我们生动地表达了他所探寻的东西以及他是如何进行探寻的："一种无法抑制的渴望驱使我去注视大自然创造的那些丰赡的变化而奇异的形式……我抵达一个巨大洞穴的入口处。我弓着背，左手抓着膝盖，右手遮住低垂、皱拢的眼眉仔细观瞧，看能否识别出某种东西来，但是深不见底的黑暗挡住了我的视线。我在那儿待了一会儿，心中激荡着两种情感：既惧怕阴暗险恶的洞穴，又渴望查明洞里面是否存在某种奇特的东西。"达·芬奇步入洞穴，十分幸运地发现了一个巨大的骨架，他很快就将其看成一个活物："伟大啊，建构性的大自然曾经创造出的鲜活的器具！你的伟力对你来说却并无助益；毫无疑问，你被迫离开安宁的生活，不得不遵循上帝与时间施于创造性的自然的律则。其中有益的做法是，张开你健壮的背鳍，以此拓辟自己的道路。你用自己的胸脯奋力分开那咸涩的浪波，追寻着你心目中的猎物。……现在你长眠于此，为时间所毁灭，平静地立于这狭窄的空间里，你的骨头，裸露的皮肉，为你顶部的大山构塑了盔甲与支柱。"

达·芬奇记述并描绘了自然灾难、世界终结与大洪水的情景。他通过观察这些原初的宇宙力量既从事创造性的工作又摧毁其所创造的万物而意识到了它们的存在，并将其等同于一种无所不包的必然性。他的一些画作令人联想到了原子爆炸的情形，不过，这种不适宜的比较再次显示出达·芬奇的自然观与现代数学的极大不同。对达·芬奇来说，那些原初的力量是一切事物的奥秘与界限；它们通过自然而摧毁自然，我们所感觉到的显现之物并不是那种力量自身。相比之下，那些原初的力量对现代物理学来说则是可知的，而且大部分已为人所知；它们是看不见、不可阐说的力量，只可通过非直观的数学方法而成为可理解的。现在，那些潜伏于物质中的力量已为人所把捉，并可用来达成人的目的。达·芬奇从事的科学研究是大众可理解的机械学，在其界限处描绘了宇宙盛衰的情景。现代物理学则是关于物质中的原初力量的知识与技术，它使人成为宇宙潜在的破坏者，或者至少是这个星球的潜在破坏者。

在他的那些所谓的"预言"中，达·芬奇描绘了世界的进程。他对未来的描画仅仅是当下的延伸，而不是对确凿的事件进行定量的预测。沿着相似的路线，他的"预言"表达的是对人的命运的惊叹，为的是做下记录并征询问题，但并不想去解答它们。由于把隐喻与瞬间的发现合二为一，他借助于观察自然中发生的事情以及人对动物的所作所为、人的习俗与职业而形成了一种存在观。

一看见挨打的驴子，达·芬奇就做出如下反思："哎呀，冷漠的自然，你为什么对你的孩子们如此不公？……我看到你的孩子们被捆缚着赠与他人，却从来没有为它们自身赢得任何利益。它们在最恶劣的虐待下被要求着提供服务，然而为了折磨它们的人的幸福，它们还是献出了自己的生命。"

达·芬奇把人的冷酷行为与人自身在自然的控制下所遭受的痛苦关联起来。他谈及火炮："来自地下的某物将以其可怕的吼叫淹没附近的东西，以其呼吸杀戮人类，摧毁都市与城堡。"他还谈及劈柴、石灰窑、煮熟的鱼："辽阔森林中的大树与灌木将化为灰烬。……经过连日的燃烧，地球最终将变得通红，岩石将变成灰烬。……水生物将死于沸水。"

听着褟裸中婴儿的哭喊，他写道："啊，海中的城市，我看到了你的居民，有女人也有男人，被那些不懂我们语言的陌生人戴上了镣铐。只有在啜泣与悲叹声中，你才能够为失去自由而发泄悲伤之情，因为束缚你的那些人对你的理解并不会多于你对他们的理解。"

看到蚂蚁,他思忖道:"众多群落将隐藏在黑暗的洞穴中,可以在黑暗中维持自身及其家庭数月的时间。"他考虑蜜蜂的命运:"其他许多蜜蜂将被剥夺给养,然后被那些不讲理的人们残忍地浸没与溺死。"他还想到了母牛:"它们无数的幼崽将被人运走屠宰。"然后他总结道:"神圣的正义啊,你为什么不醒来呢?"

他描绘人的残忍,认为这种残忍只有在将来才会充分显示出它的狂暴程度:"我们将会看到地球上的生物之间不断地斗争。……对于他们的邪恶将不再有任何限制。当他们被欲望充斥之时,他们将通过在所有的生物间散布死亡与痛苦、哀伤、忧虑、恐怖来满足自己的欲望。在无止尽的傲慢之心的怂恿下,他们甚至试图袭取天国,但是身体自身的重量将会使他们下坠。到那时,地面上下或者水中将不会剩下任何可供捕获、猎取、摧毁的东西,也不再有任何东西可供他们从一个国度运到另外一个国度。"达·芬奇再次总结道:"大地啊,你为什么不敞开你那巨大的裂口?你为什么不把他们抛进深深的裂缝,不再让天国看到如此残忍的妖魔?"

不过,达·芬奇也看到了人所面临的诸种美好的机遇。他怀着激情着手于发明一种飞行器,其实这只是他寄希望于技术发明的最惹人注目的一个例子。他的技术发明既有其自身的功用,也可拓辟新的经验世界。他设想改进邮递方式,开发其他沟通工具。"相距遥远的国度的人们将会聚在一起说话、相互接触与拥抱,尽管身处不同的半球,但他们将会理解对方的语言。"

但是在困厄的年代里,人们将会屈从于疯狂的行为:"他们会在人的语言中听到兽语,会在黑暗中看到一缕闪烁的光亮。……他们将求助于圣徒的雕像,但是这些圣像却无法听到他们的诉求。他们将得不到任何回答。他们乞求于听而不闻的人的怜悯。他们向瞎子献上蜡烛,吵吵嚷嚷地向哑巴做着恳求。"在参加葬礼之际,"他们会向那些对自己毫无所知的人们表达最大的尊重"。达·芬奇就此总结道:"古怪的人类啊,怎样的疯狂驱使你陷入了如此一种困境?"

即使在看起来最持久的东西中,达·芬奇也意识到了无常的东西;他看到了一切事物的衰败,看到了伴随一系列大灾难的宇宙进程。今天发生的事情总会持续重演;他从整全的观点看到了每一种几乎不可感知的事件；在他眼前犯下的罪恶总会降临到所有人的身上。

不过，达·芬奇面对恐怖的呼喊更多的是悲痛，而不是谴责。他的呼喊不是预言家的鼓动——他无意于呼唤再生，也不是忏悔者的布道。他只是在沉思自然的过程，它在局部上是可以理解的，但作为一个整体，它虽然可见却是不可理解的。这一过程既带来了残酷的行为，也带来了每天的壮丽景象。"本就如此"：这就是他面对恐惧的最后的态度。

3. 达·芬奇是一位诉诸直观的思想家，当他触及抽象之物时，总令人感到很奇怪。因为这样做，必须使抽象之物具有一种极强的能见度。

他谈及事件的基本形式就像事物的外壳一样，为其增添了一种辩证的含义：森林会生下有助于消灭自身的孩子：斧柄。在其裂缝中庇护小小种子的障壁，将会为它们的根所摧毁。在不断增长的过程中，自然的力量也在吞噬着自己。

画眉鸟看到猫头鹰被粘了胶的树枝缚住很高兴，但是通过粘了胶的树枝，这只猫头鹰也致使画眉鸟既丧失了自由又失去了生命。许多国家的民众看到他们的君主失去自由很高兴，然而结果却是因战败而被敌人所掌控，这些敌人剥夺了他们的自由，也时常剥夺他们的生命。

我们生产出我们所追求的东西的对立面。人因害怕贫穷而节省与储蓄，在幻觉之中渴望有一天能享受如此辛辛苦苦挣得的东西。你越努力逃避不幸，你就越感到痛苦与不安。原本相信人们正在逃离恐惧，可他们正像疯子一样竞奔着扑向它那无边的威力。许多人忙于设法减轻恐惧，但他们越想驱走它，恐惧感就越来越大。

达·芬奇谈及时间："啊，时间，万物的吞噬者！你使它们发生了改变，你给窃来的生命赋予了新的、不同的居所。""啊，时间，受造之物的性急的抢夺者，你已经毁灭了多少君王和人民！国家和人民的状况已经发生了怎样大的变化！"

时间对自然之作与人的作品的影响是不同的。自然所产生的东西总是同一个样子，而人所创作的东西则总在不断地变化着，以语言为例：它们"总是有着极大的差异，而且必须如此地持续下去，因为无数的世纪必须含纳于无穷的时间中"。

达·芬奇谈到了无（nothingness），它是有别于空（vacuum）的。

空可无限地划分下去，而无却不能再被划分，因为没有比它更小的东西了。于是他这样谈论无："无存在于时间之中，延伸至过去与未来。它声称对过去与未来的所有产品都拥有支配的权利，但不能拥有那不可分割的东西。"

他在另一个关联点上谈到，我们在自然领域无法发现无，因为无意味着不可能存在、没有存在。然而，"在我们周遭的伟大事物之中，无的存在是最为伟大的"。

让我们来做一下总结：在对可见世界的敬畏中，达·芬奇把大自然视为一种向研究者无限地显示其自身的秘密。这种敬畏在思维直观中，在决定考虑每一可见或能够使之可见的事物中，通过视力得到了满足；这种敬畏在透明的可见世界中，在所有的现象都变成隐喻和所有不可见的力量都变得可见之际得到了实现。

这种观点不仅给生活于现象世界的人们带来了无限的乐趣，而且也给穿越世界之路的人们带来了无限的痛苦："大自然对有些人来说是一位慈善的生母，对许多人来说则是一位残忍的继母。"

为什么这么说呢？达·芬奇并未给出答案。确实，他很少提及这种问题。即便偶尔提及，特别是需要解释自然的便利与不便、美与丑、慈善与残忍之间的张力时，他的回答就像那顺便谈起的古老时代的双重回答："大自然尚充满无数未被带入经验范围的动机。……在每一类动物与每一件自然产品中，没有哪一种东西是多余的，也没有哪一种东西是匮乏的。"至于令人生畏的方面："匮乏并不是由自然造成的，而是由她从事创造所凭借的手段造成的。"这就是事实。然而，这并不是达·芬奇提出的思想，而是他从古代哲学那里随机地借来的。

4. 人在宇宙中的地位是怎样的？到底是人卓越还是自然卓越？对达·芬奇来说，并不存在卓越的东西。作为宇宙的缩影，人似乎被提到了总体的地位；作为一种有创造力的存在，他也似乎胜过了有创造力的自然。但是，人始终被自然包围着，与整体的自然伟力相比，人的力量是微不足道的。

达·芬奇把人视为自然界的一部分。不过，在自然界中，人是独一无二的存在；人秉有自然属性，完全在自然中并通过自然而存在，然而他又超越自然，因为人能自由地升华与沉沦。达·芬奇看到了人类的伟大与渺小。

"人是有别于动物的，不过这仅仅表现在极个别之处。人是神圣的存在。在自然界停止创造形式之处，人在自然的帮助下开始从自然物中创造出无数的形式。对于其行为与动物的行为相称的存在来说，此类的形式并不是必需品。因此，动物并无丝毫创造形式的努力。"可是达·芬奇却警告说："人啊，你所考虑的存在之路是什么呢？你真的像你自认为的那样聪明吗？"人既是异常软弱无力的存在，又是异常强大有力的存在。人在作为整体的自然界面前是软弱无力的，就人自身而言则是强大有力的。这就是人的道路与希望。"你的管辖权既不会大于你自身，也不会小于你自身。"

然而达·芬奇看到有多少人却在滥用人的潜能，而未能做到不辜负人的潜能："很少有人对自身的邪恶感到不快。许多人憎恨自己的父亲，憎恨所有那些责难他们的罪行的人。无论是公正的教训，还是好心的忠告，对他们都产生不了丝毫的影响。"在祝贺他哥哥的儿子出生时，达·芬奇竟然写道："你乐于创造一个积极的仇敌，他将使尽全力去争取自由，只有以你的死亡为代价，他才能最终得到这份自由。"

极其可鄙的乃是"残酷的人们所过的那种邪恶的生活方式。他们不配拥有如此高贵的人的身体。他们的身体只是装食物与排泄食物的袋子。他们的人生旅程只是为了觅食，除了外形与声音，他们与人类毫无共同之处；在其他各个方面，他们远远比动物还要低级"。

鉴于人的罪恶，他敦请人们："如果发现一个善良而赋有美德的人，请不要抛弃他，而要尊敬他；不要强迫他，不要让他因你的迫害而在沙漠、洞穴与其他孤独的地方寻求避难。如果发现了这样的人，请尊敬他。因为对我们来说，这样的人就像是人间的神。"

5. 所有活着的东西都会死亡。只有人能在精神中体验死亡与承担死亡。在达·芬奇的人生断言中，他总能意识到死亡。

一种动物靠着另一种动物的死而生。为什么这么说呢？"乐于创造常新的生命与形式……自然界创造的速度远远快于时间摧毁的速度。因此，她规定许多动物应该充当其他动物的食物。但是这样做还不够，于是她经常向积聚的大群动物，尤其是增长速度非常快的人类降下疠气。……因此，为了维持持续增长，地球总在设法损失自己的一部分生命。"

作为生命中一种客观上必然的因素，这种趋势在死亡渴望中有其主观的对应因素。"就像飞蛾扑火一样，人也总是盼望与渴求发现回归原初的混沌世界的道路。带着这种永恒不变的渴望，人迫切地期待着每一个新到的春天与夏天以及每一个新到的月份与年份，思忖着自己渴望的东西来得太慢了，并未意识到自己正渴望着自我的消亡。不过这种热切的渴望是典型的精神因素，它被囚禁于人体的生存期之中，总在渴盼着返回自身的根源。"

在人的欲望中，人对这些因素的无限渴望是当下在场的。

但是，死亡的真相是什么？它是死亡，也不是死亡。它的本质与长眠的本质相类似。"人们满怀热情地渴望却不知道自己拥有的东西是什么？这个东西就是长眠。""所有的邪恶都会在记忆中留下痛楚，只有最大的邪恶——亦即死亡——在毁灭生命的同时，连记忆也一同给毁灭了。"

因着对自然律有了认识，于是达·芬奇沉静地生活并热爱着生命。"在我期待学习如何生存之际，我学会了如何面对死亡。""正如好好地度过一天会带来幸福的睡眠，好好地度过一生便会带来幸福的死亡。"

就连想起吃下的鸡蛋，他也会提醒自己那是无价的生命礼物。"啊，有多少人生来就没有被赐予生命的礼物。"当雄心勃勃的人们愚蠢地"既不满足于自己的生命礼物也不满足于自己所处的美丽世界"之时，那就是他们因着使自身的生命充满怨恨而遭受的惩罚。

6. 达·芬奇的思想在哲学史上处于怎样的地位？达·芬奇并未建构一种形而上学的体系。如果我们打算从他的思想中引申出一种体系，它或许可被粗略地勾勒如下：在创造世界的过程中，艺术活动与认知活动是一致的。上帝用形式创造了一切事物，并根据尺寸、数量与重量赋予一切事物以秩序。创造根源于数学，造物主是一位数学家，不过这是在最广泛的意义上来说的，他所赋予万物的形式包含了所有的结构、秩序和法则。

有认知能力的人——作为宇宙缩影的人——在其认知中重复着上

帝的创造，并且在人自身的创造中继续进行着这种创造。他的认识就是认识自身的形式，它模仿自然界的形式并且产生新的形式。因此，艺术家的作品并不是以自然主义的方式对偶然事件进行的复制，而是自然定在于其中并在其本质中被理解的形式。通过认识进行创造的人洞察到了世界的根基，并借助于艺术创造来揭示这种根基乃是本质性的东西。

达·芬奇在种种世界现象中察觉到了基源，因此，在其他之处相互分离的两种东西在达·芬奇的直观中则依然保持为一体。从专门化、精确化的科学观点或为艺术而艺术的观点来看，在达·芬奇那里混沌的状态仍居于主导地位。对他来说，形态观察与因果解释不可分，数学技巧与意义、目的不可分，美与象征不可分。因此，每一件作品一旦被创造出来，就立即成为一种对象性的知识，成为一种情绪的表现，人们通过对其意义产生无限的共鸣而使其成为一种隐喻。

此外，达·芬奇的基督教绘画又是怎样的呢？他的杰作，如《最后的晚餐》、《贤士朝圣》（Adoration of the Kings）草图、《岩间圣母》（Virgin of the Grotto）、《圣母子与圣安妮》（Madonna and Child with St. Anne），其题材都涉及了基督教。在这些绘画中，达·芬奇看来是想反思一切事物，并未略置一词。就像人的生与死都要在教堂举行仪式一样，画基督教主题的画乃是一件自然而然的事。其实，达·芬奇是把这些主题作为工具来利用的：用于表达母爱、女性的至福，以及对不同性格的男人的情感所产生的影响，并以其作为基于崇拜的姿态来进行构图的理由。

在达·芬奇那里，众多传统的哲学观念是混聚在一起的。他的思想根源已得到了详尽的研究。

西方的形而上学可被划分成几大具有优秀历史传统的范型。在达·芬奇那里，我们发现了如下要素：亚里士多德学派（Aristotelian）的具有运动维度的宇宙，更多的斯多葛学派（Stoic）的作为理性总体力量的宇宙，以及少许来自德谟克利特（Democritus）与卢克莱修（Lucretius）的物质主义哲学的一些思想。除了在斯多葛式的富有生机的世界概念中有所暗含外，他的思想几乎没有从柏拉图对世界与超越存在之间所做的划分中汲取任何养分，而且几乎没有一点新柏拉图主义的精神。

达·芬奇并没有生活在体系之中，而是把一切东西仅仅用作表达的手段。他并没有把现象纳入那些假定已知的范畴之下，而是调查研究它们，允许它们向新的知识领域开放。这就是达·芬奇的基本态度：从不承认知识是完成的，而是无休止地探求每一种独特的实在；乐于以观察的方法，并以沉静的心态去看待一切事物。这种敬畏可见世界的态度，乃是达·芬奇区别于所有的古代形而上学家和基督教形而上学家的地方。

三　作为一种认知存在的形式的画家生活

达·芬奇意识到，他的生活就是一种高尚的存在形式。

1. 许多作家都呼吁关注文艺复兴时期艺术家的社会处境。同他人一样，只要艺术家寻求强力的支持，他就会依赖于君王、都市与教会。不过，有才干的艺术家则是广受欢迎的。只有他才可在获得支持的同时仍拥有自由，因为他在每个地方都会感到像在家一样，能够而且愿意四处活动。他在某一境遇中亲历世界、认识世界，他的艺术就是其高尚品格的证书。他在科学、发明、建筑业和艺术领域都颇有造诣，个人才能十分全面，从骑马到弹奏乐器样样精通。他开凿运河，制造军事武器，谋划富于创造性的节庆仪式，创造可供他居住的城市以及可为他自己带来世界声誉的艺术品。他由此成为一位全能之人，活得就像一位王中之王。

达·芬奇就是这样的一个人。他在申请某个职位时，不得不称赞自己的才能，正如1842年他在写给罗督维科·伊·穆罗（Lodovico il Moro）的那封著名的求职信中所写的那样。他在所谈的九点之中，最为看重的是自己作为一位军事工程师的才能，只有一点不得不谈及他平时作为一位建筑师、水利工程师、雕塑家、画家的造诣。无可否认，他也为此遭受巨大的失望之苦。他曾提到："梅第奇家族（Medici）使我变得伟大，然后又毁灭了我。"达·芬奇为罗督维科·伊·穆罗服务了十六年。当这位国君被法国推翻时，达·芬奇写道："君主失掉了他的城市、财产和自由，他并没有完成自己的任何一项工作。"过了几年，他转而为罗督维科的对手——法国国王——工作；在此之前的那几年里，他曾为切萨雷·波吉亚（Cesare Borgia）服务，也曾为他所出生的城市佛罗伦萨（Florence）服务。达·芬奇赢得了他的自由，并保持了他的自由。

达·芬奇构想出作为一种理想而使艺术家享有独立权的生活方式，他自己也实现了这一生活方式。他强烈地要求画家这份职业，并且比其他任何人更充分、更清晰地阐述了这些要求。他计划撰写文学方面的著作，此类著作可以在有关画家的知识方面对他们进行指导，而这样的知识就其本性而言就是一部百科全书。如果这些著作都完成的话，它们就会成为一种中世纪反射镜写作那样的新形式了。这类的作品，他是非常熟悉的。然而，他是在全然不同而且全新的意义上来构想自己的百科全书的。事实上，他把这类百科全书构想为那种具备所有科学知识的画家所必需的工具，也将其当作了画家从事原初的科学研究的指南，并希望借此来引导画家们。对达·芬奇来说，画家的生活方式是他始终关注的重大话题。

2. 真正的画家是多才多艺的。"一个人不能一视同仁地喜欢包含于绘画之中的一切事物，他就算不上多才多艺。""一个多才多艺的能手不能描绘每一种类与品性的形式，他就不会是一位好的画家。""一个人倾其一生研究单一的主题并在某一方面达于完善，然而他的成就并不是伟大的。此乃因为，绘画包纳由自然产生的一切事物，包纳由人偶然创造出来的一切事物，最后它也包纳可以用眼睛了解的一切事物。""一个人若只精通于绘制某种单一的图像，如裸体画、头像、服饰画、动物画、风景画，这样的人就只是一位可怜的画师。"

这种整全的绘画是建立在认知的基础之上的。离开认知的实践，就像没有舵或罗盘的航行一样。因此，"实践应该基于合理可靠的理论"。而且，画家应该"遵循规则与秩序从事研究"，"因为了解这一点的人容易变得多才多艺"。

达·芬奇如是赞扬行动："你必须奋发努力"，"离开行动，精神就会变得衰弱无力"。"幸运只会佑助那些自我发奋的人们。"不过，这种行动在人那里须得有其限度，"人之所以获得赞美或受到谴责，只是因为他做了自己能力范围内的事或未做自己能力范围内的事"，"不要奢求那种不可能的东西"。

— 867 —

最重要的事情是行动："与其倦怠，毋宁死"。"只要充实地度过，便可获得长生"。"一个紧紧盯住杰出人物这个目标而不放的人，从不会停止前行的脚步。"

不过，是爱，而不仅仅是徒劳的勤奋与认真，才能让人遨游于他的行动之中。"学会了解可敬的自然之物，这是热爱其缔造者与伟大的创造者的门径。伟大的爱源自对所爱的对象的渊博知识。"爱者为他所爱的东西所打动，不过，如果"他所爱的东西是没有价值的，爱者也就会变得没有价值"。错误的爱会导致衰退。"一个人在开始的时候比他在结束的时候更容易产生抵触情绪。""赋有智识的热情可以摒除纵欲之情。"

认知，灵巧的手，勤奋，整全性，爱，它们都不能通过自身产生出任何东西来。至关重要的东西乃是想象，它总是原初而富有独创性的。"一位画家绝不应该效仿他人的方式；因为就艺术而言，他将不再被称为大自然的儿子，而是被称为大自然的孙子了。"

奇异的现象暗示给达·芬奇创造能力是如何被激发出来的。"如果你注视沾满各种各样的斑点的墙壁，或者形形色色的构造成分的石块，或者火中飞扬的余灰，或者云朵，或者泥浆，你就会在这些现象中发现奇妙的创造物、风景以及各种稀奇古怪的东西，比如魔鬼、人头、动物、战斗、悬崖、海洋、云彩或者森林。"不过，他接下来立即警告读者：这类直观的景象依然是无关紧要的东西。"确实如同钟声那样，你可以用它的声响来介绍你能想象的任何一个名字或字词。然而，此类的色斑虽然能给你带来创造性的想象，但是它们却丝毫不能教会你完成任何一件事情。"

根据认知与先于每一次创作的判断而工作，并且据此做出关键性的决断——这两者使已经从想象那里获得形式的画家的行动成为可能。

3. 一位画家怎样与他人共处呢？他难免会遭受痛苦。"没有任何一位完美的天才未曾遭受巨大的痛苦。"他应该学会"直面巨大的烦恼而坚韧不拔"。如果烦恼继续增加，他就必须加倍地磨砺自己的耐力，"正如寒冷越来越加剧之际，你就要穿上更多的衣服。这样，烦恼就不会再伤害你了"。

画家需要孤独。这样，他才能够不受干扰地考虑他所看到的东西并同自身商讨；于是，他变得"像一面镜子"。"如果你完全孤独，你就整个属于你自己。否则，甚至你若还有一个同伴，你就只剩下一半属于你自己了。"

孤独对反思与灵感来说是必要的，不过这类孤独并未占去画家全部的时间。达·芬奇主张人与人之间的友谊：在他人的陪同下画画要比独自一人创作更好些。竞争能够起到一种激励的作用。你可以向那些比你有创作能力的人学习，而且赞扬也可以起到鼓励的作用。既然我们很容易拿自己的成就来欺骗自己，那么"欣然倾听你的对手对你的作品的谈论就是有裨益的；恨比爱更有力量"。因此，我们不应拒绝倾听任何人的观点。

在朋友关系中，达·芬奇要求的是宽宏大量："私下里责备你的朋友，在公众面前赞扬你的朋友。"不过，永远不应停止那旨在赶超的竞争："没有超过他的老师，他就是可怜的学生。"

4. 达·芬奇将画家的生存视为高尚的理想，这种理想乃是建立在绘画作为一种认知工具的重要性的基础上的。依传统的争论方式，人们习惯于争辩行动与沉思生活相比或者人文学科与医学相比哪一方更具有相对的优势。达·芬奇则比较了绘画与诗，认为两者相比绘画的地位更高一些。

诗是可听而不可见的画，画则是可见的诗；诗是看不见的画，画则是无声的诗；诗探讨道德哲学，画则包蕴自然哲学；诗描述精神活动，画则通过物体的活动显示精神的作用。

对达·芬奇来说，绘画的优势地位是显而易见的。直到绘画从诗中脱身出来，它才像身体摆脱了自己的影子。绘画可以呈现事物本身，并为自然的作品赋予理智与情感；诗则仅仅使用语词。因此，如果诗要想传达真实的印象，它就须得佐以想象才行。

只有绘画才能充分地表现真实。它"为大自然所创造的一切事物都赋予了外观、色彩和形状"。诚然，思想渗透于物体可以孕生其内在的力量，不过，它并不能像画家所孕生的那类真实一样充盈饱满。因为在画家自身的存在中，他所理解的是物体最初呈现的真相。可以说，视力比智力更少欺骗性。

绘画是科学，它是科学的源泉，并且超越了科学。

绘画以几何学与算术为基础，进而发明了透视法。通过透视法，它对天文学家产生了指导作用。绘画还表明几何学是如何构成图像的，进而对器械工程师、建造者也具有了指导意义。

绘画根据物体的结构与运动进行研究，这样就形成了解剖学、动物学、植物学、地质学。绘画"关涉的是赋有人性与神性的作品，所有这些作品都含有一定的外表，即它们自身的轮廓"。

绘画发明了用于书写的符号。

绘画不只是一种学说，而且更是一种艺术。它不仅研究，而且创作。画家通过使知识成为可见之物所带给知识的视域是无所不包的。"画家是真实与梦想世界的主人。""他超越了自然，因为自然的作品在数量上是有限的，而当画家通过创造无数形式的动物、灌木丛、树林以及情境进行展现时，眼要求手所绘制的作品便是无限的。""如果一位画家渴望感知那令他带着感动去爱的美景，那么他就是支配这些美景的领主与上帝。如果他渴望居住于首都之外的地区或荒漠，如果他渴望看到山谷，或者从山巅眺望广袤的天地或海平面，那么他就会随心所欲地掌控这一切。存在于宇宙中的每样东西，无论是现实中的还是想象中的——所有这一切东西，他都首先将其映现于头脑之中，然后再用手将其绘制出来。"

绘画更令人感到满意，因为它可以将所爱的对象的肖像精确地显示出来；与诗相比，它更易于唤起人们的感觉。

绘画对所有的人都是可传达的；对于操希腊语、拉丁语或德语的人来说，它的表达方式同样都是可理解的，相比之下，诗却受缚于某一特定的语言。

绘画是更为高贵的一种艺术。绘画才能并不是每个人都能获得的，绘画作品也不能像书籍那样被复制成多个副本。从根底处看，文学作品则可以收集其他能工巧匠所造之物的信息。一位诗人试图谈论占星术时，他可以从占星家那里窃取方术；而在设法谈论哲学时，他又可以从哲学家那里窃取智慧。

如果说达·芬奇的一些表述已近于荒谬，这只是因为，他认为自己积极了解的直观世界是无限丰富的，并允许其钝化他对其余事物的感觉。

因此，他自己并未意识到他的写作的价值，尽管他也创作了最清晰的说明文章与华美动人的诗篇。据歌德说，正是达·芬奇清晰而理性的直观世界观，使他也能够用词句来进行描绘，从而在我们眼前展现复杂事件的激烈运动，譬如战斗场面或暴风雪场面。

同样，与此相伴的情形是：他并未修订自己写过的文字，而是保持了所表达的每个阶段的原貌，从随意、空洞的表述到完整的阐述，任何一处都没有力求完美；他并未尝试着按照特定的顺序或有条不紊的句法关系进行写作，他的措辞并没有超过那种诉诸直觉的自发行为。

达·芬奇并未鄙弃诗，他只是将诗的地位放在了绘画之下。不过，在他愤怒地攻击他人的文字时，可以从中听到一种完全不同的腔调。他们高调的断言是荒诞不经的，他们的指责也是令人愤怒的。他们对发明家吹毛求疵，因为他们自己从未成功地发明任何东西。他们引用权威作家的话来佐证自己的观点，他们所运用的与其说是智力，还不如说是记忆力。他们用别人的成就来为自己涂脂抹粉。他们称绘画是一种机械的艺术。他们瞧不起画家，因为画家并不是学者。但是，任何一个鄙视绘画的人，都既不会喜欢哲学，也不会喜欢自然。

达·芬奇继续开展着令人难忘的斗争。绘画描摹眼中的无言世界，作为一种可视的语言，它与作为书写与说话的抽象语言而存在的知识分子话语做着不懈的斗争。经验是反对书本知识的，具体作品中的积极创造也是反对文字语言的衍生品性的。在其全部的生命中，这位通过行动获取知识并用自己的双手从事创造的人，确实看不起那种与生命相疏离的作家的生活方式。

多数画家并不从事写作。他们的生命有限，其长度并不足以完成自己的作品。此外，绘画并不用语词来揭示自身或透露自己最后的目的。"就像自然的杰作，绘画以自身的力量而使自己变得高贵，它并不需要借助于其他任何一种语言。"

不过达·芬奇却让自己承担起写作的重任。他认为一般而言作家"不能获得对绘画科学的洞见"，不过他自己的那些箴言则是不同的，因为它们"与其说是源自他人的言词，倒不如说是源自鲜活的经验"。

四　达·芬奇的性格特征

我们已经思考了达·芬奇的方法（通过眼与手穿透蕴含于物体中的精神）、世界观（充满力量的宇宙）和存在形式（通过直观获取知识的画家生活）。现在就让我们回到最初的那个问题上来：我们在何种意趣上称达·芬奇是一位哲学家？

1. 如果把达·芬奇视为现代数学科学的奠基者之一，那么反驳这种论点就是一件容易的事，因此，这似乎也败坏了他在科学上所做的全部努力的声誉。如果把达·芬奇视为一位多才多艺的现代科学家，那么就可表明，他在解剖学、地质学、植物学方面的那些发现可能是令人钦佩的，不过他发现的这些东西实际上都已被废弃了，今天看来充其量只具有历史的价值。如果把达·芬奇视为一位画家，他的伟大诚然是不容置疑的，不过，在这里或许会再次引起人们的争议，指责他的作品本身是断片式的，而且其作者更多的是一位知名人士，并未发挥持续不断的有效促动作用。因此，他主要作为一位历史人物而著名，作为古典艺术的先驱之一与唯一的这一个——并不一定是最伟大的——而位列于众多伟大的艺术家之中。

不过，从某个方面来说，我们在达·芬奇这里看到了一种超越历史的、独一无二的伟大：这种伟大在于其存在自身的完整性，所有的科学研究与艺术创造均源于此，并服务于此：哲学生存与关于世界的知识经由个性创造而得以具体化。

在这里，科学家、技师、艺术家乃是一体的，在这个统一体中没有哪一方面占有绝对的优势。把其中的某一方面割裂出来视为本质——通常把他称为艺术家——只是后人的兴趣，而不是达·芬奇本人的意图。我们可以把作为统一体而存在的达·芬奇称为哲学家，当然，这里的哲学并不意味着某种科学范畴、独断的教条，而意味着一种整全的知识，这种知识作为一个整体获得了自身意识，从而作为一种涵括一切知识的人类存在形式而掌控了自身。艺术、科学、绘画、建筑都不是自足的门类，超越它们之上而同时存在的乃是那个引导它们的精神领域。只有当哲学在生存、作品与思想中作为一个整体而变得可交流时，这种哲学才能在历史上获得重要的地位。在同样的意义上，达·芬奇与歌德一样是一位哲学家。

诗人中有少数几位是哲学家，唯有达·芬奇是艺术家中杰出的哲学家。在他那里，艺术成为哲学的器官，因为他不仅将艺术作为一种认知的工具而从事艺术家的活动，而且使其成为一种反思的对象。这就使他从根底处与那些伟大的形而上学艺术家——譬如米开朗基罗、伦勃朗——区别开来。不过，他也区别于那些通过哲学思维方法进行思考而被明确称为哲学家的人。艺术乃是他的哲学的器官，因此达·芬奇的哲学中介并不像具体的哲学逻辑与有意识的生活方式那样过于追求理性的逻辑推理与系统的概念结构。

达·芬奇的存在样态及其所作所为表明：首先，如果没有超越思维的东西，哲学就依然是贫乏的、不完整的。我们可以通过艺术创作与诗歌创作赋予观念以形体，这就必须使艺术创作与诗歌创作成为哲学洞见的器官。其次，达·芬奇的生命与作品提供了这样一种证明：我们在任何地方——也包括艺术领域——都能看到在善与恶、真与假、本质与空虚、有益与无益之间所进行的选择与决断。对艺术来说，就像其他所有的实现方式一样，它乃是确信生存与听从柏拉图式判断的一种要素。我们这里所说的东西基本上不同于那些艺术行家们所谓的艺术性。对于精神创造来说，只有那种路西法式的人（Luciferian）[①]，才以高超的艺术性与无价值的魅力来诱惑人们迷醉于无责任的审美享受，这既令人感到美妙，又使人觉得可怕。

2. 在无所不包的整体变成智力的现实并意识到自身之处，哲学是当下在场的。19世纪的伟大哲学家相信精神生活可划分为诸多基本领域，例如艺术、文学、科学、宗教。艺术作品、文学作品、科学发现和宗教活动都是有形的存在，这就使得这种划分有了说服力，而且这种观念经由习惯的熏染而变得根深蒂固，我们已经非常难以摆脱它了。

[①] 《圣经》译本中的 Lucifer（路西法）是拉丁文，由 lux（光，所有格 lucis）和 ferre（带来）所组成，意思是光之使者，所以被说成天使中最美丽的一位。古希腊神话中，路西法名为晨曦之星（破晓的带来者），即黎明前除了月亮之外在天空中最亮的星体——金星。古罗马天文学家发现，金星、维纳斯实为同一颗星，因此有不少诗人又将"维纳斯"称为"路西法"。也有很多文学故事、传说涉及路西法形象，但多以《圣经》、古希腊神话中的塑造为原型。——中译者注

— 873 —

应用在达·芬奇的身上，上述观点可带来如下推断：他以绘画而著称，我们对他的文学作品鲜有所知，对他的科学发现同样知之甚少，这些成果似乎只是由于它们对未来发现的预测才令我们感到好奇与惊讶。由这种观点来看，他的科学发现显得只是第二位的活动，而且与他的艺术并没有任何真正的联系。我们可以对其中的某一方面感兴趣，而没有必要对其他的方面也感兴趣。达·芬奇的多面性并不是存在于事物本性中的整体的多面性，而是那种过于多才多艺的天才所带来的令人遗憾的分散性。

如欲正确地评价达·芬奇，只有在下述情形下才是可能的，那就是，我们要懂得把文化领域划分为诸如艺术、文学、科学、技术这些方面只带有相对的意义。由此，达·芬奇的绘画、画论与科学努力都指向一个大全整体，它超越一切划分，因而无法在这种划分下将其归类。在某种现实存在中，例如他全部变化多样的行动和存在状态，都来自一个中心并直接指向一个目标。这样的现实存在是一种存在的方式——看的方式、爱的方式、经历悲伤或喜悦的方式、理解现实与客观地交流这种理解的方式。它乃是一个人所寻求的作为一种活泼泼的现实的整体，这个人由此而能够自我生成与自我表现。

当我们试图把捉这一整体时，在某一个体那里当下在场的历史现实便与客观的问题完全一致，这些客观问题正是我们试图通过一种普遍的概念予以澄明的。人并不能依靠概念的力量理解历史的人，不过，我们能够尝试着去了解与其普遍规律相一致的现实。

依此观点，我只想谈一谈下述的情形：当它们自身孤立时，当专门化的领域变得相互分隔时，当每一个自治领域中的正确的东西都被视为真理时，当每一个领域都把自身绝对化进而声称占绝对主导地位时，所有这些各自独立的领域都趋于无益。这样一来，科学、艺术、宗教、爱、政治、经济都宣称各自的自主规则是终极的真理，却没有与之相背对的其他诉求。不过，来自大全的更高一级的权威在衡鉴着每一具体领域，同时使其葆有意义，并使其契接基源，而作为基源的大全恰恰不再是另一个特殊的领域；人们并不能直接地、客观地理解大全，而只能通过那些彼此独立的具体领域间接地指向它。所有的具体领域都从作为整一的基源中分有其意义。

然而，对人来说，实现这一整体却是不可能的。一个人越有力、越深刻地努力去表达它，就愈加迅猛地接近失败，而这种失败本身恰恰就是真理的显现。不过，若离开歧义性，这种情况就绝不会发生；它并不能被强制性地展现出来。

3. 达·芬奇遭到了诸多的批评。据人们说：他的全部实存都有赖于偶然的主观性；他不能信守诺言而令雇主失望；他的作品受到了情绪的支配；他不断地变换新的职业却从未完成任何一件事情；他的科学方法没有逻辑结构，因此像他所做的其他任何事情一样也是主观的、有条件的。

上述这些责备所依靠的事实诚然无可怀疑，不过用来指陈、解释达·芬奇性格的这种方式却让我觉得是完全错误的。

有一点是可以肯定的：达·芬奇的作品是断片式的。在他的笔下很少有完成的艺术品，人们甚至怀疑这些作品是否真的是完整的。他是一位不知疲倦的工作狂——可以作证的是，他留下了大量的手稿与素描。但是，他从未完成一部著作。无论他那颇为超前的解剖学（包括数百幅素描），还是他构想的地质学与宇宙结构学著作，抑或是艺术家的百科全书，这些都似乎已在他的计划之中了。他去世后，《论绘画》一书编辑出版，书名并非由达·芬奇本人所题。至于无数的建筑方案、城市规划、运河工程、军事武器和各种各样的设计发明，毫无疑问，如果有，也只是少数计划能够得以实施。

这里需要探究的问题是：达·芬奇为什么留下了未完成的作品？

至于说他的情绪让他分散了自己的精力，这种解释其实已被他在实际执行任务的过程中所显示出来的那种持久的毅力与谨小慎微的态度驳倒了。如果说他终究还是留下了未完成的作品，那么其中的原委乃在于，他为其他相关的任务所吸引，这让他不得不把手头的工作搁置一旁，尽管他还是常常打算回过头来完成它。他把自己的作品视为一个整体，并坚持认为他所做的每一件事都须隶属于这个整体。不过整体太大了，任何一个人的生命都不能与之相吻合。

这一整体乃是世界知识，不过这是一种新的知识，它并不能完全通过其本性得以完成：达·芬奇的目标并不是一个理性的宇宙图式，而是一种源自具体感知的知识。这是现代科学的态度，例如这种态度反对一切独断论。因此,每一领域都需要专门化。在他所做的每一件事情中,达·芬奇都成了专家。但是,任何一个人又怎能单独地完成已花费西方人数世纪的心神至今仍完全没有得出结论的任务呢?他不能满足于将自身拘囿于任何特殊领域,因为他所关切的是作为整体的世界;不过,只有专门的领域才能提供通向整体的现实道路。以他的一生投身于各个领域的超人努力注定要走向失败。他将自己的全部身心倾注于某一单独的领域,很快将它弃置一旁,然后继续从事其他的事情,不过他还是打算回头去完成它。

　　达·芬奇不能通过他无数的专业化努力完成总体的世界知识的另一个原因在于,经验现实对他来说是不足的。达·芬奇为一切现实中的精神内容所神迷。为了显示这种内容,他必须在头脑中构思形象,然后用手在艺术品中将其塑造成现实存在的事物。但是,因为精神从来都不能被完全地表现出来,而且因为理念超越了任何一件作品所能表达的界限,所以艺术品是无法胜任显现总体的世界知识这一任务的。

　　因着充满对总体的追求之情,达·芬奇为那些需要记下来的新形象所困扰,也为那些源自观察与吵闹着要求给予阐述的观念所苦恼。他几乎总是在这些形象、观念与他的总体世界概念之间看出某种朦朦胧胧的关联;这就意味着他不得不把它们联系在一起,什么也不能丢弃。因此,达·芬奇基于一些相对完整的代表作而赢得世界声誉的作品,就像他整全的直观思维一样,乃是从一个充满规划与实验的庞大领域那里逐渐发育而成的,并没有某个明确的目标。他的努力,就像甘特纳(Gantner)令人信服地所称的那种"在前形象中工作"。这些关于前形象的构想,只有少数一部分在他完成的艺术品中达至其目标。它们并不像其他一些伟大艺术家的素描那样拘囿于有限的目的。毋宁说,它们是一种永不间断的开始,试图毫无例外地变换一切事物的形象。这就解释了为什么他的许多构想由于其特有的本性而无法得以完成,也解释了为什么他敢于尝试着使每一种不可见的东西都变成可见的,乃至于经常不惜以失败为代价。他并不把此类失败视为真正的失败,因为他确信任何一种东西都是可以使其成为可见的。

　　在原初状态之下,他的作品以其丰富的设计方案凸显了断片式的特征,这也肇源于那判定一切完成的作品都不充分的普遍性。由于在努力追求总体知识的背景下，总体知识可提前在前形象中预构自身的完成形态，这种经过精心制作的作品在令人感到满意的同时，也赋予并暗示了一种限度。达·芬奇努力寻求完美，因为没有这种追求，任何东西都将是模糊不清的。于是，他在艺术中持续不断地检验，在科学研究中密切地关注细节。不过，这只是他在短时间内所做的事情，他并不能够也不愿意接受界限。他渴望在每一特殊的事物中实现完美，不过并不想把自身迷失于获取完美的过程之中。在一些伟大的作品中，他成为一位伟大的艺术家；在他的科学研究中，他也成为一位专家。不过，他渴望所有的事物都能服务于唯一的整体。那个唯一的整体总是出现于他的头脑之中，并且使每一缺点都成为一种赋有希望的缺点。

达·芬奇希望建构一座超出常人能力的宏伟大厦，它虽是一个庞大的整体，但在每一个别之处又需保持人的比例，因此，他不可避免地留给自己——除了极少数绝美的绘画（其他每个人也都会认为是完美的）和一些充分实施了的科学实验——大量苦心地聚集起来但无用的建筑材料。

在构想他的观念的过程中，在完善与修订的过程中，在趋向更纯粹的真理的过程中，达·芬奇不能保持其确定、独特的特征（就像伦勃朗在每一件绘画与雕刻作品中所做的那样），他也不能在每一思想中都保持其最高的水平（就像帕斯卡尔、莱布尼茨或康德在他们草草写下的每一篇笔记中所做的那样）。

不过，他的那些达到最高水平的作品同样是不可模仿的。在复制品中，在他的模仿者的作品中，那种本质的东西丢失了。复制品或许有利于实现一种美、一种迷人的形式与虚假的完美，然而它却缺乏独一无二的直观。即便在缄口不语的笑中，那独一无二的直观也可使这种笑被间接地看到。

4. 人们还责备达·芬奇有其他严重的缺点——他的生活缺乏根基。作为一位私生子，他既不献身于家庭，也不报效故乡或祖国；他以四海为家，哪里给他提供生活来源，他就居住在哪里，因而缺乏忠贞或忠诚的美德。有人指出他没有结婚，也没有朋友，而只有赞助人、学生和追随者；他对人类的制度、法律、政治或历史都不感兴趣，而是把自己视为一个无国籍的人。

有人据此断言，他没有责任感，工作没长性，总是不停地变换所做的事情，却从未见到什么实效；他把生命全都花在了不负责任的沉思冥想上面，进而把世界呈示给他的每一样东西都描绘出来；他从未尝试着去改变世界，也从未觉得有必要介入其中以发挥自身的作用。

有人还说，他所关心的道德与宗教问题并不多于他所关心的政治问题；他偶尔讥讽《圣经》中的错误，指出三段论法在内容上是贫乏的，认为那些修道士乃是怀疑论者中典型的漫步者。他试图借此证明自己缺乏信仰与意志的正当性，认为自己没有能力通过它的名字唤来恶魔并与之展开搏斗。

事实上，并没有明确的证据可以支持上述这些非难。达·芬奇的流浪生活，他独有的对于工作的专注，以及他对政治所表现的漠然态度，这些都须给出不同的解释。

达·芬奇并不插手世间的事物；他没有寻求权力地位的倾向；野心、嫉妒与成功欲看起来都与他绝缘；他并不关心公共生活；我们所知的他的私人生活表明了他的公正无私、宽宏大量与单纯坦率。

尽管达·芬奇有许多熟人与追随者，尽管那些人全都关心他、热爱他，然而毕其一生他都是孤独的，不过并没有迹象表明他对自己的孤独感到痛苦。达·芬奇依靠的是他自己，他既不提供保护，也不寻求保护。可以说，他的自我贞定是不可摇夺的。

达·芬奇的头脑太明澈了，在他那里不容许有任何潜藏的东西与不可控制的力量蔓延开去。由于所有这些非凡的品质，他不会浪费自己的精力；由于他全部的深度，我们没有在他身上察觉潜藏力量的爆发。我们对他所了解的每一件事都留下一种适度与理性的印象。达·芬奇的生存并未建基于任何一种深邃的内在剧变或强烈的激情之上。毋宁说，我们从他身上所看到的乃是耐力、沉静以及对壮美世界的坚定的爱。

不过，他的沉静乃是由大量不屈不挠的行动赋予的。在他那里，从来就没有听天由命与意志衰退之类的悲哀迹象。

达·芬奇钟爱的普遍性就像太阳一样照耀着万物，不过它还是有某种限度的：它是一种在活动中直观的普遍性。由于他拒绝受限于任何一种同一化的历史活动，他的兴趣也就可能显得太普泛了。他从事非意识形态的斗争，既不反对教会，也不反对任何一种政权或信仰。他自身并没有追随体系性的哲学观念，而是生活于一种向任何可能发生的事物都无限开放的世界之中。

达·芬奇意识到了这种沉思一切事物的益处："借助于观念，我们是普遍的，而且可以同时居住于所有的地方；而意志却把我们置于单一之地，并将我们定在于此。"

尼采曾赞美过这种普遍公正。他写道，达·芬奇"在视域上是超基督徒的；他既能内在地了解东方国家，又能外在地了解东方国家；在他身上具有一种超出欧洲人的品质，比如可以识别每一个因眼界非常宽广而能看清一系列善恶之物的人"。尼采认为他是"神奇莫测、不可思议的人物之一，那些如谜一般难以理解的个体命中注定会取得胜利并诱引他人"。只有当理性自身、澄明自身以及独立自主者纯粹的爱都被视为谜一般神秘莫测时，这种奇异的个性特征才开始变得令人信服。

达·芬奇对基督教所持的是非好战者的态度，这种人并不了解基督教，也不为基督教所触动。对达·芬奇来说，这不是个问题。他很少谈及基督教。他曾驳斥过大洪水的故事，不过他在另一个场合则写道："请不要攻击那加冕的书卷（《圣经》），因为它们是至高无上的真理。"据说他已做好准备，那就是在他死的时候，教会要给他做礼拜仪式；在他的遗嘱里，他把财产赠给了穷人救济院，把蜡烛留给了许多教堂。然而，这些传闻是成问题的，因为它们所显示的乃是一位传教士的心灵，而不是达·芬奇的心灵。达·芬奇的生命是赋有超越的精神的；他诚然谈及上帝，不过他所谈及的上帝并不是《圣经》里启示的上帝。他并没有告诉我们他是否祈祷过；倘若曾经祈祷过的话，他当时所处的境况又是怎样的。他的基督教主题的绘画并未显示基督教精神。他生活于由不关心宗教所赋予的绝对自由之中，在宗教改革①之前，这种不关心宗教的自由是可能存

---

① 这里的"宗教改革"（the Reformation），指的是基督宗教在16至17世纪进行的一次改革，代表人物马丁·路德、加尔文等。——中译者注

在的。

因此，达·芬奇既不受人的欲望与热情的干扰，也不接受宗教信仰的慰藉。不过，有一种东西仍继续保持着。在其一生中，他虽然没有野心，对荣誉也不感兴趣，但他清楚地表达了对死后的声名的渴望，这是激励他坚定地行动的原委所在。"人们无声无息地终其一生，在大地上留下的踪迹无异于空中的一缕青烟与水中的一朵泡沫。""哦，你为什么不创造在你死后仍将作为一个活生生的整体而存在的作品，而只创造那种你即便活着却与那可怜的死者长眠无异的作品呢？"他明确地写道："我将忍耐。"

这是他与《圣经》宗教最大的疏离之处，也正是他与古代和德国世界相亲缘之处。然而，甚至就连死后声名的那一全然短暂的瞬间也被人们遗忘了。不过对达·芬奇来说，当他面对超越存在时，当下的荣耀便为永恒所取代，当然这只能在极端不同的情形下才能被人所理解。对超越存在的贞认带给他永不停息的行动，引导他忘记一切富丽堂皇的东西，并将其视为无关紧要之事。或许在无人情味中正隐藏着崇高的种子。而且，这或许正可解释我们为何有时竟会突然减少对达·芬奇的热情这一疑虑，也可解释为何要防止我们与他完全同一这一疑虑。

5. 达·芬奇给人留下了怎样的印象？我们得知他体力充沛，面容颇为优雅，富有迷人的魅力，举止悠闲洒脱。我们还通过他的作品得知了他所留下的超常印象，这些作品刚一公开，就被宣布为将要在绘画领域引领一个新的时代。

不过，在一些描述中，我们感到他可能会给某些评论者留下为人冷峻、缺乏热情的印象——确切地说，这是因为他没有激情、愤怒或过度的言行，否则，这些缺陷就会让人受缚于通常的偏好，因此，这让我们格外珍视那些克服了上述缺陷的人们。

即使今天，达·芬奇留下的普遍印象仍带有令人清醒的特质。这个人——他不需要其他人，他完全自我贞定地探求知识，他突破世界而幽浸于孤独之中，没有那种可以使人意识到他自身并与另一个自我发生关联的交往——需要我们尊敬，但并不需要我们追随。人们经常提到他迷人的魅力。不过，他之所以在许多场合似乎都留给人另一种印象，或许正因为他缺乏那种真正的人的魅力，而这正是那种因其格外伟大而需要他人追随的伟人的缺点所在。

米开朗基罗与拉斐尔都被视为偶像而受到极端的崇拜，而达·芬奇虽然也曾受到法兰西国王和许多贵族的欢迎，但他并未受到普遍的欢迎。

达·芬奇与米开朗基罗都在佛罗伦萨的时候，年轻的人们都成群结队地涌向比他年龄更小的米开朗基罗那里。曾经有一次，米开朗基罗当着一大群画家的面叱喝达·芬奇："你永远也不能浇铸出一个骑士的雕像，只有米兰人那些木头脑瓜才会信任你。"——达·芬奇当时只是脸上泛红，什么话也没有说。他总是保持着自己卓然的举止风度，相比之下，米开朗基罗则听任自己的情感奔泻从而使其失去了自控力。

通过使人物充满激情，并赋予它们宏伟庄严的外形，米开朗基罗创造的塑像胜过了达·芬奇。这些塑像所显示的是一个剧变的世界，从中透露出一种策励人们趣向超越之维的绝望；那出自《圣经》的信仰在这里变成了一种新的现实。

达·芬奇与米开朗基罗分属于两个鲜有联系的世界：达·芬奇是一位世界主义者，而米开朗基罗则是一位爱国者；达·芬奇安详、平和，他通过稳健的理性调控着自身，而米开朗基罗则为源自英雄主义的纷乱情感所困扰；达·芬奇控制着自己，使心中的激情平静下来，并能够把事物与自身分开来看待，而米开朗基罗则热衷于令人不安的激情，并毫无限制地将自身沉浸于绝望之中。

达·芬奇以清晰的理性创制了令人无法忘记的形象；他显示了理性自身的神奇力量，而理性自身却很少直接捕捉事物，人们难以把捉其澄明的深度。米开朗基罗的创作则赋有一种震荡与爆发的力量，带有无限的真理，因而以另一种方式影响了我们；这些作品更令人痛苦且更能打动人，更令人烦恼且更能充斥人的记忆。

达·芬奇似乎在幸福与悲痛之间为自己觅得了一块平静、恒常的居所，而米开朗基罗则似乎在一块不断发生危机之地重新夺回了自己，他总是在灰心丧气与极度得意之间剧烈地振荡。

达·芬奇似乎在沉思人类世界的极端可能性，这些可能性纯粹是集自然现象之总和的聚合体，而米开朗基罗则只是这一聚合体中的一部分。

6. 那些邂逅达·芬奇的人会被召唤着去倾听他的呼吁。达·芬奇的声望纯粹是约定俗成的。只要看一看那个巨大的艺术家群体，我们就会发现他们全都以自己的方式做了有益的事情。我们或许将会讨论艺术问题，但并不是讨论那些通过艺术所说的或未能说过的问题。只有当我们在纯粹的艺术与作为哲学的器官的艺术之间感到迥然不同，我们才会在内心中倾听到那一呼吁，并受到来自大全的推动，由此而从语词与形象中意识到我们自己，这仅仅因为我们自己就在这一生成的过程之中。那么，我们通过达·芬奇听到了些什么？

那沉默、木然的世界需要为人所知、为人所爱。达·芬奇坚持不懈的行动所追求的，只是以想象的方式在头脑中洞悉世界与反映世界，除此之外，不再有任何其他目的。

很少有人能终其一生始终都在漫游，这样的人看上去与他人格格不入，他们只想观看世界以及交流他们所观看到的东西。对我们来说，这些人只做对我们自身来说无法完全做到的事情。他们不断地发现着、揭示着，终于领悟到了自己的整体存在，其他的人则需要通过他们学着了解这种整体存在。事实上，他们是在为我们而工作，进而让我们看到了自己可能具有的最大的能力。这就赋予他们袖手旁观的特权，而其他人则需要行动与斗争，并在处理人类事务的过程中改变这个世界。那些袖手旁观者所从事的是一种与众不同的斗争，进而言之，这是一种智性的斗争，为的是让人类能够在世界的外观与表象中理解永恒的本质。

还有更多的东西需要予以阐释。可以说，我们能够遇到达·芬奇是幸运的。他是一个独立自主的人，并未受到过社会与历史的影响；他已忘掉了社会与历史，只是通过直观自然的显示而与无限的自然和谐地生活在了一起。

我们乐于接受他所赠予的礼物，这个礼物就是他观看与研究的方式以及他的生存方式。当然，这并不意味着我们自己就应该沿袭他的人生道路或哲学思维模式。

附录二　雅斯贝斯论艺术（含艺术家）著述迻译

迻译之七　论莱辛①②

一　生平与作品

（一）生平

1. 数据③

1729 年，莱辛出生于萨克森州（Saxony）的卡门茨镇（Kamenz）。1741—1746 年，他在梅森（Meissen）的圣·阿佛拉（St. Afra）公爵学校学习，在那里，他接受了寄宿制学校教育。1746 年，他在莱比锡（Leipzig）开启了大学学习生涯，开始修习神学和哲学；1748 年，他在维滕贝格（Wittenberg）短暂地修习了医学。

他在柏林住了好多年，从 1748 年 11 月至 1751 年，1752—1755 年，1758—1760 年，1765—1767 年，他都住在柏林；在这段时间里，他只有九年曾离开过这座城市。从 1751 年至 1752 年，他在维滕贝格学习，并在那里获得了硕士学位。从 1755 年至 1758 年，他在莱比锡，其间于 1756 年有五个月的时间曾受雇于一位富有的年轻男子④，作为旅伴远行至阿姆斯特丹（Amsterdam）；由于"七年战争"的爆发，这次旅行被迫中断。从 1760 年至 1765 年，他在布雷斯劳（Breslau）担

---

① 本文译自 Karl Jaspers, *The Great Philosophers—Descartes, Pascal, Lessing, Kierkegaard, Nietzsche, Einstein, Weber, Marx*, translated by Edith Ehrlich and Leonard H. Ehrlich, Harcourt Brace & Company, 1995, pp. 121 – 189；德文版参见 Karl Jaspers, *Die großen Philosophen*（Nachlaβ，1），Hans Saner（Hrsg.），R. Piper & Co. Verlag, 1981, S. 346 – 415。依循汉语习惯，中译者对原文中的序号做了必要的处理。——中译者注

② 雅斯贝斯所引莱辛的作品来自，*Gotthold Ephraim Lessings Sämtliche Schriften*, edited by Karl Lachmann, 3rd edition, 23 vols., Stuttgart/Leipzig/Berlin：Göschen, 1886—1924（［德］卡尔·拉赫曼编：《戈特霍尔德·埃夫莱姆·莱辛全集》第 3 版，共 23 卷，斯图加特/莱比锡/柏林：戈申，1886—1924）；他也用到了另一种文献，*Lessing：Geschichte seines Lebens und seiner Schriften*, edited by Erich Schmidt, 4th edition, Berlin：Weidmann, 1924（［德］埃里希·施密特编：《莱辛：生平及其作品》第 4 版，柏林：魏德曼 1924 年版）。——英文版编者的话

③ 英文版在"生平"之下未再划分层次，德文版则划分了层次，现据德文版将各层次的标题译出，并加上序号。——中译者注

④ 指的是富商克里斯蒂安·戈特弗里德·温克勒（Christian Gottfried Winkler）。——中译者注

任陶恩兹将军（General Tauentzien）① 的秘书。沿途游览了皮尔蒙特（Pyrment）、哥廷根（Göttingen）、卡塞尔（Kassel）、哈尔伯施塔特（Halberstadt）之后，他就匆匆回到了柏林。从 1767 年至 1770 年，他在德国国家剧院——该剧院在汉堡创立，后来倒闭了——担任剧作家。此后，直到 1781 年去世，莱辛一直供职于沃尔芬比特尔（Wolfenbüttel）的公爵图书馆。

上述莱辛的生平概况勾勒了一位并不追求通常职业生涯的男人形象。他过着一种自由撰稿人的生活，为了养活自己，他抓住了出现在面前的所有机遇。只是在生命的最后十年，才因着被任命为公爵图书馆的馆员，他的生活终于获得了些许的稳定。

2. 出身

莱辛的父亲是一位牧师，他的母亲是一位牧师的女儿。这个家庭的氛围节制而正统，在道德上严肃而无趣。他所受的教育是严格的，并且过着一种贫穷而艰难的生活。

十二岁的时候，他入读梅森的寄宿制学校，这是三大著名的公爵学校之一。训练有素的学习生活最大限度地扩展了他的能力，使他在古典语言和文学方面打下了坚实的基础；纵观莱辛的一生，他读起希腊文和拉丁文来就跟读德文、法文和英文一样容易。

3. 学生时代

在学生时代，莱辛认真听课，他日后回忆起来还怀着感激的心情提及自己的一些老师。不过，对他来说主要的智力激发却来自另一个领域。通过克里斯特洛布·米利乌斯（Christlob Mylius）——一位才华横溢但性格易变的多产记者，他还是几个期刊的出版商——的引介，莱辛加入莱比锡文学和戏剧生活的圈子里。他钦羡演员卡罗琳·诺伊贝尔（Karoline Neuber）非凡的艺术才华，自己开始从事喜剧创作，见证了戏剧《青年学者》（*The Young Scholar*）的成功上演。对他来说，这是一个自由地通向更广阔的世界的开端，就此可以让他摆脱各种顾忌而祈向真理。

---

① 弗里德里克·博吉斯拉夫·陶恩兹（Friedrich Bogislav Tauentzien，1710—1791），布雷斯劳要塞的将军与统治者。——原页下注

附录二 雅斯贝斯论艺术(含艺术家)著述选译

这个青年学生所过的生活令他的父母忧心忡忡。生活在演员和自由精神之中,荒废学业而写剧本,与米利乌斯这般的乌合之众交往,注定会毁了他们的儿子。1748年1月,莱辛的父亲把他召回卡门茨。尽管《青年学者》正在舞台上成功上演,他还是听从了父亲的话。莱辛的父母发现他身体健康,行为端正,并且在科学方面知识渊博,遂放下心来。三个月后,父母允许他返回莱比锡。

有一段时间,莱辛转向了医学研究,做类似的事可以让他在无利可图的智性生活中有所退守。不过,他对自己研究领域内的专业——比如妇产科——只付诸了短暂的注意力。相反,对他来说主要的吸引力还是来自剧院。在这里,真理通过喜剧或悲剧显现自身;在这里,诺伊贝尔夫人通过一百个角色所展现的表演艺术吸引住了观众;也正是在这里,莱辛对德国萌生了一种愿景:德国的戏剧艺术将得到净化。

然而,这种美好的情势很快就终结了。戏剧公司破产、倒闭,演员们各奔东西。莱辛不但一直缺乏资金,还替朋友们担负着保证金,而这些朋友现在却都消失不见了。1748年6月,为了躲避债主,莱辛动身前往柏林,途中却生了重病,不得不在维滕贝格中断了自己的旅程。恢复健康后,莱辛以一名医科学生的身份在当地进行了注册;不过,他于11月份又来到了柏林,这时,他已穷困潦倒,衣衫褴褛。在写给母亲的一封难忘的信(1749年1月20日)中,莱辛总结了自己的生活,并且陈述了要在自由中而不是在学术界继续自己的生活的决定:

> 早年我就离开了学校,那时候完全相信我所有的幸福都是可以在书本中找得到的。我来到莱比锡……在这里可以看见整个世界的缩影。最初的几个月里,我比在梅森时还要离群索居。我总是沉浸在自己的书本中,只以自己为中心,很少想到别人,也很少想到上帝……唯一的欣慰无非是那令我疯狂的勤奋。不过不久之后,我的视野就被打开了……我开始意识到书本固然可以让我成为一名学者,但却不能让我成为一个实实在在的人。我大胆走出蜗居之所去和我的同龄人交往。伟大的上帝!我发现了我同其他人之间的悬殊差距。土里土气的羞怯,疏于照顾而笨手笨脚的身体,对于举止与行为的全然无知……我感到了前所未有的尴尬。

而这一切的结果，就是让我做出了这个坚贞的决定——就此而言，无论付出任何代价，我都要提升自身……我学习跳舞、击剑以及骑马腾跃……通过这些练习，我的技能提高到了这种程度……起初人们并不相信我有这方面的能力，最终则给予我许多的赞许。这个充满希望的开端鼓励了我……我的身体变得更加灵活了些，并且我要寻找同伴，以便让现在的我也学着去生活。①

有一段时间，他把"严肃的书本"弃置一旁：

我最先掌握了喜剧……它们让我受益匪浅。从这些喜剧中，我学会了区分举止的彬彬有礼与局促笨拙、自然而然与粗鲁无礼。它们让我熟识了真正的与虚伪的道德，并教会我去避免恶习，这种恶习有多么卑劣讨厌，就有多么滑稽可笑。……但我几乎忘了说我从喜剧那里获得的最重要的裨益。从那时起，我开始了解我自己，并且显然拿自己开玩笑乃至嘲弄自己甚于任何一个人。

这就让他下定决心"自己来写喜剧……在这些喜剧上演之后，我确信自己在这方面并不是无能的"②。

然而，在他被召唤回家后，所有这一切都突然结束了。他因着与某种人的交往、自己的债务问题以及在确定专业选择过程中的游移不定而遭到呵斥。当他再次被允许返回大学修习学业时，他"选择了柏林"，因为那里的花销并不太昂贵。可是他却在维滕贝格病倒了。"在那个时候，我成为自己人生中最难以承受的负担。"③

现在，在柏林，他不修边幅，无法走到人群中间去。当父母要求他离开这座城市时，他虽然乐意服从，但是"我既不打算回家，也不打算在这个时候就读任何一所大学……我最可确定的是去维也纳、汉

---

① ［德］卡尔·拉赫曼编：《莱辛全集》第 17 卷，莱比锡：戈申 1897 年版，第 7—8 页。——原页内注

② ［德］卡尔·拉赫曼编：《莱辛全集》第 17 卷，莱比锡：戈申 1897 年版，第 8 页。——原页内注

③ ［德］卡尔·拉赫曼编：《莱辛全集》第 17 卷，莱比锡：戈申 1897 年版，第 9 页。——原页内注

堡或汉诺威（Hannover）……在这三个地方，我都能找到自己的熟人和非常可爱的朋友。而且，如果没有其他的事，我的游荡生活还能教会我如何适应这个世界。这是最好不过的了！毋庸置疑，我最终也能抵达某个地方，在那里，人们需要一位像我这样的流浪者"①。

父母的担忧和责怪并没有就此停下来。最后（1749年5月30日），莱辛向父亲抗议道："时间将判定我是否尊敬我的长辈，是否相信我的宗教信仰，是否按照道德的要求来引导我的生活。时间将判定谁是更为虔诚的基督徒——有的基督徒记住了基督教教义的原则，动辄就将其不加理解地夸示出来，而且频频去教堂做礼拜……有的基督徒则通过谨慎地怀疑那些教义原则而开始上路，并且通过检验的方式获致自己坚定的信念，或者至少还在力求抵达那一境地。"②

我们在此看到了体现于一位年轻人身上的情感，尽管他成长于狭小而有限的环境，但他同样被一种富有忠诚精神的道德-宗教生活和自然而然地建基于经典、《圣经》与神学的教育所塑造。现在，他步入这个世界，渴望过上一种真正的生活，过上一种精神渗透于其中的生活，除此之外，别无所求。

我们看到这样一位年轻人对于自己的学业所采取的态度，他的心里并未怀有一丝市侩主义或享乐主义，对于专门的职业或应试教育也未曾寄予一丝念想，他决意要与未来成功的愿景建立起正确的联系，除此之外，便是寻找临时绕行的道路。一个真正的学生是这样的：他只以自己的方式接受来自他自己的守护神的引导。莱辛是无法模仿的，不过他的范本作用却可激励那些追随他的年轻人为着他们自己不可预知的道路而在不同的世界里以不同的方式去探索，这类探索并不受那些学术规条、检查考试以及令人窒息的平庸之辈的束缚，显然易见的是，无法躲避的大众社会正是试图利用这些东西来压制我们的。

4. 父亲

在莱辛的一生中，他是怀着崇敬的心情来看待有意为难他的父亲

---

① ［德］卡尔·拉赫曼编：《莱辛全集》第17卷，莱比锡：戈申1897年版，第10—11页。——原页内注

② ［德］卡尔·拉赫曼编：《莱辛全集》第17卷，莱比锡：戈申1897年版，第17—18页。——原页内注

的。来看下面几个例子。

1768年，在父亲从事牧师职业五十周年之际，他在《汉堡日报》（*Hamburgische Zeitung*）上发表了以下声明："这位可敬的老人，现在七十五岁了，依然拥有超群的记忆力和快乐无忧的面孔。"[1]

1771年，父亲去世后，莱辛承担了所有未偿还的债务（不论什么时候，只要莱辛有收入，他就会经常帮助自己的父母和兄弟姐妹）。当然，债权人须得等待一段时间，因为莱辛无法立即偿清这些债务。[2]

莱辛打算为父亲写一份讣告，并不是那种常规的、很快就会被人遗忘的讣告，而是那种更持久、更有效的讣告，不过他却从未抽出时间来做这件事。

日后的一个实例透示了存活于莱辛心目中的父亲形象是怎样的。

1778年，莱辛收到了一封来自政府的函件，函件中责令他停止印刷他的《反对格策》（*Anti-Goeze*）。莱辛在深夜所写的一则便笺里发泄了自己的愤怒，为的是重获平静、防止破坏睡眠："好，那就请便吧"，他谈论着自己的愤怒，"我要命的暴脾气！……简直就要迸发了！……真卑鄙！现在，你纯粹是想冷不防地阻拦我吗？……去吧，你想做什么就做什么，我咬牙切齿……咬紧下唇！当我真的这样做时，他就站到了我的面前……这个人正是我的父亲……当有事激怒他的时候，那就是他的脾性……好吧，老伙计，没事的。我是理解你的。你就是这样一位既和善又暴躁的男人。你自己经常眼里饱含男子汉的泪水向我抱怨，我知道你兴奋起来很容易，也知道你在兴奋中会变得忘乎所以。你经常对我说：'戈特霍尔德，求求你了，要从我的身上汲取教训：事事都要当心……我想这至少可以让你有所提高。'是的先生，老伙计，是的先生。我依然觉得这已够絮叨的了"[3]。

5. 柏林与布雷斯劳

在柏林的记者界和期刊界，莱辛已获得知识分子领袖的地位。他

---

[1] ［德］卡尔·拉赫曼编：《莱辛全集》第10卷，莱比锡：戈申1897年版，第225页。——原页内注

[2] 参见［德］卡尔·拉赫曼编《莱辛全集》第17卷，莱比锡：戈申1897年版，第391—392页。——原页内注

[3] ［德］卡尔·拉赫曼编：《莱辛全集》第16卷，莱比锡：戈申1897年版，第422—423页。——原页内注

附录二　雅斯贝斯论艺术（含艺术家）著述选译

有了诸多的朋友，其中包括门德尔松（Mendelssohn）、尼柯莱（Nicolai）和拉姆勒（Ramler）①。他通过赚取版税来挣钱，生活虽然简朴，但也没有什么压力。1760年，出乎所有人的意料，莱辛却离开柏林，前往布雷斯劳接受了陶恩兹将军秘书一职。这是一个高级政府管理员的职位，是在莱辛新近去世的朋友冯·克莱斯特（von Kleist）②的斡旋下才得以促成的。

莱辛为什么要去布雷斯劳呢？一年之后，他的心里冒出了很多的抱怨，这时便在写给拉姆勒的信（1760年12月6日）中描述了他是如何跟自己进行抗辩的："然而，这所有的一切难道不是出自你的自由意志吗？难道不是因着你对柏林的厌倦吗？难道不是因着你以为朋友们肯定都讨厌你了吗？你不是以为生活在人群中而不是生活在书本中的时光又回来了吗？"③

现在，莱辛在这个重要的新职位上获得了一份不菲的收入。他可以自由地消费了。他生活于战时的氛围中，经常在酒馆里同军官们打交道。他在信中声称自己是个酒鬼和赌徒。歌德在《诗与真》中写道："与科洛卜施托克（Klopstock）和格莱姆（Gleim）不同的是，莱辛并不介意丢弃个人的尊严，因为他确信自己有能力在任何时刻都可重新赢取它。他之所以乐于过这种在酒馆里乃至在人世间的消遣生活，乃是因为他那内在自我的强力运作时刻都需要一种与之相抗衡的强力。因此，他加入了陶恩兹将军随从的行列。"④

在跟随陶恩兹将军的这些年里，莱辛对士兵的生活有了切己的了解。他陪同陶恩兹将军前往前线，并参加了围攻施维德尼茨（Schweidnitz）的战役。他的职责是起草陶恩兹将军致国王、政府官员和其他人的许多信件，有些信件可以在莱辛出版的作品中找到。布雷斯劳的人民

---

① 摩西·门德尔松（Moses Mendelssohn, 1729—1786），德国犹太教哲学家；克里斯托夫·弗里德里希·尼柯莱（Christoph Friedrich Nicolai, 1733—1811），书商和作家；卡尔·威廉·拉姆勒（Karl Wilhelm Ramler, 1725—1798），诗人、翻译家和戏剧导演。——原页下注

② 埃瓦尔德·克里斯蒂安·冯·克莱斯特（Ewald Christian von Kleis, 1715—1759），诗人，普鲁士政府官员，他在"七年战争"中受了致命伤。——原页下注

③ ［德］卡尔·拉赫曼编：《莱辛全集》第17卷，莱比锡：戈申1897年版，第179页。——原页内注

④ ［德］歌德：《歌德自传——诗与真》，罗伯特·H. 海特纳译，纽约：苏尔坎普出版社1987年版。——原页下注

— 889 —

以后也许会向莱辛表达谢意，为的是感谢他在履职期间代表他们的利益所发挥的影响。如果没有所有这些实际的经历，莱辛也不可能写出《明娜·冯·巴尔赫姆》(*Minna von Barnhelm*) 这部戏剧来。

尽管莱辛对履职中的诸多分歧有许多的抱怨，不过他的生活还是充满喜悦的。另外，他还用自己的收入购得了一个书屋，并通过订购拍卖的书籍，最终拥有了大约6000册藏书。正是在这个时期，他开始研究斯宾诺莎和教父哲学。

战争结束两年后，莱辛无法忍受公职强加给他的束缚，遂又回到了柏林。他曾给父亲写过这样的话："我一定要离开布雷斯劳。至于之后会发生什么，我毫不操心。在这个世界上，任何一个健全而乐于工作的人都是无所畏惧的。"[①]

6. 一生总是罹遭不幸

莱辛在一生中曾多次遭遇逆境。由他的自由意志所带来的反反复复的间断性只是造成他人生不幸的一个原因。从学生时代起，他就因经济拮据而挣扎。只是在跟随陶恩兹将军的那五年中，他的经济状况才有所好转。在生命的最后十年里，作为一名图书管理员，他依靠并不算高、勉强够用的薪水维持生计；（去世后），国家不得不为他的葬礼埋单。他从事的许多冒险事业都失败了，其中最为重要的就是汉堡剧院，再有就是在曼海姆（Mannheim）和维也纳两地为争取地位所进行的谈判，不过腓特烈大帝并没有注意到他。

尽管作为评论家、作家和剧作家莱辛取得了巨大的成功，尽管由于写作和戏剧而在德国的精神生活中几乎位居最高仲裁者的地位，尽管他声名远扬，但是命运还是拒绝给予他幸福的权利。

莱辛并不是怀着明确的目的顽强努力、迅速获得并牢牢保持成功的那种人；如果功利主义的旁门左道有悖于自尊，莱辛就会拒绝它们。他缺乏歌德所拥有的那种好运气。不过，尽管因着高度的敏感，莱辛很容易心烦和愤怒，但他能够迅速恢复平静，并且没有什么伤痛可以让他感到绝望。莱辛以热情饱满的精神状态坚持从事心智方面的

[①] ［德］卡尔·拉赫曼编：《莱辛全集》第17卷，莱比锡：戈申1897年版，第208页。——原页内注

事业，但他却总是以多少带点自我嘲讽的方式防止自己变得伤感起来。在成就方面，莱辛是谦恭而可敬的，在任何情况下，他都是健全而诚实的。莱辛并不逃避现实，他承认发生在自己身上的一切以及在何处误入了迷途。只要允许莱辛这样做，他就会带着似乎会增加灾难的能量去坚持自己富有创造性的工作。莱辛征服了他自己。

任何事情都来之不易。莱辛为了成为自己之所是而努力奋斗着。他突破了各种意味上的约束，可是并没有在物质自由方面获得稳定感，也没有在现世中获得天然的喜悦感。

人们必然会把莱辛在经历所有苦难的过程中仍能保持高度兴奋的原因归结为一种与众不同的喜悦感——冷面相对地行进在真理之路上的内在满足感。

7. 莱辛与埃娃·柯尼希（Eva König）

莱辛所遭遇的最不幸的事件，就是结婚两年后妻子的亡故。

出生在海德堡（Heidelberg）的埃娃·柯尼希原本是一位汉堡商人柯尼希的妻子。柯尼希经营着规模巨大的生意，他的买卖遍及德国、奥地利和意大利。1769年，年纪轻轻的柯尼希竟突然死在了威尼斯（Venice）。埃娃三十三岁就成了寡妇，剩下她孤身一人照顾一个女儿和三个儿子。当柯尼希动身前往意大利出差时，他曾告诉朋友莱辛说："如果我出了什么事，请帮我照顾好孩子们！"①

我们可以从莱辛与埃娃·柯尼希的通信中追溯他们关系的发展。他们在1771年订婚，直到1776年才结婚。莱辛无可奈何地容忍了五年的等待期，其中的原委在于，埃娃要变卖丈夫庞大的企业，为的是尽可能地养活自己的孩子。这项任务令这位勇敢、能干的妇女多年来忙碌而奔波。直到1776年，莱辛的经济状况才有所缓解，这一年，他终于获得了一套适合全家居住的公寓。然而，"同一位通情达理的女人"②的无比幸福的生活并没有持续多久。1777年12月，他们的儿子在产钳分娩（forceps delivery）后夭折；1778年1月，这位依然躺在产

---

① ［德］埃里希·施密特编：《莱辛：生平及其作品》第2卷，柏林：魏德曼1924年版，第118页。——原页内注

② ［德］卡尔·拉赫曼编：《莱辛全集》第18卷，莱比锡：戈申1897年版，第284页。——原页内注

床上的母亲也撒手而去了。

莱辛在那些日子里所写的短信中流露了他是如何承受这场不幸事件的。1777年12月31日,他在给埃申堡(Eschenburg)① 的信中写道:"我的欢愉只是昙花一现:我非常舍不得失去这个儿子!因为他对我来说有着巨大的意义!——不要以为区区几个小时的父亲身份就让我变成了一个溺爱孩子的父亲!我知道自己在说些什么。——难道是因为不得不被铁钳拖进这个世界,所以他才没有表露好感吗?还是因为这么快就感到了事情的不妙?——他利用有生的第一次机会选择离开难道不是明智的吗?——然而,这个卷发的小家伙却正在把他的母亲一道拖走!——为此,我几乎无望能留住她。——只有这一次,我想要和他人一样享有幸福的权利。但是事与愿违。"②

1778年1月5日,莱辛在给他的弟弟的信中写道:"我刚刚经历了人生中最伤心的两周。我正面临失去妻子的危险,而这个损失会让我的余生痛苦不堪。她生下了孩子,让我成为一个非常可爱、健康、活泼的男孩的父亲。但是他和我们仅仅待了二十四个小时,然后就成了强行拉他进入这个世界所用的那种残忍方式的牺牲品。莫非是因为并不太看重他被强邀而至的这个宴席,所以他又独自偷偷溜走了?总之,我知道自己简直就不是一位父亲。快乐是如此短暂,悲伤就这样被巨大的担忧所淹没!孩子的母亲毫无意识地躺在产床上已整整九天或者说十天了,因此,每日每夜,我都不停地守护在她的床边,告诉她我唯一想做的就是让最后的时刻更加难以到来。尽管完全失去了意识,她在我的倾诉下还是认出了我。最后,病情却急转直下,已有三天了,可我至今依然怀着某种希望,希望这次我仍旧可以让她活下来,她的陪伴,甚至仅是在目前的这种状态下,对于我来说按时计算也变得越来越不可或缺了。"③

1778年1月3日,莱辛在给埃申堡的信中写道:"截至昨天,医生

---

① 约翰·约阿希姆·埃申堡(Johann Joachim Eschenburg, 1743—1820),美学家和文艺评论家。——原页下注

② [德]卡尔·拉赫曼编:《莱辛全集》第18卷,莱比锡:戈申1897年版,第259页。——原页内注

③ [德]卡尔·拉赫曼编:《莱辛全集》第18卷,莱比锡:戈申1897年版,第260—261页。——原页内注

向我保证我的妻子这次很可能会活下来。这个消息让我变得多么镇定啊！从我再度开始的对于神学冲突的思考就能看出这种变化来。"[1]

1778年1月7日，他写道："我的妻子好起来的希望再一次变小了；实际上，我现在唯一的希望就是准许我迅速地重燃希望。"[2]

1778年1月10日，莱辛在给埃申堡的信中写道："我的妻子去世了，这也是我目前所经历的事。想想我此后不会有许多这样的经历，我于是获得了慰藉，感觉自己一下子就解脱了。"[3]

1778年1月12日，莱辛在给弟弟的信中写道："但愿你已经对她有所了解！——不过据说表扬一个人的妻子就是对那个人自身的表扬。好吧，我不想再说更多关于她的事了。但是，如果你已了解她的话！恐怕你再不会看到我们的朋友摩西（Moses）所看到的那样的我了：立在我所面对的四堵墙之间，我是如此安宁，如此满足！"[4]

1778年1月13日，莱辛在给埃申堡的信中写道："这仍旧是我沿着自己的道路开始梦想的起点。供应充足的文学鸦片和神学消遣将有助于我过一天就算一天。"[5]

莱辛的婚姻并不是初恋的结果，从根底处说，初恋看来是与生命本身融为一体的，因此要忍受一辈子——这是唯一可能的现实，并不允许出现他者之爱的可能性。而联结莱辛与埃娃·柯尼希之间的爱则是两个相互独立的成人源于理性和人性的互相吸引。莱辛所经历的爱是独一无二的，好像他之前从来就未曾爱过。可以说，这就让他这样的流浪者第一次去爱就把根深扎在这个世界上。于是，实存本身——日常现实——就变成了庇护之所。

在妻子去世这件事上，我们只能间接地感受到莱辛身上所发生的

---

[1] ［德］卡尔·拉赫曼编：《莱辛全集》第18卷，莱比锡：戈申1897年版，第260页。——原页内注

[2] ［德］卡尔·拉赫曼编：《莱辛全集》第18卷，莱比锡：戈申1897年版，第161页（德文版标注为第261页，这个标注当是正确的——中译者注）。——原页内注

[3] 英文版未加注释，德文版标注为：［德］卡尔·拉赫曼编：《莱辛全集》第18卷，莱比锡：戈申1897年版，第262页。——中译者注

[4] ［德］卡尔·拉赫曼编：《莱辛全集》第18卷，莱比锡：戈申1897年版，第262页。——原页内注

[5] ［德］卡尔·拉赫曼编：《莱辛全集》第18卷，莱比锡：戈申1897年版，第263页。——原页内注

东西。

  a. 那不是绝望。埃申堡曲解了莱辛 12 月 31 日的来信。莱辛在 1 月 7 日的回信中答复道："我几乎记不得可能是写给你的那封充满悲情的信说过的东西了。如果信中流露出一丝极小的绝望的话，我确实都会感到羞愧。另外，我的失败并不是绝望，而是眩晕，这种眩晕有时会以略带几分痛苦和厌世的方式把自身表现出来。日后，我的朋友们只好将就我所采取的这种方式了。"①

  b. 正是在这个时候，首席牧师格策②发表了第一篇反对莱辛的文章，这被视为神学论战中的一个转折点。这次论战开始于几个月之前，肇端于莱辛匿名出版的那些断片。在 1778 年 1 月 7 日所写的同一封信中，莱辛告诉埃申堡，他的希望再次黯淡了，他这样写道："感谢你给我格策文章的复件。现在，这些事情确实是唯一能够转移我注意力的东西。"③ 尽管妻子的亡故给他带来了巨大的精神压力，莱辛还是迅速地投入工作之中。

  c. 埃娃·柯尼希去世之后，在生命留给莱辛的这三年中，他全身心地忙于相同的事情，这些事情对他的一生来说都是重要的。不过，现在的每件事似乎都充盈着一种来自其极深之处的新力量，一种发自灵魂的新声音。

  针对牧师格策的卑劣攻击，莱辛与之展开了最为有力的论战，尽管如此，他把整件事情只看作一场闹剧而已。在《智者纳旦》(Nathan the Wise) 中，他见证了另外一个对他来说真实存在的世界，这个世界根源于爱、理性与交流的力量，并且已经克服了悲剧。

  莱辛敢于在密码中表达自己的信仰。他在《论人类的教育》(Education of the Human Race)、《庄重与轻浮》(Gravity and Levity) 以及最后与雅可比的对话中，始终让自己的表达保持灵动不居的状态，唯想由此增强其实质的影响力。然而，最后那个谈话只是在莱辛去世后，

---

  ① ［德］卡尔·拉赫曼编：《莱辛全集》第 18 卷，莱比锡：戈申 1897 年版，第 261 页。——原页内注

  ② 约翰·梅尔基奥尔·格策 (Johann Melchior Goeze, 1717—1786)，德国路德派神学家。——原页下注

  ③ ［德］卡尔·拉赫曼编：《莱辛全集》第 18 卷，莱比锡：戈申 1897 年版，第 260 页（德文版标注为第 261 页——中译者注）。——原页内注

才通过对话者不可靠的镜像式记述广为人知。在所有这些文献中，我们都可找到某种自主性的力量，它似乎来自另外一个星球，实则完全根源于这个世界。这一时期，莱辛创作的那种富有哲理性的作品给人留下了最为深刻的印象，而且因着埃娃之死所引起的情感动荡的持续影响，作品感人肺腑的力量实际上还在不断增长着。然而，莱辛并没有在任何一处明确地提及埃娃。莱辛遗赠给德国人、西方人以及整个世界的，乃是在经历幸福与困厄的过程中结出的一种爱的果实，这种果实在时间中超越了时间，并把人们引向这样一个关键之点：之前可被抽象地表达的某种东西，人们只是在此刻才觅得它的真相。

在埃娃之死与莱辛之死之间的这三年里，他遭遇的无可补救的不幸就是诽谤所带来的伤害。由于格策的攻击，他的图书馆馆员的位置受到了威胁。加上对于自由的强烈渴望，他又把自己的物质实存置于危境之中。那充满人性与真理的和平世界的瑰丽愿景正是由这样一个越过深渊边缘的人在攸关于他自己的实存的关头创造出来的。

以下事例正可说明莱辛在那些年里的精神状态。

1778 年 8 月 5 日，爱丽丝·雷玛勒（Elise Reimarus）[①] 建议他留在沃尔芬比特尔，劝他不要因为一时的痛苦与厌倦就"递交辞呈，那只会给你的敌人带来快乐！"[②]。8 月 9 日，莱辛回复道："啊，这个可恶的敌人，如果他知道我继续待在这里只是为了激怒他，那么我将会遭受更多的痛苦！——但是我的自尊心太强了，我并不认为自己是在受罪——只想咬紧自己的牙关——让我的小船随风浪漂流。我不打算自己亲手去倾覆它，这就足够了！"[③] 在莱辛的一生中，他从未打算过自杀。

他在信中继续写道："我被全然抛在这里，孑然一身。我在这里没有一个可以完全信任的朋友……我常常想要诅咒我所渴望的东西，只有这一次，我要像他人一样快乐无忧！我常常想要转瞬间就回到以前那种与世隔绝的状态，空无一物，什么都不想，什么都不做，只有

---

① H. S. 雷玛勒（H. S. Reimarus）的遗孀，她是 J. A. 法布里修斯（J. A. Fabricius）的女儿。——原页下注

② ［德］卡尔·拉赫曼编：《莱辛全集》第 21 卷，莱比锡：戈申 1897 年版，第 223 页。——原页内注

③ 英文版未加注释，德文版标注为：［德］卡尔·拉赫曼编：《莱辛全集》第 18 卷，莱比锡：戈申 1897 年版，第 284 页。——中译者注

这一次,我渴望拥有此时此刻所带来的东西!"①

爱丽丝·雷玛勒给莱辛写信,谈及在汉堡广为流传的一个谣言。谣言声称莱辛爱上了替他打理家务的继女,正是由于这个原因,莱辛才拒绝离她而去。1780 年 5 月 7 日,莱辛回复道:"……如果我依着她的亲属如此冷漠的提议径直弃她而去,那简直就意味着把她赶出了这所房子!……我不想让她把自己委身于这些人中的任何一个;当然,我也不想强迫她把自己投入完全陌生的人的怀抱……对于属于我的这部分爱,谁都想要发表自己的看法,谁都可以按照他希望的样子来使用自己的言辞!不可否认,这就是爱,我也乐意承认这位姑娘在用我所希望的一切方式来回报这种爱。"② 莱辛写道,她的家庭美德让"我的生活勉强还过得下去,而我也必须以这样的方式继续生活……我还想说……一想到她将从身边离开,我就会发抖……因为我会回到那种可怕的孤独中去,跟以前一样,这种孤独让我难以适应;并且,为了逃避这种孤独,我很容易就会向着完全相反的方向发展,包括我已经开始的生命之路,也就是说,即便是作为一个流浪汉,我也会处在一种比之前更糟糕的状态。因此,和我年轻时一样,读书的欲望并不能让我在一个地方久居,这时的我已完全被好奇心和雄心控制了"③。

8. 莱辛之死

1781 年 2 月 3 日的晚上,莱辛在他的会所患了中风。他间歇性地说不出话来,还咳出了鲜血。他知道,现在轮到自己去面对死亡了。他那模糊不清的意识曾一再清晰起来。2 月 15 日,他能够再次离开自己的房间。返回房间时,他靠在门框上,大汗淋漓,对正在照料他的继女说:"请冷静,马尔森(Malchen)!"他回到床上,接受了多次放血治疗,最终脸上带着微笑离开了人世。④

---

① [德] 卡尔·拉赫曼编:《莱辛全集》第 18 卷,莱比锡:戈申 1897 年版,第 284 页。——原页内注

② [德] 卡尔·拉赫曼编:《莱辛全集》第 18 卷,莱比锡:戈申 1897 年版,第 339—340 页。——原页内注

③ [德] 卡尔·拉赫曼编:《莱辛全集》第 18 卷,莱比锡:戈申 1897 年版,第 340 页。——原页内注

④ 参见 [德] 埃里希·施密特编《莱辛:生平及其作品》第 2 卷,柏林:魏德曼 1924 年版,第 617—618 页。——原页内注

(二) 作品

查阅莱辛的作品时，我们发现它们因其多重性、多样性与丰富性而令人困惑不解。如果要从中挑选出那些迄今仍旧重要的作品来，下述作品本身也许就能说明这个问题。

(1) 戏剧：《明娜·冯·巴尔赫姆》，《爱米丽雅·迦洛蒂》(*Emilia Galotti*)，《智者纳旦》；

(2) 艺术评论：《拉奥孔》(*Laokoon*)，《汉堡剧评》(*Hamburgische Dramaturgie*)；

(3) 神学与哲学著述：许多著述是莱辛从青年时期就开始撰写的，篇幅总是很简短；这些著述以其戏剧性的高潮——《匿名者断片》(*Fragments of an Anonym*，作者是雷玛勒①）的出版以及接踵而至的那场不寻常的论战——而闻名于世。

因此，可以断言莱辛同时是诗人、评论家、神学家。上述这些称谓对某些卷帙来说或许是适合的，不过一般来说尚需加上大量其他的作品和断片，如诗歌、寓言、警句，对个别书籍的批评以及文学评论，"声援"那些遭到误解的名人的人物批评以及文献学方面的文章，能够证明他眼界开阔、多才多艺的兴趣——这类的兴趣致使他不断地做笔记——的杂集，还有诸多信件。莱辛不仅是诗人、评论家、神学家，而且是文献学家、博学家。他的一部分有价值的作品就蕴藏在其留给后世的大量文学遗产中，这笔遗产在他死后得以出版，直到现在还在不断地增补出版。

在一部计划编纂的文集的序言里，莱辛用一种讽刺的口吻，并且只聚焦于外部特征描述了他所采取的方法："设想一下有这么一个人，他怀有无限的好奇心，并不喜好某一门特定的科学。对他的心灵来说，人们无法给出确定的方向，为了获得满足，他会遨游学问的所有领域，目瞪口呆地看着一切，渴望了解一切而又厌倦一切。假如他并不完全缺少才华的话，他会留意大量的事物，却很少去证实；他会谈及许多条路径，自己却不去遵循；他会搞出多项奇怪的发明，却都没有什么

---

① 赫尔曼·塞缪尔·雷玛勒 (Hermann Samuel Reimarus, 1694—1768)，德国哲学家、东方学者和神学家。——原页下注

用处；他经常只在那些几乎不值得一看的领域亮出某种观点。"①

阅读莱辛既无助于我们了解在世界文学宝库中占有一席之地的那些优雅而完美的古典文学作品，也无助于我们认识某种哲学整体或某部充满智慧的杰作以及可以对哲学思维发挥持久的导向作用的开创性思维，更不会让我们陶醉于他的优美语言之中（优美的语言通过对身边事物出色的澄明作用与生动直接的表现来满足我们）。此外，阅读莱辛既不能把我们带到一种明智的状态（这种明智的状态是由完整的传统和深信无疑的愿景来支撑的，它使我们能够凭借着洞察力斩钉截铁地传达正确的判断），也不能向我们传达某种欢愉的心境（这种欢愉的心境往往是由财富、天赋、适当的行为所引发的，简单来说，那是一个可以在读者中唤起因参与而产生愉悦的世界）。那么，莱辛能给我们留下什么呢？

莱辛从小就对戏剧一往情深。在戏剧呈示的自由之中，莱辛被关涉人类道德实质的真理所吸引，这类真理来自一个永恒的世界，并可以拿它对处境、人民和观众施加影响。

在评论中，莱辛通过从原则上区分相关的范畴来阐释文学与艺术作品，并借助于对这些特定作品的阐释让问题变得明晰起来。

在有关神学问题的哲学思考中，莱辛将不同的立场展示在舞台上，并展示对立各方彼此间的相互对抗。在这里，他再次要求明晰性，他就此成为一位为争取正义（正如他在许多"声援"性的人物批评中所做的那样）、人道和宽容以及扎根于信仰中的诚实而作战的斗士。

在一切事物之中，道德—宗教的实质乃是关键的因素，它决定了莱辛的判断并且赢得了我们的兴趣。我们从一开始就在莱辛的身上看到了这种实质，到他晚年的时候终于达至其极点。

莱辛并没有沿着彼此隔绝的路径在多个领域从事研究、思考与创造——他所从事的并不是那些由一个多面手来探索的互不相同的领域。毋宁说，莱辛始终怀有祈向真理的统一意志，他所祈向的真理引导着他一头扎进一切事物之中。他在任何地方都发现了可以用来表达自己的经验与责任的资具。

---

① ［德］埃里希·施密特编：《莱辛：生平及其作品》第 1 卷，柏林：魏德曼 1924 年版，第 450 页。——原页内注

他所遭遇的一切并不属于某个彼在的世界，而只属于这个此在的世界，然而，这个世界却由超越它的某种东西支撑与烛照着。因此，莱辛并没有陷入红尘之中，或者说他根本就没有被卷入这个世界。

他的思想并非来自某个更高的灵启，因而并不带有那种神秘体验的痕迹。它既未受到教会宣谕的确定性信仰的束缚，也不要求用亲身经历与具有担保作用的事物来进行启示。然而，它却以生存之真诚所富有的同等力量致力于唯一重要的东西，不过，这样的事物既没有被占为己有，也没有被明确断定。他的思想并不是某种既定的拥有物，而只是一种存在，一种在临时的表象中不断地趋向于它的存在。可以说，这类思想的确定性乃基于无知。

这是一种唤人觉醒而不给予人满足的思想。满足感只取决于为它所唤醒的人。如果你愿意的话，可以说这既是这种思想的不足，同时又是它的独特力量之所在。

如果我们试图在莱辛的生平年表中发现某种发展以及趋向某种新东西的步骤、转向或者不断加剧的轨迹，那么最后留给我们的仍是最初的那种印象：对莱辛来说，最重要的东西从根本上看是保持不变的。

因此，莱辛青年时期以沃尔夫主义者（Wolffian）的哲学范畴为依托的思想在他的哲学思考中相对来说并不那么重要。自此之后，莱辛着手研究斯宾诺莎与教父哲学，大约从1770年起，他又通过沃尔芬比特尔的原始资料开始了解莱布尼茨。

我们可以在表层意义上将莱辛的一生划分为如下几个时期：首先是"七年战争"爆发（1756）之前的那个时期；接着是在柏林、布雷斯劳和汉堡的日子（1756—1770）；最后是在沃尔芬比特尔的岁月，这一时期在心智方面并没有什么显著的意义。

（三）文学作品

在文学史上，莱辛作为富有创造力的作家占有一席之地。在将他视为哲学家中的"唤醒者"来解读方面，我认为他的伟大之处主要并不在于那些虚构的作品。不过，莱辛作品中诗作的地位从一开始就是须得提请人们牢记于心的。

（1）早期的诗歌作品：莱辛在青年时代就开始写诗了。作为一名学生，他在许多纸张上都写满了题为《美酒与爱情》的诗。父母看后

— 899 —

大为震惊，姐姐烧毁了他大部分手稿。然而，莱辛却写道（1749年4月28日）："这些诗乃是对阿那克里翁（Anacreon）① 的自由的模仿。如果有人认为我的感情与他的诗毫无一致之处，那么他就无法了解我。"这些诗显示了"我只想尝试各种诗歌创作的倾向"。②

话说回来，这其实就是莱辛早期诗歌尝试的本质：就一个富有实践精神且秉具颇高天赋的头脑与心灵而言，这些诗并不是一位年轻天才的源始性创造，而是一种模仿性的游戏，也就是说，它们只是尝试着同那些业已存在的各种诗歌保持相似之点。莱辛依照法国的范式，以伏尔泰（Voltaire）为榜样来写戏剧。在当时，他依然认为伏尔泰是"神圣的范本"③；与此同时，他也依旧受到戈特谢德学派（the school of Gottsched）的影响。他像盖勒特（Gellert）那样写寓言故事，并跟随当时的风气，像卡斯特纳（Kästner）那样创作警句；他以哈勒（Haller）的方式尝试写说教式的诗歌，以哈格多恩（Hagedorn）和格莱姆的风格来写抒情诗。④

莱辛受到了其多个方面的能力带来的快意和公开承认的抱负的驱策："他人只需夸赞我在某一领域付出的努力，从而可以让我以愈加严肃的态度去追求心中的抱负。因此，我日思夜想着如何在某个我认为到目前为止尚没有其他德国人做得更加出色的领域里展示自己的力量。"⑤

莱辛在德国留意着那种与众不同的领域。"要让自己在好多人都已取得卓越成就的某个科学领域里一举成名是非常困难的。那么，在为自己的青年时代选择努力的方向——到目前为止，我的同胞们还罕

---

① 阿那克里翁（Anacreon），古希腊抒情诗人，其诗多写美酒与爱情。——中译者注
② ［德］卡尔·拉赫曼编：《莱辛全集》第17卷，莱比锡：戈申1897年版，第15—16页。——原页内注
③ 参见［德］埃里希·施密特编《莱辛：生平及其作品》第1卷，柏林：魏德曼1924年版，第73页。——原页内注
④ 约翰·克里斯托夫·戈特谢德（Johann Christoph Gottsched，1700—1766），德国学者、作家；克里斯蒂安·弗里克特戈特·盖勒特（Christian Fürchtegott Gellert，1715—1769），德国作家；亚伯拉罕·戈特海尔夫·卡斯特纳（Abraham Gotthelf Kästner，1719—1800），德国数学家、诗人；阿尔布雷希特·冯·哈勒（Albrecht von Haller，1708—1777），瑞士自然科学家、医生、诗人；弗里德里希·冯·哈格多恩（Friedrich von Hagedorn，1708—1754），德国诗人；约翰·威廉·路德维希·格莱姆（Johann Wilhelm Ludwig Gleim，1719—1803），德国诗人。——原页下注
⑤ ［德］卡尔·拉赫曼编：《莱辛全集》第17卷，莱比锡：戈申1897年版，第8页。——原页内注

见有人在这些领域中施展才华——时,难道我错得太离谱了?"①

莱辛意识到了自己所怀抱负的可疑性:"如果有人可以理直气壮地授予我一个德国莫里哀(Molière)的头衔,那么我肯定能够获得持久的名声。说实话,我渴望赢得这一名声,不过它的境界以及我的无能恰是抑制我的这一最大愿望的两个因素。"②

尽管带有游戏的特征,但是即便他早期的那些诗歌尝试也表现出了持续其终生的主旨。他在青年时代所写的喜剧里,就清晰地呈现出了某些基本的情形:在《青年学者》中,他因倾意于实际的生活而排斥抽象的知识世界;在《自由思想者》(The Freethinker)中,他表现了纯粹的智力生活的可疑性;在《犹太人》(The Jews)中,他展示了生活于基督教世界的人们为反抗最大的不公以及失败的爱情所做的斗争。

(2)作为诗人的自我理解:我们拥有莱辛在人生的各个时期对自己的文学活动所做的评价。这些评价全都关涉他的作品中反思与诗歌之间的关系。反思与诗歌是密不可分的,不过反思性的思想则居于首要的地位。

a. 1759年,他出版了《论寓言的本质》(Essays on the Nature of the Fable)一书,在此之前的那些年里,他已发表过多篇寓言。他在"序言"中对自己的文学作品投去"吹毛求疵的一瞥"③。在表达"最初的不悦"④时,莱辛写道,"通过持续追寻更加美好的事物,我现在可以为年轻时所写的那些轻率之作赎罪了,或许到最后,我会将它们弃于脑后甚至全部遗忘"⑤。在这种信念的支配下,他很想抛弃早期的全部作品。然而,他紧接着又考虑到那些"怀有好感的读者"⑥。难道他应

---

① 英文版未加注释,德文版标注为:[德]卡尔·拉赫曼编:《莱辛全集》第17卷,莱比锡:戈申1897年版,第16页。——中译者注
② [德]卡尔·拉赫曼编:《莱辛全集》第17卷,莱比锡:戈申1897年版,第16页。——原页内注
③ 英文版未加注释,德文版标注为:[德]卡尔·拉赫曼编:《莱辛全集》第7卷,莱比锡:戈申1897年版,第415页。——中译者注
④ 英文版未加注释,德文版标注为:[德]卡尔·拉赫曼编:《莱辛全集》第7卷,莱比锡:戈申1897年版,第415页。——中译者注
⑤ 英文版未加注释,德文版标注为:[德]卡尔·拉赫曼编:《莱辛全集》第7卷,莱比锡:戈申1897年版,第415页。——中译者注
⑥ 英文版未加注释,德文版标注为:[德]卡尔·拉赫曼编:《莱辛全集》第7卷,莱比锡:戈申1897年版,第415页。——中译者注

该将这一看法——他们的赞许乃是浪费在了完全无价值的东西之上——曝之于众吗？"你们宽容地鼓励着我，希望我通过在作品中加入足够多的富含真正价值的内容，并且这些作品的表述是极其恰切的，足可表明它们已意识到了内在的承诺，借此来努力证明你们的判断乃是正确的。因此，我决定尽可能地采取改善的态度，而不是随顺最初的冲动去抛弃那些早期的作品。"[1]

莱辛从早期的作品中选取了大量的寓言。"我喜欢处在诗歌与道德所共有的那个边界上的寓言。"[2] 他读过全部古代的寓言和新近的寓言，并对寓言理论进行过思考，这"引导着他撰写了目前这部作品"。他起笔就奚落"人们要么因着不相信自己的记忆力而像搞研究一样做笔记，要么并不注重表达的精确性而仅仅满足于冥思那些思想，要么为了满足实际需要而尝试着记下那些梗概"。在现阶段，"对于撰写一部真正意义上的书来说，仍缺少很多的东西"[3]。然后，莱辛告示读者这部作品最终会是怎么一个结果，也就是说，它将作为一部寓言集而面世，书中另附有关于寓言的若干篇论文。

莱辛要求他的读者，"莫要脱开这些论文来评判那些寓言，其中的原委在于，即使我并没有为了增进对寓言的理解而撰写这些论文，也没有为了增进对论文的理解而创作那些寓言，但是两者——就像那些齐头并进而同时到来的事物一样——之间的相互借鉴程度是非常大的，并不能保持彼此独立与隔绝的状态而不受对方的影响"[4]。

莱辛郑重声明，如果读者"在阅读的过程中发现我谈论的这些规则并不总是与那些作品相符"的话，那么他就愿意毫不犹豫地抛弃那些寓言。他就此断言，读者理应"晓得，天才总是倔强而执拗的，他们很少会有意地遵循规则来创作，而且可以肯定的是，这些规则意在

---

[1] ［德］卡尔·拉赫曼编：《莱辛全集》第 7 卷，莱比锡：戈申 1897 年版，第 415 页。——原页内注

[2] 英文版未加注释，德文版标注为：［德］卡尔·拉赫曼编：《莱辛全集》第 7 卷，莱比锡：戈申 1897 年版，第 415 页。——中译者注

[3] ［德］卡尔·拉赫曼编：《莱辛全集》第 7 卷，莱比锡：戈申 1897 年版，第 416 页。——原页内注

[4] 英文版未加注释，德文版标注为：［德］卡尔·拉赫曼编：《莱辛全集》第 7 卷，莱比锡：戈申 1897 年版，第 416 页。——中译者注

附录二　雅斯贝斯论艺术(含艺术家)著述选译

修剪那些过度的部分,并不会抑制作家的天赋。因此,就请读者在那些寓言中鉴察自己的品位,并在这些论文中检验我的论证吧"。①

莱辛打算把他处理寓言时所使用的这种方法同样运用于其他类型的作品。他想重新考虑、调整与补订迄今所创作的以及未来将要创作的作品。他曾对自己行之有效的经验做过如下描述:"只要行家里手计划非难、搜集、挑选、整理这些想法,并且将它们划分成若干个话题,他就会为自己孕生出多种有益的构想而感到欣喜若狂。不过,他一旦采取进一步的措施并着手将自己的创意变成文字,那种分娩的阵痛就出现了,而他并不乐意在没有鼓励的情形下去忍受这种阵痛。"②

b. 莱辛在《汉堡剧评》(1769)中开宗明义地写道:"先谈谈我自己吧"③:"我既不是演员,也不是诗人。"④ 他只是试着写些戏剧。"最初尝试着写那些剧本,是把表现乐趣和愉快当作天才的目标。我充分地意识到,最近创作的任何一部令人满意的作品,我只将其归功于批评。我觉得那眼流淌于心的活泉并不是靠着自身的力量喷涌向上的,也不是靠着自身的力量喷射出如此丰富、如此新鲜、如此纯净的水柱的:我须得用力地挤压我自己,以便把这种压力输送进条条喷射水柱的管道。假如不是勉力学会了谦恭地借用他人的珍宝,借助他人的火堆来温暖自己的身子,我就会沦为一个极其贫乏、冷漠、短见的人了。"⑤

莱辛对批评的作用心存感激,这种意识令他在读到或听到有人指控批评会抑制天才时就"大为光火"⑥。"我自己是一个蹩脚之人,因此,对我所依靠的拐杖的抨击并不可能启发我的思考。"⑦

---

① [德]卡尔·拉赫曼编:《莱辛全集》第7卷,莱比锡:戈申1897年版,第416页。——原页内注
② [德]卡尔·拉赫曼编:《莱辛全集》第7卷,莱比锡:戈申1897年版,第417页。——原页内注
③ 英文版未加注释,德文版标注为:[德]卡尔·拉赫曼编:《莱辛全集》第10卷,莱比锡:戈申1897年版,第209页。——中译者注
④ 英文版未加注释,德文版标注为:[德]卡尔·拉赫曼编:《莱辛全集》第10卷,莱比锡:戈申1897年版,第209页。——中译者注
⑤ [德]卡尔·拉赫曼编:《莱辛全集》第10卷,莱比锡:戈申1897年版,第209页。——原页内注
⑥ 英文版未加注释,德文版标注为:[德]卡尔·拉赫曼编:《莱辛全集》第10卷,莱比锡:戈申1897年版,第210页。——中译者注
⑦ [德]卡尔·拉赫曼编:《莱辛全集》第10卷,莱比锡:戈申1897年版,第210页。——原页内注

— 903 —

（3）批评与诗意的想象：在莱辛看来，批评就其自身而言就是至高无上的形式。"我自认为是从密切接近天才的东西那里获得了批评这种才能的。"① 这让他慢工出细活，让他持续不断地进行旨在激励自我超越的批判性反思（"毫无疑问，我最初的那些想法比起其他每个人来一点儿也不强，不过脑子里灌满别人想法的人最好还是待在家里"②），这种批判性反思本身就有其不可轻忽的意义和价值。可以说，他撰写那些文学批评的目的，乃是赋予批评一种更加成熟与有益的角色。后来，这些篇目都收进了《汉堡剧评》一书里。

莱辛就批评的这种作用宣称道："每个人都有权利为自己的勤奋努力而感到骄傲：可以说，我已仔细检验了剧本创作这门艺术……我也通过充分的实践让自己在这个问题上享有了发言的权利……就我无力去做的那些事情而言，我仍然能够判断自己能否去做。"③

确保莱辛以自己的方式从事研究而并未误入歧途的秘密是："我的理解与亚里士多德从活跃于希腊舞台上的无数杰作中抽取出来的那些观念完全一致……，我认为他的《修辞学》（*Rhetoric*）正如欧几里得的《几何原本》（*Euclid's Elements*）一样，乃是可靠无误、正确无疑、确凿无妄的，却并不那么容易理解……特别是我考虑到自己能够（就悲剧问题）无可置疑地证明，如果不想稍许偏离完美之境，那么悲剧就寸步也不能脱开亚里士多德的引导。"④

就莱辛对其探讨的悲剧问题所做的理解与评价来说，亚里士多德的悲剧洞见带来了各种最为极端的后果。

与"我们的感觉"⑤ 背道而驰的是，法国悲剧根据亚里士多德的规则所建构起来的那些先入之见并不可能永远持续下去。"一些英国

---

① 英文版未加注释，德文版标注为：[德]卡尔·拉赫曼编：《莱辛全集》第10卷，莱比锡：戈申1897年版，第210页。——中译者注
② [德]卡尔·拉赫曼编：《莱辛全集》第10卷，莱比锡：戈申1897年版，第210—211页。——原页内注
③ 英文版未加注释，德文版标注为：[德]卡尔·拉赫曼编：《莱辛全集》第10卷，莱比锡：戈申1897年版，第214页。——中译者注
④ [德]卡尔·拉赫曼编：《莱辛全集》第10卷，莱比锡：戈申1897年版，第214页。——原页内注
⑤ 英文版未加注释，德文版标注为：[德]卡尔·拉赫曼编：《莱辛全集》第10卷，莱比锡：戈申1897年版，第215页。——中译者注

戏剧唤醒了沉睡中的我们。"① "不过，被这束突如其来的真理之光刺得睁不开眼睛，我们反而又被弹回另一个深渊的边缘。英国戏剧缺乏……确定的规则……我们从中可以得出什么结论呢？……即使没有这些规则，我们也能实现悲剧所要达到的目的。……可是，人们一旦从这些规则入手，就会把所有的规则都弄乱套了，进而会因食古不化——天才应被告知什么必须要做以及什么不需要做——而遭受谴责。"②

莱辛证实，任何一个国家的国民都没有像法国人那样严重误解了古代戏剧的法则，他们将亚里士多德关于戏剧作法的理论中的一些外部特征视为戏剧的本质，这反而削弱了那些至关重要的部分。

规则确实是存在的。莱辛认为自己就有能力来改进伟大的剧作家高乃依（Corneille）所写的每一部戏。③ 不过，他并不否认天才自身所赋有的创造力。在他看来，那些戏剧规则并不是从亚里士多德那里学来的，而是从天才赋有的创造力本身所产生的规则那里汲取来的。

于是，莱辛把法国悲剧从它一直享有无上权威的宝座上推了下来。他就此发现了莎士比亚。

（4）戏剧作品：即使在今天，依然有三部莱辛的戏剧持续上演于舞台，并且给我们留下了深刻的印象。真正伟大的诗人总是把自己的作品构想成世界的镜子。在其创造的无限天真的愿景里，他看到了万事万物，并把它们转换成无所不包的真理王国与摆脱了界定和结构的无限之境。然而，在莱辛那里这种真理却是境域化与结构化的。

于是，我们在《明娜·冯·巴尔赫姆》一剧中看到，莱辛通过表现一个充满争斗与自私自利的世界，把矛头指向了道德问题。在《爱米丽雅·迦洛蒂》一剧中，莱辛同样依据那些法则所限定的规条，通过传统的主题展示了一部悲剧所具有的那种经过精心构思的审美结构。在《智者纳旦》一剧中，我们看到了他所建构的那个理想的世界，在

---

① 英文版未加注释，德文版标注为：[德] 卡尔·拉赫曼编：《莱辛全集》第10卷，莱比锡：戈申1897年版，第215页。——中译者注

② [德] 卡尔·拉赫曼编：《莱辛全集》第10卷，莱比锡：戈申1897年版，第215页。——原页内注

③ 参见 [德] 卡尔·拉赫曼编《莱辛全集》第10卷，莱比锡：戈申1897年版，第216页。——原页内注

那里，真理、人性与交往理性都获胜了，它们在剧作家设置的困厄与动荡的背景下纷纷实现着自身。

不可否认，莱辛同样是一位诗人，一位创新者，一位精通剧烈而尖锐的戏剧对白的大师。然而，这并未让他成为一位伟大的诗人。尽管文学创作享有最大限度的自由，但是在莱辛那里诗歌作品成为实现另一种意图的工具。对莱辛来说，他在创作的时候总是保持着一种思维定式，相较于古代悲剧作家或莎士比亚所拓辟的那种恢宏的广度，这种思维定式总是留给我们受限的印象。它其实并不是诗，而是思想，是用以表达莱辛真正想要诉说的衷曲的首选工具。

这就道出了人们在评价莱辛戏剧的过程中出现大幅波动的原委所在。

有人认为，《明娜·冯·巴尔赫姆》颂扬了普鲁士人性格中的爱国主义情怀，这是一种错误的解释；正确的理解应该是，这部戏剧歌颂了善良的意志和理性，斥责了自我诱导的过度行为以及不能立即辨识这种行为的狭隘视野。

《爱米丽雅·迦洛蒂》曾被浪漫主义诗人斥为披着戏剧外衣的代数演算，把它贬成一部出着大汗、忍着疼痛而产生的戏剧，说它纯粹是枯燥乏味的理性思考的产物。就连歌德也曾这样认为，它"仅仅是思想的产物"。由于莱辛对悲剧的审美标准有着执拗的认识，因此，他自己也晓得，这部戏剧与其说是创造出来的，倒不如说是辛勤劳作的结果。尽管因着作品无可挑剔的上演而受到了称赞，他还是说："我并未打算让它成为我最优秀的戏剧。"[①]

莱辛告诉我们，在神学论战期间，审查机构不断地给他找麻烦，禁止他直接表达自己的信念，这时，《智者纳旦》就成为他用来间接地表达自己信念的媒介。当观点无法得以公开发表时，他遂选择舞台作为自己的平台。1779年，他在计划为《智者纳旦》撰写的那篇"前言"（他死后出版的著作之一）里写道："如果人们最终说这部单一旨趣的戏剧并不完全配享被赋予的美誉，那么我将会保持沉默，但我并不会为此感到羞愧。我意识到有一个更为高远的目标值得我去追求，

[①] 参见［德］埃里希·施密特编《莱辛：生平及其作品》第2卷，柏林：魏德曼1924年版，第48页。——原页内注

我依然可以借此赢得人们的敬重。"①

在做了上述导语性的准备工作——阐述莱辛的生平、综览他的作品、解释他在诗学方面所做努力的意义——之后，我们现在就开始在莱辛的思想所富有的那种唤醒的力量中领略他的伟大。

首先，我们将探讨莱辛的哲学思想；其次，探讨他的神学思想；最后，探讨上述两者在反对牧师格策的那场独特的论战中以及在《智者纳旦》和《论人类的教育》这两部作品中的有机融合。

二 莱辛的哲学思想

（一）理论哲学

1. 莱辛的出发点

当莱辛还是一个年轻学生的时候，他想要的就不是书本中的生活，而是生活本身；不是反观内在的宇宙，而是敞向外部的世界。他在当时就曾这样说道："书本固然可以让我成为一名学者，但却不能让我成为一个实实在在的人。"② 甚至到了晚年，他依然一再重申："我不想成为一个知识渊博的人……在某种程度上来说，我努力奋斗的全部目的，就是在必要的时候，能够随时借助别人那些赋有学识的作品来做自己的事……从他人那里汲取的经验，以及从书本中获得的经验，这笔财富只是学识，而个人的体验则是智慧。后者所提供的最少的本钱，其价值也要高于前者几百万倍。"③

质疑：学识完全可被当作一种合理的工具来使用，这样的话，它就不会遭人鄙视了。但是，那种不真实的知识与教条化的体系，莱辛则认为绝对是有害的："该死的书本知识！"④ 由于一度轻信书本知识，

---

① ［德］卡尔·拉赫曼编：《莱辛全集》第16卷，莱比锡：戈申1897年版，第445页。——原页内注

② ［德］卡尔·拉赫曼编：《莱辛全集》第17卷，莱比锡：戈申1897年版，第7页。——原页内注

③ ［德］卡尔·拉赫曼编：《莱辛全集》第16卷，莱比锡：戈申1897年版，第535页。——原页内注

④ ［德］卡尔·拉赫曼编：《莱辛全集》第1卷，莱比锡：戈申1897年版，第257页。——原页内注

他几乎迷失了自己,而且白白浪费了时间。"那些愚蠢的智者"始终未能记住,"人类的知识只是一种假定",他们"教会了我们傲慢自大的态度"。由于冥顽不化地执守那些教条化的体系,他们无法容忍"谨慎怀疑的态度"。对这种傲慢自大的态度来说,质询是"有危险的","顽固不化则能给它带来声誉";"从成堆的谎言累积起来的高峰上",他们假装看到"自然、神灵和上帝……纷纷向他们揭去面纱"。①

例如,在有关不朽的问题上,上述论调就愈加显豁起来。智慧女神自身则保持着沉默,"……她永远把手指压在自己的嘴唇上"。相较之下,她的信徒们却非要"告诉我们智慧所教之外的东西"。愚蠢的人坚信听到了上帝在说话并相信"上帝所说的话"。莱辛写道:

(我也一样)屈从于傲慢与诱惑,
把哲学上的胡言乱语当做上帝的真理,
发疯的心灵冥思着骇人的奇迹
在那里凭空设想出一个王国,为乌有之乡插上梦想的翅膀。
……
直到一个残忍的医师撕碎他们的胡言乱语——
起初病态而富有的他现在才归于健全与贫瘠。②

刚开始的时候,他是贫瘠而痛楚的。那么现在呢?

在时光把上帝、世界和我自身
带离之前,
谁会前来教给我我所相信与知道的东西?③

已被推翻的那种东西不可能再被扶起来了。不过,质疑影响的只

---

① [德]卡尔·拉赫曼编:《莱辛全集》第1卷,莱比锡:戈申1897年版,第258页。——原页内注

② 英文版未加注释,德文版标注为:[德]卡尔·拉赫曼编:《莱辛全集》第1卷,莱比锡:戈申1897年版,第258页。——中译者注

③ [德]卡尔·拉赫曼编:《莱辛全集》第1卷,莱比锡:戈申1897年版,第258页。——原页内注

是知识、教条、"上帝的话"和傲慢自大。他并没有因此而绝望，因为他在自己的余生里继续于这种无知的状态下从事着哲学思考；他会允许自己被蕴含于传统中的那种根本性的东西所打动，他将检验、思考、征用与拥有某种值得信任的东西，至于这种东西的根基，他既无法证明，也不可丧失。

2. 莱辛关注的哲学问题

（1）青年莱辛在早期就初步认识了哲学在其自身历史上的本质——正如他所理解的那样

1750年，二十一岁的莱辛将自己"关于摩拉维亚教派信徒①的诸多想法"写了下来。他在这部只有开始部分尚存的断片里，认为哲学家们所走的道路可以同宗教所沿循的道路进行一番比较。

"人类被创造出来的目的，乃是为了行动，而不是为了吹毛求疵。"② 曾有那么一段时间，一切智慧都存在于简明的生活规则之中。当时，最有道德的人也被视为最渊博多识的人。但是，七位智者③的门徒却背叛了这一目的。他们渴求知识，却遗忘了实践。"对他们的求知欲来说，那些人人可以掌握却不是人人能够实践的真理，统统都是过于华而不实的滋补品。"④ 他们想知道更多的东西。"天堂是他们先前所称颂的目标，现在则成为他们所推测的领域。那些数字向他们敞开了一个充满奥秘的迷宫"……人中至贤苏格拉底（Socrates）"想让他们放弃对教条的追求，以便把他们从这种大胆鲁莽的飞离中召唤回来"。"……在你之上的那种东西并不是为你而存在的！请把目光转

---

① 摩拉维亚教派信徒（Herrnhuter）是18世纪虔诚的摩拉维亚教派（Pietistic Moravian sect）的成员，他们定居的"守望村"（受到主的保护）位于萨克森州的德累斯顿附近。——原页下注

② 英文版未加注释，德文版标注为：[德] 卡尔·拉赫曼编：《莱辛全集》第14卷，莱比锡：戈申1897年版，第155页。——中译者注

③ 这里所谓的"七位智者"（the seven wise men），是指古希腊人所说的七个最有智慧的人，亦称"古希腊七贤"。至于其具体所指，大致有两种说法：第一种说法指的是小亚细亚的毕阿斯（Bias）、斯巴达的奇伦（Chilon）、罗得岛的克利奥布拉斯（Cleobulus）、科林斯的佩里安德（Periandros）、列斯保岛的庇塔库斯（Pittacus）、雅典的梭伦（Solon）和米利都的泰勒斯（Thales）；第二种说法指的是泰勒斯、毕达格拉斯、苏格拉底、柏拉图、亚里斯多德、欧几里得、阿基米德。结合这里的语境，后一种说法更恰切些。——中译者注

④ 英文版未加注释，德文版标注为：[德] 卡尔·拉赫曼编：《莱辛全集》第14卷，莱比锡：戈申1897年版，第155页。——中译者注

— 909 —

向你的内心！……在这里，你要理解与掌握的唯一的事情就是：理解与掌握你自己！"①

智者们反对苏格拉底的说法，他们叫嚣道："你这神明的亵渎者！你诱惑我们的民众！你祸害我们的年轻人！你就是祖国的敌人！……你这种离经叛道的教育的目的究竟何在？是为了诱惑我们的学生？还是为了剥夺我们的教职？抑或是为了弃我们于耻辱与贫乏的境地？"②

然而，那包藏祸心的怨憎能迫使一位贤明之士否弃真理吗？可以说，除了能够剥夺他的生命，它从这位贤明之士身上带不走任何东西。

"只有少数几个信徒沿着苏格拉底所指示的道路继续前行。"③ 柏拉图开始梦想，亚里士多德则得出推断。纵观绵亘于我们面前的悠久的哲学传统，时而是柏拉图的思想占据优势，时而是亚里士多德的观点处于支配地位。这时，笛卡儿出现了。"在他的手里，真理似乎是以一种新的样式呈现出来的；它越具欺骗性，就愈加光芒四射。"④ 新的哲学开始经受测量技术的洗礼。"在古典遗迹方面几乎不屑一顾的科学，却以坚实的步伐引导着测量技术探向大自然最隐蔽的奥秘。人们似乎已在行动中发现了这种奥秘。"⑤ 新科学的信徒们"不知疲倦地行进在发现新真理的道路上。他们在最小的空间也能借助于一些由符号连接起来的数字搞清楚诸多奥秘，而这些奥秘对亚里士多德来说则需要相当数量的推论才能说清楚"⑥。

但是在谈及人类的时候，对新成就的赞许并不能妨碍做出下面的判断："他们的头脑里填满了关于外部世界的知识，而内心却依然是

---

① ［德］卡尔·拉赫曼编：《莱辛全集》第14卷，莱比锡：戈申1897年版，第155—156页。——原页内注
② ［德］卡尔·拉赫曼编：《莱辛全集》第14卷，莱比锡：戈申1897年版，第156页。——原页内注
③ 英文版未加注释，德文版标注为：［德］卡尔·拉赫曼编：《莱辛全集》第14卷，莱比锡：戈申1897年版，第156页。——中译者注
④ 英文版未加注释，德文版标注为：［德］卡尔·拉赫曼编：《莱辛全集》第14卷，莱比锡：戈申1897年版，第156页。——中译者注
⑤ 英文版未加注释，德文版标注为：［德］卡尔·拉赫曼编：《莱辛全集》第14卷，莱比锡：戈申1897年版，第156—157页。——中译者注
⑥ ［德］卡尔·拉赫曼编：《莱辛全集》第14卷，莱比锡：戈申1897年版，第156—157页（德文版标注为第157页——中译者注）。——原页内注

空空荡荡的。他们引领着智力达至最遥远的天堂,然而感觉却由于求知的激情而被降至残忍的野兽水平之下了。"①

莱辛继而概述了自己对未来哲学家的看法:②

让我们想象有这么一个人,他立于洞察力的制高点上俯瞰我们人类在求知方面所进行的那些主要的劳作,并以苏格拉底般的敏锐来辨识我们高度赞美的智者身上所具有的荒唐可笑的一面,进而敢于以十足的自信宣布:

"啊!你们的科学尚处于智慧的初级阶段,

它仍是为专家提供的一种游戏,是给那些盲目自大的人们的一丝慰藉!"

可以设想的是……这个人会教给我们要严于律己,宽以待人;即使面临成堆的不幸与羞辱,他依然会教给我们要高度珍视美德,抵御那种极度愚蠢的行为……他还教给我们不仅要信仰上帝,最好还是要热爱上帝;最后,他教给我们要毫无畏惧地面对死亡,并且通过心甘情愿地退出这个世间舞台来见证我们坚定的信念——才智并不会让我们在生命的最后时刻摘下我们不再扮演的那个角色的面具。③

让我们进一步来设想,这个人从来就不精通那种越派不上用场就越自吹自擂的知识。就让他对历史或者语言始终都保持这种天真无知的状态吧。对于那些美好的事物以及大自然的奇迹,让他只知将它们认可为伟大造物主存在的最可靠的证明就足够了。一个从未验证过这一切的人只会说:我并不知道它,我也无法理解它。④

然而,这个人却有权拥有哲学家这一称号。同样,他也有勇

---

① [德]卡尔·拉赫曼编:《莱辛全集》第14卷,莱比锡:戈申1897年版,第157—158页(德文版标注为第157页——中译者注)。——原页内注

② 德文版在此处做了分段处理,英文版则没有分段。这里据德文版恢复了原貌。——中译者注

③ [德]卡尔·拉赫曼编:《莱辛全集》第14卷,莱比锡:戈申1897年版,第160页。——原页内注

④ [德]卡尔·拉赫曼编:《莱辛全集》第14卷,莱比锡:戈申1897年版,第160—161页。——原页内注

气来否认官方因着人们所占有的公职的权力而授予他们的这一耀眼的头衔。如果他在任何一个团伙里都敢于冒着风险撕下他所发现的那种虚假知识的面具，由此导致他们的讲堂变得即使不是空无一人，至少也不再那么拥挤的话……我们的官方哲学家们将怎样来对付这个人呢？①

一位"傲慢的代数学家"会否认这个人的哲学家称号：他甚至不会"计算一个指数的微分"②。一位天文学家则声称：如果没有代数知识的话，你就无法拥有比我更好的关于月球的理论。一位形而上学家则质疑道："你真的相信单子吗？是的。另一个声音则高喊：你真的反对单子吗？是的。那么，你怎么能这样——同时既相信又反对单子——呢？"③

假如他也耽于空谈的话……他自然会接受嘲笑者们提出的其他各种重要的问题，甚至会证明他的问题比他们的还要多……难道一个人不应该运用自己的理性来推断某些事物，而不是用来解释那种不可知的东西吗？他们会异口同声地叫喊：你就是个梦想家！一个从疯人院里跑出来的傻瓜！不过，我们保证你还会返回那里去。④

"感谢上帝"，莱辛总结道，"迄今为止，这样一位蛮勇的门外汉朋友在我们的时代尚未挺身而出，而且也不会起来反抗；那些颇为专注于事情的真实性的绅士们，将确保我的想象永远都成不了现实"。⑤

---

① ［德］卡尔·拉赫曼编：《莱辛全集》第14卷，莱比锡：戈申1897年版，第161页。——原页内注

② 英文版未加注释，德文版标注为：［德］卡尔·拉赫曼编：《莱辛全集》第14卷，莱比锡：戈申1897年版，第161页。——中译者注

③ ［德］卡尔·拉赫曼编：《莱辛全集》第14卷，莱比锡：戈申1897年版，第161页。——原页内注

④ 英文版未加注释，德文版标注为：［德］卡尔·拉赫曼编：《莱辛全集》第14卷，莱比锡：戈申1897年版，第162页。——中译者注

⑤ ［德］卡尔·拉赫曼编：《莱辛全集》第14卷，莱比锡：戈申1897年版，第162页。——原页内注

附录二 雅斯贝斯论艺术(含艺术家)著述选译

在青年时代所发布的这个宣告中，莱辛作为一位思想家为自己的一生设定了坚定不移的方向，我们在这里发现了他同帕斯卡尔、克尔凯郭尔、尼采的相似之处：他们都以自己的方式对现代科学做了理解，承认现代科学本身是具有价值的，而不是一味地鄙弃它。他们都积极地介入其中：帕斯卡尔涉足自然科学领域，莱辛与尼采则涉足哲学和历史领域。不过他们都知道，对人类来说至关重要的真理是无法从那里觅得的。

但是有关其他的真理呢？可以认为莱辛鄙视哲学吗？

莱辛的意图是为了让哲学思想陷入感觉与激情的旋涡吗？完全不是这样的。莱辛不仅认为莱布尼茨和斯宾诺莎都是伟人，还认为他们的思想都具有认知功能，因而都要求思想的清晰度、区分度以及深度。

(2) 为未来的哲学家勾勒了轮廓的青年莱辛，同样为我们提供了这种哲学思维方式的一个范例

莱辛既不贬抑各门科学，也不轻忽那种系统、玄奥的哲学。他所要求的一切，就是想看到它们合理地得以实现，而不要彼此间混淆不清。

二十六岁的时候（莱辛正和门德尔松在一起，他很可能就是从门德尔松那里获得有关莱布尼茨与斯宾诺莎的信息的），他在题为《蒲伯，一个形而上学家！》（"Pope a Metaphysician!"）的论文中抨击了普鲁士科学院，因为它为一项有奖竞赛而准备的问题的措辞在形式上混淆了哲学与诗歌；尤为严重的是，它缺少哲学思维所要求的那种敏锐性。他诠释蒲伯[①]的方法，就是把蒲伯同莱布尼茨进行比较，在此基础上对蒲伯提出批评并审查他的各项主张，这些做法乃是莱辛在这一领域坚持系统性思维的明证。

a. 诗歌是"完美而感性的话语"[②]。诗人讲述的每一件事情都"应该即刻给人带来强烈的感觉；他谈论的每一个真理都应该感动并说服我们。为了达到这一目的，诗人往往根据此种体系来表达与之相应的此种真理，根据彼种体系来表达与之相应的彼种真理，除此之外，别无他途。在这里，他依据伊壁鸠鲁（Epicurus）发言……在那里，

---

① 亚历山大·蒲伯（Alexander Pope, 1688—1744），英国诗人。——原页下注
② [德] 卡尔·拉赫曼编：《莱辛全集》第 6 卷，莱比锡：戈申 1897 年版，第 414 页。——原页内注

他则依据斯多葛派学者说话……"①。

由形而上的真理所构成的某种体系却全然不同。形而上学家须得说清楚他想使用的语词的含义，绝对不能偏离这个含义；他的思维必须是内在一贯的。

诗人和哲学家也许是一致的。"然而，一位富有哲思的诗人仍然不是哲学家，同样，一位富有诗意的哲学家依旧不能使他成为一位诗人。"②

b. 莱辛从蒲伯的诗篇里寻章摘句，然后把它们汇聚起来，这样就可构成某种类似于哲学体系的东西了。

在一切可能的世界体系中，上帝肯定已把最好的体系给创造出来了。在这个最好的体系中，所有的事物都须得彼此关联，否则它就会分崩离析。事物间的关联取决于一个完美的层级结构，一切存在物在其中都拥有自己的位置。这个伟大的链条从无穷一直延展到人，又从人一直延展到虚空。在这个不可改易的存在物的链条中，人拥有其指定的位置。若要求人比他现在更加完美，就如同对于手来说要求它是头脑却不是思维所驱使的工具一样可笑。若询问人缘何未被造得完美无瑕这个问题，就如同询问人缘何不是上帝、尘世缘何不是天堂一样无趣。"每一个创造物的福祉，都建基于与其本性相协调的条件之上"③，这也正是适合其本性和完善程度的情况。人就是依其条件尽可能地臻于完美的一个物种。

c. 莱辛把蒲伯诗篇的内容同莱布尼茨、夏夫兹博里（Shaftesbury）④ 以及其他人进行了比较。他发现在蒲伯那里存在诸多错误失真、肤浅鄙陋以及自相矛盾的说法，并且非常敏锐地对其做了揭露。不过，莱辛觉得这些瑕疵都是可以理解的。作为一位真正的诗人，蒲伯更为关切的是，"从形形色色的系统那里汲取可以带来感性愉悦的

---

① ［德］卡尔·拉赫曼编：《莱辛全集》第 6 卷，莱比锡：戈申 1897 年版，第 416—417 页。——原页内注

② ［德］卡尔·拉赫曼编：《莱辛全集》第 6 卷，莱比锡：戈申 1897 年版，第 415 页。——原页内注

③ ［德］卡尔·拉赫曼编：《莱辛全集》第 6 卷，莱比锡：戈申 1897 年版，第 420 页。——原页内注

④ 夏夫兹博里（Shattesbury，1671—1713），亦译为舍夫兹别利、沙夫茨伯里，英国伦理学家、美学家，新柏拉图派代表人物，著有《论特征》等。——中译者注

附录二　雅斯贝斯论艺术（含艺术家）著述选译

事物，并用这类事物来润饰自己的诗，而不是创建某个属于他自己的体系……"①。"他首先阅读那些处理过同样论题的这一位或那一位作家的作品，并未根据自己的基本原则予以审查，就从那些悦耳的诗篇中获取他认为最有助于表达的每一样东西。"② 莱辛证明了这样一个事实：蒲伯使用的素材中的形而上学部分更多的是从他人那里借来的，而不是由他自己思考出来的。

正如蒲伯在书信的许多段落中所记录的那样，他本人也意识到了这一点。有人替蒲伯做了辩护，他在反驳上述那些指责的同时也表达了有利于自己的观点。蒲伯在给这个人的信中写道："你已经清楚地表达了我的体系，跟我本应表达却未能表达出来的一样清楚……你比我更有能力表达我的思想。"③ 不过，有关蒲伯诗句中附着的哲学思想，具有决定意义的乃是他写给斯威夫特（Swift）的这句话："请允许我留着哲学家那样的胡子，直到我自己将它摘掉，并且可以对它戏谑打趣。"④ 莱辛就此评说道："这句话说出了许多东西！一旦发现某个著名的学术团体认为这绺假胡子竟值得严肃审查的话，他会感到多么地吃惊啊！"⑤

d. 在表述方式上，争论的话题归根结底基于一个错误的前提。它要求人们"审查蒲伯的体系，而这个体系却被包纳于这样一个命题里：一切最终都是好的"⑥。然而，这正是蒲伯未曾坚持的观点。他承认，大自然让很多灾祸都降临到了我们的头上。⑦ 因此，他根本不可

---

① ［德］卡尔·拉赫曼编：《莱辛全集》第6卷，莱比锡：戈申1897年版，第432页。——原页内注

② ［德］卡尔·拉赫曼编：《莱辛全集》第6卷，莱比锡：戈申1897年版，第438页。——原页内注

③ ［德］卡尔·拉赫曼编：《莱辛全集》第6卷，莱比锡：戈申1897年版，第438—439页。——原页内注

④ 英文版未加注释，德文版标注为：［德］卡尔·拉赫曼编：《莱辛全集》第6卷，莱比锡：戈申1897年版，第445页。——中译者注

⑤ ［德］卡尔·拉赫曼编：《莱辛全集》第6卷，莱比锡：戈申1897年版，第445页。——原页内注

⑥ ［德］卡尔·拉赫曼编：《莱辛全集》第6卷，莱比锡：戈申1897年版，第411页。——原页内注

⑦ 参见［德］卡尔·拉赫曼编《莱辛全集》第6卷，莱比锡：戈申1897年版，第426页。——原页内注

能说一切皆"好"(good)。不过他可以这样说,在对事物的规划里,一切皆"宜"(right,合宜)。因此,他声称:"无论是什么,它们都是合宜的。"[1] 普鲁士科学院因法语译文"一切皆好"(tout est bien)而被引入了歧途。

e. 莱辛通过反对下述双方的做法挽救并捍卫了哲学中最为重要的东西:他既反对想要取代哲学的科学研究,又反对由随心所欲、杂乱无章、毫无系统的争论所带来的思想混乱。然而,彼此对立的这两方却占据着学术上的要职,并且都是学术团体的骨干成员。

莱辛澄清了他所挽救与捍卫的东西了吗?显然,他并没有通过前面提到的任何一种方法——科学的真理或者那种不加批判、随心所欲、模棱两可的混乱思想——来做这件事。那么,还有其他的什么方法吗?作为哲学家,莱辛是一位唤醒者,他的思想是富有启发性与令人不安的,并不向人们明确地指定那种提供宁静的心绪和安全的港湾的真理。相反,他意识到,这样的目标是可望而不可即的:我们所能做的,就是沿着这条道路一直走下去。

这就解释了莱辛与诸如莱布尼茨和斯宾诺莎这样的哲学家有缘的原委所在,也说明了他对这些哲学家始终怀有仰慕之情的内在根由。

莱辛能够以一种严谨的态度进行系统性的思考。在有限的范围内,他试图勾勒出那些体系来。但是,莱辛并不是任何体系的创造者。只有一次,他趋近了这一目标,那就是在《论人类的教育》的接近结尾之处。在那里,他的哲学洞见与神学洞见似乎结合成了一体,但是从整体上看,它仍处于悬而未决的状态,而且他最后是以诸多疑问进行收尾的。

莱辛认为,在体系中组构哲学的种种尝试乃是人类认知过程中非同寻常的领域。不过,无论在什么地方,他都反对某种结构或体系将自身假定为绝对之物。

就艺术领域中的哲学批评来说,莱辛从亚里士多德那里吸收了种种观念;就他的基本观点而言,他则偏向于莱布尼茨和斯宾诺莎。

---

[1] [德] 卡尔·拉赫曼编:《莱辛全集》第6卷,莱比锡:戈申1897年版,第425页。——原页内注

3. 莱辛的思维方式

莱辛的思想辨析对象，限定论题，探向终极之物。这些思想迫使我们去清晰地探寻问题，结果是从属于具体的细节，而不是整体之物。无论在何种情况下，他的思想都向更广泛的思考、更深入的洞察以及更重要的东西敞开着，直到我们清晰地看到人们在达至确信不疑的时刻所面临的危险是什么。

从形式上看，阅读莱辛的作品可以训练人们清晰思维与精确表达的能力，让人们能够遵循一系列清晰的观念，避开那种并不相干的东西。不过，他也给我们带来了内容的完整性、真理的严肃性、沟通的自由度与表达的自主性。

这种思维是带有实验性的：伴随种种后果进行实验；通过可能唤起的情感进行即时性的表达；质询那些似乎神圣不可侵犯的东西；冒着丧失生命扎根于其中的基础的危险不断地追问；最后以问题作结。这是用概念、实际行动、人自身所进行的一个实验，也是人类自身作为一种会思考的存在所要承担的风险。

这种思维开辟着道路，并在寻求真理的过程中解放着人类。

在理论领域，实验性的思维是一种基于假设的思维：如果假设是真的，那么我们便可以就此做出推断。

思路的清晰需要明确果断的表达。然而，这种清晰意味着它只不过是一种实验。这种实验性的思维并不能够在其思想的实质中找到基源——由于那基源是绝对的，因此，它今后只可能永远以自身为根据：

……严格说来，我当做可能的观点所提出的这些建议，恰恰能够确保那些充满渴望的心灵获得平静，从而满足于基督教精神，而不是那种神学……精确地说，由麦斯柯先生（Herr Mascho）[①]转换成假设的那些主张，恰恰不属于基督教，而是属于神学。[②]

[①] 弗里德里希·威廉·麦斯柯（Friedrich Wilhelm Mascho），死于1784年，是一位独立的学者，《为天启基督教而辩》（*Defense of the Revealed Christian Religion*）的作者。——原页下注

[②] ［德］卡尔·拉赫曼编：《莱辛全集》第13卷，莱比锡：戈申1897年版，第146页。——原页内注

《圣经》诚然含有天启的成分,不过并不是上面提到的那种天启——两者之间的区别在于,前者立足于文字,后者则立足于精神。在那部《圣经》出现之前,宗教观念其实就已存在了。①

因此,莱辛并没有什么"体系"。不过,他却抓住了体系,设计了体系,甚至会在某种特定的语境下说"我的体系"。所有的体系都是实验性的,既可得到赞同,也可遭到拒斥。莱辛懂得体系,并不断地将体系性的思维付诸实践。不过,他并没有偏好某一体系而贬抑另一体系,也没有追随任何一种体系。由于他的真理观排除了体系,又由于思维就其本身而言总是体系性的,而且如果它是以某种体系的形式展开的,自然就需要种种先决条件,这样一来,体系对莱辛来说就转变成了许许多多的设定和可能性。最后,我们发现的并不是某种体系,而是某个问题。

在这个世界上,哲学家在作为一个人而被赋予的手段范围内开展工作。因此,他放弃了天启。不过,由于思维无疆和不安于现状,他自然就面临着对天启有所要求这一问题。在这一点上,莱辛的思想达到了它的高度和广度。一位哲学家是一个"在自然之光的照耀下独自观看与行动的人,他要让自己完全满足于这种光芒,并试图让这光芒尽可能地保持纯净和明亮"②。

莱辛的思维方式是论辩性的。这种思维既发起挑战,又避免受到攻击。首先,它是反对独断论的:对他来说,任何声称是绝对化的理论、教条,或者断言是不容置疑的主张,就其真正的本质而言都是不真实的。其次,莱辛的思维是具有反讽意味的,因此,连他自己的那些声明也会立即就被他置于一种悬而未决的状态。

这种方法乃是文人雅士的特点。正如苏格拉底是智者的领袖,莱辛则是文人雅士的领袖。不过,苏格拉底和莱辛的思考都是论辩性的,而不是破坏性的。这里的差别在于,一个人到底是以一种武断的方式进行言说,在任何情况下都要炫耀自己智性的光辉,还是源自默识于

---

① 参见[德]卡尔·拉赫曼编《莱辛全集》第13卷,莱比锡:戈申1897年版,第145页。——原页内注

② [德]卡尔·拉赫曼编:《莱辛全集》第16卷,莱比锡:戈申1897年版,第424页。——原页内注

心的信念进行言说，通过这样的形式，并以一种间接的方式表明某种确凿可信的东西，只是因着这种东西无法直接道说，他才不让自己迷失于所说的话与说话者之中。这种既反对独断论又具有反讽意味的对立思维究竟代表着什么呢？在这种思维中得到证实的东西又是什么呢？

尼柯莱在谈及莱辛时曾这样说，他"在遵循自己的那些原则时是独断的，但是他在进行自己的那些审查时则是持怀疑态度的"。尼柯莱的评价是很中肯的，但是他在使用"独断"一词时却犯了错误。如果把莱辛所遵循的原则说成具有"独断"的特征，那么这些原则就会有悖于他所做的构想。然而，它们恰恰是这种具有论辩性、实验性和反讽性的语言避免在性质上沦为独断所凭借的手段，并且凭借这样的手段向我们传递某种整一的信念。可以说，这种完整性的思维是由一种基本的思维框架来支撑的。

这种思维框架直接表现在实践以及与实践相关的思考之中。

（二）实践哲学

莱辛领悟到了一种人性观念，它主要不是对教育产生影响的人道主义，也没有回到古典时代的观念那里去。他的人性观念并不在于某种盛行的精神内涵，而只意味着莱辛意识到了一种现代的人性，这种人性呈现出如下种种特征：宽容的观念；沟通、探讨、论辩的倾向；判断人类的伟大和衡估正义的方法；仁爱在这种状态下的可能程度。

莱辛以极大的义愤和本明的清晰，率先意识到我们中的犹太人在西方基督教世界中遭遇的不人道的评判和对待。他在最早的一部戏剧《犹太人》（1749）中就讨论了这个问题；在最后那部伟大的戏剧诗《智者纳旦》中，他选择一个犹太人来表现人在信仰、理性和人性方面的伟大之处。

莱辛在稍后为《犹太人》所撰的"序言"中写道："在一个民族必然蒙受的耻辱的压迫下，我想，一位基督徒若没有一种崇敬之情，他就不会拥有一颗敬重之心。在我看来，过去这个民族中的许多英雄和先知就已发表过看法，现如今人们应该怀疑他们中间还能否找出一位诚实之人吗？"①

---

① ［德］卡尔·拉赫曼编：《莱辛全集》第5卷，莱比锡：戈申1897年版，第270页。——原页内注

莱辛这种看法的意义需要通过比较予以澄清。在很长一段时间里，单个的犹太人就已被公认为相当不错的了，不过在广大基督徒中间，人们依旧在很大程度上想当然地认为犹太人这个群体是邪恶的族类、高利贷者、骗子。诗人盖勒特（Gellert）就此指出："如果我们没有用蔑视的态度和狡诈残忍的方式让他们变得愈加卑劣和诡诈，也没有用我们自己的行径迫使他们痛恨我们的宗教，或许这个民族中的许多人会拥有更加慈善的心肠。"①

莱辛是毫无保留地把犹太人作为人而不是作为异类来看待的第一人，在他看来，犹太人绝不是一个低劣的民族。他并没有要求（如同在所谓同化的过程中所发生的那样）他们不再做犹太人。他不仅超越了那些早期的人道宣言，而且从根本上对那些宣言进行了改造。

在西方世界，莱辛可能是完全摒除了反犹思想和情感的第一人，他表明了自己［在他之前，巴尔塔萨·贝克（Balthasar Bekker）② 也曾明确地反对对巫师盲信和迫害的疯狂态度］反对仇视、憎恶、迫害犹太人的疯狂立场。

假如我们就此给他贴上亲犹主义者的标签——亲犹主义者只是与反犹主义者相对立的一种人——的话，那么我们对待他的态度就是不公正的。在纯粹的人性氛围中，两者间的这种对置就消失了。

1753 年前后，莱辛开始结识后来成为他最要好的朋友的摩西·门德尔松（Moses Mendelssohn）。不过在与门德尔松晤面之前的很长一段时间里，莱辛就已经阐明了自己有关犹太人问题的立场。1754 年，他在一封信中热情洋溢地描述了这位新结识的朋友："他的坦诚品格及其哲学精神让我倾向于把他视为第二个斯宾诺莎。除了他的那些失误，他和斯宾诺莎简直就不相上下了。"③

莱辛早已招致人们的恶意中伤，人们诽谤他变成了许多公开支持犹太人的那类德国人。1778 年，坊间就流传着这样一个谣言：作为对

---

① ［德］埃里希·施密特编：《莱辛：生平及其作品》第 1 卷，柏林：魏德曼 1924 年版，第 149 页。——原页内注
② 巴尔塔萨·贝克（Balthasar Bekker, 1634—1698），荷兰改革派神学家。——原页下注
③ ［德］卡尔·拉赫曼编：《莱辛全集》第 17 卷，莱比锡：戈申 1897 年版，第 40 页。——原页内注

莱辛攻击基督教（尽管并没有这类攻击，但是在某些保守派的眼里，这类攻击是存在的）的酬报，阿姆斯特丹的犹太人给莱辛赠送了价值一千块金币的礼物。

让我暂且岔开这个话题，转而谈论一下德国古典时代晚期的精神。正是有了莱辛和门德尔松，德国人与犹太人之间建立不可分离的精神上的联盟的伟大时代开始了。从此以后，就有了犹太裔的德国人或德国裔的犹太人，在原初的意义上来看，这其实都是一回事。他们用德语生活与创造，认为自己无疑就是德国人，不过并无须放弃自己的犹太人身份（早前就曾出现过此类歪曲的看法）。

自从迈出这一步后，那种博爱主义的精神、公平公正的精神、开放自由的精神本身就不能在其范围内容忍反犹主义的存在了。反犹主义不仅不合大体，而且还会对自由本身造成一种威胁。无论反犹主义出现在何地，那里都存在着真诚、理性、公正、人类之爱的自我摧毁这样的情形——正如即将发生在广大的浪漫主义者圈子中的情形那样，举个例子来说，在反犹主义者中，费希特就是一个秉持错误的德国民族主义立场的有害的倡导者。当特莱奇克（Treitschke）用奥韦尔贝克（Overbeck）的习语使反犹主义成为人们"规训有素"的习性时，当一个人可以在德国文化界发表反犹太人的言论却不会因此遭到鄙视时，精神自身也就开始走上了衰落的道路。就连残存于雅各布·布克哈特——一位独特而伟大的历史思想家——身上的那点反犹主义色调，也打开了存在于历史观念之中的有关人类局限性问题的大门。[①] 这让他的见解深度蒙上了一丝阴影。

在德国，不管流行的反犹主义思想与犹太大屠杀之间存在多么大的距离，如果没有反犹主义思想的流行，就不可能出现这场大杀戮。它终结了德国精神的时代，并造成了目前精神上完全空虚的局面。它的标志就是1933年之后我们的哲学研讨精神的崩塌，在这段时期德裔犹太人是不在场的。

---

① 约翰·戈特利布·费希特（Johann Gottlieb Fichte, 1762—1814），德国哲学家，德国唯心论的早期创导者；海因里希·冯·特莱奇克（Heinrich von Treitschke, 1834—1896），德国历史学家和政论家；弗兰兹·奥韦尔贝克（Franz Overbeck, 1837—1905），出生于俄罗斯的新教神学家；雅各布·布克哈特（Jacob Burckhardt, 1818—1897），瑞士文化史学家。——原页下注

三　莱辛的神学思想

（一）从传记角度透视那些匿名的断片出版之前的神学思想

与出版那些节录自一篇"匿名"文章的断片相伴而来的，就是发生于1777—1778年间的著名的辩论。不管怎样，在莱辛的思想中，这些辩论构成了公开探讨的各种问题的最精彩部分，诸如此类的问题从一开始就占据了他的心灵，并驱使他继续这样做下去。在这些作品中，有许多小篇什只是在他死后才得以出版的；其他的篇什只是偶尔才得以发表，但也仅仅是出于偶然。与上述篇什一同发表的还有诗歌作品与评论作品，乍看起来，这两类作品更是给人留下了深刻得多的印象。莱辛始终记录着那些对他来说颇为重要的东西。

1. 青年时期

有两篇富有诗意的作品——《关于人类幸福的诗篇》（"From a Poem on Human Happiness"，1748）[①] 和《宗教》（"Religion"，1751）[②]，这两篇作品都是断片性的——为这个二十来岁的年轻人在哲学与宗教层面所做的体察和思考提供了证明。

他对存在进行了究问："为什么存在？……为了幸福。谁存在？……人。——在哪里存在？……在世界上。"[③] 这三个回答——"未经阐释的消息"——是可以让孩子们感到满意的，不过他必须在此之外继续进行追问：

> 人是什么？人的幸福是什么？人犯错误的土壤是什么？
> 请对你所称说的每一个问题都给出解释来。[④]

[①] ［德］卡尔·拉赫曼编：《莱辛全集》第1卷，莱比锡：戈申1897年版，第237页之后。——原页内注

[②] ［德］卡尔·拉赫曼编：《莱辛全集》第1卷，莱比锡：戈申1897年版，第255页之后。——原页内注

[③] ［德］卡尔·拉赫曼编：《莱辛全集》第1卷，莱比锡：戈申1897年版，第258页。——原页内注

[④] 英文版未加注释，德文版标注为：［德］卡尔·拉赫曼编：《莱辛全集》第1卷，莱比锡：戈申1897年版，第258页。——中译者注

然而，并没有现成的答案。于是，他便把追问转向了未来：

> ……请一并告诉我们，在人那里，一旦思考和感觉的时钟停摆
> 他将会变成什么样子。
> 当蠕虫袭击他的尸体
> 在他的身上变肥并迅速腐烂的时候
> 对他来说持存下来的东西是什么呢？
> 难道人和蠕虫一样，都是毫无希望地入土的吗？
> 人会归于尘土吗？或者有新的生命
> 会在万能的神的预兆下从他的尸骨中诞生出来？①

这种处境是令人绝望的：

> 仔细审视一下，所有的肉骨凡胎都终有一死，生命是短暂而苍茫的！
> 即将到来的是黑夜。留在背后的是梦想。
> 当下欢愉的时刻太短促了，
> 然而，正是因为欢愉的时刻如此短促，才使得痛苦变得如此漫长。②

莱辛在"序言"里述说了自己的诗歌所表现出的这些怀疑的面相。

"第一章明确地提出了那些疑问，它们是由人所遭遇的内部与外部的苦难引起的，可用来对抗一切神化的东西。"③ 这是一种"独白……在充满烦恼与孤独的日子里，它于无声之处化成了语词。当诗人看上去像是迷失于自我认识的迷宫时，请不要认为他因此就把自己的主体地位

---

① 英文版未加注释，德文版标注为：[德] 卡尔·拉赫曼编：《莱辛全集》第1卷，莱比锡：戈申1897年版，第258页。——中译者注
② 英文版未加注释，德文版标注为：[德] 卡尔·拉赫曼编：《莱辛全集》第1卷，莱比锡：戈申1897年版，第258页。——中译者注
③ 英文版未加注释，德文版标注为：[德] 卡尔·拉赫曼编：《莱辛全集》第1卷，莱比锡：戈申1897年版，第255页。——中译者注

给遗忘了。自我认识永远是通往宗教的最短路径，我还可以补充一句，它也是最可靠的路径"①。

莱辛的动机并不是为了从事怀疑论式的智力游戏，也不是为了发泄怒气、发表奇谈怪论、传达憎恶或无聊的情绪。他渴望着真理。他通过探寻自我，在思想中寻找着真理：

除了尘世和欢愉，在那些未曾引起注意的时刻里，
我牢牢抓住那种捉摸不定的想法，
既然我的呼救不会为人所知
我便自得其乐地承诺只须自己知晓就可以了。②

这种探寻是徒劳无获的：

我迷失于自我之中，既看不到什么，也听不到什么，更感觉不到什么，
我陷入了黑夜，渴望着日光
迄今我已活了二十年，但依然看不到我的存在。③

探寻带来的直接的结果——困惑：

我对我自己的认识是虚假的、荒唐的。
我怀疑我全部的存在，我对自己的内心竟如此无知。④

在对这首诗所做的介绍中，莱辛阐释了我们在探究人类本性的时

---

① [德]卡尔·拉赫曼编：《莱辛全集》第1卷，莱比锡：戈申1897年版，第255页。——原页内注

② 英文版未加注释，德文版标注为：[德]卡尔·拉赫曼编：《莱辛全集》第1卷，莱比锡：戈申1897年版，第257页。——中译者注

③ 英文版未加注释，德文版标注为：[德]卡尔·拉赫曼编：《莱辛全集》第1卷，莱比锡：戈申1897年版，第257页。——中译者注

④ [德]卡尔·拉赫曼编：《莱辛全集》第1卷，莱比锡：戈申1897年版，第257页。——原页内注

候所面临的那种令人沮丧的情形：

　　让我们回过头来看看我们生命的早期阶段。我们会发现什么呢？我们有一个同动物一样的出生过程……更为糟糕的是，随之而来的是一段缺乏智识与情感的岁月；我们发现，我们人性的初始证明是我们屈从于植入生命中的邪恶，这些邪恶的植入比起美德的灌注来更为强大有力……我们身上的邪恶与改善相间存在；随着岁月的流逝，我们基于心态的变化带来了某种改善。①

就连最聪明的人也无从幸免：

　　在他的身上，邪恶披着更加富有吸引力的外衣来行使它们的控制，并假借伪饰将它们的目的性归于危害较小的那一类，然而潜藏于这种人身上的邪恶与植入乌合之众间最堕落的灵魂的那些罪恶其实同样是魅惑心志的。②
　　这是一种怎样的发现啊！在内心的整个范围内，除了邪恶，别无他有！这种邪恶来自上帝吗？来自那个无所不能且富有智慧的上帝吗？诸如此类的疑问真是令人备受折磨！
　　然而，也许我们的心灵更富有神圣性。既然我们并不是因着美德而被创造的，也许我们是因着真理而被创造的。是为了真理吗？真理是如何呈现其多样性的？每个人都认为自己拥有真理，而且每个人拥有的真理也都各不相同。其实并不是这样的，唯一的失误就是我们对科学的享有与所抱的幻想。
　　就算是给这幅可怜的图景增添上我们最高尚的部分，它也只是对不怎么高尚的躯体的一种描绘而已。这种描绘将那些圣迹机械呆板地组合起来，并为那位永恒的艺术家提供着证明。

---

　　① ［德］卡尔·拉赫曼编：《莱辛全集》第 1 卷，莱比锡：戈申 1897 年版，第 255—256 页。——原页内注
　　② 英文版未加注释，德文版标注为：［德］卡尔·拉赫曼编：《莱辛全集》第 1 卷，莱比锡：戈申 1897 年版，第 256 页。——中译者注

但是躯体也是由那些令人憎恶的疾病组合而成的联合体，各种各样的疾病内在于这个联合体的结构之中，这就露出了无力掌控的迹象。①

所有这一切都让这位疑心重重的诗人得出了如下的结论：

人是从哪里来的？
人若太坏了就不会来自上帝；
人若太好了就不会偶然地存在于世。②

莱辛说，所有这些异议"在此后的诗章中都将遭到驳斥"。"就连那只是被描述出来的痛苦"，也须得"成为通向宗教的路标"。③ 然而，此后的那些诗章却从未被莱辛撰写出来。不过，在此之前乃至纵观莱辛的一生，他一直都在表达着那些诗章的内容。

对人来说，人还具有另外的一面：

那栖居在我体内的力量，让我在自身内部从事感觉与思考，
……
我认识并述说着那力量本身：我存在；
……
我日复一日地受到那看不见的力量的驱策，
以无所不包的视野预见着明天
那力量推举着我这个没有被赋予翅膀的生物
穿越下层的尘埃而翱翔于霄汉。
……
人借此成为人，并作为人迎接挑战：

---

① ［德］卡尔·拉赫曼编：《莱辛全集》第1卷，莱比锡：戈申1897年版，第256页。——原页内注

② 英文版未加注释，德文版标注为：［德］卡尔·拉赫曼编：《莱辛全集》第1卷，莱比锡：戈申1897年版，第256页。——中译者注

③ ［德］卡尔·拉赫曼编：《莱辛全集》第1卷，莱比锡：戈申1897年版，第256页。——原页内注

附录二　雅斯贝斯论艺术(含艺术家)著述选译

那是一种上了发条的力量，在我的头脑中井然有序地跳动着……①

当我意识到我自身时，我确证了我自身，然而，这样的真实能够基于其固有的本性而得到解释吗？不能。莱辛大声地说道：

话说回来，你这个聪明的傻瓜，如果那种力量是躯体产生的，
比起产自心灵的作品来它就清晰多了。
你须得通过困境来澄明困境……②

人是什么？这个问题与下述问题——上帝存在吗？为什么有一个上帝存在？——是密不可分的：

是的，我相信上帝存在，
倘若否认上帝，你就须得否认你自己。
如果我存在，上帝也就存在。上帝可以离开我，
但是我却不能离开上帝。假如我不存在了，那么他依然可以存在。
有一种声音在我心里这样说：上帝存在。③

然而，假如上帝不存在将会怎样呢？

唉，没有感觉到上帝存在的人，却渴望至上的快乐，
他把上帝驱赶出天堂，却在尘世间寻找上帝。
唉，缺少创造者的世界是不幸的。
……
难道说机运（Chance）乃意味着那种戏弄你和我的东西？

---

① 英文版未加注释，德文版标注为：[德]卡尔·拉赫曼编：《莱辛全集》第1卷，莱比锡：戈申1897年版，第240页。——中译者注

② [德]卡尔·拉赫曼编：《莱辛全集》第1卷，莱比锡：戈申1897年版，第240页。——原页内注

③ 英文版未加注释，德文版标注为：[德]卡尔·拉赫曼编：《莱辛全集》第1卷，莱比锡：戈申1897年版，第238—239页。——中译者注

— 927 —

还是说我只有以圣父的名义才能成为一个人……?①

如果没有上帝，那么最好马上就去死：

> 死去吧，因为你所有的辛苦劳作都没有了意义，
> 此前，你却在欢愉与痛苦之间来回摇摆，受着喜欢恶作剧的机运的捉弄，
> ……
> 圣徒则鄙视这种只被机运所控制的游戏
> 在这种游戏里聪明者并未取胜，愚蠢者也并未失败。
> ……
> 被那同样为愚蠢的人们服务的运气（luck）所临幸并不会让我高兴起来，
> 死亡，离开世界，乃是这些游戏的原型。②

这些想法仅仅意味着为上帝所抛而误入歧途：

> 然而，我为什么如此愤怒？只要上帝存在，我就能坚毅地面对命运（fate），
> 无论时间的消蚀、痛苦的折磨、逆境的考验，都无法改变我至上的快乐。③

这些都是简单而基本的哲学思想，它们建基于原初的实存体验，是未经逻辑推理而得出的结论。

然而仅有这样的结论还是不够的。它须得经过思考，须得像证明信仰那样在思维活动中证明自身，而且须得像信仰那样将自身限定在

---

① 英文版未加注释，德文版标注为：[德] 卡尔·拉赫曼编：《莱辛全集》第 1 卷，莱比锡：戈申 1897 年版，第 239 页。——中译者注

② 英文版未加注释，德文版标注为：[德] 卡尔·拉赫曼编：《莱辛全集》第 1 卷，莱比锡：戈申 1897 年版，第 239 页。——中译者注

③ [德] 卡尔·拉赫曼编：《莱辛全集》第 1 卷，莱比锡：戈申 1897 年版，第 239 页。——原页内注

作为其起源的共同体的范围之内。

在这里,《圣经》启示则直接呈现着自身。它给予我们这种真理了吗？这是预先设定的信仰的真理，它并不允许虚假的东西，也不包含任何有关真实的错误断制。我们须得看到并且认识到，在没有任何动机的信仰本身——一种无条件地渴望真理的信仰——那里，启示是如何作为真实而呈现在这个世界上的。

因此，莱辛对《圣经》、教会历史以及显现于世俗世界中的信仰的真实进行了研究。这些研究在他待在布雷斯劳期间达至顶点并开始出现减弱的趋势。

2. 布雷斯劳时期

莱辛研究了教父哲学，之后转向研究教会历史中的各种真实事件：希望学[1]；启示宗教的兴起[2]；基督教的传播与蔓延方式。[3]

在开始研究基督教的蔓延方式时，他就透露了自己打算做的事情："要以彻底真诚的态度开展这项研究。要用自己的眼光打量事件的方方面面。既不要夸大，也不要低估。要让那些结论自然而然地得出来。既不要阻抑事件的趋势，也不要改变它的进程。"[4]

这里所列举的一些例证乃是他所追问与剖析过的事实，他也是以此为前提并始终坚持自己的看法的。

（1）基督教是基于各种天然的原因得以蔓延并就此为人们所理解的。

（2）最早的基督徒都拥有一套既深奥又开放的教义。

（3）罗马对基督徒的迫害是罗马人的国家观念的必然结果。基督徒们破坏了禁止在晚上举行群众集会的法律。吸引人们的好奇心——尤其是妇女们的好奇心——以及有意劝诱人们改变信仰都在集会中发

---

[1] ［德］卡尔·拉赫曼编：《莱辛全集》第14卷，莱比锡：戈申1897年版，第197页之后。——原页内注

[2] ［德］卡尔·拉赫曼编：《莱辛全集》第14卷，莱比锡：戈申1897年版，第312—313页。——原页内注

[3] ［德］卡尔·拉赫曼编：《莱辛全集》第14卷，莱比锡：戈申1897年版，第314页之后。——原页内注

[4] ［德］卡尔·拉赫曼编：《莱辛全集》第14卷，莱比锡：戈申1897年版，第315页。——原页内注

挥了作用。对于严密高效的警察部门来说,这些集会势必显得形迹可疑。那些参加集会的人们也许事先已经提出申请并得到了许可,但在当局看来,酒神祭司们的狂欢作乐与早期基督徒们传布爱的盛会之间并没有显著的区别。"为什么要举行这些神圣的宴会呢?"① 于是,当局就把这两种集会方式都给取缔了。

莱辛明确指出,我们应考虑到上述冷静、客观的研究在如下两个方面是有其限度的:文献的广泛性;研究并不关心宗教本身,而只是讨论在基于实际记录而进行推测的限度内可做调查研究的那些自然发生的现象。

所谓文献的广泛性乃是站不住脚的。普鲁塔克(Plutarch)在谈及希望学派的哲学家们时就仅说了这样一段话:他们宣称"希望是人类生活的最强有力的黏合剂,若失去了希望,那么人类的生活就彻底无法忍受了"②。

这是"仅仅基于个人的证言便给出全部理由"的范例。你乐于了解它,转述它……然而到头来最有可能出现一位聪明人,他把这么一个想象中的岛屿与某个大陆连接了起来。他并不比自己的前辈知道的更多些,但是他做了更多的推测。他的推测引申出第二个推测,第二个又引申出第三个;如果这件事情有着足够的重要性……那么就会在短时间内出现大量的推测,这些变化多端的推测形式让读者产生的困惑远比没有诸如此类的推测时大得多。不幸的是,这就是学术研究对象无限增殖的方式……无论是谁,只要尚未充分掌握这些转瞬即逝的现象的全部历史,他就会被认为对这件事情本身完全无知。于是,种种推测与可能性充塞了学人们的大脑;在其中,我们到哪里能找到为真理提供的地盘呢:

> 如果这些过度的巧智与虚华让我们偏离正道……再一次跌倒于通往真理的道路上,而且终于有一种发现从所有的推测中脱颖

---

① [德]卡尔·拉赫曼编:《莱辛全集》第14卷,莱比锡:戈申1897年版,第318页。——原页内注
② 普鲁塔克:《道德论集》,668E;[德]卡尔·拉赫曼编:《莱辛全集》第14卷,莱比锡:戈申1897年版,第306页。——原页内注

而出，那么我们就是足够幸运的。这样一来，我们真正的科学就至少向更远处推进了一步；我们身后的那些人看到了这些迷宫般的替选物，就会将其弃置一旁而锐意直行。①

历史探究并不会对宗教造成侵害。在结束对基督教蔓延的探究时，莱辛这样写道：

> 如果有人从迄今所提及的一切而断定基督教的传播和蔓延完全借助于自然途径，那么他就无须认为任何有损于宗教本身的东西会是由此而产生的。②

"在我们神学家中流传的"这样一种观点就是一个例证："基督自身无法选择一个更加有利的时机而进入这个世界。……如果基督自己等待那最有利的时机，如果他不满足于通过大量附加的奇迹来支撑他出现的伟大圣迹，而是也打算将其纳入事件自然发展的过程，那么我们为什么要在后来基督教的蔓延中忽略这种自然进程呢？"③

3. 慎思精虑的间歇期与更为深刻的反思期

四十二岁的时候，莱辛充分意识到了他从青年时代以来一直在践行的东西。在探究基督教信仰和现实情况的内容的过程中，他表示这两者都不应遭到破坏。

（1）对于已走得太远表示了担忧：1771年10月9日，莱辛在致门德尔松的信中写道："如此认真地忙于探究那些真理难道真的是正确的吗？无论如何，我们总是生活在矛盾之中，为了内心的平和，我们还须得继续生活下去。……同样，对于此前的那些看法，我已不认为它们是真理了。不过，我不仅在往昔（而且现在仍）关注这样的一个问题，即通过抛弃某些偏见，我可能把我须得重新获取的东西抛弃

---

① ［德］卡尔·拉赫曼编：《莱辛全集》第14卷，莱比锡：戈申1897年版，第306—307页。——原页内注

② ［德］卡尔·拉赫曼编：《莱辛全集》第14卷，莱比锡：戈申1897年版，第331页。——原页内注

③ ［德］卡尔·拉赫曼编：《莱辛全集》第14卷，莱比锡：戈申1897年版，第332页。——原页内注

— 931 —

的有点太多了。我唯一的担心是，我本可以把迄今所有的废话都一点一点地再次送回它们的老家，但我至少在某种程度上却没有这么做。对一个人来说要想知道他在何时何地应该停下来乃是极其困难的，而对一千个人来说他们达至其厌倦思考之地就是他们思考的目标。"①

莱辛从未经历过某种改变，也从未经历过某种转向。他的基本信念从来就没有动摇过。在这个坚实的基础上，他清醒地迈着步子，批判地审查着走过的路，时而迂回前进，改变着自己的朝向。至于这种恒久不变的成分的性质，我们只有通过描述才能够使其清晰起来。

（2）依然是一位清醒的基督徒："我并不反对基督教：毋宁说，我是它的朋友，我仍将衷心地对它抱有好感，而且只要我还活着，我就依然热爱着它。"②

（3）既不追随老旧的正统派神学，也不追随启蒙的"新"派神学，尽管他更偏爱于正统派的观念："我们承认我们老旧的宗教体系是错误的：但是……我知道，在这个世界上，人也只是在这个系统里才明显表现出了自己的睿智，而且也只是在这种系统上才使其自身得以完善。"③ 这个系统既不是由白痴们堆积起来的拼凑物，也不属于那种半吊子哲学；目前人们试图置入启蒙派神学的东西，反倒应该博得上述的称谓。

很显然，老旧的神学确实在与常识做着抗争，而新派的神学则试图收买常识。老旧的正统派神学并未像新派神学那样硬要让自己对理性和哲学施加过多的影响。④ 莱辛曾用这样一个比喻表达了对正统派观念的看重：

> 我并没有说无法再用的脏水还应保留下来：不过，在人们知

---

① ［德］卡尔·拉赫曼编：《莱辛全集》第17卷，莱比锡：戈申1897年版，第346—347页（德文版标注为第364—365页——中译者注）。——原页内注

② ［德］卡尔·拉赫曼编：《莱辛全集》第16卷，莱比锡：戈申1897年版，第536页。——原页内注

③ ［德］卡尔·拉赫曼编：《莱辛全集》第18卷，莱比锡：戈申1897年版，第101—102页。——原页内注

④ 参见［德］卡尔·拉赫曼编《莱辛全集》第18卷，莱比锡：戈申1897年版，第226—227页。——原页内注

道在哪里能够得到更清洁的水之前，我并不打算倒掉它；我只是不想未经考虑婴儿的洗澡水可能会成为液体肥料这种情况就毫不迟疑地把它倒掉。我们还有其他的新式神学能像正统神学那样堪以比作液体肥料而不是脏水吗？

感谢上帝，我们已或多或少地与正统神学达成了协议；我们已竖起了一个屏障，使它与哲学分离开来，让每一方都沿着各自的道路发展而不相互干扰对方。然而，当下的人们又在做些什么呢？这个屏障正在遭到拆除，在将我们转变成理性基督徒的借口之下，我们被塑造成了高度非理性的哲学家……对于新近的神学家们所拒斥的东西我们无须考虑太多，对于他们打算置入其中的东西则要加以考虑。①

根据尼柯莱的看法，神学家们把莱辛看成一位自由思想家乃是可以理解的；然而，自由思想家们却把他当成了一位神学家。

（4）基本态度：莱辛的态度是令人吃惊的。他生活于其中的事物已不再被他看成可信的，但是他在其中感到了自己存在的根基。因此，他就在自己一边怀疑一边保存着的事物中不断地询问着、审查着、寻找着。

根据莱辛所讨论的东西的语境，他的思想似乎是自相矛盾的。他谈及"由荒谬的念头建构起来的那种令人讨厌的大厦"②，可是他转而又对这一大厦中的某些东西表达了敬畏。他抵制一切妄图通过耍花招和欺骗性的观念来支撑这种大厦的做法，可是他又表示这种大厦在任何意义上都是坚不可摧的。

他并没有以任何一种形式攻击过基督教，可是他确实又在为着某种可信的基督教而进行着斗争。

就那种可信的基督教而言，他在历史中看到了具有决定性的一点，可是这反过来成了一个难题。他找不出解决的办法。那种所谓的解决

---

① ［德］卡尔·拉赫曼编：《莱辛全集》第18卷，莱比锡：戈申1897年版，第101页。——原页内注

② ［德］卡尔·拉赫曼编：《莱辛全集》第17卷，莱比锡：戈申1897年版，第336页。——原页内注

办法只存在于未来：

> 我相信［基督教］，并且认为它是真实的；一个人甚至可以相信历史上存在的任何一件事物，并且认为它是真实的。对我来说，我无法用历史上的证据来全然否定它的存在。我无法援引有利的证据来提出反证：要么并不存在任何其他的证据，要么证据被销毁了，要么经过刻苦研究证明那证据并站不住脚，诸如此类的情况都是可能存在的。在厘定某一真实的孤证时，就所有的怀疑、所有的可能性以及所有的概率所做的衡估几乎都是没有意义的，此时此刻证据的规模对我来说也就无关紧要了。
>
> 我相信这种解释至少会让那些神学家们感到满意的，他们把基督教信仰完全降至人类能够认可的程度，并且清除了圣灵那里的一切超自然的影响。
>
> 不过，为了让继续认为存在着这类影响的其他人放心，我想补充这样一点：我确信他们的观点在基督教教义中有着更强有力的根基，并且从基督教诞生伊始就得到了传播，仅凭纯然的哲学推理是无法予以反驳的。我并不能够否认圣灵直接发挥影响这种可能性的存在；毫无疑问，我也不去有意地许诺会有阻止这一可能性成为现实的某种东西存在。
>
> 然而，我必须承认——①

这篇断片至此便戛然而止了。

神学和哲学必须彻底区分开来，即便这种区分本身仍是有待商榷并且无法成为最后的断语的。

（二）断片的出版

莱辛拥有出版保存于沃尔芬比特尔图书馆里的那些手稿而不受审查的权利，这也是他与该馆的所有馆员共同享有的一项特权。在这样一个长期出版的作品系列中，他率先发表了第一篇匿名的断片《论自

---

① ［德］卡尔·拉赫曼编：《莱辛全集》第16卷，莱比锡：戈申1897年版，第536页。——原页内注

然神论者的宽容》（"On the Toleration of the Deists", 1774）。

莱辛在"序言"中说道，"这是来自沃尔芬比特尔图书馆的一篇手稿"——不过，就是莱辛放到那里的——"我想尽各种办法，根本无法查明它是如何以及何时被放在那里的"——这是让人产生困惑的一种说法——"并没有任何一件文档告诉我们它究竟是如何以及何时保存到图书馆里来的……"①——这么说就对了，因为莱辛并未存放过任何一件此类的文档。

第一篇断片的出版并没有引起丝毫的注意。三年后（1777），莱辛出版了《从匿名的文章中得到的更多相关的天启》（"More from the Papers of Anonym. Concerning Revelation"）②。由于他从根底处就反对其中的内容，于是附上了"编者的反对意见"③。1778年，最后一篇断片《论耶稣及其门徒的目的》（"On the Aims of Jesus and His Apostles"）④出版。这些断片似乎是在质疑基督教信仰的真正根基，于是招致了大量的反驳意见。这件事已远远超出神学家们的兴致范围，进而蔓延到整个受教育群体，并在莱辛同格策牧师发生争论期间达到了它的高潮。这不仅是一个令德国公众争论不休的事件，而且又因着莱辛的独特风格以及随之建立起来的声誉而被证明是一个富有文学意义的事件。然而，在莱辛被当局禁止继续出版以及参与论战之际，这场争论也就突然中断了。

这些断片的匿名作者是已故的塞缪尔·雷玛勒（Samuel Reimarus, 1694—1768）。他曾在汉堡的约翰诺伊姆（Johanneum）担任东方语言和数学教授，是一位学识渊博、出类拔萃的文献学大师。

对公众来说，雷玛勒作为启蒙运动的支持者而广为人知。他的专著《关于自然宗教最著名的真理的论文》（*Treatises on the Most Eminent*

---

① ［德］卡尔·拉赫曼编：《莱辛全集》第12卷，莱比锡：戈申1897年版，第254页。——原页内注

② ［德］卡尔·拉赫曼编：《莱辛全集》第12卷，莱比锡：戈申1897年版，第303页之后。——原页内注

③ ［德］卡尔·拉赫曼编：《莱辛全集》第12卷，莱比锡：戈申1897年版，第428页之后。——原页内注

④ ［德］卡尔·拉赫曼编：《莱辛全集》第13卷，莱比锡：戈申1897年版，第215页之后。——原页内注

Truths of Natural Religion，1754）在 1798 年已印刷第七版，他也因其文章《论动物的本能》（"On the Insitincts of Animals"）而闻名于世。

他在这些著述中展示的宗教思想开辟了一条同源自英国的自然宗教相契合的道路，并做了如下的发展。

无论是谁，只要他拥有了那种真切无妄地道说上帝的知识，他也就拥有了宗教信仰。就这种知识可以通过理性的自然力量获得而言，宗教当然可以被说成是自然的；就这种知识可以在实际生活中发挥影响而言，宗教当然也可以被说成是真切无妄的。它由此产生了一种令人心满意足地考察事物之间相互联系的洞察力，这种洞察力给人带来了一种自愿地喜好美德的倾向并让心灵感到自足而惬意。

通过运用沃尔夫①和莱布尼茨提出的概念发展而来的那种道说上帝的自然知识意味着：物质世界就其自身而言是没有生命的，因此它须得通过一个独立、永恒的存在（Being）来获得自己的存在。人和动物都有其起源，不过两者既不是起源于这个物质世界，也不是起源于自身，而是起源于上帝。物质世界只是为着生存的利益而存在的。

我们既通过理性推论来认识出自上帝之概念的上帝的性征，也通过感性体验来认识出自上帝之作品的上帝的性征。因此，上帝的智慧和美德就是在他明智地安排并持续地引导这个世界的过程中得以展现的。

鉴于此，雷玛勒既反对诸如拉·梅特里（La Mettrie）持守的那种唯物主义的无神论以及斯宾诺莎持守的那种泛神主义的无神论，也反对诸如卢梭（Rousseau）持守的那种自然主义人论，他还抛弃了拜尔（Bayle）持守的那种反对世界圆满性的理论。②

通过揭示灵魂这种单纯而无形的东西的性征，通过上帝提供的佑护和正义，通过我们对至乐之境的渴望，那不朽的信仰便得到了证实。

宗教也为我们的幸福提供服务；它让父母承担起供养和教育子女的责任。唯有宗教才使得人类社会的持存成为可能。它通过限制我们

---

① 克里斯蒂安·沃尔夫（Christian Wolff，1679—1754），德国早期启蒙运动的理性主义哲学家，他的思想受到了莱布尼茨的影响。——原页下注

② 朱利安·欧弗瑞·德·拉·梅特里（Julien Offroy de La Mettrie，1709—1751），法国唯物主义哲学家、医生；皮埃尔·拜尔（Pierre Bayle，1647—1706），法国哲学家，百科全书编纂者。——原页下注

附录二 雅斯贝斯论艺术(含艺术家)著述选译

的感官愉悦并倡导那种更加高尚的愉悦来提升我们的快乐感。唯有宗教才会带来真正持久的满足感。

基于自身持守的这些原则,雷玛勒拒斥形形色色的神迹。由上帝的卓识所带来的结果只会出自他的这样一种愿望——维持这个世界的全部现状及其持续性。究其原委,假如上帝要想改变自己的决定,他就得改变自己的动机,这样的话,他就要不时地犯错了。那些神迹是与有条有理地持存着的自然秩序相冲突的。上帝越是依循自己的创造行为来表现神迹,他就越是在摧毁自然秩序,而不是在肯认自然秩序。

这就是雷玛勒自己业已发表的诸多观点;在通常所理解的启蒙运动的范围内,这些观点也算得上是恰当的。但是,目前的启蒙已步入另一个阶段。洛克(Locke)、莱布尼茨以及沃尔夫不仅考虑到了天启问题,而且考虑到了"没有神迹就没有天启"这样的论题。而对雷玛勒来说,否定神迹便会导致对天启的否定。

雷玛勒的独特贡献在于,他通过全面、系统的审查彻底解决了对神迹的否定这个问题。但是在德国启蒙运动中,这样的否定之声还是前所未闻的,雷玛勒将自己的观点隐藏了起来。虽然雷玛勒致力于此已达几十年,但在他生前并未出版这篇题为《替上帝理性崇拜者的辩护或致歉》("Vindication or Apology for the Rationan Worshipers of God")的主要著述。

莱辛就是从这篇著述中选取断片予以出版的。他通过雷玛勒的女儿爱丽斯(Elise)——他的一位朋友——获得了这些断片。虽然很快就有传闻说断片的作者便是雷玛勒,但是这个秘密还是被保守住了,只是到了1814年以后,它才为人们所确知。这篇著述包含大量的手稿,它的全本是在其失去大部分的价值时才逐渐广为人知的。其中1/4的材料于1850—1852年发表在尼德纳(Niedner)主编的《历史神学杂志》(*Journal of Historical Theology*)上;剩下的材料则通过大卫·弗里德里克·斯特劳斯(D. F. Strauss)[①]的细致分析而公布于世。

基督教信徒是承认天启的。然而,他为什么是一名基督徒呢?因

[①] 大卫·弗里德里克·斯特劳斯(David Friedrich Strauss):《赫尔曼·塞缪尔·雷玛勒与其为上帝理性崇拜者的辩护》(*Hermann Samuel Reimarus und seine Schutzschrift für die vernünftigen Verehrer Gottes*),见《作品全集》第五卷,波恩1877年版,第229—409页。——原页下注

为他的父辈和祖辈都信仰它。一位相信理性的人并不会将自己的信仰以及对永恒幸福的渴望建基在这样一种偶然事件之上。他的父辈所相信的宗教很容易真假不辨,因此,它必须接受理性的审查并且不得带有先入之见。

这种审查包含两个方面:一是对《圣经》中的天启进行历史性的审查,二是对天启自身的可能性进行基础性的审查。

1. 历史性的审查;雷玛勒的方法

(1) 天启的标准(沃尔夫以及其他许多学者对此都已有过阐释):神启的信使只能是那些言语和行动都与神的目的相一致的人,而不是那些表现出人类不纯的目的或从事不道德行为的人。

只有那些与上帝的本质相一致并服务于人类的完善和至乐之境的教义与戒律才会是神圣的;至于那些违背神的完美与自然律则的东西则不可能是神圣的。

凡是与上述标准相乖违的一切东西都无法借助于神迹而得到确认。"罪恶不可能奇迹般地变成美德……所有就其本性而言不可置信、荒谬背理的东西同样如此;在任何其他的叙述中都被称作谎言、欺骗、暴力和残忍的东西也可能通过附上'耶和华如是说'这样的话就使其变成合理、诚实、容许、正当的东西。"①②

雷玛勒依照这些原则审查了《旧约》和《新约》,并能够据此验证如下若干事项:人类不可能作为天启的信使而得到承认,因为这是矛盾的并且是不可能的;它引发了道德丑闻;在无数情况下,只是那些世俗的事物被当成了神圣的现象;"上帝之名在以各种各样的方式被可耻地滥用着……在可敬而善良的人们看来,那些代表上帝子民的人的行为引发的只是丑闻、愤怒和厌恶……"③ "他们的行

---

① Bernhard Pünjer, *Geschichte der christlichen Religionsphilosophie seit der Reformation*, Braunschweig, C. A. Schwetschke, 1880(伯恩哈德·巴勃罗:《宗教革新以来基督教哲学史》,布伦兹维克:叔韦茨克出版社1880年版)。——原页下注

② 引自巴勃罗《宗教革新以来基督教哲学史》第1卷,布伦兹维克:叔韦茨克出版社1880年版,第412页;参见斯特劳斯《作品全集》第5卷,波恩1877年版,第264页。——原页内注

③ 英文版未加注释,德文版标注为:引自巴勃罗《宗教革新以来基督教哲学史》第1卷,布伦兹维克:叔韦茨克出版社1880年版,第413页;参见斯特劳斯《作品全集》第5卷,波恩1877年版,第322页。——中译者注

为形成了一个囊括愚蠢、无耻行径、欺骗和残忍的大网……"① 那被称作天启、预言和神迹的东西"只不过是对神圣之名的妄想、假冒和滥用"。②

（2）《圣经》的历史起源：《圣经》中的经文是逐渐形成的，不经意间得到了更广泛的认可，只是在后来才被认为是上帝之言。就连《新约》中的那些正文也完全是人的即兴之作，只是在后来才被公认为标准。因此，它们是需要进行历史阐释的。

（3）在使徒之外创设耶稣教义的至关重要性：耶稣说："天国近了，你们应当悔改。"③ 他的话是崇高而神圣的教义，对所有的时代以及所有的民族都是有效的。与耶稣教义息息相关的是他试图建立天国的意愿，他意愿中的天国乃是一个富有世俗权力与荣耀的国度。他从未计划过要引入一种新的宗教。

（4）计划因耶稣之死而落空：在希望流产的危急时刻，信徒们创立了一种新的体系。

耶稣复活是被虚构出来的。由于这是一种自相矛盾的说法，因此信徒们所提供的证据乃是支离破碎的；如同犹太教徒对《圣经》所做的传统解释一样，这些信徒在《旧约》预言中所探寻的证据对他们来说同样是毫无用处的。现在，从《旧约》中摘录的那些引文则是为了证明耶稣通过受难和死亡而替全人类赎罪。信徒们偷走了他的尸体，并且编造了一系列事件：复活，四十天后升天，即将归来进行审判。

为了适应人类自身的弱点，信徒们在体现于圣师身上的那种美好而富有理性的道德准则上面附益了各种令人费解的神秘事件以及带来灵异之效的证据。结果是："目前需要观察的是……整个使徒制的基督教体系是否从头至尾都只不过是以虚假不实的教义为基础的，它所

---

① 英文版未加注释，德文版标注为：引自巴勃罗《宗教革新以来基督教哲学史》第 1 卷，布伦兹维克：叔韦茨克出版社 1880 年版，第 413 页；参见斯特劳斯《作品全集》第 5 卷，波恩 1877 年版，第 322 页。——中译者注

② 引自巴勃罗《宗教革新以来基督教哲学史》第 1 卷，布伦兹维克：叔韦茨克出版社 1880 年版，第 413 页；参见斯特劳斯《作品全集》第 5 卷，波恩 1877 年版，第 322 页。——原页内注

③ 参见《新约·马太福音》第 3 章第 2 节、第 4 章第 17 节。——中译者注

依据的教义是否恰恰构成了这种宗教必然荣衰的基础和本质。"①

2. 基础性的审查

对于历史性的审查以及历史批评式的审查,我们还可以补充这样一条证据:天启就其自身而言是完全不可能存在的。这包括如下三种情况。

其一,天启可以在即时的显现中获得全人类的认可——这是一种恒在的神迹,它是违背神的智慧的。其二,它可以赠予某些特定的人;在这种情况下,神的启示就须得基于人的证言而为人所接受,而人的证言却是靠不住的。因此,这种方式看起来同样违背了神的智慧。其三,它可以在特定的时期只赠予某个人,并由某些特定的人居于中间从事调和工作。那种神迹的成分依然存在着,为此,天启在这种情况下同样充满着不确定性,这不仅是因为任何人的最清晰的认知在面对这种天启时仍难免会觉得其晦暗不明、不可理喻,而且还因为总是存在这样一些虚妄不实的先知,他们提供的那种传统证明只不过是人类的证言而已,它与神的美德和智慧是不相称的。同样,存在于天启中的那种不可或缺的信仰乃是人自诩的一种东西,而且它也只是意味着人所蒙受的一种天恩。更确切地说,这里所意指的乃是一种自然中的启示或者自然宗教。

(1) 莱辛为什么要出版这些断片呢?

a. 这些断片的内容在他看来是正确而真实的吗?其实,他在思考这个问题时只关涉历史事实,而且即便在这里依然持守着质疑的立场。

b. 难道是因为他想借此在暗地里间接而狡猾地从事反对基督教的活动吗?根本就不是这样的。他想要通过将那些业已经过彻底探察的问题置于讨论之中来进一步推动真理。对真理的探讨来说,某种一以贯之的伟大失误总是比未经思考就接受的那种因循守旧、习以为常、中规中矩的信仰更有助益,而且往往被看成个人良好品质的标志。就通向真理的这样一条道路而言,人们必然要途经错误而达至真理,在这种趋向真理的意志中,人们就此所做的预想乃是诚

---

① 引自巴勃罗《宗教革新以来基督教哲学史》第 1 卷,布伦兹维克:叔韦茨克出版社 1880 年版,第 414 页;参见斯特劳斯《作品全集》第 5 卷,波恩 1877 年版,第 389 页。——原页内注

实无妄的。

c. 因此，莱辛继续秉持着批判的立场，以便挑出那种正确无误的东西，并从中分离出值得遵循或不值得遵循的东西来。

莱辛远离了启蒙运动的单义性及其寓于精确明晰的思考中的那种单纯的确定性，在他看来，追求思想的单义性与确定性正是启蒙运动犯下的根本性的错误。莱辛自己的真实想法很快便须得向我们呈露出来。当然，他并没有否认斯宾诺莎是一位无神论者。他对那种私人化了的上帝始终持有怀疑的态度。不过在神学方面，莱辛认为那些开明进步的理性阐释敷衍了事，看来是缺乏诚意的，相比之下，他更倾向于那种正统的神学。

可以肯定的一件事情是，莱辛想要锐意进取，他在公开的讨论中询问着、思考着、验证着，他一直都在寻求着自我教育。这就是他的决定性的动机。

雷玛勒或许已经在历史性的审查方面提供了正确的见解；更重要的是，他还提出了具有历史意义的问题。他同样展示了一种富有启蒙意义的哲学，但是这种哲学在宗教领域却给我们留下了肤浅的印象，它既显示出一种毫不含糊的自负与自满的情绪，又显示出一种天真幼稚的缺乏批判意识的态度，对于私人化的上帝和个人永生的观念，它以一种孩子般的态度接受了下来。

倘若沿循这些路径，以同样天真幼稚的批判来否认孩子般的接受态度，就会带来一种彻底的怀疑态度。如同莱辛所做的，他把正在被证明的东西与没有被证明的东西审慎地区分开来，这种做法使宗教信仰日益清晰，与此同时又不会宣称任何一种信条，尽管如此，这样的宗教信仰正如莱辛的信仰那样同样是不可动摇的。这是一条非常奇特的深化信仰自身的道路。

有两条道路可以让人们超越雷玛勒——要么步入空虚之地，要么步入信仰的深处。

（2）为什么雷玛勒始终保持着沉默，而莱辛却出版了这些断片？

作为一位值得信赖且颇有见识的学者，作为一位诚实的思想家，作为一位严肃而虔诚的人，雷玛勒是无可挑剔的。然而，他不是一位战士，也不是一位革新者，因此，他的做事态度是谨慎持重的。莱辛同样谨慎从事，不过他是与时代同步的。

莱辛出版这些断片是一次英勇的行动。他大胆地做了雷玛勒未敢做的事。他断然负荷起了出版断片的重任，这个重任并没有让已故的匿名作者受到伤害——确实如此，除了莱辛本人外，其他任何人都没有受到过伤害。

莱辛意识到了这一点。他为雷玛勒的沉默而辩解，在《反对格策之七》中，莱辛让自己远离了潜藏这种沉默的态度：

> 这位匿名作者是一个非常小心的人，他希望避免用真理来惹恼大家；但是我却拒不认为真理会造成这样一种烦恼。我坚定地相信，人们只是为了用于审查而展示的那些真理并没有在普通大众间挑起疯狂的宗教狂热，毋宁说，那种宗教狂热只是由那些试图将其化为行动的人们煽动起来的。
>
> 这位匿名作者是个聪明人，他希望避免因着过早地出版这些断片而让自己或他人陷入痛苦之中。狂怒之下，我冒着首要是自身安全的风险出版了这些断片。我之所以这样做，乃是出于我的这样一种信念——如果这些观点是完全有根据的，那么为了人类的利益，它们就需要尽早地为公众所知晓。①

如果"这位匿名作者值得称赞的谦逊和谨慎只是因着他的思想虽然已被证明是正确的但依然是一个很大的秘密，因而他在其所处的那个时代遭到常人太多的鄙视和怀疑，他也因此得不到人们的支持"②，那么莱辛也许就会赞同这位匿名作者的做法了。

匿名者"保存着自己的手稿，为了那些通情达理的朋友的使用而做着准备"③，因此，他并没有毁掉这部手稿：

---

① ［德］卡尔·拉赫曼编：《莱辛全集》第13卷，莱比锡：戈申1897年版，第186页。——原页内注

② 英文版未加注释，德文版标注为：［德］卡尔·拉赫曼编：《莱辛全集》第13卷，莱比锡：戈申1897年版，第186页。——中译者注

③ 英文版未加注释，德文版标注为：［德］卡尔·拉赫曼编：《莱辛全集》第13卷，莱比锡：戈申1897年版，第186页。——中译者注

首席牧师先生，难道你也认为只要我们可爱的下层民众规规矩矩地留待在只有神职人员知道如何引导的轨道上，那些富有理性的人们私下里所相信的东西就变得无关紧要了吗？①

（三）莱辛在评论雷玛勒的那些断片时所面临的问题

莱辛远离了启蒙世界及其单纯的明晰性，并且远离了启蒙思想的单纯的确定性，认为它的自明性假设是根本性的错误。

雷玛勒在其启蒙哲学中思考了若干具有历史意义的问题。然而，他并没有对宗教给予关注，或者说对宗教仍充斥着矛盾的心理，根本就未曾动摇过宗教的根基；他就像个孩子那样不加批判地认为，自己通过理性的知识就不证自明地拥有了私人化的上帝和个人化的永生观念。但是若遵循这种不加批判的启蒙立场，同时也可不加批判地否认那种自明性的观念，这就会带来一种彻底的怀疑态度。另外，在莱辛看来，若审慎地区分什么是能够被证明的以及什么是不能够被证明的，便可以在哲学信仰中带来更大的明晰性，这种信仰虽然无法让自身就是一种信条，但是在信仰本身的深度上，它同样是不可动摇的。有两条道路可以让人们超越雷玛勒：要么步入无根的理智所带来的空虚之地，要么步入理性所通向的信仰的深处。②

莱辛在其探究中还思考了某些问题，可是他并未给出相应的解答。他以十足的果敢指出了这些问题，不过他所做的那些犀利的阐述绝不能阻止我们留意这样一点：一旦回到基本的问题上，所有的一切都是有讨论余地的。通过拒绝虚假之物，他敞开了涵淹着自己的基本态度的那些空间，不过他只是漫不经心地做过各种各样的构想，既没有通过理性思考提出过为人所知的内容，也没有提供过某种信仰方面的教义。

为了转而关注莱辛进行探讨的主要问题领域，下面就让我们来回顾一下那些属于历史方面的问题以及那些属于天启方面的问题。

---

① ［德］卡尔·拉赫曼编：《莱辛全集》第13卷，莱比锡：戈申1897年版，第186页。——原页内注

② 上述两段文字与前面的相关内容有重复之处，英译本就是这样的，笔者照此译出，未予删改。——中译者注

— 943 —

1. 历史问题

（1）真理是超历史的。在这个命题的有效范围内，莱辛做了如下的表达："正是由于布道者和传教士们讲授宗教，所以他们所讲授的东西不是真实的：更确切地说，正是因为宗教是真实的，所以他们才讲授宗教。"此外，他还有更加激进的一个说法："正是由于上帝试图讲授宗教，所以就连上帝所讲授的东西也不是真实的：更确切地说，正是因为这些东西是真实的，所以上帝才讲授它。"①

就我们在理性之中寻求真理而言，我们说这种真理乃是永恒的、超历史的、不依赖于历史的。但是，我们是生活于历史之中的。我们并不拥有绝对的真理以及无关历史的真理。我们或许在历史之中悟识到了这种超历史的真理的雏形，它也只是在彻底的理性中才会完整地呈现出来。不过，超历史的真理的呈现同时也就意味着历史的终结，因为此时此刻所有的事物都已经完成了。至此，完美的理性不再需要在历史之中寻找其现实化的东西，理性自身自然也就不再是历史性的东西了。

真理建基于历史之中并在历史之中实现自身，这之所以是一个富有挑战性的问题，乃是因为我们人类自身的处境：我们生活于历史之中，我们必须在时间之中才能得以生存；无论我们想什么还是做什么，我们只能在历史的范围内行动。此外，那种永恒的、超历史的、非历史的真理仍旧是一个令人着迷且无可逃避的观念。对我们来说，这种观念至少在那些就其本义而言不受时间影响的正确形式中当下呈现着，种种正确的形式就存在于现实之中，并作为超历史的绝对真理的符号而展现在我们面前。

存在着这样一个由各种正确的命题所组成的世界，其中的那些命题已成为公认的事实，并被看成永恒不变的东西；这样的一个世界只是在科学进步的过程中才显示给我们。但是还存在许多在历史之中所做的有关绝对真理的断言，这些并置的断言所声称的启示实乃"历史中偶然出现的真理"。有些人声称这种关于存在的断言是独一无二的

---

① ［德］卡尔·拉赫曼编：《莱辛全集》第13卷，莱比锡：戈申1897年版，第127页。——原页内注

真理，坚决主张他们的观点是居于首位的；从这种居于首位的观点来看，其他各种绝对的断言都被看成局部的真理，它们仍处于初级阶段，并被人们擅自地运用着。

但是莱辛在强烈地趋向理性的同时，也强烈地趋向超历史与非历史的真理，这种真理在历史中不断地发挥着影响，并在无限的发展中不断地自我更新着，譬如，他以我们的临时实存（temporal existence）这种基本的样态趋向历史性的真理，在他看来，如果未能让临时实存陷入空虚之中，我们就无法将我们自身从临时实存中分离出来。

（2）我们究竟以什么为根源来了解历史性的真理以及断言那种绝对性的东西呢？对这个问题的回答依赖于相应的证明。若以普遍有效的理性来衡量的话，那么这个基础则是较为薄弱的。

首先，人们所提供的证据只是历史性的，这就使人们据此所做的论证沦为一种或然性的证明；它缺乏数学式洞察的确定性与可靠性。这种证明需要通过与那些有效的证据作比较来予以审查，这是在历史研究中确立起来的一种方法。我们以怎样的方式才能基于对文献和文物的研究而获得历史知识呢，我们以这种方式能知晓的那种可靠的东西是什么呢，我们所知晓的东西能达到何种程度的确定性呢，这种确定性的本质又是什么呢？对此，我们首先需要讨论理性的真理（譬如数学中的真理）与事实性的真理之间的差别（譬如，"太阳明天会再次升起"这个说法并未呈示出无可争议的确定性，而"$3 \times 3 = 9$"这个说法则呈示出了无可辩驳的确定性）。然后，我们在这里还需要讨论自然事件的真理和可以通过反复观察得以确立的规律以及那些独一无二的、不可重复的历史真理之间的差别。

其次，人们在讨论某种天启的证据时，用来作证的东西却具有这样一种性质：它是无法以一种普遍有效的方式为人们所看见的——它只是对于信仰来说才当下存在着；对于信仰来说，一种"偶然"呈现的天启在其基本的性质上乃是绝对的。甚至可以说，目击者根本就无法从经验方面感受到任何一种有关天启的证据：对信徒来说，这种天启则是通过无法为其他的目击者或一般人所重复的行为来呈现的。无论在任何时刻（不管是在天启发生的时刻，还是在谛听证词的时刻），都不存在强迫信徒来接受他们所相信的那种真理的理由。

— 945 —

（3）莱辛就这样的两种理由宣称："那些偶然的历史真理……永远不能成为证明必然的理性真理的证据。"①

如果某种历史真理声称永恒的至乐之境只能建基于信仰之中，并认为这种断言含有绝对的性质，那么情况就会变得令人绝望；对理性认知来说，它永远无法以这样的方式来实现自己的确定性。因此，一旦把上述两种结果混为一谈，那就是一种自我欺骗，而且还会使两者同时遭到破坏。理性与显现于绝对的历史真理中的信仰兼得，那是不可能的一件事。这就是横在莱辛面前的那条"可恶的鸿沟"，正如莱辛所坦承的，不管自己如何努力，最终还是无法跳过去。"如果有人能够帮助我跨越过去，那么我就会希望他愿意来做这件事；我会向他发出邀请，我会恳求他来帮助我。他将因此而获得上帝的赐福。"②

从一方面看，莱辛在这里并没有隐含讽刺的意味，因为他确实在这一点上看到了一个关乎人类存在的问题；从另一方面看，这里却依然含有讽刺的意味，因为莱辛本人就这样坦承，如果不将那条"可恶的鸿沟"视为自己获得终局救赎所须直面的失败，那么他就无法实现这种跳跃。这种跳跃正是从可证明的真理向历史真理的转变，从有效的概念性认知向形而上学的信仰内容的转变，这乃是莱辛在去世前夕与雅可比进行的最后一次对话的主题。雅可比向来反对斯宾诺莎，他曾这样说道："关于宇宙，我相信存在着某个可以理解的个人化的动机。"莱辛急于想听听雅可比究竟是如何做到这一点的，他从雅可比那里得到的答复是："我凭借着腾空翻式的致命一跃（salto mortale）来摆脱人类的困境，而你以倒立的方式却似乎没有找到任何一种独特的快乐。"莱辛答复道："只要我用不着必须像你那样做，就请先别这么说。最终，你还是会依靠自己的一双大脚而站立起来的。"嗣后，莱辛告知雅可比："总之，你所说的'腾空翻式的致命一跃'还是吸引了我；此外，我可以理解某个以长在自己双肩上的那颗头颅而思考的人是如何能够倒立前行的。如果你能够这么做的话，就带着我向前走吧。"雅可比说："只要你踏入了抛

---

① ［德］卡尔·拉赫曼编：《莱辛全集》第13卷，莱比锡：戈申1897年版，第5页。——原页内注

② ［德］卡尔·拉赫曼编：《莱辛全集》第13卷，莱比锡：戈申1897年版，第7页。——原页内注

我向前的这块'富有弹性'的领域,你所说的事情就会自动地发生。"莱辛说:"尽管如此,我还是需要一次跳跃,而我却不能再指望我老迈的双腿和沉重的头颅来完成这次跳跃了。"①

(4) 通过质疑,莱辛已经触及了受到理性仔细审查的历史性问题,并且通过犀利的阐述提出了一个让人无法置之不理的难题。他提出来的这个难题后来被克尔凯郭尔继续追问着。这个难题虽然不可能得到解决,但是对它的彻底思考却具有深化生存(Existenz)意识的作用。

(5) 基督教信仰究竟是基于历史的确定性还是基于理性的确定性?莱辛讨论了这个问题。毕竟,这两种确定性中的任何一种都应当有其与众不同的特性。但是思考一下就会发现,沿循这两条路径似乎都无法找到那确定无疑的东西。如果基督教信仰选择将自身建基于历史证明之上,那么渴望救赎所需的那种牢固的基础就无法通过这条路径而予以获得。

因此,莱辛在这种情况下得出了如下的结论:信仰的真理是无法从外在于它的一切事物中得到基础、证明或保证的,它乃是一种自我确证的真理。鉴于此,对《圣经》的理解应该遵循这样的原则:"那些被书写下来的传统理应用寓于这些传统中的内在的真理来解释;如果《圣经》并不含有内在的真理,那么那些被书写下来的传统也就无法将内在的真理给予某个宗教文本。"

因此,《圣经》中的所有原文都必须根据它们得以产生的真正信仰并在这种真正的信仰的限度内予以审查。我们并不能声称"灵感"(inspiration)有资格作为它们的起源乃至作为证明其存在的一条证据。"正是由于布道者和传教士们讲授宗教,所以他们所讲授的东西不是真实的;更确切地说,正是因为宗教是真实的,所以他们才讲授宗教。"②

---

① *Hauptschriften zum Pantheismusstreit zwischen Jacobi und Mendelssohn*, ed., with introduction by Heinrich Scholz, Berlin, Reuther and Reichard, 1916, 80-81, 91 [海因里希·朔尔茨编(并附导he言):《雅可比与门德尔松关于泛神论之争的主要著作》,柏林:鲁瑟与莱夏德1916年版,第80—81、91页]。——原页下注

② [德] 卡尔·拉赫曼编:《莱辛全集》第13卷,莱比锡:戈申1897年版,第127页。——原页内注

与此相应的是如下的历史事实：信仰的真理在被客观化于语言、《圣经》或教义之前，它是当下存在的。基督教信仰在《新约》问世之前就已出现了。它可以独立于《圣经》而存在。使徒们和早期的基督徒并没有将他们的信仰建基于那些书写文字之上。"对于流传给我们的基督教信仰来说，尽管在其诞生之初并没有片言只字的记载，但是基督徒还是在一段时间内吸引了许多的灵魂。"过了很长时间之后，第一批福音布道者和使徒才以书写的形式将这一切记载下来，"而且又过了很长的一段时间才将全部的教规整合在一起"。不管对这些经文的依赖程度有多大，"基督教的全部真理也不可能说是以它们为基础的"。因此，莱辛认为，"存在着这样一种同等的可能性：由福音布道者和使徒们书写下来的这一切都再次遗失了，而他们所传授的那种宗教信仰却依然持存着"。①

（6）从对《圣经》的使用以及通过解释对它的征用情况来看，真实性的结果已不再需要遵从那些启人灵思的绝对性的东西，其中的原委在于，从信仰中生发出来的某种理解让我们看到《圣经》显然不只包含着与宗教信仰相关的材料。② 该类研究拒不接受这样一个错误的"假说"："当涉及这种'超出宗教的东西'时，《圣经》同样是绝对可靠的。"③

在不同的时代里，《圣经》一直都在被人们误用着，莱辛将这种情况称为《圣经》崇拜。④ "路德（Luther）本人就不止一次地呼唤过《圣经》崇拜……他说《圣经》乃是基督的灵体，并且以他'真正'坦率的态度为这个粗俗化的世界贴上了自己的封印，值此之际，我发现路德更具攻击性……可是反对的一方则提出了指控，宣称整部《圣经》都没有为教会的存在提供证据，它的价值同伊索的寓言（Aesop's

---

① ［德］卡尔·拉赫曼编：《莱辛全集》第13卷，莱比锡：戈申1897年版，第121、117、118页。——原页内注

② 参见［德］卡尔·拉赫曼编《莱辛全集》第13卷，莱比锡：戈申1897年版，第110页。——原页内注

③ ［德］卡尔·拉赫曼编：《莱辛全集》第13卷，莱比锡：戈申1897年版，第112页。——原页内注

④ 参见［德］卡尔·拉赫曼编《莱辛全集》第16卷，莱比锡：戈申1897年版，第470页之后。——原页内注

Fables）差不多是一样的！若想找到更强有力的措辞来描述这样两种相互背离的极端观点的特征几乎是不可能。"①

（7）《圣经》研究与确证信仰的探求是两件不同的事情。如同对待其他的历史文献那样，《圣经》研究在追求精确性上以完全相同的方式来研究《圣经》文本，探究个别文本的起源（例如《福音书》的起源）、作者的意图以及它们既有的那些来源。莱辛努力参与到这项工作之中。有两个主要的问题引起了他的兴趣。

a. 耶稣教与基督教之间的差异：莱辛认为这是一个意料之中的结论：基督就是耶稣这个人，他已经成为一个真正的人。这里的问题是，耶稣是否超越了人类。一种宗教观认为，耶稣在思想与实践方面是同于人类的；另一种宗教观则认为，耶稣就是基督，他超越了人类，这种观点使耶稣成为一个崇拜的对象——这两种宗教观不可能在同一个人那里共存。

莱辛就此看出了两者之间存在的这种差异：耶稣教在《福音书》中得到了最为清晰、精确的表达，而基督教则"反复无常，矛盾重重，只要这个世界还存在着，几乎就没有两个人会对相联系的同一种思想持同样的一种观点"②。

由于耶稣的目标与其信徒们的目标是不同的，因此，《新约》文本中的许多矛盾之处可以通过证明两者都拥有一个水乳交融的根源而取得协调一致。

基督教是如何诞生的？并不是通过耶稣，耶稣并不是它的创始人。耶稣不是一个基督徒。这个宗教的创建者并不是某一个人，而是一个同教会的演进相伴的历史进程。

b. 天启宗教的起源：莱辛试图对"自然宗教"（natural religion）与"实证宗教"（positive religion）之间的差异做出区分。③ 自然宗教是藐视所有的定义的。莱辛曾经写道："要承认上帝，就要设法创造

---

① ［德］卡尔·拉赫曼编：《莱辛全集》第 16 卷，莱比锡：戈申 1897 年版，第 472 页。——原页内注

② ［德］卡尔·拉赫曼编：《莱辛全集》第 16 卷，莱比锡：戈申 1897 年版，第 519 页。——原页内注

③ 参见［德］卡尔·拉赫曼编《莱辛全集》第 14 卷，莱比锡：戈申 1897 年版，第 312—313 页。——原页内注

与上帝最相配称的概念，就要在我们全部的行动与思想中仔细考虑那些最有价值的概念"，"这是每个人义不容辞的义务，每个人也都有责任去行使他在这一方面的权利"。① 莱辛在这样写时，他只是敞开了一扇门。他从未对这些最有价值的概念究竟是什么做过具体的说明。

因此，从历史的角度来看，可以发现自然宗教自身处在一个双重的位置上：它内在于人类的天性之中，早于全部的历史而存在，或者说在刚开始的时候，它作为历史的前提而存在，最终则作为在时间之中无法达至的圆成之境而存在着。它就当下存在于每个人的身上，与每个人的性向息息相关，并且只能通过历史的进程以及某个惊人的突变过程这一中介而得以实现。

宗教是如何作为"实证宗教"而发挥作用的？实证宗教是通过怎样的方式得以形成的？衡量人的根器，自然有大小之分，因此，这个人所理解的自然宗教便与另一个人的有所不同，这样一来，自然宗教也就无法在众生间得到共同践行了。对于某些事情和概念，只是做到与其一致还是不够的。只有当一种宗教的创建者将同样的紧要性和必要性赋予那些通常的事情，那些通过自然宗教而获得公认的事情才有可能变成一种公共性的实践。这种共同分享、塑造与展现的宗教就是实证宗教。

然而，内在的真理在一种实证宗教中的意义与其在任何其他实证宗教中的意义是同样重大的。所有的实证（天启）宗教都具有同样的真实性与同样的虚假性：只要在公共宗教中处处都势必制定出一致赞同的协定，实证宗教也就具有了同样的真实性；既然实证宗教的基本内核是弱化性与抑制性的，它也就具有了同样的虚假性。"对于自然宗教来说，最好的天启宗教就是那种包含最少的常规添加物的宗教。"② 莱辛把自然宗教之于实证宗教的关系同自然法（natural law）之于实证法（positive law）的关系进行了进一步的对比。

在发展进程中，自然宗教从没有作为一种公共宗教而客观地存在

---

① ［德］卡尔·拉赫曼编：《莱辛全集》第14卷，莱比锡：戈申1897年版，第312页。——原页内注

② ［德］卡尔·拉赫曼编：《莱辛全集》第14卷，莱比锡：戈申1897年版，第113页。——原页内注

过。每个人固有的习性是与他的根器相对应的，因此，人们并不适宜于遵从某种共同认可与共同实践的标准。在观念中，人的习性可以将所有的人都联合为一体，不过这也只有通过使自然宗教对实证宗教产生影响才能得以实现。在公共生活中，我们都依赖于实证的宗教。一个人无法将自己同他每时每刻都有所依赖的人类共同体隔离开来，他总是通过这个共同体并且为着这个共同体而生活的。

c. 除了研究客观存在的祖传遗产——《圣经》文本、教会、教义——之外，莱辛还向着真理以及真理的标准所锚定的源头前行。在起源上，自然宗教早于天启宗教，耶稣教早于基督教，基督徒的宗教信仰早于那种按照教规构设的信仰。起初，所有的一切都是单纯的、直接的、真实的——然而，这种境地只有在未来、在不断充盈的过程中、在历史终结之际才能得以实现。

（8）作为证据，对《圣经》文本及其品质和价值的历史性认识，以及当今那种被贴上"宗教历史"的标签的历史知识——莱辛认为这些东西都是重要的。不过，就此类知识对于信仰的重要性来讲，他以最为果决的态度断言，人类的这种认知力量既不能为信仰筑基，也不能否决信仰的存在。

信仰并不会因着人们从历史的角度或实践的角度对《圣经》文本所提出的异议而受到影响。《圣经》并不就是宗教。"反对这种文字与反对《圣经》"并"不等同于反对精神或反对宗教"。①

通过坚持这一立场，莱辛既反对正统的理论，也反对雷玛勒的观点。正统理论宣称：基督教信仰是真实的，因此，《圣经》在其所有的部分中所说的东西也都是真实的；雷玛勒宣称：《圣经》中有许多部分所说的东西并不是真实的，因此，基督教也不是真实的。莱辛则通过反对上述对立的双方所共用的前提而宣称：《圣经》并不就是基督教，因此，对《圣经》的那些非难就其自身而言并不就是对基督教的抨击。

举一个特定的例子：在基督复活的信仰中，这种思维方式是显而

---

① ［德］卡尔·拉赫曼编：《莱辛全集》第13卷，莱比锡：戈申1897年版，第115页。——原页内注

易见的。雷玛勒宣称：进一步来讲，基督复活并不可信，因为有关《福音书》的那些传闻乃是自相矛盾的。正统理论宣称：必须绝对相信基督复活，因为有关《福音书》的那些传闻并不是相互矛盾的。莱辛则宣称：即便有关《福音书》的那些传闻是相互矛盾的，基督复活也有可能已经发生过。①

通过限定人们赋予历史证明的重要性（它并不能够承担起全部的重任，此乃因为，即便在最好的情况下，它也只能达到某种较高程度的可能性），莱辛对信仰本身可以根植于历史证明这种说法给予了否定，同时否定了此类证明的怀疑本性能够对信仰起到颠覆的作用。

他从根底处坚称，信仰并不能通过证明得以筑基，信条也无法通过证明得以创设。"如果我并不能够基于历史根据提出一种反对基督起死回生的意见，那么，难道我就须得基于这一原因也将上帝拥有一个富有同样本质的儿子作为真理来接受吗？"② 由于"我并不能够提出任何可信的证据来支持基督复活"，难道就必须因此而改变"我所有关于神性的本质的那些基本观念吗"？③ 这可看成从历史真理向着某种完全不同等次的真理的一次飞跃。

2. 天启问题

莱辛并未否认天启，他也没有公开宣称自己赞同天启。莱辛讨论了天启的可能性及其带来的各种后果，并且仅对后者给予了反驳——如果他认为它们有缺陷的话。

当雷玛勒认为他已经证明了那种有根据的天启并不可能得到全人类的相信，这并不能作为证明天启根本就不可能存在的证据。"难道上帝会因为他无法让所有的人在同一时间并以相同的程度参与其中，就拒绝向全人类赐福吗？"

我们在历史上听说过许多天启。莱辛强烈反对基督教的这样一种断言：对于救赎全人类来说，基督教的天启是必不可少的。"如果在

---

① 参见［德］卡尔·拉赫曼编《莱辛全集》第 13 卷，莱比锡：戈申 1897 年版，第 22 页。——原页内注

② ［德］卡尔·拉赫曼编：《莱辛全集》第 13 卷，莱比锡：戈申 1897 年版，第 6 页。——原页内注

③ ［德］卡尔·拉赫曼编：《莱辛全集》第 13 卷，莱比锡：戈申 1897 年版，第 7 页。——原页内注

附录二 雅斯贝斯论艺术(含艺术家)著述迻译

这样一个救赎的组织中,唯独那颗独立的灵魂丧失了,这将会给人类带来灾难。每个人本来都该拥有这样一颗独立的灵魂,对于这颗独立的灵魂的丧失,所有的人都必须承受由此带来的痛苦。那么,何种引人入胜的极乐之境可以让独立的灵魂不去冒被这样一个组织玷污的危险呢?"因此,根据莱辛的说法,所谓一种完全相同的天启是决定那些"对教会缺乏根本了解的人"的极乐之感的必要条件,这还"从未成为教会普遍认同的信条"。①

相反,我们倒应该做出这样的假定:"给人带来救赎的东西在各种宗教中都必须总是相同的……不过,人们并没有必要非得把它与同样的概念联系起来。"②

天启信仰可以具有巨大的影响力,但是从另外一个角度看,它却显露出了不足。在信仰上帝的犹太教徒中,永生并不起什么作用;基督教徒认为这是一种缺陷,而莱辛则在犹太人的这种信仰中看出了某种独特的东西:"让我们也来坦诚相告,这是为遵守上帝制定的律法而做出的矢志不渝的服从,我们之所以这样做,仅仅因为它们是上帝制定的律法,而不是因为上帝已承诺给现在以及今后一直都在服从这律法的那些人的奖赏……;人们虽然对未来的奖赏或许已经感到彻底绝望,对暂时的奖赏也没有太大的把握,但是他们还是会遵守上帝制定的那些律法的。"

如果在这种矢志不渝地服从上帝的过程中得到提升的某个个体并未注定成为那贯彻执行特殊的神意的资具,那么他就没有资格在众人面前做一个促成神意得以实现的媒介了吗?如果决定不顾一切地服从他的上司的这名战士同样绝对相信自己的上司的判断力,请告诉我,那位上司是否还会命令这名战士去做他并不愿意承担的事情?③

---

① [德]卡尔·拉赫曼编:《莱辛全集》第12卷,莱比锡:戈申1897年版,第437—438页。——原页内注
② [德]卡尔·拉赫曼编:《莱辛全集》第12卷,莱比锡:戈申1897年版,第446页。——原页内注
③ [德]卡尔·拉赫曼编:《莱辛全集》第13卷,莱比锡:戈申1897年版,第423页。——原页内注

上述这些就是一位历史现象的观察者审慎思考的问题。即便如此，天启就会被看成可能有的事情吗？或者还是因着它与真理背道而驰，被当作某种谬论而遭到彻底否弃？莱辛并不认为它会遭到否弃，而是以一种严格的审查与区别性对待的态度关注这个问题，并将目光聚焦于天启所带来各种后果：

> （如果）有可能存在并且一定要存在可以被人们发现的那种真实无妄的天启，那么理性就更应承认这种情况乃是证明天启真理的一个证据，而不应将其视为反对天启真理的一条理由来予以接受———假如天启包含有超越理性概念的因素的话。无论是谁，倘若他想要清除掉宗教信仰中的超理性的成分，他也就不再拥有宗教信仰了。那么，并不显示自身的天启到底是怎样的一种东西呢？①

如果存在着天启，那么"通过服从信仰所把捉到的某种理性"就取决于"那些有关天启的基本概念"。此乃因为，"理性一旦确信天启的真实性，它也就向天启做出了妥协，理性的妥协只是表明它承认了自身的限度"。②

然而，莱辛对理性与天启之间的相互关系并没有做出明确的判定。"从纯粹的理性真理向天启真理的转变"是"极难处理的一件事"。两者之中哪一个拥有优先的地位呢，是理性还是天启？他就此写道："是否有可能存在天启，或者是否一定要存在天启，以及以这种方式所提供的众多启示中的某一种天启是否具有真实性，这一切只能由理性来做裁定。"鉴于此，理性乃是衡鉴真理的终极标准。然而，他在后面又用了几页的篇幅论述道："天启宗教一点也没有以理性宗教为先决条件；相反，它倒涵括着理性宗教。"③ 如此说来，天启则又包纳

---

① ［德］卡尔·拉赫曼编：《莱辛全集》第12卷，莱比锡：戈申1897年版，第432页。——原页内注

② ［德］卡尔·拉赫曼编：《莱辛全集》第12卷，莱比锡：戈申1897年版，第443页。——原页内注

③ ［德］卡尔·拉赫曼编：《莱辛全集》第12卷，莱比锡：戈申1897年版，第432—434页。——原页内注

了理性。

对于生存于时间之中的我们来说，这种含糊性正是历史性真理的主要性征。作为历史之中的个体与整体，我们在趋向理性的成熟。理性从不会放弃对自由本身的追求，但是它也意识到了自己在历史之中的特定界限，因此，它可能会暂时地"让渡"自己。理性好像暂时遭到了囚禁，可它同时也在天启的现实状况中看到了深刻的真理，只是这种真理迄今仍是理性所无法理解的，不过在理性自我"让渡"的状况下它则会随着理性一同前进。我们可以拿一个人从童年时期到青年时期的成长过程来作一下类比，他的成熟乃是通过以虔诚的态度来倾听权威的教诲而获取的，一旦放弃了这种倾听的权利，他就会成为一个只是囿于一己之见的自作聪明的人。只要一个人成熟的和自我肯定的理性完好无损，他就可以顺从地跟随权威。理性仰慕权威，它让自己顺从于那从远古的传统发来的声音。

（四）莱辛思想的发展

1. 莱辛对宗教信仰在任何质疑之下都无可争辩的现状所做的思考①

人们对与历史相关的事物所做的探讨是无限制的，与此同时，人们对与信仰相一致的事物所做的究问也是无条件的。

但是，根据历史知识所得出的那些结论却与启蒙主义者或者他们的反对者——正统派——所做出的那些设想并无一致之处。信仰既不是由他们所创设的，也不是由他们所摧毁的；即便历史探究的结果在注重实效的实证研究意义上及其限度内被当成正确的结论进而得到信徒与非信徒们的共同认可，那种在当下依然富有生机的宗教真理也是不受历史探究的影响的。

莱辛通过各种各样的方法表述宗教真理的本质，大部分的表述采用了譬喻的方法，此乃因为，由信仰告白所喻说的这种真理是无法用直接陈述的方式让自身得以充分表达的。那么，它是以怎样的方式呈现给我们的呢？

---

① 英文版与德文版在此之后均未再分列其他层次，也未再设置其他标题与标号。雅斯贝斯论莱辛的文字是一篇遗稿，他生前尚未来得及对其进行修订与完善。——中译者注

（1）用目击者同我们作比照。那些见证了奇迹、复活以及预言的目击者似乎处在了这样一个优先的位置上：他们无须依靠历史证据；就像借用的历史中的其他各种事物一样，历史证据并不是绝对确凿的，见证者并不会将自己的终局救赎建基于此。他们在用自己的眼睛察看，他们拥有亲身在场的经历。

但是他们所见证的东西并不就是真实的存在物。一个目击者会这样认为，他所看到的东西无须普遍有效，也许这种东西并不是实在之物。

同过去的那些目击者相比，我们则占据了一个更好的位置。他们"只是在此前已有的地基上——确信了它的安全性——才敢于建立一座宏伟的大厦。与此相较，在我们之前这座宏伟的大厦就已经建成了。有哪个傻瓜会仅仅为了弄清楚地基的稳固性而满腹狐疑地四处探掘自家房屋的地基？……我完全相信这个地基的稳固性，此乃因为，这座建筑物已经矗立那么长时间了，这是铺设地基的目击者们所缺少的一条证据"①。

莱辛讲的一则寓言：以弗所（Ephesus）的狄安娜（Diana）神殿"无比壮观"。"现在，让我们假设在古代的传闻中有人发现支撑它的竟是一个煤炭——这种煤炭脆弱易碎——质地的地基。"于是，人们便开始针对这种煤炭究竟属于何种类型争论了起来。"噢，那些傲慢自大的傻瓜！他们宁愿争论煤炭的不同质地，而不去赞赏神庙的壮观对称之美！"②"我赞美的则是立于地面之上的东西，而不是隐藏在地下的那种东西！……那种东西的功能只是把大厦支撑起来。"③"那些人极其不乐意满足于面前矗立着的事物！这里就有一种宗教，它通过宣讲基督复活从而战胜了异教徒和犹太教。"④"就那些奇迹来讲，其

---

① ［德］卡尔·拉赫曼编：《莱辛全集》第13卷，莱比锡：戈申1897年版，第29—30页。——原页内注

② 英文版未加注释，德文版标注为：［德］卡尔·拉赫曼编：《莱辛全集》第13卷，莱比锡：戈申1897年版，第30页。——中译者注

③ 英文版未加注释，德文版标注为：［德］卡尔·拉赫曼编：《莱辛全集》第13卷，莱比锡：戈申1897年版，第30页。——中译者注

④ 英文版未加注释，德文版标注为：［德］卡尔·拉赫曼编：《莱辛全集》第13卷，莱比锡：戈申1897年版，第31页。——中译者注

附录二　雅斯贝斯论艺术（含艺术家）著述选译

实并没有什么不同寻常之处……毕竟，它们并不是为了我们这些在今天尚活着的基督徒而发挥作用的。这些奇迹自然具有它们本应具有那种充分的说服力！……不过，若想基于在历史中或然存在的奇迹去发现宗教的真理，那么，这种做法能被看成正确、睿智的思想活动吗？"①

　　那种相信仅仅通过弃用脚手架就可以证明建筑物出色绝伦的人并不可能对建筑物本身有太大的兴趣……我则不会允许是否借用脚手架之类的成见阻止我按照这座安全稳固的建筑所体现出来的既定规则来评判它的结构本身。
　　他们何时才会停止这种试图用蛛丝般细碎烦琐的教条将所有永恒不朽的东西都悬搁起来的行径！——他们不会停下来的。可以说，经院派的教义学从未像如今的历史诠释那样每天都在使宗教遭受如此痛切的创伤。②

　　（莱辛讲的）另一则寓言：在一个伟大的帝国里矗立着这样一座宏伟的宫殿，它有着无边无际的周长与非常奇特的建筑风格：这座建筑"因简洁、宏伟的风格所激发的钦佩之情而引起了人们的兴致……它的耐用性和舒适性使其完全符合自身的目的……从外面看，它似乎有些令人费解；从内部看，则处处光线明亮且富有内聚力"③。
　　于是，那些"很少有机会对宫殿内部进行细致观察"④的人们常常爆发最为激烈的争吵。"此乃因为，他们都认为自己拥有各不相同的古代平面图……每一种平面图都以其各自乐意的方式得到了解释。"⑤

---

　　① 英文版未加注释，德文版标注为：[德]卡尔·拉赫曼编：《莱辛全集》第13卷，莱比锡：戈申1897年版，第31页。——中译者注
　　② [德]卡尔·拉赫曼：《莱辛全集》第13卷，莱比锡：戈申1897年版，第30—31页（德文版标注为第31—32页——中译者注）。——原页内注
　　③ 英文版未加注释，德文版标注为：[德]卡尔·拉赫曼编：《莱辛全集》第13卷，莱比锡：戈申1897年版，第94页。——中译者注
　　④ 英文版未加注释，德文版标注为：[德]卡尔·拉赫曼编：《莱辛全集》第13卷，莱比锡：戈申1897年版，第94页。——中译者注
　　⑤ 英文版未加注释，德文版标注为：[德]卡尔·拉赫曼编：《莱辛全集》第13卷，莱比锡：戈申1897年版，第94—95页。——中译者注

只有极少数人提出了反驳意见:"你们拥有的那些平面图对于我们又算什么呢?……如果我们每时每刻都可以发现那种遍及整座宫殿的最仁慈的智慧,而且还可以发现由它焕发出来的那种遍及整个场所的美、秩序与隆盛,这对于我们来说就已经足够了。"①

其他的人则"相信其中的这一个或那一个平面图,……他们声称自己的对手正是那些放火烧毁宫殿本身的纵火犯"②。

一旦传来守卫的呼喊声:"宫殿着火了!"接下来发生的事情是什么呢?每个人(宫殿外边的、待在自己房间里的人)"都冲向他的平面图,抢救自己所认为的那份最珍贵的财产。'让我们至少要保护住那份东西!'"③

现在,他们手里拿着各式各样的平面图,争论着失火的地点,激辩着应该在哪里把火扑灭,因着意见不一,彼此之间便争吵了起来:

当这些爱管闲事的人还在争吵不休时,那座宫殿可能真的已被烧毁了——假如它当初确已烧着的话。所幸的是,这场虚惊只是因着当初那些受到惊吓的守卫错把北极光当成了火光。④

在这则寓言中,莱辛并没有考虑"这些断片所引起的骚动"。他明确指出:"我想借此来描绘基督教的整个历史。"⑤

莱辛并没有将基督教人格化,也没有将好坏之类的品性强加于基督教。他对各个时代都进行了调查,既看到了灾难、蠢行与罪孽,也看到了生命的实质、一切好的品行、深层的意义、绵延数百年来仍得

---

① [德]卡尔·拉赫曼编:《莱辛全集》第13卷,莱比锡:戈申1897年版,第94—95页(德文版标注为第95页——中译者注)。——原页内注

② 英文版未加注释,德文版标注为:[德]卡尔·拉赫曼编:《莱辛全集》第13卷,莱比锡:戈申1897年版,第95页。——中译者注

③ 英文版未加注释,德文版标注为:[德]卡尔·拉赫曼编:《莱辛全集》第13卷,莱比锡:戈申1897年版,第95页。——中译者注

④ [德]卡尔·拉赫曼编:《莱辛全集》第13卷,莱比锡:戈申1897年版,第95—96页(德文版标注为第96页——中译者注)。——原页内注

⑤ [德]卡尔·拉赫曼编:《莱辛全集》第13卷,莱比锡:戈申1897年版,第96页,注释。——原页内注

附录二　雅斯贝斯论艺术（含艺术家）著述选译

以赓续的那种虔诚以及在父母家中度过的那段属于自己的日子；他将这类东西视为一种凝聚力，靠着这种凝聚力，人类便可避免陷入冷漠、混乱与虚无的境地。

这就是基督教以及所有与此相关的事物在西方的现实状况。这究竟是怎样的一种现状目前尚无法得以确定，但从基督教的品性来看，它仍赋有引人向善的一面。只要这种善的品性未曾发生变化，它就不可能为那种理性的反对意见或历史调查所动摇。

（2）并不是历史渊源而是信仰的内容赋予了宗教强大的吸引力。究竟是什么东西让我觉得有必要相信耶稣的那些教导呢？

18世纪以前，耶稣的那些教导还只是单纯的教义，这些教义对当时全部已知的真理领域来说还是非常新鲜、陌生的，因此，它们便不可能归入真理的范围，于是必须用那些奇异的事件和可以得到应验的预言来吸引大众的注意力，除此之外也就别无他法了。

但是，要将大众的注意力吸引到这些事情上来，同时也就意味着要促使常识步入正确的轨道。——这一点确实做到了；常识正行进在趋向正轨的道路上。它在这条道路上以及道路的左右两侧所带来的东西，就是那些奇异的事件和可以得到应验的预言所结出的果实。

看着我面前长大成熟的这些果实，难道我就不应该获允用它们来充饥吗？……

即便古代的神话是或真或假的，但我所关心的东西是：它所结出的那些果实乃是极佳的。①

那些曾经发挥了重要作用的东西——奇迹、预言——对我们而言已不再那么重要了。此乃因为，那时曾经有助于接受和传播信仰的东西对我们而言也已经不再是信仰的根基。信仰的根基问题并不能从历

---

① ［德］卡尔·拉赫曼编：《莱辛全集》第13卷，莱比锡：戈申1897年版，第8页。——原页内注

— 959 —

史的角度来获得解决。

（3）信仰是不可认知的。这里的问题是："为什么会有那么多善良的基督徒既不能够也不打算以一种理性的方式来解释他们的信仰呢？"①

某些人提出的那些推测、解释和证据对一位基督徒来说又有何意义呢？在他看来，基督教就纯然存在于那里，他感到这种东西是完全真实的，并感到自己从中蒙受了上帝所赐的至福。——一个麻痹的人在感受到电火花的有益触击之际，他所在乎的东西是什么呢？究竟是诺莱特（Nollet）的说法正确还是富兰克林（Franklin）②的说法正确？抑或他俩说的都不正确？③

（4）对信仰的认知和实践。道德生活是靠信仰而不是靠对信仰的认知来支撑的。

1749年5月30日，莱辛就信仰与实践问题写道：

基督教并不应是人们从其信任和忠于的祖先那里接受下来的某种成品。诚然，目前多数人仍像从祖先那里继承钱财一样来对待基督教的继承问题。……只要我看到基督教最高尚的诫命之一——要爱你们的仇敌④——尚未得到较好的奉守，我就会继续怀疑那些声称此类诫命的人是基督徒。⑤

这并不意味着莱辛就认为人们对信仰的认知是无效的。这种认知理应假定其适用的范围，理应予以郑重的考虑，但是它不应做出任何

---

① ［德］卡尔·拉赫曼编：《莱辛全集》第13卷，莱比锡：戈申1897年版，第342页。——原页内注
② L'阿比·简·安东尼·诺莱特（L'Abbé Jean-Antoine Nollet，1700—1770），法国物理学家；本杰明·富兰克林（Benjamin Franlin，1706—1790）。——原页下注
③ ［德］卡尔·拉赫曼编：《莱辛全集》第12卷，莱比锡：戈申1897年版，第428页。——原页内注
④ 耶稣说："要爱你们的仇敌，为那逼迫你们的祷告。"见《新约·马太福音》第5章第44节。——中译者注
⑤ ［德］卡尔·拉赫曼编：《莱辛全集》第17卷，莱比锡：戈申1897年版，第18页。——原页内注

附录二 雅斯贝斯论艺术(含艺术家)著述迻译

虚假的断言。无论什么时候,这都是一个关涉信仰的理论或实践的问题,而实践则在两者之中居于优先的地位。

1750年,莱辛就新教教派内部的神学论战写道:

> 摩拉维亚教信徒(Herrnhuter)① 内部的每一方都只是试图削弱对方,某一方通过证据来增强信仰的说服力,另一方则通过信仰来支撑证据;我认为,如今通过这种无理取闹的方式来传授基督教,已经让真正意义上的基督徒变得比在黑暗时代的时候更加稀少了。我们的认知表明我们是天使,而我们的生活却证明我们是魔鬼。②

1777年,莱辛在富有讽刺意味的对话《约翰圣经》("The Testament of John")③ 中谈及杰罗姆(Jerome)④ 提供的这样一则记述:福音传道者约翰年老时在每一次集会上都只是重复以下这句话:"孩子们,请彼此相爱";当被问及为什么总是说同样的话时,他就以此作答:因为这是主(the Lord)的命令⑤;即便这只是将会发生的,也就足够了。莱辛希望人们通过《约翰福音》、三封书和《启示录》将人们根据约翰传布的福音所产生的那些歧见整合起来。这是一个须得跟神学家共同商讨的话题。神学家所持的论点是:基督之爱只有在下述情况下才会成为基督徒的信仰:"只有建基于基督教教义之上的爱才是真正的基督之爱。"即便践行基督之爱要比接受与承认基

---

① 《关于摩拉维亚教信徒的思考》("Thoughts about the Herrnhuter",《莱辛全集》第14卷第154页之后)是莱辛在1750年所写的一篇文章。摩拉维亚教是门诺教(Mennonite)的一个派别,18世纪20年代出现于普鲁士的萨克森州,莱辛的家乡就属于这一地区。——原页下注

② [德]卡尔·拉赫曼编:《莱辛全集》第14卷,莱比锡:戈申1897年版,第160页。——原页内注

③ 英文版未加注释,德文版标注为:[德]卡尔·拉赫曼编:《莱辛全集》第13卷,莱比锡:戈申1897年版,第11页之后。——中译者注

④ 杰罗姆(Jerome)是一位研究《圣经》的学者,他在4世纪时把《圣经》翻译成了拉丁文。——中译者注

⑤ 耶稣说:"我赐给你们一条新命令,乃是叫你们彼此相爱;我怎样爱你们,你们也要怎样相爱。你们若有彼此相爱的心,众人因此就认出你们是我的门徒了。"见《新约·约翰福音》第13章第34—35节。——中译者注

— 961 —

督教的教义困难得多，基督之爱也不会凭借自身而有所助益，此乃因为，一个人并不会仅仅通过践行爱而成为一名基督徒。当莱辛指出耶稣曾经说过"不敌挡我们的，就是帮助我们的"① 这样的话时，神学家回答道：他则认同耶稣在另外一个场合所说的这样一句话："不与我相合的，就是敌我的。"② 然后，莱辛结束了两人之间的对话："确实如此！当然可以；我在这一点上已让你说得哑口无言了。——哦，只有你才是真正的基督徒！——好，那就像魔鬼一样去读《圣经》吧。"③

这是一种彻底对立的态度，这种态度与莱辛——不仅在年轻时如此，而且在成年后同样如此——明确地选择了其中的一方息息相关：对于救赎来说那必不可少的东西究竟是关于信仰的知识还是关于信仰的恰切告白？或者说这就是他的生活方式？对此类问题的决断既不取决于自我告白的一方，也不取决于那些外在的证据以及基于某种理论所做的理性推论，这种决断根本就不取决于某种教义，而是取决于一个人的生命实践。他的全部探讨看起来都在服务于这样一个目的——为这种实践留出空间。

莱辛以富有讽刺意味的方式与正统派神学家进行了对话，并通过这种方式间接地得出了如下结论：正如对于位置和重量那样，各种各样的矛盾也必须得到审查（例如，在证明耶稣复活出现矛盾的情况下，可以通过一种不同的方式予以审查）。

你并未做出证明（prove），你只是在做阐示（demonstrate）。

这种决断存在于切实可行的运用之中，因而并不是从合理的推断、外在的证据、系统化的理论或成文的教义中得出来的。

因此，莱辛与正统派神学家进行的批判性论争的真正意义乃限于这样一个前提——为实践留下开放的空间。

与这种立场构成彻底对立的那一方则会认为对信仰的认知才是问

---

① 耶稣说："不要禁止他，因为不敌挡你们的，就是帮助你们的。"见《新约·路加福音》第9章第50节。——中译者注

② 耶稣说："不与我相合的，就是敌我的；不同我收聚的，就是分散的。"见《新约·路加福音》第11章第23节。——中译者注

③ ［德］卡尔·拉赫曼编：《莱辛全集》第13卷，莱比锡：戈申1897年版，第16—17页。——原页内注

题的要害与永恒救赎的核心。

倘若依循对方的立场或许只能得出这样一个结论：世上的实存乃是不可思议的，在我们的世界定向中，我们进展得越深入，它就变得越神秘。诸如此类的宣称——天启是绝对不可能存在的，即便只尝试着去定义它也不可能取得成功——乃是言不由衷的；事实恰恰是这样的：人们对天启的表达就赋予了天启实质，让它在这个世界中成为一种可感的现实。"上帝从根底处所说的话优先于所有的世界"——这句话本身只是一种透示天启消息的密码。

不过，对那种不可能定义的东西的自我设限意识除了可以防止天启成为一种可被人理解的东西外，还可以保持天启继续敞开的可能性；这就吁请我们去质疑、探问、审查和倾听以这样一种要求出现在这个世界上的东西。

（5）《圣经》宗教信仰的现状。莱辛并未对基督教的品性做出裁定，也没有继而判定它的好或坏。相反，他纵观各个时代都从中看到了好与坏这两个方面：他既看到了灾难、蠢行、罪孽之类坏的方面，也看到了好的方面：深层的意义、绵延数百年来仍得以赓续的那种虔诚以及属于自己的那段日子（比如在父母家中度过的那段时光）；这类东西将所有的事物都聚合在一起，作为现实生命的本质，它可以避免人类陷入冷漠、混乱与虚无的境地。

这就是基督教、《圣经》宗教以及与此相关的各种信仰——几乎所有的事物——在西方的现实状况。这究竟是怎样的一种现状目前尚无法得以确定，不过就基督教所赋有的引人向善的品性来看，它是不可能被理性的狐疑或历史的调查所动摇的。[①]

莱辛既不是神学家，也不是牧师，更不是教会人士。他是一个独立的人，一个在其广大的读者圈中向那些独特的个体述说自己想法的独特个体。

然而，莱辛到底相信什么呢？他看待其对手们的立场是什么呢？任何一个单一的立场都不能当作莱辛的最终立场；他以各种各样的立场持

---

① 上述两段文字与前面的相关内容有重复之处，英译本就是这样的，笔者照此译出，未予删改。——中译者注

续不断地实验着。对他来说，那唯一正当的做法就是趋向真理的运动。

（五）莱辛的路径

1. 反对格策的论战

莱辛的作品具有一种论辩的风格，这种风格往往显得严厉而尖刻，不过终究是为了展开坦率的交流与批判性的对话。莱辛只有一次背离了这种风格，这次背离便发生在他与格策进行的那场处境危险的公开论战中。有一些前因可以说明这种彻底而突然的转变是如何在莱辛的论辩术中出现的。

莱辛在出版《匿名者断片》时并没有想到自己会卷入反对正统派的论争之中。毋宁说，他的目的乃是借助于自己的那些"对手"，使自己与那些心胸狭隘的启蒙者的论辩驶向质疑与反思的轨道。然而，既出乎他的意图又令他吃惊的是，许多正统派的代表人物向他发起了猛烈的抨击——格策最后也这样做了。对于他们来说，莱辛的那些"对手"替雷玛勒所做的辩护看起来比雷玛勒自己还要糟糕。起初，莱辛还在以他惯常的那种风格予以回应。但是随着首席牧师格策的介入，莱辛的风格、内心态度以及论辩的实质转瞬之间便发生了根本性的改变。

在格策介入之前，那些神学与哲学方面的问题仍是论辩的主要焦点。这些问题在论辩中持续存在着，甚至还在某种程度上得到最为明晰的阐述；然而它们如今却在重要性上被一种好斗的风格取代了，莱辛有意让自己在使用这种毫不留情的战法时绝不退缩。那就让我们来看看这场论战的作战方式吧。有争斗的地方，双方就不再有交流的打算，因为交流已被视为不可能了，而那不公正的错误则是肯定要犯的。如果你以法官自居的话，那么你就会因着自己对争斗的核心问题视而不见而犯下不公正的错误。现在的问题是：究竟是谁率先挑起了论战进而中断了交流？这个问题也只有在那些罕见的临界境况（borderline situations）下才能得到毫不含糊的解答。

从莱辛的角度看，论战是这样开始的：他要求首席牧师做一种修正。"我所说的意思是，即便不可能消除如此起劲地反对《圣经》的全部理由，宗教在那些基督徒的心中也依然是完好无损、未受削弱的，此乃因为，他们已在内心里对宗教的基本真理产生了一种本能的情感。……而我却被说成业已说过那些反对《圣经》的理由是无可辩驳的。"① 格策肯定是草率行事了，莱辛在致他的信中这样写道："……那些非常容易就草率行事的人并不是最糟糕的人。在大多数时候，他们也都乐意承认自己操之过急，并且坦承这种草率的做法所教给我们的东西通常要比那种老谋深算的一贯正确还要多。"② 他期待着格策能以一种解释性的修正来给予回应。"然而，可敬的牧师先生，你并没有做出这类的解释，因此，我不得不让你继续写下去——正如我不得不让你布道一样。"③ 不过，在这个要求发表之前，莱辛还须得阅读那些新的"诽谤"，于是他写道："我好像要被摧毁了！"④ 莱辛发表了《可想而知的挑战书》（"conceivable letter of challenge"）并附上了这个"要求"，宣称就连"我将来在同格策牧师的论战中可能让自己使用的语气"⑤ 也不同于他更喜欢的那种合乎体统的腔调。莱辛在结尾处写道："开始吧，牧师，请写出你内心所想的东西来：我也是要写的。当你并不正确的时候，如果我还在事关我自身或者那位匿名作者的问题上认可你是正确的话，那么我就只好彻底罢笔了。"⑥

对莱辛来说，他的愤怒出于如下四个方面的缘由。

（1）对匿名作者的诽谤

莱辛是知道雷玛勒的，他也了解这个人的著作。甚至在与格策进行论战之前，他就对"匿名作者故意拒认事实上公认由他提出的真理之类的指控"予以了驳斥，认为"这类的指控会把人彻底丑化成一个魔鬼"⑦。

---

① 英文版未加注释，德文版标注为：[德] 卡尔·拉赫曼编：《莱辛全集》第13卷，莱比锡：戈申1897年版，第99页。——中译者注

② 英文版未加注释，德文版标注为：[德] 卡尔·拉赫曼编：《莱辛全集》第13卷，莱比锡：戈申1897年版，第99页。——中译者注

③ 英文版未加注释，德文版标注为：[德] 卡尔·拉赫曼编：《莱辛全集》第13卷，莱比锡：戈申1897年版，第100页。——中译者注

④ 英文版未加注释，德文版标注为：[德] 卡尔·拉赫曼编：《莱辛全集》第13卷，莱比锡：戈申1897年版，第100页。——中译者注

⑤ 英文版未加注释，德文版标注为：[德] 卡尔·拉赫曼编：《莱辛全集》第13卷，莱比锡：戈申1897年版，第101页。——中译者注

⑥ [德] 卡尔·拉赫曼编：《莱辛全集》第13卷，莱比锡：戈申1897年版，第99—101、103页（德文版标注为第103页——中译者注）。——原页内注

⑦ [德] 卡尔·拉赫曼编：《莱辛全集》第13卷，莱比锡：戈申1897年版，第211页。——原页内注

如果有人攻击"这个认真负责、寡言不苟的人"①的作品,"如果有人提及这类老调重弹的闲话"②,那么莱辛就宁愿"以一个朋友的身份劝告他把这种尖酸刻薄的语气变得温和一点"③。此乃因为,只有这样做才能见证真正的学问与智识者的力量。对雷玛勒来说,他作为一个人应得的公正评价与他的事业应得的公正评价在性质上乃是不同的:后者或许被认为是存有疑问的,而前者则是毋庸置疑的。莱辛反对人们指控雷玛勒"存心任性执拗、故意冷淡无情、蓄意谋划和撒谎"④,不过即便在这种情况下,他还是宁可保持沉默,避免针锋相对地漫骂。然而,就这件事情的实质而言,只有在与追求真理的意志相配称的条件下,一种批判性的探讨才会被视为公正的,即便批判者可能会出现差错,那种追求真理的意志也能对匿名作者产生激励作用。以这种方式阅读与阐释作者的论著,也可以从中显示出读者的品质来。鉴于此,莱辛对格策这样的读者提出了批评,认为若依他的做法,任何一个明知不可取却扭曲他人言语的人都能够做几乎所有的事情了;他可能会"做伪证,采用欺骗的手段归咎于作品,编造各种各样的事实,如果对证明有用的话,他会把任何手段都视为有正当理由的"⑤。

(2) 被视为非基督徒和宗教破坏者而遭到的中伤

格策质疑"……莱辛通过'基督宗教'(Christian religion)这一术语所理解的是哪一种宗教,并让他为我们指出他所信奉的宗教的主要条文以及他引以自豪的有哪些伟大的盟友与拥护者"⑥。

---

① 英文版未加注释,德文版标注为:[德]卡尔·拉赫曼编:《莱辛全集》第13卷,莱比锡:戈申1897年版,第23页。——中译者注
② 英文版未加注释,德文版标注为:[德]卡尔·拉赫曼编:《莱辛全集》第13卷,莱比锡:戈申1897年版,第23页。——中译者注
③ 英文版未加注释,德文版标注为:[德]卡尔·拉赫曼编:《莱辛全集》第13卷,莱比锡:戈申1897年版,第23页。——中译者注
④ [德]卡尔·拉赫曼编:《莱辛全集》第13卷,莱比锡:戈申1897年版,第23页。——原页内注
⑤ [德]卡尔·拉赫曼编:《莱辛全集》第13卷,莱比锡:戈申1897年版,第172页。——原页内注
⑥ [德]埃里希·施密特编:《莱辛:生平及其作品》第2卷,柏林:魏德曼1924年版,第294页。——原页内注

附录二　雅斯贝斯论艺术（含艺术家）著述迻译

莱辛从一开始就强烈地反对这种质问："……谁赋予首席牧师向图书管理员发号施令的权力，非要叫他对一个根本就无法给出令人满意的答复的问题做出公开的回应？"①

不过这个追问也让莱辛陷入左右为难的窘境。他认为自己是一名基督徒，他并不想被驱赶出父亲的家（Father's house）。② 他想写点东西反驳格策，指出"称我为非基督徒这种做法并不会让他的意图得逞"③。但是莱辛心目中的基督教却不是那种让自身屈从于某种特定信条的宗教。他想要的是这样一种真正的宗教：它在写成文字的《新约》文本之前就存在着，乃是一种位于历史起源与终结处的自然或理性的宗教，就其自身而言，它含蕴于基督宗教之中，却并不等同于后者，因此，它无法通过某种普遍有效的方法以及基于证据而一劳永逸地确定下来。

现在，莱辛应格策的要求须得陈述自己对基督教的真实理解以及自己所信奉的东西，如果他要彻底答复的话，那么他的反应也就无法一致了，因为他对两者中的任何一个都无法给出答案。于是，莱辛曾一度想到人们对于信仰所持的那些传统信念，他有意通过这种方式表达自己对基督教的理解；他之所以有意这么做，乃是出于策略上的诸多考虑。他在致爱丽丝·雷玛勒的一封信（1778 年 8 月 9 日）中讲了这样一些事情："我要向他（格策）阐明他当然预料不到那些发展情况。由于他目前就已说走了嘴，他想知道的并不是我所认为的基督宗教是什么，而是我通过基督宗教所理解的是什么：这就把我摆在一个获胜的位置上了……"④ 不过，格策对这两者都提出过要求。

莱辛对霸占真理的教会和僵化了的基督教教义予以了反驳，指出

---

① ［德］卡尔·拉赫曼编：《莱辛全集》第 13 卷，莱比锡：戈申 1897 年版，第 331 页。——原页内注
② 参见［德］卡尔·拉赫曼编《莱辛全集》第 13 卷，莱比锡：戈申 1897 年版，第 155 页。——原页内注
③ 1778 年 2 月 25 日致弟弟的信；［德］卡尔·拉赫曼编：《莱辛全集》第 18 卷，莱比锡：戈申 1897 年版，第 265 页。——原页内注
④ ［德］卡尔·拉赫曼编：《莱辛全集》第 18 卷，莱比锡：戈申 1897 年版，第 284 页。——原页内注

这类东西声称自己被赋予了质询、盘查并决定谁是基督徒的特权。其实，《圣经》是属于每一个人的。莱辛认为《圣经》并不是一部服从于权威解释的经书。如果你了解它，并且忠实于传统，知道你自己在实现人生基本定位的过程中需要通过它而得以持存，那么你就可以自主决定自己是否皈依于《圣经》宗教。如此看来，教会则只是作为世俗机构而呈现在人们面前的，世上有许多这样的世俗机构，它们都是由人组织起来的。教会诚然可以把你驱逐出去，不过这并未给真正的《圣经》信仰施予任何决定性的影响——真正的《圣经》信仰是由每个个体根据自身的责任来选择的，然后（其实也是次要的）他才会知道自己属于一种宗教。任何一个人、任何一个法庭、任何一种教义都无法做出明确的终局判决，也无法对《圣经》信仰的本质做出确凿的界定。每个人唯有以这种《圣经》信仰为根源才能够生活与说话，并通过它而得到人生的引导。莱辛在这场争论中客观上所处的弱势境地源于他所秉持的立场。他主张理性的自然宗教与原初的基督宗教，由于这类宗教在《圣经》与诸种教义之前就已存在了，它们都是无形的观念或不可触知的真实。这些东西在其临时的表象中呈现为客观性的信念、教条、仪式与举止。自然宗教含蕴于《圣经》与天启宗教之中；两者因启示而分离开来，又通过理性的作用而密不可分。它们只是在思想中才是可分的；若从历史性上来看，它们乃是一体的，只是在时间终结之时才是可分的，此时，那唯一的真理——理性宗教——以完整的形式出现并将历史本身悬置于永恒之境。

在莱辛那里存在着一种界限，这种界限阻止了一场真正意义上的决战。他既不是一位《圣经》宗教的革新者，也未曾把成为这样的革新者视为自己的使命——这样的革新者会对宗教的历史呈现方式给出某种崭新而可靠的真实构想。

（3）限制公众辩论的倾向

莱辛认为，使公众辩论受到审查的那种原则为的是保护公众免受伤害，避免公众在阻塞真理得以显现自身的道路之际危及他们的救赎。正如站在不同立场的人们可以通过精神的斗争修正自身的立场，通过试错的方式人们同样可以准确地获得真理。

否则的话，保护公众免受所谓的"毒害"反而意味着将他们置于不自由的状态之中。虚伪的权力凭借着强力推行此类审查制度，致使人们受缚于强加给他们的种种有限、僵化的观念。

（4）运用国家权力和实质性伤害的威胁打击对手的倾向

莱辛在格策对他的攻击中看到，他那潜在的意图并未呈现于破坏信仰自由——人类追问、思索和寻找的自由——的意志之中，而是通过格策为了赢得胜利求助于国家权力显现出来的。诚然，格策并没有在某一家政府机构面前指控过莱辛，不过他却把基督教教会当局通过禁止有害于信仰的作品来保护宗教视为其当有的职责。针对莱辛在为其出版《匿名者断片》进行辩解的过程中所谈及的理由，格策写道："[莱辛] 研究基督教信仰的方法与已经付印的那些《断片》的方法是相似的，他在《断片》中所服务的贵族阶层，受人尊敬而纯洁无瑕的前代伟人与同样无可挑剔的牧师，甚至连同享有尊严的统治者与基督教真理、受人尊敬而纯洁无瑕的圣徒乃至我们永恒的王（King），都遭到了同样的非难。"①

一位负责检查大学的官员（维滕贝格的官员）曾间接地提到，帝国的法律须对莱辛这样的人做出处罚。他指出，莱辛是在故意耍花招而以天主教传统思想对抗新教思想。

考虑到自己所冒的全部风险，莱辛渴望着保护自己。"这一次，我须得适应这个世界，并且应当忍受这个世界。"现在的情形是："相较于一个人究竟是什么"，这个世界更为关注"他所表现出来的样子"。②

在布伦兹维克（Brunswick），莱辛被剥夺了作为公爵图书馆馆员而享有的免受审查的自由。当局禁止他继续出版那些断片，他也无法继续针对格策发起抨击性的论战。确实，这并不是应格策的明确要求而促成的，而是基于他所代表的立场所实现的。从当下看，格策诚然在现实层面上取得了暂时的胜利；不过从德国在古典时期培壅起来的教养看，莱辛则赢得了这场精神的斗争。

---

① [德] 卡尔·拉赫曼编：《莱辛全集》第 13 卷，莱比锡：戈申 1897 年版，第 156 页。——原页内注

② [德] 卡尔·拉赫曼编：《莱辛全集》第 13 卷，莱比锡：戈申 1897 年版，第 34 页。——原页内注

2. 新派与正统派

一方面，新派（Neology）是神学上的一个名谓，意在使教义、神迹以及对《圣经》文本的理解适应于现代科学思想，以便使信仰保持现代的正统信仰的地位。站不住脚的东西被弃置了，神迹变得可以理解了，教义随之得到了理性的支持。另一方面，正统派（Orthodoxy）也是赋予神学的一个名谓，意在果决地坚持传统信仰的真理与《圣经》文本的真理，坚决拒斥一切调解性的做法。它只是诉诸上帝的启示，既拒绝以理性取代超理性而提供的所有证据，也拒绝理性认为无效的所有反证。

莱辛介入了这场神学论战。他所使用的策略给包括神学家与启蒙群体在内的各方都带来了持续的冲击。人们原本指望着作为启蒙者的莱辛能够被吸纳到启人新思的新教义信奉者（neologist）的行列，在他所处的那个时代，这些人在神学家群体中都享有盛誉。可是莱辛的所作所为恰恰与此相反，他总是无条件地反对新派。如果人们指望他成为一名启蒙者的话，他就必须拒斥正统派。然而，他对正统派却给予了颇高的赞誉，尽管他的著作中同时包含着支持与反对正统派的评判。下面就让我们更为仔细地看看这一点吧。

1777 年 3 月 20 日，莱辛在致弟弟的一封信中写道，"与新近的（基本上是不容异说的）神学相比"，他宁愿喜欢"老旧而正统的（基本上是宽容的）神学"，这仅仅因为，"后者明显与常识相冲突"，而前者则"更喜欢收买常识"。① 这种显而易见的分野正合他意：一方是完全无视常识的非理性的正统信仰，另一方则是因着须得使其不受影响而让自身与正统信仰不相啮合的纯粹理性。双方采取的方式皆是诚实无欺的。

新教义神学（Neologic thelogy）却让天启信仰与理性做了缺乏诚意的啮合。这种神学只是武断地表明"理性与信仰之间的紧密联系"，"却没有提及理性因服从于信仰而做了信仰的俘虏"。在这种情形下，"信仰已成为被神迹与预兆所证实的理性，理性也随之变成了合理性的信仰"。这些神学家想要"通过指斥那些相信天启的对手而让相信

---

① ［德］卡尔·拉赫曼编：《莱辛全集》第 18 卷，莱比锡：戈申 1897 年版，第 226—227 页。——原页内注

常识的对手高举起理性并使之沉睡下去!"他们对那些虽然愿意拥有理性却没有拥有理性的人产生了影响。①

可以说,要想将哲学与天启结合在一起是不可能的。一位基督教哲学家既不是基督徒,也不是哲学家。

对于论战的目的,莱辛曾阐说自己对正统信仰的态度是友好的:"相较于让自己防范那些隐蔽的敌人,我更善于同那些明处的敌人(正统派)友好相处。"②

莱辛的愤怒所针对的乃是诈伪不实与自我欺骗、前后矛盾与妥协调和、基督教会与政治的狡黠联手以及对异端的种种指控。他嘲笑那些新潮神学家自满于基督教的"甜软爽口的精华",并"回避任何一种自由思想的怀疑精神",而宁可"以极大的热情云里雾里地闲扯宗教的话题"。③ 莱辛这位启蒙者甚至给我们带来了更多的惊喜。他与正统派的结盟不仅仅是在展开论战的情势下所采取的一种有效的手段,而且在严肃的意义上来说,这种联合也保持着一种奇特的不确定性。

譬如,如果说起穿越红海的旅程这个奇迹④,那么就会有人提出各种合理的解释取消它作为一种奇迹的必要,这些合理的解释却又遭到那些让整个事件完全显得不可能的反对意见的驳斥。相比之下,正统派的立场则以其简易明了的陈述而显得无懈可击:"但是,倘若……整个旅程就是一个奇迹呢?"这种立场让正统派超越了无谓的争吵。"对于他的回答,你诚然可以耸耸肩以示怀疑……不过你却不得不让其留在他所坚持的立场上。"⑤

这是一个坚持自己所奉行的原则的人,他想要说的与想要做的乃

---

① [德]卡尔·拉赫曼编:《莱辛全集》第12卷,莱比锡:戈申1897年版,第42页之后。——原页内注
② 1777年3月20日致弟弟的信;见[德]卡尔·拉赫曼编《莱辛全集》第18卷,莱比锡:戈申1897年版,第227页。——原页内注
③ [德]卡尔·拉赫曼编:《莱辛全集》第8卷,莱比锡:戈申1897年版,第127页。——原页内注
④ 参见《圣经·出埃及记》第十四章所载摩西带领以色列人穿过红海的故事。他们来到红海边,在前无去路后有追兵之际,神使红海之水分开,让以色列人安然渡过,又使海水复合,使埃及兵葬身鱼腹。——中译者注
⑤ [德]卡尔·拉赫曼编:《莱辛全集》第12卷,莱比锡:戈申1897年版,第441—442页。——原页内注

是一致的。"这种一致性让我们预测出这个人在特定的处境下将会怎样说话或行动,而且让他成为一个人并赋予其独特的个性与坚定性。"

这种男子汉的刚毅、个性与坚贞"甚至会使那些原则得到及时的修正",因为对这样的人来说,他不可能"长期根据那些原则"行事却"意识不到那些原则的错误"。①

这位正统派人士的显著优点在新旧参半(in half of neologic orthodoxy)的人士那里则是全然缺失的,这乃是"某种内斜视与跛足式的正统派,它并不能够与正统派自身相媲美",秉持这种立场的人是"非常惹人讨厌的"。②

莱辛提倡正统的基督教教育。有一位致力于教育学的作家曾主张教育孩子须遵循从易到难、循序渐进的原则,"开始的时候就要把耶稣视为一个虔诚而完全圣洁的人来爱戴,并把耶稣视为孩子们的一个慈爱的朋友来赞美"③。对于这种说法,莱辛给予了最为果决的驳斥:

> 这种说法难道真的是打算让永恒的救世主这个费解的概念更易于理解吗?实际上,这意味着要取消这个概念……意味着直到这个孩子能够领会正统教义才可以让他成为一个索齐尼派教徒(Socinian)④。那么,他什么时候才能够准确地领会这种教义呢?比起我们的孩提时代来,他究竟在哪个年龄才能够更好地理解这种神秘的东西呢?既然它是一种神秘的东西,那么在自发而乐意接受的孩提时代马上就将这种东西灌输给他,比起待他到了具有反抗的理性的年龄再这么做岂不更为合理?⑤

---

① [德]卡尔·拉赫曼编:《莱辛全集》第12卷,莱比锡:戈申1897年版,第442—443页。——原页内注

② [德]卡尔·拉赫曼编:《莱辛全集》第12卷,莱比锡:戈申1897年版,第442—443页。——原页内注

③ [德]卡尔·拉赫曼编:《莱辛全集》第8卷,莱比锡:戈申1897年版,第124页。——原页内注

④ 索齐尼主义(Socinianism)是一个理性的神学运动,它几乎否认了基督教所有的超自然的信条。——原页下注

⑤ [德]卡尔·拉赫曼编:《莱辛全集》第8卷,莱比锡:戈申1897年版,第125页。——原页内注

因此，刻意的助推反而是"一种戕害"，并"致使难以理解的真理失去了效用"①。

由于莱辛没有明言自己信奉的正统信仰的内容，因此，他的上述判断给我们造成了一种生疏感。他打算把自己断定为不真实的东西当做真理传递给孩子和普通大众吗？绝非如此。莱辛虽然不相信天启，但他并没有宣称天启是不真实的。他在孩提时代经历过的某些事情，始终作为无可替代的真理之内核伴随着他，尽管所有教派的宗教对他来说都是站不住脚的。莱辛把自己对神秘之物的意识保留了下来。你诚然可以仅仅将神秘之物理解成一种限界，不过你却不该不去理解它的要义。是小孩子对经验保持着更为开放的心态进而为烙上那些难以忘怀的密码的印记以及接受理性无法解释的内容做了更好的准备吗？如果说关于神秘之物的教育是从错误的启蒙开始的话，那么接受教育的孩子就会被禁绝接受各种实质性的东西，除非这种教育带有预知现实的色彩并可以让受教育者了解如下的内容：了解同上帝直接交谈的亚伯拉罕（Abraham）；了解西奈山（Mount Sinai）上的摩西（Moses），他是唯一一个敢于直面上帝的人，上帝把永恒的诫命以其扣人心弦的单纯形式向他做了传达，如果有人触犯了这些神圣的律法，那么他一定就会产生遭逐之感；了解在燃烧的荆棘丛中，上帝正伴着沙沙作响的微风说话；了解那些可以传达上帝的声音并宣布上帝的命令的先知；了解上帝的仆人；了解用自己的死亡将全人类的苦难承担于己身的耶稣；等等。这些神话故事把处于现实与寓言之接合部的孩子吸引住了，并以其传递的无穷无尽的形象给他留下了印记。对孩子来说，这些神圣、怪异的形象就是一种扣人心弦的现实，充满着庄重严肃的气息，让他生出恐惧与敬畏之情来。莱辛以其先见之明看到，一个孩子若在很小的时候没有获得这种实质性的基础，那么他就会成为一个浮游无根的人。不过，我们仍可做进一步的追问：让那些无信仰的人们向孩子传递他们自己都不再相信的那部分东西，这种做法合适吗？莱辛并没有给我们留下答案。他留给我们的乃是这样一种立场：对于他并不相信的东西，莱辛既不予以否认，也不予以肯认——

---

① ［德］卡尔·拉赫曼编：《莱辛全集》第12卷，莱比锡：戈申1897年版，第124页。——原页内注

因为他想要看看，摒弃了虚伪之后，人类在培壅人性的道路上所传递的那种不可或缺的东西竟是什么。

每当谈起莱辛来，新教义神学与自由思想都会陷入进退两难的窘境，并被驱策着重新对其做出阐释。

新教义正统派（neologic orthodoxy）的信徒更喜欢作为教条式理性主义者的对手，他可以攻击对手明确表述的立场，相比之下，他并不喜欢某个看起来完全没有固定立场的人。在后面的情形下，他无从面对那种带有思考者特有的思维方式之痕迹的绝对真理；对他来说，莱辛是高深莫测的，因此看上去就更加危险了。为了支持自己所追随的新教义正统派，他势必会寻章摘句，势必会对莱辛这样的人产生误解。不过，真正令他惶惑不安的乃是他感到自己遭遇到了另一种信仰，这种信仰产生于另一个基源，并且借助于一种不同寻常的思考方式得以传递。新教义正统派的追随者们与那些自由思想家们其实具有一个共同之处——他们都是独断论者，这致使他们都无法理解莱辛的心灵是如何运作的。莱辛的这种思考被神学家们视为非基督教的、反基督教的、无神论的与虚无主义的东西而受到公开的指责，这反而表明他们是在有意地掩饰自身的不安。另外，那些诉诸理性的自由思想家们也只是洞察到了某种对他们来说看似密仪—神学（crypto-theology）的东西。他们对三千年来的整个哲学却是盲视的。

我们也许会问：莱辛打算挽救天启吗？他并不相信天启，与此同时，他也无法让自己否认它的可能性。他打算挽救基督教吗？对莱辛本人来说，他从未清晰地说明过自己在何种意义上是一个基督徒。不过，在抵挡对手的攻击时，他则热衷于声称自己就是一个基督徒。

那么，他的目的究竟何在呢？暂时看来，也许莱辛是想同他人继续居住在这座"宫殿"里或者置身于它周遭的环境中，不过他总是持续不断地致力于审查、探求与援助方面的工作。

四　个性化表征

（一）莱辛在历史上的地位

莱辛所属的国度肯定是令人感到压抑与窒息的，这个 18 世纪中叶的德国是在普鲁士国王腓特烈大帝统治下的一个不大的专制国家,它公然蔑视一切人尤其是德国人。在任用温克尔曼(Winckelmann)还是任用一个当时普遍认为并不怎么重要的法国人的问题上,腓特烈倾向于温克尔曼,但薪俸要低一些,他说:"对一个德国人来说……这就足够了。"① 在一篇文章中,腓特烈写到了他拒斥为可供批发趸售的次品的德国文学。他自己并不完全精通德语与法语,但他的生活方式却全然是法国式的。莱辛所处的那个时代也是被普遍赞同的正统派新教氛围所充斥的,这种新教相信《圣经》文本与狂热而虔敬的文字;正是通过这一事实,胆怯无力地生活在这个世界中的德国人认为一切非德国人的东西都是更加重要、正当而富有意义的——必须承认的是,这类看法在那个时代常常被认为是理所当然的,但也是错误的,因为人们未能识别出自己民族中的伟大人物来。

当然,并非所有的伟大人物都是黯淡无光的。从事哲学研究的思想家们会提到欧洲伟大的思想家莱布尼茨,他固然用法语和拉丁语写作,不过也用德语写了一些文章,并声称喜爱德国语言。后来,他所阐述的"绝对精神"得到了康德的赞誉。在莱辛的世界里,莱布尼茨就是屹立于颇为伟大的人物中间的一员,这些伟大的人物以个人的正直与忠诚完成着旨在解决向现代思想转变的心智性任务。

但是,所有的一切,就连那种好的事物,即便没有变成完全微不足道的东西,可以说也都被置换成无关紧要的东西了。

不过这乃是在接下来的几十年里为德国古典文学培壅地基的一种文化,凭借这种文化,德国人真正地成为其自身。今天,我们仍然凭借我们的古典文化遗产继续做着真正的德国人。然而路德却在他所发挥的后续影响中证实了信仰新教的那部分德国人所面临的一场灾难,那就是作为一个政治事件的俾斯麦帝国依然在困扰着我们,它将充满困惑的心灵控制在种种虚幻信仰的束缚之下,这些困惑的心灵已不再知道他们作为德国人到底该是怎样的一种人。

在德国古典主义时期,歌德是打开真正的解放与自由之门的第一

---

① 约翰·约阿希姆·温克尔曼(Johann Joachim Winckelmann, 1717—1768),18世纪杰出的古典主义者、艺术史家和做出先驱贡献的考古学家,他从未在弗雷德里克统治下的柏林得到过任命。——原页下注

人，正是他透过众多的西方观念而使那解放与自由之门得以洞然敞开。

莱辛作为一位先驱者、开拓者与拯救者，他尚未进入由他自己所筹划的那块领地。但是，根据历史的观点并在此引导下，将莱辛视为推动德国文化转型的先驱，这对于所有的时代以及所有的人（甚至包括那些在古典领域取得了一流成就的人们）来说都是恰当的。

生活在每个时代的每位个体其实都是"与上帝比邻而居的"存在，他们就活在当下，并为着最好的自己而生活。

莱辛的伟大之处在于，他为了解决这些问题而不倦地努力着，并树立了一个恒在的范本，或许对今天的人们仍具有特殊的意义。

这种解决问题的努力还具有另一方面的意义：莱辛的世界属于启蒙运动的一部分，这是一场发生在欧洲上层社会的智力运动，随着民族气质和状况的不同而不断得到改进，它最早发生在英国，随后是法国，继而是德国，并越过这些国家而蔓延开去。

从笛卡儿、霍布斯（Hobbes）、斯宾诺莎、莱布尼茨起，植根于崇高的现代哲学思想的启蒙运动开始受到科学的发展、朝往自然的因而有效之物的倾向以及通过理性可以认知之物的驱动，它将能够而且应当（通过自然宗教、道德与法律）指导我们的生活。

由于进步的观念强化了改造与变革的意志，不仅各种细微之处发生了变化，而且我们人类的整体状况也发生了改变：我们相信自己的知与行同正在进行的某种必然进程无论如何都是协调一致的（"智力的启蒙"是一个虽然肤浅但依然强有力的观念）。

大众几乎未曾参与启蒙运动。毕竟，他们既不能读东西，也不会写东西。

不过，启蒙运动对受过教育的各个阶层都产生了影响，这不仅包括为了争取更多的自由与权利而斗争的中产阶层，而且包括贵族阶层和牧师阶层。约瑟夫二世（Joseph II）在奥地利推行的改革取缔了倚靠罗马教廷（Vatican）的耶稣会（Jesuit Order），废除了腓特烈大帝的专制统治并消除了他按照合理性的逻辑精心设计的国家的粗暴本性，德国的哲学家们曾将这个国家视为一架"冷漠运转的机器"而予以拒斥，它鼓吹牺牲个人的权利而服从于国家的政治目标——约瑟夫二世所做的这一切在趣向上是与启蒙运动相一致的。

（二）康德与莱辛的关系

康德的《纯粹理性批判》在莱辛死后几周就出版了。两人都没有意识到彼此间存在的那种亲缘关系。康德曾怀着崇敬之情提及过莱辛——他从莱辛那里学到了美学与宗教方面的东西。

晚年，莱辛则删去了自己年轻时曾针对康德写过的一首出语刻薄的讽刺小诗①。客观地看，这两位德国人都克服并超越了那些三心二意、浅薄无聊之士的见解，使有关理性的启蒙成为一场真正的启蒙，这种启蒙乃是生存哲学（Philosophy of Existenz）的中介与前提。他俩的思维都是"批判性"的，而"批判"这个词也一再出现在二人的著述之中。

不过这种批判并不是破坏性的：它所遵循的路径是区分、勾勒、阐明、净化和解放，以便"把地基打得足够牢固"②，并"为信仰留余地"③，从而让人们意识到否定、净化、辩护、阐明的意义。

（三）大师们对莱辛的评价

关于莱辛的影响，诸多伟大的哲学家［门德尔松、黑格尔、谢林、叔本华（Schopenhauer）、克尔凯郭尔］和历史学家［策勒尔（Zeller）、布罗克豪斯（Brockhaus）、施密特］都对此做出过评述。在莱辛所处的那个时代，几乎所有伟大的德国人都直接向他表达了感激之情，与其说这是因为他们通过莱辛学到了什么东西或者什么可供传授的东西（尽管也有这方面的原因），倒不如说是因为他们借助于莱辛这个范本并通过他们自身的自我教育而受到了莱辛的教育。几乎所有的人都认为莱辛富有个性，为人可靠、诚实、忠诚，并且秉具男子汉的勇毅气概。

---

① 康德曾花费五年的时间撰成《正确评价活力的思想》一书，想借此解决动能的大小究竟是质量与速度之积（笛卡儿派的观点）还是质量与速度平方之积（莱布尼茨的观点）的问题。康德当时并不知道别人早已解决了这个问题，因此受到了莱辛（当时二十二岁）的嘲讽，他在一首讽刺小诗中写道："康德着手一项艰难事业，欲将世界来讲演；他估算着活动之力，只是不把自己来估量。"——中译者注

② 康德曾写道："人类理性非常爱好建设，不只一次地把一座塔建成了以后又拆掉，以便察看一下地基情况如何。"参见［德］康德《任何一种能够作为科学出现的未来形而上学导论》，庞景仁译，商务印书馆1978年版，第4页。——中译者注

③ 康德曾写道："为信仰留余地，则必须否定知识。"参见［德］康德《纯粹理性批判》，蓝公武译，商务印书馆1960年版，第21页。——中译者注

主要参考文献

一 雅斯贝斯本人的著述

(一) 德文原典类

Hannah Arendt und Karl Jaspers, *Hannah Arendt-Karl Jaspers Briefwechsel* (1926—1969), Lotte Kohler und Hans Saner (Hrsg.), München: R. Piper & Co. Verlag, 1985 (3. Auflage, 1993).

Heidegger und Karl Jaspers, *Heidegger-Jaspers Briefwechsel* (1920—1963), Walter Biemel und Hans Saner (Hrsg.), München: R. Piper & Co. Verlag, 1990.

Karl Jaspers, *Allgemeine Psychopathologie*, Berlin & Heidelberg: Springer Verlag, 1913 (4. vollig neubearb. Auflage, 1946; 9. Auflage, 1973).

Karl Jaspers, *Psychologie der Weltanschauungen*, Berlin & Heidelberg: Springer Verlag, 1919 (6. Auflage, 1971).

Karl Jaspers, *Strindberg und Van Gogh*, München: R. Piper & Co. Verlag, 1922 (4. Auflage, 1977).

Karl Jaspers, *Die geistige Situation der Zeit*, Berlin: Walter de Gruyter Verlag, 1931 (5. Auflage, 1971).

Karl Jaspers, *Philosophie* (1—3), Berlin & Heidelberg: Springer Verlag, 1932 (4. Auflage, 1973).

Karl Jaspers, *Max Weber: Politiker, Forscher, Philosoph*, München: R. Piper & Co. Verlag, 1932 (4. Auflage, 1958).

Karl Jaspers, *Vernunft und Existenz*, München: R. Piper & Co. Verlag,

1935（5. Auflage，1973）.

Karl Jaspers, *Nietzsche*: *Einführung in das Verständnis seines Philosophierens*, Berlin: Walter de Gruyter Verlag, 1936（4. Auflage, 1981）.

Karl Jaspers, *Descartes und die philosophie*, Berlin & New York: Walter de Gruyter Verlag, 1937（4. Auflage, 1966）.

Karl Jaspers, *Nietzsche und das Christentum*, Hameln: Fritz Seifert Verlag 1938; Berlin: Walter de Gruyter Verlag, 1946; München: R. Piper & Co. Verlag, 1963.

Karl Jaspers, *Existenzphilosophie*, Berlin & New York: Walter de Gruyter Verlag, 1938（4. Auflage, 1974）.

Karl Jaspers, *Die Idee der Universität*, Berlin & Heidelberg: Springer Verlag, 1946（2. Auflage, 1980）.

Karl Jaspers, *Die Schuldfrage*: *Von der politischen Haftung Deutschlands*, Heidelberg: Lambert Schneider Verlag, 1946（2. Auflage, München, 1979; Neuaugabe 1987）.

Karl Jaspers, *Von der Wahrheit*: *Philosophische Logik*（*Erster Band*）, München: R. Piper & Co. Verlag, 1947（3. Auflage, 1983）.

Karl Jaspers, *Vom europäischen Geist*, München: R. Piper & Co. Verlag, 1947.

Karl Jaspers, *Der Philosophische Glaube*, München: R. Piper & Co. Verlag, 1948（7. Auflage, 1981）.

Karl Jaspers, "Unsere Zukunft und Goethe", Vortrag, gehalten anlässlich der Verleihung des Goethepreis der Stadt Frankfurt am main am 28. August 1947, in: *Die Wandlung*, 2（1947）, S. 559 – 578; "Goethes Menschlichkeit", Pede, in: Goethe-Feier, *Ansprachen im Münster*, *gehalten am 17. Juni 1949 von Walter Muschg und Karl Jaspers*, Basel（Helbing & Lichtenhahn）, 1949, S. 11 – 33.

Karl Jaspers, *Vom Ursprung und Ziel der Geschichte*, München: R. Piper & Co. Verlag, 1949（8. Auflage, 1983）.

Karl Jaspers, *Einführung in die Philosophie*, München: R. Piper & Co. Verlag, 1950（22. Auflage, 1983）.

Karl Jaspers, *Vernunft und Widervernunft in unserer Zeit*, München: R. Piper & Co. Verlag, 1950 (2. Auflage, 1952).

Karl Jaspers, *Rechenschaft und Ausblick: Reden und Aufsätze*, München: R. Piper & Co. Verlag, 1951 (2. Auflage, 1958).

Karl Jaspers, *über das Tragische*, München: R. Piper & Co. Verlag, 1952 (4. Auflage, 1961).

Karl Jaspers, *Leonardo als Philosoph*, Bern: Frank Verlag, 1953.

Karl Jaspers, Rubtmann, *Die Frage der Entmythologisierung*, München: R. Piper & Co. Verlag, 1954 (3. Auflage, 1981).

Karl Jaspers, *Schelling-Größe und Verhängnis*, München: R. Piper & Co. Verlag, 1955.

Karl Jaspers, *Wesen und Kritik der Psychotherapie*, München: R. Piper & Co. Verlag, 1955.

Karl Jaspers, *Die Grossen Philosophen: Erster Band*, München: R. Piper & Co. Verlag, 1957 (5. Auflage, 1995).

Karl Jaspers, *Die Atombombe und die Zukunft des Menschen*, München: R. Piper & Co. Verlag, 1958 (7. Auflage, 1983).

Karl Jaspers, Hannah Arendt, *Wahrheit, Freiheit und Friede*, München: R. Piper & Co. Verlag, 1958 (3. Auflage, 1958).

Karl Jaspers, *Philosophie und Welt: Reden und Aufsätze*, München: R. Piper & Co. Verlag, 1958 (2. Auflage, 1963).

Karl Jaspers, *Freiheit und Wiedervereinigung: über die Aufgaben deutscher Politik*, München: R. Piper & Co. Verlag, 1960.

Karl Jaspers, *Wahrheit und Wissenschaf*; Adolf Portman, *Naturwissenschaft und Humanismus*, München: R. Piper & Co. Verlag, 1960.

Karl Jaspers, "Der Philosophische Glaube angesichts der Christlichen Offenbarung", in: *Philosophische und Christliche Existenz. Festschrift für Heinrich Barth*, herausgeben von G. Huber, Basel, 1960, S. 1-92.

Karl Jaspers, *Der Philosophische Glaube angesichts der Offenbarung*, München: R. Piper & Co. Verlag, 1962 (3. Auflage, 1984).

Karl Jaspers, *Gesammelte Schriften zur Psychopathologie*, Berlin & Heidelberg: Springer Verlag, 1963.

Karl Jaspers, *Nikolaus Cusanus*, München: R. Piper & Co. Verlag, 1964.

Karl Jaspers, *Hoffnung und Sorge: Schriften zur deutschen Politik* (1945—1965), München: R. Piper & Co. Verlag, 1965.

Karl Jaspers, *Kleine Schule des Philosophischen Denkens*, München: R. Piper & Co. Verlag, 1965 (7. Auflage, 1980).

Karl Jaspers, *Wobin treibt die Bundesrepublik? ——Tatsachen, Gefahren, Chancen*, München: R. Piper & Co. Verlag, 1966 (8. Auflage, 1967).

Karl Jaspers, *Antwort: zur Kritik meiner Schrift Wohin treibt die Bundesrepublik*, München: R. Piper & Co. Verlag, 1967 (8. Auflage, 1967).

Karl Jaspers, *Schicksal und Wille: Autobiographische Schriften*, Hans Saner (Hrsg.), München: R. Piper & Co. Verlag, 1967 (2. Auflage, 1969).

Karl Jaspers, *Philosophische Aufsätze*, Frankfurt: Fischer-Verlag, 1967.

Karl Jaspers, *Aneignung und Polemik: Gesammelte Reden und Aufsätze zur Geschichte der Philosophie*, Hans Saner (Hrsg.), München: R. Piper & Co. Verlag, 1968.

Karl Jaspers, *Provokation*, Hans Saner (Hrsg.), München: R. Piper & Co. Verlag, 1969.

Karl Jaspers, *Chiffren der Transzendenz*, Hans Saner (Hrsg.), München: R. Piper & Co. Verlag, 1970 (4. Auflage, 1984).

Karl Jaspers, *Vernunft und Freiheit*, Stuttgart: Europäischer Buchclub, 1970.

Karl Jaspers, *Aspekte der Bundesrepublik*, München: R. Piper & Co. Verlag, 1972.

Karl Jaspers, *Was ist Philosophie?*, Hans Saner (Hrsg.), München: R. Piper & Co. Verlag, 1976 (2. Auflage, 1978).

Karl Jaspers, *Was ist Erziehung?*, Hermann Horn (textauswahl und zusammenstellung) München: R. Piper & Co. Verlag, 1977.

Karl Jaspers, *Philosophische Autobiographie*, München: R. Piper & Co. Verlag, 1977.

Karl Jaspers, *Kant: Leben, Werk, Wirkung*, München: R. Piper & Co.

Verlag, 1977.

Karl Jaspers, *Notizen zu Martin Heidegger*, Hans Saner (Hrsg.), München: R. Piper & Co. Verlag, 1978 (2. Auflage, 1978).

Karl Jaspers, *Die großen Philosophen* (Nachlaß, 1—2), Hans Saner (Hrsg.), München: R. Piper & Co. Verlag, 1981.

Karl Jaspers, *Weltgeschichte der Philosophie: Einleitung*, Hans Saner (Hrsg.), München: R. Piper & Co. Verlag, 1982.

Karl Jaspers, *Erneuerung der Universität: Reden und Schriften 1945/46*, Heidelberg: Lambert Schneider Verlag, 1986.

Karl Jaspers, *Nachlaß zur Philosophischen Logik*, München Zürich: R. Piper GmbH & Co. KG, 1991.

Karl Jaspers, *Das Wagnis der Freiheit: Gesammelte Aufsätze zur Philosophie*, München: R. Piper & Co. Verlag, 1996.

Karl Jaspers, *Was ist der Mensch? ——Philosophisches Denken für alle*, München: R. Piper & Co. Verlag, 2003.

Karl Jaspers, *Denkwege: Ein Lesebuch*, München: R. Piper & Co. Verlag, 2013.

Karl Jaspers, *Die maßgebenden Menschen: Sokrates, Buddha, Konfuzius, Jesus*, München: R. Piper & Co. Verlag, 2013.

Karl Jaspers, *Korrespondenzen* (1—3), Göttingen: Wallstein Verlag GmbH, 2016.

（二）英译类

Hannah Arendt and Karl Jaspers, *Hannah Arendt-Karl Jaspers Correspondence* (1926—1969), Edited by Lotte Kohler and Hans Saner, translated by Robert and Rita Kimber, New York: Harcourt Brace Jovanovich, 1992.

Heidegger and Karl Jaspers, *The Hedegger—Jaspers Correspondence* (1920—1963), translated by Gary E. Aylesworth, Amherst, N. Y.: Humanity Books, 2003.

Karl Jaspers, *Man in the Modern Age*, translated by E. Paul and C. Paul, London: Routledge and Kegan Paul Limited Broadway House, 1933

(New York: Doubleday & Co., 1957).

Karl Jaspers, *The Perennial Scope of Philosophy*, translated by Ralph Manheim, New York: Philosophical Library, 1949.

Karl Jaspers, *Reason and Anti-Reason in Our Time*, translated by Stanley Godman, New Haven & London: Yale University Press, 1952 (Hamden: Archon Books, 1971).

Karl Jaspers, *Existentialism and Humanism: three essays by Karl Jaspers*, in Hanns E. Fischer (Eds.), translated by E. B. Ashton, New York: Russell F. Moore Company, 1952.

Karl Jaspers, *The Origin and Goal of History*, translated by M. Bullock, New Have & Londonn: Yale University Press, 1953.

Karl Jaspers, *Way to Wisdom: An Introduction to Philosophy*, translated by Ralph Manheim, New Haven & London: Yale University Press, 1954.

Karl Jaspers, *Reason and Existenz*, translated by William Earle, London, Toronto & New York: The Noonday Press, 1955; afterword by Pol Vandevelde, Milwaukee: Marquette University Press, 1997.

Karl Jaspers, "Philosophical Autobiography" and "Reply to My Critics", in *The Philosophy of Karl Jaspers*, Edited by Paul Arthur Schilpp, New York: Tudor Publishing Company, 1957.

Karl Jaspers and Rubtmann, *Myth and Christianity*, translated by R. Joseph Hoffmann, New York: Noonday Press, 1958 (Prometheus Books, 2005).

Karl Jaspers, *The Idea of University*, translated by H. A. T. Reiche and H. F. Vanderschmidt, Boston: Beacon Press, 1959.

Karl Jaspers, *Truth and Symbol*, translated by Jean T. Wilde, William Kluback and William Kimmel, New Haven: College and University Press, 1959.

Karl Jaspers, *The Future of Mankind*, translated by E. B. Ashton, Chicago and London: The University of Chicago Press, 1961.

Karl Jaspers, *The Atom bomb and the Future of Man*, translated by E. B. Ashton, Chicago and London: The University of Chicago Press, 1963.

Karl Jaspers, *The Great Philosophers—Socrats, Buddha, Confucius, Jesus, Plato, Augustine, Kant*, edited by H. Arendt, translated by Ralph Manheim, New York: Harcourt, Brace & World, 1962.

Karl Jaspers, *General Psychopathology*, translated by J. Hoenig and Marian W. Hamilton, Chicago: University of Chicago Press, 1963; Baltimore and London: The Johns Hopkins University Press, 1997.

Karl Jaspers, *Philosophy and the World: Selected Essays and Lectures*, translated by E. B. Ashton, Chicago: Henry Regnery Company, 1963.

Karl Jaspers, *Three Essays: Leonardo, Descartes, Max Weber*, translated by Ralph Manheim, New York: Harcourt, Brace & World, 1964.

Karl Jaspers, *The Great Philosophers—Anaximander, Heraclitus, Parmenides, Plotinus, Anselm, Nicholas of Cusa, Spinoza, Lao-Tzu, Nagarjuna*, edited by H. Arendt, translated by Ralph Manheim, New York: Harcourt, Brace & World, 1966.

Karl Jaspers, *Philosophy is For Everyman: A Short Course in Philosophical Thinking*, translated by R. F. C. Hull and G. Wels, New York: Harcourt, Brace & World, 1967.

Karl Jaspers, *The Future of Germany*, translated by E. B. Ashton, Chicago and London: The University of Chicago Press, 1967.

Karl Jaspers, *Tragedy Is Not Enough*, translated by Harald A. T. Reiche, Harry T. Moore and Karl W. Deutsch, Boston: Beacon Press, 1969.

Karl Jaspers, *Philosophy* (Vol. 1), translated by E. B. Ashton, Chicago and London: The University of Chicago Press, 1969.

Karl Jaspers, *Philosophy* (Vol. 2), translated by E. B. Ashton, Chicago and London: The University of Chicago Press, 1970.

Karl Jaspers, *Philosophy* (Vol. 3), translated by E. B. Ashton, Chicago and London: The University of Chicago Press, 1971.

Karl Jaspers, *Philosophy of Existenz*, translated by R. F. Grabau, Philadelphia: University of Pennsylvania Press, 1972.

Karl Jaspers, *Strindberg and Van Gogh*, translated by Oskar Grunow and David Woloshin, Arizona: the University of Arizona Press, 1977.

Karl Jaspers, *Karl Jaspers Basic Philosophical Writings*（*selections*）, edited, translated with introductions by Edith Ehrlich, Leonard H. Ehrlich, George B. Pepper, Ohio and London：Ohio University Press, 1986.

Karl Jaspers, *The Great Philosophers—Xenophanes, Democritus, Empedocles, Bruno, Epicurus, Boehme, Schelling, Leibniz, Aristotle, Hegel*, translated by Edith Ehrligh and Leonard H. Ehrlich, New York：Harcourt Brace & Company, 1993.

Karl Jaspers, *The Great Philosophers—Descartes, Pascal, Lessing, Kierkegaard, Nietzsche, Einstein, Weber, Marx*, translated by Edith Ehrlich and Leonard H. Ehrlich, New York：Harcourt Brace & Company, 1995.

Karl Jaspers, *The Question of German Guilt*, translated by E. B. Ashton, New York：Fordham University Press, 2000.

（三）汉译类

Karl Jaspers：《悲剧之超越》，叶颂姿译，（台北）巨流图书公司 1970 年版。

Karl Jaspers：《哲学浅论》，张康译，（台北）东大图书公司 1978 年版。

Karl Jaspers：《当代的精神处境》，黄藿译，（台北）联经出版事业公司 1985 年版。

K. 雅斯贝尔斯：《我的走向哲学的道路》，梁志学译，载《现代外国资产阶级哲学资料》1961 年第 2 辑。

K. 雅斯贝尔斯：《原子弹与人类的未来（前言）》，梁志学译，载《现代外国资产阶级哲学资料》1961 年第 3 辑。

K. 雅斯贝尔斯：《原子弹与人类的未来》，梁志学译，载《现代外国资产阶级哲学资料》1961 年第 5 辑。

K. 雅斯贝尔斯：《真理与科学》，广华译，载《哲学译丛》1964 年第 5 期。

K. 雅斯贝尔斯：《哲学家所见的人类历史》，纪琨译，载《哲学译丛》1964 年第 11 期。

K. 雅斯贝尔斯：《漫谈哲学——一个存在主义者的见解》，赵鑫珊译，载《国外社会科学》1981 年第 4 期。

K. 雅斯贝尔斯：《论真理》，袁义江、刘向东译，载《哲学译丛》1984年第4期。

K. 雅斯贝尔斯：《关于我的哲学》，袁义江、刘向东译，载《德国哲学》1988年卷（总第5辑）。

K. 雅斯贝斯：《世界中的哲学》，金寿铁、梦淑译，载《哲学译丛》1989年第6期。

K. 雅斯贝尔斯：《克尔凯郭尔和尼采》，袁义江译，载《德国哲学》1989年卷（总第6辑）。

K. 雅斯贝斯：《非基督教宗教与西方》，梦海译，载《哲学译丛》1992年第2期。

K. 雅斯贝尔斯：《自画像》，梦海译，载《哲学译丛》2001年第2期。

K. 雅斯贝尔斯：《哲学终结了吗？——与W. 霍希克佩尔谈哲学的未来》，梦海译，载《世界哲学》2003年第5期。

K. 雅斯贝尔斯：《论欧洲精神》，金寿铁译，载《世界哲学》2008年第2期。

K. 雅斯贝尔斯：《我通向哲学之路》，梦海译，载《世界哲学》2009年第4期。

卡尔·雅斯培：《四大圣哲》，赖显邦译，（台北）自华书店1986年版。

卡尔·雅斯培：《奥古斯丁》，赖显邦译，（台北）自华书店1986年版。

卡尔·雅斯培：《柏拉图》，赖显邦译，（台北）自华书店1986年版。

卡尔·雅斯培：《康德》，赖显邦译，（台北）自华书店1986年版。

卡尔·雅思佩尔斯：《凡·高与精神分裂症》，收入［荷］博戈米拉·韦尔什－奥夫沙罗夫编《凡·高论》，刘明毅译，上海人民美术出版社1987年版。

卡尔·雅斯贝尔斯：《悲剧的超越》，亦春译，工人出版社1988年版。

卡尔·雅斯贝尔斯：《智慧之路——哲学导论》，柯锦华、范进译，中国国际广播出版社1988年版。

卡尔·雅斯贝斯：《雅斯贝斯哲学自传》，王立权译，上海译文出版社1989年版。

卡尔·雅斯贝斯：《历史的起源与目标》，魏楚雄、俞新天译，华夏出版社1989年版。

卡尔·雅斯贝尔斯：《苏格拉底佛陀孔子和耶稣》，李瑜青、胡学东译，安徽文艺出版社1991年版。

卡尔·雅斯贝尔斯：《当代的精神处境》，黄藿译，生活·读书·新知三联书店1992年版。

卡尔·雅斯贝尔斯：《现时代的人》，周晓亮、宋祖良译，社会科学文献出版社1992年版。

卡尔·雅斯贝斯：《生存哲学》，王玖兴译，上海译文出版社1994年初版；2005年再版。

卡尔·雅斯贝斯：《时代的精神状况》，王德峰译，上海译文出版社1997年版。

卡尔·雅斯贝尔斯：《尼采：其人其说》，鲁路译，社会科学文献出版社2001年版。

卡尔·雅斯贝尔斯：《卡尔·雅斯贝斯文集》，朱更生译，青海人民出版社2003年版。

卡尔·雅斯贝尔斯：《大哲学家》，李雪涛主译，社会科学文献出版社2005年版。

卡尔·雅斯贝尔斯：《大学之理念》，邱立波译，上海人民出版社2007年版。

卡·雅斯贝尔斯：《哲学导论——十二篇电台讲演集》，鲁路译，收入［德］卡·雅斯贝尔斯等《哲学与信仰：雅斯贝尔斯哲学研究》，鲁路译，人民出版社2010年版。

卡尔·雅斯贝尔斯：《哲学思维学堂》，梦海译，同济大学出版社2012年版。

卡尔·雅斯贝尔斯：《歌德与我们的未来》，孙秀昌译，收入张永清、陈奇佳主编《当代批评理论》，人民出版社2013年版。

卡尔·雅斯贝斯：《作为哲学家的达·芬奇（上）》，孙秀昌译，载《燕赵学术》2013年秋之卷。

卡尔·雅斯贝斯：《作为哲学家的达·芬奇（下）》，孙秀昌译，载《燕赵学术》2014年春之卷。

卡尔·雅斯贝斯：《论荷尔德林》，孙秀昌译，载《中国语言文学研究》2015年春之卷。

卡尔·雅斯贝斯：《论凡·高》，孙秀昌译，载《中国语言文学研究》2016年春之卷。

卡尔·雅斯贝斯：《精神分裂症与创作能力以及现代文化的关系》，孙秀昌译，载《河北学刊》2016年第4期。

卡尔·雅斯贝斯：《莱辛的哲学思想》，孙秀昌译，载《中国语言文学研究》2017年春之卷。

卡尔·雅斯贝斯：《关于艺术与哲学内在关系的思考》，孙秀昌译，载《河北学刊》2017年第5期。

卡尔·雅斯贝斯：《艺术是解读密码的语言》，孙秀昌译，载《德国哲学》2018年上半年卷。

卡尔·雅斯贝尔斯：《论历史的起源与目标》，李雪涛译，华东师范大学出版社2018年版。

卡尔·雅斯贝尔斯：《梵·高的作品与他对自身疾病的态度》，萧易译，收入白轻编，米歇尔·福柯等著《疯狂的谱系：从荷尔德林、尼采、梵·高到阿尔托》，孔锐才等译，西南师范大学出版社2019年版。

卡尔·雅斯贝尔斯：《历史的起源与目标》，李夏菲译，漓江出版社2019年版。

卡尔·雅斯贝尔斯：《哲学入门》，鲁路译，华东师范大学出版社2020年版。

卡尔·雅斯贝斯：《斯特林堡与凡·高：与斯威登堡、荷尔德林作比较的病理学案例试析》，孙秀昌译，中国社会科学出版社2020年版。

卡尔·雅斯贝斯：《莱辛的神学思想》，孙秀昌译，载《德国哲学》2020年卷。

卡尔·雅斯贝尔斯：《尼采——其哲学沉思理解导论》，鲁路译，华东师范大学出版社2021年版。

卡尔·雅斯贝尔斯：《论悲剧》，梁靓译，华东师范大学出版社2021年版。

卡尔·雅斯贝尔斯：《生存哲学》，庞昕译，华东师范大学出版社2021年版。

主要参考文献

卡尔·雅斯贝尔斯:《什么是教育》,童可依译,生活·读书·新知三联书店 2021 年版。

[德]瓦尔特·比默尔、[瑞士]汉斯·萨纳尔编:《海德格尔与雅斯贝尔斯往复书简(1920—1963 年)》,李雪涛译,上海人民出版社 2012 年版。

雅斯培:《智慧之路》,周行之译,(台北)志文出版社 1969 年版。

雅斯柏斯:《哲学与科学》《生存哲学》《论自由的危险与机会》《新人道主义的条件与可能》《原子弹威胁下的良心》,王玖兴译,收入中国科学院哲学研究所西方哲学史组编《存在主义哲学》,商务印书馆 1963 年版;王玖兴所译《新人道主义的条件与可能》一文另收入沈恒炎、燕宏远主编《国外学者论人和人道主义(第一辑:西方国家)》,社会科学文献出版社 1991 年版。

雅斯培:《关于我的哲学》、《齐克果与尼采》、*The Encompassing*,收入考夫曼编著《存在主义哲学》,陈鼓应、孟祥森、刘崎译,(台北)台湾商务印书馆 1971 年版;《存在主义》,商务印书馆 1987 年版。

雅斯培:《雅斯培论教育》,杜意风译,(台北)联经出版事业公司 1983 年版。

雅斯贝斯:《论历史的意义》,赵鑫珊摘译,收入张文杰等编译《现代西方历史哲学译文集》,上海译文出版社 1984 年版。

雅斯贝尔斯:《存在与超越——雅斯贝尔斯文集》,余灵灵、徐信华译,上海三联书店 1988 年版。

雅斯贝尔斯:《什么是教育》,邹进译,生活·读书·新知三联书店 1991 年版。

雅斯贝尔斯:《目前哲学状况的由来》《生存哲学》《生存》《大全》《临界境况》《个别临界境况》《密码的本质》《人是什么》《哲学与科学》,收入熊伟主编《存在主义哲学资料选辑》上卷,商务印书馆 1997 年版。

雅士培:《四大圣哲》,傅佩荣译,(台北)业强出版社 1985 年版;(台北)立绪文化事业有限公司 2015 年版。

雅思贝尔斯:《关于艾希曼审判——接受法朗西斯·蓬迪的采访》《耶路

— 989 —

撒冷的艾希曼——关于同标题的阿伦特著作与彼德·魏斯的谈话》，海宁译，收入孙传钊编，汉娜·阿伦特等著《〈耶路撒冷的艾希曼〉：伦理的现代困境》，孙传钊译，吉林人民出版社2003年版。

雅斯贝斯：《悲剧知识》，吴裕康译，收入刘小枫主编《人类困境中的审美精神——哲人、诗人论美文选》，知识出版社1994年版；收入刘小枫选编《德国美学文选》（下卷），华东师范大学出版社2006年版。

二　雅斯贝斯研究文献

（一）德文类

Andreas Cesana（Hrsg.），*Kulturkonflikte und Kommunikation：Zur Aktualität von Jaspers' Philosophie*，Würzburg：Königshausen & Neumann Verlag，2016.

Anton Hügli und Dominic Kaegi（Hrsg.），*Existenz und Sinn：Karl Jaspers im Kontext*，Heidelberg：Universitätsverlag Winter GmbH，2009.

Anton Hügli, Dominic Kaegi und Reiner Wiehl（Hrsg.），*Einsamkeit-Kommunikation-öffentlichkeit Internationaler Karl Jaspers-Kongress*，Basel：Schwabe Verlag，2004.

Bernd Weidmann（Hrsg.），*Existenz in Kommunikation：zur philosophischen Ethik von Karl Jaspers*，Würzburg：Königshausen & Neumann Verlag，2004.

Burkard und Franz-Peter，*Karl Jaspers. Einführung in sein Denken*，Würzburg：Königshausen & Neumann Verlag，1985.

Dietrich Harth（Hrsg.），*Karl Jaspers：Denken Zwischen Wissenschaft，Politik und Philosophie*，Stuttgart：Metzler Verlag，1989.

F. Röhr，*Die pädagogische Theorie im Denken von Karl Jaspers*，Bonn：Bouvier Verlag，1986.

Gisela Gefken und Karl Kunert（Hrsg.），*Primärbibliographie der Schriften Karl Jaspers'. im Auftr. der Karl-Jaspers-Stif*，Tübingen & Basel：Francke Verlag，2000.

Hans Saner und Klaus Piper（Hrsg.），*Erinnerungen an Karl Jaspers*，München：R. Piper & Co. Verlag，1974.

Hans Saner（Hrsg.），*Karl Jaspers in der Dis Diskuddion*，München：R. Piper & Co. Verlag，1973.

Hans Saner（Hrsg.），*KarlJaspers：Denkwege：Ein Lesebuch*，München：R. Piper & Co. Verlag，1983.

Hans Sanner，*Karl Jaspers*，Hamburg：Rowohlt Taschenbuch Verlag GmbH，1970.

Hans-Martin Gerlach，*Existenzphilosophie-Karl Jaspers*，Berlin：Walter de Gruyter Verlag，1987.

Helmut Fuhrmann，*Sechs Studien zur Goethe-Rezeption*，Würzburg：Königshausen & Neumann GmbH，2002.

Hermann Rudolf Horn，*Existenz，Erziehung und Bildung：Das Problem der Erziehung und Bildung bei Karl Jaspers und die neuere Pädagogik*，Göttingen：Wallstein Verlag，1955.

Jeanne Hersch，Jan Milic Lochman und Reiner Wiehl（Hrsg.），*Karl Jaspers：Philosoph，Arzt，politischer Denker：Symposium zum 100. Geburtstag in Basel und Heidelberg*，München：R. Piper & Co. Verlag，1986.

Jeanne Hersch，*Karl Jaspers*，München：R. Piper & Co. Verlag，1991.

Jeanne Hersch，*Karl Jaspers：eine Einführung in sein Werk*，München：R. Piper & Co. Verlag，1980.

Joachim-Felix Leonhard（Hrsg.），*Karl Jaspers in seiner Heidelberger Zeit*，Heidelberger：Verlagsanstalt und Druckerei GmbH，1983.

Karl-Jaspers-Gesellschaft（Hrsg.），*Karl-Jaspers-Gesellschaft* 14/2001，Studien Verlag，2001.

Karl-Jaspers-Gesellschaft（Hrsg.），*Karl-Jaspers-Gesellschaft* 28/2015，Stdien Verlag，2015.

Karl-Jaspers-Gesellschaft（Hrsg.），*Karl-Jaspers-Gesellschaft* 29/2016，Studien Verlag，2017.

Klaus Piper（Hrsg.），*Karl Jaspers：Werk und Wirkung*，München：R.

Piper & Co. Verlag, 1963.

Klaus Piper (Hrsg.), *Karl Jaspers: Werk und Wirkung*, München: R. Piper & Co. Verlag, 1958.

Klaus Piper (Hrsg.), *Offener Horizont: Festschrift für Karl Jaspers*, München: R. Piper & Co. Verlag, 1953.

Kurt Salamum, *Karl Jaspers*, München: R. Piper & Co. Verlag, 1985.

Kurt Salamun (Hrsg.), *Karl Jaspers: Zur Aktualität seines Denkens*, München: R. Piper & Co. Verlag, 1991.

Leonard H. Ehrlich und Richard Wisser (Hrsg.), *Karl Jaspers: on the Way to "World Philosophy"*, Würzburg: Königshausen & Neumann Verlag, 1998.

Matthias Bormuth (Hrsg.), *Offener Horizont: Jahrbuch der Karl Jaspers-Gesellschaft*, Wallstein Verlag, 2014.

Ralf Kadereit, *Karl Jaspers und die Bundesrepublik Deutschland*, Paderborn: Schöningh Verlag, 1999.

Reiner Wiehl und Dominic Kaeg (Hrsg.), *Karl Jaspers-Philosophie und Politik*, Heidelberg: Universitätsverlag Winter GmbH, 2006.

R. Schulz, G. Bonanni und M. Bormuth (Hrsg.), *"Wahrheit ist, was uns verbindet": Karl Jaspers' Kunst zu philosophieren*, Göttingen: Wallstein Verlag, 2009.

Suzanne Kirkbright, *Border and Border Experience*, Schweizer: Peter Lang Verlag, 1997.

Werner Schüssler, *Karl Jaspers zur Einführung*, Hamburg: Junius Verlag GmbH, 1995.

（二）英文类

Alan M. Olson (Eds.), *Heidegger and Jaspers*, Philadelphia: Temple University Press, 1994.

Alan M. Olson, *Transcendence and Hermeneutics: an introduction of the philosophy of Karl Jaspers*, The Hague, Boston and London: Martinus Nijhoff Publishers, 1979.

Bernard F. O'Connor, *A Dialogue Between Philosophy and Religion: The*

Perspective of Karl Jaspers, Lanham: University Press of America, 1988.

Charles F. Wallraff, *Karl Jaspers: An Introduction to his Philosophy*, New Jersey: Princeton University Press, 1970.

Chris Thornhill, *Karl Jaspers: Politics and Metaphysics*, London and New York: Routledge and Kegan Paul Limited Broadway House, 2002.

Elisabeth Young-bruehl, *Freedom and Karl Jaspers's Philosophy*, New Haven and London: Yale University Press, 1981.

H. J. Blackham, *Six Existentialist Thinkers*, London: Routledge and Kegan Paul Limited Broadway House, 1952.

James Collins, *The Existentialists: A Critical Study*, Chicago: Regnery, 1959.

James Collins, *The Existentialists: A Critical Study*, Chicago: Henry Regnery, 1952.

Jean Wahl, *Philosophies of Existence: An introduction to the Basic Thought of Kierkegaard, Heidegger, Jaspers, Marcel, Sartre*, translated from the French by F. M. Lory, London: Routledge and Kegan Paul Limited Broadway House, 1969.

John M. MacGregor, *The Discovery of the Art of the Insane*, New Jersey: Princeton University Press, 1989.

John Wild, *The Challenge of Existentialism*, Bloomington: Indiana University Press, 1955.

Joseph W. Koterski and Raymond J. Langley (Eds.), *Karl Jaspers on philosophy of history and history of philosophy*, Amherst, New York: Humanity Books, 2003.

Kurt F. Reinhardt, *The Existentialist Revolt*, New York: Frederic Ungar, 1952.

Leonard H. Ehrlich and Richard Wisser (Eds.), *Karl Jaspers Today: Philosophy at the Threshold of the Future*, Washington, D. C.: University Press of America, 1988.

Leonard H. Ehrlich, *Karl Jaspers: Philosophy as Faith*, Amherst: University of Massachusetts Press, 1975.

Matthias Bormuth, *Life Conduct in Modern Times: Karl Jaspers and Psychoanalysis*, trans. by Susan Numi-Schomers, Netherlands: Springer Verlag, 2006.

Paul Arthur Schilpp (Eds.), *The Philosophy of Karl Jaspers*, New York: Tudor Publishing Company, 1957.

Ralph Harper, *Existentialists: A Theory of Man*, Cambridge: Harvard University Press, 1948.

Richard Wisser and Leonard H. Ehrlich (Eds.), *Karl Jaspers: Philosopher among Philosophers-Philosoph unter Philosophen*, Würzburg: Königshausen & Neumann Verlag, 1993.

Roger L. Shinn, *The Existentialist Posture: A Christian Look at Its Meaning, Impact, Values, Dangers*, New York: Association Press, 1959.

Schrag, Oswald, *Existence, Existenz and Transzendence: An Introduction to the Philosophy of Karl Jaspers*, Pittsburgh: Duquesne University Press, 1971.

Sebastian Samay, *Reason Revisited: The Philosophy of Karl Jaspers*, Dublin: University of Notre Dame Press, 1971.

Suzanne Kirkbright, *Karl Jaspers: A biography: Navigations in Truth*, New Haven and London: Yale University Press, 2004.

Thomas Fuchs, Sabine C. Herpertz (Eds.), *The Centennial of Karl Jaspers' General Psychopathology*, London and New York: S. Karger Publishing, 2013.

Walter Kaufman (Eds.), *Existentialism from Dostoyevsky to Sartre*, New York and Cleveland: The World Publishing Company, 1956 (Meridian Publishing Company, 1989).

William Barrett, *Irrational Man: A Study in Existential Philosophy*, New York: Anxhor Books, 1958.

William L. McBride, *Existentialist Background: Kierkegaard, Dostoevsky, Nietzche, Jaspers, Heidegger*, New York and London: Garland Publishing, 1997.

（二）汉译类

［澳］巴斯摩尔：《哲学百年　新近哲学家》，洪汉鼎、陈波、孙祖培译，商务印书馆 1996 年版。

［美］贝克等：《存在主义与心理分析》，叶玄译，（台北）巨流图书公司 1973 年版。

［英］大卫·E. 科珀：《存在主义》，孙小玲、郑剑文译，复旦大学出版社 2012 年版。

［奥地利］弗兰克：《从存在主义到精神分析》，黄宗仁译，（台北）杏文出版社 1977 年版。

［法］富尔基埃：《存在主义》，潘培庆、郝珉译，上海译文出版社 1988 年版。

［美］汉娜·阿伦特：《卡尔·雅斯贝尔斯：一篇赞词》《卡尔·雅斯贝尔斯：世界公民？》，收入［美］汉娜·阿伦特《黑暗时代的人们》，王凌云译，江苏教育出版社 2006 年版。

［德］汉斯－格奥尔格·伽达默尔：《哲学生涯——我的回顾》，陈春文译，商务印书馆 2003 年版。

［德］汉斯·萨内尔：《雅斯贝尔斯》，程志民、宋祖良、谢地坤译，中国社会科学出版社 1992 年版。

［德］汉斯·萨尼尔：《雅斯贝尔斯》，张继武、倪梁康译，生活·读书·新知三联书店 1988 年版。

［日］今道友信等：《存在主义美学》，崔相录、王生平译，辽宁人民出版社 1987 年版。

［德］卡·雅斯贝尔斯等：《哲学与信仰：雅斯贝尔斯哲学研究》，鲁路译，人民出版社 2010 年版。

［美］考夫曼编著：《存在主义》，陈鼓应、孟祥森、刘崎译，商务印书馆 1987 年版。

［美］考夫曼编著：《存在主义哲学》，陈鼓应、孟祥森、刘崎译，（台北）台湾商务印书馆 1971 年版。

［美］L. J. 宾克莱：《理想的冲突——西方社会中变化着的价值观念》，马元德、陈白澄、王太庆、吴永泉等译，商务印书馆 1983 年版。

［英］莱斯泽克·柯拉柯夫斯基：《形而上学的恐怖》，唐少杰等译，生

活·读书·新知三联书店 1999 年版。

［美］理查德·沃林：《文化批评的观念：法兰克福学派、存在主义和后结构主义》，张国清译，商务印书馆 2000 年版。

［匈］卢卡奇：《理性的毁灭》，王玖兴等译，山东人民出版社 1997 年版。

［法］罗·加罗蒂：《人的远景：存在主义、天主教思想、马克思主义》，徐懋庸、陆达成译，生活·读书·新知三联书店 1965 年版。

［美］梅加利·噶林：《存在主义导论》，何欣译，（台北）仙人掌出版社 1969 年版；（台北）大林出版社 1973 年版；（台北）水牛图书出版事业公司 1991 年版。

［美］N. 劳曼编著：《新编存在主义辞典》，程继松译，中国地质大学出版社 1992 年版。

［德］尼古劳斯·桑巴特：《海德堡岁月》，刘兴华译，江苏人民出版社 2007 年版。

［法］让·华尔：《存在哲学》，翁绍军译，赵鑫珊校，生活·读书·新知三联书店 1987 年版。

［法］让·华尔：《存在主义简史》，马清槐译，商务印书馆 1962 年版。

［波］沙夫：《人的哲学：马克思主义与存在主义》，林波、徐懋庸、段薇杰、张振辉译，生活·读书·新知三联书店 1963 年版。

［德］施太格缪勒：《当代哲学主流》上卷，王炳文、燕宏远、张金言等译，商务印书馆 1986 年版。

［日］松浪信三郎：《存在主义》，梁祥美译，（台北）志文出版社 1982 年版。

［美］托马斯·R. 弗林：《存在主义简论》（英汉对照），莫伟民译，外语教学与研究出版社 2013 年版。

［美］威廉·巴雷特：《非理性的人——存在主义哲学研究》，段德智译，上海译文出版社 1992 年版。

［美］威廉·巴雷特：《非理性的人——存在主义哲学研究》，杨照明、艾平译，商务印书馆 1995 年版。

［美］威廉·白瑞德：《非理性的人：存在哲学研究》，彭镜禧译，（台北）立绪文化事业有限公司 2001 年版。

[美]威廉·白瑞德:《非理性的人——存在主义探源》,彭镜禧译,黑龙江教育出版社1988年版。

[美]威廉·白瑞德:《非理性的人——存在主义哲学研究》,彭镜禧译,(台北)志文出版社1984年版。

[美]威廉·贝立德:《没条理的人——存在哲学的研究》,(台北)三民书局1969年版(1971年再版)。

[德]威廉·魏施德:《后楼梯——大哲学家的生活与思考》,李贻琼译,华夏出版社2000年版。

[德]维尔纳·叔斯勒:《雅斯贝尔斯》,鲁路译,中国人民大学出版社2008年版。

[法]雅克·科莱特:《存在主义》,李焰明译,商务印书馆2004年版。

[波]耶日·科萨克:《存在主义的大师们》,王念宁译,中央编译出版社2003年版。

(三)汉语著述类①

蔡洞峰:《人类悲剧的超越——雅斯贝尔斯对悲剧的哲学阐释》,载《天水行政学院学报》2004年第5期。

车铭洲:《现代西方五大哲学思潮》,工人出版社1985年版。

陈鼓应编:《存在主义》,(台北)台湾商务印书馆1967初版,1968年6版。

陈俊辉:《通往存在之路:试以西洋存在哲学的思考为探讨中心》,(台北)华泰文化事业公司2001年版。

陈俊辉:《西洋存有学发展史》,(台北)唐山出版社1989年版。

陈朗:《论雅斯贝斯的悲剧学说》,硕士学位论文,苏州大学,2003年。

程孟辉:《西方悲剧学说史》,中国人民大学出版社1994年版。

程志民、杨深:《存在的呼唤——西方存在主义哲学研究》,陕西人民教育出版社1997年版。

方朝晖:《重建价值主体——卡尔·雅斯贝斯对近现代西方自由观的扬弃》,博士学位论文,复旦大学,1992年;中央广播电视大学出

---

① 这里所列的参考文献包括汉语学界研究雅斯贝斯的专著、硕博论文、期刊论文,其中的硕士学位论文、期刊论文只列出直接关涉雅斯贝斯美学观、艺术观的部分。

版社1993年版。

高宣扬：《存在主义》，（台北）远流出版社1993年版；上海交通大学出版社2016年版。

高宣扬：《存在主义概说》，（香港）天地图书有限公司1986年版。

何怀宏：《生命与自由：法国存在哲学研究》，湖北教育出版社2001年版。

何怀宏：《生命与自由：法国存在哲学引论》，北京师范大学出版社2014年版。

洪樱芬：《人的实现——论雅斯培"存在"的实现与孟子"人性"的实现》，博士学位论文，台湾辅仁大学，1997年。

侯鸿勋、姚介厚编：《西方著名哲学家评传续编》，山东人民出版社1987年版。

黄藿：《雅斯培的超越思想研究》，博士学位论文，台湾辅仁大学，1986年；《雅斯培》，（台北）东大图书公司1992年版。

黄克剑：《心蕴——一种对西方哲学的读解》，中国青年出版社1999年版。

金寿铁：《敞开的视域——雅斯贝尔斯哲学研究》，吉林人民出版社2001年版。

金寿铁：《心灵的界限——雅斯贝尔斯精神病理学研究》，博士学位论文，吉林大学，1999年；吉林人民出版社2000年版。

金寿铁：《在启示信仰与无神性之间——卡尔·雅斯贝尔斯的暗码论》，载《江海学刊》2017年第4期。

劳思光：《存在主义哲学》，（香港）亚洲出版社1959初版，1970年再版；《存在主义哲学新编》，（香港）中文大学出版社1998年版。

李庚香：《人及其超越性——雅斯贝尔斯的存在主义美学》，载《吉林大学社会科学学报》2003年第1期。

李剑：《生存的实现——对雅斯贝斯哲学中一个基本问题的探析》，博士学位论文，复旦大学，2005年。

李钧：《存在主义文论》，山东教育出版社2000年版。

李珺平：《波德莱尔应和论与斯威登堡通灵术——兼及康德》，载《湛江师范学院学报》2009年第5期。

李天命：《存在主义概论》，（台北）台湾学生书局1986年版。

李雪涛：《雅斯贝尔斯与中国：论哲学的世界史建构》，东方出版社2021年版。

刘敏：《论雅斯贝尔斯的悲剧哲学》，载《兰州交通大学学报》2015年第2期。

刘敏：《生存·悲剧·信仰——雅斯贝斯哲学思想研究》，博士学位论文，中国人民大学，1998年。

刘敏：《雅斯贝尔斯悲剧哲学初探》，载《德国哲学论丛》1996—1997年卷。

刘茜：《雅斯贝斯的悲剧论研究——从"临界境遇"到生存之"超越"》，硕士学位论文，四川师范大学，2019年。

刘载福编著：《存在主义哲学与文学》，（台中）普天出版社1976年版；（香港）曾文出版社1982年版。

鲁路：《自由与超越——雅斯培尔斯对生存的阐明》，博士学位论文，中国社科院，1995年；中央编译出版社1997年版。

罗冬：《从悲剧前知识浅析雅斯贝尔斯的悲剧理论》，载《戏剧之家》2016年第21期。

罗克汀：《从现象学到存在主义的演变》，广州文化出版社1990年版。

马美宏：《"失败中人类的伟大"——雅斯贝尔斯对悲剧的哲学阐释管窥》，载《艺海》1998年第1期。

马美宏：《挫折与超越——雅斯贝尔斯悲剧哲学探究》，载《江苏社会科学》1992年第3期。

毛崇杰：《存在主义美学与现代派艺术》，社会科学文献出版社1988年版。

牛宏宝：《二十世纪西方美学主潮》，湖北人民出版社1996年版。

时胜勋：《雅斯贝尔斯悲剧美学思想探析》，载《戏剧文学》2007年第9期。

史作柽：《存在之伦理》，（台北）台湾现代杂志社1968年版。

孙翠宝主编：《智者的思路——二十世纪西方哲学思维方式》，复旦大学出版社1989年版。

孙巍：《雅斯贝斯科学哲学思想研究》，博士学位论文，大连理工大学，2014年。

孙秀昌:《创作·作品·吸纳——一种对雅斯贝斯艺术活动三要素思想的阐释》，载《社会科学家》2008年第6期。

孙秀昌:《达·芬奇：一位理性生存型的艺术家——简析雅斯贝斯的达·芬奇观》，载《燕赵学术》2008年秋之卷。

孙秀昌:《凡·高：一位主观体验型的精神分裂症艺术家——简析雅斯贝斯的凡·高观》，载《唐山师范学院学报》2008年第3期。

孙秀昌:《反省"想象"、"游戏"与"审美冷淡"——雅斯贝斯祈向超越之维的生存艺术观探微》，载《燕赵学术》2007年春之卷。

孙秀昌:《冯至与雅斯贝斯的相遇——基于学术史的考察》，载《江海学刊》2019年第4期。

孙秀昌:《批评何为？——雅斯贝斯论莱辛的诗学思想》，载《深圳社会科学》2021年第3期。

孙秀昌:《如何看待与反思歌德的局限——雅斯贝斯论歌德》，载《文艺争鸣》2020年第3期。

孙秀昌:《生存·悲剧·超越——祈向超越之维的雅斯贝斯生存悲剧》，载《问道》2007年卷（总第1辑）。

孙秀昌:《生存·密码·超越——祈向超越之维的雅斯贝斯生存美学》，博士学位论文，中国人民大学，2006年；人民出版社2010年版。

孙秀昌:《生存·艺术·教育——雅斯贝斯艺术教育观探微》，载《河北师范大学学报》（教育版）2009年第9期。

孙秀昌:《生存·艺术·密码——雅斯贝斯"生存艺术形而上学"思想探微》，载《河北师范大学学报》（哲学社会科学版）2009年第1期。

孙秀昌:《吸纳歌德的六个要求——雅斯贝斯论歌德》，载《中国政法大学学报》2021年第1期。

孙秀昌:《雅斯贝斯"精神分裂症艺术家"思想探微》，载《福建论坛》（人文社会科学版）2009年第3期。

孙秀昌:《雅斯贝斯"密码论"发微——兼与海德格尔、萨特美学观比较》，载《福建师范大学学报》（哲学社会科学版）2009年第2期。

孙秀昌:《雅斯贝斯"密码论"解读》，载《问道》2009年卷（总第

3 辑)。

孙秀昌:《雅斯贝斯〈大哲学家〉中的艺术家论探微》,载《中国语言文学研究》2019 年秋之卷。

孙秀昌:《一位客观表现型的精神分裂症艺术家——雅斯贝斯的斯特林堡观》,载《邯郸学院学报》2008 年第 4 期。

孙秀昌:《一位主观体验型的精神分裂症艺术家——雅斯贝斯的荷尔德林观》,载《石家庄职业技术学院学报》2008 年第 3 期。

孙振青编著:《存在哲学简介》,(台中)光启出版社 1966 年版。

王玖兴:《雅斯贝尔斯哲学》(1963)、《雅斯贝尔斯哲学概观》(1963)、《雅斯贝尔斯论不可知主义与人生问题》(1963)、《雅斯贝尔斯》(1986),收入崔唯航选编《王玖兴文集》,河北大学出版社 2005 年版。

王克千、樊莘森:《存在主义述评》,上海人民出版社 1981 年版。

王炜、周国平主编:《当代西方著名哲学家评传(第九卷人文哲学)》,山东人民出版社 1996 年版。

王小林:《雅斯贝雅斯的存在主义悲剧本体论》,载《长沙大学学报》1999 年第 1 期。

王晓秦:《简论雅斯培的悲剧观》,载《内蒙古社会科学》(文史哲版)1989 年第 5 期。

王锺陵:《论雅斯贝斯的悲剧观:生存困境及其超越》,载《武陵学刊》2017 年第 2 期。

魏金声:《人本主义与存在主义研究》,人民出版社 2014 年版。

邬昆如:《存在主义论文集》,(台北)先知出版社 1975 年版(1976 年增订再版)。

邬昆如:《存在主义真象》,(台北)幼狮文化事业公司 1975 年版。

邬昆如:《发展中的存在主义》,(台北)先知出版社 1973 年版。

吾淳:《在"轴心""连续""突破"问题的深处》,广西师范大学出版社 2021 年版。

吾淳:《重新审视"轴心期":对雅斯贝斯相关理论的批判性研究》,上海人民出版社 2018 年版。

解志熙:《生的执著——存在主义与中国现代文学》,人民文学出版社

1999年版。
夏基松、段小光：《存在主义哲学评述》，江苏人民出版社1987年版。
项退结：《现代存在思想家》，（台北）东大图书公司1986年版。
徐崇温主编：《存在主义哲学》，中国社会科学出版社1986年版。
徐贲：《人以什么理由来记忆》，吉林出版集团有限责任公司2008年版。
杨俊：《哲学：生存之爱——雅斯贝尔斯的元哲学研究》，博士学位论文，山东大学，2008年；中国书籍出版社2012年版。
杨克瑞、邢丽娜：《世界著名教育思想家：雅斯贝尔斯》，北京师范大学出版社2012年版。
杨水远：《论雅斯贝尔斯悲剧理论的独特品格》，载《怀化学院学报》2015年第2期。
杨水远：《雅斯贝尔斯悲剧理论研究》，硕士学位论文，湖南师范大学，2014年。
杨文极等：《存在主义新论》，陕西人民教育出版社1996年版。
叶秀山：《思、史、诗——现象学和存在哲学研究》，人民出版社1988年版。
亦冰：《存在主义的马克思主义评析》，（台北）唐山出版社1995年版。
余小茅：《探寻本真教育——雅斯贝尔斯教育思想的文本学解读》，北京师范大学出版社2015年版。
俞吾金：《问题域外的问题——现代西方哲学方法论探要》，上海人民出版社1988年版。
张宏：《雅斯贝尔斯之本真教育》，山西人民出版社2018年版。
张祥龙、杜小真、黄应全：《现象学思潮在中国》，首都师范大学出版社2011年版。
赵宪章编著：《二十世纪外国美学文艺学名著精义》，江苏文艺出版社1987年版。
赵雅博：《存在主义论丛》，（台北）自由太平洋文化事业公司1965年版。
周伯乃：《存在主义与现代文学》，（台北）立志出版社1970年版。
周启杰：《历史：一种反思性的文化存在——雅斯贝尔斯视野下的生存历史性研究》，博士学位论文，黑龙江大学，2004年；黑龙江人民出版社 2005 年版。

周伊慧、王小林：《雅斯贝雅斯的悲剧审美理论》，载《湖南教育学院学报》2000 年第 3 期。

邹铁军、秦光涛、姚大志、王振林、冯文华、吴跃平：《现代西方哲学——20 世纪西方哲学述评》，吉林大学出版社 1991 年版。

三　其他参考文献

［美］阿伯·J. 卢宾：《凡·高：心理传记》，程应铸译，文汇出版社 2008 年版。

［德］艾米尔·路德维希：《歌德传》，甘木、翁本泽、仝茂来译，天津人民出版社 1982 年版。

［德］爱克曼辑录：《歌德谈话录》，朱光潜译，人民文学出版社 1978 年版。

［德］彼得·黑尔特林：《荷尔德林传：精神导师与精神病人》，陈敏译，江苏人民出版社 2009 年版。

［美］彼得·泰森：《文森特·凡高：画家》，高兴译，世界知识出版社 1997 年版。

［荷］博戈米拉·韦尔什-奥夫沙罗夫编：《凡·高论》，刘明毅译，上海人民美术出版社 1987 年版。

［德］歌德：《浮士德》，钱春绮译，上海译文出版社 2011 年版。

［德］歌德：《歌德自传——诗与真》，刘思慕译，人民出版社 1983 年版。

［德］葛尔特鲁特·海德格尔选编：《海德格尔与妻书》，常晅、祁沁雯译，南京大学出版社 2016 年版。

［美］H. 安娜·苏编：《梵高手稿：梵高书信、画作、珍贵手稿》，57°N 艺术小组译，北京联合出版公司 2015 年版。

［德］海德格尔：《存在与时间》，陈嘉映、王庆节译，生活·读书·新知三联书店 1987 年版。

［德］海德格尔：《海德格尔选集》，孙周兴选编，上海三联书店 1996 年版。

［德］海德格尔：《荷尔德林诗的阐释》，孙周兴译，商务印书馆2000年版。

［德］海德格尔：《路标》，孙周兴译，商务印书馆2000年版。

［美］汉娜·阿伦特：《黑暗时代的人们》，王凌云译，江苏教育出版社2006年版。

［德］汉斯·尤尔根·格尔茨：《歌德传》，伊德、赵其昌、任立译，商务印书馆1982年版。

［德］荷尔德林：《荷尔德林后期诗歌》，刘皓明译，华东师范大学出版社2009年版。

［德］荷尔德林：《荷尔德林文集》，戴晖译，商务印书馆1999年版。

［德］荷尔德林：《烟雨故园路：荷尔德林书信选》，张红艳译，经济日报出版社2001年版。

［德］康德：《纯粹理性批判》，蓝公武译，商务印书馆1960年版。

［德］康德：《康德著作全集（第2卷）：前批判时期著作Ⅱ（1757—1777）》，李秋零主编，中国人民大学出版社2004年版。

［德］康德：《判断力批判》（上卷），宗白华译，商务印书馆1964年版。

［德］康德：《判断力批判》（下卷），韦卓民译，商务印书馆1964年版。

［德］康德：《实践理性批判》，关文运译，广西师范大学出版社2002年版。

［丹］克尔凯郭尔：《恐惧与颤栗》，一谌、肖聿、王才勇译，华夏出版社1999年版。

［丹］克利马科斯（克尔凯郭尔）：《论怀疑者》，陆兴华、翁绍军译，上海人民出版社2006年版。

［瑞典］拉格尔克朗斯：《斯特林堡传》，高子英译，外国文学出版社1983年版。

［德］莱辛：《关于悲剧的通信》，朱雁冰译，华夏出版社2010年版。

［德］莱辛：《汉堡剧评》，张黎译，上海译文出版社2002年版。

［德］莱辛：《拉奥孔》，朱光潜译，人民文学出版社1979年版。

［德］莱辛：《莱辛剧作七种》，李健鸣译，华夏出版社2007年版。

［德］莱辛：《历史与启示——莱辛神学文选》，朱雁冰译，华夏出版社2006年版。

［德］莱辛：《论人类的教育——莱辛政治哲学文选》，朱雁冰译，华夏出版社2008年版。

［美］列奥·施特劳斯：《门德尔松与莱辛》，卢白羽译，华夏出版社2012年版。

［意］列奥纳多·达·芬奇：《芬奇论绘画》，戴勉编译，人民美术出版社1979年版。

［德］罗·科勒尔编：《汉娜·阿伦特/海茵利希·布鲁希尔书信集：Briefe 1936—1968》，孙爱玲、赵薇薇译，贵州人民出版社2004年版。

［德］马丁·海德格尔：《林中路》，孙周兴译，上海译文出版社1997年版。

［法］让·保罗·萨特：《辩证理性批判》第一分册，徐懋庸译，商务印书馆1963年版。

［法］萨特：《存在与虚无》，陈宣良等译，生活·读书·新知三联书店1987年版。

［法］萨特：《萨特文论选》，施康强选译，人民文学出版社1991年版。

史威登堡研究会编著：《通行灵界的科学家——史威登堡献给世人最伟大的礼物》，王中宁译，（台北）方智出版社股份有限公司2010年版。

［瑞典］斯特林堡：《地狱·神秘日记抄》，潘小松译，东方出版社2003年版。

［瑞典］斯特林堡：《地狱婚姻》，金弢译，凤凰出版传媒集团、江苏人民出版社2006年版。

［瑞典］斯特林堡：《红房间》，张道文译，人民文学出版社1981年版。

［瑞典］斯特林堡：《斯特林堡文集》（全5册），李之义译，人民文学出版社2005年版。

［丹］索伦·奥碧·克尔凯郭尔：《论反讽概念——以苏格拉底为主线》，汤晨溪译，中国社会科学出版社2005年版。

［丹］索伦·克尔凯戈尔：《克尔凯戈尔日记选》，彼得·P. 罗德选编，晏可佳、姚蓓琴译，上海社会科学院出版社1995年版。

［美］维塞尔：《莱辛思想再释——对启蒙运动内在问题的探讨》，贺

志刚译，华夏出版社2007年版。

［瑞典］伊曼纽·史威登堡：《天堂与地狱》，叶雷恩译，（台中）白象文化事业有限公司2011年版。

［美］珍妮·斯通、欧文·斯通编：《致亲爱的提奥：凡高自传》，平野译，四川美术出版社1983年版。

后　　记

　　我与雅斯贝斯的相遇，迄今已有十九个年头了。

　　2003年9月，我考入中国人民大学文艺学专业，跟随黄克剑先生攻读博士学位。是年11月，研究生院要求提交一份博士生培养计划，其中一栏是"科学研究与学位论文计划"。研究什么呢？我头脑里一片空白。当时同门师兄、师姐多在研究德国哲学家的美学思想，于是取来一本《西方哲学史》翻阅。不期然间，一个此前从未听说过的名字闯入视野——雅斯贝斯。这位生存哲学的奠基人之所以引起了我的关注，主要有三个契机。我是带着难以自解的人生困惑继续求学的。在硕士学位论文《在神圣与世俗之间——社会转型期世俗文化批判》中，我曾试图以"新人道主义"作为人走出世俗文化时代价值迷乱之困局的可能途径。当我发现"人是什么"是雅氏全部学说的元问题，而且他曾发表过《新人道主义的条件与可能》一文，顿时就把他视为同道了，此乃契机之一。我是在文艺学的范围内选择研究话题的。在专业分立依然颇为严重的当下，我对自己所选的话题是否符合专业归属的要求仍存有顾虑。当我发现雅氏也在关切人的临界处境与悲剧问题，并且出版有《悲剧的超越》一书，我的顾虑一下子就消除了，此乃契机之二。我是带着切己的生命体验步入人文学术殿堂的。在我的心目中，人文学术并不是生命之外的余事。当我发现雅氏也不是哲学专业出身，而是从精神病理学领域转入生存哲学领域的，他的充满生命智慧的著述从不卖弄冰冷的知识与晦涩的概念，马上就有了一种亲近之感，此乃契机之三。

　　就这样，我与雅斯贝斯相遇了。在此后的两年多时间里，我悉心研读雅氏的每一部著作，并以心灵对话的方式，逐层深入地走进他那祈向超越之维的生存哲学、生存美学、生存艺术家、生存悲剧。在此基础上，由其生存悲剧所涵贯的悲剧精神，阐释其"轴心时代"观念，最终以《生存·密码·超越——祈向超越之维的雅斯贝生存美学》为题，撰成了一篇近四十万字的博士学位论文（2006年5月通过答辩，2010年5月由人民出版社出版）。在与雅氏对话的过程中，我越发觉得他的思想透显出独特的魅力，细细品来其魅力主要有三：其一，雅氏以其"大全"的视野，对历史上几乎所有伟大哲人的致思理路都有所洞察，这使他所致力的哲学史摆脱了西方中心论的桎梏，成为真正意义上的世界哲学史；其二，雅氏对哲学家的分类可谓别具匠心。在他看来，哲学史是大哲学家的历史，这些哲学家在人类精神的等高线上是有其等级顺序的。譬如，他把苏格拉底、佛陀、孔子、耶稣作为"人类思想范式的创建者"列为第一等级，可谓别具只眼；其三，雅氏把那些具有生存意识的伟大艺术家（含文学家），如斯特林堡、荷尔德林、凡·高、歌德、莱辛、达·芬奇以及古希腊三大悲剧作家、但丁、莎士比亚、陀思妥耶夫斯基等，一并归入大哲学家之列，这种做法同样是颇有意趣的。

艺术家论是雅斯贝斯生存艺术形而上学的第一个专论，我在博士学位论文中虽然已列专章进行了探究，不过有些问题仍觉意犹未尽。于是，我在博士毕业后继续关注这个话题。2012年12月，我所在的单位动员老师们申报国家社会科学基金课题，我遂梳理平时所思所想，以"雅斯贝斯艺术家论研究"为题申报，忝列2013年度一般项目（13BWW003）。本以为有了过去的基础，可以在三年内轻松完成，孰料真正走进这个研究话题，其难度仍是颇大的。首先是谋篇布局问题。我的博士学位论文是以"生存""密码""超越存在"为运思枢机来揭示雅氏生存美学的独特韵致的；具体而言，"生存"既是雅氏全部学说的辐辏点，也是其生存美学所立足的原初根源。离开"生存"，艺术就会被抽空为无决断的"审美冷淡"，艺术的超越之维也会蜕变为空洞的超越；"超越存在"既是其全部学说的形上之维，也是其生存美学所瞩望的终极目标。离开"超越存在"，艺术就会委顿为媚俗的狂欢，艺术的生存之源也会被风干为封闭的"实存"；"密码"既是

后　记

联结"生存"与"超越存在"的中介，也是其生存美学的韵致所在。由"密码"论及艺术，我们既可明见艺术哲学在其全部学说中的地位，也可洞识他那祈向超越之维的生存美学所内贯的意蕴。鉴于此，这篇论文的运思理路是：关联于"超越存在"来澄明"生存"，同时关联于"生存"来喻说"超越存在"，进而在"生存"与"超越存在"所构成的张力中体悟作为"密码"的艺术。相较之下，眼下的这项课题则需要结合雅氏的精神历程爬梳其不同阶段的艺术之思，进而在"生存"与"理性"所构成的致思张力间考察其艺术家论的韵致以及艺术家的不同生存样态。这样一来，我须得突破过去的运思框架，重新布局谋篇，这是我遇到的第一个困难。第二个困难是资料问题。雅氏论艺术及艺术家的文字，除了《悲剧的超越》（亦译为《论悲剧》）外，其他均无中译本。若不率先把这些外文资料翻译成中文，后续的研究也就难以开展下去。鉴于此，我干脆放慢脚步，埋头做起翻译的事情来。三年时光倏忽而过，译事终于告罄（包括雅氏的《哲学与艺术》《艺术是解读密码的语言》《悲剧的超越》《斯特林堡与凡·高》《我们的未来与歌德》《歌德的人性》《作为哲学家的达·芬奇》《论莱辛》，其中《斯特林堡与凡·高》一书的译稿，2020年6月由中国社会科学出版社出版，不再收入本书）。有了这些译稿，我心里踏实多了，于是转入系统研究阶段。倏忽间又是三个寒暑，至2019年2月下旬，这部以翻译推进诠解，同时以诠解完善翻译的书稿，终于全部完成，并于当年7月顺利结项。

我想，我的雅斯贝斯研究也许可以暂告一个段落了。不过，"也许"终究是也许。2020年6月初，一位友人告诉我，潘知常教授正在组织一套"西方生命美学经典著作导读"丛书，计划出二十本，雅斯贝斯的《悲剧的超越》有幸列入其中，可惜还没有人认领，问我有没有兴趣。在国内的雅斯贝斯研究依然颇为落寞的当下，我自认为是雅氏思想的不多的几个知音之一（雅斯贝斯若还活在世间的话，大概也不会否认吧）。我遂告诉友人，那就试试吧。经这位友人介绍，我与潘教授建立了微信联系。潘教授回信说："我看你很合适。"于是，我翻出自己重译的《悲剧的超越》文稿，又做起导读的事情来，至今还在进行之中。尽管任务很重，不过备感欣慰的是，这个导读完成后，

— 1009 —

雅氏生存艺术形而上学的第二个专论——悲剧论，也可得到系统深入的阐释了。

每个人都有自己的命运与责任。一个人在生命的旅途中究竟选择与哪些哲人神交，其实并不是偶然的。我与雅斯贝斯的交往，乃是一个互相打量、互相发现、互相成全的过程。雅氏在《智慧之路》一书附录二"哲学的研读"中，向期待中的读者提示了研读哲学史的途径，同时推荐了值得留意的经典著作和人名目录，并在临近结尾处写道："哲学无论在层次或在种类上都是极为不同的。我是否在青年时代将自己托付于一位伟大的哲学家，以及托付于哪一位伟大哲学家，这是一个哲学命运的问题。"[①] 可以说，我当年能够邂逅雅斯贝斯这样一位"把深思熟虑的哲学教师的地位和道德家的地位集于一身"[②] 的贤哲，并选择与其进行长期的精神交往，无疑是幸运的。

秀　昌
2022 年 5 月 4 日于石家庄悟道斋

---

① ［德］卡尔·雅斯贝尔斯：《智慧之路——哲学导论》，柯锦华、范进译，中国国际广播出版社 1988 年版，第 136 页。

② ［德］汉斯－格奥尔格·伽达默尔：《哲学生涯——我的回顾》，陈春文译，商务印书馆 2003 年版，第 198 页。